Einführung in die Arbeitspolitik

Arbeitsbeziehungen und Arbeitsmarkt
in sozialwissenschaftlicher Perspektive

Von
Universitätsprofessor
Dr. Berndt Keller

5., völlig überarbeitete und wesentlich erweiterte Auflage

R. Oldenbourg Verlag München Wien

Die Deutsche Bibliothek - CIP-Einheitsaufnahme

Keller, Berndt:
Einführung in die Arbeitspolitik : Arbeitsbeziehungen und
Arbeitsmarkt in sozialwissenschaftlicher Perspektive / von
Berndt Keller. - 5., völlig überarb. und wesentlich erw. Aufl. -
München ; Wien : Oldenbourg, 1997
  ISBN 3-486-24049-8

© 1997 R. Oldenbourg Verlag
Rosenheimer Straße 145, D-81671 München
Telefon: (089) 45051-0, Internet: http://www.oldenbourg.de

Das Werk einschließlich aller Abbildungen ist urheberrechtlich geschützt. Jede Verwertung außerhalb der Grenzen des Urheberrechtsgesetzes ist ohne Zustimmung des Verlages unzulässig und strafbar. Das gilt insbesondere für Vervielfältigungen, Übersetzungen, Mikroverfilmungen und die Einspeicherung und Bearbeitung in elektronischen Systemen.

Gedruckt auf säure- und chlorfreiem Papier
Gesamtherstellung: R. Oldenbourg Graphische Betriebe GmbH, München

ISBN 3-486-24049-8

INHALTSVERZEICHNIS

1.	**Einleitung und Problemstellung**	**1**
1.1.	Einleitung	1
1.2.	Gliederung	6
2.	**Korporative Akteure I: Arbeitgeber-/Unternehmerverbände**	**9**
2.1.	Die Industrie- und Handelskammern	11
2.2.	Arbeitgeberverbände: Aufbau und Aufgaben	12
2.3.	Arbeitgeberverbände: Politikformulierung und Organe	20
2.4.	Arbeitgeberverbände in den neuen Bundesländern	24
3.	**Korporative Akteure II: Gewerkschaften**	**29**
3.1.	Organisationsprinzipien und bestehende Organisationen	29
3.2.	Der DGB und seine Mitgliedsgewerkschaften	32
3.3.	Organisationsgrade und Organisationsprobleme	36
3.4.	Interne Probleme der Interessenrepräsentation	41
3.5.	Außenbeziehungen und Effekte	44
3.6.	Gewerkschaften in den neuen Bundesländern	48
4.	**Korporative Akteure III: Staat/Staatliche Agenturen**	**55**
4.1.	Einleitung	55
4.2.	Historische Rollen und allgemeine Funktionen des Staates	57
4.3.	Makro-Korporatismus als temporärer Regulierungsmodus	63
4.4.	Bedrohungen und Herausforderungen	68
4.5.	Mikrokorporatismus - Der Staat wird nicht überflüssig?	75
5.	**Mitbestimmung I: Betriebsverfassung**	**79**
5.1.	Strukturprinzipien und Gremien	81
5.2.	Die Praxis der Betriebsverfassung	88
5.3.	Das duale System der Interessenvertretung	98
5.4.	Die Novellierung des BetrVG	104
6.	**Mitbestimmung II: Mitbestimmung auf Unternehmensebene**	**115**
6.1.	Die Sonderregelung für den Montanbereich	116
6.2.	Die Regelungen für die übrige Privatwirtschaft	120
6.3.	Mitbestimmung in vergleichender Perspektive	128
6.4.	Repräsentative Mitbestimmung und direkte Partizipation	132

7. Tarifvertragswesen I: Rechtlich-institutionelle Probleme — 143

7.1. Die gesetzliche Grundlage — 143
7.2. Schlichtung als autonomes Regelungsverfahren — 152
7.3. Arbeitskampfprobleme: Juristische Aspekte — 161
7.4. Sozialwissenschaftliche Aspekte von Streiks — 165
7.5. Sozialwissenschaftliche Aspekte von Aussperrungen — 170
7.6. Die Änderung des Par.116 Arbeitsförderungsgesetz — 175

8. Tarifvertragswesen II: Tarifpolitik der 80er Jahre — 183

8.1. Von der quantitativen zur qualitativen Lohnpolitik — 183
8.2. Arbeitszeitpolitik I: Wochenarbeitszeitverkürzung — 193
8.3. Arbeitszeitpolitik II: Lebensarbeitszeitverkürzung — 207

9. Tarifvertragswesen III: Tarifpolitik der 90er Jahre — 221

9.1. Tarifpolitik in den neuen Bundesländern — 221
9.2. Das Arbeitszeitrechtsgesetz (einschl. Wochenendarbeit) — 227
9.3. Das VW-Modell: Beschäftigungssichernde Arbeitszeitpolitik? — 240

10. Arbeitspolitik des öffentlichen Dienstes — 249

10.1. Einleitung: Strukturprinzipien — 249
10.2. Tarifmodell und Gesetzesmodell — 253
10.3. Arbeitsmarktprobleme — 265
10.4. Aktuelle Probleme — 270

11. Technologischer Wandel und soziale Folgen — 279

11.1. Kern/Schumann: Das Ende der Arbeitsteilung? — 281
11.2. Baethge/Oberbeck: Die Zukunft der Angestellten — 289
11.3. Piore/Sabel: Das Ende der Massenproduktion — 293
11.4. MIT: Lean Production — 296

12. Arbeitsmarktprobleme I: Theorien — 303

12.1. Zur Einführung: Neoklassische und institutionalistische Ansätze — 303
12.2. Neoklassisches Basismodell und erste Weiterentwicklungen — 305
12.3. Aktuelle Erweiterungen des neoklassischen Basismodells — 315
12.4. Segmentationstheorien — 325
12.5. Insider - Outsider - Theorien — 334
12.6. Keynesianische Beschäftigungstheorie — 338
12.7. Politikwissenschaftliche Ansätze — 342

13.	**Arbeitsmarktprobleme II: Arbeitsmarktpolitik des AFG**	**347**
13.1.	Vorbemerkungen	347
13.2.	Instrumente des AFG	350
13.3.	Kritik des AFG I: Rahmenbedingungen und Finanzierung	364
13.4.	Kritik des AFG II: Instrumente, Träger, Grenzen	374
13.5.	Die Privatisierung der Arbeitsvermittlung	382
14.	**Arbeitsmarktprobleme III: Übrige Arbeitsmarktpolitik**	**389**
14.1.	Das Beschäftigungsförderungsgesetz	389
14.2.	Arbeitsmarktpolitik in den neuen Ländern	404
14.3.	Berufsausbildung und Weiterbildung	423
14.4.	Arbeitslosigkeit (insbes. Strukturierung)	434
15.	**Regulierungspolitik als Arbeitspolitik**	**443**
15.1.	Einleitung: Deregulierung in der Bundesrepublik	443
15.2.	Zur Kritik der Deregulierungskonzepte	452
15.3.	Atypische Beschäftigungsverhältnisse: Formen, Verbreitung, Interessen	459
15.4.	Re-Regulierung atypischer Beschäftigungsverhältnisse: Strategien, Prinzipien, Kriterien	469
15.5.	Re-Regulierung: Ausbau der Gestaltungsfunktion	482
15.6.	Schluß	486
16.	**Zukunft der nationalen Arbeitsbeziehungen**	**489**
16.1.	Die Ausgangssituation	490
16.2.	Institutionelle Sicherungen und Anpassung durch Flexibilität	494
16.3.	Folgen der Dezentralisierung der Regulierungsebene	505
16.4.	Zerfall makrokorporatistischer Arrangements vs. Mikrokorporatismus auf Betriebsebene	516
16.5.	Ausblick	523
17.	**Nationale Arbeitspolitik und europäischer Binnenmarkt**	**529**
17.1.	Einleitung und Problemstellung	529
17.2.	Die Richtlinie zu Europäischen Betriebsräten	533
17.3.	Sozialdialoge als Instrument europäischer Arbeits- und Sozialpolitik?	554
17.4.	Ausblick	570

Anhang

Personenverzeichnis	573
Index	593

Verzeichnis der Tabellen und Schaubilder

Mitglieder der Bundesvereinigung der Deutschen Arbeitgeberverbände	13
Organisation von Arbeitgeberinteressen	15
Deutscher Gewerkschaftsbund (Mitgliederstatistik)	33
Gewerkschaftliche Organisationsgrade in westlichen Ländern	40
Organisationsgrade der Gewerkschaften in Deutschland: 1988 bis 1994	52
Regulierungsmodelle	66
Gesamtergebnisse der Betriebsratswahlen von 1975 bis 1994	92
Anzahl der mitbestimmten Unternehmen nach dem MitbG von 1976	123
Tarifvertrag (schuldrechtlicher und normativer Teil)	146
Wirtschaftszweige nach dem Typ der Lohn- und Gehaltsfestsetzung	150
Ausgefallene Arbeitstage wegen Streiks und Aussperrungen in europäischen Ländern (pro 1.000 Arbeitnehmer)	166
Streiks und Aussperrungen in der Bundesrepublik Deutschland	174
Tarifverträge nach Wirtschaftszweigen	185
Lohn-, Preis- und Produktivitätsentwicklung in der Gesamtwirtschaft 1971 - 1992	187
Wochenarbeitszeitregelung in der Metallindustrie	199
Entwicklung des Personalstandes im öffentlichen Dienst seit 1960	250
Entlastungen durch arbeitsmarktpolitische Maßnahmen in den neuen Bundesländern	413
Ausgaben der Bundesanstalt für Arbeit in den neuen Bundesländern	419
Bevölkerung und Erwerbstätigkeit	438
Regulierungskriterien bei atypischen Beschäftigungsformen	473
Übersicht zur Verfahrensweise bei der praktischen Umsetzung des Abkommens über die Sozialpolitik	558

Verzeichnis der Abkürzungen von Literaturangaben

APuZ	Aus Politik und Zeitgeschichte
ASR	American Sociological Review
AuB	Arbeit und Beruf
AuR	Arbeit und Recht
AuS	Arbeit und Sozialpolitik
AuA	Arbeit und Arbeitsrecht
Bab	Bundesarbeitsblatt
BB	Betriebs-Berater
BCLR	Bulletin of Comparative Labour Relations
BDA	Bundesvereinigung der Deutschen Arbeitgeberverbände
BdK	Beihefte der Konjunkturpolitik, Zeitschrift für angewandte Wirtschaftsforschung
BfduiP	Blätter für deutsche und internationale Politik
BGBl	Bundesgesetzblatt
BJIR	British Journal of Industrial Relations
BJPS	British Journal of Political Science
BJS	British Journal of Sociology
BMA	Bundesministerium für Arbeit
BMBW	Bundesministerium für Bildung und Wissenschaft
BPEA	Brookings Papers on Economic Activity
BT	Bundestag
BuW	Betrieb und Wirtschaft
CJE	Cambridge Journal of Economics
CMR	California Management Revue
CP	Comparative Politics
CLLaIR	Comparative Labour Law and Industrial Relations
CLLJ	Comparative Labour Law Journal
DAg	Der Arbeitgeber
DB	Der Betrieb
DBW	Die Betriebswirtschaft
DIW	Deutsches Institut für Wirtschaftsforschung
DR	Demokratie und Recht
DRV	Deutsche Rentenversicherung
EID	Economic and Industrial Democracy
EIRR	European Industrial Relations Review
EJIR	European Journal of Industrial Relations
EJPR	European Journal of Political Research
EP	Economic Policy
ER	Employee Relations
ESR	European Sociological Review

Abkürzungsverzeichnis

FA	Foreign Affairs
GK	Gegenwartskunde
GMH	Gewerkschaftliche Monatshefte
GPaS	German Politics and Society
GR	Gewerkschaftsreport
GuG	Geschichte und Gesellschaft
HB	Handelsblatt
HBR	Harvard Business Review
HDWW	Handwörterbuch der Wirtschaftswissenschaften
HHJfWuG	Hamburger Jahrbuch für Wirtschafts- und Gesellschaftspolitik
IJoCLLaIR	International Journal of Comparative Labour Law and Industrial Relations
IJoPE	International Journal of Political Economy
ILO	International Labour Organisiation
ILR	International Labour Review
ILRR	Industrial and Labor Relations Review
IndBez	Industrielle Beziehungen
IntChro	Internationale Chronik für Arbeitsmarktpolitik
IR	Industrial Relations
IRRI	Industrial Relations - Relations Industrielles
IRJ	Industrial Relations Journal
IRRA	Industrial Relations Research Association
IYOD	International Yearbook on Organizational Democracy
JAS	Journal of Area Studies
JCR	Journal of Conflict Resolution
JEBO	Journal of Economic Behavior and Organization
JEH	Journal of Economic History
JEI	Journal of European Integration
JEL	Journal of Economic Literature
JEP	Journal of Economic Perspectives
JfEV	Jahrbuch für Europäische Verwaltungsgeschichte
JfNuS	Jahrbuch für Nationalökonomie und Statistik
JfRuR	Jahrbuch für Rechtssoziologie und Rechtstheorie
JfS	Journal für Sozialforschung
JfSow	Jahrbuch für Sozialwissenschaft
JfSW	Journal für Sozialwissenschaft
JIR	Journal of Industrial Relations
JLR	Journal of Labor Research
JPP	Journal of Public Policy

KJ	Kritische Justiz
KVGR	Kritische Vierteljahresschrift für Gesetzgebung und Rechtswissenschaft
KZfSuS	Kölner Zeitschrift für Soziologie und Sozialpsychologie
Labour	Labour: Review of Labour Economic and Industrial Relations
LS	Labour and Society
LSR	Law and Society Review
Mitb	Die Mitbestimmung
MittAB	Mitteilungen aus der Arbeitsmarkt- und Berufsforschung
MLR	Monthly Labor Review
MR	Management Revue
Ms	Manuskript
NGFH	Die neue Gesellschaft/Frankfurter Hefte
NJW	Neue Juristische Wochenschrift
NPL	Neue Politische Literatur
NZfA	Neue Zeitschrift für Arbeitsrecht
NZfAuS	Neue Zeitschrift für Arbeits- und Sozialrecht
OECD	Organisation for Economic Co-Operation and Development
OREP	Oxford Review of Economic Policy
ÖZfP	Österreichische Zeitschrift für Politikwissenschaft
ÖZfS	Österreichische Zeitschrift für Soziologie
PaP	Policy and Politics
PAR	Public Administration Review
P+EPM	P+ European Participation Monitor
PPST	Political Power and Social Theory
Prokla	Probleme des Klassenkampfs
PS	Politics & Society
PVS	Politische Vierteljahreschrift
PW	Personalwirtschaft
RdA	Recht der Arbeit
REI	Research on Economic Inequality
RPHRM	Research & Pratice in Human Resource Management
RR	Research Review
SF	Sozialer Fortschritt
SI	Sociologica Internationalis
SR	Soziologische Revue
SuS	Staatswissenschaft und Staatspraxis
SW	Soziale Welt

Abkürzungsverzeichnis

SwI	Sozialwissenschaftliche Informationen
SS	Soziale Sicherheit
Transfer	Transfer. European Review of Labour and Research
WD	Wirtschaftsdienst
WES	Work, Employment & Society
WiSt	Wirtschaftswissenschaftliches Studium
WiSta	Wirtschaft und Statistik
WSA	Wirtschafts- und Sozialausschuß
WSI-Mitt	WSI-Mitteilungen
WuG	Wirtschaft und Gesellschaft
ZAS	Zeitschrift für ausländisches und internationales Arbeits- und Sozialrecht
ZfaW	Zeitschrift für angewandte Wirtschaftsforschung
ZfP	Zeitschrift für Personalführung
ZfR	Zeitschrift für Rechtssoziologie
ZfRP	Zeitschrift für Rechtspolitik
ZfS	Zeitschrift für Soziolgie
ZfSR	Zeitschrift für Sozialreform
ZfT	Zeitschrift für Tarifrecht
ZfW	Zeitschrift für Wirtschaftspolitik
ZögU	Zeitschrift für öffentliche und gemeinwirtschaftliche Unternehmen
ZWS	Zeitschrift für Wirtschaft und Sozialwissenschaften

1. EINLEITUNG UND PROBLEMSTELLUNG

1.1. Einleitung

Arbeitspolitik ist ein relativ junges (Lehr- und Forschungs-)Gebiet, das sich erst seit den 80er Jahren rapide entwickelt. Seit einigen Jahren beobachten wir, wie sich Arbeitspolitik zunehmend aus der Sozialpolitik ausdifferenziert, in deren Rahmen ihre Fragestellungen bisher - wenn überhaupt - zumeist thematisiert wurden, und immer deutlicher zu einem eigenständigen Fach wird. Die fortschreitende Etablierung im Kanon der sozialwissenschaftlichen Fächer zeigt sich u.a. daran, daß die Veröffentlichungen quantitativ und qualitativ schnell zunehmen. Als akademische Disziplin weist Arbeitspolitik allerdings (noch) keine deutlichen Konturen auf, was Vorteil und Nachteil zugleich ist. Nicht nur in der öffentlichen Diskussion werden mit dem Begriff recht unterschiedliche Inhalte verbunden. Wir wollen von folgender Definition im üblichen Sinne einer Nominaldefinition ausgehen: "Unter Arbeitspolitik wird der Prozeß der Einflußnahme von betrieblichen, überbetrieblichen und staatlichen Handlungsträgern auf die Organisation des Arbeits- und Produktionsprozesses und seine sozialen Folgewirkungen - unter Berücksichtigung unterschiedlicher Interessenlagen - verstanden."[1]

In der Arbeitspolitik gehen wir davon aus, daß nicht technologische Eigengesetzlichkeiten und/oder ökonomischer Determinismus herrschen, sondern daß die sozioökonomischen Verhältnisse grundsätzlich durch (tarif-)politische Prozesse gestaltet, gesteuert und kontrolliert werden können.[2] Es geht um die zunehmend wichtigeren Handlungsspielräume und -alternativen bei der Gestaltung dieser betrieblichen und überbetrieblichen Politikfelder, d.h. um verschiedene Formen der politischen Regulierung und damit letzten Endes um die Endogenisierung von Politik. Lange Zeit ist diese Sichtweise innerhalb der (Industrie-)Soziologie, Rechtswissenschaft und Ökonomie

---

[1] Wissenschaftszentrum Berlin für Sozialforschung, Bericht 1986-1987, Berlin 1988, 82; ähnlich auch Naschold,Fr./Dörr,G., Arbeitspolitik, in: Schmidt,M.G.(Hg.), Lexikon der Politik. Band 3: Die westlichen Länder, München 1992, 38-45. Eine allgemeinere Definition lautet: "Das Ensemble widerstreitender Interessen, Strategien und Strukturen, welches das Verhältnis zwischen Management und Arbeitskräften bestimmt, verstehen wir als Arbeitspolitik." Müller-Jentsch,W./Stahlmann,M., Management und Arbeitspolitik im Prozeß fortschreitender Rationalisierung, ÖZfS 13 (1988), 9.

[2] Lutz spricht in anderem Kontext von der "Lösung aus den Verkürzungen des technologischen Determinismus". Lutz,B., Das Ende des Technikdeterminismus und die Folgen - soziologische Technikforschung vor neuen Aufgaben und neuen Problemen, in: Lutz,B.(Hg.), Technik und sozialer Wandel. Verhandlungen des 23. Deutschen Soziologentages in Hamburg 1986, Frankfurt-New York 1987, 48; vgl. auch verschiedene Beiträge in: Hartwich,H.-H.(Hg.), Politik und die Macht der Technik, 16. Wissenschaftlicher Kongreß der DVPW - Tagungsbericht, Opladen 1986.

nahezu vollständig ausgeklammert geblieben.[3]
Wir wollen im folgenden Arbeitspolitik begreifen als interdisziplinäres Forschungsgebiet, das "Versatzstücke" aus den verschiedenen konventionellen Disziplinen umfaßt[4], z.B.
- aus der Geschichte vor allem die Sozial- und Wirtschaftsgeschichte,
- aus der Rechtswissenschaft insbesonders das individuelle und vor allem das kollektive Arbeitsrecht (u.a. Tarifvertrags- und Arbeitskampfrecht)[5],
- aus der Soziologie besonders die Betriebs- und Industrie-[6], aber auch Teile der Arbeits-[7] und Wirtschaftssoziologie[8],
- aus der Politikwissenschaft[9] u.a. die Verbandsforschung,
- aus der Psychologie vor allem die Arbeitspsychologie[10],
- aus der Betriebswirtschaftslehre u.a. die Bereiche Personal und Organisation[11],
- aus der Volkswirtschaftslehre vor allem verschiedene Aspekte der Arbeitsökonomik[12] bzw. Arbeitsmarkttheorie und -politik.

---

[3] Vgl. Naschold,Fr., Politik und politische Institutionen in neokorporatistischen und Public-Choice-Ansätzen - Anmerkungen zu einem Theorieprogramm, in: Hartwich,H.-H.(Hg.), Macht und Ohnmacht politischer Institutionen, 17. Wissenschaftlicher Kongreß der DVPW - Tagungsbericht, Opladen 1989, 210-221.

[4] Gleichwohl kann eine "Einführung in die Arbeitspolitik" natürlich nicht das Studium der entsprechenden Disziplinen ersetzen.

[5] Vgl. einführend Hanau,P./Adomeit,K., Arbeitsrecht, 11. Aufl. Frankfurt 1994; Brox,H., Arbeitsrecht, 11. Aufl. Stuttgart 1993; Söllner,A., Grundriß des Arbeitsrechts, 11. Aufl. München 1994; Weiss,M., Labour law and industrial relations in the Federal Republic of Germany, 2nd ed. Brussels 1995.

[6] Vgl. u.a. Schmidt,G. et al.(Hg.), Materialien zur Industriesoziologie, Opladen 1982; Littek,W. et al.(Hg.), Einführung in die Arbeits- und Industriesoziologie, 2. erw. Aufl. Frankfurt-New York 1983; Mikl-Horke,G., Industrie- und Arbeitssoziologie, München-Wien 1991.

[7] Vgl. u.a. Mikl-Horke,G., Organisierte Arbeit. Einführung in die Arbeitssoziologie, 3. durchges. Aufl. München-Wien 1989; Daheim,H./Schönbauer,G., Soziologie der Arbeitsgesellschaft. Grundzüge und Wandlungstendenzen der Erwerbsarbeit, Weinheim-München 1993.

[8] Vgl. u.a. Buß,E., Lehrbuch der Wirtschaftssoziologie, Berlin-New York 1985; Kutsch,Th./Wiswede,G., Wirtschaftssoziologie. Grundlegung - Hauptgebiete - Zusammenschau, Stuttgart 1986; Türk,K., Einführung in die Soziologie der Wirtschaft, Stuttgart 1987; Reinhold,G.(Hg.), Wirtschaftssoziologie, München-Wien 1988.

[9] Abromeit,H./Blanke,B.(Hg.), Arbeitsmarkt, Arbeitsbeziehungen und Politik in den achtziger Jahren, Opladen 1987.

[10] Vgl. u.a. Graf,S./Holling,H./ Nicholson,N.(Hg.), Arbeits- und Organisationspsychologie. Internationales Handbuch in Schlüsselbegriffen, München 1989; Frei,F./Udris,I.(Hg.), Das Bild der Arbeit, Bern 1990; Ulich,E., Arbeitspsychologie, Stuttgart 1991.

[11] Staehle,W.H., Management. Eine verhaltenswissenschaftliche Perspektive, 7. Aufl. München 1994.

[12] Franz,W., Arbeitsmarktökonomik, 2. überarb. Aufl. Berlin-Heidelberg 1994; Franz,W., Der Arbeitsmarkt. Eine ökonomische Analyse, Mannheim 1993.

Unsere Vorgehensweisen und Zielsetzungen sind folgende:
- Wir wollen durchgängig bei allen Themen nicht ihre historischen Dimensionen behandeln, die in der Regel anderswo vergleichsweise gut dokumentiert sind.[13] Außerdem kann eine notwendige Relativierung, die durch historische Darstellungen erzielt werden soll, auch durch gelegentliche internationale Bezüge erreicht werden.
- Wir werden uns vorrangig mit den jeweiligen aktuellen Bezügen befassen in der Hoffnung, dadurch einen - vom Effekt her wahrscheinlich eher bescheidenen - Beitrag zum Verständnis und zur Analyse sowie zur Lösung gegenwärtiger Probleme zu leisten. Darin besteht das eigentliche inhaltliche Ziel dieser einführenden, überblicksartigen Darstellung, zumal das Ende der "Arbeitsgesellschaft", das seit Beginn der 80er Jahre von verschiedenen Vordenkern propagiert wurde, noch lange nicht in Sicht ist.[14]
- Wir wollen gelegentlich einen Blick über die nationalen Grenzen auf andere entwickelte westliche Industrienationen werfen, ohne jedoch systematische internationale Vergleiche anzustreben, die in der jüngsten Vergangenheit sowohl in Westeuropa als auch in Nordamerika häufig angestellt wurden.[15] So können wir Besonderheiten der deutschen Entwicklung und Situation sowie Vor- und Nachteile verschiedener Problemlösungsstrategien im internationalen Kontrast deutlicher erkennen.
- Wir wollen versuchen, keine rein disziplinäre Betrachtung zu liefern, sondern gemäß dem formulierten Anspruch interdisziplinär vorzugehen - oder doch zumindest verschiedene (Fach-)Perspektiven additiv zu berücksichtigen.
- Schließlich wollen wir jeweils nach der Behandlung der rechtlichen Situation, durch die die Rahmenbedingungen des individuellen und korporativen Handelns (im Sinne von

---

[13] Vgl. für andere Adamy,W./Steffen,J., Handbuch der Arbeitsbeziehungen, Opladen 1985; Berghahn, V.R./Karsten,D., Industrial relations in West Germany, Oxford-New York-Hamburg 1987; Müller-Jentsch,W., Strukturwandel der industriellen Beziehungen. Kurseinheit 1: Historische Entwicklung und Strukturen des dualen Systems der Interessenvertretung, Fernuniversität Hagen 1988; Plänkers,G., Institutionalisierte Konfliktregelung in den industriellen Arbeitsbeziehungen in der BRD, Pfaffenweiler 1990.

[14] Vgl. für andere Dahrendorf,R., Wenn der Arbeitsgesellschaft die Arbeit ausgeht, in: Matthes,J.(Hg.), Krise der Arbeitsgesellschaft? Verhandlungen des 21. Deutschen Soziologentages in Bamberg 1982, Frankfurt-New York 1983, 25-37.

[15] Für andere Baglioni,G./Crouch,C.(eds.), European industrial relations. The challenge of flexibility, Oxford 1990; Ferner,A./Hyman,R.(eds.), Industrial relations in the new Europe, Oxford 1992; Bamber,G.J./Lansbury,R.D.(eds.), International and comparative industrial relations: A study of developed market economies, 2nd ed. London 1993; Bean,R., Comparative industrial relations. An introduction to cross-national perspectives, 2nd ed. London-New York 1994; Hyman,R./Ferner,A.(eds.), New frontiers in European industrial relations, Oxford-Cambridge 1994; Adams,R., Industrial relations under liberal democracy. North America in comparative perspective, Columbia 1995; Locke,R./Kochan,Th./Piore,M.(eds.), Employment relations in a changing world economy, Cambridge-London 1995; van Ryssevaldt,J./Huiskamp,R./van Hoof,J.(eds.), Comparative industrial relations and employment relations, London 1995.

constraints und opportunities) festgelegt werden, vor allem das tatsächliche Verhalten der Akteure genauer analysieren, welches in arbeitspolitischer Perspektive von zentraler Bedeutung ist. Arbeitsrecht und Arbeitspolitik unterscheiden sich durch diese unterschiedliche Schwerpunktsetzung.

Der Untertitel "Arbeitsbeziehungen und Arbeitsmarkt in sozialwissenschaftlicher Perspektive" signalisiert die beiden großen inhaltlichen Schwerpunkte dieser Einführung. Während die vorliegenden Darstellungen über Arbeitsbeziehungen[16] (industrial and labor relations)[17] häufig Arbeitsmarktprobleme, vor allem die verschiedenen Arbeitsmarktpolitiken, weitgehend ausblenden[18], berücksichtigen Studien über Arbeitsmarktprobleme oft die korporativen Akteure bzw. Institutionen des Systems der Arbeitsbeziehungen nicht hinreichend: Wir wollen der institutionalistischen Tradition[19] folgen und beide Perspektiven einbeziehen, um durch ihre Integration eine realistischere Analyse zu ermöglichen. Insofern besteht ein gewisser innovativer Anspruch der vorliegenden Einführung.[20] Die verschiedenen Systeme sozialer Sicherung, die klassischerweise den Gegenstandsbereich der Sozialpolitik(-lehre) ausmachen, wollen wir im folgenden nur insofern berücksichtigen, als sie arbeitspolitische Strategien aktuell beeinflussen (vor allem die Arbeitslosenversicherung); ansonsten sei auf die vergleichsweise breite, qualitativ gute, aktuelle (Lehrbuch-)Literatur zur Sozialpolitik verwiesen.[21] Ebenfalls

---

[16] Ich teile folgende Einschätzung des Forschungsstandes: "Ungeachtet aller Verdienste, die sich die Arbeitsrechtswissenschaft, die Industrie- und Betriebssoziologie oder die ökonomische Theorie der Lohnbildung ... erworben haben, hat jedoch die wissenschaftliche Analyse der Arbeitsbeziehungen in der Bundesrepublik bislang weder Kontinuität gewonnen noch einen eigenständigen Forschungszweig etablieren können. Im internationalen Vergleich - man denke nur an den angelsächsischen Sprachraum, wo die industrial relations einen festen Platz im Konzert der etablierten und "verberuflichten" Disziplinen einnehmen, liegt die interdisziplinäre Forschung hierzulande weit zurück." Cordes,H., Arbeit und Politik. Ausgewählte Neuerscheinungen zur gesellschaftlichen Regulierung der Arbeit, NPL 34 (1989), 97.

[17] Als Synonyme tauchen in der Literatur u.a. häufig auf: Industrielle Beziehungen, Austauschbeziehungen zwischen Kapital und Arbeit oder Arbeitnehmer-Arbeitgeber-Beziehungen. Dieses Gebiet hat sich in Deutschland im Gegensatz vor allem zu Großbritannien und den USA bisher kaum etablieren können.

[18] Vgl. u.a. von Beyme,K., Gewerkschaften und Arbeitsbeziehungen in kapitalistischen Ländern, München 1977; Müller-Jentsch,W., Soziologie der industriellen Beziehungen. Eine Einführung, Frankfurt-New York 1986; Weiss, Labour law and industrial relations.

[19] Für andere Kaufman,B.E., The economics of labor markets and labor relations, Chicago-New York 1986; Reynolds,L.G./Masters,St.H./Moser,C.H., Labor economics and labor relations, 10th ed. Englewood Cliffs 1991; Kerr,C./Staudohar,P.(eds.), Labor economics and industrial relations. Markets and institutions, Cambridge-London 1994.

[20] Die in den achtziger Jahren - vor allem aus politikwissenschaftlicher Perspektive - vorgelegten Sammelbände haben den wesentlichen Vorteil, dieses Forschungsfeld überhaupt anzugehen. Vgl. Jürgens,U./Naschold,Fr.(Hg.), Arbeitspolitik, Opladen 1984; Naschold,Fr.(Hg.), Arbeit und Politik, Frankfurt-New York 1985; Abromeit/Blanke, Arbeitsmarkt.

nicht ausführlich behandeln werden wir das human resource management (HRM), welches sich vor allem in den angelsächsischen Ländern immer mehr zu einer eigenständigen Disziplin entwickelt hat.[22]

Grundsätzlich stehen uns zwei Möglichkeiten beim Aufbau bzw. bei der Gliederung einer Einführung zur Verfügung: Wir können entweder mit den verschiedenen Politikfeldern oder mit den korporativen Akteuren beginnen. Im folgenden wollen wir sowohl auf der Basis längerer didaktischer Erfahrungen als auch vor allem aus methodologischen Gründen das Akteurskonzept wählen. Probleme der Arbeitspolitik sind bisher nur selten aus der Perspektive und mit den analytischen Instrumenten des methodologischen Individualismus analysiert worden; im folgenden wollen wir der neueren Theorieentwicklung[23] Rechnung tragen, die durch eine Erschütterung des lange Zeit dominierenden Systemansatzes gekennzeichnet ist.[24] Die Strategie, dem struktur-individualistischen Paradigma zu folgen, d.h. von den Interessen und der (Handlungs-)Logik der beteiligten Akteure her zu argumentieren, soll der Analyse innovative Züge verleihen.[25] Das Ziel des individualistischen Programms besteht nicht nur in der Analyse von indivi-

---

[21] Vgl. für andere Frerich,J., Sozialpolitik. Das Sozialleistungssystem der Bundesrepublik Deutschland. Darstellung, Probleme und Perspektiven der Sozialen Sicherung, 2. Aufl. München-Wien 1990; Schmidt,M.G., Sozialpolitik. Historische Entwicklung und internationaler Vergleich, Opladen 1988; Alber,J., Der Sozialstaat in der Bundesrepublik 1950-1983, Frankfurt-New York 1989; Bäcker,G./ Bispinck,R./Hofemann,K./Naegele,G., Sozialpolitik und soziale Lage in der Bundesrepublik Deutschland, 2 Bde, 2. Aufl. Köln 1989; Petersen,H.-G., Sozialökonomik, Stuttgart-Berlin 1989; Lampert,H., Lehrbuch der Sozialpolitik, 3. Aufl. Berlin-Heidelberg 1994.

[22] Vgl. einführend Conrad,P./Pieper,R., Human resource management in the Federal Republic of Germany, in: Pieper,R.(ed.), Human resource management: An international comparison, Berlin-New York 1990, 109-139; vgl. Staehle, Management; vgl. auch die verschiedenen Beiträge in IndBez 2 (4/1995) Schwerpunktthema: HRM und industrielle Beziehungen.

[23] Ausgangspunkt der Theoriediskussion ist meistens der zuerst 1958 publizierte Ansatz von Dunlop. Vgl. Dunlop,J.T., Industrial relations systems, rev. ed. Boston 1993.

[24] Vgl. zusammenfassend Keller,B./Groser,M., "Industrial and Labor Relations" als interdisziplinärer Ansatz. Zum gegenwärtigen Stand von Theorie und Methode, ZfS 9 (1980), 396-415; Schienstock,G., Towards a theory of industrial relations, BJIR 19 (1981), 170-189; Schienstock,G., Industrielle Arbeitsbeziehungen. Eine vergleichende Analyse theoretischer Konzepte in der "industrial relations"-Forschung, Opladen 1982; Schienstock,G., Sozialwissenschaftliche Theoriebildung im Bereich der Arbeitsbeziehungen, in: Endruweit,G. et al.(Hg.), Handbuch der Arbeitsbeziehungen, Berlin 1985, 305-325; Streeck,W., Revisiting status and contract: Pluralism, corporatism and flexibility, in: ders., Social institutions and economic performance: Industrial relations in advanced capitalist economies, London 1992, 41-75; Dabschek,B., A survey of theories of industrial relations, in: Barbash,J./Barbash,K.(eds.), Theories and concepts in comparative industrial relations, Columbus 1989, 155-183; Hyman,R., Theory and industrial relations, BJIR 32 (1994), 165-180.

[25] Vgl. demgegenüber zur Anwendung des systemtheoretischen Paradigmas auf unsere Fragestellung Weber,H., Selbststeuerung der Verbände, in: Hartwich,H.-H./Wewer,G.(Hg.), Regieren in der Bundesrepublik III. Systemsteuerung und "Staatskunst", Opladen 1991, 175-189.

duellem Handeln und individuellen Effekten, sondern gerade auch in der Erklärung sozialer Strukturen und Prozesse sowie kollektiver Phänomene.[26]

1.2. Gliederung

"Arbeitspolitik fragt nach den Entwicklungsbedingungen, Gestaltungsprinzipien und Durchsetzungsformen der Regulierung von Arbeit unter Einbezug der unterschiedlichen Interessen der jeweiligen Akteurssysteme."[27] Ausgangspunkt der Analyse sollen die verschiedenen korporativen Akteure der Arbeitsbeziehungen bzw. des Arbeitsmarktes sein, wobei wir gemäß der gängigen "industrial and labor relations"-Forschung drei Gruppen unterscheiden:
- Arbeitgeber und ihre Verbände, d.h. Unternehmens- und Arbeitgeberverbände,
- Arbeitnehmer und ihre kollektiven Interessenvertretungen, d.h. Betriebsräte (auf betrieblicher) und Gewerkschaften (auf sektoraler Ebene),
- Staat bzw. staatliche Agenturen.

Zunächst werden wir diese korporativen Akteure in den Kapiteln 2 bis 4 kurz vorstellen, indem wir Basisinformationen vermitteln. Danach wollen wir in den Kapiteln 5ff. im einzelnen die verschiedenen Politikfelder behandeln, in denen Konfliktregulierung und Konsensbildung stattfinden; hierbei werden wir - wiederum aus didaktischen Gründen - mit der niedrigsten Ebene beginnen und Schritt für Schritt bis zur höchsten fortschreiten:
- betriebliche Ebene (Betriebsverfassung),
- überbetriebliche Ebene (Unternehmensmitbestimmung),
- sektorale bzw. Branchenebene (Tarifvertragsprobleme),
- gesamtwirtschaftliche Ebene (technischer Wandel).[28]

Nach diesen Ausführungen über Arbeitsbeziehungen mit dem Schwerpunkt auf der Privatwirtschaft werden wir uns mit dem anderen Schwerpunkt der Arbeitspolitik, d.h mit Arbeitsmarktproblemen, intensiv befassen. Dabei werden wir zunächst eine theoretische, dann eine politische Perspektive wählen.

Im letzten Teil des Buches wollen wir die Perspektive öffnen und zentrale aktuelle und zukünftige Probleme behandeln:

---

[26] Vgl. u.a. Coleman,J., Foundations of Social Theory, Cambridge-London 1990; Esser,H., Soziologie. Allgemeine Grundlagen, Frankfurt-New York 1993. Büschges,G./ Abraham,M./Funk,W., Grundzüge der Soziologie, München-Wien 1995.

[27] Naschold/Dörr, Arbeitspolitik, 38.

[28] Wir beginnen also mit den "politics in production" und bewegen uns in Richtung auf die "politics of production".

- Regulierungsfragen bzw. -politik,
- die Zukunft der nationalen Arbeitsbeziehungen,
- die Konsequenzen der Vollendung des europäischen Binnenmarktes, wobei wir die supranationale als zusätzliche Analysebene explizit einführen.

Last but not least: Die arbeitspolitischen Entwicklungen und Probleme in den neuen Bundesländern dürfen selbstverständlich in einem Lehrbuch heutzutage nicht (mehr) fehlen. Wir behandeln sie aber ganz bewußt nicht in einem eigenständigen Kapitel, was aus Sicht des Autors gewiß die einfachere Lösung gewesen wäre. Wir ordnen diese Aspekte vielmehr den jeweiligen Inhalten zu, also den Kapiteln über korporative Akteure bzw. Politikfelder.

Wir wollen in den jeweiligen Kapiteln zunächst allgemeine Grundlagen vermitteln. Anstelle eines umfangreichen und unübersichtlichen, die echten und/oder vermeintlichen "Lesefrüchte" des Autors dokumentierenden Literaturverzeichnisses am Ende des Buches finden sich am Ende eines jeden Kapitels Hinweise auf vor allem aktuelle und überblicksartige Literaturtitel, die aufgrund von Erfahrungen in einer ganzen Reihe von Lehrveranstaltungen des Grund- und Hauptstudiums geeignet sind, die jeweils behandelten Inhalte zu vertiefen und zu ergänzen.

Einführende Literatur:

Abromeit,H./Blanke,B.(Hg.), Arbeitsmarkt, Arbeitsbeziehungen und Politik in den achtziger Jahren, Opladen 1987

Endruweit,G. et al.(Hg.), Handbuch der Arbeitsbeziehungen. Deutschland - Österreich - Schweiz, Berlin-New York 1985

Fürstenberg,Fr., Structure and strategy in industrial relations, Deventer-Boston 1991

Gladstone,A. et al.(eds.), Current issues in labour relations: An international perspective, Berlin-New York 1989

Gladstone,A. et al.(eds.), Labour relations in a changing environment, Berlin-New York 1992

Jürgens,U./Naschold,Fr.(Hg.), Arbeitspolitik, Opladen 1984

Müller-Jentsch,W., Soziologie der industriellen Beziehungen. Eine Einführung, Frankfurt-New York 1986

Müller-Jentsch,W.(Hg.), Konfliktpartnerschaft. Akteure und Institutionen der industriellen Beziehungen, 2. erw.u.verb. Aufl. München-Mering 1993

Naschold,Fr.(Hg.), Arbeit und Politik, Frankfurt-New York 1985

Strümpel,B./Dierkes,M.(Hg.), Innovation und Beharrung in der Arbeitspolitik, Stuttgart 1993

Weiss,M./Krieger,H.(Hg.), Die Arbeitsbeziehungen in der Bundesrepublik Deutschland. Ein Glossar, Luxemburg 1991.

2. KORPORATIVE AKTEURE I:
ARBEITGEBER-/UNTERNEHMERVERBÄNDE

Unser theoretisches und empirisches Wissen über die verschiedenen korporativen Akteure ist recht unterschiedlich: Während wir über Gewerkschaften vergleichsweise gut und umfassend informiert sind, sind unsere Kenntnisse über Arbeitgeber bzw. Unternehmer und deren Verbände recht rudimentär.[1] "The general lack of systematic study of employer associations has meant that there are few established frameworks for analysing these institutions."[2]

Dies gilt besonders für die Ebene der einzelnen (Mitglieds-)Verbände, weniger für die der Dachorganisationen. Diesem eigentlich erstaunlichen Wissensdefizit, über dessen Ursachen (u.a. defensive Informationspolitik, mangelnde Öffentlichkeitsarbeit, Zugangsprobleme) hier nicht weiter spekuliert werden soll, wollen wir im folgenden ein Stück weit abhelfen; dabei kommt uns die Tatsache zugute, daß in den 80er Jahren eine Reihe von nationalen sowie international vergleichenden, empirisch wie theoretisch gleichermaßen anspruchsvollen Forschungsprojekten über diese Verbände durchgeführt worden sind[3], während in den späten 60er und den 70er Jahren fast ausschließlich die Gewerkschaften im Mittelpunkt des wissenschaftlichen Interesses gestanden hatten. Wir wollen uns im folgenden zunächst mit dem formalen Aufbau (u.a. Organe, Organisation der Willensbildungsprozesse), sodann mit der Beschreibung der realen Verhältnisse befassen.

Wir haben zu unterscheiden zwischen den drei charakteristischen Säulen unternehmerischer Interessenorganisation, d.h. zwischen

---

[1] Vgl. als Zusammenfassung älterer Arbeiten bis Ende der 70er Jahre Rampelt,J., Zur Organisations- und Entscheidungsstruktur in westdeutschen Unternehmerverbänden - Ein Literaturbericht, IIM/dp 79-111, Wissenschaftszentrum Berlin 1979; vgl. als Übersicht über neuere Arbeiten Czada,R., Unternehmerverbände zwischen Staat und Markt. Neue Beiträge zur politischen Ökonomie sektoraler Interessenvermittlung, JfS 27 (1987), 407-415; Abromeit,H., Interessenverbände der Unternehmer, JfS 27 (1987), 417-423; Müller-Jentsch,W., Die theoretische Unwahrscheinlichkeit und empirische Vielfältigkeit der Verbandsbildung, SR 11 (1988), 159-168.

[2] Plowman,D.H., Management and industrial relations, in: Adams,R.J.(ed.), Comparative industrial relations. Contemporary research and theory, London 1991, 59. Auf die Bedeutung der Erforschung von Arbeitgeberverbänden bzw. -interessen ist in der IR-Literatur gelegentlich hingewiesen worden. Vgl. für andere Flanders,A., Management and unions, London 1970, 215.

[3] Vgl. Schmitter,Ph.C./Streeck,W., The organization of business interests. A research design to study the associative action of business in the advanced industrial societies of Western Europe. Revised and extended version, Discussion paper IIM/LMP 81-13, Wissenschaftszentrum Berlin 1981.

- Arbeitgeberverbänden, die vor allem für die Sozialpolitik zuständig sind und der tarifpolitischen Interessenvertretung gegenüber den Gewerkschaften dienen bzw. Arbeitsmarktinteressen vertreten (Dach- bzw. Spitzenverband: Bundesvereinigung der Deutschen Arbeitgeberverbände [BDA]),
- Unternehmerverbänden bzw. Wirtschaftsverbänden, die vor allem die breit gefächerten gemeinsamen wirtschaftspolitischen Belange der gesamten Industrie (u.a. Steuerwesen, Wirtschaftsrecht) durch lobbying gegenüber Parlament, Parteien und Öffentlichkeit verfolgen bzw. Produktmarktinteressen vertreten (Spitzenverband: Bundesverband der Deutschen Industrie [BDI])[4],
- sowie den Kammern (Industrie- und Handelskammern bzw. Handwerkskammern) als Vertretern der Interessen der gewerblichen Wirtschaft (Dachverband: Deutscher Industrie- und Handelstag [DIHT] bzw. Zentralverband des Deutschen Handwerks).

Insgesamt besteht ein dichtes Netz von Verbänden industrieller Produzenteninteressen, in denen nahezu alle Einzelinteressen organisiert sind und arbeitsteilig-kooperativ vertreten werden. Wichtige Koordinationsaufgaben übernimmt der Gemeinschaftsausschuß der Deutschen Gewerblichen Wirtschaft.[5] In unserem Kontext von "Arbeitspolitik" sind vor allem die Arbeitgeberverbände wichtig, die in historischer Perspektive die Antwort der Unternehmer auf die Bildung von Koalitionen seitens der Arbeitnehmer waren (sog. Antistreikvereine).[6] Wir wollen die ganz unterschiedlich gestalteten Beziehungen zwischen Verbänden und Staat (Verbände als Träger öffentlicher Funktionen) zunächst ganz ausklammern; hierauf kommen wir dann in Kap.4. ausführlich zurück. M.a.W.: Wir wollen uns zunächst mit der "Mitgliederlogik" befassen und die "Einflußlogik" der Verbände vorläufig zurückstellen.[7]

---

[4] Vgl. Mann,S., Macht und Ohnmacht der Verbände. Das Beispiel des Bundesverbandes der Deutschen Industrie e.V. (BDI) aus empirisch-analytischer Sicht, Baden-Baden 1994.

[5] "The BDI and BDA and other social and economic policy organisations have also set up the Institut der Deutschen Wirtschaft - IDW, an economic research institute, which conducts studies on economic and social policy and eludicates the mutual objectives of private enterprise, particularly vis-a-vis the general public." N.N. West Germany Employers' organisations, EIRR 188 (1989), 25.

[6] Vgl. Müller-Jentsch,W., Soziologie der industriellen Beziehungen. Eine Einführung, Frankfurt-New York 1986, 128-140.

[7] Diese inzwischen geläufige Unterscheidung geht zurück auf Child,J./Loveridge,R./Warner,M., Towards an organizational study of trade unions, Sociology 7 (1973), 71-91.

2.1. Die Industrie- und Handelskammern

Ein in der bisherigen Forschung wenig beachteter Fall[8] aus dem intermediären Verbändebereich sind die Industrie- und Handelskammern, die als Vertretung der allgemeinen Wirtschaftsinteressen aller Betriebe und Branchen auf regionaler Ebene anzusehen sind. Im Gegensatz zu Unternehmer- und Arbeitgeberverbänden, die die Rechtsform von Vereinen des bürgerlichen Rechts haben, sind die Kammern - nicht dagegen ihr Dachverband, der DIHT - öffentlich-rechtliche Körperschaften, denen staatliche und halbstaatliche Aufgaben zugeteilt wurden. Das "Gesetz zur vorläufigen Regelung des Rechts der IHKn" vom 18.12.1956 nennt in Par.1 folgende Aufgaben der Kammern: Wahrung des Gesamtinteresses, Förderung der gewerblichen Wirtschaft und Interessenausgleich, Kammergutachten, Sorge für Wahrung von Anstand und Sitte, Anlagen und Einrichtungen, Ursprungszeugnisse, Handelsbescheinigungen, übertragene Aufgaben. Diese Aufgaben lassen sich zu drei Blöcken zusammenfassen:
- Wahrung des Gesamtinteresses der angeschlossenen Betriebe,
- Durchführung hoheitlicher Aufgaben,
- freiwilliges Dienstleistungsangebot.

Die Kammern erfüllen ihre Aufgaben in Auftrags- und Selbstverwaltung.

Die massiven staatlichen Organisationshilfen erfolgen quasi im Austausch gegen sachverständige Entscheidungshilfen seitens der Kammern und einen Konflikt- und Interessenausgleich durch Interessenaggregation. Allerdings verursachen die Organisationshilfen auch eine Reihe von wesentlichen Folgeproblemen (u.a. Behördenimage der Kammern, Nicht-Wahrnehmung der Aktivitäten durch die Mitglieder). Die Kammern sind trotz einer staatlichen Bestandsgarantie mitgliederabhängige Organisationen, deren Stabilität und Funktionsfähigkeit - jenseits rechtlicher Normierung - wesentlich von Ressourcen abhängen, welche die Mitglieder freiwillig einbringen (Zeit für ehrenamtliche Tätigkeiten, Wissen, zusätzliche finanzielle Mittel, Folgebereitschaft).[9] Unter der Rubrik "geschickter" Umgang mit dem Staat lassen sich folgende Strategien als Reaktion auf diese Folgeprobleme nachweisen: Kombination von (staatlich zugewiesenen) Kontrollfunktionen als Beratungsdienstleistungen bzw. Service, Sicherung und Ausbau von Einflußsphären durch Mitwirkungs- und Anhörungsrechte, Sicherung der organisatorischen Autonomie.

---

[8] Zu den Ausnahmen gehören Adam,H., Der Einfluß der Industrie- und Handelskammern auf politische Entscheidungsprozesse, Frankfurt-New York 1979; vgl. auch Perner,D., Mitbestimmung im Handwerk? Die politische und soziale Funktion der Handwerkskammern im Geflecht der Unternehmerorganisationen, Köln 1983.

[9] Groser,M./Hilbert,J./Voelzkow,H., Die Organisation von Wirtschaftsinteressen im Kammersystem der Bundesrepublik Deutschland. Materialien zur sozialwissenschaftlichen Planungs- und Entscheidungstheorie Nr.9, Universität Bielefeld, Fakultät für Soziologie 1986.

Zentrale Strategien zur Mitgliedermobilisierung bestehen im "Ausbau von Serviceleistungen". Hierbei lassen sich zunächst unterscheiden Dienstleistungsangebote, die durch Gutachtertätigkeit in verschiedene staatliche Programme eingebunden sind, sowie eine Vielzahl freiwilliger Angebote an die Mitglieder; letztere werden Finanzierung nicht aus dem Kammeretat, sondern über Teilnehmergebühren finanziert. Innerhalb des zuerst genannten Bereichs lassen sich unterscheiden Innovations- und Technologieberatung, verschiedene Bemühungen im Existenzgründungsbereich sowie Flächennutzungs- und Bauleitplanung. Innerhalb des Angebots ohne staatliche Unterstützung finden sich Börsen, praxisbezogene Fort- und Weiterbildungsseminare und Anschluß an EDV-Systeme. Aufgrund der technologischen Entwicklung haben die Kammern in den vergangenen Jahren oft eine Vielzahl neuer Tätigkeiten übernommen bzw. freiwillige zusätzliche Aktivitäten entfaltet; sie haben innerhalb kurzer Zeit neue Schwerpunkte innerhalb der Kammerarbeit entwickelt (u.a. Innovations- und Existenzgründungsberatung sowie berufliche Anpassungsfortbildung).

Aufgrund dieser Übernahme staatlicher Aufgaben bzw. der Ausstattung mit staatlichen Vollmachten besteht für alle zur Gewerbesteuer veranlagten Betriebe Zwangsmitgliedschaft mit Beitragspflicht, während die übrigen Verbände aufgrund freiwilliger Mitgliedschaft auf vertraglicher Basis bestehen. Daraus resultieren staatliche Organisationshilfen (Rechtsstatus als Körperschaft des öffentlichen Rechts, Kammerzugehörigkeit kraft Gesetz, Selbstverwaltung) und eine überfachliche regionale Begrenztheit.

2.2. Arbeitgeberverbände: Aufbau und Aufgaben

Die grundsätzlich innerhalb eines jeden Systems der Arbeitsbeziehungen bestehende Alternative "einheitlicher Unternehmensverband vs. besonderer Arbeitgeberverband" durch funktionale Differenzierung hat in der Bundesrepublik - im Gegensatz zu anderen vergleichbaren Ländern[10] - die Mehrzahl der Verbände zugunsten der zuletzt genannten Strategie und damit gegen sog. Gemeinschaftsverbände entschieden. Damit wird das insgesamt recht heterogene Interessenspektrum in relativ homogene und damit bei

---

[10] "The structure of these groups varies among the member states [of the European Community, B.K.]. In some cases, notably Germany, separate employer and industry federations exist ... However, more typically the two are combined, as in the case of the Conseil National du Patronat Francais in France, the Confederazione Generale dell'Industria Italia in Italy, and the Confederation of British Industry in the United Kingdom. In some countries, the services sector is included, in others not; in some, publicly owned companies are included, in others not. Generally, the membership consists of national associations, but occasionally companies are included as well. In addition to these organizations, each country has its own national chamber of commerce (with compulsory membership in most EC member states) plus a variety of other cross-sectoral organizations." Calingaert,M., Government-business relations in the European Community, CMR 35 (1993), 120.

Mitglieder der Bundesvereinigung der Deutschen Arbeitgeberverbände

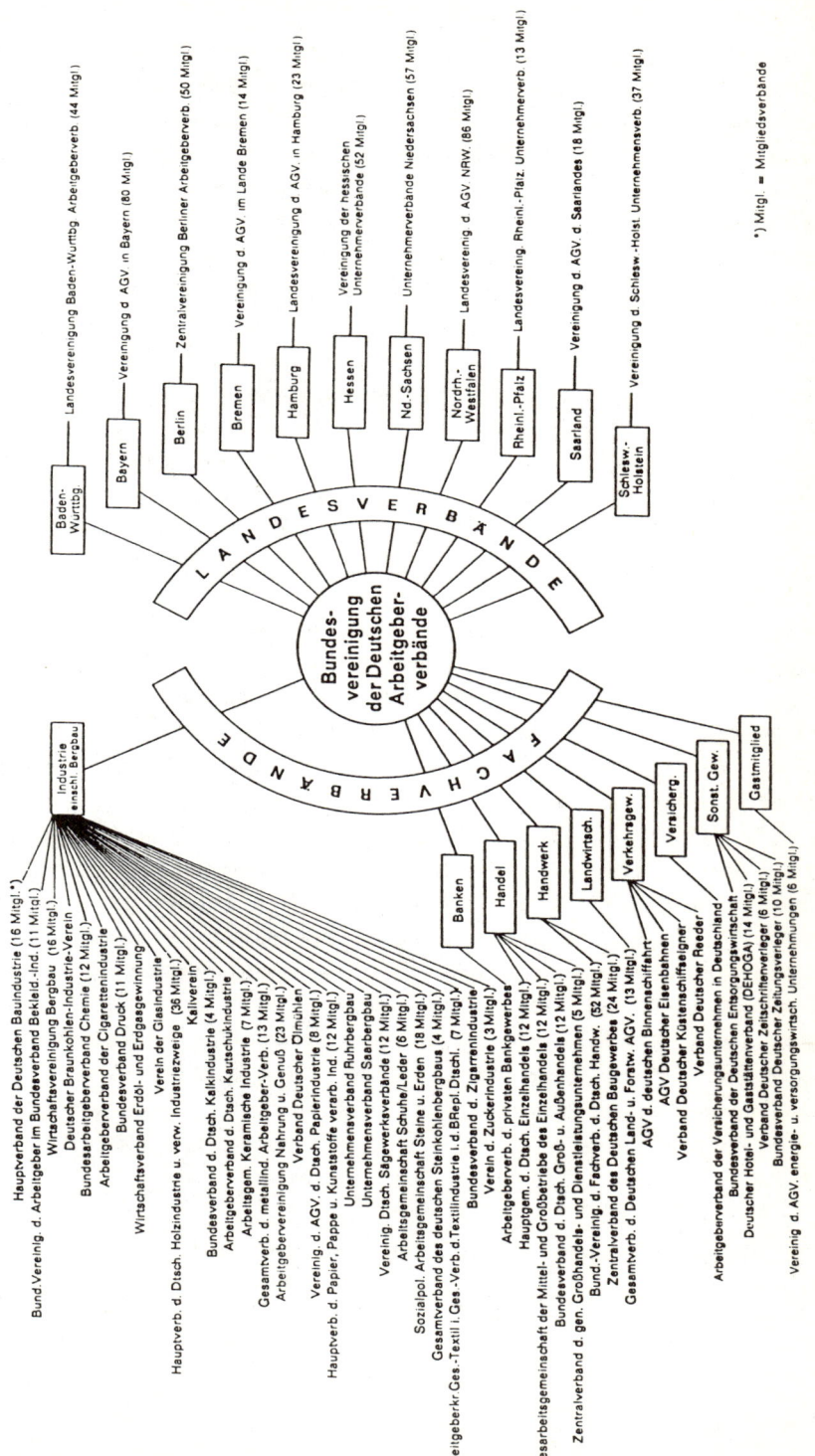

gegebenem Ressourceneinsatz besser zu organisierende Teile gespalten. Da die (Sonder-)Interessen der Einzelmitglieder arbeitsteilig-kooperativ durch verschiedene spezialisierte Verbände vertreten werden, besteht aus der Mikroperspektive Grund zu Doppel- und Mehrfachmitgliedschaften; diese sind wegen der Differenzierung der Interessenvertretung durch die verschiedenen Verbände unproblematisch und sinnvoll.[11]

Die Organisation der unternehmerischen Interessen erfolgt zum einen nach dem Fachprinzip (der vertikalen Integration, d.h. nach Wirtschaftszweigen bzw. Branchen), zum andern nach dem Regional- bzw. Territorialprinzip (der horizontalen Integration, d.h. nach Gebieten); hieraus resultiert die typische Doppelorganisation in fachliche und überfachliche Arbeitgeberverbände (46 Fachspitzenverbände bzw. 12 Landesverbände). Ihr Zweck ist die Wahrung der gemeinsamen Interessen ihrer Mitglieder als Arbeitgeber sowie der Interessenausgleich zwischen ihnen. Diese Aufgaben erfüllen sie insbesondere durch den Abschluß von Tarifverträgen sowie durch Hilfe und Beratung ihrer Mitglieder in allen Fragen des Arbeits- und Tarifrechts sowie bei Rechtsstreitigkeiten vor den Arbeits- und Sozialgerichten. Damit können wir grob zwischen externen (Interessendurchsetzung)[12] und internen (Selbsthilfe-)Funktionen unterscheiden (sog. innerer und äußerer Zweckkreis).

Die Verbände der Industrie verfügen innerhalb der BDA über ein gewisses Übergewicht gegenüber denen des Dienstleistungssektors. Die BDA, die als Dachorganisation einen komplexen "Verband der Verbände" und keinen Zusammenschluß einzelner Unternehmen darstellt, ist ein "Verband dritten Grades", dessen Mitglieder selbst Spitzenverbände auf fachlicher bzw. regionaler Ebene sind. Die BDA erfüllt u.a. wesentliche Koordinationsaufgaben in allen Fragen von allgemein-überregionalem Interesse; sie wahrt die "gemeinschaftlichen sozialpolitischen Belange ..., die über den Bereich eines Landes oder den Bereich eines Wirtschaftszweiges [und damit der Fachspitzen- bzw. Landesverbände, B.K.] hinausgehen und die von grundsätzlicher Bedeutung sind" (BDA-Satzung, Par.2). Adressaten der Verbandspolitik sind vor allem staatliche Entscheidungsträger (besonders Regierung und Ministerialbürokratie, weniger das Parlament) sowie die Öffentlichkeit.

Die BDA schließt ebenso wie der DGB selbst keine Tarifverträge, koordiniert aber die verschiedenen Tarifpolitiken ihrer Mitgliedsverbände, u.a. indem sie für bestimmte Kernfragen einheitliche Richtlinien formuliert ("Katalog der zu koordinierenden lohn- und tarifpolitischen Fragen").[13] Das Ausmaß der Koordination dieser Rahmenbedingungen

---

[11] Derartige funktionale Spezialisierungen bestehen auf Arbeitnehmerseite nicht.

[12] Vgl. Sisson, K., The management of collective bargaining. An international comparison, Oxford 1987.

hat seit den 50er Jahren erheblich zugenommen und geht inzwischen faktisch über Empfehlungen an die formal unabhängigen und nicht an Weisungen gebundenen Mitglieder weit hinaus.[14]

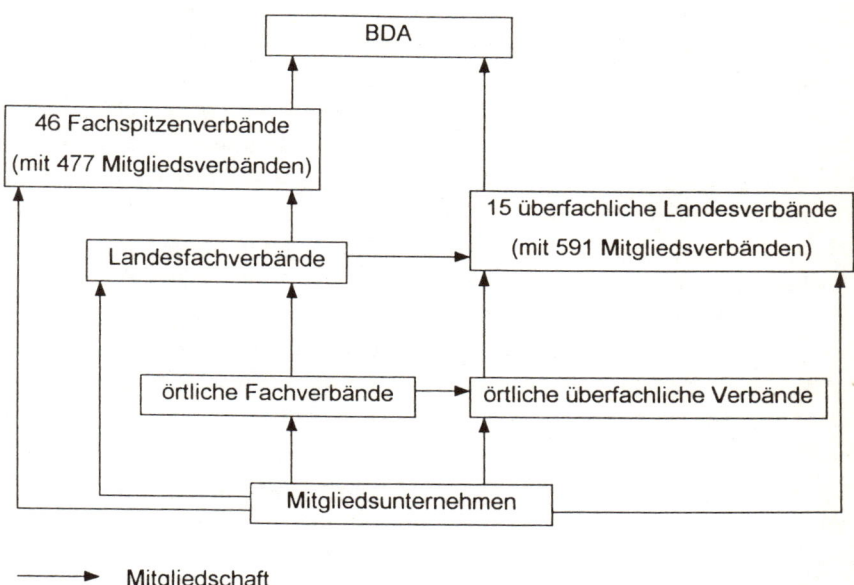

Quelle: Henneberger,F., Transferstart: Organisationsdynamik und Strukturkonservatismus westdeutscher Unternehmerverbände - Aktuelle Entwicklungen unter besonderer Berücksichtigung des Aufbauprozesses in Sachsen und Thüringen, PVS 34 (1993), 647.

---

[13] Dieser sog. Tabu-Katalog wurde zuletzt 1988 modifiziert. "Die wesentlichen Änderungen des Kataloges enthalten aktualisierte Aussagen zu einigen schwergewichtigen Themenkreisen der Tarifpolitik, die aufgrund der aktuellen Tarifentwicklung in den einzelnen Wirtschaftsbereichen einen erhöhten Koordinierungsbedarf ausgelöst haben. Dabei handelt es sich im wesentlichen
- um die tarifvertragliche Festlegung der Arbeitstage, um die flexible Arbeitszeitverteilung ...
- um gewerkschaftliche Forderungen auf betriebsnahe bzw. differenzierte Tarifpolitik ...
- um die Grenzen der Arbeitszeitverkürzung."
BDA, Jahresbericht 1988, Bergisch-Gladbach 1988, 35.

[14] Eine ähnliche Aufgabe übernehmen auf anderer Ebene die Fachspitzenverbände, deren wichtigster der "Gesamtverband der metallindustriellen Arbeitgeberverbände" (Gesamtmetall) ist.

Im Binnenverhältnis zwischen Mitgliedsverbänden und Spitzenorganisation hat in langfristiger Perspektive eine innerorganisatorische Zentralisierung der Entscheidungskompetenzen stattgefunden: Der Dachverband wahrt und sichert faktisch die Einheitlichkeit der Tarifpolitik durch Kontrolle der tarifpolitischen Willensbildung, obwohl er formal über keinerlei Weisungsbefugnis gegenüber den Mitgliedsverbänden verfügt (Erhöhung der Effektivität der Verhandlungen).

Der Organisationsgrad läßt sich bei Arbeitgeberverbänden kaum sinnvoll als Quotient aus Anzahl der Mitgliedsunternehmen und Gesamtzahl der Unternehmen (z.B. der Branche) definieren, da Klein- und Großbetriebe in diesem Fall gleich behandelt würden. Daher wird häufig der Quotient aus der Zahl der beschäftigten Arbeitnehmer der Mitgliedsfirmen und der Gesamtzahl der Beschäftigten im Organisationsbereich als Indikator genommen. Eine gelegentlich gewählte Alternative besteht im Quotienten aus Bilanz- oder Umsatzsumme der Mitgliedsfirmen zu der aller Firmen im Organisationsbereich. Bei prinzipiell freiwilliger Mitgliedschaft[15] beträgt der Organisationsgrad relativ unabhängig von der Art der Operationalisierung über 80%, wobei Großunternehmen eine höhere Organisationsbereitschaft und -dichte aufweisen als kleine; allerdings sind die Organisationsstrukturen partikularistischer als die der Gewerkschaften. Auch in anderen vergleichbaren westlichen Industrieländern liegt der Organisationsgrad traditionell ähnlich hoch und damit erheblich über dem der Arbeitnehmer.[16]

Bei den Unternehmern können wir davon ausgehen, daß für sie - im Gegensatz zu den Arbeitnehmern - der enge Zusammenschluß in Interessenverbänden in Anbetracht der Konkurrenzsituation auf den Arbeits- und Produktmärkten zunächst nur von nachrangiger Bedeutung ist; Einzelinteressen werden primär über den Markt bzw. durch betriebliche Aktionsparameter, also individuell und nicht kollektiv realisiert. "Many commentators have observed that employers organize in response to employees, that is, that unions take the lead in organization of the labour market; while employers might find it *easier* to organize than labour, they have less *need* to do so if an individualized labour market is working well for them. Capitalists being *per definition* competitive, they

---

[15] Nicht Mitglieder der BDA sind der Arbeitgeberverband Eisen- und Stahlindustrie (wegen der Konstruktion des Arbeitsdirektors in der Montanmitbestimmung bzw. der dadurch beeinträchtigten Gegnerfreiheit des Verbandes) sowie die eigenständigen Arbeitgeberverände des öffentlichen Dienstes, zu denen jedoch rege informelle Kontakte bestehen. Vgl. zu letzteren Keller,B., Arbeitspolitik des öffentlichen Sektors, Baden-Baden 1993, 125-152.

[16] "If capitalists do achieve higher density, this seems to be because their interest organizations are much more fragmented than trade unions, enabling them to make disproportionate use of their general advantage of small numbers ... high organizational density ... appears to be explained by small numbers generally, plus a class-specific response to interest heterogeneity through high organizational specialization and fragmentation." Streeck,W., Interest heterogeneity and organizing capacity: Two class logics of collective action?, in: Czada,R./Windhoff-Héritier,A.(eds.), Political choice. Institutions, rules and the limits of rationality, Frankfurt-Boulder 1991, 179.

combine only under exceptional circumstances."[17] Damit ergibt sich die Frage, weshalb Unternehmen unter diesen, von denen der Arbeitnehmer deutlich unterschiedlichen Bedingungen (Konkurrenzverhalten auf den Märkten vs. Solidarverhalten in der Organisation) überhaupt einem Verband beitreten und sich damit kollektiv gefaßten Entscheidungen unterwerfen. Die Frage können wir beantworten, wenn wir auf einen Ansatz zurückgreifen, den vor allem Olson[18] entwickelt hat und der die neuere Verbandsforschung entscheidend befruchtet und verändert hat.[19]

Olson unterscheidet zunächst zwischen
- öffentlichen oder kollektiven Gütern, die definitionsgemäß allen (organisierten und unorganisierten) Gruppenmitgliedern zugute kommen, wenn sie überhaupt erstellt werden, und zu deren Bereitstellung freiwillige Beiträge daher kaum geleistet werden bzw. die keinen Anreiz zum Verbandsbeitritt ausüben
- und individuellen oder privaten Gütern, die ex definitione ausschließlich den (Gruppen- bzw. Verbands-)Mitgliedern zugute kommen bzw. Nicht-Mitgliedern rechtlich und/oder faktisch vorenthalten werden können.

Weiterhin betont Olson in seiner Theorie des kollektiven Handelns grundsätzliche Unterschiede zwischen kleinen und großen Gruppen: Große (latente) Gruppen sind im Gegensatz zu kleinen dadurch charakterisiert, daß keine spürbaren Interdependenzen zwischen den Handlungen der beteiligten Individuen festzustellen sind. Olson zeigt, daß sich Individuen in großen Gruppen keinesfalls spontan zusammenschließen, wie auf den ersten Blick vermutet werden könnte, da es sich bei den zu erwartenden Vorteilen um öffentliche Güter im definierten Sinne handelt. Wegen der fehlenden Wahrnehmbarkeit (wechselseitigen Abhängigkeiten) besteht für den einzelnen folglich in großen Gruppen kein unmittelbarer Anlaß, zur Erstellung von Kollektivgütern beizutragen. Aus

---

[17] Crouch,C., Industrial relations and European state traditions, Oxford 1993, 334.

[18] Vgl. Olson,M., Die Logik des kollektiven Handelns. Kollektivgüter und die Theorie der Gruppen, Tübingen 1968.

[19] Während Olson implizit asymmetrische Bedingungen der Organisation auf beiden Seiten annimmt, gehen Offe/Wiesenthal später in ihrer Klassentheorie der Organisation explizit von "zwei unterschiedlichen Logiken kollektiver Aktionen" aus, indem sie auf Unternehmerseite sowohl eine geringere Interessenheterogenität als auch eine höhere Organisationsfähigkeit unterstellen. Vgl. zu diesem andersartigen Erklärungsansatz Offe,C./Wiesenthal,H., Two logics of collective action, PPST 1 (1980), 67-115; zur Kritik Streeck, Interest heterogeneity, 161-198; Streeck,W., Social institutions and economic performance. Studies of industrial relations in advanced capitalist economies, London 1992, 76-104; Traxler,F., Gewerkschaften und Arbeitgeberverbände: Probleme der Verbandsbildung und Interessenvereinheitlichung, in: Müller-Jentsch,W.(Hg.), Konfliktpartnerschaft. Akteure und Institutionen der industriellen Beziehungen, 2.Aufl. München-Mering 1993, 141-167; Wiesenthal,H., Kapitalinteressen und Verbandsmacht. "Two logics of collective action" revisited, in: Abromeit,H./Jürgens,U.(Hg.), Die politische Logik wirtschaftlichen Handelns, Berlin 1992, 38-61.

diesem Zusammenhang von Gruppengröße und individuellem Handeln entsteht für ganz unterschiedliche Gruppen das free rider-Problem ("Trittbrett- oder Schwarzfahrerproblem"): Individuen beteiligen sich nicht an den Kosten der Erstellung des Kollektivgutes, ohne daß sie von dessen Nutzung ausgeschlossen werden können.

Es bedarf daher besonderer Vorkehrungen in Form von Zwang oder selektiver Anreize, damit rational und eigeninteressiert handelnde Individuen gemeinsame Ziele auch tatsächlich durch eigene Beiträge fördern. Für Situationen, in denen die Ausübung von Zwang durch die Organisation selbst und/oder durch vom Staat erlassene Gesetze nicht möglich ist, empfiehlt Olson eine andere Strategie: Neben Kollektiv- müssen auch Individualgüter angeboten werden, die ex definitione nur den Mitgliedern zugute kommen. Derartige private Güter wirken als selektive Anreize, die positiv und negativ sowie wirtschaftlicher und besonders in kleinen Gruppen nicht-wirtschaftlicher Art sein können.

Was bedeutet nun dieser Ansatz für unser Problem? Die eine, externe Hauptaufgabe, nämlich der Abschluß von Tarifverträgen mit der zuständigen Gewerkschaft, stellt - ähnlich wie u.a. Öffentlichkeitsarbeit, wie Lobbyismus und Repräsentationsfunktion des Verbandes - eindeutig ein Kollektivgut dar, von dem auch Nicht-Mitglieder profitieren können. Bei großen Gruppen wie den Arbeitgeberverbänden muß deshalb ein Verband, der wegen seiner privatrechtlichen Basis auf freiwilliger Mitgliedschaft beruht und daher keinen Zwang ausüben kann, auch private Güter anbieten bzw. selektive Anreize mit interner Wirkung zur Verfügung haben. Dazu gehören vor allem
- das Recht auf schriftliche und/oder mündliche Auskunft und Beratung (von Geschäftsführung und Personalabteilung) durch Referenten bzw. Sachbearbeiter des Verbandes in allen arbeits- und tarifrechtlichen Fragen,
- Hilfestellung des Verbandes bei Rechtsstreitigkeiten (Prozeßvertretung, insbesonders vor den Arbeitsgerichten),
- Sammlung, Aufbereitung und Verbreitung von (sowohl allgemeinen als auch produktspezifischen) relevanten Informationen technischer, wirtschaftlicher, wirtschaftspolitischer und rechtlicher Art (durch allgemeine oder spezielle Rundschreiben),
- Erstellung von Betriebsvergleichen und Vermittlung der Ergebnisse,
- Herstellung von Kontakten.

Manche dieser umfangreichen Vorteile (durch Erstellung privater Dienstleistungen seitens des Selbsthilfeverbandes nur für seine Mitglieder) sind vor allem für kleinere Unternehmen von Bedeutung, die z.B. nicht über eine eigene Rechtsabteilung verfügen oder kostspielige technische Einrichtungen nicht allein anschaffen können. Größere Betriebe treten eher dem Verband bei, weil sie eine einheitliche und allgemeine Vertretung der Interessen nach außen für notwendig halten. Insofern können die Kalküle der unternehmerischen Akteure hinsichtlich ihrer Bereitschaft zum Verbandsbeitritt durchaus unterschiedlich sein.[20]

Die umfangreiche Kritik am Ansatz von Olson[21] macht es notwendig, eher von einer theoretischen Alternative auszugehen und individuelle Kosten-/Nutzenkalküle über die existierenden Handlungsalternativen sowie deren Beeinflussung durch die verschiedenen korporativen Akteure in den Mittelpunkt der Betrachtung zu stellen. Die Kosten einer Mitgliedschaft werden kalkuliert im Verhältnis zu ihren Nutzen, die günstigere Alternative wird gewählt. Hierbei kann der Nutzen sowohl wie bei Olson private als auch im Gegensatz zu Olson kollektive Elemente enthalten; die Kosten müssen im Gegensatz zu Olson nicht nur aus Kosten im ökonomischen Sinne bestehen. Die selektiven Anreize sind zwar Teile des Individualkalküls, machen es jedoch nicht vollständig aus. In die individuelle Nutzenfunktion gehen neben privaten also auch kollektive Elemente ein; der verwandte Rationalitätsbegriff wird weiter gefaßt als bei Olson, der ihn ökonomistisch verengt.

Bei unserem Anwendungsbeispiel gehören zu den <u>Kosten</u> der Arbeitgeber vor allem
- monatliche Mitgliedsbeiträge, die insbesondere bei kleineren Unternehmen eine Rolle spielen,
- Aufwand für die Erstellung und Weitergabe von Informationen (zeitintensive Auskunftserteilung),
- Verpflichtungen zu einem bestimmten Verhalten auf Arbeits- und Produktmärkten (Folgebereitschaft gegenüber Verbandsbeschlüssen),
- Zeitaufwand für ehrenamtliche Mitarbeit im Verband, die mit Firmengröße und Problemart variiert.

Zu den <u>Nutzen</u> gehören vor allem bestimmte Serviceleistungen des Verbandes.[22]

---

[20] Dieser theoretisch interessante Sonderfall ungleicher "Größe" der Gruppenmitglieder ist für den Anwendungsfall Arbeitgeberverbände wichtig, für (Einzel-)Gewerkschaften hingegen irrelevant, da stets Individuen, nicht hingegen korporative Akteure Mitglieder werden.

[21] Zur Kritik zusammenfassend Keller,B., Olsons "Logik des kollektiven Handelns". Entwicklung, Kritik - und eine Alternative, PVS 29 (1988), 388-406; Marwell,G./Oliver,P., The critical mass in collective action. A micro-social theory, Cambridge 1993.

[22] Ein anderes Problem des Ansatzes von Olson besteht darin, daß er sich ausschließlich auf Determinanten des Verbandsbeitritts konzentriert, Probleme des Verbandsaustritts bzw. Strategien der Loyalitätssicherung jedoch nicht behandelt. Vgl. hierzu Hirschman,A.O., Abwanderung und Widerspruch. Reaktionen auf Leistungsabfall bei Unternehmungen, Organisationen und Staaten, Tübingen 1974; zur Kritik zusammenfassend Keller,B., Individualistische Sozialwissenschaft. Zur Relevanz einer Theoriediskussion, KZfSuS 35 (1983), 59ff.

2.3. Arbeitgeberverbände: Politikformulierung und Organe

Eine gewisse Heterogenität der Interessen (z.B. zwischen kleinen und großen Mitgliedern, infolge regionaler Zuständigkeiten oder wegen der Zugehörigkeit zu verschiedenen Branchen) ist bereits aufgrund der erheblichen organisatorischen Breite vorgegeben. Das zentrale Problem der verbandsinternen Politikformulierung und -koordinierung besteht folglich in der Aufgabe, die vorhandenen, recht unterschiedlichen Interessen der großen Mitglieder(-gruppen) durch innerverbandliche Vorkehrungen zu selektieren und zu aggregieren, zu verallgemeinern und zu vereinheitlichen, um kollektives und solidarisches Handeln zu ermöglichen bzw. um die externe Handlungsfähigkeit vor allem gegenüber den Gewerkschaften zu sichern.[23] Die Herstellung von innerverbandlicher Solidarität, "d.h. der Primat von kooperativen Orientierungen gegenüber selbstbezogenen Kosten-Nutzen-Kalkülen"[24], wird so zum wesentlichen Problem bzw. zur zentralen Aufgabe des Verbandes. Unsolidarisches Handeln infolge dominierender Partikularinteressen bzw. autonome unternehmerische Entscheidungen im Rahmen einer profitorientierten Konkurrenzwirtschaft müssen möglichst verhindert werden. Weber faßt diesen Sachverhalt treffend zusammend, indem er den Sinn der Verbände darin sieht, "daß sie gesellschaftlich strukturell verankerte, heterogene bzw. divergierende und konfligierende Interessen absorbieren, die aus der Verfolgung selbstbezogener, rationaler Strategien resultierenden, potentiell selbstdestruktive Interessen integrieren und sie zu zweckvoller kollektiver Aktion so zusammenfassen, daß sie möglichst makropolitischen Erfordernissen und Politiken entsprechen".[25]

Diese Vereinheitlichung der Interessen eines bestimmten Spektrums geschieht häufig durch spezifische innerverbandliche Vorkehrungen, d.h. durch bewußte Entscheidungsdezentralisation in fachlich begrenzten Sachfragen, indem der Verband den <u>Fachgruppen bzw. -ausschüssen</u> als verbandlichen Untereinheiten eine relativ weitgehende Autonomie nicht nur satzungsrechtlich, sondern auch tatsächlich zugesteht. Im Vergleich zum heterogenen Gesamtverband sind diese Fachgruppen hinsichtlich der Interessenlage relativ homogene Organe der Entscheidungsfindung und -absicherung, die wichtige Zulieferer- und Vorbereitungsfunktionen erfüllen. Sie verfügen über weit-

---

[23] "Since employers' associations are not only coalitions whose members share certain vital interests but also alliances of competitors, maintaining the cohesiveness of the association is bound to be a primary association aim." Windmuller,J.P., Comparative study of methods and practices, in: ILO(ed.), Collective bargaining in industrialised market economies: A reappraisal, Geneva 1987, 38.

[24] Traxler,F., Interessenverbände der Unternehmer. Konstitutionsbedingungen und Steuerungskapazitäten, analysiert am Beispiel Österreichs, Frankfurt-New York 1986, 14.

[25] Weber,H., Unternehmerverbände zwischen Markt, Staat und Gewerkschaften. Zur intermediären Organisation von Wirtschaftsinteressen, Frankfurt-New York 1987, 17.

gehende Entscheidungskompetenz sowie Autonomie und leisten inhaltlich-fachlich einen erheblichen Teil der notwendigen Verbandsarbeit. Das Ausmaß der ehrenamtlichen Mitarbeit im Verband ist gerade bei dessen Ausschüssen erheblich; den Regelfall stellt die wiederholte Entsendung der entsprechenden Experten dar, die häufig aus den großen Mitgliedsfirmen stammen.

Diese Strategien einer horizontalen innerverbandlichen Differenzierung garantieren zum einen einen hohen Beteiligungsgrad der verschiedenen Mitglieder(-interessen) an der innerverbandlichen Willensbildung und erleichtern deren Einbindung bzw. Integration durch Verpflichtung auf gemeinsame Beschlüsse. Zum anderen lassen sie aber auch potentielle Bewertungsunterschiede durch verschiedene Mitglieder(-gruppen) frühzeitig deutlich werden bzw. ermöglichen eine Konfliktbewältigung durch internes Interessenclearing. Der innerverbandliche Kommunikationsprozeß zwischen den Mitgliedern sowie zwischen diesen und den Gremien wird verbessert; personelle Verflechtungen durch Mitgliedschaft in verschiedenen Gremien erleichtern und stützen die Integration der Teilentscheidungen zu einem notwendigen einheitlichen Verbandswillen.

Die Verbandsorgane, die im Rahmen des formalen, in den Satzungen vorgezeichneten Organisationsaufbaus für die interne Politikformulierung und -koordinierung arbeitsteilig zuständig sind, lassen sich zunächst grob unterscheiden in statuarische (vor allem Mitgliederversammlung) und exekutive Funktionen (u.a. Vorstand):

- Bei der Mitgliederversammlung, die sich aus Vertretern der Mitgliedsfirmen bzw. bei Spitzenverbänden aus Vertretern der Mitgliedsverbände zusammensetzt, besteht zumeist ein nach der Anzahl der beschäftigten Arbeitnehmer, nach Unternehmensgröße oder Umsatz differenziertes Stimmrecht, d.h. das demokratische Prinzip "one man, one vote" gilt häufig nicht.[26] Sowohl aufgrund der langen Abstände im Tagungsrhythmus (ungefähr einmal jährlich) als auch wegen ihrer Größe und Kompetenzen (u.a. Satzungsänderungen, Festsetzung der Beiträge, Genehmigung des Haushaltsplans, Wahl des Vorstandes) ist die aufgrund ihrer Größe recht schwerfällige Mitgliederversammlung faktisch nicht das entscheidende und politikbestimmende Organ des Verbandes; dieses repräsentativ zusammengesetzte Gremium dient eher der formaldemokratischen Legitimation der Verbandsführung als der faktischen Entscheidungsfindung bei aktuellen Problemen.
- Der Vorstand, das von der Mitgliederversammlung gewählte Leitungsorgan, ist zumeist ehrenamtlich tätig; er ist aufgrund seiner Größe und Sitzungsfrequenz kaum in der Lage, die in der Satzung formulierten Kontrollaufgaben effektiv wahrzu-

---

[26] Solche Regelungen führen im übrigen häufig zu einer Vormachtstellung der großen, ökonomisch wichtigeren Mitglieder (sog. Verbandsoligarchie).

nehmen. Daher haben manche vor allem größere Verbände außerdem noch ein Präsidium als eigentliches kleineres Kontrollorgan eingerichtet.
- Die mit hauptamtlichen Mitarbeitern besetzte Geschäftsführung mit dem Hauptgeschäftsführer an der Spitze ist satzungsrechtlich lediglich ausführendes Organ des Vorstandes und soll als administrative Einheit die laufenden Aufgaben erledigen. Die Geschäftsführung ist faktisch jedoch u.a. wegen ihres hohen Informationsniveaus und ihrer großen fachlichen Kompetenzen bzw. ihres "Sachverstandes" ebenso von größerer Bedeutung für die Verbandspolitik wie die formal vom Vorstand eingesetzten zahlreichen Fachausschüsse, vor allem der tarifpolitische Ausschuß. Interessenunterschiede zwischen Mitgliedern und Verbandsfunktionären können auch hier auftreten.

Die häufig anzutreffenden personellen und institutionellen Verflechtungen von verschiedenen Verbandsgremien (z.B. Mitgliederversammlung, Vorstand, Fachausschüssen) in horizontaler und vertikaler Richtung erleichtern die Formulierung eines einheitlichen Verbandswillens durch Integration der Teilentscheidungen. Formale Abstimmungen in den "legislativen" Verbandsorganen ratifizieren und legitimieren zumeist nur Sachentscheidungen, die bereits auf konsensualer Basis gefallen sind.

Bei den internen Willensbildungsprozessen wird auf möglichst breite Mehrheiten Wert gelegt. Sog. Kampfabstimmungen sind ebenso selten wie ausgeprägte Fraktionsbildungen, vor allem weil durch solche Strategien das notwendige solidarische Handeln bei Verbänden mit freiwilliger Mitgliedschaft kaum gewährleistet werden könnte. Aus demselben Grund werden bei einer Verletzung von Pflichten, die sich für die Mitglieder aus der Verbandssatzung ergeben, verbandsautonome Sanktionierungen durch sog. Verbandsstrafen in Form von Geldbußen oder sogar Ausschluß nur sehr selten ausgesprochen: Ein gewisses Maß an Solidarität im Binnenverhältnis der Mitglieder, vor allem die Befolgung der Tarifgebundenheit, ist eine notwendige Voraussetzung für Handlungs- und Entscheidungsfähigkeit im Außenverhältnis, d.h. gegenüber dem Tarifvertragspartner. Kontinuität ist zudem ein wichtiger Faktor in der Verbandspolitik.

Für die Interessendurchsetzung ist sowohl die interne als auch die externe Ausstattung mit Ressourcen von zentraler Bedeutung.[27] Die Verbandsfinanzen, eine für die Aktionsfähigkeit des Verbandes wesentliche interne Ressource, gehören zu den am besten gehüteten Geheimnissen. Die Höhe der Mitgliedsbeiträge ist häufig nach Kriterien wie der Mitarbeiterzahl des Unternehmens oder der Lohnsumme gestaffelt, wobei unterschiedliche Beiträge häufig auch ein differenziertes Stimmrecht in den Verbands-

---

[27] Vgl. zum Ressourcenansatz in vergleichender Perspektive Traxler, Gewerkschaften und Arbeitgeberverbände, 155ff.

gremien implizieren. Die sog. Beitragsehrlichkeit stellt gelegentlich bei kleineren Unternehmen ein Problem dar.
Weiterhin existieren seit langem, verstärkt aber seit den 70er Jahren häufig verbandsinterne zentrale Unterstützungsfonds, die dreistufig aufgebaut sind:
- als Unterstützungsfonds bei den Tarifträgerverbänden,
- als Gefahrengemeinschaften bei den Fachverbänden auf Bundesebene
- sowie als Schutzgemeinschaft bei der BDA.

Bei Arbeitskämpfen werden Unterstützungszahlungen an betroffene Unternehmen oder Branchen geleistet, um die ökonomischen Nachteile auszugleichen; durch diese Verbandsleistungen kann die Bereitschaft zur aktiven Teilnahme an Kampfmaßnahmen gesteigert bzw. der bei Arbeitskämpfen zumindest latenten Bedrohung der Verbandssolidarität angesichts differierender Einzelinteressen entgegen gewirkt werden.[28] Die entsprechenden Richtlinien sind nicht öffentlich bekannt.

Das Verbandspersonal, eine weitere wichtige, extern beschaffte Ressource, ist zum großen Teil fachlich sehr gut qualifiziert. Der Akademikeranteil ist groß, die entsprechenden Tätigkeiten sind hochgradig professionalisiert. Die Zahl der hauptberuflichen Verbandsmitarbeiter ist häufig beträchtlich.

Ein in der Literatur kaum behandeltes, weil nur mit erheblichem Aufwand zu erhellendes Problem stellen Verbandsaustritte[29] dar, deren Anzahl und Bedeutung für Arbeitgeberverbände und Tarifbeziehungen offensichtlich seit den 80er Jahren zunimmt.[30] In bezug auf die Größe scheint es sich vor allem um mittelgroße Unternehmen zu handeln, die nicht nur kurzfristig, sondern schon seit längerem mit der Tarifpolitik allgemein, vor allem aber mit der Arbeitszeitpolitik (Verkürzung der Wochenarbeitszeit) "ihres" Verbandes unzufrieden waren bzw. Schwierigkeiten hatten und Vor- und Nachteile ihrer Entscheidung intensiv abgewägt hatten. Interessengegensätze vor allem zwischen großen und kleineren Unternehmen sind von erheblicher Bedeutung für die Austrittsentscheidung: Die gesamte Tarifpolitik des Verbandes wird als von den Großunternehmen dominiert wahrgenommen; eine Vereinheitlichung der Interessendifferenzen

---

[28] International vergleichend Lange,T., The role of lockouts in labor conflicts. A legal study of American and German approaches, Frankfurt-Bern 1987, 146-156.

[29] Vgl. im einzelnen Langer,A., Arbeitgeberverbandsaustritte - Motive, Abläufe und Konsequenzen, IndBez 1 (1994), 132-154.

[30] Vgl. zur Bewertung der Verbandsleistungen durch die Mitglieder im einzelnen Vieregge, H.v./HESSEN METALL, "Was Mitglieder bindet": Ergebnis einer Infratest-Umfrage 1993 bei HESSEN METALL. Reihe "Manuskripte" 1/94, Frankfurt 1994; Vieregge,H.v., Was Mitglieder bindet - eine Umfrage von Infratest, Der Arbeitgeber 45 (1993), 742-745.

gelingt nicht mehr. Der Verlust der Möglichkeit, von den Dienstleistungen des Verbandes zu profitieren, wird nicht sehr hoch eingeschätzt, da alternative Bezugsquellen (u.a. Wirtschaftsverbände, privater Erwerb) zur Verfügung stehen.

Die zentrale Anschlußfrage lautet, wie die Arbeitsbedingungen nach dem Austritt geregelt werden? Die in den Verbandstarifverträgen getroffenen Regelungen über Entgelte und übrige Arbeitsbedingungen sollen häufig auch weiterhin als Orientierungshilfe wirken, so daß bei einer Abwägung der Vor- und Nachteile die Tarifentwicklung auch nach dem Austritt prägend bleibt. Haustarifverträge, die ein höheres Maß an Flexibilität außerhalb der Tarifbindung wiederum einschränken, können nur von "starken" Gewerkschaften mit einem hohen Organisationsgrad - und damit bei weitem nicht immer und überall - durchgesetzt werden. Die Rückwirkungen von Austritten auf die Verbandspolitik sind nicht geklärt.

Generell gilt: "Zur Bewältigung ihrer innerorganisatorischen Probleme diskutieren die Arbeitgeberverbände vor allem zwei Möglichkeiten, die beide ihr bisheriges Rollenverständnis und den Schwerpunkt ihrer Dienstleistungen verändern würden: Zum einen wird intern vorsichtig darüber nachgedacht, eine (in Einzelfällen heute schon bestehende) Mitgliedschaft ohne Tarifbindung generell zuzulassen, doch ist äußerst umstritten, ob dieser Weg eher zur Rettung oder zum Untergang der Arbeitgeberverbände führen würde. Zum anderen wird - mit wesentlich größerem Einvernehmen - eine stärkere Flexibilität und Differenzierung der Tarifpolitik angestrebt, bei der Verbandstarifverträge beibehalten, aber mit größeren Gestaltungs- oder gar Abweichungsmöglichkeiten für die einzelnen Betriebe versehen werden sollen."[31]

2.4. Arbeitgeberverbände in den neuen Bundesländern

Arbeitgeberverbände wie Gewerkschaften wurden von der Wende völlig überrascht. Beide mußten kurzfristig aus organisationspolitischen Kalkülen am zügigen Aufbau sowohl eigener als auch von Organisationen der Gegenseite sowie an der Entwicklung stabiler Kooperationsbeziehungen interessiert sein; ohne Ausdehnung der Organisationsdomänen hätten sich die relativen Positionen, d.h. die im Verhältnis zu anderen Akteuren, verschlechtert. Die Tarifparteien reagierten - ebenso wie die korporativen Akteure in anderen Politikfeldern[32] - relativ schnell mit strategischen Schlüsselentscheidungen, d.h. mit dem Aufbau regionaler Verbandsgliederungen.[33]

---

[31] Schnabel,C., Entwicklungstendenzen der Arbeitsbeziehungen in der Bundesrepublik Deutschland seit Beginn der achtziger Jahre. Eine Analyse unter besonderer Berücksichtigung der Arbeitgeberseite, in: Mesch,M.(Hg.), Sozialpartnerschaft und Arbeitsbeziehungen in Europa, Wien 1995, 69.

[32] Vgl. u.a. Lehmbruch,G., Institutionen, Interessen und sektorale Variationen in der Transformationsdynamik der politischen Ökonomie Ostdeutschlands, JfS 34 (1994), 21-44.

Der Aufbau der Arbeitgeberverbände[34], der im März 1990 begann und bis Ende 1990 weitgehend abgeschlossen war, hatte ein relativ einheitliches Grundmuster: Die westdeutschen Fachverbände leisteten im Rahmen von Partnerschaften bzw. Patenschaften personelle, sachliche und finanzielle Unterstützung, so daß Pendants zu den westlichen Verbänden gegründet werden konnten.[35] Westliche Organisationsprinzipien wurden weitgehend auf die NBL übertragen, so daß formal kompatible Strukturen entstanden. Originäre ostdeutsche Verbände, d.h. solche, die ohne westliche Hilfe gegründet wurden (z.B. Unternehmerverband DDR mit regionalen Untergliederungen), blieben aufgrund unzureichender Ressourcenausstattung relativ bedeutungslos.

Die fachlich-regionalen Verbände, die Beratungs- und Unterstützungsleistungen für die ihnen angeschlossenen Unternehmen übernahmen, wurden Mitglieder oder assoziierte Mitglieder in den Fachspitzenverbänden; ebenso entstanden neue überfachliche Landesverbände, die der BDA beitraten. "Das Gelingen dieses flächendeckenden Aufbauprogramms zeugt von der Organisationskompetenz und der horizontalen Koordinationsfähigkeit der Verbandszentralen."[36] Das in den alten Bundesländern dominierende Trennmodell mit formal getrennten Wirtschafts- und Arbeitgeberverbänden wurde allerdings nicht übernommen; stattdessen besteht - ähnlich wie in einigen alten Bundesländern - ein Trend zu Gemeinschaftsverbänden, vor allem auf örtlicher, aber auch auf Landesebene.[37]

In dieser ersten Phase, als die Arbeitgeberverbände ebenso wie die Gewerkschaften flächendeckend parallele Organisationen in den NBL gründeten, wurden "die Mindestvoraussetzungen für die Funktionsfähigkeit der Tarifautonomie erfüllt"[38]. Eine externe Organisationshilfe erwies sich als außerordentlich dienlich: Die THA "hatte alle ihre Firmen aufgefordert bzw. sie quasi dazu verpflichtet, den jeweiligen Arbeitgeberverbänden beizutreten, was deren Organisationsaufbau zunächst wesentlich erleich-

---

[33] Vgl. zusammenfassend zu Verbänden und Interessenvertretungen Eichener,V. et al.(Hg.), Organisierte Interessen in Ostdeutschland, 2 Halbbände Marburg 1992.

[34] Vgl. zum hier nicht behandelten, parallelen Aufbau von Unternehmerverbänden Bauer,J., Aktivitäten des BDI in den neuen Bundesländern, Aus Politik und Zeitgeschichte B13/91, 12-19.

[35] Vgl. zu Beispielen im einzelnen Henneberger,F., Struktur und Organisationsdynamik der Unternehmerverbände: Probleme der Verbandsbildung und Interessenvereinheitlichung im vereinten Deutschland, Wirtschaft und Gesellschaft 19 (1993), 329-357.

[36] Wiesenthal,H./Stykow,P., Unternehmerverbände im Systemwechsel. Entwicklung und Status organisierter Wirtschaftsinteressen in den Transformationsprozessen Ostmitteleuropas und Rußlands, Arbeitspapiere AG TRAP 94/5, 35.

[37] Die einzige Ausnahme bildet Sachsen mit getrennten Regionalorganisationen.

[38] Kleinhenz,G., Tarifpartnerschaft im vereinten Deutschland. Die Bedeutung der Arbeitsmarktorganisationen für die Einheit der Arbeits- und Lebensverhältnisse, APuZ B12/92, 19.

terte. Mit einer rückläufigen Zahl von Treuhandbetrieben mußten die Arbeitgeberverbände um ihren Organisationsbestand fürchten."[39]

In der Anfangsphase der "marktwirtschaftlichen Euphorie" konnten beide Tarifpartner, nachdem sie die westlichen Prinzipien auf den Osten übertragen bzw. ausgeweitet hatten, deutliche Organisationserfolge erzielen.[40] Danach sind sowohl Gewerkschaften als auch Arbeitgeberverbände mit erheblichen Schwierigkeiten und ähnlichen Problemen konfrontiert.

Organisationsprobleme traten auf, als nach erfolgter Privatisierung bzw. Neugründung zahlreiche Arbeitgeber den Verbänden nicht beitraten (Verbandsabstinenz).[41] Außerdem erfolgten einige Austritte (Verbandsflucht). Wesentliche Motive waren nach Angaben der Betriebe Unzufriedenheit mit der Tarifpolitik des eigenen Verbandes, die in der Wahrnehmung der Kritiker vor allem von den Interessenlagen der Großunternehmen bestimmt war, bzw. der Versuch, die mit einer Mitgliedschaft verbundene Tarifgebundenheit zumindest mittel- und langfristig zu vermeiden.

Die vorliegenden Untersuchungen kommen zu folgenden Resultaten:

- Laut einer Studie des DIW waren im Winter 1993/94 64% der Unternehmen des ostdeutschen verarbeitenden Gewerbes nicht Mitglied in einem tariffähigen Arbeitgeberverband; die Mehrheit der Arbeitgeber, auf die allerdings nur 26% der Beschäftigten entfallen, war nicht (mehr) organisiert.
- Diese Distanz zu den Verbänden nahm in der Folgezeit noch zu: 1995 waren 73% der ostdeutschen Industrieunternehmen (mit 36% der Beschäftigten) nicht (oder nicht mehr) Mitglied in einem Arbeitgeberverband.[42]
- Eine Untersuchung des IWH, die mit denen des DIW aus methodischen Gründen nur bedingt vergleichbar ist, zeigt, daß im Sommer 1994 nur 73% der Unternehmen des ostdeutschen verarbeitenden Gewerbes organisiert waren; überrepräsentiert waren

---

[39] Bialas,Chr., Gewerkschaftlicher Organisationsaufbau und Transformation der Lohnpolitik im Prozeß der deutschen Einheit: die IG Metall in den neuen Bundesländern 1990 - 1993, Arbeitspapiere AG TRAP 94/1, 38.

[40] Vgl. zusammenfassend Wielgohs,J./Wiesenthal,H., Konkurrenz - Ignoranz - Kooperation: Interaktionsmuster west- und ostdeutscher Akteure beim Aufbau von Interessenverbände, Arbeitspapiere AG TRAP 94/9, 4-11.

[41] "In some sectors (hotels, catering, retail and wholesale trade, publishing), there has been a determined effort to avoid joining such associations. The new Opel plant in Eisenach was set up as a legally independent company: it does not belong to the German Opel company and is not bound by collective agreements." Bosch,G., Collective bargaining in the unified Germany, in: IRRA(ed.), Proceedings of the 45th annual meeting, Madison 1993, 126.

[42] Vgl. DIW/IWH/IfW, Gesamtwirtschaftliche und unternehmerische Anpassungsfortschritte in Ostdeutschland, DIW Wochenbericht 27-28/95, 483f.

Treuhandbetriebe sowie Unternehmen westdeutscher oder ausländischer Eigentümer, unterrepräsentiert waren hingegen kleine und mittlere Unternehmen.[43] "Insbesondere kleine, eigenständige ostdeutsche Unternehmen und neugegründete Unternehmen scheuen die Mitgliedschaft in einem Arbeitgeberverband."[44]

Die mangelnden Anreize zum Verbandsbeitritt, wie sie die Logik des kollektiven Handelns in theoretischer Perspektive verdeutlicht, sind aus der Verbandssicht besonders problematisch, weil "im ostdeutschen verarbeitenden Gewerbe von 1991 bis 1993 ein durchgängiger Trend zur Verkleinerung der Betriebsgröße zu verzeichnen"[45] ist, aber gerade dieses wichtiger werdende Segment offensichtlich kaum organisiert werden kann. Die massive Unzufriedenheit, die sich u.a. in der Realisierung der Option exit niederschlägt, übersteigt deutlich das aus dem Westen bekannte Ausmaß.[46]

Diese Schwierigkeiten weisen auf deutliche Repräsentationslücken spezifischer ostdeutscher Interessen in den überregionalen Verbänden hin, deren Verpflichtungsfähigkeit und Glaubwürdigkeit dadurch eingeschränkt wird. Das enorm heterogenisierte Interessenspektrum, das von prosperierenden neugegründeten über privatisierte Unternehmen, Klein- und Mittelbetriebe in Schwierigkeiten bis zu nicht privatisierungsfähigen Treuhandunternehmen reicht[47], ist innerhalb der von andersartigen westlichen Interessen und Politikpräferenzen dominierten Verbänden kaum zu integrieren und zu mediatisieren.[48] Zusammenfassend[49] können wir festhalten: "Die Transformation unternehmerverbandlicher Organisationsstrukturen vollzog sich im wesentlichen als

---

[43] Vgl. Ettl,W./Heikenroth,A., Strukturwandel, Verbandsabstinenz, Tarifflucht: Zur Lage ostdeutscher Unternehmen und Arbeitgeberverbände, Arbeitspapiere AG TRAP 95/3, 19ff.

[44] DIW/IWH/IfW, Gesamtwirtschaftliche und unternehmerische Anpassungsfortschritte in Ostdeutschland, 213.

[45] Ettl/Heikenroth, Strukturwandel, 7.

[46] Vgl. im einzelnen Langer, Arbeitgeberverbandsaustritte, 132-154.

[47] Vgl. im einzelnen Ettl,W./Wiesenthal,H., Tarifautonomie in de-industrialisiertem Gelände. Analyse eines Institutionentransfers im Prozeß der deutschen Einheit, KZfSuS 46 (1994), 430f.

[48] Die Verbände reagieren auf diese Entwicklungen, indem sie u.a. vorschlagen, in Zukunft Mitgliedschaften ohne Tarifbindung oder unverbindliche Gastmitgliedschaften anzubieten oder Arbeitgeberverbände ohne Tarifbindung zu gründen. Vgl. im einzelnen Schröder,W., Arbeitgeberverbände in der Klemme. Motivations- und Verpflichtungskrisen, in: Bispinck,R.(Hg.), Tarifpolitik der Zukunft. Was wird aus dem Flächentarifvertrag?, Hamburg 1995, 55ff.

[49] Lehmbruch gibt eine theoretische Interpretation dieser Situation, indem er von der Hypothese ausgeht, "daß das im westdeutschen System der Interessenvermittlung eingespielte Verhältnis von "Mitgliedschaftslogik" und "Einflußlogik" im Transformationsprozeß heterogenen Spannungen ausgesetzt wird". Lehmbruch,G., Dilemmata verbandlicher Einflußlogik im Prozeß der deutschen Vereinigung, in: Streeck,W.(Hg.), Staat und Verbände, Opladen 1994, 374.

Prozeß der bloßen Adaption an das westdeutsche unternehmerische Verbändesystem. Die unveränderte Übernahme dieser Strukturen war nicht geeignet, die Probleme der ostdeutschen Wirtschaft zu lösen, da die Artikulation und Vermittlung der spezifisch ostdeutschen Interessen in den westdeutschen (Spitzen-)Verbänden bislang nicht hinreichend gelungen ist."[50]

Einführende Literatur:

Prigge,W.U., Metallindustrielle Arbeitgeberverbände in Großbritannien und der Bundesrepublik Deutschland, Opladen 1987

Sadowski,D./Jacobi,O.(eds.), Employers' associations in Europe: Policy and organisation, Baden-Baden 1991

Schmitter,Ph./Streeck,W., The organization of business interests. A research design to study the association action of business in advanced industrial societies of Western Europe. Revised and extended version, IIM/LMP 81-13, Berlin 1981

Streeck,W./Schmitter,Ph., Private interest government: Beyond market and state, London 1985

Traxler,F., Interessenverbände der Unternehmer. Konstitutionsbedingungen und Steuerungskapazitäten, analysiert am Beispiel Österreichs, Frankfurt-New York 1986

Weber,H., Unternehmerverbände zwischen Markt, Staat und Gewerkschaften. Zur intermediären Organisation von Wirtschaftsinteressen, Frankfurt-New York 1987

Windmuller,J.P./Gladstone,A.(eds.), Employers associations and industrial relations, Oxford 1984.

---

[50] Henneberger,F., Transferstart: Organisationsdynamik und Strukturkonservatismus westdeutscher Unternehmerverbände - Aktuelle Entwicklungen unter besonderer Berücksichtigung des Aufbauprozesses in Sachsen und Thüringen, PVS 34 (1993), 640.

3. KORPORATIVE AKTEURE II: GEWERKSCHAFTEN

Nach klassischer und zugleich gängiger (Nominal-)Definition sind Gewerkschaften freiwillige, auf Dauer angelegte Interessenvereinigungen von abhängig beschäftigten Arbeitnehmern mit dem Ziel der Absicherung und Verbesserung ihrer wirtschaftlichen und sozialen Lage bzw. Arbeitsbedingungen. Gewerkschaften müssen versuchen, Strukturen und Prozesse des Arbeitsmarktes faktisch eher zugunsten ihrer Mitglieder bzw. programmatisch zugunsten aller Arbeitnehmer zu kontrollieren oder zumindest zu beeinflussen, d.h. eine "Einschränkung der Substituierbarkeit der Arbeitskräfte"[1] zu erreichen. Ihre Erfolgsaussichten hängen entscheidend von der Organisationsform (vor allem Berufs-, Betriebs-, Industriegewerkschaft) ab, die derjenigen der Arbeitsmärkte ähnlich sein muß.[2] Das wesentliche Instrument der Interessendurchsetzung innerhalb eines institutionalisierten Systems der Konfliktaustragung ist der Tarifvertrag einschließlich des Streikrechts, von dem in periodischen Abständen Gebrauch gemacht wird.

3.1. Organisationsprinzipien und bestehende Organisationen

Die im Zusammenhang mit der Industrialisierung entstandene deutsche Gewerkschaftsbewegung war von ihren Anfängen als regionale, solidarische Selbsthilfe-, Unterstützungs- und Widerstandsorganisation um die Mitte des 19. Jahrhunderts bis in die Zeit der Weimarer Republik berufsständisch und weltanschaulich zersplittert.[3] Die frühen Gewerkschaften in den 60er Jahren des 19. Jahrhunderts waren zumeist berufsständische Organisationen hochqualifizierter Facharbeiter (z.B. Buchdrucker, Arbeiter in der Zigarrenindustrie) mit dadurch recht homogenen Interessenlagen. Die ersten umfassenderen Organisationen der vergleichsweise schlecht qualifizierten Arbeitnehmer entstanden erst nach 1890. Aber auch nach der Institutionalisierung der Koalitionsfreiheit im Jahre 1918 bzw. nach dem Übergang von der "klassischen" zur

---

[1] Müller-Jentsch,W., Berufs-, Betriebs- oder Industriegewerkschaften, in: Endruweit,G. et al.(Hg.), Handbuch der Arbeitsbeziehungen, Berlin-New York 1985, 369.

[2] Dieser Zusammenhang läßt sich in historischer Perspektive dahingehend zusammenfassen, "daß die frühen Gewerkschaften als Organisationen von Subkontraktoren, handwerklich hochqualifizierten Arbeitskräften und frühen Nutznießern der Industrialisierung Kontrolle über ihre fachspezifischen Arbeitsmärkte ausüben konnten, während die Masse jener, die ihre billige Arbeitskraft auf den Jedermanns-Arbeitsmärkten feilbieten mußten, noch keine gewerkschaftliche Interessenvertretung hatten." Müller-Jentsch,W./Stahlmann,M., Management und Arbeitspolitik im Prozeß fortschreitender Industrialisierung, ÖZfS 13 (1988), 11.

[3] Vgl. zur Geschichte für andere Klönne,A./Reese,M., Die deutsche Gewerkschaftsbewegung. Von den Anfängen bis zur Gegenwart, Hamburg 1984; Matthias,E./Schönhoven,K.(Hg.), Solidarität und Menschenwürde. Etappen der deutschen Gewerkschaftsgeschichte von den Anfängen bis zur Gegenwart, Bonn 1984; Borsdorf,U.(Hg.), Geschichte der deutschen Gewerkschaften, Köln 1987.

Kapitel 3: Gewerkschaften

"befestigten" Gewerkschaft im Verlauf des I. Weltkrieges blieb eine gewisse, wenngleich abnehmende Zersplitterung in Richtungsgewerkschaften noch erhalten.[4]

Während der Phase des Neuaufbaus nach der Zerschlagung des Faschismus im Jahre 1945 bot sich die historisch wohl einmalige Chance einer strukturellen Neugliederung der Interessenorganisationen, wobei deutlich an die Tendenzen zur Entwicklung von Industrie- und Einheitsgewerkschaften in der Zeit der Weimarer Republik angeknüpft werden konnte. Gewerkschaften in der Bundesrepublik sind ähnlich wie in den skandinavischen Ländern, aber im Gegensatz zu einer Reihe anderer Länder (wie Großbritannien, Frankreich, Italien) i.d.R. nach dem Industrieverbandsprinzip organisiert. Dieses Prinzip bedeutet, daß im Gegensatz etwa zu dem von Berufs- oder Betriebsverbänden in einer Branche nur eine einzige Gewerkschaft bestehen soll; Kriterien wie Beruf, Qualifikation, Betriebszugehörigkeit, politische Einstellung oder Religion der Arbeitnehmer soll keine Bedeutung zukommen ("ein Betrieb, eine Gewerkschaft"). Überschneidungen in den Organisationsbereichen[5] bzw. deutliche Fragmentierungen sind daher eher die Ausnahme, während sie bei anderen Organisationsprinzipien den Regelfall darstellen. In Großbritannien, welches für den entgegengesetzten Fall steht, dominieren z.B. derartige Abgrenzungsstreitigkeiten heute noch und erschweren häufig die Interessenaggregation und -durchsetzung. Eine weitere Konsequenz besteht darin, daß Industrieverbände Kollektivverhandlungen auf der sektoralen bzw. Branchenebene ("multiemployer bargaining") ermöglichen.[6]

Industriegewerkschaften sind i.d.R. Einheitsgewerkschaften[7], d.h. im Gegensatz etwa zu Richtungsgewerkschaften, wie sie z.B. noch in der Zeit der Weimarer Republik bestanden, weltanschaulich/ideologisch und (partei-)politisch grundsätzlich unabhängig und neutral: Dies bedeutet aber nicht notwendigerweise, daß sie sich immer und unbedingt jeglicher Stellungnahme im politischen Willensbildungsprozeß zu enthalten haben. Die Neugründung der deutschen Gewerkschaften nach dem II. Weltkrieg unter Kontrolle

---

[4] Vgl. zusammenfassend zur Unterscheidung von klassischen und befestigten Gewerkschaften Briefs,G., Gewerkschaften, (I) Theorie, HDSW, 4.Bd., Tübingen-Göttingen 1965, 545-561. Einen breiten Überblick über aktuelle Literatur bietet Weischer,Chr., Gewerkschaften und gewerkschaftliche Politik im Modernisierungsdiskurs, NPL 37 (1992), 93-128.

[5] Wie zwischen ÖTV und IGBE in der Energiewirtschaft oder zwischen IGChPK und IGBSE in der Baustoffindustrie.

[6] Vgl. im einzelnen Kap.8.

[7] Vgl. zu Strukturen und Konsequenzen andersartiger, "pluralistischer" Vertretungsformen Prigge,W.-U., Zwischengewerkschaftliche Konflikt- und Kooperationsbeziehungen unter den Bedingungen eines Gewerkschaftspluralismus: Großbritannien, Frankreich und Belgien, in: Marr,R.(Hg.), Eurostrategisches Personalmanagement. Sonderband 1991 der ZfP, München-Mering 1991, 469-510; Prigge,W.-U., Gewerkschaftspluralismus und korporative Interessenvertretung in Großbritannien, Bochum 1995.

der westlichen Alliierten folgte weitgehend dem Prinzip der Einheitsgewerkschaft, ohne daß dieses sich jedoch in reiner Form und ausschließlich hätte durchsetzen können. Wichtige Ausnahmen vom Industrieverbandsprinzip sind vor allem
- die Deutsche Angestelltengewerkschaft (DAG),
- der Christliche Gewerkschaftsbund (CGB),
- der Deutsche Beamtenbund (DBB).

Im Vergleich zu den DGB-Gewerkschaften, die sowohl mehr Angestellte als auch mehr Beamte als ihre Konkurrenten organisieren, sind die anderen Dachverbände nur in wenigen Bereichen von Bedeutung:
- Der DBB hat ca. 1 Mill. Mitglieder (ca. 8% aller Organisierten); seine ca. 40 Mitgliedsverbände organisieren ausschließlich im öffentlichen Dienst (vor allem Beamte), wo sie ein wesentliches Gegengewicht zu den dort vertretenen DGB-Gewerkschaften darstellen. Die Interessenpolitik des DBB, der nach herrschender Meinung nicht über das Tarifverhandlungs- und Streikrecht verfügt, zielt vor allem auf eine Beeinflussung von Parlament und Öffentlichkeit.[8]
- Die DAG als "Standesorganisation" nur der Angestellten hat in ihren 8 Bundesberufsgruppen ca. 500.000 Mitglieder (ca. 4% aller gewerkschaftlich Organisierten); sie kann nur in wenigen Bereichen eine wirklich eigenständige und unabhängige, berufsständisch orientierte Interessenpolitik betreiben. Der organisatorische Schwerpunkt liegt bei Banken und Versicherungen.
- Der CGB als "Richtungsgewerkschaft" hat knapp 300.000 Mitglieder (ca. 2% aller Organisierten); er ist sowohl tarif- als auch gesellschaftspolitisch so gut wie bedeutungslos.[9]

Im folgenden wollen wir uns im wesentlichen mit den relativ dominierenden DGB-Organisationen befassen, die mehr als 80% aller organisierten Arbeitnehmer umfassen. Die relativen Kräfteverhältnisse sind im übrigen im Zeitablauf ziemlich stabil.[10] "The

---

[8] Vgl. im einzelnen Kap.10.

[9] Umfangreiches empirisches Material zur Entwicklung und aktuellen Situation der westdeutschen Gewerkschaften präsentiert Armingeon in seinen verschiedenen Arbeiten. Vgl. Armingeon,K., Gewerkschaften in der Bundesrepublik Deutschland 1950 - 1985: Mitglieder, Organisation und Außenbeiehungen, PVS 28 (1987), 7-34; Armingeon,K., Gewerkschaftliche Entwicklung und ökonomischer, beschäftigungsstruktureller und politischer Wandel: Das Beispiel der Gewerkschaften in der Bundesrepublik Deutschland, SW 39 (1988), 459-485; Armingeon,K., Trade unions under changing conditions: The West German experience, 1950 - 1985, ESR 5 (1989), 1-23; Armingeon,K., Die Entwicklung der westdeutschen Gewerkschaften 1950 - 1985, Frankfurt-New York 1988.

[10] Aus der Vielzahl der älteren Publikationen sind nach wie vor hervorzuheben Bergmann,J.(Hg.), Beiträge zur Soziologie der Gewerkschaften, Frankfurt 1979; Teichmann,U.(Hg.), Gewerkschaften. Analysen, Theorie und Politik, Darmstadt 1981; von Hauff,M., Theorie und Praxis gewerkschaftlicher Interessenpolitik. Eine ökonomische Analyse, Königstein 1979; Streeck,W., Gewerkschaftliche Organisationsprobleme in der sozialstaatlichen Demokratie, Königstein 1981.

coherent internal structure of the DGB - one union per sector - has not prevented it from rallying seven out of ten organized white-collar employees and almost six out of ten organized civil servants. In this sense, its accomplishment is far more remarkable than that of the British TUC, where there is no such integration ... And in this particular sense the position of the DGB and its industrial affiliates is stronger and more promising than that of its sister organizations in Austria, Sweden, Switzerland, or Belgium."[11]

3.2. Der DGB und seine Mitgliedsgewerkschaften

Der 1949 gegründete Deutsche Gewerkschaftsbund (DGB) als Dachorganisation der Einzelgewerkschaften hat vor allem die Aufgabe der Vertretung der "gesellschaftlichen, wirtschaftlichen, sozialen und kulturellen Interessen der Arbeitnehmer" gegenüber Staat und Öffentlichkeit. Die Position des DGB gegenüber seinen Einzelgewerkschaften ist insgesamt vergleichsweise schwach: Sein Einfluß auf die Tarifpolitik der Mitgliedsverbände und damit auf den Kernbereich der ökonomischen Interessenvertretung ist recht gering; die Einzelgewerkschaften sind sowohl in ihrer Politik autonom als auch finanziell unabhängig.[12] Der DGB dient vor allem als Koordinationsorgan der recht heterogenen Interessen der Einzelgewerkschaften sowie als deren Repräsentationsgremium nach außen.

Seine Organe sind
- Bundeskongreß als formal höchstes Gremium, das sich aus den Delegierten der Einzelgewerkschaften zusammensetzt und die Richtlinien der Gewerkschaftspolitik bestimmt,
- Bundesausschuß als höchstes Organ zwischen den alle drei Jahre stattfindenden Bundeskongressen, der u.a. Stellungnahmen zu gewerkschaftspolitischen Fragen verfaßt und den Haushalt beschließt,
- Bundesvorstand, der aus den Vorsitzenden der Einzelgewerkschaften und dem geschäftsführenden Bundesvorstand besteht und die Vertretung des DGB nach innen und außen übernimmt,
- Revisionskommission (u.a. Überwachung der Kassenführung, Jahresabrechnung).

---

[11] Visser, J., The strength of union movements in advanced capital democracies: Social and organizational variations, in: Regini, M.(ed.), The future of labour movements, London 1992, 31f.

[12] Eine differenziertere Analyse ergibt dreierlei: "Zum einen ist der DGB im Vergleich zu seinen Vorgängerorganisationen mächtiger; zum zweiten hat der DGB in der Nachkriegszeit Macht gegenüber der Gesamtheit seiner Mitglieder eingebüßt; zum dritten haben die mitgliederstarken Gewerkschaften von dieser Dezentralisierung von Macht profitiert, während für kleine Gewerkschaften der DGB ein starker Dachverband geblieben ist." Armingeon, Die Entwicklung der westdeutschen Gewerkschaften, 38.

Mitgliederstatistik: Deutscher Gewerkschaftsbund
Stand: 31.12.1994

Gewerkschaft	Arbeiter männlich	Arbeiter weiblich	Arbeiter Gesamt	Angestellte männlich	Angestellte weiblich	Angestellte Gesamt	Beamte männlich	Beamte weiblich	Beamte Gesamt	Gesamt männlich	Gesamt weiblich	Insgesamt	in v. H.
IG Bau-Steine-Erden	543.428	41.999	585.427	46.238	21.299	67.537				589.666	63.298	652.964	6,7
IG Bergbau und Energie ***	292.491	9.918	302.409	69.745	17.594	87.339	252		252	362.488	27.512	390.000	4,0
IG Chemie-Papier-Keramik	467.673	124.248	591.921	98.961	51.485	150.446				566.634	175.733	742.367	7,6
Gew. der Eisenbahner Deutschlands **	181.021	37.864	218.885	38.139	28.788	66.927	124.069	13.282	137.351	343.229	79.934	423.163	4,3
Gew. Erziehung und Wissenschaft *		31.936		118.555	150.491	51.837	67.602	119.439	102.145	214.051	316.196	3,2	
Gew. Gartenbau, Land- und Forstwirtschaft	54.468	19.262	73.730	7.100	6.759	13.859	2.572	120	2.692	64.140	26.141	90.281	0,9
Gew. Handel, Banken und Versicherungen	37.650	23.482	61.132	140.569	343.569	484.138				178.219	367.051	545.270	5,6
Gew. Holz und Kunststoff	139.263	27.377	166.640	8.472	4.566	13.038				147.735	31.943	179.678	1,8
Gew. Leder	11.617	10.972	22.589	1.566	888	2.454				13.183	11.860	25.043	0,3
IG Medien *	72.822	23.562	96.384	30.715	19.764	50.479				144.423	70.732	215.155	2,2
IG Metall	2.086.254	383.872	2.470.126	361.392	164.220	525.612				2.447.646	548.092	2.995.738	30,7
Gew. Nahrung- Genuss- Gaststätten	169.387	94.172	263.559	32.671	40.009	72.680				202.058	134.181	336.239	3,4
Gew. Öffentl. Dienste, Transport und Verkehr	597.244	230.519	827.763	350.015	625.483	975.498	60.056	14.334	74.390	1.007.315	870.336	1.877.651	19,2
Gew. der Polizei	7.960	3.332	11.292	10.830	11.502	22.332	152.303	11.555	163.858	171.093	26.389	197.482	2,0
Deutsche Postgewerkschaft	103.403	97.269	200.672	19.496	62.125	81.621	193.045	71.568	264.613	315.944	230.962	546.906	5,6
Gew. Textil-Bekleidung *	51.332	71.217	122.549	10.162	9.636	19.798				93.407	140.833	234.240	2,4
DGB-Gesamt	4.816.013	1.199.065	6.015.078	1.258.007	1.526.242	2.784.249	584.134	178.461	762.595	6.749.325	3.019.048	9.768.373	100,0
	80,1%	19,9%	100,0%	45,2%	54,8%	100,0%	76,6%	23,4%	100,0%	69,1%	30,9%	100,0%	
	61,6% *			28,5% *			7,8% *						
				97,9% *									

* Einige Gewerkschaften haben (von Fall zu Fall verschieden) neben "Arbeiter", "Angestellte", "Beamte" auch noch "Sonstige" Mitglieder (Freiberufler, Arbeitslose, Rentner, Azubis etc.) angegeben. Diese sind in den Gesamt-Zahlen enthalten, weshalb die Addition der Zahlen für "Arbeiter" + "Angestellte" + "Beamte" nicht für jede Gewerkschaft und auch nicht für den DGB die Gesamt-Zahl ergibt!

** Die Gewerkschaft der Eisenbahner Deutschlands gibt eine Gesamtzahl von 424.195 an, wobei die Differenz nicht auf die DGB-Strukturen zugewiesen werden kann (z.B. Beschäftigte im Ausland).

*** Bei den Zahlen der IG Bergbau und Energie handelt es sich um angenäherte Werte, da die endgültigen Zahlen wegen einer zentralen Mitgliederbestandsaufnahme noch nicht vorliegen.

Der DGB wird durch seine Einzelgewerkschaften finanziert, die 12% ihres Beitragsaufkommens entrichten. Die mitgliederstärksten Einzelgewerkschaften sind die IG Metall (mit ca. 3 Mill.) und die Gewerkschaft Öffentliche Dienste, Transport und Verkehr (ÖTV - mit fast 1,9 Mill.). Beide zusammen erfassen ca. 50% aller in DGB-Gewerkschaften organisierten Arbeitnehmer.

Im Jahre 1978 erfolgte der Beitritt der bis dahin unabhängigen Gewerkschaft der Polizei (GdP) in den DGB, nachdem die ÖTV ihre organisationspolitischen Bedenken und Eigeninteressen zurückgestellt und den bei ihr organisierten Polizeibediensteten den Übertritt zur GdP empfohlen hatte; vorausgegangen war der Bruch der Verhandlungsgemeinschaft zwischen ÖTV und DAG bzw. die Bildung einer neuen Tarifgemeinschaft für Angestellte im öffentlichen Dienst.[13] Eine erneute Annäherung zwischen ÖTV und DAG fand erst Mitte der 90er Jahre statt.

Die Industriegewerkschaft Druck und Papier (DruPa), faktisch eine der letzten berufsständischen Organisationen, bildete im Frühjahr 1989 nach erheblichen und langwierigen Anlaufschwierigkeiten zusammen mit der Deutschen Journalistenunion (dju), dem Schriftstellerverband (VS), der DGB-Gewerkschaft Kunst, die aus der relativ dominierenden Rundfunk-Fernseh-Film-Union (RFFU) sowie fünf kleineren Berufsverbänden besteht, die neue IG Medien - Druck und Papier, Publizistik und Kunst. Bei diesem Zusammenschluß zu "einer einheitlichen Kraft aller Arbeitnehmer im Medienbereich" mußten stark divergierende Interessen (u.a. Verwendung der Verbandsvermögen und Streikkassen, Höhe der Mitgliedsbeiträge, Grad an Autonomie der einzelnen, insgesamt acht Fachgruppen mit unterschiedlichen Partikularinteressen gegenüber dem Verband bzw. dem Vorstand) zusammengebracht werden. Die überwiegende Mehrzahl der Mitglieder der neuen Gewerkschaft brachte mit ca. 155.000 die IG Druck und Papier ein, deren Einfluß folglich dominiert.

Eine derartige endgültige Selbstauflösung von Verbänden in Verbindung mit dem Aufgehen in eine größere Organisation war bis dahin ohne Parallele. Die neue Gewerkschaft wurde durch die neueren technologischen Entwicklungen gerade im Medienbereich mit einer zunehmenden Konzentration in Gestalt von Multi-Media-Konzernen und einer damit verbundenen Zentralisierung auf Arbeitgeberseite zweckmäßig bzw. notwendig. Inwieweit der Einfluß über die Tarif- und Sozialpolitik hinausgehen wird, bleibt abzuwarten.[14]

---

[13] Vgl. Keller,B., Arbeitsbeziehungen im öffentlichen Dienst. Tarifpolitik der Gewerkschaften und Interessenpolitik der Beamtenverbände, Frankfurt-New York 1983, 151.

[14] Vgl. als Überblick "Interessenvertretung durch die Mediengewerkschaft", Mitb 35 (4/1989).

Bereits abgeschlossen ist die Fusion von IG Bau-Steine-Erden und Gewerkschaft Gartenbau, Land- und Forstwirtschaft zur IG Bau mit Wirkung vom 1.1.1996. Die nächste Etappe im Rahmen einer seit langem diskutierten Strukturreform[15] ist zur Jahreswende 1997/98 der Zusammenschluß von IG Chemie-Papier-Cheramik, IG Bergbau und Energie und IG Leder zur IG Bergbau, Chemie, Energie. Die neue Organisation ist mit über 1,1 Mill. Mitgliedern die drittstärkste und damit eine der mächtigsten Organisation im DGB; sie ist dem eher konservativen Lager zuzurechnen. Eine gemeinsame Stellungnahme zur Energiepolitik sowie die Zusammenarbeit in internationalen Gremien sind erste Schritte der Kooperation.[16]

Sinnvoll wären weitere Fusionen, etwa ein Zusammengehen der konkurrierenden Gewerkschaften DAG und HBV zu einer gemeinsamen, großen Organisation für den privaten Dienstleistungsbereich. Beide weisen durchaus Gemeinsamkeiten in den Zielsetzungen auf, z.B. bei der Neuordnung von Berufen; sie arbeiten sowohl auf lokaler Ebene als auch in Tarifverhandlungsrunden partiell zusammen. Das zentrale Problem resultiert aus den unterschiedlichen Organisationsprinzipien: Die DGB-Gewerkschaften wollen nicht auf ihre Mitglieder verzichten, die Angestellte sind, und die DAG möchte ihr "Standesprinzip" nicht aufgeben. Eine einheitliche Dienstleistungsgewerkschaft könnte als Einheitsgewerkschaft eine effektivere Interessenpolitik betreiben als gespaltene Interessenvertretungen.

"The objectives of the supporters of a reorganization and merger of several unions are three-fold. The first is to save money through consolidation. The second is to adjust the jurisdiction of the unions to reflect the structure of today's economy. The third unspoken objective of a reorganization is again to alter the balance of power within the DGB, typically to the detriment of IG Metall."[17] Derartige Zusammenschlüsse setzen eine grundlegende und umfassende, längst überfällige Organisationsreform auch des DGB voraus und müßten insofern über die pure Reduzierung der Zahl der Mitglieds-

---

[15] In analytischer Perspektive ist zu unterscheiden zwischen dieser Strukturreform und den zunehmenden Problemen wechselseitiger Abgrenzung von Organisationsbereichen, die vor allem aus dem ökonomisch-technologischen Wandel resultieren. Vgl. zu letzteren Gergs,H./Schmidt,R./Trinczek,R., "Die Claims der Einzelgewerkschaften sind umstritten" - Zu den Abgrenzungsschwierigkeiten der Organisationsbereiche im DGB. Eine Problemskizze, WSI-Mitt 45 (1992), 149-157.

[16] Vgl. zusammenfassend zur Reformdiskussion aus Gewerkschaftssicht Leif,Th./Klein,A./Legrand,H.-J. (Hg.), Reform des DGB. Herausforderungen, Aufbruchspläne und Modernisierungskonzepte, Köln 1993. In diese Diskussion haben sich auch die Arbeitgeberverbände eingeschaltet. Vgl. Niedenhoff,H.-U./ Wilke,M., Der neue DGB - Vom Industrieverband zur Multibranchengewerkschaft, Köln 1991.

[17] Silvia,St.J., "Holding the shop together": Old and new challenges to the German system of industrial relations in the mid 1990s. Berliner Arbeitshefte und Berichte zur sozialwissenschaftlichen Forschung Nr.83, Berlin July 1993, 33.

gewerkschaften um einige wenige weit hinausgehen. Zu den Verlierern bei den derzeit verabredeten Zusammenschlüssen dürfte der Dachverband gehören.[18] Das Prinzip des Zusammenschlusses ist nicht unumstritten. Vor allem die Gewerkschaften des öffentlichen Dienstes votieren für mehr Kooperation statt Fusion.

Formal ist die Einzelgewerkschaft i.d.R. dreistufig nach räumlichen Kriterien (Ort bzw. Kreis, Bezirk, Bund) gegliedert. Ein mehrstufiges Delegiertensystem hat auf jeder Stufe repräsentative (Gewerkschaftstag als formal höchstes) und exekutive (besonders Vorstand) Organe. Die in den Satzungen formal festgelegten Willensbildungsprozesse stimmen wie in anderen Großorganisationen nicht unbedingt mit den tatsächlichen überein. Verschiedene Untersuchungen belegen eine Kompetenzanhäufung beim Vorstand, der u.a. die Finanzhoheit hat, Personalentscheidungen über hauptamtliche Mitarbeiter entscheidend beeinflußt und die gesamte zentralisierte Tarifpolitik steuert - von seinem Informationsvorsprung und den Kontrollmöglichkeiten der innerverbandlichen Kommunikationsmittel ganz zu schweigen.[19]

3.3. Organisationsgrade und Organisationsprobleme

Die Gesamtmitgliederzahl aller DGB-Gewerkschaften ist zwischen den frühen 50er und frühen 90er Jahren von 5,5 auf knapp 9,5 Mill. gestiegen, wobei diese Entwicklung zum großen Teil die zunehmende Zahl abhängig Beschäftigter widerspiegelt. Die reine Mitgliederzahl verweist auf den programmatischen Anspruch, die Interessen (breiter Teile) der abhängig Beschäftigten zu vertreten; außerdem hängen die finanziellen Ressourcen der Gewerkschaft von der absoluten Mitgliederzahl ab.[20] Der <u>Organisationsgrad</u>, d.h. der Anteil der organisierten Arbeitnehmer an der Gesamtzahl aller abhängig Beschäftigten im jeweiligen Bereich (etwa der Volkswirtschaft oder der Branche), ist ein wichtiger, wenngleich nicht der einzige Indikator für die Durchsetzungsfähigkeit von Interessen[21]; er zeigt außerdem an, inwieweit Gewerkschaften ihr Mitgliederpotential auch tatsächlich ausschöpfen können. Da auch Nicht-Beschäftigte (wie Arbeitslose, Rentner oder Studierende) Mitglieder sein können, unterscheiden wir zwischen Brutto- und

---

[18] Vgl. im einzelnen Schmidt,R./Trinczek,R., Fusionen und Konfusionen. Gründe und Hintergründe für die Reorganisation des DGB, in: Leif/Klein/Legrand, Reform des DGB, 66-88.

[19] Vgl. zusammenfassend Bergmann,J., Gewerkschaften - Organisationsstruktur und Mitgliederinteressen, in: Endruweit,G. et al.(Hg.), Handbuch der Arbeitsbeziehungen, Berlin-New York 1985, 89-108.

[20] Der Mitgliedsbeitrag beträgt 1% des Bruttolohnes. Die Gewerkschaften finanzieren sich zu über 90% aus Mitgliedsbeiträgen.

[21] Vgl. im einzelnen Müller-Jentsch,W., Soziologie der industriellen Beziehungen, Frankfurt-New York 1986, 84ff.; Armingeon, Die Entwicklung der westdeutschen Gewerkschaften, 71ff.

Nettoorganisationsgrad: Ersterer berücksichtigt alle, letzterer nur die aktuell beschäftigten Mitglieder. Die Differenz zwischen beiden nimmt mit der Veränderung der Altersstruktur zu. Ein hoher Organisationsgrad ist eine notwendige, wenngleich noch keine hinreichende Voraussetzung für gewerkschaftliche Verhandlungsmacht (bargaining power) und Durchsetzungsfähigkeit; die Mobilisierbarkeit der Mitglieder für sporadisch stattfindende Arbeitskampfaktionen, eine wichtige Ressource des Verbandes, ist offensichtlich hoch.

Der (Gesamt-)Organisationsgrad aller Gewerkschaften beträgt ca. 35%. Nach leichten Rückgängen in den frühen 80er Jahren stieg er nach der deutschen Einigung wieder an; seit 1992 sind deutliche Mitgliederverluste eingetreten. Bei einer Desaggregation der Globaldaten unterscheiden sich die verbandsspezifischen Entwicklungen durchaus. Erhebliche Unterschiede sind u.a. zu verzeichnen zwischen Industriezweigen, Betriebsgrößen bzw. industrieller Konzentration (Groß- vs. Mittel- und Kleinbetriebe), Beschäftigtengruppen (vor allem Arbeiter vs. Angestellte) sowie nach dem Geschlecht. "Es zeigt sich, daß sowohl individuelle Eigenschaften (wie Geschlecht, Bildung und Einkommen) als auch Arbeitsplatzcharakteristika (Firmengröße) die Organisationswahrscheinlichkeit beeinflussen."[22]

Organisationsprobleme bzw. -defizite bestehen gegenwärtig weniger bei dem "klassischen" Klientel, insbesonders bei der männlichen Facharbeiterschaft, sondern vor allem bei Jugendlichen, Frauen und technischen Angestellten, also der hoch qualifizierten "technischen Intelligenz" im Bereich der neuen Informations- und Kommunikationstechnologien.[23] Insofern entsprechen die Mitgliederstrukturen längst nicht mehr den veränderten Produktions- bzw. Beschäftigtenstrukturen, die durch einen stetig wachsenden Anteil von Arbeitnehmern in den privaten und öffentlichen Dienstleistungssektoren gekennzeichnet ist (sog. Prozeß der Tertiarisierung).[24] Die Gewerkschaften, die ihre Mitgliederstrukturen dem beschäftigungsstrukturellen Wandel noch nicht angepaßt haben, werden sich in den kommenden Jahren durch eine andere, zielgruppenspezifische Organisationspolitik neue Mitglieder aus den expandierenden Beschäftig-

---

[22] Lorenz,W./Wagner,J., Bestimmungsgründe von Gewerkschaftsmitgliedschaft und Organisationsgrad. Eine ökonometrische Untersuchung auf Mikrodatenbasis für die Bundesrepublik Deutschland, ZWS 111 (1991), 79; ähnlich auch Schnabel,C., Bestimmungsgründe der gewerkschaftlichen Mitgliedschaft, HHJfWuG 38 (1993), 221f.

[23] Vgl. im einzelnen Schnabel, Bestimmungsgründe der gewerkschaftlichen Mitgliedschaft. Entgegen einem verbreiteten Vorurteil sind ausländische Arbeitnehmer mit ca. 34% vergleichsweise gut organisiert. Vgl. ebd. 210f.

[24] Ein weiteres zentrales Problem in Zeiten von Massenarbeitslosigkeit besteht in der Organisation Arbeitsloser, für die nur wenige Anreize zur Mitgliedschaft bestehen.

tengruppen erschließen müssen - allein schon, um ihre Kampf- und Politikfähigkeit zu sichern und um eine weitergehende Fragmentierung zu verhindern.[25]

Im übrigen gilt die in Art.9 Abs.3 GG garantierte positive und negative Koalitionsfreiheit: Jeder Arbeitnehmer hat das Recht, einem Interessenverband beizutreten, ohne daß er jedoch zum Beitritt gezwungen werden darf. Diese Regelung bedeutet, daß es eine rechtlich abgesicherte Zwangsmitgliedschaft nicht gibt. Vor allem aus der Geschichte der angelsächsischen Länder kennen wir jedoch verschiedene sog. closed shop-Regelungen: Arbeitnehmer werden nur eingestellt, wenn sie entweder bereits Mitglied einer im Betrieb vertretenen Gewerkschaft sind (closed shop), oder wenn sie Mitglied werden (union shop).[26]

Falls kein Zwang ausgeübt werden kann, muß die Gewerkschaft als große Gruppe versuchen, die Kosten-/Nutzenkalküle der einzelnen Arbeitnehmer zu beeinflussen, damit diese sich zum Beitritt entschließen.[27] Zu den direkten und indirekten Kosten einer Mitgliedschaft gehören vor allem

- periodisch zu entrichtende Beiträge,
- Einsatz von immateriellen Ressourcen wie Zeit
- sowie Opportunitätskosten, etwa die Gefahr, wegen der Mitgliedschaft Nachteile zu erleiden.

Zu den Nutzen sind u.a. zu rechnen besserer Kontakt zu Kollegen, günstigere Arbeitsplatzaussichten sowie die verschiedenen Dienstleistungen, also z.B.

- Streikunterstützung, deren Höhe von der Dauer der Mitgliedschaft und dem Nachweis der Entrichtung der Beiträge abhängen kann,
- Rechtsschutz nicht nur bei Arbeitsgerichtsprozessen, sondern häufig auch als vollständiger Familien- und Mieterrechtsschutz,
- Versicherungen, etwa Freizeitunfallversicherungen.

Zu diesem struktur-individualistischen Erklärungsansatz paßt im übrigen auch die sog. Substitutionshypothese, die einen Zusammenhang zwischen der Organisierung der Arbeitslosenversicherung und Motiven zum Gewerkschaftsbeitritt dergestalt behauptet, daß die Anreize kleiner werden, wenn der Staat diese Risikoabsicherung, die ursprünglich häufig im Rahmen eines eigenen Unterstützungswesens bei der Gewerkschaft

---

[25] Vgl. Müller-Jentsch,W., Gewerkschaftliche Antworten auf den gesellschaftlichen Wandel, in: Kowalsky, W./Schroeder,W.(Hg.), Linke was nun?, Berlin 1993.

[26] In der Bundesrepublik bestehen keine rechtlich abgesicherten closed shops oder union shops. Vgl. aber zu den tatsächlichen Verhältnissen mit faktischen closed shop-Regelungen Kap.5.

[27] Vgl. zur Erweiterung des Ansatzes von Olson im einzelnen Kap.2. Vgl. zur allgemeinen Diskussion Winkelhake,O., Eine ökonomische Analyse deutscher Gewerkschaften unter besonderer Berücksichtigung der Möglichkeit von free rider-Verhalten, Frankfurt-Berlin 1994.

selbst lag, in eigene Regie übernimmt. In den skandinavischen Ländern, die einen hohen Organisationsgrad haben, verfügen die Gewerkschaften zugleich über einen sehr starken Einfluß auf dieses System der sozialen Sicherung.

Im internationalen Vergleich[28] ist der Organisationsgrad, der allerdings allenfalls durchschnittlich ist, im Gegensatz zu anderen Ländern auch in den 80er Jahren trotz krisenhafter Entwicklungen bemerkenswert stabil geblieben.[29] "The organizational robustness of West German trade unions in a decade of economic crisis may in part be explained by the fact that the loss of economic performance in Germany was less severe than elsewhere. But it is also related to two other, more endogeneous factors that have already accounted for much of the increase in unionization in the late 1960s and early 1970s. One is organizational change in trade unions that started in the late 1960s - in particular the rationalization of traditional administrative procedures that had previously been responsible for high membership turnover due to members falling in areas and finally lapsing from membership. The other factor was increased institutionalization of trade unions at the workplace, mainly through the legal extension of co-determination ..., enabling unions to make more extensive use of check-off arrangements and various forms of quasi-obligatory membership ("quasi-union shops")."[30]

Im internationalen Vergleich finden wir trotz ähnlicher Probleme deutliche und durchaus erstaunliche Differenzen zwischen den westlichen Industrienationen: An dem einen Ende eines Kontinuums stehen die skadinavischen Staaten und Belgien mit über 80%, am anderen Frankreich und die USA mit inzwischen deutlich weniger als 20%. Die Gewerkschaften mit traditionell hohen Organisationsgraden sind eher stabil geblieben, diejenigen mit traditionell eher niedrigen sind in der Regel noch schwächer geworden.[31]

---

[28] Vgl. im einzelnen Visser,J., Die Mitgliederentwicklung der westeuropäischen Gewerkschaften. Trends und Konjunkturen 1920-1983, JfS 26 (1986), 3-33; Visser, The strength of union movements in advanced capital democracies, 17-52; zusammenfassend Visser,J., In search of inclusive unionism, Deventer 1989; weiterführend Visser,J., Union organization: Why countries differ, in: Niland,J..R./Lansbury,R.D./ Verevis,C.(eds.), The future of industrial relations: Global change and challenges, London-New Dehli 1994, 164-184.

[29] Vgl. etwa für die USA die Beschreibung eines "nonunion industrial relations systems" bei Kochan, Th.A./Katz,H.C./McKersie,R.B., The transformation of American industrial relations, New York 1986, 47-80.

[30] Streeck,W., Industrial relations in the Federal Republic of Germany, 1974-1985: An overview, in: Blanpain,R.(ed.), Unions and industrial relations. Recent trends and prospect, Leuven 1987, 155; ähnlich auch Streeck,W., Industrial relations in West Germany: Agenda for change. Discussion paper IIM/LMP 87-5, Wissenschaftszentrum Berlin für Sozialforschung 1987, 20ff.

[31] Vgl. Jacoby,S.M., Social dimensions of global economic integration, in: Jacoby,S.M.(ed.), The workers of nations. Industrial relations in a global economy, New York-Oxford 1995, 9f.

Gewerkschaftliche Organisationsgrade in westlichen Ländern (in Prozent)

	1970	1980	um 1989	Differenz 1989/1980
Australien	50	56	58	+ 2
Belgien	65	85	88	+ 3
BRD	37	40	38	− 2
Dänemark	64	89	90	+ 1
Finnland	59	86	91	+ 5
Frankreich	30	28	10	− 18
Großbritannien	50	56	47	− 9
Italien	36	49	40	− 9
Japan	35	31	26	− 5
Kanada	31	35	36	+ 1
Neuseeland	35	50	39	− 11
Niederlande	39	41	33	− 8
Norwegen	65	68	69	+ 1
Österreich	70	65	59	− 6
Schweden	80	88	98	+ 10
Schweiz	29	32	30	− 2
Spanien	−	22	15	− 7
USA	31	23	17	− 6

Quelle: Armingeon,K., Die doppelte Herausforderung der europäischen Gewerkschaften, GM 4ː (1991), 373.

"Es gibt wohl keinen anderen sozialen, politischen oder wirtschaftlichen Indikator, der eine derartig extreme Variation zwischen Industriegesellschaften aufweist."[32] Die Frage nach den Bestimmungsgründen dieser enormen Differenzen hat im Laufe der Zeit zahlreiche Gewerkschaftsforscher beschäftigt. Eine komparative Analyse kommt zu folgendem Resultat: "Analysis of annual data ... indicates that strong positive effects of union centralization and union disbursement of unemployment benefits on unionization ... Results suggest that labor movements flourish when they establish an institutional control over labor market outcomes beyond wage bargaining."[33]

3.4. Interne Probleme der Interessenrepräsentation

Wir können bekanntlich nicht, oder zumindest nicht mehr, eine Interessenhomogenität aller Arbeitnehmer oder auch nur aller Organisationsmitglieder unterstellen. Notwendig, wenn auch für die weitere Analyse noch völlig unzureichend ist zunächst einmal die bekannte Unterscheidung von (Verbands-)Funktionären und Mitgliedern. Damit ist das seit der klassischen Analyse von Michels über die sozialdemokratische Partei immer wieder - nicht nur von Sozialwissenschaftlern - diskutierte <u>Oligarchieproblem</u> angesprochen, dem gerade in bezug auf Gewerkschaften vielfach Beachtung geschenkt wurde.[34] Dieses Problem des "ehernen Gesetzes der Oligarchie", d.h. einer Verselbständigung der Interessen des "Apparats" von denen der "Basis", soll hier jedoch nicht weiter behandelt werden, da es sowohl aus der soziologischen Folklore von "Verschwörungstheorien" als auch aus ernstzunehmenden Analysen[35] seit langem hinreichend bekannt ist.[36]

---

[32] Visser,J., Westeuropäische Gewerkschaften im Umbruch, GMH 40 (1989), 32.

[33] Western,B., Postwar unionization in eighteen advanced capitalist countries, ASR 58 (1993), 266.

[34] Vgl. für andere: Edelstein,J.D./Warner,M., Comparative union democracy. Organization and opposition in British and American unions, New York 1976.

[35] Zumeist in der Nachfolge der Analyse eines "abweichenden" Falles von Lipset,S./Trow,M.A./ Coleman,J.S., Union democracy. The internal politics of the International Typographical Union, Garden City 1956. Kurze Problemübersichten bieten Müller-Jentsch, Soziologie der industriellen Beziehungen, 101-104 sowie Golden,M., Conclusion: Current trends in trade union politics, in: Golden,M./ Pontusson,J.(eds.), Bargaining for change. Union politics in North America and Europe, Ithaca-London 1992, 312-320.

[36] Im übrigen können wir in den Gewerkschaften natürlich oligarchische Tendenzen beobachten, die aber entgegen einer verbreiteten Annahme in der Nachkriegszeit nicht zugenommen haben. Vgl. Armingeon, Entwicklung der westdeutschen Gewerkschaften, 49ff.

Im Rahmen dieser Diskussion wird häufig lediglich zwischen Mitgliedern und Funktionären unterschieden, so daß die Mitglieder als eine Gruppe mit homogener Interessenlage aufgefaßt werden. Diese Konzeption eines nur vertikalen Interessenkonflikts ist jedoch problematisch, weil sie in Anbetracht von Heterogenisierungstendenzen und Individualisierungsschüben in hohem Maße unrealistisch wird. Wir wollen daher im folgenden einen Schritt weitergehen und differenzieren zwischen verschiedenen Mitgliedergruppen mit dann jeweils relativ gleichgerichteten (Gruppen-)Interessen; damit werden horizontale Interessenkonflikte explizit zugelassen und in die Analyse eingeführt.[37]

Der Grad der innerverbandlichen Interessenheterogenität hängt wesentlich vom Organisationsprinzip ab. Bei Dominanz des Industrieverbandsprinzip wird das Ausmaß zwischengewerkschaftlicher Konflikte erheblich reduziert, indem Auseinandersetzungen zwischen verschiedenen Gruppen auf Arbeitnehmerseite eher innerhalb der Organisation ausgetragen werden; unterschiedliche (Partikular-)Interessen verschiedener (Mitglieder-)Gruppen sind in stärkerem Ausmaß als etwa bei Berufsverbänden vorhanden. Diese Präferenzen werden bei der notwendigen Formulierung der gemeinsamen Verbandspolitik charakteristischerweise stärker mediatisiert, da sie mit den Interessen anderer Gruppen abgestimmt und verschränkt werden müssen. Dadurch entstehen spezifische innerverbandliche Probleme der Interessenaggregation und -transformation; Abstimmungs- und Interpretationsprozesse werden notwendig.

Die innerorganisatorische Antwort auf das Problem von (Gruppen-)Heterogenität und notwendigem Unitarismus der Verbandspolitik ist eine Politik der Errichtung von stabilen Gruppengliederungen mit ehrenamtlichen Partizipationsmöglichkeiten ohne Entscheidungskompetenz über verschiedene Ausschüsse. Dabei ist als durchgängige Tendenz ein Wandel der Differenzierungslinien festzustellen, d.h. eine schwindende Relevanz der Fachgruppenarbeit und eine zunehmende Bedeutung der Personen- (Frauen, Jugendliche, vor allem Angestellte) und Berufsgruppenarbeit. Die Folgeprobleme von langfristig beobachtbaren, sich jedoch kurz- und mittelfristig nicht verstärkenden Bürokratisierungs- und Zentralisierungstendenzen als notwendigen Voraussetzungen kollektiver Handlungsfähigkeit werden durch eine Erhöhung der Anzahl ehrenamtlicher Repräsentanten in den Beiräten und eine Ausweitung ihrer Rechte angegangen.[38]

---

[37] Vgl. hierzu auch Keller,B., Gewerkschaften als korporative Akteure. Gruppeninteressen und differentielle Betroffenheit, in: Kern,L./Müller,H.-P.(Hg.), Gerechtigkeit, Diskurs oder Markt? Die neuen Ansätze in der Vertragstheorie, Opladen 1986, 151-167.

[38] Vgl. im einzelnen Bayer,H., Die Integration heterogener Mitgliedergruppen in Industriegewerkschaften 1960 - 1975: Ein Beitrag zur Diskussion innergewerkschaftlicher Demokratie, SW 30 (1979), 354-384.

In die gemeinsame Verbandspolitik gehen häufig nur ganz bestimmte Interessen ein. Diese müssen entweder relativ verallgemeinerungsfähig und damit von betriebsspezifischen Bedingungen weitgehend unabhängig sein oder sie müssen mit anderen Gruppeninteressen wirksam koalieren können. Beispiele für die erste Voraussetzung sind besonders quantifizierbare Interessen wie Lohnforderungen oder früher allgemeine Arbeitszeitverkürzungen; ein Beispiel für die zweite Voraussetzung wäre ein Tausch zwischen Gruppen über verschiedene Lohnrunden hinweg. Tarifpolitik konzentriert sich unter diesen Vorzeichen auf wenige, relativ abstrakte Gegenstände; sie kann dadurch zunehmend selektiv wirken. Die übrigen gruppenspezifischen "Sonderinteressen" haben kaum Aussicht auf erfolgreiche Repräsentation, zumal sie häufig auch noch miteinander in Konkurrenz stehen.

Die Interessenwahrnehmung durch Industriegewerkschaften beruht also auf einer internen Umverteilung von Verhandlungsmacht von arbeitskampfstarken Mitgliedergruppen auf schwache. Die Organisationsmacht hängt hierbei entscheidend von der Handlungsfähigkeit und Handlungsbereitschaft ihrer konfliktfähigen Gruppen ab; dabei ist weniger deren Größe als vielmehr die ausgeübte Tätigkeit bzw. das damit verbundene Störpotential[39] von Bedeutung.

Seit den 80er Jahren wird die Aggregation und Vereinheitlichung von Interessen offensichtlich problematisch, u.a. weil die Konkurrenz auf verschiedenen Märkten zunimmt, Produktionsverfahren und Arbeitsorganisation sich drastisch ändern, die Arbeitsplätze knapp werden und die (Real-)Einkommen stagnieren. Die materiellen Interessenkonflikte "within organized labor among similarly positioned groups"[40] werden definitiv intensiver, die organisatorischen Antworten werden schwieriger.[41]

In der expliziten oder impliziten <u>Verbandsverfassung</u> werden in Form von Verfahrensregeln die individuellen und kollektiven Rechte und Pflichten der natürlichen Personen und des korporativen Akteurs festgelegt; diese Regeln organisierten Handelns umfassen besonders Mitbestimmungsrechte wie das Stimmrecht bei kollektiven Entscheidungen. Die Verbandsverfassungen der deutschen Gewerkschaften kennen zunächst die bekannten Verfahrensregeln mit den üblichen verbandsdemokratischen Garantien in

---

[39] Offe hat als Voraussetzung für verbandsmäßige Repräsentation gesellschaftlichen Interesses Organisationsfähigkeit und Konfliktfähigkeit eines gesellschaftlichen Bedürfnisses genannt. "Konfliktfähigkeit beruht auf der Fähigkeit einer Gruppe bzw. der ihr entsprechenden Funktionsgruppen, kollektiv die Leistung zu verweigern bzw. eine systemrelevante Leistungsverweigerung glaubhaft anzudrohen." Offe,C., Politische Herrschaft und Klassenstrukturen. Zur Analyse spätkapitalistischer Gesellschaftssysteme, in: Widmaier,H.P.(Hg.), Politische Ökonomie des Wohlfahrtsstaates, Frankfurt 1974, 276.

[40] Golden, Conclusion, 322.

[41] Vgl. im einzelnen Kap.8.

Form von Mehrheitsentscheidungen, die als pragmatischer Kompromiß zwischen Einstimmigkeits- und Jedermann-Regel zu verstehen sind.

Diese allgemeine Legitimation wird ergänzt durch die <u>Sonderlegitimation der Tarifwillensbildung</u>, die entweder direkt durch unmittelbare Stimmabgabe (z.B. Urabstimmung vor und nach einem Streik) oder indirekt durch legitimierte Organe (z.B. Delegation von Kompetenzen an die Tarifkommission) erfolgen kann. Die Tarifkommission soll eine Beteiligung der Mitglieder an der normalen innerverbandlichen Willensbildung garantieren, indem sie eine Rückkoppelung der Interessen der Verhandlungskommission an die der Mitglieder ermöglicht. Dieser Mechanismus dient der Legitimität des kollektiven Verhandlungssystems, ist jedoch dessen Effektivität abträglich.

Falls ein Arbeitskampf bevorsteht, wird ein besonderes Instrument eingesetzt: Die Urabstimmung ist in der Bundesrepublik im Gegensatz etwa zu Großbritannien nicht durch Gesetze geregelt, sondern allein durch Satzungen und Richtlinien der Gewerkschaften. Urabstimmungen als Mechanismen der innerverbandlichen Willensbildung, die im übrigen für die Rechtmäßigkeit eines anschließenden Arbeitskampfes bedeutungslos sind, sichern nach innen die Folgebereitschaft der Mitglieder und demonstrieren nach außen Geschlossenheit und Zusammenhalt der Organisation. Die unterschiedlich hohen Quoren (75% Zustimmung bei dem ersten Votum, d.h. vor dem Streik, bzw. 25% bei dem zweiten, d.h. bei der Abstimmung über Annahme oder Ablehnung eines ausgehandelten Kompromisses), tragen diesem Sachverhalt Rechnung.[42]

3.5. Außenbeziehungen und Effekte

Bisher haben wir im wesentlichen die Binnenstruktur von Gewerkschaften behandelt. Nach außen und damit gegenüber den anderen korporativen Akteuren innerhalb des Systems der Arbeitsbeziehungen verfügen Industriegewerkschaften zumindest in den wichtigen Zweigen der Volkswirtschaft über ein effektives Monopol der ökonomischen und politischen Interessenvertretung. Sie müssen stärker als etwa Berufsverbände Rücksicht nehmen auf institutionelle Randbedingungen ihres Handelns in Form gesamtwirtschaftlicher Folgen ihrer Verbandspolitik, u.a. für Beschäftigungsniveau, Preisniveaustabilität, Wirtschaftswachstum, weil sie die Bereitstellung dieser Güter wesentlich beeinflussen.

Für die anderen korporativen Akteure, insbesondere für staatliche Agenturen, ist es häufig einfacher und erfolgversprechender, mit wenigen großen Organisationen, vor

---

[42] Hierbei stimmen nur die organisierten Arbeitnehmer ab; die Quoren beziehen sich entweder auf die tatsächlich abgegebenen Stimmen (z.B. früher IG Druck und Papier, IG Chemie-Papier-Keramik) oder auf alle abstimmungsberechtigten Mitglieder (z.B. IG Metall, ÖTV).

allem mit deren Dachverband, zu kooperieren als mit vielen kleinen. Der Ausgleich heterogener Interessen ist im zuerst genannten Fall bereits erfolgt, indem weitgehend eine Konfliktverlagerung in die Organisation hinein stattgefunden hat. Dies gilt etwa im Rahmen staatlicher Einkommenspolitiken, die in verschiedenen westeuropäischen Ländern vor allem in den späten 60er und frühen 70er Jahren[43] die staatliche Konjunktur- und Beschäftigungspolitik stützen sollten.[44]

Berufsverbände können hingegen eher als Industrieverbände als "Grenzmoralisten" im Sinne von Briefs handeln. Sie nutzen häufig ihren gruppenindividuellen Spielraum zu ihren Gunsten und damit auf Kosten nicht-intendierter Folgen für andere Gruppen, da ihr Einfluß auf makroökonomische Größen unmerklich ist und sie daher kaum zu kümmern braucht. Wenn sie sich stabilitätsbewußt verhielten anstatt die Außenseiterposition einzunehmen, würden sie sich in eine für sie ungünstige Position bringen, zumal ein entsprechendes Handeln der übrigen Gruppen nicht ohne weiteres erwartet werden kann. Berufsverbände können auch ein breiteres, über die hochgradig verallgemeinerbaren Interessen hinausgehendes Spektrum von Mitgliederbelangen repräsentieren, da bei ihnen die Interessenheterogenität weniger stark ausgeprägt ist als bei Industrieverbänden.

Weitbrecht[45] hat in seiner bahnbrechenden Studie schon früh gezeigt, daß innerhalb des Systems der Tarifautonomie ein Dilemma besteht zwischen interner Effektivität, d.h. Kompromiß- bzw. Verhandlungsfähigkeit der Organisation, und Legitimität, d.h. deren Verpflichtungsfähigkeit. Für erstere ist eine geringe, für letztere hingegen eine hohe Beteiligung der Mitglieder am Entscheidungsprozeß notwendig. Am Beispiel der Metallindustrie konnte Weitbrecht zeigen, daß die Problemlösungsstrategie in einer organisatorischen Trennung von tarifpolitischen Entscheidungs- und Beteiligungsprozessen besteht, wobei letztere primär der Verpflichtung der Mitglieder dienen.[46]

Bereits in der älteren, institutionalistisch ausgerichteten Literatur wurde die Frage nach dem Einfluß von Verbänden, insbesondere der Gewerkschaften, behandelt.[47] Seit den

---

[43] Die klassische Studie für diese Phase ist Bergmann,J./Jacobi,O./Müller-Jentsch,W., Gewerkschaften in der Bundesrepublik, 3.Aufl. Frankfurt 1979.

[44] Vgl. im einzelnen Kap.4.

[45] Weitbrecht,H., Effektivität und Legitimität der Tarifautonomie. Eine soziologische Untersuchung am Beispiel der deutschen Metallindustrie, Berlin 1969; vgl. zur Unterscheidung von administrativer und repräsentativer Effektivität Child,J./Loveridge,R./Warner,M., Towards an organizational study of trade unions, Sociology 7 (1973), 71-91.

[46] Dieses Ergebnis ist durchaus auf andere Industriegewerkschaften übertragbar. Empirisch läßt sich zeigen, daß in verschiedenen Industriegewerkschaften die Mitgliederbeteiligung nur gering ist.

Kapitel 3: Gewerkschaften

80er Jahren finden vor allem in den USA im Rahmen einer neu entfachten "ökonomischen" Gewerkschaftsanalyse eine recht intensive Diskussion statt über die Wirkungen und Folgen der Gewerkschaften als Institutionen des Arbeitsmarktes im Rahmen der gesellschaftspolitischen, vor allem aber der gesamtwirtschaftlichen Entwicklung (vor allem Löhne, Preise, Beschäftigung, Produktivität).

Die Ergebnisse der inzwischen recht breiten empirischen Forschung, welche die typische industrial relations- um eine rational choice-Perspektive fruchtbar zu erweitern sucht, lassen sich folgendermaßen zusammenfassen:

"1. Unions raise wages and the cost of labor to firms, with a modest misallocation of resources due to the consequent shrinkage of employment in the union sector.
2. Unions increase fringe benefits desired by workers.
3. Unions reduce inequality of wages in workplaces and across establishments and reduce white-collar/blue-collar pay differentials.
4. Unions reduce quits and increase job tenure, with a resultant modest increase in productivity to firms. The reduction in turnover reflects the extra welfare to workers from unionism.
5. Unions are associated with high productivity in many but not all cases.
6. Unions reduce company profits."[48]

Diese insgesamt recht positive Einschätzung läuft auf eine gewisse Rehabilitierung der Wirkungen und Einflußnahmen von Gewerkschaften nicht nur im US-amerikanischen Kontext hinaus. Sie sind demnach nicht nur - wie in der traditionell-orthodoxen Analyse einer vollkommenen Wettbewerbswirtschaft vorausgesetzt[49] - als Störfaktoren bzw. monopolistische Institutionen mit unerwünschten negativen Wohlfahrts- bzw. Effizienzeffekten (auf Entgelte, restriktive Arbeitspraktiken, Investitionsentscheidungen, Arbeitskampfhäufigkeit und -dauer, Profite etc.) anzusehen; sie sind vielmehr als soziopolitische und kooperative Institutionen (collective voice institutions im Sinne von

---

[47] Vgl. zusammenfassend Külp,B., Lohnbildung im Wechselspiel zwischen politischen und wirtschaftlichen Kräften, Berlin 1965; Schnabel,C., Zur ökonomischen Analyse der Gewerkschaften in der Bundesrepublik Deutschland. Theoretische und empirische Untersuchungen von Mitgliederentwicklung, Verhalten und Einfluß auf wirtschaftliche Größen, Frankfurt-Berlin 1988.

[48] Freeman,R.B., Effects of unions on the economy, in: Lipset,S.M.(ed.), Unions in transition. Entering the second century, San Francisco 1986, 199; vgl. allgemein Freeman,R.B./Medoff,J.L., What do unions do?, New York 1984; vgl. hierzu auch review symposium, ILRR 38 (1985), 244-263; Hirsch,B.T./ Addison,J.T., Economic analysis of labor unions - new approaches and evidence, London-Boston 1984; Addison,J.T., What do unions really do? A review article, JLR 6 (1985), 127-146; vgl. speziell zur Kritik der "microeconomics of unionism" sowie der Kontrakttheorie Oswald,A.J., New research on the economics of trade unions and labor contracts, IR 26 (1987), 30-45.

[49] Ganz ähnlich argumentiert später u.a. Olson,M., The rise and decline of nations. Economic growth, stagflation, and social rigidities, New Haven-London 1982; zur Kritik zusammenfassend Schubert,K., Leistungen und Grenzen politisch-ökonomischer Theorie. Eine kritische Bestandsaufnahme zu Mancur Olson, Wiesbaden 1992.

Freeman/Medoff in Anlehnung an Hirschman) auch für empirisch durchaus nachweisbare positive Wohlfahrtseffekte (vor allem durch Wahrnehmung der Ordnungsfunktion sowie durch produktivitäts- und effizienzsteigernde Wirkungen) mitverantwortlich. Andere Analysen sind allerdings pessimistischer in bezug auf die Arbeitsmarkteffekte als diejenige der "Harvard-Ökonomen".[50]

In Deutschland sind diese Fragestellungen einer ökonomischen Analyse erst später aufgegriffen worden[51] und zumindest bislang weniger kontrovers diskutiert worden als in den USA. "The question is not posed in this form in the German-language literature, in which employee representation is not justified in economic terms and collective representation is assumed as a basic policical right."[52] Stattdessen dominiert im Rahmen institutionalistischer Sichtweisen eine verhaltenswissenschaftliche Perspektive. Im Gegensatz zu den USA oder Großbritannien muß aufgrund institutioneller Besonderheiten, d.h. der dualen Struktur der Interessenrepräsentation im Gegensatz zur monistischen, analytisch unterschieden werden zwischen den Effekten von Betriebsräten und denen von Gewerkschaften; außerdem müssen sowohl der Einfluß der Arbeitsgesetzgebung (sog. Verrechtlichung) bzw. der Regulierung seitens des Staates[53] als auch die Organisationsformen der Tarifparteien berücksichtigt werden. Weiterhin muß die abhängige Variable jeweils genau definiert werden (z.B. Entgelte, Fluktuation bzw. Kündigung, Beschäftigungsentwicklung, Produktivität, Profitabilität, Investitionen, Arbeitskosten).

Aktuelle empirische Studien[54] kommen für die Bundesrepublik u.a. zu folgenden Resultaten:

- Hinsichtlich der Entlohnung gelangen "die meisten der bislang ... vorliegenden Untersuchungen auch zu dem erwarteten Ergebnis ..., daß die Erwerbseinkommen

---

[50] Vgl. zusammenfassend für Deutschland Schnabel, Zur ökonomischen Analyse der Gewerkschaften in der Bundesrepublik Deutschland, bes. 184-211; für die USA Hirsch,B.T./Addison,J.T., The economic analysis of unions: New approaches and evidence, London 1986.

[51] Vgl. als Überblick zur Behandlung von Gewerkschaften in der ökonomischen Theorie die verschiedenen Beiträge in Ökonomie und Gesellschaft, Jahrbuch 7 (1989), Die Gewerkschaft in der ökonomischen Theorie.

[52] Wever,K.S., Learning form works councils: Five unspectacular cases from Germany, IR 33 (1994), 469.

[53] Vgl. im einzelnen Kap.4.

[54] Einen aktuellen und breit angelegten Überlick über britische, deutsche und US-amerikanische Untersuchungen bietet Frick,B., Produktivitätsfolgen (über-)betrieblicher Interessenvertretungen, in: Schreyögg,G./Sydow,J.(Hg.), Managementforschung 5. Empirische Studien, Berlin-New York 1995, 215-257.

von gewerkschaftlich organisierten und nicht-organisierten Arbeitnehmern nicht nennenswert differieren"[55].
- Der gewerkschaftliche Organisationsgrad "seems to exert a negative, but quantitatively small, influence on labour productivity in Germany"[56].
- In Betrieben mit Betriebsräten sind die Entlassungs- und Kündigungsraten niedriger als in Firmen ohne gewählte betriebliche Interessenvertretung; der gewerkschaftliche Organisationsgrad übt keinen signifikanten Einfluß auf die Fluktuationsraten aus.[57]
- Gewerkschaften "do not have a negative impact on innovative activity which is measured by either the percentage of revenues spent on R&D or the percentage of employees working in R&D"[58].

3.6. Gewerkschaften in den neuen Bundesländern

Die von der SED gegängelte und abgewirtschaftete größte Massenorganisation FDGB erlitt ebenso wie ihre kaum als eigenständig zu bezeichnenden branchenbezogenen Einzelgewerkschaften im Zuge des Einigungsprozesses einen völligen Ansehens- und Vertrauensverlust bei ihren ehemals über 9 Mill. (faktischen Zwangs-)Mitgliedern; diese Organisationen hatten sich bei ihren Mitgliedern durch die enge Kooperation mit der Einheitspartei völlig diskreditiert. Die Selbstauflösung des FDGB ohne gewerkschaftlichen Rechtsnachfolger zum 30.9.1990 war die konsequente Folge der Reformunfähigkeit.[59]

Für den DGB wurde nach anfänglichem Zögern deutlich, daß Erneuerung, Umstrukturierung und Kooperation keine überlebensfähigen Alternativen sein konnten.[60] Die einzige realistische Chance bestand im Aufbau neuer unabhängiger Gewerkschaften,

---

[55] Frick, Produktivitätsfolgen, 235.

[56] Schnabel,C., Trade unions and productivity: The German evidence, BJIR 29 (1991), 18; ähnlich Genosko,J., Gewerkschaften - Monopolistische Institutionen oder Mechanismen zur Förderung der Effizienz? Eine Analyse der Gewerkschaften aus der Sicht der Liberalisierung des EG-Binnenmarktes, JfNuS 207 (1990), 600f.

[57] Sadowski,D./Backes-Gellner,U./Frick,B., Works councils: Barriers or boosts for the competitiveness of German firms?, BJIR 33 (1995), 493-513.

[58] Schnabel,C./Wagner,J., Unions and innovative activity in Germany, JLR 13 (1992), 393.

[59] Vgl. Pirker,Th. et al., FDGB-Wende zum Ende, Köln 1990.

[60] Vgl. im einzelnen Fichter,M., From transmission belt to social partnership? The case of organized labor in eastern Germany, GPaS 23 (1991), 23ff; Fichter,M., Unions in the new Länder: Evidence for the urgency of reform, in: Turner,L.(ed.), The political economy of the new Germany, Ithaca 1996 (forthcoming).

der sich strikt am westdeutschen Muster von Industrieverbänden orientierte ("Herstellung der Gewerkschaftseinheit"). "Das hieß im Klartext Übertragung bewährter westdeutscher Gewerkschaftsstrukturen auf die neuen Bundesländer ohne Berücksichtigung der dort oft völlig anderen Voraussetzungen."[61] Ein schneller und massiver Transfer sowohl materieller als auch personeller Ressourcen war zwischen März und September 1990 notwendig, um zunächst flächendeckend Informations- bzw. Regionalbüros einzurichten, deren Mitarbeiter neben der Mitgliederwerbung vor allem mit Rechtsschutzverfahren befaßt waren, und um später den Aufbau neuer Organisationen zu bewerkstelligen.[62]

Die neuen haupt- und ehrenamtlichen Funktionäre, deren Rekrutierung im Einzelfall Probleme bereitete, stammten entweder aus dem Westen oder übernahmen zum ersten Male gewerkschaftliche Funktionen in den neuen Verwaltungsstellen; die von potentiellen Mitgliedern abgelehnten früheren FDGB-Funktionäre wurden in der Regel nicht übernommen. Neue Mitglieder wurden entweder durch kollektive Übernahme aus den alten FDGB-Organisationen (u.a. IG Medien, GdED, NGG) oder individuell rekrutiert (u.a. IG Chemie-Papier-Keramik, IG Metall, ÖTV). Die erste Strategie war kurzfristig leichter zu organisieren, da sie weniger Verbandsressourcen band; die letzte war vermutlich langfristig wirkungsvoller.

Die in der alten BRD schon lange latent vorhandenen Probleme differierender Organisationsgrenzen zwischen DGB-Gewerkschaften[63] (vor allem zwischen IGBE und ÖTV, aber auch zwischen HBV und ÖTV) wurden manifest; außerdem stimmten die Organisationsdomänen verschiedener FDGB-Gewerkschaften nicht mit denen der DGB-Gewerkschaften überein.[64] Die in diesem Ausmaß in den alten Bundesländern nicht gekannten, zunächst offen ausgetragenen Konflikte um die Organisierung bestimmter Gruppen (u.a. der Wasserwirtschaft, der leitungsgebundenen Energieversorgung sowie der Sparkassenbeschäftigten) wurden durch Sprüche der DGB-Schiedsstelle, welche die Abgrenzung nach den in den alten Bundesländern geltenden Prinzipien bestätigten, zwar formal entschieden; faktisch wurden die massiven Konflikte über Fragen der

---

[61] Fichter,M./Kurbjuhn,M., Die Gewerkschaften im Einigungsprozeß: Ausdehnung mit alten Organisationsstrukturen und neuen Integrationsproblemen, in: Eichener,V. et al.(Hg.), Organisierte Interessen in Ostdeutschland, 1. Halbband, Marburg 1992, 161.

[62] Eine ausführliche Fallstudie bietet Bialas,Chr., Gewerkschaftlicher Organisationsaufbau und Transformation der Lohnpolitik im Prozeß der deutschen Einheit: Die IG Metall in den neuen Bundesländern 1990-1993, Arbeitspapiere AG TRAP Heft 1, Berlin 1994.

[63] Vgl. im einzelnen Gergs/Schmidt/Trinczek, "Die Claims der Einzelgewerkschaften sind umstritten", 149ff.

[64] Vgl. im einzelnen Perner,D., Entwicklung der Gewerkschaftsorganisation seit der deutschen Einigung, in: Nolte,D. et al.(Hg.), Wirtschaftliche und soziale Einheit Deutschlands. Eine Bilanz, Köln 1995, 384f.

Kapitel 3: Gewerkschaften

Abgrenzung der Organisationsbereiche in den neuen Bundesländern jedoch nicht beigelegt. - Die Organisationserfolge der nicht dem DGB angehörenden Gewerkschaften und Interessenverbände CGB und DAG waren sehr gering, so daß keine Zersplitterung der Interessenvertretung erfolgte; lediglich der DBB war in seinem Organisationsbereich in etwa erfolgreich.[65]

In der Anfangsphase der "marktwirtschaftlichen Euphorie" konnten beide Tarifpartner, nachdem sie die westlichen Prinzipien auf den Osten übertragen bzw. ausgeweitet hatten, deutliche Organisationserfolge erzielen.[66] Danach sind sowohl Gewerkschaften als auch Arbeitgeberverbände[67] mit erheblichen Schwierigkeiten und ähnlichen Problemen konfrontiert.

Die Gewerkschaften erreichten nach anfänglichen beachtlichen und durchaus unerwarteten Erfolgen mit über vier Mill. neuen Mitgliedern einen Organisationsgrad von rund 50% gegenüber ca. 35% im Westen. "Es stellt eine bedeutende Leistung des DGB und seiner Einzelgewerkschaften im Vereinigungsprozeß dar, ... den Aufbau freier Gewerkschaftsverbände so weit vorangebracht und die Voraussetzungen für die tarifliche und politische Interessenvertretung der Arbeitnehmer sowie für die Serviceleistungen an die Mitglieder in allen Organisationsbereichen weitgehend flächendeckend geschaffen zu haben."[68]

Im Zeitraum von Ende 1991 bis Mitte 1994 betrug dann allerdings der Mitgliederrückgang in den neuen Bundesländern fast 37% (1,53 Mill.) gegenüber immerhin 15% (1,77 Mill.) in den alten Bundesländern; von dieser Entwicklung in den neuen Bundesländern waren mit Ausnahme der GdP alle Einzelgewerkschaften mehr oder weniger stark betroffen.[69] Wichtige Motive für den Austritt waren vor allem folgende:
- Die neuen Mitglieder hatten nach ihren langjährigen Erfahrungen mit den FDGB-Organisationen in der Ex-DDR sowie mit den politisch motivierten Versprechen nach der Wende anfänglich unrealistisch hohe Erwartungen in bezug auf die realen

---

[65] Vgl. Fichter, Unions in the new Länder, 12.

[66] Vgl. zusammenfassend Wielgohs,J./Wiesenthal,H., Konkurrenz - Ignoranz - Kooperation: Interaktionsmuster west- und ostdeutscher Akteure beim Aufbau von Interessenverbände, Arbeitspapiere AG TRAP 94/9, 4-11.

[67] Vgl. im einzelnen Kap.2.

[68] Kleinhenz,G., Tarifpartnerschaft im vereinten Deutschland. Die Bedeutung der Arbeitsmarktorganisationen für die Einheit der Arbeits- und Lebensverhältnisse, in APuZ B12/92, 18.

[69] Vgl. im einzelnen Löhrlein,K., Mitgliederentwicklung, in: Kittner,M.(Hg.), Gewerkschaften heute. Jahrbuch für Arbeitnehmerfragen 1995, Köln 1995, 85ff.

Handlungsmöglichkeiten der Gewerkschaften im Transformationsprozeß, vor allem in bezug auf die Tarifpolitik sowie eine Politik der Beschäftigungssicherung.
- Die Bekämpfung der Arbeitslosigkeit, die sich infolge der dramatischen Beschäftigungseinbrüche schnell verfestigte bzw. die Vertretung der Interessen einer überproportional hohen Zahl arbeitsloser Mitglieder entzieht sich weitgehend dem Aktionsradius von Gewerkschaftspolitik: "Gewerkschaften sind ... nur sehr begrenzt in der Lage, Interessen von Arbeitslosen wirksam zu vertreten, da über Investitionen, die Zahl zu schaffender Arbeitsplätze und den Umfang von Einstellungen im Prinzip mit den Arbeitgebern nicht verhandelt werden kann. Hier bleibt nur der Schutz der bestehenden Beschäftigungsverhältnisse, der vor allem in den ersten Tarifrunden, durch Kündigungsschutzabkommen, Rationalisierungsschutz und Qualifizierungsvereinbarungen versucht wurde, ohne jedoch den Beschäftigungseinbruch verhindern oder merklich abschwächen zu können."[70]

Die Mitgliederstrukturen dürften inzwischen ähnliche Defizite aufweisen wie die im Westen, d.h. deutliche Unterschiede zur Beschäftigtenstruktur. Mittelfristig ist wohl mit einer Angleichung der Organisationsgrade in Ost und West zu rechnen.[71]

Die zunehmenden Schwierigkeiten der DGB-Organisationen resultieren vor allem aus der besonderen Finanzierungssituation:
- Auf der Einnahmenseite entstehen Mindereinnahmen sowohl durch geringere Beiträge infolge niedrigerer Einkommen im Osten als auch durch den im Vergleich zum Westen hohen Anteil arbeitsloser Mitglieder, die lediglich einen symbolischen Beitrag zahlen.
- Auf der Ausgabenseite ergeben sich Mehrausgaben sowohl durch den Aufbau der formalen Organisation als auch durch die übergangsspezifische Aufgabenstruktur, die sich auf die arbeits- und sozialrechtliche Information sowie auf individuelle Beratung und Vertretung der Mitglieder konzentrieren mußte. Dieses Angebot an privaten Gütern ist für die Verbände zwar personal- und kostenintensiv, bietet jedoch gerade in Phasen der Unsicherheit individuelle Anreize zum Beitritt.

Insgesamt verschärfen sich die schon vor der Vereinigung bestehenden Finanzprobleme der Einzelgewerkschaften, da die Ausdehnung des Organisationsbereichs erhebliche (Netto-)Kosten verursacht, ohne die erhofften Mehreinnahmen zu bringen, da die Mitgliederzahlen deutlich zurückgehen. "Fallende Mitgliederzahlen vermindern

---

[70] Bialas, Grundlinien des Gewerkschaftsaufbaus, 107.

[71] Ein ausländischer Beobachter nennt folgende Gründe für den Mitgliederrückgang: "... the normalisation of unionisation rates, artificially increased by around 90% as a result of obligatory membership in the old GDR; the disappearance between 1989 and 1994 of almost two-thirds of industrial jobs and of nearly 40% of all jobs; and finally, a certain frustration amongst East German unionists with their new organisations." Lattard,A., German trade unionism since the crisis: Gradual erosion, JAS 5 (1994), 55.

mit den Einnahmen aber auch die organisatorische Vertretungsdichte in der Fläche und damit die Möglichkeiten der Mitgliederbetreuung, wodurch der bekannte Teufelskreis von mangelnder Vertretungsdichte und abnehmenden Mitgliederzahlen in Gang gehalten wird. Wer tritt schon einer Gewerkschaft bei, die vor Ort kaum präsent ist?"[72] Außerdem engt der so skizzierte Mechanismus die Aktionsfähigkeit nicht nur im Osten, sondern auch im Westen deutlich ein.

Organisationsgrade der Gewerkschaften in Deutschland: 1988 bis 1994

	1988	1989	1990	1991	1992	1993	1994
Erwerbspersonen*	25.069.000	25.138.000	34.557.653	32.927.000	32.384.000	31.644.000	32.211.732
DGB							
gesamt	7.797.000	7.861.000	11.564.923	11.800.413	11.015.612	10.290.152	9.768.373
West	7.797.000	7.861.000	7.937.923	7.642.587	7.623.865	7.383.500	7.179.123
Ost	0	0	3.627.00	4.157.826	3.391.747	2.906.652	2.589.250
DAG							
gesamt	497.000	503.528	573.398	584.775	578.352	527.888	520.709
West	497.000	503.528	509.000	473.584	471.384	441.097	434.344
Ost	0	0	64.398	111.191	106.968	86.791	85.365
DBB							
gesamt	786.948	793.607	997.702	1.053.001	1.095.399	1.078.794	1.089.213
West	786.948	793.607	799.003	k.A.	k.A.	k.A.	k.A.
Ost	0	0	198.699	k.A.	k.A.	k.A.	k.A.
CGB							
gesamt	307.000	305.000	309.364	310.831	315.550	310.677	306.841
West	307.000	305.000	304.741	302.490	306.437	302.804	297.525
Ost	0	0	4.623	8.341	9.113	7.873	8.956

* = Summe aller Angestellten, Arbeiter, Beamten und aller registrierten Arbeitslosen
k.A. = keine Angaben verfügbar

Quelle: Fichter,M., Unions in the new Länder: Evidence for the urgency of reform, in: Turner,L.(ed.), The political economy of the new Germany, Cornell 1996 (forthcoming).

---

[72] Schmidt,R./Trinczek,R., Fusion und Konfusion. Gründe und Hintergründe für die Reorganisation des DGB, in: Leif/Klein/Legrand, Reform des DGB, 80.

Die vor der Wende begonnene Diskussion um eine "Modernisierung der Gewerkschaftspolitik"[73] bzw. um eine notwendige Organisationsreform sowohl auf der Ebene des Dachverbandes als auch auf der der Einzelgewerkschaften stagniert seit der Vereinigung. Unterschiedliche Interessenlagen, etwa in den Präferenzen für eine mehr quantitativ bzw. eher qualitativ orientierte Tarifpolitik, in der Arbeitszeitpolitik, in Fragen der Ökologie oder der Frauenpolitik, bewirken eine nahezu ungebrochene Kontinuierung bzw. Rückkehr zu traditioneller Politik.[74] "As far as policies are concerned, the DGB has in any case been torn between the more ecological and "post-material" discourse which the new, under-unionised social strata in the West expect of it, and the needs of workers in the East who are concerned above all with material improvements and with the protection of jobs."[75]

Die Prozesse innerverbandlicher Willensbildung werden aufgrund der zunehmenden Interessenheterogenität schwieriger; die Formulierung von Strategien der für Industrieverbände konstitutiven Interessenaggregation bzw. -vereinheitlichung bereiten (nicht nur in der Lohn- und Einkommenspolitik) mehr Probleme als vor der Wende; gleiches gilt für die Interessendurchsetzung nach außen. Insofern handelt es sich nicht um ein Sonderproblem der neuen Bundesländer sondern um eines, das auf die Interessenvertretung insgesamt zurückwirkt und die innerorganisatorische "Solidarität" auf eine harte Probe stellt. "The post-Fordist issues of the west now have to compete with the old social questions of the east. This collision has generated a heterogeneous social maelstrom in which the fragmentation of interests among the employed will increase in intensity."[76]

---

[73] Vgl. für andere Hoffmann,J. et al.(Hg.), Jenseits der Beschlußlage. Gewerkschaft als Zukunftswerkstatt, Köln 1990.

[74] Vgl. im einzelnen Mahnkopf,B., Vorwärts in die Vergangenheit? Pessimistische Spekulationen über die Zukunft der Gewerkschaften in der neuen Bundesrepublik, in: Westphal,A.(Hg.), Wirtschaftspolitische Konsequenzen der deutschen Vereinigung, Frankfurt 1991, 269-294; Mahnkopf,B., The impact of unification on the German system of industrial relations. Discussion Paper FS I 93-102, Wissenschaftszentrum Berlin für Sozialforschung 1993; Mahnkopf,B., Gewerkschaften im West-Ost-Spagat, in: Leif/Klein/Legrand, Reform des DGB, 145-165.

[75] Lattard, German trade unions since the crisis, 56.

[76] Baethge,M./Wolf,H., Continuity and change in the "German model" of industrial relations, in: Locke,R./Kochan,Th./Piore,M.(eds.), Employment relations in a changing world economy, Cambridge-London 1995, 257.

Einführende Literatur:

Armingeon,K., Die Entwicklung der westdeutschen Gewerkschaften 1950-1985, Frankfurt-New York 1988

Crouch,C., Trade unions. The logic of collective action, London 1982

Freeman,R.B./Medoff,J.L., What do unions do?, New York 1984

Kittner,M.(Hg.), Gewerkschafts-Jahrbuch. Daten - Fakten - Analysen, Köln laufende Jahrgänge

Markovits,A.S., The politics of West German trade unions. Strategies of class and interest representation in growth and crisis, Cambridge-London 1986

Müller-Jentsch,W.(Hg.), Basisdaten der industriellen Beziehungen, Frankfurt-New York 1989

Strauss,G./Gallagher,D.G./Fiorito,J.(eds.), The state of the unions, Madison 1991

Thelen,K.A., Union of parts. Labor politics in postwar Germany, Ithaca-London 1991.

4. KORPORATIVE AKTEURE III: STAAT/STAATLICHE AGENTUREN

4.1. Einleitung

Auf der einen Seite stimmt die überwiegende Mehrzahl unserer Konzepte und Theorien - ganz unabhängig von ihrer Herkunft aus systemtheoretischen, pluralistischen, marxistischen, Regulations- oder anderen "Schulen"[1] - darin überein, daß wir bei unseren Versuchen, auf dem interdisziplinären Gebiet der Arbeitsbeziehungen fundierte Hypothesen zu formulieren, explizit von drei korporativen Akteuren und ihren formalen und informellen Beziehungen auszugehen haben:
- Arbeitnehmer und Gewerkschaften als ihre Interessenvertretungen,
- Management, Arbeitgeber und ihre Verbände,
- Staat, wobei verschiedene seiner Agenturen, Länder- und Bundesregierungen sowie die Arbeitsgerichte eingeschlossen werden.

Auf der anderen Seite konzentriert sich die überwiegende Mehrzahl der vorliegenden empirischen und theoretischen Analysen deutlich auf die bilateralen Beziehungen zwischen Arbeitnehmern und Arbeitgebern unter Einschluß ihrer jeweiligen Organisationen. Der Staat als der dritte korporative Akteur wird in kaum in die Kalküle einbezogen.[2]

Dieses Faktum scheint auf den ersten Blick insoweit keine ernsten Probleme aufzuwerfen, als diejenigen Länder (wie etwa Großbritannien) betroffen sind, in denen der Staat traditionell eine weniger wichtige, zumindest aber keine entscheidende Rolle innerhalb der Arbeitsbeziehungen spielt, sondern lediglich einen weiten institutionellen Rahmen für den dominierenden Bipartismus von Arbeitgebern und Arbeitnehmern vorgibt.[3] Dieser offensichtliche Bias verursacht aber beträchtliche Schwierigkeiten, wenn

---

[1] Vgl. die Beschreibung verschiedener Ansätze bei Adams,R.J., The role of the state in industrial relations, in: Lewin,D./Mitchell,O.S./Sherer,P.D.(eds.), Research frontiers in industrial relations and human resources, Madison 1992, 503ff.

[2] Zu den wenigen theoretischen Ausnahmen gehören: Dabscheck,B., Of mountains and routes over them: A survey of theories of industrial relations, JIR 25 (1983), 485-506; Windmuller,J.P., Comparative study of methods and practices, in: ILO(ed.), Collective bargaining in industrialised market economies: A reappraisal, Geneva 1987, 121-148; Dabscheck,B., A survey of theories of industrial relations, in: Barbash,J./Barbash,K.(eds.), Theories and concepts in comparative industrial relations, Columbia,S.C. 1989, 155-183; Giles,A., Industrial relations theory, the state and politics, in: Barbash/Barbash, Theories and concepts, 123-154.

[3] Dies ist einer der Hauptgründe, weshalb der "KKM-approach" in einem nicht US-amerikanischen Kontext nur von begrenztem Nutzen ist. Vgl. Kochan,Th./Katz,H.C./McKersie,R.B., The transformation of American industrial relations, New York 1986; zur Kritik zusammenfassend IRRA(ed.), Proceedings of the 37th annual meeting, Madison 1985, 277-294; Review symposium: The transformation of American indu-

Kapitel 4: Staat

wir versuchen, diese analytischen Konzepte auf andere westliche Industrienationen zu übertragen, in denen neben hochgradig zentralisierten collective bargaining-Systemen sowie institutionalisierten Gewerkschaften wesentliche Einflußnahmen des Staates vorzufinden sind (u.a. Österreich, die skandinavischen Staaten, Bundesrepublik Deutschland).

Ein paralleles, aber weitgehend unbemerktes Problem können wir in der andauernden Diskussion über die Zukunft der nordamerikanischen und europäischen Arbeitsbeziehungen feststellen: Viele der hochgradig kontroversen Konzepte kreisen um verschiedene Aspekte der Zukunft der Gewerkschaften (wie Mitgliederverluste, abnehmende Organisationsgrade, neue Strategien und notwendige Politiken angesichts der Einführung neuer Technologien auf Betriebsebene, mehr Wettbewerb auf den sich rapide verändernden Weltmärkten, verschiedene Strategien im Kampf gegen Arbeitslosigkeit).[4] Gelegentlich schließen diese Konzepte einige recht allgemein gehaltene Informationen und/oder begründete Spekulationen über die Zukunft von Management und Arbeitgebern ein. Der Staat als korporativer Akteur wird wiederum nicht thematisiert.[5] Dieser offensichtliche Mangel[6] verursacht ernsthafte Schwierigkeiten nicht nur für einen eher theoretischen Standpunkt, sondern auch für Forschungsaktivitäten. Im folgenden soll daher ein Beitrag zur Beseitigung dieser konzeptionellen Lücke geleistet werden. Dabei werden wir zunächst auf einige historische Entwicklungen, danach vor allem auf aktuelle Probleme eingehen.[7]

---

strial relations, ILRR 41 (1988), 439-455; Chelius,K./Dworkin,J.(eds.), Reflections on the transformation of industrial relations, Metuchen 1990.

[4] Für andere: Edwards,R./Garonna,B./Tödtling,F., Unions in crisis and beyond. Perspectives from six countries, Dover-London 1986; Lipset,S.M.(ed.), Unions in transition. Entering the second century, San Francisco 1986, Müller-Jentsch,W.(Hg.), Zukunft der Gewerkschaften. Ein internationaler Vergleich, Frankfurt-New York 1988.

[5] "... students of shop-floor industrial relations typically see little reason to consider the state as a relevant object of enquiry." Hyman,R., The political economy of the state. Theory and practice in a cold climate, London 1989, 202.

[6] Zwei bemerkenswerte Ausnahmen sind allgemein gehaltene Kapitel über den Staat in international vergleichender Perspektive in den folgenden Monographien: Bean,R., Comparative industrial relations. An introduction to cross-national perspectives, 2nd ed. London 1984; Poole,M., Industrial relations: Origins and patterns of national diversities, London 1986.

[7] Vgl. zur historischen Entwicklung der collective bargaining-Regelungen in verschiedenen Ländern Bean, Comparative industrial relations; zur Geschichte der Beziehungen zwischen Gewerkschaften und Staat Tomlins,Ch., The state and the unions. Labor relations, law, and the organized labor movement in America, 1880-1960, New York 1985; die Entwicklung in Deutschland beschreibt Armingeon,K., Politische Regulierung industrieller Beziehungen. Vom Kaiserreich zur Bundesrepublik Deutschland, in: Schmidt,G.(Hg.), Staatstätigkeit. International und historisch vergleichende Analysen, Opladen 1988, 151-177; international vergleichend Armingeon,K., Die Regulierung der kollektiven Arbeitsbeziehungen, in: Czada,R./Schmidt,M.G.(Hg.), Verhandlungsdemokratie, Interessenvermittlung, Regierbarkeit. Festschrift für Gerhard Lehmbruch, Opladen 1993, 145-170; Armingeon,K., Institutionelle Antworten auf wirt-

Eine deutliche Konzentration auf die Regierung und ihre strategischen Handlungsalternativen[8] - unter Einschluß ihrer entscheidenden Interaktionen mit den anderen korporativen Akteuren - bei der Formulierung und Implementierung politischer Strategien ist innerhalb unseres Kontextes sinnvoll und problemadäquat. Daher werden wir uns nicht ausführlich beschäftigen mit den anderen Teilen des korporativen Akteurs Staat, insbesondere nicht mit dem Parlament und den Prozessen routinisierter Entscheidungsfindung innerhalb des Rechtssystems - mit seiner charakteristischen Interpretation, Verwaltung und Implementation des bestehenden individuellen und kollektiven Arbeitsrechts; auch die anderen Teile des dichten Netzwerkes von staatlichen und halbstaatlichen Institutionen zur Ausübung spezieller Funktionen werden wir nicht behandeln. Im Zentrum steht "the role of government as guardian of the public interest, as arbiter and rule maker - in brief, as sovereign ..."[9].

Durch diese Akzentsetzung lassen sich verschiedene Probleme der internen Entscheidungsfindung sowie von Konflikten innerhalb des korporativen Akteurs "Staat" vermeiden. Im Mittelpunkt der Überlegungen werden westliche, marktwirtschaftlich ausgerichtete Industrienationen stehen.[10]

4.2. Historische Rollen und allgemeine Funktionen des Staates

Aus der allgemeinen industrial and labor relations-Literatur können wir einige verstreute Informationen über die historische Rolle sowie die wichtigen allgemeinen Funktionen des Staates gewinnen:

1. In allen entwickelten Industrienationen sind allmählich mehr oder weniger umfassende <u>Systeme des individuellen und kollektiven Arbeitsrechts</u> entstanden, um die konflikthaften Beziehungen zwischen Arbeitnehmern und Arbeitgebern auf den verschiedenen Ebenen der Arbeitsbeziehungen (des Einzelunternehmens, der Branche, der Gesamtwirtschaft) zu regulieren und um die Arbeitnehmer durch rechtliche Vorkehrungen vor Unterdrückung und Ausbeutung zu schützen. Wir registrieren aber aus historischen und anderen Gründen enorme nationalspezifische Unterschiede zwischen diesen allgemeinen, überall zu beobachtenden Typen rechtlicher Intervention in eine laissez-faire-Wirtschaft: Vor allem die australischen und deutschen Rechtssysteme sind

---

schaftliche Verwundbarkeit. Ein internationaler Vergleich der prozeduralen Regulierung der Arbeitsbeziehungen in kapitalistischen Industriegesellschaften, PVS 34 (1993), 436-454.

[8] Vgl. Kochan,Th./McKersie,R.B./Cappelli,P., Strategic choice and industrial relations theory, IR 23 (1984), 16-39.

[9] Windmuller, Comparative study of methods and practices, 121.

[10] Eine Fallstudie über die besondere Situation in Großbritannien bietet Strinati,D., Capitalism, the state and industrial relations, London-Canberra 1982.

bekannt für ihren ungewöhnlich hohen Grad an legalistischer Intervention (sog. Verrechtlichung), während etwa Großbritannien über lange Phasen bis in die frühen 70er Jahre deutlich durch rechtliche Enthaltsamkeit und "voluntarism" charakterisiert war.[11] Der Terminus Verrechtlichung meint "the activity by which the state steers labor relations in certain prescribed directions. Over time, the state acts to perform a society based on status and individual contractual arrangements to a society subject to comprehensive regulation. The state is no longer "contemplative" but "activist".[12]

Im internationalen Vergleich ist für das deutsche System der Arbeitsbeziehungen eine starke Verrechtlichung nahezu aller seiner Elemente typisch. Dadurch werden zwar vor allem für die Gewerkschaften einerseits Handlungsrestriktionen formuliert, andererseits aber auch institutionelle Sicherungen garantiert und dadurch verschiedene Flexibilisierungs- bzw. Deregulierungsstrategien ökonomischer bzw. politischer Provenienz erschwert. Der Staat wird als Gesetzgeber vor allem aktiv durch

- Mitbestimmungsregelungen auf betrieblicher und überbetrieblicher Ebene,
- das Tarifvertragsgesetz, welches die rechtlich-institutionellen Rahmenbedingungen einer autonomen Konfliktaustragung der Tarifvertragsparteien auf sektoraler Ebene definiert,
- das Arbeitsförderungsgesetz, welches u.a. die verschiedenen Instrumente der Arbeitsmarktpolitik vorgibt,
- in jüngerer Zeit das Beschäftigungsförderungsgesetz, die Änderung des Par.116 Arbeitsförderungsgesetz sowie die Novellierung des Betriebsverfassungsgesetzes, wodurch die Austauschbedingungen vor allem auf der Makro-, aber auch auf der Mikro-Ebene verändert werden.

"Unlike the American model in which interventions are ad hoc and uncoordinated, the German state's involvement in labor relations ... establishes a general framework (Rahmenbedingungen) that structures relations between actors in the market without dictating outcomes directly."[13] Die verschiedenen gesetzlichen Regelungen sind geronnener Ausdruck der jeweiligen politischen Kräfteverhältnisse zum Zeitpunkt ihrer Verabschiedung bzw. langfristig wirksames Resultat der Auseinandersetzungen um Macht- und Herrschaftspositionen. In soziologischer Terminologie ist häufig von einer Institutio-

---

[11] Vgl. etwa die nationalen Fallstudien in Rogowski,R./Tooze,A., Individuelle Arbeitskonfliktlösung und liberaler Korporatismus. Gewerbe- und Arbeitsgerichte in Frankreich, Großbritannien und Deutschland im historischen Vergleich, in: Mohnhaupt,H./Simon,D.(Hg.), Vorträge zur Justizforschung. Geschichte und Theorie, Band 1, Frankfurt 1992, 317-386.

[12] Bellace,J.R., The role of the state in industrial relations, in: Niland,J.R./Lansbury,R.D./Verevis,C.(eds.), The future of industrial relations: Global change and challenges, London-New Dehli 1994, 25.

[13] Thelen, K.A., Union of parts. Labor politics in postwar Germany, Ithaca-London 1991, 53.

nalisierung des Klassengegensatzes[14] die Rede, womit besonders die vom Staat detailliert vorgegebene Definition von Regeln für die Austragung industrieller Konflikte (Tarifautonomie und Tarifvertragsbeziehungen bzw. Arbeitsbeziehungen auf betrieblicher Ebene) sowie deren Trennung von politischen Konflikten gemeint ist.
In engem Zusammenhang mit dieser Setzung von Rechtsnormen durch Gesetzgebung steht die Rechtsprechung vor allem durch die aus dem allgemeinen Rechtssystem vollständig ausgegliederte Arbeitsgerichtsbarkeit, die dreistufig in Arbeitsgerichte, Landesarbeitsgerichte und Bundesarbeitsgericht aufgebaut ist.[15] Wichtig in unserem Zusammenhang sind u.a. Entscheidungen zu verschiedenen Problemen des individuellen und kollektiven Arbeitsrechts, insbesondere zum Kündigungsschutz und Entlohnungsfragen, aber auch zum Arbeitskampfrecht, d.h. zu Streik und Aussperrung.[16]

2. Nachdem der Staat seine ursprüngliche Strategie der Unterdrückung aufgegeben und das Kollektivverhandlungs- und allgemeine Streikrecht nach und nach gesetzlich garantiert hatte, hat er in allen entwickelten westlichen Industrienationen immer wieder versucht, kollektive <u>industrielle Konflikte</u> - vor allem offizielle und inoffizielle Streiks, gelegentlich aber auch Aussperrungen - zu verhindern oder zumindest einzugrenzen, um die "Öffentlichkeit" vor den angenommenen oder tatsächlichen schädlichen Auswirkungen zu schützen.
In einigen Ländern, u.a. Großbritannien und USA, sind die Regierungen oder mit ihnen eng verbundene Agenturen sowohl in der Privatwirtschaft als auch im öffentlichen Sektor zugleich verantwortlich für verschiedene Institutionen und Mechanismen der Konfliktlösung durch Intervention dritter Parteien. Der Staat sorgt extern für verschiedene Typen von Verfahrensregeln für Schlichtungs- und/oder Schiedsverfahren.[17] In anderen Ländern wie der Bundesrepublik ermutigt der Staat eindeutig die Tarifvertragsparteien, untereinander ausgefeilte Verfahren zur intern-autonomen Konfliktbeilegung zu vereinbaren.[18]

---

[14] Für andere Dahrendorf,R., Class and class conflict in industrial society, 5th ed. London 1967, 64ff.; Jackson,M.P., Industrial relations. A textbook, London 1977, 178ff.

[15] Vgl. im einzelnen Weiss,M., Labour law and industrial relations in the Federal Republic of Germany, Deventer 1987, 96ff.

[16] Vgl. im einzelnen Kap.7.

[17] Dazu gehören vor allem mediation, conciliation, voluntary oder compulsory arbitration.

[18] vgl. im einzelnen Kap.7.

3. In der Mehrzahl der nordamerikanischen und europäischen Staaten, nicht aber z.B. in Italien und Frankreich, bestehen strikte, rechtlich einklagbare Verpflichtungen, während der Laufzeit von Kollektivverträgen eine sog. Friedenspflicht einzuhalten, d.h. keine Arbeitskämpfe zu führen. In diesem Zusammenhang entsteht häufig eine klare und eindeutige Trennung zwischen

- individuellen und kollektiven Rechtskonflikten über die Auslegung bzw. Interpretation eines bestehenden Kollektivvertrages, die in den meisten Fällen friedlich, d.h. durch Rechtsmittel unter Einschluß von Arbeitsgerichtsentscheidungen und nicht durch private Vereinbarungen (sog. grievance procedures im Sinne des US-amerikanischen Systems) beigelegt werden
- und Regelungs- oder Interessenkonflikten über die noch auszuhandelnden Bedingungen eines neuen Kollektivvertrages mit verschiedenen Methoden der Konfliktaustragung unter Einschluß von Arbeitskämpfen. Verschiedene Formen von Arbeitskämpfen können für illegal erklärt werden.

Eine andere, in der Literatur gängige Unterscheidung ist die zwischen substantiellen und prozeduralen Regeln, welche in etwa der Unterscheidung zwischen individuellem und kollektivem Arbeitsrecht entsprechen und zumeist direkt oder indirekt über staatliche Politik formuliert werden. Während erstere materielle Normen setzen, etwa Höhe der Entgelte oder Länge der Arbeitszeiten, beziehen sich letztere auf Verfahrensfragen, etwa von Tarifverhandlungen oder Arbeitskämpfen. Prozedurale bzw. Verfahrensregeln zielen häufig auf die Einrichtung oder Veränderung von Institutionen, während substantielle bzw. Inhaltsregeln in starkem Maße von den etablierten institutionellen Merkmalen abhängen. In säkularer Perspektive beobachten wir einen Trend von der materiellen zur eher prozeduralen Regulierung.

4. Häufig enthalten die rechtlichen Rahmenbedingungen auch einige inhaltliche Vorgaben für minimale Standards von Arbeitsbedingungen, wie Minimallöhne[19], Begrenzung oder Standardisierung der täglichen oder wöchentlichen Arbeitszeit, Arbeitsschutz- und Gesundheitsvorkehrungen, Anti-Diskriminierungsregelungen, Urlaub, Kündigungsschutz. Der alternative, in manchen Ländern (etwa in Großbritannien oder den USA) aber auch ergänzende Mechanismus zur Festsetzung der allgemeinen Arbeitsbedingungen durch nicht-politische Mittel ist das Tarifverhandlungssystem, falls die Gewerkschaften über genügend Stärke und Macht verfügen.

---

[19] "In the Federal Republic there is no law which determines a minimum wage ... minimum standards of wages and other parts of remuneration are only obtained by collective agreements. The main legal source for the real wages and additional payments is the labour contract." Weiss, Labour law and industrial relations, 71.

5. Öffentliche Körperschaften sind aktiv an der Ausgestaltung der <u>Arbeitsbeziehungen des öffentlichen Dienstes</u> beteiligt: Der Staat und die Gebietskörperschaften sind unmittelbar Arbeitgeber einer über eine ganze Reihe von Jahrzehnten ständig gewachsenen Anzahl bzw. eines zunehmenden Anteils von Arbeitnehmern. Öffentliche Körperschaften (vor allem Bund, Länder, Gemeinden) beschäftigen inzwischen circa 6 Mill. Arbeitnehmer (Beamte, Angestellte, Arbeiter) und beeinflussen dadurch direkt sowohl deren Entgelte als auch die übrigen Arbeitsbedingungen.[20] Damit können staatliche Akteure auch einen gewissen Einfluß auf die Entwicklung der Arbeitsbeziehungen in der Privatwirtschaft ausüben.

Eine ganze Reihe von Schwierigkeiten, die aus dieser Funktion resultieren, sind in der international vergleichenden Literatur breit dokumentiert worden; hierzu gehören u.a. die zunehmende Vergewerkschaftung, das häufig umstrittene Streikrecht, von dem typischerweise ganz bestimmte Gruppen in zentralen (Schlüssel-)Funktionen ausgeschlossen werden, Verfahrensregelungen zur Konfliktbeilegung, Methoden der Einkommensregelung.[21] Wegen der umfangreichen Spezialliteratur werden wir uns im folgenden auf die Privatwirtschaft und das allgemeine Problem konzentrieren. Diese Entscheidung wird durch die Tatsache erleichtert, daß die Unterschiede in den Strategien privater und öffentlicher Arbeitgeber seit den 80er Jahren geringer geworden sind; in Zeiten von Massenarbeitslosigkeit und Privatisierungsmaßnahmen können öffentliche Arbeitgeber kaum noch als "Modell"-Arbeitgeber bezeichnet werden.

Diese allgemeinen Entwicklungstendenzen zeigen bedeutsame nationalspezifische Unterschiede in den quantitativen und qualitativen Bedingungen und Formen der historischen und aktuellen Interventionen des Staates. Gelegenheiten für eine Veränderung der Grundsatzentscheidungen über die politische Regulierung der Arbeitsbeziehungen bieten häufig krisenhafte Entscheidungssituationen wie Weltkriege, Weltwirtschaftskrisen, umfangreiche Arbeitskämpfe, Systemwechsel, große Regierungswechsel in Demokratien sowie die Regierungsbeteiligung sozialdemokratischer Parteien, ohne daß diese Chancen zur Änderung von Grundsatzentscheidungen notwendigerweise immer genutzt werden. "Deterministische, lineare Beziehungen zwischen diesen Veränderungen oder Strukturen der politischen, institutionellen oder sozialen Umwelten des Systems der kollektiven Arbeitsbeziehungen und dessen prozeduralen Regeln bestehen

---

[20] Auf diese besondere Situation werden wir in Kap.10 eingehen.

[21] International vergleichend hierzu vor allem Treu,T.(ed.), Public service labour relations: Recent trends and future prospects. A comparative survey of seven industrialized market economy countries, Geneva 1987; Gladstone,A. et al.(eds.), Current issues in labour relations. An international perspective, Berlin-New York 1989, 267-366.

nicht."²² Nachdem die Grundsatzentscheidungen einmal getroffen worden sind, werden in der Regel nur noch inkrementale Veränderungen im Sinne schrittweiser und begrenzter Folgereformen vorgenommen (Kodifikation, Weiterentwicklung oder Behebung funktionaler Defizite).

Wir beobachten vor allem seit der langen Prosperitätsphase nach dem II. Weltkrieg, daß aktive Interventionen der Regierungen in die Wirtschafts- und Sozialpolitik im allgemeinen sowie in Teilbereiche des Systems der Arbeitsbeziehungen im besonderen in allen entwickelten westlichen Industrienationen häufiger, systematischer und umfassender werden. "All in all, ... it would be difficult to disagree with the proposition that the State has in recent decades assumed a more active role in collective bargaining by promulgating more rules, imposing more restraints and becoming a more active participant in negotiations."²³ Weiterhin ist die Einflußnahme des Staates über die Systeme sozialer Sicherung (in unserem Kontext vor allem über die Sicherung bei Arbeitslosigkeit) sowie durch die staatliche Gesetzgebung zum Arbeits- und Gesundheitsschutz vorhanden.²⁴ Insofern hat der Staat zahlreiche Aufgaben übernommen, die früher die Gewerkschaften in ihrer Eigenschaft als Selbsthilfeorganisationen bewältigen mußten.

Diese langfristige Entwicklung implizierte in frühen historischen Perioden vor allem die Aufhebung des Koalitionsverbots²⁵ bzw. die aktive Unterstützung der Entwicklung eines rechtlich abgesicherten, freien und autonomen Tarifverhandlungssystems sowie in jüngeren Phasen u.a. verschiedene, mehr oder weniger aktive Arbeitsmarktpolitiken sowie makroökonomische Strategien zur Stabilisierung des Wachstums und/oder zur Bekämpfung von Arbeitslosigkeit. "The role adopted by the State in the field of industrial relations in the post-war period was essentially that of guarantor of the understandings reached between labour and management ... it was understood that the State would

---

[22] Armingeon,K., Staat und Arbeitsbeziehungen. Ein internationaler Vergleich, Opladen 1994, 159.

[23] Windmuller, Comparative study of methods and practices, 126.

[24] Auf das vor allem in den 70er Jahren populäre Programm zur "Humanisierung des Arbeitslebens" sei nur der Vollständigkeit halber hingewiesen; seine Attraktivität für Betriebsräte und Gewerkschaften schwand in der Krise. Vgl. im einzelnen Bernschneider,W., Staat, Gewerkschaft und Arbeitsprozeß. Zur "Politisierung" und zum Legitimationspotential staatlichen Handelns, Opladen 1986.

[25] "Der Zeitpunkt der Institutionalisierung der unbeschränkten Koalitionsfreiheit ist abhängig von der Stellung des betreffenden Landes im Weltmarkt sowie von Zielen und Konstellationen der politischen Akteure. Je stärker die Außenhandelsabhängigkeit eines Landes und je schwächer der Widerstand gegen die Organisationswünsche der Arbeitnehmer ist, desto früher erfolgt die dauerhafte Einführung der Koalitionsfreiheit." Armingeon, Staat und Arbeitsbeziehungen, 159.

attempt to maintain a balance between labour and management so that neither side dominated the bilateral relationship."[26]

In den 80er Jahren ging dieser langfristige Trend zunehmender regulativer und distributiver Politiken sowie eines Managements der Wirtschaft durch einen interventionistischen Staat allmählich zuende. Verschiedene, vor allem von konservativen Regierungen eingeleitete Deregulierungsstrategien zeigen ebenfalls eine Umkehr dieses Trends an. Wir beobachten allerdings erhebliche Unterschiede zwischen derartigen Politiken in verschiedenen Ländern (z.B. Großbritannien und USA auf der einen, die Bundesrepublik auf der anderen Seite).[27] Der Prozeß "should not be seen as the state's removing itself from intervention in setting labor market policy. Rather ... deregulation has merely meant a process of reformulation of the web of rules so that the state could better achieve its labor market objectives."[28]

4.3. Makro-Korporatismus als temporärer Regulierungsmodus

Soweit ist unsere Vorgehensweise noch ziemlich impressionistisch oder zumindest rein beschreibend. Eine stringente und stärker theoretisch orientierte Analyse finden wir in der Diskussion über Neo-Korporatismus, die hauptsächlich von Politikwissenschaftlern und politischen Soziologen geführt wird, zu denen sich erstaunlicherweise nur selten industrial relations-Vertreter gesellen.

Parallel zu den bereits skizzierten Aktivitäten des Staates üben die anderen korporativen Akteure nicht so sehr Druck aus, indem sie versuchen, politische Entscheidungen zu beeinflussen, wie es das bekannte "Vektorsummenmodell" von Interessenpolitik und -vermittlung nahelegen würde. Im Rahmen des korporatistischen Modus von Interessenvermittlung versuchen vielmehr die Regierungen bzw. staatlichen Agenturen, mit Gewerkschaften und Arbeitgeberverbänden eine mehr oder weniger formalisierte und institutionalisierte Verhaltensabstimmung (u.a. in bezug auf eine Einkommenspolitik) auf freiwilliger oder sozialkontraktueller Ebene zu betreiben. Das Ziel besteht darin, auf dem Verhandlungs- und Überzeugungswege eine Koordination bzw. Abstimmung der Verhaltensweisen in bezug auf makro-ökonomische Zielvorstellungen (u.a. relative Preisniveaustabilität, stetiges Wirtschaftswachstum, außenwirtschaftliches Gleichgewicht) zu erreichen.[29]

---

[26] Adams,R.J., North American industrial relations: Divergent trends in Canada and the United States, ILR 128 (1989), 49.

[27] Vgl. im einzelnen Esping-Andersen,G., The three worlds of welfare capitalism, Princeton 1990, 162-190.

[28] Bellace, The role of the state in industrial relations, 26.

Nach dem II. Weltkrieg, vor allem aber in den 60er und 70er Jahren, entstanden in verschiedenen marktwirtschaftlich verfaßten, liberalen Demokratien erneuerte Formen von Systemen der Interessenrepräsentation zwischen den Regierungen und den Führungen der wichtigsten Interessenorganisationen von Arbeit und Kapital.[30] Diese besondere Form der organisatorischen und politischen Interessenvermittlung und/oder Konfliktschlichtung in korporatistischen Verbünden zwischen staatlichen Agenturen und gewerkschaftlichen bzw. unternehmerischen Verbandseliten ersetzte allmählich klassische, eher pluralistisch-liberal ausgerichtete Varianten eines vor allem in den angelsächsischen Ländern vorzufindenden Typs der Arbeitsbeziehungen durch eine stärker zentralisierte, institutionalisierte und koordinierte, kontinental-westeuropäische Form der Interessenpolitik. "Ostensibly corporatism provides an ideal solution to the central problem of modern capitalism: the maintenance of order where market relations are no longer supreme, where the division between polity and economy can no longer be sustained, and where both the working class and capital are organised."[31]

In allgemeiner Formulierung sind korporatistische Modelle, die "growth industry" der 70er Jahre, der Versuch,

- den autonomen und unabhängigen Staat mit seiner aktiven und direkten Intervention in ökonomische Prozesse und ihre materiellen Ergebnisse wieder in den Mittelpunkt der Analyse zu rücken
- sowie in theoretisch orientierten Kategorien einige jüngere integrative und stärker kooperative Trends innerhalb des Systems der Interessenrepräsentation - vor allem der Interessenvermittlung innerhalb institutionalisierter Arbeitsbeziehungen - zu analysieren.[32]

---

[29] Vgl. zu einem verbandlichen Modell der sozialen Ordnung Streeck,W./Schmitter,Ph.C., Gemeinschaft, Markt und Staat - und die Verbände? Der mögliche Beitrag von Interessenregierungen zur sozialen Ordnung, JfS 25 (1985), 133-157.

[30] Für andere: Crouch,C., The changing role of the state in industrial relations in Western Europe, in: Crouch,C./Pizzorno,A.(eds.), The resurgence of class conflict in Western Europe since 1968, Volume 2: Comparative analysis, New York 1978, 197-220; Maier,Ch.S., Preconditions for corporatism, in: Goldthorpe,J.H.(ed.), Order and conflict in contemporary capitalism, Oxford 1984, 60-80.

[31] Crouch, The changing role of the state, 215. Vgl. hierzu allgemein auch Offe,C., Korporatismus als System nichtstaatlicher Makrosteuerung? Notizen über seine Voraussetzungen und demokratischen Gehalte, GuG 10 (1984), 234-256.

[32] Korporatistisch ausgerichtete Versuche der Interessenvermittlung und -koordination können sowohl auf der Makro- (National-) als auch auf der Mesoebene (einzelner Wirtschaftssektoren) ansetzen; jüngere Untersuchungen betonen vor allem die Arrangements in einzelnen Sektoren (sog. private interest government).

Notwendige, vielleicht sogar hinreichende Voraussetzungen für den zumindest in einigen Ländern relativ guten, wenngleich zeitlich begrenzten Erfolg einer derartigen breiten Konzertierung sind gewisse institutionelle Strukturen organisierter Interessen:[33]
- vereinheitlichte, hochgradig zentralisierte Systeme der Interessenrepräsentation mit entsprechenden nicht-fragmentierten Strukturen korporativer Entscheidungsfindung sowohl innerhalb als auch zwischen Organisationen,
- damit eng verbunden eine deutliche Dominanz des Organisationsprinzips der Industrie- (und Einheits-)Gewerkschaft anstelle einer stärker fragmentierten Gewerkschaftsstruktur (etwa mit Berufsverbänden),
- eine gewisse Organisationssicherung der Verbände,
- das Recht der Verbände, faktisch als alleinige Repräsentanten ihres Klientels zu handeln (effektives Repräsentationsmonopol),
- sowie die Fähigkeit der Verbandsspitzen, genügend soziale Kontrolle über das Verhalten ihrer Mitglieder ausüben zu können, um wechselseitige Verpflichtungen aus getroffenen Vereinbarungen auch tatsächlich ausführen und durchsetzen zu können (Funktion der Konsensbeschaffung),
- die aktive Teilhabe der Verbände an der Politikformulierung und -gestaltung, also an diversen Prozessen makro-ökonomischer Planung im allgemeinen sowie an der Einkommenspolitik im besonderen,
- von Arbeiter- oder sozialdemokratischen Parteien geführte Regierungen, die über institutionelle Verknüpfungen, starke personelle Verbindungen, sich überschneidende Mitgliedschaften und ideologische Verschmelzungen verfügen (sollten) und dadurch eher politischen Konsens mit "ihren" loyalen Gewerkschaften beschaffen können als andere Parteien.[34]

Die Regierungen verschiedener Länder haben wiederholt versucht, sich dieser hilfreichen tripartistischen Institutionen zu bedienen, die sie oft selbst initiiert und aufrecht zu erhalten versucht hatten.[35] Hierzu gehören u.a. Österreich, die Niederlande sowie die skandinavischen Länder; nicht hinzuzurechnen sind Australien (bis 1985[36]),

---

[33] Vgl. Schmitter,P.C./Lehmbruch,G.(eds.), Trends towards corporatist intermediation, London 1979; Lehmbruch,G./Schmitter,P.C.(eds.), Patterns of corporatist policy-making, Beverly Hills 1982.

[34] Österreich ist das prototypische Beispiel auf der einen, das hochgradig dezentralisierte System der USA das auf der anderen Seite.

[35] Vgl. Juris,H. et al.(eds.), Industrial relations in a decade of economic change, Madison 1985.

[36] Vgl. zur jüngeren Entwicklung Frenkel,St.J., Australian employers in the shadow of the labor accords, IR 27 (1988), 166-179.

Regulierungsmodelle

	Korporatistisches Regulierungsmodell (Konzertierung)	Neokonservatives Regulierungsmodell (Dualisierung)
Verhältnis Markt/ Organisation	Ersetzung von Marktmechanismen durch organisatorische und politische Macht	Zurückdrängung von organisatorischer und politischer Macht zugunsten der Marktkräfte
Wirtschaftspolitische Hauptdoktrin	Keynesianismus (Nachfragepolitik)	Neoliberalismus (Angebotspolitik)
Wirtschaftspolitische Hauptziele	Sicherung von Stabilität, Wachstum und Vollbeschäftigung (Modernisierungspolitik unter Prosperitätsbedingungen)	Förderung der Innovations- und Konkurrenzfähigkeit im internationalen Wettbewerb (Modernisierungspolitik unter Krisenbedingungen)
Verhältnis Staat/Gewerkschaft	politischer Tausch (Sozialkontrakt)	Disziplinierung/Ausgrenzung (Labour Exclusion)
Verrechtlichungstendenz	Stärkung der Gewerkschaften, der Tarifautonomie und der betriebl. Mitbestimmung	Schwächung der Gewerkschaften und ihrer Integrationsfähigkeit Deregulierung
Sozialstaat	expansiv	kontraktiv
typische Folgeprobleme	Überforderung der systemischen Konzessionsspielräume/ Rigiditäten	Spaltung der Gesellschaft ("Zweidrittelgesellschaft")

Quelle: Müller-Jentsch,W., Gewerkschaften im Umbruch. Ein qualitativer Vergleich, in: ders.(Hg.), Zukunft der Gewerkschaften. Ein internationaler Vergleich, Frankfurt 1988, 271.

Kanada[37] und vor allem die USA; in der Mitte einer "Korporatismusskala" befinden sich Italien und Frankreich.[38] Diese enge Kooperation zwischen Regierungen und den Spitzen der wichtigsten Interessenorganisationen von Kapital und Arbeit auf der zentralstaatlichen Ebene zielt auf die Abarbeitung der gesamten Palette der Probleme eines Managements des keynesianischen Wohlfahrtsstaates (vor allem relative Preisniveaustabilität, Einkommensverteilung unter Einschluß von Einkommenspolitik, stetiges Wirtschaftswachstum sowie später Probleme einer Vollbeschäftigungspolitik). Im internationalen Vergleich war das Ausmaß der Verbindlichkeit von Interventionen in das System freier Kollektivverhandlungen recht unterschiedlich (indikative, imperative und kooperative Varianten); die institutionellen Formen wiesen deutliche Differenzen auf.[39]

Einerseits benötigten die Regierungen, in einer ausgedehnten Phase wachsenden Wohlstandes und steigender Masseneinkommen, unbedingt die freiwillige Unterstützung und direkte "verantwortliche" Kooperation der Führungsspitzen von unabhängigen Gewerkschaften für ein erfolgreiches Management im Rahmen der Strategien makroökonomischer Stabilisierung; diese schlossen vor allem eine Einkommenspolitik mit einer gewissen "Lohnzurückhaltung" der Arbeitnehmer bzw. ihrer Gewerkschaften ein. Auf der anderen Seite mußten die Regierungen ihren "Partnern" im politischen Tausch bestimmte Leistungen als Kompensation für Inkorporation und gesellschaftliche Integration bieten. Resultate dieser impliziten oder sogar expliziten Sozialkontrakte innerhalb eines "bargaining corporatism" waren u.a.

- zunehmende Organisationsmacht der Gewerkschaften,
- mehr und verbesserte Mitbestimmungs- und Partizipationsrechte,
- Erfüllung bestimmter sozialpolitischer Forderungen (vor allem nach einer Expansion des Wohlfahrtsstaates)
- und/oder mehr politischer Einfluß in diesem permanenten Prozeß von politischem Geben und Nehmen.[40]

---

[37] Kanada hat sich weitgehend vom einheitlichen nordamerikanischen Muster gelöst und sich zunehmend auf den europäischen Typ von konzertierten sozio-ökonomischen Entscheidungsprozessen zubewegt. Vgl. Adams,R., Industrial relations and the economic crisis: Canada moves towards Europe, in: Juris et al., Industrial relations in a decade of economic change, 115-149.

[38] Vgl. zu den Besonderheiten des "German corporatism" Thelen, Union of parts, 38ff.

[39] Vgl. Beyme,K.v., Gewerkschaften und Arbeitsbeziehungen in kapitalistischen Ländern, München 1977, 243-262.

[40] Crouch faßt dieses Muster in der "social-democratic thesis" folgendermaßen zusammen: "heightened union industrial and political power, major difficulty in transcending episodes of high conflict, leading to either bipartite or tripartite attempts at forging an agreement on wage development achieved by binding

Das Ergebnis war, daß die Gewerkschaften in einer ausgedehnten Phase von leergefegten Arbeitsmärkten bzw. Vollbeschäftigung einflußreicher wurden. Sie gewannen innerhalb des politischen Systems offizielle und integrierende Anerkennung und hatten effektiven Zugang zu "ihren" kooperationsbereiten Regierungen; weiterhin verfügten sie als Sozialpartner über beachtlichen Einfluß innerhalb dieser restrukturierten Machtverteilung, die überall korporative Repräsentation sowie einen tripartistisch organisierten, "generalized political exchange"[41] als modus operandi einschlossen.

4.4. Bedrohungen und Herausforderungen

Mit der folgenden Argumentationsweise bewegen wir uns auf den Grundlagen der Tauschtheorie bzw. des methodologischen Individualismus; wir bauen nicht auf anderen Konzepten auf wie etwa auf marxistischen Theorien über die Funktionen des Staates in fortgeschrittenen kapitalistischen Gesellschaften unter Einschluß klassentheoretischer Überlegungen.[42] Wir gehen davon aus, daß alle Teilnehmer rational handeln und die subjektiven Kosten und Nutzen ihrer weiteren Partizipation an korporatistischen, mehr oder weniger freiwilligen Experimenten strategisch kalkulieren. Die korporativen Akteure handeln entsprechend ihrem Eigeninteresse, indem sie diejenigen (Einkommens- bzw. Profit-)Strategien verfolgen, die den subjektiv erwarteten Nutzen ihrer Organisation maximieren. Alle Teilnehmer verfügen prinzipiell über die Option der "Abwanderung"[43], falls sie zu dem Ergebnis gelangen, daß ihre positiven, internen und externen Kompensationen sich wesentlich verschlechtern.

Die interne "Handlungslogik" der korporativen Akteure besteht in einem Tausch wechselseitiger kollektiver Vorteile, der sich durchaus über verschiedene Politikbereiche

---

employers' organizations and unions into an intense net of exchanges." Crouch,C., Industrial relations and European state traditions, Oxford 1993, 258.

[41] Pizzorno,A., Political exchange and collective identity in industrial conflict, in: Crouch/Pizzorno, The resurgence of class conflict in Western Europe, Volume 2, 277-298; Crouch,C., Generalized political exchange in industrial relations in Europe during the twentieth century, in: Marin,B.(ed.), Governance and generalized exchange. Self-organizing policy networks in action, Frankfurt-Boulder 1990, 69-116.

[42] Vgl. u.a. für die zuletzt genannte Alternative Strinati,D., Capitalism, the state and industrial relations, in: Crouch,C.(ed.), State and economy in contemporary capitalism, London 1979, 191-236; Panitch,L., Recent theorizations of corporatism: Reflections on a growth industry, BJS 31 (1980), 159-187; vgl. zur zuerst genannten Alternative u.a. OECD(ed.), The search for consensus. The role of institutional dialogue between government, labour and employers, Paris 1982; Lehmbruch,G., Concertation and the structure of corporatist networks, in: Goldthorpe, Order and conflict in contemporary capitalism, 60-80; Lange,P., Unions, workers and wage regulation: The rational bases of consent, in: Goldthorpe, Order and conflict in contemporary capitalism, 98-123.

[43] Vgl. Hirschman,A.O., Abwanderung und Widerspruch. Reaktionen auf Leistungsabfall bei Unternehmungen, Organisationen und Staaten, Tübingen 1974.

erstrecken kann (etwa Ausweitung der Mitbestimmungsrechte gegen Zurückhaltung in der Lohnpolitik). Neo-korporatistische Arrangements können nur solange erfolgreich sein, wie jeder der für ihr Gelingen notwendigen Akteure weiter teilnimmt. Diese tripartistischen Arrangements werden eher allmählich als sofort aufgegeben, wenn sie sich unter wesentlich veränderten ökonomischen und/oder politischen Rahmenbedingungen für mindestens einen der beteiligten Akteure nicht mehr auszahlen. Die Ziele des Verbundes sind als kollektive Güter anzusehen, bei deren Erreichung häufig die bekannten Schwierigkeiten auftreten (sog. free rider-Problem).

Daher sind alle korporatistischen Netzwerke auf der nationalen wie auf der regionalen Ebene aus Gründen, die in den Beziehungen innerhalb und zwischen ihren Akteuren liegen, zeitlich begrenzt, relativ instabil sowie unsicher.[44] Ein grundlegendes Problem bestand von Anfang an in der Tatsache, daß die Gewerkschaftsführer unter bestimmten externen politischen Bedingungen in Schwierigkeiten gerieten: Sie konnten die vitalen Interessen ihrer Mitglieder nicht mehr verfolgen, sobald sie einer konsensualen Lohnpolitik zustimmen mußten, d.h. eine Zurückhaltung bei Lohnforderungen intern durchzusetzen hatten.[45] Gleichzeitig waren die Regierungen nicht in der Lage, die übrigen makro-ökonomisch wichtigen Variablen (vor allem Preisniveau, Entwicklung der Profite und Investitionen) mit politischen Mitteln zu kontrollieren.[46] Gewerkschaften drohten mehr als einmal, diese tripartistischen Institutionen zu verlassen - oder verließen sie tatsächlich. "Instances can be readily cited ... in which corporatist arrangements have collapsed either as a result of the withdrawal of union leaders or of their inability to "deliver" their rank and file."[47]

Insofern ist das Scheitern der aus dem Gesetz zur Förderung der Stabilität und des Wachstums von 1967 resultierenden <u>Konzertierten Aktion</u> (1967-1977) als spezifisch deutscher Variante einer zwischen Gebietskörperschaften bzw. durch Wahlen legitimierten Politikern, Gewerkschaften und Arbeitgeberverbänden informell ausgehandelten, "freiwilligen" Einkommenspolitik ebenso wenig verwunderlich wie verschie-

---

[44] Diesen Aspekt betont auch: Streit,M.E., The mirage of neo-corporatism, Kyklos 41 (1988), 603-624.

[45] "Even under favourable circumstances, it is difficult to reconcile for any length of time the practice of free collective bargaining with self-imposed restraints, especially for the leaders of organisations whose tenure in office depends on periodic renewal of membership support through democratic procedures." Windmuller, Comparative study of methods and practices, 142.

[46] Vgl. zu Aufstieg und Fall neo-korporatistischer Arrangements aus anderer Perspektive Streeck,W., National diversity, regime competition and institutional deadlock: Problems in forming a European industrial relations system, JPP 12 (1992), 302-308.

[47] Goldthorpe,J.H., The end of convergence: Corporatist and dualist tendencies in modern western societies, in: Goldthorpe, Order and conflict in contemporary capitalism, 336; ähnlich auch OECD, The search for consensus, 46.

dene Fehlschläge im Bereich materieller Politiken. Diese neue wirtschaftspolitische Institution[48] war als trilaterales Arrangement zwischen den korporativen Akteuren konzipiert, als Versuch, durch regelmäßige Treffen am "Tisch der kollektiven Vernunft" (Schiller) zum Zwecke des "Austauschs von Informationen zwischen allen für den Wirtschaftsprozeß verantwortlichen Instanzen" die Interessengegensätze der Tarifvertragsparteien im Rahmen einer Globalsteuerung von Stabilität des Preisniveaus, hohem Beschäftigungsstand, außenwirtschaftlichem Gleichgewicht, stetigem und angemessenem Wirtschaftswachstum zu entpolitisieren und zu versachlichen. Innerhalb der Gewerkschaften war die K.A., ein Instrument indikativer Planung, von Anfang an heftig umstritten, vor allem weil die ohne formalrechtliche Verbindlichkeit genannten Orientierungsdaten ("moral suasion-Appelle") über die wirtschaftliche Entwicklung - vor allem über die gesamtwirtschaftlich wünschenswerten Lohnsteigerungen - allzu leicht als "Lohnleitlinien" interpretiert werden konnten;[49] außerdem war eine parallele politische Steuerung des Preisniveaus weder erwünscht noch möglich.[50]

Die Klage der Arbeitgeberverbände vor dem BVerfG gegen das MitbG von 1976 wegen dessen Unvereinbarkeit mit der Eigentumsgarantie des GG, Beeinträchtigung der Tarifautonomie, Überparität durch betriebliche und Unternehmens-Mitb war für die Gewerkschaften eher Anlaß als Ursache, die Mitarbeit in der K.A. endgültig aufzukündigen. Die tatsächlichen Gründe lagen tiefer. Die Treffen der K.A. waren "largely ceremonial and informal - too short, sometimes lasting less than a full day, too infrequent, held only two or three times a year, too unwieldly, sometimes attended by more than a hundred people, and too understaffed, having no permanent secretariat - to function as policymaking sessions."[51] Die Arbeitgeberverbände wollten durch ihre Klage wohl eher eine höchstrichterliche, langfristige Festschreibung des mitbestimmungspolitischen status quo als eine Zurücknahme des von allen Fraktionen des Bundestages beschlossenen

---

[48] Vgl. zusammenfassend Hoppmann,E.(Hg.), Konzertierte Aktion. Kritische Beiträge zu einem Experiment, Frankfurt 1971; Kern,M., Konzertierte Aktion als Versuch einer Verhaltensabstimmung zwischen Regierung und Wirtschaftsverbänden, Köln 1973; Hardes,H.-D., Einkommenspolitik in der BRD. Stabilität und Gruppeninteressen: Der Fall Konzertierte Aktion, Frankfurt-New York 1974.

[49] Gelegentlich wird eine Neuauflage der K.A. im Rahmen "runder Tische" vorgeschlagen, wobei derartige Pläne aber wohl nicht konsens- bzw. mehrheitsfähig sein dürften. Zudem ist nicht auszumachen, weshalb das Stabilisierungsziel, das nach wie vor typischen Kollektivgutcharakter hat, nunmehr erreicht werden sollte. Belohnt im Sinne einer Besserstellung wird nicht (stabilitäts-)konformes, sondern von den Rahmenvorgaben abweichendes Verhalten einzelner Gruppen; außerdem haben die Gruppen, die sich nicht stabilitätsgerecht verhalten, die Folgen ihres Handelns nur zum kleineren Teil selbst zu tragen.

[50] Im Jahre 1977 wurde eine Konzertierte Aktion für den Bereich des Gesundheitssektor institutionalisiert. Vgl. für andere Gäfgen,G.(Hg.), Neokorporatismus und Gesundheitswesen, Baden-Baden 1988.

[51] Flanagan,R.J./Soskice,D.W./Ulman,L., Unions, economic stabilization and incomes policies: European experience, Washington,D.C. 1983, 116.

MitbG erreichen. Im übrigen hat das BVerfG die Verfassungskonformität des MitbG bestätigt: "Die erweiterte Mb der Arbeitnehmer nach dem Mitbestimmungsgesetz vom 4.5.1976 ist mit den Grundrechten der von dem Gesetz erfaßten Gesellschaften, der Anteilseigner und der Koalitionen der Arbeitgeber vereinbar".[52]

Heutzutage, in einer Phase ökonomischer Transformation, technologischer Innovationen und politischer Veränderungen, sind sowohl konservative Regierungen als auch Arbeitgeber (unter Einschluß einiger mächtiger Fraktionen ihrer Verbände) in der Lage und durchaus bereit, eigene Gewinne und Verluste neu zu kalkulieren und zu anderen Ergebnissen über die Aussichten ihrer zukünftigen Teilnahme an korporatistischen Verbünden zu gelangen. Die Hauptbedrohung dieser Pakte sind daher nicht die Gewerkschaften, sondern die Arbeitgeber bzw. unter gewissen politischen Bedingungen konservative Regierungen. In einer Phase sich verändernder ökonomischer Bedingungen seit Mitte der 70er Jahre sowie seit dem Aufstieg der flexibleren Form eines "Post-Fordistischen" Kapitalismus der "flexiblen Spezialisierung"[53] in den 80er Jahren verschwindet allmählich eine Reihe der regulativen und integrativen Arrangements des "goldenen Zeitalters" des gesellschaftlichen Korporatismus.[54]

Leider wissen wir nicht sehr viel über Strategien des Managements; es gibt keine ausgearbeitete "Soziologie des Managements", die wir in verschiedenen nationalen Kontexten anwenden könnten.[55] Aber die Initiative zu strategischen Aktionen, die nach dem II. Weltkrieg über mehrere Jahrzehnte eher auf Seiten der Gewerkschaften gelegen hatte, ist wieder auf Management und Arbeitgeber übergegangen. Diese drängen vehement auf Anpassung, d.h. auf flexiblere Produktionsbedingungen im allgemeinen sowie auf größere Flexibilität der institutionellen Bedingungen des Arbeitsmarkts (u.a. auf einen Abbau von "Beschäftigungshemmnissen") im besonderen. Ihre Forderungen nach weniger rechtlichen Beschränkungen, weniger "Rigiditäten" bei den Löhnen, nach flexibleren Regelungen bei der Arbeitszeit sowie bei allen übrigen Arbeitsbedingungen

---

[52] Vgl. BB, Beilage 2/1979 zu Heft 7/1979; vgl. allgemein auch Backhaus,J., Mitbestimmung im Unternehmen. Eine ökonomische Rechtsanalyse des Verfassungsgerichtsurteils vom 1.März 1979 als Beitrag zur Theorie der wirtschaftlichen Rechtspolitik, Göttingen 1987.

[53] Vgl. im einzelnen Kap.11.

[54] Vgl. Thompson,M., Union-management relations: Recent research and theory, in: Adams,R.J.(eds.), Comparative industrial relations. Contemporary research and theory, London 1991, 95ff.

[55] Vgl. aber Plowmann,D.H., Management and industrial relations, in: Adams,R.J.(ed.), Contemporary research and theory, London 1991, 56-75; Schienstock,G., Managementsoziologie - ein Desiderat der Industriesoziologie. Theoretische Perspektiven einer Soziologie des Managements, SW 42 (1991), 349-370; Hartmann,H., Aufstand der Zwerge. Eine neue Ära in den Beziehungen zwischen dem Management in Westeuropa und in den USA, MR 5 (1994), 246-263.

begünstigen ihre Interessen in einer Phase schnellen Wandels und fundamentaler Unsicherheiten auf allen in- und ausländischen Märkten.[56] Die Arbeitgeber votieren für eine umfassende und weitreichende Flexibilisierung aller Beschäftigungsbedingungen, um die andauernden Prozesse der ökonomischen Restrukturierung zu unterstützen. "The authoritarian, nonunion strategy is generally justified on the basis that it is more efficient economically than is democratic participation by right. There is, however, little objective evidence to support that proposition."[57]

Diese ökonomischen Gründe vermischen sich mit bedeutsamen Veränderungen im politischen Umfeld. Die Tendenzen zu einem neuen Machtungleichgewicht sowie zu grundlegenden Veränderungen in der politischen Gesamtorientierung werden durch die Tatsache gestärkt, daß sozialdemokratisch geführte Regierungen in verschiedenen wichtigen europäischen Demokratien durch neo-konservative Regierungen abgelöst wurden. Die Sozialdemokraten ihrerseits hatten auf "verantwortungsbewußte" Gewerkschaften als legitime und wertvolle Verhandlungspartner gebaut und "vertrauensvoll" mit deren Führern innerhalb der politischen und organisatorischen Prozesse eines quid pro quo zusammengearbeitet.

Zumindest in einigen Ländern (vor allem in Großbritannien, in geringerem Maße auch in der Bundesrepublik) entfielen wesentliche Voraussetzungen des Korporatismus, nämlich die Offerte des Staates an Arbeitgeberverbände und Gewerkschaften, an sozio-ökonomischen Entscheidungsprozessen aktiv teilzunehmen.[58] Andererseits funktionierten korporatistische Institutionen in denjenigen Ländern (besonders Österreich[59]) weiterhin, in denen persönliche Bindungen, politische Verbindungen und ideologische Affinitäten zwischen Gewerkschaften und Regierungen erhalten blieben. Die Überlebenschancen tripartistischer Institutionen waren recht hoch, wenn diese bereits bestanden hatten, bevor konservative Regierungen gewählt wurden.[60]

---

[56] Vgl. im einzelnen Kap.14.

[57] Adams, Industrial relations and the economic crisis, 146.

[58] "Since then countries have moved in contrary directions. Where GPE [generalized political exchange, B.K.] models already existed in the mid 1970s, there was often commitment to keep them working, if often with reduced ambitions. Elsewhere, the failure of new 1970s experiments has lead to a search for very different solutions - including both mild returns to the repression of organised labour and a new search for means of securing the identity of workers to their companies, not to the capitalist system, that do not require the intermediary of unions performing within GPE." Crouch, Generalized political exchange, 115.

[59] Vgl. im einzelnen Traxler,F., Austria: Still the country of corporatism, in: Ferner,A./Hyman,R.(eds.), Industrial relations in the new Europe, Oxford 1992, 270-297.

[60] Es ist allerdings sehr schwierig, von nationalspezifischen Besonderheiten zu abstrahieren bzw. zu verallgemeinern. Einen Versuch der Generalisierung unternimmt Slomp,H., European labor relations and

Fast zur selben Zeit, als die Arbeitgeber ihre Flexibilisierungsstrategien begannen, initiierten konservative Regierungen politische Maßnahmen zur mehr graduellen denn prinzipiellen Deregulierung verschiedener Teile der Arbeitsbeziehungen.[61] Diese Strategien, welche neue politische Rahmenbedingungen schufen, zielten vor allem auf Strukturen und Institutionen des Arbeitsmarktes sowie auf Teile des traditionellen Arbeitsrechts, auf denen Systeme der Arbeitsbeziehungen aufbauen; eingeschlossen waren fast alle Beschäftigungsbedingungen (u.a. Kündigungsschutzregelungen).

So wirken ökonomische Trends (Arbeitsmarktentwicklungen und schneller technologischer Wandel) und politische Faktoren (Veränderung der politischen Mehrheiten) in dieselbe Richtung, nämlich hin auf eine Schwächung der gewerkschaftlichen (Verhandlungs)-Macht und auf eine Verringerung ihrer politischen Einflußmöglichkeiten. Beide Trends gehören nicht notwendigerweise zusammen, aber die Deregulierungsstrategien der Regierungen unterstützen und verstärken die Initiativen des Managements zu mehr Flexibilisierung. Die Arbeitgeberverbände versuchen oft recht erfolgreich, durch informelle und formelle Einflußnahme die Unterstützung der Regierungen für ihre Absichten zu gewinnen, was bei konservativen Mehrheiten in der Regel einfacher ist als bei sozialdemokratischen.[62] Wie wir anhand internationaler Vergleiche sehen, bewirken konkrete politische Strategien wesentliche Unterschiede.

Auch ohne diese politischen Veränderungen wäre die Situation für die Gewerkschaften immer noch schwierig, aber insgesamt einfacher zu bewältigen. Die Gewerkschaften haben in der Regel auf der Branchen- und nationalen Ebene nicht mehr viel im politischen Tauschgeschäft als Gegenleistung anzubieten. Der wichtigste Grund ist die Tatsache, daß die gestiegene Arbeitslosigkeit[63] ihre Organisations- und Verhandlungsmacht in fast allen wichtigen Sektoren der Volkswirtschaft geschwächt hat.

Die Gewerkschaften haben nicht viel Unterstützung von konservativen Regierungen zu erwarten, die einem starken formalen und informellen Einfluß von Gewerkschaften sowie jeder Art von Korporatismus mit politisch vermittelndem Interessenausgleich anstelle einer Regulierung über den Markt eher skeptisch gegenüberstehen. Stattdessen

---

the prospects of tripartism, in: Treu,T.(ed.), Participation in public policy-making: The role of trade unions and employers associations, Berlin-New York 1992, 162-173.

[61] Normative Regulierungen der Arbeitszeiten sind in verschiedenen Ländern das typische Beispiel für diese Strategien. Vgl. Treu,T., Development of working-time patterns and flexibility, in: Gladstone,A. et al.(eds.), Current issues in labour relations: An international perspective, Berlin-New York 1989, 149-263.

[62] Vgl. die Länderstudien in Windmuller,J.P./Gladstone,A.(eds.), Employers associations and industrial relations, Oxford 1984.

[63] Diese wird durch verschiedene, kontrovers diskutierte Faktoren verursacht, u.a. durch strukturelle Verwerfungen als systematische Gründe sowie durch die weltweite Rezession nach dem zweiten Ölpreisschock als singulärem Ereignis.

vertrauen diese Regierungen u.a. auf Privatisierungsmaßnahmen einzelner Unternehmen oder auch ganzer Industriezweige, auf die Kräfte des "freien" Marktes sowie dessen "unsichtbare Hand". Sie versuchen, die Arbeitsbeziehungen und - wie beispielsweise in Großbritannien[64] und den USA - die bestehenden Institutionen zu deregulieren, um die Produktivität und damit die eigene Position auf den umkämpften Weltmärkten zu verbessern. Häufig sind die formalen Verhandlungsstrukturen und sogar die informellen Kontakte sowie die anderen vermittelnden Tauschbeziehungen zwischen Regierungen und Gewerkschaften auf das absolute Minimum reduziert. Gedankenaustausch, Konsens und Partizipation der Gewerkschaften scheinen nicht mehr notwendig zu sein.

Weiterhin beobachten wir in verschiedenen Ländern seit den frühen 80er Jahren eine Transformation der Wirtschafts- und Sozialpolitik von nachfrage- hin zu angebotsorientierten Politiken bzw. vom Keynesianismus hin zum Monetarismus, also in Richtung auf neo-konservative Strategien. Dieser <u>wirtschaftspolitische Strategienwechsel</u> markiert einen deutlichen Wendepunkt von neo-korporatistischen zu mehr marktorientierten Politiken. Korporatistische Lösungen sind keine prinzipielle Frage eines strikten entweder-oder, sondern eine des mehr-oder-weniger, aber die Entwicklungsrichtung hin auf einen allmählichen Verfall makro-korporatistischer Arrangements ist offensichtlich. Diese an Marktprinzipien orientierten Formen einer Konfliktbeilegung, die wir fast überall in westlichen Industrieländern beobachten, werden mehr und mehr zum aktuellen Ersatz für korporatistische Arrangements innerhalb eines eher traditionellen Politikstils sowie einer erneuerten, "liberalen" laissez-faire-Politik.

Konservative Regierungen handeln bei weitem nicht einheitlich.[65] Vielmehr bestehen enorme, vielleicht sogar wachsende und sich beschleunigende Unterschiede zwischen verschiedenen nationalen Strategien der Deregulierung und Deinstitutionalisierung.[66] Einige Regierungen verfolgen deutlich eine Strategie der Schwächung des Status der

---

[64] "... the "ultra-restrictionist" legislation of the UK Government ... seeks to erode and marginalise trade union influence. The 1980s have seen successive Government attempts to sideline and weaken trade union influence and to confine their activity to a narrowly defined area of collective bargaining." Cressey,P., Employee participation, in: Gold,M.(ed.), The social dimension. Employment polica in the European community, Chatham 1993, 102.

[65] "The Thatcher regime in Britain is an extreme instance of a more general transformation: casting trade unions as scapegoats for economic decline, rejecting political exchange as a dangerous legitimation of distinctive working-class identity and interests, pursuing market discipline as an alternative and more potent mechanism for achieving moderation in the labour market ... In Germany, despite a right-wing regime, there is no "Kohlism" to parallel the experience of Thatcherism in Britain." Hyman,R., European unions: Towards 2000, WES 5 (1991), 625f.

[66] Vgl. Lash,S./Bagguley,P., Arbeitsbeziehungen im disorganisierten Kapitalismus: Ein Vergleich von fünf Nationen, SW 39 (1988), 239-259.

Gewerkschaften, andere handeln vorsichtiger. Diese Varianz spiegelt fundamentale Unterschiede innerhalb und zwischen den korporativen Akteuren, den politischen Voraussetzungen und Wahrnehmungen über die Stärke der Gewerkschaften und deren Einbindung wider.[67] Wir brauchen nur zu denken an "labour exclusion strategies" in Großbritannien[68] und "union avoidance" in den USA als ein mögliches Ende eines Kontinuums sowie an Österreich und die Bundesrepublik mit vergleichsweise bescheidenen Veränderungen innerhalb der kollektiven und individuellen Teile des Arbeitsrechts und der Arbeitsbeziehungen als das andere Ende.

Diese Unterschiede werden deutlich, wenn wir Großbritannien und die USA mit deutlichen Tendenzen der Destabilisierung und Erosion vergleichen mit der Bundesrepublik, Österreich, Schweden und Kanada, deren Arbeitsbeziehungen durch Kontinuität und relative Stabilität charakterisiert sind. Starke und hochgradig zentralisierte Gewerkschaften mit gesetzlich fixierten Rechten auf Partizipation und/oder Mitbestimmung sowie auf Kollektivverhandlungen sowohl auf der einzelbetrieblichen als auch der regionalen und nationalen Ebene scheinen besser gerüstet zu sein gegen fundamentale Änderungsversuche als dezentralisierte und schwache Organisationen mit weniger formal abgesicherten Rechten. Politische Attacken auf Institutionen sowie auf deren formalisierte Rechte und Regeln sind weitreichender, wenn Gewerkschaften nicht dem Organisationsprinzip von Industrieverbänden folgen, und wenn verschiedene Regeln und Rechte nicht durch gesetzliche Vorkehrungen umfassend institutionalisiert sind.

4.5. Mikro-Korporatismus - der Staat wird nicht überflüssig?

Die schwindenden tripartistischen makro-korporatistischen Pakte[69] auf der nationalen und Branchenebene werden auf der Ebene der Einzelunternehmen teilweise ersetzt durch bipartistische, sog. mikro-korporatistische Arrangements zwischen Arbeitgebern und Gewerkschaften oder Betriebsräten als deren funktionalen Äquivalenten. Dieser

---

[67] Vgl. Adams, North American industrial relations.

[68] "Together, the British Government's labour market policies constituted a complex amalgam of deregulation and re-regulation. While the former subjected sections of the work force to the harsh realities of market discipline, while creating greater autonomy for employers, the latter, aimed primarily at trade unions, created a strengthened regulatory framework, severely constraining the countervailing powers of the labour movement. The combination, and functional interdependence, of strong state and free market was nowhere better displayed." Rhodes,M., The social dimension of the Single European Market: National versus transnational regulation, EJPR 19 (1991), 255.

[69] Eine andere Position vertreten Lange,P./Wallerstein,M./Golden,M., The end of corporatism? Wage setting in the Nordic and Germanic countries, in: Jacoby,S.M.(ed.), The workers of nations. Industrial relations in a global economy, New York-Oxford 1995, 76-100.

entweder erneuerte oder neue Modus der Mikro-Regulierung besteht aus primär kooperativ ausgerichteten "high trust-low conflict relations", welche den Interessen beider Seiten, also von Arbeitgebern und Arbeitnehmern, gleichzeitig und wechselseitig dienen sollen (u.a. Beschäftigungssicherheit vs. Produktivitätsgewinne und -zuwächse, Schließung vs. erhöhte Flexibilität interner, firmenspezifischer Arbeitsmärkte).[70]

Diese Pakte und Übereinkommen schließen verschiedene Aspekte eines integrativen bargaining[71] ein; sie sind ziemlich stabil und nur schwer aufzubrechen. Zumindest auf den ersten Blick scheinen diese relativ autonomen Mikro-Allianzen auch - oder gerade - ohne kontinuierliche staatliche Partizipation oder aktive Intervention lebensfähig zu sein, obwohl der Rahmen für ihre Existenz von staatlichen Agenturen erst geschaffen wurde. Dennoch gibt es Handlungsalternativen.[72]

Diese aktuellen syndikalistischen Entwicklungstendenzen können wir interpretieren als Dezentralisierung der Arbeitsbeziehungen in Richtung auf eine zunehmende Bedeutung der Unternehmens- bzw. Betriebs- im Verhältnis zur Branchenebene. Die Entwicklung ist nicht nur, aber vor allem in denjenigen Ländern festzustellen, die in der Vergangenheit über hochgradig zentralisierte Systeme der Arbeitsbeziehungen verfügten.[73] Besonders die andauernden Prozesse der Einführung und Implementation neuer Technologien verstärken diese Tendenz, da spezifische und flexible Anpassungen auf der betrieblichen Ebene notwendig werden. In einigen westeuropäischen Ländern (u.a. in der Bundesrepublik) wird dieser Trend durch die zeitlich parallel verfolgte Politik einer Verkürzung der Wochenarbeitszeit stabilisiert und verstärkt, da diese eine zweite, dezentralisierte Verhandlungsrunde auf Betriebsebene notwendig macht.

Prognosen oder sogar allgemeine Ausblicke auf Entwicklungstendenzen sind schwierig, vor allem in einer Periode grundsätzlicher Veränderungen und rapiden Wandels, von den strategischen Handlungsalternativen der korporativen Akteure ganz zu schweigen. Die Unterschiede innerhalb und zwischen den verschiedenen nationalen Systemen der Arbeitsbeziehungen werden weiter zunehmen. In absehbarer Zukunft wird der Staat

---

[70] Typischerweise werden die negativen Folgen dieser kollektiven Handlungen externalisiert durch hohe Eintrittsbarrieren des internen, firmenspezifischen Arbeitsmarktes sowie durch eine sich ausweitende Kluft zwischen Beschäftigten und Arbeitslosen. So entstehen nicht-intendierte Probleme auf der Makro-Ebene, die aus den rationalen, kollektiven Handlungen auf der Mikro-Ebene des Einzelunternehmens resultieren (steigende oder zumindest doch stagnierende Beschäftigungslosigkeit, zunehmende Segmentationsprozesse und/oder Dualisierung innerhalb und zwischen verschiedenen Arbeitsmärkten).

[71] Vgl. zum Konzept Walton,R.E./McKersie,R.B., A behavioral theory of labor negotiations. An analysis of a social interaction system, 2nd ed. Ithaca 1991.

[72] Vgl. dazu im einzelnen Kap.15.

[73] Zu denken ist u.a. an die Kollektivverhandlungssysteme in der Bundesrepublik und in Österreich. Vgl. auch Windolf,P., Productivity coalitions and the future of European corporatism, IR 28 (1989), 1-20; Lash/Bagguley, Arbeitsbeziehungen im disorganisierten Kapitalismus.

vermutlich eine weniger dominierende Rolle als in der Vergangenheit spielen, als unter den Vorzeichen von Keynesianismus und Wohlfahrtsstaat die Regierungen aktiv versuchten, wichtige Makro-Probleme zu bewältigen.

Was bedeuten diese Veränderungen für die zukünftige Forschung und Theoriebildung? Zuallererst müssen wir die Tatsache ernster als bisher nehmen, daß Systeme der Arbeitsbeziehungen drei korporative Akteure haben bzw. den Staat als unabhängige Variable sowie als autonome Institution einschließen. "The state has its own objectives, which are analytically unique and distinct from those of other institutions. The state, like other institutions in society, does not exist in a vacuum and interacts, or is involved in a conflict struggle, with the other institutions that constitute society."[74]

Diese Tatsache schließt die Notwendigkeit ein, die zahlreichen staatlichen Aktivitäten sowohl auf der vertikalen, d.h. auf die anderen korporativen Akteure gerichtet, als auch auf der horizontalen Achse, d.h. zwischen verschiedenen staatlichen Agenturen, zu analysieren. Wir haben uns ausschließlich mit dem ersten Teil dieses Problems beschäftigt. Aber wir wissen fast nichts über die Interaktionen und Beziehungen zwischen verschiedenen, nicht-uniformen, nicht-monolithischen staatlichen Agenturen bzw. über die Auswirkungen der (Arbeits-)Rechtssysteme in verschiedenen Ländern. In den 90er Jahren scheint sich allmählich die Einsicht durchzusetzen[75], daß im Gegensatz zu den in den 80er Jahren vielfach präferierten neo-liberalen und neo-konservativen Positionen eine Koordinierung und soziale Konzertierung privater und staatlicher Aktivitäten auf den verschiedenen Ebenen (Gesamtwirtschaft, Branche, Unternehmen) notwendig bleibt, d.h. nicht nur zu überlegenen sozialpolitischen, sondern auch zu besseren ökonomischen Ergebnissen führt (soziale Solidarität und ökonomische Effizienz) als strikte Deregulierung, pure Dezentralisierung und reine Flexibilisierung. Derartige Arrangements sind auf jeden Fall partizipativ-tripartistisch und "the objects of tripartite concertation may vary from the traditional distributive items centered around incomes policy to "productive" and organizational issues."[76]

In diesem Kontext brauchen wir in stärkerem Maße eine politikwissenschaftliche Perspektive auf dem interdisziplinären Forschungs- und Lehrgebiet der Arbeitsbeziehungen, welches bislang zu stark von Juristen und Ökonomen beeinflußt wurde. Wir müssen versuchen, "to bring the state back in"[77] und mehr Informationen über diverse

---

[74] Dabscheck, A survey of theories of industrial relations, 174.

[75] Vgl. Treu, Participation in public policy-making; Crouch,C./Traxler,F.(eds.), Organized industrial relations in Europe: What future, Aldershot 1995.

[76] Treu,T., Tripartite social policy-making: An overview, in: Treu, Participation in public policy-making, 12.

staatliche Aktivitäten zusammenzutragen. Die eingangs erwähnten konventionellen Theorieansätze, die immer noch die Lehre von den Arbeitsbeziehungen dominieren, werden dabei vermutlich nicht sehr hilfreich sein. Eine politische Ökonomie der Arbeitsbeziehungen könnte eine Alternative sein.[78] Schlüsselvariablen wären u.a. die Struktur des Parteiensystems, die Unterscheidung von Bundes-, Länder- und kommunaler Ebene (vor allem in föderalistischen Staaten), das Ausmaß der Verrechtlichung sowie die sich rapide verändernden Beziehungen zwischen dem Staat und den anderen korporativen Akteuren. "In short, what is needed is a framework that meets the acknowledged definition of the discipline - the study of all aspects of the employment relationship."[79] Infolge der Prozesse der Deregulierung und Flexibilisierung wird die theoretische und empirische Analyse komplexer. Generalisierungen zwischen verschiedenen Sektoren eines nationalen Systems oder sogar zwischen verschiedenen Systemen der Arbeitsbeziehungen werden in Zukunft eher noch schwieriger sein.

Einführende Literatur:

Armingeon,K., Staat und Arbeitsbeziehungen. Ein internationaler Vergleich, Opladen 1994

Crouch,C., Industrial relations and European state traditions, Oxford 1993

Goldthorpe,J.H.(ed.), Order and conflict in contemporary society, Oxford 1984

Keman,H./Paloheino,H./Whiteley,P.F.(eds.), Coping with the economic crisis. Alternative responses to economic recession in advanced industrial societies, London 1987

Schmidt,M.G.(Hg.), Staatstätigkeit. International und historisch vergleichende Analysen, Opladen 1988

Treu,T.(ed.), Participation in public policy-making: The role of trade unions and employers associations, Berlin-New York 1992.

---

[77] Vgl. Cammack,P., Review article: Bringing the state back in?, BJPS 19 (1989), 261-280.

[78] Vgl. zu einer ähnlichen Argumentation wenngleich mit anderer Zielsetzung Hyman,R., The political economy of industrial relations.

[79] Giles, Industrial relations theory, the state and politics, 149.

5. MITBESTIMMUNG I: BETRIEBSVERFASSUNG

Nach der Vorstellung der drei korporativen Akteure auf den verschiedenen Feldern der Arbeitspolitik in sozialstaatlichen Demokratien wollen wir uns mit dem Interaktionsgeflecht zwischen diesen Akteuren beschäftigen. Typisch für die Arbeitsbeziehungen ist die Tatsache, daß diese Politikfelder zumeist durch gesetzliche Vorgaben, also durch den Akteur Staat, geregelt werden; hinzu kommt jeweils eine umfangreiche Rechtsprechung der Arbeitsgerichte. Diese ausgeprägte Tendenz zur Verrechtlichung impliziert eine hochgradige Konfliktnormierung und Institutionalisierung der Interessenvertretung. Dadurch wird einerseits ein für alle beteiligten Akteure verbindlicher Bezugsrahmen vorgegeben, andererseits aber auch Rechtssicherheit erzeugt. Im internationalen Vergleich zeigt sich, daß auch andere Regelungsverfahren durchaus möglich sind (u.a. tarifvertragliche Abmachungen oder bloß informelle Vereinbarungen).

Unter Mitbestimmung (Mitb) wollen wir im folgenden im Sinne einer Nominaldefinition verstehen die institutionalisierten Partizipationsrechte von Arbeitnehmer(-vertretern) an unternehmerischen Willensbildungs- und Entscheidungsprozessen, also die strukturelle Begrenzung der unternehmerischen Dispositionsbefugnisse über die Arbeitskraft.[1] "The system of works constitution is probably the most important characteristic of labour law in the Federal Republic of Germany. It has implications on practically all aspects of individual and collective labour law."[2] Zwischen Betriebs- und Unternehmensebene existiert eine strikte formale Trennung hinsichtlich der rechtlichen Regelungsinstrumente; in der Realität bestehen aber vielfältige personelle und funktionale Verbindungen, auf die wir im einzelnen später eingehen werden.

Wir wollen aus didaktischen Gründen mit der betrieblichen Ebene beginnen, auf der die konfliktuellen Beziehungen, Interaktionen und gegenseitigen Abhängigkeiten zwischen Arbeitnehmern und Management traditionell durch spezielle Gesetze geregelt sind:
- Das Betriebsrätegesetz der Weimarer Republik von 1920 garantierte den Betriebsräten einige Mitentscheidungsrechte bei personellen und sozialen Angelegenheiten.[3]

---

[1] Vgl. zu neuen Partizipationsformen Kap.6.

[2] Weiss,M., Labour law and industrial relations in the Federal Republic of Germany, Deventer 1987, 149.

[3] "In welchem Maße dieses Betriebsrätegesetz von 1920 strukturbildend für die deutsche Betriebsverfassung bis heute geworden ist, läßt sich daran ablesen, daß bereits damals alle Grundprinzipien, die diese bis heute auszeichnen, im Kern angelegt sind." Blanke,Th., 75 Jahre Betriebsverfassung: Der Siegeszug eines historischen Kompromisses, KJ 28 (1995), 18; ähnlich auch Müller-Jentsch,W., Lernprozesse mit konträren Ausgängen. Tarifautonomie und Betriebsverfassung in der Weimarer und Bonner Republik, GMH 46 (1995), 322ff.

Kapitel 5: Betriebsverfassung

- Das erste Betriebsverfassungsgesetz (BetrVG) für die Bundesrepublik wurde 1952 nach harten innenpolitischen Auseinandersetzungen unter der ersten Regierung Adenauer verabschiedet.[4]
- Das von der sozialdemokratisch-liberalen Koalition im Jahre 1972 verabschiedete BetrVG verbesserte die Rechtsstellung der Arbeitnehmervertreter und erweiterte ihre Beteiligungsrechte.[5]
- Die christlich-liberale Koalition novellierte das BetrVG im Jahre 1988.[6]

Die Geschichte der Mitb als Forderung nach institutioneller Vertretung von Arbeitnehmerinteressen läßt sich in Deutschland mindestens bis zur verfassungsgebenden Nationalversammlung der Frankfurter Paulskirche zurückverfolgen.[7] Die betriebliche Mitb ist "die älteste konfliktregulierende Institution in der modernen Arbeitswelt, die stetig weiterentwickelt und neuen Anforderungen angepaßt wurde."[8]

Wir wollen uns im folgenden auf die Zeit der Bundesrepublik, genauer auf das BetrVG von 1972 sowie die Novellierung von 1988 konzentrieren. Das BetrVG "zielt darauf ab, der Abhängigkeit der Arbeitnehmer im Betrieb entgegenzuwirken, ihren Freiheitsspielraum zu erweitern und den Arbeitsvollzug menschlicher zu gestalten"[9]. Das ordnungs-

---

[4] "In sum, the maturing of the relationship between central unions and works councils since World War II was accomplished in two phases. The first, a political defeat for labor in 1952, emphasized the independence of works councils from the unions. The second, a political victory two decades later, reemphasized their subordination to the unions, while bolstering their powers in the plant." Thelen, K.A., Union of parts. Labor politics in postwar Germany, Ithaca-London 1991, 65.

[5] "Erweiterte Mitbestimmungsrechte in sozialen und personellen Angelegenheiten, bessere Arbeitsgrundlagen für den Betriebsrat, mehr Informations- und Unterrichtungsrechte, ausgeprägtere Gestaltung der Schutzbestimmungen für den einzelnen Arbeitnehmer, aber auch eine umfassende Anerkennung der gewerkschaftlichen Präsenz im Betrieb und eine breitere Basis für die Tätigkeit der Jugendvertreter waren wesentliche Elemente der neuen Regelung, während die Mitspracherechte in wirtschaftlichen Fragen weiterhin relativ begrenzt blieben." Lompe,K., Vierzig Jahre Bundesrepublik - vierzig Jahre Mitbestimmung. Entwicklungslinien, Probleme und Perspektiven der Mitbestimmung in der Bundesrepublik Deutschland, SF 38 (1989), 195. Vgl. auch die detaillierte Zusammenstellung bei Endruweit,G./Berger,G., The functioning of institutionalised forms of workers' participation - seen from a social science perspective in: Gladstone,A. et al.(eds.), Current issues in labor relations. An international perspective, Berlin-New York 1989, 94f.

[6] Vgl. zur Novellierung im einzelnen Kap.5.4.

[7] Vgl. u.a. Neuloh,O., Die deutsche Betriebsverfassung und ihre Sozialformen bis zur Mitbestimmung, Tübingen 1961; Schneider,D./Kuda,R.F., Mitbestimmung. Wege zur industriellen Demokratie, Frankfurt 1971; Teuteberg,H. J., Mitbestimmung. Ursprünge und Entwicklung, Wiesbaden 1981.

[8] Kotthoff,H., Betriebsräte und Bürgerstatus. Wandel und Kontinuität betrieblicher Mitbestimmung, München-Mering 1994, 338.

[9] Neumann,L.F./Schaper,K., Die Sozialordnung der Bundesrepublik Deutschland, 3. aktualisierte Aufl. Bonn 1984, 59; ähnlich Lampert,H., Lehrbuch der Sozialpolitik, 3. Aufl. Berlin-Heidelberg 1994, 203f.

politische Leitprinzip der betrieblichen Mitb ist eine Begrenzung einseitiger, strukturell bedingter Machtbefugnisse des Arbeitgebers, der sog. managerial prerogatives, durch Institutionalisierung indirekt-repräsentativer, über Mandatsträger vermittelter und nicht direkt-individueller Mitwirkungsrechte der Arbeitnehmer bei wichtigen sozial- und wirtschaftspolitischen Entscheidungen.[10] Das Management wird durch diese Verschiebung unilateraler zu bilateraler Entscheidungsfindung zu einer Änderung seines Führungsstils veranlaßt.

5.1. Strukturprinzipien und Gremien

Wichtige Strukturprinzipien und Gremien sind:

1. Arbeitgeber und BR arbeiten laut der Generalklausel des Par.2 BetrVG "vertrauensvoll ... zum Wohl der Arbeitnehmer und des Betriebes zusammen". Diese Kooperationsmaxime als allgemeiner Handlungsrahmen impliziert u.a. für beide Seiten ein Verbot der parteipolitischen Betätigung im Betrieb, womit das Grundrecht auf freie Meinungsäußerung begrenzt wird. Weiterhin darf der BR nach geltendem Recht im Gegensatz zur Gewerkschaft, die über das Streikmonopol verfügt, keine Arbeitskämpfe führen: BR unterliegen nach Par.74 BetrVG einer absoluten Friedenspflicht, die jedwede Organisierung von Arbeitskämpfen aus- und die Verpflichtung zur Wahrung des Betriebsfriedens einschließt.[11]

Der BR als wichtigste Institution des BetrVG ist durch diese Generalnormen eindeutig festgelegt auf eine kooperative Politik der Interessenvertretung mit Kompromißcharakter bzw. auf schiedlich-friedliche Formen der Konfliktaustragung, gegebenenfalls unter Einschaltung dritter Stellen, d.h. der Einigungsstelle bzw. der Arbeitsgerichte. Die Frage, ob der BR als zentrales Organ der institutionalisierten Betriebsverfassung eher "Ordnungsfaktor" oder mehr "Gegenmacht" sein soll, ist damit von vornherein zugunsten einer Integration in das "managerial decision making" entschieden und faktisch auch als Handlungsgrundlage von den BR weitgehend akzeptiert. Insofern bestehen in bezug auf die Alternative "Integration vs. Konflikt" wesentliche Unterschiede zu anderen, ausländischen Normierungen der Betriebsverfassung, etwa zu den britischen shop stewards, die

---

[10] Immer noch lesenswerte ältere review articles sind Hartmann,H., Co-determination today and tomorrow, BJIR 13 (1975), 54-64; Adams,R./Rummel,C.H., Workers' participation in management in West Germany: Impact on the worker, the enterprise and the trade union, IRJ 8 (1977), 4-22; eine konzise Synopsis präsentiert später Streeck,W., Co-determination: the fourth decade, International Yearbook of Organizational Democracy 2 (1984), 391-422; einen aktuelleren Überblick bietet Lompe, Vierzig Jahre Bundesrepublik - vierzig Jahre Mitbestimmung, 193-198.

[11] Diese betriebsverfassungsrechtliche Friedenspflicht steht Arbeitskampfmaßnahmen der Tarifvertragsparteien nicht entgegen. BR dürfen sich wie alle anderen Arbeitnehmer an legalen Streiks beteiligen, diese jedoch nicht von Amts wegen unterstützen oder organisieren.

Kapitel 5: Betriebsverfassung

häufig konfliktorientierte Strategien zur Interessenvertretung einsetzen. Im Gegensatz zu Arbeitnehmervertretungen in anderen Ländern setzen sich BR ausschließlich aus Vertretern der Arbeitnehmer zusammen.

2. In Kleinbetrieben mit weniger als fünf Beschäftigten bestehen keinerlei Mitb-Rechte. In allen Betrieben der Privatwirtschaft mit in der Regel mindestens fünf ständigen wahlberechtigten Arbeitnehmern, von denen drei wählbar sein müssen, werden BR gewählt (Par.1 BetrVG). Die Zahl der BR-Mitglieder steigt (allerdings unterproportional) mit der Zahl der beschäftigten Arbeitnehmer; ab 300 Beschäftigten muß die Firma eine bestimmte Anzahl von BR von ihrer Tätigkeit freistellen, wobei die Anzahl der Freistellungen mit der Anzahl der Arbeitnehmer wiederum unterproportional wächst (Par.38 BetrVG), d.h. die Höchstzahl der je BR-Mitglied zu vertretenden Arbeitnehmer nimmt mit der Betriebsgröße zu.[12]

Die Geltung des BetrVG ist bei Tendenzbetrieben, d.h. solchen, die "Zwecken der Berichterstattung oder Meinungsäußerung" dienen (vor allem politische Parteien, Nachrichtenagenturen, Zeitungsverlage) und Religionsgemeinschaften sowie deren karitativen und erzieherischen Einrichtungen unbeschadet deren Rechtsform[13] eingeschränkt (Par.118 BetrVG).

3. Das alle vier Jahre[14] in allgemeiner, freier, gleicher, geheimer und unmittelbarer Wahl von der Belegschaft gewählte Repräsentationsorgan aller Arbeitnehmer (und nicht nur der Gewerkschaftsmitglieder) ist der Betriebsrat. Der BR ist ein reines Repräsentationsorgan und nicht an Weisungen seitens der Belegschaft gebunden. Er besteht im Gegensatz zu den Interessenvertretungen in einigen anderen Ländern (u.a. Belgien, Dänemark, Frankreich) nur aus Arbeitnehmern. Das BetrVG konzipiert BR und Gewerkschaft als voneinander unabhängige Organisationen, was praktisch jedoch zumeist von nur geringer Bedeutung ist. Den im Betrieb vertretenen Gewerkschaften ist "zur Wahr-

---

[12] Grundsätzlich sind die BR-Mitglieder unentgeltlich und damit ehrenamtlich tätig. Die laufenden Geschäfte führt im allgemeinen der BR-Vorsitzende, der aus dem Kreis der BR gewählt wird. Bei Betrieben mit mindestens 300 wahlberechtigten Arbeitnehmern wird nach Par.27 BetrVG ein Betriebsausschuß gebildet, der die Arbeit koordiniert.

[13] Vgl. u.a. Beyer,H./Fischer,H./Nutzinger,H.G., Arbeitsbeziehungen in kirchlichen und diakonischen Einrichtungen, ZögU 13 (1990), 1-21; Duhnenkamp,J., Das Mitarbeitervertretungsrecht im Bereich der Evangelischen Kirche, Stuttgart 1986; Beyer,H./Nutzinger,H.G., Erwerbsarbeit und Dienstgemeinschaft. Arbeitsbeziehungen in kirchlichen Einrichtungen, Bochum 1991.

[14] Die Amtszeit neu gewählter BR wurde immer länger. Sie betrug nach dem BetrVG von 1920 lediglich ein Jahr, nach dem BetrVG von 1952 bereits zwei Jahre, bei der ersten Novellierung 1972 wurde sie dann auf drei Jahre, bei der zweiten Novellierung 1988 schließlich auf vier Jahre verlängert.

nehmung der ... Aufgaben und Befugnisse ... nach Unterrichtung des Arbeitgebers ... Zugang zum Betrieb zu gewähren" (Par.2 BetrVG).
Der BR steht unter einem besonderen Kündigungsschutz (außerordentliche Kündigung in besonderen Fällen nach Par.103 BetrVG), der ihn vor einem durch die BR-Tätigkeit bedingten Arbeitsplatzverlust schützt. Der Arbeitgeber muß für die materiellen Voraussetzungen der BR-Arbeit Sorge tragen (Umlageverbot gemäß Par.41 BetrVG).[15]
Die nach demokratischen Grundprinzipien organisierten Wahlen finden grundsätzlich nach dem sog. Gruppenprinzip statt, d.h. nach Beschäftigtengruppen getrennt; Arbeiter und Angestellte "müssen entsprechend ihrem zahlenmäßigen Verhältnis im BR vertreten sein" (Par.10 BetrVG). Eine gemeinsame Wahl findet statt, wenn beide Gruppen dies vor der Wahl in getrennter und geheimer Abstimmung beschließen; dies geschieht in der Realität in ca. zwei Drittel aller Betriebe: Sonderinteressen der verschiedenen Gruppen werden dadurch weniger berücksichtigt.

4. Der BR hat gesetzlich genau vorgegebene und sorgsam abgestufte Rechte und Pflichten. Die verschiedenartigen Beteiligungsrechte lassen sich nach ihrer Intensität unterscheiden in solche der echten, d.h. gleichberechtigten und erzwingbaren Mitb und solche der bloßen Mitwirkung bzw. Information. Hinsichtlich des <u>Gegenstandsbereichs</u> unterscheiden wir personelle, soziale und wirtschaftliche Angelegenheiten. Die Mitb-Rechte sind
- bei sozialen Angelegenheiten (Par.87 BetrVG) quantitativ und qualitativ vergleichsweise weitgehend (u.a. Fragen der Ordnung des Betriebes und des Verhaltens der Arbeitnehmer, Festlegung von Beginn und Ende der täglichen Arbeitszeit, vorübergehende Verkürzung oder Verlängerung der betriebsüblichen Arbeitszeit, Verteilung der Arbeitszeit auf die einzelnen Wochentage, Sozialeinrichtungen, Fragen der betrieblichen Lohngestaltung); Maßnahmen setzen eine Einigung zwischen BR und Arbeitgeber voraus (sog. erzwingbare Mitb-Rechte bzw. Kernstück der Beteiligungsrechte oder "Herzstück der Betriebsverfassung"[16]),
- bei personellen Angelegenheiten (Par.92ff BetrVG) schwächer ausgeprägt (vor allem bei der Gestaltung personalpolitischer Grundsätze und Richtlinien wie u.a. Personalplanung, Berufsbildung, innerbetriebliche Stellenausschreibung, Erstellung von Auswahlrichtlinien, Verwendung von Personalfragebogen, Aufstellung allge-

---

[15] Die Kosten betrugen pro Arbeitnehmer 356 DM im Jahr 1982 und 440 DM im Jahr 1986; dies entspricht jeweils 0,7% der gesamten Arbeitskosten pro Beschäftigten. Vgl. Niedenhoff,H.-U., Kosten der Mitbestimmung, Köln 1987.

[16] Müller-Jentsch,W., Soziologie der industriellen Beziehungen. Eine Einführung, Frankfurt-New York 1985, 222.

meiner Beurteilungsgrundsätze sowie bei personellen Einzelmaßnahmen wie z.B. Kündigung, Versetzung oder Einstellung),
- bei wirtschaftlichen Angelegenheiten (Par.106ff BetrVG) hingegen recht eingeschränkt, d.h. auf Informations- und Unterrichtungsrechte bei den eigentlichen unternehmerischen Entscheidungen reduziert (Unterrichtungsrechte über die wirtschaftlichen Angelegenheiten des Betriebes, jedoch Beteiligungsrechte bei Betriebsänderungen).

Als allgemeines Prinzip können wir festhalten: Das BetrVG stellt ein System von sozialpolitischen Schutz- und Kontrollmöglichkeiten zur Verfügung. Die Wirksamkeit der Mitb-Möglichkeiten des BR ist vor allem in nachgelagerten Bereichen hoch und nimmt immer mehr ab, je stärker zentrale wirtschaftliche und unternehmenspolitische Entscheidungen tangiert werden. Die Leitidee ist die "Interessenvertretung des Faktors Arbeit im Betrieb unter Beachtung der wirtschaftlichen Betriebsziele".[17]

5. Die Einigungsstelle (Par.76 BetrVG) als innerbetriebliches Pendant zur tarifvertraglich vereinbarten Schlichtungsstelle[18] ist ein eigenständiges, paritätisch besetzes Gremium unter dem Vorsitz eines Unparteiischen, dem eine Schlüsselrolle zukommt. Ihre Einrichtung ist notwendig, weil BR kein Streikrecht haben. Die Einigungsstelle, die bei Bedarf oder als ständige Einrichtung durch Betriebsvereinbarung gebildet werden kann, verfolgt das Ziel der Beilegung von innerbetrieblichen Meinungsverschiedenheiten. Auf jeden Fall werden Konflikte, die zwischen BR und Unternehmensleitung auftreten, durch institutionalisierte Formen der Konfliktaustragung ohne Arbeitskampfmaßnahmen verbindlich geregelt. Die Arbeitsgerichte können nachprüfen, ob der Ermessensspielraum bei der Entscheidung eingehalten wurde. Die Beschlüsse sind unter bestimmten Voraussetzungen (z.B. erzwingbare Mitb-Rechte nach Par.87 BetrVG) für beide Seiten bindend und ersetzen die Einigung zwischen Arbeitgeber und BR.[19] Der Vorsitzende ist zumeist (Arbeits-)Richter.

---

[17] Müller-Jentsch,W., Mitbestimmung als kollektiver Lernprozeß. Versuch über die Betriebsverfassung, in: Rudolph,K./Wickert,Chr.(Hg.), Geschichte als Möglichkeit. Über die Chancen von Demokratie. Festschrift für Helga Grebing, Essen 1995, 52.

[18] Vgl. hierzu im einzelnen Kap.7.

[19] Vgl. zur Funktionsweise die empirischen Untersuchungen von Knuth,M., Zustandekommen und Analyse von Betriebsvereinbarungen und praktische Erfahrungen mit Einigungsstellen, Bonn 1983; Oechsler,W.A./Schönfeld,Th., Die Einigungsstelle als Konfliktlösungsmechanismus. Eine Analyse der Wirkungsweise und Funktionsfähigkeit, Frankfurt 1988; aus primär juristischer Sicht Schönfeld,Th., Das Verfahren vor der Einigungsstelle. Eine Analyse der Verfahrenshandhabung aus juristischer Sicht, Pfaffenweiler 1988; vgl. auch Owen-Smith,E./Frick,B./Griffith,T., Third party involvement in industrial disputes. A comparative study of West Germany and Britain, Aldershot 1989, 64ff.

In der betrieblichen Praxis werden die Einigungsstellen nur relativ selten eingeschaltet: In 82% aller Unternehmen wird die Einigungsstelle nie angerufen, in 18% gelegentlich. Mit steigender Betriebsgröße nimmt die Häufigkeit der Anrufung zu.[20] Die Gründe liegen im notwendigen Zeit- und Kostenaufwand[21] sowie in der Unsicherheit über den Ausgang des Verfahrens. Alternativen zum Einsatz direkter Sanktionen sind häufig weitere, durchaus auch informelle Verhandlungen im Rahmen einer "Politik der kleinen Schritte". Der Abschluß von Tarifverträgen mit flexibilisierten Arbeitszeiten seit 1984 führt zu einer häufigeren Einschaltung der Einigungsstellen als dies früher der Fall war; Gegenstand des Verfahrens sind Probleme von Betriebsvereinbarungen über die "Umsetzung" der Öffnungsklauseln der tarifvertraglich vereinbarten Rahmenregelungen zur Wochenarbeitszeitverkürzung auf die Betriebsebene.[22]

6. Ein wichtiges Regelungsinstrument sind die (nach Par.77 BetrVG) zwischen BR und Arbeitgebern abzuschließenden <u>Betriebsvereinbarungen</u>, die unmittelbar und zwingend für und gegen alle Betriebsangehörigen gelten.[23] Sie können sowohl betriebliche als auch betriebsverfassungsrechtliche Spezialprobleme regeln, dürfen aber grundsätzlich nicht höherrangiges Recht (z.B. tarifvertragliche Regelungen) verletzen (sog. absolute Sperrwirkung). Während Tarifverträge die überbetriebliche Ordnung der Arbeitsverhältnisse und des Arbeitsfriedens sichern, sollen die ergänzenden BV die betriebliche Ordnung garantieren; BV sind damit als "Parallelinstitut zum Tarifvertrag auf Betriebsebene"[24] bzw. als Tarifverträge im "Kleinformat" anzusehen. Wir unterscheiden zwischen freiwilligen und erzwingbaren BV; letztere werden über die Einigungsstelle durchgesetzt und beziehen sich vor allem auf entsprechende Mitb-Rechte des BR.

In 80% aller Betriebe mit mindestens 200 Arbeitnehmern bestehen BV, wobei "ein enger Zusammenhang zwischen Betriebs(rats)größe und dem Vorhandensein sowie der Anzahl von Betriebsvereinbarungen nachzuweisen war"[25]; das vollständige Fehlen wird

---

[20] Vgl. Niedenhoff,H.-U., Praxis der betrieblichen Mitbestimmung, Köln 1977, 109; ähnlich Knuth,M., Nutzung betrieblicher Mitbestimmungsrechte in Betriebsvereinbarungen, Mitb 28 (1982), 207.

[21] Bei der Novellierung des BetrVG im Jahre 1988 wurden die Kosten wie folgt geregelt: Der Arbeitgeber trägt wie bisher die Kosten. Der Vorsitzende und die außerbetrieblichen Beisitzer erhalten eine Vergütung, deren Höhe sich vor allem nach dem erforderlichen Zeitaufwand sowie dem Schwierigkeitsgrad der Angelegenheit richtet. Dadurch sollen die Honorare der Mitglieder der Einigungsstelle in einem vertretbaren Rahmen gehalten werden.

[22] Vgl. im einzelnen Oechsler,W.A./Schönfeld,Th./Düll,H., Konfliktfeld Arbeitszeitverkürzung. Zur Veränderung der industriellen Beziehungen durch erweiterte Regelungsbefugnisse für die betriebliche Ebene, BB 43 (1988), 847ff.

[23] Vgl. im einzelnen Weiss, Labour law and industrial relations, 168ff.

[24] Hanau,P./Adomeit,K., Arbeitsrecht, Frankfurt 1983, 106.

als Indikator für eine faktische Unwirksamkeit des BR interpretiert. Die BV beziehen sich vor allem auf Regelungsbereiche mit erzwingbaren Mitb-Rechten nach Par.87 BetrVG (Entlohnung, Arbeitszeit, Urlaub) sowie auf freiwillige BV zu sozialen Angelegenheiten (Par.88 BetrVG). Nur wenige BV regeln in gegenseitigem Einverständnis Konfliktgegenstände, bei denen keine Mitb-Rechte bestehen.[26] Aus gewerkschaftlicher Sicht bestehen Defizite vor allem bei der Kontrolle der Bildschirmarbeit, bei Abwendung, Milderung oder Ausgleich besonderer Belastungen (Par.91 BetrVG) sowie im Bereich des betrieblichen Personalwesens (Personalplanung und -politik).[27] Die Bedeutung der Betriebsvereinbarungen hat infolge der Flexibilisierung und Dezentralisierung zugenommen.[28]

7. Die <u>Betriebsversammlung</u> als Versammlung aller Arbeitnehmer des Betriebes ist kein Handlungs-, sondern ein Informationsorgan ohne Weisungsrecht gegenüber dem BR. Themen können sein "Angelegenheiten einschließlich solcher tarifpolitischer, sozialpolitischer und wirtschaftlicher Art ..., die den Betrieb oder seine Arbeitnehmer unmittelbar betreffen" (Par.45 BetrVG). Die Betriebsversammlung mit ihren Möglichkeiten eines breiten Informationsaustauschs findet in der Realität weitaus seltener statt als nach Par.43 BetrVG vorgeschrieben. "First, according to a survey of the Federation of German Employers Associations, only within 51.6% of the plants investigated, such assemblies take place regularly and quarterly as legally prescribed. In 46.5% of the cases (mainly smaller enterprises) they convene "according to need". Active participation furthermore is handicapped by the mass attendance of such assemblies and the wide range of subjects."[29] Die geringen Kontrollmöglichkeiten der Belegschaft werden weiter reduziert. Ähnliche Zusammenhänge gelten für Teil- bzw. Abteilungsversammlung gemäß Par.45 BetrVG.

8. Die einzige im BetrVG vorgesehene Sondervertretung ist die <u>Jugend- und Auszubildendenvertretung</u> (Par.60-73 BetrVG)[30], die gewählt wird, wenn mindestens fünf Aus-

---

[25] Knuth, Nutzung betrieblicher Mitbestimmungsrechte, 204.

[26] Vgl. Die Mitb 28 (6/1982).

[27] Insgesamt hat die Novellierung des BetrVG im Jahre 1972 dem BR eine Verbesserung seiner Rechte und mehr Einfluß auf das betriebliche Geschehen gebracht; u.a. hat sich die Anzahl der Abschlüsse von BV erhöht.

[28] Vgl. im einzelnen Kap.15.

[29] Fürstenberg,F., Individual and representative participation, dualism or dilemma?, RPHRM 1 (1994), 56.

[30] Die Jugendvertretung wurde im Rahmen der Novellierung des BetrVG im Jahre 1988 infolge der veränderten Altersstruktur der Auszubildenden bei kaum veränderten Kompetenzen zu einer neuen Jugend-

zubildende unter 25 Jahren (bis zur Novellierung: unter 18 Jahren) beschäftigt sind. Diese Vertretung ist kein eigenständiger "Jugendbetriebsrat" mit autonomen Entscheidungsbefugnissen; sie nimmt die besonderen Interessen ihres nicht-wahlberechtigten Klientels (u.a. Maßnahmen der Berufsbildung, Überwachung der Einhaltung von Gesetzen wie Jugendarbeitsschutz, soziale Belange) gegenüber dem BR, nicht gegenüber dem Arbeitgeber wahr, so daß kaum Tendenzen der Verselbständigung auftreten können. Die Vertreter, die vom BR rechtzeitig und umfassend zu unterrichten sind, haben das Recht, an den Sitzungen des BR teilzunehmen, besonders wenn Belange der Jugendlichen behandelt werden. In der Praxis werden häufig keine Jugendvertretungen gewählt, obwohl alle Voraussetzungen erfüllt sind.[31]

9. <u>Wirtschaftsausschüsse</u> auf Unternehmensebene werden bei mehr als 100 ständig beschäftigten Arbeitnehmern als reine Gremien der Belegschaft (im Gegensatz zur halbparitätischen Zusammensetzung nach dem "alten" BetrVG von 1952) gebildet. Sie haben nach Par.106 BetrVG einige Beratungs- und Informations-, jedoch keinerlei Mitb-Rechte bei wirtschaftlichen Angelegenheiten des Unternehmens. Es handelt sich um reine Beratungs- und Unterrichtungsorgane, die in der Praxis vielfach gar nicht vorhanden sind. Sie dienen vor allem der Informationsvermittlung zwischen BR und Unternehmensleitung sowie dem BR als zentrales Gremium der Beschaffung von Informationen über die wirtschaftlichen Angelegenheiten des Betriebes.[32]

10. <u>Sozialplanregelungen</u> zum Ausgleich oder zur Milderung der wirtschaftlichen Nachteile der Arbeitnehmer bei Betriebsänderungen (u.a. Einschränkung und Stillegung, Verlegung, bloße Personalreduzierung, Zusammenschluß gemäß Par.111 BetrVG) können nach Par.112 BetrVG zwischen BR und Unternehmensleitung getroffen werden, gegebenenfalls unter Einschaltung der Einigungsstelle und deren verbindlicher Entscheidung. Diese Form des Interessenausgleichs durch materielle Kompensation hat sich vor allem bei Rationalisierungsmaßnahmen nicht nur in den traditionellen Krisenbranchen bewährt. Das Schwergewicht liegt bei Abfindungszahlungen für ältere Arbeitnehmer.[33] Einschränkungen zu Lasten der Arbeitnehmer sind vor allem durch das

---

und Auszubildendenvertretung umgewandelt bzw. ausgeweitet; wahlberechtigt sind nunmehr jugendliche Beschäftigte unter 18 Jahren und Auszubildende, die das 24. Lebensjahr noch nicht vollendet haben.

[31] Auch die Sonderinteressen aller übrigen Beschäftigtengruppen (z.B. der Frauen, der ausländischen Arbeitnehmer, der Schwerbeschädigten) sollen vom BR wahrgenommen werden.

[32] Eine personelle Verknüpfung zwischen BR, Wirtschaftsausschuß und Aufsichtsrat erfolgt über gemeinsame Mitgliedschaften.

[33] Vgl. u.a. Adamy,W./Steffen,J., Handbuch der Arbeitsbeziehungen, Bonn 1985, 169-184.

1984 verabschiedete "Gesetz über Sozialpläne im Konkurs- und Vergleichsverfahren" sowie durch das Beschäftigungsförderungsgesetz von 1985[34] wirksam geworden.

5.2. Die Praxis der Betriebsverfassung

Nach den formal-juristischen Regelungen des BetrVG wollen wir uns im folgenden vor allem mit dem informellen und tatsächlichen Verhalten der betrieblichen Akteure befassen, das in aller Regel nicht mit den gesetzlich festgelegten Rechten und Pflichten identisch ist. Das BetrVG gibt lediglich einen weit gefaßten, formalrechtlichen Rahmen vor, der den individuellen und korporativen Akteuren einen erheblichen Spielraum zur konkreten Ausgestaltung der Interaktionen bzw. Arbeitsbeziehungen auf betrieblicher Ebene einräumt (de iure- vs. de facto-Partizipation).[35] Vor allem über den BR und seine Handlungen, weniger hingegen über Handlungsoptionen des Managements, liegen einige jüngere empirische Analysen vor, die allerdings aufgrund eng begrenzter Fallzahlen und Konzentration auf bestimmte Größenklassen von Unternehmen und/oder Industriezweige keinesfalls beanspruchen können, repräsentativ für den Geltungsbereich des BetrVG zu sein.

Diese Studien verdeutlichen eine enorme Variationsbreite vor allem der informellen Aktivitäten bzw. zeigen den deutlichen Kontrast zwischen Gesetzesnorm und Wirklichkeit auf.[36] Das BetrVG ist in seiner Funktion als stabilisierende und konfliktreduzierende Grundlage der betrieblichen Arbeitsbeziehungen heute von den Beschäftigten weitgehend akzeptiert. Die Akteure der betrieblichen Ebene bzw. die innerbetrieblichen Arbeitsbeziehungen gewinnen im gegenwärtigen Strukturwandel, der durch Tendenzen der Dezentralisierung von Regelungskompetenz sowie durch Prozesse der "Verbetrieblichung" gekennzeichnet ist, zunehmend an Bedeutung.[37]

---

[34] Vgl. im einzelnen Kap.13.

[35] "In the Federal Republic of Germany, as in any other country, the formal industrial relations system as defined in law and agreements is paralleled by an informal system reflecting actual practice, which is often remote from the legal and conceptual structure." Schregle,J., Workers' participation in the Federal Republic of Germany in an international perspective in: Gladstone, Current issues in labour relations, 107.

[36] Vgl. Dybowski-Johannson,G., Die Interessenvertretung durch den Betriebsrat. Eine Untersuchung der objektiven und subjektiven Bedingungen der Betriebsratstätigkeit, Frankfurt-New York 1980; Kotthoff,H., Betriebsräte und betriebliche Herrschaft. Eine Typologie partizipativer Handlungs- und Deutungsmuster von Betriebsräten und Unternehmensleitungen, Frankfurt-New York 1981; Kluge,M. et al., Betriebsräte in der Provinz. Acht Fallstudien über betriebliche Herrschafts- und Produktionsverhältnisse, Frankfurt-New York 1981; Weber,H., Soziologie des Betriebsrats. Managementstrategien und Handlungssituation betrieblicher Interessenvertreter, Frankfurt-New York 1981; Groß,H./Tholfus,H., Konflikthandeln von Betriebsräten. Handlungsmuster betrieblicher Interessenvertretung: Zwei Fallstudien, Frankfurt-New York 1986; zusammenfassend Borgmann,W., Reformgesetz in der Bewährung. Theorie und Praxis des Betriebsverfassungsgesetzes von 1972, Opladen 1987; Kißler,L., Die Mitbestimmung in der Bundesrepublik Deutschland. Modell und Wirklichkeit, Marburg 1992, bes. 65ff, 124ff.

1. Zum einen ist - wie schon erwähnt - der sachliche Geltungsbereich des BetrVG bereits gesetzlich reduziert, indem bestimmte relativ umfangreiche Bereiche explizit ausgenommen werden (Kleinbetriebe mit bis zu fünf abhängig Beschäftigten, Religionsgemeinschaften sowie deren karitative und erzieherische Einrichtungen, Tendenzbetriebe sowie der gesamte öffentliche Dienst). Zum andern ist die volle Geltung des BetrVG faktisch eingeschränkt: Das BetrVG formuliert keinen Einrichtungszwang, d.h. es schreibt die Wahl eines BR nicht zwingend vor bzw. sieht keine Sanktionen vor. "... but obviously employees who do not establish a works council voluntarily abandon all the rights given to the works council by law."[38] Zahlreiche, vor allem kleinere und mittlere Firmen außerhalb der industriellen Ballungsräume haben keinen BR, obwohl sie alle nach dem BetrVG notwendigen Voraussetzungen erfüllen.[39] Nach Schätzungen von Gewerkschaften trifft dieser Sachverhalt sog. betriebsratsfähiger Betriebe ohne BR auf etwa jedes 10. Unternehmen zu. Insgesamt greifen die Regelungen des BetrVG zur kollektiven Interessenvertretung überhaupt nur in 24% der privaten Unternehmen, die ca. 60% der in der Privatwirtschaft tätigen Arbeitnehmer beschäftigten.[40]

2. Der BR steht infolge der rechtlichen Rahmenvorgaben für sein Handeln "... in einem sozialen Spannungsfeld zwischen Wählerschaft, Betriebsleitung und Gewerkschaft ..."[41]; er kann als vermittelnde Instanz zwischen den Interessen der Beschäftigten und der Unternehmensleitung angesehen werden.[42] Generell beobachten wir seit langem neben einer Bürokratisierung (u.a. mit der Existenz eines Verwaltungsapparats) vor allem eine im BetrVG implizit angelegte Professionalisierung der BR-Arbeit mit Arbeitsteilung und Spezialisierung, die besonders in Großbetrieben weit fortgeschritten ist.

---

[37] Vgl. Trinczek,R., Betriebliche Mitbestimmung als soziale Interaktion. Ein Beitrag zur Analyse innerbetrieblicher industrieller Beziehungen, ZfS 18 (1989), 444-456. Vgl. zur Zukunft der Arbeitsbeziehungen Kap.14.

[38] Weiss, Labour law and industrial relations, 150.

[39] Weiterhin ist zu berücksichtigen, daß selbst bei Existenz eines BR die Interessenvertretung häufig prekär ist. Vgl. zu dem in der Forschung relativ vernachlässigten Bereich der Klein- und Mittelbetriebe Wassermann,W., Arbeiten im Kleinbetrieb. Interessenvertretung im deutschen Alltag, Köln 1992.

[40] Vgl. im einzelnen Büchtemann,Chr.F., Kündigungsschutz als Beschäftigungshemmnis? Empirische Evidenz für die Bundesrepublik Deutschland, MittAB 23 (1990), 394-409.

[41] Fürstenberg,Fr., Industrielle Arbeitsbeziehungen. Untersuchungen zu Interessenlagen und Interessenvertretungen in der modernen Arbeitswelt, Wien 1975, 113.

[42] Müller-Jentsch spricht in diesem Kontext von der charakteristischen "Doppelloyalität ... des Betriebsrats gegenüber der Belegschaft auf der einen und der Unternehmensleitung auf der anderen Seite ..." Müller-Jentsch, Mitbestimmung als kollektiver Lernprozeß, 52.

Kapitel 5: Betriebsverfassung

Diese hochgradige Professionalisierung kann einerseits vor allem in großen Unternehmen zur "Entfremdung" zwischen BR und Belegschaft bzw. zu Problemen innerhalb des repräsentativen Systems der Interessenvertretung führen, das nur ein freies, aber eben kein imperatives Mandat kennt und deswegen demokratische Kontrolle vor allem über Wahlen ausüben läßt. Andererseits ist ein gewisser Grad an Professionalisierung allein durch die Aneignung der für eine erfolgreiche Tätigkeit notwendigen Fachkenntnisse bedingt: Eine effektive Wahrnehmung der Mitb-Möglichkeiten setzt notwendigerweise Sachwissen und Vertrautheit mit der komplizierten Rechtsmaterie voraus. Auch sprachliche Ausdrucksfähigkeit ist ein zentrales Mittel in den Verhandlungen mit der entsprechend qualifizierten Unternehmensleitung.

3. Der BR-Vorsitzende ist nach den Buchstaben des Gesetzes (Par.26 BetrVG) zwar vom BR als repräsentativem Kollektivorgan und dessen Mehrheitsbeschlüssen abhängig. Faktisch ist jedoch häufig eine Machtkonzentration in der Person des Vorsitzenden festzustellen, der der bevorzugte Ansprech- bzw. Interaktionspartner der Geschäftsleitung ist; er hat u.a. aufgrund seines Informations- und Wissensvorsprungs infolge der Mitgliedschaft in verschiedenen Gremien eine dominierende Position bei den notwendigen Bargaining- bzw. Politikformulierungsprozessen innerhalb des BR inne. In großen Unternehmen ist der BR-Vorsitzende häufig zugleich Arbeitnehmervertreter im Aufsichtsrat.[43]

Die Beteiligung an den betriebsinternen Wahlen liegt regelmäßig bei ca. 80%, woraus eine hohe Priorität bei den Arbeitnehmern deutlich wird. An dieser hohen Partizipationsrate haben weder Rezessionen noch die andauernde Arbeitslosigkeit etwas geändert. "Lediglich bei den politischen Wahlen liegen die Werte etwas höher".[44] Die in den 70er Jahren zugunsten der Arbeiter bestehende Differenz in der Wahlbeteiligung haben die Angestellten inzwischen weitgehend geschlossen.[45] Aus dieser hohen Wahlbeteiligung, die mit zunehmender Betriebsgröße relativ abnimmt, kann gefolgert werden, daß die überwiegende Mehrheit der Arbeitnehmer den BR für notwendig und wichtig hält. Mehrfache Wiederwahl von BR-Mitgliedern ist häufig, wobei deren Anteil mit der Betriebsgröße zunimmt: Nahezu 70% aller BR-Mitglieder werden wiedergewählt, bei großen Unternehmen über 9000 Beschäftigte sind es knapp 80%. Bei den BR-Vorsitzenden liegt die Quote der Wiederwahl sogar noch etwas höher.[46] Diese "Konstanz des

---

[43] Vgl. im einzelnen Kap.6.

[44] Niedenhoff,H.-U., Bedeutung und Ergebnisse der Betriebsratswahlen, in: Groser,M. et al.(Hg.), Beiträge zur sozialen Ordnungspolitik, Baden-Baden 1988, 202.

[45] Unterschiede zwischen alten und neuen Bundesländern sind durchweg minimal.

Mandats" wird durch die in der Novellierung des BetrVG 1988 erfolgte Verlängerung der Wahlperioden von drei auf vier Jahre noch verstärkt. Die Konstanz zeigt sich auch darin, daß der Grund des Ausscheidens häufig das Erreichen der Altersgrenze und nicht Abwahl ist; Kampfabstimmungen finden nur sehr selten statt.

Diese Relationen von Neu- und Wiederwahl sind langfristig relativ konstant. Langfristige Veränderungen gab es in folgender Hinsicht: "Die Zahl der Betriebe mit Betriebsräten stieg in den Wahlen von 1972 und verblieb seither auf dem Niveau, das in den frühen 1970er Jahren erreicht wurde. Die absolute Zahl der Betriebsräte hat sich seit den ersten Betriebsratswahlen auf der Basis des Betriebsverfassungsgesetzes fast verdoppelt."[47]

Etwa zwei Drittel der BR und ca. drei Viertel der BR-Vorsitzenden sind in DGB-Gewerkschaften organisiert.[48] Ungefähr ein Drittel der BR ist gewerkschaftlich nicht organisiert; aller Erfahrung nach tritt aber ein Teil der bei ihrer Wahl nicht-organisierten BR während der Amtszeit einer Gewerkschaft bei. "Splittergruppen oder parteipolitisch motivierte Gruppen haben in den Betriebsräten keine Chance."[49] Allerdings verdecken diese hoch aggregierten Daten erhebliche Unterschiede zwischen einzelnen Branchen: "Establishments which have works councils with a majority of DAG and unorganized councillers are usually found in the banking and insurance industries, in the catering and hotel industries as well as in the retail trade, food and building industries."[50]

Die Ergebnisse von BR-Wahlen analysieren sowohl der DGB als auch das Institut der deutschen Wirtschaft (IW). Die vom DGB gezogene Stichprobe schließt Betriebe aus, in denen DGB-Gewerkschaften nicht vertreten sind. Daher sind in den vom DGB veröffentlichten Statistiken die Angaben über die verschiedenen Organisationsgrade in DGB-Gewerkschaften in aller Regel höher bzw. die Angaben zur Mitgliedschaft in anderen Gewerkschaften sowie zu Unorganisierten niedriger als in den Analysen des IW. Die Tabelle enthält die Daten des IW.

---

[46] Vgl. Borgmann, Reformgesetz in der Bewährung, 184; Niedenhoff,H.-U., Der DGB baute seine Position aus. Die Betriebsratswahlen 1990 in den Betrieben der Bundesrepublik Deutschland, GR 24 (1990), 17.

[47] Armingeon,K., Die Entwicklung der westdeutschen Gewerkschaften 1950-1985, Frankfurt-New York 1988, 118.

[48] Vgl. zu den Folgen im einzelnen Kap.5.3.

[49] Niedenhoff,H.-U., Betriebsratswahlen 1994: Ergebnisse, GR 28 (1994), 4.

[50] Müller-Jentsch,W., Germany: From collective voice to co-management, in: Rodgers,J./ Streeck,W.(eds.), Works councils: Consultation, representation, cooperation, Chicago 1995, 61.

Gesamtergebnisse der Betriebsratswahlen
von 1975 bis 1994 in Prozent

		1975	1978	1981	1984	1987	1990	1994
Wahlbeteiligung								
Gesamt		79,1	81,3	79,9	83,68	83,30	78,14	77,0
Arbeiter		82,6	81,9	79,9	82,59	82,50	79,14	78,8
Angestellte		72,7	80,8	79,3	82,53	83,60	75,85	76,6
Wiederwahl								
BR-Mitglied		72,3	72,8	65,6	70,28	68,38	68,43	67,1
BR-Vorsitzender		69,9	75,9	75,4	73,11	71,51	72,19	71,1
Neuwahl								
BR-Mitglied		27,8	27,2	34,3	29,72	31,62	31,57	32,9
BR-Vorsitzender		30,1	24,1	24,6	26,89	29,44	27,81	28,9
Organisationsgrad								
DGB	BR-Mitglied	67,9	58,6	63,2	63,9	65,39	69,25	66,7
	BR-Vorsitz.	78,8	71,4	79,9	75,10	74,81	78,37	74,7
DAG	BR-Mitglied	10,4	14,6	8,5	8,9	5,56	3,98	4,3
	BR-Vorsitz.	2,6	14,4	5,2	6,81	3,56	3,79	4,5
CGB	BR-Mitglied	2,6	0,7	3,7	0,8	1,04	1,04	1,6
	BR-Vorsitz.	0,0	0,1	0,5	0,14	0,26	0,45	0,2
ULA	BR-Mitglied			0,4	0,3	0,14	0,06	0,0
	BR-Vorsitz.			0,5	0,04	0,01	0,09	0,1
Sonst.	BR-Mitglied	1,6	2,8	0,9	0,7	0,36	0,52	0,9
	BR-Vorsitz.	0,6	0,7	3,4	0,87	1,22	0,67	0,7
nicht	BR-Mitglied	17,5	23,3	23,3	25,4	27,51	25,15	26,5
organ.	BR-Vorsitz.	1,5	13,1	10,5	17,04	20,09	16,45	19,8

Quelle: GR 28 (1994), 4.

4. Weltz[51] analysierte Mitte der 70er Jahre ausgewählte Großbetriebe, in denen technisch-organisatorische Veränderungen durchgeführt worden waren, die allerdings nicht zu Entlassungen geführt hatten. Er fragte nach den Typen bzw. Stilen der Verarbeitungsprozesse durch Management und BR. Zentrale Elemente des vorherrschenden <u>kooperativen Stils der Konfliktverarbeitung</u> zwischen offener Konfrontation und Konfliktverdrängung sind u.a.
- Vermeidung harter und offener Konfrontation,
- hohe Kompromißbereitschaft auf beiden Seiten,
- Verzicht auf die Vertretung maximalistischer Positionen,
- Anerkennung divergierender Interessen,
- Existenz eines Systems inoffizieller betrieblicher Spielregeln als Ausgestaltung der Regelungen des BetrVG bei der Konfliktbewältigung ohne Einschaltung externer Organisationen,
- Anerkennung eines gemeinsamen Betriebsinteresses von beiden Seiten als handlungsleitender, übergeordneter Rahmen.

Eine "antizipatorische Konfliktreduzierung" bewirkt, daß sich anbahnende Konflikte bereits im Vorfeld erkannt und im Rahmen der fortlaufenden intensiven informellen Kontakte zwischen BR und Unternehmensleitung frühzeitig angegangen werden. Als dominante Form der betrieblichen Zusammenarbeit innerhalb der untersuchten Großbetriebe wird die kooperative Konfliktverarbeitung innerhalb eines "Systems wechselseitiger Abhängigkeiten" mit Sanktions- und Gratifikationsmitteln auf beiden Seiten praktiziert. Dadurch werden Management und BR gestärkt sowie die Autonomie gegenüber außerbetrieblichen Einflüssen vor allem der Gewerkschaft erhöht.

In einer später in Versicherungsbetrieben sowie Betrieben der Druckindustrie durchgeführten Untersuchung zeigt Weinert[52] deutlich, daß trotz erheblich abnehmender ökonomischer Konzessionsspielräume sowie einer deutlichen Zunahme technisch-organisatorischer Umstellungen das kooperative Konfliktverarbeitungsmuster mit einem "hohen Stabilitäts- und Flexibilitätspotential" erhalten bleibt, was Weltz nicht erwartet hatte. Verantwortlich für diese <u>Beibehaltung der kooperativen Struktur</u> sind nicht-ökonomische Faktoren, u.a. eine bestimmte, dem BR durch das BetrVG vorgegebene Strategie (u.a. des "strukturstabilisierenden Kleinarbeitens von Konflikten" sowie gewisse, wenngleich geringe Vertretungserfolge), die prinzipielle Akzeptanz des tech-

---

[51] Weltz,F., Kooperative Konfliktverarbeitung, GMH 28 (1977), Teil I: 291-301, Teil II: 489-494.

[52] Weinert,R., Kooperative Konfliktverarbeitung in der Krise?, GMH 38 (1987), 298-307.

nisch-organisatorischen Wandels durch BR und Belegschaften sowie bestimmte, integrative und nicht-konfliktorische Implementierungsstrategien des Managements.

Kotthoff[53] unterscheidet in seiner Untersuchung von Betrieben verschiedener Größenordnung in der südbadischen Industrieregion sechs recht unterschiedliche BR-Typen als Beziehungs- und Interaktionstypen bzw. eine Bandbreite von Partizipationsformen:

- Der respektierte, zwiespältige BR als Ordnungsfaktor kommt in Großbetrieben (Kapitalgesellschaften) vor und stellt das bedeutendste Muster dar. Er wird zwar vom Management als autonome Interessenvertretung akzeptiert und an der Entscheidungsfindung beteiligt; das Alleinentscheidungsrecht verbleibt aber beim Management.
- Der respektierte, standfeste BR findet sich in größeren Mittelbetrieben. Er erweist sich bei durchaus offenen Formen der Konfliktaustragung als klare Interessenvertretung, die das vorgegebene Recht vollständig zur Durchsetzung ihrer Vorstellungen nutzt (hohe Vertretungswirklichkeit).
- Der BR als kooperative Gegenmacht findet sich nur höchst selten (in einem Großbetrieb): Er ist als konsequente Gegenmacht so stark, daß Entscheidungen - auch über die Bestimmungen des BetrVG hinaus - nur mit ihm getroffen werden. Typisch sind hohe Vertretungskompetenz des gesamten BR, offene Konfliktbeziehung zur Geschäftsleitung, intensive Kommunikation zwischen BR und Belegschaft sowie gewerkschaftlichen Vertrauensleuten.
- Der BR als Organ der Geschäftsleitung: Dieser BR, der in Mittel- und Kleinbetrieben vorkommt, ist unselbständig und nicht als eigenständige Interessenvertretung akzeptiert; bei einer patriarchalisch-traditionalen Herrschaftsform bzw. Geschäftsführung besteht häufig eine über Privilegien gestützte enge Bindung des BR-Vorsitzenden an die Geschäftsführung.
- Der isolierte BR kommt vor allem in mittelgroßen Betrieben vor. Er verfügt bei formalrechtlicher Stabilität weder über ausgebaute Kontakte zu Gewerkschaften noch zur Geschäftsleitung; Mißtrauen und Repression dominieren bei einem autoritären Führungsstil.
- Der ignorierte BR findet sich in Kleinbetrieben mit hohem Facharbeiteranteil. Der Betriebsleiter ignoriert ihn und löst die auftretenden Probleme ohne ihn direkt mit

---

[53] Vgl. Kotthoff,H., Zur Anwendung des Betriebsverfassungsgesetzes in Betrieben, JfRuR 7 (1980), 328-349; Kotthoff, Betriebsräte und betriebliche Herrschaft; Kotthoff,H., Betriebliche Interessenvertretung durch Mitbestimmung des Betriebsrats, in: Endruweit,G. et al.(Hg.), Handbuch der Arbeitsbeziehungen, Berlin 1985, 65-87.

der Belegschaft; der Gewerkschaftseinfluß ist bei einem hohen Organisationsgrad gering.[54]

Das zentrale Ergebnis dieser Mitte der 70er Jahre durchgeführten Studie lautete, daß ca. zwei Drittel der untersuchten Betriebe über keinen effizienten und vertretungswirksamen, d.h. sowohl konflikt- als auch kooperationsfähigen BR verfügten; nur ca. ein Drittel kannte eine wirksame Form der Interessenvertretung. Drei der sechs Varianten weisen defiziente, drei vertretungswirksame Formen der Mitb auf.

Eine 15 Jahre später in denselben Betrieben durchgeführte Folgeuntersuchung[55] geht der Frage der Wandlungs- bzw. Kontinuitätsmuster nach und zeigt, daß der Wandel dominiert. "In zwei Drittel der Untersuchungsbetriebe haben deutliche Veränderungen der betrieblichen Interessenvertretung stattgefunden. Die größte Überraschung ist, daß etwas mehr als die Hälfte der Betriebe, die damals eine defiziente Partizipationsstruktur hatten, heute eine vertretungswirksame haben".[56] Die Relation von effizienter und defizienter Interessenvertretung hat sich also genau umgedreht, was in Anbetracht der zwischenzeitlich eingetretenen deutlichen Veränderungen der Rahmenbedingungen (u.a. Personalabbau, technisch-organisatorische Modernisierung, Wandel der betrieblichen Leistungspolitik) ganz und gar nicht zu erwarten war. Die Akzeptanz des BR seitens der Unternehmensleitungen ist innerhalb der "Entwicklung von einer autokratischen Sozialordnung zum betrieblichen Bürgerstatus"[57] also deutlich gestiegen; innerhalb einer veränderten betrieblichen Herrschaftsstruktur sind die ehemals eher ideologisch geprägten Diskussionen sachlicher geworden, der BR als autonom-gleichwertiges Vertretungsorgan anerkannt. In strategischer Perspektive sind die treibenden Akteure des betrieblichen Wandels kleine Gruppen von Protagonisten oder einzelne Führungspersonen, die auf gesellschaftspolitische Veränderungen (Novellierung des BetrVG) reagieren und Gleichberechtigung sowie pragmatische Kooperation durchsetzen.

---

[54] Eine andere Typologie unterscheidet drei unterschiedliche Beziehungsgefüge: Der BR als verlängerter Arm der Gewerkschaft ("Verschmelzung"); die Gewerkschaft als Helfer, aber auch Antreiber des BR in allen Lebenslagen ("Verschränkung"); die Gewerkschaft als Service-Abteilung für den BR ("Entkoppelung"). Vgl. Schmidt,R./Trinczek,R., Duales System: Tarifliche und betriebliche Interessenvertretung, in: Müller-Jentsch,W.(Hg.), Konfliktpartnerschaft. Akteure und Institutionen der industriellen Beziehungen, 2. Aufl. München-Mering 1993, 169-201. Eine weitere Typologie (social partnership, politicized legalism, depoliticized legalism) findet sich bei Thelen,K.A., Union of parts. Labor politics in postwar Germany, Ithaca-London 1991, 126ff.

[55] Vgl. Kotthoff, Betriebsräte und Bürgerstatus; Kotthoff,H., Betriebliche Mitbestimmung in der Langzeitperspektive, WSI-Mitteilungen 48 (1995), 549-557.

[56] Kotthoff, Betriebsräte und Bürgerstatus, 15f, ähnlich 39.

[57] ebd. 161.

5. Die wichtigste Determinante für Erfolg und Wirksamkeit der BR-Arbeit ist die Betriebsgröße: Die Möglichkeiten einer erfolgreichen Einflußnahme nehmen in Sprüngen mit steigender Betriebsgröße (operationalisiert über die Mitarbeiterzahl) zu. Die kritische Schwelle liegt bei 600 Beschäftigten: Eine größere Anzahl von BR erlaubt Arbeitsteilung und Spezialisierung innerhalb einer effektiven Interessenvertretung. Institutionalisierte und formalisierte Entscheidungsprozesse des Unternehmens verlangen eine Einbindung des BR in die tägliche "Verwaltungsroutine" der Praktizierung des BetrVG. Weiterhin haben die Besitzverhältnisse (kein Privatbesitz, sondern eher Kapitalgesellschaften) und eine (hohe) Zahl der gewerkschaftlichen Vertrauensleute, nicht hingegen der gewerkschaftliche Organisationsgrad, deutlich Einfluß auf die Interessenwahrnehmung.

Die einzelnen, detailliert abgestuften Mitb- und Beratungsrechte sind nicht nur vom Wortlaut des Gesetzes her unterschiedlich ausgeprägt, sondern werden auch faktisch in sehr unterschiedlichem Ausmaß durchgesetzt. Falls dem Arbeitgeber bei Nichtbeachtung Sanktionen drohen, sind die Rechte besser realisiert als in den Fällen, in denen keine wesentlichen Folgen vorgesehen sind. Generell gilt, daß die Mitb-Rechte bei sozialen Angelegenheiten und personellen Einzelmaßnahmen am ehesten und besten verwirklicht sind. Die Verstöße nehmen zu, je stärker der genuin unternehmerische Entscheidungsbereich tangiert wird.[58]

6. Auf die "Vertretung der Minderheitsgruppen" besonders der Angestellten wird - u.a. auch bei der Wahl des BR-Vorsitzenden und seines Stellvertreters, bei der Zusammensetzung des Betriebsausschusses und bei Freistellungen von BR - sowohl vom Buchstaben des Gesetzes als auch faktisch recht genau geachtet. Demgegenüber sind Frauen im BR im allgemeinen und bei den BR-Vorsitzenden im besonderen immer noch deutlich unterrepräsentiert im Verhältnis zu ihrem Anteil an den Beschäftigten bzw. den Mitgliedern, obwohl ihr Anteil zugenommen hat.[59]

Bei einer Erwerbsquote von über 40% stellen Fauen weniger als 20% aller BR-Mitglieder und weniger als 13% aller BR-Vorsitzenden. Diese langfristig sowie über verschiedene Wirtschaftszweige und bei unterschiedlichen Betriebsgrößen stabile Unterrepräsentation besteht nach wie vor, obwohl das BetrVG eine Vertretung der Geschlechter

---

[58] Für andere: "Eine Durchsicht der einschlägigen Ergebnisse der empirischen Entscheidungs- bzw. Mitbestimmungsforschung bestätigt ... unsere Vermutung, daß in der Realität der vom Gesetzgeber eröffnete Verhaltensspielraum sehr weitgehend und zwar zum Nachteil der Arbeitnehmervertreter genutzt wird." Staehle,W.H./Osterloh,M., Wie, wann und warum informieren deutsche Manager ihre Betriebsräte?, in: Ballwieser,W./Berger,K.H.(Hg.), Information und Wirtschaftlichkeit, Wiesbaden 1985, 788.

[59] Vgl. im einzelnen Niedenhoff,H.-U., Der DGB baute seine Position aus, 5-17; Schneider,W., Betriebsverfassungsrecht, in: Kittner,M.(Hg.), Gewerkschaftsjahrbuch 1991. Daten, Fakten, Analysen, Köln 1991, 426ff.; Schneider,W., Betriebsratswahlen 1990: Erfolg der Einheitsgewerkschaft, Mitb 37 (1991), 221-222.

"entsprechend ihrem zahlenmäßigen Verhältnis" (Par.15 BetrVG) empfiehlt und jedwede unterschiedliche Behandlung von Betriebsangehörigen u.a. wegen ihres Geschlechts ausschließt (Par.75 BetrVG). Neben den Frauen sind auch ausländische Arbeitnehmer in den BR und vor allem bei den BR-Vorsitzenden trotz leichter Verbesserungen bei den letzten Wahlen deutlich unterrepräsentiert.[60]

Der wichtigste strategische Hebel zur Veränderung dürfte die Aufstellung der Kandidatenliste sein. Hier liegt sicherlich ein wichtiger Konflikt der Zukunft, zumal seit den 80er Jahren erhobenen Forderungen nach Gleichstellung und Gleichberechtigung der Frauen im Erwerbsleben[61] hier einen strategisch günstigen, weil institutionalisierten Anknüpfungspunkt finden. Während im öffentlichen Dienst Quotenregelungen als formale numerische Richtwerte und andere Maßnahmen wie die Einrichtung von Gleichstellungsstellen und Frauenbeauftragten immer häufiger gesetzlich festgelegt werden, geschieht in der Privatwirtschaft die Förderung von Frauen nach wie vor nur auf rein freiwilliger Basis in relativ wenigen Großunternehmen.[62] Eine gezielte Personalpolitik der Chancengleichheit bzw. des Abbaus von Ungleichheiten und Benachteiligungen (u.a. in Einsatz, Entlohnung, Weiterqualifizierung, Vereinbarkeit von Familie und Beruf, Rückkehr in den Beruf) könnte sowohl in Betriebsvereinbarungen als auch in Tarifverträgen betrieben werden. Allerdings sind systematische Fortschritte auch innerhalb der Gewerkschaften nur mühsam durchzusetzen.[63]

Ein breit angelegter Übersichtsartikel kommt zu folgendem Ergebnis: "As to the consequences of co-determination ... it has significantly changed the way in which employers utilize labour as a factor of production, and this was accompanied by a takeover of managerial responsibilities by representatives of the workforce which, in turn, has con-

---

[60] Vgl. im einzelnen Niedenhoff,H.-U., Betriebsratswahlen 1994. Daten, Fakten und Ergebnisse, Personal 47 (1995), 44.

[61] Vgl. zum Problemkreis u.a. Däubler-Gmelin,H. u.a.(Hg.), "Mehr als nur gleicher Lohn." Handbuch zur beruflichen Förderung von Frauen, Hamburg 1985; Hübler,O.(Hg.), Beiträge zur Mobilität und Diskriminierung auf dem Arbeitsmarkt, SAMF-Arbeitspapier 1985-5, Paderborn 1985; Lappe,L., Frauenarbeit und Frauenarbeitslosigkeit. Eine empirische Überprüfung geschlechtsspezifischer Arbeitsmarktsegmentation, SAMF-Arbeitspapier 1986-2, Paderborn 1986; WSI-Mitt 39 (1986), Heft 8, Schwerpunktheft Frauen: Arbeitsleben - Lebensarbeit; Autorinnengemeinschaft, Arbeitsmarkt und Frauenerwerbsarbeit, SAMF-Arbeitspapier 1989-16, Paderborn 1989; Engelbrech,G. et al., Erwerbsverhalten und Arbeitsmarktsituation von Frauen im nationalen und internationalen Vergleich, SAMF-Arbeitspapier 1994-1, Gelsenkirchen 1994.

[62] Paradebeispiele sind immer wieder MBB und Siemens.

[63] Vgl. zum Problem auch die viel ältere und heftiger geführte US-amerikanische Diskussion um Diskriminierungsverbote und Quotenregelungen.

tributed to creating and reinforcing a vested interest of workers in "social partnership" and "co-operation" in the enterprise".[64] Die Mitb-Regelungen haben demnach zur wechselseitigen Inkorporation von Arbeit und Kapital geführt, die internen Arbeitsmärkte zu Lasten der externen gestärkt und die Institutionalisierung syndikalistischer Formen der Interessenvertretung begünstigt.

5.3. Das duale System der Interessenvertretung

1. In der neueren politischen und wissenschaftlichen Literatur ist häufig vom dualen System der Interessenvertretung die Rede. Damit soll die juristisch vorgegebene, formal-organisatorische Trennung von BR als gesetzlich verankerter, einheitlicher betrieblicher Interessenvertretung aller Arbeitnehmer und Gewerkschaft als grundsätzlich freiwilliger, überbetrieblich-sektoraler Vertretung auf dem Arbeitsmarkt verdeutlicht werden. Dieser strikten Unterscheidung der Akteure entsprechen unterschiedliche Mittel der Interessendurchsetzung auf beiden Ebenen: Die Gewerkschaften verfügen über das legalisierte Streikmonopol, BR sind auf schiedlich-friedliche Mittel der Interessendurchsetzung (einschl. Friedenspflicht) verwiesen.

Jenseits dieser formalen Trennung, die häufig als konstitutiv für das System der Arbeitsbeziehungen angesehen wird, bestehen in der Realität jedoch vielfache komplexe Wechselwirkungen personaler und funktionaler Art zwischen beiden Institutionen, die als "widersprüchliche Einheit"[65] voneinander abhängig und aufeinander angewiesen sind: Seit vielen Jahren sind ca. zwei Drittel aller gewählten BR-Mitglieder und ca. drei Viertel aller BR-Vorsitzenden loyale Mitglieder[66] und häufig in ihrem überbetrieblichen Engagement sogar Funktionsträger von dem DGB angeschlossenen Einzelgewerkschaften. Diese übernehmen ihrerseits weitgehend die zur effektiven Amtsausübung unbedingt notwendige Aus- und Weiterbildung der BR durch Schulungen und andere Fortbildungskurse sowie durch Informations-, Beratungs- und Unterstützungstätigkeit. Ohne diese zentralen organisatorischen Hilfestellungen der Gewerkschaft wären die BR kaum wirklich handlungsfähig. Die Gewerkschaften ihrerseits brauchen wiederum die BR, u.a. zur Mitgliederwerbung und damit zur Organisationssicherung[67], da die Veran-

---

[64] Streeck, Co-determination: The fourth decade, 391.

[65] So der von Streeck geprägte und später vielfach verwendete Terminus. Vgl. Streeck,W., Gewerkschaftsorganisation und industrielle Beziehungen. Einige Stabilitätsprobleme industriegewerkschaftlicher Interessenvertretung und ihre Lösung im westdeutschen System der industriellen Beziehungen, in: Matthes,J.(Hg.), Sozialer Wandel in Westeuropa. Verhandlungen des 19.Deutschen Soziologentages Berlin 1979, Frankfurt-New York 1979, 217.

[66] Vgl. im einzelnen Kap.5.2.

[67] Kotthoff, Betriebliche Interessenvertretung, 82; Müller-Jentsch, Soziologie der industriellen Beziehungen, 228.

kerung im Einzelbetrieb ihre organisatorische Basis ist, ohne die sie letztendlich machtlos wären. Entsprechend einflußreich sind häufig die BR im innergewerkschaftlichen Willensbildungprozeß.[68]

BR rekrutieren in verschiedenen Branchen häufig Gewerkschaftsmitglieder, auch wenn dies nicht zu ihrem gesetzlich definierten Aufgabenkatalog zählt. BR handeln so, daß in einigen wichtigen Branchen zwar nicht rechtlich abgesichert, wohl aber faktisch closed shops - zumindest solche der post entry Form - entstehen. "So werden ... als Folge der weitgehenden "Übernahme" des Betriebsratssystems durch die Gewerkschaften zahlreiche westdeutsche Gewerkschaftsmitglieder unter Ausnutzung der personalpolitischen Mitwirkungsrechte des Betriebsrats gegenüber dem Arbeitgeber von gewerkschaftlich organisierten Betriebsräten rekrutiert. Die Grundlage hierfür bilden informelle Übereinkünfte zwischen Betriebsräten und Arbeitgebern, die in der Praxis auf eine vom Betriebsrat überwachte Gewerkschaftspflicht aller neu eingestellten Arbeitnehmer nach Art des amerikanischen "union shop" hinauslaufen."[69] Die Arbeitgeber, welche die Arbeit der BR prinzipiell positiv beurteilen, tolerieren diese Praxis zumeist stillschweigend aufgrund informeller Übereinkunft.

Fazit: Das Insistieren auf einer formalrechtlich abgesicherten negativen Koalitionsfreiheit als Korrelat der positiven (Art.9 Abs.3 GG) ist die eine Seite, die Imperative der Handlungsrationalität betrieblicher Akteure die andere.[70] Die häufig betonte formale Unabhängigkeit beider Institutionen, BR und Gewerkschaft, beschreibt den Sachverhalt in rein juristischer Perspektive zunächst zutreffend. Dies bedeutet jedoch nicht, daß

---

[68] Diese enge Interaktion ist in Anbetracht der selten berücksichtigten Entstehungsgeschichte des BetrVG durchaus nicht selbstverständlich. "... the creation of the works council system in the Federal Republic - under conservative auspices - institutionalized a system of labor representation that the unions at the time could not endorse and indeed against which they fought. Rather then meeting their demands for stronger unions rights a parallel structure for labor representation on the shop floor, the conservative government created a parallel structure for labor representation at the plant level, emphasizing its formal separation from Germany's multi-industrial unions." Thelen, Union of parts, 228.

[69] Streeck,W., Gewerkschaftsorganisation und industrielle Beziehungen. Einige Stabilitätsprobleme industriegewerkschaftlicher Interessenvertretung und ihre Lösung im westdeutschen System der industriellen Beziehungen, PVS 20 (1979), 249; vgl. auch Streeck,W., Qualitative demands and the neo-corporatist manageability of industrial relations, BJIR 19 (1981), 155f. sowie Streeck,W., Industrial relations in West Germany. A case study of the car industry, London 1984, 48; ähnlich auch Erd,R./Scherrer,Chr., Unions - caught between structural competition and temporary solidarity: A critique of contemporary Marxist analysis of trade unions in Germany, BJIR 23 (1985), 125 et passim sowie Schmidt/Trinczek, Duales System: Tarifliche und betriebliche Interessenvertretung, 174ff.

[70] Die Tatsache, daß empirische Nachweise der Existenz von faktischen closed shops selten geblieben sind, ist weniger ein inhaltliches als vielmehr ein methodisches Problem: In breit angelegten quantitativen Untersuchungen kann die Aufdeckung dieses Zusammenhangs kaum gelingen; die vorhandenen empirischen Belege stammen eher aus (Tiefen-)Interviews.

nicht materiell andere Lösungen einer recht stabilen "arbeitsteiligen Kooperation" realisiert werden können.[71] Insofern stellt der formale Dualismus von BR und Gewerkschaften faktisch eher eine "widersprüchliche Einheit" dar. "Für die Gewerkschaften hat die Tätigkeit der BR entlastende Funktionen. Partielle und berufliche Sonderinteressen ebenso wie Konflikte um Arbeitsbedingungen werden gewöhnlich ebenso durch den BR in der Weise abgeklärt, daß die gewerkschaftliche Interessenpolitik von der Vertretung spezifischer Gruppen- und Berufsinteressen wie auch von der Wahrnehmung qualitativer Interessen entlastet wird. Sie kann sich daher auf die Vertretung der allgemeinen Interessen, Lohn- und Arbeitszeit, konzentrieren."[72]

Die Tatsache, daß die früher in verschiedenen Ländern rechtlich abgesicherten, verbandsextern begründeten closed shops heutzutage gegenüber den anderen korporativen Akteuren im System der Arbeitsbeziehungen, Staat und Arbeitgeber, nicht mehr durchgesetzt werden könnten, impliziert noch nicht, daß closed shops überhaupt nicht mehr bestehen.[73] Die Existenz von de facto, verbandsintern begründeten closed shops bei formalgesetzlichen Verboten (negative Koalitionsfreiheit nach Art.9 Abs.3 GG) ist im übrigen keineswegs auf die Bundesrepublik beschränkt, sondern in einer Reihe von entwickelten Industrienationen festzustellen.[74] Weiterhin müssen wir in diesem Zusammenhang beachten, daß BR wesentlich an der Umsetzung tarifvertraglicher Regelungen in die betriebliche Praxis beteiligt sind und gemäß BetrVG über eine ganze Reihe von Mitb-Rechten verfügen. Faktisch gilt: "Plant politics in the dual system is ... best characterized in terms of ongoing political jockeying for position in the context of a stable institutional framework that neither employers nor labor is seriously trying to dismantle."[75]

---

[71] Auch Olson argumentiert sehr ähnlich: "The best-known type of organized interest group in modern democratic societies, the labor union, is also usually supported, in part, through negative selective incentives. Most of the dues in strong unions are obtained through union shop, closed shop, or agency shop arrangements which make dues paying more or less compulsory and automatic. There are often also informal arrangements with the same effect." Olson,M., The rise and decline of nations. Economic growth, stagflation, and social rigidities, New Haven-London 1982, 21.

[72] Müller-Jentsch,W., Kollektive Interessenvertretung: Das System der "industriellen Beziehungen", in: Littek,W. et al.(Hg.), Einführung in die Arbeits- und Industriesoziologie, 2. erw. Aufl. Frankfurt-New York 1983, 389.

[73] Vgl. etwa Hansen,Ch./Jackson,Sh./Miller,D., The closed shop. A comparative study in public policy and trade union security in Britain, the USA and West Germany, Aldershot 1981.

[74] Vgl. Cordova,E./Ozaki,M., Union security arrangements: An international overview, ILR 119 (1980), 30.

[75] Thelen, Union of parts, 123.

Verschiedene Gewerkschaften (u.a. IGM, ÖTV) haben versucht, durch den Aufbau von Vertrauensleutekörpern die gewerkschaftliche Präsenz vor allem in größeren Betrieben zu verbessern.[76] Vertrauensleute sind ehrenamtlich tätige, vom BR formal und prinzipiell unabhängige Gewerkschafter mit der Aufgabe einer Stärkung der gewerkschaftlichen Interessenvertretung.[77] Einerseits unterliegen Vertrauensleute, die im Gegensatz zu den BR nur von den Gewerkschaftsmitgliedern eines Betriebes gewählt werden, nicht den handlungseinschränkenden Bestimmungen des BetrVG und können gewerkschaftspolitisch aktiv werden. Andererseits ist ihre Stellung nicht rechtlich abgesichert, sondern lediglich durch gewerkschaftliche "Richtlinien zur Vertrauensleutearbeit" definiert; die Arbeitgeberverbände lehnen eine tarifvertragliche Absicherung ab.

Faktisch erbringen Vertrauensleute, die wir vor allem in größeren Betrieben finden, häufig Dienstleistungen für die gewerkschaftliche Organisation sowie Unterstützungsleistungen für die Arbeit der BR; sie sind entgegen der ursprünglichen Absicht keine Kontrollinstanz gegenüber dem BR, sondern dienen eher der Verbesserung der Kommunikation zwischen BR und Belegschaft.[78] Zusammenfassend gilt: "Die Versuche, über Vertrauensleute einen autonomen gewerkschaftlichen Brückenkopf im Betrieb aufzubauen, schlugen fehl. Dort wo Vertrauensleute bestehen, dienen sie mit wenigen Ausnahmen nur als verlängerter Arm der gewerkschaftlich organisierten Betriebsräte".[79]

2. In der neueren Literatur wird auf eine wichtige Einflußmöglichkeit von BR hingewiesen, die lange Zeit unbeachtet geblieben war, in der andauernden Beschäftigungskrise aber immer deutlicher wurde[80]: BR beeinflussen die Strukturierung der Arbeitsmärkte.[81]

---

[76] Vgl. u.a. Miller,D., Trade union workplace representation in the Federal Republic of Germany: An analysis of the post-war Vertrauensleute policy of the German Metal-Workers Union, BJIR 16 (1978), 335-354; Koopmann,K., Gewerkschaftliche Vertrauensleute, München 1981.

[77] "These officials generally distribute union information, collect dues where necessary, sign up new members and act as a resource for union members. They have no legal standing and many employers resent and oppose their existence." Adams/Rummels, Workers' participation in management in West Germany, 8.

[78] Vgl. Müller-Jentsch, Soziologie der industriellen Beziehungen, 231.

[79] Armingeon, Die Entwicklung der westdeutschen Gewerkschaften, 112.
Ein Vergleich der industrial relations-Systeme in Deutschland und Großbritannien kommt zu folgendem Resultat: "Shopsteward organisation in the FRG is relatively weak ... Generally, despite their numbers, shopstewards are thought to play an insignificant role in the regulation of plant level issues ... operating mainly as the extended arm of the works' council ... Shopstewards in German industry are not the workplace negotiators found in the British system due to the central role of the works council ... Any shopsteward who does seek more influence has to run for election to the works council." Williams,K., Industrial relations and the German model, Aldershot-Brookfield 1988, 34f.

[80] Vgl. Windolf,P./Hohn,H.W., Arbeitsmarktchancen in der Krise. Betriebliche Rekrutierung und soziale Schließung, Frankfurt-New York 1984; Hohn,H.W., Soziale Netzwerke und Kooperation im Betrieb -

Kapitel 5: Betriebsverfassung

Im BetrVG von 1972 wurden die Mitb-Rechte der BR in der betrieblichen Personalpolitik wesentlich erweitert und die BR dadurch mit Managementfunktionen betraut. Die Arbeitsmarktchancen werden deshalb durch die informellen und formalen (kodifizierten) Mitb-Möglichkeiten der BR beeinflußt, die sich auf Einstellungen, den Marktzutritt, die arbeitsmarktinterne Mobilität sowie auf Entlassungen, den Marktaustritt, beziehen.

BR haben seit Mitte der 70er Jahre deutlich eine Politik der Konsolidierung bzw. Stabilisierung der (Kern- bzw. Stamm-)Belegschaften auf einem als gesichert geltenden Mindestniveau mitbetrieben. Gleichzeitig wurden bei dieser Politik der Regulierung des internen Marktes und damit der ökonomischen und sozialen Interessen ihres Wahlklientels häufig Einstellungen und damit eine grundsätzlich wünschenswerte bzw. notwendige Entlastung des externen Marktes zugunsten von vermehrten Überstunden[82] oder dem Einsatz von Zeit- bzw. Leihpersonal vermieden.

BR sind aufgrund ihrer institutionell vorgeprägten Handlungslogik in der Regel vor allem daran interessiert, die Bedingungen des internen Arbeitsmarktes ihres Unternehmens zu verbessern und die Interessen der vorhandenen Belegschaft zu vertreten und zu schützen; dieser Zielkonflikt zwischen Stabilisierung und Rekrutierung führt zu Schließungstendenzen gegenüber dem externen Markt. Die Einflußmöglichkeiten bei Entlassungen (Par.102 BetrVG) und damit auf den unter den gegenwärtigen Arbeitsmarktbedingungen wichtigen Komplex "Arbeitsplatzsicherheit" werden häufig zugunsten der hochgradig organisierten Gruppen genutzt.

Neuere empirische Analysen[83] weisen nach, daß BR durch ihre betriebliche Rekrutierungspraxis die Strukturierung von Arbeitsmärkten nicht nur bei Entlassungen, sondern auch durch Auslese bei Einstellungen mitsteuern (Par.99 BetrVG "Mitbestimmung bei personellen Einzelmaßnahmen"); diese Einflußnahme am vorderen Ende der betrieb-

---

Funktionen informeller Rekrutierung im dualen System der industriellen Arbeitsbeziehungen, in: Deeke,A./Fischer,J./Schumm-Garling,U.(Hg.), Arbeitsmarktbewegung als sozialer Prozeß, SAMF-Arbeitspapier 1987-3, Paderborn 1987, 82-107. International vergleichend auch Windolf,P./Wood,St., Recruitment and selection in the labour market, Aldershot 1988.

[81] Vgl. zu den Segmentationstheorien des Arbeitsmarktes im einzelnen Kap.12.

[82] Es gilt allerdings: "War in früheren Jahren die monetäre Abgeltung der Mehrarbeit absolut dominierend und von den Beschäftigten weit überwiegend auch so gewollt, hat sich in der Zwischenzeit das Bild gewandelt. Mittlerweile erhält gut ein Viertel der Überstundenleistenden ihre Überstunden überwiegend in Freizeit ausgeglichen, und auch die Zahl der tariflichen Regelungen zum Freizeitausgleich wächst." Bispinck,R., Das Märchen vom starren Arbeitszeitkorsett. Zum Flexibilitätspotential tariflicher Arbeitszeitregelungen, in: Seifert,H.(Hg.), Jenseits der Normalarbeitszeit. Perspektiven für eine bedürfnisgerechtere Arbeitszeitgestaltung, Köln 1993, 88.

[83] Vgl. Hohn,H.W., Von der Einheitsgewerkschaft zum Betriebssyndikalismus. Soziale Schließung im dualen System der Interessenvertretung, Berlin 1988; Windolf/Hohn, Arbeitsmarktchancen in der Krise; Hohn,H.W./Windolf,P., Prozesse sozialer Schließung im Arbeitsmarkt. Eine empirische Skizze betriebsinterner Determinanten von Mobilitätsprozessen, in: Knepel,H./Hujer,R.(Hg.), Mobilitätsprozesse auf dem Arbeitsmarkt, Frankfurt-New York 1985, 305-327.

lichen Arbeitskräfteschlange bzw. des innerbetrieblichen Verhandlungs- und Entscheidungsprozesses verläuft in Richtung auf eine Erweiterung interner Märkte bzw. eine deutlichere Segmentierung.

Im übrigen verstärken auch personalpolitische Instrumente wie das der innerbetrieblichen Stellenausschreibung als Mittel der Zuordnung von Arbeitskräften zu Arbeitsplätzen die Institutionalisierungsprozesse innerhalb von Arbeitsmärkten bzw. die Segmentation des internen Arbeitsmarktes. Par.93 BetrVG regelt die "Ausschreibung von Arbeitsplätzen": "Der Betriebsrat kann verlangen, daß Arbeitsplätze, die besetzt werden sollen, allgemein oder für bestimmte Arten von Tätigkeiten vor ihrer Besetzung innerhalb des Betriebs ausgeschrieben werden". Durch diese Handlungsoption des BR werden Aufstiegschancen für bereits vorhandene Mitarbeiter verbessert und stabile interne Rekrutierungsmuster installiert; insgesamt werden die Strukturen betriebszentrierter Arbeitsmärkte verfestigt.

Last but not least wurde auch gezeigt, daß informelle Einflußnahmen bereits auf dem Lehrstellenmarkt erfolgen: Eintrittspositionen des internen Marktes, die ungemein wichtigen ports of entry als Verbindung zum externen Markt, werden häufig aus dem Verwandten- und Bekanntenkreis von Mitarbeitern besetzt.[84] Diese Rekrutierung durch informelle Netzwerke geschieht über sog. betriebsnahe Arbeitsmärkte.

Die Autoren fassen ihre Studie folgendermaßen zusammen: "In Zeiten hoher Arbeitslosigkeit werden relativ mehr Arbeitsplätze "internalisiert", d.h. der Markt wird durch Grenzziehung von einem offenen in einen geschlossenen Markt verwandelt. Zugleich erweitert sich der Kreis der Arbeitsplätze, für die ein formales Bildungszertifikat erforderlich ist. Damit wird nicht unterstellt, daß die Qualifikationsanforderungen der einzelnen Arbeitsplätze gestiegen sei. Es wird nur angenommen, daß sich die selektive Funktion der Bildungsabschlüsse verstärkt hat, daß sie also überwiegend marktregulierend wirken. Ein "Berechtigungswesen", das für jeden Arbeitsplatz ein bestimmtes Zertifikat vorschreibt, hat in Zeiten hoher Arbeitslosigkeit eine bessere Chance sich durchzusetzen als in Zeiten der Vollbeschäftigung."[85]

Dieses Dilemma von institutionell vorgegebener Handlungslogik (Stabilisierung bzw. Verstetigung des internen Marktes) und Gesamtrationalität (Rekrutierung vom externen Markt der Arbeitsuchenden) ist für den BR zugegebenermaßen nur schwierig zu lösen. Insgesamt sind diese Mechanismen und Tendenzen "sozialer Schließung" (M.Weber), d.h. der Versuch einer Verbesserung der Marktchancen durch Monopolisierung des Zugangs, vorteilhaft für alle direkt Beteiligten und daher nur schwer zugunsten der Ange-

---

[84] Diese Rekrutierung durch informelle soziale Netzwerke bevorteilt "die Kukis und Mikis", die Kunden- und Mitarbeiterkinder.

[85] Windolf/Hohn, Arbeitsmarktchancen in der Krise, 233.

hörigen des externen Marktes umkehrbar. "The emergence of internal labour markets with strong employment guarantees has clearly been advanced by co-determination and is in this sense a result of trade union strength. But as the "social closure" of the employment system proceeds ..., trade unions are faced with the dilemma that what has served the interests of some of their members well, may increasingly clash with the interests of other members or, more likely, of an increasingly unorganised marginal labour force."[86]

Auf jeden Fall ist der "angebotsseitige" Einfluß der betrieblichen und überbetrieblichen Arbeitnehmervertretung auf Selektions- und Rekrutierungsprozesse auf Arbeitsmärkten kaum grundsätzlich zu bestreiten. Trotz des industrieverbandlichen Organisationsprinzips mit seinen notwendigerweise weiträumigen Tarifverträgen gelingt die Beeinflussung zentraler arbeitsmarktprozessualer Bedingungsfaktoren auf der betrieblichen Ebene.[87]

5.4. Die Novellierung des BetrVG

1. Die kontroverse Diskussion um die Novellierung des BetrVG hatte ihren wesentlichen Ausgangspunkt in einer Entscheidung des Bundesverfassungsgerichts vom Oktober 1984. Das BVerfG hatte Teile des Wahlverfahrens des BPersVG moniert, genauer die Regelung des Unterschriftenquorums für Vorschlagslisten zu Personalratswahlen von einem Zehntel der wahlberechtigten Gruppenangehörigen, da diese "mit dem aus Art.3 Abs.1 GG abgeleiteten Grundsatz der Chancengleichheit aller Bewerber nicht vereinbar"[88] sei, weil der Wahlzugang unverhältnismäßig erschwert werde; die für politische Wahlen geltenden "Grundsätze der Allgemeinheit und Gleichheit" müßten als "ungeschriebenes Verfassungsrecht" auch hier Anwendung finden. Durch diese höchstrichterliche Entscheidung wurde auch eine Neuregelung der gleichlautenden Vorschriften des Par.14 BetrVG notwendig.

Die Bundesregierung nahm diese höchstrichterliche Auflage zur Änderung des Quorums zum Anlaß, um eine von einigen Gruppen seit langem geforderte, weit umfassendere Novellierung des BetrVG einzuleiten.[89] Sowohl die öffentliche Expertenan-

---

[86] Streeck,W., Industrial relations in West Germany: Agenda for change, IIM/LMP 87-5. Wissenschaftszentrum Berlin für Sozialforschung 1987, 19.

[87] Hier wird, und dies ist von theoretischem Interesse, zugleich deutlich, daß nur ein Teil der Leistungen echte Kollektivgüter darstellen (z.B. Lohnerhöhungen, allgemeine Arbeitszeitverkürzungen), während ein anderer Teil durchaus Charakteristika von privaten Gütern haben kann.

[88] BVerfGE 67, 369, 373.

[89] Vgl. zur Skizzierung der ursprünglichen Positionen Niedenhoff,H.-U., Betriebsverfassung - Diskussion um Novellierung, AuS 39 (1985), 160-162.

hörung vor dem Ausschuß für Arbeit und Sozialordnung im Frühjahr 1986[90] als auch die parallele öffentliche Diskussion[91] ergaben, daß verschiedene Akteure in einer bei aktuellen arbeitspolitischen Problemen lange Zeit nicht gekannten Einmütigkeit die Pläne der Regierungskoalition zur Herstellung eines "Gewerkschaftspluralismus" bzw. einer "Chancengleichheit für alle im Betrieb vertretenen Gewerkschaften" mit sehr ähnlichen Argumenten strikt ablehnten: Neben der überwiegenden Mehrzahl der Wissenschaftler votierten SPD, DGB, DAG sowie die Arbeitgeberverbände (insbesondere Gesamtmetall und BDA)[92] scharf gegen die geplanten Änderungen. Die gemeinsame Kritik richtete sich vor allem gegen die geplante Einrichtung von eigenständigen Sprecherausschüssen der leitenden Angestellten auf gesetzlicher Grundlage; problematisch erschien den Verbänden weiterhin vor allem die Einführung eines besonderen, weitgefaßten gewerkschaftlichen Listenvorschlagsrechts. Bei allen Akteuren unbestritten war lediglich die Notwendigkeit einer Änderung des relativen Unterschriftenquorums infolge des BVerfG-Urteils.

Bei den Koalitionsverhandlungen zu Beginn der 11. Wahlperiode im Frühjahr 1987 erzielten die Regierungsfraktionen rasch Einigung über eine weitergehende Neufassung des BetrVG.[93] Im Juni 1988 wurde der "Entwurf eines Gesetzes zur Änderung des Betriebsverfassungsgesetzes, über Sprecherausschüsse der leitenden Angestellten und zur Sicherung der Montan-Mitbestimmung"[94] in erster Lesung beraten. Nach einigen Änderungen und kleineren Ergänzungen infolge einer kurzen, kontrovers geführten öffentlichen Diskussion[95] wurde der Gesetzentwurf am 1.Dezember 1988 mit den Stimmen der Regierungsmehrheit verabschiedet; die Neuregelung trat am 1.Januar 1989 in Kraft.

---

[90] BT-Drucksache 10/3666.

[91] Vgl. für andere Richardi,R., Der Gesetzentwurf zur Verstärkung der Minderheitenrechte in den Betrieben und Verwaltungen (MindRG), AuR 34 (1986), 33-46; Rösner,H.J., Betriebsverfassungsgesetz - wo besteht ein Handlungsbedarf?, WD 66 (1986), 295-302.

[92] Vgl. u.a. BDA, Jahresbericht 1986, Köln 1986, 13ff.

[93] Vgl. Schneider,W., Betriebsverfassungsrecht, in: Kittner,M., Gewerkschaftsjahrbuch 1988. Daten-Fakten-Analysen, Köln 1988, 381ff.

[94] BT-Drucksache 11/2503.

[95] Vgl. für andere Zeitgespräch - Reform des Betriebsverfassungsgesetzes: Sinnvolle Neuerungen, WD 1988/VII, 339-347; vgl. aus gewerkschaftlicher Sicht verschiedene Beiträge in Mitb 34 (1988), Heft 6.

2. Die zentralen Änderungen sind folgende[96]:
1. Nach Par.5 Abs.3 BetrVG fallen die leitenden Angestellten[97] nicht in dessen Geltungsbereich; sie haben wegen ihrer Nähe zur Unternehmensleitung weder das aktive noch das passive Wahlrecht.[98] Nunmehr werden gemäß dem "Gesetz über Sprecherausschüsse der leitenden Angestellten (Sprecherausschußgesetz [SprAuG]) bei mindestens 10 Angehörigen dieser Gruppe im Betrieb "Sprecherausschüsse der leitenden Angestellten" als eigenständige Interessenvertretung dieser Gruppe als Gesamtheit neu geschaffen und mit einer Reihe von Informations- und Einspruchsrechten bei Arbeitsbedingungen und Beurteilungsgrundsätzen, personellen Maßnahmen und wirtschaftlichen Angelegenheiten ausgestattet (Par.30-32 SprAuG).[99] Die Grundmaxime lautet: "Der Sprecherausschuß arbeitet mit dem Arbeitgeber vertrauensvoll unter Beachtung der geltenden Tarifverträge zum Wohl der leitenden Angestellten und des Betriebs zusammen" (Par.2 SprAuG). Bei ein-

---

[96] Vgl. im einzelnen Wlotzke,O., Die Änderungen des Betriebsverfassungsgesetzes und das Gesetz über Sprecherausschüsse der leitenden Angestellten (I und II), DB 42 (1989), 111-126 und 173-178.

[97] Erhebliche juristische Detailprobleme bestehen seit langem hinsichtlich einer genauen und trennscharfen Abgrenzung dieser Personengruppe von den übrigen Angestellten. Vgl. Hromadka,W., Das Recht der leitenden Angestellten, München 1979; Martens,K.-P., Das Arbeitsrecht der leitenden Angestellten, Wiesbaden-Stuttgart 1982; Richardi,R., Der Gesetzentwurf zur Verstärkung der Minderheitenrechte in den Betrieben und Verwaltungen (MindRG). Zur Problematik der Sprecherausschüsse für leitende Angestellte, in: Lompe, Reform der Mitbestimmung, 16ff; Schneider,W., Betriebsverfassungsrecht, in: Kittner,M.(Hg.), Gewerkschaftsjahrbuch 1989. Daten, Fakten, Analysen, Köln 1989, 395f.

[98] Überaus strittig war lange Zeit, nach welchen Merkmalen dieser Personenkreis genau abgegrenzt werden soll (z.B. nach der Stellung im Unternehmen und/oder der Gehaltshöhe). Anfang Juni 1988 einigten sich die Koalitionsparteien über die Definition des leitenden Angestellten bzw. über Abgrenzungskriterien: Zu dieser Gruppe sollen nur die Arbeitnehmer gehören, "die ihre Entscheidungen im Unternehmen im wesentlichen frei von Weisungen treffen oder sie maßgeblich beeinflussen" können. Zusätzliche Abgrenzungskriterien wurden definiert. Vgl. im einzelnen Wlotzke, Die Änderungen des Betriebsverfassungsgesetzes, 118ff.
Ob diese "Präzisierungen" in Anbetracht divergierender Interessen hinsichtlich einer Ausweitung oder Eingrenzung dieser Gruppe wirklich praktikabel sind, bleibt unklar. Die neuen Abgrenzungsmerkmale sind zwar präziser als die alten, aber immer noch nicht präzise genug; weiterhin sind immer noch unbestimmte Rechtsbegriffe vorhanden. Es handelt sich um eine Neuregelung des Begriffs, "der die mühsam erfolgte Präzisierung der bisherigen Bestimmung des Par.5 Abs.3 BetrVG durch die Rechtsprechung erneut gefährdet und neue Abgrenzungsprobleme auslösen wird." Bobke-von Camen,M.H., Novellierung des Betriebsverfassungsrechts, WSI-Mitt 42 (1989), 19.

[99] Hierzu gehören vor allem: Vertretung kollektiver, auf Antrag auch individueller Interessen, Vereinbarung von Richtlinien zur Gestaltung der Arbeitsverhältnisse, Anhörungspflicht bei Kündigung eines LA durch die Geschäftsleitung, rechtzeitige Mitteilung von Einstellung und/oder persönlichen Veränderungen, rechtzeitige Erörterung von Veränderungen der Arbeitsbedingungen für eine größere Anzahl, Anhörung, falls Betriebsvereinbarungen, die zwischen Arbeitgeber und BR geschlossen werden, die Interessen der Gruppe der leitenden Angestellten berühren, Anspruch auf Einsicht in Personalakten bei Vertretung individueller Interessen. Vgl. im einzelnen Schaub,G., Arbeitsrechtshandbuch. Systematische Darstellung und Nachschlagewerk für die Praxis, 7. überarb. Aufl. München 1992, 1815-1843.

zelnen Problemen (u.a. Wahlverfahren, Amtszeit, Freistellungen) gelten dieselben Gestaltungsprinzipien wie für den BR. Echte und eigenständige Mitwirkungs- oder Mitb-Rechte bzw. ein Einigungsstellenverfahren zur Beilegung von Konflikten sieht das Gesetz nicht vor.

2. Durch Änderungen des Wahlverfahrens, d.h. durch eine deutliche Senkung des notwendigen Unterschriftenquorums für Wahlvorschläge von mindestens zehn Prozent der Wahlberechtigten oder 100 Personen auf fünf Prozent oder 50 Personen, sollen die Zugangschancen kleinerer Gruppierungen ("betrieblicher Minderheiten und kleiner Gewerkschaften") verbessert werden. Außerdem erhalten Gewerkschaften, die im Betrieb mit mindestens einem Arbeitnehmer als Mitglied vertreten sind, ein eigenes externes Wahlvorschlagsrecht ohne Nachweis sog. Stützunterschriften; nach der alten Rechtslage durften Wahlvorschläge ausschließlich von Arbeitnehmern aus dem Betrieb stammen.
Dadurch kommt es zu einem doppelten Minderheitenschutz, der in der BVerfG-Entscheidung nicht gefordert war. Offizielles Ziel dieser Änderung ist eine "Verstärkung der Minderheitenrechte in den Betrieben" bzw. "mehr Demokratie im betrieblichen Alltag"; vorher wurden nach dieser Auffassung konkurrierende Gewerkschaftsgruppierungen bzw. Listen bereits im Vorfeld durch Mehrheiten ausgeschaltet oder wesentlich benachteiligt (sog. Machtmißbrauch).

3. Bei PR- und BR-Wahlen galt das Prinzip der Verhältniswahl; hingegen war bei der Wahl des für die Interessenvertretung wichtigen Betriebsausschusses[100] kein bestimmtes Wahlverfahren vorgegeben. Nunmehr gilt bei der Wahl der Mitglieder der Ausschüsse - vor allem des Betriebsausschusses - sowie der Jugend- und Auszubildendenvertretung grundsätzlich das Verhältniswahlrecht ebenso wie bei der Wahl der freizustellenden BR.[101] Ziel der Änderung soll ein besserer Schutz von Minderheiten gegenüber einem Ausnutzen des Mehrheitsprinzips sein; die Kräfteverhältnisse im BR sollen sich auch im Betriebsausschuß sowie bei den Freistellungen von BR widerspiegeln (sog. Parlamentarisierung).[102]

4. Hinsichtlich der immer wichtiger werdenden "Einführung und Anwendung neuer Technologien" werden die Informations- und Beratungsrechte des BR bzw. der Arbeitnehmer "präzisiert und für die Praxis besser handhabbar gemacht", jedoch nicht wesentlich in Richtung auf echte Mitb-Rechte ausgedehnt. In Par.81 BetrVG werden die Unterrichtungspflichten des Arbeitgebers, in Par.90 die Unterrichtungs-

---

[100] Ein Betriebsausschuß ist nach Par.27 BetrVG bei mindestens neun Mitgliedern des BR zu bilden.

[101] Diese wurden vorher nach dem Prinzip der Mehrheitswahl bestimmt.

[102] Der Vollständigkeit halber ist noch zu erwähnen, daß die regelmäßige Amtszeit des BR von drei auf vier Jahre verlängert wurde. Dieselbe Amtszeit gilt auch für den Sprecherausschuß.

und Beratungsrechte des BR erweitert. Unternehmerische Investitionsentscheidungen bleiben auch weiterhin mitbestimmungsfrei; im Konfliktfall entscheidet nicht die Einigungsstelle.

3. Im folgenden wollen wir der Frage nachgehen, wie sich die skizzierten Änderungen[103] in der Realität auswirken; dabei wollen wir aus pragmatischen Gründen unterscheiden zwischen der Einrichtung von Sprecherausschüssen und den übrigen Änderungen.
Die Mehrzahl der leitenden Angestellten sprach sich in Umfragen aufgrund der besonderen Stellung ihrer Gruppe für die gesetzliche Einführung von eigenständigen Sprecherausschüssen aus.[104] Die eigentlichen Protagonisten der Neuregelung waren aber aus organisationspolitischen Gründen die Union der Leitenden Angestellten (ULA)[105] als Dachorganisation von berufsständischen Verbänden[106] sowie aus wahltaktischen Kalkülen die FDP. Die Sprecherausschüsse stellen neben der bereits bestehenden Jugend- und Auszubildendenvertretung eine weitere, bislang nicht vorhandene Sondervertretung dar; alle anderen Partikularinteressen werden vom BR vertreten. Diese Sondervertretung kann zu einer Komplizierung der Interessenaggregation und -artikulation führen. Wie die vorgesehene "Vermittlerrolle zwischen BR und Unternehmensleitung" in der Praxis konkret aussehen soll, bleibt weitgehend ungeklärt. Während die prozeduralen Vorgaben des SprAuG[107] sehr detailliert, fast akribisch sind[108], bleiben die inhalt-

---

[103] Vgl. auch die konzise Zusammenstellung West Germany - Changes to Works Constitution Act, EIRR 176 (1988), 9-11 sowie Plänkers,G., Institutionalisierte Konfliktregelung in den industriellen Arbeitsbeziehungen in der BRD, Pfaffenweiler 1990, 105-115.

[104] Dieses Ergebnis wird allerdings relativiert durch eine unabhängige Untersuchung, die zum gegenteiligen Ergebnis kommt. Vgl. Martens,H., Die gesetzliche Verankerung von Sprecherausschüssen aus der Sicht leitender Angestellter - Ergebnisse einer empirischen Untersuchung, in: Lompe, Reform der Mitbestimmung, 43-66; Tiemann,J./Martens,H., Die Gruppe der leitenden Angestellten: Vertretung und Repräsentanz durch Sprecherausschüsse und im Aufsichtsrat, Dortmund 1986.

[105] Vgl. u.a. ULA(Hg.), Sprecherausschüsse jetzt! Vorschlag zu einem Gesetz über Sprecherausschüsse und Abgrenzung der Leitenden Angestellten, Essen 1984; ULA(Hg.), Rechtsstaatlicher Schutz für Leitende Angestellte: rechtssichere Abgrenzung - gesetzlich verankerte Sprecherausschüsse. Freiraum statt Majorisierung, Essen 1987; Borgwardt,J., Warum fordern die Leitenden Angestellten gesetzlich verankerte Sprecherausschüsse und eine Präzisierung der Abgrenzung?, in: Lompe, Reform der Mitbestimmung, 85-97.

[106] Mitglieder der ULA sind sieben Verbände, die ungefähr 42.000 (rd. 10%) der leitenden oder außertariflichen Angestellten organisieren. Vgl. im einzelnen Niedenhoff,H.-U./Pege,W., Gewerkschaftshandbuch. Daten, Fakten, Strukturen, 2. Aufl. Köln 1989, 120.

[107] Sie sind denjenigen für BR im BetrVG formulierten nachgebildet. Beide Organe verfügen über ein gesetzliches Vertretungsmonopol.

lich-materiellen Vorgaben recht schwach, unbestimmt und dürftig (Par.30-32 SprAuG). Der Sprecherausschuß hat keine zwingenden Mitb-Rechte und kann nicht die Einigungsstelle anrufen.
Langfristig möglich, wenngleich nicht wahrscheinlich ist eine gewisse "Balkanisierung" der Betriebsverfassung durch einen dualisierenden "Sonder- bzw. Ersatzbetriebsrat", der mit Hilfe seiner Unterrichtungs-, Beratungs- und Anhörungsrechte berufsständische Partikularinteressen verfolgen und die Funktionsfähigkeit der Betriebsverfassung, bzw. konkret die Handlungsfähigkeit des BR als innerbetrieblicher Einheitsvertretung aller Arbeitnehmer, beeinträchtigen könnte. Durch diese Institutionalisierung von Sprecherausschüssen kann das auf betrieblicher Ebene sorgsam austarierte bilaterale bargaining zwischen BR und Unternehmensleitung zu einem mehr trilateral-konkurrierenden zwischen den nunmehr drei betrieblichen Akteuren werden.
Schon vor der Novellierung des BetrVG im Jahre 1972 wurden Sprecherausschüsse für leitende Angestellte gefordert, u.a. von CDU, FDP und ULA. Nach einer Reihe von Prozessen erklärte das BAG im Jahre 1975 Sprecherausschüsse auf privatrechtlicher Basis für zulässig. Mitte der 80er Jahre bestanden in zahlreichen Unternehmungen bereits ca. 400 Sprecherausschüsse[109] unterschiedlicher Ausprägung auch ohne institutionelle Absicherung aufgrund freiwilliger Vereinbarungen nach dem Grundsatz der Vertragsfreiheit, so in den Großbetrieben der Chemieindustrie, in der Metall- und Elektroindustrie, kaum dagegen im Handel und im Montanbereich.[110] Ihre Aufgabe bestand in der Wahrnehmung der Interessen der leitenden Angestellten gegenüber dem Arbeitgeber.
Durch die Schaffung einer rechtlichen Grundlage werden diese eigenständig-freiwilligen Vertretungen als Kollektivvertretungsorgane neben dem BR institutionalisiert, d.h. auf eine dauerhafte, juristisch abgesicherte Basis gestellt. In der Diskussion bleibt strittig, ob überhaupt die Notwendigkeit besteht, zugunsten eines Unternehmensfunktionen ausübenden, sehr kleinen Personenkreises von weniger als 3% der Gesamtbeschäftigtenzahl[111] ein derartiges Gremium zu schaffen. Eine umfassende und detaillierte Abgrenzung der faktischen Kompetenzen gegenüber dem BR ist schwierig.

---

[108] Vgl. den zweiten Teil "Sprecherausschuß, Versammlung der leitenden Angestellten, Gesamt-, Unternehmens- und Konzernsprecherausschuß".

[109] Die Angaben in der Literatur schwanken zwischen 330 und über 400. Vgl. u.a. Weiss, Labour law and industrial relations, 156.

[110] Vgl. Hromadka,W., Sprecherausschüsse für leitende Angestellte. Der SprALAG-Entwurf oder Wie Gesetzentwürfe nicht sein sollen, DB 39 (1986), 857.

[111] Spieker,W., Institutionelle Vertretung leitender Angestellter durch Gesetz?, NZfAuS 2 (1985), 684.

Die Anzahl der eigenständigen Sprecherausschüsse, die zum ersten Male auf gesetzlicher Grundlage und zeitgleich mit den BR gewählt wurden, ist im Jahr 1990 auf 568 gestiegen. Damit bewirkte ihre "Legalisierung" einen deutlichen Anstieg. Die Wahlbeteiligung lag über der bei BR-Wahlen. Der Anteil der gewerkschaftlich organisierten Mitglieder und Vorsitzenden (einschl. Mitgliedschaft in ULA-Verbänden) war 1990 mit jeweils ca. 16% gering, d.h. unabhängige Bewerber dominieren (mit über 80%).[112] Damit wurde die Position der ULA entgegen andersartigen Erwartungen der Propagandisten des SprAuG nicht deutlich gestärkt.

Während der Auseinandersetzung vor der Novellierung wurden vor allem von Gewerkschaftsseite wiederholt Befürchtungen hinsichtlich möglicher Konsequenzen geäußert:[113]

- Die Änderungen der verschiedenen Wahlvorschriften bzw. -verfahren könnten zu einer eigentlich überflüssigen Zersplitterung des BR, der einheitlichen betrieblichen Interessenvertretung, beitragen. Kleine Organisationen wie der regierungsnahe, bei BR-Wahlen nie sonderlich erfolgreiche CGB[114] bzw. die ULA[115] könnten privilegiert werden. Den in CGB und ULA organisierten Partikularinteressen werde ein zu großer, institutionell abgesicherter Raum verschafft, der eine vereinheitlichend-integrative und deswegen effektive Interessenvertretung auf betrieblicher Ebene beeinträchtigen könne.

- Die Funktion des BR als "Ordnungsfaktor" und "Gegenmacht" könne beeinträchtigt werden durch die "Verstärkung der Minderheitenrechte"; diese könne zudem auf eine im Sinne der Funktionsfähigkeit der Interessenvertretung keinesfalls wünschenswerte Verschärfung zwischengewerkschaftlicher Konkurrenz bzw. auf rivalisierende Richtungsgewerkschaften hinauslaufen. Die notwendigen aggregierenden Vorleistungen eines funktionsfähigen BR für die betriebliche Interessenvertretung würden erschwert.

---

[112] Vgl. im einzelnen Niedenhoff,H.-U., Der DGB spielt keine Rolle. Ergebnisse der Sprecherausschußwahlen 1990, GR 24 (1990), 20-26.

[113] Vgl. zusammenfassend Apitzsch,W./Klebe,Th./Schumann,M.(Hg.), BetrVG '90 - Der Konflikt um eine andere Betriebsverfassung, Köln 1988. Vgl. auch verschiedene Beiträge in Mitb 34 (6/1988); Schneider,W., Müssen wir mit einer Beschädigung bewährter Mitbestimmungsstrukturen rechnen?, Mitb 35 (11/1989), 29-36.

[114] Mitglieder des CGB sind 16 Berufsgewerkschaften mit insgesamt ca. 300.000 Mitgliedern, was einem Bruttoorganisationsgrad von ca.1,4% entspricht. Vgl. Niedenhoff/Pege, Gewerkschaftshandbuch, 118.

[115] "The member associations of the Association of Leading Personnel are conceived to be something in between workers' trade unions and employers' associations." Weiss, Labour law and industrial relations, 116.

- Infolge der Einführung des geheimen Verhältniswahlrechts bestehe eine gewisse Gefahr einer Beeinflussung der BR-Arbeit und seiner Sachentscheidungen durch kleine und/oder extreme, nicht repräsentative Gruppierungen[116]; die Zusammensetzung der Ausschüsse würde nach Prinzipien des Listenproporzes und nicht nach Qualifikation und Eignung erfolgen.

Die Ergebnisse der BR-Wahlen der Jahre 1990 und 1994, den ersten nach der Novellierung des BetrVG, ergaben durchgängig keine einschneidenden Veränderungen: Der Anteil der BR-Mitglieder und BR-Vorsitzenden, die in DGB-Gewerkschaften organisiert sind, stieg im Verhältnis zu den vorherigen Wahlen leicht an (1990) oder blieb zumindest konstant (1994).[117] Diese Entwicklung ging weniger zu Lasten der Unorganisierten als vielmehr der DAG-Mitglieder; der CGB konnte seine minimalen Anteile zwar halten, aber nicht ausbauen. Trotz des "verbesserten Minderheitenschutzes", trotz des abgesenkten Unterschriftenquorums für Wahlvorschläge zum BR und trotz des weit gefaßten eigenständigen Wahlvorschlagsrechts von Gewerkschaften blieb die Anzahl der Wahllisten mit durchschnittlich fünf konstant. Ein "Listenwirrwarr" bzw. eine "Listenvielfalt" durch eigene Wahlvorschläge von Minderheitengruppen entstand nicht; eine Inflation von Kandidatenlisten fand nicht statt. Das Verhältnis von Neu- und Wiederwahl blieb sowohl bei BR-Mitgliedern als auch bei BR-Vorsitzenden konstant. Die Änderung der Wahlverfahren erwies sich also nicht als kritischer Punkt der Novellierung.

Die Situation des bilateralen Monopols dürfte insgesamt auf dem Feld der Arbeitsbeziehungen effizienter sein in Hinblick auf Handlungsfähigkeit, Effektivität und Stabilität der Interessenvertretung als eine Verschärfung der Konkurrenz bzw. eine Fraktionierung unter Vorgabe eines Schutzes von Minderheiteninteressen, die immer schon in den Prozeß der Formulierung eines Gesamtinteresses eingegangen sind. Der BR als in sich geschlossene, einheitliche Vertretung der kollektiven Interessen aller organisierten und unorganisierten Arbeitnehmer bzw. als starker und funktionsfähiger Verhandlungspartner der Unternehmensleitung hat sich über viele Jahre im betrieblichen Alltag bewährt; folglich bestand bei einer sorgsamen Interessenabwägung von Anfang an wenig "gesetzgeberischer Handlungsbedarf" in bezug auf die Herstellung einer schematischen "pluralistischen" Ordnung bzw. von den in der Praxis seit langem bewährten Regelungen abzugehen. Bezeichnenderweise wird im Rahmen der "new

---

[116] Weitere Kritikpunkte sind Stimmenzersplitterung infolge von vornherein aussichtsloser Wahlvorschläge, erhöhter organisatorischer Aufwand bei Wahlen, "Außensteuerung" von Wahlen infolge des Zugangsrechts externer Vertreter.

[117] Vgl. im einzelnen Kap.5.

industrial relations" in Großbritannien und den USA häufig versucht, Repräsentationsmonopole einzelner Gewerkschaften einzurichten, um die als überaus problematisch erkannte traditionelle Zersplitterung bzw. Fraktionierung der Interessenvertretung abzulösen.[118] Dies ist genau die entgegengesetzte Strategie zur Änderung des BetrVG in Richtung auf "pluralistische" Organisationen.

4. Fazit: Insgesamt haben sich viele in der Diskussion um die Novellierung geäußerten Befürchtungen bei den BR-Wahlen der Jahre 1990 und 1994 nicht bewahrheitet; wir haben es mit einer Stabilisierung der einheitlichen betrieblichen Interessenvertretung und nicht mit einschneidenden Veränderungen zu tun.[119] Die Novellierung ist par excellence das Ergebnis eines parteipolitischen bzw. koalitionsinternen Aushandlungsprozesses, "ein allein politisch begründetes Junktim"[120], dem jedwede Rechtssystematik fehlt: Die FDP setzte intern, u.a. gegen das ausdrückliche explizite Votum der CDU-Sozialausschüsse, Änderungen zugunsten ihres Wahlklientels der leitenden Angestellten durch, mußte im politischen Tausch aber die Sicherung der von ihr ungeliebten Montan-Mb hinnehmen. Im Gegenzug mußte die CDU/CSU die FDP-Pläne zur Verbesserung der institutionellen Position der leitenden Angestellten akzeptieren, um die angestrebte Sicherung der Montan-Mb durchsetzen zu können. Insofern war die koalitionsinterne Festlegung, "daß zwischen der weiteren Sicherung der Montan-Mitbestimmung und der Veränderung der Betriebsverfassung ein unauflösliches Junktim bestehe"[121], ausschließlich politisch zu verstehen, inhaltlich hingegen kaum zu rechtfertigen.

Als Gesamteinschätzung der Änderungen bleibt festzuhalten, daß jedes Detail für sich - vielleicht mit der einzigen Ausnahme des SprAuG - im betrieblichen Alltag keine gravierenden Folgen hat. Durch die Gesamtheit der Änderungen wurde eine weitgehend überflüssige - und wie die aktuellen empirischen Daten zeigen ziemlich folgenlose - Novellierung in parteipolitischem Koalitionsinteresse vorgenommen. In Verbindung mit den Änderungen anderer arbeitspolitisch relevanter Gesetze, die im Rahmen von De-

---

[118] Vgl. im einzelnen Kochan,Th. et al., The transformation of American industrial relations, New York 1986; Rico,L., The new industrial relations: British electricians' new-style agreements, ILRR 41 (1987), 63-78.

[119] Damit ist natürlich noch nichts über mögliche langfristige Konsequenzen gesagt, die erst nach mehreren BR-Wahlen abzuschätzen sein werden. Auch BR interne Folgen für die Zusammensetzung der Ausschüsse, besonders des Wirtschaftsausschusses, bleiben ausgeklammert. Hier könnte es zu Fraktionierungen sowie zu einer Verkomplizierung der Aushandlungsprozesse kommen.

[120] Lompe,K., Einführung in die Problematik, in: Lompe, Reform der Mitbestimmung, 2.

[121] Schumann,M., Betriebsverfassungsgesetz quo vadis?, GMH 38 (1987), 722.

bzw. Re-Regulierungsstrategien erfolgten[122], ergibt sich jedoch keine Verschlechterung der institutionellen Position der Arbeitnehmervertretungen auf betrieblicher Ebene; eine derartige Tendenz wäre problematisch in Anbetracht der infolge der unternehmerischen Flexibilisierungstendenzen zunehmenden Wichtigkeit des BR im dualen System der Interessenvertretung.[123]

Eine notwendige, von verschiedenen Akteuren immer wieder geforderte Verbesserung der echten Mitb-Möglichkeiten bei der Einführung und Anwendung neuer Informations- und Kommunikationstechnologien erfolgte im Rahmen der Novellierung nicht, obwohl die Mikroelektronik als neue Basistechnologie die betrieblichen Arbeitsbedingungen sowie die traditionellen Handlungsalternativen der BR und die konventionellen Konzepte des Managements wesentlich verändert.[124] Eine Novellierung des BetrVG in eine ganz andere Richtung, nämlich in bezug auf Folgen und Wirkungen der Einführung und des Einsatzes neuer Technologien, wäre eher notwendig gewesen. Das eigentliche Problem der institutionellen Reform der späten 80er Jahre liegt weniger in den vorgenommenen Re-Regulierungen als vielmehr in der nicht-erfolgten Regulierung der "Einführung neuer Technologien" durch neue, direkte Beteiligungsstrukturen und -formen sowie deren Verknüpfung mit traditionellen, repräsentativen Varianten.[125] Der Modernisierungsdruck "systemischer" Rationalisierung hätte eher eine Ergänzung der für das deutsche System typischen repräsentativen Mitb durch konsultative und substantielle Formen am Arbeitsplatz sowie einen Wandel von institutionell orientierten zu prozeßbezogenen Formen erfordert.[126]

---

[122] Vgl. im einzelnen Kap.15.

[123] Vgl. im einzelnen Kap.14.

[124] "... from a trade union point of view, works councils' existing statutory rights are increasingly outdated and ineffective with, for example, the introduction of new technology, new working methods and environmental issues, and the German unions are seeking the strengthening of works councils' co-determination rights." Hall,M., Works councils for the UK? Lessons from the German system. Warwick Papers in Industrial Relations No 46, University of Warwick 1993, 6.

[125] "... German managers are known to oppose further improvements in works council legislation which would have the effect of giving more influence to employee participation in new technology. ... while German trade unions are well resourced and well organized, there is a weak trade union presence at the workplace where major decisions on new technology are taken." Gill,C./Krieger,H., The diffusion of participation in new information technology in Europe: Survey results, EID 13 (1992), 351.

[126] Vgl. Europäische Stiftung zur Verbesserung der Lebens- und Arbeitsbedingungen(Hg.), Technologischer Wandel und Partizipation, Dublin 1988.

Kapitel 5: Betriebsverfassung

Einführende Literatur:

Borgmann,W., Reformgesetz in der Bewährung. Theorie und Praxis des Betriebsverfassungsgesetzes von 1972, Opladen 1987

Hohn,H.-W., Von der Einheitsgewerkschaft zum Betriebssyndikalismus. Soziale Schließung im dualen System der Interessenvertretung, Berlin 1988

Kißler,L., Die Mitbestimmung in der Bundesrepublik Deutschland. Modell und Wirklichkeit, Marburg 1992

Kotthoff,H., Betriebsräte und betriebliche Herrschaft. Eine Typologie von Partizipationsmustern im Industriebetrieb, Frankfurt-New York 1981

Kotthoff,H., Betriebsräte und Bürgerstatus. Wandel und Kontinuität betrieblicher Mitbestimmung, München-Mering 1994

Rogers,J./Streeck,W.(eds.), Works councils. Consultation, representation, and cooperation in industrial relations, Chicago 1995

Wilpert,B./Rayley,J., Anspruch und Wirklichkeit der Mitbestimmung, Frankfurt-New York 1983.

6. MITBESTIMMUNG II: MITBESTIMMUNG AUF UNTERNEHMENSEBENE

Nach der Behandlung der innerbetrieblichen Mitb bzw. Betriebsverfassung wollen wir uns mit der nächsthöheren Ebene, den Unternehmen, befassen; zwischen beiden Ebenen existieren bei unterschiedlichen gesetzlichen Grundlagen faktisch enge Wechselwirkungen. Die gesetzlichen Regelungen betreffen vor allem die Zusammensetzung von zwei Organen, die nach deutschem Recht im Gegensatz zu anderen nationalen Rechtsordnungen, wie etwa der Großbritanniens, auf Unternehmensebene nebeneinander bestehen:

- die Beteiligung von Arbeitnehmervertretern im Aufsichtsrat, dem als Wahl- und Kontrollorgan des Vorstandes nach dem Aktiengesetz zentrale Bedeutung zukommt[1]; dabei sind unterschiedliche modi hinsichtlich der Bestellung, u.a. über die Beteiligungsrechte der Gewerkschaften bei der Entsendung, vorgegeben;
- die Zusammensetzung des Vorstandes als Leitung, d.h. hauptamtlicher Geschäftsführung des Unternehmens, mit der Verpflichtung, dem Aufsichtsrat in entscheidenden Fragen der Geschäftspolitik Bericht zu erstatten.

Wichtige Regelungen der Unternehmens-Mitb sind vor allem[2]:

- die 1951 im "Gesetz über die Mitbestimmung der Arbeitnehmer in den Aufsichtsräten und Vorständen der Unternehmen des Bergbaus und der Eisen und Stahl erzeugenden Industrie" (Montan-Mitbestimmungsgesetz [MontanMitbG]) getroffenen Sonderbestimmungen für noch ca. 500.000 Arbeitnehmer im Bereich der Montanindustrie. Hierzu gehören auch spätere Änderungen wie das "Gesetz zur Ergänzung des Gesetzes über die Mitbestimmung der Arbeitnehmer in den Aufsichtsräten und Vorständen der Unternehmen des Bergbaus und der Eisen und Stahl erzeugenden Industrie" von 1956.[3]

---

[1] Der Aufsichtsrat hat eine Reihe von Informations-, Überwachungs- und Entscheidungsbefugnissen, zu denen u.a. gehören: Bestellung und Abberufung des Vorstandes, regelmäßige Entgegennahme von Vorstandsberichten zur zukünftigen Geschäftspolitik sowie zu grundsätzlichen Fragen des Unternehmens, Überwachung der Geschäftsführung mit Informations- und Prüfungsbefugnissen, Einberufung der Hauptversammlung, Recht der Zustimmungsverweigerung bei bestimmten Geschäften. Ob durch diese Konstruktion das principal agent-Problem im Sinne eines möglichen Konflikts zwischen den Interessen der Aktionäre und denen des Vorstands gelöst werden kann, ist eine durchaus offene Frage.

[2] Vgl. zu den Varianten aus juristischer Perspektive Weiss, M., Labour law and industrial relations in the Federal Republic of Germany, Deventer 1987, 173-183.

[3] Diese sog. Holdingnovelle schließt die konzernbeherrschenden Obergesellschaften ein und soll einen Ausstieg aus der MontanMitb verhindern.

- das alte Betriebsverfassungsgesetz von 1952 für ca. eine Mill. Arbeitnehmer in kleineren Kapitalgesellschaften,
- das "Gesetz über die Mitbestimmung der Arbeitnehmer" (Mitbestimmungsgesetz [MitbG]) von 1976 für ca. vier Mill. Arbeitnehmer in den großen Kapitalgesellschaften (mit mehr als 2.000 Arbeitnehmern) außerhalb des Montanbereichs
- sowie Sonderregelungen für den öffentlichen Dienst in Form des Bundespersonalvertretungsgesetzes (BPersVG) von 1974 bzw. 1989 sowie entsprechender Gesetze der Bundesländer (LPVG), die jedoch lediglich innerbetriebliche Mitb-Rechte der über sechs Mill. Arbeiter, Angestellten und Beamten zulassen.

6.1. Die Sonderregelung für den Montanbereich

Die früh eingeführte MontanMitb[4] hat folgende charakteristische Elemente:
- Sie sieht in Unternehmen des Bergbaus und der Eisen und Stahl erzeugenden, nicht hingegen der weiterverarbeitenden Industrie mit mehr als 1.000 Arbeitnehmern echte Parität zwischen Kapital und Arbeit vor; beide Seiten entsenden eine gleiche Zahl von Vertretern in den AR, d.h. je 5, 7 oder 10 je nach Höhe des Nenn- oder Grundkapitals des Unternehmens. Jede Seite hat neben den Vertretern aus dem Unternehmen noch ein weiteres externes Mitglied, das im Unternehmen weder als Arbeitgeber oder als Arbeitnehmer tätig noch an ihm wirtschaftlich wesentlich interessiert sein darf. Die Hauptversammlung, die Versammlung aller Anteilseigner mit bestimmten Entscheidungsvorbehalten, wählt formal alle AR-Mitglieder[5]; sie ist aber bei der Wahl der Arbeitnehmervertreter an die Vorschläge der Gewerkschaft bzw. des Betriebsrats gebunden, die dadurch über ein Vetorecht verfügen.
- Beide Seiten müssen sich auf ein weiteres Mitglied verständigen, welches auf Vorschlag der übrigen AR-Mitglieder von der Hauptversammlung gewählt wird. Dieser sog. Neutrale soll mögliche Pattsituationen bei Stimmengleichheit auflösen, d.h. Mehrheitsentscheidungen ermöglichen und damit Beschluß- und Funktionsfähigkeit des AR auf jeden Fall garantieren.[6]

---

[4] Vgl. einführend u.a. Judith,R.(Hg.), 40 Jahre Mitbestimmung der Eisen- und Stahlindustrie, Köln 1986; Borsdorf,U./Müller,G.(Hg.), Montan-Mitbestimmung - Bestandsaufnahme und Perspektiven. Beiträge zur Mitbestimmungsdiskussion, Düsseldorf 1987.

[5] Nach dem MitbG von 1976 wählt die Hauptversammlung nur die AR-Mitglieder der Anteilseigner.

[6] Die Neutralen, die häufig als "Zünglein an der Waage" bezeichnet werden, sind zumeist höhere Beamte oder bei Banken beschäftigt; die Hauptversammlung besteht i.d.R. nicht auf ihrem Letztentscheidungsrecht.

- Schließlich wird innerhalb des dreiköpfigen Vorstands gleichberechtigt der <u>Arbeitsdirektor</u> eingeführt. Er kann nicht gegen die Mehrheit der Stimmen der Arbeitnehmervertreter im AR bestellt oder abberufen werden.[7]

Die Einrichtung der Position des Arbeitsdirektors, der zumeist neben kaufmännischem und technischem Direktor dem Vorstand als gleichberechtigtes und vollverantwortliches Mitglied angehört, trägt wesentlich zu einer Verbesserung des Informationsflusses sowie der Mitb in Personal- und Sozialfragen bei. Der von ihm vertretene Bereich "Personal- und Sozialwesen" wird erheblich von Arbeitnehmerinteressen beeinflußt und innerhalb des Unternehmens aufgewertet. Allerdings werden auch Entfremdungsprozesse beklagt. Der Arbeitsdirektor befindet sich in einer gewissen "Zwitterstellung" bzw. in einem Loyalitätskonflikt: Einerseits erwarten die Arbeitnehmer von ihm eine eindeutige Vertretung ihrer Interessen ("Treuhänderfunktion"), andererseits hat er sich als Vorstandsmitglied für die Interessen des Unternehmens einzusetzen.[8]

Die Regelungen der MontanMitb ermöglichen ein hohes Maß an Information und Einfluß gegenüber den Unternehmensleitungen; sie führen zu einer frühzeitigen Beteiligung der Arbeitnehmervertreter an unternehmerischen Entscheidungsprozessen.[9] Diese Verfahrensweisen dürften wesentlich dazu beigetragen haben, daß der säkulare Umstrukturierungs- und Schrumpfungsprozeß der Krisenbranchen Kohle und Stahl weitgehend ohne Massenentlassungen und stattdessen u.a. durch Abfederung über Sozialpläne und Frühpensionierungen vonstatten ging. Neben diesen positiven sozialen Folgen lassen sich auch keine negativen wirtschaftlichen Konsequenzen (z.B. für die Investitionstätigkeit der Unternehmen oder die Dividenden- oder Kapitalbeschaffungspolitik) feststellen.[10]

Die Regierung der Großen Koalition hatte 1968 eine Sachverständigenkommission eingesetzt, die nach ihrem Vorsitzenden häufig "Biedenkopf-Kommission" genannt wurde; sie sollte eine "Auswertung der bisherigen Erfahrung mit der Mitbestimmung" durchführen sowie Vorschläge zur Novellierung unterbreiten. Der auf der Grundlage von An-

---

[7] Diese weitreichende Vetoposition der Arbeitnehmervertreter gemäß Par.13 MontanMitb wurde schon in der Holdingnovelle von 1956 für Muttergesellschaften von Konzernen nicht mehr vorgesehen. Demnach wird der Arbeitsdirektor wie die übrigen Mitglieder des Vorstands bestellt und abberufen.

[8] Vgl. zusammenfassend Spieker,W., Gewerkschaftliche Grundfragen der Mitbestimmung auf Unternehmensebene, in: Borsdorf,U. et al.(Hg.), Gewerkschaftliche Reform aus Solidarität, Köln 1977, 353-372; Spieker,W., Die ungewisse Zukunft des Montan-Arbeitsdirektors, in: Däubler,W./Bobke,M./Kehrmann, K.(Hg.), Arbeit und Recht. Festschrift für Albert Gnade, Köln 1992, 275-287.

[9] Vgl. zu faktischen Unterschieden zwischen der Montan-Mitb und dem Mitb-Gesetz von 1976 im einzelnen Staehle,W.H./Osterloh,M., Wie, wann und warum informieren deutsche Manager ihre Betriebsräte?, in: Ballwieser,W./Berger,K.H.(Hg.), Information und Wirtschaftlichkeit, Wiesbaden 1985, 804ff.

[10] Vgl. Adams,R./Rummel,C.H., Workers' participation in management in West Germany: Impact on the worker, the enterprise and the trade union, IRJ 8 (1977), 10ff.

hörungen und einer schriftlichen Befragung zahlreicher Unternehmen erarbeitete Erfahrungsbericht wurde 1970 der Regierung der ersten sozialdemokratisch-liberalen Koalition vorgelegt. Die Kommission stellte u.a. fest, daß "von einer negativen Einflußnahme der Mitbestimmungsträger auf die unternehmenspolitische Planung der Unternehmensleitung nicht gesprochen werden kann"[11]; die MontanMitb führe zu einer stärkeren Betonung der sozialen Aspekte unternehmerischen Handelns, ohne jedoch das Rentabilitätsprinzip in Frage zu stellen; von einer Unverträglichkeit zwischen MontanMitb und bestehender Wirtschaftsordnung könne keine Rede sein; die paritätische Mitb führe nicht zur Funktionsunfähigkeit der Unternehmen. Das Urteil der Kommission über die Erfahrungen mit der MontanMitb war insgesamt positiv[12]; die Kommission votierte für eine Ausweitung der Mitb über den Rahmen des BetrVG von 1952 hinaus, ohne allerdings eine paritätische Lösung nach dem Montanmodell zu befürworten.

Wegen der langfristig deutlich abnehmenden Bedeutung der ehemaligen Schlüsselindustrien Kohle und Stahl für die Gesamtwirtschaft (säkularer Strukturwandel, Subventionspolitik der EU-Mitgliedsländer) sowie aufgrund betriebswirtschaftlich bzw. unternehmenspolitisch motivierter Konzentrations- und Umstrukturierungsprozesse[13] fielen im Laufe der Zeit immer weniger Unternehmen in den Geltungsbereich dieser ältesten und vergleichsweise weitreichenden Mitb-Regelungen (sog. paritätische oder qualifizierte Mitb): Mitte der 50er Jahre unterlagen im Bergbau 71, in der Eisen- und Stahlindustrie 37 Unternehmen der MontanMitb sowie 8 Obergesellschaften von Montankonzernen (Holdings) dem Montanmitb-Ergänzungsgesetz. Bis Mitte der 80er Jahre schrumpfte die Zahl der betroffenen Unternehmen auf 10 im Bergbau bzw. 21 in der Eisen- und Stahlindustrie.[14] Anfang der 90er Jahre stieg die Zahl auf 47, weil 18 ostdeutsche Unternehmen hinzukamen.[15]

---

[11] Vgl. Mitbestimmung im Unternehmen. Bericht der Sachverständigenkommission zur Auswertung der bisherigen Erfahrungen bei der Mitbestimmung. BT-Drucksache VI/334; knappe Zusammenfassungen der zentralen Ergebnisse finden sich bei Streeck,W., Co-determination: the fourth decade, IYOD 2 (1984), 397ff. Zu ähnlichen empirischen Befunden kommt später auch Krause,D., Mitbestimmung und Effizienz. Ergebnisse neuerer empirischer Untersuchungen im Lichte der Theorie der Eigentumsrechte, SI 23 (1985), 147-179; vgl. auch Gerum,E., Mitbestimmung und Effizienz. Neuere theoretische Entwicklungen und empirische Befunde, in: Eichhorn,P.(Hg.), Unternehmensverfassung in der privaten und öffentlichen Wirtschaft. Festschrift für Prof.Dr.Erich Potthoff, Baden-Baden 1989, 56ff.

[12] Schließlich haben im Montanbereich trotz erheblicher Strukturprobleme keine Arbeitskämpfe stattgefunden, wozu die spezifischen Regelungen dieser weitestgehenden Form der Mitb wesentlich beigetragen haben dürften.

[13] Dazu gehören z.B. Fusionen, Verlagerung von Produktionsschwerpunkten in andere Branchen, Gründung von Konzernobergesellschaften, sog. Holdings, die ursprünglich nicht in den Geltungsbereich des Montan-MitbG fielen.

[14] Vgl. Kieser,W., Gesetzliche Grundlagen und rechtspolitische Perspektiven der Mitbestimmung in der Eisen- und Stahlindustrie, in: Judith, 40 Jahre Mitbestimmung, 274-290.

In Anbetracht dieser Auflösungs- und Gefährdungserscheinungen garantierten mehrfach gesetzliche Regelungen ein jeweils zeitlich begrenztes Fortdauern der MontanMitb trotz verschiedener Änderungen.[16] 1981 legte die SPD-FDP-Koalition im "Gesetz zur Änderung des Montanmitbestimmungsgesetzes und des Mitbestimmungsergänzungsgesetzes" fest, daß in Unternehmen, bei denen die gesetzlichen Voraussetzungen der MontanMitb entfallen, deren Regelungen noch sechs weitere aufeinanderfolgende Geschäftsjahre gelten (sog. Lex Mannesmann).

Ab 1987 liefen nach bestehender Rechtslage diese gesetzlich verankerten Sicherungen infolge organisatorischer Veränderungen bzw. Umgruppierungen in fast allen Konzernobergesellschaften nach und nach aus.[17] Da wesentliche unternehmerische Entscheidungen in den Obergesellschaften fallen, hat die MontanMitb gerade in diesem Bereich zentrale Bedeutung. Eine wiederum befristete Verlängerung oder dauerhafte Sicherung wie in dem im November 1986 abgelehnten SPD-Gesetzentwurf des MontanMitbG mußte auf politischem Wege durch das Parlament erfolgen; ansonsten wäre eine wesentliche gesellschaftspolitische Errungenschaft aus der betrieblichen Realität verschwunden. Das politische Problem wurde zusätzlich brisant, weil aus gewerkschaftlicher Sicht der MontanMitb über ihren eigentlichen Anwendungsbereich hinaus ein erheblicher Symbol- und Modellcharakter für die gesamte Wirtschaft zukam.[18] Demgegenüber konnten die Arbeitgeberverbände, vor allem die BDA, keinen sachlichen Grund für eine Sicherung erkennen.

Im Rahmen der Koalitionsverhandlungen im Frühjahr 1987 vereinbarten CDU, CSU und FDP eine Verlängerung der paritätischen Mitb über die Auslauffrist von sechs Jahren hinaus, wobei sie allerdings das Wahlverfahren nach dem Muster des MitbG von 1976 regelten.[19] In Zukunft entscheiden nicht mehr die BR, sondern besondere Wahlmänner

---

[15] Kronenberg,B./Volkmann,G./Wendeling-Schröder,U., WSI-Mitbestimmungsbericht 1992, WSI-Mitt 44 (1994), 25f.

[16] 1956 Mitbestimmungsergänzungsgesetz, 1967 Mitbestimmungssicherungsgesetz, 1971 Gesetz über die befristete Fortgeltung der Mitbestimmung in bisher den Mitbestimmungsgesetzen unterliegenden Unternehmen.

[17] Vgl. zusammenfassend Wendeling-Schröder,U., Mitbestimmung auf Unternehmensebene und gesamtwirtschaftliche Mitbestimmung, in: Kittner,M.(Hg.), Gewerkschaftsjahrbuch 1988: Daten, Fakten, Analysen, Köln 1988, 364ff.

[18] "Da diese Montanmitbestimmung das einzige Element aus den Neuordnungsvorstellungen der Gewerkschaften geblieben war, das in die Tat umgesetzt werden konnte, wurde es später ideologisch überhöht im Sinne eines historischen Kompromisses zwischen Kapital und Arbeit oder im Sinne eines Faustpfandes der Wirtschaftsdemokratie." Leminsky,G., Projekt "Perspektiven der Mitbestimmung in Deutschland". Erster interner Zwischenbericht, Düsseldorf 1994, 39.

[19] Im politischen Tausch für das Zugeständnis der FDP bei dieser Regelung wurde eine Novellierung des BetrVG verabredet. Vgl. Kap.5.

bzw. die Konzernbelegschaft in Urwahl über die Vertreter der Arbeitnehmer im AR; die Arbeitnehmerbank besteht nicht mehr aus vier Belegschaftsangehörigen und sechs externen Vertretern der Gewerkschaft, sondern aus sieben Belegschaftsmitgliedern und drei Externen, was auf einen Abbau von Einflußchancen der Gewerkschaften hinausläuft. Auch nach dieser Änderung haben die leitenden Angestellten im Gegensatz zum MitbG keinen Sitz im AR; der Neutrale, auf den sich beide Seiten einigen müssen, bleibt als "Zünglein an der Waage" erhalten. Fazit: Die Parität bleibt trotz des Widerstandes der FDP gewahrt; das geänderte Wahlverfahren sowie die Veränderung der Zusammensetzung der Arbeitnehmerbank im AR schwächen die Position der Gewerkschaften. Im Jahre 1988 wurde dann im Rahmen der Novellierung des BetrVG[20] das "Gesetz zur Ergänzung des Gesetzes über die Mitbestimmung der Arbeitnehmer in den Aufsichtsräten und Vorständen der Unternehmen des Bergbaus und der Eisen und Stahl erzeugenden Industrie (Mitbestimmungsergänzungsgesetz)" neu gefaßt.[21] Danach gilt die MontanMitb nur noch für Konzernobergesellschaften,

- zu denen eine oder mehrere Tochterunternehmen gehören, die insgesamt mindestens 2.000 Kohle- und Stahlbeschäftigte haben
- oder wenn wenigstens 20% der Wertschöpfung des Konzerns in diesem Bereich erfolgen (sog. Montanquote).

6.2. Die Regelungen für die übrige Privatwirtschaft

Für kleinere Kapitalgesellschaften (GmbH über 500 Beschäftigte, AG und KGaA bis 2.000 Beschäftigte) gelten nach wie vor die Regelungen der Par. 76ff. des alten BetrVG von 1952, welches die Institution des Arbeitsdirektors entsprechend der MontanMitb nicht kennt und den Arbeitnehmervertretern lediglich ein Drittel der AR-Sitze (sog. Drittelbeteiligung) zugesteht. Die Vertreter der Anteilseigner werden von der Hauptversammlung, diejenigen der Arbeitnehmer von der Belegschaft in Urwahl gewählt. Die Anzahl der betroffenen Unternehmen wird auf ca. 1.400 mit ca. einer Mill. Beschäftigten geschätzt.[22]

Diese Regelungen fallen in Arbeitnehmer- bzw. Gewerkschaftssicht eindeutig hinter die ein Jahr früher auf massiven Druck der Gewerkschaften beschlossenen Regelungen im

---

[20] vgl. im einzelnen Kap.5.

[21] Vgl. Wendeling-Schröder,U., Mitbestimmung auf Unternehmensebene und gesamtwirtschaftliche Mitbestimmung, in: Kittner,M.(Hg.), Gewerkschaftsjahrbuch 1989. Daten, Fakten, Analysen, Köln 1989, 376ff.

[22] Vgl. Wendeling-Schröder,U., Mitbestimmung auf Unternehmensebene und gesamtwirtschaftliche Mitbestimmung, in: Kittner,M.(Hg.), Gewerkschaftsjahrbuch 1991. Daten, Fakten, Analysen, Köln 1991, 419.

Montanbereich zurück.[23] In den übrigen Unternehmen mit fünf und mehr Beschäftigten bestehen lediglich innerbetriebliche Mitb-Rechte des BR nach dem BetrVG.

Das von der sozialdemokratisch-liberalen Koalition nach langer und kontroverser Diskussion 1976 als Ergebnis eines politischen Aushandlungsprozesses par excellence verabschiedete Mitbestimmungsgesetz gilt außerhalb des Montanbereichs für alle Kapitalgesellschaften mit in der Regel mehr als 2.000 Arbeitnehmern unabhängig von anderen Kriterien wie Umsatz oder Bilanzsumme. Zentrale Regelungen sind:

- Der AR besteht in Abhängigkeit von der Beschäftigtenzahl des Unternehmens aus 12, 16 oder 20 Mitgliedern, von denen Anteilseigner und Arbeitnehmer je die Hälfte entsenden (Par.7 MitbG).[24] Das Wahlverfahren ist anders als bei der MontanMitb: Die Anteilseignervertreter werden von der Hauptversammlung, die Arbeitnehmervertreter hingegen entweder in Urwahl, d.h. direkt durch die Belegschaft bei bis zu 8.000 Arbeitnehmern, oder durch die zwischengeschaltete Wahlmännerversammlung, d.h. indirekt bei mehr als 8.000 Arbeitnehmern, gewählt. Gewerkschaften und leitende Angestellte haben lediglich ein nicht-bindendes Vorschlagsrecht.[25]
- Wird der AR-Vorsitzende im ersten Wahlgang nicht mit einer 2/3-Mehrheit gewählt, können die Vertreter der Anteilseigner im zweiten Wahlgang ihren Kandidaten durchsetzen; die Vertreter der Arbeitnehmer wählen dann den stellvertretenden Vorsitzenden (Par.27 MitbG).
- Die Position des Neutralen, wie wir sie aus der MontanMitb kennen, wird nicht übernommen, so daß ein anderer Mechanismus zur Auflösung einer möglichen Pattsituation notwendig wird: Das Letztentscheidungsrecht verbleibt de facto auf der Seite der Kapitaleigner, da bei formal paritätischer Zusammensetzung des AR im Falle einer Stimmengleichheit der AR-Vorsitzende bei der erneuten Abstimmung eine zweite Stimme hat (sog. Doppelstimmrecht nach Par.29 MitbG).
- Die Institution des Arbeitsdirektors als gleichberechtigtes Mitglied des Vorstandes bzw. der Geschäftsführung bleibt bestehen (Par.33 MitbG); er wird aber wie jedes andere Vorstandsmitglied gewählt, d.h. er kann nunmehr auch gegen die Stimmen der Mehrheit der Arbeitnehmervertreter im AR bestellt oder abberufen werden.[26]

---

[23] Vgl. zur Praxis Langner,R., Rechtsposition und praktische Stellung des Aufsichtsrats im unternehmerischen Entscheidungsprozeß, Opladen 1973; Bürger,M., Mitbestimmung ohne Parität. Aufsichtsratsbeteiligung nach dem Betriebsverfassungsgesetz 1952, Köln 1991.

[24] Damit wird die Zahl der Arbeitnehmervertreter im Vergleich zum BetrVG von 1952 erhöht.

[25] Zur Erinnerung: Bei der MontanMitb wird der gesamte AR von der Hauptversammlung gewählt, wobei Gewerkschaften und BR ein bindendes Vorschlagsrecht haben.

[26] Diese Bestimmung steht im Gegensatz zur Regelung in der MontanMitb von 1951, entspricht aber der der Holding-Novelle von 1956.

Der Arbeitsdirektor hat seine Aufgaben "im engsten Einvernehmen mit dem Gesamtorgan auszuüben" (Par.33 MitbG).

Auf Seiten der Arbeitnehmer sind Arbeiter und Angestellte entsprechend ihrem zahlenmäßigen Verhältnis vertreten, wobei nach dem Prinzip der Gruppenwahl verfahren wird, sofern nicht nach einem getrennten und geheimen Beschluß gemeinsame Wahl beantragt wird. Zudem wird aufgrund von massiven Interventionen des Koalitionspartners FDP im Gegensatz zur Montan-Mitb eine eigenständige Vertretung der leitenden Angestellten im AR institutionalisiert, die unabhängig von der absoluten oder relativen Anzahl der "Leitenden" ist.[27] Die Zurechnung erfolgt auf der Arbeitnehmerseite, obwohl die "Leitenden" nach Meinung der Gewerkschaft faktisch häufig Arbeitgeberfunktionen bzw. unternehmerische Aufgaben wahrnehmen und daher in ihrer Interessenlage Unterschiede zu den übrigen Arbeitnehmern aufweisen.[28]

Auch bei der UnternehmensMitb wollen wir ähnlich wie bei der innerbetrieblichen Mitb nach Realität und Praxis fragen, da die tatsächlichen Abläufe von Entscheidungen und die gesetzlichen Regelungen nicht übereinstimmen müssen.[29]

Mitb-Rechte auf Unternehmensebene bestehen überhaupt nur für eine Minderheit aller Arbeitnehmer, nämlich für die insgesamt 5,6 Mill. Beschäftigten der Montanindustrie durch branchenspezifische Sonderregelungen sowie der großen und kleinen Kapitalgesellschaften durch das MitbG. Der weitaus größere Teil der Arbeitnehmer verfügt also über keine institutionalisierten Mitb-Rechte.[30] Ende 1992 befanden sich ca. 700 Firmen (davon ca. 100 in Ostdeutschland) im Geltungsbereich des MitbG. Mitte 1978, nach Abschluß der ersten Runde von Wahlen, waren es ca. 470; seitdem sind (bei 376 Zu- und 139 Abgängen) per saldo 245 Unternehmen und Konzerne hinzugekommen, vor allem

---

[27] Wobei die Leitenden für zwei Kandidaten das Vorschlagsrecht haben, von denen derjenige mit den meisten Stimmen gewählt ist.

[28] Vor allem die Gewerkschaften befürchteten, daß diese Sondervertretung der "Leitenden" die Arbeitnehmerbank noch weiter aufsplittern und eine einheitliche Interessenvertretung verhindern würde, nachdem bereits getrennte Vertretungsrechte der Arbeiter und Angestellten eingeführt worden waren. Die gegenteilige Meinung betonte Kompetenz und Sachverstand der "Leitenden".

[29] In dieser Frage liegt der zentrale Unterschied zwischen Arbeitsrecht auf der einen und Arbeitspolitik auf der anderen Seite.

[30] Der DGB kritisierte schon früh, daß das MitbG Personengesellschaften, kapitalintensive Unternehmen mit geringer Beschäftigtenzahl, aber hohem Umsatz und bestimmte Konzernformen nicht einbezieht; auch verschiedene "Fluchtstrategien" bzw. Umstrukturierungsmaßnahmen (u.a. Divisionalisierung bzw. Spartenorganisation, Änderung der Rechtsform) werden beklagt, die allerdings keine große Bedeutung haben.

in den frühen 90er Jahren, als erstmals ostdeutsche Unternehmen einbezogen wurden. "Hauptursache der Abgänge ist das Absinken der Beschäftigtenzahl unter 2000. Weitere wesentliche Ursachen sind der Abschluß eines Betriebspacht- oder Betriebsüberlassungsvertrages, Eingliederungen/Verschmelzungen, Fusionen/Umwandlungen sowie Konkurse ... . Hauptursache der Zunahme ... ist - neben der deutschen Vereinigung - die Unternehmenskonzentration, m.a.W. die Zunahme der größeren und großen Unternehmen und Konzerne durch externes Wachstum."[31]

Anzahl der mitbestimmten Unternehmen nach dem MitbG von 1976

Jahr	Mitbestimmte Unternehmen per 31.12.	Veränderungen gegenüber Vorjahr absolut	in %	Veränderungen gegenüber 1978 absolut	in %
1978	472	-	-	-	-
1979	482	+ 10	+ 2,12	+ 10	+ 2,12
1980	485	+ 3	+ 0,62	+ 13	+ 2,75
1981	482	- 3	- 0,62	+ 10	+ 2,12
1982	479	- 3	- 0,62	+ 7	+ 1,48
1983	481	+ 2	+ 0,42	+ 9	+ 1,91
1984	477	- 4	- 0,83	+ 5	+ 1,06
1985	477	+ 0	+ 0,00	+ 5	+ 1,06
1986	488	+ 11	+ 2,31	+ 16	+ 3,39
1987	492	+ 4	+ 0,82	+ 20	+ 4,24
1988	500	+ 8	+ 1,63	+ 28	+ 5,93
1989	522	+ 22	+ 4,40	+ 50	+ 10,59
1990	544	+ 22	+ 4,22	+ 72	+ 15,25
1991	573	+ 29	+ 5,33	+ 101	+ 21,40
1992	717	+ 144	+ 25,13	+ 245	+ 51,91

Quelle: Pege,W., Willkommene "Spenden". Wie sich die Mitbestimmung im Jahr 1992 entwickelte, GR 27 (1993), 36.

---

[31] Kronenberg et al., Mitbestimmungsbericht 1992, 25.

Der Wissensstand der Arbeitnehmer über Mitb-Theorie und -Politik ist seit jeher niedrig.[32] Mitb nimmt in den Prioritätenlisten der Arbeitnehmer keine herausragende Position ein. Das Interesse wird umso geringer und diffuser, je weiter die entsprechenden Regelungen von den unmittelbaren, persönlichen Interessen des eigenen Arbeitsplatzes entfernt sind und je stärker politische und gesellschaftliche Folgen der Mitb betroffen sind. Die MontanMitb wird von einer deutlichen Mehrheit sowohl aller Arbeitnehmer als auch der verschiedenen Gruppen als die im Vergleich zum 76er MitbG "bessere Form der Mitb" eingestuft.[33]

Die Forschungsarbeiten der vergangenen Jahrzehnte lassen sich folgendermaßen zusammenfassen: "Mitbestimmung ... ist eine Reaktion auf legislatorische Akte, bislang vorwiegend auf das Montanmitbestimmungsgesetz von 1951. Mitbestimmungsforschung ... untersucht die Effektivität der Mitbestimmungsgesetze. Mitbestimmungsforschung entwickelt sich zunehmend von einer soziologischen Einstellungs- zur betriebswirtschaftlichen Organisationsforschung ... Das Forschungsfeld ist die gewerbliche Wirtschaft. Fallstudien und Forschungsinteresse am tertiären Sektor nehmen allerdings zu."[34] Studien über die älteren Formen der Unternehmensmitb liegen in größerer Zahl vor. Erstaunlicherweise sind Untersuchungen über die jüngere Unternehmensmitb von 1976 selten geblieben.[35] Wesentliche Ergebnisse sind:

- Das <u>Wahlverfahren</u> (Ur- oder Wahlmännerwahl) wird in den Wahlordnungen außerordentlich kompliziert gestaltet, was zu langwierigen und sehr komplizierten Prozeduren führen kann; beide Seiten kritisieren daher das Verfahren.
- Die DGB-Gewerkschaften haben ihre Vormachtstellung bei dem Wettbewerb um die AR-Sitze behauptet; sie erringen jeweils ca. 75% der Sitze. Das Verhältniswahl-

---

[32] Vgl. schon Dahrendorf,R., Das Mitbestimmungsproblem in der deutschen Sozialforschung, München 1965, 35. Später kam eine Synopsis älterer Untersuchungen zu dem Ergebnis, daß "surveys indicated that workers had an incomplete and inexplicit idea of what co-determination was or how it was supposed to function in practice ..." Adams/Rummel, Workers' participation in management in West Germany, 11.

[33] Vgl. Adamy,W./Steffen,J., Handbuch der Arbeitsbeziehungen, Bonn 1985, 204.

[34] Kißler,L., 35 Jahre Mitbestimmungsforschung in der Bundesrepublik Deutschland - Ein Bilanzierungsversuch, in: Diefenbacher,H./Nutzinger,H.G.(Hg.), Mitbestimmung in Betrieb und Verwaltung. Konzepte und Formen der Arbeitnehmerpartizipation, Heidelberg 1986, 20f.

[35] Vgl. aber Bamberg,U. et al., Praxis der Unternehmensmitbestimmung nach dem Mitbestimmungsgesetz 1976, in: Diefenbacher,H./Nutzinger,H.G.(Hg.), Mitbestimmung: Theorie, Geschichte, Praxis, Heidelberg 1984, 261-278; sowie vor allem Bamberg,U. et al., "Aber ob die Karten voll ausgereizt sind..." 10 Jahre Mitbestimmungsgesetz 1976 in der Bilanz, Köln 1987; eine Zusammenfassung älterer Ergebnisse findet sich bei Streeck, Co-determination: the fourth decade, 405ff; vgl. zusammenfassend zur empirischen Mitb-Forschung auch Kißler,L., Die Mitbestimmung in der Bundesrepublik Deutschland. Modell und Wirklichkeit, Marburg 1992, bes. 101ff.

- recht mit "Minderheitenschutz" begünstigt kleinere Gruppierungen gegenüber der Einheitsgewerkschaft.
- Nur wenige Arbeitnehmervertreter sind der Meinung, daß die "Leitenden" die Geschlossenheit der Arbeitnehmerbank wirklich gefährden; die praktische Arbeit im AR wird als recht kooperativ bezeichnet. Die Vertreter der "Leitenden" entscheiden wegen des Zweitstimmrechts des AR-Vorsitzenden nur sehr selten Abstimmungen. Bei bestimmten Problemen (wie z.B. Betriebsstillegungen) sind die Interessen aller Arbeitnehmervertreter dieselben. Die "Leitenden" werden sehr häufig in Vorbesprechungen der Arbeitnehmerbank einbezogen und tragen durchaus deren Position im AR mit.[36]
- Die im Unternehmen beschäftigten Arbeitnehmervertreter im AR sind zumeist auch BR, die die AR-Arbeit als "institutionell verlängerte Betriebsratsarbeit"[37] verstehen. Ihnen wird häufig "betriebsegoistisches" Verhalten bei Form und Inhalt ihrer die Gegensätze vertuschenden, kooperativen Interessenvertretung vorgeworfen. Die Vertreter der Anteilseigner versuchen häufig, diese internen Arbeitnehmervertreter stärker in die Unternehmenspolitik einzubinden.[38] Dadurch sollen die externen, d.h. Gewerkschaftsvertreter, auf Distanz gehalten werden.
- Diese Identifikation mit den Interessen der eigenen Belegschaft, die in Zeiten hoher Arbeitslosigkeit und stärkerer Segmentation der Arbeitsmärkte zunehmend Probleme schafft, gilt nicht für die externen Vertreter; diese sollen eher unternehmensunabhängige, überbetrieblich-vereinheitlichende (Gesamt-)Interessen der Arbeitnehmer einbringen und sachkompetent vertreten. Sie sind jedoch formal schwach repräsentiert; die AR-Tätigkeit hat für sie keinen zentralen Stellenwert. Gelegentlich können Probleme zwischen Internen und Externen auftreten.
- Häufig ist der <u>BR-Vorsitzende</u> auch Arbeitnehmervertreter im AR; dadurch verfügt er nicht selten über eine herausgehobene Position innerhalb seiner Gruppe[39] sowie über beträchtliche Einflußmöglichkeiten im Rahmen einer "Feinabstimmung" zwischen betrieblicher und Unternehmens-Mitb.
- Der <u>AR-Vorsitzende</u> verfügt faktisch über eine herausragende Position, da er nicht nur sein Doppelstimmrecht einsetzen kann, sondern häufig auch direkter An-

---

[36] Vgl. Bamberg et al., 10 Jahre Mitbestimmungsgesetz, 183ff.; ähnlich auch Tiemann,J./Martens,H., Die Gruppe der leitenden Angestellten: Vertretung und Repräsentanz durch Sprecherausschüsse und im Aufsichtsrat, Dortmund 1986, 51.

[37] Adamy/Steffen, Arbeitsbeziehungen, 201.

[38] Sie können z.B. versuchen, einen von ihnen zum stellvertretenden AR-Vorsitzenden zu gewinnen, was in der Montanindustrie nicht der Fall ist.

[39] Vgl. auch Kap.5.

- sprechpartner des Vorstandes ist, dadurch über einen gewissen Informationsvorsprung verfügt und wichtige Koordinations- und Abstimmungsaufgaben wahrnimmt.
- Kampfabstimmungen im AR, wie sie der Gesetzestext suggeriert, finden nur sehr selten statt; offene Konflikte werden durch vorklärende Gespräche zwischen Vorstand und Arbeitnehmervertretern vermieden. Auch ansonsten sind häufige <u>informelle Kontakte</u> zwischen bestimmten Vertretern beider Seiten mit dem Ziel der Informationsgewinnung und Interessenabstimmung von erheblicher Bedeutung für die AR-Arbeit. In solchen Vorbesprechungen werden Konflikte bereits vor den eigentlichen Sitzungen ausgeräumt und Kompromisse ausgehandelt; die eigentliche Sitzung, die durch Vorabklärungen zudem verkürzt wird, dient nur noch der formalen Abstimmung, nicht aber kontroversen Debatten.
- Die Arbeitnehmervertreter im AR haben infolge fehlender betriebswirtschaftlicher Alternativen häufig keine andere Möglichkeit, als den Plänen des Vorstandes zuzustimmen.
- Eine nachträgliche, wirklich effektive Kontrolle der Unternehmenspolitik des Vorstandes durch die Arbeitnehmervertreter im nebenamtlich tätigen AR gestaltet sich sowohl wegen der gelegentlich mangelhaften Informationspolitik des Vorstandes (z.B. Vorenthaltung und/oder Filterung der relevanten Informationen) als auch wegen der geringen Sitzungsfrequenz des AR (mit ca. vier Sitzungen pro Jahr mit einer Dauer von jeweils nur wenigen Stunden) zumeist recht schwierig.
- Der AR wird häufig erst zum Zeitpunkt der Beschlußfassung in den unternehmensinternen Entscheidungsprozess eingebunden: Er hat häufig nur die Funktion, Entscheidungen zeitlich zu fixieren bzw. im nachhinein zu legitimieren, und nicht, sie tatsächlich zu fällen. Gestaltungsspielräume der Arbeitnehmervertreter sind dadurch wesentlich eingeengt. Die Steuerungsfunktion des AR im Entscheidungsprozeß der Unternehmenspolitik ist nur schwach ausgeprägt.
- In der Mehrzahl der Unternehmen bestehen verschiedene <u>Ausschüsse</u> des AR mit spezifischen Aufgaben der Vorbereitung und Überwachung (u.a. für Investitions-, Finanzierungs-, Bilanz-, Arbeitsschutz- und Personalfragen). Zusammensetzung, Funktion und Arbeitsweise dieser Ausschüsse sind jedoch durch das MitbG nicht detailliert geregelt (insbes. keine zwingende paritätische Besetzung, in Einzelfällen keine Beteiligung der Arbeitnehmer, Zweitstimmrecht bzw. Stichentscheidungsrecht des Ausschußvorsitzenden). In den Ausschüssen, welche die notwendige fachliche Arbeit faktisch weitgehend leisten, finden wesentliche informelle Vorabsprachen statt, an denen Arbeitnehmervertreter in unterschiedlichem Ausmaß und zu verschiedenen Zeitpunkten beteiligt werden. Insgesamt ist durch die Verlagerung der

Entscheidungsprozesse eine Verringerung des Arbeitnehmereinflusses festzustellen. Diese Tendenz kann durch die Ausgestaltung von Satzung und Geschäftsordnung des AR vor allem über die zustimmungspflichtigen Geschäfte verstärkt werden.

- Die Position des <u>Arbeitsdirektors</u> ist aus Sicht der Arbeitnehmervertreter aufgrund des Wahlmodus schwach im Vergleich zur MontanMitb; er ist ihrem Einfluß weitgehend entzogen. Der Arbeitsdirektor ist traditionell zumeist für das Personal- und Sozialwesen zuständig, ohne daß sein Aufgabenbereich wie im Montanbereich im MitbG verbindlich und genau definiert wäre. Der Arbeitsdirektor befindet sich als Vermittler notwendigerweise in einer gewissen "Zwitterstellung", die jedoch nicht so ausgeprägt ist wie im Montanbereich.

- Zumeist schlägt die Arbeitgeberseite den Arbeitsdirektor vor, was nicht unbedingt im Einvernehmen mit, geschweige denn auf Initiative der Arbeitnehmervertreter geschieht; häufig war er früher Personalchef des Unternehmens. Offene Konflikte im Bestellungsverfahren treten gelegentlich bei der Präsentation externer Kandidaten auf, werden aber im Regelfall wegen ihrer Aussichtslosigkeit und in Anbetracht der notwendigen zukünftigen Kooperation von den Arbeitnehmervertretern vermieden.

- Aus Sicht der Gewerkschaft wird eine <u>Hierarchisierung der BR</u> bemängelt. Schwerpunkte der Politik werden zumeist vom Gesamt-, nur selten vom Konzern-BR entschieden.

Eine empirische Untersuchung über Einflußmöglichkeiten von Arbeitnehmervertretern kommt zusammenfassend zu dem Ergebnis, daß kaum bezweifelt werden kann, "daß das MitbestG 76 den Arbeitnehmervertretern gegenüber dem BetrVG 52 deutlich erweiterte Einflußmöglichkeiten bietet, die allerdings gemessen an dem Montanmitbestimmungsgesetz von 1951 gering ausfallen"[40]. Die Mitb-Möglichkeiten bleiben faktisch knapp unterhalb der Paritätsgrenze.

Die Mitb-Rechte der Arbeitnehmervertreter werden auch von den Arbeitgebern nicht grundsätzlich infrage gestellt; negative Konsequenzen (etwa für die Effizienz von Betrieben), die gelegentlich behauptet werden, lassen sich kaum empirisch belegen.[41] Erhebliche Differenzen, die zugleich unterschiedliche Vorstellungen von Regulierungspolitik repräsentieren, bestehen allerdings hinsichtlich des sinnvollen Ausmasses:

---

[40] Dzielak,W. et al., Einflußmöglichkeiten von Arbeitnehmervertretern in der Praxis der Unternehmensmitbestimmung nach dem MitbestG 76, WSI-Mitt 36 (1983), 738.

[41] Vgl. u.a. Beyme,K.v., Mitbestimmung - Tendenzen der sozialwissenschaftlichen Forschung, GMH 36 (1985), 132ff.

Kapitel 6: Mitbestimmung auf Unternehmensebene

- Der DGB tritt in seinen Leitsätzen ein für die "allgemeine Durchsetzung der qualifizierten Mitbestimmung" nach dem Montan-Modell in allen Großunternehmungen und Konzernen der Wirtschaft (sog. volle Parität von Arbeit und Kapital). Eine solche Ausweitung ist auf absehbare Zukunft politisch nicht durchzusetzen.[42]
- Die Arbeitgeberverbände haben gegen das MitbG 1976 vor dem BVerfG geklagt. "The judgement rejected employer claims that the provisions for (quasi-)parity on the boards of large private companies compromised property rights projected in the constitution, by arguing that concessions to collective employee rights to representation were a necessary means to obtain cooperation and consent in the pursuit of profit. In short, the market could not operate unfettered in the real social world, and a regulatory compromise provided a superior framework to the unregulated use of force to establish authority relations."[43]

6.3. Mitbestimmung in vergleichender Perspektive

Die Gewerkschaften bzw. Arbeitnehmervertretungen in der Mehrzahl der westlichen Industrienationen standen den deutschen Mitb-Regelungen mit ihrer hochgradigen Institutionalisierung und starken Verrechtlichung lange Zeit überaus skeptisch gegenüber; vor allem lehnten sie die rechtlichen Vorgaben als einseitige Integrations- bzw. Befriedungsinstrumente ab. Typisch für diese Sichtweise ist das collective bargaining-System des New Deal in den USA[44], welches zur Maxime hat, daß "management manages and workers and their unions grieve or negotiate the impacts of management decisions through collective bargaining"[45]. Auch die voluntaristischen Arbeitsbeziehungen Großbritanniens[46] mit einer großen Bedeutung informeller "customs and practices"

---

[42] Nach DGB-Vorstellungen soll das MitbG gelten, wenn zwei von drei Kriterien erfüllt sind: ab 1.000 Arbeitnehmern, ab 150 Mill. Jahresumsatzerlösen, ab 75 Mill. Bilanzsumme.

[43] Ramsay,H., The community, the multinational, its workers and their charter: A modern tale of industrial democracy?, WES 5 (1991), 559.

[44] "Ten years ago North American unions were almost universally satisfied with "job control" unionism. They were also unwilling to participate in strategic decision-making because they did not want to be held responsible for possible bad results of policies in which they had concurred." Adams,R.J., North American industrial relations: Divergent trends in Canada and the United States, ILR 128 (1989), 53. Ähnlich argumentiert auch Bellace,J.R., Managing employee participation in decision-making: An assessment of national models, in: Biagi,R.(ed.), Participative management and industrial relations in a worldwide perspective, Deventer-Boston 1993, 25-41.

[45] Kochan,Th.A./Katz,H.C./McKersie,R.B., The transformation of American industrial relations, New York 1986, 179; zusammenfassend zur Situation in den USA auch Kassalow,E., Concession bargaining: Towards new roles for American unions and managers, ILR 127 (1988), 578ff.

kannten traditionell im Gegensatz zu anderen westeuropäischen Ländern nur wenige rechtliche Interventionen.[47] Das collective bargaining bedurfte in dieser Sicht nicht einer gesonderten Ergänzung, während in Deutschland Tarifautonomie und Mitb traditionell als die zwei Seiten ein- und derselben Medaille konzipiert wurden. Diese differierenden Einschätzungen hatten auch mit den deutlichen Unterschieden in den Zentralisierungsgraden der Tarifverhandlungssysteme zu tun.[48]

Seit Mitte der 70er Jahre ändert sich diese Sichtweise u.a. durch die wachsende Bedeutung technologischer Faktoren sowie durch Globalisierung der Märkte. Generell verzeichnen wir ein zunehmendes Interesse an Partizipationsregelungen.[49] Verbesserungen der Rechtslage wurden u.a. in Schweden, Frankreich und den Niederlanden vorgenommen.[50] Wir müssen davon ausgehen, daß einfache Übertragungen nationaler Regelungen auf andere Länder nicht sinnvoll bzw. erfolgreich sein können.[51] International vergleichende Untersuchungen zeigen, "daß der Grad der normativ vorgegebenen Partizipationsintensität zu den besten Prädiktoren tatsächlichen Partizipationsverhaltens gehört. Wer Partizipation fördern will, tut gut daran, die formalen Partizipationsstrukturen weit zu stecken."[52]

Wichtige Charakteristika der deutschen Regelungen finden wir zunächst in bezug auf die Ebenen, wobei nur die mittleren der vier möglichen Ebenen hochgradig reguliert sind: Die verschiedenen Rechte sind sowohl auf Betriebs- als auch auf Unternehmensebene umfassend und detailliert geregelt; demgegenüber bleiben sowohl die

---

[46] Hall,M., Works councils for the UK? Lessons from the German system. Warwick Papers in Industrial Relations No 46, University of Warwick 1993.

[47] Ein Vergleich europäischer Länder findet sich bei Hyman,R., The political economy of industrial relations. Theory and practice in a cold climate, London 1989, 202-223.

[48] Vgl. zusammenfassend Bean,R., Comparative industrial relations. An introduction to cross-national perspectives, 2nd ed. London-New York 1994, 166ff.

[49] Für andere aus der "Schule der Neo-Institutionalisten" Turner,L., Democracy at work. Changing world markets and the future of labor unions, Ithaca-London 1991; Wever,K., Negotiating competitiveness. Employment relations and organizational innovation in Germany and the United States, Boston 1995.

[50] Vgl. im einzelnen Industrial Democracy in Europe (IDE) - International Research Group, Industrial democracy in Europe revisited, Oxford 1993, 29-68; Lansbury,R.D., Workplace Europe: New forms of bargaining and participation, in: IIRA(ed.), 4th European Regional Congress: Transformation of European industrial Relations - Consequences of integration and disintegration. Plenary 2: Workplace Europe - new forms of bargaining and participation, Helsinki 1994, 21ff.

[51] Natürlich können wir nicht einfach Institutionen vergleichen bzw. übernehmen; stattdessen müssen wir von Funktionen und Aufgaben ausgehen. Vgl. Schregle,J., Worker's participation in the Federal Republic of Germany in an international perspective, ILR 126 (1987), 317-325.

[52] Wilpert,B., Mitbestimmung, in: Greif,S./Holling,H./Nicholson,N.(Hg.), Arbeits- und Organisationspsychologie. Internationales Handbuch in Schlüsselbegriffen, München 1989, 326; ähnlich auch IDE, Industrial democracy in Europe revisited.

individuelle Ebene bzw. der einzelne Arbeitsplatz als auch die gesamtwirtschaftliche Ebene fast vollständig ausgeklammert.[53]

Forderungen nach mehr "Mitbestimmung am Arbeitsplatz" wurden in den 60er Jahren innerhalb basisdemokratischer Vorstellungen einer "Arbeiterselbstverwaltung"[54] sowie von Arbeitsgruppenkonzepten[55], später im Rahmen der Konzepte zur "Humanisierung des Arbeitslebens" erhoben; auch der Versuch des Aufbaus gewerkschaftlicher Vertrauensleutekörper[56] tendierte in diese Richtung. Außerdem fordern die Gewerkschaften seit den 70er Jahren gelegentlich die Errichtung von Wirtschafts- und Sozialräten auf Bundes-, Landes- und regionaler Ebene.[57] Solche Institutionen auf der Meso- und Makroebene wären als Mitb-Organe mit spezifischen, noch zu definierenden Rechten bei der Gestaltung der ökonomischen und rechtlichen Rahmenbedingungen möglich, wenngleich wenig wahrscheinlich ("Wirtschaftsdemokratie" durch korporative Repäsentation).

Zentrale Merkmale bestehen zum einen in bezug auf die Ebenen der Mitb. Zum andern existieren Differenzen hinsichtlich der Regelungsinstrumente Gesetz vs. Vertrag: In Deutschland dominiert die gesetzliche Fixierung, während in anderen Ländern, wie Belgien oder Dänemark, die Tarifvertragsparteien Regelungen häufig durch gesonderte Kollektivvereinbarungen auf gesamtwirtschaftlicher oder sektoraler Ebene treffen.[58] Die EU-Richtlinie von 1994 versucht im Gegensatz zu deutschen Regelungen, bargaining- und legislative Elemente zu kombinieren.[59] Im internationalen Vergleich etwa zu den angelsächsischen Varianten besteht ein weiteres wichtiges Merkmal der deutschen Regelungen darin, daß sie überwiegend indirekt-repräsentative und kaum direkt-individuelle Formen annehmen.[60] "Anglo-Saxon models mostly focused upon direct worker

---

[53] Wir sehen hierbei von einigen wenigen Rechten wie Einsicht in die Personalakte ab.

[54] Vgl. u.a. Vilmar,F., Mitbestimmung und Selbstbestimmung am Arbeitsplatz, 3. erw. Aufl. Darmstadt 1974; Vilmar,F., Industrielle Arbeitswelt. Grundriß einer kritischen Betriebssoziologie, Stein/Nürnberg 1974, 176ff.

[55] Vgl. Thelen, K.A., Union of parts. Labor politics in postwar Germany, Ithaca-London 1991, 93ff.

[56] Vgl. im einzelnen Kap.5.

[57] Vgl. zu Perspektiven und Orientierungen zusammenfassend Leminsky,G., Mitbestimmung, WSI-Mitt 36 (1983), 706ff.

[58] Vgl. im einzelnen Blanpain,R., Managerial initiatives and rights to information, consultation and workers' participation in the EC countries, in: Biagi, Participative management and industrial relations, 9ff.; Poole,M., Industrial relations: Origins and patterns of national diversity, London-Boston 1986, 149-172.

[59] Vgl. im einzelnen Kap.17.

control and immediate action of persons directly concerned. In contrast to this, the German model aims at creating a participative "Work Constitution", an organisation framework with graded participation claims and rights to be executed by elected worker representatives."[61]

Vorteile der deutschen Variante[62] bestehen darin, daß
- gewisse Minimalstandards für alle Betriebe in verbindlicher Form vorgegeben sind,
- die "Varianz" kleiner ist als bei rein freiwilligen Vereinbarungen,
- eine höhere Regelungsdichte erreicht wird,
- die Regelungen nicht ohne weiteres durch einseitige Entscheidungen zurückgenommen werden können,
- gewerkschaftliche Ressourcen nicht für die fallweise Aushandlung von Mitb-Rechten in einem Prozeß des do ut des eingesetzt werden müssen, sondern sich auf andere Gegenstände konzentrieren können.[63]

Im internationalen Vergleich, der in der traditionellen deutschen Forschung erstaunlicherweise kaum eine Rolle spielt, gilt "co-determination" sowohl als typisches Merkmal des positiv beurteilten deutschen Systems der Arbeitsbeziehungen als auch als wesentliche Voraussetzung für seine relative Stabilität.[64] Dieser Trend ist in Zeiten zunehmender Interessendifferenzierung und Marginalisierung durchaus überraschend. Die ursprünglich plausible Erklärung der Stabilität durch ökonomische Prosperität erwies sich offensichtlich als wenig realistisch; der langen Phase eines nahezu permanenten wirtschaftlichen Wachstums folgte nicht die große Krise, sondern verschiedene Prozesse dynamischer Anpassung.

---

[60] Vgl. zu den Formen individueller Korrekturpartizipation im BetrVG Breisig,Th., Quo vadis - partizipatives Management?, in: Müller-Jentsch,W.(Hg.), Profitable Ethik - effiziente Kultur. Neue Sinnstiftungen durch das Management?, München-Mering 1993, 172ff.

[61] Fürstenberg,Fr., Individual and representative participation, dualism or dilemma, RPHRM 1 (1993), 53.

[62] Ähnlich argumentiert mit anderer Zielsetzung Turner, Democracy at work, 17 et passim.

[63] Vgl. zu verschiedenen Aspekten von Humankapital und dynamischer Effizienz Smith,St.C., On the economic rationale for codetermination law, JEBO 16 (1991), 261-281.

[64] Für andere Gladstone,A. et al.(eds.), Current issues in labour relations. An international perspective, Berlin-New York 1989, 81-145; Neal,A., Co-determination in the Federal Republic of Germany: An external perspective from the United Kingdom, BJIR 25 (1987), 227-245; Kassalow,E.M., Employee representation on U.S. German boards, MLR 112 (1989), 39-42.

6.4. Repräsentative Mitbestimmung und direkte Partizipation

Heuzutage ergibt sich die Notwendigkeit einer grundlegenden Revision des gesamten "klassischen" Konzepts der Mitb auf Betriebs- und Unternehmensebene. Es ist unter veränderten ökonomischen und technischen Rahmenbedingungen zu stark an institutionalisiert-verrechtlichten und formal-repräsentativen Formen orientiert und berücksichtigt die Gewichtsverlagerungen zwischen den verschiedenen Ebenen der Arbeitsbeziehungen nicht adäquat.[65] Vor allem die Bedeutung der direkt-individuellen Partizipation am Arbeitsplatz[66] sowie der Mitb auf Unternehmensebene als programmatischer Leitidee[67] sind neu zu bestimmen. Indirekt-repräsentative Formen sind durch organisationszentrierte Mitb gewählter Vertreter, direkt-individuelle durch arbeitszentrierte persönliche Partizipation charakterisiert.[68] "Representative participation usually tends towards rule making, both substantive and procedural. Thus, gradually a reliable system of mutual expectations and role commitments is established ... On the other hand, individual participation is likely to activate persons in social settings and to promote the articulation of their proper interests, thereby reducing subjectively perceived alienation."[69]

Die für die zukünftige Entwicklung der deutschen Regelungen zentrale Frage lautet also, ob die beiden Varianten direkte Partizipation und repräsentative Mitb (individuelle bzw. kollektive voice-Formen) eher in einer komplementären oder substitutiven Beziehung zueinander stehen. Für beide Vermutungen finden sich empirische Belege im nationalen wie im internationalen Vergleich.[70] Falls sie sich eher ergänzen bzw. vernet-

---

[65] Ähnlich Leminsky,G., Gewerkschaftsreform und Mitbestimmung, GMH 46 (1995), 26 et passim.

[66] Vgl. zum Verhältnis der beiden Varianten Greifenstein,R./Kißler,L./Jansen,P., Arbeitnehmerbeteiligung bei technischen Innovationen: Konzepte und Implementationsprobleme, in: Kißler,L.(Hg.), Computer und Beteiligung. Beiträge aus der empirischen Partizipationsforschung, Opladen 1988, 140-163.

[67] "There have recently been claims that the trends of the 1960s and early 1970s seem to have reversed somewhat nowadays, when less importance is apparently attached to workers' representation at board level than in the past, at least in the private sector." IDE, Industrial democracy in Europe revisited, 25.

[68] Aus Gründen der Vollständigkeit sind noch hier nicht näher behandelte Varianten zu erwähnen: "The most common forms of worker ownership in the Western world can be divided into three categories: (a) stock (or share) ownership, (b) worker "buyouts" of financially troubled facilities that might otherwise be closed, and (c) producers' cooperatives established with the purpose of being democratic and highly participative. In practice these three forms overlap, differing mainly in the extent of worker ownership and the purposes for which it is established." Strauss,G., Workers' particpation in management, in: Hartley,J.F./Stephenson,G.H.(eds.), Employment relations. The psychology of influence and control at work, Oxford 1992, 300.

[69] Fürstenberg,Fr., Individual and representative participation, 63.

[70] Vgl. etwa die deutschen Fallstudien bei Greifenstein,R./Jansen,P./Kißler,L., Direkte Arbeitnehmerbeteiligung mit oder ohne Arbeitnehmervertretung? Die Antwort einer empirischen Partizipationsfolgenabschätzung im Betrieb, WSI-Mitt 43 (1990), 602-610; vgl. auch Kißler,L.(Hg.), Modernisierung der

zen lassen, wird die Realisierung bilateraler Vorteile im Sinne von Positivsummenspielen möglich. Die ursprünglich mindestens abwartenden, häufig strikt ablehnenden Haltungen der BR und vor allem der Gewerkschaften in bezug auf "unternehmerische Sozialtechniken" haben sich in den vergangenen Jahren angesichts der offensichtlichen Irreversibilität aktueller Entwicklungen deutlich in Richtung auf eine differenzierte Einschätzung und grundsätzliche Zustimmung bzw. Unterstützung verändert (besonders bei der IG Metall[71], aber auch bei der IG Chemie-Papier-Keramik); Formen direkter Beteiligung und Mitgestaltung können den Interessen bestimmter Arbeitnehmergruppen durchaus entsprechen und werden von diesen u.U. sogar aktiv eingefordert.[72]

Seit einer Reihe von Jahren beobachten wir unter den Vorzeichen von erweiterten Flexibilisierungsspielräumen, die u.a. durch die Einführung neuer Technologien notwendig bzw. möglich werden, und individualistischen Handlungsmustern, die durch wertbezogenen Einstellungswandel verstärkt werden, in verschiedenen Ländern mehr oder weniger deutlich ausgeprägte Trends "von der repräsentativen Mitbestimmung zur direkten Partizipation"[73]. Unter direkter Partizipation wollen wir im folgenden im Sinne einer Nominaldefinition verstehen: "Opportunities which management provide, or initiatives to which they lend their support, at workplace level for consultation with and/or delegation of responsibilities and authority for decision-making to their subordinates either as individuals or as groups of employees relating to the immediate work task, work organisation and/or working conditions."[74]

Die Einführung und Implementation neuer Informations- und Kommunikationstechnologien sowie neuer Formen der Arbeitsorganisation führen zu einem Wandel in Richtung auf Dezentralisierung vor allem der betrieblichen Arbeitsbeziehungen sowie zu abgeflachten Hierarchien, die Kommunikation verbessern und Innovationsbereitschaft erhöhen sollen. Die Veränderungen der Produktionskonzepte tendieren weg von der tayloristisch-fordistischen Massenproduktion mit ihrer typischen Dequalifizierung der

---

Arbeitsbeziehungen. Direkte Arbeitnehmerbeteiligung in deutschen und französischen Betrieben, Frankfurt-New York 1989. Optimistisch äußert sich auch mehrfach Turner, Democracy at work.

[71] Die ältere Einschätzung bringt ein Aufsatztitel auf den Punkt. Vgl. Strauss-Wieczorek,G., Qualitätszirkel: Taylorismus plus Sozialtechnik statt Mitbestimmung am Arbeitsplatz, Mitb 33 (1987), 676-678.

[72] Vgl. u.a. Weyand,J., The role of managerial initiatives in changing industrial relations: Some German lessons, in: Biagi, Participative management and industrial relations, 165ff.

[73] Müller-Jentsch,W., Industrielle Demokratie - Von der repräsentativen Mitbestimmung zur direkten Partizipation, GMH 45 (1994), 362.

[74] Sisson,K. Workplace Europe: Direct participation in organisational change. Introducing the EPOC project, in: IIRA, 4th European Regional Congress, 144; ähnlich auch Geary,J./Sisson,K., Conceptualising direct participation in organisational change - The EPOC project, Dublin 1994, 2.

Arbeitskraft bzw. hin zur flexiblen Spezialisierung mit einer wieder ganzheitlichen Nutzung der Arbeitskraft.[75] International vergleichende Studien zeigen, "that participation is not restricted to minor or peripheral aspects of the innovation process, but can be central to its development"[76]. Im Rahmen "neuer Produktionskonzepte" macht die Neuorganisation der Arbeit direkt-informelle Formen der Partizipation[77] möglich, wenn nicht sogar notwendig, da nur so die erforderliche Kooperation des neuen Produktionsfacharbeiters erreicht werden kann. Selbstbewußte Arbeitnehmer mit höherer Qualifikation erwarten häufig von sich aus erweiterte Möglichkeiten der Partizipation;[78] daher ergeben sich keine Akzeptanzprobleme. Die Diffusion von Managementaufgaben führt zu einem durchaus überraschenden Ergebnis: "Das Management wird zur Alltagsaufgabe von Nicht-Managern."[79]

Grundlegend ändert sich die Form der Regulierung: Die neuen Formen der Partizipation werden nicht mehr wie die "alten" Versionen von Mitb entweder vom Staat per Gesetz institutionalisiert oder von den Tarifparteien vertraglich vereinbart. Sie werden vor allem vom Management initiiert und gefördert, das seit den 80er Jahren in verschiedenen Ländern die Initiative des strategischen Handelns ergriffen, die zuvor eher bei den anderen Akteuren gelegen hatte;[80] das Management, das bei grundlegend veränderten Arbeitsmarktsituationen in einer günstigeren Situation ist, wird in dieser "neuen Entwicklungsphase der Partizipation"[81] zum Propagandisten von Konzepten der Flexibilisierung.[82] Regelungsinstrumente sind nicht mehr Gesetze, sondern entweder unilate-

---

[75] Vgl. im einzelnen Marshall,R., Work organization, unions, and economic performance, in: Mishel,L./Voos,P.B.(eds.), Unions and economic competitiveness, Armonk-London 1992, 287-315.

[76] Gill,C./Krieger,H., The diffusion of participation in new information technology in Europe: Survey results, EID 13 (1992), 332f.

[77] Vgl. zur weitergehenden Unterscheidung in Korrektur- und Konzeptionspartizipation Greifenstein/Jansen/Kißler, Direkte Arbeitnehmerbeteiligung, 602ff.

[78] Ähnlich in allgemeiner Form für die USA auch Freeman,R./Rogers,J., Worker representation and participation survey: First report of findings, in: IRRA(ed.), Proceedings of the 47th meeting, Madison 1995, 336-345; Marshall, Work organization.

[79] Sperling,H.J., Innovative Arbeitsorganisation und intelligentes Partizipationsmanagement. Trend-Report Partizipation und Organisation, Marburg 1994, 32.

[80] Vgl. im einzelnen Terry,M., Workplace unionism: Redefining structures and objectives, in: Hyman, R./Ferner,A.(eds.), New frontiers in European industrial relations, Oxford 1994, 223-249.

[81] Müller-Jentsch,W., Organisation und Mitbestimmung. Evolution einer diffizilen Synthese, in: ders.(Hg.), Profitable Ethik - effiziente Kultur, 258.

[82] Beisheim,M./Eckardstein,D.v./Müller,M., Flexibilisierung der industriellen Fertigung durch partizipative Organisationsformen, in: Flecker,J./Schienstock,G.(Hg.), Flexibilisierung, Deregulierung und Globalisierung. Interne und externe Restrukturierung betrieblicher Organisation, München-Mering 1991, 37-52.

rale Einführung durch die Unternehmensleitung oder bilaterale Absprachen mit BR und/oder Gewerkschaften, zumeist in Form von Betriebsvereinbarungen.[83] Das Management kann diese ad hoc-Arrangments durch einseitigen Beschluß zurücknehmen und zum status quo ante zurückkehren, wenn nicht, was in Deutschland häufig der Fall ist, betriebsverfassungsrechtliche Abmachungen vorhanden sind. Diese Konzepte der Verhaltenssteuerung setzen durchweg stark dezentral an und verstärken die bereits vorhandenen Tendenzen der Verbetrieblichung.[84] Die Art und Weise der mehr oder weniger unilateralen Einführung seitens des Managements strahlt wesentlich auf die Wirkung der Partizipation aus.

Auf der Agenda steht trotz der grundsätzlich positiven Einstellung nicht die Institutionalisierung bzw. Garantie von Partizipationsrechten auf der Mikroebene im Sinne der alten gewerkschaftlichen Forderung nach "Mitbestimmung am Arbeitsplatz". Durch verbesserte Kooperation und mehr Partizipation sollen im Gegensatz zu älteren gruppenorientierten Konzepten nicht primär die Humanisierung der Arbeit oder mehr individuelle Rechte im Sinne einer Förderung industrieller Demokratie als parallele Institution zur politischen Demokratie erreicht werden.[85] Partizipation als spezifische Form von Kommunikation ist kein Ziel an sich, sondern verfolgt ganz pragmatische integrative Ziele: Zunächst und vor allem sollen Wettbewerbsvorteile (u.a. durch weniger Arbeitskonflikte, Fehlzeiten und Arbeitsplatzwechsel) auf Arbeits- und Produktmärkten, mehr numerische und funktionale Flexibilität bzw. erhebliche Produktivitätssteigerungen sowie eine Verbesserung der Produktqualität erreicht werden; eine Steigerung der Kooperationsbereitschaft, Motivation bzw. der Arbeitszufriedenheit der Mitarbeiter dient ebenfalls diesem Zweck.[86] Diese rein ergebnisorientierten Zielvorstellungen sind im übrigen durchaus realistisch: "Our overall assessment of the empirical literature ... is that participation usually leads to small, short-run improvements in performance and

---

[83] "In der Hälfte der Vereinbarungen bzw. Entwürfe ist ein volles Mitbestimmungsrecht der Betriebsräte in Fragen der Gestaltung und Abwicklung des QZ-Projekts enthalten, teils über eine generelle Mitbestimmungsklausel, teils über ein paritätisch besetztes Steuerungskomitee ... Über die Mitbestimmung hinaus haben die Betriebsräte ihr Augenmerk auf die Schaffung infrastruktureller Rahmenbedingungen gelegt, um auch während des laufenden QZ-Projekts Gestaltungs- und Kontrollfunktionen wahrnehmen zu können." Breisig,Th., Betriebsvereinbarungen zu Qualitätszirkeln - Eine Inhaltsanalyse, DBW 51 (1991), 75.

[84] Vgl. im einzelnen Kap.8.

[85] Vgl. zusammenfassend zum Konzept Poole,M., Industrial democracy, in: Széll,G.(ed.), Concise encyclopedia of participation and co-management, New York 1992, 429-439.

[86] "Direct participation is used as a means of generating employee commitment, motivation and cooperation. It is an effort on management's part to gain employees' active consent and to persuade them to work hard and diligently." Geary/Sisson, The EPOC project, 4.

sometimes leads to significant, long-lasting improvements in performance ... The size and strength of the effect are contingent on the form and content of participation."[87]

Erweiterte Partizipation der Arbeitnehmer kann also durchaus Vorteile für die Arbeitgeber bieten. Wenn wir nicht vom neoklassisch inspirierten Monopolmodell der Arbeitnehmervertretung sondern vom institutionalistisch geprägten exit-/voice-Paradigma[88] ausgehen, wird die collective voice-Option der Arbeitnehmer durch Verbesserung der Kommunikation im Prozeß der Entscheidungsfindung gestärkt.[89] Vorhandene Interessengegensätze werden als weniger starr interpretiert; die neuen Konzepte basieren mehr auf Konsens, Verhandlungsbereitschaft und gegenseitigem Vertrauen anstelle von offenem Konflikt und Gegenmacht.

Die unternehmerischen Angebote, die im wesentlichen durch betriebswirtschaftliche Kalküle motiviert sind, begreifen Partizipation als Produktivkraft. Wir finden sie nicht nur in den Kernsektoren der industriellen Produktion (u.a. im Automobilbau[90], im Maschinenbau sowie in der Chemieindustrie[91]) sondern auch im Dienstleistungssektor (u.a. bei Banken und Versicherungen) und nicht nur in Groß-, sondern auch in Klein- und Mittelbetrieben. Sowohl die Zahl der Unternehmen als auch die der Qualitätszirkel wächst in Deutschland ähnlich wie in vergleichbaren Ländern deutlich; Ende der 80er Jahre beliefen sich Schätzungen auf 1000 Unternehmen mit ca. 3000 - 4000 Qualitätszirkeln.[92] Generell können wir davon ausgehen, daß die Bedeutung der neuen Beteiligungsformen seit den 80er Jahren in verschiedenen Ländern erheblich zunimmt.[93] In bezug auf die zukünftige Verbreitung gilt: "It is expected that direct participation will be confined to about 20% of establishments in Europe. It will most likely be found in

---

[87] Levine,D.I./Tyson,L.D., Participation, productivity, and the firm's environment, in: Blinder,A.S.(ed.), Paying for productivity. A look at the evidence, Washington 1990, 203f; vgl. auch Eaton,A.E./Voos,P.B., Unions and contemporary innovations in work organization, compensation, and employee participation, in: Mishel,L./Voos,P.B.(eds.), Unions and economic competitiveness, Armonk-New York 1992, 175ff.

[88] Vgl. im einzelnen Kap.3.

[89] Vgl. im einzelnen Eaton/Voos, Unions and contemporary innovations.

[90] Vgl. Müller-Jentsch,W./Sperling,H.J., Towards a flexible triple system? Continuity and structural changes in German industrial relations, in: Hoffmann,R. et al.(eds.), German industrial relations under the impact of structural change, unification and European integration, Düsseldorf 1995, 20ff.

[91] Vgl. u.a. Lecher,W., Betriebliche Interessenvertretung und direkte Partizipation - vier Fallbeispiele, WSI-Mitt 48 (1995), 323-333.

[92] Vgl. Sperling, Innovative Arbeitsorganisation, 37.

[93] Vgl. zur Diffusion zusammenfassend Krieger,H./Lange,R., Der "New Deal" für die 90er Jahre - Die Verzahnung repräsentativer und direkter Arbeitnehmerbeteiligung in Europa, WSI-Mitt 45 (1992), 795ff; vgl. auch die Angaben für verschiedene Länder bei Locke,R./Kochan,Th./Piore,M., Reconceptualizing comparative industrial relations: Lessons from international research, ILR 134 (1995), 147ff.

organisations which compete in international markets and have come into close competition with Japanese firms. Firms which produce customised, high value-added, high quality goods are likely to have a more advanced form of direct participation than high volume, low value-added, labour intensive producers."[94]

Diese neuen Ansätze der Arbeitsgestaltung auf der Mikroebene bzw. der betrieblichen Personalpolitik setzen nach Ausreizen des Potentials der "harten" Faktoren, der "Technik", ein und zielen auf eine intensivere Nutzung der "weichen" Formen, des Humankapitals, im Produktionsprozeß. Die sog. Wende von der Technik- zur Menschenzentrierung erfaßt Technik und Organisation gleichermaßen. Partizipation bleibt nicht mehr Forderung der Arbeitnehmer(-vertreter) sondern wird zur Managementaufgabe - häufig in Verbindung mit einer veränderten "Unternehmenskultur". Entsprechende Angebote werden vor allem, aber nicht nur, in den Ländern gemacht, die bis dato keine stark ausdifferenzierten Partizipationsrechte kannten, vor allem in den USA[95] und in Japan. Die Komponenten dieser partizipationsorientierten Managementphilosophie sind:

"- improvement of functional participation by regular discussion and consultation as part of the work process,
- work structuring with the purpose of establishing multifunctional work teams,
- establishment of qualification schemes, including personal counselling, establishment of "learning centres and groups" at the workplace and an extension of career planning to larger segments of the employees."[96]

Die beiden wichtigsten Organisationsformen dieser veränderten Nutzung von Humanressourcen in den Betrieben sind Qualitätszirkel (Beteiligungsgruppen, Lernstatt) und Gruppen- bzw. Teamarbeit[97]:

- Qualitätszirkel sind "Gruppen von etwa fünf bis zehn Beschäftigten aus einem gemeinsamen Arbeitsbereich, die regelmäßig (etwa alle 14 Tage oder nach Absprache) für etwa ein bis zwei Stunden als Gesprächsrunde während der Arbeitszeit zusammenkommen, um über ihre tägliche Arbeit zu sprechen und Vorschläge zur Beseitigung von Problemen (etwa in Bezug auf Qualität, Produktionsablauf, Ar-

---

[94] Sisson, Workplace Europe, 148.

[95] Vgl. als Überblick Strauss,G., Workers' participation and US collective bargaining, in: Lammers,C.G./Széll,G.(eds.), International handbook of participation in organizations. For the study of organizational democracy, co-operation and self-management, Vol.I Organizational Democracy, Oxford 1989, 227-247.

[96] Fürstenberg, Individual and representative participation, 60.

[97] Andere Varianten sind u.a. job enrichment, d.h. der Anreicherung von Arbeitsinhalten mit dem Ziel ihrer Humanisierung.

beitsbedingungen) zu erarbeiten"[98]. Weiterentwicklungen gehen in Richtung Total Quality Management und kontinuierliche Verbesserungsprozesse.
- Gruppenarbeit als sozialorganisatorische Innovation "... wird im Kern als Erledigung einer ganzheitlichen Aufgabe durch eine Gruppe von fünf bis fünfzehn Arbeitnehmern definiert, wobei der Zuschnitt der Arbeitsaufgaben durch Aufgabenanreicherung und -erweiterung sowie Arbeitswechsel gleichermaßen charakterisiert ist wie durch die Integration von Sekundärfunktionen bzw. indirekten Tätigkeiten wie Instandhaltung, Qualitätssicherung, Logistik sowie Aufgaben der Steuerung und Koordination.[99]"

Während Qualitätszirkel als Problemlösungsgruppen parallel zur formalen Arbeitsorganisation bestehen, sind teilautonome Gruppen in die Arbeitsorganisation integriert und verfügen über ein bestimmtes Maß an Autonomie bzw. Handlungsspielräumen. Generell gilt: "Work teams can implement decisions on their own, within specified limits, while quality circles can only make recommendations to management."[100] Mit der Einführung von Gruppenarbeit erfährt die Arbeitsorganisation einschneidende Veränderungen. Innerhalb des Konzepts bestehen allerdings fundamentale Unterschiede vor allem zwischen japanischen und europäischen Vorbildern. Die in Japan dominierende Kombination von flexibel-spezialisierter Technologie mit konventionell-starrer, tayloristischer Arbeitsorganisation wird besonders in schwedischen Konzepten in Richtung auf "Humanisierung der Arbeit" überwunden (Toyotismus vs. Volvoismus).[101] Die in Deutschland durchgeführten Experimente weisen gewisse Parallelen mit den schwedischen auf.[102]

In bezug auf Partizipation können wir mehrere Dimensionen unterscheiden:
- Die Gegenstandsbereiche können unterschiedlich sein: "Still, it seems that in areas such as economic and financial policy of the firm and questions of general policy which have to do with the structure of the firm and its very existence, employers are strongly inclined to maintain decisions within the scope of management prerogatives, whereas in relation to personel questions and various daily operational issues

---

[98] Breisig,Th., Betriebliche Sozialtechniken. Handbuch für Betriebsrat und Personalwesen, Neuwied-Frankfurt 1990, 423; ähnlich Sperling, Innovative Arbeitsorganisation, 36f.

[99] Sperling, Innovative Arbeitsorganisation, 51.

[100] Strauss, Workers' participation in management, 295.

[101] Vgl. für andere Berggren,Chr., Alternatives to lean production: Work organization in the Swedish auto industry, Ithaca 1992.

[102] Ein Vergleich zwischen US-amerikanischen und deutschen Varianten findet sich bei Turner, Democracy at work, 154ff.

they may be more inclined to accept and even encourage various participative methods."[103] Insofern wird das unternehmerische Direktionsrecht nicht wesentlich eingeschränkt, die neuen Formen sind Ausfluß dieses Rechts.

- Die Intensität der Partizipation variiert bei den verschiedenen Formen: Qualitätszirkel zielen auf konsultative Partizipation, d.h. das Management behält das Letztentscheidungsrecht trotz individueller Teilhabe in kleinen Gruppen; teilautonome Arbeitsgruppen hingegen implizieren Elemente substantieller Partizipation mit echter Entscheidungsbefugnis innerhalb neuer Formen der Arbeitsorganisation und begrenzter Einschränkung der Kontrollmöglichkeiten des Managements (konsultative vs. delegative Partizipation).

Insgesamt bleibt die Beteiligung in bezug auf ihre Reichweite eher begrenzt. Im internationalen Vergleich zeigt sich: "Direct participation does not set any new trends in the field of labour relations, let alone upset trends (it does not turn hierarchy upside down), on the contrary, direct workers' participation strengthens already existing development trends."[104] Mit relativ guten Aussichten auf Erfolg kann "gemanagte Partizipation"[105] innerhalb kooperativer Arbeitsbeziehungen eingesetzt werden, vor allem in den auszulotenden Bereichen, in denen die Interessen der Akteure deutliche Parallelen aufweisen (etwa Effizienzsteigerung bzw. Umgestaltung der Arbeitsbedingungen). Vergleichsweise schlecht sind die Erfolgsaussichten bei konfliktorischen Arbeitsbeziehungen und/oder deutlich divergierenden, nicht kompromißfähigen Interessen der Akteure.

Die neuen partizipativen Managementstrategien bzw. -philosophien basieren nicht auf einem kohärenten, homogenen Konzept, sondern stellen ad hoc-Experimente auf einer inkrementalistischen Basis dar, die ex definitione scheitern können. Die Folgen für die korporativen Akteure sind weitgehend ungeklärt. Sie können deren Interessenlagen noch weiter heterogenisieren, was in der aktuellen Diskussion häufig übersehen wird[106]:

---

[103] IDE, Industrial democray in Europe revisited, 28.

[104] Kißler,L., Industrial modernization by workers' participation, EID 15 (1994), 197.

[105] Vgl. Kißler,L., Neue Staatsbürgerlichkeit und alte Machtbeziehungen im Betrieb. Hat die Mitbestimmung am Arbeitsplatz eine Chance?, in: Scherer,K.-J./Wasmuth,U.C.(Hg.), Mut zur Utopie! Festschrift für Fritz Vilmar, Münster 1994, 83ff.

[106] Zu den Ausnahmen gehören Beisheim,M./Eckardstein,D.v./Müller,M., Partizipative Organisationsformen und industrielle Beziehungen, in: Müller-Jentsch,W.(Hg.), Konfliktpartnerschaft. Akteure und Institutionen der industriellen Beziehungen, 2. erw. u. verb. Aufl. München-Mering 1993, 125-140; Kißler, L., Die gemanagte Partizipation. Qualitätszirkel als Instrumente des Personalmanagements in der deutschen und französischen Automobilindustrie, in: Marr,R.(Hg.), Eurostrategisches Personalmanagement, Bd.2, München-Mering 1991, 298ff.

- Sie führen zu weiteren Segmentierungen betrieblicher Arbeitsmärkte und damit der betrieblichen Sozialstruktur, d.h. zu Partizipationsgewinnern und -verlieren[107], da stets nur eine ausgewählte Minderheit der Arbeitnehmer auf bestimmten Hierarchieebenen teilnehmen kann (sog. Partizipationseliten); die Chance der Teilhabe und damit des individuellen Nutzens materieller und immaterieller Art (nicht nur der hauptamtlichen Koordinatoren) hängt zwar nicht konzeptionell, aber faktisch vom Qualifikationsniveau ab, da sich die Investitionen aus betrieblicher Sicht amortisieren müssen. Die neuen Partizipationsformen können außerdem als Instrument betrieblicher Rationalisierung benutzt werden, u.a. bei der Implementation neuer Produktionskonzepte.
- Weiterhin treten bis dato unbekannte Autoritäts- und Statusprobleme innerhalb des Managements auf, welches keine homogene Gruppe mehr bildet: Im unteren und mittleren Management, z.B. bei den Industriemeistern als unmittelbaren Vorgesetzten können die Reduzierung der Hierarchieebenen sowie die Veränderung des Führungsstils zur Aushöhlung von Kompetenzen sowie zu Doppelbelastungen führen[108]; demgegenüber gehört das Topmanagement in der Regel zu den Protagonisten der Beteiligungsverfahren.

Außerdem überfordern die neuen Formen häufig die fachliche und soziale Kompetenz der betrieblichen Interessenvertretung, die nicht mehr nur passiv kontrollieren kann, sondern im Rahmen einer neuen Betriebspolitik Veränderungsprozesse (z.B. die Gestaltung der Gruppenarbeit) in stärkerem Maße aktiv mitgestalten muß; außerdem muß sie sich in ihrer Interessenpolitik "nach unten", in Richtung auf eine direkte Beteiligung der unmittelbar Betroffenen stärker öffnen. Eine Überforderung der Betriebsräte durch die Übernahme zusätzlicher Aufgaben der Kooperation und Gestaltung scheint ebenso möglich wie interne Fraktionierungen, zumal sie auch noch Rahmentarifverträge vor allem zur Arbeitszeit und Qualifizierung auf die betriebliche Ebene "umzusetzen" und zu konkretisieren haben.[109] Ein latentes oder manifestes Konkurrenzverhältnis zwischen Aufgaben und Funktionen der Betriebsräte und partizipativen Organisationsformen ist nicht immer auszuschließen; eine

---

[107] Eine international vergleichende Studie zeigt: "A ... source of tension apparently due to the drive for increased flexibility in work organization and related employment practices is the potential for polarization between workers with access to jobs with innovative practices and those without." Locke et al., Reconceptualizing comparative industrial relations, 155.

[108] Vgl. Faust,M. et al., Dezentralisierung von Unternehmen. Bürokratie und Hierarchieabbau und die Rolle betrieblicher Arbeitspolitik, München-Mering 1994, 45.

[109] Vgl. im einzelnen Kap.8.

- funktionierende Arbeitsteilung zwischen arbeitsplatzsspezifischen und generellen Interessen ist schwer herzustellen.
- Schließlich stellen die neuen Formen die Gewerkschaften vor ganz neue Solidaritäts-, Abgrenzungs- und Dezentralisierungsprobleme, die sich bei den repräsentativen Formen der Mitb nicht ergeben haben; außerdem können nicht nur die Beziehungen zwischen Betriebsrat und Gesamtbetriebsrat, sondern vor allem die eingespielte Kooperation zwischen Betriebsrat und Gewerkschaft und damit die arbeitsteilig-kooperative Form der Interessenwahrnehmung infrage gestellt werden. Notwendig wird eine grundlegend veränderte gewerkschaftliche Betriebspolitik, die Partizipationsgewinner und -verlierer gleichermaßen berücksichtigt. Staatliche Unterstützung in Form einer Rahmengesetzgebung, die Gewerkschaften integriert und/oder Mitb-Rechte kodifiziert, könnte die Akzeptanz seitens der Gewerkschaften wesentlich fördern.

Generell gilt: "Sowohl der Betriebsrat als auch das Management befinden sich bei der Einführung partizipativer Organisationsformen auf einer Gratwanderung, bei der sie Chancen realisieren, aber auch Verluste erleiden können. Management und Betriebsrat geben Kontrollmöglichkeiten auf und hoffen, daß die impliziten Vereinbarungen halten und ein Äquivalent für die aufgehobene Kontrolle darstellen."[110] Chancen ergeben sich vor allem für einzelne Arbeitnehmer, die ihre fachlichen und sozialen Qualifikationen verbessern, ihre individuellen Handlungsspielräume vergrößern sowie die Gestaltung ihrer Arbeitsbedingungen stärker beeinflussen können. Ungewiß sind derzeit die Folgen auf der Makroebene der Arbeitsbeziehungen. "Sooner or later the structural characteristics ... will be modified: The dual system might give way to a triple system of interest representation with sectoral bargaining between trade unions and employers' associations, enterprise negotiations between works councils and management, and direct participation by work-groups with elected teamleader ... And there is no guaranty that the integration of the formal and representative institutions with the emerging decentralized and informal structures will succeed."[111]

---

[110] Beisheim et al., Partizipative Organisationsformen, 133f.

[111] Müller-Jentsch,W., Germany: From collective voice to co-management, in: Rodgers,J./Streeck, W.(eds.), Works councils: Consultation, representation, cooperation, Chicago 1995, 75.

Einführende Literatur:

Bamberg,U. et al., Aber ob die Karten voll ausgereizt sind ... 10 Jahre Mitbestimmungsgesetz 1976 in der Bilanz, Köln 1987

Biagi,M.(ed.), Participative management and industrial relations in a worldwide perspective. Bulletin of Comparative Labour Relations 27, Deventer-Boston 1993

Geary,J./Sisson,K., Conceptualising direct participation in organisational change - The EPOC project, Dublin 1994

Gladstone,A. et al.(eds.), Current issues in labour relations. An international perspective, Berlin-New York 1989, Chapter II: Institutional forms of workers' representation, with special reference to the Federal Republic of Germany

Industrial Democracy in Europe (IDE) International Research Group, Industrial democracy in Europe revisited, Oxford 1993

Kaufman,B.E./Kleiner,M.M.(eds.), Employee representation. Alternatives and future directions, Madison 1993

Martens,H./Peter,G.(Hg.), Mitbestimmung und Demokratisierung. Stand und Perspektiven der Forschung, Wiesbaden 1989

Regalia,I., Humanize work and increase profitability? Direct participation in organisational change viewed by the social partners in Europe, Dublin 1995

Sperling,H.J., Innovative Arbeitsorganisation und intelligentes Partizipationsmanagement. Trend-Report Partizipation und Organisation, Marburg 1994.

7. TARIFVERTRAGSWESEN I: RECHTLICH-INSTITUTIONELLE PROBLEME

Wir verlassen nunmehr die Betriebs- bzw. Unternehmensebene und befassen uns mit der sektoralen bzw. Branchenebene der Arbeitsbeziehungen, d.h. vor allem mit Tarifverhandlungen bzw. deren Ergebnissen als zentralen Elementen der gewerkschaftlichen Interessenpolitik. In soziologischer Perspektive bedeutet dieser Schritt folgendes: Während wir uns bisher mit der "Beeinflussung und Kontrolle der Anwendungsbedingungen der Arbeitskraft im betrieblichen Arbeitsprozess" befaßt haben, steht nun die "Beeinflussung und Kontrolle der Verkaufsbedingungen der Arbeitskraft"[1] im Zentrum.

7.1. Die gesetzliche Grundlage

Zunächst müssen wir die rechtlich-institutionellen Grundlagen kennenlernen. Wir haben in juristischer Perspektive zwischen individuellem und kollektivem Arbeitsrecht zu unterscheiden, die zwar eng zusammengehören, wobei aber letzteres in sozialwissenschaftlichem Kontext wichtiger ist. "Collective labour law is ... composed of four main parts: the law on collective bargaining, including the law on trade unions and employers' associations, the law on industrial conflict, the law on workers' representation by works councils, and the law on workers' representation on the supervisory board of large companies."[2] Da wir uns mit den beiden Ebenen der Mitbestimmung schon befaßt haben, geht es im folgenden um das Tarifvertrags- sowie um das Arbeitskampfrecht.

Von zentraler Bedeutung ist das Grundrecht der Koalitionsfreiheit nach Art.9 Abs.III GG: "Das Recht, zur Wahrung und Förderung der Arbeits- und Wirtschaftsbedingungen Vereinigungen zu bilden, ist für jedermann und für alle Berufe gewährleistet." Allerdings sind nicht alle Vereinigungen als Koalitionen anzusehen; das BVerfG hat verschiedene Voraussetzungen benannt: "Es muß die Koalition als satzungsmäßige Aufgabe die Wahrnehmung der Interessen ihrer Mitglieder gerade in ihrer Eigenschaft als Arbeitgeber oder Arbeitnehmer übernehmen; sie muß frei gebildet, gegnerfrei, unabhängig und auf überbetrieblicher Grundlage organisiert sein; schließlich muß sie das geltende Tarifrecht als für sich verbindlich anerkennen." Arbeitnehmerkoalitionen mit diesen Eigenschaften (Freiwilligkeit des Zusammenschlusses, körperschaftliche Organisation, Gegnerfreiheit und Unabhängigkeit, Überbetrieblichkeit, Tarifwilligkeit) müssen zusätzlich die Voraussetzungen der Dauerhaftigkeit (keine ad hoc-Koalitionen) sowie, was

---

[1] Müller-Jentsch,W., Soziologie der industriellen Beziehungen. Eine Einführung, Frankfurt-New York 1986, 42.

[2] Weiss,M., Labour law and industrial relations in the Federal Republic of Germany, Deventer 1987, 23.

rechtlich nicht unumstritten ist, die der Streikwilligkeit und Streikfähigkeit erfüllen, um die Gewerkschaftseigenschaft zu haben.[3]

Positive Koalitionsfreiheit meint das Recht des einzelnen, einer Koalition beizutreten oder sich für sie zu betätigen. Negative Koalitionsfreiheit ist das komplementäre Recht des Individuums, nicht zum Eintritt in Koalitionen gezwungen werden zu dürfen, d.h. ihnen fernbleiben zu können; auch ein nur mittelbarer Organisationszwang wäre verfassungswidrig. Die in Art.9 Abs.3 GG gegebene Garantie umfaßt neben diesen beiden Formen der individuellen auch die kollektive Koalitionsfreiheit, welche neben der Bestands- auch die Betätigungsgarantie einschließt. Der Tarifvertrag zählt zum Kernbereich der Koalitionsfreiheit.

Das gesellschaftliche Strukturprinzip der Tarifautonomie[4] stellt eine Konkretisierung der kollektiven Koalitionsfreiheit dar. Diese Normsetzungsbefugnis bedeutet, daß die Tarifvertragsparteien die Entgelte und sonstigen Arbeitsbedingungen in eigener Verantwortung aushandeln, also ohne Intervention staatlicher Institutionen; die innerhalb dieses autonom-selbstbestimmten Handlungsspielraums mit prinzipiell offenem Ausgang frei formulierten und ausgehandelten Bedingungen werden wie staatlich gesetztes Recht garantiert. Eine inhaltliche Reglementierung des Verhaltens der Tarifpartner seitens des Staates, z.B. durch hoheitlich verordnete Lohnleitlinien, ist rechtlich nicht zulässig - und wäre auch gar nicht zweckmäßig.[5] Der Staat ist damit auf die grundsätzlich freiwillige Kooperation der Tarifpartner angewiesen und muß sich auf informelle Einflußnahmen zur Schaffung bzw. Sicherung gesamtwirtschaftlich erwünschter Rahmenbedingungen beschränken; gleichzeitig kann er sich ohne Legitimationsverluste funktional entlasten in einem recht konfliktträchtigen Bereich, den die Tarifvertragsparteien ohnehin besser überschauen und flexibler bzw. "sachgerechter" ausgestalten können.

Das System der Tarifautonomie hat nach übereinstimmender Meinung aller Beteiligten über eine Reihe von Jahrzehnten zufriedenstellend funktioniert und gehört zu den zentralen Bausteinen des Systems der Arbeitsbeziehungen. "The Federal Government respects the principle of autonomy in collective bargaining according to which both sides of industry, with a thorough knowledge of the overall economic situation, take the rele-

---

[3] Für andere Hanau,P./Adomeit,K., Arbeitsrecht, 11. Aufl. Frankfurt 1994, 57fff.

[4] Vgl. Müller-Jentsch,W., Versuch über die Tarifautonomie. Entstehung und Funktionen kollektiver Verhandlungssysteme in Großbritannien und Deutschland, Leviathan 11 (1983), 118-150; aus ökonomischer Perspektive zusammenfassend Lampert,H./Englberger,J./Schüle,U., Ordnungs- und prozeßpolitische Probleme der Arbeitsmarktpolitik in der Bundesrepublik Deutschland, Berlin 1991, 108-130; aus juristischer Perspektive zusammenfassend Säcker,F.J./Oetker,H., Grundlagen und Grenzen der Tarifautonomie, München 1992.

[5] Vgl. Traxler,F., Interessenverbände der Unternehmer. Konstitutionsbedingungen und Steuerungskapazitäten, analysiert am Beispiel Österreichs, Frankfurt-New York 1986, 46f.

vant decisions on their own responsibility. It is of the opinion that the development so far reflects the successes of autonomy in collective bargaining. This autonomy of unions and employers organisations is an important component of the system of a free social market economy existing in this country. The Government therefore rejects any interference in collective bargaining on principle."[6] Mittel- und langfristig können Probleme sowohl durch Tendenzen einer "Verbetrieblichung" als auch durch supranationale Regelungen entstehen.[7]

Seit dem Ende des I. Weltkrieges sind Tarifverhandlungen als Mittel zur kollektiven Regelung der Arbeitsbeziehungen und Gewerkschaften als dessen institutionelle Träger rechtlich anerkannt.[8] Grundlage des Tarifverhandlungssystems ist das <u>Tarifvertragsgesetz</u> (TVG) von 1949 in der Fassung von 1969, welches die rechtlichen Rahmenbedingungen für den Machtkampf der Tarifvertragsparteien definiert und damit deren Handlungsmöglichkeiten im Sinne von "constraints and opportunities" beeinflußt. Das fest institutionalisierte und hochgradig formalisierte Regulierungssystem umfaßt die tarifpolitischen Instrumente Tarifverhandlung, Schlichtungsverfahren und Arbeitskampf; es garantiert eine gleichmäßige Regelung und gewisse Vereinheitlichung der Arbeitsbedingungen. "Das Tarifvertragssystem ist ein Regulierungssystem, das die widerstreitenden Interessen von Kapital und Arbeit konfliktfähig macht. Es beruht auf formalisierten Verhandlungen, kontrollierter Konfliktaustragung und rechtswirksamen Vereinbarungen."[9]

Der Tarifvertrag, eine bedeutende Rechtsquelle des gesamten Arbeitsrechts, ist ein marktwirtschaftskonformes und gesellschaftlich akzeptiertes Regelungsinstrument zur befristeten Befriedung und Kanalisierung, nicht hingegen zur endgültigen Lösung des industriellen Konflikts bei der normierenden Festlegung von Löhnen und Arbeitsbedingungen. Der "Preiskampf am Arbeitsmarkt" ist zugleich Verteilungskampf um das Bruttosozialprodukt.

Tarifverträge haben im wesentlichen mindestens vier gesellschaftliche Funktionen:
- die des Schutzes des einzelnen Arbeitnehmers vor Ausübung wirtschaftlicher Macht seitens des Arbeitgebers,

---

[6] OECD(ed.), Collective bargaining and government policies in ten OECD countries, Paris 1979, 66.

[7] Vgl. im einzelnen Kap.16 bzw. Kap.17.

[8] Vgl. Klönne,A., Tarif-"Autonomie" in Deutschland - historisch betrachtet, WSI-Mitt 46 (1993), 488-495.

[9] Müller-Jentsch,W., Das (Des-)Interesse der Arbeitgeber am Tarifvertragssystem, WSI-Mitt 46 (1993), 496.

- die des Friedens durch unbedingte Wahrung des Arbeitsfriedens während der Laufzeit,
- die der Ordnung durch die verbindliche Normierung und Typisierung der Arbeitsbedingungen,
- die der Verteilung der Einkommen durch Beteiligung der Arbeitnehmer am Sozialprodukt bzw. dessen Wachstum.

Der Tarifvertrag	
schuldrechtlicher Teil	**normativer Teil**
- Rechte und Pflichten der Tarifvertragsparteien bezüglich Abschluß, Durchführung und Beendigung des Tarifvertrags - Friedenspflicht - ev. Schlichtungsabkommen - Einwirkungspflicht	- Rechtsnormen über Inhalt, Abschluß und Beendigung von Arbeitsverhältnissen - Rechtsnormen bezüglich betrieblicher und betriebsverfassungsrechtlicher Fragen

Quelle: Adamy,W./Steffen,J., Handbuch der Arbeitsbeziehungen, Bonn 1985, 221.

Wesentliche Grundsätze des Tarifvertragsrechts leiten sich aus Par.1 TVG ab: "Der Tarifvertrag regelt die Rechte und Pflichten der Tarifvertragsparteien und enthält Rechtsnormen, die den Inhalt, den Abschluß und die Beendigung von Arbeitsverhältnissen sowie betriebliche und betriebsverfassungsrechtliche Fragen ordnen können." Ein Tarifvertrag ist ein
- schriftlich geschlossener,
- privatrechtlicher Vertrag zwischen tariffähigen Parteien, der Rechte und Pflichten der Tarifvertragsparteien regelt (schuldrechtlicher oder obligatorischer Teil)
- und Rechtsnormen über Inhalt, Abschluß und Beendigung von Arbeitsverhältnissen sowie über betriebliche und betriebsverfassungsrechtliche Fragen und gemeinsame Einrichtungen der Tarifvertragsparteien enthält (normativer Teil).[10]

---

[10] Vgl. im einzelnen Weiss, Labour law and industrial relations, 124ff.

Ein Tarifvertrag hat mithin zwei Elemente (sog. rechtliche Doppelnatur): Sein schuldrechtlicher Teil, der nur die vertragsschliessenden Parteien Arbeitgeber(-verband) und Gewerkschaft, nicht hingegen deren einzelne Mitglieder bindet, impliziert im wesentlichen zwei Nebenpflichten:

- Friedenspflicht bedeutet, daß während der Laufzeit eines Tarifvertrages keinerlei Arbeitskämpfe mit dem Ziel einer Veränderung seiner Inhalte, wohl aber über andere, vorbereitet, eingeleitet oder durchgeführt werden dürfen. Verbandsmitglieder sind ggf. von Arbeitskampfaktionen abzuhalten; Verletzungen der Friedenspflicht gelten als Tarifbruch und können zu Unterlassungs- und Schadensersatzansprüchen führen. In bezug auf die Ordnungsfunktion des Tarifvertrages unterscheiden wir absolute und relative Friedenspflicht: Bei der absoluten Friedenspflicht, welche die Tarifvertragsparteien explizit verabreden und regeln müssen, dürfen überhaupt keine Arbeitskämpfe geführt werden, bei der relativen keine über die Inhalte des Tarifvertrags. Die Friedenspflicht demonstriert den Kompromißcharakter des Tarifvertrages: Während der Laufzeit sind den Arbeitnehmern bestimmte Mindestarbeitsbedingungen (u.a. bei den Entgelten) garantiert. Die Arbeitgeber verfügen über eine feste Planungs- und Kalkulationsgrundlage, d.h. sie brauchen nicht mit weiteren Forderungen der Gewerkschaften zu rechnen.[11] Insofern haben beide Seiten Interesse an einer fixierten Laufzeit.
- Beide Parteien haben eine Einwirkungs- bzw. Durchführungspflicht, d.h. sie haben auf ihre Mitglieder (durch Beratung und Hinweise, ggf. mit den sanktionierenden Mitteln des Verbandsrechts) einzuwirken, die Bestimmungen des ausgehandelten Tarifvertrages ordnungsgemäß durchzuführen bzw. einzuhalten.

Die Rechtsnormen des normativen Teils des Tarifvertrages gelten unmittelbar und zwingend für Dritte, d.h. für individuelle tarifgebundene Arbeitsverhältnisse (sog. Unabdingbarkeit). Die ausgehandelten Tarifnormen stellen Mindestarbeitsbedingungen dar; sie dürfen zugunsten der Arbeitnehmer durch freiwillige übertarifliche Leistungen überschritten, jedoch nicht unterschritten werden (sog. Mindestniveaugarantie des Günstigkeitsprinzips nach Par.4 TVG). Der Tarifvertrag kann keine Höchstarbeitsbedingungen fixieren. Der einzelne Arbeitnehmer kann auf tarifliche Rechte nicht verzichten (sog. Unverbrüchlichkeit).

Tarifvertragsparteien bzw. tariffähig sind auf Arbeitnehmerseite nur Gewerkschaften und deren Zusammenschlüsse, nicht hingegen einzelne Arbeitnehmer, auf Arbeitgeberseite einzelne Arbeitgeber oder Arbeitgeberverbände sowie deren Spitzenorganisationen

---

[11] Die zeitliche Ausdehnung der Friedenspflicht war lange umstritten. Das Bundesarbeitsgericht (BAG) erkannte sog. spontane Streiks, die lediglich "milden Druck" auf den Opponenten ausüben sollen, während der laufenden Tarifverhandlungen als rechtmäßig an.

(Par.2 TVG). Danach unterscheiden wir Verbandstarifvertrag und Firmen- bzw. Haustarifvertrag. Letztere kommen in der Bundesrepublik nicht unbedingt selten vor, sind aber in gesamtwirtschaftlicher Perspektive relativ unbedeutend, da sie nur einen kleinen Teil der Arbeitnehmer betreffen; die bekannteste Ausnahme von der Regel, daß Firmentarifverträge vor allem in kleineren Firmen geschlossen werden, ist VW.[12] Traditionell dominieren - im Gegensatz etwa zu Großbritannien oder den USA, aber auch zu Japan - großflächige Verbands- bzw. Flächentarifverträge, die entweder für eine Region oder sogar bundesweit gelten.

Tarifverhandlungen müssen mit dem ernsthaften Willen zur Einigung geführt werden. Zunächst sind nur die Mitglieder der Tarifvertragsparteien sowie derjenige Arbeitgeber, der selbst Partei von Tarifverträgen ist (Par.3 TVG), durch die ausgehandelten Normierungen bis zum Ende der Laufzeit des Tarifvertrages zwingend tarifgebunden.[13] Die Anwendung der Bedingungen des Tarifvertrages auf alle Beschäftigten, d.h. auch auf nicht-organisierte Arbeitnehmer, seitens der verbandsgebundenen Arbeitgeber stellt einen in der Praxis zwar durchaus üblichen, prinzipiell jedoch freiwilligen Schritt dar. Differenzierungsklauseln, u.a. in Form von Tarifausschluß- oder Spannenklauseln, die eine materielle Besserstellung der gewerkschaftlich organisierten Arbeitnehmer gegenüber nicht-organisierten ermöglichen würden, sind laut BAG-Urteil von 1967 unzulässig, da sie die negative Koalitionsfreiheit beeinträchtigen würden.[14]

Unter bestimmten Bedingungen können allerdings der Bundes- oder Landesminister für Arbeit und Sozialordnung einen Tarifvertrag im Einvernehmen mit den Parteien für allgemeinverbindlich erklären (Par.5 TVG).[15] Danach erfassen die Rechtsnormen, nicht hingegen die schuldrechtlichen Verpflichtungen des Tarifvertrags auch alle vorher nicht tarifgebundenen Arbeitgeber und Arbeitnehmer. Die möglichen Nachteile der Begrenzung der Tarifbindung auf die Mitglieder der Tarifvertragsparteien sollen so ausgeglichen werden; die Verhinderung untertariflicher Arbeitsbedingungen durch Schutz von Nichtorganisierten bzw. die Vereinheitlichung der Wettbewerbsbedingungen liegen in beiderseitigem Interesse. "The power of government to extend the application of an

---

[12] Vgl. zur aktuellen Entwicklung im einzelnen Kap.9.

[13] Bei betrieblichen und betriebsverfassungsrechtlichen Normen genügt die Tarifgebundenheit des Arbeitgebers.

[14] Vgl. Weiss, Labour law and industrial relations, 107; vgl. aktuell Zachert,U., Tarifpolitik ohne Trittbrettfahrer? Das Konzept tariflicher Vorteilsregelungen, in: Bispinck,R.(Hg.), Tarifpolitik der Zukunft. Was wird aus dem Flächentarifvertrag?, Hamburg 1995, 194-204.

[15] Dies ist möglich, "wenn 1. die tarifgebundenen Arbeitnehmer nicht weniger als 50 vom Hundert der unter den Geltungsbereich des Tarifvertrages fallenden Arbeitnehmer beschäftigen und 2. die Allgemeinverbindlichkeitserklärung im öffentlichen Interesse geboten erscheint".

agreement to non-signing enterprises and their employees has its basis in the idea that collective bargaining is a desirable institution and that the parties to the process are entitled to protection against lower-cost competition from employers not bound by the terms of the agreement."[16]

In der Realität ist diese Allgemeinverbindlichkeitserklärung (AVE) allerdings - im Gegensatz zur Zeit der Weimarer Republik oder im Vergleich zur Praxis in anderen Ländern - auf sehr wenige Fälle in Relation zu allen abgeschlossenen Tarifverträgen beschränkt: Nur etwa jeder 60.Verbandstarifvertrag ist betroffen; für allenfalls eine Mill. Arbeitnehmer entsteht eine faktische Wirkung. Die AVE kommt vor allem in Branchen mit vielen kleinen und mittelgroßen Firmen vor (Bau, Textil und Bekleidung, Handel, Steine und Erden, Keramik und Glas). Gegenstand sind nur selten Entgeltfragen, sondern vor allem manteltarifliche Regelungen (vor allem zur Altersversorgung, Berufsbildung sowie überbetriebliche Urlaubsregelungen).[17] Die tatsächliche Verbreitung und Bedeutung der AVE wird in der öffentlichen Diskussion häufig überschätzt.

Nach dem Auslaufen des Tarifvertrages gelten dessen Rechtsnormen solange weiter, bis ein neuer Tarifvertrag abgeschlossen worden ist (sog. Nachwirkung des normativen Teils als dispositives Recht). Die Regelungen eines Tarifvertrages können durch ausdrückliche Vereinbarung auch rückwirkend inkraft gesetzt werden, wobei in der Praxis vor allem rückwirkende Lohnerhöhungen von Bedeutung sind. - Bei sich überschneidenden Tarifverträgen mit unterschiedlichem Inhalt für dasselbe Arbeitsverhältnis (sog. Tarifkonkurrenz) gilt das Spezialitätsprinzip, d.h. die Bedingungen des (persönlich, räumlich und sachlich) betriebsnäheren Tarifvertrags haben Vorrang. Das Problem tritt allerdings wegen des dominierenden Industrieverbandsprinzips[18] nur selten auf.

Beim Geltungsbereich unterscheiden wir den
- räumlichen (z.B. bestimmter Tarifbezirk, Bundesland oder Bundesgebiet),
- zeitlichen (innerhalb der vereinbarten Laufzeit),
- fachlichen (z.B. betrieblich oder fachlich)
- und persönlichen (für bestimmte Arbeitnehmergruppen, z.B. Arbeiter, Angestellte oder Auszubildende).

---

[16] Windmuller,J.P., Comparative study of methods and practices, in: ILO(ed.), Collective bargaining in industrialised market economies: A reappraisal, Geneva 1987, 157.

[17] Vgl. im einzelnen die quantitativen Angaben bei Weiss, Labour law and industrial relations, 129; Lidena,B./Höhmann,H., Allgemeinverbindlichkeit von Tarifverträgen II - Weniger allgemein als gemeinhin angenommen, DAg 40 (1988), 564-566; Kreimer-de-Fries,J., Die Allgemeinverbindlichkeit von Tarifverträgen. Ein unzeitgemäßes Instrument?, in: Bispinck, Tarifpolitik der Zukunft, 205-229.

[18] Vgl. im einzelnen Kap.3.

Wirtschaftszweige nach dem Typ der Lohn- und Gehaltsfestsetzung

Wirtschaftszweige	Typ I bundesw./bundesw.	Typ II bundesw./regional	Typ III regional/regional	Typ IV Unternehmen
Landwirtschaft			L, G	
Energiewirtschaft			E[1]	
Steinkohlebergbau			L, G	
Mineralölverarbeitung				L, G
Eisen- und Stahlindustrie			L, G	
Chemische Industrie		E		
Metallindustrie			L, G	
Kfz-Gewerbe			L, G	
Holzverarbeitende Industrie			L, G	
Papierverarbeitende Industrie	L[2]		G	
Druckindustrie	L		G	
Schuhindustrie	L		G	
Textilindustrie			L, G	
Bekleidungsindustrie		L	G	
Bauhauptgewerbe	L[2], G			
Einzelhandel			L, G	
Privates Transport- und Verkehrsgewerbe			L, G	
Gebäudereinigerhandwerk		L	G	
Öffentlicher Dienst (Bund, Länder, Gemeinden)	L, G			

1   In einigen Regionen bestehen (teils zusätzlich, teils ausschließlich) Firmen-Tarifverträge.
2   Der bundesweite Lohnabschluß wird in regionale Tarifverträge umgesetzt.
      Im Baugewerbe bestehen in den regionalen Lohntarifverträgen z.T. noch weitere Untergliederungen der Lohngruppen.

Typ I: bundesweiter Rahmen-TV, bundesweite Vergütungs-TVe (VTV), **Typ II**: bundesweiter Rahmen-TV, regionale VTVe, **Typ III**: regionale Rahmen-TVe, regionale VTVe (ggf. Rahmen für mehrere Regionen), **Typ IV**: Firmen-TVe

L = Lohn, G = Gehalt, E = Entgelt

Quelle: Bispinck, R., Tarifliche Lohnstrukturanalyse. Eine Untersuchung der Struktur, Differenzierung und Flexibilität des Tarifsystems und der Tarifeinkommen in der Bundesrepublik Deutschland, Düsseldorf 1995, 23.

Nach dem Regelungsgegenstand bzw. Inhalt unterscheiden wir
- Lohn- und Gehaltstarifverträge, welche die Höhe der Arbeitsentgelte bzw. deren Veränderungen für die Laufzeit der Verträge regeln,
- Lohn- und Gehaltsrahmentarifverträge, die u.a. Lohnsysteme und Entlohnungsgrundsätze (u.a. Anzahl und Merkmale von Lohn- und Gehaltsgruppen, Regelung der Leistungsentlohnung) zumeist getrennt für Arbeiter und Angestellte festlegen,
- Manteltarifverträge, welche die sonstigen allgemeinen Arbeitsbedingungen regeln (u.a. Dauer und Verteilung der Arbeitszeit, Nacht- und Schichtarbeit, Urlaub, Überstunden, Kündigungsfristen, Probezeit).

Diese Vertragsarten können auch als Mischformen auftreten. Die Laufzeiten der Lohn- und Gehaltstarifverträge sind im allgemeinen kürzer als die der übrigen Tarifverträge. Infolge der seit den 70er Jahren veränderten Rahmenbedingungen hat die Bedeutung von Rahmen- und Manteltarifverträgen zugenommen.

Tarifverträge sind Vereinbarungen zwischen Koalitionen mit dem Ziel der kollektiven Regelung der arbeitsrechtlichen Beziehungen. Tarifverträge normieren grundsätzlich kollektive Regelungs-, d.h. Interessenstreitigkeiten, hinsichtlich der Ausgestaltung einer zukünftigen Regelung; für individuelle und kollektive Rechts-, d.h. Auslegungsstreitigkeiten bereits bestehender Abmachungen sind die verschiedenen Arbeitsgerichte (Arbeitsgerichte, Landesarbeitsgerichte, Bundesarbeitsgericht) zuständig, die bindende Entscheidungen fällen. Diese grundsätzliche Trennung von Rechts- und Regelungskonflikten[19] bewirkt einen wesentlichen Unterschied etwa zum britischen System der Arbeitsbeziehungen.

Unter Tariflohn verstehen wir den in Kollektivverhandlungen ausgehandelten Mindestlohn, Effektivlohn meint das tatsächlich gezahlte Entgelt. Vor allem in den konjunkturell günstigen Phasen der späten 60er und frühen 70er Jahre mit Arbeitskräfteknappheit setzten BR häufig in einer sog. zweiten Lohnrunde auf Betriebsebene bessere als die tarifvertraglich vereinbarten Bedingungen durch, indem sie unternehmensspezifische Konzessionsspielräume ausschöpften, was ihnen später kaum noch gelang; gerade die hochgradig zentralisierte Form der Tarifpolitik als institutioneller Faktor vergrößert diese Kluft, die sog. wage drift.[20] Die in den späten 60er und frühen 70er Jahren kontrovers diskutierte Strategie einer ergänzenden "betriebsnahen Tarifpolitik" setzte hier an.[21]

---

[19] Vgl. auch Kap.4.

[20] Vgl. hierzu u.a. Kleinhückelskoten,H.D./Spaetling,D., Aspekte der Interdependenz zwischen Tarif- und Effektivlohnentwicklung, Opladen 1980; Blum,J., Von der Tarif- zur Effektivlohnstruktur, Frankfurt 1983; Schnabel,C., Die übertarifliche Bezahlung, Köln 1994.

[21] Vgl. Thelen,K.A., Union of parts. Labor politics in postwar Germany, Ithaca-London 1991, 89-93.

Nach einem BAG-Urteil von 1968 bleibt der Bereich der übertariflichen Löhne dem Tarifvertrag entzogen (sog. tarifrechtliche Unwirksamkeit von Effektivklauseln), d.h. die Spanne zwischen Tarif- und Effektivverdienst kann nicht rechtlich abgesichert werden. Insoweit bestehen rechtliche Grenzen der Tarifautonomie; weiterhin müssen wir trotz formaler Parität ein faktisches Machtungleichgewicht innerhalb einer stets labilen Balance berücksichtigen.

7.2. Schlichtung als autonomes Regelungsverfahren

1. Ein Scheitern von Tarifverhandlungen führt keineswegs automatisch zum Arbeitskampf, da in allen entwickelten westlichen Industrienationen differenzierte institutionelle Vorkehrungen getroffen werden, um eine Einigung auch ohne oder sogar während der Durchführung von Kampfmaßnahmen zu ermöglichen. Im internationalen Vergleich[22] zeigt sich, daß in verschiedenen nationalen Systemen der Arbeitsbeziehungen bei identischen Zielvorstellungen unterschiedliche Methoden des Konfliktmanagements Verwendung finden; das Ziel der Konfliktvermeidung bzw. -beilegung kann durch funktional weitgehend äquivalente Problemlösungsstrategien realisiert werden. In der Bundesrepublik werden kollektive Regelungsstreitigkeiten durch Schlichtungsverfahren, individuelle und kollektive Rechtsstreitigkeiten dagegen stets durch Schieds-, d.h. Rechtsverfahren, gelöst.

Unter Schlichtung soll im folgenden das Verfahren zur Beilegung von kollektiven Regelungsstreitigkeiten zumeist durch Intervention eines am Konflikt unbeteiligten Dritten verstanden werden.[23] Formal können wir nach dem Grad der Verbindlichkeit ihres Ergebnisses für die Beteiligten zwei Verfahren zur Lösung von arbeitsrechtlichen Interessenkonflikten bzw. Gesamtstreitigkeiten unterscheiden: Die Ergebnisse von Schlichtungsverfahren sind in der Regel nicht automatisch bindend für die Parteien, sondern bedürfen der ausdrücklichen Zustimmung. Die Resultate von Schiedsverfahren

---

[22] ILO(ed.), Conciliation in industrial disputes, Geneva 1973; ILO(ed.), Conciliation techniques: Structures, functions and techniques, Geneva 1983; Owen-Smith,E./Frick,B./Griffith,T., Third party involvement in industrial disputes. A comparative study of West Germany and Britain, Aldershot 1989.

[23] Vgl. zusammenfassend aus sozialwissenschaftlicher Sicht Keller,B., Schlichtung als autonomes Regelungsverfahren der Tarifvertragsparteien, in: Endruweit,G. et al.(Hg.), Handbuch der Arbeitsbeziehungen, Berlin 1985, 119-130; Keller,B., Mediation as a conflict-solving device in collective industrial disputes, IRRI 43 (1988), 431-446; Lohr,M., Schlichtung als gesellschaftspolitische Konfliktregulierung. Das Beispiel der Metallindustrie in der BRD, Frankfurt-Bern 1984; aus juristischer Sicht Brox,H./Rüthers,B., Arbeitskampfrecht, 2. Aufl. Stuttgart 1982, 418-435; Behning,B., Die Schlichtung in der kollektiven Arbeitsverfassung der Bundesrepublik Deutschland, Frankfurt-Berlin 1994.

hingegen binden häufig die Parteien endgültig (externalisierte Konfliktlösung); das bilaterale Informationsniveau ist bei der zweiten Gruppe höher als bei der ersten.[24]

Das Tarifverhandlungssystem läßt sich als Kompromißfindungssystem charakterisieren, in welchem die Schlichtung bei Verhandlungsengpässen wesentliche Funktionen für die Zielrealisierung wahrnimmt, indem sie stabile konfliktsteuernde Kooperation ermöglicht und Kompromißförderung durch Risikoeskalation gewährleistet. Im Ablaufschema für Tarifverhandlungen ist die Schlichtungsphase einem relativ späten Stadium zuzuordnen.

Vom konfliktsoziologischen Standpunkt aus ist verschiedentlich auf deutliche Tendenzen zur Institutionalisierung des Klassengegensatzes und damit des Verteilungskonflikts hingewiesen worden.[25] Die Vereinbarung von Schlichtungsordnungen als langfristig geltenden Rahmenregelungen stellt damit ein wesentliches Element einer weitergehenden Institutionalisierung des Klassengegensatzes bzw. des Machtausgleichs durch Institutionalisierung von Konfliktzonen dar. Diese zunehmende Tendenz fördert in ihren Ausprägungen eine Kanalisierung und Reglementierung der faktisch vorhandenen industriellen Konflikte. In konflikttheoretischer Perspektive ist die Einbeziehung unabhängiger Instanzen oder Personen in interpersonelle Konflikte eine in unterschiedlichen Bereichen (z.B. Rechtsstreitigkeiten zwischen Individuen, internationale Konflikte)[26] häufig praktizierte Form der Konfliktlösung.

Nach dieser allgemeinen Verortung wollen wir zurückgreifen auf Theorien der Arbeitsbeziehungen, für die Regeln den zentralen Gegenstands- und Erklärungsbereich darstellen. Schlichtungsvereinbarungen sind in diesem Zusammenhang anzusehen als Teil des Regelsystems für Arbeitsbeziehungen und zwar als solcher, der Verfahrensregeln festsetzt und damit formaler Art ist. Falls Verfahrensregeln dominieren, soll vor allem der Arbeitsfrieden bewahrt bzw. wiederhergestellt werden, wobei konkrete Bedingungen weniger wichtig sind. Falls inhaltliche Regelungen höher eingestuft werden, wird die genaue Regelung der Beschäftigungsbedingungen als vorrangig betrachtet; Konfliktrisiken werden in diesem Fall einkalkuliert. Der Unterschied zwischen beiden Formen besteht also darin, daß die einen Beschäftigungsbedingungen direkt regulieren (z.B. Lohnhöhe, Arbeitszeit), während die anderen dies indirekt tun, indem sie das Verhalten

---

[24] Die Einigungsstellen gemäß BetrVG von 1972 (vgl. Kap.5.) sind als innerbetriebliche Organe zur Befriedung derjenigen Konflikte im organisatorischen, sozialen, personellen und wirtschaftlichen Bereich anzusehen, die sich aus Interpretationsproblemen bestehender gesetzlicher Regelungen ergeben; demgegenüber ist Ziel der Schlichtung der Abschluß eines neuen Tarifvertrages.

[25] Dahrendorf,R., Class and class conflict in industrial society, 5th ed. London 1967, 64ff.; Jackson,M.P., Industrial relations. A textbook, London 1977, 178ff.

[26] Fisher,R.J., Third party consultation as a method of intergroup conflict resolution. A review of studies, JCR 27 (1983), 301-334.

der Repräsentanten der formalen und informellen Organisationen beeinflussen (z.B. Abkommen über Verhandlungs- und Konfliktbeilegungsmechanismen).

2. Historisch gesehen sind Schlichtungsvereinbarungen eine Folge der Aufhebung des Koalitionsverbots und der Gründung von Interessenorganisationen. Grundsätzlich ist auch in historischer Perspektive zu unterscheiden zwischen staatlicher und verbandsautonomer, auf tarifvertraglichen Regelungen beruhender Schlichtung. Die wiederholten Veränderungen der gesellschaftlichen und politischen Verhältnisse beeinflußten auch das Schlichtungswesen als Teil der gewachsenen koalitionsmäßigen Betätigung.[27]

Der Gesetzgeber der Bundesrepublik garantiert in GG und TVG den Sozialpartnern einen spezifischen Freiraum zu eigenverantwortlichen Regelungen aller Arbeitsbedingungen, wofür nicht zuletzt die Erfahrungen mit der Zwangsschlichtung der Weimarer Zeit Anlaß waren. Die Diskussion um Sinn und Notwendigeit freiwillig von den Arbeitsmarktparteien vereinbarter Schlichtungsverfahren als Gegensatz zur behördlich-staatlichen Form der Weimarer Zeit begann in den frühen 50er Jahren. Grundsätzliche Zielsetzungen waren

- Stärkung der Eigenverantwortlichkeit der Tarifparteien,
- Erhöhung der Chance einer Einigung,
- Stärkung der tariflichen Friedenspflicht.

In verschiedenen großen Branchen der Privatwirtschaft (u.a. Metall-, Bau-, chemische Industrie, Druck und Papier) sind seit langem Konfliktbeteiligungsmechanismen für kollektive Regelungsstreitigkeiten durch entsprechende Vereinbarungen der Tarifvertragsparteien institutionalisiert. Besonders die Abkommen in der Metallindustrie (1954, 1964, 1973, 1980) wurden zu Vorreitern für die übrigen Wirtschaftsbereiche.

Weder für die Regierung noch für irgendeine andere Institution besteht die Möglichkeit, Kampfmaßnahmen zu verhindern oder etwa wie im Taft-Hartley-Gesetz in den USA für eine bestimmte Zeit auszusetzen (sog. Abkühlungsphase) oder eine für die Parteien bindende Entscheidung zu fällen. Weiterhin sind nie andere als Schlichtungsverfahren ernsthaft in Erwägung gezogen worden, kollektive Regelungsstreitigkeiten werden nie durch Schiedsverfahren beigelegt. Das im TVG verankerte, als konstitutives Element der Arbeitsbeziehungen anzusehende Institut der Tarifautonomie ließe sich ebensowenig mit deren Anwendung vereinbaren wie die Garantie der freien Tarifautonomie in Art.9 GG (verfassungsrechtliches Verbot genereller Zwangsschlichtung).

---

[27] vom Berg,V., Das Schlichtungswesen im Spannungsfeld von Tarifautonomie und staatlichem Primat. Ein historischer Exkurs, SF 24 (1975), 39-43 und 86-90.

3. Prozedurale Selbstbindungen durch Schlichtungsvereinbarungen, welche eine Erhöhung der Streikschwelle durch Ausschöpfen aller Verhandlungsmöglichkeiten erreichen sollen, orientieren sich an folgenden Prinzipien:
- automatische Vereinbarung des Verfahrens zwischen den Tarifvertragsparteien unter Ausschluß staatlicher Agenturen (Freiwilligkeit der tariflichen Schlichtung),
- strikte Ablehnung einer gesetzlich geregelten Zwangsschlichtung,
- Parteienschlichtung, d.h. Wissenschaftler bzw. Sachverständige können lediglich als Gutachter ohne Stimmrecht fungieren,
- paritätische Besetzung der Kommission zumeist unter dem Vorsitz eines oder zweier Unparteiischer,
- mehrheitliche Einigungsvorschläge haben lediglich empfehlenden Charakter für die Tarifvertragsparteien, welche über Ablehnung bzw. Annahme in eigener Verantwortung entscheiden,
- Verfahren muß innerhalb genau definierter und dadurch beidseitig kalkulierbarer Fristen beendet sein,
- Ende der Friedenspflicht und Zeitpunkt der Einleitung von Kampfmaßnahmen werden zweifelsfrei festgelegt,
- Abkommen ist mit einer angemessenen Frist (z.B. ein Jahr) ohne irgendwelche Nachwirkungen kündbar, d.h. es hat die Form eines kündbaren Tarifvertrags.

Die Existenz von Schlichtungsvereinbarungen verändert das Verhandlungsverhalten, d.h. das Verfahren wirkt sich auf den Verlauf von Tarifverhandlungen aus. Weiterhin begünstigt eine Institutionalisierung die Anwendung: Beide Seiten können versuchen, durch Ausnutzen dieser Einrichtung ein in ihrem Sinne günstigeres Ergebnis zu erzielen, ohne einen Streik zu riskieren und ohne für die eingegangenen Kompromisse primär selbst verantwortlich gemacht zu werden. Bestimmte Verfahrenselemente (z.B. automatische Ingangsetzung) können diesen Trend verstärken, so daß die Schlichtung häufig nicht als ultima ratio, als letztes Mittel zur Überwindung von echten Verhandlungsengpässen, sondern vielmehr als integraler Bestandteil der Verhandlungsstrategie benutzt wird. Die überwiegende Mehrzahl der durchgeführten Schlichtungen ist erfolgreich und effizient im Sinne einer Konfliktvermeidung, so daß es letztendlich nicht zu Arbeitskampfmaßnahmen kommt.

Nicht nur während der Tarifverhandlungs-, sondern auch während der Schlichtungsphase sind die beteiligten Parteien in der Regel an die tarifvertragliche Friedenspflicht gebunden; gewerkschaftlich organisierte oder spontane Streiks und Aussperrungen sind unzulässig. Eine Änderung dieser eindeutigen Koppelung an Verfahrensabschnitte wurden durch einen Spruch des BAG aus dem Jahre 1976 eingeleitet: Bereits vor Ausschöpfung aller Verhandlungsmöglichkeiten ist demnach eine kurze Arbeitsniederlegung in sachlichem und zeitlichem Zusammenhang mit laufenden Tarifverhandlungen als "milder Druck" zur Beschleunigung des Tarifabschlusses zulässig.

Institutionelle Probleme sind für konkrete Verfahren relativ bedeutungslos, da sie bereits in den Schlichtungsvereinbarungen als Verfahrensgrundsätze verbindlich geregelt werden. Dadurch wird das einzelne Verfahren zeitlich abgekürzt und funktional entlastet, da ausschließlich inhaltliche Kontroversen und nicht mehr Verfahrenselemente verhandelt werden müssen. Zu diesem Kanon gehören u.a.

- die Art des Zustandekommens (Anrufung einer Partei mit dadurch begründeter Einlassungspflicht der anderen, Anrufung beider Parteien und Automatik, d.h. Einsetzen der Schlichtung ohne notwendige besondere Willenserklärung einer oder beider Parteien), wobei die einseitige Anrufung am häufigsten vorkommt;
- die Fristenfragen (Zeit zwischen Scheitern der Tarifverhandlung und Zusammentreten der Schlichtungskommission bzw. Zeit zwischen Abfassen des Schlichtungsspruchs und Erklärung der Parteien über Annahme oder Ablehnung); normalerweise werden relativ kurze Fristen vereinbart, um den Parteien die Möglichkeit zu nehmen, die Verhandlungen verschleppen zu können. Dem Schlichter wird dadurch die Wahrnehmung seiner Aufgaben erleichtert, die Wahrscheinlichkeit eines Kompromisses wird erhöht.

Schlichtungskommissionen sind problemlösende und beschlußfassende Kleingruppen, die in der Mehrzahl der Fälle aus maximal sieben Mitgliedern bestehen. Nach Scheitern der Tarifverhandlungen wird zwecks Steigerung der Kompromißfähigkeit das Verhandlungsgremium personell verkleinert, so daß lediglich die erfahrendsten Vertreter beider Parteien übrigbleiben. Es besteht die ausgeprägte Tendenz, nur hauptberufliche Mitarbeiter der eigenen Organisation zu entsenden sowie dieselben Vertreter an verschiedenen Verhandlungen teilnehmen zu lassen. Für einen Schlichtungserfolg sind routinierte Kommissionsmitglieder sehr wichtig und nicht-routinierten vorzuziehen, was auf das höhere Informationsniveau im ersten Fall zurückzuführen ist. Von Bedeutung ist ebenfalls eine gleich große Verhandlungserfahrung auf beiden Seiten, wodurch die Kompromißfähigkeit wiederum steigt. Außerdem halten die Beteiligten eine kongruente Zusammensetzung von Tarif- und Schlichtungskommission für wichtig, weil in diesem Fall das Informationsniveau (u.a. Kenntnis der Argumentation, der Zusammenhänge, der verschiedenen Standpunkte) höher ist und möglicherweise Aggressionen bereits während der vorhergehenden Tarifverhandlung abgebaut werden konnten. Die Konzessionsbereitschaft, eine unabdingbare Voraussetzung für einen Schlichtungserfolg, steigt bei personeller Identität von Tarif- und Schlichtungskommission.

4. Die entscheidende Variable zur Erklärung des Schlichtungsprozesses und -erfolgs stellt der unparteiische Dritte dar, der als zentrales neues Element gegenüber der Tarifverhandlung anzusehen ist. Falls keine hochgradige Professionalisierung der Schlichtertätigkeit stattgefunden hat, wie sie besonders für die USA typisch ist, wird in Form von Kosten-/Nutzenkalkülen entschieden, ob die Aufgabe im Einzelfall übernommen werden soll. Hierbei werden in der Regel auch nicht-ökonomische Faktoren wie Prestigegewinne, die aus der Übernahme der Funktion bzw. aus einem erfolgreichen Abschluß des Verfahrens resultieren, in die Überlegungen einbezogen.

Bestimmte, den Neutralen betreffende institutionelle Faktoren wie Bestellungsmodus und Stimmrecht werden ebenso wie die übrigen Verfahrenselemente bereits in der Schlichtungsvereinbarung verbindlich geregelt. Die Einflußmöglichkeiten des Unparteiischen können erheblich gesteigert werden, wenn die Parteien ihm über bloße Vermittlungsaufgaben hinaus volles und ausschlaggebendes Stimmrecht zugestehen, was z.B. im Bereich der Metallindustrie und im öffentlichen Dienst geschehen ist.[28] Die prinzipiell mögliche und in verschiedenen Branchen (z.B. der chemischen Industrie) auch realisierte Alternative einer Schlichtung ohne Neutralen impliziert den entscheidenden Nachteil, daß das Verfahren lediglich den Charakter fortgesetzter Tarifverhandlungen bei verringerter Teilnehmerzahl hat; erhalten bleibt nur die höhere Kompromißfähigkeit des verkleinerten Gremiums.[29]

Die Hinzuziehung eines Schlichters beeinflußt das Verhandlungsverhalten der Parteienvertreter: Zum einen führt die Erwartung seines Eingreifens zu verändertem Verhalten vor der Intervention; dies kann dazu führen, daß beabsichtigte Konzessionen aufgeschoben und erst nach Einschaltung des Schlichters gemacht werden. Zum andern strukturieren seine Informationen und Handlungsalternativen die Situation nach seinem Eintritt neu.

---

[28] Wenn die Kommissionsempfehlung mit einfacher Mehrheit ausgesprochen werden kann, kann der Neutrale mit den Vertretern der einen Seite einen für die Parteien nicht verbindlichen Einigungsvorschlag unterbreiten; diesen lehnt die überstimmte Seite dann allerdings häufig ab.

[29] Konsequenterweise sehen neuere Schlichtungsvereinbarungen (u.a. Metallindustrie, öffentlicher Dienst) ein Verfahren mit Neutralen in einer besonderen Variante vor: Beide Parteien benennen für die Dauer von mehreren Jahren je einen unparteiischen Vorsitzenden ihres Vertrauens. Falls keine Einigung über den Vorsitz im jeweiligen Verfahren erzielt werden kann, entscheidet das Los; der unterlegene Kandidat ist nicht stimmberechtigt und stützt lediglich die Position des Vorsitzenden. Dieses Entscheidungsprinzip vermeidet einen entscheidenden Nachteil, der bei streng alternierendem, zu Beginn der Amtszeit festgelegtem Vorsitz wiederholt beobachtet worden ist, daß nämlich der jeweils weniger angenehme Neutrale von den Parteien bei unwichtigen Regelungstatbeständen "verschlissen" wird. Den Verhandlungsführern zur Verfügung stehende Manipulationsmöglichkeiten, die aus der Berechenbarkeit des Stimmrechts resultieren, werden durch Losentscheid wesentlich eingeschränkt; der Neutrale kann von den Parteienvertretern nicht zum festen Kalkulationsposten gemacht werden.

Das vorrangige Ziel des Schlichters besteht im Abschluß eines neuen Tarifvertrags sowie in der Verhinderung eines Arbeitskampfes (Erhaltung oder Wiederherstellung des Arbeitsfriedens); konkrete inhaltliche Regelungen sind weniger bedeutungsvoll. Soweit Inhalte betroffen sind, findet eine Orientierung vor allem an quasirationalen Kriterien wie Sachverständigenratsgutachten oder "Lohnleitlinien" statt, die überparteiliche Legitimität beanspruchen können. Ein im normativen Sinne als fair empfundenes Ergebnis bietet sich als eine für beide Seiten annehmbare Lösung an bzw. Normen sozialer Gerechtigkeit und Gleichheit lassen bei vergleichbarem Einsatz gleiche oder zumindest ähnliche Vorteile erwarten. Der Schlichter kann bei der Einhaltung bzw. beim Erreichen dieser Norm behilflich sein, indem er die Aufgabe der konkreten Interpretation übernimmt. Die Erwartungen der Organisationsmitglieder können so mit denen der Verhandlungsführer vermittelt werden.[30]

Besonders in der älteren, häufig rein deskriptiven Literatur wurde intensiv die Frage diskutiert, ob Persönlichkeit und persönliche Eigenschaften des Schlichters die Chancen einer wirksamen Einflußnahme vergrößern und erhöhen.[31] In den neueren Beiträgen dagegen besteht weitgehend Übereinstimmung, daß diesem Faktor ursprünglich eine zu große Bedeutung beigemessen wurde und daß er für die Analyse der Schlichtung als Prozeß nicht sonderlich wichtig ist. Wichtiger als Persönlichkeitsmerkmale, die in amerikanischen Untersuchungen wegen deren Bezug zur Praxis sowie wegen methodischer Probleme überbewertet wurden, dürfte demnach die Rolle des Neutralen im Verhandlungsprozeß bzw. instrumentell gewendet die Frage nach seinen Handlungsalternativen sein. Die wichtigsten <u>Funktionen des Neutralen</u> sind:

- Kontrolle und Kanalisierung des Kommunikations- und Informationsflusses (Beeinflussung der Qualität der vorhandenen Informationen, zusätzliche Informationen für eine oder beide Parteien, Erhöhung der Verläßlichkeit der Kommunikation),
- Übernahme von Verantwortung für das Ergebnis und dadurch Verminderung der Verantwortlichkeit der Parteienvertreter bzw. Abfangen von Prestigeverlusten.

Die zuletzt genannte, aus der psychologischen Einschätzung des Verhandlungsprozesses resultierende Funktion der Verhinderung von "Gesichtsverlust" nimmt der Schlichter wahr

- besonders gegenüber den Mitgliedern der Organisation, denen jeder Schlichtungsspruch einsichtig gemacht werden muß, weil sie ihn ratifizieren müssen,

---

[30] Damit handelt es sich um die Beeinflussung des intraorganizational bargaining im Sinne von Walton/McKersie. Vgl. Walton,R.E./McKersie,R.B., A behavioral theory of labor negotiations. An analysis of a social interaction system, 2nd ed. Ithaca 1991.

[31] Vgl. Rehmus,Ch.M., The mediation of industrial conflict, JCR 9 (1965), 118-126; Keller,B., Theorien über den Einfluß des Neutralen auf Schlichtungsverhandlungen, Berlin 1973; Keller, B., Determinanten des Schlichtungsprozesses: Konfliktmanagement durch Intervention Dritter, Kyklos 28 (1975), 117-142.

- in Ausnahmefällen auch gegenüber der Öffentlichkeit, wobei deren Einfluß real oder auch nur vorgestellt sein kann,
- nicht nur gegenüber wichtigen Bezugsgruppen oder -personen, sondern auch gegenüber den Funktionären selbst in Form einer Reduktion von individualpsychologischen Prestige- und Rollenkonflikten.

Diese Notwendigkeit der Verhinderung von "Gesichtsverlust", die der Neutrale übernimmt, wird in allgemeiner Form auch in mikrosoziologischen und psychologischen Theorien betont, wo mehrfach hervorgehoben wurde, daß die Notwendigkeit, "das Gesicht zu wahren", zu den weit verbreiteten, nahezu universellen psychologischen Normen zählt.

Im Schlichtungsverfahren können die Parteien Prestigeverluste, die durch notwendige Konzessionen bei scheinbar unvereinbaren Ausgangspositionen entstehen, dadurch gering halten, daß sie formale Verantwortung für den eingegangenen Kompromiß dem Schlichter übertragen. Die Verantwortlichkeit der Parteienvertreter, die vormals eingenommene und argumentativ untermauerte Positionen aufgeben müssen, wird dadurch vermindert, daß die für den Kompromiß notwendigen Forderungsabstriche als vom Schlichter erzwungene und weniger als freiwillig gemachte dargestellt werden können (Abfangen von Prestigeverlusten). In Übereinstimmung hiermit ist innerhalb der angewandten Spieltheorie mehrfach festgestellt worden, daß durch einen Schlichter vermittelte Zugeständnisse weniger den Eindruck einer Schwächung der eigenen Verhandlungsposition entstehen lassen als solche, die direkt vom Verhandlungsgegner kommen.

Das Ergebnis muß von den Verhandlungsführern gegenüber den Mitgliedern ihrer Organisationen vertreten, d.h. von diesen ratifiziert werden. In der sozialwissenschaftlichen Verhandlungsforschung wurde mehrfach experimentell nachgewiesen, daß Verhandlungsführer als Repräsentanten im dualen bargaining gleichzeitig dem Verhandlungsgegner und der eigenen Organisation (externer vs. interner Konflikt) ausgesetzt sind, wobei in aller Regel widersprüchliche Rollenerwartungen auftreten.

Durch Einschaltung der Schlichtungsinstanz, deren Sitzungen von beachtlicher Länge sind, verstärkt sich bei den Organisationsmitgliedern und in der Öffentlichkeit der Eindruck eines besonders harten und zähen Ringens um das Ergebnis. Die Verhandlungsführer können die von ihnen gemachten Zugeständnisse dadurch legitimieren, daß sie nicht wegen der Überlegenheit des Verhandlungsgegners nachgegeben haben, sondern aufgrund des Drucks der öffentlichen Meinung, die durch den Neutralen repräsentiert wurde. Der Neutrale wird in der Regel bemüht sein, eine Kompromißformel zu finden, welche die Parteienvertreter sowohl gegenüber den Mitgliedern ihrer Organisation als auch gegenüber der Öffentlichkeit als Ergebnis in ihrem jeweiligen Sinne interpretieren können.

Ein wichtiges und effizientes, in der Literatur mehrfach betontes taktisches Mittel sind die häufig durchgeführten getrennten Sitzungen, d.h. die Zusammenkünfte des Neutralen mit nur einer Partei. Der Schlichter kann ihm unterbreitete Vorschläge als seine eigenen ausgeben, was die Verhandlungsposition der offerierenden Seite nicht beeinträchtigt, falls der Vorschlag vom Verhandlungsgegner abgelehnt wird. Gerade in diesem Prozeß ist die dargestellte Funktion der Kontrolle des Kommunikations- und Informationsflusses überaus deutlich.

Walton/McKersie unterscheiden in ihrem interdisziplinären verhaltenstheoretischen Ansatz analytisch vier interdependente Subprozesse[32]: distributive bargaining, integrative bargaining, attitudinal structuring und intraorganizational bargaining. Im Rahmen des integrative bargaining wird hervorgehoben, daß bei gleichzeitiger Behandlung verschiedener Konfliktgegenstände sog. trade-offs entwickelt werden können, d.h. Konzessionen ausgetauscht werden. Diese Segmentierung des collective bargaining läßt sich auf die Schlichtungsproblematik im engeren Sinne anwenden: Häufig werden sog. kombinierte Forderungen aufgestellt, die sich aus mehreren Elementen zusammensetzen. Solche Pakete sind eher und leichter zu schlichten als Forderungen, die aus nur einem Element bestehen. Der Neutrale kann aufgrund der Tatsache, daß er den Kommunikations- und Informationsfluß weitgehend kanalisiert und kontrolliert bzw. sich in diesen Prozeß massiv einschalten kann, derartige Alternativen in getrennten Sitzungen herausfinden und zur Basis eines eigenen Kompromißvorschlages machen (Auflösung des Forderungspakets und Einführung von Alternativen). Würde eine der Parteien diese Aufgabe übernehmen, könnte dies von der Gegenseite und von der Öffentlichkeit als Schwäche ausgelegt werden.

5. Gegenstand der Schlichtung sind in der Mehrzahl der Fälle Lohn- und Gehaltsprobleme, seltener dagegen sonstige Arbeitsbedingungen. Bei Schlichtungsverfahren von Rahmen- und Manteltarifverhandlungen sind erhebliche Schwierigkeiten (u.a. im Metall-, Druck- und Verlagsbereich) aufgetreten. Bei derartigen Fragen werden Streiks und Aussperrungen häufiger eingesetzt als sonst üblich. Hier deutet sich eine partielle Überforderung des "normalen" Schlichtungsverfahrens bei Fragen von grundsätzlicher Bedeutung an (z.B. Besitzstandssicherung bei arbeitsorganisatorisch oder produktionstechnisch bedingter Rationalisierung oder Arbeitszeitverkürzung). Obwohl bei derartigen komplizierten Problemen einer qualitativen Tarifpolitik[33] häufig Fristen verlängert oder ausgesetzt werden, sind Kompromisse kaum zu schließen.[34]

---

[32] Walton/McKersie, A behavioral theory.

[33] Vgl. zur Unterscheidung von quantitativer und qualitativer Tarifpolitik im einzelnen Kap.8.

7.3. Arbeitskampfprobleme: Juristische Aspekte

Mit Tarifverhandlungen unter der Randbedingung von Tarifautonomie unauflöslich verknüpft ist der Arbeitskampf, der ein "Preiskampf am Arbeitsmarkt, ... ein Stück Verteilungskampf um das Bruttosozialprodukt"[35] ist. In bezug auf Arbeitskämpfe unterscheiden wir
- Streiks, d.h. periodisch eingesetzte, planmäßige kollektive Arbeitsniederlegungen von häufig gewerkschaftlich organisierten Arbeitnehmern mit dem Ziel einer Verbesserung der Arbeitsbedingungen bzw. der Durchsetzung von Forderungen, und
- Aussperrungen, d.h. zeitlich befristete, bewußt geplante Nichtbeschäftigung einer zumeist größeren Zahl von Arbeitnehmern seitens eines oder mehrerer Arbeitgeber als zumeist kollektive Antwort auf gewerkschaftlich organisierte Streiks unter gleichzeitiger Verweigerung der Lohnfortzahlung.

Wir gehen davon aus, "daß Arbeitskämpfe in organisierten Tarifverhandlungssystemen einer Logik des wechselseitigen Ressourcenentzugs folgen. Die Strategie jedes dieser Kampfverbände zielt darauf, der gegnerischen Organisation, ihrem sozialen, ökonomischen und politischen Umfeld finanzielle, motivationale und legitimatorische Ressourcen zu entziehen"[36].

Wir wollen sowohl auf die höchstrichterlichen Vorgaben als auch auf die sozialwissenschaftlichen Bezüge von Arbeitskämpfen eingehen; letztere stießen seit den 70er Jahren auf breiteres Interesse. Die Streiks der 70er und 80er Jahre sind durch empirische Arbeiten recht gut dokumentiert[37], während wir über Aussperrungen, die bisher zu sehr unter juristischer Perspektive behandelt wurden, kaum fundierte Informationen haben.[38]

---

[34] Häufiger als sonst kommt es hierbei zu sog. politischen Schlichtungen, bei denen ein Landes- oder Bundespolitiker als Neutraler fungiert. Die Gewerkschaften, welche durch autonom-eigenverantwortliche Verfahren die Tarifautonomie stärken wollen, sind eher gegen politische Schlichtungen. Regierungsamtliche Schlichtungsbemühungen sind auch dann häufig, wenn kein Schlichtungsabkommen vorliegt oder wenn gesamtwirtschaftliche oder politische Folgen eines Arbeitskampfes zu erwarten sind.

[35] Brox,H., Gesetzliche Regelung des Arbeitskampfrechts, in: Maydell,B.v./Kannengießer,W.(Hg.), Handbuch Sozialpolitik, Pfullingen 1988, 412.

[36] Weber,H., Konflikte in Interorganisationssystemen. Zur Konfliktlogik organisierter Arbeitsmarktparteien im Tarifkonflikt 84, SW 37 (1986), 265.

[37] Vgl. Dzielak,W. et al., Arbeitskampf um Arbeitsplätze. Der Tarifkonflikt 1978/79, Frankfurt-New York 1980; Bahnmüller,R., Der Streik. Tarifkonflikt um Arbeitszeitverkürzung in der Metallindustrie 1984, Hamburg 1985.

[38] Zu den Ausnahmen gehört Kalbitz,R., Aussperrungen. Die vergessenen Konflikte, Köln-Frankfurt 1979.

Industrielle Konflikte können vielfältige Erscheinungsformen annehmen (u.a. individuell/kollektiv, offen/verdeckt, legal/illegal).[39] Wir wollen uns im folgenden auf die in der Bundesrepublik tatsächlich auftretenden Varianten konzentrieren. Im übrigen sind Arbeitskämpfe notwendiges Korrelat bzw. "Hilfsinstrument der Tarifautonomie" (sog. Dienstfunktion des Arbeitskampfes) und in der Auseinandersetzung um die Ausgestaltung kollektiver Arbeitsbedingungen grundsätzlich unverzichtbar. Prinzipiell sind Arbeitnehmer stärker als Arbeitgeber auf Arbeitskampfmittel zur Ausübung wirtschaftlichen Drucks angewiesen.

Im Gegensatz zu fast allen anderen Feldern der Arbeitsbeziehungen (u.a. Betriebsverfassung, Unternehmensmitbestimmung) besteht keine einheitliche, zentrale gesetzliche Regelung von Arbeitskampffragen.[40] Ein mehrheitsfähiges Konzept ist auch in Zukunft nicht zu erwarten - unabhängig davon, wie die Regierungen zusammengesetzt sein werden; gleichwohl wird eine Kodifizierung durch den Gesetzgeber stärker gefordert.[41] Das kollektive Arbeitskampfrecht ist in seinen wesentlichen Zügen sog. Richterrecht, d.h. in Ermangelung gesetzlicher Vorgaben von den höchsten Instanzen der "Ersatzgesetzgebung" - besonders Bundesarbeitsgericht (BAG) und Bundesverfassungsgericht (BVerfG) - nach und nach formuliert bzw. verändert worden.[42] Deshalb ist häufig von der Verrechtlichung industrieller Konflikte die Rede.[43]

Relevant wegen der Strukturierung und Eingrenzung von Arbeitskämpfen sind vor allem die höchstrichterlichen Entscheidungen, welche die Voraussetzungen der Rechtmäßigkeit durch externe Normierungen in Form von Katalogen von Leitsätzen vorgeben:[44]

1955: Der allgemeine Grundsatz der Verhältnismäßigkeit (Generalklausel des Übermaßverbots) schließt u.a. eine Sozialadäquanz von Arbeitskämpfen ein, d.h. diese dürfen keine übermässigen Schäden anrichten und müssen fair geführt werden:

---

[39] Vgl. Müller-Jentsch, Soziologie der industriellen Beziehungen, 31-37.

[40] In drastisch-juristischer Formulierung: "Der Gesetzgeber in Deutschland scheut das Arbeitskampfrecht wie der Teufel das Weihwasser im mittelalterlichen Mysterienspiel." Rüthers,B., Die offene Arbeits-Gesellschaft. Regeln für soziale Beweglichkeit, Osnabrück 1985, 59.

[41] Vgl. die Beiträge des Symposiums zum Arbeitskampfrecht in RdA 39 (1986), 141-216; vgl. auch Birk,R. et al., Gesetz zur Regelung kollektiver Arbeitskonflikte. Entwurf und Begründung, Tübingen 1988; Brox, Gesetzliche Regelung des Arbeitskampfrechts.

[42] Vgl. für andere Brox/Rüthers, Arbeitskampfrecht; Däubler,W.(Hg.), Arbeitskampfrecht, 2. Aufl. Baden-Baden 1984.

[43] Vgl. Erd,R., Verrechtlichung industrieller Konflikte. Normative Rahmenbedingungen des dualen Systems der Interessenvertretung, Frankfurt-New York 1978; Erd,R., Verrechtlichte Gewerkschaftspolitik. Bedingungen ihrer Entwicklung und Veränderung, in: Bergmann,J.(Hg.), Beiträge zur Soziologie der Gewerkschaften, Frankfurt 1979, 143-182.

[44] Vgl. Weiss, Labour law and industrial relations, 132ff.

- Das ultima ratio-Prinzip besagt, daß sie grundsätzlich nur das letzte Mittel der Konfliktlösung sein dürfen, nachdem wirklich alle Verständigungsmöglichkeiten einschließlich der tarifvertraglich vereinbarten Schlichtungsverfahren ausgeschöpft worden sind (sog. Einlassungszwang).
- Sie dürfen nur von tariffähigen Parteien (Gewerkschaft, Arbeitgeber oder Arbeitgeberverband) organisiert werden. Die Gewerkschaft hat ein Streikmonopol, d.h. nur sie und nicht etwa der Betriebsrat darf einen Streik ausrufen bzw. führen; diese bestimmte Arbeitskampfformen privilegierende Regelung impliziert ein Verbot nicht gewerkschaftlich organisierter, sog. wilder oder spontaner Streiks, welche die Gewerkschaft nicht unterstützen darf.
- Sie dürfen nur um ein tariflich regelbares Ziel (Lohn- und Arbeitsbedingungen) geführt werden. Grenzen der Tarifautonomie sind zugleich Grenzen der Arbeitskämpfe. Diese Regelung impliziert ein Verbot sog. politischer Streiks, d.h. Streiks müssen sich gegen den Tarifpartner richten und dürfen nicht z.B. Hoheitsträger wie Parlament oder Regierung unter Druck setzen.
- Sie dürfen nicht gegen die Friedenspflicht verstoßen, d.h. sie dürfen nicht während der Laufzeit eines Tarifvertrages über dessen Inhalte geführt werden.

1971: Arbeitskämpfe stehen generell unter dem <u>Grundsatz der Verhältnismäßigkeit</u>. Demnach haben sie dem ultima ratio-Prinzip zu folgen, d.h. alle Verständigungsmöglichkeiten müssen ausgeschöpft sein. Weiterhin müssen die einzelnen Maßnahmen der Durchsetzung der verfolgten Ziele angemessen sein. Schließlich müssen nach Beendigung des Arbeitskampfes beide Parteien den Arbeitsfrieden wieder herstellen.

In Fortentwicklung des Arbeitsrechts vollzieht das BAG die Abkehr vom Prinzip der lösenden und die Hinwendung zum <u>Prinzip der suspendierenden Aussperrung</u>: Aussperrungen beenden im allgemeinen nicht mehr automatisch Rechte und Pflichten aus dem Arbeitsverhältnis, sondern Arbeitnehmer haben i.d.R. nach Ende des Arbeitskampfes "nach billigem Ermessen" einen Anspruch auf Wiedereinstellung. Grundlage für die weiterhin bestehende prinzipielle Zulässigkeit der Aussperrung ist das Paritätsprinzip, wonach beide Seiten annähernd gleiche Chancen haben sollen (Übergang von der formellen zur materiellen Parität). Neben der Abwehraussperrung wird aus Gründen der Gleichheit der Verhandlungschancen auch die Angriffsaussperrung für grundsätzlich zulässig erklärt.

1976: Kurze, zeitlich befristete Arbeitsniederlegungen, die der Unterstützung von Tarifverhandlungen dienen und die nach Ablauf der Friedenspflicht, aber noch vor Beendigung der Tarif- und Schlichtungsverhandlungen stattfinden, werden legalisiert, wenn diese <u>Warnstreiks</u> von der Gewerkschaft organisatorisch getragen werden. Die dem Grundsatz der Verhältnismäßigkeit entsprechende Ausübung "milden

Drucks" in Form eines "kurzen Warnstreiks" kann demnach dem beschleunigten Abschluß eines Tarifvertrages dienen und entspricht insofern dem Prinzip der Verhältnismäßigkeit.[45] Damit bezieht sich das ultima ratio-Prinzip nicht auf Warnstreiks.

1980: Die zwischen den Tarifparteien heftig umstrittene <u>Zulässigkeit einzelner Warnstreiks</u> auch im Rahmen der in den 70er Jahren entwickelten Taktik der "neuen Beweglichkeit" wird bestätigt. Abwehraussperrungen sind insoweit grundsätzlich gerechtfertigt und zulässig, als die Gewerkschaft durch Einsatz besonderer Kampftaktiken (insbes. eng begrenzter Teilstreiks) ein Verhandlungsübergewicht erzielen kann. Der zulässige Umfang der Aussperrung unterliegt ebenso wie der von Streiks dem Grundsatz der Verhältnismäßigkeit (sog. Übermaßverbot) und bemißt sich am Umfang des Streiks.

Durch Vorgabe von genau definierten, notwendigerweise pauschalierenden und von spezifischen Bedingungen abstrahierenden <u>Quoten</u> wird das zulässige Verhältnis von Streikenden zu Ausgesperrten quantifiziert: Wenn der Streik weniger als ein Viertel (mehr als ein Viertel) der Arbeitnehmer eines Tarifgebiets umfaßt, dürfen die Arbeitgeber bis zu einem weiteren Viertel aussperren (dürfen durch die Aussperrung nicht mehr als 50% insgesamt erfaßt werden). Erfaßt der Streik bereits mindestens 50% aller Arbeitnehmer, ist keine Notwendigkeit der Aussperrung gegeben, da die Verhandlungs- und Kampfparität nicht mehr gefährdet ist.[46] Die angemessene Grenze des Kampfgebiets ist das betreffende Tarifgebiet.[47] Selektive Aussperrungen von Gewerkschaftsmitgliedern sind unzulässig (positive Koalitionsfreiheit).

Die Aussperrung wird nicht mehr als ein dem Streik unbedingt gleichberechtigtes und gleichwertiges Kampfmittel bezeichnet; sie darf nur noch zur Abwehr drohender gewerkschaftlicher Übermacht durch besondere Kampftaktiken wie eng begrenzten Teilstreiks bzw. zur Wiederherstellung der Parität eingesetzt werden (Abkehr vom symmetrischen und Hinwendung zum asymmetrischen Arbeitskampfmodell). Allerdings setze ein funktionierendes Tarifverhandlungssystem gleiche Verhandlungs-

---

[45] Dadurch wird der ultima ratio-Grundsatz der älteren Rechtsprechung aufgeweicht.

[46] "The court's intention was to ensure the readiness of the trade unions to offer compromises through the employers' lockout rights, but also, by limiting these rights, to limit the risk of the unions being more than "appropriately" weakened by excessive financial costs arising from their high payments to striking or locked-out members." Jacobi,O./Müller-Jentsch,W., West Germany: Continuity and structural change, in: Baglioni,G./Crouch,C.(eds.), European industrial relations. The challenge of flexibility, London 1990, 140.

[47] Probleme einer Ausweitung des Kampfgebietes gehen die Urteile nicht grundsätzlich an.

chancen beider Seiten voraus; ein generelles Aussperrungsverbot würde die Verhandlungsparität stören.

1984: Zeitlich befristete, kurze Warnstreiks nach Ablauf der Friedenspflicht, aber bei noch laufenden, nicht gescheiterten Tarifverhandlungen und vor einem Schlichtungsversuch sind zulässig; damit erfolgt eine weitgehende Legalisierung der Taktik der "neuen Beweglichkeit". Kurzfristig sind solche Streiks vor Ausschöpfung aller Mittel oft das einzige Mittel, um die Verhandlungen zu beschleunigen.

1985: Die Zulässigkeit von Sympathiekampfmaßnahmen, d.h. solchen Streiks, die kein eigenständiges unmittelbares Ziel verfolgen, sondern lediglich die Erfolgschancen der Streikenden in einem anderen Arbeitskampf verbessern sollen, wird für den Regelfall verneint (Verbot streikunterstützender Solidaraktionen); Demonstrationsstreiks, die nicht auf Durchsetzung eines Tarifvertrags zielen, sind unzulässig.

Alle höchstrichterlichen Entscheidungen über Rahmenbedingungen bzw. Rechtmäßigkeit von Arbeitskämpfen verändern jeweils die Arbeitskampfstrategien der Tarifvertragsparteien. Jede sukzessive Reorganisation des Arbeitskampfrechts beeinflußt die Stabilitätsbedingungen des Tarifverhandlungssystems.[48] Langfristig ist eine zunehmende Einfriedung und Begrenzung gewerkschaftlicher Kampffreiheit festzustellen (Verstärkung der Interventionsintensität).[49]

7.4. Sozialwissenschaftliche Aspekte von Streiks

Die Bundesrepublik muß absolut und relativ, d.h. bezogen auf die üblichen Meßgrößen wie Zahl der Arbeitskämpfe, verlorene Arbeitstage je 1.000 Beschäftigte oder Zahl der betroffenen Arbeitnehmer[50], als "streikarmes" Land gelten - nicht nur im Vergleich etwa zu Großbritannien oder Italien, sondern durchaus auch in Relation zu den übrigen OECD-Mitgliedern; die deutschen Gewerkschaften können keinesfalls als "streikfreudig" bezeichnet werden.[51] Gleichwohl kann von einem säkularen "withering away of the strike"[52] kaum die Rede sein.

---

[48] Vgl. zu aktuellen Entwicklungen Weiss,M., Recent trends in the development of labor law in the Federal Republic of Germany, LSR 23 (1989), 759-771; Mückenberger,U., The regulation of strike law in times of new technologies and deregulation. The case of West Germany, IRRI 45 (1990), 136-143.

[49] "Mit der Arbeitskampfrechtsprechung privilegierte der Staat die Gewerkschaften in spezifischer Weise, anerkannte er wesentliche Bereiche ihrer Streikpraxis und zwängte sie zugleich in ein enges Korsett normativer Regeln." Erd, Verrechtliche Gewerkschaftspolitik, 154.

[50] Vgl. im einzelnen Fisher,M., Measurement of labour disputes and their economic effects, Paris 1973, 55ff.

[51] Vgl. u.a. Adamy,W./Steffen,J., Handbuch der Arbeitsbeziehungen, Bonn 1985, 265; Müller-Jentsch, Soziologie der industriellen Beziehungen, 171.

Ausgefallene Arbeitstage wegen Streiks und Aussperrungen in europäischen Ländern (pro 1.000 Arbeitnehmer)

	1961-65	1966-70	1971-75	1976-80	1981-85	1986-90
BRD	18,3	6,0	47,7	44,1	43,3	4,1
Dänemark	107,6	42,7	354,5	75,9	262,3	79,6
Frankreich	146,3	134,0[1]	186,7	154,2	65,8	34,6
Großbritannien	127,0	222,6	538,6	521,7	387,4	117,5
Italien	648,4	933,6	1.063,9	940,0	536,8	218,2
Niederlande	8,0	14,0	36,1	27,8	18,7	11,2
Norwegen	104,7	12,4	9,3	36,3	49,7	123,3
Österreich	85,4	11,9	14,7	2,1	1,8	1,2
Spanien	14,1[2]	37,1	95,6	1.089,8	400,9	433,6
Schweden	3,8	33,0	65,5	220,3	36,7	121,2
Schweiz	2,7	0,2	0,9	2,6	0,4	0,3

[1] ohne 1968
[2] nur 1963-1965

Quelle: Ferner,A./Hyman,R.(eds.), Industrial relations in the new Europe, Oxford 1992, xlix.

Wir können verschiedene <u>Phasen recht unterschiedlicher Konfliktintensität</u> unterscheiden, die ungefähr mit den Dekaden zusammenfallen[53]:
- Auf die relativ konflikthaften 50er Jahre, die Phase der Durchsetzung periodischer Lohnrunden bzw. der Institutionalisierung des Lohnrundenmechanismus,
- folgten die wesentlich arbeitskampfärmeren frühen und mittleren 60er Jahre der lohnpolitischen Kooperation mit zentralisierter Tarifpolitik und der Anerkennung lohnpolitischer Kompromißformeln;
- in den späten 60er und frühen 70er Jahren stieg das Konfliktniveau durch den Einfluß aktivierter Lohninteressen sowie infolge von Arbeitsbedingungen als neuartigen Konfliktgegenständen wieder deutlich an;
- die 80er Jahre waren eher konfliktarm. Eine erhöhte Militanz war nicht festzustellen, eher galt das Gegenteil;

---

[52] Ross,A.M./Hartmann,P., The changing patterns of industrial conflict, New York 1960.

[53] Vgl. zur Streikgeschichte Müller-Jentsch,W., Streiks und Streikbewegungen in der Bundesrepublik 1950-1978, in: Bergmann,J.(Hg.), Beiträge zur Soziologie der Gewerkschaften, Frankfurt 1979, 21-71; Müller-Jentsch,W., Strikes and strike trends in West Germany, 1950-1978, IRJ 11 (1981), 36-57.

- in den 90er Jahren werden bei einem insgesamt rückläufigen Konfliktniveau die Tarifauseinandersetzungen von Warnstreiks begleitet, die einen Bedeutungszuwachs erfahren; außerdem beobachten wir eine gewisse Tertiarisierung, d.h. mehr Arbeitskämpfe vor allem im privaten Dienstleistungssektor.[54]

Streiks[55] sind zumeist auf wenige Branchen, vor allem die Metallindustrie, genauer auf wenige hochgradig organisierte und dadurch für Pilotabkommen geeignete Tarifbezirke bzw. deren Schlüsselbetriebe konzentriert. Wenn Arbeitskämpfe stattfinden, verursachen sie allein aufgrund der zentralisierten Tarifverhandlungen eine erhebliche Zahl von Ausfalltagen. Die Konfliktgegenstände liegen seit den 80er Jahren vor allem im Bereich der qualitativen Tarifpolitik, während früher eher Fragen der quantitativen Tarifpolitik im Mittelpunkt standen.

Bei Streiks können wir jenseits der juristischen Perspektive der Rechtmäßigkeit bzw. rechtlichen Voraussetzungen zunächst einmal nach dem Träger unterscheiden zwischen gewerkschaftlich organisierten und nicht-gewerkschaftlich organisierten bzw. autorisierten.[56] In juristischer Sicht sind erstere ex definitione legale, letztere hingegen illegale Kampfformen (Streikmonopol der Gewerkschaft). Spontane Arbeitsniederlegungen (sog. wilde Streiks) können jedoch von der Gewerkschaft im nachhinein übernommen und rückwirkend legalisiert werden. Vom Erscheinungsbild her sind spontane Streiks kürzer, umfassen weniger Arbeitnehmer und verursachen daher geringere Arbeitsausfälle als gewerkschaftlich organisierte. Sog. wilde Streiks, die wie andere gewisser organisatorischer Voraussetzungen bedürfen,[57] sind häufiger als gemeinhin angenommen. "In the late sixties it looked as if they would become a real problem, but nevertheless it has turned out that on the whole they are of marginal relevance."[58]

Eine Gruppe spontaner Streiks kann sich durchaus gegen die Gewerkschaftsführung und ihr Vertretungsmonopol richten und insofern eine Interessendivergenz zwischen "Basis" und "Apparat" anzeigen, die dazu führt, daß Gruppen von Arbeitnehmern versu-

---

[54] Vgl. im einzelnen Stützel,W., Kein Abschied vom Arbeitskampf. Formen und Funktionswandel des Streiks, in: Bispinck, Tarifpolitik der Zukunft, 95-110.

[55] Vgl. als Überblick zu sozialwissenschaftlichen Aspekten Armingeon,K., Art. Streiks, in: Nohlen,D.(Hg.), Pipers Wörterbuch zur Politik, Bd.2: Westliche Industriegesellschaften, München 1983, 419-427.

[56] Andere Typologien, die nicht nach dem Träger differenzieren, kommen u.a. zu der Unterscheidung von General-, Voll- und Teil- bzw. Schwerpunktstreik.

[57] Vgl. Hyman,R., The political economy of industrial relations. Theory and practice in a cold climate, London 1989, 111ff.

[58] Weiss,M./Simitis,S./Rydzy,W., The settlement of labour disputes in the Federal Republic of Germany, in: Hanami,T./Blanpain,R.(eds.), Industrial conflict resolution in market economies. A study of Australia, the Federal Republic of Germany, Italy, Japan and the USA, 2nd ed. Deventer-Boston 1989, 100.

chen, ihre Interessen selbständig durchzusetzen. Eine andere Gruppe spontaner Arbeitsniederlegungen kann von der Gewerkschaft instrumentell verwertet werden, vor allem als Druckmittel während einer Tarifverhandlungsrunde und evtl. zur Verhinderung eines Arbeitskampfes. Nach innen dienen sie der Mobilisierung der Mitglieder, nach außen demonstrieren sie dem Tarifpartner und der Öffentlichkeit die Entschlossenheit der Organisation zur Durchsetzung der Forderungen. Auf keinen Fall dürfen wir also mit Streiks nur gewerkschaftlich organisierte Kampfmaßnahmen gleichsetzen.

Die Kosten von Arbeitskämpfen werden in der breiten Öffentlichkeit und in der Wissenschaft[59], aber auch in der Arbeitsrechtssprechung häufig deutlich überschätzt, wozu nicht zuletzt die Tarifpartner durch ihre taktisch begründeten Angaben beitragen; insbesondere die "volkswirtschaftlichen Schäden" durch Produktionsausfälle sind häufig geringer als gemeinhin angenommen. Empirische Analysen zeigen, "daß Arbeitskämpfe keinen statistisch signifikanten Einfluß auf die Produktion ausüben und damit keine meßbaren allgemeinen Wohlfahrtsverluste - die jedoch wegen Substitutionsmöglichkeiten nicht gleichbedeutend mit den Arbeitskampfkosten der unmittelbar Beteiligten sein müssen - bewirken. Sie können als grundsätzliche Bestätigung der in den ... internationalen Studien gewonnenen Erkenntnisse auch für die Bundesrepublik Deutschland interpretiert werden."[60] Die weitgehend arbeitskampffeindliche Haltung der Medien und der Öffentlichkeit hat insofern keine solide empirische Fundierung; eine pure Addition der Ausfalltage ergibt jedenfalls kein realistisches Bild vom Einfluß von Arbeitskämpfen auf makroökonomische Kennziffern wie die Höhe des Sozialprodukts.[61]

Aber auch die einzelwirtschaftlichen Kosten werden bei einer undifferenzierten Betrachtung häufig überschätzt, da z.B. bei längerfristigen Konsumgütern (etwa in der Automobilindustrie[62]) die Produktion durch Sonderschichten bzw. Überstunden vor- und/oder nachgelagert werden kann, was für kurzfristige Konsumgüter (z.B. Tageszei-

---

[59] Für andere Soltwedel,R. et al., Regulierungen auf dem Arbeitsmarkt der Bundesrepublik, Tübingen 1990, 132ff.

[60] Schnabel,C., Zur ökonomischen Analyse der Gewerkschaften in der Bundesrepublik Deutschland. Theoretische und empirische Untersuchungen von Mitgliederentwicklung, Verhalten und Einfluß auf wirtschaftliche Größen, Frankfurt-Bern 1989, 179.

[61] Überspitzt formuliert: In jedem beliebigen Jahr seit Gründung der Bundesrepublik sind die Produktionsausfälle, die durch einen einzigen nationalen Feiertag verursacht werden, größer gewesen als die gesamtwirtschaftlichen Verluste durch Arbeitskämpfe. Im langjährigen Durchschnitt beträgt der Anteil der Ausfälle am Jahresarbeitszeitvolumen 0,0134%. Vgl. Schnabel, Zur ökonomischen Analyse der Gewerkschaften in der Bundesrepublik Deutschland, 167.

[62] Vgl. diesbezüglich die Schilderung zum Arbeitskampf 1984 bei Bahnmüller, Der Streik, 160ff.

tungen) natürlich nicht gilt.[63] Auch über den Mechanismus der Verbandssolidarität können die Arbeitgeberverbände Schäden für Unternehmen, die vom Arbeitskampf betroffen sind, erheblich reduzieren (u.a. Verbot der Kundenabwerbung, keine Schadensersatzforderungen bei arbeitskampfbedingten Fristenüberschreitungen).

Im übrigen verfügen in der Bundesrepublik im Gegensatz zu einer Reihe anderer Länder beide Tarifvertragsparteien über gut ausgebaute Systeme von Unterstützungsleistungen (Streikkassen bzw. Unterstützungsfonds) für ihre von Arbeitskampfmaßnahmen unmittelbar betroffenen Mitglieder. Für die Arbeitnehmer bedeuten jedoch Arbeitskämpfe immer einen Verlust von Einkommen, der nur z.T. durch die in der Satzung festgelegte Streikunterstützung seitens der Gewerkschaft kompensiert werden kann; für die Gewerkschaft stellen Arbeitskämpfe erhebliche finanzielle Belastungen dar.[64]

Eine auch infolge der Rechtsprechung variierte Streiktaktik ist die vor allem seit den frühen 80er Jahren praktizierte "neue Beweglichkeit"[65]. Sie zielt durch eine kurzfristige, innerhalb des Tarifbezirks räumlich und zeitlich versetzte und daher nicht vorhersehbare "Taktik der Nadelstiche" vor allem auf die Lahmlegung wichtiger Zulieferbetriebe vor allem der Automobilindustrie, d.h. etwa die Hersteller von Kolben und Kühlern. Ihr Ziel besteht in einer Erhöhung der Verhandlungsmacht sowie in einer Beschleunigung der Verhandlungen. Aufgrund der aus Kostengründen wesentlich veränderten Lagerhaltungsstrategien sowie wegen zunehmender Verflechtungen besteht eine erhebliche Anfälligkeit des Produktionsprozesses, die schnell zu weitflächigen Produktionseinschränkungen führt, welche über die Grenzen des einzelnen Tarifbezirks hinausgehen können. Im Rahmen der "Minimax-Strategie"[66] bestreikt die Gewerkschaft nicht alle Unternehmen eines Tarifgebiets, sondern wenige ausgewählte Zulieferbetriebe mit Schlüsselfunktionen, um bei einem minimalen Anfangseinsatz eigener Ressourcen eine größtmögliche Wirkung beim Tarifgegner zu erzielen.

---

[63] US-amerikanische Untersuchungen belegen diesen Sachverhalt eindeutig. Vgl. schon Cullen,D.E., National emergency strikes, Ithaca 1968.

[64] Vgl. die quantifizierenden Angaben bei Müller-Jentsch, Streiks und Streikbewegungen in der Bundesrepublik, 59ff.

[65] Vgl. Lang,K., Arbeitskampfform im Wandel der Tarifpolitik, WSI-Mitt 35 (1982), 548ff.

[66] Vgl. hierzu Weber,H., Desynchronisation, Dezentralisierung - und Dekomposition? Die Wirkungsdynamik des Tarifkonflikts 84 und ihre Effekte auf das System industrieller Beziehungen, in: Abromeit,H./Blanke,B.(Hg.), Arbeitsmarkt, Arbeitsbeziehungen und Politik in den 80er Jahren, Opladen 1987, 136ff.

7.5. Sozialwissenschaftliche Aspekte von Aussperrungen

Ein ausländischer Beobachter urteilt: "With the possible exception of codetermination, no issue in recent years has been more heatedly contested between management and labor in West Germany than the lockout."[67] Die Bundesrepublik nimmt im internationalen Vergleich der Arbeitsrechts- bzw. Arbeitskampfsysteme insofern eine Sonderstellung ein, als Arbeitgeberverbände über vergleichsweise weitreichende Aussperrungsmöglichkeiten verfügen.[68] In anderen westlichen Industrienationen sind Aussperrungen häufig entweder von der Rechtsordnung her unzulässig oder faktisch unbedeutend.[69] Letzteres ist vor allem der Fall bei betriebsnahen Tarifverhandlungen[70], bei denen ex definitione andere Unternehmen nicht betroffen sein können, oder wenn die Entgelte auf jeden Fall weiter gezahlt werden müssen (Lohnfortzahlungspflicht) bzw. wenn die Arbeitnehmer Anspruch auf Arbeitslosenunterstützung haben.

"Ausgelöst durch Arbeitskämpfe, in denen von Arbeitgeberseite die Aussperrung in einem in der Nachkriegsgeschichte vorher nicht bekannten Ausmaß als Kampferweiterungsinstrument eingesetzt wurde, standen die Siebzigerjahre im Zeichen des gewerkschaftlichen Kampfes gegen die Aussperrung."[71] Der DGB und die ihm angeschlossenen Einzelgewerkschaften vertreten seit der Verbandsaussperrung in Nordwürttemberg/Nordbaden 1971 die Auffassung, daß Aussperrungen gegen die Verfas-

---

[67] Bunn,R.F., Employers associations in the Federal Republic of Germany, in: Windmuller,J.P./ Gladstone,A.(eds.), Employers associations and industrial relations. A comparative study, Oxford 1984, 193.

[68] Vgl. u.a. Arendt,W., Rechtsgrundlagen und Praxis der Aussperrung in der Bundesrepublik Deutschland und in vergleichbaren westeuropäischen Ländern, Bonn 1978; Lange,T., The role of lockouts in labor conflicts. A legal study of American and German approaches, Frankfurt-Bern 1987.

[69] "Aussperrungen genießen im allgemeinen nicht den gleichen Status und Schutz wie das Streikrecht. In Dänemark besteht eine Rechtsparität zwischen Streik und Aussperrung. In Belgien, Frankreich, der Bundesrepublik Deutschland und Spanien ist die Abwehraussperrung zwar zulässig, doch bestehen hinsichtlich der rechtlichen Einzelheiten und der praktischen Umsetzung große Unterschiede. Unklar ist die Rechtsstellung von Aussperrungen in Luxemburg und den Niederlanden, während die Aussperrung in Griechenland und Portugal einem gesetzlichen Verbot unterliegt. In Irland und Großbritannien ist der Charakter der Arbeitskampfmaßnahme als Streik oder Aussperrung in rechtlicher Hinsicht zumeist nicht von Belang." Blanpain,R., Vergleichendes Arbeitsrecht der Mitgliedstaaten, in: Kommission der Europäischen Gemeinschaften. Generaldirektion Beschäftigung, Arbeitsbeziehungen und soziale Angelegenheiten(Hg.), Soziales Europa. Die Regelung der Arbeitsbedingungen in den Mitgliedstaaten der Europäischen Gemeinschaft, Band 1: Vergleichendes Arbeitsrecht der Mitgliedstaaten, Luxemburg-Brüssel 1992, 114.

[70] "... it is much more difficult for an American employer to make an effective lockout decision, particularly in the context of single-employer bargaining. However, multi-employer bargaining in the United States has involved the repeated use of lockouts in an effort by management to avoid competitive distortions." Lange, The role of lockouts, 227.

[71] Weiss,M., Die neue Arbeitskampfrechtsprechung des BAG, KVGR 1 (1986), 367.

sung (insbesondere Art.9 Abs.3 GG) verstoßen und deswegen vom Gesetzgeber oder durch Änderung der Rechtsprechung des BAG generell verboten werden müßten.[72] Nach Ansicht der Unternehmer(-verbände) hingegen ist die Erhaltung der Aussperrungsmöglichkeiten aus Gründen der Kampfparität bzw. Waffengleichheit unbedingt notwendig.

Die amtliche Statistik verwendet als <u>Indikatoren für Arbeitskampffolgen</u> vor allem "ausgefallene Arbeitstage" oder "beteiligte bzw. betroffene Arbeitnehmer"; zudem müssen mindestens 10 Beschäftigte beteiligt sein und der Arbeitskampf mindestens einen Tag dauern oder ein Verlust von mehr als 100 Arbeitstagen eingetreten sein. Dadurch werden bestimmte Konflikte statistisch nicht erfaßt; spontane Streiks werden überhaupt nicht registriert.

Die häufig verwandte juristische Terminologie von Angriffsstreik und Abwehraussperrung abstrahiert von gesellschaftlichen Kräfteverhältnissen; sie verkennt insofern die tatsächlichen Gegebenheiten, als in aller Regel die Gewerkschaft aus Gründen, die der Wirtschaftsordnung in marktwirtschaftlich verfaßten Systemen immanent sind (Direktions- und Verfügungsrecht des Unternehmers), Forderungen stellen und durchsetzen, insofern den ersten Schritt tun muß. Die juristisch bedeutsame Unterscheidung nach der Initiative der Arbeitgeber in Angriffs- und Abwehraussperrung hilft gelegentlich weiter. In sozialwissenschaftlicher Perspektive ergiebiger ist eine Betrachtungsweise, die nach der Reichweite der Kampfmaßnahmen differenziert und die strategischen Ausweitungsmöglichkeiten einbezieht:

- Einzelaussperrungen bleiben auf ein Unternehmen beschränkt.
- Bei Flächen- oder Verbandsaussperrungen sperren mehrere Unternehmen innerhalb eines Tarifgebietes aus.

Infolge der BAG-Rechtsprechung bzw. der folgenden expansiven Aussperrungspraxis wird seit den 80er Jahren, vor allem durch den Arbeitskampf 1984 in der Metallindustrie, eine weitere Unterscheidung wichtiger, die vor allem gewerkschaftlicher Terminologie entlehnt ist: Im Falle einer sog. heißen Aussperrung werden nur unmittelbar betroffene Arbeitnehmer innerhalb des umkämpften Tarifgebiets ausgesperrt. Bei einer sog. kalten Aussperrung sind auch Arbeitnehmer außerhalb des fachlichen und/oder räumlichen Geltungsbereichs des Tarifvertrags indirekt betroffen; infolge der sog. Fernwirkungen des Arbeitskampfes, die wegen der zunehmenden Verflechtung der Wirtschaft bei arbeitsteiliger Produktion entstehen können, kommt es zu notwendigen oder taktisch begründeten Produktionseinstellungen (sog. kampfgebietsausweitende Aussperrung).

---

[72] Vgl. zusammenfassend Kittner,M.(Hg.), Streik und Aussperrung, Frankfurt-Köln 1974.

Die Geschichte des Arbeitskampfmittels der Aussperrung ist in Deutschland mindestens ebenso lang wie die Tradition geregelter Tarifvertragsbeziehungen.[73] Deutlich gewandelt haben sich im Laufe der Zeit allerdings die Zielsetzungen und Funktionen. Zu den recht unterschiedlichen Funktionen gehörten vor allem Rationalisierungsmaßnahmen, Verhinderung von Tarifverträgen, organisatorisch politische und parteipolitische Aspekte, Veränderung der Lohnhöhe sowie organisatorische Anpassung von Gewerkschaften. Für die Bundesrepublik ergeben sich bei einer empirischen Überprüfung der Arbeitskampfpraxis folgende, den gängigen Lehrmeinungen zum Teil widersprechende Aussagen über das Verhältnis von Streik und Aussperrung:

- Von Aussperrungen werden durchschnittlich wesentlich mehr Arbeitnehmer betroffen als von Streiks.
- Die Intensität durchschnittlicher Aussperrungen, d.h. die Zahl der Ausfalltage, übertrifft deutlich die von Streiks.
- Auch die Dauer von Aussperrungen übertrifft die von Streiks.
- Aussperrungen sind nicht, wie vielfach behauptet, bloße Reaktionen auf Streiks.[74]

Die bei kleiner werdenden Konzessionsspielräumen stattfindenden Auseinandersetzungen um neuartige Probleme qualitativer Tarifpolitik (Besitzstandssicherung, Kontrolle der Arbeitsbedingungen, Arbeitszeit) seit Mitte der 70er Jahre zeigen, daß die Konflikte härter werden, d.h. Aussperrungen häufiger stattfinden und auch länger dauern.[75] Die Unternehmer machen von ihrem Instrument im Arbeitskampf vor allem in der Metall- aber auch in der Druckindustrie Gebrauch, indem sie im Gegensatz zur früher häufig praktizierten Einzelaussperrung zu dem kollektiven Mittel der sog. Verbands- oder sogar Flächenaussperrung greifen, an der sich mehrere bzw. alle Unternehmen eines Tarifbezirks beteiligen. Den großen Verbandsaussperrungen in der Metallindustrie Nordwürttemberg/Nordbadens in den Jahren 1963 und 1971 folgten Aussperrungen: 1976 und 1978 im Bereich der Druckindustrie, 1978 im Bereich der Metallindustrie, 1978/79 in der Eisen- und Stahlindustrie sowie 1984 wiederum im Bereich der Metallindustrie.[76]

Durch die Wahl derartiger Strategien werden die Gewerkschaftskassen stark belastet, da nicht nur bei Streiks, sondern darüber hinaus auch bei sog. heißen, d.h. innerhalb des umkämpften Tarifgebiets stattfindenden, und wohl auch bei sog. kalten Aussper-

---

[73] Vgl. Schneider,M., Aussperrung. Ihre Geschichte und Funktion vom Kaiserreich bis heute, Köln 1980.

[74] Vgl. Kalbitz, Aussperrungen in der Bundesrepublik, 354-364; Kalbitz,R., Die Arbeitskämpfe in der BRD - Aussperrung und Streik, Diss. Bochum 1972, 232, 239.

[75] Weiterhin ist eine zunehmende Zentralisierung der Strategien durch die BDA in verschiedenen Arbeitskämpfen festzustellen.

[76] Vgl. Segbers,F., Streik und Aussperrung sind nicht gleichzusetzen. Eine sozialethische Betrachtung, Köln 1986, 21.

rungen die Mitglieder finanziell in erheblichem Maße unterstützt werden müssen.[77] Auch auf Arbeitgeberseite bestehen Unterstützungsfonds bzw. sog. Gefahrengemeinschaften[78], welche die tatsächlichen Kosten eines Arbeitskampfes durch Produktionsausfälle und betriebliche Fixkosten für die betroffenen Verbandsmitglieder erheblich senken und solidarisches Handeln von Betroffenen und Nicht-Betroffenen ermöglichen bzw. erleichtern sollen. Diese Fonds konterkarieren die vor allem seit den 70er Jahren entwickelte gewerkschaftliche Strategie, die eigenen Streikkassen zu schonen und kostspielige Flächenstreiks immer mehr durch sog. Schwerpunktstreiks abzulösen (sog. Minimax-Strategie), die innerhalb eines bestimmten Tarifbezirks nur einzelne ausgewählte Betriebe oder deren Schaltstellen treffen und so einen maximalen Effekt erzielen.

Verbandsaussperrungen als gerichtlich legitimierte Reaktion auf derartige eng geführte Schwerpunktstreiks stellen den Arbeitgeberverband vor gewisse interne Probleme, da ein hohes Maß an innerorganisatorischer Solidarität notwendig, aber nur schwer herstellbar ist, um intern und extern gegenüber der Gewerkschaft aktionsfähig sein zu können. Gleichzeitig treten als Resultat dieser Taktik einer räumlichen und personellen Erweiterung des Arbeitskampfes aber auch Entsolidarisierungsprobleme auf Arbeitnehmerseite auf. "The strategical purpose of all these lock-outs was to increase the number of employees affected by industrial action. Thereby the number of workers entitled to receive strike benefit from the strike-conducting union is increased. Thus lock-outs has mainly to be understood as an instrument to put financial pressure on the unions."[79]

Eine neuere Untersuchung faßt die US-amerikanische Situation folgendermaßen zusammen: "Three features stand out in strike activity in the early 1980s compared to prior periods. First, strike frequency declined to its lowest levels since World War II ... Second, while strikes produced a positive return to union members in the 1970s, in the 1980s strikes appeared to be defensive weapons used only as a last resort ... Third, those strikes that did occur were more hostile, violent, and emotional than earlier strikes."[80] Diese Beschreibung gibt auch die Entwicklung in anderen entwickelten westlichen Industrienationen wieder.

---

[77] Vgl. zu quantifizierenden Angaben Bobke,M., Gewerkschaft und Aussperrung, Köln 1982, 34f.; Adamy/Steffen, Handbuch der Arbeitsbeziehungen, 282.

[78] Vgl. im einzelnen Kap.2.

[79] Weiss et al., The settlement of labour disputes in the FRG, 99.

[80] Kochan,Th.A./Katz,H.C./McKersie,R.B., The transformation of American industrial relations, New York 1986, 134f.

Kapitel 7: Tarifvertragsrecht

Streiks und Aussperrungen in der Bundesrepublik Deutschland

Jahr	Streiks[1] Beteiligte AN	Ausgefallene Tage	Aussperrungen[2] Betroffene AN Tage	Ausgefallene Tage	Streiks & Aussperrungen Ausgefallene Tage
			in 1.000		
1960	17	38	-	-	38
1961	21	65	0,5	2	67
1962	79	451	0,1	3	454
1963	101	878	216	968	1846
1964	6	17	-	-	17
1965	6	49	-	1	50
1966	196	27	-	0,2	27
1967	60	390	-	-	390
1968	25	25	-	0,1	25
1969	90	249	-	-	249
1970	184	93	-	-	93
1971	334	2599	202	1884	4483
1972	23	66	-	-	66
1973	179	545	-	-	545
1974	250	1051	-	-	1051
1975	36	69	-	-	69
1976	117	412	52	122	534
1977	34	24	-	-	24
1978	299	2548	188	1733	4281
1979	63	405	15	78	483
1980	45	128	-	-	128
1981	253	58	-	-	58
1982	40	15	-	-	15
1983	94	41	-	-	41
1984	399	2921	138	2696	5617
1985	78	35	-	-	35
1986	116	28	-	-	28
1987	155	33	-	-	33
1988	34	42	-	-	42
1989	44	100	-	-	100
1990	257	363	-	-	363
1991	214	149	-	-	149
1992	598	1545	-	-	1545
1993 (West)	31	100	-	-	100
(Ost)	104	508	-	-	508
1994 (West)	387	212	-	-	212
(Ost)	12	11	-	-	11

1) einschl. gleichzeitiger Aussperrung
2) ohne gleichzeitige Ausfälle durch Streiks

Quelle: WSI(Hg.), Tarifpolitisches Taschenbuch '95/'96. Zahlen - Daten - Fakten, Köln 1995, 117.

7.6. Die Änderung des Par.116 Arbeitsförderungsgesetz

Im Frühjahr 1984 kam es während des Arbeitskampfes in der Metallindustrie[81] über die Verkürzung der Wochenarbeitszeit zu erheblichen Meinungsverschiedenheiten über die Legalität von Zahlungen der Bundesanstalt für Arbeit (BA) in Form von Arbeitslosen- oder Kurzarbeitergeld an mittelbar von Streik bzw. Aussperrung betroffene Arbeitnehmer. Gegenstand der Kontroverse war die Frage, ob die BA zu Zahlungen an diejenigen Arbeitnehmer verpflichtet sei, die zwar zur selben Branche gehören, aber in einem anderen als dem umkämpften Tarifbezirk vorübergehend beschäftigungslos werden. Der Par.116 Arbeitsförderungsgesetz (AFG) besagte über die von der Verfassung gebotene Neutralität des Staates: "Durch die Gewährung von Arbeitslosengeld darf nicht in Arbeitskämpfe eingegriffen werden."

Im Frühjahr 1986 verabschiedete der Bundestag mit der Mehrheit der Fraktionen der Regierungskoalition[82] gegen den Widerstand der Opposition sowie nach innenpolitischen Auseinandersetzungen mit den Gewerkschaften[83] eine Neuregelung der Lohnersatzleistungen bei Arbeitskämpfen durch Änderung des Par. 116 AFG. Wir müssen drei Gruppen unterscheiden:

- <u>Unmittelbar</u> von einem Arbeitskampf, d.h. Streik oder Aussperrung, betroffene Arbeitnehmer erhalten wie schon vor der Novellierung grundsätzlich keinerlei Zahlungen der BA. Sie bekommen wie bisher Unterstützungsleistungen aus der Streikkasse der Gewerkschaft, sofern sie Mitglieder sind. Nicht-Organisierte gehen leer aus.

- <u>Mittelbar</u> betroffene Arbeitnehmer, die zwar zu derselben Branche bzw. demselben fachlichen Geltungsbereich, aber zu einem anderen als dem umkämpften Tarifbezirk gehören, erhalten im Falle eines arbeitskampfbedingten Arbeitsausfalls (sog. kalte Aussperrung) im Gegensatz zur bisherigen Regelung keine Unterstützungsleistungen der BA mehr, wenn in ihrem Tarifbezirk eine Forderung erhoben wird,

---

[81] Vgl. im einzelnen Bahnmüller, Der Streik, bes. 107ff.

[82] Vgl. zu den internen Auseinandersetzungen im einzelnen Winter,Th.v., Die CDU im Interessenkonflikt. Eine Fallstudie zur parteiinternen Auseinandersetzung über den Paragraphen 116 AFG, Leviathan 17 (1989), 46-84.

[83] Vgl. Mückenberger,U., Par. 116 AFG: Stadien eines Gesetzgebungsprozesses, KJ 19 (1986), 166-186; Silvia,St.J., The West German labor law controversy. A struggle for the factory of the future, CP 20 (1988), 155-173; zusammenfassend Apitzsch,W. et al.(Hg.), Par. 116 AFG, Hamburg 1986; Müller,W./ Striefler,H.G.(Hg.), Streit um Streiks. Par. 116 Arbeitsförderungsgesetz im Spiegel der Presse. Aktuelle Fachinformation Nr. 2, Hamburg 1986; aus juristischer Perspektive: Baumann,H., Arbeitskampf, Staatsneutralität und Arbeitslosenversicherung. Rechtspolitische Überlegungen zu einer Grundlagenreform des Par. 116 AFG, Berlin 1986.

"die einer Hauptforderung des Arbeitskampfes nach Art und Umfang gleich ist, ohne mit ihr übereinstimmen zu müssen", und "das Arbeitskampfergebnis aller Voraussicht nach in den räumlichen Geltungsbereich des nicht umkämpften Tarifvertrages im wesentlichen übernommen wird". Vorher wurden bei mittelbarer Betroffenheit i.d.R. Lohnersatzleistungen gezahlt, was durch eine Entscheidung des Bundessozialgerichts aus dem Jahre 1975 gestützt wurde. In dieser Umkehrung des Regel-Ausnahme-Verhältnisses liegt die eigentliche Änderung der Rechtslage.[84]

- <u>Indirekt</u>, d.h. von den sog. Fernwirkungen eines Arbeitskampfes betroffene Arbeitnehmer anderer Branchen, d.h. in einem anderen fachlichen Tarifbereich, erhalten wie auch schon vor der Novellierung Zahlungen der BA.[85]

Durch diese Neuregelung werden im Konfliktfall erhöhte Anforderungen an die Streikkassen der Gewerkschaften sowie an die innerorganisatorische Solidarität und kollektive Handlungsfähigkeit gestellt, da sich die finanzielle Situation einer großen Zahl mittelbar betroffener Mitglieder verändert hat. Der zunehmende moralische und politische Binnendruck mit entsolidarisierenden Folgen und Loyalitätsentzug macht eine Variation der gewerkschaftlichen Arbeitskampftaktik in Richtung auf neue Streikformen notwendig: Mitgliedergruppen, die als indirekt Betroffene außerhalb des Kampfgebietes vorübergehend beschäftigungslos werden, ohne Anspruch auf Lohnersatzleistungen zu haben, werden entweder Unterstützungsleistungen von ihrer Organisation verlangen (sog. Sonderleistungen in Höhe der Streikunterstützung) oder auf eine sofortige Beendigung des Arbeitskampfes drängen.[86] In dem einen Fall würden die finanziellen Reserven, in dem anderen die Handlungsfähigkeit der Gewerkschaft entscheidend tangiert (Ressourcen- vs. Loyalitätsentzug). Schwerpunktstreiks, deren Bedeutung in den 70er und frühen 80er Jahren zugenommen hatte, sind erschwert worden.

Bisher ist jedoch jede Änderung des Arbeitskampfrechts durch eine Variation der Arbeitskampfstrategien aufgefangen bzw. konterkariert worden. So waren seit den 70er Jahren Schwerpunkt- statt Flächenstreiks bzw. gewerkschaftlich organisierte kurze

---

[84] "In practical terms ... the situation of the indirectly affected workers has become worse. Unemployment benefits are less available than before. From the union's perspective, workers are more likely to put pressure on the union to end the strike and to reach a compromise." Weiss, Recent trends, 764.

[85] Bei Fernwirkungen besteht nach einer Entscheidung des BAG keine Lohnfortzahlungspflicht seitens der Unternehmer nach Par. 615 BGB; grundsätzlich hat der Arbeitgeber im Rahmen seines Betriebs- und Wirtschaftsrisikos die Folgen einer Betriebsstörung zu tragen und die Entgelte weiterzuzahlen.

[86] "If IG Metall strikes in the future, the employers would most likely respond with lockouts and implement their own version of the minimax strategy, maximizing the numer of unemployed, indirectly affected workers. If these workers received no money, the pressure they could apply on the union to settle would be great. If they did receive money, it would drain the union's strike fund in a few weeks time. This would only encourage employers to hold out during a strike until the union collapses." Silvia, The West German labor law controversy, 169.

Warnstreiks während der Tarifverhandlungen neue Kampfmittel im Rahmen der Strategie der "neuen Beweglichkeit". Die noch in der IG Druck und Papier[87] geführte Diskussion um neue Kampfformen, konkret um ein "auf Stunden befristetes Verbleiben am Arbeitsplatz", ist ebenso Ausdruck einer erneuten Änderung wie die innerhalb der IG Metall angestellten Überlegungen zu "Wechselstreiks", bei denen jeweils wenige Betriebe für nur kurze Zeit bestreikt werden, um die sog. Fernwirkungen gering zu halten.[88] Die Strategien müssen den konkreten Rahmenbedingungen des jeweiligen Wirtschaftsbereichs entsprechen, wie z.B. den modernen Drucktechniken, die mit wenig Personal eingesetzt werden.[89]

Den ersten Streik unter den veränderten Rahmenbedingungen führte die IG Metall im Frühjahr 1995 nicht wie üblich in ihrem arbeitskampferfahrenen Tarifbezirk Nordwürttemberg/Nordbaden sondern in Bayern, wo mehr als vier Jahrzehnte nicht mehr gestreikt worden war, wo aber aus gewerkschaftlicher Sicht relativ günstige Voraussetzungen zur Durchsetzung des Pilotabschlusses gegeben waren. "Das heißt, daß es hier eine Reihe von Betrieben gibt, die nicht in enge Lieferverflechtungen z.B. mit der Automobilindustrie eingebunden sind und deshalb über einen längeren Zeitraum ohne Fernwirkungen bestreikt werden können. Die bayerische IG Metall hatte in den vergangenen Jahren die Produktionsverflechtungen der meisten für einen Streik infrage kommenden Betriebe EDV-mäßig systematisch erfaßt."[90] Diese neue Streiktaktik unterscheidet sich deutlich von derjenigen der späten 70er und frühen 80er Jahre durch die systematische Vermeidung externer Effekte bei der Auswahl der zu bestreikenden Betriebe. Der Arbeitgeberverband drohte mit Aussperrung, ohne diese jedoch durchzuführen.

Die Neuregelung betrifft nicht unmittelbar das formale Streikrecht, wie in der öffentlichen Diskussion gelegentlich behauptet wird; sie richtet sich jedoch gegen die praktische Streikfähigkeit ganz bestimmter Gewerkschaften: Betroffen sind diejenigen Organisationen, die Tarifverhandlungen auf regionaler, also Bezirksebene führen - und damit vor allem die IG Metall: Nur bei regionalen Verhandlungen können Arbeitskämpfe

---

[87] Vgl. zur IG Medien im einzelnen Kap.3.

[88] Die Entwicklung neuer Arbeitskampfformen wird allerdings durch die aktuelle Rechtsprechung stark beeinflußt. Vgl. Blanke,Th., Streikminimierung durch Risikomaximierung - Die neue Arbeitskampfrechtsprechung des BAG, KJ 22 (1989), 200ff.

[89] Im übrigen bleibt die übliche Welle von Warnstreiks während der laufenden Verhandlungen von dieser Neuorientierung unberührt. Warnstreiks können allerdings, wenn sie längern andauern, eine Eigendynamik entwickeln, die ihre Kontrolle erschwert.

[90] Bispinck,R., Tarifbewegungen im 1.Halbjahr 1995 in West- und Ostdeutschland, WSI-Mitt 48 (1995), 499; ähnlich N.N., Arbeitsrechtliche Entscheidungen, DB 48 (1995), 1465f.

Modellcharakter bzw. Signalfunktion haben. Nicht direkt berührt sind hingegen die Gewerkschaften der Branchen, in denen die Tarifverhandlungen bundesweit geführt werden, wie im öffentlichen Dienst, in der Druckindustrie, im Bauhauptgewerbe, bei Banken oder Versicherungen. Auch bei betriebsnahen Verhandlungen taucht das Problem mittelbarer Betroffenheit nicht auf; diese Struktur ist allerdings in der Bundesrepublik selten, wobei der Firmentarifvertrag bei VW die bekannteste Ausnahme darstellt.

Insofern ergibt sich eine durchaus <u>unterschiedliche faktische Betroffenheit</u> verschiedener Gewerkschaften, was infolge der praktischen Solidarität und Geschlossenheit der DGB-Gewerkschaften bei der politischen Behandlung dieser Frage 1985/86 nicht hinreichend deutlich wurde. Die Neuregelung "wird ihre Negativwirkungen auf die Beschäftigten in solchen Bereichen konzentrieren, die mit großer Fertigungstiefe bei langen Produktionsketten in derselben Branche produzieren. Vieles spricht dafür, daß damit genau die industriellen Beziehungen des Metallsektors umschrieben sind ...".[91] Die übrigen Gewerkschaften sind allenfalls insofern indirekt betroffen, als die Abschlüsse der Metallindustrie häufig Signalcharakter für andere Branchen haben.

Nicht nur materiell für Tarifpolitik und Arbeitskampf, sondern auch instrumentell wird die Neuregelung nicht ohne Probleme bleiben:

Erstens muß bezweifelt werden, ob der neu eingeführte Neutralitätsausschuß (Par.206 AFG) als institutionalisierter Konfliktlösungsmechanismus wirklich entscheidungs- und konsensfähig sein kann. Dieses Gremium besteht nach dem Vorbild der Selbstverwaltungsorgane der BA aus je drei Vertretern der Arbeitnehmer und Arbeitgeber sowie dem BA-Präsidenten als Vorsitzenden. Es hat zu entscheiden, ob die im Gesetz formulierten Bedingungen im Einzelfall vorliegen, d.h. ob Arbeitnehmer tatsächlich durch Folgen von Arbeitskämpfen in anderen Tarifgebieten vorübergehend nicht beschäftigt wurden.

Wir können von zwei plausiblen Annahmen ausgehen: Erstens stimmen die Repräsentanten der Tarifparteien jeweils gemeinsam; zweitens haben die Vertreter der beiden Seiten unterschiedliche Meinungen hinsichtlich der Beurteilung des jeweiligen Sachverhalts. In einer solchen Pattsituation trifft letzten Endes der Präsident der BA die Entscheidung über die rechtsverbindliche Interpretation der Generalklauseln. Er wird damit zum Superschlichter mit Entscheidungsvollmacht, der Neutralitätsausschuß hat lediglich noch legitimatorische Funktionen gegenüber den Verbandsmitgliedern und vor allem gegenüber der Öffentlichkeit. Konkret bedeutet dies: In einer Situation mit Auslegungs-

---

[91] Mückenberger,U., Die Reprivatisierung der Arbeitskampffolgen, KJ 16 (1986), 297; Mückenberger,U., Produktionsverflechtung und Risikoverantwortung. Verfassungsfragen zur Neufassung von §116 AFG, Baden-Baden 1992, 88ff.

bzw. Interpretationsschwierigkeiten wie während des Arbeitskampfes im Frühjahr 1984 kann nunmehr der Präsident der BA über Zahlung oder Entzug der Lohnersatzleistungen für mittelbar von Streik oder Aussperrung Betroffene innerhalb eines beträchtlichen Ermessens- und Bewertungsspielraumes rechtsverbindlich entscheiden.

Ein zweites verfahrenstechnisches Problem besteht darin, daß die neuen Generalklauseln wiederum recht vage und reichlich unbestimmt formuliert sind; der Anspruch auf Arbeitslosengeld ruht nach Par.116 Abs.3 AFG der neuen Fassung bereits, wenn "
a) eine Forderung erhoben worden ist, die einer Hauptforderung des Arbeitskampfes nach Art und Umfang gleich ist, ohne mit ihr übereinstimmen zu müssen, und
b) das Arbeitskampfergebnis aller Voraussicht nach in dem räumlichen Geltungsbereich des nicht umkämpften Tarifvertrages im wesentlichen übernommen wird.
Eine Forderung ist erhoben, wenn sie von der zur Entscheidung berufenen Stelle beschlossen worden ist oder aufgrund des Verhaltens der Tarifvertragspartei im Zusammenhang mit dem angestrebten Abschluß des Tarifvertrages als beschlossen anzusehen ist".
Die offiziell angestrebte Normenklarheit bzw. "Klarstellung der Rechtslage" des alten Par.116 in Verbindung mit der Neutralitätsanordnung ist durch die Novellierung keinesfalls erreicht; recht unterschiedlichen Interpretationen der unbestimmten Rechtsbegriffe, einschließlich der puren Annahme konkludenten Verhaltens bei der Erhebung von Forderungen, sind Tür und Tor geöffnet. Der Gesetzgeber hat wohl im wesentlichen ein neues Betätigungsfeld für arbeitsrechtliche Gutachten über Präzedenzfälle bei Auslegungs- und Rechtsstreitigkeiten geschaffen.

Zum dritten wurde neben einer formal verstärkten Möglichkeit der Arbeitsämter bei der Kontrolle der betrieblichen Ursachen und Bedingungen der Kurzarbeit eine besondere Kontrollbefugnis in Par.72 AFG eingefügt: Der BR hat eine schriftliche Stellungnahme darüber abzugeben, ob der Arbeitsausfall tatsächlich durch die technischen oder wirtschaftlichen Auswirkungen des Arbeitskampfes verursacht wurde und nicht durch andere Gründe, wie etwa eine kurzfristig veränderte Lagerhaltungspolitik.
Zwar fordert das Gesetz nunmehr, daß der Arbeitgeber "die für die Stellungnahme erforderlichen Angaben zu machen" hat. Aber wie soll ein BR im Konfliktfall alle zur effektiven Wahrnehmung seiner Kontroll- und Mitbestimmungsrechte relevanten Informationen sammeln und auswerten, ohne sich dem Vorwurf der gesetzeswidrigen "Betriebsspionage" auszusetzen? Notwendig wären u.a. detaillierte Kenntnisse über neuartige Logistik-Strategien einer möglichst knappen Lagerhaltung bzw. -kapazität (Kanban-System bzw. just in time-Produktion) und deren kurzfristige Veränderungen unter Kosten- und Gewinnaspekten, über Fertigungsstrukturen, veränderte Produk-

tionsabläufe und -verflechtungen sowie zunehmende Lieferbeziehungen etc. Ähnliche Schwierigkeiten ergeben sich auch für die Arbeitsämter.[92]
Sind einzelbetriebliche Produktionseinschränkungen bzw. -abbrüche als wirtschaftlich und technisch zwangsläufige Folgen von Fernwirkungen oder aber als strategische Maßnahmen im Arbeitskampfkalkül der Arbeitgeberverbände anzusehen? Die grundsätzlichen Meinungsverschiedenheiten zwischen BR und Unternehmensleitungen über das Risiko arbeitskampfbedingter Produktionseinstellungen während des Arbeitskampfes im Frühjahr 1984[93] dokumentieren deutlich die erheblichen Verfahrensprobleme, welche die Neufassung keinesfalls löst. Die Kontrollbefugnis in der nunmehr vorliegenden Form dürfte kein effizientes Instrument sein.

Die Neuregelung des Par. 116 AFG wird kontrovers beurteilt: Die Gewerkschaften lehnen sie rundweg ab, den Arbeitgeberverbänden geht sie nicht weit genug.[94] Dennoch ist das Fazit eindeutig: Die Änderung hat die Arbeitskampfmöglichkeiten zuungunsten der Gewerkschaften verschoben, ihre Handlungschancen bei Tarifauseinandersetzungen eingeengt.[95] Internationale Vergleiche von Arbeitsrechtssystemen zeigen, daß die Vorgaben für die Leistungsgewährung bei Arbeitskämpfen in der Bundesrepublik nunmehr am engsten gefaßt sind. In anderen westlichen Industrieländern sind zumeist nur die aktiv am Streik Beteiligten von den Leistungen der Arbeitslosenversicherung ausgeschlossen, während in der Bundesrepublik auch mittelbar betroffene Arbeitnehmer ausgegrenzt werden.[96]
Strittig blieb auch nach der Änderung des Art.116 AFG die Vereinbarkeit mit Art.9 (Koalitionsfreiheit), Art.14 (Schutz des Eigentums) und Art.3 (Gleichheitssatz).[97] Das

---

[92] Kock,K., Kalt Ausgesperrt. Erfahrungen von Betriebsräten im Arbeitskampf 1984, Düsseldorf 1985, 72.

[93] Vgl. die Beispiele in Apitzsch et al., Par. 116 AFG; Kittner,M./Unterhinninghofen,H., Zur geplanten Änderung des Par. 116 AFG, AuR 34 (1986), 5f.; Kock, Kalt Ausgesperrt; allgemein zum Problem auch: Hinrichs,W./Möller,E., Gewerkschaftliche Position und rechtliche Situation zum Par.72 Abs.1a AFG, SF 36 (1987), 168-172.

[94] Vgl. BDA, Stellungnahme zum Gesetzentwurf der Bundesregierung zur Sicherung der Neutralität der Bundesanstalt für Arbeit bei Arbeitskämpfen - Bundesrats-Drucksache 600/85, Köln 1986.

[95] Blanke spricht von der "Politik einer Privatisierung der Arbeitskampfrisiken durch eine komplementäre Steigerung der kollektivrechtlichen Streikrisiken". Blanke, Streikminimierung durch Risikomaximierung, 205.

[96] Vgl. IntChro 24 (April 1986), 5f.

[97] Vgl. Benda,E., Rechtsgutachten zur Frage der Verfassungsmäßigkeit des Entwurfs eines Gesetzes zur Sicherung der Neutralität der Bundesanstalt für Arbeit bei Arbeitskämpfen, Baden-Baden 1986; Müller,G. Arbeitskampf und Arbeitskampfrecht, insbesonders die Neutralität des Staates und verfahrensrechtliche Fragen, Bonn 1985; Ossenbühl,F./Richardi,R., Neutralität im Arbeitskampf. Zur Neufassung des Par. 116 AFG, Köln-Berlin 1987; Baumann,H., Arbeitskampf, Staatsneutralität und Arbeitslosenver-

Bundesverfassungsgericht erklärte 1995 den geänderten Par.116 für verfassungskonform[98]; jedenfalls gegenwärtig lasse sich "eine verfassungswidrige Störung der Tarifautonomie (noch) nicht feststellen"; die Durchsetzungsfähigkeit der Gewerkschaften sei zwar beeinträchtigt, aber erscheint "nicht durchgreifend geschwächt". Die eigentlichen Probleme der Neuregelung liegen bei den Funktionsbedingungen der Tarifautonomie bzw. der Tarifpolitik. "Politics matter. The political parties in power can redefine the rules of industrial conflict in the Federal Republic."[99]

Einführende Literatur:

Tarifvertragsrecht:

Däubler,W., Das Arbeitsrecht, 1.Bd. 8. Aufl., 2. Bd. 5. Aufl. Reinbek 1988

Hanau,P./Adomeit,K., Arbeitsrecht, 11. Aufl. Frankfurt 1994

Schaub,G., Arbeitsrechts-Handbuch. Systematische Darstellung und Nachschlagewerk für die Praxis, 7. überarb. Aufl. 1992

Söllner,A., Grundriß des Arbeitsrechts, 11. Aufl. München 1994

Weiss,M., Labour law and industrial relations in the Federal Republic of Germany, 2nd ed. Brussels 1995

---

sicherung. Rechtspolitische Überlegungen zu einer Grundlagenreform des Par.116 AFG, Berlin 1986; Seiter,H., Staatsneutralität im Arbeitskampf, Tübingen 1987. Die unterschiedlichen juristischen Positionen werden zusammengefaßt bei Bieback,K.-J., Die verfassungsrechtliche Kontroverse um den Par.116 AFG, KJ 26 (1993), 489-500.

[98] Das Bundessozialgericht hatte 1994 entschieden, daß der Par. 116 AFG nicht gegen das Grundgesetz verstößt. Vgl. Zachert,U., Demokratie ohne Streikrecht? Der Paragraph 116 AFG vor dem Bundesverfassungsgericht, GMH 46 (1995), 93f.

[99] Silvia, The West German labor law controversy, 170.

Arbeitskampfrecht:

Brox,H./Rüthers,B., Arbeitskampfrecht, 2. Aufl. Stuttgart 1982

Däubler,W.(Hg.), Arbeitskampfrecht, 2. Aufl. Baden-Baden 1987

Hyman,R., Strikes, 4. Aufl. London 1979

Segbers,F., Streik und Aussperrung sind nicht gleichzusetzen. Eine sozialethische Betrachtung, Köln 1986.

8. TARIFVERTRAGSWESEN II: TARIFPOLITIK DER 80ER JAHRE

8.1. Von der quantitativen zur qualitativen Lohnpolitik

1. Nach den formal-juristischen Vorgaben, welche den rechtlichen Rahmen determinieren, wollen wir uns nun mit den ökonomischen und sozialen Bedingungen der Tarifvertragsbeziehungen auseinandersetzen, die neben den Arbeitsbeziehungen auf Betriebs- und Unternehmensebene als Kernbereich der Arbeitsbeziehungen anzusehen sind. "Es handelt sich dabei um weitgehend formalisierte und rechtlich sanktionierte Beziehungen zwischen den Arbeitsmarktparteien ..., die auf dem Wege kontrollierter Konfliktregelungen und tarifvertraglicher Vereinbarungen die widerstreitenden Interessen von Kapital und Arbeit kompromißfähig machen und soziale Machtauseinandersetzungen in Form von Arbeitskämpfen einschließen."[1]

Wir wollen vor allem auf folgende Schwerpunkte der wirtschafts- und sozialpolitisch relevanten Tarifvertragspolitik[2] eingehen:

- Lohn und Gehalt als "klassischer" und nach wie vor unverzichtbarer Gegenstandsbereich "quantitativer" Tarifpolitik,
- Rationalisierungsschutzabkommen besonders der 70er Jahre
- sowie vor allem die Arbeitszeitpolitik in den 80er Jahren als Problem "qualitativer" Tarifpolitik.

Für die Bundesrepublik ist typisch, daß ebenso wie etwa in den skandinavischen Ländern, aber anders als etwa in Großbritannien oder den USA Tarifverhandlungen nicht auf Betriebs- oder Unternehmens-, sondern zumeist auf regionaler (z.B. Metallindustrie) oder sogar Bundesebene (z.B. Druckindustrie, private Banken, Versicherungen, öffentlicher Dienst) geführt werden.[3] Die Organisationsstrukturen der Tarifvertragsparteien

---

[1] Müller-Jentsch,W., Kollektive Interessenvertretung: Das System der "industriellen Beziehungen", in: Littek,W. et al.(Hg.), Einführung in die Arbeits- und Industriesoziologie, 2. erw. Aufl. Frankfurt-New York 1983, 383.

[2] Vgl. zu hier nicht näher behandelten Aspekten Nienhüser,W., Die historische Entwicklung der Grundlohnbestimmung. Eine Erklärungsskizze auf macht- und transaktionskostentheoretischer Grundlage, in: Weber,W.(Hg.), Entgeltsysteme. Lohn, Mitarbeiterbeteiligung und Zusatzleistungen. Festschrift zum 65. Geburtstag von Eduard Gaugler, Stuttgart 1993, 233-268.

[3] Seit einigen Jahren beschäftigt sich eine kontroverse Diskussion mit dem Zusammenhang von Zentralisierungsgrad und makroökonomischen Ergebnissen. Die Ausgangshypothese lautete, daß sowohl völlig dezentralisierte als auch hochgradig zentralisierte Verhandlungssysteme zu besseren Ergebnissen führten als solche mit mittlerem Zentralisierungsgrad. Im Falle der Dezentralisierung wirkten Marktkräfte, bei Zentralisierung müßten die makroökonomischen Konsequenzen des eigenen Verhaltens ins Kalkül gezogen werden. Kritiker bemängeln u.a., daß der Grad der Koordination bei einer isolierten Betrachtung der Verhandlungsebene unberücksichtigt bleibt. Vgl. Calmfors,L./Driffil,J., Centralization of wage bargaining, EP 3 (1988), 13-61; zur Kritik u.a. Soskice,D., Reinterpreting corporatism and explaining unemployment:

entsprechen dieser Verhandlungsstruktur mit einem mittleren Zentralisierungsgrad.[4] Eine wesentliche Konsequenz dieses in den späten 50er und 60er Jahren ausgebildeten Arrangements besteht darin, daß mit zunehmender Zentralisierung der Verteilungskonflikt nicht mehr ausschließlich zwischen Arbeitgebern und Gewerkschaften, sondern auch innerhalb der Tarifvertrags- bzw. Arbeitsmarktparteien ausgetragen wird. Eine andere, von den korporativen Akteuren durchaus beabsichtigte Folge ist eine weitgehende Standardisierung der Löhne und Arbeitsbedingungen bzw. eine deutliche Vereinheitlichung der Arbeitsbedingungen.[5]

Diese relativ zentralisierten Kollektivverträge müssen notwendigerweise von besonderen Umständen und Bedingungen einzelner Unternehmen abstrahieren und sich an den finanziellen Möglichkeiten marginaler Firmen orientieren. Die regional geführten Verhandlungen werden auf beiden Seiten zentral und eng von den Dach- und Spitzenverbänden koordiniert bzw. kontrolliert.[6] Sog. Pilotabkommen, die vor allem in bestimmten, hochgradig organisierten Bezirken der Metallindustrie abgeschlossen werden, beeinflussen faktisch die übrigen Abschlüsse dieser und anderer Branchen; dadurch entsteht eine spezifisch deutsche Variante des "pattern bargaining".

Co-ordinated and non co-ordinated market economies, in: Brunetta,R./Dell'Aringa,C., Labour relations and economic performance. Proceedings of a conference by the International Economic Association in Venice, London 1990, 170-209; Soskice,D., Wage determination: The changing role of institutions in advanced industrialized countries, OREP 6 (1990), 36-61; zusammenfassend Schnabel,C., Korporatismus, zentralisierte Tarifverhandlungen und makroökonomische Performance, ZfW 42 (1993), 259-272; Crouch,C, Reconstructing corporatism? Organized decentralization and other paradoxes, in: Crouch,C./ Traxler,F.(eds.), Organized industrial relations in Europe: What future?, Aldershot 1995, 311-330.

[4] "... employers in Western Europe other than Britain continue to prefer multi-employer bargaining to single-employer bargaining not just because, as many previous studies have argued, it makes for economies of scale in terms of time, effort and staff to negotiate an agreement covering the entire industry or because (in some industries) it helps to regulate the market. The system of multi-employer bargaining, being based on substantive and compulsory rules, is primarily valued by employers because it helps to neutralize the workplace from trade union activity ... the detailed coverage of the substantive rules tends to limit the scope of further negotiations in the workplace or to ensure that any workplace bargaining that does take place is largely administrative or supplementary." Sisson,K., The management of collective bargaining. An international comparison, Oxford 1987, 188.

[5] Vgl. im einzelnen Bispinck,R. und WSI-Tarifarchiv, Tarifliche Lohnstrukturanalyse. Eine Untersuchung der Struktur, Differenzierung und Flexibilität des Tarifsystems und der Tarifeinkommen in der Bundesrepublik Deutschland, Düsseldorf 1995.

[6] Typisch für dieses Muster ist die Metallindustrie. "Im Februar 1992 besuchte das Präsidium von Gesamtmetall unter Führung des Präsidenten die westdeutschen Verbandsgebiete, um die Tarifauseinandersetzungen 1992 "vor Ort" vorzubereiten. An sechs Orten sollten die Mitgliedsfirmen mit den bei Gesamtmetall entwickelten Vorstellungen für die Lohnrunde 1992 vertraut gemacht werden, aber auch ihre Wünsche und Kritik äußern. Zweck dieser Rundreise war außerdem eine enge Abstimmung zwischen den Mitgliedsunternehmen und den mit der Führung der Verhandlungen beauftragten regionalen und überregionalen Gremien ...". Gesamtmetall, Bericht der Geschäftsführung des Gesamtverbandes der metallindustriellen Arbeitgeberverbände 1. Juni 1991 - 31. August 1993, Köln 1993, 72.

Tarifverträge nach Wirtschaftszweigen[1]

Wirtschaftszweig	Einkommens-	Rahmen-	Mantel-	Sonstige
		Tarifverträge		
Landwirtschaft	23	-	17	5
Bergbau	27	14	16	73
Chemie	21	1	1	31
Metallindustrie	52	35	33	54
Druckindustrie	14	2	13	36
Holzgewerbe	91	13	30	89
Bauhauptgewerbe	6	2	3	25
Textil u. Bekleidung	91	14	45	211
Ernährungsgewerbe	82	8	37	66
Einzelhandel	33	-	16	27
Banken	1	-	1	3
Versicherungen	3	-	1	6
Verlage	18	-	15	21
Bahn	3	-	2	1
Post	3	-	3	10
Priv. Transport u. Verkehr	33	2	29	25
Öffentlicher Dienst	17	39	16	147

[1] West-Tarifbereiche ab 1.000 Beschäftigte Ende 1992.

Quelle: Bispinck,R., Bundesrepublik Deutschland, in: Bispinck,R./Lecher,W. (Hg.), Tarifpolitik und Tarifsysteme in Europa, Köln 1993.

Ein bislang nur unzureichend berücksichtigtes Problem besteht darin, daß die Organisationsstrukturen und -grenzen seit den 50er Jahren relativ stabil geblieben sind, während sich die Wirtschafts-, Branchen- und Unternehmensstrukturen aufgrund von Tertiarisierungsprozessen, Dezentralisierung, Privatisierung und Deregulierung sowie das Entstehen neuer Branchen deutlich verändern. Damit stellen sich sowohl Fragen der formalen Zuständigkeit als auch der inhaltlichen Reichweite von Tarifverträgen; das Tarifsystem wird unübersichtlicher.[7]

---

[7] Vgl. im einzelnen Ellguth,P./Promberger,M./Trinczek,R., Neue Branchen und neue Unternehmensstrukturen. Eine Herausforderung an die gewerkschaftliche Tarifpolitik, in: Bispinck,R.(Hg.), Tarifpolitik der Zukunft. Was wird aus dem Flächentarifvertrag?, Hamburg 1995, 173-193.

Ein Indikator für die Ergebnisse der Lohnpolitik ist die Lohnquote; diese ist definiert als Anteil der Einkommen aus abhängiger Beschäftigung am Sozialprodukt. Bei der tatsächlichen Lohnquote wird der zunehmende Anteil der abhängig Beschäftigten an allen Erwerbstätigen berücksichtigt, bei der bereinigten Lohnquote der Anteil der Arbeitnehmer konstant gehalten. Hinsichtlich der Entwicklung der Lohnquote zeigt sich, "daß sie zwar 1992 in etwa den gleichen Wert annimmt wie dreißig Jahre zuvor, andererseits aber zwischenzeitlich bis Anfang der achtziger Jahre angestiegen und dann wieder gefallen ist"[8]. Unter den Rahmenbedingungen einer weltweiten Krise mit hoher Arbeitslosigkeit sowie mit kleineren materiellen Konzessionsspielräumen wurde es seit Mitte der 70er Jahre für die Gewerkschaften zunehmend schwieriger, (Real-)Lohnerhöhungen durchzusetzen. Verteilungspolitische Erfolge der späten 60er und frühen 70er Jahre, die sich im Anstieg der bereinigten Lohnquote durch Kompression der Gewinnquote zeigten, wurden rückgängig gemacht; die Lohnquote ist auf das Niveau der frühen 60er Jahre gefallen.[9]

Schon die sog. "Sicherung des Besitzstandes" geriet zum Problem, so daß selbst dieses Minimalziel über mehrere Jahre hinweg nicht erreicht werden konnte: Seit Beginn der 80er Jahre waren in mehreren aufeinanderfolgenden Tarifverhandlungsrunden sogar Reallohnverluste zu verzeichnen. Daher wird die traditionell dominierende Lohnpolitik sicherlich eine zentrale Bedeutung innerhalb der Tarifpolitik behalten und sich weiterhin in einer schwierigen Situation befinden.

In empirischer Perspektive beobachten wir eine bestimmte Lohnstruktur, d.h. die Verdienste unterscheiden sich nach Merkmalen wie Qualifikationsniveau der Arbeitnehmer, Wirtschaftszweig, Region, Unternehmensgröße. Lohnpolitische Leitideen der letzten Jahrzehnte sind vor allem folgende:

- Mit dem Konzept der aktiven (expansiven) Lohnpolitik, welches bis in die frühen 70er Jahre wichtig war, sollte zum einen eine Beteiligung der Arbeitnehmer am Produktivitätsfortschritt bzw. am Wachstum des Volkseinkommens erreicht werden; zum andern sollten die erwarteten Preissteigerungen kompensiert werden (sog. Doppelanpassung). Tariflohnerhöhungen sollten die Summe aus Preissteigerungsrate plus Produktivitätszuwachs sein. Indikator für einen relativen Erfolg dieser gewerkschaftlichen Strategie zur Veränderung der Verteilungsrelationen war bis Mitte der 70er Jahre eine steigende Lohnquote.[10] Probleme bereiteten die Gefährdung der Preisniveaustabilität und/oder des Beschäftigungsgrades.

---

[8] Franz,W., Der Arbeitsmarkt. Eine ökonomische Analyse, Mannheim 1993, 43.

[9] Schäfer,C., Zunehmende Schieflagen in der Einkommensverteilung, WSI-Mitt 44 (1991), 593ff.

[10] Vgl. zur langfristigen Entwicklung Schäfer, Zunehmende Schieflagen in der Einkommensverteilung, 593ff; Willke,G., Arbeitslosigkeit. Diagnosen und Therapien, Hannover 1990, 110ff.

Lohn-, Preis- und Produktivitätsentwicklung in der Gesamtwirtschaft 1971 - 1992[1])

Jahr	Produktivität[2])	Preisindex für die Lebenshaltung[3])	Tarifverdienste[4])	Bruttolohn- und -gehaltssumme je beschäftigten AN (real)[2]	Lohnquote[5])
1971	+2,6	+5,1	+13,2	+5,9	+1,3
1972	+3,8	+5,3	+ 9,1	+3,5	+0,1
1973	+3,7	+6,8	+10,3	+3,9	+1,0
1974	+1,5	+6,9	+12,5	+3,7	+3,0
1975	+1,3	+6,1	+ 8,5	+0,1	+0,1
1976	+5,9	+4,4	+ 5,9	+2,4	- 2,4
1977	+2,7	+3,5	+ 6,9	+3,2	+0,4
1978	+2,2	+2,5	+ 5,6	+2,7	- 1,4
1979	+2,4	+3,9	+ 4,8	+1,7	- 0,1
1980	- 0,5	+5,3	+ 6,7	+1,2	+3,2
1981	+0,3	+6,3	+ 5,5	- 1,4	+1,1
1982	+0,2	+5,4	+ 4,0	- 1,4	+0,1
1983	+3,0	+3,2	+ 3,3	+0,0	- 2,9
1984	+2,6	+2,4	+ 2,8	+0,6	- 1,7
1985	+1,1	+2,0	+ 2,7	+0,9	- 0,7
1986	+0,8	- 0,2	+ 3,5	+3,8	- 1,3
1987	+0,7	+0,1	+ 3,4	+3,0	+0,4
1988	+2,9	+1,1	+ 2,7	+1,9	- 1,6
1989	+1,9	+2,9	+ 2,7	+0,1	- 1,8
1990	+2,0	+2,7	+ 4,6	+2,0	- 0,9
1991	+1,1	+3,6	+ 6,2	+2,2	+1,2
1992	+0,7	+4,0	+ 5,7	+1,4	+1,2

1) Alle Angaben in vH gegenüber dem Vorjahr. - 2) Quelle: Statistisches Bundesamt, Fachserie 18, Reihe 1.1. - 3) eines 4-Personen-Haushaltes von Arbeitern und Angestellten mit mittlerem Einkommen; Quelle: Statistisches Bundesamt, Fachserie 17, Reihe 7. - 4) Bis 1983: Berechnet auf Monatsbasis einschl. Beamtenbezüge; Quelle: Deutsche Bundesbank; Tarif- und Effektivverdienste; ab 1984: ohne Beamtenbezüge; Quelle: WSI-Tarifarchiv. - 5) Anteil der Bruttolohn- und gehaltssumme am Volkseinkommen; strukturbereinigt bei konstantgehaltener Arbeitnehmerquote des Jahres 1970; Quelle: Statistisches Bundesamt.

- Demgegenüber verzichtet das vor allem vom Sachverständigenrat entwickelte <u>Konzept der produktivitätsorientierten (kostenniveau- und verteilungsneutralen) Lohnpolitik</u> auf eine Umverteilung des Volkseinkommens, u.a. um eine Beeinträchtigung der Investitionstätigkeit der Unternehmen infolge einer Gewinnkompression zu verhindern und Preisniveaustabilität zu ermöglichen. Der Verteilungsspielraum wird festgelegt durch die Zuwachsraten der gesamtwirtschaftlichen Arbeitsproduktivität, an denen sich die Nominallohnentwicklung orientieren soll. Aufschläge bei den Abschlüssen können als Kompromißlösung akzeptiert werden, um Preissteigerungen auszugleichen.

- Die <u>solidarische Lohnpolitik</u>[11] vor allem der frühen 70er Jahre strebte eine intra- und intersektorale Nivellierung der Lohn- bzw. Einkommensstruktur an, d.h. eine Politik zugunsten der unteren Einkommensgruppen. Diese Strategie, die durch Fest- und/oder Mindestbetragsforderungen realisiert werden sollte, war sowohl aus intra- als auch aus interorganisatorischen Gründen nicht sonderlich erfolgreich.[12] Sie war innerhalb der Gewerkschaften mittel- und langfristig nicht konsensfähig, da lohnstrukturnivellierende Effekte nicht im Interesse der Bezieher höherer Einkommen lagen; zudem traf sie auf den Widerstand der Arbeitgeber, die aus Gründen der Leistungsmotivation eher an einer Lohndifferenzierung interessiert waren. Schließlich war auch die notwendige institutionelle Voraussetzung in Form einer tarifpolitischen Zentralisierung nicht gegeben.

2. Zumindest von Beginn der 60er bis ca. Mitte der 70er Jahre war "Beschäftigung" unter den Rahmenbedingungen von nahezu permanentem Wirtschaftswachstum und Vollbeschäftigung ein Kollektivgut; dessen Bereitstellung verursachte den Gewerkschaften außer einem eher passiven Zutun durch mäßige Lohnabschlüsse kaum Probleme, da es für Mitglieder und Nicht-Mitglieder gleichermaßen von den Arbeitgebern angeboten wurde.[13] Die Verbandspolitik konnte sich auf andere Forderungen, besonders Lohnerhöhungen und allgemeine Arbeitszeitverkürzungen, konzentrieren, bei

---

[11] Vgl. zum Konzept Pfromm,H.-A., Konflikte solidarischer Lohnpolitik, Göttingen 1975; Meidner,R./ Hedborg,A., Modell Schweden. Erfahrungen einer Wohlfahrtsgesellschaft, Frankfurt 1984, bes. 66ff.

[12] "Die systematische Durchsicht der Tarifabschlüsse zeigt, daß es in der gesamten Phase der Beschäftigungskrise seit 1975 der gewerkschaftlichen Tarifpolitik im Grunde nicht gelungen ist, in flächenmäßig bedeutenden Tarifverträgen die Einkommensrelationen zugunsten unterer Einkommensgruppen zu verschieben." Welzmüller,R., Flexibilisierung der Lohnstruktur: Eine wirtschafts- und arbeitsmarktpolitische Sackgasse, WSI-Mitt 41 (1988), 581.

[13] Wir haben es hier mit der von Olson nicht näher analysierten Situation zu tun, daß das Kollektivgut außerhalb der Gruppe erstellt wird. Vgl. Olson,M., Die Logik des kollektiven Handelns. Kollektivgüter und die Theorie der Gruppen, Tübingen 1968.

deren Realisierung sie aufgrund der ökonomischen Gesamtsituation mit hohen Konzessionsspielräumen der Unternehmen auch relativ erfolgreich war.[14]

Seit Mitte der 70er Jahre haben sich infolge des Endes des säkularen Wirtschaftswachstums sowie durch den Strukturwandel, der infolge des Aufkommens der neuen Technologien notwendig wurde, die Voraussetzungen der Tarifpolitik rapide und grundlegend verändert. Als generelle Entwicklungstendenz hinsichtlich des Verallgemeinerungsgrades der Mitgliederinteressen zeigt sich eine Transformation universalistischer, d.h. umfassend solidarischer Formen gewerkschaftlicher Politik in partikularistisch-berufsständische Formen der Interessenvertretung zugunsten eines begrenzten Mitgliederstammes.[15]

Die Gewerkschaften haben Anpassungsprozesse an die eingetretenen Strukturveränderungen (u.a. verstärkte Arbeitsmarktsegmentation, gruppenspezifische Formen der Verarbeitung von Krisenfolgen) vollzogen und dadurch nicht nur das Tarifverhandlungssystem, sondern das gesamte System der Arbeitsbeziehungen besonders im Sinne seiner internen und externen Effektivität in einer Phase anhaltender Krisenerscheinungen stabilisiert. Typisch für diese Situation ist eine ungleiche Entwicklung der verschiedenen Branchen, die zu je spezifischen Problemen führt und generalisierende Aussagen immer schwieriger macht.

3. Gleichzeitig haben sich durch technische und arbeitsorganisatorische Maßnahmen der Arbeitgeber die Rahmenbedingungen für korporatives Handeln der Gewerkschaften auch in weiteren Politikbereichen wesentlich verändert. Seit Mitte der 70er Jahre ergibt sich zumindest für bestimmte Gewerkschaften die Notwendigkeit, auch eine <u>Tarifpolitik zur Regelung von Arbeitsbedingungen und Beschäftigungsproblemen</u> betreiben zu müssen. Derartige Forderungen sind nur schwer durchzusetzen, da die Arbeitgeber bzw. deren Verbände eine Ausweitung der Verhandlungsgegenstände mit allen ihnen zur Verfügung stehenden Möglichkeiten zu verhindern suchen.

Zur Beschreibung dieses neuen Sachverhalts setzte sich die Sprachregelung von alter quantitativer, d.h. an Lohnpolitik orientierter Tarifpolitik und neuer qualitativer, d.h. an Problemen u.a. von Rationalisierungsschutz und Arbeitszeit ausgerichteter Tarifpolitik,

---

[14] Die wichtigste Studie über diesen Zeitraum ist Bergmann,J./Jacobi,O./Müller-Jentsch,W., Gewerkschaften in der Bundesrepublik, Bd.1: Gewerkschaftliche Lohnpolitik zwischen Mitgliederinteressen und ökonomischen Systemzwängen, Frankfurt 1976; vgl. zur späten Rezeption und Relativierung verschiedene Beiträge in Schumm,W.(Hg.), Zur Entwicklungsdynamik des modernen Kapitalismus. Beiträge zur Gesellschaftstheorie, Industriesoziologie und Gewerkschaftsforschung. Symposium für Gerhardt Brandt, Frankfurt-New York 1989.

[15] Vgl. zusammenfassend Brandt,G./Jacobi,O./Müller-Jentsch,W., Anpassung an die Krise: Gewerkschaften in den siebziger Jahren, Frankfurt-New York 1982.

durch; zwischen den monetär-quantitativen und den qualitativen Elementen bestehen enge Wechselwirkungen. "The new qualitative approach is focusing on five major problem areas: (a) protection against the consequences of rationalisation; (b) job security; (c) reduction of working time; (d) improvement of working conditions; (e) skill-based pay systems."[16] Die neue Tarifpolitik wirkt in stärkerem Maße selektiv als die alte, indem sie ganz bestimmten Gruppen relative Vorteile verschafft (z.B. betriebliche bzw. tarifliche Besitzstandssicherung oder Schutz gegen Abgruppierung). "Beschäftigung" wird zunehmend zum knappen und damit gruppenspezifischen Kollektivgut, dessen Bereitstellung bzw. Erhaltung vor allem für bestimmte Gruppen angestrebt wird.

Diese Interessenpolitik ist Ausdruck unterschiedlicher gruppenspezifischer Organisationsgrade; die von Arbeitsmarktrisiken am ehesten Betroffenen sind auch innerhalb der Gewerkschaften weitgehend marginalisiert; "nicht nur liegt ihr Organisationsgrad erheblich unter dem der männlichen Facharbeiter, sondern auch ihre Repräsentanz in den Entscheidungsgremien ist wesentlich niedriger als ihr Mitgliederanteil. Damit verfügen sie nicht ... über einen organisatorischen Hebel zur Verteidigung ihrer Interessen"[17]. Anders formuliert: Die gewerkschaftliche Organisations- und Repräsentationsstruktur ist die entscheidende Determinante des korporativen Handelns.

Dieser Logik der kollektiven Interessenvertretung folgend verstärkt gewerkschaftliche Interessenpolitik unfreiwillig die Krisenbetroffenheit der am Arbeitsmarkt ohnehin benachteiligten Gruppen (u.a. Frauen, Jugendliche, Ausländer, Unqualifizierte und schlecht Qualifizierte). Gewerkschaftliche Politik verschärft diese Krisenbetroffenheit zugunsten anderer Gruppen, u.a. männlichen Facharbeitern im Druckgewerbe und Maschinenbau, Produktionsarbeitern mit betriebsspezifischer Qualifikation in der Chemieindustrie, oder auch Arbeitsplatzbesitzern im öffentlichen Dienst. Diese <u>Mitgliederorientierung der Verbandspolitik</u> ist einerseits notwendig; andererseits verschärft sie die sozio-ökonomischen Unterschiede zwischen organisierten und nicht-organisierten Gruppen im Sinne unbeabsichtigter Handlungsfolgen.

Rhetorik und anderslautende Grundsatzerklärungen, welche die Fiktion von Interessenhomogenität und Verteilungsgerechtigkeit aufrechtzuerhalten suchen, ändern wenig an diesem Sachverhalt. Laut Grundsatzprogramm des DGB beschränkt sich der politische und gesellschaftliche Anspruch nicht auf die Vertretung bestimmter Gruppeninteressen, sondern will "die wirtschaftlichen, sozialen und kulturellen Interessen aller Arbeitnehmer

---

[16] Fürstenberg,Fr., Recent trends in collective bargaining in the Federal Republic of Germany, in: ILO(ed.), Collective bargaining in industrialised market economies: A reappraisal, Geneva 1987, 217.

[17] Müller-Jentsch,W., Neue Konfliktpotentiale und institutionelle Stabilität. Die Austauschbeziehungen zwischen Kapital und Arbeit in der Bundesrepublik seit dem Ende der sechziger Jahre, in: Matthes,J.(Hg.), Sozialer Wandel in Westeuropa. Verhandlungen des 19. Deutschen Soziologentages Berlin 1979, Frankfurt-New York 1979, 193f.

und ihrer Familien wahrnehmen und damit den Erfordernissen des Gesamtwohls dienen". Bei der Erklärung der praktischen Verbandspolitik und ihrer Probleme ist diese offizielle Philosophie der Einheitsgewerkschaft nicht sonderlich aufschlußreich: Zumindest unter den gegenwärtigen Rahmenbedingungen sind Gewerkschaften nicht Interessenvertreter aller abhängig Beschäftigten; sie sind nicht Solidargemeinschaft aller Arbeitnehmer, sondern vertreten im wesentlichen die spezifischen Belange ihrer Mitglieder (besonders Arbeitsplatzinteressen).

4. Rationalisierungen der Arbeitsorganisation und des Produktionsprozesses warfen in den 60er und frühen 70er Jahren aus gewerkschaftlicher Perspektive kaum gravierende Probleme auf. Die freigesetzten Arbeitnehmer fanden aufgrund der günstigen Arbeitsmarktbedingungen Beschäftigungsmöglichkeiten in anderen Betrieben oder Branchen. Die Verbandspolitik brauchte sich abgesehen von wenigen schrumpfenden Branchen und einigen Betriebsstillegungen kaum ernsthaft um Rationalisierungsfolgen zu kümmern; häufig wurden derartige Maßnahmen sogar ausdrücklich begrüßt, da zumeist Arbeitsplätze mit hohen Belastungen wegfielen.

Diese Situation hat sich grundlegend verändert. Die von verschiedenen Gewerkschaften ausgehandelten Rationalisierungsschutzabkommen können nur möglichst vielen Arbeitsplatzbesitzern die knappen Arbeitsplätze erhalten oder zumindest die individuellen Folgen des Arbeitsplatzverlustes mildern, ohne aber Arbeitslosen zu Stellen verhelfen zu können. Gleichzeitig verteilen solche Abkommen das Risiko des Arbeitsplatzverlustes ungleich auf verschiedene Gruppen, z.B. nach der Dauer der Betriebszugehörigkeit oder nach dem Lebensalter. Hier zeigt sich wie in der übrigen Beschäftigungspolitik, daß nicht alle Gruppen gleichermaßen betroffen sind: Arbeitsplatzbesitzer werden gegenüber Arbeitslosen begünstigt, innerhalb der Gruppe der Arbeitsplatzbesitzer werden Kern- gegenüber Randbelegschaften bevorteilt. Gewerkschaftlich organisierte Kampfmaßnahmen treten kaum in solchen Bereichen auf, in denen der Organisationsgrad und damit der innergewerkschaftliche Repräsentationsgrad gering ist; sie werden häufig erst dann ergriffen, wenn die hochgradig organisierten Gruppen der sog. Stammbelegschaften von Rationalisierungsfolgen betroffen sind.

Die Betroffenheit ist nicht nur innerhalb, sondern auch zwischen den Industriegewerkschaften unterschiedlich.[18] Insofern ergibt sich die jeweilige Organisationspolitik wesentlich als Reaktion auf spezifisch veränderte Rahmenbedingungen. Allgemeine Trends etwa in Form intersektoral vergleichender Gesamteinschätzungen lassen sich

---

[18] Vgl. Billerbeck,U. et al., Neuorientierung der Tarifpolitik? Veränderungen im Verhältnis zwischen Lohn- und Manteltarifpolitik in den siebziger Jahren, Frankfurt-New York 1982.

immer nur als Verallgemeinerungen und Abstraktionen von sehr unterschiedlichen Branchenentwicklungen hinsichtlich Interessengrundlage und Organisationsstruktur begreifen:
- Im Organisationsbereich der IG Metall mußte es wegen der Veränderungen der Produktionsstruktur vor allem Rationalisierungsschutzpolitik geben; zentrale Ergebnisse waren der Lohnrahmentarifvertrag II in Nord-Württemberg/Nord-Baden 1973 mit der Regelung von Mindesttaktzeiten und Pausen für Akkordarbeiter, der Absicherungstarifvertrag 1978 sowie die Arbeitskämpfe um Arbeitszeitprobleme 1978/79 und 1984.
- Besonders in der Druckindustrie fanden Mitte der 70er Jahre infolge des Einsatzes neuer Technologien (Umstellung von Blei- auf Fotosatz) sowohl Verdrängungen von Facharbeitern als auch Dequalifizierungsprozesse statt. Die IG Druck und Papier mußte aufgrund der Betroffenheit von Kernen ihrer Mitgliedschaft, vor allem der Schriftsetzer, eine qualitativ neue Politik der individuellen Besitzstandssicherung und der Kontrolle der Arbeitsbedingungen betreiben (Tarifvertrag über Einführung und Anwendung rechnergesteuerter Textsysteme - RTS-Tarifvertrag 1978). Diese Verbandspolitiken stießen auf den aktiven Widerstand der Unternehmer und ihrer Verbände und waren deshalb nicht sonderlich erfolgreich: Lediglich monetäre Abfindungen konnten durchgesetzt werden.
- Andere Organisationen, besonders die ÖTV, konnten wegen der in ihrem Zuständigkeitsbereich andersartigen Rahmenbedingungen (lange Zeit kaum umfassende Rationalisierungsstrategien der öffentlichen Arbeitgeber, gesetzlich garantierte bzw. tarifvertraglich vereinbarte Arbeitsplatzsicherheit) die traditionelle Lohnpolitik weitgehend und nahezu ungebrochen fortsetzen, ohne qualitativ neue Elemente in die Tarifpolitik wesentlich einbeziehen zu müssen.[19] Bei den großen Organisationen in der Privatwirtschaft war vor allem bei der IG Chemie-Papier-Keramik weiterhin von einem Primat der Lohnpolitik auszugehen.

Wir sehen anhand dieser Beispiele großer Industriegewerkschaften, daß erhebliche Unterschiede hinsichtlich Interessengrundlage und Organisationsstruktur auch zwischen den Branchen bestehen, so daß allgemein gültige Trendaussagen kaum noch getroffen werden können. Diese zunehmende Differenzierung und Strukturalisierung ist ein wesentliches Merkmal der gegenwärtigen Situation; die Problemanalyse wird dadurch nicht einfacher.

---

[19] Vgl. im einzelnen Kap.10.

8.2. Arbeitszeitpolitik I: Wochenarbeitszeitverkürzung

1. Die Forderung nach Verkürzung der tariflichen Arbeitszeit bildet seit jeher einen wesentlichen Teil gewerkschaftlicher Politik.[20] Ihre Bedeutung ergibt sich aus der Tatsache, daß Arbeitszeitpolitik die einzige Strategie ist, "mit der die Gewerkschaften im Rahmen der eigenen Handlungsmöglichkeiten unmittelbar auf die Nachfrage nach Arbeitskräften Einfluß nehmen können"[21]. Arbeitszeitpolitik, die das zentrale Instrument qualitativer Tarifpolitik der 80er Jahre darstellt, kann in den Varianten Wochen-, Jahres- oder Lebensarbeitszeitverkürzung vorkommen. Sie wird vor allem von den Tarifpartnern per Kollektivvertrag betrieben, während der Staat über Gesetze lediglich Rahmenregelungen trifft.[22]

Wir werden im folgenden nach einigen knappen Bemerkungen zur Geschichte Probleme der Wochenarbeitszeitverkürzung behandeln. Dabei werden wir uns auf die Metallindustrie konzentrieren, die aufgrund ihrer großen Bedeutung für die Gesamtwirtschaft und wegen der organisatorischen Stärke der IG Metall auch in der Arbeitszeitpolitik traditionell eine Vorreiterrolle übernimmt und Verlauf und Ergebnis von Tarifverhandlungen in anderen Branchen erheblich beeinflußt.[23] Wir werden vor allem auf Arbeitsmarkt- und Beschäftigungseffekte, nicht hingegen auf neue Arbeitszeitmodelle auf einzelbetrieblicher Ebene eingehen[24]; auf die weitreichenden Folgen der Arbeitszeitpolitik für die Arbeitsbeziehungen kommen wir ausführlich zurück.[25]

Es gibt einen säkularen und offensichtlich irreversiblen Trend zur Arbeitszeitverkürzung. Ein Meilenstein der Entwicklung war nach einer langen Phase der Stagnation die seit Mitte der 50er Jahre, vor allem im DGB-Aktionsprogramm von 1955, geforderte und in Kollektivverträgen vereinbarte Reduzierung der tariflichen und parallel dazu der tatsächlichen Wochenarbeitszeit; die schrittweise Verringerung der Arbeitszeit von 48 über 45

---

[20] Vgl. den Überblick bei Fiedler,M./Schelter,W., Arbeitszeitrecht für die Praxis. Das Arbeitszeitrechtsgesetz (ArbZRG). Texte und Erläuterungen, Stuttgart 1994, 31ff.

[21] Seifert,H., Ausmaß und Effekte der Arbeitszeitverkürzung, in: Hampe,P.(Hg.), Zwischenbilanz der Arbeitszeitverkürzung, München 1993, 11.

[22] Vgl. im einzelnen Kap.9.

[23] Vgl. Thelen,K.A., Union of parts. Labor politics in postwar Germany, Ithaca-London 1991, 161-179.

[24] Vgl. hierzu Marr,R.(Hg.), Arbeitszeitmanagement. Grundlagen und Perspektiven der Gestaltung flexibler Arbeitszeitsysteme, 2. Aufl. Berlin 1993; Wagner,D.(Hg.), Arbeitszeitmodelle. Flexibilisierung und Individualisierung, Göttingen 1995.

[25] Vgl. als Überblick die Fallstudie Hinrichs,K./Wiesenthal,H., Bestandsrationalität versus Kollektivinteresse. Gewerkschaftliche Handlungsprobleme im Arbeitszeitkonflikt 1984, in: Abromeit,H./Blanke,B.(Hg.), Arbeitsmarkt, Arbeitsbeziehungen und Politik in den 80er Jahren, Opladen 1987, 118-132.

und 42 auf 40 Stunden erfolgte durch die stufenweise Abschaffung der Samstagsarbeit im Übergang von der 6 zur 5-Tage-Woche.[26] Eine politisch-institutionelle Interessenparallelität auf der Basis günstiger wirtschaftlicher Rahmenbedingungen, nämlich der lange andauernden Prosperitätsphase des "Wirtschaftswunders", erleichterte diesen Prozeß, der ohne Arbeitskonflikte verlief.[27] Mitte der 70er Jahre war die 40-Stunden-Woche in nahezu allen Tarifbereichen vereinbart.

Zwischen Mitte der 70er und Mitte der 80er Jahre verlangsamte sich dann infolge verschlechterten ökonomischer Rahmenbedingungen, zunehmender Arbeitslosigkeit und daraus resultierenden zentralen Interessendivergenzen das Tempo der Arbeitszeitverkürzung deutlich. Ende 1978 unternahm die IG Metall in der Stahlindustrie den Versuch eines "Einstiegs in die 35-Stunden-Woche" - und scheiterte nach einem längeren Arbeitskampf; statt einer generellen Verkürzung der Wochenarbeitszeit wurde lediglich eine Verlängerung des Jahresurlaubs vereinbart. Die arbeitszeitinduzierten Beschäftigungseffekte reichten in dieser Phase nicht aus, um das Beschäftigungsniveau zu erhöhen; die Gewerkschaften konnten eher ihre reproduktions- denn ihre beschäftigungsorientierten Ziele durchsetzen.[28]

2. Arbeitszeitpolitik als kollektive Strategie einer Umverteilung der vorhandenen Arbeit auf mehr Arbeitnehmer stellte seit Mitte der 80er Jahre ein wichtiges Instrument zur nachhaltigen Bekämpfung der Massenarbeitslosigkeit dar; "... the most pressing issue the union faced in the 1980s was a redistribution of employment, not wages"[29]. Demgegenüber hatten früher zunächst sozial-, dann freizeit-, dann humanisierungs- und gesellschaftspolitische Begründungen im Vordergrund gestanden. Insofern fand eine deutliche Verlagerung innerhalb der Begründungen gewerkschaftlicher Forderungen statt. - Die Arbeitgeberverbände lehnten jede Form der Arbeitszeitverkürzung katego-

---

[26] Vgl. zur Geschichte Deutschmann,Chr., Der Weg zum Normalarbeitstag. Die Entwicklung der Arbeitszeiten in der deutschen Industrie bis 1918, Frankfurt-New York 1985; Schmiede,R./Schudlich,E., Das Zeitalter des Achtstundentages: Die Entwicklung der Arbeitszeiten in der deutschen Industrie seit 1918, Frankfurt-New York 1985; Deutschmann,Chr./Schmiede,R./Schudlich,E., Die langfristige Entwicklung der Arbeitszeit - Versuch einer sozialwissenschaftlichen Interpretation, SAMF-Arbeitspapier 1987-2, Paderborn 1987; für die Zeit nach dem zweiten Weltkrieg Schudlich,E., Die Abkehr vom Normalarbeitstag, Frankfurt-New York 1987; Schudlich,E., Vom Konsens zum Konflikt - Arbeitszeiten und Arbeitszeitpolitik in der Bundesrepublik Deutschland, WSI-Mitt 39 (1988), 491-498.

[27] Vgl. im einzelnen Kevelaer,K.-H.v./Hinrichs,K., Arbeitszeit und "Wirtschaftswunder" - Rahmenbedingungen des Übergangs zur 40-Stunden-Woche in der Bundesrepublik Deutschland, PVS 26 (1985), 52-75; Kohler,H./Reyher,H., Arbeitszeit und Arbeitsvolumen in der Bundesrepublik Deutschland 1960-1986. Datenlage - Struktur - Entwicklung, Nürnberg 1988.

[28] Brandt/Jacobi/Müller-Jentsch, Anpassung an die Krise, 122.

[29] Thelen, Union of parts, 158.

risch ab. Die Gewerkschaften waren gespalten: Während die Mehrheit für die Verkürzung der Wochenarbeitszeit bei vollem (Nominal-)Lohnausgleich eintrat, votierte eine Minderheit für die Verkürzung der Lebensarbeitszeit.[30] Diese Divergenzen erschwerten die Interessendurchsetzung erheblich. Die Bundesregierung unterstützte den Kurs der Minderheit, indem sie im Frühjahr 1984 eine auf fünf Jahre befristete Regelung zur Lebensarbeitszeitverkürzung (Vorruhestandsgesetz) verabschiedete.

Im Frühsommer 1984 unternahm die IG Metall den Versuch einer Verkürzung der Arbeitszeit. Die zentralen Elemente der ab 1.4.1985 in der Metallindustrie geltenden Regelung, die nach einem harten und langen Arbeitskampf getroffen wurde, sind:
- Die tarifliche wöchentliche Arbeitszeit beträgt 38,5 Stunden.
- Für Betriebsteile, Gruppen von Arbeitnehmern und einzelne Arbeitnehmer können variable wöchentliche Arbeitszeiten zwischen 37 und 40 Stunden vereinbart werden, wobei lediglich im Betriebsdurchschnitt 38,5 Stunden erreicht werden müssen. Diese Möglichkeit zur Differenzierung der tarifvertraglich vereinbarten Arbeitszeiten in individueller und zeitlicher Hinsicht stellt das qualitativ neue Element des sog. Leber-Kompromisses dar.
- Die individuelle regelmäßige Wochenarbeitszeit (IRWAZ) kann schwanken, d.h. sie kann gleichmäßig oder ungleichmäßig innerhalb eines Ausgleichszeitraumes von zwei Monaten verteilt werden.[31] Gleichfalls neu ist die Vereinbarung eines längerfristig definierten Ausgleichszeitraums (sog. Variabilisierung der Arbeitszeit).

In diesem Tarifvertrag über die 38,5 Stunden-Woche als betrieblicher durchschnittlicher Arbeitszeit wird deren Flexibilisierung zunächst grundsätzlich ermöglicht; sie wird dann in einer "zweiten" Verhandlungsrunde zwischen Betriebsrat und Unternehmensleitung in zahlreichen Betriebsvereinbarungen umgesetzt und konkretisiert. Flexibilisierung kann verschiedene Formen annehmen:[32]
- wöchentliche Formen der Verkürzung,
- Freie-Tage-Regelungen,
- tägliche Verkürzung im Rahmen von Gleitzeitregelungen im Rahmen entsprechender betrieblicher Arbeitszeitsysteme,
- Kombimodelle, d.h. individuell zugeschnittene Kombinationen der genannten Modelle.

---

[30] Vgl. Offe,C. et al., Arbeitszeitpolitik, Frankfurt-New York 1982.

[31] Dieser Abschluß ist ein erster, typischer Kompromiß recht unterschiedlicher Interessen der Tarifvertragsparteien, bei dem kürzere gegen flexiblere, differenzierte Arbeitszeiten getauscht werden.

[32] Vgl. Ellguth,P./Schmidt,R./Trinczek,R., Trends betrieblicher Arbeitszeitgestaltung in der Metallindustrie, WSI-Mitt 43 (1990), 171.

Das Ausmaß der tatsächlich durchgesetzen Flexibilisierung in Form differenzierter und variabilisierter Arbeitszeiten blieb deutlich geringer als die meisten Beobachter ursprünglich je nach Position erhofft oder befürchtet hatten. Breit angelegte Studien[33] ergaben Tendenzen
- zu einheitlichen Arbeitszeiten der Vollzeitbeschäftigten und nicht zu durchaus möglichen individuellen Differenzierungen, etwa nach Qualifikationsniveau, Alter oder gesundheitlichen Beeinträchtigungen einzelner Arbeitnehmer (Trend zur betriebseinheitlichen Umsetzung),
- zu Formen der wochennahen Arbeitszeitverkürzung, vor allem mit Frühschluß am Freitag und kaum zu Freie-Tage-Regelungen nach Ansammlung entsprechender Zeiteinheiten,
- zur Einhaltung enger Grenzen bei der zeitlichen Variation, d.h. bei der laut Tarifvertrag möglichen Differenzierung innerhalb der Bandbreite zwischen 37 und 40 Stunden.

Unterschiede in der Vielgestaltigkeit der Arbeitszeitstrukturen ergeben sich vor allem zwischen den Branchen aufgrund unterschiedlicher Rahmenbedingungen (z.B. Druckindustrie, Einzelhandel).

Der Tarifvertrag der Metallindustrie vom Frühjahr 1987 beendet die zweite Etappe der tarifpolitischen Auseinandersetzung; er regelt den stufenweisen Abbau der Wochenarbeitszeit auf 37 Stunden bis 1990 bei vollem Lohnausgleich.[34] Die Arbeitszeiten können für verschiedene Beschäftigtengruppen unterschiedlich lang sein (sog. Differenzierung der regelmäßigen wöchentlichen Arbeitszeit). Der Ausgleichszeitraum zur Erreichung der durchschnittlichen Regelarbeitszeit wird von zwei auf höchstens sechs Monate ausgedehnt; dadurch wird im Vergleich zur 84er Regelung eine weitergehende Flexibilisierung ermöglicht. Diese kommt den Interessen von Gesamtmetall entgegen, während die weitere schrittweise Verkürzung den Forderungen der IG Metall entspricht. Im Gegensatz zu 1984, als einer der längsten und härtesten Arbeitskämpfe der westdeutschen Tarifgeschichte stattfand, kam die Einigung ohne Kampfmaßnahmen zustande.

Die Umsetzung dieser Kompromißregelungen erfolgte wiederum durch geänderte oder neu abgeschlossene Betriebsvereinbarungen. Dabei traten weniger Probleme auf als bei der ersten Etappe 1984, da die betrieblichen Akteure auf bereits etablierten und

---

[33] Bosch,G. et al., Arbeitszeitverkürzung im Betrieb. Die Umsetzung der 38,5-Stunden-Woche in der Metall-, Druck- und Holzindustrie, Köln 1988; Ellguth et al., Trends betrieblicher Arbeitszeitgestaltung, 171ff.

[34] Vgl. zu Verlauf und Problemen der beiden Tarifrunden Pumberger,K., Mobilisierung in der Krise? Die Auseinandersetzungen um die Arbeitszeitverkürzungen, Hamburg 1989.

durch Alltagshandeln eingespielten Arbeitszeitmustern aufbauen konnten, ohne diese allerdings einfach fortzuschreiben.[35] Die IG Metall setzte stärker auf wochennahe Modelle bzw. auf eine tägliche Verkürzung. Diese Entwicklung sowie eine (nunmehr vor allem in Mittel- und Großbetrieben häufiger auftretende und an Bedeutung zunehmende) Kombination verschiedener Formen (u.a. Einführung bzw. Erweiterung von Gleitzeitregelungen und versetzten Arbeitszeiten, Einführung bzw. Ausbau weiterer Schichten) ging zu Lasten von Vereinbarungen, die ausschließlich einen Zeitausgleich durch freie Tage vorsahen.[36] Die wiederum zugelassene Möglichkeit einer Differenzierung der Arbeitszeiten, genauer der individuellen regelmäßigen wöchentlichen Arbeitszeiten, verlor im Vergleich zur "ersten" Umsetzungsrunde etwas an Bedeutung.

Das laut Tarifvertrag mögliche Ausmaß an Flexibilisierung wird bei der betrieblichen Umsetzung wiederum bei weitem nicht ausgeschöpft. Dafür sind vor allem zwei Gründe verantwortlich: Zum einen sind Arbeitnehmer und Betriebsräte an einer starken Flexibilisierung nicht sonderlich interessiert; zum andern hatten "die Unternehmen selbst nur ein sehr eingeschränktes Interesse an der betrieblichen Nutzung der neuen Tarifbestimmungen ..."[37]. - Das freie Wochenende bleibt in den allermeisten Fällen erhalten; Samstagsarbeit als Regelarbeitszeit ist wesentlich seltener als Mehrarbeit. Der Umfang der Mehrarbeit nimmt bei unterschiedlichen Ausgleichsmaßnahmen deutlich zu.[38]

Durch den für die Metallindustrie im Frühjahr 1990 abgeschlossenen Tarifvertrag wird die wöchentliche Arbeitszeit stufenweise (ab 1.4.1993 auf 36, ab 1.10.1995 auf 35 Stunden) weiter verkürzt, so daß die 35-Stunden-Woche Mitte der 90er Jahre erreicht

---

[35] Vgl. Gesamtmetall(Hg.), Ergebnisse der Verbandsumfrage zu den ab 1.4.1989 geltenden Arbeitszeitregelungen in den Betrieben der Metallindustrie (Bundesgebiet), Ms. Köln 1/89; IG Metall(Hg.), Umfrage '89 - Arbeitszeitverkürzung. 37-Stunden-Woche - Umsetzung und Beschäftigungswirkung. 1. Auswertung des Gesamtergebnisses und der bezirklichen Ergebnisse, Ms. Frankfurt 10/89. Die Angaben der Tarifvertragsparteien unterscheiden sich nur geringfügig.

[36] Dieser Trend einer sog. alltagsnahen Arbeitszeitverkürzung entspricht vor allem auch den tarifpolitischen Interessen von Frauen. Vgl. zu der Heterogenität individueller Zeitpräferenzen zusammenfassend Kurz-Scherf,I., Normalarbeitszeit und Zeitsouveränität. Auf der Suche nach Leitbildern für eine neue Arbeitszeitpolitik, in: Seifert,H.(Hg.), Jenseits der Normalarbeitszeit. Perspektiven für eine bedürfnisgerechtere Arbeitszeitgestaltung, Köln 1993, 9-79; Stolz-Willig,B., Wandel in Familien und Partnerschaften und Arbeitszeitpolitik, in: Seifert, Jenseits der Normalarbeitszeit, 196-217.

[37] Promberger,M./Trinczek,R., "Stell Dir vor, es gibt Möglichkeiten zur flexibleren Gestaltung der Arbeitszeit, und sie werden nicht genutzt", in: Seifert, Jenseits der Normalarbeitszeit, 108.

[38] Die Verkürzung der Wochenarbeitszeit von 38,5 auf 37,5 Stunden (von 37,5 auf 37 Stunden) hat nach Umfragen der IG Metall 58.000 Arbeitsplätze (34.700 Arbeitsplätze) "geschaffen oder gesichert", was einer Beschäftigungswirksamkeit von fast 60% (etwa 70%) entspricht. IG Metall, Umfrage `89 Arbeitszeitverkürzung, 21. Die Tarifvertragsparteien der Druckindustrie übernahmen im Mai 1987 die zentralen Punkte der Regelung der Metallindustrie.

wird.[39] Ein arbeitszeitpolitisches Novum besteht darin, daß nunmehr ein Teil der Beschäftigten eines Betriebes das Recht hat, freiwillig zwischen der 35- und der 40-Stunden-Woche zu wählen. Ein bestimmter, je nach Tarifgebiet zwischen 13% (ohne AT-Angestellte) und 18% (einschl. AT-Angestellte) liegender, bislang zumeist von Arbeitszeitverkürzungen ausgenommer Teil der Beschäftigten kann die individuelle Arbeitszeit auf einzelvertraglicher Basis bzw. ohne kollektive Regelung verlängern.

Zum einen liegt diese neue, individualisierende Differenzierungsmöglichkeit im Interesse der Arbeitgeber, welche vor allem die hochqualifizierten und aufgrund ihres Humankapitals für die Unternehmen besonders wichtigen Arbeitnehmer länger arbeiten lassen wollen.[40] Zum andern werden die Autonomiespielräume bestimmter Arbeitnehmer erhöht, die nicht mehr auf kollektivvertraglicher Basis, sondern individuell-freiwillig zwischen Verkürzung der Arbeitszeit und höherem Einkommen wählen können. Aus Sicht der Gewerkschaft[41] kann in dieser Option einer Neugewichtung der relativen Wertschätzung bzw. in dieser Abkehr von der traditionellen kollektiven Arbeitszeitpolitik mit ihren tariflichen Schutzfunktionen ein organisationspolitisches Problem liegen, das in der Spaltung der Arbeitnehmerschaft sowie in einer geschlechtsspezifischen Selektion besteht. Zudem bleiben die Betriebsräte als kollektive Organe der Interessenvertretung und Mitbestimmungsgremien aus dem betrieblichen Umsetzungsprozeß weitgehend ausgeklammert; sie haben lediglich Informations-, aber keine echten Mitbestimmungsrechte. "If this were to become a trend, it would amount to a new phase in the flexibility debate in Germany, one with serious political implications for the union."[42]

Die in den ersten Runden eröffneten Flexibilisierungsmöglichkeiten (sog. IRWAZ-Regelungen) stießen, wie bereits erwähnt, auf ein erstaunlich geringes Interesse seitens der Betriebe. Ähnliches gilt auch für die mögliche Variabilisierung der individuellen Arbeitszeiten. Die vorliegenden Studien[43] zeigen, daß auch diese sog. 13/18%-Regelung zur individuellen Arbeitszeitdifferenzierung nur in sehr geringem Umfang auf betrieblicher Ebene tatsächlich genutzt wird: Weniger als 20% der Betriebe und kaum mehr als 2% der Beschäftigten machen von dieser flexibilisierenden und damit von

---

[39] Leistungsverdichtung infolge der Arbeitszeitverkürzung soll nicht stattfinden.

[40] Vgl. Husmann,J./Neifer-Dichmann,E., Arbeitszeitverkürzungen - ein beschäftigungspolitischer Fehlschlag, in: Hampe, Zwischenbilanz der Arbeitszeitverkürzung, 66f.

[41] Vgl. Kuda,R., Die Durchsetzung der 35-Stunden-Woche in der Metallindustrie 1989/90 aus gewerkschaftlicher Sicht, in: Hampe, Zwischenbilanz der Arbeitszeitverkürzung, 54ff.

[42] Thelen, Union of parts, 175.

[43] Vgl. Promberger,M., Was wird aus der Arbeitszeit? "Modernisierung" der betrieblichen Arbeitszeiten in der Metallindustrie zwischen Verkürzung, Pluralisierung und Differenzierung, München-Mering 1993; Promberger/Trinczek, Möglichkeiten zur flexiblen Gestaltung der Arbeitszeit, 111ff.

gängigen Arbeitszeitarrangements abweichenden Regelung Gebrauch. Die Verbreitung hängt von der Betriebsgröße ab und entspricht ziemlich genau der Inanspruchnahme der 1984er Differenzierungsregelung.

Damit ergibt sich eine erklärungsbedürftige Diskrepanz zwischen den wiederholten Forderungen nach mehr individueller Flexibilisierung und dem geringen Ausmaß ihrer tatsächlichen Nutzung. Vermutlich geht "es den Unternehmen ... mit der immer wieder vorgetragenen Flexibilisierungsforderung gar nicht um mehr Variabilisierung ... - denn dafür reichen die bestehenden Regelungen aus -, als um eine Ausdehnung der Betriebsnutzungszeit mittels differenzierter, aber fester Arbeitszeiten"[44]. Weiterhin können derartige Forderungen auch als Ausdruck einer deutlichen Interessenheterogenität innerhalb des Verbandes in bezug auf Arbeitszeiten interpretiert werden.

Wochenarbeitszeitregelung in der Metallindustrie

Gültig ab:	1.4.85	1.4.88	1.4.89	1.4.90
durchschnittliche Wochenarbeitszeit	38,5 Std.	37,5 Std.	37,0 Std.	ab 1.04.93: 36,0 Std. ab 1.10.95: 35,0 Std.
Schwankungsbereich der indiv. Arbeitszeiten	37 - 40 Std.	37 - 39,5 Std.	36,5 - 39 Std.	bis 40 Std. für 18 vH bzw.13 vH der Beschäftigten (mit bzw. ohne AT-Angestellte)
Ausgleichszeitraum	2 Monate		6 Monate	2 Jahre bzw. Bezahlung
Regelungsinstrument	Betriebsvereinbarung			individueller Vertrag
Bündelung zu Freischichten	unbegrenzt		max. 5 freie Tage	ein oder mehrere große Freizeitblöcke

Quelle: Wissenschaftszentrum für Sozialforschung, Arbeitsmarktchronik 29/87, 5 und eigene Ergänzungen.

---

[44] Promberger, Was wird aus der Arbeitszeit, 64.

3. Damit ergibt sich folgendes Fazit: Die generelle Tauschrelation in der Arbeitszeitpolitik lautet Verkürzung gegen Flexibilisierung. Der Interessenkonflikt liegt im Gegensatz zur ersten Etappe des Jahres 1984 später weniger in der grundsätzlichen Frage einer Verkürzung als vielmehr bei Problemen der Flexibilisierung (Lage der Arbeitszeit): Es geht um eine weitergehende Entkoppelung von Arbeits- und Betriebszeiten. Nach der Abkehr vom Normalarbeitszeitstandard, die als Teil einer gewissen Auflösung des Normalarbeitsverhältnisses verstanden werden kann, ist ein neues Standardmuster des Arbeitszeitgefüges nicht in Sicht.

Im Austausch gegen Konzessionen der Arbeitgeberverbände bei Fragen einer pauschalen Verkürzung müssen die Gewerkschaften erhebliche Zugeständnisse hinsichtlich der neuartigen Flexibilisierung der Arbeitszeit machen. Die Arbeitgeber fordern diese seit den frühen 80er Jahren vehement als Teil einer umfassenden Flexibilisierung der Arbeits- und Beschäftigungsbedingungen[45] und setzen sie partiell durch. "Flexible Fertigungssysteme, neue Systeme der Produktionslogistik ("just-in-time"-Konzepte) und auf kürzere Durchlaufzeiten gerichtete Produktionsablaufsteuerungen, die eine kurzfristige Anpassung des Produktionsprogramms an größere Variantenvielfalt und Kleinserien erlauben, verlangen als Pendant eine flexiblere Verteilung der Arbeitszeit."[46]

Diese Flexibilisierung geht über das traditionelle Ausmaß (u.a. in Form von Überstunden, Kurzarbeit, Teilzeitbeschäftigung in verschiedenen Varianten, Gleitzeit) deutlich hinaus; sie umfaßt nicht nur die Dauer (chronometrische Dimension), sondern vor allem auch die Lage der Arbeitszeit (chronologische Dimension).[47] Das Modell einer gleichförmigen Verteilung der Regelarbeitszeit auf der Zeitachse wird durch variable und dispositionsorientierte Arbeitszeitformen abgelöst.[48] Neben technischen, sozialen und ökonomischen Gründen trägt die Politik der Arbeitszeitverkürzung zu einer deutlich zunehmendem und betriebsstrategisch verfeinerten Entkoppelung von betrieblichen Anlagennutzungszeiten und individuellen Arbeitszeiten bei. "Die Entkoppelung von Arbeits- und Betriebszeiten ermöglicht eine Standardisierung der Arbeitszeit bei gleichzeitiger Differenzierung der Betriebszeiten."[49]

---

[45] Vgl. im einzelnen Kap.15.

[46] Hinrichs,K., Die Zukunft der Arbeitszeitflexibilisierung am Ende einer arbeitszeitpolitisch aktiven Phase: Arbeitnehmerpräferenzen, betriebliche Interessen und Beschäftigungswirkungen, in: Marr, Arbeitszeitmanagement, 87.

[47] Vgl. zusammenfassend Bosch,G., Verkürzung und Flexibilisierung der jährlichen Arbeitszeit. Ursachen, Wirkungen, Kontroversen, SS 36 (1987), 227-237.

[48] Vgl. Seifert,H., Arbeitszeitgestaltung jenseits der Normalarbeitszeit, in: Seifert, Jenseits der Normalarbeitszeit, 271-288.

Die Amortisationslasten der immer teurer werdenden Produktionsanlagen erfordern eine Ausdehnung der Maschinenlauf- bzw. Betriebsnutzungszeiten. Entsprechende Forderungen sind die Folge des Einsatzes kapitalintensiver neuer Produktions- und entsprechender Managementkonzepte und zielen auf eine günstigere Kapazitätsauslastung infolge sinkender Kapitalstückkosten; die Lohnkostenerhöhung kann gegen eine Kapitalkostensenkung infolge einer besseren Anpassung des Einsatzes der Arbeitskräfte an den variierenden Bedarf aufgerechnet werden.

Trends der Arbeitszeitflexibilisierung beobachten wir in verschiedenen Ländern.[50] Da in Deutschland seit Mitte der 80er Jahre für immer mehr Arbeitnehmer in nahezu allen Tarifbereichen stufenweise Verkürzungen der Wochenarbeitszeit vereinbart werden, gehen die tariflichen Wochenarbeitszeiten allmählich zurück. Sie liegen in der ersten Hälfte der 90er Jahre unterhalb von 38 Stunden[51], die durchschnittlichen Betriebsnutzungszeiten des verarbeitenden Gewerbes hingegen bei ca. 60 Stunden, wobei erhebliche Unterschiede zwischen Branchen bestehen. "Besonders lang laufen die Maschinen in kapitalintensiven Branchen. In der kapitalintensiven Metallerzeugung und -verarbeitung lagen die wöchentlichen Betriebszeiten bei 78,8 Stunden, während sie in der weniger kapitalintensiven Holzverarbeitung sowie im Bekleidungs- und Ledergewerbe weit geringer waren."[52]

Die effektiven Arbeitszeiten (unter Einschluß von Fehlzeiten, Überstunden, Teilzeitquoten etc.) sind damit in Deutschland entgegen landläufiger Meinung und im Gegensatz zu den tariflich vereinbarten individuellen Arbeitszeiten nicht unbedingt kürzer als in vergleichbaren Ländern, wie den anderen Mitgliedstaaten der Europäischen Union; die Ausweitung der Betriebszeiten, die nicht automatisch zu Kostensenkungen führt, erfolgt lediglich in kapitalintensiven Produktionsbereichen. Im übrigen ist in längerfristiger Perspektive, d.h. seit 1970, auch das Ausmaß der Arbeitszeitverkürzung in Deutschland nicht größer als in anderen, vor allem europäischen Ländern.

Unterschiede entstehen weniger durch deutliche Differenzierungen der Arbeitszeiten als vielmehr durch eine beträchtliche Verlängerung der Maschinenlaufzeiten infolge verän-

---

[49] Bosch,G./Lehndorff,St., Arbeits- und Betriebszeiten in Europa, in: Böck,R./Sadowski,D.(Hg.), Die internationale Regulierung von Arbeit: Europäische Innovationen trotz Kompetenzmangels und Deregulierungswettbewerbs?, SAMF-Arbeitspapier 1994-7, Gelsenkirchen 1994, 110.

[50] International vergleichend Bosch,G., Synthesis report, in: OECD(ed.), Flexible working time. Collective bargaining and government intervention, Paris 1995, 17-41.

[51] "Die tarifliche Wochenarbeitszeit beträgt im gesamtwirtschaftlichen Durchschnitt derzeit [d.h. 1993, B.K.] 38,1 Stunden, unter Berücksichtigung der bereits vereinbarten, aber noch nicht in Kraft getretenen weiteren Stufen der Arbeitszeitverkürzung nur noch 37,4 Stunden." Bispinck,R., Bundesrepublik Deutschland, in: Bispinck,R./Lecher,W.(Hg.), Tarifpolitik und Tarifsysteme in Europa. Ein Handbuch über 14 Länder und europäische Kollektivverhandlungen, Köln 1993, 67f.

[52] Bosch,G., Wettlauf rund um die Uhr? Betriebs- und Arbeitszeiten in Europa, Bonn 1989, 36.

derter Schichtmodelle, vermehrten Einsatzes versetzter Arbeitszeiten etc. Im Rahmen der betrieblichen Entscheidungsprozesse wird das Arbeitszeitmanagement wichtiger im Sinne "von aktiver und situationsangemessener Gestaltung der Arbeitszeit nach Maßgabe der von den Entscheidungsträgern verfolgten Kriterien"[53]. Den Erfordernissen ökonomischer Effizienz der Betriebe steht das Bedürfnis der Arbeitnehmer nach Zeitsouveränität bzw. sozialverträglicher Arbeitszeitgestaltung gegenüber.[54] Bei veränderten Formen der Arbeitsorganisation werden die zeit- und kostenaufwendigen betrieblichen Arbeitszeitarrangements differenzierter und komplexer, wobei deutliche Unterschiede zwischen Groß- bzw. Klein- und Mittelbetrieben bestehen: Vor allem Groß- und Konzernbetriebe verlängern die Betriebszeiten ihrer Produktionsanlagen durch innovative und flexible Arbeitszeitmodelle mit differenzierenden und variabilisierenden Elementen. Demgegenüber haben kleinere und mittlere Unternehmen eher Probleme mit neuartigen Arrangements und bauen ihr Zeitmanagement nicht gezielt weiter aus; es kommt vor allem zu einer Ausweitung der Mehrarbeit.

Durch diese mehr oder weniger freiwillige Selbstbeschränkung der Unternehmen entstehen in der Produktion wie im Dienstleistungsbereich neue Ungleichgewichte bei den Wettbewerbspositionen. "Betriebszeiten sind ... ein bedeutsamer Wettbewerbsfaktor, wenn a) die Kapitalintensität sehr hoch ist, b) große Neuinvestitionen anstehen, c) der technologische Fortschritt sehr rasch verläuft und d) die Produkte vergleichbar (homogen) sind."[55]

4. Eine Konsequenz dieser konfliktären Austauschpolitik besteht in der expliziten "Delegation von Tarifkompetenz an die Betriebe"[56]. Ein wesentliches Kennzeichen dieser Tarifpolitik "ist die Verschiebung substantieller Regelungen von der überbetrieblich-tarifvertraglichen auf die betriebliche Ebene, wie dies z.B. in der Vergangenheit bei leistungspolitischen praktiziert wurde und nun bei arbeitszeitpolitischen Vereinbarungen der Fall ist"[57]. Die Bedeutung der betrieblichen Akteure für die konkrete Ausgestaltung

---

[53] Marr,R., Arbeitszeitmanagement: Die Nutzung der Ressource Zeit - Zur Legitimation einer bislang vernachlässigten Managementaufgabe, in: Marr, Arbeitszeitmanagement, 16.

[54] Vgl. Büssing,A./Seifert,H.(Hg.), Sozialverträgliche Arbeitszeitgestaltung, München-Mering 1995.

[55] Bosch, Wettlauf rund um die Uhr?, 77.

[56] Schmidt,R./Trinczek,R., Die betriebliche Gestaltung tariflicher Arbeitszeitnormen in der Metallindustrie, WSI-Mitt 39 (1986), 641; ähnlich auch Weber,H., Desynchronisation, Dezentralisierung - und Dekomposition? Die Wirkungsdynamik des Tarifkonflikts 84 und ihre Effekte auf das System industrieller Beziehungen, in: Abromeit,H./Blanke,B.(Hg.), Arbeitsmarkt, Arbeitsbeziehungen und Politik in den 80er Jahren, Opladen 1987, 134 et passim.

[57] Deutschmann/Schmiede/Schudlich, Die langfristige Entwicklung der Arbeitszeit, 38.

von Arbeitszeitregelungen nimmt zu infolge der Verlagerung von Normsetzungsbefugnissen (sog. Verbetrieblichung). Im Rahmen der Tarifpolitik werden nur noch Rahmenregelungen formuliert, deren Konkretisierung und Anpassung an die betriebsspezifischen Bedingungen Management und Betriebsrat vornehmen. Das Regelungsinstrument des zentralen Tarifvertrages wird durch das der dezentralen Betriebsvereinbarung ergänzt.

Diese Umsetzung erfolgt innerhalb des dualen Systems der Arbeitsbeziehungen, das im Gegensatz zu anderen Ländern wesentlich durch institutionell abgesicherte Einflußmöglichkeiten der Betriebsräte gekennzeichnet ist. Bei der Festlegung der Arbeitszeiten verfügt der Betriebsrat über sehr weitgehende Mitbestimmungsrechte (Par. 87 BetrVG). Betriebliche Arbeitszeitarrangments sind die Ergebnisse interessenpolitischer Auseinandersetzungen bzw. der Austauschlogik auf Mikroebene. Im dualen System gelingt einerseits die Beibehaltung flächendeckend-verallgemeinerbarer Regelungen und andererseits die Eröffnung betrieblicher Flexibilitätsspielräume. Diese institutionellen Voraussetzungen sind günstiger als in anderen Ländern: "The weakness of employee representation at plant level in many countries is a decided Achilles heel in the flexibilisation of working time. It implies that decentralised forms of work scheduling tend to be associated with an increase in employer dominance in the determination of working time."[58]

Einerseits hat die weitere Verkürzung der Wochenarbeitszeit mit dem Ziel der generellen Einführung der 35 Stunden-Woche für die Gewerkschaften weiterhin Priorität. Andererseits gerät die Arbeitszeitpolitik unter den Rahmenbedingungen der Beschäftigungskrise in ein schwer zu lösendes organisationspolitisches Dilemma, da ihre Strategien von Anfang an wegen einer kaum überschaubaren Verteilung von Kosten und Nutzen auf die Akteure nur schwer vermittelbar sind[59]:
- Die Gewerkschaften wollen eine pauschale Verkürzung, die Arbeitgeber hingegen eine Flexibilisierung durchsetzen, wobei letztere einer deutlichen Beschäftigungswirkung zuwider läuft.
- Gewerkschaftliche Forderungen nach kollektiver Arbeitszeitverkürzung können in mehr oder weniger manifesten Widerspruch zu individuellen Präferenzen, vor allem Einkommensinteressen der Arbeitnehmer[60], geraten und daher zu Loyalitätsver-

---

[58] Bosch, Synthesis report, 28.

[59] Vgl. im einzelnen Wiesenthal,H., Akteurrationalität. Überlegungen zur Steuerungsfähigkeit politischer Akteure in der Beschäftigungskrise, in: Feldhoff,J. et al.(Hg.), Regulierung - Deregulierung. Steuerungsprobleme der Arbeitsgesellschaft, Nürnberg 1988, 70-98.

[60] Vgl. zu Arbeitnehmerpräferenzen hinsichtlich Arbeitszeiten zusammenfassend Hinrichs, Die Zukunft der Arbeitszeitflexibilisierung, 82-86.

lusten bei den Mitglieder führen. Der Hinweis auf Beschäftigungswirkungen bzw. auf das solidarische Ziel eines Abbaus der Arbeitslosigkeit bedeutet die bekanntermaßen schwierig zu realisierende Einforderung eines individuellen Beitrags zur Erstellung eines Kollektivguts. Die parallele Forderung nach vollem (Nominal-) Lohnausgleich zielt deutlich auf einen Kompromiß.

- Insgesamt beobachten wir seit den 80er Jahren eine zunehmende Heterogenisierung der individuellen Arbeitszeitinteressen und -präferenzen[61]; dadurch werden kollektiv-vereinheitlichende Arbeitszeitstrategien der Gewerkschaften erschwert.
- Von Wochenarbeitszeitverkürzungen profitieren zunächst alle Beschäftigten, wobei allerdings einzelne Gruppen bei der grundsätzlich bestehenden Alternative wöchentliche Arbeitszeitverkürzung vs. Freie-Tage-Regelungen unterschiedliche Umsetzungsformen präferieren[62]; diese Interessen müssen innerbetrieblich sorgsam austariert werden.[63] Soweit die Effekte der Verkürzung weniger in der Schaffung zusätzlicher als vielmehr in der Sicherung vorhandener Arbeitsplätze bestehen[64], liegen die Vorteile einseitig bei den aktuell beschäftigten Arbeitnehmern.
- Demgegenüber liegen die Vorteile von Lebensarbeitszeitverkürzungen (sog. Vorruhestandsregelungen) von vornherein eher bei ganz spezifischen Gruppen, nämlich bei den älteren Arbeitnehmern.
- Weiterhin stehen BR häufig unter dem Druck, betriebsegoistisch-syndikalistischen Lösungen wie langen Ausgleichszeiträumen oder Überstundenregelungen zustimmen zu sollen anstatt für Neueinstellungen zu votieren. Die Distanz zwischen Betriebsrat und Gewerkschaft kann durchaus größer werden.

Die Akteure haben in mehreren Umsetzungsrunden umfangreiche Erfahrungen gesammelt. Dabei gilt: "Arbeitszeitaushandlungen finden nicht mehr entlang der Konfliktlinie "starrer verkürzter Normalarbeitstag" versus "flexible Arbeitszeiten" statt, sondern zwischen gruppenspezifisch stark unterschiedlichen Arbeitszeitbedürfnissen der

---

[61] Vgl. für andere Landenberger,M., Arbeitszeitwünsche, Berlin 1983; Hinrichs,K., Zur Zukunft der Arbeitszeitflexibilisierung. Arbeitnehmerpräferenzen, betriebliche Interessen und Beschäftigungswirkungen, SW 43 (1992), 323f.

[62] "Die gewachsene soziale Differenzierung der Arbeitnehmerschaft (z.B. durch die Erwerbstätigkeit verheirateter Frauen) und Heterogenisierung der Arbeitszeitsituation (z.B. durch mehr Teilzeitbeschäftigung und Schichtarbeit) führte dazu, daß die Bedürfnisse derjenigen, die überhaupt Arbeitszeitverkürzungen präferieren, sich heute keineswegs einheitlich auf die Wochenarbeitszeit richten, sondern je nach Lebensumständen und Arbeits(zeit)bedingungen auf ganz verschiedene Varianten ihrer Arbeitszeit, zunehmend auch auf mehr Selbstbestimmungsmöglichkeiten über Länge und Lage der Arbeitszeit ..." Kevelaer/Hinrichs, Arbeitszeit und Wirtschaftswunder, 68.

[63] Vgl. Schmidt/Trinczek, Die betriebliche Gestaltung tariflicher Arbeitszeitnormen, 649ff.; Schmidt,R./Trinczek,R., Erfahrungen und Perspektiven gewerkschaftlicher Arbeitszeitpolitik, Prokla 64 (1986), 95f.

[64] Vgl. im einzelnen Kap.9.

Beschäftigten auf der einen und den - mittlerweile eher gemäßigten - Flexibilisierungsinteressen der Unternehmen auf der anderen Seite."[65] Tarifverträge über weitere Verkürzungen beinhalten weitergehende Flexibilisierungskomponenten. Unterschiede bestehen nicht unbedingt im Ausmaß, wohl aber im Regulierungsgrad der Flexibilisierung. - Im Gegensatz zur Arbeitszeit wird die Regelung der Entgelte nicht flexibilisiert; sie erfolgt - trotz gegenteiliger Forderungen bestimmter Fraktionen der Arbeitgeberverbände vor allem seit den frühen 90er Jahren zunächst - weiterhin nach den alten Prinzipien der Flächentarifverträge.

Vor allem in den frühen 80er Jahren ließen beide Tarifparteien ökonometrische Modellrechnungen über die vermuteten Auswirkungen von Arbeitszeitverkürzungen anstellen. Die wegen der notwendigen Annahmen (u.a. über Produktivitätseffekte und Ausweichreaktionen) problematischen Studien versuchten zumeist, die Richtigkeit der jeweiligen Position zu belegen. Ältere Untersuchungen aus den 70er Jahren nehmen zumeist an, daß der Beschäftigungseffekt im Durchschnitt bei 50% des rechnerischen Maximaleffekts liegen würde; die andere Hälfte werde durch Produktivitätssteigerungen aufgefangen (u.a. Produktionsverdichtung oder Automation).
In der Zwischenzeit sind wir einen Schritt weiter, da wir auf umfangreiche Erfahrungen zurückgreifen können. Die vorliegenden Untersuchungen[66], die sich vor allem auf die ersten Phasen der Arbeitszeitverkürzung beziehen, belegen zwar übereinstimmend positive Beschäftigungswirkungen; sie sind sich aber - u.a. wegen der direkten und unmittelbaren Interessengebundenheit der von den Tarifvertragsparteien angestellten Untersuchungen, wegen methodischer Differenzen sowie aufgrund unterschiedlicher Untersuchungsbereiche[67] - keineswegs einig in der Einschätzung der Größenordnung bzw. -höhe.
Auf der Basis dieser Untersuchungen[68] ist ein Fazit gerechtfertigt, welches Vermutungen widerspricht, die nicht nur in der öffentlichen Diskussion häufig geäußert werden:

---

[65] Promberger, Was wird aus der Arbeitszeit, 90.

[66] Vgl. Seifert,H., Beschäftigungswirkungen und Perspektiven der Arbeitszeitpolitik, WSI-Mitt 42 (1989), 156-163; Seifert,H., Employment effects of working time reductions in the former Federal Republic of Germany, ILR 130 (1991), 495-510; vgl. auch verschiedene Beiträge in Brosius,G./Oppolzer,A.(Hg.), Auswirkungen der Arbeitszeitverkürzung, Frankfurt-New York 1989. Eine andere Meinung vertritt Neifer-Dichmann,E., Working time reductions in the former Federal Republic of Germany: A dead end for employment policy, ILR 130 (1991), 511-522.

[67] Vgl. im einzelnen Zwiener,R., Zu den Effekten der Arbeitszeitverkürzung in den achtziger Jahren, in: Hampe, Zwischenbilanz der Arbeitszeitverkürzung, 95ff.

[68] Vgl. Seifert,H., Was hat die 38,5-Stundenwoche gebracht? Beschäftigungseffekte und Formen der Arbeitszeitverkürzung, SF 36 (1987), 102-107.

Gerade die unabhängigen und damit ideologisch einigermaßen unverdächtigen Untersuchungen zeigen, daß die tatsächlichen Beschäftigungseffekte der Arbeitszeitverkürzung mit über der Hälfte bis zu zwei Dritteln des rein rechnerischen Maximaleffekts nicht nur positiv, sondern durchaus beachtlich sind; zudem sind sie größer als die einer Lebensarbeitszeitverkürzung. Zu dem direkten Effekt einer Schaffung zusätzlicher Arbeitsplätze kommt der indirekte, allerdings nur schwer meßbare in Form der Sicherung vorhandener Stellen.[69] Die Beschäftigungseffekte können in verschiedenen Branchen durchaus unterschiedlich groß sein.[70]

Insofern haben die Gewerkschaften mit ihren vor allem in den frühen 80er Jahren aufgestellten, damals vielfach bezweifelten Prognosen einer positiven Beschäftigungswirkung so falsch nicht gelegen. Die tatsächlichen Kostenbelastungen der Unternehmen infolge der Arbeitszeitverkürzung mit vollem Lohnausgleich hielten sich wegen der erweiterten und produktivitätssteigernden Flexibilisierungsspielräume und den daraus resultierenden Kostenvorteilen sowie wahrscheinlichen zusätzlichen Produktivitätseffekten in engen Grenzen.[71] Auch negative gesamtwirtschaftliche Auswirkungen - wie etwa eine Gefährdung der internationalen Wettbewerbsfähigkeit oder Wachstumseinbußen - sind kaum zu verzeichnen.[72] In einer "Phase deutlicher Verkürzungen der Arbeitszeit gelang der Aufbau hoher Leistungsbilanzüberschüsse; die Gewinne der Unternehmen stiegen weit stärker als die Löhne, und von einem etwaigen Standortnachteil war keine Rede. Erst als die erheblichen Nachfrageeffekte der deutschen Vereinigung ausliefen, Steuern und Abgaben die Binnennachfrage zusätzlich drosselten und eine restriktive deutsche Geldpolitik in ganz Europa die Konjunktur lähmte, wurden

---

[69] Hierbei sehen wir von Humanisierungsaspekten ab, die auf einer anderen Begründungsebene liegen.

[70] Diese Betrachtung sagt natürlich noch nichts aus über die wichtiger werdende Frage, inwiefern die momentane Organisation der Erwerbsarbeit den Bedürfnissen und Wünschen der Individuen entspricht (z.B. anhaltende Arbeitslosigkeit, Benachteiligung von Frauen am Arbeitsmarkt).

[71] Vgl. N.N., Zunehmende Entkoppelungsmöglichkeiten von Arbeits- und Betriebszeiten. Erste Ergebnisse einer Betriebsbefragung, DIW-Wochenbericht 58 (1991), 509; Kromphardt,J., Beschäftigungswirkungen der Arbeitszeitverkürzung unter den Rahmenbedingungen der achtziger Jahre, in: Hampe, Zwischenbilanz der Arbeitszeitverkürzung, 115ff.

[72] Vgl. demgegenüber folgende Schilderung der Ausgangssituation: "The employers' side, supported by the Federal Government, which abandoned its neutral position ... to a considerable extent, refused a general reduction of weekly working time, particularly with no loss of pay. They argued that increasing production costs would further endanger the international competitiveness of the West German economy as well as economic growth, that this would add to the employment crisis and would at best create jobs in Japan or in newly industrialising countries." Endruweit,G./Berger,G., The functioning of institutionalised forms of workers' participation - seen from a social science perspective, in: Gladstone,A. et al.(eds.), Current issues in labour relations. An international perspective, Berlin-New York 1989, 96f.

die Probleme wiederum den angeblich zu hohen deutschen Löhnen und zu kurzen deutschen Arbeitszeiten zugeschoben"[73].

Die Fortsetzung der Politik der Arbeitszeitverkürzung ist aus gesamtwirtschaftlichen Gründen geboten. Das Arbeitsvolumen nimmt langfristig bei zyklischen Schwankungen ab; eine Umkehr dieses säkularen Trends ist in Zukunft nicht zu erwarten. Außerdem wird das Angebot an Arbeitskräften aus verschiedenen Gründen weiter wachsen (u.a. zunehmende Erwerbsneigung von Frauen, Zuwanderung von Aussiedlern, Eintritt der zweiten Ausländergeneration in den Arbeitsmarkt). Schließlich ist eine weitere Verkürzung der Wochenarbeitszeit bei weitem noch nicht flächendeckend in allen Branchen vereinbart worden und kann sowohl vom Volumen als auch von der Geschwindigkeit ihrer Einführung her durchaus noch gesteigert werden. Die recht langsame Einführung behindert eine wirksame Arbeitsumverteilung zugunsten der Arbeitslosen erheblich.

8.3. Arbeitszeitpolitik II: Lebensarbeitszeitverkürzung

Die Regulierung der Arbeitszeit ist nicht ausschließlich Gegenstand der Tarifpolitik bzw. Aktionsfeld der betrieblichen Interessenvertretung; auch der Staat ist aktiv beteiligt: Das Arbeitszeitgesetz[74] gibt Höchstgrenzen für die tägliche und wöchentliche Arbeitszeit vor; über die Festlegung von Ausbildungszeiten und/oder Altersgrenzen, d.h. des Eintritts in den Ruhestand, wird die Lebensarbeitszeit variiert.[75] Im folgenden wollen wir diese spezifische Verteilung auf die verschiedenen Entscheidungsträger bzw. auf die drei Ebenen der gesetzlichen, tariflichen und betrieblichen Regelung näher analysieren.

1. Die Regierungskoalition aus CDU/CSU und FDP setzte 1984 in ihrer Arbeitsmarkt- und Beschäftigungspolitik eindeutig auf eine Strategie, die von Anfang an auch von den Arbeitgeberverbänden favorisiert und als gesellschaftspolitische Alternative zur Wochenarbeitszeitverkürzung[76] propagiert wurde: Seit dem 1.Mai 1984 bestand eine auf fünf Jahre befristete und damit auf bestimmte Altersjahrgänge begrenzte Regelung zur Lebensarbeitszeitverkürzung in Form des "Gesetzes zur Erleichterung des Über-

---

[73] Vgl. Meinhardt,V./Stille,F./Zwiener,R., Weitere Arbeitszeitverkürzung erforderlich. Zum Stellenwert des VW-Modells, WD 1993/XII, 642f.

[74] Vgl. im einzelnen Kap.9.

[75] Vgl. zu spezifischen Politiken der Arbeitsumverteilung Maier,F./Schettkat,R., Beschäftigungspotentiale der Arbeitszeitpolitik, APuZ B3/90 (12.1.1990), 43ff.

[76] "... ging es der konservativ-liberalen Bundesregierung auch darum, einen Keil in die in der Arbeitszeitfrage zu der Zeit gespaltenen Gewerkschaften zu treiben und insbesondere gegen die Forderung nach einer wöchentlichen Arbeitszeitverkürzung eine weitere Front aufzubauen ("35-Stunden-Woche gegen Vorruhestand")." Nägele,G., Zwischenbilanz des Vorruhestands. Eine sozialpolitische Wirkungsanalyse nach über 3 Jahren Vorruhestand, WSI-Mitt 40 (1987), 753.

gangs vom Arbeitsleben in den Ruhestand". Die Rahmenvorgaben dieses Vorruhestandsgesetzes sollten durch Tarifverträge ausgefüllt werden, so daß die Gesamtregelung im Gegensatz zur tariflich vereinbarten Wochenarbeitszeitpolitik eine Kombination gesetzlicher Vorgaben und tarifvertraglicher Abmachungen darstellte.[77]

Die Mehrzahl der DGB-Gewerkschaften (vor allem IG Metall, IG Druck und Papier) favorisierte 1984 eindeutig die Strategie einer Verkürzung der Wochenarbeitszeit. Demgegenüber setzte eine starke Minderheit "sozialpartnerschaftlich" orientierter Gewerkschaften (IG Chemie-Papier-Keramik, IG Bau-Steine-Erden, Gewerkschaft Nahrung-Genuß-Gaststätten, Gewerkschaft Textil-Bekleidung, IG Bergbau und Energie) auf die Alternative einer <u>Verkürzung der Lebensarbeitszeit</u> (Umverteilung der Arbeit von älteren auf jüngere Arbeitnehmer) bei gleichzeitigem Festhalten an der 40-Stunden-Woche.[78] Diese Differenzen belasteten in erheblichem Maße sowohl die Beziehungen zwischen den DGB-Gewerkschaften als auch die zwischen verschiedenen Mitgliedergruppen innerhalb der Industriegewerkschaften und waren der externen Interessendurchsetzung nicht förderlich.[79]

Die zentralen Elemente des Vorruhestandsgesetzes waren:

- Arbeitnehmer ab dem 58. Lebensjahr können freiwillig, also ohne Kontrahierungszwang, vorzeitig aus dem Erwerbsleben ausscheiden; sie erhalten bis zum Erreichen der frühestmöglichen Altersgrenze der gesetzlichen Rentenversicherung (Vollendung des 63. Lebensjahres bei Männern bzw. des 60. bei Frauen) vom Arbeitgeber mindestens 65% ihres durchschnittlichen Bruttoverdienstes der letzten sechs Monate abzüglich der Sonderleistungen als sog. Überbrückungszahlung. Tarifvertragliche Vereinbarungen können diesen gesetzlich fixierten (Mindest-) Prozentsatz erhöhen.

- Falls der freiwerdende Arbeitsplatz durch einen registrierten Arbeitslosen oder durch Übernahme eines ansonsten nicht weiterbeschäftigten Auszubildenden wiederbesetzt wird, erhält der Arbeitgeber von der Arbeitsverwaltung (Bundesanstalt für Arbeit) einen Zuschuß in Höhe von 35% des Vorruhestandsgeldes.

---

[77] Vgl. zusammenfassend und als Überblick zu diesem Problemkreis Haas,E., Beschäftigungs- und Kosteneffekte arbeitszeitverkürzender Maßnahmen - Dargestellt am Beispiel der Lebensarbeitszeitverkürzung (Vorruhestandsregelung), Hamburg 1987; vgl. zu den im folgenden nicht weiter behandelten soziologischen Aspekten des Problems Kohli,M./Wolf,J., Altersgrenze im Schnittpunkt von betrieblichen Interessen und individueller Lebensplanung. Das Beispiel des Vorruhestands, SW 38 (1987), 92-109; Kohli, M., Die gesellschaftliche und individuelle Bedeutung der Altersgrenze, in: Schmähl,W.(Hg.), Verkürzung oder Verlängerung der Erwerbsphase? Zur Gestaltung des Übergangs vom Erwerbsleben in den Ruhestand in der Bundesrepublik Deutschland, Tübingen 1988, 36-53.

[78] Vgl. Bosch,G./Sengenberger,W., Employment policy, the state, and the unions in the Federal Republic of Germany, in: Rosenberg,S.(ed.), The state and the labor market, New York-London 1989, 94ff.

[79] Später schwenkten diese Gewerkschaften auf den Kurs der Mehrheit ein und forderten ebenfalls Wochenarbeitszeitverkürzungen.

Wie und mit welchem Erfolg wurden diese Vorgaben realisiert?[80] Bis zum Herbst 1987 gab es ca. 420 Vorruhestandstarifverträge für ca. 275.000 Arbeitnehmer im entsprechenden Alter.[81] Die durch Manteltarifverträge ausgefüllte Rahmenregelung hat also nur in einer Minderheit von Branchen (u.a. Baugewerbe, Chemie, Textil- und Bekleidungsindustrie, Ernährungsindustrie, Banken und Versicherungen, Metall) mit gut einem Drittel aller sozialversicherungspflichtigen Beschäftigten gegriffen. Die tatsächliche Inanspruchnahme blieb deswegen deutlich hinter den ursprünglichen, auch regierungsoffiziell hoch gesteckten Erwartungen einer Nutzung durch mehrere hunderttausend ältere Arbeitnehmer bei einer Realisierung in allen Branchen[82] zurück. Insgesamt wurde das Gesamtpotential "nur zu einem Sechstel ausgeschöpft, doch betrug die Quote der Inanspruchnahme in den Wirtschaftszweigen mit einem tarifvertraglich vereinbarten Vorruhestandsanspruch der Arbeitnehmer bis Mitte 1987 immerhin knapp 70%."[83]

Eine deutliche, die gesamte Statistik verzerrende Ausnahme bildete die Bauindustrie mit einer ungewöhnlich hohen branchenspezifischen Inanspruchnahme von ca. 80%.[84] Gleichzeitig blieb aber die Wiederbesetzungsquote vergleichsweise gering; infolge der erheblichen Beschäftigungsprobleme wurde die Regelung überwiegend zum Beschäftigungsabbau benutzt. Aus einer Zusatzversorgungskasse, die als Branchenfonds im Umlageverfahren finanziert wird, wurden den einzelnen Arbeitgebern zeitweise Teile der Vorruhestandskosten erstattet; für die Arbeitnehmer war die Ausgestaltung ungewöhnlich günstig.[85]

Die Wiederbesetzungsquote, deren Schätzung aufgrund statistischer Probleme schwierig ist, stellt wegen der entlastenden Wirkung die arbeitsmarktpolitisch eigentlich brisante Stellgröße dar. Fundierte Schätzungen liegen bei 45%[86], wobei allerdings durch Vorruhestand vermiedene Entlassungen sowie Abgänge aus dem Vorruhestand

---

[80] Vgl. zusammenfassend Nägele,G.(Hg.), Theorie und Praxis des Vorruhestands, Augsburg 1987.

[81] Vgl. Nägele, Zwischenbilanz des Vorruhestands, 754.

[82] Vgl. DIW-Wochenbericht 18/84, Mögliche Beschäftigungseffekte der Vorruhestandsregelung.

[83] Jacobs,K., Teilrentenmodelle: Erfahrungen im In- und Ausland, IntChro 32 (1988), 1; ähnliche Angaben finden sich auch in DIW-Wochenbericht 4/88, Vorruhestandsregelung sollte verlängert werden.

[84] 1986 stammte bei einem Beschäftigtenanteil von weniger als 7% fast die Hälfte aller Bezieher von Vorruhestandsgeld aus diesem Sektor, 1987 immer noch knapp 40%.

[85] Vgl. IntChro 25 (1986), Arbeitsmarkteffekte bisher gering, 9f. sowie DIW-Wochenbericht, Vorruhestandsregelung, 44.

[86] DIW-Wochenbericht, Vorruhestandsregelung, 44.

nicht eingerechnet sind; der gesamte beschäftigungswirksame Ausgleich dürfte wesentlich höher liegen.

Grundsätzliche Probleme des Vorruhestandsgesetzes ergaben sich in folgender Hinsicht:
- Ergänzende Tarifverträge wurden bei weitem nicht in allen Branchen abgeschlossen, wobei u.a. der riesige Tarifbereich des öffentlichen Dienstes ausgeschlossen blieb, bei dem hohe Beschäftigungseffekte zu erzielen gewesen wären; insgesamt galten, wie oben bereits erwähnt, nur für ca. ein Drittel aller sozialversicherungspflichtigen Arbeitnehmer Vorruhestandsregelungen. Gerade die mitgliederstarken Gewerkschaften zogen die Strategie einer Wochenarbeitszeitverkürzung vor.
- Häufig (vor allem in der Metallindustrie) hatten die Arbeitgeber bei der betrieblichen Umsetzung Entscheidungsfreiheit in bezug auf die individuelle Inanspruchnahme und konnten deswegen ein Ausscheiden erfahrener Mitarbeiter mit hohem betriebsspezifischen Humankapital verhindern (fehlender Kontrahierungszwang).
- Ähnlich wirkte der Überforderungsschutz durch die häufig (z.B. in der Chemieindustrie) tarifvertraglich vereinbare 5%-Klausel, wonach die Arbeitgeber nicht mehr als maximal 5% der Belegschaft zum Vorruhestand zulassen mußten.

Die Vorruhestandsregelungen waren für beide Seiten wegen der finanziellen Belastungen nicht sonderlich attraktiv:
- Den Arbeitnehmern blieb häufig infolge der relativ ungünstigen tarifvertraglichen Vereinbarungen nur die gesetzlich garantierte Mindestversorgung in Höhe von 65% des alten Bruttoeinkommens, da anfänglich, d.h. bis Ende 1985, noch Steuern gezahlt werden mußten. Diese Einkommensverluste, die durch spätere Einbußen bei den Renten verschärft wurden, beeinträchtigten die Akzeptanz des Gesetzes vor allem bei Arbeitnehmern in den unteren Lohn- und Gehaltsgruppen.
- Den Arbeitgebern entstanden nach Berechnungen des IAB selbst bei einer Wiederbesetzung und der Zahlung von 35% der Vorruhestandskosten durch die Arbeitsverwaltung noch Kosten in Höhe von 80.000 DM pro Vertrag innerhalb von fünf Jahren[87]; vor allem kleine und mittelständische Betriebe blockten häufig entsprechende Vereinbarungen mit Kostenargumenten ab (sog. Verweigerung des Mittelstandes).

---

[87] Vgl. Kühlewind,G., Beschäftigung und Ausgliederung älterer Arbeitnehmer. Empirische Befunde zu Erwerbsbeteiligung, Rentenübergang, Vorruhestandsregelung und Arbeitslosigkeit, MittAB 19 (1986), 214.

Allerdings verfügten die Unternehmen, vor allem die Großunternehmen, mit diesem Gesetz über ein effektives personalpolitisches Instrument zur qualitativen Verbesserung der Alters- und Qualifikationsstruktur ihrer Belegschaften, zur Trennung von leistungsgeminderten älteren Arbeitnehmern sowie zum "sozialverträglichen" Personalabbau. Da die Länge der vorhergehenden Arbeitslosigkeit im Gesetz nicht normiert wurde, kam es gelegentlich zu Manipulationsversuchen bzw. zu Mitnahmeeffekten. Weiterhin dürften die Regelungen faktisch diskriminierend gegenüber den älteren Arbeitnehmern gewirkt haben, die einen Arbeitsplatz suchten.

Bei betriebsbedingten Entlassungen älterer Arbeitnehmer war daher für die Arbeitgeber die kostengünstigere Alternative, auf die alte sog. 59er Regelung (Par.128 AFG) zurückzugreifen. Demnach haben Arbeitnehmer, die älter als 58 1/2 Jahre sind und ein Jahr lang arbeitslos waren, Anspruch auf vorgezogenes Altersruhegeld. Diese Regelung, die seit 1984 durch das Vorruhestandsgesetz zwar in den Hintergrund gedrängt wurde, prinzipiell aber mit diesem konkurrierte, fand vor allem in der Baubranche und in den metallverarbeitenden Berufen starke Resonanz.

Die grundsätzlich vorgesehene Erstattungspflicht der Arbeitgeber für das Arbeitslosengeld sowie für die Beiträge zur Renten- und Unfallversicherung ließ zahlreiche Ausnahmen zu - bis hin zur faktischen Aufhebung der Erstattungspflicht durch eine Entscheidung des Bundessozialgerichts im Herbst 1984. Die finanziellen Belastungen der Arbeitgeber waren folglich bei dieser Regelung häufig geringer als bei der Vorruhestandsregelung. "Über die 59er Regelung "verjüngen" die Betriebe ihre Belegschaften auf Kosten der Solidargemeinschaft und auf dem Rücken der freigesetzten älteren Arbeitnehmer, die über eine Vorruhestandsregelung besser abgesichert wären. Zwar geben auch bei einer Vorruhestandsregelung ältere Arbeitnehmer ihren Arbeitsplatz auf, doch ist hier die freiwillige Entscheidung gesetzlich verankert. Darüber hinaus wird mit der Zuschußregelung ein Anreiz zur Einstellung jüngerer Arbeitsloser gesetzt."[88]

Das insgesamt unbefriedigende Ergebnis der Vorruhestandsregelungen hätte durch zwei Strategien mit höheren finanziellen Anreizen in Richtung auf eine stärkere Entlastung des Arbeitsmarktes geändert werden können:
- Eine Erhöhung der gesetzlich garantierten Mindestbedingungen, die zum Erreichen von etwa 90% des alten Bruttoeinkommens geführt hätte, hätte die Regelung für Arbeitnehmer attraktiver gestaltet.

---

[88] DIW-Wochenbericht, Vorruhestandsregelung, 49; vgl. zusammenfassend auch Naschold,F. et al., Germany: The concerted transition from work to welfare, in: Naschold,F./de Vroom,B.(eds.), Regulating employment and welfare. Company and national policies of labour force participation at the end of worklike in industrial countries, Berlin-New York 1994, 166ff.

- Für die Arbeitgeber hätte eine Erhöhung der Zuschüsse in Höhe von 35% bei der Wiederbesetzung freiwerdender Arbeitsplätze die Akzeptanz verbessern können.
- Notwendige flankierende Maßnahmen wären u.a. gewesen eine generelle Steuerbefreiung des Vorruhestandsgeldes vor allem von der Lohnsteuer sowie eine Ausweitung des in Frage kommenden Personenkreises auf mehr als 5% der Arbeitnehmer eines Betriebes durch ersatzlose Streichung der 5%-Sperr- bzw. Überforderungsklausel.[89]
- Auch eine Anhebung des Zuschusses der BA in einer betriebsgrößenabhängigen Staffelung, etwa in einer Spanne von 30% bei Groß- bis 50% bei Kleinbetrieben, wäre möglich gewesen; Ziel wäre neben einer allgemeinen Förderung der Inanspruchnahme eine "mittelstandsorientierte" Kostenentlastung der Klein- und Mittelbetriebe gewesen.

Allerdings wäre eine solche verbesserte Lösung aufgrund der notwendigen höheren finanziellen Anreize teurer als die bestehende gewesen; sie wurde deshalb politisch nicht umgesetzt. Eine pure Verlängerung des bis Ende 1988 befristeten Gesetzes hingegen hätte keinen durchschlagenden Erfolg haben können. Die DGB-Gewerkschaften votierten für eine Verbesserung und Verlängerung. Die BDA hingegen sprach sich dezidiert gegen eine Verlängerung dieses "arbeitsmarktpolitischen Mittels auf Zeit" aus, da aufgrund der veränderten Altersstruktur eine Verlängerung der Lebensarbeitszeit notwendig sei, um die Renten langfristig zu sichern; außerdem sei eine Verlängerung und gar eine Verbesserung der Bedingungen aus den Mitteln der BA nicht zu finanzieren.[90]

2. Anfang 1988 beschloß die Bundesregierung, die Vorruhestandsregelung Ende 1988 auslaufen zu lassen. Eine Verlängerung sei ein falsches Signal; die Regelung habe in einer Übergangszeit, als geburtenstarke Jahrgänge ins Berufsleben drängten, eine Entlastung des Arbeitsmarktes erzielen sollen und auch tatsächlich erreicht.
Nicht nur die Opposition und die Gewerkschaften, sondern auch die CDA und der Arbeitnehmerflügel der CDU-/CSU-Bundestagsfraktion sprachen sich aufgrund der allgemeinen Arbeitsmarktlage und angesichts der verhältnismäßig geringen Nettobelastung durch das Vorruhestandsgesetz vehement gegen diese Entscheidung aus, die ein Mittel zur aktiven Bekämpfung der Arbeitslosigkeit aus der Hand gäbe. Dieses Instrument zur Entlastung des Arbeitsmarktes war zwar im Vergleich zur Strategie der Wochenarbeitszeitverkürzung relativ schwach, jedoch im Gegensatz zu dieser durchaus reversibel und damit auch für andere Arbeitsmarktsituationen geeignet.

---

[89] Wie erwähnt mußte der Arbeitgeber in diesen Fällen nicht mehr als 5% der Anträge genehmigen.

[90] Vgl. BDA, Jahresbericht 1988, Bergisch Gladbach 1988, 56, ähnlich auch XIII; ähnlich auch BDA, Jahresbericht 1989, Bergisch Gladbach 1989, 60.

Als politische Alternative zur auslaufenden Vorruhestandsregelung brachte vor allem die Bundesregierung den sog. gleitenden Übergang in den Ruhestand bei stufenweiser Herabsetzung der wöchentlichen Arbeitszeit ("Arbeitszeit nach Maß, nicht Arbeitszeit von der Stange") in die Diskussion.[91] Die nach längeren Kontroversen zustande gekommene neue Regelung zur "Förderung eines gleitenden Übergangs älterer Arbeitnehmer in den Ruhestand" sieht vor:
- In Einzelverträgen, Betriebsvereinbarungen oder Tarifverträgen kann für Arbeitnehmer ab 58 Jahren eine "Altersteilzeit" vereinbart werden, d.h. eine Verringerung der Arbeitszeit auf die Hälfte der tariflichen regelmäßigen wöchentlichen Arbeitszeit, mindestens jedoch 18 Stunden pro Woche.
- Der Arbeitgeber erhöht das Arbeitsentgelt für die Halbtagstätigkeit um 20% des Nettoeinkommes aus diesem Arbeitsverhältnis; durch diesen Aufstockungsbetrag erhält der Arbeitnehmer fast 70% seines früheren Vollzeit-Nettoeinkomens.
- Der Arbeitgeber zahlt aufgestockte Beiträge zur Rentenversicherung auf der Basis von 90% des alten Bruttovollzeitentgeltes, um Renteneinbußen des Arbeitnehmers zu verhindern.
- Bei Wiederbesetzung des frei werdenden Arbeitsplatzes mit einem Arbeitslosen bekommt der Arbeitgeber sowohl die Beiträge zur Höherversicherung in der Rentenversicherung als auch den Aufstockungsbetrag beim Entgelt von der Arbeitsverwaltung erstattet (sog. Wiederbesetzungszuschuß).

Diese gezielte und politisch gewollte Förderung einer längeren Lebensarbeitszeit[92] durch Teilrentenmodelle bzw. eines allmählichen anstelle eines abrupten Ausscheidens aus dem Arbeitsleben (Altersteilzeit bzw. Teil-Vorruhestand) führt notwendigerweise zu einem Zielkonflikt:
- Eine Teilrentenregelung ist aus der Sicht der Rentenversicherungsträger sinnvoll, da infolge einer Erhöhung des durchschnittlichen Rentenzugangsalters zusätzliche Beitragszahlungen erfolgen, welche die mittel- und langfristigen Finanzierungsprobleme der Rentenversicherungen mildern helfen.
- Aus arbeitsmarktpolitischer Perspektive hingegen ist diese Strategie problematisch, da jede Verlängerung der Lebensarbeitszeit durch Anhebung von Altersgrenzen den ohnehin angespannten Arbeitsmarkt deutlich belasten muß. Ob die aufgrund der demographischen Entwicklung prognostizierten Entlastungen langfristig wirklich

---

[91] Vgl. zum Problem allgemein Schmähl,W., Übergang vom Erwerbsleben in den "Ruhestand", WD 68 (1988), 615-621; Stitzel,M., Der gleitende Übergang in den Ruhestand, Frankfurt-New York 1987.

[92] Vgl. zum Problem allgemein Schmähl, Verkürzung oder Verlängerung der Erwerbsphase.

eintreten, ist zumindest ungewiß.[93] Außerdem bleiben bei der schematischen Strategie qualifikatorische Erfordernisse unberücksichtigt.

Diese Kompromißregelung wurde zudem gegen den unterschiedlich motivierten Widerstand beider Tarifvertragsparteien beschlossen:

- Bei den Arbeitnehmern stößt der stufenweise Übergang in den Ruhestand bei einer Vielfalt der Einstellungen "auf gewichtige Vorbehalte jenseits monetärer Größen"[94].
- Für die Arbeitgeber ist diese Lösung zwar günstiger als das ausgelaufene Vorruhestandsgesetz, aber immer noch nicht attraktiv genug.[95]
- Für die Arbeitsverwaltung hingegen ist die Lösung teurer.

Jenseits der rechtlichen Regelungen bleibt letzlich das Problem ungeklärt, ob die Unternehmen im Rahmen einer deutlich veränderten Arbeitsorganisation eignungs- und leistungsadäquate Teilzeitarbeitsplätze speziell für ältere Arbeitnehmer im notwendigen großen Umfang und mit der erforderlichen Struktur schaffen und bereitstellen werden[96]; häufig stehen gerade unter den Rahmenbedingungen von Massenarbeitslosigkeit eine Verjüngung der Belegschaft bzw. Rationalisierungsmaßnahmen als Strategien betrieblicher Sozialpolitik im Vordergrund. Außerdem gibt die gegenwärtige Struktur der Teilzeitarbeitsplätze[97] wenig Anlaß zu Optimismus hinsichtlich der Überwindung betrieblicher Widerstände. "Der Teilvorruhestand steht und fällt mit der Bereitschaft der Betriebe, Teilzeitarbeitsplätze anzubieten und die frei werdenden Teilzeitarbeitsplätze auch wieder mit Arbeitslosen zu besetzen. Da hierzu keine Verpflichtung besteht, ist die Aussicht auf nennenswerte Effekte des Altersteilzeitgesetzes sehr gering, zumal Betriebsbefragungen verdeutlicht haben, daß die Bereitschaft, Teilzeitplätze für Ältere anzubieten, bei einem hohen Arbeitskräfteangebot kaum besteht. Aber auch auf seiten der älteren ArbeitnehmerInnen selbst ist die Neigung zur Altersteilzeit nur sehr gering, u.a. weil Verschlechterungen in den Arbeitsbedingungen (z.B. Dequalifikation, Arbeitsintensivierung) mit dem Wechsel auf eine halbe Stelle zu befürchten sind."[98]

---

[93] Klauder,W., Arbeitsmarkt und Ausscheiden Älterer aus dem Erwerbsleben - gegenwärtige und zukünftige Tendenzen und Probleme, SF 38 (1989),89.

[94] DIW-Wochenbericht 34/88, Teilvorruhestand und Teilrenten für Ältere. Teilzeitregelungen erst für das Ende des Arbeitslebens?, 438.

[95] Vgl. BDA, Jahresbericht 1988, 56.

[96] "... there is already a shortage of part-time jobs for older workers as the inability of the partially disabled to acquire part-time jobs has already shown." Jacobs,K./Rein,M., The future of early retirement, FS II 88-202, Wissenschaftszentrum Berlin für Sozialforschung, Berlin 1988, 23.

[97] Vgl. zusammenfassend Büchtemann,Ch.F./Schupp,J., Zur Sozio-Ökonomie der Teilzeitbeschäftigung in der Bundesrepublik Deutschland. Analysen aus der ersten Welle des "Sozio-ökonomischen Panel". Discussion Paper IIM/LMP 86-15, Wissenschaftszentrum Berlin für Sozialforschung 1986.

Schließlich sind auch viele Arbeitnehmer aus Gründen, die sowohl innerhalb als auch außerhalb des Arbeitsverhältnisses liegen, an einem frühen Ende der Erwerbstätigkeit interessiert: "Neben dem gestiegenen Rentenniveau und früheren Rentenzugangsmöglichkeiten sind vor allem auch die mit dem soziokulturellen Wandel verbundenen, weniger arbeitszentrierten Lebenskonzepte und veränderten Erwartungen an die Arbeit wie auch die Institutionalisierung einer eigenständigen Ruhestandsphase zentrale Voraussetzungen für diese Entwicklung."[99]

Auf der Basis empirischer Untersuchungen bei Arbeitnehmern und Arbeitgebern ergibt sich, "daß ein Teilvorruhestand oder Teilrenten für die mengenmäßige Steuerung des Arbeitsangebotes wenig geeignet sind"[100]. Ungeklärt ist die Frage der Wiederbesetzungskontrolle, die für die arbeitsmarktpolitische Beurteilung der Regelung von zentraler Bedeutung ist. Die wenigen, in einzelnen Branchen und Betrieben vorliegenden praktischen Erfahrungen mit einer entsprechenden Flexibilisierung der Altersgrenze über Teilrentenmodelle sind nicht sehr positiv.[101] Auch die Erfahrungen mit entsprechenden Regelungen in einigen anderen Marktökonomien mit wohlfahrtsstaatlichen Sicherungssystemen lassen Optimismus nicht angezeigt erscheinen. "The number of European countries that have introduced a national part-time early retirement scheme is limited ... As yet only the Swedish system has proved to be successful. The national part-time early retirement schemes introduced in other countries (Denmark, Finland, France, Germany, Spain and the United Kingdon) have so far failed. This can be attributed to an unfavourable labour market, too-low income replacement rate, rigid replacement conditions, and absence of social consensus."[102]

---

[98] Bäcker,G. et al., Sozialpolitik und soziale Lage in der Bundesrepublik Deutschland, Bd.II, Köln 1989, 218.

[99] Rosenow,J., Personalanpassung durch Verrentung. Zur Regulierungslogik der altersselektiven Externalisierungsstrategie in bundesdeutschen Unternehmen, Arbeit 1 (1992), 160f.

[100] DIW-Wochenbericht 34/88, Teilvorruhestand und Teilrenten für Ältere, 435; ähnlich auch Schmähl, Übergang vom Erwerbsleben in den "Ruhestand", 618; Bäcker,G./Naegele,G., Gleitender Ruhestand, Altersteilzeitarbeit und Teilrente. Probleme und Chancen einer alternativen Form des Ausscheidens aus dem Arbeitsleben, SS 38 (1989), 37.

[101] Vgl. für andere Kohli,M./Wolf,J., Der Vorruhestand, Die Mitb 35 (1989), 153; Wolf,J., Die Veränderung der Altersgrenzen - betriebliche Interessen und biographische Perspektiven, SF 38 (1989), 99f; Naegele,G./Voges,W., Die beschäftigungspolitischen Auswirkungen des Vorruhestandsgesetzes. Eine Untersuchung des Einflusses struktureller und individueller Determinanten auf die Nutzung der Vorruhestandsregelung, SF 38 (1989), 62.

[102] Delsen,L., Atypical employment relations and government policy in Europe, Labour 5 (1991), 133; vgl. auch Jacobs, Teilrentenmodelle, 1-4; Böhm,St. et al., Neugestaltung des Übergangs in den Ruhestand?, WD 68 (1988), 35-41.

Auch die Erfahrungen mit dem Altersteilzeitgesetz sind eher desillusionierend hinsichtlich seiner Arbeitsmarkteffekte[103], was sich durchaus mit älteren Erfahrungen deckt. "Die Altersteilzeitregelung, die in der BRD in einigen Branchen als Alternative zum Vorruhestand angeboten wurde, wurde von den Beteiligten nicht angenommen; weder von Seiten der älteren Arbeitnehmer noch von Seiten der Betriebe bestand daran ein nennenswertes Interesse. Die direkt Betroffenen haben sich also offensichtlich von den Ratschlägen der Psychogerontologen bisher nicht beeindrucken lassen."[104] Erfolgversprechender als dieses explizit späte Gleitmodell könnte ein sog. frühes Gleitmodell sein, welches bereits im Übergang vom 5. zum 6.Lebensjahrzehnt ansetzen müßte; es wäre in ein an unterschiedlichen Zeitpräferenzen in lebensbiographischen Dimensionen konzipiertes Gesamtkonzept zur Gestaltung der Arbeitszeit einzuordnen.[105]

Im übrigen beobachten wir seit Mitte der 70er Jahre und damit unabhängig von Vorruhestandsregelungen und Teilrentenmodellen ein deutliches und durchgängiges Absinken der Altersgrenze beim Eintritt in den Ruhestand; von den über 60jährigen arbeiten nur noch wenige.[106] Frühverrentungen waren schon in den 70er Jahren ein von Betriebsräten bzw. Gewerkschaften und Unternehmensleitungen häufig benutztes sozialpolitisches Instrument, um betriebliche Beschäftigungsprobleme infolge von Rationalisierungsmaßnahmen oder neuartigen Qualifikationsanforderungen konsensuell und relativ konfliktfrei zu lösen; diese weitgehende Interessenkoalition der korporativen Akteure des Arbeitsmarktes in bezug auf Politiken der Personalanpassung bei ganz unterschiedlichen Problemlagen (sog. altersselektive Externalisierungsstrategien[107]) hat der Staat durch verschiedene gesetzliche Rahmenregelungen, d.h. in Form von

---

[103] "Das ab 1.1.1989 anschließende Altersteilzeitgesetz hat im ersten Jahr seiner Laufzeit 179 neue Beschäftigungsmöglichkeiten für Arbeitslose geschaffen; rd.300 Anträge deuten auf wenig Resonanz." Kühl,J., Beschäftigungs- und Arbeitsmarktpolitik in den 1970er und 1980er Jahren, in: Auer,P. et al.(Hg.), Beschäftigungspolitik und Arbeitsmarktverfassung im deutsch-französischen Vergleich, Nürnberg 1990, 28. Trotz der "grundsätzlich günstigen Konditionen hat das ATG bisher keine nennenswerte Bedeutung erlangt. Eine Umsetzung durch Tarifverträge oder Betriebsvereinbarungen ist bisher nicht erfolgt ... Die Altersteilzeit bietet für die betriebliche Personalpolitik Vor- und Nachteile ... vor allem die verwaltungstechnischen Probleme bei der Umsetzung des Gesetzes machen deutlich, weshalb die Altersteilzeit in der Praxis bislang kaum genutzt wird". BDA, Jahresbericht 1989, 60.

[104] Kohli,M., Altersgrenzen als Manövriermasse? Das Verhältnis von Erwerbsleben und Ruhestand in einer alternden Gesellschaft, in: Strümpel,B./Dierkes,M.(Hg.), Innovation und Beharrung in der Arbeitspolitik, Stuttgart 1993, 181.

[105] Vgl. im einzelnen Bäcker,G./Nägele,G., Erwerbsarbeit und Ruhestand in einer alternden Gesellschaft. Demographischer Wandel, Arbeitsmarktentwicklung und Arbeitszeitpolitik für Ältere, in: Seifert, Jenseits der Normarbeitszeit, 242ff.

[106] Vgl. im einzelnen Kohli, Die gesellschaftliche und individuelle Bedeutung der Altersgrenze, 36-53; Wolf, Veränderung der Altersgrenzen, 96f.

[107] Vgl. die Fallstudien bei Rosenow, Personalanpassung, 152ff.

Restriktionen der Kündigungsmöglichkeiten sowie in Form von Anreizen der Externalisierung über Frühverrentung, überhaupt erst ermöglicht.[108] Dieses nationalspezifische Muster der Regulierung ist tripartistisch, kooperativ und konsensuell orientiert und führt zu einer hochgradigen Konsistenz und Selektivität der Frühverrentungspolitik. "Zusammenfassend kann gesagt werden, daß es starke strukturelle Kräfte sind, die auf eine Ausgliederung speziell älterer Arbeitnehmer drängen. Die Möglichkeit einer frühzeitigen Verrentung ist in der Logik betrieblicher Arbeitsmärkte eine rationale Lösung der Organisationsprobleme des Produktionsprozesses."[109] Im übrigen beobachten wir ähnliche säkulare Trends wie in der BRD auch in einigen anderen entwickelten westlichen Industriegesellschaften (sog. Entberuflichung des Alters), wenngleich bei weitem nicht in allen.[110]

Ähnliche Einwände gelten auch gegen die 1992 in Kraft getretene Rentenreform[111], welche den eindeutigen Trend der vergangenen Jahrzehnte durch Einführung negativer Incentives umzudrehen versucht: Ab dem Jahre 2001 sollen eine schrittweise Heraufsetzung der Regelaltersgrenze auf 65 Jahre für alle Beschäftigten, also für Männer und Frauen gleichermaßen, sowie sukzessiv steigende Abschläge bei vorzeitiger Inanspruchnahme der Altersrente[112] erfolgen. Diese "Flexibilisierung bzw. Verlängerung der Lebensarbeitszeit" verzichtet bewußt und dezidiert auf mögliche beschäftigungspolitische Impulse; durch die Erhöhung des Rentenzugangsalters sollen die Träger der Rentenversicherung sowohl auf der Einnahmenseite durch die Zunahme der Zahl der Beitragszahler als auch auf der Ausgabenseite durch die Abnahme der Bezugsdauer der Renten sowie der Zahl der Rentner finanziell entlastet werden, um trotz der demographischen Veränderungen handlungsfähig zu bleiben.

Die aktuelle Arbeitsmarktlage als ein dominierender Faktor der Entwicklung zur Frühverrentung wird vom Gesetzgeber nicht berücksichtigt.[113] Die Ende der 80er Jahre zur offiziellen Begründung des Gesetzes unterstellten demographischen und Arbeitsmarktentwicklungen in Form kleinerer Alterskohorten und Qualifikationsengpässen treten

---

[108] Vgl. Naschold et al., Germany, 150ff; ähnlich Jacobs/Rein, The future of early retirement, 6ff.

[109] Kohli/Wolf, Altersgrenzen im Schnittpunkt, 101.

[110] Vgl. die Länderstudien in Naschold/de Vroom, Regulating employment and welfare.

[111] Vgl. Bundesminister für Arbeit und Sozialordnung, Rentenreform 1992, Bonn 1990.

[112] Der Rentenbezug ist frühestens ab dem 62. Lebensjahr möglich; bei Inanspruchnahme betragen die Renteneinbußen 0,3% pro Monat des vorgezogenen Bezugs für den gesamten Zeitraum. Der maximale Abschlag liegt damit bei knapp 12%.

[113] Vgl. im einzelnen Bäcker/Nägele, Erwerbsarbeit und Ruhestand in einer alternden Gesellschaft, 218-248.

tatsächlich kaum ein, nachdem Ende der 80er/Anfang der 90er Jahre die Grenzen und damit Arbeitsmarktbarrieren gefallen sind. "As regard structural characteristics we see no reason to believe that the fundamental characteristics of the German regime of early retirement - the complete transition from paid employment to pensioned retirement - will lose its predominant position."[114]

3. Andere Varianten der Arbeitszeitpolitik, d.h. einer Beeinflussung des Angebots an Arbeitskräften bzw. des Erwerbspersonenpotentials, haben in den 70er und vor allem in den 80er Jahren eine Rolle gespielt. Sie werden in Zukunft nicht mehr erfolgreich sein:

- Die Verkürzung der Jahresarbeitszeit durch die in den 80er Jahren allmählich in allen Branchen durchgesetzte Verlängerung des Urlaubs auf sechs Wochen für alle Beschäftigtengruppen hat keine Beschäftigungseffekte, da mögliche Auswirkungen auf den Arbeitsmarkt weitestgehend versickern; von zentraler Bedeutung sind hier gesundheits- und humanisierungspolitische Aspekte und damit andere als beschäftigungspolitische Begründungen.
- Eine faktische Verkürzung der Lebensarbeitszeit durch Verlängerung der schulischen Ausbildungszeiten, z.B. durch allgemeine Einführung des 10. Pflichtschuljahres oder eines Berufsbildungsjahres, führt kurzfristig zu einer gewissen Entlastung des angespannten Lehrstellenmarktes; sie hat aber mittel- und langfristig ebenfalls keine signifikanten Folgen für den Arbeitsmarkt, da das Problem lediglich verschoben, nicht aber beseitigt wird. Zudem ist dieses Instrument infolge seiner intensiven Nutzung in der Vergangenheit ausgereizt. In der Diskussion sind entgegengesetze Strategien, die auf eine Verkürzung der Ausbildungszeiten und einen früheren Eintritt ins Berufsleben hinauslaufen.
- Die Einführung differentiell-gruppenspezifischer Freischichtenregelungen anstelle genereller Arbeitszeitverkürzungen, wie sie z.B. 1978/79 in der Stahlindustrie für besonders belastete Schicht- und Nachtarbeiter vereinbart wurden, betont zwar wichtige Humanisierungs- und Arbeitsschutzaspekte, blieb aber arbeitsmarktpolitisch weitgehend wirkungslos.
- Die Einführung von Langzeiturlauben (sog. sabbaticals) ist auf enge Arbeitsmarktsegmente vor allem innerhalb des öffentlichen Dienstes (besonders auf Hochschullehrer) begrenzt und hat keine besonderen Arbeitsmarkteffekte. Auch die Einführung eines Baby-Jahres durch Verlängerung des Mutterschaftsurlaubs dürfte keine erheblichen Beschäftigungseffekte haben.
- Seit Mitte der 70er Jahre wurde mehrfach versucht, das ausländische Erwerbspersonenpotential zu verringern, um das Arbeitsangebot auf dem deutschen Arbeits-

---

[114] Naschold et al., Germany, 177.

markt zu verknappen. Hierzu gehörte vor allem das "Gesetz zur Förderung der Rückkehrbereitschaft von Ausländern" vom November 1983, welches ausländische Arbeitnehmer aus Nicht-EG-Ländern veranlassen sollte, sog. Rückkehrhilfen in Anspruch zu nehmen und auf Dauer mit ihren Familien in ihre Heimatländer zurückzukehren. Allerdings dürften auch diese Strategien eines "Exports" von Arbeitslosigkeit u.a. wegen der gegebenen Freizügigkeit innerhalb der EU bzw. infolge der Vollendung des Binnenmarktes[115] in der Zukunft nicht besonders wirksam sein.[116]

Einführende Literatur:

Brandt,G./Jacobi,O./Müller-Jentsch,W., Anpassung an die Krise: Gewerkschaften in den siebziger Jahren, Frankfurt-New York 1982

Gladstone,A. et al.(eds.), Current issues in labour relations. An international perspective, Berlin-New York 1989, Chapter III: New trends in working time arrangements

Hampe,P.(Hg.), Zwischenbilanz der Arbeitszeitverkürzung, München 1993

ILO (ed.), Collective bargaining in industrialised market economies: A reappraisal, Geneva 1987

Wiesenthal,H., Strategie und Illusion. Rationalitätsgrenzen kollektiver Akteure am Beispiel der Arbeitszeitpolitik 1980-1985, Frankfurt-New York 1987.

---

[115] Vgl. im einzelnen Kap.17.

[116] Auch Strategien einer Begrenzung der Zuwanderung vor allem von Kindern und Jugendlichen gehören hierher.

9. TARIFVERTRAGSWESEN III: TARIFPOLITIK DER 90ER JAHRE

9.1. Tarifpolitik in den neuen Bundesländern

Im März 1990 betonten BDA und DGB in einer "Gemeinsamen Erklärung zu einer einheitlichen Wirtschafts- und Sozialordnung in beiden deutschen Staaten" das Prinzip der Tarifautonomie und votierten für die Übertragung des Tarifsystems. "Damit haben beide Dachverbände auf Revisions- und Reformkonzepte unterschiedlicher Ausprägungen verzichtet und fixiert, daß das Prinzip des Flächentarifvertrags strikt eingehalten und eine potentielle Aufwertung der betrieblichen Regelungsebene (z.B. durch Firmentarifverträge) vermieden werden sollte."[1] Bereits der erste Staatsvertrag sah die Einführung des bundesdeutschen Arbeitsrechts in der DDR vor. Nach dieser Vorgabe rechtlicher Rahmenbedingungen verzichteten staatliche Akteure weitgehend auf Interventionen, etwa in Form von tripartistischen Sozialpakten.[2]

Die verbandliche Tarif- bzw. Lohnpolitik stand von Anfang an vor einem kaum zu lösenden Dilemma: "Einerseits galt es, Ostdeutschland zu einem attraktiven Investitionsstandort zu machen und seine Industrie für den Konkurrenzkampf mit der westdeutschen Industrie zu rüsten. Dies erforderte niedrige Löhne. Andererseits mußte man Löhne setzen, die die Abwanderungsflut eindämmen konnten. Dies erforderte hohe Löhne, wenn auch nicht Löhne, die den größten Teil der ostdeutschen Arbeitsplätze vernichten würden."[3]

1. Betriebsleiter bzw. Kombinatsdirektoren ostdeutscher Betriebe und Repräsentanten der westdeutschen Gewerkschaften handelten die ersten Flächentarifverträge mit relativ kurzen Laufzeiten aus. Die folgenden sog. Stellvertreterverhandlungen westdeutscher Verbandsrepräsentanten waren notwendig, weil die Verbände in den neuen Bundeslän-

---

[1] Schmid,J./Tiemann,H., Gewerkschaften und Tarifverhandlungen in den fünf neuen Bundesländern. Organisationsentwicklung, politische Strategien und Probleme am Beispiel der IG Metall, in: Eichener,V. et al.(Hg.), Organisierte Interessen in Ostdeutschland, 1. Halbband, Marburg 1992, 147; ähnlich Kleinhenz,G., Tarifpartnerschaft im vereinten Deutschland. Die Bedeutung der Arbeitsmarktorganisationen für die Einheit der Arbeits- und Lebensverhältnisse, APuZ B12/92, 20.

[2] Vgl. zu den hier nicht näher behandelten, weil nicht in die Praxis umgesetzten Vorschlägen zu allgemeinen und spezifischen Lohnsubventionen zusammenfassend Rabe,B., Lohnsubventionen in den neuen Bundesländern. Theoretische Grundlagen und Programmentwürfe. Discussion Paper FS I 93-207, Wissenschaftszentrum Berlin für Sozialforschung 1993. Diese Idee einer Entkoppelung der Kosten- und Einkommensaspekte des Lohnes in bezug auf die neuen Bundesländer brachten vor allem in die Diskussion Akerlof,G.A. et al., East Germany in from the cold: The economic aftermath of the currency union, BPEA 1/1991, 1-105.

[3] Sinn,G./Sinn,H.-W., Kaltstart. Volkswirtschaftliche Aspekte der deutschen Vereinigung, 3. Aufl. Tübingen 1993, 46.

dern sich noch im Aufbau befanden und daher nicht handlungsfähig waren.[4] Diese ersten, in regional geführten, gleichwohl zentral koordinierten Verhandlungen abgeschlossenen Kollektivverträge sollten u.a. durch "Lohnprämien" die Abwanderung vor allem qualifizierter und leistungsfähiger Arbeitskräfte stoppen sowie Kündigungsschutz- und Qualifizierungsregelungen treffen.

Ziele dieses "tarifpolitischen Sofortprogramms" waren aus Gewerkschaftssicht "erstens Regelungen zu Rationalisierungsschutz und Qualifizierung, zweitens Verkürzung der wöchentlichen Arbeitszeit, drittens Sicherung der Realeinkommen und erste Schritte zur Anpassung an das westliche Tarifniveau"[5]. Die Ergebnisse waren deutliche Lohnsteigerungen, die nicht durch entsprechende Produktivitätszuwächse kompensiert werden konnten und die zu einer Erhöhung der Lohnstückkosten führten, sowie die Einführung von Entgeltstrukturen, die sich an westdeutschen Vorbildern orientierten. Zwischen den Tarifpartnern bestand Konsens über die Strategie einer "politischen Lohnrunde", d.h. auch die Arbeitgeberverbände äußerten in dieser Phase Interesse an schnellen und beträchtlichen Lohnsteigerungen; auch Politiker widersprachen selten.[6]

Im Rahmen der generellen Vorstellung einer relativ raschen Angleichung der Arbeits- und Lebensbedingungen bestand das vorrangige Ziel der Tarifpolitik der Gewerkschaften aus Gründen der Legitimation gegenüber den neuen Mitgliedern in der zügigen Angleichung der Einkommens- und Arbeitsbedingungen. Die Herstellung der sog. Tarifunion implizierte die Übertragung der westdeutschen Tarifstrukturen - mit allen ihren im Westen seit langem diskutierten Vor- und Nachteilen. Bei der Vorgehensweise lassen sich zwei Muster unterscheiden[7]:

- Einerseits wurden (u.a. im öffentlichen Dienst) wie im Westen Verträge mit kurzen Laufzeiten vereinbart, die schnell revidiert werden konnten.
- Andererseits wurden (u.a.in der Druck-, Metall-, Eisen- und Stahlindustrie) auf Vorschlag der Arbeitgeberverbände im Gegensatz zum Westen Tarifverträge mit relativ langen Laufzeiten in Form mittelfristig geltender Stufenabkommen geschlossen.

---

[4] Vgl. zusammenfassend zu dieser Phase, N.N., Collective bargaining in the east, EIRR 222 (July 1992), 18ff; Franz,W., Im Jahr danach - Bestandsaufnahme und Analyse der Arbeitsmarktentwicklung in Ostdeutschland, in: Gahlen,B./Hesse,H./Ramser,H.-J.(Hg.), Von der Plan- zur Marktwirtschaft. Eine Zwischenbilanz, Tübingen 1992, 263ff.

[5] Bispinck,R., Tarifpolitik in der ersten Hälfte der 90er Jahre. Eine zweispältige Bilanz, in: Bispinck, R.(Hg.), Tarifpolitik der Zukunft. Was wird aus dem Flächentarifvertrag?, Hamburg 1995, 18.

[6] Vgl. zu den Begründungen Groser,M., Verbände im vereinigten Deutschland, Sonde 25 (1992), 21f.

[7] Vgl. als Branchen- bzw. Sektorstudien u.a. Schmid/Tiemann, Gewerkschaften und Tarifverhandlungen in den fünf neuen Bundesländern, 135-148; Henneberger,F./Keller,B., Der öffentliche Dienst in den neuen Bundesländern: Beschäftigung, Interessenverbände und Tarifpolitik im Übergang, in: Eichener et al., Organisierte Interessen in Ostdeutschland, 1. Halbband, 175-194.

Diese Verträge sollten nicht nur Transaktionskosten reduzieren, sondern vor allem bei großer Unsicherheit über die zukünftige Entwicklung größere Planungssicherheit (u.a. bei Investitionsvorhaben) und rechtliche Garantien bringen. Diese Verträge enthielten zumeist Revisionsklauseln, in denen die Tarifpartner sich zu erneuten Verhandlungen verpflichteten, falls eine Seite diese aufgrund veränderter wirtschaftlicher Daten verlangen sollte.

2. Im Tarifvertrag vom März 1991 vereinbarten die Tarifpartner der Metallindustrie, die Tarifgrundlöhne bis 1994 vollständig dem westdeutschen Niveau anzugleichen. Diesem Abschluß stimmten alle Akteure zu, obwohl eine Veränderung der Rahmenbedingungen durchaus einkalkuliert werden mußte. Anfang 1993, in einer Zeit veränderter ökonomischer Rahmenbedingungen, kündigte der Arbeitgeberverband Gesamtmetall nach internen Diskussionen diesen Tarifvertrag außerordentlich.[8] Dieses war das erste Mal in der deutschen Tarifgeschichte, daß nicht die Gewerkschaft, sondern der Arbeitgeberverband einen gültigen Vertrag kündigte und damit das "Gesetz des Handelns" umdrehte.[9]
Die Verträge wurden nach gescheiterter Schlichtung und einem zweiwöchigen Streik, dem ersten großen Arbeitskampf in den neuen Bundesländern[10], revidiert; sie sahen eine geringere Erhöhung der Entgelte sowie eine zeitliche Streckung des Angleichungszeitraums (bis Mitte 1996) vor. Außerdem vereinbarten die Tarifpartner als Kompromiß eine sog. Härtefallklausel, welche zum ersten Male in der Tarifgeschichte der BRD die Möglichkeit zu untertariflicher Bezahlung in einzelnen Unternehmen eröffnete, "insbesondere zur Abwendung drohender Insolvenzgefahr, zur Sicherung von Arbeitsplätzen, insbesondere zur Vermeidung drohender Entlassungen (und) zur Verbesserung der Sanierungschancen aufgrund eines vorgelegten Sanierungsplanes".

---

[8] Mögliche Alternativen der Begründung skizziert Lehmbruch,G., Dilemmata verbandlicher Einflußlogik im Prozeß der deutschen Vereinigung, in: Streeck,W.(Hg.), Staat und Verbände, Opladen 1994, 386ff; vgl. zu Verlauf und Ergebnis im einzelnen Behrens,M., Die Gewerkschaften in den neuen Bundesländern am Beispiel der IG Metall: Tarif- und Industriepolitik. HBS-Manuskripte 176, Düsseldorf 1995, 20-48; Bialas,Chr., Gewerkschaftlicher Organisationsaufbau und Transformation der Lohnpolitik im Prozeß der deutschen Einheit: Die IG-Metall in den neuen Bundesländern 1990-1993, Arbeitspapiere AG TRAP Heft 1, Berlin 1994, 41-55.

[9] Ein ausländischer Beobachter sieht das Ereignis folgendermaßen: "... Gesamtmetall and the Steel Industry Employers' Association shook the very foundations of the postwar German collective order when they took the unprecedented (and by most assessments illegal) step to cancel their multi-year wage-agreements with IG Metall ... two years before the contracts were due to expire." Silvia,St., "Holding the shop together": Old and new challenges to the German system of industrial relations in the mid 1990s, Berliner Arbeitshefte und Berichte zur sozialwissenschaftlichen Forschung Nr. 83, Berlin July 1993, 3.

[10] Vgl. im einzelnen Bispinck,R., Der Tarifkonflikt um den Stufenplan in der ostdeutschen Metallindustrie - Anlaß, Entwicklung, Ergebnis -, WSI-Mitt 46 (1993), 469-481.

Diese Härtefallklausel unterscheidet sich substantiell von generellen, vertraglich in den allgemein üblichen Branchentarifverträgen vereinbarten oder gesetzlich vorgegebenen Öffnungsklauseln, wie sie verschiedentlich, u.a. von der Deregulierungskommission und von verschiedenen Arbeitgeberverbänden, auch für die alten Bundesländer, gefordert werden: Die Entscheidung über ihre Anwendung erfolgt nicht ausschließlich auf betrieblicher Ebene in Verhandlungen zwischen Management und Betriebsrat, sondern erst nach expliziter Zustimmung beider Tarifpartner in paritätisch besetzen Schiedsstellen bzw. Kommissionen, so daß eine "Verbetrieblichung" der Arbeitsbeziehungen trotz stärkerer Berücksichtigung der Situation des Einzelunternehmens im eigentlichen Sinne nicht stattfindet. Von der Inanspruchnahme ausgeschlossen bleiben Töchter westdeutscher Unternehmen sowie ausländische Unternehmen.

Diese Härtefallklauseln, die einen Einlassungs-, jedoch keinen Einigungszwang sowie recht komplizierte Verfahrensregeln als Verhandlungskompromiß vorsehen, kamen relativ selten zur Anwendung: 1993/94 stellten von den etwa 800 verbandsgebundenen Unternehmen 110 einen entsprechenden Antrag; 38 Härtefallregelungen kamen zustande.[11] Über die Gründe dieser geringen Nutzung besteht Dissens zwischen den Tarifpartnern: Während die Gewerkschaft eine restriktive Handhabung über ihr faktisches Vetorecht durchzusetzen versuchte, waren die Arbeitgeber jeweils explizit auf die Zustimmung der Gegenseite angewiesen. - In anderen Branchen kam es infolge dieser Regelung "in einer Reihe von Fällen nicht nur zu Revisionsklauseln, die sich jeweils auf den gesamten Tarifbereich beziehen, sondern auch zur Vereinbarung von Klauseln, die einzelnen Betrieben in begrenztem Umfang Abweichungen von den tariflichen Bestimmungen erlauben"[12].

3. Die Folgen dieser außerordentlichen Kündigung eines geltenden Tarifvertrages für Funktionsprinzipien der Tarifautonomie und Arbeitsbeziehungen sind nur schwer abzuschätzen:
- Falls es sich lediglich um einen singulären Vorgang aufgrund des spezifischen Charakters des Stufentarifvertrags sowie der besonderen ökonomischen Situation von Unternehmen in den neuen Bundesländern handeln sollte, wären mittel- und langfristig keine massiven Konsequenzen, insbesondere nicht in den alten Bundesländern, zu erwarten.[13]

---

[11] Vgl. Ettl,W./Heikenroth,A., Strukturwandel, Verbandsabstinenz, Tarifflucht: Zur Lage ostdeutscher Unternehmen und Arbeitgeberverbände, Arbeitspapiere AG TRAP 1995/3, 25.

[12] Bispinck,R., Tarifpolitik in der Transformationsökonomie. Eine Bilanz nach fünf Jahren Tarifpolitik in den neuen Ländern, in: Nolte,D./Sitte,R./Wagner,A.(Hg.), Wirtschaftliche und soziale Einheit Deutschlands. Eine Bilanz, Köln 1995, 202.

- Andere Beobachter gehen davon aus, daß sich die Kosten-/Nutzenkalküle der Arbeitgeberverbände, oder genauer der Mehrheit ihrer Mitglieder, durch Globalisierung des Wettbewerbs und zunehmenden Kostendruck systematisch verändern und ihre Konfliktbereitschaft zunimmt. Damit könnte dieser Schritt einen Präzedenzfall auch für den Westen und "eine historische Zäsur für das "deutsche Modell" der industriellen Beziehungen"[14] bedeuten.

Falls die außerordentliche Kündigung Anlaß, wenngleich nicht einzige Ursache war, um vom traditionellen Prinzip des Flächentarifvertrags abzurücken, würde ein Eckpfeiler der Arbeitsbeziehungen infrage gestellt. Firmen- und Haustarifverträge hätten massive Konsequenzen für die Bestandslogiken der bisherigen Tarifvertragsparteien, vor allem würde ihr Vordringen die Arbeitgeberverbände in ihrer Existenzgrundlage massiv treffen. Daher können diese, oder genauer die Mehrheit ihrer Repräsentanten, aufgrund von Eigennutz- bzw. Organisationskalkülen gar nicht grundsätzlich, wie ein Teil ihrer ost- und auch westdeutschen Mitglieder, an der Auflösung der Branchentarifverträge interessiert sein. Diese Verbände befinden sich in einer Dilemmasituation, in der sie "eine empfindliche Einschränkung ihrer Handlungsfähigkeit in den NBL registrieren: Halten sie an der Institution der überbetrieblichen Tarifpolitik (mittels Flächentarifvertrag) fest, so laufen sie Gefahr, die Interessen eines Teils ihrer Mitglieder zu verletzen. Verzichten Sie auf verbindliche überbetriebliche Tarifverträge, werden sie als kollektive Interessenvertretung der Arbeitgeber entbehrlich. Eine dritte Alternative, nämlich die Duldung des abweichenden Entlohnungsverhaltens von Mitgliedsfirmen, ist ebenfalls mit Nachteilen behaftet: Mit dem Verlust ihrer Verpflichtungsfähigkeit verlieren sie ihren Wert als zuverlässiger Verhandlungspartner der Gewerkschaften."[15]

Die Gewerkschaften könnten zwar, wie in anderen Ländern durchaus üblich, Verträge mit einzelnen Unternehmen aushandeln; sie wären wegen der auch bei dieser Struktur notwendigen Vertretung und gegebenenfalls Koordinierung von Mitgliederinteressen nicht in ihrer Existenz betroffen. Sie würden aber ihre personellen und materiellen Ressourcen schnell verausgaben und deutlich höhere, langfristig kaum zu bewältigende Transaktionskosten haben. Generelle Öffnungsklauseln würden die Verbindlichkeit und regulative Wirkung von Flächentarifverträgen erheblich einschränken.

---

[13] Eine ausländische Beobachterin urteilt sogar folgendermaßen: "The 1993 agreement between the IG Metall and Gesamtmetall in the new states can be regarded as the fine-tuning of western institutions to accomodate eastern problems." Wever,K.S., Negotiating competitiveness. Employment relations and organizational innovation in Germany and the United States, Boston 1995, 174.

[14] Altvater,E./Mahnkopf,B., Gewerkschaften vor der europäischen Herausforderung. Tarifpolitik nach Mauer und Maastricht, Münster 1993, 195; ähnlich Mahnkopf,B., Gewerkschaften im West-Ost-Spagat, in: Leif,T./Klein,A./Legrand,J.(Hg.), Reform des DGB, Köln 1993, 162ff.

[15] Wielgohs,J./Wiesenthal,H., Konkurrenz - Ignoranz - Kooperation: Interaktionsmuster west- und ostdeutscher Akteure beim Aufbau von Interessenverbänden, Arbeitspapiere AG TRAP, 1994/9, 11.

4. Ein zentrales, in den alten Bundesländern bislang kaum registriertes, zumindest in den auftretenden Dimensionen neuartiges Problem besteht in der sog. stillen Tarifflucht, d.h. der faktisch untertariflichen Entlohnung: Nur 60% der Unternehmen des ostdeutschen verarbeitenden Gewerbes (mit allerdings 83% der beschäftigten Arbeitnehmer) zahlen "im wesentlichen Tariflöhne"[16]. Von Unternehmen des verarbeitenden Gewerbes "räumen 66 Prozent der Geschäftsführer von Betrieben mit 1 bis 49 Beschäftigten Tarifunterschreitungen ein, bei Betrieben mit 50 bis 99 Beschäftigten immerhin noch 26 Prozent"[17]. Die Vertragsverletzungen haben von 1992 auf 1993 deutlich zugenommen; kleine und mittelständische Betriebe sowie Unorganisierte sind über-, Verbandsmitglieder hingegen deutlich unterrepräsentiert. Insgesamt gilt: "Ein erheblicher Teil der Unternehmen ... nimmt Abstand von der in Westdeutschland üblichen Praxis, die Tariflöhne als Mindestlöhne zu betrachten. Vor allem kleinere Unternehmen haben sich von der Lohnfindung über den Flächentarifvertrag abgekoppelt."[18]

Die Entlohnung unterhalb der tariflich vereinbarten Bedingungen erfolgt häufig in einer "tacit coordination" von Geschäftsleitungen und Betriebsräten, die im Rahmen einer andersartigen Aufgabeninterpretation nicht versuchen, wie im Westen die Einhaltung bestehender Tarifverträge durchzusetzen, sondern durch stärkere Lohnflexibilisierung Arbeitsplätze zu erhalten. Außerdem kann diese "illegale Verbetrieblichung ... durch Absprachen zwischen Betriebsrat und Management"[19] nicht nur mit dem Einverständnis von Beschäftigten rechnen, sondern auch mit Wissen und unter stillschweigender Duldung der Gewerkschaft erfolgen.

Die im Westen aufgrund der Einhaltung der Tarifverträge weitgehend gesicherte relative Homogenität der Arbeits- und damit Lebensbedingungen ist wegen dieser schleichenden Erosion des Tarifvertragssystems in den neuen Bundesländern nicht gegeben; stattdessen verstärken sich die ökonomischen und sozialen Disparitäten - und damit die Trends sozialer Differenzierung.[20] Die Entgelte sind nicht mehr, wie im Westen bei Flächentarifverträgen bisher üblich, für alle Unternehmen derselben Branche "out of competition", sondern werden zum strategischen Standort- bzw. Wettbewerbsfaktor, der

---

[16] DIW u.a., Gesamtwirtschaftliche und unternehmerische Anpassungsfortschritte in Ostdeutschland, DIW-Wochenbericht 61 (15/1994), 213.

[17] Ettl,W./Wiesenthal,H., Tarifautonomie in de-industrialisiertem Gelände. Analyse eines Institutionentransfers im Prozeß der deutschen Einheit, KZfSuS 46 (1994), 431.

[18] DIW/IWH/IfW, Gesamtwirtschaftliche und unternehmerische Anpassungsfortschritte in Ostdeutschland. Dreizehnter Bericht, DIW-Wochenbericht 62 (27/1995), 483.

[19] Behrens, Die Gewerkschaften in den neuen Bundesländern, 39.

[20] Vgl. im einzelnen Bialas,Chr./Ettl,W., Wirtschaftliche Lage, soziale Differenzierung und Probleme der Interessenorganisation in den neuen Bundesländern, SW 44 (1993), 64ff.

kaum exakt kalkuliert werden kann. Diese Tendenz hat Folgen auch für den Westen: "Wengleich diese Einstellung aus der Sicht ostdeutscher Arbeitnehmer verständlich erscheint, birgt sie zweifellos Gefahren für den sozialen Besitzstand der Arbeitnehmer in der gesamten BRD in sich."[21] Schließlich ist aufgrund des niedrigen Organisationsgrades auch die Allgemeinverbindlichkeitserklärung (nach Par.5 TVG) kein geeignetes Mittel, um abgeschlossenen Verträgen überall Geltung zu verschaffen.

9.2. Das Arbeitszeitrechtsgesetz (einschl. Wochenendarbeit)

1. Seit Mitte der 80er Jahre bestand innerhalb der Regierungskoalition weitgehend Konsens darüber, daß die aus dem Jahr 1938 stammende Arbeitszeitordnung (AZO) novelliert werden sollte, um mehr Flexibilität bei der Arbeitszeitgestaltung bzw. längere Betriebsnutzungszeiten unter Einschluß des Wochenendes zu ermöglichen. Seit 1985 bzw. 1987 lagen Regierungsentwürfe eines Arbeitszeitgesetzes[22] vor, die aber infolge der innenpolitischen Kontroverse über Deregulierungsmaßnahmen nicht weiter verfolgt wurden.

Nach jahrelangem Stillstand kam durch mehrere aktuelle Ereignisse wieder Bewegung in die politische Auseinandersetzung um die Neuregelung:

- Handlungsbedarf bestand infolge des Einigungsvertrages von 1990, der dem gesamtdeutschen Gesetzgeber aufgegeben hatte, das "öffentlich-rechtliche Arbeitszeitrecht einschließlich der Zulässigkeit von Sonn- und Feiertagsarbeit und den besonderen Frauenarbeitsschutz möglichst bald einheitlich neu zu kodifizieren" (Art.30 Abs.1).
- Das BVerfG erklärte Anfang 1992 das gemäß Art.19 AZO bestehende Nachtarbeitsverbot für Arbeiterinnen wegen Verletzung des Gleichheitsgrundsatzes für unvereinbar mit dem Grundgesetz (Art.3 Abs.1 und 3) und verpflichtete gleichzeitig den Gesetzgeber, den Schutz der Arbeitnehmer vor den schädlichen Folgen der Nachtarbeit neu zu regeln.[23]

---

[21] Ermischer,I./Preusche,E., Betriebsräte zwischen Mitbestimmung und Abwicklungs-"Komanagement", in: Schmidt,R.(Hg.), Zwischenbilanz: Analysen zum Transformationsprozeß der ostdeutschen Industrie, Berlin 1993, 188.

[22] Vgl. BT-Drucksachen 10/2706 bzw. 11/360. SPD und Grüne unterbreiteten Alternativentwürfe, die keine parlamentarische Mehrheit fanden. Vgl. BT-Drucksachen 11/1617 bzw. 11/1188.

[23] Vgl. Blanke,Th./Diederich,H., Das Ende des Nachtarbeitsverbots, AuR 40 (1992), 165-172; Colneric,N., Konsequenzen der Nachtarbeitsverbotsurteile des EuGH und des BVerfG, NZfAuS 9 (1992), 393-399; Peez,J./Großjohann,K., Beschäftigungsverbote für Frauen - Konsequenzen des BVerfG-Urteils vom 28.1.1992 sowie des EuGH-Urteils vom 25.7.1991, DB 46 (1993), 633-637.

Kapitel 9: Tarifpolitik der 90er Jahre

- Ende 1993 verabschiedete der Rat der EU die "Richtlinie über bestimmte Aspekte der Arbeitszeitgestaltung (93/104 EG)", die erstmals die maximalen wöchentlichen Arbeitszeiten, Mindestruhezeiten und den Mindesturlaub EU-weit einheitlich regelte.[24] Die Bundesregierung mußte der Verpflichtung zur Umsetzung dieser Mindest- bzw. Sockelvorschriften zum Schutz der Arbeitnehmer in nationales Recht durch Änderung von Rechts- und Verwaltungsvorschiften nachkommen.[25] Eine nicht nur in zeitlicher Hinsicht enge Abstimmung zwischen supranationaler und nationaler Neuregelung war zu konstatieren.

Aufgrund dieser aktuellen Entwicklungen präsentierte die Bundesregierung im Sommer 1993 einen Gesetzentwurf[26], der sich in Aufbau und Inhalt deutlich an seinen Vorgängern orientierte. Das am 1. Juli 1994 in Kraft getretene Gesetz zur Vereinheitlichung und Flexibilisierung des Arbeitszeitrechts (Arbeitszeitrechtsgesetz - ArbZRG)[27] ersetzt die AZO des Jahres 1938, die zentralen Vorschriften zur Sonn- und Feiertagsruhe in der Gewerbeordnung (GewO) sowie zahlreiche Nebengesetze und Verordnungen, die zum Teil noch aus dem 19. Jahrhundert stammten.[28]

2. Den Kern des als Artikelgesetz gestalteten ArbZRG bildet das Arbeitszeitgesetz (ArbZG). Es soll "Sicherheit und Gesundheitsschutz der Arbeitnehmer gewährleisten", "die Rahmenbedingungen für flexible Arbeitszeiten verbessern" sowie "Sonn- und Feiertage als Tage der Arbeitsruhe und seelischen Erbauung der Arbeitnehmer schützen" (Par.1 ArbZG). Zur Erreichung dieser Ziele formuliert der Gesetzgeber Arbeitszeitrahmen für tägliche und wöchentliche Arbeitszeiten, für Nacht- und Schichtarbeit sowie für industrielle Sonn- und Feiertagsarbeit.

---

[24] Die Richtwerte sind 48 Stunden (einschließlich Überstunden) für die Arbeitszeit und vier Wochen für den bezahlten Jahresurlaub. Vgl. im einzelnen N.N., Social policy state of play, EIRR 240 (January 1994), 24f.

[25] Diese Notwendigkeit hatte zur Folge, daß in der BRD der gesetzliche Mindesturlaub nach dem Bundesurlaubsgesetz von 18 auf 24 Tage bzw. vier Wochen erhöht wurde (Art.2 ArbZRG).

[26] Vgl. Zmarzlik,J., Entwurf eines Arbeitszeitgesetzes, BB 48 (1993), 2009-2016; Maneke,R., Entwurf eines Gesetzes zur Vereinheitlichung und Flexiblisierung des Arbeitszeitrechts (Arbeitszeitrechtsgesetz - ArbZRG), ZfT 7 (1993), 499-506; Hartmann,A., Überlegungen zur geplanten Neufassung von Regelungen zur Arbeitszeit in Form eines Arbeitszeitgesetzes, NZfA 10 (1993), 734-737.

[27] Vgl. im einzelnen Buschmann,R./Ulber,J., Arbeitszeitrechtsgesetz, Köln 1994; Fiedler,M./Schelter,W., Arbeitszeitrecht für die Praxis. Das Arbeitszeitrechtsgesetz (ArbZRG), Stuttgart 1995; Reinders,K., Das neue Arbeitszeitrecht, Bonn 1994; Roggendorff,P., Arbeitzeitgesetz. Erläuterte Textausgabe mit Einführung und amtlicher Begründung sowie ergänzenden Rechtsvorschriften, München 1994.

[28] Vgl. im einzelnen Fiedler/Schelter, Arbeitszeitrechtsgesetz, 142-162.

Die gesetzlich höchstzulässige Arbeitszeit darf acht Stunden werktäglich nicht überschreiten; sie kann ohne Angabe besonderer Gründe bzw. ohne Beschränkung auf bestimmte Fälle von jedem Betrieb auf bis zu 10 Stunden verlängert werden, "wenn innerhalb von sechs Kalendermonaten oder innerhalb von 24 Wochen im Durchschnitt acht Stunden werktäglich nicht überschritten werden" (Par.3).[29] Damit wird bei Bedarf eine maximale Arbeitszeit von 10 Stunden täglich bzw. 60 Stunden wöchentlich (ohne Sonntagsarbeit) möglich. "Im Unterschied zur bisherigen Regelung wird jedoch der 8-Stunden-Tag nicht als gesetzliche Regelarbeitszeit festgelegt."[30] Der Ausgleichszeitraum, innerhalb dessen die werktäglich acht Stunden durchschnittlich erreicht sein müssen, wird erheblich, nämlich von zwei Wochen auf sechs Monate, verlängert. Von diesen Grundnormen abweichende Regelungen (z.B. über längere Ausgleichszeiträume) können die Tarifpartner in Tarifverträgen oder bei Existenz einer Öffnungsklausel im Tarifvertrag die betrieblichen Akteure in Betriebsvereinbarungen treffen.

Bereits in der Phase der Politikformulierung wurde der Konflikt zwischen individueller Zeitsouveränität bzw. sozialverträglichen Arbeitszeiten und längeren Betriebsnutzungs- bzw. Maschinenlaufzeiten deutlich.[31] Die Kritiker der Neuregelung verweisen auf den unzureichenden Ausgleich des Interessengegensatzes:

- Die rechtlichen Rahmenvorgaben für die Länge der täglichen und wöchentlichen Arbeitszeiten werden nicht an die Arbeitszeiten angeglichen, die infolge der Arbeitszeitpolitik der vergangenen Jahrzehnte in zahlreichen Tarifverträgen vereinbart und tatsächlich üblich sind. Die zunehmende Differenz zwischen tariflichen und gesetzlichen Arbeitszeiten wird nicht abgebaut sondern festgeschrieben, indem der Staat lediglich weit gefaßte Rahmenbedingungen in Form zulässiger Höchstgrenzen vorgibt, anstatt den 8-Stunden-Tag als Regelarbeitszeit festzulegen. Die Wochenarbeitszeiten liegen Mitte der 90er Jahre in Westdeutschland unterhalb von 38 Stunden und damit erheblich unter den erweiterten "Normalarbeitszeiten", die das ArbZG zuläßt.

---

[29] Außerdem wird die Mindestlänge der Ruhepausen vorgegeben (Par.4). Nach Beendigung der täglichen Arbeitszeit muß die ununterbrochene Ruhezeit mindestens 11 Stunden betragen (Par.5).

[30] Zmarzlik,J., Das neue Arbeitszeitgesetz, DB 47 (1994), 1083.

[31] Vgl. BDA, Stellungnahme zum Entwurf eines Gesetzes zur Vereinheitlichung und Flexibilisierung des Arbeitszeitrechts der Bundesregierung (Arbeitszeitrechtsgesetz - ArbZRG), BT-Drucksache 12/5888 und zum Entwurf eines Arbeitszeitgesetzes der Fraktion der SPD, BT-Drucksache 12/5282, Ms. Köln 1993; DGB, Stellungnahme des Deutschen Gewerkschaftsbundes zum Regierungsentwurf eines Gesetzes zur Vereinheitlichung und Flexibilisierung des Arbeitszeitrechts vom 13.10.1993 (Arbeitszeitrechtsgesetz - ArbZRG) sowie zum Gesetzentwurf eines Arbeitszeitgesetzes der Fraktion der SPD vom 28.06.1993, Ms. Düsseldorf 1993.

Im übrigen sind die tarifvertraglichen Arbeitszeitregelungen recht differenziert und so flexibel, daß die überwiegende Mehrzahl der Betriebe das mögliche Maß der Flexibilisierungs- und Gestaltungsspielräume faktisch nicht ausschöpft.[32] Aufgrund dieser freiwilligen Selbstbeschränkung der Unternehmen bestand wenig nachvollziehbarer Anlaß zur Erweiterung des gesetzlichen Rahmens.

- Die deutliche, über den Spielraum der EU-Richtlinie hinausgehende Erweiterung des Ausgleichszeitraums für den Fall einer ungleichmäßigen Verteilung der täglichen Arbeitszeiten war von Anfang an heftig umstritten: Während die einen darin eine Verbesserung der Rahmenbedingungen für flexible und individuelle Arbeitszeitsmodelle sehen, kritisieren die anderen die weitgehende Lösung von der Zeiteinheit der Woche bzw. vom Prinzip der Regelmäßigkeit der Arbeit.
- Das Gesetz geht implizit stets vom sog. Normalarbeitsverhältnis aus, ohne jedoch angemessen zu berücksichtigen, daß die sog. atypischen Beschäftigungsverhältnisse immer mehr an Bedeutung gewinnen. Letztere bedürfen einer besonderen Regulierung auch der Arbeitszeit, da sie von den Normen des Normalarbeitsverhältnisses nur unvollkommen erfaßt werden.[33]
- Das Gesetz beschränkt sich auf einige Normen zum Gesundheitsschutz, insbesonders zum Arbeitszeitschutz der Arbeitnehmer, u.a. durch die Festlegung von Höchstgrenzen der Arbeitszeiten, von Mindestnormen der Ruhezeiten und Ruhepausen sowie durch die arbeitsmedizinische Flankierung der Nachtarbeit. Es berücksichtigt explizit keine arbeitsmarktpolitischen Ziele (vgl. Par.1)[34], sondern verweist deren Realisierung in den Aufgaben- bzw. Zuständigkeitsbereich der Tarifvertragsparteien. Die entgegengesetzte Strategie wäre grundsätzlich möglich und in Zeiten andauernder Massenarbeitslosigkeit sinnvoll gewesen.[35] Staatliches Arbeitszeitrecht könnte bei entsprechendem politischen Willen ebenso wie die Arbeitszeitpolitik der Tarifpartner einen Beitrag zur Beschäftigungspolitik in Form der Schaffung und Sicherung von Arbeitsplätzen leisten. Derartige Regelungen

---

[32] Vgl. im einzelnen Kap.8.

[33] Vgl. im einzelnen Kap.15.

[34] Dies ist einer der zentralen Kritikpunkte von Gewerkschaften und Opposition. Vgl. etwa den Gesetzentwurf der SPD BT-Drucksache 12/5282.

[35] "Das Arbeitszeitgesetz ist kein Instrument der Arbeitsmarktpolitik, weshalb die Bundesregierung die von der SPD-Bundestagsfraktion vorgeschlagene gesetzlich Festschreibung der 40-Stunden-Woche und eine Kontingentierung der Überstunden ablehnt. Durch ein solch starres Arbeitszeitkorsett würden Kleinbetriebe und selbst größere Unternehmen bei Auftragsspitzen, kurzen Lieferfristen und Personalengpässen behindert." Anzinger,R., Die aktuelle Entwicklung im Arbeitszeitrecht, RdA 47 (1994), 14.

hatten die Gewerkschaften befürwortet[36], die Arbeitgeberverbände hingegen abgelehnt.[37]

- Insbesondere geht die Regierungskoalition mit diesem Gesetz das Problem der Überstunden nicht an: Innerhalb des weit gefaßten Arbeitszeitrahmens sind Überstunden ohne Einschränkungen zulässig. Unabhängig von Initiativen der Tarifparteien wäre eine gesetzliche Begrenzung der zulässigen Anzahl der Überstunden bzw. die Anwendung des Prinzips des Freizeitausgleichs (evtl. sogar mit überproportionalen Zeitzuschlägen) und damit ein aktiver Beitrag zum Abbau von Arbeitslosigkeit durchaus möglich gewesen.[38] Durch eine derartige Politik der Arbeitsumverteilung hätten beachtliche Beschäftigungseffekte erzielt werden können, ohne auf die aus Flexibilisierungsgründen unabdingbare und unvorhersehbare Mehrarbeit vollständig zu verzichten.

Dem Überstundenvolumen entspricht ein rein rechnerisches Arbeitsplatzäquivalent von über 800.000 Arbeitsplätzen. "Rechnet man davon den Anteil definitiver Überstunden ab, den Beschäftigte in Leitungsfunktionen erbringen (26%), so bleibt ein rein rechnerisches Arbeitsplatzäquivalent von rund 600.000 Vollzeitarbeitsplätzen, das von der Möglichkeit her relativ problemlos zugunsten der Beschäftigung von Arbeitslosen genutzt werden könnte; denn drei Viertel (74%) des Überstundenvolumens wird von Beschäftigten erbracht, deren Qualifikation auch die haben, die Arbeit nachfragen."[39] Im übrigen ist trotz der Massenarbeitslosigkeit zwischen 1989 und 1993 der Anteil der Überstundenbeschäftigten von 36 auf 39% gestiegen, das Volumen hingegen von 2 auf 1,7 Überstunden pro Beschäftigten leicht gesunken.[40]

- Zudem werden die bis dato (laut Par.15 AZO) obligatorischen Mehrarbeitszuschläge ersatzlos gestrichen, da auf die Unterscheidung zwischen regelmäßiger und Mehrarbeit verzichtet wird.[41] Damit entfallen die bis dato geltenden einschränkenden Regelungen.

---

[36] Vgl. DGB, Stellungnahme zum Regierungsentwurf; Ulber,J., Arbeitszeitrecht im Wandel, WSI-Mitt 40 (1987), 750ff.

[37] Vgl. BDA, Stellungnahme zum Entwurf, 1, 6 et passim; Dobberahn,P., Flexiblere Gestaltung der Arbeitszeiten möglich, DAg 10/46 (1994), 385ff.

[38] Dies hatten SPD und Grüne in ihren Gesetzentwürfen gefordert.

[39] Bauer,F./Groß,F./Schilling,G., Arbeitszeit '93. Arbeitszeiten, Arbeitszeitwünsche, Zeitbewirtschaftung und Arbeitszeitgestaltungschancen von abhängig Beschäftigten. Resultate einer aktuellen Repräsentativbefragung bei abhängig Beschäftigten in Westdeutschlaand durch das Institut zur Erforschung sozialer Chancen, Köln, im Auftrag des Ministeriums für Arbeit, Gesundheit und Soziales des Landes Nordrhein-Westfalen, Köln 1994, XX.

[40] Vgl. Bauer/Groß/Schilling, Arbeitszeit '93, XX, 18ff.

- Schließlich gestattet die explizite Zulassung abweichender Regelungen in Tarifverträgen oder Betriebsvereinbarungen eine weitere Heterogenisierung der Arbeitszeiten auf individueller Basis bzw. die Überschreitung der maximal zugelassenen Arbeitszeiten, "wenn in die Arbeitszeit regelmäßig und in erheblichem Umfang Arbeitsbereitschaft fällt" (Art.7 ArbZG) oder die Festlegung anderer, in der Regel wohl längerer Ausgleichszeiträume, die Verkürzung der Mindestruhezeiten sowie den Ausschluß der Ausgleichsverpflichtung bei verlängerten Arbeitszeiten.

Die Intention des Gesetzgebers bestand darin, "durch Tariföffnungsklauseln die Tarifvertragsparteien und Betriebsparteien aufgrund ihrer größeren Nähe zum Betrieb stärker in die Verantwortung zur Gestaltung der Arbeitszeit einzubeziehen"[42]. Diese Vorgabe verlagert die faktische Verantwortung für abweichende Regelungen weitgehend auf die Tarifvertragsparteien bzw. betrieblichen Akteure. Ob durch die deutliche Erweiterung der Abweichungsbefugnisse "praxisnahe Regelungen" der Sozialpartner und die intendierte Stärkung der Tarifautonomie bzw. die Gestaltungsspielräume der Betriebsparteien tatsächlich zu erreichen sind, kann durchaus bezweifelt werden. Ebenso plausibel erscheint die Annahme, daß vor allem Betriebsräte unter Druck geraten können, entsprechenden Vorschlägen der Betriebsleitung zuzustimmen.

Der Regelungsbedarf der sektoralen und betrieblichen Ebenen nimmt deutlich zu infolge der Selbstentlastung des Gesetzgebers, der einmal mehr auf das "freie Spiel der Kräfte" setzt. Schließlich wirken die hier zugelassenen Tariföffnungsklauseln anders als die aus der tariflichen Arbeitszeitpolitik der vergangenen Jahre bekannten (sog. Tarifdispositivität nach unten): Erstere verschlechtern gesetzliche, letztere ermöglichen lediglich eine Konkretisierung tariflichvertraglicher Regelungen.

3. Ein weiterer Teil des ArbZG regelt die Nacht- und Schichtarbeit. Nachdem das BVerfG 1992 das Nachtarbeitsverbot für Arbeiterinnen aufgehoben hat, wird nunmehr Nachtarbeit für Frauen und Männer gleichermaßen zugelassen. Nachtarbeit ist definiert als Arbeit zwischen 23 und sechs Uhr, die mehr als zwei Stunden der Nachtzeit umfaßt und an mindestens 48 Tagen im Kalenderjahr ausgeübt wird (Par.2). Generell gilt: "Die Arbeitszeit der Nacht- und Schichtarbeitnehmer ist nach den gesicherten arbeitswissenschaftlichen Erkenntnissen über die menschengerechte Gestaltung der Arbeit festzulegen" (Par.6 Abs.1).

Diese Formulierung zu einheitlichen Schutzvorschriften für Männer und Frauen gerät in die Nähe einer beliebig dehnbaren Leerformel und genügt kaum den üblichen Kriterien

---

[41] Eine reine Verteuerung von Überstunden würde das Problem nicht lösen, da damit u.a. auch die Attraktivität für die Arbeitnehmer steigen würde.

[42] Sondermann,M., Die geplante Neuregelung des Arbeitszeitrechts, BB 46 (1993), 1927.

der Sozialverträglichkeit. "Was dies im einzelnen bedeutet, wird die Rechtsprechung zu entscheiden haben."[43] Eine Alternative zur getroffenen Regelung wäre eine weitgehende und generelle Einschränkung der Nachtarbeit für beide Geschlechter gewesen. Das BVerfG betonte in seiner Entscheidung, daß eine völlige Freigabe wegen des Grundrechts auf körperliche Unversehrtheit (Art.2 GG) nicht in Betracht komme, eröffnete jedoch ausdrücklich einen Wertungs- und Gestaltungsspielraum. Der Gesetzgeber wählte aber eine andere Lösung als die der Beschränkung auf das absolut notwendige Minimum: "Nachtarbeit soll arbeitsmedizinisch und sozialpolitisch flankiert, nicht aber grundsätzlich verboten werden."[44] Ein weiterer Grund für eine Einschränkung hätte darin bestanden, daß das BVerfG in seinem Urteil die in arbeitsmedizinischen Untersuchungen belegten gesundheitsschädlichen Folgen explizit genannt hatte: "Nachtarbeit ist grundsätzlich für jeden Menschen schädlich. Sie führt zu Schlaflosigkeit, Appetitstörungen, Störungen des Magen-Darm-Traktes, erhöhter Nervosität und Reizbarkeit sowie zu einer Herabsetzung der Leistungsfähigkeit."[45]

Die für Nachtarbeitnehmer geschaffene Möglichkeit unentgeltlicher arbeitsmedizinischer Untersuchungen des Gesundheitszustandes in bestimmten Zeitabständen (Par.6 Abs.3) stellt eine unzureichende Kompensation der Gefährdung dar.[46] Außerdem ist die durch das ArbZG ermögliche Ausweitung der Nachtarbeit bemerkenswert in Anbetracht der Tatsache, daß ihr Umfang seit Mitte der 70er Jahre nahezu unverändert geblieben und seit Ende der 80er Jahre sogar leicht zurückgegangen ist.[47] Ob die Ausweitung tatsächlich neue Arbeitsmarktchancen für Frauen eröffnet, kann durchaus bezweifelt werden; gleiches gilt für die Aufhebung aller Beschäftigungsverbote und -beschränkungen für Frauen (u.a. auch im Bauhauptgewerbe) mit Ausnahme des Bergbaus unter Tage.[48] Auch eine Begrenzung der Dauer der Nachtarbeit im Vergleich zur Tagarbeit erfolgte nicht.

---

[43] Däubler,W./Peter,G., Arbeitsrecht, in: Kittner,M.(Hg.), Gewerkschaften heute. Jahrbuch für Arbeitnehmerfragen 1995, Köln 1995, 425.

[44] Anzinger,R., Das neue Arbeitszeitgesetz, AuA 49 (1994), 5.

[45] BVerfG 28.1.1992.

[46] Vgl. zu Einzelheiten der "arbeitsmedizinischen und sozialpolitischen Flankierung" Anzinger,R., Neues Arbeitszeitgesetz in Kraft getreten, BB 49 (1994), 1494f.

[47] Vgl.Seifert,H., Rückläufige Entwicklung bei Schicht-, Nacht- und Wochenendarbeit, Ms. Düsseldorf 1995, 6f.

[48] Die Arbeitszeitgrundnormen bzw. der Gesundheitsschutz werden einheitlich für Frauen und Männer geregelt; ein besonderer Frauenarbeitsschutz (etwa durch unterschiedliche Arbeitszeit- und Ruhepausenvorschriften sowie durch Beschäftigungsverbote und -beschränkungen) besteht nicht mehr.

4. Ein weiteres Problem besteht in der Regelung der Sonn- und Feiertagsarbeit. Das weitgehende Beschäftigungsverbot an Sonn- und Feiertagen, das auf die Arbeiterschutzgesetzgebung des 19. Jahrhunderts zurückgeht, hat eine gesetzliche Grundlage bzw. ist verfassungsrechtlich geschützt (Art.140 GG in Verbindung mit Art.139 der Weimarer Reichsverfassung). Einzelbetrieblich mögliche Ausnahmen vom grundsätzlich bestehenden Sonntagsarbeitsverbot waren in der Par.105 GewO detailliert geregelt.[49] - Demgegenüber ist der weitgehend arbeitsfreie Samstag eine ausschließlich tarifpolitische Errungenschaft im Rahmen der 40-Stunden- bzw. Fünf-Tage-Woche ohne rechtliche Absicherung; die geltenden Tarifverträge sehen zahlreiche Möglichkeiten zu regelmäßiger Samstagsarbeit vor.[50] Eine Verteilung auf sechs anstatt fünf Werktage schließt das ArbZG nicht explizit aus; der Samstag zählt weiterhin als Werktag. Insofern ist die analytische Differenzierung von Wochenendarbeit in Samstags- und Sonntagsarbeit auch faktisch wichtig.

Das ArbZG bestimmt, daß Arbeitnehmer "an Sonn- und gesetzlichen Feiertagen von 0 bis 24 Uhr nicht beschäftigt werden" dürfen (Par.9 Abs.1). Es formuliert aber einen umfangreichen, im Vergleich zur vorherigen Regelung (Par.105 GewO) erheblich erweiterten Katalog von insgesamt 16 Ausnahmetatbeständen von diesem Beschäftigungsverbot (Par.10). Zu den Ausnahmen gehören nicht nur u.a. Daseinsvorsorge (z.B. Not- und Rettungsdienste, Feuerwehr, Aufrechterhaltung der öffentlichen Sicherheit und Ordnung, Krankenhäuser) und Dienstleistungen (z.B. Hotels und Gaststätten, Sport- und Freizeiteinrichtungen, Presse), sondern auch rein industrielle Produktionsarbeiten, wenn etwa technische Erfordernisse eine ununterbrochene Produktion (sog. Konti-Arbeit) erfordern.

Neben diesen generellen Ausnahmen vom Gebot der Sonn- und Feiertagsruhe werden neuartige Ausnahmen durch Rechtsverordnung der Bundesregierung ermöglicht "zur Vermeidung erheblicher Schäden", u.a. "aus Gründen des Gemeinwohls, insbesondere auch zur Sicherung der Beschäftigung" (Art.13 Abs.1) sowie zum Erhalt der Konkurrenzfähigkeit gegenüber dem Ausland (Art.13 Abs.5). "Gründe des Gemeinwohls sind dabei auch gesamtwirtschaftliche Gründe, z.B. auch die Existenzgefährdung von Betrieben und der damit verbundene drohende Verlust von Arbeitsplätzen oder die angespannte internationale Wettbewerbssituation einer Branche."[51] Schließlich hat die

---

[49] Vgl. Richardi,R., Grenzen industrieller Sonntagsarbeit, Bonn 1988.

[50] Vgl. im einzelnen Bispinck,R., Das Märchen vom starren Arbeitszeitkorsett. Zum Flexibilitätspotential tariflicher Arbeitszeitregelungen, in: Seifert,H.(Hg.), Jenseits der Normalarbeitszeit. Perspektiven für eine bedürfnisgerechtere Arbeitszeitgestaltung, Köln 1993, 90f.

[51] Bährle,R.J., Das Gesetz zur Vereinheitlichung und Flexibilisierung des Arbeitszeitrechts - Arbeitszeitrechtsgesetz, BuW 48 (1994), 542f.

Aufsichtsbehörde die Beschäftigung an Sonn- und Feiertagen immer dann zu bewilligen, wenn "bei einer weitgehenden Ausnutzung der gesetzlich zulässigen wöchentlichen Betriebszeiten und bei längeren Betriebszeiten im Ausland die Konkurrenzfähigkeit unzumutbar beeinträchtigt ist und durch die Genehmigung von Sonn- und Feiertagsarbeit die Beschäftigung gesichert werden kann" (Par.13 Abs.5).

Diese Ausnahmen, welche nach offizieller Lesart "der technischen und sozialen Entwicklung der letzten 100 Jahre angepaßt"[52] sind, weiten die rechtlichen Rahmenbedingungen für Nacht- und Sonntagsarbeit erheblich aus. Die Regelung der Ausnahmen nach dem Enumerationsprinzip in der GewO wird durch einen Katalog von Generalklauseln im ArbZG ersetzt, wobei das Regel-Ausnahme-Prinzip nahezu umgedreht wird. Die vorher nicht möglichen Ausnahmen aus Wettbewerbsgründen sind totz gewisser Ausgleichsregelungen für Sonn- und Feiertagsbeschäftigung (Par.11) sehr weit gefaßt. Wenn wir grob zwischen den derzeit umstrittenen "wirtschaftlichen" und den auch gegenwärtig nicht kontroversen "sozialen und technischen Gründen" unterscheiden, wird deutlich, daß das ArbZG erstmals und explizit Sonntagsarbeit aus rein ökonomischen bzw. betriebswirtschaftlichen Gründen erlaubt. Diese Regelung, die auch "im Mittelpunkt der parlamentarischen Auseinandersetzung"[53] stand, stieß auf heftigen Widerstand, u.a der evangelischen und katholischen Kirche. Diese "bis zuletzt umstrittene Ermächtigung zur Erteilung von Ausnahmen"[54] kommt einer beliebig interpretierbaren Generalklausel gleich und ermöglicht die Aufhebung des Beschäftigungsverbots mit verschiedenen Begründungen.

Diese rechtliche Erweiterung der Sonn- und Feiertagsarbeit ist insofern erstaunlich, als ihr Umfang (bei insgesamt knapp 9% mit deutlichen Unterschieden zwischen den einzelnen Branchen) langfristig stabil blieb und zu Beginn der 90er Jahre sogar leicht abnahm. Aufgrund dieser Entwicklung ist auch in absehbarer Zukunft nicht mit einer deutlichen Ausweitung bzw. häufigen Inanspruchnahme der Ausnahmeregelung zu rechnen. Im übrigen nimmt die BRD im Vergleich der EU-Länder keinesfalls eine extreme Position ein: "Die Anteilswerte für gewöhnlich und manchmal geleistete Schicht- und Nachtarbeit entsprechen in etwa dem europäischen Durchschnitt, die für Samstags- und Sonntagsarbeit liegen etwas darunter."[55] Der deutsche Gesetzgeber folgt mit der Neuregelung dem in vergleichbaren Ländern, wie Frankreich und Belgien,

---

[52] Anzinger, Das neue Arbeitszeitgesetz, 6.

[53] Anzinger,R., Arbeitszeitgesetz. Erfolgreich zum Abschluß gebracht, Bab 6/1994, 8.

[54] Zmarzlik, Das neue Arbeitszeitgesetz, 1086.

[55] Seifert, Rückläufige Entwicklung, 7.

schon in den 80er Jahren beobachtbaren Trend zu generellen Öffnungsklauseln für Sonntagsarbeit; deren Deregulierung wird "als Instrument der Verbesserung der internationalen Wettbewerbsfähigkeit"[56] betrachtet.

5. <u>Fazit</u>: Das ArbZRG unternimmt den Versuch, die gesetzlichen Rahmenvorgaben für Arbeitszeiten zu vereinheitlichen und vor allem zu flexibilisieren. Ob es seine eingangs zitierten Ziele, vor allem eine Verbesserung des Arbeits- und Gesundheitsschutzes, durchgängig erreichen kann, erscheint fraglich, da bei sämtlichen Regelungstatbeständen (tägliche und wöchentliche Arbeitszeit, Nacht- und Schichtarbeit, Sonn- und Feiertagsarbeit) zahlreiche Ausnahmen vorgesehen werden. In Anbetracht der Entwicklung der tarifvertraglich vereinbarten bzw. tatsächlichen Arbeitszeiten in den vergangenen Jahrzehnten dürften die sehr weit gefaßten Rahmenregelungen und Eckwerte der Arbeitszeitgestaltung kaum praktische Bedeutung erlangen und die seit Mitte der 80er Jahre von den privaten Akteuren erweiterten betrieblichen Gestaltungsspielräume nicht tangieren.

Die eigentlichen Probleme des Gesetzes bestehen nicht nur in der Unausgewogenheit seiner Regelungen in bezug auf divergierende Interessenlagen der Akteure (Wunsch nach Zeitsouveränität bei den Arbeitnehmern vs. Verlangen nach längeren Betriebsnutzungszeiten bei den Unternehmen), sondern vor allem in den explizit ausgeklammerten Problemen (u.a. der Beschäftigungs-, Familien- und Humanisierungspolitik). Das Gesetz setzt ähnlich wie andere Versuche der arbeitsrechtlichen Deregulierung[57] auf eine weitgehend unregulierte Flexibilisierung, in diesem Fall des Arbeitszeitrahmens. Möglich gewesen wäre eine stärkere Regulierung, ohne die Notwendigkeiten einer Flexibilisierung in Abrede zu stellen. Bei dem Aufbau des ArbZRG ist erstaunlich, daß sich deutlich mehr Paragraphen mit den jeweiligen Ausnahmen als mit den eigentlichen Regelungen befassen.

6. Verschiedene Arbeitgeberverbände versuchen, eine weitgehende Flexibilisierung der Wochenendarbeit durchzusetzen u.a. durch
- Wiedereinführung der allgemeinen, regelmäßigen Samstagsarbeit in etlichen Branchen (u.a. Chemie, Textil),
- mehr oder weniger regelmäßigen Einbezug des Sonntags in ganz bestimmten, insgesamt aber nur wenigen Branchen[58],

---

[56] Vgl. im einzelnen Bosch,G., Wettlauf rund um die Uhr? Betriebs- und Arbeitszeiten in Europa, Bonn 1989, 31.

[57] Vgl. im einzelnen Kap.15.

- Differenzierungen innerhalb der Belegschaften (sog. Individualisierung "starrer", kollektiv geregelter Arbeitszeiten),
- Verlängerung der Verrechnungszeiten über den Zweimonatsdurchschnitt des Leber-Kompromisses von 1984 bzw. über die erweiterte Lösung von 1987 hinaus bis zum sog. Jahresarbeitszeitvertrag in den 90er Jahren.

Begründet werden diese Forderungen nach einer stärkeren Entkoppelung von Maschinenlaufzeiten und individuellen Arbeitszeiten u.a. mit
- den hohen Kosten eines Arbeitsplatzes, insbesondere infolge der Einführung neuer Technologien, wobei eine längere Auslastung eine Stückkostensenkung bzw. Produktivitätserhöhung ermöglicht,
- der fortschreitenden Verkürzung der tariflich vereinbarten individuellen Regelarbeitszeiten bzw. dadurch entstandenen Kosten,
- der Notwendigkeit der Sicherung der nationalen und vor allem der internationalen Wettbewerbsfähigkeit
- bzw. der Sicherung und Schaffung von Arbeitsplätzen.

Die Gewerkschaften hingegen sind bemüht, das zweitägige freie Wochenende zu erhalten, das sie ausgehend vom Metallbereich in den 50er und 60er Jahren allmählich durchgesetzt haben.[59] Die Positionen der Gewerkschaften sind ähnlich wie bei den verschiedenen Strategien der Arbeitszeitpolitik des Jahres 1984 allerdings nicht einheitlich. Strittig ist zwischen den Gewerkschaften, ob
- eine von den Arbeitgebern angestrebte weitergehende Flexibilisierung grundsätzlich abgelehnt werden soll (IG Medien),
- ob die Zustimmung lediglich an die Erfüllung ganz bestimmter Forderungen hinsichtlich Lage und Verteilung der Arbeit geknüpft werden soll (IG Metall),
- oder ob Wochenendarbeit unter bestimmten Bedingungen weitgehend toleriert werden soll (IG Chemie).[60]

Im Prinzip dreht sich der Konflikt um die Frage, ob bzw. in welchem Ausmaß rein wirtschaftliche Gründe für Wochenend-, besonders Samstagsarbeit, anerkannt werden sollen.

Schon seit den 80er Jahren ist das laut Tarifverträgen mögliche Ausmaß der Wochenendarbeit in vielen Wirtschafts- und vor allem Dienstleistungsbereichen[61] beacht-

---

[58] Vgl. als Fallstudie zur Einführung eines vollkontinuierlichen Schichtbetriebs in der Chip-Produktion Frey,M./Schobel,P., Der Konflikt um den Sonntag - Der Fall IBM und die Folgen, Köln 1989.

[59] Vgl. zusammenfassend Scharf,G., Geschichte der Arbeitszeitverkürzung. Der Kampf der Gewerkschaften um die Verkürzung der täglichen und wöchentlichen Arbeitszeit, Köln 1987.

[60] U.a. Absicherung der arbeitsfreien Wochenenden gegenüber der Forderung nach Wiedereinführung der 6-Tage-Woche, maximal 8-Stunden-Tag oder Verrechnung über längere Zeiträume.

lich (u.a. Chemie-, Stahlindustrie, Gesundheitswesen, Bahn, Post, Polizei, besonders Hotel- und Gaststättengewerbe). Allerdings hat der Umfang der Wochenendarbeit nicht deutlich zugenommen. Zu Beginn der 90er Jahre ging das Ausmaß der Samstagsarbeit in sämtlichen Wirtschaftsbereichen leicht zurück. Sonntagsarbeit ist im übrigen deutlich geringer verbreitet als Samstagsarbeit; betroffen ist etwa jeder sechste Arbeitnehmer. Ihr Umfang bleibt relativ konstant.[62]

Eine weitergehende Flexibilisierung in Form einer stärkeren Entkoppelung menschlicher Arbeits- und maschineller Laufzeiten durch die grundsätzliche Wiedereinführung der Wochenendarbeit würde zwar einerseits die formale Autonomie und scheinbare Zeitsouveränität der Arbeitnehmer gegenüber einer sog. starren, kollektiv vereinbarten Zeitordnung erhöhen. Zugleich würde sie aber stark in private, insbesondere familiäre Lebenszusammenhänge eingreifen und diesen kaum förderlich sein: Abstimmung freier Tage bei berufstätigen Partnern, gemeinsame (Freizeit-)Aktivitäten von Eltern und schulpflichtigen Kindern sowie Versorgung und Betreuung der Kinder am Samstag würden ebenso Schwierigkeiten bereiten wie das Aufrechterhalten sozialer Kontakte über den Bereich der Familie hinaus; ferner würden erhebliche Koordinationsprobleme hinsichtlich einer individuellen Teilhabe am kulturellen Leben sowie in bezug auf das soziale Engagement in verschiedenartigen Organisationen (Gewerkschaften, Parteien, Vereinen oder Kirchen) entstehen.[63]

Die überwiegende Mehrheit der Arbeitnehmer spricht sich in Umfragen gegen eine Ausweitung der Sonntagsarbeit aus[64], obwohl diese durch höhere Entlohnung sowie durch längere Freizeitblöcke während der Woche attraktiv ausgestaltet werden kann.[65] Durchaus vorhandene Interessen der Arbeitnehmer hinsichtlich Lage und Verteilung flexiblerer Arbeitszeiten beziehen sich in aller Regel nicht auf das Wochenende. "Zusammenfassend läßt sich festhalten, daß die große Mehrheit der Beschäftigten der Arbeit an Wochenenden ablehnend gegenübersteht. Nach wie vor dominiert der Wunsch nach nicht fragmentierten, kollektiv und individuell nutzbaren Freizeitblöcken,

---

[61] Vgl. Becker,M./Schmidt,G.A., "Dienstleister" - Stiefkinder der Sonntagsarbeits-Diskussion, AuS 42 (1988), 281ff.

[62] Vgl. im einzelnen Seifert,H., Nacht- und Wochenendarbeit. Ein unaufhaltsamer Zug der Zeit?, in: Seifert, Jenseits der Normarbeitszeit, 130-152.

[63] Vgl. u.a. Rinderspacher,J.P., Am Ende der Woche, Bonn 1987; Dahm,K.W. et al.(Hg.), Sonntags nie? Die Zukunft des Wochenendes, Frankfurt-New York 1989; Wilke,J.(Hg.), Mehr als ein Weekend? Der Sonntag in der Diskussion, Paderborn-München 1989.

[64] Vgl. im einzelnen Garhammer,M., Verlust an Sozialzeit durch Wochenendarbeit? Ergebnisse einer Wochenablaufstudie, WSI-Mitt 45 (1992), 300-308.

[65] In der öffentlichen Diskussion wird immer wieder die Regelung der Wochenendschichten im BMW-Werk in Regensburg genannt. Allerdings dürfte es sich um kein generalisierbares Modell handeln.

die bislang noch am ehesten durch das freie Wochenende garantiert werden, für das in den Augen vieler Beschäftigter noch kein funktionales Äquivalent existiert."[66] Im Gegensatz zur Flexibilisierung der Arbeitszeiten haben sich die Verwendungsmuster der Zeit in den übrigen Lebensbereichen nicht verändert, so daß Wochenendarbeit notwendigerweise zu einem Verlust an Sozialzeit führt.

Die aktuelle Diskussion um Wochenendarbeit wird vor allem in Hinblick auf die produzierende Industrie (u.a. Chemie-, Elektro- und Autoindustrie) und nicht für den Dienstleistungssektor mit seinen besonderen Nachfragebedingungen geführt. Es geht also weniger um betriebstechnische, soziale oder versorgungspolitische Notwendigkeiten der Aufrechterhaltung des Produktionsprozesses als vielmehr um rein betriebswirtschaftliche Interessen der Unternehmer bzw. um die Kapitalverwertung in der Privatindustrie, konkret um eine Kostensenkung durch Ausweitung der Nutzungszeiten. Möglicherweise ist auch eigentlich die Wiedereinführung der regelmäßigen Samstagsarbeit intendiert, wenn Sonntagsarbeit vehement gefordert wird.

Der tatsächliche Beschäftigungsgewinn wäre mehr als ungewiß, sicherlich aber im einzelnen Unternehmen geringer als der rein rechnerische. Auf Branchenebene ist sogar eher mit Arbeitsplatzverlusten zu rechnen, falls eine Marktausweitung gar nicht oder nur in geringem Maße gelingt. In makroökonomischer Perspektive bleibt weiterhin ungeklärt, wie die bei gleichem Beschäftigungsstand erzielte Mehrproduktion tatsächlich abgesetzt werden soll; wahrscheinlich sind zunächst nur Konzentrationsprozesse bei Kapital und Arbeit sowie eine Verschärfung des Verdrängungswettbewerbs und nicht eine wesentliche Ausweitung der Nachfrage- und damit der Absatzmöglichkeiten. In beschäftigungspolitischer Perspektive ist die Flexibilisierung von Arbeitszeiten weitgehend wirkungslos im Vergleich zu ihrer Verkürzung.

---

[66] Bauer et al., Arbeitszeit '93, XXV.

9.3. Das VW-Modell: Beschäftigungssichernde Arbeitszeitpolitik?

1. Anfang der 90er Jahre war es vorübergehend still geworden um die Arbeitszeitverkürzung.[67] Die Probleme der deutschen Einigung dominierten auch dieses Politikfeld. Wenig später geriet jedoch überraschend wieder Bewegung in die Diskussion. In Reaktion sowohl auf den konjunkturellen Einbruch 1992/1993 als auch auf die strukturelle Krise der Automobilbranche versuchten die Akteure bei der Volkswagen AG eine neue, bis dato unbekannte Variante beschäftigungssichernder Arbeitszeitverkürzung.[68] Ein Firmentarifvertrag "zur Sicherung der Standorte und der Beschäftigung" sieht eine 20prozentige Arbeitszeitverkürzung ohne Ausgleich der Nominalentgelte vor. Im Gegenzug gibt das Unternehmen eine zeitlich befristete Beschäftigungsgarantie und verzichtet auf betriebsbedingte Kündigungen.

Die wöchentliche, von 36 auf 28,8 Stunden deutlich verkürzte Arbeitszeit soll sich in der Regel auf vier Tage von Montag bis Freitag verteilen ("4-Tage-Woche"). Außerdem wird eine nach dem Lebensalter abgestufte Arbeitszeit vereinbart:

- Das sog. Stafettenmodell soll die Übernahme bzw. stufenweise Integration aller betrieblich Ausgebildeten von einem Teilzeit- in ein Vollzeitarbeitsverhältnis sowie spiegelbildlich dazu den gleitend-stufenweisen Übergang der älteren Mitarbeiter in den Ruhestand regeln (sog. degressive Belastung der Lebensphasen).[69]
- Das sog. Blockzeitmodell sieht vor, besonders für jüngere Arbeitnehmer neben der Vollzeitarbeit in einem rollierenden System einen (drei- bis sechsmonatigen) arbeitsfreien Zeitraum zu schaffen und diesen für Qualifizierungsmaßnahmen in einer unternehmenseigenen Coaching-GmbH[70] zu nutzen (sog. befristete coaching-Phase).

Der Tarifvertrag war zunächst für den Zeitraum vom 1.1.1994 bis zum 31.12.1995 befristet, wurde jedoch 1995 verlängert. "In essence, the new deal provides increases in pay in return for more working time flexibility. The main sticking-points were management's

---

[67] Langjährige Beobachter der Kontroverse vermuteten sogar, "daß eine arbeitszeitpolitisch aktive Phase dem Ende zugeht", bzw. "daß das Thema "Arbeitszeitverkürzung" in absehbarer Zeit aus der arbeitspolitischen Auseinandersetzung weitestgehend verschwunden sein wird". Hinrichs, Zukunft der Arbeitszeitflexibilisierung, 313 f.

[68] Der Vertrag gilt nur für die sechs inländischen VW-Betriebe; Skoda, Seat sowie das Werk in Belgien bleiben ausgeklammert.

[69] Vgl. zu den rechtlichen und faktischen Schwierigkeiten bei der Umsetzung dieses Vertragsteils und dem sog. Generationenvertrag als "nachsteuernder Maßnahme" Promberger,M. et al., Beschäftigungssicherung durch Arbeitszeitpolitik, WSI-Mitt 48 (1995), 480f.

[70] Die Coaching-Gesellschaft ist zuständig für "Training, Spitzenleistung auf Breitenbasis (persönlicher Entwicklungsplan), Insourcing". Coaching soll auch als Dienstleistung für andere Unternehmen am Markt verkauft werden; möglicherweise sollen sogar Betriebsberatungen für andere Unternehmen angeboten werden.

proposals to make Saturday a regular working day which does not attract premia, and union insistence on continuing the job security measures which formed the basis of the previous deal."[71] Die Arbeitszeit (des "atmenden Unternehmens") wird weiter flexibilisiert (auf zuschlagfreie max. 38.8 Stunden pro Woche bei jahresdurchschnittlich 28.8 Stunden pro Woche); Samstagsarbeit wird in begrenztem Umfang möglich, ohne daß der Samstag zum zuschlagfreien Regelarbeitstag wird. Die Beschäftigungsgarantie wird um die Laufzeit des Tarifvertrages, d.h. um weitere zwei Jahre, verlängert.

2. Die Konsequenzen dieses neuen Typus von Arbeitszeitregelung konnten von den Akteuren infolge der Spontaneität ihrer Reaktion nicht in allen Details durchdacht werden:[72] Der tarif- und beschäftigungspolitische Gehalt des Vertrags ist durchaus beachtlich:[73]

- Die Akteure betreten insofern Neuland, als die betriebliche Beschäftigungspolitik bis dato kein Thema der Tarifpolitik darstellte, die sich vielmehr auf die Entgelte und übrigen Arbeitsbedingungen konzentrierte. Außerdem versuchen die Vertragspartner, Lösungen für die in Zukunft immer wichtiger werdenden Probleme der Qualifizierung in die Regelung zu integrieren, indem sie Verkürzung der Arbeitszeit und Weiterbildung kombinieren. Weiterbildung soll als Ersatz für fehlende Aufgaben in der Produktion dienen. Ein Problem besteht darin, daß Bildungsmaßnahmen für eine prinzipiell ungewisse Zukunft erfolgen müssen.

- Ein innovatives und sozialverträgliches Element besteht im Verzicht auf betriebsbedingte Kündigungen bzw. Massenentlassungen ("Kosten statt Köpfe"). Diese Beschäftigungsgarantie ist befristet und damit grundsätzlich reversibel. Verbindliche Zusagen wurden nur für die Laufzeit, nicht für die Zeit nach Auslaufen des Vertrages gemacht, so daß eigentlich keine neuen, langfristig geltenden tariflichen Standards der Beschäftigungssicherung, sondern lediglich temporäre Zwischenlösungen formuliert werden.

---

[71] N.N., Landmark deals in the German car industry, EIRR 261 (10/1995), 12.

[72] Vgl. als Selbstdarstellung der Unternehmensleitung Hartz,P., Jeder Arbeitsplatz hat ein Gesicht. Die Volkswagen-Lösung, Frankfurt-New York 1994; aus Sicht der Arbeitnehmervertreter Peters,J. et al., Nicht kapitulieren - trotz Krise und Rezession. Der Weg zur Sicherung der Beschäftigung bei Volkswagen, WSI-Mitt 47 (1994), 165-171; Volkert,K., Beschäftigungssicherung durch Arbeitszeit- und Qualifizierungsmaßnahmen - das 4-Tage-Modell bei VW, in: Forschungsinstitut der Friedrich-Ebert-Stiftung(Hg.), Verzahnung von Arbeitsmarkt- und Arbeitszeitpolitik. Mehr Weiterbildung bei veränderten Arbeitszeiten, Bonn 1994, 7-17; Peters,J.(Hg.), Modellwechsel: Die IG Metall und die Viertagewoche, Göttingen 1994.

[73] Vgl. die Resultate der wissenschaftlichen Begleitung bei Rosdücher,J./Seifert,H., Die Einführung der "4-Tage-Woche" in der Volkswagen AG. Modell für eine beschäftigungssichernde Arbeitszeitpolitik? Schriftenreihe der Senatsverwaltung für Arbeit und Frauen 4, Berlin 1994.

- Der Vertrag geht wesentlich auf Initiativen des Managements zurück, das nicht nur temporär auf sein Direktionsrecht verzichtet, sondern im völligen Gegensatz zur Strategie der Arbeitgeberverbände in den 80er Jahren von sich aus das Angebot einer massiven Arbeitszeitverkürzung unterbreitet. Die Gewerkschaft springt über ihren Schatten und gibt erstmals das in den 80er Jahren strikt geltende Junktim von Arbeitszeitverküzung und gleichzeitiger vollständiger Sicherung der Nominalentgelte auf (sog. einkommensneutrale Arbeitszeitverkürzung)[74], da der verteilungsneutrale Spielraum überschritten wird. Insofern handelt es sich um ein Aufbrechen starrer arbeitszeitpolitischer Positionen bzw. einen durchaus bemerkenswerten Rollenwechsel, der durch einen starken Einfluß der öffentlichen Eigentümer beim größten privaten Arbeitgeber in Niedersachsen flankiert wurde.
- Die Regelung ist insofern rein defensiv angelegt, als sie nicht wie die Arbeitszeitpolitik der 80er Jahre die Schaffung zusätzlicher Arbeitsplätze durch Umverteilung des Arbeitsvolumens, sondern lediglich den Erhalt bereits bestehender Arbeitsplätze erreichen soll. Nicht Abbau von Arbeitslosigkeit ist das Ziel sondern Sicherung von Beschäftigung; Lohnverzicht ersetzt Besitzstandswahrung. Daher sind diese Verträge kein Substitut für eine Politik der allgemeinen schrittweisen Verkürzung der Arbeitszeit, die in Anbetracht der prekären Arbeitsmarkt- und Beschäftigungssituation weiterhin notwendig bleibt.[75]
- Einerseits handelt es sich in der Makroperspektive um eine Begünstigung der Insider zu Lasten der Outsider.[76] Andererseits läßt sich in der Mikroperspektive argumentieren, daß an die Stelle eines massiven Beschäftigungsabbaus und einer damit notwendigerweise verbundenen Individualisierung von Anpassungslasten deren Umverteilung im Rahmen eines "Konzepts zur solidarischen Beschäftigungssicherung" tritt. Dieses Konzept (temporale vs. numerische Anpassung) soll alle Arbeitnehmer einschließlich der Führungskräfte und der außertariflich Beschäftigten einbeziehen. Die Grenzen der Solidarität können erreicht werden, da bestimmte Mitarbeitergruppen für den Unternehmenserfolg besonders wichtig sind.
- Der Tarifvertrag ist für die Arbeitnehmer mit unmittelbaren finanziellen Verlusten verbunden, da er den verteilungsneutralen Spielraum deutlich überschreitet: Im Gegensatz zu den entsprechenden Regelungen seit Mitte der 80er Jahre erfolgt lediglich ein Teillohnausgleich und damit keine vollständige Sicherung der

---

[74] Vgl. im einzelnen Kap.8.

[75] Vgl. Meinhardt,V. et al., Weitere Arbeitszeitverkürzungen erforderlich - Zum Stellenwert des VW-Modells, WD (12/1994), 639-644.

[76] Vgl. zum Insider-Outsider-Ansatz im einzelnen Kap.12.

(Nominal-)Einkommen. Die Bruttoeinkommen auf Jahresbasis sinken deutlich; die Einkommen auf Nettobasis sinken, allerdings unterproportional zur Arbeitszeitverkürzung, da verschiedene Kompensationsmaßnahmen eingeführt werden (u.a. Vorziehen der für 1995 bereits tarifvertraglich vereinbarten 35-Stunden-Woche sowie der Tariferhöhungen, Umverteilung von Einmalzahlungen auf Monatsbasis, Ausgleichszahlungen). Durch Umlegung von einmaligen Zahlungen bleiben die (Brutto-)Monatseinkommen erhalten, während die Jahreseinkommen sinken. Demgegenüber waren Arbeitszeitverkürzungen mit proportionalen Einkommensverlusten in den 80er Jahren nicht mobilisierungs- bzw. konsensfähig und markierten damit die Grenzen dieser Strategie.

- Das Ausmaß der Arbeitszeitverkürzung ist (mit über 20% bzw. bis zu acht Stunden) massiv im Vergleich zu den in den 80er Jahren stufenweise eingeführten Verkürzungen der Wochenarbeitszeit (mit ca. 2,5 bis 4% bzw. 1 bis 1,5 Stunden pro Woche); der Umfang dürfte entsprechende, bei bestimmten Arbeitnehmergruppen vorhandene Präferenzen für mehr Freizeit deutlich überschreiten. Die "variablen Beschäftigungsverhältnisse mit neuen Bindungsdefinitionen" sind jedoch nicht individuell im Sinn von mehr Zeitsouveränität zu steuern; die kollektiven Vereinbarungen sind weiterhin recht starr.[77]

- Das Unternehmen wird durch eine sofort wirksame, massive Reduzierung der Personalkosten entlastet[78] und dadurch in die Lage versetzt, seine nationale und vor allem internationale Wettbewerbsfähigkeit zu verbessern. Es reduziert seine Kosten direkt wie indirekt (u.a. durch arbeitszeitinduzierte Produktivitätssteigerungen, geringeren Krankenstand) und kann seine Produktionsprozesse (u.a. durch Anpassung des Personalbedarfs an spezifische Auslastungsgrade) optimieren. Die Alternativen zur Arbeitszeitverkürzung im Rahmen einer Personalanpassung, nämlich Massenentlassungen mit Sozialplanregelungen und/oder zeitlich befristete Kurzarbeit[79], wären für das Unternehmen erheblich teurer gewesen; außerdem bleibt im Gegensatz zu früheren Strategien (etwa zu den Entlassungen Mitte der 70er Jahre) das betriebsspezifische Humankapital ebenso erhalten wie Arbeits- und Teamstrukturen. Schließlich kann das Unternehmen seine Personalpolitik für alle Mitarbeiter sowie für bestimmte Gruppen (im Blockzeit- bzw. Stafettenmodell) weiterentwickeln; betriebliche Modernisierungsstrategien werden zumindest nicht beein-

---

[77] Vgl. zu den bislang kaum untersuchten sozialen Folgewirkungen Gesterkamp,Th., Zeit ist (kein) Geld. Widersprüchliche Erfahrungen mit dem VW-Modell, BfduiP 40 (1995), 1083-1091.

[78] Die Entlassung soll ca. 1,6 Mrd.DM pro Jahr betragen. Vgl. Hartz, Jeder Arbeitsplatz, 68.

[79] Vgl. zu Vor- und Nachteilen der Alternativen allgemein Promberger,M. et al., Beschäftigungssicherung durch Arbeitszeitpolitik, 473ff.

trächtigt. - Auch gesamtfiskalisch ist die Arbeitszeitverkürzung billiger als Massenentlassungen in proportionalem Umfang; ein gewisser Dissens besteht hinsichtlich des Umfangs.[80]
- Die in den Tarifverträgen der 80er Jahre im kollektiven Tausch gegen Arbeitszeitverkürzungen eingeführten Flexibilisierungsspielräume werden erheblich erweitert (u.a. durch die Einführung verschiedener, grundlegend neuer Arbeitszeit- und Schichtsysteme, durch die Möglichkeit, Arbeitszeiten bei entsprechender Auftragslage wieder zu verlängern sowie durch Verlängerung des Ausgleichszeitraums). Bestehende Arbeitszeitmuster werden weitgehend aufgelöst; das in der ersten Stufe (noch) nicht durchsetzbare Fernziel des Unternehmens besteht generell in mehr "Flexibilität", konkret in der Vereinbarung einer Jahresarbeitszeit, um die Arbeitszeiten an die Schwankungen der Nachfrage anzupassen. Trotz kürzerer Arbeitszeiten bleiben die Maschinenlaufzeiten erhalten, d.h. individuelle Arbeits- und betriebliche Nutzungszeiten werden noch stärker entkoppelt. Insgesamt werden die vorhandenen betrieblichen Flexibilisierungsspielräume vergrößert und bestehende Trends der Dezentralisierung bei den Arbeitszeitregelungen verstärkt.

3. Die Frage einer Übertragbarkeit dieser Regelungen auf andere Unternehmen und/oder Branchen wird sowohl in den Gewerkschaften als auch in der Öffentlichkeit kontrovers diskutiert. Schwierigkeiten hinsichtlich der Generalisierbarkeit ergeben sich u.a. aus folgenden Gründen:
- Die deutlichen, in der Geschichte der Tarifpolitik bis dato einmaligen Einkommensverluste sind für die VW-Arbeitnehmer nur akzeptabel, weil vor der deutlichen Arbeitszeitverkürzung ihre Einkommen im Vergleich zu denen in anderen Branchen in den Standortregionen auf einem hohen Niveau lagen. Bei niedrigeren Einkommen würden sich größere Akzeptanzprobleme ergeben, da die individuellen Präferenzen in bezug auf die Alternative "Geld vs. Zeit" notwendigerweise anders verteilt wären. Insofern sind einer Fortsetzung der eingeschlagenen Strategie durch eine weitere Verkürzung der Wochenarbeitszeit mit entsprechenden Lohnminderungen enge Grenzen gesetzt; andererseits können wir ausschließen, daß die Akteure den status quo ante einfach wieder herstellen. - Eine Lösung könnte in der Schaffung entsprechender Anreize seitens des Staates bestehen, etwa über eine Senkung der Beitragssätze zur Arbeitslosenversicherung. Ansonsten wäre mit arbeitsmarkt-

---

[80] Meinhardt et al., Weitere Arbeitszeitverkürzungen erforderlich; Bach,H.-U./Spitznagel,E., Modellrechnungen zur Bewertung beschäftigungsorientierter Arbeitszeitverkürzungen, IAB-Werkstattbericht 2/1994.

politisch unerwünschten Ausweichstrategien, etwa in Form zunehmender Schwarzarbeit, zu rechnen.
- Umsetzungs- und Implementationsprobleme sind bei Firmentarifverträgen, wie sie bei VW traditionell abgeschlossen werden, leichter und tendenziell eher zu bewältigen als bei den mehrheitlich üblichen Flächentarifverträgen. Die schon bei VW keinesfalls konfliktfreie Aushandlung von Betriebsvereinbarungen zur "flexiblen Umsetzung" spezifischer Regelungen des Vertragswerks[81] wäre im Normalfall eines Verbandstarifvertrags infolge der notwendigerweise größeren Heterogenität (in bezug auf Betriebsgrößen, Branchenzugehörigkeit etc.) komplizierter wenn nicht unmöglich. Die Einführung sog. betrieblicher Öffnungsklauseln, wie sie u.a. der Tarifvertrag der Metallindustrie als Option vorsieht, kann nur in begrenztem Maße ein funktionales Äquivalent darstellen.[82]
- Im Rahmen von Verbandstarifverträgen können Beschäftigungsgarantien im Tausch gegen Arbeitszeitverkürzungen nicht wirksam vereinbart werden, da weder eine rechtliche (Art.12 GG, Par.626 BGB) noch eine faktische Verpflichtungsfähigkeit zur betrieblichen Umsetzung besteht und keinerlei Sanktionsmöglichkeiten vorhanden sind. Die Mitgliedsunternehmen sind in ihren jeweiligen Beschäftigungsentscheidungen zum einen autonom, zum andern faktisch auch von unterschiedlichen Randbedingungen und Organisationsproblemen abhängig. Die Abwälzung der Probleme auf die betrieblichen Akteure bzw. zusätzliche Betriebsvereinbarungen kann diese Schwierigkeiten kaum lösen.
- Insofern ist es nicht verwunderlich, daß verschiedene Verträge zur Beschäftigungssicherung, die im Anschluß an die bei VW getroffenen Regelungen in ca. 10 Tarifgebieten (wie im öffentlichen Dienst der neuen Bundesländer, in der Metall- und Elektroindustrie, in der Stahlindustrie sowie im rheinisch-westfälischen Steinkohlebergbau)[83] abgeschlossen wurden, wahrscheinlich nur zu bescheidenen arbeitsmarktpolitischen Erfolgen im Sinne gesicherter Arbeitsplätze führen. "Über die Beschäftigungseffekte dieser Regelungen liegen nur einzelne Erkenntnisse vor:

---

[81] Die Umsetzung des Blockmodells stößt sowohl auf Finanzierungs- als auch auf Mitbestimmungsprobleme. Die BA sollte sich ursprünglich an der Finanzierung beteiligen und Kurzarbeitergeld nach dem AFG zahlen. Dies war aus rechtlichen Gründen nicht möglich, da betriebsspezifische Qualifikationen nicht von der BA zu finanzieren sind. Die Mitbestimmungsrechte des Betriebsrats sind ungeklärt.

[82] Vgl. im einzelnen Rosdücher,J., Dezentralisierte Arbeitszeitregelungen: Beschäftigungssichernde Arbeitszeitverkürzungen am Beispiel der Metallindustrie und der "4-Tage-Woche" bei der Volkswagen AG, Ms. Düsseldorf 1994.

[83] Vgl. im einzelnen Rosdücher,J./Seifert,H., Temporäre Arbeitszeitverkürzungen zur Beschäfigungssicherung - Ein neuer beschäftigungspolitischer Ansatz?, WSI-Mitt 47 (1994), 744ff; vgl. auch als Fallstudie Tondorf,K., Beschäftigungssicherung in ostdeutschen Kommunalverwaltungen - Probleme einer neuen Tarifpolitik im öffentlichen Dienst, IndBez 2 (1995), 180-202.

Eine Ifo-Untersuchung im Auftrag von Gesamtmetall gibt für die Metallindustrie die Beschäftigungswirkung mit rund 50000 an. Eine Erhebung der IG Metall kam in einer Zwischenbilanz auf etwa 33000 Beschäftigte, für die Betriebsvereinbarungen über Arbeitszeitabsenkungen vereinbart wurden. Die Anzahl der verhinderten Entlassungen beträgt rund 7400, die Anzahl der gesicherten Arbeitsplätze rund 19400."[84] Zudem sind die beschäftigungspolitischen Effekte gering im Vergleich zu denen anderer Formen der Arbeitszeitverkürzung. Außerdem können die korporativen Akteure auf verbandlicher bzw. betrieblicher Ebene unterschiedlichen Handlungslogiken folgen. So können Konflikte zwischen den i.d.R. eher konzessionsbereiten Betriebsräten und den eher nicht-kompromißbereiten Gewerkschaften bestehen.

- Aus Sicht der Unternehmen ergeben sich weitere Gründe, die ebenfalls gegen die Annahme der Breitenwirkung eines VW-ähnlichen Modells sprechen: Betriebe scheuen Beschäftigungsgarantien wegen der prinzipiellen Ungewißheit über die Beschäftigungssituation nach der Krise. Sie können von alternativen, ihnen vertrauten Formen des Personalabbaus Gebrauch machen (z.B. Frühverrentung). Falls sie langfristig Personalreduzierungen vornehmen wollen, wären Beschäftigungsgarantien nahezu kontraproduktiv.
- Auch aus den Interessen der Arbeitnehmer bzw. ihrer Vertretungen ergeben sich Gründe, die gegen eine Verallgemeinerbarkeit des VW-Modells sprechen: Das niedrige Niveau der Einkommen nach einem entsprechenden Tausch verhindert die Einführung dieser Lösung. Für die Beschäftigten können Alternativen günstiger sein. Dies gilt sowohl wegen eines höheren Satzes des Lohnausgleichs (z.B. strukturelle Kurzarbeit) als auch u.U. für Abfindungszahlungen. Von Entlassungen sind vor allem Minderheiten betroffen, eine Beschäftigungsgarantie bietet insofern nur geringe Vorteile für die Mehrheit.

4. <u>Fazit</u>: Realistisch dürfte die Annahme sein, daß unabhängig von einer günstigen konjunkturellen Entwicklung der Automobilindustrie aus strukturellen Gründen in Zukunft mit einem weiteren deutlichen Personalabbau zu rechnen ist:
- Die begonnenen Maßnahmen zur Produktivitätssteigerung im Rahmen von lean production-Konzepten (u.a. Einführung von Gruppenarbeit, Verbesserung der

---

[84] Bispinck,R./WSI-Tarifarchiv, Zwischen Beschäftigungssicherung und Tarifabsenkung. Eine Bilanz der Tarifpolitik in Westdeutschland im Jahr 1994, WSI-Mitt 48 (1995), 154. Eine optimistischere Position vertritt Jacobi,O., Collective bargaining autonomy - The future of industrial relations in Germany, in: Hoffmann,R. et al., German industrial relations under the impact of structural change, unification and European integration, Düsseldorf 1995, 48f.

gesamten Wertschöpfungskette)[85], die bereits zu deutlichen Produktivitätssprüngen und damit beträchtlichen Kostensenkungen geführt haben, werden aus Gründen des Erhalts der internationalen Wettbewerbsfähigkeit forciert fortgesetzt. Insofern wird die Lösung des strukturellen Problems, das auch vom Management begangene Fehler einschließt, nicht erreicht, sondern lediglich in die Zukunft verschoben.

- Innerhalb des Konzerns sind, ebenso wie in der Fahrzeug- und der Zuliefererindustrie insgesamt, erhebliche Überkapazitäten vorhanden, die nicht nur konjunkturell bedingt sind. Eine deutliche Mehrproduktion wird sich auf enger werdenden, durch Verdrängungswettbewerb bei Kostenkonkurrenz gekennzeichneten Märkten kaum absetzen lassen. Eine konzernweite Rückkehr zur alten Arbeitszeit in Form der inzwischen geltenden 35-Stunden-Woche ist eher unwahrscheinlich.

- Eine deutliche Reduzierung des Personalbestandes durch weitere vorzeitige Verrentungen (sog. Vorruhestandsregelungen) ist nicht zu erreichen, da die Altersstruktur der Beschäftigten diese nicht erlaubt. Auch andere sozialverträgliche Strategien scheiden weitgehend aus: In Anbetracht der allgemeinen und regionalen Arbeitsmarktsituation ist die sog. natürliche Fluktuation ebenso wie freiwillige Aufhebungsverträge nur gering, Kurzarbeit kann das notwendige Volumen nicht erreichen.

Das spezifische VW-Modell kann als Instrument zur Bewältigung kurzfristig-konjunktureller, nicht aber für strukturelle Krisen taugen. Ein Scheitern des Experiments würde nicht das Scheitern von VW, wohl aber Massenentlassungen auf lokalen bzw. regionalen Arbeitsmärkten bedeuten. Seine Reichweite bzw. Breitenwirkung dürfte ähnlich wie die des concession bargaining der 80er Jahre in den USA begrenzt sein. Verschiedene Unternehmensleitungen hatten Konzessionen im Sinne von give-backs verlangt und im Gegenzug einige Zugeständnisse bei Objektbereichen gemacht, die bis dato strikt unter der Kontrolle des Managements gestanden hatten.[86]

Alle Versuche einer Übertragung des VW-Modells auf andere Unternehmen und/oder Branchen stoßen auf eng gesteckte Grenzen. Es könnte sich als Instrument zur temporären Beschäftigungssicherung für Betriebe in Krisenbranchen eignen; weiterhin ist es nur für Großbetriebe geeignet, die über einen starken und kooperationsfähigen Betriebsrat verfügen. Ähnliche Regelungen, die anschließend in anderen Tarifbereichen getroffen wurden[87], werden sich ebenfalls nicht zum Normalfall einer Arbeitszeitpolitik

---

[85] Vgl. im einzelnen Kap.11.

[86] Vgl. zusammenfassend Linsenmayer,T., Concession bargaining in the United States, LS 11 (1986), 207-220; Mitchell,D.J.B., A decade of concession bargaining, in: Kerr,C./Stauhohar,P.D.(eds.), Labor economics and industrial relations. Markets and institutions, Cambridge-London 1994, 435-474.

[87] Vgl. im einzelnen Rosdücher/Seifert, Temporäre Arbeitszeitverkürzungen.

der 90er Jahre entwickeln, zumal sie lediglich optionaler Natur sind, d.h. nicht verbindliche Angebote an die betrieblichen Akteure darstellen. Insofern besteht weiterhin die Notwendigkeit von Arbeitszeitverkürzungen, die im Vergleich zu denen der 80er Jahre stärker dosiert und im Vergleich zu denen der 90er Jahre kollektiv verbindlich sind.

Einführende Literatur:

Hampe,P.(Hg.), Zwischenbilanz der Arbeitszeitverkürzung, München 1993

OECD(ed.), Flexible working time. Collective bargaining and government intervention, Paris 1995

Oyen,R.(Hg.), Informationsmappe Arbeitszeitflexibilität. IAB der BA, Nürnberg 1994

Seifert,H.(Hg.), Jenseits der Normalarbeitszeit. Perspektiven für eine bedürfnisgerechtere Arbeitszeitgestaltung, Köln 1993.

10. ARBEITSPOLITIK DES ÖFFENTLICHEN DIENSTES

Der gegenwärtige Stand der Forschung zu Arbeitsbeziehungen und Arbeitsmärkten ist bezogen auf den öffentlichen Dienst dürftig im Vergleich zu dem Kenntnisstand über die Privatwirtschaft. Diese Tatsache läßt sich weder mit theoretisch-systematischen noch mit praktisch-pragmatischen Gründen erklären. Wir wollen dem öffentlichen Dienst ein eigenes Kapitel widmen und ihm damit ein größeres Gewicht beimessen als dieses üblicherweise geschieht. Im Unterschied zur herkömmlichen industrial and labor relations-Forschung wollen wir nicht nur die Arbeitsbeziehungen, sondern auch die Arbeitsmärkte[1] in die Analyse einbeziehen.

10.1. Einleitung: Strukturprinzipien

In allen entwickelten Industrienationen war lange Zeit eine überproportionale Ausweitung des öffentlichen Sektors festzustellen, der sich allmählich zu einem gewaltigen Dienstleistungsapparat zur Befriedigung individueller und kollektiver Bedürfnisse, zum Instrument umfassender Daseinsfürsorge und -vorsorge entwickelte.[2] Quantitativ schlug sich die permanente Erweiterung und Veränderung des staatlichen Aufgabenkataloges (vor allem Planung und Schaffung der Infrastruktur, staatliche Sozialpolitik und dadurch Sozialverwaltung, Wirtschaftsgestaltung) u.a. in einer raschen absoluten und relativen (bezogen auf die Größe der Bevölkerung) Zunahme der öffentlich Bediensteten nieder. Die Gesamtbeschäftigtenzahl hat im jahrzehntelangen Durchschnitt um ca. 2,5% pro Jahr zugenommen; die Zuwachsraten konzentrierten sich auf wenige Bereiche und reflektieren weitgehend die jeweiligen politischen Prioritäten (vor allem Bildung, Wissenschaft und Kultur; staatliche Verwaltung, Verteidigung; öffentliche Sicherheit und Ordnung, Rechtsschutz; Gesundheit, Sport, Erholung; politische Führung und zentrale Verwaltung). Diese Entwicklung kam erst Ende der 70er/Anfang der 80er Jahre zum Stillstand.[3]

---

[1] Zu den Ausnahmen gehört Brandes,W. et al., Der Staat als Arbeitgeber. Daten und Analysen zum öffentlichen Dienst in der Bundesrepublik, Frankfurt-New York 1990.

[2] Vgl. zusammenfassend Rose,R.(ed.), Public employment in Western nations, Cambridge 1985.

[3] Vgl. Keller,B., Arbeitspolitik des öffentlichen Sektors, Baden-Baden 1993, 37-61.

Entwicklung des Personalstandes im öffentlichen Dienst seit 1960

Jahr	insgesamt	Vollzeitbeschäftigte	Teilzeitbeschäftigte	Veränderung insgesamt in %
02.10.60	3 002 000	2 808 000	194 000	
02.10.61	3 072 000	2 866 000	206 000	+ 2.33
02.10.62	3 150 000	2 917 000	233 000	+ 2.54
02.10.63	3 227 000	2 986 000	241 000	+ 2.44
02.10.64	3 293 000	3 040 000	253 000	+ 2.05
02.10.65	3 351 000	3 080 000	271 000	+ 1.76
02.10.66	3 401 000	3 106 000	295 000	+ 1.49
02.10.67	3 443 000	3 144 000	299 000	+ 1.23
02.10.68	3 430 000	3 117 000	313 000	- 0.37
02.10.69	3 511 000	3 174 000	337 000	+ 2.36
02.10.70	3 644 000	3 266 000	378 000	+ 3.79
02.10.71	3 807 000	3 389 000	418 000	+ 4.47
02.10.72	3 930 000	3 489 000	441 000	+ 3.23
02.10.73	4 051 000	3 568 000	483 000	+ 3.08
30.06.74	4 118 000	3 617 000	501 000	+ 1.65
30.06.75	4 184 000	3 669 000	515 000	+ 1.60
30.06.76	4 193 000	3 660 000	533 000	+ 0.21
30.06.77	4 191 000	3 647 000	544 000	- 0.05
30.06.78	4 260 000	3 696 000	564 000	+ 1.65
30.06.79	4 369 000	3 770 000	599 000	+ 2.56
30.06.80	4 420 000	3 802 000	618 000	+ 1.17
30.06.81	4 498 000	3 846 000	652 000	+ 1.76
30.06.82	4 532 000	3 851 000	681 000	+ 0.76
30.06.83	4 540 000	3 838 000	702 000	+ 0.18
30.06.84	4 554 000	3 821 000	733 000	+ 0.31
30.06.85	4 594 000	3 824 000	770 000	+ 0.88
30.06.86	4 625 000	3 826 000	798 000	+ 0.67
30.06.87	4 634 000	3 838 000	796 000	+ 0.19
30.06.88	4 626 000	3 809 000	817 000	- 0.17
30.06.89	4 617 000	3 774 000	843 000	- 0.19
30.06.90	4 676 000	3 804 000	873 000	+ 1.28
30.06.91	6 688 000	5 627 000	1 061 000	+ 43.03
30.06.92	6 634 000	5 556 000	1 079 000	- 0.81
30.06.93	6 503 000	5 369 000	1 134 000	- 1.97

Quelle: Statistisches Bundesamt, Fachserie 14: Finanzen und Steuern, Reihe 6: Personal des öffentlichen Dienstes 1981, Stuttgart-Mainz 1983, 74 und ebenda 1990, Stuttgart 1992, 204 sowie eigene Berechnungen.

Zu Beginn der 90er Jahre sind rd. 6,5 Mill. Arbeitnehmer im öffentlichen Dienst tätig, wobei knapp 5,4 Mill. (ca. 83%) Vollzeit- und gut 1,1 Mill. (ca. 17%) Teilzeitbeschäftigte sind.[4] Bezogen auf die Gesamtzahl der abhängig Erwerbstätigen befindet sich nahezu jeder 5. Arbeitsplatz im öffentlichen Dienst, welcher der größte Arbeitgeber ist und dem deswegen enorme Bedeutung für die gesamtwirtschaftliche Lohn- sowie für die Arbeitsmarktentwicklung zukommt.

Eine starke Verrechtlichung gilt als zentrales Merkmal der deutschen Arbeitsbeziehungen. Der Grad der Verrechtlichung ist im öffentlichen Dienst traditionell noch höher als in der Privatwirtschaft: Neben den bekannten gesetzlichen Vorgaben zur betrieblichen und sektoralen Ebene sowie der umfangreichen Rechtsprechung, insbesondere zu Arbeitskämpfen (sog. Richterrecht)[5], ist eine Vielzahl spezifisch beamtenrechtlicher Regelungen gesetzlich fixiert, u.a. Bundesbeamtengesetz, Beamtenrechtsrahmengesetz, Bundeslaufbahnverordnung, Bundesdisziplinarordnung, die einzelnen Landesbeamtengesetze sowie zahlreiche Rechtsverordnungen.

Der unterschiedliche Rechtsstatus der Arbeitnehmergruppen, der Dualismus von privat-rechtlichem Arbeitnehmerstatus der Angestellten und Arbeiter und öffentlich-rechtlichem Dienstverhältnis der Beamten, übt entscheidenden Einfluß aus. Diese an traditionellen deutschen Regelungen[6] orientierte, in ihren wesentlichen Zügen bis auf die Bismarcksche Reichsverfassung zurückgehende Unterscheidung wurde in der Gründungsphase der Bundesrepublik durch die Restaurierung der sog. hergebrachten Grundsätze des Berufsbeamtentums (Art.33 Abs.4 GG) als Strukturprinzip beibehalten.[7] Bei einer Unterteilung der Beschäftigten nach Statusgruppen ergibt sich, daß ca. 1,95 Mill. Beamte (einschl. Richter), 2,92 Mill. Angestellte und rd. 1,41 Mill. Arbeiter sind. In langfristiger Perspektive ist die Dienstverhältnisstruktur bei relativer Konstanz des Anteils der Beamten durch eine deutliche Verminderung des Anteils der Arbeiter und eine starke Erhöhung des Anteils der Angestellten charakterisiert.

---

[4] Vgl. Breidenstein,W., Personal im öffentlichen Dienst am 30. Juni 1993, WiSta (7/1995), 566-571.

[5] Vgl. vor allem Kap.5 und 7.

[6] Vgl. zur hier nicht behandelten Geschichte des öffentlichen Dienstes Wunder,B., Geschichte der Bürokratie in Deutschland, Frankfurt 1986; Heyen,E.V. (Hg.), Beamtensyndikalismus in Frankreich, Deutschland und Italien. Jahrbuch für Europäische Verwaltungsgeschichte 3, Baden-Baden 1991.

[7] Art.33 Abs.4 GG bedeutet die institutionelle Gewährleistung des Berufsbeamtentums: "Die Ausübung hoheitsrechtlicher Befugnisse ist als ständige Aufgabe in der Regel Angehörigen des öffentlichen Dienstes zu übertragen, die in einem öffentlich-rechtlichen Dienst- und Treueverhältnis stehen" (Funktionsvorbehalt).

Diese Unterschiedlichkeit der Beschäftigtenverhältnisse hat entscheidende Folgen für die Arbeitsbeziehungen: Nach herrschender Rechtsprechung und Rechtslehre haben die Beamten kein Kollektivverhandlungs- und Streikrecht. Die ansonsten zentrale Institution der Tarifautonomie, die autonome und staatsfreie Gestaltungsform der Arbeitsverhältnisse,[8] ist für diese Gruppe aufgehoben zugunsten gesetzlicher Regelungen durch das Parlament, während sie den Angestellten und Arbeitern ebenso wie allen Arbeitnehmern der Privatwirtschaft garantiert wird. Beamte verfügen jedoch wie alle anderen Arbeitnehmer über das Recht, sich in Gewerkschaften und Interessenverbänden zu organisieren (eingeschränkte Koalitionsfreiheit nach Art.9 Abs.3 GG). Dadurch werden für diese Beschäftigtengruppe andere, vor allem auf Lobbyismus basierende Strategien der Einflußnahme wichtig.

Damit existieren zwei Formen der Interessenvertretung, das sog. Tarifmodell für Angestellte und Arbeiter sowie das sog. Gesetzesmodell für Beamte, die sich in der Praxis wechselseitig durchdringen und beeinflussen.[9] Die Beschäftigungsverhältnisse haben sich sowohl von den materiellen und sozialen Bedingungen als auch von den Tätigkeitsinhalten her angeglichen; die formal-rechtlichen Unterschiede blieben bestehen, obwohl sie von der Funktion her kaum noch zu rechtfertigen und aus der Aufgabenstellung nicht mehr abzuleiten sind. Die formale Trennungslinie der Regulierungsmodelle verläuft faktisch nicht so sehr zwischen den beiden Sektoren, sondern eher innerhalb des öffentlichen Sektors (sog. Zweigleisigkeit des Dienstrechts).

Weiterhin sind die Arbeitsbeziehungen in der Privatwirtschaft durch das sog. duale System der Interessenvertretung gekennzeichnet. Für die innerbetriebliche Mitbestimmung im öffentlichen Dienst gilt nicht wie in der Privatwirtschaft das BetrVG, sondern besondere Regelungen in Form der Personalvertretungsgesetze (PersVG) des Bundes und der Länder.[10] Diese Sonderregelungen heben im Gegensatz zur Zeit der Weimarer Republik die Einheitlichkeit der Interessenvertretung auf. "Die Notwendigkeit einer besonderen Regelung ... ergibt sich in erster Linie daraus, daß eine gleichberechtigte

---

[8] Vgl. im einzelnen Kap.7.

[9] Einerseits übernahm der Gesetzgeber wichtige Elemente tarifvertraglicher Vereinbarungen in das Beamtenrecht (u.a. Teilzeitbeschäftigung, Überbrückungszahlungen, Überstundenvergütung, Vermögensbildung, Weihnachtsgratifikation); andererseits setzten die Gewerkschaften die Übernahme beamtenrechtlicher Regelungen in den Tarifbereich durch (u.a. Beihilfe, Lohnfortzahlung im Krankheitsfall, Altersversorgung, Bewährungsaufstieg, Monatslohn für Arbeiter, Unkündbarkeit nach 15 Dienstjahren).

[10] Vgl. Vgl. Altvater,L. et al., BPersVG. Bundespersonalvertretungsgesetz mit Wahlordnung und ergänzenden Vorschriften. Kommentar für die Praxis, 4. überarb. u. erw. Aufl. 1995; Kübler, H., Der Einfluß des Personalrats. Empirische Studie am Beispiel der Gemeinden und Städte Baden-Württembergs, Stuttgart-München 1981; Söllner,A./Reinert,H.J., Personalvertretungsrecht, Baden-Baden 1985; Ortwein,H.-W., Mitbestimmungsmechanismen im öffentlichen Dienst. Problemgeschichte und Bausteine einer sozialökonomischen Analyse, Köln 1983.

Mitbestimmung der Personalvertretung bei der Einstellung, Beförderung und Entlassung im öffentlichen Dienst mit dem Prinzip des demokratischen Rechtsstaates und den hergebrachten Grundsätzen des Berufsbeamtentums nicht zu vereinbaren ist, da die Personalhoheit bezüglich der Beamten wesentlicher Teil der Regierungsgewalt ist und Personalentscheidungen über Beamtenverhältnisse der Regierung vorbehalten bleiben müssen. Ein weiterer Grund für die Sonderregelung ist in der Tatsache zu sehen, daß sich Mitwirkungsrechte in wirtschaftlichen Angelegenheiten ... erübrigen, da die öffentliche Verwaltung - anders als Privatbetriebe - nicht Element von Märkten und nicht auf wirtschaftliche Zwecke ausgerichtet ist, sondern auf die Erfüllung öffentlicher Interessen."[11]

Die Rechte von Personal- und Betriebsräten sind faktisch sehr ähnlich, da die PersVG eine zwar eigenständige, aber dem BetrVG weitgehend nachempfundene Rechtsgrundlage bilden; einige Modifikationen ergeben sich durch Besonderheiten des öffentlichen Dienstes. Im Gegensatz zur Privatwirtschaft existieren keine analogen Regelungen zu den Mitbestimmungsgesetzen für die überbetriebliche bzw. Unternehmensebene.[12] Während formalrechtlich die betrieblichen Interessenvertretungen Betriebsrat bzw. Personalrat von den überbetrieblich-sektoral tätigen Gewerkschaften in beiden Sektoren strikt getrennt werden, sind sie in ihrer praktischen Arbeit wechselseitig voneinander abhängig und aufeinander angewiesen.

10.2. Tarifmodell und Gesetzesmodell

Den Tarifverhandlungen zwischen öffentlichen Arbeitgebern und Gewerkschaften kommt erhebliche Bedeutung zu:
- Der Abschluß bestimmt direkt die Einkommen und übrigen Arbeitsbedingungen der Arbeiter und Angestellten.
- Die Ergebnisse dieser Hauptverhandlungen wurden bis zu den Privatisierungen in den 90er Jahren regelmäßig als Resultate der sog. Nebenverhandlungen bei Bundesbahn und Bundespost übernommen, wobei jeweils noch spezifische Anpassungsmaßnahmen, vor allem im Rahmen der qualitativen Tarifpolitik, erfolgen konnten. Durch diese direkte Koppelung entstand der faktisch größte Tarifbereich.
- Weiterhin hat dieser Abschluß direkt und unmittelbar Einfluß auf die Einkommen der Beamten und Richter, da die materiellen Regelungen für den Besoldungs- dem

---

[11] Lampert,H., Lehrbuch der Sozialpolitik, 3.Aufl. Berlin-Heidelberg 1994, 210f.

[12] Vgl. im einzelnen Kap.6.

des Tarifbereichs in aller Regel quasi-automatisch inhalts- und zeitgleich folgen[13], so daß die formale Grenzlinie zwischen den beiden Regulierungsmodellen faktisch nur von geringer Bedeutung ist.[14]

- Tarif- und Besoldungsabschlüsse haben außerdem Folgen für die Alters- und Hinterbliebenenversorgung von beamteten und nicht-beamteten Angehörigen des öffentlichen Dienstes sowie für die Kriegsopferversorgung und für den Familienlastenausgleich.

Das gesamte Tarifverhandlungssystem der Bundesrepublik ist dadurch gekennzeichnet, daß ähnlich wie u.a. in den skandinavischen Ländern relativ zentralisierte Verhandlungen geführt werden.[15] Dieses Muster wurde durch die Zentralisierung des ursprünglich föderalistischen Besoldungsrechts zu Beginn der 70er Jahre noch verstärkt. Das Ziel dieser Maßnahme bestand in der Herstellung der Bundeseinheitlichkeit der Besoldung. Diese Tendenz ist bei beiden Regulierungsmodellen im öffentlichen Sektor noch ausgeprägter als im privaten mit zumeist regionalen Tarifverhandlungen: Abgesehen von wenigen Ausnahmen wird pro Jahr eine einzige Tarifverhandlung für alle tariffähigen Arbeitnehmer von Bund, Ländern und Gemeinden geführt. Eine Konsequenz besteht darin, daß mit zunehmender Zentralisierung der Verteilungskonflikt partiell von der externen Verhandlungsstruktur zwischen Arbeitgebern und Gewerkschaften auf die interne der Arbeitsmarktparteien verlagert wird. Eine weitere Folge ist eine weitgehende Standardisierung der Entgelte und übrigen Arbeitsbedingungen.

1. Eine Besonderheit des öffentlichen Dienstes besteht darin, daß die beiden Akteure Arbeitgeber(-verbände) und "Staat" identisch sind. Damit sind staatliche Agenturen in ihrer Eigenschaft als öffentliche Arbeitgeber direkt und aktiv an der kollektiven Aushandlung der Arbeitsbedingungen beteiligt. Arbeitgeberverbände, wie wir sie aus der Privatwirtschaft kennen, bestehen lediglich auf der Ebene der Gemeinden/Gemeindeverbände. Die kommunalen Arbeitgeberverbände haben sich 1949 zu einem Spitzenverband, der Vereinigung kommunaler Arbeitgeberverbände (VkA), zusammengeschlossen. Eine äquivalente Regelung existiert für die Ebene der Länder, wo die ebenfalls 1949 gegründete Tarifgemeinschaft der Deutschen Länder (TdL) besteht.[16] Ihr Ziel ist neben der Wahrung der tarif- und arbeitsrechtlichen Interessen der Arbeit-

---

[13] Die umgekehrte Reihenfolge von "leader" und "follower" wäre de jure durchaus möglich, tritt jedoch de facto sehr selten auf.

[14] Vgl. im einzelnen Keller,B., Arbeitsbeziehungen im öffentlichen Dienst. Tarifpolitik der Gewerkschaften und Interessenpolitik der Beamtenverbände, Frankfurt-New York 1983, 193-254.

[15] Vgl. im einzelnen Kap.8.

[16] Vgl. Keller, Arbeitspolitik des öffentlichen Sektors, 125-152.

geber vor allem die Einheitlichkeit der Arbeitsbedingungen in allen Bundesländern. Für den Bund hat die Regierung den Innenminister mit der Interessenwahrnehmung förmlich beauftragt. Da der Bundesinnenminister nicht nur die Tarifverhandlungen führt, sondern auch durch die Dienstrechtsabteilung seines Ministeriums die Besoldungsnovellen verantwortlich vorbereitet, verfügt er über eine zentrale Position bei der Festsetzung der Arbeitsbedingungen aller öffentlich Bediensteten.

Die Arbeitgeberseite setzt sich bei Tarifverhandlungen aus Repräsentanten aller drei Ebenen zusammen, wobei der Bund die Führung übernimmt und die notwendigen internen und externen Abstimmungen vor und während der Tarifrunde zu erreichen versucht. Es bestehen Interessenkonflikte allgemeiner Art (niedriger Abschluß vs. politisches Überleben) sowie solche zwischen den Vertretern der Gemeinden, der Länder und des Bundes. Diese internen Konflikte können sowohl von den Gewerkschaften als auch von den Interessengruppen taktisch genutzt werden, um weitergehende Konzessionen zu erreichen. Dies war besonders dann der Fall, wenn Meinungsverschiedenheiten nicht intern gelöst werden konnten.[17] Die divergierenden Interessen der Vertreter der Arbeitgebergruppen führen zu unterschiedlichem Verhalten bei der internen Willensbildung vor und während der Verhandlungen.

Die Folge ist eine Verkomplizierung des innerorganisatorischen bargaining.[18] Charakteristisch für diese Prozesse ist auch auf Arbeitgeberseite ihre Zweistufigkeit, da sie sich sowohl innerhalb als auch zwischen Gruppen vollziehen. Willensbildungsprozesse zwischen Gruppen beeinflussen Verhandlungsverhalten und -ergebnis stärker als diejenigen innerhalb einer Gruppe. Unterschiede ergeben sich nicht so sehr zwischen den Vertretern des Bundes und der Länder als vielmehr aus der besonderen Situation der Kommunen. Die wichtigsten Gründe sind die schlechte finanzielle Situation sowie die besondere Streikempfindlichkeit.

Im übrigen konkurrieren öffentliche Arbeitgeber sowohl auf Arbeits- als auch auf Gütermärkten nur in sehr begrenztem Maße miteinander, so daß bei ihnen die Probleme der Herstellung innerverbandlicher Solidarität weniger deutlich auftreten als bei den Arbeitgeberverbänden in der Privatwirtschaft.[19] Der Organisationsgrad ist in beiden Sektoren recht hoch: Er beträgt im öffentlichen Dienst nahezu 100%, in der Privatwirtschaft über 80%.

---

[17] Innerhalb der Regierung sind Einwände vor allem aus dem Wirtschafts- und besonders dem Finanzministerium zu erwarten. Kabinettsinterne Konflikte können vor allem dann auftreten, wenn bei Koalitionsregierungen die beteiligten Ministerien von verschiedenen Parteien besetzt sind, deren Vertreter versuchen, das Wählerreservoir ihrer eigenen Partei zu vergrößern.

[18] Vgl. zum Konzept Walton,R.E./McKersie,R.B., A behavioral theory of labor negotiations. An analysis of a social interaction system, 2nd ed. Ithaca 1991.

[19] Vgl. im einzelnen Kap.2.

Kapitel 10: Öffentlicher Dienst

2. Auf Arbeitnehmerseite hat sich das Industrieverbandsprinzip, das seit Gründung der Bundesrepublik als Strukturprinzip gewerkschaftlicher Organisation in der Privatwirtschaft vorherrscht, im öffentlichen Dienst weniger konsequent durchgesetzt: Neben der Gewerkschaft Öffentliche Dienste, Transport und Verkehr (ÖTV) als Industrieverband, die mit knapp 1,9 Mill. Mitgliedern nach der IG Metall die zweitgrößte DGB-Gewerkschaft ist, bestehen eine Reihe kleinerer "Berufsverbände": die Deutsche Angestelltengewerkschaft (DAG), die nicht dem DGB angehört, die Gewerkschaft der Polizei (GdP), die Gewerkschaft Erziehung und Wissenschaft (GEW), die Deutsche Postgewerkschaft (DPG), die Gewerkschaft der Eisenbahner Deutschlands (GdED).[20] - Außerdem steht neben dem DGB als weiterer Dachverband der etwa gleich große Deutsche Beamtenbund (DBB); diese "Standesorganisation" der Berufsbeamten ist der Zusammenschluß von ca. 40 regionalen und berufsspezifischen Verbänden.

Der Organisationsgrad, der im gesamtwirtschaftlichen Durchschnitt bei ca. 35% liegt, ist im öffentlichen Dienst mit etwa 75% mehr als doppelt so hoch wie in der Gesamtwirtschaft. Dieses Phänomen, das wir im internationalen Vergleich vielfach beobachten[21], ist auf verschiedene Faktoren zurückzuführen: Die Interessenvertretungen der Beschäftigten finden bei den öffentlichen Arbeitgebern eine höhere Akzeptanz, so daß eine Mitgliedschaft mit geringeren Opportunitätskosten verbunden ist; darüber hinaus kann sie für die individuelle Karriere durchaus Vorteile bieten. In beiden Sektoren bestehen ähnliche Probleme hinsichtlich der Organisierung spezifischer Gruppen (vor allem Jugendlicher, Frauen, Teilzeitbeschäftigter). Im übrigen sind die Organisationsgrade in der Bundesrepublik im internationalen Vergleich relativ stabil.

Auf Arbeitnehmerseite führten ÖTV und DAG die Verhandlungen bis 1976 gemeinsam. Der Bruch der Verhandlungsgemeinschaft erscheint als nahezu notwendige Konsequenz organisationsstruktureller Bedingungen.[22] Erstaunlich ist im nachhinein, daß es über viele Jahre immer wieder gelang, die zwischenorganisatorischen Konflikte intern zu lösen, obwohl stark unterschiedliche Interessen bei allen Beteiligten vorhanden waren.[23]

---

[20] Vgl. im einzelnen Kap.3.

[21] Vgl. Treu,T.(ed.), Public service labour relations: Recent trends and future prospects. A comparative study of seven industrialised market economies, Geneva 1987; Gladstone,A. et al.(eds.); Current issues in labour relations issues: An international perspective, Berlin 1989, 267-366.

[22] Vgl. im einzelnen Keller, Arbeitsbeziehungen im öffentlichen Dienst, 131ff.

[23] Vgl. für diese Phase zusammenfassend Billerbeck,U./Deutschmann,Chr., Tarifpolitik mit politischen Skrupeln: Der öffentliche Dienst in den siebziger Jahren, in: Billerbeck,U. et al.(Hg.), Neuorientierung der Tarifpolitik? Veränderungen im Verhältnis zwischen Lohn- und Manteltarifpolitik in den siebziger Jahren, Frankfurt-New York 1982, 459-595.

Nach dem Bruch dieser Verhandlungsgemeinschaft bildete die DAG zwecks Stärkung ihrer Position Ende 1976 mit dem Verband der angestellten Ärzte Deutschlands (Marburger Bund) und der dem DBB angehörenden, nahezu 30 tariffähige Organisationen umfassenden Gemeinschaft der Gewerkschaften und Verbände des öffentlichen Dienstes (GGVöD) eine neue "Tarifgemeinschaft für Angestellte im öffentlichen Dienst". Deren Ziel war laut Tarifgemeinschaftsvertrag die "gemeinsame Vertretung der Interessen der im öffentlichen Dienst als Angestellte tätigen Mitglieder bei der tarifvertraglichen Regelung der Gehalts- und der übrigen Arbeitsbedingungen". Die tarifpolitischen Grundsätze der Tarifgemeinschaft zielten auf eine deutliche Abgrenzung von der Tarif-, insbesondere Lohnstrukturpolitik der ÖTV.

Als Folge dieser Entwicklung wurden seit 1977 sog. Dreiecksverhandlungen zwischen Arbeitgebern und ÖTV sowie Arbeitgebern und Tarifgemeinschaft geführt. Durch diese Struktur, die eine Besonderheit des öffentlichen Dienstes darstellte, waren die Verhandlungen für alle Beteiligten komplizierter. Mögliche Folgen waren zeitliche Verzögerungen, erhöhte Umständlichkeit und Erschwerung der Verhandlungen; auch zusätzliche Informations- und Kommunikationsprobleme treten vor allem auf Gewerkschaftsseite auf. Die faktische Unmöglichkeit isolierter Abschlüsse mit nur einer Gewerkschaft stellte höhere Ansprüche an die Kompromißfähigkeit des Tarifverhandlungssystems. - Die stets zuerst geführten Verhandlungen zwischen den Arbeitgebern und der ÖTV determinierten Verlauf und Ergebnis der Verhandlungen zwischen den Arbeitgebern und der Tarifgemeinschaft, so daß eine faktische Dominanz der ÖTV bestand.

Eine hochgradige Zentralisierung des innerverbandlichen Willensbildungsprozesses ist wie in anderen Industriegewerkschaften auch in der ÖTV festzustellen. Die tarifpolitischen und sonstigen Forderungen werden frühzeitig mit den DGB-Gewerkschaften abgestimmt, welche die Nebenverhandlungen führen, besonders mit der GdED und der DPG. Bei Konflikten im zwischenverbandlichen Willensbildungsprozeß setzt sich die Position der ÖTV durch, welche die Lohnführergewerkschaft ist. Diese Kooperation geht über das innerhalb der DGB-Gewerkschaften übliche Ausmaß hinaus. Die Forderungen für den Tarifbereich werden eng koordiniert mit denen für den Besoldungsbereich, wobei von der Einheitlichkeit des öffentlichen Dienstes ausgegangen wird.

Seit 1995 verhandeln ÖTV und DAG wieder gemeinsam. Die Wiederannäherung der Positionen, die für viele Beobachter überraschend zustande kam, hat die Position der Tarifgemeinschaft erheblich geschwächt. Die Koalitionsbildung wurde vor allem durch die Notwendigkeit bedingt, auf europäischer Ebene entweder gemeinsame Positionen zu vertreten oder über keine Durchsetzungsfähigkeit zu verfügen. Insofern hat die europäische Integration nicht nur Folgen im Sinne einer Internationalisierung, sondern auch Rückwirkungen auf die nationalen Formen der Interessenvertretung. Interessendifferenzen, die lange Zeit als unüberbrückbar galten, werden beigelegt.

3. In beiden Sektoren registrieren wir seit den 70er Jahren eine Verlagerung von einer eher quantitativ zu einer stärker qualitativ ausgerichteten Tarifpolitik.[24] Diese deutliche Akzentverschiebung, die nur im Rahmen eines tarifpolitischen Tausches realisiert werden kann, trug im Rahmen der Einkommenspolitik zu moderaten Lohnabschlüssen bzw. sogar zu Reallohnverlusten bei, wobei der öffentliche Dienst durchweg stärker betroffen war als die Privatwirtschaft. Parallel zu dieser Entwicklung wurden verschiedentlich längere Laufzeiten der Einkommenstarifverträge als in den 70er Jahren und sog. Paketlösungen als Kombination mehrerer Forderungselemente zur Regelung der Arbeitsverhältnisse vereinbart. - Qualitative Tarifpolitik bedeutete in beiden Sektoren zunächst Rationalisierungsschutzpolitik, die sich u.a. im Tarifvertrag der Druckindustrie über Einführung und Anwendung rechnergesteuerter Textsysteme (RTS-Tarifvertrag) von 1978 sowie im Rationalisierungsschutztarifvertrag für Angestellte und Arbeiter des öffentlichen Dienstes von 1987 niederschlug. Später folgte die Arbeitszeitpolitik.

Bei kleiner werdenden Konzessionsspielräumen infolge verringerten Wirtschaftswachstums bzw. Stagnation wurden die Verteilungskonflikte härter. Im Sog niedriger ausfallender Tarifabschlüsse in der Privatwirtschaft und als Folge der wachsenden staatlichen Budgetdefizite wurden auch die Einkommenszuwächse im öffentlichen Dienst geringer. Gewerkschaftliche Verhandlungsmacht nahm auch im öffentlichen Sektor ab; unter den veränderten Rahmenbedingungen einer Haushaltslage, die zu größerer Sparsamkeit Anlaß gibt, konnte die öffentliche Meinung eher gegen gewerkschaftliche Forderungen mobilisiert werden.

Manteltarifverhandlungen werden bei abnehmender Kompromißfähigkeit und -bereitschaft der Arbeitgeber ebenfalls länger und härter. Deshalb müssen gruppenspezifische Interessen, die früher separat befriedigt werden konnten, innerhalb der Tarifpolitik Berücksichtigung finden, was die innerverbandlichen Auseinandersetzungen zwischen den Mitgliedergruppen verschärft. Vor allem seit Ende der 70er Jahre wurde schließlich auch der Personalanstieg (sog. Mengeneffekte) infolge der ökonomischen und finanziellen Entwicklung entscheidend gebremst, die Personalpolitik war nicht mehr so expansiv wie früher. Maßnahmen zum Personalabbau wurden häufiger eingesetzt (u.a. partieller oder totaler Einstellungsstopp, Nichtwiederbesetzung freiwerdender Stellen, Privatisierung).[25]

---

[24] Vgl. im einzelnen Kap.8.

[25] Demgegenüber forderte besonders der DGB mehrfach die Mehreinstellung von öffentlichem Personal und wies darauf hin, daß nach wie vor erheblicher Bedarf an öffentlichen Dienstleistungen sowohl im Bereich der Leistungs- als auch bei der Hoheits- und Ordnungsverwaltung besteht.

4. Die größten und wichtigsten Dachverbände der Beamten sind: DBB mit knapp 1 Mill. Mitgliedern in seinen ca. 40 Mitgliedsverbänden und DGB mit ca. 1 Mill. beamteten Mitgliedern in sieben der 17 Industriegewerkschaften (vor allem GdED, GdP, GEW, ÖTV, DPG). Bei dieser erheblichen absoluten Mitgliederzahl liegt bei den Beamten der Organisationsgrad, einer der Indikatoren für den repräsentativen Charakter von Interessengruppen, mit über zwei Dritteln erheblich über dem der Arbeitnehmer in der Privatwirtschaft; überboten wird er lediglich von der Gruppe der Arbeiter im öffentlichen Dienst mit über 80%. Da DBB und DGB um Beamtenmitglieder konkurrieren, kann es aus organisationspolitischen Gründen zu Spannungen kommen. Durch diesen zwischenorganisatorischen Wettbewerb ergibt sich eine Situation, die in anderen Politikfeldern mit zumeist monopolisierten Interessenvertretungen kaum anzutreffen ist: Zwei ungefähr gleich starke Spitzenverbände stehen sich gegenüber.

Besonders in der Einkommenspolitik gelingt die Herstellung eines weitgehenden Konsens zwischen den Dachverbänden und dadurch eine effektive Interessendurchsetzung, obwohl der DBB stets die Eigenständigkeit der Besoldungspolitik hervorhebt. Während der DGB durch seine Verbandspolitik versucht, Statusunterschiede auszugleichen, strebt der DBB deren Erhaltung an. Bei anderen langfristig wichtigen Problemen hingegen sind die Interessengegensätze unüberbrückbar.[26] Dieser latente und bei langfristigen Zielvorstellungen manifeste zwischenorganisatorische Wettbewerb verhindert eine weitergehende Interessendurchsetzung.[27]

Verteilungskonflikte im Besoldungsbereich[28] werden nicht wie in der Privatwirtschaft und wie im Tarifbereich von tarifpolitischen Machtpositionen her ausgetragen, d.h. unter Einsatz von Streik und Streikdrohung bei der institutionellen Voraussetzung von Tarifautonomie, sondern mit politischen Mitteln wie lobbying durch Interessenverbände, also durch die Beeinflussung einkommenspolitischer Entscheidungen politischer Akteure. Da die Beamtenverbände die Interessen ihrer Mitglieder nicht über Tarifverhandlungen durchsetzen können, ist für sie eine Einflußnahme durch lobbying umso wichtiger.

---

[26] Dies war schon in den 70er Jahren in entscheidenden Fragen einer allgemeinen Dienstrechtsreform (wie Regelungsverfahren und Streikrecht) sowie bei der Reform des PersVG der Fall.

[27] Ähnlich wie im Tarif- ist auch im Besoldungsbereich das Verhandlungssystem hochgradig zentralisiert. Diese Tendenz wurde zu Beginn der 70er Jahre durch die Zentralisierung der Entscheidungskompetenz beim Bund, d.h. die Beseitigung des föderalistischen Besoldungsrechts, deutlich verstärkt.

[28] Vgl. Keller, Arbeitsbeziehungen im öffentlichen Dienst, 193-254; Keller,B., Beamtenlobbies. Verbandsmacht und Interessendurchsetzung in der BRD, JfS 24 (1984), 163-183; Keller,B., Beamtenverbände und Interessenpolitik. Aktuelle Probleme in der Bundesrepublik Deutschland, JfEV 3 (1991), 271-295.

Eine Option besteht darin, daß die Spitzenverbände über Anhörungsrechte verfügen, die in den Beamtengesetzen[29] verankert sind und die ihnen Einwirkungsmöglichkeiten bei nahezu allen für sie wichtigen Problemen eröffnen (Institutionalisierung des Verbandseinflusses). Neben informellen Treffen finden einmal oder mehrfach Beteiligungsgespräche statt, welche zu Revisionen innerhalb des Gesetzentwurfs des Bundesinnenministeriums führen können. Diese Beteiligungsgespräche haben durchaus Verhandlungscharakter[30]: Die Verbände stellen wie die Gewerkschaften Forderungen auf, die Diskussion wird teilweise auch öffentlich geführt, die Politiker können wegen des von ihnen angestellten Stimmenmaximierungskalküls Forderungen nicht pauschal zurückweisen. - Diese formalen Beteiligungsrechte in der Phase der Gesetzesvorbereitung werden verstärkt über informelle Einflußnahmen in der Phase der parlamentarischen Entscheidung durch Kontakte zu einzelnen Parlamentariern, Gespräche mit Spitzenpolitikern, öffentliche Appelle bzw. Briefe oder Telegramme an verantwortliche Politiker bzw. an Bundestagsfraktionen. Der tatsächliche Einfluß geht damit deutlich über den gesetzlich fixierten hinaus.

Diese den Dachverbänden zur Verfügung stehenden Einflußmöglichkeiten sind für die Gesamtgruppe der Beamten von Bedeutung. Darüber hinaus bestehen wichtige, auf einzelne Gruppen gerichtete Möglichkeiten, die vor allem von den Berufsverbänden eingesetzt werden, um gruppenspezifische Verbesserungen durch sog. Strukturmaßnahmen zu erreichen. Besonders in den späten 60er und frühen 70er Jahren[31] konnten verschiedene Verbände wesentliche Erfolge für ihre Mitglieder erzielen (z.B. Lehrer, Polizeibeamte, bestimmte Gruppen von Richtern, Beamte in Sonderlaufbahnen, Ministerialbürokratie).

Alle beamtenspezifischen Regelungen müssen vom Parlament verabschiedet werden, in dem der Anteil der Angehörigen des öffentlichen Dienstes zeitweise bei etwa 40% lag. Diese öffentlich Bediensteten, welche die größte interfraktionelle Gruppe bilden, befinden sich damit im Zentrum der politischen Willensbildung. Sie können zwar nicht als Verbandsvertretung im üblichen Sinne bezeichnet werden, ihre Einflußnahmen wirken jedoch ähnlich.[32]

---

[29] Par.58 Beamtenrechtsrahmengesetz bzw. Par.94 Bundesbeamtengesetz.

[30] Vgl. zu einer anderen Auffassung Plander,H., Die beamtenrechtliche Vereinbarungsautonomie: Die Reform der beamtenrechtlichen Beteiligung als Verfassungsproblem, Baden-Baden 1991.

[31] Ähnliche Versuche gab es ansatzweise Ende der 80er Jahre. Vgl. Keller,B., Kontinuität statt Wandel. Zur Organisation der Erwerbsarbeit im öffentlichen Dienst, in: Strümpel,B./Dierkes,M.(Hg.), Innovation und Beharrung in der Arbeitspolitik, Stuttgart 1993, 121-151.

[32] Bei einer weitergehenden Aufschlüsselung ergibt sich eine deutliche Überrepräsentation der Beamten des höheren Dienstes; die unteren Laufbahngruppen sowie Angestellte und Arbeiter fehlen weitgehend.

Diese personelle Durchsetzung des Parlaments setzt sich quasi automatisch in den Ausschüssen als den institutionalisierten Mitwirkungsgremien fort, wobei der für die Vorbereitung der Beamtengesetzgebung zuständige Innenausschuß besonders wichtig ist; von seinen ordentlichen Mitgliedern stammt regelmäßig mehr als die Hälfte aus dem öffentlichen Dienst. Die Einflußmöglichkeiten der Spitzenorganisationen nehmen durch diese hohe Verbandsaffinität des zuständigen Ausschusses zu. In Parlamentsvorlagen können spezifische Gruppeninteressen eingehen, die als solche kaum erkennbar sind, weil sie häufig in sachlich-objektiver Verkleidung erscheinen. Im übrigen werden Parlamentsentscheidungen über Besoldungserhöhungen i.d.R. einstimmig gefaßt; sie sind selbst in Zeiten wachsender Polarisierung selten politisch kontrovers zwischen Regierungskoalition und Opposition. Darin liegt ein wesentlicher Unterschied zu der Mehrzahl der übrigen politischen Entscheidungen.

Je mehr sich die tatsächlichen Entscheidungsbefugnisse vom Parlament auf die Regierung verlagern, desto eher wenden sich Interessenverbände in der vorparlamentarischen Phase des Gesetzgebungsprozesses direkt an die Bürokratie. Der allgemeine Einfluß der Ministerialbürokratie wird verstärkt durch die Tatsache, daß ihre Angehörigen ebenfalls Beamte sind und insofern den Interessen dieser Statusgruppe wohlwollend gegenüberstehen. Ein wichtiger Vorteil der Beamtenverbände gegenüber anderen organisierten Gruppen besteht in der Lokalisierung ihrer Interessen innerhalb der Bürokratie. Dieses Interaktionsgeflecht erweist sich als vorteilhaft für beide Seiten: Die Verbände können ihre Interessen wirksam vertreten, die Bürokraten benötigen deren Informationen (u.a. Verbandsgutachten, Statistiken, Prognosen) zur Kanalisierung von Gruppeninteressen.

In der Privatwirtschaft bestimmt vor allem die Möglichkeit der Beeinflussung der ökonomischen Kosten der Arbeitgeber die gewerkschaftliche Verhandlungsmacht. Im öffentlichen Dienst dagegen besteht diese vor allem in der Fähigkeit, die politischen Kosten der öffentlichen Arbeitgeber, d.h. der Politiker der Regierungsparteien, zu beeinflussen.[33] Die im öffentlichen Dienst tätigen Wähler bzw. deren Verbände können die politischen Kosten der Arbeitgeber/Politiker erhöhen, indem sie Stimmentzug bei der nächsten Wahl androhen bzw. realisieren. Die Politiker müssen diese Interessen in ihrem Stimmenmaximierungskalkül berücksichtigen, welches sie mit dem Ziel des Gewinns der nächsten Wahl anstellen.[34]

---

[33] Ein Vergleich der Sektoren findet sich bei Keller,B./Henneberger,F., Privatwirtschaft und öffentlicher Dienst: Parallelen und Differenzen in den Arbeitspolitiken, in: Müller-Jentsch,W.(Hg.), Konfliktpartnerschaft. Akteure und Institutionen der industriellen Beziehungen, 2.erw.u.verb.Aufl. München-Mering 1993, 249-276.

[34] Diese Notwendigkeit wird verstärkt durch die Tatsache, daß in modernen Dienstleistungs- und Verwaltungsstaaten der öffentliche Dienst wächst und seinen Wählern dadurch eine Grenzwertfunktion zukommt.

Der Droheffekt des Stimmpotentials der großen Beamtenverbände, die zentrale Interessen ihrer Mitglieder organisieren, wird dadurch verstärkt, daß Politiker Entscheidungen unter der Randbedingung bestehender Unsicherheit treffen müssen. Angehörige dieser Gruppe können als Meinungsmultiplikatoren agieren, ihr Stimmenanteil kann durch Familienmitglieder vergrößert werden. Insbesonders bei den seit mehreren Wahlperioden chronisch knappen Mehrheitsverhältnissen wird jede Regierung die Forderungen quantitativ bedeutender Gruppen nicht unberücksichtigt lassen können. Weiterhin muß sich die Regierung aus Gründen der Effektivität und Produktivität des öffentlichen Dienstes die Loyalität der öffentlich Bediensteten erhalten. Diese können bereits durch strikt legales Verhalten (z.B. go slow, Bummelstreik, Dienst nach Vorschrift) der Regierung politischen Schaden zufügen; sie verfügen aufgrund ihrer Konfliktfähigkeit bzw. ihres Störpotentials bereits unterhalb der Schwelle des Stimmentzugs über zahlreiche Möglichkeiten, um Druck auf Politiker auszuüben.

5. Die beiden Formen der Einkommensregelung führen bei unterschiedlicher Rechtsgrundlage zu sehr ähnlichen Ergebnissen, wobei der dominierende Einfluß bei gelegentlichen Ausnahmen vom Tarifbereich ausgeht. Die Richtung dieser Koppelung ist nicht verwunderlich, da die Gewerkschaften im Tarifbereich über das kollektive Druckmittel des Streiks verfügen. Die Initiativfunktion der Tarifpolitik läßt sich in der zeitlichen Abfolge aufzeigen: Besoldungserhöhungen werden regelmäßig nach Abschluß der Tarifverhandlungen beschlossen.[35] Diese Signalwirkung tarifpolitischer Entscheidungen für den Besoldungsbereich bleibt nicht auf die Entgelte beschränkt, sondern ist auch bei anderen Gegenständen anzutreffen.[36] Die Beamtenorganisationen verfügen über politische Handlungsmöglichkeiten, die in ihrer Wirksamkeit dem Tarifverhandlungs- und Streikrecht kaum nachstehen.

Vor allem in der Privatwirtschaft beobachten wir insbesondere seit Mitte der 80er Jahre eine gewisse Dezentralisierung der Arbeitsbeziehungen.[37] Auch innerhalb des öffentlichen Dienstes zeigt sich seit Ende der 80er Jahre eine teilweise Delegation bestimmter Entscheidungs- und Regelungskompetenzen von der sektoralen auf die betriebliche

---

[35] Die umgekehrte Reihenfolge wäre möglich, wenngleich auf Dauer kaum praktikabel.

[36] Beispiele sind: Zuwendungstarifverträge, vermögenswirksame Leistungen, Arbeitszeitverkürzung, Urlaubsgeld.

[37] Vgl. im einzelnen Kap.16.

Ebene bzw. von den Tarifvertragsparteien auf die betrieblichen Akteure. Diese Verlagerung, die instrumentell über Tariföffnungsklauseln mit Hilfe von Betriebs- und Dienstvereinbarungen geschieht, hat u.a. folgende Konsequenzen:
- eine stärkere Berücksichtigung der jeweils spezifischen betriebswirtschaftlichen Notwendigkeiten sowie gleichfalls der differenzierten (Arbeitszeit-)Wünsche der Beschäftigten durch "mikro-korporatistische" Arrangements auf Betriebsebene,
- die Zunahme partikularistischer und betriebsegoistischer Lösungen mit der möglichen Konsequenz einer weiteren Segmentierung in Stamm- und Randbelegschaft sowie einer einhergehenden weiteren Abschottung bzw. sozialen Schließung betriebsinterner Arbeitsmärkte,
- eine fortschreitende "Erosion des Normalarbeitsverhältnisses", u.a. durch Auflösung von Normalarbeitszeitstandards und Beschäftigungssicherheit, insbesondere für die Beschäftigtengruppen, die sich auf den externen Arbeitsmärkten befinden.

Diese Tendenzen einer Dezentralisierung im Sinne der Verbetrieblichung der Verhandlungs- bzw. Regulierungsebene bewirken eine teilweise Verschiebung der Regelungskompetenz von der Tarif- auf die Betriebsebene: Während die Tarifverträge nur noch die Rahmenregelungen vorgeben, erfolgt die konkrete Umsetzung auf betrieblicher Ebene. Diese Entwicklung kann entweder einen Machtverlust der sektoralen zugunsten der betrieblichen Akteure bedeuten, oder was wahrscheinlicher ist, zu einem Funktionswandel der Verbände zu Dienstleistungslieferanten für ihre Mitglieder führen: Die Bedeutung detaillierter Einzelinformationen für die betrieblichen Akteure wird zunehmen im Vergleich zu standardisierten, kollektiven Verbandsinformationen.

Die spezifisch-neuen, umfassend-übergreifenden Formen der Arbeitsorganisation, die sich in Konzepten wie der systemischen Rationalisierung, der diversifizierten Qualitätsproduktion oder lean production[38] niederschlagen, führen nicht nur zur Dezentralisierung des Regulierungsmodus bzw. zu einer Verbetrieblichung der Interessenpolitik, sondern gleichzeitig zu verstärkten Flexibilisierungsstrategien der privaten und öffentlichen Arbeitgeber. In der Privatwirtschaft können die Gewerkschaften Arbeitszeitverkürzungen nur im Tausch gegen Zugeständnisse an die Arbeitgeber(-verbände) in Richtung auf eine weitergehende Flexibilisierung der Arbeitszeit, einschließlich ihrer gruppen- bzw. bereichsspezifischen oder sogar individuellen Differenzierung durchsetzen. Im öffentlichen Dienst wird Flexibilisierung eher über andere Mechanismen durchgesetzt (z.B. Flexibilisierung des Personaleinsatzes über eine ausgedehnte Zeitvertragspraxis).

---

[38] Vgl. im einzelnen Kap.11.

6. Streiks, die wichtigste Form der kollektiven Interessendurchsetzung, kommen sowohl in der Privatwirtschaft als auch im Tarifbereich des öffentlichen Dienstes vor. Umfangreiche Streiks sind im öffentlichen Dienst selten: Die einzigen bedeutenden Streiks fanden 1974 und 1992 statt, wobei Verkehrsbetriebe und Müllabfuhr sowie 1974 zudem die Bundespost Streikschwerpunkte waren. Die Drittwirkungen für die am Arbeitskampf nicht beteiligte, aber von seinen Folgen unmittelbar betroffene Öffentlichkeit sind häufiger und direkter spürbar als in der Privatwirtschaft. Streiks werden vor allem auf kommunaler Ebene geführt, u.a. weil hier die Drittwirkungen am stärksten und die Durchsetzungsfähigkeit aufgrund des hohen Organisationsgrades insbesondere der Arbeiter in Schlüsselbereichen am größten ist.

Nach herrschender Rechtsprechung und Rechtslehre besteht ein allgemeines statusgruppenspezifisches, jedoch kein besonderes funktionsbezogenes Streikverbot für Beamte. Trotzdem haben verschiedene Gruppen in der Vergangenheit wiederholt zu arbeitskampfähnlichen Maßnahmen gegriffen (wie go slow, go sick, Bummelstreik, Dienst nach Vorschrift, Teilnahme an Demonstrationen); diese zeigten ähnliche Wirkungen wie reguläre Streiks im Tarifbereich. Das Bundesverwaltungsgericht (BVerwG) und das Bundesarbeitsgericht (BAG) haben 1984 bzw. 1985 infolge eines Streiks im Bereich der Bundespost 1980 zwar entschieden, daß ein sog. Streikeinsatz von Beamten auf Arbeitnehmerdienstposten zulässig ist. Die Effizienz einer solchen Maßnahme in der Realität ist jedoch zweifelhaft: Da Beamte häufig nicht nur mit Tarifbediensteten eng zusammenarbeiten, sondern auch von den Ergebnissen der Tarifverhandlungen aufgrund der faktischen "follower"-Funktion des Gesetzesmodells direkt betroffen sind, könnten sie sich durchaus "solidarisch" verhalten und nicht bereit sein, die Drittwirkungen eines Streiks zu unterlaufen.

Aussperrungen spielen im öffentlichen Dienst im Gegensatz zu zentralen Branchen der Privatwirtschaft[39] (vor allem der Metall- und Druckindustrie) faktisch keine Rolle, obwohl sie zumindest im Tarifbereich ein legales Kampfmittel der Arbeitgeber wären. Zum einen sind die öffentlichen Arbeitgeber zur permanenten Bereitstellung der häufig nicht auf Vorrat produzierbaren, sondern bedarfssynchron zu erstellenden Güter und Dienstleistungen gesetzlich verpflichtet; zum andern würden Aussperrungsmaßnahmen in hoch sensiblen Bereichen wie dem öffentlichen Personennahverkehr oder der Müllabfuhr die Drittwirkungen eines Arbeitskampfes für die unbeteiligte, aber als Wählerschaft relevante Öffentlichkeit nur verschlimmern, in weniger sensiblen Bereichen wie der allgemeinen Verwaltung hingegen unwirksam bleiben.

---

[39] Vgl. im einzelnen Kap.7.

10.3. Arbeitsmarktprobleme[40]

Die Funktionsweisen der Arbeitsmärkte im öffentlichen Dienst sind stärker als in der Privatwirtschaft dadurch gekennzeichnet, daß neben dem Lohn als Steuerungs- bzw. Ausgleichsmechanismus von Angebot und Nachfrage andere, nicht-marktgesteuerte Allokationsmechanismen an Bedeutung gewinnen. Dazu gehören beispielsweise
- gesetzliche Vorgaben (u.a. Beamtengesetze und Rechtsverordnungen),
- formale und informelle Normen bzw. Regeln (u.a. Dienstvereinbarungen, Tarifverträge und Verbands- oder Parteizugehörigkeit),
- Institutionen (vor allem Personalrat und Dienststelle, Gewerkschaften und Arbeitgeberverbände).

Diese nicht-preislichen Koordinationsmechanismen führen dazu, daß der Lohn selbst Teil eines institutionalisierten Regelungsinstrumentariums wird; generell verlieren Marktbedingungen zugunsten politischer Faktoren an Bedeutung.

1. Ähnlich wie die Arbeitsmärkte der Privatwirtschaft[41] sind auch die des öffentlichen Dienstes hochgradig segmentiert, was in der gängigen Arbeitsmarktforschung häufig übersehen wird.[42] Neben dem formalen Dualismus der Dienstverhältnisse müssen wir innerhalb der drei Statusgruppen (Arbeiter, Angestellte, Beamte) die Laufbahngruppen der Beamten (einfacher, mittlerer, gehobener und höherer Dienst) bzw. deren Äquivalente bei Angestellten und Arbeitern unterscheiden. Die Allokation der Bewerber zu den jeweiligen Laufbahngruppen erfolgt strikt aufgrund ihrer Formalqualifikation, d.h. ihres erworbenen Bildungsabschlusses. Dadurch existieren status- und qualifikationsgruppenspezifische Teilarbeitsmärkte innerhalb des öffentlichen Sektors.

Die eingetretenen Strukturverschiebungen zugunsten der höheren Qualifikationsgruppen sind auf der Arbeitsangebotsseite zurückzuführen auf die Bildungsexpansion der späten 60er und frühen 70er Jahre sowie auf der Arbeitsnachfrageseite auf die gestiegenen Anforderungen an das Qualifikationsniveau. Während eine spürbare horizontale Mobilität zwischen den Statusgruppen besteht, findet vertikale Mobilität fast ausschließlich innerhalb der Laufbahngruppen statt. Austauschprozesse zwischen den Arbeitsmärkten des öffentlichen Dienstes und der Privatwirtschaft sind quantitativ gering sowie auf spezifische Bereiche (z.B. technische Berufe, Steuerberufe) begrenzt.

---

[40] Vgl. zum folgenden Abschnitt Keller/Henneberger, Privatwirtschaft und öffentlicher Dienst.

[41] Vgl. im einzelnen Kap.12.

[42] Zu den Ausnahmen gehört Langer,R., Beschäftigungsverhältnisse im öffentlichen Dienst aus der Sicht von Segmentationsansätzen. Zur Funktionsweise von Arbeitsmarktsegmenten bei staatlichen Dienststellen unter besonderer Berücksichtigung des Beamtenverhältnisses, Frankfurt-Bern 1988; Brandes et al., Der Staat als Arbeitgeber.

Der Anteil der Frauen an allen Beschäftigten des öffentlichen Dienstes ist seit 1950 kontinuierlich von knapp 20% auf inzwischen über 40% gestiegen (ohne Soldaten). Ihr Anteil liegt bei den Vollzeitbeschäftigten nur bei ca. einem Drittel, bei den Teilzeitbeschäftigten hingegen bei weit über 80%. Zudem haben Frauen durchschnittlich nicht nur häufiger als Männer befristete Arbeitsverträge, sondern sind nach wie vor in den niedrigeren Qualifikationsgruppen und damit in den geringer entlohnten Tätigkeiten konzentriert. Diese geschlechtsspezifische Segmentation, die zumindest indirekt auf faktische Benachteiligung schließen läßt, ist mittlerweile umso weniger verständlich, als immer mehr Frauen ein immer höheres Bildungsniveau erreichen; z.B. sind über 40% der an Universitäten Studierenden Frauen.

Ähnliche Tendenzen wie in der Privatwirtschaft zeigen sich also auch im öffentlichen Dienst. Seit Mitte der 80er Jahre häufen sich Versuche einer beruflichen Gleichstellung von Frauen etwa durch die Aufstellung von Frauenförderplänen, die eine gesetzlich fixierte, starre Quotenregelung enthalten können. Diese institutionalisierten Maßnahmen implizieren erhebliche Implementationsprobleme; sie sind dennoch Teil einer gewissen, wenngleich abnehmenden Vorbildfunktion des öffentlichen Dienstes, die sich ansonsten ansatzweise nur noch bei der Integration von Behinderten und Jugendlichen zeigt.

2. Auf der Ausgabenseite der öffentlichen Haushalte verursacht die personal- bzw. arbeitsintensivere Erstellung vor allem von Dienstleistungen einen höheren Personalkostenanteil als im privaten Sektor. Bei den Gebietskörperschaften insgesamt beträgt der Anteil der Personal- an den bereinigten Gesamtausgaben knapp 30%. Infolge der Verschiedenartigkeit der grundgesetzlich geregelten Aufgabenstellung und der sich daraus ergebenden Personalintensität weisen die Personalausgaben erhebliche Unterschiede auf:

- Beim Bund (ca. 14%) haben die Kosten in langfristiger Perspektive vor allem im Bereich "Verteidigungsverwaltung" zugenommen.
- Bei den Gemeinden/Gemeindeverbände (ca. 30%) sind die Zuwächse besonders im Bereich "Gesundheit, Sport, Erholung" eingetreten.
- Bei den (mit über 40%) relativ am stärksten belasteten Ländern liegt die Ursache der Zunahme in der weit überdurchschnittlichen Ausweitung des Bereichs "Unterricht und Wissenschaft".

Der Anteil der Personal- an den Gesamtausgaben stieg in den 60er und frühen 70er Jahren permanent und überproportional; in den 80er Jahren hingegen stagnierte er oder nahm sogar leicht ab. Die Veränderungen der Personalausgaben ergeben sich aus drei Faktoren:

- der Variation des Personalbestandes und der Personalstruktur (einschl. der Versorgungsempfänger),

- den allgemeinen, tarifvertraglich vereinbarten bzw. besoldungs- und versorgungsrechtlich durchgesetzten Einkommensveränderungen,
- den sog. Strukturmaßnahmen[43], die i.d.R. auf eine gesonderte Erhöhung der Einkommen spezifischer Beschäftigtengruppen abzielen.

Diese Personalstands- und Kostenzuwächse reflektieren weitgehend politische Prioritäten sowie in geringerem Umfang die Bevölkerungsentwicklung und sozialpolitische Maßnahmen. Das Ausmaß inner- und zwischenverbandlicher Konflikte über Höhe und Struktur von Forderungen hängt nicht nur von organisationspolitischen Faktoren ab, sondern auch von der ökonomischen und finanziellen Situation, welche Rahmenbedingungen setzt und Entscheidungsspielräume bestimmt. Sowohl gruppenspezifische Verbesserungen durch Strukturmaßnahmen (sog. Struktureffekte) als auch globale Erhöhungen im Rahmen der Tarif- und Besoldungspolitik (sog. Preiseffekte) wurden vor allem in Zeiten florierender Konjunktur erreicht, wie die Entwicklung der 60er und frühen 70er Jahre zeigte.

Strukturelle Maßnahmen eigneten sich zur Durchsetzung partikularer Interessen, weil sie häufig unabhängig von Tarif- und Besoldungsverhandlungen durchgeführt wurden und deswegen keine absoluten Nachteile für andere Gruppen brachten. Strukturverbesserungen, die als gruppenspezifische Kollektivgüter anzusehen waren, blieben in der Öffentlichkeit weitgehend unbemerkt oder ihre finanzpolitischen Konsequenzen wurden erst im nachhinein erkannt. Wegen dieses Mangels an Transparenz war es für die Gebietskörperschaften häufig einfacher, derartige Verbesserungen zu ermöglichen als Besoldungserhöhungen zuzugestehen, deren Publizität beachtlich war. Die Verbesserung der materiellen Position einzelner überschaubarer Gruppen hatte regelmäßig entsprechende Forderungen vergleichbarer Gruppen zufolge, so daß eine Sogwirkung entstand, die von anderen Verbänden zur Durchsetzung weiterer Forderungen genutzt wurde.[44] Diese materiellen Verbesserungen können wir als "Entgeltdrift" und damit als Äquivalent zur Lohndrift in der Privatwirtschaft interpretieren.

Die konjunkturell und vor allem strukturell bedingte Wirtschaftskrise führte zur Verschlechterung der Lage der öffentlichen Haushalte auch auf der Einnahmenseite. Die öffentlichen Arbeitgeber verfügen zwar nicht über zeitlich und inhaltlich vereinheitlichte Strategien; gleichwohl stellen wir ähnliche Anpassungsmaßnahmen fest. Die Reaktionen auf die geänderten Finanzierungsbedingungen manifestieren sich insbesondere in:

---

[43] Hierzu gehören u.a. kollektive Höherstufungen ohne faktische Änderung der Tätigkeitsinhalte, Anhebungen bei der Dienstpostenbewertung, schnellere Beförderungen, Dienstalterszulagen, Familien- und Sozialzuschläge.

[44] Das Ergebnis dieser Entwicklung war die Wandlung des Stellenkegels innerhalb der vier Laufbahnen des einfachen, mittleren, gehobenen und höheren Dienstes in eine Zwiebel, d.h. eine zunehmende personelle Verdichtung in den jeweils höchsten Laufbahnstufen (sog. qualitative Überbesetzung).

- restriktiven personalpolitischen Maßnahmen (z.B. mehrmonatigen Stellenbesetzungssperren, Stellenstreichungen, partiellen oder totalen Einstellungsstopps, Beförderungssperren, zeitweisen Kürzungen der Anwärterbezüge, gelegentlichen Verzögerungen bei der Besoldungsanpassung bis hin zu sog. Nullrunden) und
- Maßnahmen, die auf eine verstärkte Flexibilisierung der Arbeitszeit und des Arbeitskräfteeinsatzes abzielen.

Derartige Sparstrategien wurden gelegentlich sukzessive zurückgenommen[45] bzw. durch strukturelle Verbesserungen sogar wieder umgekehrt. Auch bei den Beschäftigtenzahlen lösen Phasen der Expansion und Stagnation einander ab: Die Personalzuwachsraten lagen in den 60er und 70er Jahren bei durchschnittlich etwa 2,4% pro Jahr, in den 80er Jahren hingegen nur noch bei durchschnittlich 0,6%. Während Ende der 80er Jahre sogar die absolute Zahl der öffentlich Bediensteten leicht gesunken war, stieg sie zu Beginn der 90er Jahre wieder an, um seit Mitte der 90er Jahre wieder abzunehmen. Eine konsequentere Orientierung öffentlicher Verwaltungen an Managementprinzipien findet statt.[46]

3. Die Strategien der Arbeitgeber haben dazu geführt, daß sich der öffentliche Dienst zum Vorreiter im Hinblick auf "flexible" Beschäftigungsformen entwickelt hat und somit seine früher akzeptierte Vorbildfunktion für die Ausgestaltung von stabilen Arbeitsverhältnissen in der Privatwirtschaft weitgehend verloren hat:
- Erstens führte die stetige Zunahme von Zeitverträgen inzwischen zu einer Befristungsquote, dem Anteil der befristeten an allen privatrechtlichen Beschäftigungsverhältnissen, die mit mehr als 10% über der in der Privatwirtschaft liegt; die Tendenz ist bei unterschiedlichen rechtlichen Grundlagen in beiden Sektoren steigend.
- Zweitens geht der relativ hohe, vor allem seit Mitte der 70er Jahre von ca. 12% auf fast 20% kontinuierlich gestiegene Anteil von Teilzeitarbeitsplätzen, die insbesondere von den Bundesländern im Bildungsbereich eingerichtet werden, einher mit der Strategie eines Abbaus von Vollzeitarbeitsplätzen: Der nominelle Anstieg der Beschäftigtenzahlen in den 80er Jahren ist im wesentlichen auf die vermehrte Einstellung von Teilzeitarbeitskräften zurückzuführen.[47]

---

[45] Dies gilt z.B. für die Absenkung der Eingangsbesoldung im gehobenen und höheren Dienst für die Dauer von drei bzw. vier Jahren in den 80er Jahren.

[46] Vgl. im einzelnen Budäus,D., Public management. Konzepte und Verfahren zur Modernisierung öffentlicher Verwaltungen, Berlin 1994.

[47] Bei dieser Substitution müssen wir unterscheiden zwischen Teilzeitarbeit auf rein freiwilliger und faktisch erzwungener Basis; letztere erklärte das BVerwG erst 1989 für rechtswidrig.

- Drittens wird eine Kombination beider Strategien vor allem bei Neueinstellungen, z.B. im Hochschulbereich, angewandt. Dadurch werden einerseits zwar die Dispositionsmöglichkeiten der Personalpolitik wesentlich erhöht. Andererseits wird aber die Spaltung der Beschäftigungsverhältnisse in stabile und instabile Segmente verstärkt, wobei erstere den abnehmenden Regelfall, letztere den zunehmenden Ausnahmefall darstellen. Die seit den 80er Jahren intensivierte Teilzeit- und Befristungspraxis trägt zu einer Internalisierung der Vorteile bei, die sich in einer weiteren Verfestigung eines Teils von Arbeitnehmern als Stammbelegschaft mit rechtlich garantierter oder faktischer Arbeitsplatzsicherheit bis zum Ende ihres Erwerbslebens (häufig auf Vollzeitbasis) äußert. Diese insbesondere in Stagnationsphasen zunehmende Abschottung der internen Arbeitsmärkte ist für alle Akteure auf der betrieblichen Ebene vorteilhaft und deswegen kaum zu revidieren. Andererseits gewinnt ähnlich wie in der Privatwirtschaft ein disponibel und flexibel einsetzbarer Teil von Arbeitnehmern an Bedeutung (Externalisierung der Nachteile).
- Viertens ist die deutliche Zunahme von längerfristigen Beurlaubungen bei den Beamten aus arbeitsmarktpolitischen und familiären Gründen zurückzuführen auf die seit Mitte der 70er Jahre per Gesetz mehrfach erweiterten Möglichkeiten zur Inaspruchnahme dieser speziellen Form einer Flexibilisierung der Lebensarbeitszeit.
- Fünftens sind bei einem fast stagnierenden Beschäftigtenstand Überstunden in einer Größenordnung von über 100 Millionen pro Jahr zur Aufrechterhaltung eines geordneten Dienstbetriebs in verschiedenen Bereichen unumgänglich, obwohl sie aus arbeitsmarktpolitischen Gründen eigentlich abgebaut werden müßten.

Neben den genannten Flexibilisierungsstrategien[48] greifen öffentliche Arbeitgeber seit den 70er Jahren verstärkt zu Privatisierungsmaßnahmen, die ex definitione nur ihnen zur Verfügung stehen. Vor allem kommunale Arbeitgeber unternehmen Privatisierungsversuche, u.a. bei Versorgungs- und Entsorgungsleistungen. Diese besondere Form der Deregulierung, die speziellen privatwirtschaftlichen Interessen, wie denen des Handwerks, zugute kommt, führt häufig zum Arbeitsplatzabbau sowie zur Leistungsverschlechterung. Sie stößt deswegen auf heftige Kritik seitens der Gewerkschaften. Diese "Entstaatlichungspolitik" ist bislang in der Bundesrepublik weniger weit fortgeschritten als in manchen anderen westlichen Industrienationen wie Großbritannien und den

---

[48] In vergleichbaren Ländern beobachten wir ähnliche Entwicklungen mit zum Teil noch deutlicheren Ausprägungen. Vgl. im einzelnen Ferner,A., The state as employer, in: Hyman,R./Ferner,A.(eds.), New frontiers in European industrial relations, Oxford 1994, 52-79; Ferner,A., Public sector industrial relations in Europe: Common trends and the persistence of national variability, IndBez 2 (1995), 111-127.

USA.[49] Die Privatisierungsbemühungen im Bereich von Bundespost Ende der 80er und Bundesbahn zu Beginn der 90er Jahre signalisieren möglicherweise eine Trendwende.[50]

Die Rolle des pattern setters, die der öffentliche Dienst sowohl im Rahmen restriktiver Personalpolitik als auch bei der Flexibilisierung insbesondere der Befristungs- und Teilzeitpraxis spielt, korrespondiert mit seiner Rolle als pattern follower im Bereich der quantitativen und qualitativen Tarifpolitik. Die Initiativen gehen sowohl bei der Einkommens- als auch bei der Rationalisierungsschutz- und Arbeitszeitpolitik sowie neuerdings bei der Qualifizierungs- bzw. betrieblichen Weiterbildungspolitik eindeutig von zentralen Branchen der Privatwirtschaft (vor allem der Metall- und Druckindustrie) aus. Dieser Zusammenhang läßt sich sowohl quantitativ als auch zeitlich nachweisen. Seit der zweiten Hälfte der 70er Jahre wurde immer deutlicher, daß die Abschlüsse in der Privatwirtschaft, besonders im Bereich der IG Metall, präjudizierende Wirkung ausüben. Die Tarifpartner des öffentlichen Dienstes nehmen diese Impulse erst mit einer zeitlichen Verzögerung auf.

10.4. Aktuelle Probleme

1. Die Gewerkschaften begründeten die Notwendigkeit von Arbeitszeitverkürzungen in einzelnen Phasen durchaus unterschiedlich: Während sie bis in die 70er Jahre sozialpolitische Gründe wie die Verlängerung der Freizeit und Humanisierung der Arbeit in den Vordergrund ihrer Argumentation rückten, geht es ihnen seit den 80er Jahren stärker um die Bekämpfung der hohen Arbeitslosigkeit. In beiden Sektoren hat das tarifpolitische Instrument einer Verkürzung der Wochenarbeitszeit Priorität vor einer Verkürzung der Lebensarbeitszeit. Daneben bestanden in der zweiten Hälfte der 80er Jahre Vorruhestandsregelungen in verschiedenen Branchen der Privatwirtschaft.[51] Die öffentlichen Arbeitgeber haben diese Regelungen trotz verschiedentlich, primär seitens der Gewerkschaften vorgetragener Forderungen vor allem aus Kostengründen nicht übernommen, obwohl gerade im öffentlichen Dienst aufgrund der gegebenen Altersverteilung die vorliegenden Schätzungen hohe Beschäftigungseffekte bei entsprechender Ausgestaltung der Anreize vermuten ließen.

---

[49] Martin,B., In the public interest? Privatisation and public sector reform, London 1993.

[50] Vgl. zu den nicht näher behandelten Modernisierungsstrategien in komparativer Perspektive Naschold,Fr., Modernisierung des Staates. Zur Ordnungs- und Innovationspolitik des öffentlichen Sektors, Berlin 1993.

[51] Vgl. im einzelnen Kap.8.

Nach der 1984 getroffenen Vereinbarung über die stufenweise Einführung von zwei zusätzlichen, bezahlten freien Tagen brachte die Tarifrunde 1988 eine Verkürzung der Wochenarbeitszeit von 40 auf 39 (ab 1.4.1989) bzw. 38,5 (ab 1.4.1990) Stunden. Dieser "Einstieg in die 35-Stunden-Woche", der in verschiedenen Branchen der Privatwirtschaft (Metall- und Druckindustrie) bereits 1984 erfolgt war[52], kam im öffentlichen Dienst erst relativ spät zustande. Die Umsetzung der Rahmenregelung auf der betrieblichen Ebene führte zu ähnlichen Problemen wie in der Privatwirtschaft. In beiden Sektoren dominieren die täglichen und wöchentlichen Formen der Verkürzung im Gegensatz zur Reduzierung in Form von freien Tagen.[53] Bei einer Fortsetzung der Arbeitszeitpolitik würden Konflikte sowohl aufgrund des Widerstandes der Arbeitgeber als auch wegen veränderter Präferenzstrukturen der Arbeitnehmer auftreten.

Andererseits wurden in spezifischen Bereichen (z.B. Gesundheitswesen, öffentlicher Personennahverkehr, Energie- und Wasserversorgung) sichtbare Beschäftigungseffekte in Form von zusätzlichen Neueinstellungen erzielt; vor allem kommunale Arbeitgeber praktizieren eine relativ beschäftigungswirksame Umsetzung. Für den gesamten öffentlichen Dienst wurde der von den Gewerkschaften als Resultat dieser "solidarischen" Tarifpolitik erhoffte Nettobeschäftigungseffekt in Höhe von 50% des rein rechnerisch möglichen Bruttobeschäftigungseffektes jedoch nicht erreicht.[54]

Die aktuelle Diskussion um Wochenendarbeit, insbesondere Sonntagsarbeit, führen verschiedene Arbeitgeberverbände der Privatwirtschaft, u.a. der "high chem"- und "high tech"-Industrie, vor allem wegen ihres Interesses an einer längeren Anlagennutzungsdauer.[55] Unter dem generellen Ziel der möglichst schnellen Amortisation des eingesetzten Kapitals verschärft der in den vergangenen Jahren erheblich gestiegene Kapitaleinsatz pro Arbeitsplatz derartige Forderungen.

Diese Auseinandersetzung ist für den öffentlichen Dienst kaum von Bedeutung: Das Ausmaß der Wochenendarbeit ist traditionell recht hoch und in seiner Notwendigkeit einer permanenten Bereitstellung von Versorgungsleistungen von allen Beteiligten

---

[52] Vgl. im einzelnen Kap.8.

[53] Die rechtliche Unabhängigkeit der Länder in Fragen der Arbeitszeitregelung für die Beamten der Länder und Kommunen hatte zur Folge, daß keine bundeseinheitliche Lösung zustande kam, welche die öffentlichen Arbeitgeber ansonsten immer anstreben.

[54] Ganz im Gegenteil: Die Gesamtzahl der Beschäftigten ist nach 1988 trotz kürzerer Wochenarbeitszeit auch 1989 zurückgegangen; absolute Rückgänge in zwei aufeinanderfolgenden Haushaltsjahren sind in der Geschichte der Bundesrepublik einmalig. Die 1990 zu verzeichnenden leichten Zuwächse werden gelegentlich als verzögerte arbeitszeitinduzierte Effekte interpretiert; sie können jedoch auch ganz andere Ursachen haben, wie genereller Nachholbedarf in spezifischen Bereichen oder Schließung von Lücken wegen des Personaltransfers in die neuen Bundesländer.

[55] Vgl. im einzelnen Kap.9.

unbestritten; 33% bzw. 22% der Beschäftigten arbeiten vor allem in den zentralen Versorgungsbereichen regelmäßig, d.h. mindestens einmal pro Monat, samstags bzw. sonntags. - Aus ähnlichen Gründen ist der Umfang der Schicht- und Nachtarbeit im öffentlichen Dienst traditionell hoch.

2. Die Entwicklung der Arbeitsbeziehungen in den neuen Bundesländern[56] war gekennzeichnet durch die vollständige Beseitigung der Grundstrukturen des Gewerkschaftssystems der DDR sowie durch die komplette Transplantation des bundesrepublikanischen Systems (vor allem Tarifautonomie, Mitbestimmung, Einheitsgewerkschafts- und Industrieverbandsprinzip)[57]. Diese "Landnahme" erfolgte durchaus freiwillig und war von allen beteiligten Akteuren erwünscht; die Idee der Etablierung überlebensfähiger, originärer ostdeutscher Verbände blieb angesichts des massiven Ressourceneinsatzes der westlichen Verbände und der Interessenlage der Betroffenen rein hypothetischer Natur. Damit existiert bereits nach kurzer Zeit ein Institutionengefüge, das die Akteure allmählich mit Inhalten zu füllen versuchen.

Beide Tarifvertragsparteien sind aus pragmatischen Gründen am zügigen Aufbau von Organisationen der Gegenseite sowie an der Entwicklung von stabilen Kooperationsbeziehungen interessiert. Auch auf Seiten der öffentlichen Arbeitgeber haben sich die Interessenvertretungen ohne größere Probleme nach westdeutschem Muster konstituiert.[58] Die ersten Tarifverhandlungen haben auf beiden Seiten Repräsentanten der westdeutschen Verbände geführt.

Das erklärte und vorrangige Ziel der Tarifpolitik der Gewerkschaften wie auch der Interessenpolitik der Beamtenverbände ist aus Gründen der Legitimation gegenüber den neuen Mitgliedern sowohl in der Privatwirtschaft als auch im öffentlichen Dienst die schrittweise, aber zügige Angleichung der Einkommens- und Arbeitsbedingungen (u.a. Arbeitszeit, Urlaubsregelungen, Kündigungs- und Rationalisierungsschutz) an die westdeutschen Verhältnisse. Andere Akteure (u.a. die Bundesregierung, vor allem das Bundesministerium für Wirtschaft, der Sachverständigenrat, die Bundesbank, die Unternehmerverbände) teilen diese Zielsetzung, nicht jedoch die Vorstellungen über das Tempo ihrer Realisierung. Eine Anpassung ist trotz andauernder Produktivitätsrückstände sowie der steigenden Finanzrestriktionen der öffentlichen Haushalte notwendig:

---

[56] Vgl. zu den frühen Phasen im einzelnen Henneberger,F./Keller,B., Der öffentliche Dienst in den neuen Bundesländern: Beschäftigung, Interessenverbände und Tarifpoliitk im Übergang, in: Eichener,V. et al. (Hg.), Organisierte Interessen in Ostdeutschland, 1. Halbband, Marburg 1992, 175-194; Keller, Arbeitspolitik des öffentlichen Sektors, 237-262.

[57] Vgl. im einzelnen Kap.2, 3 und 9.

[58] Vgl. Rosdücher,J., Kommunale Arbeitgeberverbände in den neuen Bundesländern, ZögU 17 (1994), 414-429.

Zum einen müssen weitere Abwanderungen der für den Aufbau der privaten Wirtschaft und der öffentlichen Verwaltung benötigten qualifizierten Arbeitskräfte verhindert werden; zum andern sind einheitliche Lebens- und Arbeitsbedingungen in West und Ost zu schaffen, was die dauerhafte Existenz eines Niedrig- bzw. Billiglohngebiets ausschließt.

Die Gewerkschaften und Arbeitgeberverbände haben mit ihren Tarifabschlüssen Schritte in diese Richtung unternommen. Der öffentliche Dienst befindet sich, was die Geschwindigkeit und die relative Höhe der Anpassung anbelangt, ziemlich im Mittelfeld aller Tarifbereiche.[59] Gleichzeitig wird deutlich, daß die Ablösung der auf Dauer wenig praktiblen gespaltetenen Tarifgebiete durch einheitliche Tarifverträge ebenso wie die Realisierung der "inneren Einheit" noch einige Jahre in Anspruch nehmen wird.

Die DDR kannte weder ein eigenständiges öffentliches Dienstrecht noch ein Berufsbeamtentum, das es nach dem Ende des II. Weltkrieges nicht wieder geben sollte. Der Einigungsvertrag bestimmt explizit die Wiedereinführung des Berufsbeamtentums. Damit wird der in der alten Bundesrepublik geltende Dualismus der Dienstverhältnisse auch für die neuen Bundesländer festgeschrieben.

Bisher haben sowohl die Bundes- als auch die Länderregierungen von dieser Option der Verbeamtung nur zögerlich Gebrauch gemacht; die Vorreiterfunktion übernehmen Landesregierungen vor allem in traditionell hoheitlichen Bereichen im engeren Sinne (Polizei, Justiz-, Ministerial- sowie Finanz- und Steuerverwaltung) sowie der Bund im Bereich der Verteidigung. Vorsichtige Schätzungen gehen davon aus, daß am Ende des Personalabbauprozesses nur etwa 1,2 von den ursprünglich über zwei Mill. Mitarbeitern übrig bleiben. Eine Angleichung der Personalstruktur an die der alten Länder mit einem Beamtenanteil von ca. 40% würde die Verbeamtung von etwa 500.000 Arbeitnehmern bedeuten.

Die erhebliche personelle Überbesetzung des öffentlichen Dienstes der Ex-DDR erfordert einen nachhaltigen Personalabbau. Im Rahmen der personalrechtlichen Überleitung wurden im Einigungsvertrag erweiterte Kündigungsmöglichkeiten geschaffen:

- Arbeitsverhältnisse enden nach einer Ruhezeit automatisch, wenn Einrichtungen nicht weitergeführt werden;
- ordentliche Kündigungen können erfolgen u.a. bei fehlender Qualifikation, mangelndem Personalbedarf sowie der Auflösung von Verwaltungseinheiten;
- außerordentliche Kündigungen sind möglich insbesondere bei einer "besonderen persönlichen Nähe" zum SED-Regime.

---

[59] Vgl. Bispinck,R./WSI-Tarifarchiv, Tarifangleichung in kleinen Schritten. Eine Bilanz der Tarifrunde Ost 1994, WSI-Mitt 48 (1995), 164ff.

Diese in arbeitsrechtlicher Perspektive besonderen Regelungen führten zu einem raschen Abbau von mehreren hunderttausend Beschäftigten; dieser Prozeß, der sich fortsetzen wird, verschärft die Beschäftigungsprobleme in den neuen Bundesländern zusätzlich.

Die Umstrukturierung der ostdeutschen Behörden und Dienststellen dauert an. In diesem Prozeß stellen sich zwei zentrale Aufgaben: Zum einen müssen die nicht-abgewickelten Einheiten den laufenden Verwaltungsbetrieb aufrechterhalten und verbessern. Zum andern muß parallel der Neuaufbau von funktions- und leistungsfähigen Finanz- und Steuerverwaltungen, einer rechtsstaatlichen und unabhängigen Justizverwaltung, der allgemeinen Länderverwaltungen, einer effizienten Sozialversicherungs- und Arbeitsverwaltung einschließlich deren Selbstverwaltungsorgane etc. forciert werden.

Die sachgerechte Erfüllung dieser Aufgaben erfordert erhebliche Qualifizierungsanstrengungen: Die übernommenen Mitarbeiter, die häufig nicht über die benötigten Fachqualifikationen verfügen, müssen insbesondere mit den Grundzügen sowie der Anwendung des neuen Rechts vertraut gemacht werden. Hierbei ist "learning on the job" eine notwendige, aber keine hinreichende Voraussetzung. Ergänzend müssen gezielte Qualifizierungsmaßnahmen vor allem in den zentralen Verwaltungsbereichen auch "off the job" stattfinden, selbst wenn sich dadurch kurzfristig Personalengpässe verschärfen.[60] An der Durchführung der Aus- und Weiterbildung können zusätzlich freie Träger sowie verstärkt die Weiterbildungseinrichtungen von Arbeitgebern und Gewerkschaften (z.B. Stiftung Weiterbildung der ÖTV, Bildungsdienst, Sozialwerk und Akademie des DBB - BISOWE) beteiligt werden. Darüber hinaus sind personelle und finanzielle Verwaltungshilfen aus der alten Bundesrepublik unbedingt erforderlich.

3. Die europäische Einigung wirft in arbeitspolitischer Perspektive Probleme sowohl in bezug auf Arbeitsbeziehungen als auch auf Arbeitsmärkte auf. Bei den Arbeitsbeziehungen geht es vor allem um die Interessenvermittlung auf sektoraler Ebene. Die ersten Branchen- bzw. Sektoranalysen[61] zeigen, daß die transnationale Organisierung auf Seiten der Arbeitnehmer weiter fortgeschritten ist als auf der der Arbeitgeber: Der Europäische Gewerkschaftsausschuß für den Öffentlichen Dienst (EGÖD), einer von derzeit 16 im Europäischen Gewerkschaftsbund (EGB) zusammengeschlossenen supranationalen Branchenorganisation, ist als Sozialpartner anerkannt; ihm gehören sowohl die ÖTV als auch die DAG an.

---

[60] Vgl. zum generellen, auch im Westen bestehenden Problem von Weiterbildung Kühnlein,G,./Wohlfahrt,N., Zwischen Mobilität und Modernisierung. Personalentwicklungs- und Qualifizierungsstrategien in der Kommunalverwaltung, Berlin 1994.

[61] Vgl. im einzelnen Keller,B./Henneberger,F., Europäische Arbeitsbeziehungen im öffentlichen Dienst. Verbandliche Organisation und Vermittlung von Interessen, IndBez 2 (1995), 128-155.

Dem EGÖD steht aber kein supranationaler Verband der öffentlichen Arbeitgeber als Gesprächs- und/oder Verhandlungspartner gegenüber. Die notwendigen institutionellen Voraussetzungen für die Organisation eines dezentralen sozialen Dialogs auf Branchen- bzw. Sektorebene entsprechend den Vorgaben des Protokolls über die Sozialpolitik des Maastrichter Vertrages[62] sind daher nicht gegeben. Ferner beabsichtigt keiner der nationalen Akteure ernsthaft die Abgabe von Rechten an transnationale Verbände im Sinne einer Mandatierung, wodurch die Politikfähigkeit deutlich beeinträchtigt wird.

Verschiedene Strategien der Interessendurchsetzung haben unterschiedliche zeitliche Perspektiven: Kurzfristig wird das Lobbying der Verbände die effizienteste Form der Einflußnahme gegenüber EU-Organen, vor allem Kommission und Ministerrat, bleiben. Mittelfristig werden weitgehend dezentralisierte soziale Dialoge in den Teilbereichen des öffentlichen Dienstes möglich, welche grenzüberschreitende Aufgaben wahrnehmen. Kollektivverhandlungen im Sinne autonomer Tarifverhandlungen erscheinen allenfalls langfristig als Ergänzung der sozialen Dialoge möglich; bislang gibt es keine konkreten Vorbereitungen.

Mit der Vollendung des EG-Binnenmarktes Ende 1992 werden die vier "Grundfreiheiten" des uneingeschränkten Verkehrs von Waren, Kapital, Dienstleistungen und Personen realisiert.[63] Art.48 EWG-Vertrag fixiert als ein Ziel des europäischen Einigungsprozesses die Freizügigkeit der Arbeitnehmer, d.h. die Abschaffung jeder auf der Staatsangehörigkeit beruhenden unterschiedlichen Behandlung der Arbeitnehmer der Mitgliedstaaten bezüglich Beschäftigung, Entlohnung und sonstiger Arbeitsbedingungen. Dieses Gebot wird in Art.48 Abs.4 EWG-Vertrag für den Zugang zur Beschäftigung im Bereich der öffentlichen Verwaltung wieder eingeschränkt.[64]

Sowohl der Europäische Gerichtshof (EuGH) in einer Reihe von Einzelfallentscheidungen als auch die EG-Kommission in ihren politischen Absichtserklärungen haben wiederholt und deutlich den Willen erkennen lassen, die Ausnahmevorschrift des Art.48 Abs.4 EWG-Vertrag eng auszulegen. Beide Institutionen begrenzen die Beschäftigung im Beamtenstatus, die nach wie vor den jeweiligen Staatsangehörigen vorbehalten bleiben kann, auf bestimmte Kernfunktionen staatlicher Tätigkeit im Sinne klassisch-hoheitlicher Eingriffsverwaltung (u.a. Gesetzgebung, Rechtspflege, Streitkräfte, Polizei und

---

[62] Vgl. im einzelnen Kap.17.

[63] Vgl. im einzelnen Kap.17.

[64] Vgl. im einzelnen Battis,U.(Hg.), Europäischer Binnenmarkt und nationaler öffentlicher Dienst, Regensburg 1989.

sonstige Ordnungskräfte, Zoll- und Steuerverwaltung, Diplomatie). Sie fordern für alle übrigen Tätigkeiten die nichtdiskriminierende Gleichbehandlung ausländischer Gemeinschaftsangehöriger beim Zugang zum nationalen öffentlichen Dienst.[65]

Diese Entwicklung hat für die Bundesrepublik Folgen, da der Umfang des von der Freizügigkeit ausgenommenen Bereichs deutlich größer ist als von den EU-Organen intendiert. Bisher war die Wahrnehmung zahlreicher Aufgaben (u.a. in staatlichen Bildungseinrichtungen, im öffentlichen Gesundheits- und Verkehrswesen, bei öffentlichen Versorgungsbetrieben sowie bei der Bundesbahn und Bundespost) Ausländern verschlossen; Ausnahmen waren nur in wenigen Fällen vorgesehen, z.B. bei Professoren und Hochschuldozenten oder bei Vorliegen eines dringenden dienstlichen Bedürfnisses. Der Zugang zu diesen traditionell Beamten reservierten Funktionen bleibt nicht mehr nur Inländern, d.h. Deutschen im Sinne des Art.116 GG, vorbehalten, sondern wird zumindest rechtlich allen Bewerbern aus EU-Ländern ermöglicht.

Während der DBB zunächst jedwede Änderung des Beamtenrechts ablehnte, votiert er später in durchaus realistischer Einschätzung der Entwicklung aktiv für eine moderate Öffnung des Beamtenstatus für Gemeinschaftsangehörige. Demgegenüber plädiert der DGB als Interessenvertretung der drei Arbeitnehmergruppen für eine möglichst weitgehende Öffnung des Beamtenstatus. Die konsensfähige Lösung der Umsetzung der gemeinschaftsrechtlichen Vorgaben in nationales Recht bestand schließlich in der Erweiterung des Zugangs für EU-Ausländer zum Beamtentum.[66]

Aus verschiedenen Gründen setzt auch nach der Vollendung des Binnenmarktes kein Ansturm auf die deutschen Arbeitsmärkte ein.[67] Am wenigsten sind die öffentlichen Arbeitsmärkte betroffen; grundlegende Veränderungen in Umfang und Struktur der Beschäftigung sind kurz- und mittelfristig nicht zu erwarten:
- Neueinstellungen werden sich aufgrund der fortgesetzten "Konsolidierungspolitik" der öffentlichen Haushalte auch weiterhin im engen Rahmen halten, so daß trotz der Öffnung des Beamtenstatus allenfalls langfristig mit einer gewissen Zunahme des Ausländeranteils zu rechnen ist; für bereits Beschäftigte gilt ohnehin das Prinzip der Besitzstandswahrung bzw. -sicherung.

---

[65] Keller,B./Henneberger,F., Europäische Einigung und nationaler öffentlicher Dienst, WSI-Mitt 45 (1992), 18-23.

[66] Vgl. zusammenfassend Magiera,S./Siedentopf,H.(Hg.), Das Recht des öffentlichen Dienstes in den Mitgliedstaaten der Gemeinschaft. Forschungsprojekt des Forschungsinstituts für öffentliche Verwaltung bei der Hochschule für Verwaltungswissenschaften Speyer in Verbindung mit dem Bundesministerium des Innern, Berlin 1994.

[67] Vgl. im einzelnen Kap.17.

- Die Anstellung von Ausländern im privatrechtlichen Arbeitnehmerstatus als Angestellte oder Arbeiter war rechtlich schon immer unproblematisch, da die deutsche Staatsangehörigkeit für diese Gruppen keine Einstellungsvoraussetzung darstellte. Dennoch liegt die Ausländerquote z.B. bei den Gebietskörperschaften gegenwärtig unterhalb von 4%; der Anteil der ausländischen an allen sozialversicherungspflichtig Beschäftigten beträgt in der Gesamtwirtschaft ca. 8%
- Aus empirischen Untersuchungen wissen wir, daß neben formalen auch informelle Benachteiligungen bestimmter Gruppen auf Arbeitsmärkten vorkommen. Indirekte Diskriminierungen durch die gängige, aber legale Praxis der internen Rekrutierung oder informelle Diskriminierungen ausländischer Bewerber aufgrund ihrer Staatsangehörigkeit durch faktische Nicht-Honorierung formaler Qualifikationen sind nicht auszuschließen, von den Betroffenen aber kaum "gerichtsfest" nachzuweisen.
- Bei unzureichender individueller Eignung bzw. Befähigung des ausländischen Bewerbers kann ein bis zu dreijähriger Anpassungslehrgang im Sinne eines "training on the job" oder eine Eignungsprüfung verlangt werden.
- Sprachprobleme im Sinne einer mangelhaften Beherrschung der jeweiligen Amtssprache sowie die fehlende Vertrautheit mit den administrativen Gewohnheiten und institutionellen Gegebenheiten des anderen Staates werden nur schwer zu beseitigen sein.

Diese und andere Barrieren (wie soziale Bindungen, Mobilitätskosten) bedingen, daß sich die Migration aus den Mitgliedstaaten in den öffentlichen Dienst der Bundesrepublik auch weiterhin in engen Grenzen halten wird.

Kapitel 10: Öffentlicher Dienst

Einführende Literatur:

Aaron,B./Grodin,J.R./Stern,L.(eds.), Public sector bargaining, 2nd ed. Washington/D.C. 1988

Brandes,W. et al., Der Staat als Arbeitgeber. Daten und Analysen zum öffentlichen Dienst in der Bundesrepublik, Frankfurt-New York 1990

Keller,B., Arbeitsbeziehungen im öffentlichen Dienst. Tarifpolitik der Gewerkschaften und Interessenpolitik der Beamtenverbände, Frankfurt-New York 1983

Keller,B., Arbeitspolitik des öffentlichen Sektors, Baden-Baden 1993

Lewin,D. et al.(eds.), Public sector labor relations. Analysis and readings, 3rd ed. Lexington 1988

Mettelsiefen,B./Pelz,L./Rahmann,B., Verdienstdynamik im öffentlichen Sektor, Göttingen 1986

Mettelsiefen,B./Pelz,L./Rahmann,B., Verdienststruktur im öffentlichen Sektor, Göttingen 1988.

11. TECHNOLOGISCHER WANDEL UND SOZIALE FOLGEN

In engem Zusammenhang mit bereits erwähnten Fragen stehen die Probleme, welche mit Rationalisierung bzw. technischem Wandel, insbesonders seinen sozialen Folgen, zu tun haben. Dazu gehören u.a. Probleme der Veränderung der Tätigkeitsprofile, der Qualifikationsstruktur, der Anzahl der Arbeitsplätze und damit der gesamten Arbeitsmarkt- und Sozialstruktur im Kontext der sozio-ökonomischen Entwicklung.[1] In arbeitspolitischer Perspektive geht es vor allem um gesellschaftliche Beherrschung, um politische Alternativen sowie um unterschiedliche Interessen beim Einsatz der neuen Informationsverarbeitungs-, Kommunikations- und Steuerungstechnologien. Insoweit ist der alte, nicht nur in den Sozialwissenschaften lange Zeit weit verbreitete Technikdeterminismus mit seinen scheinbaren zwangsläufigen Sachgesetzlichkeiten, jene "Vorstellung einer weitgehend deterministischen Abhängigkeit der Arbeitsformen und ihrer Veränderung von der der eingesetzten Technik und ihrer Vorstellung"[2], endgültig vorbei. Es gilt vielmehr, die vorhandenen, jeweils spezifischen Gestaltungsspielräume auszuloten und zu nutzen. - Neben den Problemen, die sich im sekundären Sektor schon seit längerem ergeben, müssen wir nunmehr infolge des Einsatzes der Mikroelektronik auch Veränderungen im tertiären Sektor berücksichtigen. Rationalisierung ist kein Problem der industriellen Produktion mehr, sondern zunehmend auch eines des privaten und öffentlichen Dienstleistungssektors.

Ausgangspunkt sind vielfach traditionelle Rationalisierungskonzepte tayloristischen Zuschnitts vor allem in der inflexiblen Produktion industrieller Massengüter. Wesentliche Elemente dieser Variante, des scientific management, sind vor allem

- strikte Zerlegung der Arbeit und extreme Arbeitsteilung in der Produktion,
- Verlust des Ganzheitscharakters der Arbeit und zunehmende Fragmentierung,
- repetitive und monotone Teilarbeit, etwa in der Fließbandproduktion als Modell der Massenfertigung,
- weitgehende Dequalifizierung und Austauschbarkeit der Arbeitnehmer,

---

[1] Vgl. einführend Bergmann,J., Technik und Arbeit, in: Lutz,B.(Hg.), Technik und sozialer Wandel. Verhandlungen des 23. Deutschen Soziologentages in Hamburg 1986, Frankfurt-New York 1987,114-134; Müller-Jentsch,W./Stahlmann,M., Management und Arbeitspolitik im Prozeß fortschreitender Industrialisierung, ÖZfS 13 (1988), 5-31; Rammert,W., Technikgenese. Stand und Perspektiven der Sozialforschung zum Entstehungszusammenhang neuer Techniken, KZfSuS 40 (1988), 747-761; Bergstermann,J./Brandherm-Böhmker,R.(Hg.), Systemische Rationalisierung als sozialer Prozeß. Zu Rahmenbedingungen und Verlauf eines neuen betriebsübergreifenden Rationalisierungstyps, Bonn 1990; Rammert,W., Entstehung und Entwicklung der Technik: Der Stand der Forschung zur Technikgenese in Deutschland, JfS 32 (1992), 177-207.

[2] Lutz,B., Kann man Technik-Folgen abschätzen?, GMH 37 (1986), 565.

- strikte Trennung von ausführenden und dispositiv-planerischen Tätigkeiten (sog. vertikale Arbeitsteilung),
- Optimierung der Arbeitsmittel und -methoden sowie der Bewegungsabläufe durch "wissenschaftliche" Zeit- und Bewegungsstudien,
- strikte, zentralistische Kontrolle der Arbeitnehmer und der Produktionsergebnisse durch Spezial- bzw. Funktionsmeister,
- Regulierung durch entsprechende Arbeitsgestaltung bzw. -organisation,
- insgesamt also ein äußerst restriktiver und rigider Zugriff auf den Faktor Arbeit, der als "Störfaktor" begriffen wird.

Diese Konzepte konnten sich in einigen Branchen, wie der Massenproduktion Automobilbau, durchsetzen, in anderen, wie dem Maschinenbau mit seiner Kleinserigkeit der Maschinenfertigung, hingegen nicht.[3] Das generelle Ziel dieser Rationalisierungs- und Kontrollkonzepte à la Taylor und wenig später Ford, der diese Prinzipien auf die industrielle Massenproduktion anwendete, besteht in einer möglichst vollständigen Technisierung des Arbeitsprozesses bzw. einer möglichst weitgehenden Eliminierung des Faktors Arbeit.[4]

Demgegenüber haben wir es gegenwärtig mit einem "neuen Rationalisierungstyp" zu tun, dessen neue Rationalisierungsstrategien folgende Merkmale aufweisen:[5]
- Sie richten sich auf die Integration gesamtbetrieblicher Prozesse und nicht auf deren Zerlegung.
- Sie beziehen zwischenbetriebliche Zusammenhänge ein.
- Sie konzentrieren sich auf das elastische Potential von Technik.

Wir befinden uns in der "dritten" industriellen Revolution[6], an der "Wegscheide der industriellen Entwicklung" in der die Mikroelektronik als neue Basistechnologie eine zentrale Rolle bei der grundlegenden Umgestaltung der Produktivkräfte sowie des Arbeitsprozesses spielt.

---

[3] "Der Taylorismus hat gewiß nicht nur in der Fertigung und Montage des Maschinenbaus (bzw. der Kleinserienfertigung insgesamt) nicht reüssiert, ebenso war er wohl kaum erfolgreich in den Bereichen Konstruktion, Arbeitsvorbereitung und sekundäre Facharbeit." Manske,F., Ende oder Wandel des Taylorismus? Von der punktuellen zur systematischen Kontrolle des Produktionsprozesses, SW 38 (1987), 177.

[4] Vgl. Taylor,F.W., Die Grundsätze wissenschaftlicher Betriebsführung, Weinheim-Basel 1977; Ford,H., Das große Heute, das größere Morgen, Leipzig 1928.

[5] Vgl. Altmann,N. et al., Ein "Neuer Rationalisierungstyp" - neue Anforderungen an die Industriesoziologie, SW 37 (1986), 191ff; Manske, Ende oder Wandel des Taylorismus?, 166-180.

[6] Vgl. zusammenfassend zu den Charakteristika der drei Phasen Müller-Jentsch,W., Productive forces and industrial citizenship: An evolutionary perspective on labour relations, EID 12 (1991), 439-467; Müller-Jentsch,W., Über Produktivkräfte und Bürgerrechte, in: Beckenbach,N./van Treeck,W.(Hg.), Umbrüche gesellschaftlicher Arbeit, Göttingen 1994, 648ff.

11.1. Kern/Schumann: Das Ende der Arbeitsteilung?

Wir wollen die Probleme zunächst anhand einer Studie diskutieren, welche seit Mitte der 80er Jahre die industriesoziologische und politische Diskussion um technischen Wandel und gesellschaftliche Folgen in der Bundesrepublik beherrscht.[7] Diese "follow-up"-Studie[8] ist nicht nur als Bestandsaufnahme der Rationalisierungsentwicklung, sondern auch als Trendbestimmung der zukünftigen Entwicklung konzipiert; sie wurde vor allem in den trotz der "Krise der Wachstumsökonomie" mit Stagnationstendenzen und Strukturdefiziten noch funktionierenden industriellen Kernsektoren (besonders Automobilbau, Großchemie, Werkzeugmaschinenbau) durchgeführt. Es handelt sich also nicht um eine repräsentative Studie, sondern um Untersuchungen in technologisch avancierten Bereichen, in denen sich Entwicklungsrichtungen am ehesten erkennen und antizipieren lassen.

1. Die Verfasser vertreten die These eines arbeitspolitischen Paradigmenwechsels innerhalb des Prozesses kapitalistischer Rationalisierung weg von den traditionell dominierenden tayloristischen Prinzipien der Arbeitsorganisation als Inbegriff fremdbestimmter Arbeit hin zu einer breiter angelegten und deutlich besseren Qualifikation sowie zu ganzheitlicherem Aufgabenzuschnitt und -integration (Erhalt und Reetablierung von Facharbeit in Produktionsprozeß statt in werkstattexternen Agenturen). Diese arbeitspolitische Neuorientierung deutet hin auf einen fundamentalen Umbruch in der Nutzung der verbleibenden menschlichen Arbeit sowie auf ein "Ende der Arbeitsteilung". Diese Entwicklung in Richtung auf ein Ende der "Autonomisierung des Produktionsprozesses gegenüber lebendiger Arbeit"[9] ist Tendenz und schließt keinesfalls aus, daß andere Formen der Techniknutzung (vor allem solche tayloristischen Zuschnitts) fortbestehen. Die Autoren konstatieren eine Re-Professionalisierung der Produktions-

---

[7] Vgl. Kern,H./Schumann,M., Das Ende der Arbeitsteilung? Rationalisierung in der industriellen Produktion: Bestandsaufnahme, Trendbestimmung, München 1984; vgl. auch Kern,H./Schumann,M., Neue Produktionskonzepte haben Chancen. Erfahrungen und erste Befunde der Folgestudie zu "Industriearbeit und Arbeiterbewußtsein", SW 35 (1984), 146-158; Kern,H./Schumann,M., Industriearbeit im Umbruch - Versuch einer Voraussage, in: Lutz,B.(Hg.), Soziologie und gesellschaftliche Entwicklung. Verhandlungen des 22. Deutschen Soziologentages in Dortmund 1984, Frankfurt-New York 1985, 382-397; Kern,H./Schumann,M., Limits of the division of labour. New production and employment concepts in West German industry, EID 8 (1987), 151-170; Kern/Schumann,M., New concepts of production in West German plants, in: Katzenstein,P.J.(ed.), Industry and politics in West Germany. Towards the Third Republic, Ithaca-London 1989, 87-110.

[8] Vgl. Kern,H./Schumann,M., Industriearbeit und Arbeiterbewußtsein. Eine empirische Untersuchung über den Einfluß der aktuellen technischen Entwicklung auf die industrielle Arbeit und das Arbeiterbewußtsein, Frankfurt 1970 (Neuausgabe - mit einem Nachwort von K.P. Wittemann, Frankfurt 1985).

[9] Kern/Schumann, Ende der Arbeitsteilung, 19.

arbeit (breite berufliche Qualifikation und fachliche Souveränität als Produktivkräfte) mit einem ganzheitlichen Aufgabenzuschnitt bzw. die Wiedereinführung und Verankerung von Produktionsintelligenz in der Produktion.

Die Existenz neuer Produktionskonzepte bedeutet Verknüpfung statt Atomisierung von Arbeitsfunktionen, Nutzung statt Beschränkung von Handlungskompetenz, Professionalisierung statt Entberuflichung von Arbeitsrollen. Die Folge dieser neuen Rationalisierungsform ist eine grundlegend veränderte Nutzung der bei massiver Arbeitsplatzvernichtung verbleibenden lebendigen Arbeit mit einer steigenden qualitativen Bedeutung der menschlichen Arbeit, die nicht länger als Schranke bzw. potentieller Störfaktor der industriellen Produktion, sondern als wesentliche Produktivkraft betrachtet wird. Eine möglichst restriktive Arbeitsgestaltung mit einer weitgehenden Komprimierung lebendiger Arbeit schöpft demnach die vorhandenen Produktivitätspotentiale nicht vollständig aus; know how und Erfahrung der Arbeitnehmer werden nicht optimal genutzt.

Demgegenüber basiert das Konzept des ganzheitlich-integrierten Arbeitseinsatzes, das nicht Gefahren, sondern Chancen bietet, auf einer hohen sozialen und beruflichen Kompetenz der neuen Produktionsfacharbeiter, die herstellende und systembetreuende Funktionen gleichermaßen ausüben (Kombination von theoretischen und analytischen Fähigkeiten). Zwischen dem Einsatz neuer Technologien und dem neuer Rationalisierungsformen besteht eine Wechselwirkung.

Die gesellschaftliche Folge dieser neuen Produktionskonzepte ist eine Vertiefung der Statusdifferenzen innerhalb der Industriearbeiterschaft. Innerhalb des Interessenkonflikt-Szenarios unterscheiden Kern/Schumann vier Gruppen:
- Rationalisierungsgewinner als personelle Träger der neuen Konzepte innerhalb der industriellen Kernsektoren (vor allem moderne Produktionsfacharbeiter und Instandsetzungsspezialisten mit Qualifikationsmerkmalen wie Geschicklichkeit, Diagnosefähigkeit und Verhaltenssouveränität), die aufgrund ihrer betrieblichen bargaining power sogar einen Machtzugewinn erreichen können;
- Rationalisierungsdulder, d.h. Arbeitnehmer auf traditionellen Arbeitsplätzen in den Kernsektoren, die zwar aufgrund persönlicher Merkmale (u.a. fortgeschrittenes Alter, Fehlen polyvalenter Qualifikation, oft Ausländer und Frauen) nicht in die neuen Konzepte integriert werden können, die aber durch gesetzliche Regelungen, Tarifverträge und Betriebsvereinbarungen relativ gut gegen negative Folgen geschützt sind;
- Rationalisierungsverlierer, d.h. Arbeitnehmer in den krisenbestimmten Branchen mit erheblichem Kapazitätsabbau (u.a. Kohle, Stahl, Werften), die permanent von Arbeitsplatzverlust bedroht sind; vorhandene interne Differenzen können bei akuter Arbeitsplatzgefährdung zugunsten kollektiver Aktionen überwunden werden;

- Arbeitslose als Risikoträger des Arbeitsmarktes, deren Chancen auf Wiedereingliederung in den Produktionsprozeß sich durch die neuen Produktionskonzepte mit zunehmender Außenabschottung der betrieblichen Arbeitsmärkte und Nachfrage nach spezifischen Qualifikationen immer mehr verschlechtern.

Als Gesamtbefund ergibt sich eine zunehmende Segmentierung als moderne Variante der früher auch von Kern/Schumann behaupteten Polarisierung betrieblicher Qualifikationen, d.h. einer Dequalifizierung der Mehrheit bei einer gleichzeitigen Höherqualifizierung durch Aufgabenerweiterung einer Minderheit; weiterhin konstatieren Kern/Schumann eine deutliche Verfestigung interner Grenzlinien bzw. eine wachsende soziale Ungleichheit. Die Folge dieser "Neoindustrialisierung" ist eine zunehmende Verschärfung der Disparität der Lebensverhältnisse innerhalb der Arbeitnehmerschaft mit ungewissen Folgen für die gesellschaftliche Integration. Noch nie in der Geschichte der Bundesrepublik ist die mit industrieller Arbeit verbundene Verteilung von Risiken und Chancen so unterschiedlich gewesen wie in unserer Zeit.

Wir befinden uns in der "Inkubationsphase" einer langfristig angelegten Rationalisierungswelle mit erheblich erweitertem, qualitativ neuartigem Handlungswissen. Die neuen Konzepte sind überhaupt erst ansatzweise entwickelt, "die Hauptsache kommt erst"[10]. Wir müssen damit rechnen, daß sie sich aufgrund der entstandenen Rationalisierungspotentiale vor allem in Mittel- und Großbetrieben allmählich breiter und stärker durchsetzen werden. Für diese Vermutung spricht u.a. die Tatsache, daß das Angebot an qualifizierten Arbeitskräften erheblich gestiegen ist; insofern spielt die ökonomische Krise die Rolle eines "Geburtshelfers" der neuen Produktionskonzepte.

Weiterhin wird die Herstellung von individualisierten, hochwertigen Qualitätsprodukten sowie eine fortschreitende Produktdifferenzierung infolge von Veränderungen auf den Absatzmärkten, d.h. von Nachfrageveränderungen, die lange Zeit dominierende extensive Massenproduktion standardisierter, konstruktionstechnisch einfacher Produkte immer mehr ablösen.[11] Eine kostengünstige Anwendung der flexiblen neuen Konzepte, die vor allem auf der Entwicklung der Mikroprozessoren bzw. der Mikroelektronik basieren, wird nunmehr (z.B. durch Umprogrammierung) auch innerhalb der Kleinserienfertigung möglich. Das alte Spannungsverhältnis zwischen Automation und Flexibilität wird zum erstenmal aufhebbar ("Effizienz durch Flexibilität"). - Innerhalb dieses Umbruchs der Produktionsstruktur sind die arbeitssparenden Rationalisierungseffekte erheblich größer als die arbeitsschaffenden (sog. gesteigerte Freisetzungspotentiale statt wie frü-

---

[10] ebd. 15.

[11] Vgl. ähnlich auch Piore,J.M./Sabel,Ch., Das Ende der Massenproduktion. Studie über die Requalifizierung der Arbeit und die Rückkehr der Ökonomie in die Gesellschaft, Berlin 1985.

her Kompensationsmöglichkeiten durch arbeitsplatzschaffende Effekte). Es wird nicht genügen, auf zusätzliche Beschäftigungs- und Erwerbschancen durch Expansion der Dienstleistungssektoren, also auf Kompensation, zu setzen.

Als politische Botschaft ihrer Recherchen behaupten Kern/Schumann im Rahmen ihrer "Bandbreitenbestimmung", daß die Richtung des Wandels keinesfalls eindeutig technisch oder technologisch determiniert sei, sondern infolge der Flexibilitätspotentiale der neuen Technologien durchaus von BR und Gewerkschaften beeinflußt und politisch gesteuert werden kann, u.a. indem Linienauseinandersetzungen ausgenutzt werden, die innerhalb des Managements zwischen technisch-bornierten "Traditionalisten" und empirisch-unideologischen "Modernisten" bestehen. "Neue Produktionskonzepte" setzen sich demnach nicht zwangsläufig-naturwüchsig oder notwendigerweise durch, sondern sind grundsätzlich offen für politische Interventionen und Revisionen. Sie bieten durchaus beträchtliche Chancen; dies ist der Fall u.a. wegen dieser grundlegenden Fraktionierung des Managements in Vertreter eines neuartigen, ganzheitlich ausgerichteten Typus, der selbstverantwortliche Arbeitnehmer als kompromißfähige Interessenwahrer begreift und ihnen Gegenleistungen offeriert bzw. wegen eines konventionell technokratisch-tayloristisch orientierten Typs, der immer noch auf "Herrschaftssicherung" als Rationalisierungsziel mit dem letzten Ziel der Vollautomation setzt. Die Entscheidung darüber, welche der beiden Gruppierungen innerhalb des Managements sich letztendlich durchsetzen wird, kann auch von den Belegschaften beeinflußt werden.[12] Die Auseinandersetzung erfolgt also nicht mehr schlicht entsprechend dem alten Antagonismus bzw. Klassengegensatz von Kapital und Lohnarbeit.

Die neuen Konzepte müssen nach Kern/Schumann im Rahmen einer Politik der Modernisierung aus ihrer "privatistischen Verengung" einzelwirtschaftlicher Rationalität gelöst werden: Im Rahmen einer sozialen Steuerung der Innovation muß eine "Sozialisierung der Anpassungslasten" mit einer Umverteilung der Anpassungsleistung sowie eine soziale Steuerung unternehmerischen Handelns erfolgen (u.a. durch Entlassungsschutz und Bestandssicherung, durch sozial abgefederte und öffentlich abgestützte Ausstiege). Zu den politischen Gestaltungsaufgaben gehören u.a. die Arbeitszeitpolitik als Umverteilung des verbleibenden Arbeitsvolumens auf mehr Arbeitnehmer durch effektive Arbeitszeitverkürzungen sowie eine "Politik der offensiven Arbeitsgestaltung und Qualifizierung" (breitere Sockelqualifikation und Weiterbildung).

Arbeitnehmer und BR sind grundsätzlich skeptisch, was die Einschätzung ihrer Situation angeht; sie werden jedoch letztendlich, und sei es nur wegen eines Mangels an realisti-

---

[12] Die Kritik setzt u.a. an dieser These der grundlegenden Differenzen innerhalb der Managementstrategien an. Andererseits unterstellen andere Studien (z.B. Piore/Sabel) eine ähnliche prinzipielle Offenheit der Situation.

schen und überzeugenden Alternativen zu Maßnahmen einer Sicherung der nationalen und internationalen Konkurrenzfähigkeit des Unternehmens, den Modernisierungskonzepten zustimmen, anstatt wegen der gesamtgesellschaftlichen Folgen der Rationalisierung gegen diese zu opponieren. Ein wesentliches Problem der zukünftigen BR-Arbeit wird darin liegen, daß infolge der stark unterschiedlichen Betroffenheit durch Rationalisierungsstrategien die Interessen der verschiedenen Gruppen innerhalb der Belegschaft sich weiter ausdifferenzieren, wodurch ein Austarieren dieser Interessen immer schwieriger wird. Häufig setzen BR angesichts sich verschärfender Markt- und Konkurrenzsituationen primär auf eine Politik der Stabilisierung der Belegschaft durch Modernisierungsmaßnahmen, indem sie eine letztlich gruppenegoistisch-betriebssyndikalistische Betriebspolitik zugunsten der Interessen ihrer Wählerschaft, aber damit faktisch gegen die der Arbeitslosen betreiben.

2. Ein erster zentraler Kritikpunkt[13] betont, daß zumindest bisher breite empirische Belege für eine um sich greifende Verbreitung der neuen Produktionskonzepte nicht sehr zahlreich sind. Die Chancen einer Ausweitung scheinen "... begrenzt, und, soweit absehbar, auf Schlüsselpositionen an hochautomatisierten Prozessen beschränkt."[14] Die neuen Konzepte mit ihren qualitativ veränderten Nutzungsformen menschlicher Arbeit stellen keine umfassend-generellen, sondern lediglich "Insellösungen" dar und betreffen im wesentlichen nur ganz bestimmte Bereiche, vor allem Teile von Großbetrieben und zwar solche mit Serienfertigung. Ob es zu einer weiten Verallgemeinerung der neuen Produktionskonzepte (gewissermaßen als Muster eines generellen Wandels der industriellen Produktion) in gesellschaftlich relevantem Ausmaß bzw. Umfang wirklich kommen wird, bleibt nicht zuletzt wegen der völligen Ausklammerung bestimmter zentraler Branchen und Bereiche (z.B. Elektrotechnik, Gesamtbereich der produktionsnahen und -fernen Nichtfertigung) ungeklärt.
Auch die zukünftige Bedeutung der behandelten gegenwärtigen industriellen Kernsektoren sowie die quantitative und strategische Wertigkeit möglicher neuer, in der Studie ausgeklammerter Kernsektoren mit ganz anderen Handlungsbedingungen und -konstellationen (z.B. Kommunikationstechnologien, neue Medien) kann durchaus unterschiedlich eingeschätzt werden. Der Verallgemeinerungsfähigkeit der Ergebnisse einschließlich der politischen Schlußfolgerungen scheinen deswegen enge Grenzen gesetzt zu sein, zumal auch international vergleichend angelegte Studien fehlen.[15]

---

[13] Vgl. zusammenfassend Malsch,Th./Seltz,R.(Hg.), Die neuen Produktionskonzepte auf dem Prüfstand. Beiträge zur Entwicklung der Industriearbeit, Berlin 1987.

[14] Bergmann, Technik und Arbeit, 119.

Weiterhin bezweifeln die Kritiker vor allem, ob die weitreichende These eines arbeitspolitischen Paradigmenwechsels, wonach die veränderten Verwertungsinteressen des Kapitals einen grundlegenden, qualitativen Umbruch in Rationalisierungsstrategien bzw. in der Nutzung der verbleibenden Arbeitskraft erfordern, wirklich aufgeht und nicht lediglich einen puren Formwandel innerhalb kapitalistischer Rationalisierung unter aktuellen Bedingungen anzeigt; die vorgelegten Fallstudien scheinen ein differenzierteres Bild zu vermitteln. Eine problematische Darstellung sowie strategische Überschätzung der Bedeutung tayloristisch-fordistischer Prinzipien wird ebenso moniert wie eine Überbewertung des Einsatzes von Facharbeitern mit neuartigen Qualifikationen im Rahmen der neuen Produktionskonzepte.

Schließlich fragen Kritiker, ob Kern/Schumann die insgesamt nur recht knapp skizzierten gesellschaftspolitischen Modernisierungspotentiale[16] nicht zu einseitig positiv im Sinne "gesellschaftlichen Fortschritts" im Prozeß der Neoindustrialisierung interpretieren. Eine im Rahmen der neuen Konzepte neben der weitgehend unbestrittenen qualifikatorischen Aufwertung auch durchaus mögliche, neue verschärfte betriebliche Leistungspolitik einschließlich einer intensivierten und effizienteren Kontrollpolitik durch neue Informationssysteme der Betriebsdatenerfassung und Personalinformation[17], eine verstärkte Unterordnung der Person unter den Arbeitsprozeß sowie erheblich erweiterte interne und externe Selektionsmöglichkeiten der Unternehmen aufgrund der allgemeinen Arbeitsmarktsituation mit andauernder Massenarbeitslosigkeit werden reklamiert.

Weiterhin bemängeln Kritiker eine strategische Überschätzung der Handlungsmöglichkeiten und -fähigkeiten von BR[18] und behaupten eine strategische Überschätzung der Bedeutung der Linienauseinandersetzungen innerhalb des Managements. Die vorgeschlagenen arbeitspolitischen Lösungen, vor allem Sozialisierung der Anpassungslasten sowie Umverteilung des verbleibenden Arbeitsvolumens, werden von Kern/Schumann nicht ausführlich genug diskutiert. Die Rolle des Staates als potentieller Träger alternativer Politikkonzepte wird nicht gebührend berücksichtigt.

---

[15] Vgl. zum letzten Aspekt etwa die Studie in Piore/Sabel, die in diesem Kap. behandelt wird.

[16] Vgl. in dieser Hinsicht weiterführend Kern,H./Schumann,M., Das Ende der Arbeitsteilung? - Eine Herausforderung für die Gewerkschaften, GMH 36 (1985), 27-39; "Potential für Veränderungen". Diskussion mit Horst Kern und Michael Schumann, Sozialismus 11 (1985), 4-13; Kern,H./Schumann,M., Kontinuitätsbrüche, verschobene Problemlagen, gewandelte Orientierungen. Herausforderungen an eine Gesellschaftspolitik in den 90er Jahren, NGFH 35 (1988), 300-308 und 471-480.

[17] Vgl. hierzu empirisch fundiert auch Hildebrandt,E./Seltz,R., Gewerkschaftliche Technologiepolitik zwischen Statussicherung und Arbeitsgestaltung, in: Lutz, Soziologie und gesellschaftliche Entwicklung, 437ff.

[18] Vgl. hierzu Altmann,N./Düll,K., Rationalization and participation: Implementation of new technologies and problems of the works councils in the FRG, EID 11 (1990), 111-127.

Ein in den vorliegenden Kritiken kaum monierter Nachteil der Studie[19] besteht in ihrer ungenügenden arbeitsmarkttheortischen Fundierung etwa durch Segmentationsansätze, die unstrukturierte, berufsfachliche und betriebsinterne Arbeitsmärkte unterscheiden. Auch neue Flexibilisierungsformen (wie Leiharbeit, Teilzeitarbeit) finden kaum Berücksichtigung.[20] Schließlich werden auch die Arbeitsbeziehungen nicht systematisch einbezogen. Etliche der vorgebrachten Kritikpunkte ergeben sich wohl aufgrund von unklaren Formulierungen der Autoren. Ob ihnen etwa wirklich unterstellt werden kann, daß sie letztendlich von einem "Primat der Technik"[21] ausgehen, ist unklar. - Jüngere Forschungsarbeiten haben gezeigt, "that the new forms of rationalization and labor practices are now relatively widespread in the core industrial sectors. In these sectors a new category of worker, the so-called system regulator, has emerged and is gradualle increasing in importance as the changeover to the new production concepts occurs."[22]

3. Ein Jahrzehnt später, als die Kontroverse um lean production als "best new practice" die Diskussion bestimmte, erfolgte eine Aktualisierung dieser Bestandsaufnahme von Kern/Schumann zu der Umsetzung neuer Produktionskonzepte in zentralen Branchen (Automobil, Chemie, Maschinenbau).[23] Diese Industriezweige weisen nach wie vor deutliche Unterschiede hinsichtlich der Diffusion der neuen Produktionskonzepte auf. Im Prozeß der technologischen Entwicklung findet die Anfang der 80er Jahre vorhergesagte "Renaissance des Facharbeiters" tatsächlich statt; menschliche Arbeit verliert gerade nicht ihre Bedeutung als Produktivkraft, sondern erhält neues Gewicht im ratio-

---

[19] Diesen Nachteil vermeidet die im folgenden Absatz behandelte Studie von Baethge/Oberbeck.

[20] Dieses Manko wird später partiell aufgearbeitet in Kern/Schumann, Kontinuitätsbrüche.

[21] Bader,V.-M., Das Ende der Arbeitsteilung? Arbeitssoziologische und gesellschaftstheoretische Dichotomien als "Chance" und "Risiko". Einige kritische Bemerkungen zum Buch von Kern/Schumann, in: Malsch/Seltz, Die neuen Produktionskonzepte auf dem Prüfstand, 90.

[22] Baethge,M./Wolf,H., Continuity and change in the "German model" of industrial relations, in: Locke,R./Kochan,Th./Piore,M.(eds.), Employment relations in a changing world economy, Cambridge-London 1995, 242.

[23] Schumann,M. et al., Breite Diffusion der Neuen Produktionskonzepte - zögerlicher Wandel der Arbeitsstrukturen. Zwischenergebnisse aus dem "Trendreport - Rationalisierung in der Industrie", SW 41 (1990), 47-69; Schumann,M. et al., Zwischen Neuen Produktionskonzepten und lean production, SOFI-Mitteilungen 21 (1994), 26-35; Schumann,M. et al., Der Wandel der Produktionsarbeit im Zugriff neuer Produktionskonzepte, in: Beckenbach/Treeck, Umbrüche gesellschaftlicher Arbeit, 11-43; Schumann,M. et al., New production concepts and the restructuring of work, in: Littek,W./Charles,T.(eds.), Emerging forms of work organisation in international perspective, Berlin-New York 1995, 95-135; Schumann,M. et al., Trendreport Rationalisierung. Automobilindustrie, Werkzeugmaschinenbau, chemische Industrie, 2. Aufl. Berlin 1994.

nalisierungspolitischen Paradigmenwechsel. Die neuen Facharbeiter verrichten überwiegend nicht mehr traditionelle Handarbeit, sondern nehmen in hochtechnisierten Produktionsprozessen planende, steuernde, kontrollierende und überwachende Funktionen weitgehend selbständig und autonom wahr. Die sog. Systemregulierer gelten branchen- und industrieübergreifend als Kristallisationspunkte aktueller Organisationskonzepte, als einheitlicher neuer Typus von Produktionsfacharbeitern in der Automation sowie als strategische Schlüsselgruppe.

"Die Stoßrichtung heißt jetzt Funktionsintegration und komplexe Aufgabenstellung - eine dezidierte Revision des jahrzehntelang vorherrschenden Konzepts der Arbeitsstrukturierung."[24] Der Grad der innerbetrieblichen Arbeitsteilung wird geringer; die Handlungsspielräume bei der Gestaltung der Arbeit werden bei Enthierarchisierung erweitert. Die Kontrollpotentiale der flexiblen neuen Technologien sind zwar gestiegen; sie werden faktisch aber kaum zur strikteren und systematischeren Kontrolle individueller Leistung durch Vorgesetzte genutzt. Stattdessen bestehen die Ziele vor allem in Prozeßüberwachung und Störungsdiagnose. Der traditionelle Interessenantagonismus wird abgeschwächt zugunsten der Wahrnehmung individueller Interessen bei grundsätzlicher Kooperationsbereitschaft; ein neuer erweiterter Produktivitätspakt zwischen Kapital und Arbeit wird möglich im Prozeß der Überwindung des Taylorismus durch ganzheitlich angelegte, alle Unternehmensfunktionen umfassende Konzepte. Den Belegschaftsvertretern bleibt "vorerst nur der "arbeitspolitische Spagat" zwischen moderner Reprofessionalisierungspolitik und Bestandssicherung"[25].

Neben diesen privilegierten Gewinnern des Rationalisierungsprozesses bleiben andere Gruppen nach wie vor wichtig. "... the assessment of the various types of assembly work by the employees is that the work situation improves in relation to the extent to which the horizontal and vertical division of labour is broken down, and to which the inflexible production line principle is abandoned to create scope for performance regulation."[26] Die Segmentation innerhalb der Arbeitnehmerschaft nimmt zu.

---

[24] Schumann et al., Breite Diffusion der Neuen Produktionskonzepte, 67.

[25] Schumann et al., Der Wandel der Produktionsarbeit, 39.

[26] Schumann et al., New production concepts and the restructuring of work, 125.

11.2. Baethge/Oberbeck: Die Zukunft der Angestellten

Kern/Schumann konzentrieren ihre Untersuchungen über Folgen neuer Technologien auf ausgewählte Bereiche des produzierenden Gewerbes bzw. der industriellen Produktion. Baethge/Oberbeck[27] hingegen gehen in ihrer umfangreichen empirischen Studie über aktuelle Rationalisierungsformen ähnlichen Fragestellungen über die Veränderungen von Tätigkeitsstrukturen, Qualifikationsprofilen und Arbeitsbedingungen in zentralen Bereichen der kaufmännischen und verwaltenden Tätigkeiten nach (Banken, Versicherungen, Handels- und Industrieverwaltungen, öffentliche Verwaltung).[28]
Der Einbezug dieses Bereichs ist u.a. wichtig, weil die Produktion von Dienstleistungen einen immer größeren Teil der Gesamtproduktion ausmacht und weil aufgrund des sektoralen Strukturwandels immer mehr Arbeitnehmer im tertiären Sektor beschäftigt sind. Ähnlich wie Kern/Schumann wollen auch Baethge/Oberbeck keine repräsentative Studie durchführen; stattdessen konzentrieren sie sich auf technisch avancierte Abteilungen von technologisch weit fortgeschrittenen Dienstleistungsbetrieben und Verwaltungen mit dem Ziel, Entwicklungen und soziale Folgen neuer Informations- und Kommunikationstechnologien in kaufmännischen und verwaltenden Dienstleistungsbereichen abzuschätzen. Beide Arbeiten stehen also in einem komplementären Verhältnis zueinander.
Das zentrale Ergebnis der Untersuchung über die Auswirkungen organisatorischer und technischer Rationalisierung auf Arbeitssituation, Qualifikation und Beschäftigung ist der Nachweis eines neuen Rationalisierungstyps, der <u>systemischen Rationalisierung</u>. Diese konsequente Technisierung mit einer neuen Dynamik ist dadurch gekennzeichnet, "daß unter Nutzung neuer, mikroelektronisch basierter Datenverarbeitungs- und Kommunikationstechnik der betriebliche und überbetriebliche Informationsfluß, die Kommuni-

---

[27] Baethge,M./Oberbeck,H., Zukunft der Angestellten. Neue Technologien und berufliche Perspektiven in Büro und Verwaltung, Frankfurt-New York 1986; vgl. auch Baethge,M./Oberbeck,H., Zur These der Kompensation von Rationalisierungseffekten in der Produktion durch Ausweitung von Dienstleistungen - am Beispiel kaufmännischer und verwaltender Tätigkeiten, SW 36 (1985), 226-241; Baethge,M./Oberbeck,H., Zur Entwicklung von Arbeit und Beschäftigung im Dienstleistungssektor, in: Altvater,E. et al., Arbeit 2000, Hamburg 1985, 51-75; Baethge,M./Oberbeck,H., Systemische Rationalisierung von Dienstleistungsarbeit und Dienstleistungsbeziehungen: Eine neue Herausforderung für Unternehmen und wissenschaftliche Analyse, in: Rock,R./Ulrich,P./Witt,F.(Hg.), Strukturwandel der Dienstleistungsrationalisierung, Frankfurt-New York 1990, 149-175.

[28] Vgl. zum Dienstleistungssektor auch Littek,W./Heisig,U., Rationalisierung von Arbeit als Aushandlungsprozeß. Beteiligung bei Rationalisierungsverläufen im Angestelltenbereich, SW 37 (1986), 237-262; Littek,W./Heisig,U./Gondek,H.-D.(Hg.), Dienstleistungsarbeit. Strukturveränderungen, Beschäftigungsbedingungen und Interessenlagen, Berlin 1991; Littek,W./Heisig,U./Gondek,H.-D.(Hg.), Organisation von Dienstleistungsarbeit. Sozialbeziehungen und Rationalisierung im Angestelltenbereich, Berlin 1992; Trautwein-Kalms,G.(Hg.), KontrastProgramm Mensch-Maschine. Arbeiten in der HighTech-Welt, Köln 1992.

kation über und die Kommunikation von Daten, die Organisation der Betriebsabläufe und die Steuerung der unterschiedlichen Funktionsbereiche in einer Verwaltung bzw. in einem Unternehmen in einem Zug neu gestaltet werden"[29].

Bis gegen Ende der 70er Jahre dominierten punktuelle und einzelfunktionsbezogene Rationalisierungsmaßnahmen besonders bei den technischen Arbeitsmitteln, wie Schreibmaschine, Telefon, Formulare, Rechenmaschine, vor allem im Bereich der operativen Massentätigkeiten; diese bezogen sich vor allem auf Hilfsfunktionen und routinisierte Vorgangsbearbeitungen. Nunmehr ergeben sich in einer Umbruchsituation von Techniknutzungskonzepten qualitativ völlig neue Möglichkeiten einer zeitlich entstrukturiert-kontinuierlichen, raum- und funktionsübergreifenden, den betrieblichen Gesamtzusammenhang einbeziehenden Rationalisierungsform mit dem Ziel einer Optimierung der betrieblichen Arbeitsabläufe bzw. der Geschäftspolitik. Es handelt sich nicht mehr um vereinzelte und isolierte Entwicklungen, sondern um deutliche und systematische Tendenzen in nahezu allen Bereichen der Dienstleistungsunternehmen. Zentrales Ziel dieser neuen Form mikroelektronisch basierter Rationalisierung ist die bessere Organisierung der Gesamtheit von Markt- und Austauschprozessen (integrative Organisationskonzepte) und nicht unbedingt eine Reduzierung der Personalkosten oder die vollständige Eliminierung menschlicher Arbeit.

Baethge/Oberbeck konstatieren die Existenz neuer Arbeitsstrukturen in den marktbezogenen Funktionsbereichen bzw. einen grundlegenden quantitativen und qualitativen Wandel in den betrieblichen Nutzungsstrategien der Arbeitskraft. Dieser Perspektivenwechsel betrieblicher Rationalisierung verläuft von einem anderen, dienstleistungsspezifischen Ausgangspunkt als im Produktionssektor deutlich weg von traditionellen tayloristischen, restriktiven Rationalisierungskonzepten nach dem Prinzip einer immer weiter zu treibenden Arbeitsteilung, einer stärkeren Spaltung von ausführenden und planenden Tätigkeiten sowie einem Ersatz von Arbeit durch Kapital ("Taylorisierung geistiger Arbeit").

Stattdessen tendiert die Entwicklung zu ganzheitlichen und integrierten Gestaltungsformen der Arbeitsorganisation (u.a. Erhöhung der inhaltlichen Komplexität, Aufgabenerweiterung bzw. -integration, Komprimierung der Arbeit auf komplizierte Zusammenhänge); nicht-tayloristische Einsatzformen der neuen Techniken erfüllen nun die Unternehmensziele besser als tayloristische. Optimale Rationalisierungserfolge in Hinsicht auf Marktanalyse und -steuerung entstehen gerade in den marktbezogenen Funktionsbereichen erst aus der Kombination des Einsatzes neuer (Informations- und Kommunikations-)Techniken und der Nutzung qualifizierter Arbeit.[30]

---

[29] Baethge/Oberbeck, Zukunft der Angestellten, 22.

[30] Ganz ähnlich argumentieren Kern/Schumann für den Produktionssektor, indem sie der menschlichen

Innerhalb sich verändernder Qualifikationsprofile nimmt die Bedeutung und Wertigkeit der berufsfachlichen, ausgeprägten analytischen und differenzierten sozialkommunikativen Kompetenzen deutlich zu. Die generellen, betriebs- und branchenübergreifend festgestellten Folgen systemischer Rationalisierung sind die einer "Renaissance der Fachqualifikation" sowie "einer polarisierenden Verschränkung von dequalifizierenden und qualifizierenden"[31] Tätigkeiten, d.h. eine Gleichzeitigkeit von Entwertung und Aufwertung der fachlichen Qualifikation (beschäftigungsstrukturelle Ausprägung durch alle Branchen). Interne und externe Polarisierungstendenzen bzw. deutliche Aufwertung der neustrukturierten Fachqualifikation vs. Dequalifizierung der innerbetrieblichen Administrationsfunktionen durch konsequente Technisierung sowie verschärfte Leistungsanforderungen durch intensivere Nutzung des Arbeitsvermögens und deutlich erhöhte Kontrollmöglichkeiten der Arbeitsabläufe (bei erweiterten Autonomiespielräumen) verlaufen parallel.

Insgesamt ergibt sich trotz steigender Qualifikationsanforderungen eine strukturelle Schwächung der betrieblichen Position des einzelnen Angestellten in der verfestigten innerbetrieblichen Machtkonstellation. Die in der Literatur gerade in bezug auf Angestelltentätigkeiten häufig vertretene These einer mehr oder weniger breiten und massiven Dequalifizierung des menschlichen Arbeitsvermögens kann definitiv nicht als Generalnenner der Wirkung der neuen Informations- und Kommunikationstechnologien gelten. Dequalifizierung erfolgt nicht primär in der Arbeit, sondern durch Ausschluß aus der Arbeit.

Die Veränderung der betrieblichen Macht- und Entscheidungsstrukturen verläuft in Richtung auf eine Stärkung zentraler Steuerungspotentiale auf der Leitungsebene vor allem durch die Nutzung von Managementinformationssystemen zur Kontrolle und eine damit verbundene Schwächung dezentralisierter Betriebseinheiten der Fachabteilungen. Die Betriebe haben drei zentrale, miteinander zu kombinierende Nutzungsinteressen an der neuen Technik: Verbesserung der internen und externen Dienstleistungsqualität, Steuerung der Geschäftspolitik sowie bessere Nutzung des Arbeitskräftepotentials. Automation um jeden Preis ist nicht mehr das letzte Ziel; inzwischen bestimmt eine gezielte Auswahl von spezifischen Formen der Technikunterstützung und -steuerung die neuen Rationalisierungsstrategien (Strategien der Technikselektion).

Arbeitskraft bzw. dem Facharbeiter neuen Typs einen zentralen Stellenwert zuerkennen.

[31] Baethge/Oberbeck, Zukunft der Angestellten, 287f.

Ähnlich wie Kern/Schumann für die industrielle Produktion konstatieren Baethge/Oberbeck für die Dienstleistungssektoren eine <u>fortschreitende Segmentierung der Arbeitsmärkte</u>: In den relativ stabilen Groß- und Mittelbetrieben der Kernsektoren bestehen einerseits Arbeitsplätze, die Chancen zur Requalifizierung bzw. zur verstärkten Aktualisierung von Fachkompetenz bieten. Andererseits werden diese qualifizierten Tätigkeitsbereiche zunehmend abgeschottet; innerbetriebliche Mobilitätschancen hängen immer stärker vom Erwerb zusätzlicher, vor allem analytischer und abstrakter, Qualifikationen ab. Die langfristig angelegte betriebliche Personalpolitik zielt aufgrund hoher Aus- und Weiterbildungskosten deutlich auf eine enge Betriebsbindung der qualifizierten Mitarbeiter.

Randbedingungen dieser Strategien der forcierten internen Personalrekrutierung und verschärften Selektion sind vor allem ein im Vergleich zu früher deutlich gestiegenes Niveau der schulischen Bildung mit einer zunehmenden Formalisierung der Ausbildungsvoraussetzungen sowie aufgrund der veränderten allgemeinen Arbeitsmarktsituation ein dauerhaftes Überangebot an qualifizierten Arbeitskräften. Dieser "Refeudalisierung von Arbeitsverhältnissen" entspricht eine "Re-Syndikalisierung" bzw. ein neuer Korporatismus der Interessenvertretungen der Arbeitnehmer. Die schlecht qualifizierten Arbeitnehmer haben infolge der selektiv verstetigenden Personalpolitik zugunsten der qualifizierten Kernbelegschaft kaum innerbetriebliche Aufstiegsmöglichkeiten bzw. berufliche Perspektiven.[32]

Auch in der Makroperspektive verbreitert sich die Kluft zwischen internen und externen Arbeitsmärkten: Aufgrund von Produktivitätseffekten sinkt das Arbeitsvolumen absolut oder zumindest relativ. Während bis in die frühen 70er Jahre Arbeitsplatzverluste im primären und sekundären Sektor durch zusätzliche Arbeitsplätze im Dienstleistungssektor kompensiert werden konnten, sind in Zukunft solche intersektoralen Ausgleichsprozesse nicht mehr zu erwarten, da in allen zentralen Bereichen der Wirtschaft zeitlich parallel Rationalisierungsmaßnahmen stattfinden. Die Aufnahmekapazitäten der Dienstleistungsbereiche sind trotz steigender Geschäftsvolumina deutlich zurückgegangen; eine Kompensationsfunktion des tertiären Sektors ist nicht mehr gegeben. Diese Tendenzen einer sich verschärfenden Spaltung zwischen hoch qualifiziertem internen und schlecht qualifiziertem externen Segment werden verstärkt durch Externalisierungsprozesse weniger oder sogar hoch qualifizierter Tätigkeiten (u.a. Reinigungs-, Wartungstätigkeiten). Diese Strategien werden für die Unternehmen aufgrund und mit Hilfe der neuen Technologien mit einer übersichtlichen Kostenkalkulation möglich.

---

[32] Vgl. zu ähnlichen allgemeinen Resultaten auch Windolf,P./Hohn,H.W., Arbeitsmarktchancen in der Krise. Betriebliche Rekrutierung und soziale Schließung, Frankfurt-New York 1984.

Diese Spaltungstendenzen haben soziale Risiken und Chancen, die weit über den Erwerbsbereich hinaus und in sozialstrukturelle Bedingungen hinein wirken: Den privilegierten Inhabern qualifizierter Produktions- und Dienstleistungsarbeitsplätze steht eine Gruppe von stabil Ausgegrenzten gegenüber. Neben diesem Widerspruch zwischen internem und externem Arbeitsmarkt, zwischen Arbeitsplatzbesitzern und Arbeitslosen, vertieft sich auch die Spaltung innerhalb der Betriebe. Dadurch wird für die Gewerkschaften das Problem einer eindeutigen Definition der Interessenlage von Angestellten immer schwieriger.

Als politisches und damit gesellschaftlich gestaltendes Gegenmittel fordern Baethge/Oberbeck eine konsequente Politik der Umverteilung qualifizierter Arbeit durch Arbeitszeitverkürzung mit entdifferenzierender Arbeitsorganisation und einem neuen Mischungsverhältnis von qualifizierten und weniger qualifizierten Tätigkeitselementen. Verschiedene, gerade in den marktbezogenen Abteilungen durchaus vorhandene Alternativen bei der konkreten Ausgestaltung der neuen Rationalisierungstechniken müssen ausgeschöpft, eingeschlagene Wege können korrigiert werden.[33] Vor allem die Gewerkschaften müssen gestalterische Strategien einer "Integration von betrieblicher und gesellschaftlicher Steuerung des ökonomisch-technischen Wandels" entwickeln, um der fortschreitenden Spaltung des Arbeitsmarktes entgegenzuwirken.

11.3. Piore/Sabel: Das Ende der Massenproduktion

Auch Piore/Sabel[34], Repräsentanten der "New Wave Anglo-Saxon students of economic life"[35], befassen sich mit unterschiedlichen Strategien industrieller Entwicklung, deren Vergangenheit sowie Entwicklungsmöglichkeiten in der Zukunft. Sie unterscheiden ausgehend von den USA im internationalen Vergleich (vor allem Italien, Japan, Frankreich, Bundesrepublik) zwei in der historischen Analyse auffindbare Formen:
- die lange Zeit dominierende Massenproduktion als technologisches Paradigma der Herstellung gängiger standardisierter Massengüter durch den Einsatz spezialisierter Produktionsmittel und angelernter Arbeitskräfte
- sowie als durchaus vollwertige Alternative die handwerklich-kleingewerbliche Produktionsform, die unter Einsatz hoch qualifizierter Arbeit in regionalen Ökonomien

---

[33] Ähnlich argumentieren auch Kern/Schumann und Piore/Sabel.

[34] Vgl. Piore/Sabel, Das Ende der Massenproduktion. Zahlreiche Gedanken finden sich schon in Sabel,Ch., Work and politics. The division of labour in society, Cambridge 1982; vgl. auch Piore,M.J., Computer technologies, market structure, and strategic union choices, in: Kochan,Th.A.(ed.), Challenges and choices facing American labor, Cambridge-London 1985, 193-204; Piore,M., Fissure and discontinuity in U.S. labor management relations, in: Rosenberg,S.(ed.), The state and the labor market, New York-London 1989, 47-61.

[35] Rose,M., Book reviews, ESR 3 (1987), 78.

flexible Maschinen zu größerer Produktivität entwickelt und durch mehr Flexibilität technologische Differenzierung und Verfeinerung hervorbringt.

Die handwerklich-kleingewerbliche Produktionsform wurde an der "ersten industriellen Wegscheide" im frühen 19. Jahrhundert, als die Richtung der technologischen Entwicklung schon einmal zur Disposition stand, weitgehend aufgegeben, hat aber in Teilbereichen und bestimmten Regionen durchaus überlebt und war erfolgreich. Welche Technologie sich letztendlich durchsetzen wird, hängt weitgehend von der Struktur der Märkte für ihre jeweiligen Produkte ab und ist nicht durch irgendwelche Notwendigkeiten determiniert.

Nach Meinung von Piore/Sabel befinden wir uns an der "zweiten Wegscheide der industriellen Entwicklung"; die grundsätzliche Richtung der technologischen Entwicklung steht erneut zur Disposition. Die Ökonomie der Massenproduktion, die entscheidend auf der Herausbildung zunächst moderner Großkonzerne, später des Keynesianismus als Ausbalancierung von Produktion und Komsumtion basiert, ist in eine ernsthafte Regulationskrise der Mechanismen institutioneller Kreisläufe zur Verbindung und zum Ausgleich von Produktion und Konsumtion geraten. Diese Krise auf Mikro- und Makroebene entstand

- sowohl aufgrund externer Erschütterungen und Fehlern in den politischen Antworten (soziale Unruhen der späten 60er und frühen 70er Jahre, Übergang des internationalen Währungssystems von festen zu flexiblen Wechselkursen, ungeheure Anstiege der Ölpreise 1973 und 1979, weltweiter ökonomischer Abschwung infolge der Hochzinspolitik der USA)
- als auch aufgrund langfristig angelegter Tendenzen, d.h. interner struktureller Grenzen (Unterkonsumtionskrise, also Sättigung der Konsumgütermärkte in den Industrienationen als Konsequenz der Ausdehnung der Massenproduktion, Geschmacksveränderungen, Rohstoffverknappungen).

Piore/Sabel beschreiben Bedingungen, unter denen im Gegensatz zur Massenproduktion Wettbewerb und Kooperation, die durch politische Institutionen vermittelt werden, sich nicht wie im Modell von Markttransaktionen ausschließen, sondern sich komplementär zueinander verhalten. Sie machen anhand von historisch angelegten Fallstudien in verschiedenen Industrienationen vor allem sich ausbreitende flexible spezialisierte Produktionsformen aus. Die auf Massenproduktion basierende industrielle Entwicklung spezialisierter Ressourcen, d.h. Produktion standardisierter Massengüter unter Einsatz hochspezialisierter, produktspezifischer Maschinen und angelernter Arbeitskräfte, wird zunehmend abgelöst durch die Herstellung spezialisierter Güter mit allgemeinen Produktionsmitteln, d.h. mit Hilfe von flexiblen Maschinen und umfassend qualifizierten Arbeitskräften.

Diese Strategie permanenter Innovation "beruht auf flexibler, für verschiedene Produktionszwecke einsetzbarer Technologie, auf den Fähigkeiten qualifizierter Arbeiter und darauf, daß auf politischem Wege eine industrielle Kommune geschaffen wird, die den Wettbewerb so einschränkt, daß nur die Innovation gefördert wird. Die Ausdehnung der flexiblen Spezialisierung führt daher zu einer Wiederauflebung handwerklicher und kleingewerblicher Produktionsformen, die an der ersten industriellen Wegscheide an den Rand gedrängt wurden"[36]. Computerunterstützte Fertigung (programmierte Montage) wird durch technologische Entwicklungen auch bei kleineren Produktionszahlen unterhalb der rigiden seriellen standardisierten Massenproduktion möglich; sie ist flexibel und durch die mögliche Anpassung der hoch entwickelten Ausrüstung an neue Verwendungsarten (in Form der Neuprogrammierung) auch kostengünstig.

Welches Paradigma der technologischen Entwicklung, nämlich
- internationaler bzw. multinationaler Keynesianismus als politische Strategie der Makroregulierung in Form einer Fortsetzung der Massenproduktion durch Ausrichtung der Produktionseinrichtungen und Märkte der entwickelten Industrienationen an die Länder der dritten Welt
- oder flexible Spezialisierung als eigenständige Entwicklungsbahn mit mikro-regulatorischen Institutionen und makroökonomischer Stabilisierung

sich letztendlich durchsetzen wird, ist grundsätzlich offen. Die Entscheidung über die einzuschlagende Strategie ist politisch gestaltbar; vielleicht sind sogar beide miteinander vereinbar und aufeinander angewiesen. Der alte Glaube an Technikdeterminismus wird endgültig zu Grabe getragen. Jedenfalls ist das System der Massenproduktion nicht der einzig mögliche Weg des technischen Fortschritts.

Die Makroökonomie der flexiblen Spezialisierung dürfte keine besonderen Schwierigkeiten bieten. Mikroregulierung in kommunitären Ökonomien mit Regionalisierung der Produktion basiert auf folgenden Voraussetzungen:
- Kombination von Flexibilität und Spezialisierung,
- Zugangsbeschränkung,
- Förderung von innovativem Wettbewerb,
- Behinderung von innovationsfeindlichem Wettbewerb.

Preise als Allokationsparameter haben in diesem Modell nur eine begrenzte Funktion; Gesellschaft und Ökonomie gehen wieder ineinander über ("Rückkehr der Ökonomie in die Gesellschaft"), die Firmen sind in ihr Gemeinwesen, in kommunale Institutionen, eingebettet. Die Machtbalance bzw. Kooperation zwischen Kapital und Arbeit wird

---

[36] Piore/Sabel, Das Ende der Massenproduktion, 26; ähnlich auch Sabel,Ch., Struktureller Wandel der Produktion und neue Gewerkschaftsstrategien, Prokla 16 (1986), 44ff.

jeweils länderspezifisch ausgehandelt. Flexible Spezialisierung ist nicht an ein bestimmtes politisches System gekoppelt.[37]

Ähnlich wie Kern/Schumann und Baethge/Oberbeck konstatieren auch Piore/Sabel eine "Requalifizierung der Arbeit" im Rahmen der flexiblen Spezialisierung auf der Basis hochentwickelter Technologien.[38] Im Vergleich zum System der Massenproduktion, welches die Herrschaft spezialisierter Maschinen über schlecht qualifizierte Arbeitskräfte bedeutet, sind breite und vielseitige Qualifikationen und Fertigkeiten notwendig; die Kontrolle des Menschen über den Produktionsprozeß ist wieder hergestellt. Daraus resultiert eine zentrale Position der Arbeitnehmer mit entsprechender Verhandlungsmacht innerhalb des Systems flexibler Spezialisierung.[39] Im übrigen werden die neuen Produktionsformen auch den Charakter der Gewerkschaften verändern.[40]

11.4. MIT: Lean Production

Die Studie des MIT[41] untersucht am symbolhaften Beispiel der Automobilindustrie in Japan, Nordamerika und Europa den Transformationsprozeß vom älteren Konzept der Massenproduktion à la Ford zu dem neueren der "schlanken Produktion" à la Toyota, der dem bereits diskutierten Paradigmenwechsel von der Handwerks- zur Massenproduktion durchaus gleichkommt. Die Studie schreibt dem Konzept der lean production universellen Charakter zu; es kann aufgrund seiner deutlichen Wettbewerbsvorteile gegenüber der klassischen Massenproduktion immer und überall Anwendung finden und wird sich im Laufe des Jahrzehnts als globales Produktionssystem allmählich etablieren.

---

[37] Vgl. hierzu weiterführend Sabel,Ch., The reemergence of regional economies. Discussion paper FS I 89-3, Wissenschaftszentrum Berlin für Sozialforschung 1989.

[38] Vgl. zur Kritik Brandt,G., Das Ende der Massenproduktion - wirklich?, in: Erd,R./Jacobi,O./Schumm, W.(Hg.), Strukturwandel in der Industriegesellschaft, Frankfurt-New York 1986, 103-122; zusammenfassend zur gesamten Diskussion Gahan,P., Forward to the past? The case of new production concepts, in: Dabscheck,B./Griffin,G./Teicher,J.(eds.), Contemporary Australian industrial relations. Readings, Melbourne 1992, 451-475.

[39] Eine Fallstudie konnte derartige Vermutungen nicht bestätigen. Vgl. Christopherson,S./Storper,M., The effects of flexible specialization on industrial politics and the labor market: The motion picture industry, ILRR 42 (1989), 331. Eine andere Fallstudie bestätigt die Thesen von Piore/Sabel. Vgl. Streeck,W., Kollektive Arbeitsbeziehungen und industrieller Wandel: Das Beispiel der Automobilindustrie, in: Martens,H./Peter,G.(Hg.), Mitbestimmung und Demokratisierung. Stand und Perspektiven der Forschung, Wiesbaden 1989, 188-215.

[40] Vgl. auch Piore,M., The decline of mass production and the challenge to union survival, IRJ 17 (1986), 207-213.

[41] Womack,J.P./Jones,D.T./Roos,D., The machine that changed the world. The story of lean production, New York 1990.

1. Die handwerkliche Produktion war gekennzeichnet durch hochgradig qualifizierte Arbeitnehmer, starke Dezentralisierung der Organisation, Einsatz vielseitiger Maschinen, niedriges Produktionsvolumen und hohe Preise bzw. Produktionskosten, was zu deutlichen Wettbewerbsnachteilen führte. Bei dem zu Anfang des 20. Jahrhunderts entwickelten Modell der Massenproduktion hingegen, das durch vollständige Austauschbarkeit sowohl von Arbeitnehmern als auch von Produktionsteilen und deren leichte Verknüpfung charakterisiert ist, stellt eine große Zahl von un- oder angelernten Arbeitnehmern mit Hilfe von teuren, für einen ganz bestimmten Zweck konstruktierten Maschinen hochgradig standardisierte Massenprodukte in sehr großer Stückzahl zu relativ niedrigen und deswegen für viele Verbraucher erschwinglichen Preisen her. Das Prinzip der Arbeitsteilung wird durch die systematische Einführung des Fließbandes sowie durch die strikte Trennung von anspruchsvollen, planenden und einfachen, ausführenden Funktionen auf die Spitze getrieben.[42] Innerhalb der sehr großen Organisationen dominiert das Prinzip der vertikalen Integration, d.h. alle für die Produktion benötigten Teile werden im Unternehmen selbst und ohne die Notwendigkeit einer Unterstützung von außen hergestellt; die Lagerhaltung erreicht einen beträchtlichen Umfang. Inflexibilität - nicht nur der spezialisierten Maschinen und Werkzeuge, sondern auch der standardisierten Produkte - wird letztendlich zum entscheidenden Nachteil dieses Modells, welches aufgrund seiner erheblichen Kosten- und damit Wettbewerbsvorteile gegenüber älteren Produktionsverfahren im Laufe der Jahrzehnte vor allem in Nordamerika und Westeuropa allmählich diffundierte, bevor es schließlich stagnierte.

Demgegenüber kombiniert das völlig andersartige Produktionsmodell der lean production, welches japanische Unternehmen nach dem II. Weltkrieg sukzessiv entwickelten und welches u.a. auch deren Transplants in den USA einsetzen, die Vorteile der Handwerks- und Massenproduktion, indem es sowohl die hohen Kosten der ersteren als auch die Rigidität der letzteren vermeidet.[43] "Lean production ... is "lean" because it uses less of everything compared with mass production - half the human effort in the factory, half the manufacturing space, half the investment in tools, half the engineering hours to develop a new product in half the time. Also, it requires keeping far less than half the needed inventory on site, results in many fewer defects, and produces a greater

---

[42] Die dem Modell der Massenproduktion korrespondierende Gewerkschaftsbewegung, "job control unionism", etabliert strikte Senioritätsrechte, eine stetig zunehmende, detaillierte Liste sog. work rules sowie Kompensationen für Entlassungen. Insgesamt bleibt für den europäischen Leser die Behandlung der Probleme von Arbeitnehmervertretungen recht rudimentär. Vgl. Womack et al., Lean production, 252f.

[43] "... lean production combines the best features of both craft production and mass production - the ability to reduce costs per unit and dramatically improve quality while at the same time providing an ever wider range of products and ever more challenging work." Womack et al., Lean production, 277.

and ever growing variety of products."[44] Vielfältig qualifizierte Arbeitnehmer produzieren durch Einsatz hochgradig flexibler, zunehmend automatisierter Maschinen qualitativ hochwertige Produkte in großer Vielfalt.

Die zentralen Merkmale dieses sämtliche Etappen des Produktionsprozesses von der Planung über die Herstellung bis zu Koordination der Zulieferer und Kundenbeziehungen - und nicht nur die zumeist analysierte Montage - umfassenden Konzepts sind[45]:

- lean enterprise: Ersatz der Hierarchien durch dynamisches team work als Herzstück der lean factory, Installierung eines umfassenden und schnell reagierenden Systems der Fehleranalyse, Dezentralisierung der größtmöglichen Zahl von Aufgaben sowie der Verantwortung an den einzelnen Arbeitnehmer in der Produktion, deutliche Erhöhung sowie Verbreiterung des individuellen Qualifikationsniveaus und lebenslange Beschäftigung mit wechselseitig eingegangenen, langfristigen bis lebenslangen Verpflichtungen zwischen Unternehmen und Beschäftigten; intensive und permanente Bemühungen aller Beteiligten um kontinuierliche, allmähliche Verbesserungen innerhalb des Produktionsprozesses ("kaizen"), weswegen die ansonsten gegebene Notwendigkeit zu umfangreichen und teuren Nacharbeiten entfällt,
- lean design: Neuorganisation von Entwicklungsprozessen bzw. Techniken des lean design in bezug auf Führung des Entwicklungsteams, enges teamwork, Intensivierung der Kommunikation mit dem Ziel effizienter Problemlösung und simultane Entwicklung zwischen Abteilungen und Projektteam mit dem Ziel, Zeit und Mühen im Entwicklungsprozeß zu sparen sowie Wettbewerbsvorteile durch größere Produktvielfalt und schnelleren Produktwechsel bzw. kürzere Modellzyklen zu erzielen,
- lean supply: systematischer Einbezug der frühzeitig ausgesuchten, zumeist mit dem Unternehmen bereits kooperierenden Lieferanten in den Entwicklungsprozeß neuer Produkte ("to make or to buy"), Reorganisation der Versorgungsketten und des Materialflusses durch enge, wechselseitig vorteilhafte Zusammenarbeit mit einer begrenzten Anzahl größerer, privilegierter Zulieferer ("first-tier suppliers"), die auf der Basis langfristig abgeschlossener, damit risikominimierender und kooperationsfördernder Verträge die von ihnen nicht nur gefertigten, sondern häufig auch konstruierten Produkte in viel kürzeren Intervallen, wesentlich billiger und mit deutlich höheren Qualitätsstandards direkt, d.h. gänzlich ohne Lagerhaltung in den Produktionsprozeß des lean assemblers liefern ("just-in-time concept"),

---

[44] Womack et al., Lean production, 13.

[45] "The truly lean plant has two key organizational features: It transfers the maximum number of tasks and responsibilities to those workers actually adding value to the car on the line, and it has in place a system for detecting defects that quickly traces every problem, once discovered, to its ultimate cause." Womack et al., Lean production, 99.

- lean distribution: Entwicklung langfristig angelegter, loyaler Beziehungen zwischen Produzenten, Händlern und Kunden durch Einbindung des Händlers in den Produktions- und des Käufers in den Entwicklungspozeß, d.h. Integration eines aktiv-aggressiven, stark serviceorientierten Verteilungssystems in das gesamte Produktionssystem,
- managing the lean enterprise: Veränderung der Unternehmensführung in bezug auf langfristig angelegte, gruppenförmig orientierte Finanzierung, Ausrichtung der Personalführung an eine Karriereplanung für alle Beschäftigten sowie enge Koordination eines schlanken, multiregionalen Produktionssystems vom Design bis zur Montage, das an ganz bestimmten, den wichtigsten regionalen Absatzmärkten (Nordamerikas, Europas, Ostasiens) benachbarten Orten konzentriert wird; dessen Organisation im Rahmen des global operierenden Unternehmens bereitet vor allem in bezug auf die Mitarbeiter Probleme.

In einer "zweiten" industriellen Revolution soll die Massen- von der aus verschiedenen Gründen überlegenen schlanken Produktion abgelöst werden. "First, lean production dramatically raises the threshold of acceptable quality to a level that mass production ... cannot easily match. Second, lean production offers ever-expanding product variety and rapid responses to changing consumer tastes, something low-wage mass production finds hard to counter except through ever lower wages ... a third advantage of lean production is that it dramatically lowers the amount of high-wage effort needed to produce a product of a given description, and it keeps reducing it through continuous incremental improvement ... Finally, lean production can fully utilize automation in ways mass production cannot, further reducing the advantage of low wages."[46]

Die in einer komplizierten Transformationsphase auftretenden zahlreichen Schwierigkeiten, die möglichst schnell behoben werden müssen, haben ihre Ursachen sowohl im internen Produktions- als auch im politischen System (u.a. zyklische Muster auf dem Automobil- und Arbeitsmarkt, Karrierevorstellungen der Arbeitnehmer, Akzeptanzprobleme der japanischen Strategien für nationale Politiken und Öffentlichkeit, Widerstand der Großunternehmen der Massenproduktion). Da die Ablösung der Massen- durch die schlanke Produktion in einer Periode weitgehend gesättigter Absatzmärkte erfolgt, werden zahlreiche Arbeitsplätze unwiderruflich wegfallen[47]; als Gegenstrategien werden öffentliche Unterstützung und Qualifizierung für Tätigkeiten außerhalb des traditionellen produzierenden Bereichs empfohlen. Außerdem wird sich der Inhalt aller verbleibenden Tätigkeiten deutlich verändern.

---

[46] Womack et al., Lean production 260f.

[47] "... lean production displaces armies of mass-production workers who by the nature of this system have no skills and no place to go." Womack et al., Lean production, 236, ähnlich auch 259.

2. Die MIT-Studie hat eine heftige und kontroverse Diskussion ausgelöst.[48] "This book has been discussed far more widely in Germany than in the United States largely because of the more insular nature of the German business community and the relative novelty of Japanese transplants for most German employers."[49] Diese Entwicklung, die schnell zu einer Reihe von von Praktikern und Unternehmensberatern verfaßten "how to do"-Ansätzen führte[50], ist nicht überraschend, da es sich weniger um ein neues theoretisches Konzept als um ein konsequent eingesetzes Begriffsgebäude handelt. In arbeitspolitischer Perspektive ist u.a. das Problem relevant, daß die zunehmende Spaltung der Arbeitsmärkte sowie die Folgeprobleme der entstehenden Arbeitslosigkeit für die Gesellschaft nicht weiter thematisiert werden. Fragen der Interessenvertretung der Arbeitnehmer sowohl auf betrieblicher als auch auf überbetrieblicher Ebene bleiben weitgehend ausgeklammert. "Restrukturierungsprozesse in den Betrieben, die längst vor Erscheinen der deutschen Übersetzung der MIT-Studie in Gang gesetzt wurden, laufen heutzutage unter dem Label Lean Production, wohl auch deshalb, weil sich so zusätzliche Legitimation vor allem auch für Massenentlassungen erzielen läßt."[51]

Die Kritiker argumentieren weiterhin, daß der "Toyotismus" keinesfalls, wie behauptet, einen systematischen Abschied von tayloristisch-fordistischen Prinzipien der Produktion bzw. Rationalisierung bedeute, sondern eher auf deren Perfektionierung im Rahmen eines "flexiblen" Taylorismus hinauslaufe: Die im "Toyotismus" praktizierte Form der Gruppenarbeit, die wenig mit Prinzipien von teilautonomen Arbeitsgruppen im europäischen Sinn zu tun habe, entspreche keinesfalls den Anforderungen von Konzepten zur "Humanisierung der Arbeit" im Sinne der deutschen Diskussion[52] oder von Prinzipien

---

[48] Vgl. zur Kritik Dankbaar,B./Jürgens,U./Malsch,Th.(Hg.), Die Zukunft der Arbeit in der Automobilindustrie, Berlin 1988; Dörr,G., Die Lücken der Arbeitsorganisation, Berlin 1991; Schabedoth,H.-J.(Hg.), Gestalten statt verwalten, Köln 1991; Mitb 38 (4/1992); Hans-Böckler-Stiftung/Industriegewerkschaft Metall(Hg.), Lean production. Kern einer neuen Unternehmenskultur und einer innovativen und sozialen Arbeitsorganisation?, Baden-Baden 1992; Weber,H.(Hg.), Lean management - Wege aus der Krise. Organisatorische und gesellschaftliche Strategien, Wiesbaden 1994.

[49] Silvia,St.J., "Holding the shop together": Old and new challenges to the German system of industrial relations in the mid 1990s. Berliner Arbeitshefte und Berichte zur sozialwissenschaftlichen Forschung Nr.83, Berlin July 1993, 17.

[50] "The MIT-study met an unprencendented public response in Germany. Within one year no less than about 50 new management science books carrying the title "Lean Production" were published." Deutschmann,Chr., Germany after the unification: Industrial restructuring and labour relations, in: Hoffmann,R. et al.(eds.), German industrial relations under the impact of structural change, unification and European integration, Düsseldorf 1995, 97.

[51] Braczyk,H.-J./Schienstock,G., Lean Production - Intra Mures?, SR 17 (1994), 322.

[52] Vgl. im einzelnen Roth,S., Japanisation, or going our own way? New "lean production" concepts in the German automobile industry, Düsseldorf 1992.

der Arbeitsorganisation, wie sie in Schweden[53] praktiziert werden. Die Handlungsspielräume der Mitarbeiter sind gering und begrenzt, eine relativ strikte Arbeitsteilung bleibt bestehen, Fragen einer humanen Arbeitsgestaltung in der "schlanken" Fabrik werden ausgeklammert. Die Veränderungen der bzw. innerhalb der Arbeitsorganisation werden zu knapp thematisiert und zielen einseitig nur auf eine effizientere Nutzung der Humanressourcen sowie auf eine Optimierung von Arbeitsprozessen im Sinne einer Steigerung der Produktivität durch "Eliminierung nicht-wertschöpfender Arbeit". Auch werden die Implementationsprobleme der vorgeschlagenen Lösungen kaum behandelt.

Weiterhin wird auch die Verlagerung der sozialen Kosten durch die kaskadenförmigen Versetzungen in den Zuliefererketten nicht näher analysiert, indem die Analyse auf die durchaus begrenzte, geringer werdende Anzahl der "first-tier suppliers" konzentriert wird. Die Umstellung der verschiedenen Stadien des Produktionsprozesses auf just-in-time Konzepte mit extrem kurzen Lieferfristen und minimalen Zwischenlagern verursacht etwa durch die impliziten Voraussetzungen an das Verkehrssystem und dessen Kapazitäten soziale und ökologische Kosten, die in der Analyse ausgeblendet bleiben. Schließlich bleibt auch die starke Behauptung der Autoren, die Prinzipien von lean production seien weit über die Automobilindustrie hinaus gewissermaßen universell anwendbar, empirisch weitgehend unbelegt; vor allem die Übertragbarkeit vom Produktionsmodell flexibler Massenproduktion auf forschungs- und kapitalintensive Bereiche des privaten und öffentlichen Dienstleistungssektors dürfte problematisch sein, vom reibungslosen Transfer in andere Länder bzw. Kontinente und damit andersartige institutionelle Rahmenbedingungen von beruflicher Bildung, Arbeitsbeziehungen und Arbeitsmärkten sowie auf nationalspezifische "Kulturen" ganz zu schweigen.[54]

Die Auseinandersetzung läßt sich folgendermaßen knapp zusammenfassen:
"- Erstens bleibt vieles, was die konkrete Arbeitsorganisation in Japan betrifft, im Dunkeln. So sind zum Beispiel der Gruppenarbeit in der Montage nur wenige Zeilen gewidmet. Konzepte des Managements werden als Realität genommen.
- Zweitens konzentriert sich die Diskussion auf die Produktivitätseffekte. Den Folgen für die Beschäftigten wird kaum nachgegangen: Mit dem Verweis auf die notwendige breitere Nutzung menschlicher Arbeitskraft wird ziemlich abstrakt auch deren quasi automatische qualifikatorische Entfaltung, wie auch die Beteiligung an betrieblichen Entscheidungs- und Gestaltungsprozessen behauptet."[55]

---

[53] Vgl. für andere Berggren,Chr., Alternatives to lean production: Work organization in the Swedish auto industry, Ithaca 1992; Berggren,Chr., Lean production - the end of history?, WES 7 (1993), 163-188.

[54] Ähnlich auch Braczyk/Schienstock, Lean Production, 324, 327.

[55] Altmann,N., Japanische Arbeitspolitik - eine Herausforderung?, in: Hans-Böckler-Stiftung/Industriegewerkschaft Metall, Lean production, 24.

Einführende Literatur:

Baethge,M./Oberbeck,H., Zukunft der Angestellten. Neue Technologien und berufliche Perspektiven in Büro und Verwaltung, Frankfurt-New York 1986

Hyman,R./Streeck,W.(eds.), New technology and industrial relations, Oxford-New York 1988

Katzenstein,P.J.(ed.), Industry and politics in West Germany. Towards the Third Republic, Ithaca-London 1989

Kern,H./Schumann,M., Das Ende der Arbeitsteilung? Rationalisierung in der industriellen Produktion: Bestandsaufnahme, Trendbestimmung, 3. Aufl. München 1986

Malsch,Th./Seltz,R.(Hg.), Die neuen Produktionskonzepte auf dem Prüfstand. Beiträge zur Entwicklung der Industriearbeit, Berlin 1987

OECD(ed.), Managing manpower for advanced manufacturing technology, Paris 1991

OECD(ed.), New directions in work organisation. The industrial relations response, Paris 1992

Piore,M.J./Sabel,Ch., Das Ende der Massenproduktion. Studie über die Requalifizierung der Arbeit und die Rückkehr der Ökonomie in die Gesellschaft, Berlin 1985

Schumann,M. et al., Trendreport Rationalisierung. Automobilindustrie, Werkzeugmaschinenbau, chemische Industrie, 2. Aufl. Berlin 1994

Womack,J.P./Jones,D.T./Roos,D., The machine that changed the world. The story of lean production, New York 1990.

12. ARBEITSMARKTPROBLEME I: THEORIEN

12.1. Zur Einführung: Neoklassische und institutionalistische Ansätze

Arbeitsmärkte als gesellschaftliche Institutionen haben zwei zentrale Aufgaben gleichzeitig zu erfüllen: Sie vermitteln Angebot und Nachfrage von Arbeitskräften (Ausgleichsfunktion) und verteilen damit zugleich individuelle und gesellschaftliche Chancen materieller und immaterieller Art auf die Arbeitskräfte und die übrigen Individuen (Verteilungsfunktion). In der Realität fallen beide Funktionen häufig auseinander. "Verkaufszwang, Subjektgebundenheit der Arbeit, Wertlosigkeit der Ware für ihren arbeitslosen Besitzer und oligopolistischer Nachfragermarkt beschreiben das normative Dilemma der Konstruktion Arbeitsmarkt und kennzeichnen die problematische Begrenztheit einer rein ökonomietheoretischen Sichtweise des Arbeitsmarktes."[1]

Arbeitsmärkte weisen im Gegensatz zu anderen Märkten wesentliche Besonderheiten auf:[2] Die Arbeitskraft ist als Ware mit spezifischen property rights ausgestattet; gekauft werden nicht Arbeiter, sondern deren Arbeitskraft bzw. Leistungen, die mit diesen untrennbar verbunden sind. Der Arbeitsvertrag ist aufgrund des Vorliegens von Informationsasymmetrien nur unvollständig spezifizierbar. Diese Besonderheiten bedingen, daß Institutionen und Regeln das Geschehen auf den Arbeitsmärkten maßgeblich beeinflussen. Im Gegensatz zu Güter- und Geldmärkten existieren auf den Arbeitsmärkten Institutionen, insbesondere Gewerkschaften und Arbeitgeberverbände, welche den Lohnbildungsprozeß bzw. das Marktergebnis ebenso mitbestimmen wie gesetzliche Vorgaben und andere Normen.[3] Institutionen schaffen opportunities and constraints, können sowohl effizienzsteigernd als auch effizienzmindernd wirken. Während ihre Einrichtung zunächst Transaktionskosten verursacht, können ihre vermittelnden Funktionen später Transaktionskosten senken.[4]

---

[1] Fischer,C./Heier,D., Entwicklungen der Arbeitsmarkttheorie, Frankfurt-New York 1983, 12.

[2] Gegen eine Gleichsetzung von Arbeits- und Gütermärkten sprechen folgende Bedingungen: "Menschen werden nicht für den Markt produziert ..., auf dem Arbeitsmarkt werden weder Ströme noch Bestände fertiger Arbeitsleistungen gehandelt, sondern nur Potentiale solcher Leistungen ..., auf dem Arbeitsmarkt sind die Produzenten gleichzeitig auch Konsumenten ..., und schließlich hat die Qualität der Ware "Arbeitskraft" auf dem Arbeitsmarkt einen viel entscheidenderen Einfluß als die Qualität der Güter auf dem Gütermarkt." Schmid,G., Der organisierte Arbeitsmarkt. Überlegungen zu einer institutionellen und politischen Theorie des Arbeitsmarktes, in: Buttler,Fr./Gerlach,K./Schmiede,R.(Hg.), Arbeitsmarkt und Beschäftigung. Neuere Beiträge zur institutionalistischen Arbeitsmarktanalyse, Frankfurt 1987, 36.

[3] Vgl. als institutionalistisch orientierte Einführungen u.a. Buttler et al., Arbeitsmarkt und Beschäftigung; Solow,R.M., The labor market as a social institution, Cambridge-Oxford 1990.

[4] Vgl. zusammenfassend Ulman,L., Why should human resource managers pay higher wages?, BJIR 30 (1992), 178-212; Sesselmeier,W., Der Arbeitsmarkt in institutionalistischer Sichtweise, in: Neubäumer, R.(Hg.), Arbeitsmarktpolitik kontrovers. Analysen und Konzepte für Ostdeutschland, Darmstadt 1993, 61-76; Sesselmeier,W., Der Arbeitsmarkt aus neoinstitutionalistischer Perspektive, WD 74 (1994), 136-142.

Arbeitsmarkttheorien lassen sich in einem ersten Schritt unterteilen in neoklassisch und stärker institutionalistisch orientierte Ansätze.[5] Die Mehrzahl der Theorien basiert in ihrer mikroökonomischen Perspektive auf dem individuellen Entscheidungsverhalten und dem Markt-Preis-Mechanismus und vernachlässigt daher Institutionen. Die Ausklammerung der institutionellen Verfassung des Arbeitsmarktes führt zu einer Überbewertung des Lohnes als Steuerungsmechanismus. Ausnahmen stellen vor allem die Segmentationstheorien, die erweiterten Versionen der Insider-Outsider-Ansätze sowie politikwissenschaftliche Analysen dar.

Institutionalistisch ausgerichtete Theorien beziehen Verbände und staatliche Akteure sowie kollektive Regeln, wie tarifvertragliche Abmachungen und rechtliche Vorgaben, als Koordinationsmechanismen des Arbeitsmarktes in die Betrachtung ein. Damit werden die spezifischen Ausgestaltungen der Arbeitsbeziehungen in die Analyse der Arbeitsmärkte einbezogen. Diese Betrachtungsweise abstrahiert nicht mehr wie die neoklassisch inspirierten Ansätze vollkommen von Raum und Zeit und erhebt keinen Anspruch auf Allgemeingültigkeit der Aussagen; ihre Argumentation verläuft stärker empirisch-induktiv und weniger axiomatisch-deduktiv.

Die institutionellen Besonderheiten verschiedener Länder müssen bei der Analyse des Arbeitsmarktes "as a social institution"[6] Eingang finden, weil sie über unterschiedliche Wirkungsweisen zu durchaus unterschiedlichen (makro-)ökonomischen Ergebnissen führen. Zu diesen Faktoren gehören u.a. die Unterscheidung zwischen monistischen und dualen Systemen der Arbeitsbeziehungen sowie der Zentralisierungsgrad der Kollektivverhandlungen.

Darüber hinaus bestimmt der Staat durch Gesetzgebung und Rechtsprechung nicht nur die Rahmenbedingungen für die Aktivitäten der privatwirtschaftlichen Akteure (u.a. Betriebsverfassungs-, Mitbestimmungs-, Tarifvertrags-, Beschäftigungsförderungs-, Arbeitszeitgesetz). Neben dieser Verrechtlichung der Arbeitsbedingungen greift der Staat auch mit Hilfe anderer Instrumente regulierend in die Arbeitsmarktprozesse ein. Er ist um die Kooperation mit den Tarifvertragsparteien bemüht und betreibt sowohl passiv-kompensatorische als auch aktiv-gestaltende Arbeitsmarktpolitik mit dem Ziel der Realisierung eines hohen Beschäftigungsstandes.[7]

---

[5] Vgl. einführend Ehrenberg,R./Smith,R., Modern labor economics. Theory and public policy, 4th ed. Glenview 1991; Kaufman,B., The economics of labor markets, Chicago-Fort Worth 1989.

[6] Solow,R.M., The labor market as a social institution, Cambridge-Oxford 1990; Piore,M., The social embeddedness of labor markets and cognitive processes, Labour 7 (1993), 3-18.

[7] Vgl. im einzelnen Kap.13.

Wir wollen wiederum eine doppelte Perspektive wählen: Zum einen sollen einige wichtige Beiträge zu einer eher theoretischen Betrachtungsweise vorgestellt werden.[8] Zum andern sollen die Möglichkeiten einer aktiven Beeinflussung des Arbeitsmarktgeschehens diskutiert werden. Notwendig zum weiteren Verständnis sind zunächst einige Ausführungen zu den beiden "Schulen" ökonomischer Analyse, d.h. zur neoklassischen sowie zur keynesianischen Betrachtungsweise[9], danach eine Darstellung der wichtigsten Weiterentwicklungen vor allem des neoklassischen Grundmodells[10] innerhalb der "neuen Mikroökonomie des Arbeitsmarktes" und der neoinstitutionalistischen Varianten von Arbeitsmarkttheorien.

Sozialwissenschaftler haben inzwischen ein lange Jahre bestehendes Monopol der Ökonomen auf Behandlung von Arbeitsmarktproblemen gebrochen und wesentliche Beiträge geleistet sowohl zu einem eher theoretischen Verständnis des recht komplexen Geschehens auf Arbeitsmärkten als auch zu den Strategien grundsätzlich möglicher politischer Interventionen auf der Mikro- und Makroebene. Deshalb werden wir innerhalb der skizzierten Fragestellungen sowohl ökonomische als auch soziologisch-politikwissenschaftliche Ansätze aufgreifen.

12.2. Neoklassisches Basismodell und erste Weiterentwicklungen[11]

1. Das zentrale Theorieelement des neoklassischen Paradigmas stellt die Theorie des allgemeinen Gleichgewichts mit der klassischen Auffassung von der prästabilisierten Harmonie marktwirtschaftlicher Systeme dar. Sie wurde als umfassender Ansatz zur Verhaltensbeschreibung des gesamten ökonomischen Systems konzipiert. Die ent-

---

[8] Vgl. u.a. die Überblicke von Fischer/Heier, Entwicklungen der Arbeitsmarkttheorie; Berthold,N., Lohnstarrheit und Arbeitslosigkeit, Freiburg 1987; Sesselmeier,W./Blauermel,G., Arbeitsmarkttheorien. Ein Überblick, Heidelberg 1990; vgl. einführend auch Buttler,Fr./Gerlach,K., Arbeitsmarkttheorien, in: HDWW, 9.Bd., Stuttgart-New York 1982, 686-696; Buttler,Fr./Bellmann,L., Arbeitsmarkt, in: Gaugler,E./Weber, W.(Hg.), Handwörterbuch des Personalwesens, 2. Aufl. Stuttgart 1992, 159-169; Gerlach,K./Lorenz,W., Arbeitsmarkttheorie/-ökonomie, in: Gaugler/Weber, Handwörterbuch des Personalwesens, 170-179; Gerlach,K./Hübler,O., Ökonomische Analyse des Arbeitsmarktes. Ein Überblick über neuere Lehrbücher, MittAB 25 (1992), 51-60.

[9] Vgl. einführend Neumann,M., Neoklassik, in: Issing,O.(Hg.), Geschichte der Nationalökonomie, 2. Aufl. München 1988, 209-224; Jarchow,H.-J., Der Keynesianismus, in: Issing, Geschichte der Nationalökonomie, 151-168.

[10] Vgl. Hickel,R.(Hg.), Radikale Neoklassik. Eine neues Paradigma zur Erklärung der Massenarbeitslosigkeit? Die Vogt-Kontroverse, Opladen 1986; Scheuer,M., Zur Leistungsfähigkeit neoklassischer Arbeitsmarkttheorien, Bonn 1987; Schmid,H./v.Dosky,D., Ökonomik des Arbeitsmarktes, Band 1 Arbeitsmarkttheorien: Stärken und Schwächen, Bern-Stuttgart 1990; Sesselmeier/Blauermel, Arbeitsmarkttheorien.

[11] Vgl. zu den folgenden Passagen Henneberger,F./Keller,B., Arbeitsmarkttheorien, in: Gabler Lexikon der Volkswirtschaft, 4. Aufl. Mainz 1996.

scheidende strategische Variable, die jeden einzelnen Markt in eine Gleichgewichtslage bringt, ist der jeweilige markträumende Gleichgewichtspreis. In diesem Denkgebäude wird der Arbeitsmarkt als ein Markt wie jeder andere betrachtet; man spricht deshalb auch vom Auktionsmarkt- oder Lohnwettbewerbsmodell des Arbeitsmarktes. Die Arbeitsmarkttheorie stellt lediglich einen Unterfall der allgemeinen Gleichgewichtstheorie dar; für den Faktor Arbeit gelten damit dieselben Gesetzmäßigkeiten wie für alle anderen Güter. Der gleichgewichtige Lohnsatz als Preis des Produktionsfaktors Arbeit wird wie alle anderen Preise allein durch Angebot und Nachfrage bestimmt; dem Lohn kommt eine allgemeine Indikations- und Lenkungsfunktion zu.

Die zugrundeliegenden Annahmen sind:
- vollständige Konkurrenz ohne Beschränkung des Wettbewerbs sowie des Marktzutritts und -austritts (Ausschluß von Marktmacht und Preisrigiditäten),
- Homogenität und vollständige Substituierbarkeit aller Anbieter des Faktors Arbeit (Ausschluß von Diskriminierung),
- vollkommene Information aller Wirtschaftssubjekte über die vergangene, gegenwärtige und zukünftige Arbeitsmarktsituation (Markttransparenz),
- vollständige Mobilitätsfähigkeit und -bereitschaft aller Anbieter von Arbeitskraft,
- Fehlen von Transaktionskosten und Institutionen,
- Beschränkung der Rolle des Staates auf reine Ordnungs- ohne Ausweitung auf Prozeßpolitik,
- unendliche Geschwindigkeit der Anpassung individuellen Verhaltens an sich ändernde Knappheitsrelationen.

Drei zentrale Theoreme kennzeichnen die Struktur der neoklassischen, mikroökonomisch fundierten Arbeitsmarkttheorie: das Saysche Theorem, das Arbeitsangebot entsprechend dem Grenznutzentheorem, die Arbeitsnachfrage entsprechend dem Grenzproduktivitätstheorem:
- Das Saysche Theorem beschreibt die Einbindung des Arbeitsmarktes in die Gesamtwirtschaft: Bei Funktionsfähigkeit des Preismechanismus auf allen Märkten schafft sich jedes Angebot an Waren und Dienstleistungen, über die mit ihm verbundene Einkommensentstehung, seine eigene kaufkräftige Nachfrage im notwendigen Umfang; ein Gleichgewichtszustand wird immer und überall erreicht.
- Der rational handelnde homo oeconomicus als Anbieter von Arbeitskraft teilt sein knappes Zeitbudget zwischen den substitutiven Gütern Arbeit und Freizeit so auf, daß das Postulat des Ausgleichs der Grenznutzen erfüllt ist (zugrundeliegendes Marginalprinzip). Durch die Annahme der Konstanz des Präferenzsystems kann das Arbeitsangebot als monoton steigende Funktion des Reallohns aufgefaßt werden. Mit steigendem Reallohn steigt das Arbeitsangebot, da Freizeit relativ entwertet wird, d.h. die Opportunitätskosten für den Konsum von Freizeit steigen.

- Der rational handelnde homo oeconomicus als Nachfrager von Arbeitskraft ist bestrebt, seinen Gewinn zu maximieren. Aufgrund der Annahme der vollständigen Konkurrenz sind Preise und Löhne ein Datum für jeden einzelnen Unternehmer, der sich daher als Mengenanpasser verhält. Jeder Unternehmer kann seine gewinnmaximierende Produktion zum gegebenen Marktpreis vollständig absetzen. Produktionshöhe und Arbeitskräftenachfrage sind abhängig von der Höhe des Lohnsatzes und dem Verlauf einer substitutionalen Produktionsfunktion, für welche die Gültigkeit des Ertragsgesetzes zugrunde gelegt wird. Unter der Annahme einer kurzfristig gegebenen und damit konstanten Kapital- und Bodenausstattung sowie der Vernachlässigung von technischem Fortschritt erhöht jede zusätzlich eingesetzte Arbeitseinheit die Gesamtproduktion, allerdings mit abnehmenden Zuwachsraten. Diese so abgeleitete, sinkende Grenzertragskurve bildet die Nachfragekurve des Unternehmers nach Arbeit. Der gewinnmaximierende Unternehmer wird so viele Einheiten Arbeit einsetzen, bis das Wertgrenzprodukt der Arbeitseinheit dem Nominallohnsatz bzw. das Grenzprodukt der Arbeitseinheit dem Reallohnsatz entspricht. Die Arbeitsnachfrage ist somit eine monoton fallende Funktion des Reallohns.

Das Zusammenwirken von Arbeitsangebot und -nachfrage erfolgt durch den flexiblen Reallohn.[12] Falls ein Ungleichgewicht am Arbeitsmarkt in Form von Arbeitslosigkeit oder Arbeitskräftemangel entsteht, wird folgender Anpassungsmechanismus ausgelöst: Zuerst verändert sich der Reallohn in Richtung Gleichgewichtslohnsatz. In einem zweiten gedanklichen Anpassungsschritt revidieren die Wirtschaftssubjekte sofort ihre Mengenentscheidungen. Der Lohnsatz, dem in diesem Kontext ausschließlich eine Allokationsfunktion zukommt, sichert ein stabiles, vollbeschäftigungskonformes Gleichgewicht (Prämisse der Selbstregulierung der Märkte).

Im Gleichgewicht von Arbeitsangebot und Arbeitsnachfrage gilt:
- Zum einen gibt es keine Arbeitskräfte, die zu diesem herrschenden Gleichgewichtslohnsatz Arbeitsplätze suchen, aber keine finden.
- Zum andern gibt es keine Unternehmer, die zu diesem herrschenden Gleichgewichtslohnsatz Arbeitskräfte suchen, aber keine finden.

Unterbeschäftigung, die etwa aufgrund von Produktionsumstellungen oder exogen verursachten Störungen auftritt, kann nur vorübergehender Natur sein. Falls Arbeitslosigkeit für längere Zeit bestehen bleibt, kann es sich definitionsgemäß nur um freiwillige Arbeitslosigkeit handeln.

---

[12] Gegebenenfalls sind demnach zu hohe Reallöhne (als Quotient aus Nominallöhnen und Güterpreisen) bzw. deren mangelnde "Flexibilität" nach unten infolge institutioneller Regelungen verantwortlich für auftretende Arbeitslosigkeit.

Wirtschaftspolitische Implikationen dieses Ansatzes sind u.a. folgende:
- Der Staat soll ausschließlich ordnungspolitische Aufgaben wahrnehmen, indem er Rahmenbedingungen setzt und deren Einhaltung überwacht[13]; er soll nicht in die Marktprozesse durch geld- oder fiskalpolitische Maßnahmen aktiv eingreifen.
- Arbeitsmarktpolitik soll lediglich der Erhöhung der Markttransparenz durch Informationsvermittlung dienen; aktive, vorausschauende Arbeitsmarktpolitik[14] ist ex definitione nicht notwendig.
- Kollektive Lohnfindungsprozesse durch Arbeitgeberverbände und Gewerkschaften stören die uneingeschränkte Wirksamkeit des Markt-Preis-Mechanismus und sind deswegen abzulehnen.

<u>Kritik</u> an der neoklassischen Arbeitsmarkttheorie wird vor allem aufgrund der mangelnden Realitätsnähe ihrer Prämissen geübt:
- Hypostasierung des Lohnsatzes als einzigem Steuerungsmechanismus der Beschäftigung,
- Vorliegen unvollständiger, asymmetrischer Information und begrenzter, vor allem räumlicher, sektoraler und beruflicher Mobilität,
- Heterogenität der Arbeitskräfte, u.a. in bezug auf Qualifikation, Geschlecht und Produktivität,
- Existenz von Markt- und Organisationsmacht, Institutionen und Regeln (wie gesetzlich fixierte Mindestlöhne, Kollektivverhandlungen),
- empirisch beobachtbare Inflexibilitäten von Preisen und Löhnen.

Insgesamt ist die Mehrzahl der genannten Prämissen innerhalb der rein statischen Betrachtungsweise der ökonomischen Orthodoxie recht realitätsfern und unrealistisch ("modellplatonistisch"). Die neoklassisch inspirierte Politikformel "höhere Unternehmensgewinne = höhere Investitionen = Schaffung von mehr Arbeitsplätzen bzw. Abbau von Arbeitslosigkeit" geht nach den Erfahrungen der 80er Jahre nicht mehr auf; Investitionen sind häufig Rationalisierungs- und nicht Erweiterungsinvestitionen; aber nur letztere würden Arbeitsplätze schaffen. Lohnender waren offensichtlich in der jüngeren Vergangenheit häufig risikolose Anlagen auf internationalen Kapitalmärkten. Schließlich wurden aus neoklassischen Kalkülen wiederholt Forderungen nach Deregulierung abgeleitet, die empirisch allerdings kaum aufgehen.[15]

---

[13] Die "Entfaltung der freien Kräfte des Marktes" wird demnach am besten durch staatliche Enthaltsamkeit und Verbesserung der Rahmenbedingungen (z.B. Beseitigung gesetzlicher und administrativer Investitionshemmnisse) erreicht.

[14] Vgl. im einzelnen Kap.13.

[15] Vgl. im einzelnen Kap.15.

Im Sinne einer realistischen Analyse müssen institutionelle Arrangements und die Regulierung der Arbeitsmärkte stärker Berücksichtigung finden als im neoklassischen Grundmodell.[16] Aus politisch-institutioneller Sicht läßt sich entgegen den Maximen der Neoklassik argumentieren, daß "in der Evaluation der unterschiedlichen Arbeitsmarktinstitutionen und ihrer Wirkung auf die Arbeitskräfteallokation ... der Ansatzpunkt für weitere Arbeitsmarktforschung"[17] liegt. Die Kritik führt zur Modifikation einzelner grundlegender Annahmen, wobei jedoch die gleichgewichtstheoretische Analyselogik innerhalb der verschiedenen Ansätze der neueren Mikroökonomie des Arbeitsmarktes strikt beibehalten wird. In neueren Beiträgen werden außerdem im Gegensatz zur neoklassischen Sicht Besonderheiten des Arbeitsmarktes und des Arbeitsvertrages im Verhältnis zu anderen Verträgen und zu den Gütermärkten betont.[18]

2. Die Humankapitaltheorien[19] als älteste Weiterentwicklung des neoklassischen Grundmodells geben vor allem dessen Prämisse der Homogenität und vollständigen Substituierbarkeit der Arbeitskräfte auf. Sie versuchen, eine Erklärung für die personelle Verteilung der Arbeitseinkommen zu liefern. Mit den Humankapitaltheorien erfährt die Grenzproduktivitätstheorie eine Ergänzung zur Lohnstrukturtheorie. Der Produktionsfaktor Arbeit ist ebenso wie Kapital spezifisches Objekt von Investitionen und als solcher Gegenstand der allgemeinen Entscheidungstheorie.

Der Grundgedanke läßt sich wie folgt skizzieren: Die Individuen haben unterschiedliche Begabungen und Fähigkeiten. Sie tätigen im Verlauf ihres Lebens unterschiedlich hohe Investitionen in ihr Arbeitsvermögen (human capital) in der Erwartung, bei einer länger dauernden Ausbildung zukünftige Erträge in Form höherer Einkommen zu erzielen. Diese Bildungsinvestitionen bedingen unterschiedlich hohe Arbeitsproduktivitäten, die sich in differierenden Einkommens- und Karrierechancen widerspiegeln und darüber hinaus zu Unterschieden in Arbeitsmarktverhalten und Arbeitsmarktrisiken führen. Aus

---

[16] Vgl. im einzelnen Sesselmeier,W., Der Arbeitsmarkt aus neoinstitutionalistischer Perspektive, WD 74 (1994), 136-142.

[17] Sesselmeier/Blauermel, Arbeitsmarkttheorien, 219.

[18] Vgl. zusammenfassend Brandes,W./Buttler,Fr./Dorndorf,E., Arbeitsmarkttheorie und Arbeitsrechtswissenschaft: Analoge Probleme und Diskussionsschwerpunkte im Hinblick auf die Funktionsfähigkeit der Arbeitsmärkte, in: Fischer,W.(Hg.), Währungsreform und Soziale Marktwirtschaft. Erfahrungen und Perspektiven nach 40 Jahren, Berlin 1989, 489-505.

[19] Das Konzept geht vor allem zurück auf Becker,G.S., Human capital. A theoretical and empirical analysis with special reference to education, 2nd ed. New York 1975; vgl. auch Mincer,J., Schooling, experience, and earnings, New York 1974; Thurow,L.C., Generating Inequality, London-Basingstoke 1976. Einen aktuellen Überblick über theoretische Überlegungen und empirische Evidenz bietet Franz,W., Arbeitsmarktökonomik, Berlin-Heidelberg 1991, 88-110.

der Heterogenisierung der Arbeitskräfte bzw. aus den individuellen Produktivitätsunterschieden, die aufgrund unterschiedlicher Qualifikationen als Folge differierender Ausstattung mit Humankapital auftreten, resultiert eine Beschränkung des Wettbewerbs zwischen den Arbeitnehmern.

Die Entscheidungsregel für den homo oeconomicus lautet: Investitionen in Humankapital werden solange getätigt, wie der Gegenwartswert der in Zukunft zu erwartenden zusätzlichen Erträge gerade noch größer ist als der Gegenwartswert der jetzt aufzuwendenden Kosten der Ausbildung.[20] Diese Kosten setzen sich zusammen aus den direkten Kosten der Ausbildung und dem entgangenen Einkommen während der Ausbildungszeit. Das individuelle Ziel ist die Maximierung der Lebenseinkommensströme, nicht des kurzfristigen Einkommens; damit wird ein positive Korrelation zwischen Investitions- und Lohnhöhe angenommen.

Der Lohnsatz muß nicht mehr wie im neoklassischen Grundmodell gleich dem gegenwärtigen Grenzprodukt der Arbeit sein: Während der Ausbildung liegt der Lohnsatz unter, nach Abschluß der Ausbildung über der Grenzproduktivität. Im Verlauf des Erwerbslebens nehmen die Humankapitalinvestitionen ab, da mit dem Näherrücken der Verrentung deren Amortisationsdauer sinkt und gleichzeitig die Opportunitätskosten in Form entgangener Einkommen steigen. Die Entwertung der Humankapitalinvestitionen im Zeitverlauf impliziert ein umgekehrt u-förmiges Alters-Einkommens-Profil.

Die üblicherweise verwendete Basisversion der Einkommensfunktion spezifiziert einen semilogarithmischen Zusammenhang zwischen dem Einkommen und der Anzahl der Bildungsjahre derart, daß das (logarithmierte) Einkommen linear mit den Bildungsjahren und parabolisch mit dem Ausmaß der Berufserfahrung in Beziehung gesetzt wird:

$\ln(Y) = a_0 + a_1 * s + a_2 * t + a_3 * t^2$

$\ln(Y)$ = natürlicher Logarithmus des (Lebens-)Einkommens

s = Anzahl der Jahre der schulischen Ausbildung (schooling)

t = Anzahl der Jahre der Berufserfahrung. t und t^2 bezeichnen den parabolischen Einfluß der Berufserfahrung

a_0 = absolutes Glied

a_1 = (hypothetische) Ertragsrate der Investition in Vollzeitausbildung (Regeldauer der Schul- und Hochschulausbildung), d.h. der prozentuale, einkommenserhöhende Effekt eines Bildungsjahres (overtaking year)

a_2, a_3 mit $a_2 > 0$ und $a_3 < 0$ stehen für den Verlauf des konkaven Einkommensprofils. Das Maximum des Einkommensprofils wird nach - $a_2/2 * a_3$ Berufsjahren erreicht.

---

[20] Zukünftige Einkommen sind auf ihren gegenwärtigen Wert zu diskontieren, da zukünftiger Konsum unsicher ist und bei alternativer Verwendung der Mittel anfallende Zinsen nicht realisiert werden können.

Die Humankapitaltheorien unterscheiden zwischen allgemeinem und spezifischem Humankapital: Bildungsinvestitionen erfolgen zum einen vor dem Eintritt in den Arbeitsmarkt in Form allgemein-schulischer ("general training"), zum andern im Unternehmen in Form betriebsspezifischer Ausbildung ("specific training"). Diese analytisch vereinfachende Unterscheidung wird relevant für die Frage der <u>Finanzierung</u> der Investitionen:

- Die überbetriebliche Ausbildung (schooling und allgemeine, unternehmensunabhängige Ausbildungsgänge) vermittelt Qualifikationen für Tätigkeiten in verschiedenen Unternehmen. Soweit die Ausbildungskosten nicht vom Staat bzw. aus dem allgemeinen Steueraufkommen finanziert werden, hat sie der Arbeitnehmer selbst zu tragen, vor allem in Form geringerer Einkommen während der Ausbildung; ihm fließen dafür auch die späteren Erträge aus der verbesserten Ausbildung zu. Der Unternehmer beteiligt sich nicht an der Finanzierung dieser Investition, da sie ihm keinen Nutzen in Form eines höheren Gewinns liefert.
- Die spezifische Ausbildung (training on the job bzw. learning by doing) hingegen vermittelt Qualifikationen, die ex definitione nur in dem jeweiligen Betrieb Verwendung finden können. Der Arbeitgeber trägt sämtliche Ausbildungskosten, da dem Arbeitnehmer infolge der Nicht-Transferierbarkeit der verbesserten Qualifikation zu anderen Unternehmen kein zusätzlicher Nutzen in Form eines höheren Einkommes entsteht.

Der Spezifitätsgrad der Humankapitalinvestitionen on the job determiniert somit in der Theorie die Aufteilung der Finanzierung zwischen Arbeitgeber und Arbeitnehmer. Zwar erhöht allgemeine Ausbildung die Qualifikation als Summe produktionsrelevanter menschlicher Grundeigenschaften physischer, kognitiver und sozialer Art auf allen Arbeitsmärkten in gleichem Maße, spezifische nur die auf speziellen Arbeitsmärkten. Da sich aber in der Realität die Vermittlung und Verwertung allgemeiner und spezifischer Qualifikationen nicht trennscharf bestimmen lassen, ist auch die Aufteilung der Finanzierung nicht eindeutig festzulegen.

Einerseits ist der Unternehmer aus Gründen der Amortisation seines eingesetzten Kapitals an der Erhaltung und Verwertung des betriebsspezifischen Humankapitals interessiert. Er muß deshalb versuchen, Arbeitnehmer mit betriebsspezifischen Qualifikationen durch Zahlung von Löhnen, die über dem Marktlohn für allgemeine Qualifikationen liegen, stärker an sich zu binden, um Kündigungen und den drohenden Verlust von Ausbildungsinvestitionen zu verhindern. Damit wird Arbeit für den Unternehmer zu einem quasi-fixen, begrenzt substituierbaren Produktionsfaktor. Andererseits erhalten Arbeitnehmer mit hohem betriebsspezifischem Humankapital zwar höhere Löhne; sie können aber kaum freiwillig kündigen, da ihre betriebsspezifischen Qualifikationen außerhalb des eigenen Unternehmens in aller Regel nicht verwertbar sind.

Daraus läßt sich die Selektivität des Einstellungs- und Entlassungsverhaltens der Unternehmer sowie das Kündigungsverhalten der Arbeitnehmer ableiten. Je spezifischer die Investitionen sind, desto größer wird der Verlust beim Verlassen des betreffenden Teilarbeitsmarktes; entsprechend wächst das Interesse an der Errichtung und Erhaltung von Teilmärkten, die deutlich gegeneinander abgeschirmt werden (reduzierte zwischenbetriebliche Mobilität).

Humankapitaltheoretisch fundierte Überlegungen wirkten vor allem in den 60er und 70er Jahren auf die Bildungs- und Arbeitsmarktpolitik. In verschiedenen Ländern wurden bildungsexpansive Programme mit dem Ziel der Erhöhung des allgemeinen Qualifikationsniveaus sowie der Herstellung von Chancengleichheit im Bildungssystem initiiert. Gleichzeitig wurden in der Arbeitsmarktpolitik selektiv wirkende Instrumente der Qualifikationsförderung generiert, welche die Beschäftigungs- und Einkommenschancen der am Arbeitsmarkt benachteiligten Gruppen verbessern sollten.

Humankapitaltheoretische Kalküle legen u.a. folgende Implikationen nahe, die zum Teil durch empirische Analysen gestützt werden: Eine Reduktion der Ausbildungskosten erhöht die Nachfrage nach Ausbildung. Vor allem Jüngere investieren in Ausbildung, da die Amortisations- bzw. Ertragszeiträume länger und die Opportunitätskosten geringer sind. Bei Erwartung einer kontinuierlichen Erwerbstätigkeit erfolgen höhere Investitionen in Ausbildung, da die Amortisationszeiten länger sind. Besser ausgebildete Personen verdienen in den mittleren Berufsjahren mehr, da dann die Ausbildungskosten kompensiert werden, weil die Anzahl der Berufsjahre begrenzt ist und weil die später im Erwerbsleben erzielten Einkommen auf ihren Gegenwartswert diskontiert werden müssen.

In empirischer Perspektive[21] kann ein Teil der Varianz der Arbeitseinkommen mit Hilfe von Ausbildungsvariablen erklärt werden. Allerdings ermitteln die zahlreichen Untersuchungen eine Streuung der erklärten Varianz zwischen 20 und 60%; neuere Studien weisen nach, daß der Anteil der erklärten Varianz aufgrund des gestiegenen allgemeinen Qualifikationsniveaus zurückgeht (diminishing rates of return).[22] Darüber hinaus

---

[21] Vgl. zusammenfassend u.a. Kaufman,B.E., The economics of labor markets and labor relations, Chicago-New York 1986, 257-310; Marshall,R./Briggs,V.M., Labor economics: Theory, institutions, and public policy, 6th ed. Homewood-Boston 1989, 177-238; Ehrenberg/Smith, Modern labor economics, 299-348; Reynolds,L.G./Masters,St.H./Moser,C.H., Labor economics and labor relations, 10th ed. Englewood Cliffs 1991, 77-111.

[22] Eine aktuelle empirische Untersuchung über die Renditen von Bildungsinvestitionen ermittelte für Mitte der 80er Jahre im Durchschnitt aller Bildungsgänge eine Durchschnittsrendite von 6% pro Jahr, wobei allerdings die Streuung sehr hoch ausfiel. Vgl. Helberger,C., Eine Überprüfung der Linearitätsannahme der Humankapitaltheorie, in: Albach,H. et al.(Hg.), Bildung, Beruf, Arbeitsmarkt, Berlin 1988, 151ff. Vgl. auch Wagner,J./Lorenz,W., An international comparison of the rates of return to human capital: Evidence from five countries, REI 3 (1992), 115-131.

beeinflußt eine Reihe weiterer Faktoren (wie sozialer Hintergrund, Schulqualität, Geschlecht, Rasse, Religion, Glück und soziale Kontakte) die Einkommensverteilung maßgeblich. Durch diese Determinanten wird der behauptete lineare Zusammenhang zwischen Ausbildung, Produktivität und Einkommen erheblich abgeschwächt; ein mehr oder weniger großer Teil der Einkommensunterschiede bleibt unerklärt, da andere als die analysierten Faktoren die Höhe bzw. Verteilung der Verdienste ebenfalls beeinflussen. M.a.W.: Einkommensunterschiede sind im Modell nur durch rein individuelle Qualifikations- bzw. Produktivitätsunterschiede infolge von unterschiedlich hohen Investitionen in das individuelle Humankapital verursacht und nicht durch andere Faktoren. Auch Konzeptions- und Meßprobleme bereiten Schwierigkeiten.

Weitere Kritikpunkte an der ökonomistischen Sicht der Humankapitaltheorie, welche die Grundlage für andere Erweiterungen der neoklassischen Arbeitsmarktanalyse darstellt, sind u.a. folgende:

- Der Ansatz ist recht einseitig angebotsorientiert, indem er im wesentlichen bei den Anbietern von Arbeitskraft ansetzt und nachfragebedingte Determinanten von Lohnunterschieden nicht einbezieht. Den Unternehmen wird unterstellt, daß sie längere Ausbildungen honorieren, weil besser ausgebildete Arbeitnehmer auch tatsächlich produktiver sind, und nicht weil der Schulbesuch nur als Selektionsmechanismus bzw. als verläßliches Signal anzusehen ist, wie Kritiker der Humankapitaltheorien, u.a. Anhänger der Segmentationstheorien, behaupten.

- Die Bildungs- bzw. Arbeitsmarktpolitik, die aus den politischen Forderungen vor allem nach Einrichtung umfangreicher Ausbildungs- und Qualifizierungsprogramme resultiert, orientiert sich deutlich an der Angebotsseite und betreibt vor allem Mobilitäts- und Qualifikationsförderung.[23] Die diesem Ansatz verpflichteten Politikempfehlungen laufen in der Regel darauf hinaus, die Einkommen der wenig verdienenden Gruppen durch Verbesserung ihrer Humankapitalausstattung zu erhöhen. Die privaten und die gesellschaftlichen "rates of return" können aber durchaus unterschiedlich hoch sein.

- Der Ansatz erklärt nur freiwillige Arbeitslosigkeit und trägt wenig zum Verständnis gegenwärtiger Arbeitsmarktprobleme mit unfreiwilliger Massenarbeitslosigkeit bei. Bildung wird ausschließlich in ökonomischer Perspektive analysiert und nicht z.B. als Beitrag oder Mittel zur Persönlichkeitsentfaltung betrachtet.

---

[23] Dies läßt sich z.B. deutlich an verschiedenen Instrumenten des AFG zeigen. Vgl. Kap.13.

3. Die <u>Filter- oder Screeningtheorie</u> relativiert ebenfalls die unterstellte Bildungs-Einkommens-Beziehung. Sie geht wie die Diskriminierungstheorien davon aus, daß seitens der Arbeitgeber unvollkommene Information über das Produktivitätspotential der Arbeitskräfte vorliegt. Sie stellt aber die Bildungs-Einkommens-Beziehung der Humankapitaltheorien stärker infrage. Das Bildungswesen hat ausschließlich die Aufgabe, die Arbeitskräfte entsprechend ihrer potentiellen Produktivität zu filtern und sortieren, ohne diese jedoch zu erhöhen. Bildungszertifikate haben für die Arbeitgeber die Funktion eines Informationsmediums und indizieren die erwartete zukünftige Produktivität der Stellenbewerber. Dadurch wird der Zusammenhang von Bildung und Einkommen stärker auf das Anfangseinkommen projiziert.

Deutliche geschlechtsspezifische Einkommensunterschiede, die nicht auf individuelle Produktivitätsunterschiede zurückzuführen sind, können die Humankapitaltheorien bis heute nicht schlüssig erklären. Daher ist eine Reihe neoklassischer <u>Diskriminierungstheorien</u> entstanden (economics of discrimination):

- Das Präferenzmodell als prominentestes Beispiel der neoklassischen Diskriminierungstheorien geht davon aus, daß sich Lohndifferentiale zwischen Arbeitnehmergruppen aus der Vorliebe von Unternehmern für bestimmte Gruppen und aus dem Vorurteil von Unternehmern gegen bestimmte Gruppen erklären lassen (taste for discrimination).
- Im Konzept der statistischen Diskriminierung verfügen Unternehmer nur über unvollkommene Informationen über die Produktivität einzelner Arbeitnehmer. Sie verwenden deshalb repräsentative, sozialstatistische Merkmale von Gruppen (z.B. Nationalität, Alter, Geschlecht, Qualifikationsniveau) zur wahrscheinlichkeitstheoretischen Einschätzung der Eigenschaften von Gruppenmitgliedern. Gruppenmerkmale wirken damit unabhängig von ihren tatsächlichen individuellen Ausprägungen als kostensparendes screening device für die zu erwartende Produktivität des Arbeitnehmers.

12.3. Aktuelle Erweiterungen des neoklassischen Basismodells
Aktuellere Weiterentwicklungen der neoklassischen Vorgehensweise sind vor allem verschiedene Ansätze innerhalb der "neuen Mikroökonomie des Arbeitsmarktes", die versuchen, die restriktiven Modellannahmen realitätsnäher zu gestalten, indem sie das Modell des Marktgleichgewichts modifizieren.

1. Im Rahmen der job search and labor turnover-Theorien[24] werden zwei wesentliche, aber unrealistische Prämissen des neoklassischen Grundmodells aufgegeben:
- das Postulat der vollständigen Information bzw. Markttransparenz,
- die Annahme homogener Arbeitsplätze und -kräfte.

Ausgangspunkt der Suchtheorien ist die Beobachtung, daß zu jedem Zeitpunkt ein Teil der Arbeitnehmer nach Arbeitsplätzen und ein Teil der Unternehmer nach Arbeitskräften sucht. Die daraus resultierende Arbeitsmarktdynamik stellt einen Kreislauf dar zwischen freiwilligen Kündigungen und Entlassungen auf der einen, Bewerbungen und Neueinstellungen auf der anderen Seite. Information auf unvollkommenen Märkten wird als Gut wie jedes andere angesehen; ihre Gewinnung wird als Produktionsprozeß konzipiert, der Aufwendungen erfordert und zu Erträgen führt. Diese Theorievariante, die vor allem das Suchverhalten der Arbeitskräfte nach Arbeitsplätzen analysiert, versucht eine entscheidungstheoretische Fundierung, indem sie die Informations- bzw. Suchkosten auf Seiten der über die Marktsituation ex definitione nur unvollständig informierten Anbieter bei der Realisierung ihres jeweils optimalen Lohnanspruchs in das Kalkül einbezieht.

Das Ziel des rational agierenden Arbeitnehmers besteht in der Erhöhung seines Lebenseinkommes, das Instrument ist der Arbeitsplatzwechsel. Das Optimierungsproblem ergibt sich aus der inversen Beziehung zwischen Aufwendungen und Erträgen:
- Zum einen steigt mit zunehmender Dauer und Intensität der Suche die Wahrscheinlichkeit, aufgrund einer exogen vorgegebenen Wahrscheinlichkeitsverteilung der erreichbaren Lohnangebote, ein höheres Lohnangebot zu erhalten.
- Zum andern nehmen aber auch die Suchkosten zu, die sich zusammensetzen aus den direkten Kosten der Informationsbeschaffung und den Opportunitätskosten in Form von entgangenen Einkommen aus alternativen Betätigungen.

---

[24] Vgl. u.a. König,H., Job-Search-Theorien, in: Bombach,G./Gahlen,B./Ott,A.E.(Hg.), Neuere Entwicklungen in der Beschäftigungstheorie und -politik, Tübingen 1979, 63-121; Hodeige,C.H., Job-search im strukturierten Arbeitsmarkt. Zur suchtheoretischen Erklärung unfreiwilliger Arbeitslosigkeit, Freiburg 1985; Hübler,O., Arbeitsplatzsuch- und Kündigungsmodelle, SAMF-Arbeitspapier 1988-11, Paderborn 1988; zusammenfassend zu Theorien des Suchprozesses sowie zur empirischen Analyse von matching-Prozessen Franz, Arbeitsmarktökonomik, 199-224.

Der nutzenmaximierende homo oeconomicus wird entsprechend der entscheidungslogischen Grundstruktur seinen Suchprozeß solange fortsetzen, wie der Gegenwartswert der erwarteten zukünftigen Erträge gerade noch größer ist als die Summe aus direkten Informationskosten und entgangenem Einkommen. Die meisten Modelle gehen davon aus, daß sich mit zunehmender Suchdauer die Erwartungen des freiwillig Arbeitslosen an einen neuen Arbeitsplatz, insbesondere der Lohnanspruch (sog. reservation or acceptance wage), u.a. aufgrund von Risikoscheu und Lernprozessen reduzieren; damit wird der Arbeitslose auch niedrigere Lohnangebote akzeptieren.

Entgegengesetzt zum Suchverhalten der Arbeitnehmer verläuft das Suchverhalten der Arbeitgeber: Sie versuchen, offene Stellen so zu besetzen, daß sie einen möglichst niedrigen Lohn bezahlen müssen. Entsprechend ihrem Streben nach Gewinnmaximierung werden sie freie Stellen solange nicht besetzen, wie die abdiskontierten Zukunftserträge in Form von niedrigeren Löhnen im Falle ihrer zukünftigen Besetzung noch größer sind als die gegenwärtigen Nichtbesetzungskosten. Letztere nehmen im Zeitverlauf ständig zu, die Erträge der Nichtbesetzung hingegen kontinuierlich ab.

Der Allokationsprozeß am Arbeitsmarkt läßt sich daher durch eine permanente stochastische Annäherung der Lohnvorstellungen von Suchern und Anbietern beschreiben. Arbeitssuchende reduzieren mit der Zeit ihre individuellen Lohnerwartungen und Arbeitsplatzanbieter erhöhen mit der Zeit ihre jeweiligen Lohnangebote solange, bis sich die Erwartungen beider Seiten bei einem bestimmten Lohnsatz treffen und es zum Abschluß eines Arbeitsvertrages kommt.

Das Grundmodell geht von folgenden Prämissen aus:
- Der Suchende ist prinzipiell freiwillig arbeitslos, erhält keine Unterstützungsleistungen, ist risikoneutral und hat keine Zeitpräferenz.
- Die Arbeitsplätze unterscheiden sich ausschließlich durch die Lohnsätze. Bei konstanten Suchkosten sind die Lohnverteilungen dem Suchenden bekannt.
- Ein Arbeitsplatzangebot wird akzeptiert, wenn es ein bestimmtes, vorgegebenes Anspruchsniveau, den sog. Anspruchslohn, nicht unterschreitet.

Erweiterungen des Grundmodells variieren dessen Prämissen (u.a. Aufnahme der Suche, ohne arbeitslos zu sein in on-the-job Suchmodellen, Berücksichtigung von anderen als reinen Lohnüberlegungen, wie z.B. fringe benefits und Arbeitsbedingungen, Nutzung von Freizeit und Investitionen in spezifisches Humankapital, Berücksichtigung externer Effekte).

Arbeitslosigkeit ist in diesem Ansatz vor allem freiwillige Sucharbeitslosigkeit. Die Aufgabe der bisherigen Stelle kann als rational im Sinne der Investition des Arbeitnehmers in den Aufbau einer besseren Informationsbasis angesehen werden. Die Leistungen der Arbeitslosenversicherung können in ein erweitertes Modell einbezogen werden: Die Suchdauer, und damit Länge und Häufigkeit von Arbeitslosigkeit, hängen ab von den

Opportunitätskosten der Einkommenserzielung. Je höher die Arbeitslosenunterstützung bzw. je geringer die Differenz zwischen gegenwärtigem Verdienst und zu erzielender Arbeitslosenunterstützung, desto länger wird ceteris paribus der Prozeß der Arbeitsplatzsuche andauern. Je höher die Unterstützungsleistungen sind, desto größer wird der Anreiz zum moral hazard-Verhalten und desto höher ist das Niveau der entstehenden Arbeitslosigkeit.

Die Kritiker weisen u.a. auf folgende Probleme hin:

- Der Einfluß der Lohnersatzrate auf die Höhe und Dauer der Arbeitslosigkeit ist empirisch keinesfalls eindeutig nachweisbar.[25] In den meisten Ländern mit Systemen der Arbeitslosenversicherung werden die Unterstützungsleistungen nach einer gewissen Zeit reduziert, um die Suchanstrengungen der Individuen zu erhöhen.
- Ein zentrales Problem besteht darin, daß friktionelle bzw. Sucharbeitslosigkeit, welche aus Informationsmängeln und Anpassungsproblemen resultiert und insofern freiwillig verursacht bzw. selbst verschuldet ist, als Arbeitslosigkeit schlechthin interpretiert wird; die Existenz unfreiwilliger und vor allem Massenarbeitslosigkeit (etwa infolge von Nachfragemangel wie bei Keynes) kann nicht hinreichend erklärt werden; ihr Umfang hat seit den 80er Jahren spürbar zugenommen.
- Die aus diesem Ansatz resultierenden Empfehlungen für Arbeitsmarkt- und Beschäftigungspolitiken zielen relativ einseitig auf Verbesserung der Informationsbeschaffung und -vermittlung bzw. Reduzierung der Suchdauer. Suchmodelle sind zumeist partielle Gleichgewichtsansätze, die nur die Angebotsseite analysieren und empirische Defizite aufweisen.
- Schließlich würde selbst bei einer Lösung sämtlicher mismatch-Probleme immer noch Unterbeschäftigung in beträchtlichem Umfang bestehen bleiben; die hohe und steigende Diskrepanz zwischen der Zahl der offenen Stellen und der der Arbeitslosen (Beveridge-Kurve) kann dieser Ansatz nicht erklären.

Die Beveridge-Kurve ist der geometrische Ort aller quantitativen Beziehungen zwischen Arbeitslosigkeit und vakanten Stellen. Dieses Instrument zur Darstellung des mismatch am Arbeitsmarkt wird auf der Basis von Arbeitslosenquote und Vakanzquote ausgewiesen, um demographische Einflüsse auf das Erwerbspersonenpotential auszuschalten. Die üblicherweise inverse Relation zwischen beiden Variablen bedingt einen annähernd hyperbolischen Verlauf der Kurve. Insbesondere seit Ende der 80er Jahre führen Störungen im Reallokationsprozeß am Arbeitsmarkt zu einer Rechtsverschiebung: Einem gleichbleibenden Niveau der Arbeitslosigkeit steht entweder ceteris paribus ein gestiegenes Niveau der offenen Stellen gegenüber oder eine gleichbleibende Zahl offener Stellen korrespondiert ceteris paribus mit einer höheren Zahl Arbeitsloser.

---

[25] Vgl. im einzelnen Stobernack,M., Der Zusammenhang von Arbeitslosenversicherung und Arbeitslosigkeit im Lichte der Empirie: Ein Literatursurvey, ZWS 111 (1991), 251-271.

2. In der Familie der <u>Kontrakttheorien</u>[26] wird die neoklassische Annahme der vollständigen Flexibilität der Löhne und Preise aufgegeben und unvollständige Information unterstellt. Ausgangspunkt der Analyse ist die Frage der mikroökonomischen Erklärung von Preis- und Lohnrigiditäten, aufgrund derer Mengenreaktionen anstelle von Preis- und Lohnanpassungen stattfinden. Das Grundmodell stellt die Theorie impliziter Kontrakte dar, wonach Arbeitsverträge aus zwei Teilvereinbarungen bestehen: Neben die expliziten, zwischen Arbeitnehmer und Arbeitgeber abgeschlossenen Arbeitsverträge treten Quasi-Verträge, die stillschweigende, habituelle und juristisch nicht-einklagbare Vereinbarungen über einzelne oder alle Aspekte der Arbeitsverhältnisse (z.B. über nach unten rigide Löhne, Sicherheit des Arbeitsplatzes oder Arbeitszeit) beinhalten.

Das Versicherungsmodell des Arbeitsmarktes geht von folgenden <u>Annahmen</u> aus:
- Die Arbeitnehmer sind aufgrund ihrer Lohnabhängigkeit und ihres Strebens nach Arbeitsplatzsicherheit risikoscheu.
- Die risikoneutralen Unternehmer erwarten gute und schlechte Marktergebnisse mit gleicher Wahrscheinlichkeit.
- Arbeitgeber und Arbeitnehmer halten implizit getroffene Vereinbarungen strikt ein, da die Kosten eines Vertragsbruchs prohibitiv sind.

Die Grundidee des Ansatzes ist folgende:
- Arbeitnehmer streben nach größerer Arbeitsplatzsicherheit und nehmen deshalb niedrigere, dafür aber in ihrer Entwicklung stetigere Löhne in Kauf. Indem sie einen Lohnsatz akzeptieren, der geringer ist als ihre erwartete Grenzproduktivität, entrichten sie eine Quasi-Versicherungsprämie, mit der sie einen impliziten Versicherungsschutz gegen Entlassungsrisiken erwerben. Im Gegensatz zum neoklassischen Grundmodell kann die aktuelle Entlohnung der Arbeitskräfte von ihrer Grenzproduktivität abweichen. Häufig wird ihnen gleichzeitig noch eine längere Laufzeit der Verträge zugesichert.
- Die Zahlung niedrigerer Löhne ist auch für den Unternehmer von Vorteil ("risk-sharing"). Er gibt im Gegenzug die implizite Zusage, bei Nachfrageschwankungen auf Gütermärkten nicht sofort, sondern erst verzögert mit Mengenanpassungen, d.h. einer Variation der Zahl der Beschäftigten, zu reagieren.

In diesem Zusammenhang wird häufig die These von der Entkoppelung von Arbeits- und Gütermärkten vertreten. Falls die Güternachfrage sinkt, wird der Unternehmer als Übergangsstrategien Kurzarbeit und Arbeitskräftehortung wählen; falls die Güternach-

---

[26] Vgl. u.a. Diekmann,J., Kontrakttheoretische Arbeitsmarktmodelle, Göttingen 1982; Klein,H., Implizite Kontrakte, Risikotausch und Arbeitsfreisetzungen - Der Beitrag der Kontrakttheorie zu einer mikroökonomischen Fundierung keynesianischer Arbeitslosigkeit, Frankfurt-Bern-New York 1984; Rosen,Sh., Implicit contracts: A survey, JEL 23 (1985), 1144-1175.

frage steigt, wird er zunächst die Zahl der Überstunden und/oder zusätzlichen Schichten erhöhen, weshalb sich der Abbau von Arbeitslosigkeit verzögert. Im Anpassungsprozeß treten grundsätzlich an die Stelle von Lohnsatzvariationen verzögerte Mengenreaktionen bei der Beschäftigung, vor allem in Form von Arbeitszeitvariationen. Infolge der unterstellten Rigidität der Löhne nach unten reagieren Unternehmen vor allem in Rezessionsphasen schneller mit Mengenreaktionen in Form von Entlassungen (job rationing mit der Folge keynesianischer Arbeitslosigkeit); in Boomphasen sind sie bereit, knapper werdende Arbeitskräfte auch mit höheren Löhnen anzuwerben (asymmetrische Reaktion der Beschäftiger im konjunkturellen Auf und Abschwung).

Das Entlassungsrisiko verteilt sich selektiv und nicht stochastisch gleich auf alle Arbeitnehmer. Das Interesse des Unternehmers besteht zum einen in der Vermeidung von Such- und Einarbeitungskosten neu einzustellender Arbeitnehmer, zum anderen in der Erhaltung betriebsspezifischer Qualifikationen sowie in der internen Rekrutierung von qualifizierten und erfahrenen Arbeitskräften (Vermeidung von Transaktionskosten). Er wird den Arbeitskräften mit hohem betriebsspezifischem Humankapital eine größere Arbeitsplatzsicherheit gewähren und ihnen gegebenenfalls Arbeitsplatzumsetzungen anbieten, um ihre Kündigung zu vermeiden bzw. hinauszuzögern. Entlassungen treffen vor allem Arbeitnehmer mit geringem betriebsspezifischem Humankapital, die deswegen über geringere bzw. schlechter konditionierte implizite Kontrakte verfügen. Arbeitslos werden die Arbeitnehmer ohne hinreichenden "Versicherungsschutz".

Dadurch entsteht eine Differenzierung in Stamm- und Randbelegschaften, wobei letztere als Puffer bei Absatzschwankungen fungieren. Die Kontrakttheorien treffen implizit eine Dualitätsannahme: Die Rigidität der Löhne im stabilen, implizit versicherten Arbeitsmarktsegment muß kompensiert werden durch entsprechend stärkere Lohn- und Beschäftigungsschwankungen im instabilen, sekundären Arbeitsmarktsegment.

Mit Hilfe der kontrakttheoretischen Ansätze läßt sich die Senioritätsregel ableiten, die u.a. besagt, daß die am längsten beschäftigten Arbeitnehmer auch als letzte entlassen werden (last in, first out-Prinzip). Mit dieser Regel finden Phänomene der Differenzierung in sozialstatistische Teilarbeitsmärkte, wie sie die Humankapitaltheorien beschreiben, und Phänomene der Spaltung in institutionalistische Teilarbeitsmärkte, wie sie die Segmentationstheorien analysieren, in den Kontrakttheorien eine mikroökonomisch rationale Begründung.[27]

---

[27] Vgl. Hardes, H.-D., Zur Bedeutung längerfristiger Arbeitsbeziehungen und betriebsinterner Teilarbeitsmärkte, MittAB 22 (1989), 540-552.

Das Grundproblem der Theorien impliziter Kontrakte besteht in der empirischen Überprüfbarkeit ihrer Annahmen über die Existenz und Wirkungsweisen impliziter Kontrakte. Ihre Kalküle dürften vor allem für Teilarbeitsmärkte mit hohem betriebsspezifischem Humankapital von Bedeutung sein. Weiterhin bestehen in allen entwickelten Industrieländern unternehmensexterne Alternativen der Versicherung gegen das Risiko der Arbeitslosigkeit in Form kollektiver Sicherungssysteme. Als Theorie der Arbeitslosigkeit sind die Kontrakttheorien nur begrenzt brauchbar, obwohl sie unfreiwillige, keynesianische Arbeitslosigkeit zulassen. Die Annahmen über die Risikostrukturen werden ad hoc getroffen; sie sind zumindest nicht gründlich empirisch fundiert.

3. Ausgangspunkt der verschiedenen Effizienzlohntheorien[28] sind im Gegensatz zum neoklassischen Grundmodell die Besonderheiten des Arbeits- bzw. Beschäftigungsvertrages: Die zu erbringende Arbeitsleistung kann zum einen nicht exakt bestimmt werden; zum andern soll sie aus Gründen unternehmerischer Flexibilitätserfordernisse auch gar nicht genau festgelegt werden. Aufgrund dieser unvollständigen Spezifikation kann zwar die Entlohnung festgelegt werden, nicht aber ein Tausch zwischen einer spezifizierten Arbeitsleistung und einem bestimmten Lohn erfolgen. Die Arbeitnehmer können die Qualität und das Niveau ihrer Arbeitsleistungen innerhalb bestimmter Bandbreiten variieren, ohne daß die Unternehmen derartige Verhaltensweisen genau kontrollieren können. Damit besteht in bezug auf die Arbeitsintensität ein Verhältnis asymmetrischer Information zwischen Arbeitgebern und Arbeitnehmern (typisches principal agent-Problem).

Kontrollen sind, vor allem bei komplexen Produktionsprozessen, entweder aus technischen oder organisatorischen Gründen nicht möglich oder schwierig und damit nur zu prohibitiv hohen Überwachungskosten (monitoring costs) durchzuführen. Daher versuchen die Arbeitgeber, die Leistungsmotivation ihrer Arbeitnehmer durch die freiwillige Zahlung höherer Löhne zu steigern. An die Stelle der Allokationsfunktion des Lohnes im neoklassischen Grundmodell tritt die Anreiz- und Motivationsfunktion des Lohnaufschlags, der für das Unternehmen attraktive Arbeitskräfte anziehen bzw. eine Auslesefunktion erfüllen, Fluktuation bzw. deren Kosten reduzieren und die Grundlage für gute Arbeitsmoral, loyales Verhalten und optimale Leistungserbringung seitens der Arbeitnehmer bilden soll. Der lohnsetzende Unternehmer erreicht durch einen über dem markträumenden Lohn liegenden, freiwillig gezahlten Effizienzlohn eine Erhöhung der Arbeitsproduktivität, des Outputs und des Gewinns. Diese Lohnerhöhungen, welche die

---

[28] Vgl. Akerlof,G./Yellen,J.L., Efficiency wage models of the labor market, Cambridge-London 1986; Scheuer, Zur Leistungsfähigkeit neoklassischer Arbeitsmarkttheorien; Gerlach,K./Hübler,O.(Hg.), Effizienzlohntheorie, Individualeinkommen und Arbeitsplatzwechsel, Frankfurt-New York 1989.

Arbeitnehmer zur optimalen Erfüllung von Leistungsnormen veranlassen sollen, finden solange statt, wie der Mehrerlös die zusätzlichen Lohnkosten noch übersteigt.
Die Unternehmen versuchen, die Arbeitskosten pro Effizienz-, nicht pro Arbeitseinheit zu minimieren. Die gegenwärtige Leistungsintensität bzw. Effizienz des Arbeitnehmers ist eine positive und konkave Funktion des aktuellen Lohnsatzes. Entsprechend den neoklassischen Optimalitätsbedingungen muß zum einen das Wertgrenzprodukt eines Arbeitnehmers den Lohnkosten je Effizienzeinheit entsprechen und zum andern mit den Grenzkosten einer Erhöhung der Effizienz um eine Einheit identisch sein. Aus beiden Bedingungen folgt, daß der vom Unternehmer zu setzende optimale Lohnsatz und damit simultan auch die optimale Beschäftigungsmenge dann erreicht sind, wenn die Lohnelastizität der Arbeitsintensität (die Elastizität der Arbeitseffizienz in bezug auf den Lohnsatz) den Wert 1 annimmt.

Die Effizienzlohntheorien basieren auf dem unterstellten Kausalzusammenhang einer positiven Korrelation zwischen Arbeitsproduktivität und Reallohn. Aus dieser Annahme folgt, daß eine Lohnkürzung zur Verminderung der Arbeitsproduktivität und damit letztendlich zur Steigerung der Arbeitskosten führt. Damit liefern die Effizienzlohntheorien eine spezifische, mikroökonomisch fundierte Erklärung für die Existenz von Lohninflexibilität nach unten (Lohnrigidität). Unfreiwillige Arbeitslosigkeit kann als Folge des Rationalverhaltens der Unternehmen entstehen. Lohnsenkungsspielräume werden nicht ausgeschöpft, weil die potentielle lohninduzierte Reduktion der Arbeitsleistung (Effizienzeinbußen), die durch Motivationsverluste hervorgerufen werden, gegenüber Einsparungen bei den Lohnkosten dominieren.

In der Literatur finden sich vier Varianten der Effizienzlohntheorien, deren Gemeinsamkeit in der Annahme besteht, daß es für Unternehmen rational ist, über dem markträumenden Niveau liegende Löhne zu zahlen:

- Im shirking-Ansatz steht ein typisches moral hazard-Phänomen im Mittelpunkt: Der Arbeitnehmer kann durch Drückebergerei anstelle von Leistungserbringung sein Arbeitsleid reduzieren. Der Arbeitgeber versucht, durch Zahlung eines Effizienzlohnes den Arbeitnehmer zu unternehmenskonformem Leistungsverhalten zu disziplinieren. Die Gewährung von Lohnanreizen bildet eine effiziente Alternative zur kostpieligen oder nicht möglichen Überwachung bzw. Kontrolle der Arbeitsleistung. In diesem Kontext stellt der Effizienzlohn einen Anreiz zu weniger Bummelei dar, da der Arbeitnehmer damit rechnen muß, daß bei Aufdecken seines shirking der Verlust des Arbeitsplatzes als Sanktion droht (cheat-threat hypothesis). Je höher der Effizienzlohn ist, desto geringer wird die Neigung des Arbeitnehmers zum Bummeln, da er bei Entlassung mit höheren Opportunitätskosten rechnen muß. Diese bestimmen sich durch das entgangene Einkommen aufgrund des geringeren Markträumungslohnes bei Eintritt in ein anderes Unternehmen. Die Disziplinierungsfunktion des Effizienzlohnes erhöht sich noch, wenn Arbeitslosigkeit besteht.

- Im <u>adverse selection-Ansatz</u> steht das Problem der Selektion von Arbeitsplatzbewerbern bzw. deren Rekrutierung bei Vorliegen unvollständiger Information der Unternehmer im Vordergrund. Den Ausgangspunkt bildet die Annahme, daß die Akzeptanzlöhne (reservation wages) der zwar formal gleich qualifizierten, aber unterschiedlich leistungsfähigen Arbeitnehmer eine steigende Funktion ihrer Produktivität darstellen; die Selbsteinschätzung spiegelt die tatsächlichen Fähigkeiten wider. Das Ziel des Arbeitgebers besteht in der Verminderung der Wahrscheinlichkeit adverser Selektion bzw. der Attrahierung möglichst produktiver Arbeitsplatzbewerber. Ein höheres (Effizienz-)Lohnniveau führt nicht nur zu einer größeren Anzahl, sondern auch zu einer höheren Qualifikation der Arbeitsplatzbewerber (positive Auslese). Bewerber, die einen niedrigeren Anspruchslohn fordern, werden nicht eingestellt, da der Unternehmer dies als Indikator für ein geringeres Produktivitätspotential ansieht.

- Im <u>labor turnover-Ansatz</u> besteht das Ziel des Unternehmers in der Vermeidung von freiwilligen, kosteninduzierenden Kündigungen seitens der Arbeitnehmer. Die Zahlung von Effizienzlöhnen dient der Reduzierung von Fluktuationskosten mittels einer Stabilisierung des unternehmensspezifisch qualifizierten Personals. Je höher der Effizienzlohn liegt, desto geringer ist aufgrund höherer Opportunitätskosten sowohl bei Arbeitsplatzwechsel als auch bei Arbeitslosigkeit der Anreiz für den Arbeitnehmer, seinen Arbeitsplatz aufzugeben. Eine niedrigere Fluktuationsrate impliziert für den Unternehmer niedrigere Fluktuationskosten in Form von Such-, Einstellungs- und Einarbeitungskosten und führt zu einer höheren Durchschnittsproduktivität der Belegschaft, da der Anteil relativ unerfahrener Arbeitnehmer abnimmt.

- Der <u>partial gift exchange-Ansatz</u> geht nicht mehr nur von der neoklassischen Grundannahme individueller Maximierungskalküle aus. Er betont stärker traditionelle soziologische Elemente, indem er Gruppeneinflüsse einbezieht. Im Mittelpunkt stehen die Wirkungen von sozialen Konventionen und Gruppennormen auf die Arbeitsbedingungen bzw. das Prinzip des gegenseitigen Tauschens von Geschenken (gift exchange) im Gegensatz zum reinen Markttausch:

- Die Unternehmen können die Gruppennormen und den durchschnittlichen Arbeitseinsatz erhöhen, indem sie ihren Arbeitnehmern ein Lohngeschenk (gift of wages) anbieten, welches das Minimum dessen übersteigt, was im Tausch für das Leistungsgeschenk (gift of effort) zu erwarten ist.
- Im Gegenzug sind die Arbeitnehmer bereit, ihre Arbeitsanstrengungen über das Minimum des Lohngeschenkes hinaus auszudehnen.

Die Arbeitnehmer entwickeln in der Arbeitsgruppe starke loyale Beziehungen. Die Entlassung von weniger produktiven Arbeitnehmer lohnt sich für den Arbeitgeber nicht, da dieser Schritt einen Produktivitätsrückgang der gesamten Gruppe zur Folge hätte. Die Löhne müssen sowohl innerhalb als auch zwischen Gruppen den Vorstellungen von Gerechtigkeit und Fairness entsprechen (fair wage-Hypothese). Der individuelle und kollektive Arbeitseinsatz hängt stark von den Arbeitsnormen der Bezugsgruppe ab. Das Unternehmen kann eine von der Belegschaft als gerecht empfundene Lohnstruktur kaum ändern, da die Kosteneinsparungen durch Senkung der Arbeitsproduktivität der Belegschaft überkompensiert würden.

Die Zahlung von über dem vollbeschäftigungskonformen Gleichgewichtslohn liegenden Effizienzlöhnen kann zu Arbeitslosigkeit führen, da Mengenrationierungen die Folge sind.[29] Bei steigender Arbeitslosigkeit im Konjunkturverlauf nimmt die Kündigungsneigung der Arbeitskräfte ab, weshalb der Lohnaufschlag reduziert werden kann.

Das grundsätzliche Problem aller Effizienzlohnansätze besteht in der Operationalisierung bzw. empirischen Überprüfung der zentralen Variablen (wie Arbeitsmotivation, individuelle Leistungsintensität oder auch Höhe der Effizienzlöhne selbst).[30] Die Effizienzlöhne sind theoretische Konstrukte, die Leistungsintensität ist in aller Regel nicht zu messen. Über den Tariflöhnen liegende Effektivlöhne sind keinesfalls ausschließlich Effizienzlöhne. Weiterhin ist es in bestimmten Bereichen gar nicht notwendig, Effizienzlöhne zu zahlen, da andere Mittel zur Leistungskontrolle und -steigerung zur Verfügung stehen (z.B. Prämien- oder Akkordlohnsysteme).

Auch in theoretischer Perspektive besteht ein Einwand gegenüber den Effizienzlohntheorien darin, daß die Sicherstellung der Leistungsabgabe durch die Arbeitskräfte auch über andere Formen der Ausgestaltung der Arbeitsverträge erreicht werden kann.[31] Ein

---

[29] Vgl. Spahn,H.P., Sind "effiziente" Löhne zu hoch für die Vollbeschäftigung? Zur Erklärung von unfreiwilliger Arbeitslosigkeit in der Effizienzlohntheorie, Discussion Paper IIM/LMP 86-1, Wissenschaftszentrum Berlin 1986.

[30] Vgl. Rürup,B./Sesselmeier,W., Lohnpolitische Flexibilisierungsforderungen im Lichte der Effizienzlohnhypothesen, FS I 89-10, Wissenschaftszentrum Berlin für Sozialforschung 1989.

[31] Vgl. Bellmann,L., Ökonomische Begründungen rigider Löhne: Der Beitrag der Shirking-Theorie, SAMF-Arbeitspapier 1986-3, Paderborn 1986; Blien,U., Betriebliche Strategien der Leistungssicherung und Arbeitsmarkt, SAMF-Arbeitspapier 1987-4, Paderborn 1987.

prominentes Beispiel stellt die Senioritätsentlohnung dar. Der Arbeitnehmer erhält zu Beginn seiner Betriebszugehörigkeit einen Lohnsatz unterhalb seines Wertgrenzproduktes; mit zunehmender Dauer nimmt der Lohnsatz jedoch stärker zu als das Wertgrenzprodukt und übersteigt dieses schließlich für den Zeitraum bis zum Ende des Erwerbsprozesses. Auf das gesamte Erwerbsleben bezogen gleichen sich im Idealfall Einkommen und Produktivität aus, die auf den Einstellungszeitpunkt abdiskontierten und über die Dauer des Beschäftigungsverhältnisses aufsummierten Lohnsätze und Produktivitäten entsprechen sich.[32]

Der Gegenwartswert aller Lohnzahlungen kann durchaus dem markträumenden Niveau entsprechen, weshalb diese Lösung für den Unternehmer billiger ist als die Zahlung von Effizienzlöhnen. Aufgrund dieser speziellen Konstruktion der Entlohnung im Zeitverlauf (ansteigendes Lebens-Einkommens-Profil) ergibt sich für den Arbeitnehmer ein Anreiz, seine Leistungsintensität mit zunehmender Dauer der Betriebszugehörigkeit nicht absinken zu lassen bzw. seine Fluktuationsneigung einzuschränken. Er würde im Fall seines Ausscheidens vor Erreichen der Altersgrenze zu jedem Zeitpunkt dem Unternehmer einen Teil des bislang erworbenen, aber noch nicht ausgezahlten Einkommensanspruchs schenken.

Eine weitere Variante der Anreizentlohnung stellt die Tournamententlohnung dar, die sowohl der Selektion von Bewerbern als auch der Anreizgenerierung dient. Sie faßt das Erwerbsleben als Abfolge von Turnieren (im Sinne eines Wettkampfs oder Betriebsturniers) um jeweils höhere Positionen in der Hierarchie auf. Die weiteren Aufstiegschancen hängen auf jeder Hierarchieebene von den bisher erzielten Turniererfolgen ab (Pfadabhängigkeitsthese). Die Beschäftigten konkurrieren und der Gewinner erhält den ersten Preis in Form einer Beförderung bzw. eines Aufstiegs, die mit einer höheren Entlohnung korrelieren. Dabei wird nicht die absolute, sondern die relative Leistung im Vergleich zu den Mitbewerbern bewertet (rank-order tournaments).

Das Unternehmen löst mit Hilfe dieses Verfahrens das Problem, daß die individuelle Leistung oft gar nicht oder nur zu prohibitiv hohen Kosten gemessen werden kann, was vor allem bei Beförderungspositionen der Fall ist. Das bei Arbeitsgruppen mögliche moral hazard-Problem (etwa in Form von shirking) entfällt durch Selbstdisziplinierung innerhalb des Teams. Andererseits entsteht durch innerbetriebliche Rivalitäten der Nachteil, daß die Verlierer bzw. weniger Leistungsfähigen oder -willigen demotiviert werden und über Intrigen und Sabotage der Arbeitsleistung auch der Mitbewerber die

---

[32] Dieser Ansatz wirft "moral hazard"-Probleme auf. Vgl. zur Kritik im einzelnen Scheuer,M., Die Effizienzlohntheorien - ein Beitrag zur mikroökonomischen Fundierung der Erklärung unfreiwilliger Arbeitslosigkeit, RWI-Mitteilungen 37/38 (1986/87), 407-431.

Effizienz der tournament contracts wieder einschränken können. Ein möglicher Ausweg besteht in einer Kombination von Tournament- und Senioritätsentlohnung: Diejenigen, die im Turniermodell nicht zum Zuge kommen, können zumindest an der Karriere zweiter Ordnung teilhaben. Damit fungiert die Senioritätsentlohnung als Auffangnetz der im Turnier Unterlegenen.

Eine weitere Alternative zur Zahlung von Effizienzlöhnen stellt die Entrichtung von Eintrittsgebühren (entrance fees) beim Abschluß von Arbeitsverträgen dar. Dieses Eintrittsgeld verfällt, falls der Arbeitnehmer (etwa wegen aufgedecktem shirking) vorzeitig entlassen wird oder von sich aus kündigt. Das Unternehmen erreicht dadurch niedrigere Fluktuationsraten, eine Verbesserung der Arbeitsleistung sowie den Erhalt betriebsspezifischen Humankapitals. Andererseits entsteht ein moral hazard-Problem seitens des Unternehmens: Es kann dem Arbeitnehmer ungerechtfertigt mangelnde Leistung vorwerfen und ihn entlassen, um sich dessen Eintrittsgebühr anzueignen. Allerdings kann zum einen der damit verbundene Reputationsverlust regulierend wirken; zum andern könnten die Eintrittsgebühren in einen Pensionsfonds einbezahlt werden, auf den der Unternehmer keinen Zugriff hat. Bei einer Verwirkung des Anspruchs würde die getätigte Einlage den übrigen Arbeitnehmern zugute kommen.

12.4. Segmentationstheorien

Im Mittelpunkt der in den 60er Jahren vor allem in den USA entstandenen und später auch in der Bundesrepublik weiterentwickelten Segmentationstheorien[33] steht die Frage nach den Determinanten der Arbeitsmarktstrukturierung. Diese ist definiert "als relativ dauerhafte, gegen kurzfristig wirksame Marktkräfte nahezu resistente, regelhafte Gestaltung des Arbeitsmarktprozesses"[34]. Segmentierung bezeichnet eine spezifische, auf Dauer angelegte Strukturierung des Gesamtarbeitsmarktes in Teilmärkte als Ergebnis der im Arbeitsmarktprozeß wirksamen Durchsetzung ökonomischer und politischer Kräfte. Die Begründungen der Entstehung von Segmentierung sind unterschiedlich. Gemeinsam ist den Ansätzen, daß die Eigenschaften der Arbeitsplätze und nicht, wie in der Neoklassik unterstellt, die der Arbeitskräfte die tatsächliche Produktivität determinieren; die Produktivität der Arbeitskraft ist eine Folgewirkung des Innehabens eines bestimmten Arbeitsplatzes (Arbeitsplatzkonzept).

---

[33] Lutz,B., Arbeitsmarktstruktur und betriebliche Arbeitskräfteschlange. Eine theoretisch-historische Skizze zur Entstehung betriebszentrierter Arbeitsmarktsegmentation, Frankfurt-New York 1987; Sengenberger,W., Struktur und Funktionsweise von Arbeitsmärkten, Frankfurt-New York 1987.

[34] Sengenberger, Struktur und Funktionsweise von Arbeitsmärkten, 50, ähnlich 72.

Kapitel 12: Arbeitsmarkttheorien

Diese deutlich in der Tradition der institutionalistischen Schule[35] stehenden Theorien begreifen sich zumindest implizit als Antwort auf die Defizite neoklassischer bzw. keynesianischer, angebots- bzw. nachfrageorientierter Arbeitsmarkt- bzw. Beschäftigungstheorien. Die Ansätze betonen institutionalisierte Regeln, interne Vergleiche und politische Einflüsse stärker als Profitmaximierungshypothesen oder Gleichgewichtsannahmen. Die Dominanz des Lohnmechanismus als Steuerungsinstrument des Arbeitsmarktes wird abgelehnt. Ausgangspunkt ist vielfach die These der Notwendigkeit einer Aufspaltung des in den neoklassischen Theorien als homogen angenommenen, tatsächlich aber heterogenen Arbeitsmarktes in intern tatsächlich einigermaßen homogene, gegeneinander aber mehr oder weniger abgeschirmte Teilarbeitsmärkte mit unterschiedlichen Funktionsweisen und Anpassungsformen. Neben systematisch eingeschränkten Mobilitätsmöglichkeiten zwischen den Segmenten bestehen vor allem auch ungleiche, restringierte Zugangschancen. Der Arbeitsmarkt entspricht nicht dem neoklassischen Modell eines Wettbewerbsmarktes; Marktbeschränkungen können u.a. durch die Strategien der Arbeitsmarktparteien verstärkt werden.

1. Die für US-amerikanische Bedingungen entwickelte Theorie dualer Arbeitsmärkte[36] behauptet eine dichotome Aufspaltung des Arbeitsmarktes in ein primäres und ein sekundäres Segment. Die Arbeitsplätze in ersterem sind u.a. gekennzeichnet durch höhere Löhne, relativ bessere Arbeitsbedingungen, relativ hohe Arbeitsplatzsicherheit, Beförderungs- und Karriereaussichten, Isolierung von Marktmächten und Teilhabe an Entscheidungsprozessen. Demgegenüber sind die Arbeitsplätze des sekundären Segments u.a. charakterisiert durch relativ niedrige Löhne, schlechte Arbeitsbedingungen, hohe Fluktuationsraten, Fehlen eines Systems von Beförderungsmechanismen.
Diese spezifische Form der dichotomen Segmentation wird im Rahmen induktiver, empirisch orientierter Theoriebildung u.a. erklärt als Folge der zunehmend dualen Struktur der Wirtschaft, insbesondere der Gütermärkte, mit einem stabilen monopolistisch-oligopolistischen Kernbereich und einem instabilen peripheren Wettbewerbssektor (Konzept der dualen Ökonomie). Damit wird eine Strukturparallelität von Produkt- und Arbeitsmärkten unterstellt, die nicht tatsächlich in dem behaupteten Ausmaß vorhanden ist.

---

[35] Vgl. einführend u.a. Brandes,W./Weise,P., Arbeitsbeziehungen zwischen Markt und Hierarchie, in: Müller-Jentsch,W.(Hg.), Konfliktpartnerschaft. Akteure und Institutionen der industriellen Beziehungen, 2. erw. u. verb. Aufl. München-Mering 1993, 13-32.

[36] Vgl. zusammenfassend Sengenberger, Struktur und Funktionsweise von Arbeitsmärkten, 221ff.

Mit dieser Theorie dualer Arbeitsmärkte weitgehend deckungsgleich ist die in den 50er Jahren entstandene und später weiterentwickelte Unterscheidung zwischen internen und externen Märkten:[37]

- Der interne Markt wird verstanden als administrative Beschäftigungseinheit. Die ansonsten vom Markt übernommenen Funktionen der Lohnbestimmung, der Allokation der Arbeitskräfte und ihrer Ausbildung im Unternehmen werden nach institutionellen Regeln und Verfahren festgelegt. Einstellungen, Beförderungen und Entlassungen erfolgen gemäß administrativen Regeln, welche die auf dem internen Markt beschäftigten Arbeitskräfte weitgehend gegen direkte Konkurrenz vom externen, außerbetrieblichen Markt abschirmen und zu relativ stabilen und dauerhaften Beschäftigungsverhältnissen führen.
- Auf dem externen Markt finden Preisbildung und Allokation wie in der neoklassischen Theorie durch Lohnwettbewerb statt; nur auf diesem Teilmarkt behält der Preis seine zentrale Bedeutung als Steuerungsmechanismus.

Der Austausch von Arbeitskräften zwischen den Teilmärkten beschränkt sich typischerweise auf bestimmte Stellen des Ein- und Austritts für die einzelnen Qualifikationsstufen (ports of entry and exit als Übergangsstellen); die übrigen Positionen werden über sog. Aufstiegsleitern (mobility chains) besetzt und sind dem Wettbewerb auf dem externen Markt entzogen. Veränderungen auf dem externen Markt bleiben daher weitgehend folgenlos für den internen Markt.

2. Der Versuch, die US-amerikanische Diskussion für die Verhältnisse in der Bundesrepublik fruchtbar zu machen, muß anders geartete wirtschaftliche und gesellschaftliche Rahmenbedingungen berücksichtigen. Hierzu gehören u.a.
- eine wesentlich geringere Dualisierung der Wirtschaft,
- die Existenz des vor allem in den deutschsprachigen Ländern spezifischen Typus des Facharbeiters, der im dualen System der beruflichen Bildung sowohl betrieblich-praktisch als auch überbetrieblich-theoretisch gleichzeitig in Betrieb und (Berufs-)Schule ausgebildet wird,
- Unterschiede im System der Arbeitsbeziehungen mit Arbeitgeberverbänden und Gewerkschaften als überbetrieblich-sektoralen sowie Management und Betriebsrat als betrieblichen Interessenvertretungen (monistische vs. duale Systeme).

---

[37] Der primäre Sektor besteht aus einer Reihe von internen Märkten. Vgl. zur Darstellung grundlegend Doeringer,P./Piore,M., Internal labor markets and manpower analysis, Lexington 1971. - Auf die Minderheitenmeinung der "radical labor market theories" (Gordon, Reich, Edwards) gehen wir nicht näher ein.

Idealtypisch lassen sich <u>drei Typen von Teilarbeitsmärkten</u> mit jeweils unterschiedlichen Funktionsprinzipien unterscheiden:
- Der <u>(berufs-)fachliche Teilarbeitsmarkt</u> mit formalen Zugangsbeschränkungen erfordert hohe Investitionen in standardisierte, relativ breit angelegte fachliche Qualifikationen. Diese werden in mehrjährigen Ausbildungsgängen erworben, wobei die Regelung und Kontrolle durch überbetriebliche, halbstaatliche Instanzen erfolgt und der erfolgreiche Abschluß durch Zertifikate bestätigt wird. Dadurch wird ein individuelles Berufseintrittspotential geschaffen. Diese Qualifikationen können ohne Verlust zwischen Betrieben transferiert werden (z.B. bei Berufen des Handwerks). Diese Voraussetzungen ermöglichen den Arbeitnehmern eine hohe horizontale Mobilität und sparen den Arbeitgebern Informations- sowie Anlern- bzw. Einarbeitungskosten (hohe Mobilität bzw. Substituierbarkeit der Arbeitskräfte). Das Funktionieren dieses Arbeitsmarkttyps setzt eine relative Stabilität des Volumens von Gesamtnachfrage bzw. -angebot voraus.

    Fachliche Arbeitsmärkte haben in Deutschland im Vergleich zu anderen Ländern eine große Bedeutung wegen des dualen Systems der beruflichen Bildung mit der typischen Kombination von theoretischen und praktischen Fertigkeiten. Merkmale dieser Teilmärkte sind u.a. Zutrittsbeschränkungen, ein Mindestmaß an kollektiver Organisation, Abschließung von Marktkräften vor allem auf der Angebotsseite sowie eine generelle Austauschfähigkeit von Arbeitskräften mit relativ standardisierten Qualifikationen zwischen Betrieben und Sektoren. Dieser "Berufszentrierung" steht die "Betriebszentrierung" als gegenläufiges Prinzip gegenüber.
- Der <u>betriebsinterne Teilarbeitsmarkt</u> ist mehr oder weniger stark nach außen abgeschlossen und bietet bestimmten, meist größeren Teilen der Belegschaft, der Stammbelegschaft, als Gegenleistung gegen hohe Betriebsloyalität und -bindung Qualifizierungs- und Aufstiegschancen sowie Senioritätsrechte und sichere, langfristige Beschäftigungsperspektiven. Auf diesem Teilarbeitsmarkt befinden sich betriebsspezifisch qualifizierte Arbeitskräfte ohne oder mit geringen überbetrieblichen Qualifikationsanteilen und einer nur geringen Transferierbarkeit zwischen Betrieben. Infolge der hierarchisch organisierten betriebsinternen Arbeitsmärkte bestehen geringe zwischenbetrieblich-horizontale, jedoch hohe innerbetrieblich-vertikale Mobilitätschancen. Diese vertikale Dimension interner Märkte korrespondiert mit dem sog. Laufbahnprinzip. Ein Vorteil dieses Arrangements liegt in seiner hohen internen Flexibilität und Austauschfähigkeit zu Lasten der externen (horizontale Dimension interner Märkte). Beide Seiten haben ein originäres Interesse an der Amortisation der betriebsspezifischen Ausbildungsinvestitionen sowie am Abschluß langfristiger Arbeitsverhältnisse.

Anpassungsvorgänge von Angebot und Nachfrage erfolgen unternehmens- bzw. betriebsintern, also ohne Rückgriff auf den externen Markt und unter Beschränkung der Konkurrenz; die bereits Beschäftigten werden den Arbeitskräften des externen Marktes vorgezogen. Es besteht ein auf Dauer angelegtes Abhängigkeitsverhältnis mit bilateralen Vorteilen. Zu diesen gehören u.a.: auf Arbeitnehmerseite eine relative Beschäftigungssicherheit und stabile Verdienstaussichten, auf Arbeitgeberseite die Erschließung von Produktivitätspotentialen, die Eröffnung von Reaktions- und Anpassungsspielräumen mit Effizienzvorteilen durch hohe Umsetzungspotentiale, loyales Verhalten der Arbeitnehmer gegenüber dem Betrieb.

- Der unspezifische, unstrukturierte (Jedermanns-)Teilarbeitsmarkt besteht aus Arbeitskräften mit nur generellen Mindestbefähigungen und Allgemeinkenntnissen und ohne fachliche und betriebsspezifische Qualifikationen. Der Lohn wirkt gemäß dem Wettbewerbsmodell als Steuerungs- und Allokationsmechanismus. Typische Merkmale dieses Arbeitsmarkttypus sind u.a. fehlende vertikale Mobilitätschancen sowie hohe Fluktuationsraten infolge der uneingeschränkten horizontalen Mobilität (Markt des Heuerns und Feuerns).

Dieser Arbeitsmarkttypus verliert in der Bundesrepublik quantitativ immer mehr an Bedeutung; er findet sich bei arbeitsintensiver Produktionsweise mit geringem und unspezifischem Sachkapitaleinsatz in der Produktion, einem instabilen und personell diskontinuierlichen Arbeitskräfteangebot sowie bei Existenz einer verfügbaren Arbeitsmarktreserve und in Abhängigkeit von einer instabilen, schwankenden Güternachfrage.

Teilarbeitsmärkte bilden "eine durch bestimmte Merkmale von Arbeitskräften und Arbeitsplätzen abgegrenzte Struktureinheiten des Gesamtarbeitsmarktes, innerhalb derer die Allokation, Gratifizierung und Qualifizierung der Arbeitskräfte einer besonderen und mehr oder weniger stark institutionalisierten Regelung unterliegt"[38]. Ursachen der Segmentation sind zunächst vor allem Kosten-Nutzen-Kalküle der Betriebe in bezug auf die Rentabilität von Humankapitalinvestitionen bzw. über die arbeitnehmerspezifischen Qualifikationen, welche auf den Teilmärkten gehandelt werden. Arbeitsmarktsegmentation besteht auch unter den Bedingungen von ökonomischer Prosperität und Vollbeschäftigung, tritt aber in rezessiven Phasen deutlicher hervor.

---

[38] Sengenberger,W., Arbeitsmarktstruktur - Ansätze zu einem Modell des segmentierten Arbeitsmarktes, Frankfurt-München 1975, 29.

Die frühen Segmentationstheorien machten deutliche Anleihen bei der Neoklassik durch den starken Einbezug von Humankapitalvariablen. In der Weiterentwicklung wurden zwei andere Faktoren entscheidend für die Strukturierung bzw. Segmentierung der Arbeitsmärkte im Sinne einer stabilen Ungleichheit:
- die verschiedenen Systeme der beruflichen Bildung und Qualifizierung,
- die national stark unterschiedlich ausgestalteten Systeme der Arbeitsbeziehungen.

Im Mittelpunkt steht nunmehr der Einfluß der korporativen Akteure bzw. Institutionen und der von ihnen geschaffenen Regeln und Normen auf die Prozesse der Etablierung stabiler vertikaler Segmentation.[39] Eine eher isolierte Betrachtung von Struktur und Funktionsweisen von Teilarbeitsmärkten wird abgelöst durch den stärkeren Einbezug wirtschaftlicher und vor allem sozialer Regulierungs- und Steuerungsprozesse, der inner- und zwischenbetrieblichen Organisation der Produktion sowie der Produktmärkte. Der Ansatz ist damit stärker soziologisiert, die ökonomischen Erklärungsanteile treten deutlich in den Hintergrund.[40] Er soll einen Beitrag zur integrierten Analyse von Arbeitsmärkten und Arbeitsbeziehungen leisten.

Im Rahmen des Ausbaus der Strukturtheorien des Arbeitsmarktes wird nicht mehr wie vor allem in der neoklassisch inspirierten Humankapitaltheorie die Generalität bzw. Spezifität der Qualifikation der Arbeitskräfte, sondern der Grad und die Art der einseitigen oder wechselseitigen Bindung von Arbeitgebern und Arbeitnehmern zum zentralen Kriterium zur internen und externen Abgrenzung der Teilmärkte:
- im (berufs-)fachlichen Segment erfolgt eine Bindung an eine bestimmte Kategorie von Arbeitskräften bzw. Nachfragern nach Arbeitskräften, nicht jedoch an einzelne Arbeitnehmer oder Arbeitgeber,
- im betriebsinternen Segment besteht eine Bindung nicht zwischen Gruppen, sondern zwischen bestimmten Arbeitnehmern und Arbeitgebern,
- im unstrukturierten Segment findet im Gegensatz zu den anderen Teilarbeitsmärkten keine besondere Bindung im Arbeitsverhältnis statt.[41]

---

[39] Insofern betritt Sengenberger durch die bis dato zumeist isoliert betriebene Analyse von Arbeitsmärkten und Arbeitsbeziehungen durchaus Neuland von institutionalistisch ausgerichteten "labor economics and labor relations", das genauer zu analysieren sein wird.

[40] In einer eher politischen Perspektive räumt er zudem mit einer Reihe von weit verbreiteten Vorurteilen auf, etwa über die mangelnde "Flexibilität" deutscher Arbeitsmärkte vor allem im Vergleich zu US-amerikanischen oder über die Folgen von Deregulierung und Flexibilisierung. Vgl. Kap.15.

[41] Vgl. Sengenberger, Struktur und Funktionsweise von Arbeitsmärkten, 117ff.

3. Diese These von der Dreiteilung des Arbeitsmarktes ist nicht nur theoretisch begründet, sondern für die institutionellen Bedingungen der Arbeitsmärkte in der Bundesrepublik auch empirisch relativ gut abgesichert.[42] Dabei ist allerdings folgendes zu berücksichtigen: Die Untersuchungen beziehen sich zunnächst vor allem auf die hochgradig strukturierten betriebsinternen Arbeitsmärkte von Großbetrieben, später auch auf öffentliche Verwaltungen.[43] Die besonderen, in quantitativer Perspektive überaus wichtigen, sehr heterogenen Arbeitsmärkte der Klein- und Mittelbetriebe mit zwischenbetrieblich-berufsfachlicher Ausrichtung sind empirisch wie theoretisch unterrepräsentiert.[44] Weiterhin bestehen Probleme bei der Operationalisierung zentraler Hypothesen (z.B. Art und Grad der Bindung zwischen Arbeitnehmern und Arbeitgebern).

Die Segmentationsansätze leisten einen wesentlichen Beitrag zur Aufdeckung von Arbeitsmarktstrukturierung und deren Verfestigung. Mit ihrer in der Regel isolierten Analyse der Arbeitsmärkte erklären sie aber nicht die Entstehung von Arbeitslosigkeit und liefern nur wenige Konzepte zu ihrer Bekämpfung. Die Vertreter von Segmentationsansätzen befürworten im Gegensatz zu den Repräsentanten neoklassischer Theorien grundsätzlich quantitative und qualitative Arbeitsmarkt- und Beschäftigungspolitik. Diese muß Strukturen und Prozesse der Segmentation angemessen berücksichtigen. Eine globale, keynesianisch orientierte Konjunkturpolitik bedarf deshalb der Unterstützung durch eine selektive Arbeitsmarktstrukturpolitik, die auf die Verbesserung der Chancen von Problemgruppen ausgerichtet ist (u.a. Langzeitarbeitslose, schlecht und Unqualifizierte, ausländische Arbeitnehmer).

Verschiedene Autoren konstatieren eine Entkoppelung der Arbeits- von den Gütermärkten, die auf die Abschottung von Teilarbeitsmärkten zurückzuführen ist und eine Weitergabe von Gütermarktimpulsen auf die Arbeitsmärkte verhindert (Entkoppelungsthese). Seit den 80er Jahren beobachten wir zudem eine Verstärkung und Verfestigung der betriebsinternen Arbeitsmärkte. Die Unterscheidung in Stamm- und Rand-

---

[42] Vgl. u.a. Biehler,H./Brandes,W., Arbeitsmarktsegmentation in der Bundesrepublik Deutschland. Theorie und Empirie des dreigeteilten Arbeitsmarktes, Frankfurt 1981; Biehler,H., Arbeitsmarktstrukturen und -prozesse. Zur Funktionsweise ausgewählter Arbeitsmärkte, Tübingen 1981; Wenger,H., Segmentation am Arbeitsmarkt und Arbeitslosigkeit, Frankfurt-New York 1984; Szydlik,M., Die Segmentierung des Arbeitsmarktes in der Bundesrepublik Deutschland. Eine empirische Analyse mit Daten des Sozioökonomischen Panels, Berlin 1990.

[43] Vgl. die in Kap.10 genannten Untersuchungen.

[44] Zu den Ausnahmen gehören Mendius,H.G./Sengenberger,W./Weimer,St., Arbeitskräfteprobleme und Humanisierungspotentiale in Kleinbetrieben, Frankfurt-New York 1987; Mendius,H.G., Nutzung und Herstellung berufsfachlicher Qualifikationen in Kleinbetrieben. SAMF-Arbeitspapier 1988-8, Paderborn 1988.

belegschaften ist auch in Phasen ökonomischer Prosperität vorhanden, aber weniger ausgeprägt; sie gewinnt in Zeiten rationierter Arbeitsplätze an Bedeutung. Die internen Arbeitsmärkte erfahren eine weitgehende soziale Schließung, Arbeitslose und Randgruppen werden zunehmend ausgegrenzt. Mit der Internalisierung der Vorteile stabiler Arbeitsverträge korrespondiert die Externalisierung der Nachteile instabiler Beschäftigungsverhältnisse.

Die Herausbildung betriebsinterner Märkte ist kein Phänomen unserer Zeit.[45] Die früher relevante Segmentierung nach Berufen wurde in der Nachkriegszeit im Zuge von Mechanisierung und Automation immer mehr durch eine betriebszentrierte abgelöst. Diese besondere Form meint "die Entstehung innerbetrieblicher Teilarbeitsmärkte, die mehr oder minder stark nach außen abgeschlossen sind und bestimmten, meist größeren Teilen der Belegschaften ("Stammbelegschaften") als Gegenleistung gegen hohe Betriebsloyalität und -bindung Qualifizierungs- und Aufstiegschancen und eine sichere langfristige Beschäftigungsperspektive anbieten"[46].

Die Segmentationstheorien haben sich erst relativ spät mit dem Einfluß von Arbeitnehmervertretungen, also Gewerkschaften bzw. BR als Institutionen des Arbeitsmarktes, auf Segmentationsprozesse befaßt - et vice versa.[47] Bringt man die beiden Betrachtungsweisen der Analysen von Arbeitsmärkten und Arbeitsbeziehungen zusammen, zeigt sich, daß Interessenpolitik sowohl die spezifische Segmentation der Arbeitsmärkte als Handlungsgrundlage benutzt als auch die auf Teilmärkten erzeugten Benachteiligungen verschärft. Wohlgemerkt: Arbeitsmarktsegmentation besteht auch unter den Bedingungen ökonomischer Prosperität und Vollbeschäftigung, wird aber nicht zum Problem Eine ungleiche Verteilung von Arbeitsmarktrisiken besteht auch ohne und unabhängig vom Einfluß der Interessenorganisationen. Insofern sind Gewerkschaften, die zu institutionalisierten Wettbewerbsbeschränkungen beitragen, für diese nicht-intendierten Folgen ihres korporativen Handelns auch nur begrenzt verantwortlich zu machen.

---

[45] Vgl. Kramer,H., Interne Arbeitsmärkte in der I.G. Farbenindustrie AG während der zwanziger Jahre und der Weltwirtschaftskrise, SAMF-Arbeitspapier 1994-8, Gelsenkirchen 1994; Sachse,C., Werkswohnungsbau und betriebsinterne Arbeitsmarktpolitik in Deutschland von 1880 bis 1945, SAMF-Arbeitspapier 1994-3, Gelsenkirchen 1994; Schudlich,E., Von der externen zur internen Arbeitsmarktpolitik - Zur arbeitsmarktpolitischen Rationalisierung des Produktionsprozesses um die Jahrhundertwende, SAMF-Arbeitspapier 1994-2, Gelsenkirchen 1994.

[46] Lutz,B./Sengenberger,W., Segmentationsanalyse und Beschäftigungspolitik, WSI-Mitt 33 (1980), 294.

[47] Vgl. im einzelnen Kap.5.

4. Weitere Varianten von Segmentationsansätzen sind das nicht-institutionalistisch, sondern neoklassisch orientierte Modell des Arbeitsplatzwettbewerbs sowie das soziologischer Denktradition verpflichtete Alternativrollenkonzept.

Das <u>Modell des Arbeitsplatzwettbewerbs</u> betont u.a. informelle Regeln der Kooperation und Selektion und konzipiert den Arbeitsmarkt primär als Ausbildungsmarkt. Die Arbeitsplatzbewerber werden entsprechend ihrer relativen Position in bezug auf die für das Unternehmen zu erwartenden Ausbildungskosten in eine Arbeitskräfteschlange eingeordnet. Originärer Träger der Produktivität ist der Arbeitsplatz; die Produktivität und Entlohnung des Beschäftigten ist eine Funktion des Innehabens eines bestimmten Arbeitsplatzes. Die Bewerber konkurrieren entsprechend den Ausbildungskosten, die ihre Anpassung an die Arbeitsplatzbedingungen voraussichtlich erfordern werden. Aus der Warteschlange werden die Bewerber bevorzugt eingestellt, die aufgrund ihrer Hintergrundmerkmale geringere Ausbildungskosten für das Unternehmen erwarten lassen.

An die Stelle des Lohnwettbewerbs unter den Arbeitsanbietern tritt somit die Kostenkonkurrenz zwischen den Arbeitsplatzbewerbern. Die Abschaffung des direkten Lohnwettbewerbs und die Einschränkung der Stellenkonkurrenz zwischen bereits Beschäftigten und neu Auszubildenden sichern die Weitergabe des (betriebs-)spezifischen Wissens. Die Regelung nach dem Senioritätsprinzip, welche das Entlassungsrisiko primär auf die neu Eingestellten beschränkt und die Gefahr der Lohnunterbietung durch diese minimiert, führt zur Bildung fest strukturierter, interner Arbeitsmärkte mit einer stabilen Lohnstruktur.

Das <u>Alternativrollenkonzept</u>[48] stellt eine soziologische Variante der Segmentationstheorien dar. Die Problemgruppen des Arbeitsmarktes sind nicht allein aufgrund von humankapitaltheoretischen Erwägungen, sondern zusätzlich aufgrund ihrer gesellschaftlich und kulturell anerkannten Alternativrollen zur Erwerbstätigkeit am Arbeitsmarkt diskriminiert. Es handelt sich hierbei insbesondere um Jugendliche, Frauen, Ausländer, ältere Arbeitnehmer und Behinderte, für die Alternativrollen als Schüler, Hausfrauen, Rückkehrer, Frührentner bestehen. Diese Gruppen sind aufgrund ihrer marginalen Anbieterposition am Arbeitsmarkt wenig organisations- und konfliktfähig bzw. in Gewerkschaften kaum repräsentiert. Die Unternehmen wälzen das Risiko der Arbeitslosigkeit bei konjunkturellen Nachfragerückgängen auf diese Gruppen ab, um bei vorzunehmenden Entlassungen den (offenen) Konflikt mit den Arbeitnehmervertretungen zu vermeiden.

---

[48] Vgl. Offe,C./Hinrichs,K., Opfer des Arbeitsmarktes. Neuwied 1977.

12.5. Insider-Outsider-Theorien

1. Während die Effizienzlohntheorien unterstellen, daß die Unternehmen Marktmacht besitzen, gehen die Insider-Outsider-Ansätze[49] davon aus, daß ein Teil der Arbeitnehmerschaft über die Macht zur Lohnsetzung verfügt. Die grundlegenden Annahmen sind folgende:

Es gibt drei Gruppen von Arbeitnehmern, die sich in bezug auf ihre Verhandlungsposition wesentlich unterscheiden:
- Personen in einem Beschäftigungsverhältnis (Insider),
- Personen in der Einarbeitungsphase (Entrants),
- derzeit nicht-beschäftigte Personen (Outsider).

Es gibt drei Arten von Kosten:
- Einstellungs-, Einarbeitungs- und Entlassungskosten (z.B. screening-, Such-, Kündigungskosten, Abfindungszahlungen, Verlust betriebsspezifischen Humankapitals),
- Kosten, welche die Insider verursachen können, indem sie den Entrants durch tacit coordination die Kooperation entziehen oder das Arbeitsklima verschlechtern,
- Kosten, die im Falle der Entlassung von Insidern durch Demotivation der im Unternehmen verbleibenden Insider entstehen und sich auf deren Teamgeist und damit Produktivität negativ auswirken.

Die drei Arbeitnehmergruppen können dem Unternehmen in unterschiedlichem Ausmaß Kosten verursachen: In der einfachsten Version des Ansatzes sind die Insider dadurch gekennzeichnet, daß sie betriebsspezifisch qualifiziert sind und damit bei ihnen alle Einstellungs- und Einarbeitungskosten bereits getätigt wurden. Im Falle ihrer Entlassung würden die noch nicht amortisierten Teile der Investitionen als verlorene Kosten (sunk costs) anfallen. Die Entrants befinden sich gerade in der Einarbeitungsphase, so daß bei ihrer Entlassung nur ein geringer Teil der Kosten der Insider anfallen würde. Die Outsider haben der Unternehmung noch keine Kosten verursacht und können deshalb auch keinen Druck via Verhandlungsposition ausüben.

Wenn die Insider Entlassungen verhindern wollen, darf ihr Lohnsatz nicht höher sein als die Summe aus dem von den Outsidern geforderten Lohnsatz (reservation wage) und den Grenzkosten der Fluktuation (labor turnover costs). Letztere setzen sich zusammen aus den Grenzkosten der Entlassung eines Insiders (firing costs) und den Grenzkosten der Einstellung und Einarbeitung eines Entrants (hiring and training costs):

---

[49] Vgl. zusammenfassend Lindbeck,A./Snower,D.J., The Insider-Outsider-Theory of Employment and Unemployment, Cambridge-London 1988; Möller,J., Die Insider-Outsider-Theorie, WiSt 20 (1991), 333-339; Berthold,N./Fehn,R., Neuere Entwicklungen in der Arbeitsmarkttheorie, WiSt 24 (1995), 110-117.

$w_I \leq w_O + K'_I + K'_E$

Der Lohnsatz der Entrants darf um nicht mehr als die marginalen Einstellungs- und Einarbeitungskosten über den Lohnvorstellungen der Outsider liegen:

$w_E \leq w_O + K'_E$

w_I = Lohnsatz der Insider
w_E = Lohnsatz der Entrants
w_O = Lohnsatz der Outsider (Akzeptanzlohn)
K'_I = Grenzkosten der Entlassung von Insidern (Fluktuationskosten)
K'_E = Grenzkosten der Einstellung und Einarbeitung von Entrants

In einer erweiterten Variante des Ansatzes können die Insider sowohl die Produktivität von Entrants durch Verweigerung von Kooperation senken als auch deren Arbeitsleid durch Schikanieren (Harassment) erhöhen. Durch diese optionalen Verhaltensweisen entstehen Renten, welche die Insider im Rahmen von bargaining mit der Unternehmensleitung oder unilateral abschöpfen können. Die Insider versuchen zweierlei: Zum einen die Differenz zwischen ihren höheren Löhnen und den niedrigeren reservation wages der Entrants so groß wie möglich werden zu lassen; zum andern, sich diese Differenz so weit wie möglich anzueignen. Gleichzeitig sind die Insider daran interessiert, die Anzahl der Mitarbeiter im Betrieb möglichst gering zu halten, um ihr Grenzprodukt und damit ihren Lohn anzuheben. Die strategisch miteinander kooperierenden Insider sind in der Lage, die Zusammenarbeit mit den Entrants zu verweigern; deshalb haben letztere eine schwächere Verhandlungsposition und ein niedrigeres Einkommen. Über entsprechende Verhaltensoptionen verfügen die Entrants gegenüber den Outsidern. Harassment verfolgt einen ähnlichen Zweck wie kooperatives Verhalten: Die Insider halten die Outsider vom Unterbieten ab, indem sie die Erwartung schaffen, daß Unterbieter schikaniert werden; die Outsider sind nicht in der Lage, Harassment zu vermeiden. Damit wird Außenseiterkonkurrenz ausgeschlossen.

Für die Unternehmen besteht aus Kostengründen kein Anreiz, Insider gegen Outsider auszutauschen, da erstere zur Zusammenarbeit bereit sind, was letztere ex definitione nicht sein können. Die Insider gestalten ein Unterbieten ihrer Löhne durch die Outsider zu teuer für die Unternehmen und durch Kooperationsentzug und Harassment zu unangenehm für die Outsider. Die Insider können sich die (Quasi-)Renten, die mit einem Austausch verbunden wären, über Verhandlungen aneignen und dadurch ihr Lohnniveau über den markträumenden Gleichgewichtslohn anheben. Die Insider verfügen über hinreichende Marktmacht, um auf die betriebliche Lohngestaltung Einfluß zu nehmen; die Unternehmer werden zu Mengenanpassern.

Wesentliche Interessenkonflikte bestehen zwischen Insidern und Outsidern und nicht zwischen Unternehmen und ihren Arbeitnehmern. Die Insider verhalten sich nutzenmaxierend und berücksichtigen die Interessen von Entrants und Outsidern nicht. Aufgrund der Existenz von Transaktionskosten können die Insider diese Konflikte zur Durchsetzung von Lohnaufschlägen nutzen. Sie können einen nicht-markträumenden Lohnsatz durchsetzen und so in aggregierter, makroökonomischer Sicht unfreiwillige Arbeitslosigkeit verursachen.

Die Kritik an der Grundversion konzentriert sich auf folgende Aspekte:
- Die Verhaltensprämissen vereinfachen zu stark. Es gibt nur drei Gruppen von Arbeitnehmern, die zudem in sich homogen sind. Die Verhaltensannahme des Harassment ist willkürlich und schließt solidarisches Handeln zwischen den verschiedenen Arbeitnehmergruppen aus.
- Die Verträge über die Lohnhöhe gelten zunächst nur für einen begrenzten, festgelegten Zeitraum, die sog. initiation period.
- Das Modell erklärt nicht, weshalb Entrants gelegentlich akzeptiert werden, u.a. zum Ausgleich der natürlichen Fluktuation, vor allem durch Verrentung, sowie in Phasen konjunkturellen Aufschwungs und gestiegener Arbeitskräftenachfrage.
- Zentrale Variable (wie Insidermacht) sind empirisch kaum nachzuweisen und deshalb nur schwer zu operationalisieren, geschweige denn zu quantifizieren.
- Institutionen im allgemeinen und Arbeitnehmervertretungen im besonderen sind nicht unbedingt notwendig für die Argumentation (informell-individuelle vs. institutionell-kollektive Einflußnahmen). Die Annahme eines bargaining über die individuelle Lohnhöhe ist in hohem Maße unrealistisch.

2. Im Grundmodell sind die Insider nicht organisiert, sondern verhandeln individuell mit dem Arbeitgeber. Eine erweiterte Variante bezieht die Existenz von Arbeitnehmervertretungen, Gewerkschaften und Betriebsräten, in die Analyse ein. Diese verhalten sich aufgrund des Wiederwahlinteresses ihrer Funktionäre als Stimmenmaximierer und orientieren sich an den Präferenzen des Medianwählers. Sie richten ihre Politik hauptsächlich an den Interessen ihrer beschäftigten Mitglieder und nicht an denen der Nicht-Beschäftigten aus. Die Arbeitnehmervertretung verfügt über Möglichkeiten, die Löhne ihres (Stamm-)Klientels zu erhöhen, ohne dessen Aussichten auf kontinuierliche und langfristige Beschäftigung zu reduzieren:
- Sie kann die Einstellungs- und Entlassungskosten erhöhen (z.B. durch Vereinbarung von Kündigungsfristen oder Abfindungszahlungen).
- Sie kann die Effektivität und Vielfalt von Kooperation und Harassment erhöhen.

- Sie kann aufgrund ihrer Organisationsmacht die Verhandlungsmacht der Insider erhöhen und diese dadurch in die Lage versetzen, einen größeren Teil der (Kartell-) Renten zu absorbieren.
- Sie kann die Insider mit neuen Instrumenten des rent seeking ausstatten und ihr Drohpotential erhöhen, u.a. durch Streik sowie Dienst nach Vorschrift.

Die Kritik an der erweiterten Variante verweist darauf, daß die impliziten Annahmen monopolistischen Verhaltens von Arbeitnehmervertretungen problematisch bzw. widersprüchlich sind:

- Arbeitnehmervertretungen versuchen stets, einen möglichst hohen Lohnsatz unter der Nebenbedingung ungefährdeter Beschäftigung ihrer derzeitigen Mitglieder zu erreichen. Die empirische Evidenz für diese Behauptung ist ambivalent.
- Wenn die Insider sich nicht individuell nutzenmaximierend, sondern in irgendeiner, exogen verursachten Weise solidarisch mit den Outsidern verhalten, können Arbeitnehmervertretungen sogar die Fixkosten pro Mitglied verringern, indem sie die Beschäftigung erhöhen.
- Annahmegemäß verfügen Arbeitnehmervertretungen über die ausschließliche Macht zur Festsetzung der Arbeitsbedingungen. Der originäre Ansatz kann Phänomene wie concession bargaining nicht erklären, bei denen die Arbeitgeber in die Offensive gehen und ihrerseits Zugeständnisse von den Arbeitnehmern, vor allem bei den Entgelten, fordern.[50]
- Gewerkschaften in verschiedenen europäischen Ländern haben in den 80er Jahren die Strategie einer Arbeitszeitverkürzung verfolgt. Diese Variante der Tarifpolitik zielte u.a. auf den Abbau von Arbeitslosigkeit und damit gerade die Eingliederung von Outsidern.[51]
- Die Theorie bezieht zwar ansatzweise Institutionen des Arbeitsmarktes in die Analyse ein. Unterschiedliche Organisationsprinzipien (wie Betriebs-, Berufs- oder Industrieverbände) finden aber ebenso wenig Berücksichtigung wie Arbeitgeberverbände, die aus dem angenommenen Monopol zumindest ein bilaterales Monopol machen.
- Aktivitäten des Staates bleiben aus der Analyse ausgeklammert. Vor allem in den 60er und 70er Jahren nahmen Gewerkschaften in verschiedenen westeuropäischen Ländern an neo-korporatistischen Arrangements teil. Diese konzertierten Aktionen implizierten immer auch einen Verzicht auf Lohnerhöhungen (wage restraint) mit dem Ziel der Sicherung von Preisniveaustabilität.[52]

---

[50] Vgl. Kap.9.

[51] Vgl. im einzelnen Kap.8.

[52] Vgl. im einzelnen Kap.4.

Die Insider-Outsider-Theorien erklären nicht primär die Höhe der Arbeitslosigkeit, sondern allenfalls die Verteilung einer gegebenen Arbeitsmenge auf Insider und Outsider. Außerdem sind die Implikationen der Theorien für die Wirtschaftspolitik keinesfalls eindeutig. Sie werden in der ordnungspolitischen Auseinandersetzung häufig herangezogen, um Forderungen nach Flexibilisierung und Deregulierung zu begründen (z.B. erleichterte Zulassung befristeter Arbeitsverträge, Abbau von Kündigungsschutzregelungen, untertarifliche Entlohnung für Einsteiger). Die empirische Evidenz für die Vorteile solcher Maßnahmen ist in bezug auf den Arbeitsmarkt keineswegs eindeutig.[53]

12.6. Keynesianische Beschäftigungstheorie

1. Wir wollen uns nun mit der keynesianischen Beschäftigungstheorie auseinandersetzen, die im Gegensatz zur mikroökonomischen Ausrichtung der neoklassischen Arbeitsmarkttheorie vor allem makroökonomisch orientiert ist. Im Unterschied zur recht einseitigen Angebotsorientierung der Neoklassik geht der Keynesianismus primär von der Nachfrageseite aus. Keynesianer betonen den Kaufkraft- bzw. Nachfrageeffekt der Löhne, während die Neoklassiker deren Kosteneffekt in den Mittelpunkt stellen. - Die Nachfrage auf dem Arbeitsmarkt ist eine von der Nachfrage auf dem Gütermarkt abgeleitete Nachfrage. Innerhalb einer Hierarchie der Märkte ist der Arbeitsmarkt somit dem Gütermarkt und auch dem Geldmarkt nachgeordnet[54]; damit besteht ein gewisser Gegensatz zur neoklassischen Arbeitsmarkttheorie, die eine Gleichrangigkeit aller drei Märkte unterstellt.

Das Beschäftigungsvolumen wird bei Keynes vom Niveau der effektiven Gesamtnachfrage nach Investitions- und Konsumgütern determiniert. Die Nachfrage nach Konsumgütern wird vom verfügbaren Einkommen bestimmt; die Komplementärgröße zum Konsum ist die Ersparnis. Die Nachfrage nach Investitionsgütern ist abhängig von der Relation zwischen der Grenzleistungsfähigkeit des Kapitals, dem internen Zinssatz, und dem Kapitalmarktzinssatz. Der erwartete interne Zinssatz muß über dem Marktzinssatz liegen, damit Investitionen überhaupt durchgeführt werden und nicht die Geldanlage auf dem Kapitalmarkt erfolgt. Damit entscheidet bei gegebenem internen Zinssatz der Marktzins über die Höhe der Investition.

---

[53] Vgl. zusammenfassend Kap.15.

[54] Vgl. zur Einführung u.a. Graf,G., Art. Beschäftigungstheorie, in: HDWW, Bd.1, Stuttgart-New York 1977, 513-543.

Nur bei einer keinesfalls wie in der Neoklassik notwendigerweise erzielbaren Gleichheit von Investition und Ersparnis herrscht ein Gleichgewicht auf dem Gütermarkt. Ist hingegen die Gesamtnachfrage geringer als das Gesamtangebot an Waren und Dienstleistungen, werden die Unternehmen ihre Produktion einschränken und ihre Nachfrage nach Arbeitskräften reduzieren; es entsteht Arbeitslosigkeit. Ein <u>Nachfrageausfall auf dem Gütermarkt</u> kann verschiedene Ursachen haben:
- Nachfrage kann versickern, weil bei unsicheren Erwartungen über die zukünftigen Kursentwicklungen gebildete Ersparnisse gar nicht auf dem Kapitalmarkt (bei den Banken) angelegt, sondern "im Sparstrumpf" gehortet werden. Sieht man von dieser heute eher unrealistischen Verhaltensweise der Wirtschaftssubjekte ab, unterscheidet Keynes zwei Gründe für eine Versickerung der Nachfrage:
- Entweder ist die Nachfrage nach Geld extrem groß, so daß der Zinssatz trotz Zunahme der Ersparnis bei gleichzeitiger Abnahme der Konsumgüternachfrage nicht sinkt (These von der Liquiditätsfalle). Dieses Phänomen tritt dann auf, wenn Wirtschaftssubjekte eine Senkung der Wertpapierkurse und damit eine Zinssteigerung erwarten. In einem solchen Fall ist es rationaler, vorhandene Gelder nicht in Wertpapieren anzulegen, sondern in Spekulationskasse zu halten, da die dadurch entstehenden Zinsverluste kleiner sind als die möglichen Kursverluste.
- Oder der Zinssatz fällt zwar wegen des Anstiegs der Ersparnisse, aber die Investitionsnachfrage nimmt wegen pessimistischer Absatzerwartungen der Unternehmen trotzdem nicht ausreichend zu (These von der Investitionsfalle).

Wegen dieser Mängel des Kapitalmarktes kann also Güternachfrage versickern. Die ausgefallene Konsumgüternachfrage wird nicht durch eine entsprechend höhere Investitionsgüternachfrage kompensiert. Angebotsüberhänge auf Gütermärkten durch eine gesunkene Gesamtnachfrage bedeuten aber für die Unternehmen Einschränkung der Produktion und damit auch sinkende Nachfrage nach Arbeitskräften mit der Konsequenz unfreiwilliger Arbeitslosigkeit. Folglich ist ein allgemeines Gleichgewicht auf Güter- und Geldmärkten vereinbar mit einem dauerhaften Ungleichgewicht auf dem Arbeitsmarkt (stabiles Gleichgewicht bei Unterbeschäftigung).[55]

Entgegen den Annahmen der Neoklassik besteht somit keine automatisch-systemimmanente Tendenz zum totalen Gleichgewicht. Das von der Neoklassik unterstellte Saysche Theorem, wonach sich jedes Angebot seine Nachfrage automatisch und genau im Umfange des Angebots schafft, verliert bei Keynes seine uneingeschränkte Gültigkeit. Geld ist nicht mehr nur Tausch-, sondern auch Wertaufbewahrungsmittel. Die

---

[55] Ein Gleichgewicht des Arbeitsmarktes bleibt nur erhalten, wenn das mit der entsprechenden Beschäftigungsmenge entstandene Produktionsvolumen von den Unternehmen auch tatsächlich abgesetzt werden kann; bei Angebotsüberschüssen hingegen verringert sich die Arbeitsnachfrage.

Zinsmechanismen wirken nicht mehr unbedingt ausgleichend zwischen Ersparnis und Investition, wie die Neoklassik unterstellt hatte.[56]

Eine Selbststeuerung des Arbeitsmarktes über den Lohnmechanismus findet ebenfalls nicht statt. Während die Arbeitsnachfrage ebenso wie in der Neoklassik aus dem Gewinnmaximierungskalkül der Unternehmen abgeleitet und deshalb reallohnabhängig ist, orientieren sich die Arbeitnehmer im Gegensatz zur Neoklassik am Nominallohn und unterliegen somit der Geldillusion. Darüber hinaus ist der Nominallohnsatz anders als in der Neoklassik bei Keynes (u.a. aus Gründen der Existenzsicherung, des Gewerkschaftseinflusses über Tarifverhandlungen, einer staatlichen Mindestlohngesetzgebung) nach unten hin starr.[57]

Kommt es zu einem Nachfrageausfall auf den Gütermärkten und damit zu unfreiwilliger Arbeitslosigkeit, könnte bei funktionierendem Markt-/Preismechanismus die Güternachfrage durch eine Preissenkung wieder entsprechend ausgeweitet werden. Eine Senkung der Güterpreise wäre aber im keynesschen System der Nominallohnfixierung gleichbedeutend mit einem Anstieg der Reallöhne, weshalb die Unternehmen nicht bereit wären, ihre Arbeitsnachfrage zu erhöhen. Selbst wenn die Nominallöhne auch nach unten flexibel wären, würde wegen des Wettbewerbs der Unternehmen auf den Gütermärkten eine nominelle Lohnsenkung bewirken, daß diese Kostensenkung in den Güterpreisen weitergegeben wird; damit bliebe aber der Reallohn konstant und die Unternehmen hätten keinen Anlaß, mehr Arbeitskräfte einzustellen. Die aufgrund des Nachfrageausfalls auf den vorgelagerten Gütermärkten entstandene unfreiwillige Arbeitslosigkeit kann nur dadurch wieder beseitigt werden, daß der Staat die ausgefallene private Nachfrage ersetzt.

2. Im Rahmen der wirtschaftspolitischen Konsequenzen dieser allgemeinen Beschäftigungstheorie wird der Staat nicht mehr nur als reiner "Störfaktor" gesehen, der wie in der Neoklassik lediglich die normativen Rahmenbedingungen zu setzen und somit primär Ordnungspolitik zu betreiben hat; stattdessen wird staatliche Ausgabenpolitik als Prozeßpolitik für das Erreichen des Vollbeschäftigungszieles mitverantwortlich bzw. sogar unentbehrlich.[58] Ausfallende private Nachfrage ist durch zusätzliche staatliche

---

[56] Keynes greift das Saysche Theorem an, indem er konstatiert, daß sich jede, in seiner Sicht dominierende Güternachfrage ihr Angebot schafft.

[57] (Nominal- oder Real-)Lohnsenkungen sind keine probaten Mittel der Beschäftigungspolitik, u.a. weil sie zwar die Kostensituation der Unternehmen, nicht aber die allgemeine Absatzsituation verbessern.

[58] Vgl. im einzelnen Rothschild,K.W., Der Wechsel vom keynesianischen zum neoklassischen Paradigma in der neueren Wirtschaftspolitik. Versuch einer soziologisch-historischen Einordnung, in: Krupp, H.-J./Rohwer,B./Rothschild,K.W.(Hg.), Wege zur Vollbeschäftigung. Konzepte einer aktiven Bekämpfung der Arbeitslosigkeit, 2. Aufl. Freiburg 1987, 107-123.

Nachfrage mit Hilfe von deficit spending zu ersetzen, um die für Vollbeschäftigung notwendige Höhe der effektiven Gesamtnachfrage zu gewährleisten.[59] Aufgrund der These von der Liquiditätsfalle wird der Fiskalpolitik eine größere Wirksamkeit bei der Bekämpfung von Arbeitslosigkeit zugesprochen als der Geldpolitik (z.B. Variation des Zinsniveaus). In der BRD ist zudem für die Geldpolitik die Bundesbank zuständig, die unabhängig ist und durchaus Ziele (vor allem das der Geldwertstabilität) verfolgen kann, die mit den aktuellen Prioritäten der jeweiligen Regierung nicht identisch sind. Eine kompensatorische Fiskalpolitik muß als antizyklische Finanzpolitik konzipiert werden, um eine Verstetigung der Güternachfrage und dadurch der Beschäftigung zu erreichen.

Die Regierung der Großen Koalition hat auf der Basis des Stabilitäts- und Wachstumsgesetzes in der zweiten Hälfte der 60er Jahre eine solche nachfrageorientierte Globalsteuerung der Wirtschaft betrieben und damit die damals anstehenden Probleme relativ gut gelöst. In späteren Jahren wurden jedoch sowohl der Zeitpunkt als auch die Dosierung der staatlichen Intervention immer mehr zu kritischen Aktionsparametern. In der Realität führten u.a. das lobbying verschiedener Interessengruppen sowie die Stimmenmaximierungskalküle der Politiker zu steigenden öffentlichen Ausgaben; damit in enger Verbindung stand die Schwierigkeit, im Aufschwung staatliche Budgetüberschüsse zum Ausgleich der vorherigen Defizite auch tatsächlich zu erzielen. Dadurch entstand allmählich eine Höhe der Staatsverschuldung, welche die von Keynes geforderte antizyklisch angelegte Finanzpolitik zunehmend unmöglich machte ("Asymmetrie wirtschaftspolitischer Präferenzen")[60] und zur weitgehenden fiskalischen Manövrierunfähigkeit führte.

Heutzutage ist Arbeitslosigkeit nicht mehr nur ein Niveau-, sondern auch ein Strukturproblem; deshalb muß staatliche Globalsteuerung ersetzt werden durch eine nach Regionen und Branchen selektiv ausgerichtete Stabilisierungspolitik.[61] Aufgrund der zunehmenden Verflechtungen der Volkswirtschaften wären rein nationale Programme weitgehend wirkungslos. Für international koordinierte Initiativen fehlen die notwendigen politischen und institutionellen Voraussetzungen.[62]

---

[59] Unfreiwillige Arbeitslosigkeit als Angebotsüberhang am Arbeitsmarkt ist zugunsten einer Verstetigung der Güternachfrage und damit der Beschäftigung zu bekämpfen.

[60] Vgl. Franz,W., Keynesianische Beschäftigungstheorie und Beschäftigungspolitik, APuZ B12/92, 26.

[61] Vgl. zur hier nicht weiterverfolgten Makroökonomik des Arbeitsmarktes Schmid/Dosky, Ökonomik des Arbeitsmarktes, 117ff.

[62] Vgl. im einzelnen Kap.17.

12.7. Politikwissenschaftliche Ansätze

1. Bei den bisher kaum behandelten politikwissenschaftlichen Erklärungsansätzen werden neben demographischen und ökonomischen Ursachen vor allem die historisch singulären, politischen und institutionellen Determinanten des Arbeitsmarktes bzw. der Arbeitslosigkeit in die Analyse einbezogen bzw. kombiniert. Hierzu gehören u.a.

- Grad und Art der Institutionalisierung und Organisierung von Verbänden,
- gesellschaftliche Entscheidungsstrukturen, etwa korporatistischer Art,
- Organisation des Systems der sozialen Sicherung,
- Struktur des Systems der Arbeitsbeziehungen,
- Institutionen und Instrumente der Arbeitsmarktpolitik.[63]

Institutionelle Rahmenbedingungen individuellen und vor allem korporativen Handelns in Form von Restriktionen und Chancen rücken in das Zentrum der Analyse. Diese institutionalistisch orientierten Ansätze betonen die Besonderheiten des Arbeitsmarktes im Vergleich zu Geld- und/oder Gütermärkten. Die Eigenschaften des Arbeitsmarktes als soziales System können in ihrer Komplexität nicht wie in der Neoklassik in einem einfachen, raum-zeitlich abstrakten und außerdem universalistisch gültigen Modell erfaßt werden. Vielmehr sind im Rahmen der häufig verwandten Methode quantitativ-vergleichender Politikforschung national differenzierende Erklärungen notwendig.

Ein geringer Fragmentierungsgrad der Entscheidungsstrukturen und der Arbeitsbeziehungen sowie geeignete Politikinstrumente erhöhen deutlich die Wirksamkeit einer notwendigerweise selektiven Beschäftigungspolitik. In der Perspektive dieses Ansatzes muß eine Wirtschafts- und Arbeitsmarktpolitik nicht nur ökonomisch richtig, sondern zugleich auch institutionell machbar sein.[64] Eine Minimierung politisch-institutioneller Einflüsse auf allen Märkten, wie sie von der Neoklassik gefordert wird, führt keinesfalls zu optimalen Ergebnissen; zu fragen ist vielmehr nach den Voraussetzungen und Bedingungen der Steuerung. Notwendig wird also eine Verbindung von rein ökonomischen und eher politikwissenschaftlich-institutionellen Ansätzen.

---

[63] Vgl. neben den Beiträgen von Scharpf vor allem die Arbeiten von Schmid und Schmidt. Für andere Schmid,G., Zur politisch-institutionellen Theorie des Arbeitsmarkts. Die Rolle der Arbeitsmarktpolitik bei der Wiederherstellung der Vollbeschäftigung, PVS 28 (1987), 133-161; Schmid,G., Flexible Koordination: Instrumentarium erfolgreicher Beschäftigungspolitik aus internationaler Perspektive; Schmidt,M.G., Wohlfahrtsstaatliche Politik unter bürgerlichen und sozialdemokratischen Regierungen. Ein internationaler Vergleich, Frankfurt-New York 1982; Schmidt,M.G., Arbeitslosigkeit und Vollbeschäftigungspolitik. Ein internationaler Vergleich, in: Hickel,R.(Hg.), Radikale Neoklassik. Ein neues Paradigma zur Erklärung der Massenarbeitslosigkeit? - Die Vogt-Kontroverse, Opladen 1986, 115-138; Schmidt,M.G., Einleitung: Politikwissenschaftliche Arbeitsmarktforschung, in: Abromeit,H./Blanke,B.(Hg.), Arbeitsmarkt, Arbeitsbeziehungen und Politik in den 80er Jahren, Opladen 1987, 12-19.

[64] Vgl. für andere Scharpf,F.W. et al.(Hg.), Aktive Arbeitsmarktpolitik. Erfahrungen und neue Wege, Frankfurt-New York 1982; Scharpf,F.W./Brockmann,M.(Hg.), Institutionelle Bedingungen der Arbeitsmarkt- und Beschäftigungspolitik, Frankfurt-New York 1983.

International vergleichend angelegte empirische Studien der weltwirtschaftlichen Situation von den frühen bis in die späten 70er Jahre[65] zeigen: Verschiedene sozialdemokratische bzw. sozialistische Regierungen in Westeuropa (Bundesrepublik, Österreich, Schweden, Großbritannien) versuchten bei vergleichbaren makroökonomischen Ausgangsbedingungen und gleichen politischen Zielen (Vorrang der Vollbeschäftigung) zu Beginn der weltweiten krisenhaften Entwicklungen infolge des ersten Ölpreisschocks 1973/74 (mit Inflationsschub und steigender Arbeitslosigkeit) in ihren wirtschaftspolitischen Strategien sehr ähnliche, keynesianisch orientierte Maßnahmen einer Globalsteuerung mit dem Ziel einer Realisierung der Variablen des "magischen Vierecks", vor allem von Preisstabilität und Vollbeschäftigung. Da nicht alle Ziele gleichzeitig realisiert werden konnten, wurden im Verlauf der Krisenperiode differierende wirtschaftspolitische Prioritäten bzw. Optionen hinsichtlich Leistungsbilanz, Arbeitslosigkeit und Inflationsbekämpfung zu Lasten der Beschäftigung gesetzt.

In der Folgezeit wurden Ergebnisse erzielt, die deutlichere Unterschiede hinsichtlich der Realisierung makroökonomischer Ziele aufwiesen als zu Beginn der Krise zu verzeichnen gewesen waren:

- In Österreich und Schweden wurde nicht nur ein Anstieg der registrierten Arbeitslosigkeit verhindert, sondern die Beschäftigung (Zahl der Erwerbstätigen) sogar absolut erhöht; Österreich wies zudem im internationalen Vergleich niedrige, Schweden hingegen höhere Preissteigerungsraten auf.
- Die Bundesrepublik war auch im Vergleich mit den anderen OECD-Ländern sehr erfolgreich bei der Bekämpfung der Inflation, verfehlte aber deutlich das Hauptziel sozialdemokratischer Politik, die Beschäftigungssicherung; vielmehr gingen deutlich mehr Arbeitsplätze als in anderen Ländern, mit Ausnahme der Schweiz[66], verloren.
- In Großbritannien schließlich wurden beide Hauptziele, Beschäftigung und Preisstabilität, nicht erreicht und damit die im Vergleich schlechtesten Ergebnisse erzielt.

---

[65] Vgl. von den Vorarbeiten u.a. Scharpf,F.W., Neue Arbeitsmarktpolitik in einem wirtschaftspolitischen Gesamtkonzept, in: Dierkes,M./Strümpel,B.(Hg.), Wenig Arbeit - aber viel zu tun. Neue Wege der Arbeitsmarktpolitik, Opladen 1985, 167-182; Scharpf,F.W., Beschäftigungspolitische Strategien in der Krise, Leviathan 13 (1985), 1-22; Scharpf,F.W., Beschäftigungspolitische Strategien in der Krise, in: Hickel, Radikale Neoklassik, 139-160; zusammenfassend Scharpf,F.W., Sozialdemokratische Krisenpolitik in Europa, Frankfurt-New York 1987; kritische Anmerkungen finden sich u.a. bei Chaloupek,G., Rezension, WuG 13 (1987), 537-540; Schmidt,M.G., Rezension, NPL 32 (1987), 512-516; Vogt,W., Sozialdemokratische Wirtschaftspolitik: Eigenständig oder vernünftig?, Leviathan 16 (1988), 436-440; Altvater,E., Nationale Wirtschaftspolitik unter Bedingungen globaler "finanzieller Instabilitäten" - zu Fritz Scharpf's "angebotspolitischem Keynesianismus", Prokla 18 (1988), 121-136; weiterführend Scharpf, F.W., Inflation und Arbeitslosigkeit in Westeuropa. Eine spieltheoretische Interpretation, PVS 29 (1988), 6-41.

[66] Vgl. zu diesem Sonderfall Schmidt,M.G., Der Schweizerische Weg zur Vollbeschäftigung. Eine Bilanz der Beschäftigung, der Arbeitslosigkeit und der Arbeitsmarktpolitik, Frankfurt-New York 1985.

Das eine Paradebeispiel für eine gelungene Beschäftigungspolitik ist Schweden, wo es gelang (u.a. durch eine erhebliche, a priori nicht geplante Ausweitung des öffentlichen Sektors wegen Beschäftigungsverlusten in der Privatwirtschaft sowie durch Einsatz der sog. aktiven Arbeitsmarktpolitik), die Arbeitslosigkeit auf einem auch im internationalen Vergleich sehr niedrigen Niveau zu halten bzw. sogar eine positive Beschäftigungsentwicklung einzuleiten. Auch in Österreich wurden über eine Reihe von Jahren mit Strategien einer Globalsteuerung gute Erfolge bei der Bekämpfung der Arbeitslosigkeit erzielt. Zentrale Elemente dieser Strategie waren: staatliche Kreditaufnahme vorwiegend im Ausland, zinsverbilligte Kredite für private Investoren, eine enge Zusammenarbeit und Interessenabgleichung zwischen Nationalbank, Sozialpartnern und Staat unter Verzicht auf Umverteilungspolitik seitens der Gewerkschaften. Dieser "korporatistische Keynesianismus" beruhte im Gegensatz zum "etatistischen" auf einer engen, grundsätzlichen Koordination von staatlicher Finanz- und akkomodierender Geldpolitik und Lohnpolitik der Gewerkschaften. Der Ausweitung der Binnennachfrage entsprach eine expansive Fiskalpolitik, welche durch die Geldpolitik der Zentralbank gestützt und nicht wie in der Bundesrepublik neutralisiert wurde.

Offensichtlich waren spezifische Einflußmöglichkeiten für nationale Wirtschaftspolitiken vorhanden, die unterschiedlich genutzt wurden. In dieser international vergleichenden Perspektive sind nicht nur ökonomische, sondern vor allem <u>politisch-institutionelle Bedingungen und Besonderheiten</u> von Bedeutung für Erfolg oder Mißerfolg einer aufgeklärten keynesianischen Wirtschaftspolitik. Dazu gehören

- die innere Struktur und Organisation der (Einzel-)Gewerkschaften und ihr Verhältnis zueinander sowie ihr Verhalten im Rahmen einer Koordination der Lohnpolitik (Stabilitätsförderung bzw. gesamtwirtschaftliche Orientierung durch eine zurückhaltend-restriktive Lohnpolitik) bzw. zur staatlichen Politik,
- die traditionelle Kooperation bzw. Koordination und Sozialpartnerschaft auf der Ebene der Spitzenverbände,
- unter den Bedingungen internationalisierter Kapitalmärkte die Geldpolitik einer (durch gesetzliche Vorgaben mehr oder weniger gegenüber den Regierungen autonomen) Zentralbank und ihr Verhältnis zur staatlichen Finanzpolitik, welche durch die Finanzverfassung wesentlich geprägt wird,
- die institutionellen Voraussetzungen aktiver Arbeitsmarktpolitik.

Die unterschiedlichen Ergebnisse zeigen, daß Massenarbeitslosigkeit kein notwendiges Resultat der eingetretenen Situation war; vielmehr waren spezifische institutionelle Bedingungen auf Seiten des Staates, der Gewerkschaften und des Kollektivverhandlungssystems von Bedeutung innerhalb der verschiedenen Strategien (Koordination von expansiver Fiskalpolitik, unterstützender Geldpolitik und einer Lohnpolitik der Gewerkschaften, welche den Anstieg der Lohnstückkosten unterhalb der Inflationsrate hielt).

Die Lösung von Koordinationsproblemen, die aus unterschiedlichen Interessen der Akteure resultieren, hängt von bestimmten institutionellen Voraussetzungen ab.

Unter den veränderten weltwirtschaftlichen Rahmenbedingungen der 80er Jahre haben sich die wirtschaftspolitischen Optionen wesentlich verengt; Gründe waren vor allem die zweite Ölpreiskrise, die fortschreitende Internationalisierung der Wirtschaft, insbesondere der Geld- bzw. Kapitalmärkte und die durch diese vollendete Weltmarktintegration deutlich eingeschränkten Handlungsspielräume einer expansiven nationalen Fiskal- und Geldpolitik sowie der direkte Einfluß eines von den USA ausgehenden, weltweit hohen Zinsniveaus auf Investition und Beschäftigung in der Privatwirtschaft. Die Höhe der kapazitätserweiternden und arbeitsplatzschaffenden Investitionen wird im wesentlichen nicht mehr von der absoluten Höhe der Gewinne bzw. erwarteten Gewinne bestimmt, sondern von der erwarteten Rendite-Differenz zwischen den möglichen, aber risikobehafteten Gewinnen aus Investitionen und den Realzinsen von völlig risikolosen Finanzanlagen in Form von Staatsanleihen auf den internationalen Kapitalmärkten, vor allem auf dem US-amerikanischen mit seinem langfristig hohen Zinsniveau.

Der Unterschied zwischen den beiden beschriebenen Phasen (1973-1979, 1979-1985) besteht vor allem in einer deutlichen Anhebung des realen internationalen Zinsniveaus, wodurch das Niveau der Mindest-Rentabilität industrieller Investitionen wesentlich angehoben wurde. "Im Ergebnis wurde ... die Renditeschwelle erhöht, die ein Investitionsvorhaben mindestens überschreiten mußte, damit seine Finanzierung zu Marktbedingungen überhaupt in Frage kam."[67] Damit ergibt sich im Interesse einer Vollbeschäftigungspolitik die Notwendigkeit, höhere Investitionen durch verbesserte Erwartungen bei den Gewinnen zu provozieren, was auf eine massive und drastische Umverteilung zugunsten der Kapitaleinkommen bzw. Gewinne hinausläuft ("Zwang zur angebotsorientierten Umverteilung" bzw. "angebotsökonomischer Imperativ der hohen Gewinne"). Eine ökonomisch plausible und zugleich institutionell machbare Politik zur Überwindung der Massenarbeitslosigkeit hat unter den gegebenen weltwirtschaftlichen Rahmenbedingungen nach Scharpf nur zwei Alternativen:[68]

- staatliche Subventionierung zusätzlicher Beschäftigung in der Privatwirtschaft (durch beschäftigungsintensive Programme),
- solidarische Umverteilung des vorhandenen, zu knappen Arbeitsvolumens auf derzeit Beschäftigte und Arbeitslose durch Verkürzung der Arbeitszeit.[69]

---

[67] Scharpf, Sozialdemokratische Krisenpolitik, 304.

[68] Die Chancen einer weltweit oder auch nur europäisch koordinierten keynesianischen Steuerung beurteilt Scharpf aufgrund fundamentaler institutioneller und politischer Schwierigkeiten als sehr gering.

[69] Manchmal wird eine Ausweitung des öffentlichen Dienstes bzw. der öffentlichen und sozialen Dienstleistungen als dritte Alternative erwähnt.

Einführende Literatur:

Berthold,N., Lohnstarrheit und Arbeitslosigkeit, Freiburg 1987

Buttler,Fr./Gerlach,,K./Schmiede,R.(Hg.), Arbeitsmarkt und Beschäftigung. Neuere Beiträge zur institutionalistischen Arbeitsmarktanalyse, Frankfurt-New York 1987

Franz,W., Arbeitsmarktökonomik, 2. Aufl. Berlin-Heidelberg 1994

Marsden,D., The end of economic man? Custom and competition in labor markets, New York 1986

Scharpf,F.W, Sozialdemokratische Krisenpolitik in Europa, Frankfurt-New York 1987

Schmid,H/v.Dosky,D., Ökonomik des Arbeitsmarktes, Band 1 Arbeitsmarkttheorien: Stärken und Schwächen, Bern-Stuttgart 1990

Sengenberger,W., Struktur und Funktionsweise von Arbeitsmärkten. Die Bundesrepublik Deutschland im internationalen Vergleich, Frankfurt-New York 1987

Sesselmeier,W./Blauermel,G., Arbeitsmarkttheorien. Ein Überblick, Heidelberg 1990

Solow,R.M., The labor market as a social institution, Cambridge-Oxford 1990.

13. ARBEITSMARKTPROBLEME II: ARBEITSMARKTPOLITIK DES AFG

Innerhalb der Arbeitsmarktprobleme wollen wir nach der theoretischen eine eher politisch-praktische Perspektive wählen, indem wir die Frage nach der Beeinflußbarkeit des Arbeitsmarktgeschehens stellen. Dabei geht es nach einigen Vorbemerkungen institutioneller Art zunächst um die Instrumente und Strategien der Arbeitsmarktpolitik: Welche Instrumente stehen überhaupt zur Verfügung und wie werden sie eingesetzt? Nach einleitenden Vorbemerkungen werden wir zunächst die wesentlichen Regelungen des Instrumentariums des Arbeitsförderungsgesetzes (AFG) einschließlich der wesentlichen Änderungen vorstellen. In einem zweiten Schritt wollen wir aktuelle Alternativen zum gegenwärtigen Instrumentarium diskutieren. Die Arbeitsmarkt- und Beschäftigungspolitik in den neuen Bundesländern behandeln wir im nächsten Kapitel.

13.1. Vorbemerkungen

Arbeitsmarktpolitik meint zunächst die "Gesamtheit der Maßnahmen, die das Ziel haben, den Arbeitsmarkt als den für die Beschäftigungsmöglichkeiten und für die Beschäftigungsbedingungen der Arbeitnehmer entscheidenden Markt so zu beeinflussen, daß für alle Arbeitsfähigen und Arbeitswilligen eine ununterbrochene, ihren Neigungen und Fähigkeiten entsprechende Beschäftigung zu bestmöglichen Bedingungen, insbesondere in bezug auf das Arbeitsentgelt und die Arbeitszeit, gesichert wird"[1]. Es geht also um Maßnahmen, welche das Angebot an und/oder die Nachfrage nach Arbeitskräften quantitativ und qualitativ beeinflussen.[2]

Gesetzliche Grundlage ist vor allem das AFG von 1969, welches nach einer mehrjährigen Diskussion das Gesetz über Arbeitsvermittlung und Arbeitslosenversicherung (AVAVG) der Weimarer Zeit (1927, Neufassung 1957) ablöste. Das AFG, das als "the landmark legislation of the era"[3] bezeichnet werden kann, steht in engem Komplementaritätsverhältnis zu dem Gesetz zur Förderung der Stabilität und des Wachstums der Wirtschaft (StWG) von 1967, welches an einer keynesianischen statt an der bis dato

---

[1] Lampert,H., Lehrbuch der Sozialpolitik, 2. überarb. Aufl. Berlin-Heidelberg 1991, 264.

[2] Vgl. einleitend u.a. Bach,H.W., 20 Jahre Arbeitsförderungsgesetz, SF 38 (1989), 106-113; Lampert,H., 20 Jahre Arbeitsförderungsgesetz, MittAB 22 (1989), 173-186; Schmid,G., Beschäftigungs- und Arbeitsmarktpolitik, in: Beyme,K.V./Schmidt,M.G.(Hg.), Politik in der Bundesrepublik, Opladen 1990, 228-254.

[3] Janoski,Th., The political economy of unemployment. Active labor market policy in West Germany and the United States, Berkeley-Los Angeles 1990, 169.

dominierenden neoliberalen Politikkonzeption orientiert ist.[4] Die einstimmige Verabschiedung des AFG bedeutete eine deutliche Schwerpunktverlagerung von der reaktiv-kompensatorischen zur aktiv-gestaltenden und vorausschauenden Arbeitsmarktpolitik.[5] Das arbeitsmarkt- und beschäftigungspolitische Instrumentarium und damit der dem Staat zugestandene Einfluß wurden erheblich ausgebaut, um die Beschäftigungsstrukturen an Wachstumszielen zu orientieren und den notwendigen Strukturwandel selektiv abzufedern; ein hoher Beschäftigungsstand sollte zum Leitgedanken der Politik werden. Diese Änderung des Konzepts folgt einer Entwicklung, die seit Mitte der 60er Jahre in verschiedenen westlichen Industrienationen in Gang gekommen war.[6]

Institutionelle Träger der Arbeitsmarktpolitik sind die Bundesanstalt für Arbeit (BA), eine rechtsfähige Körperschaft des öffentlichen Rechts mit Selbstverwaltung (föderaler Aufbau nach Par.189 AFG) bzw. die ihr untergeordneten 9 Landesarbeitsämter und 146 Arbeitsämter in den alten sowie zusätzlich 2 Landesarbeitsämter und 38 Arbeitsämter in den neuen Bundesländern. Die Organe (Verwaltungsrat als "Legislative", Vorstand als "Exekutivorgan", Verwaltungsausschüsse zur Wahrnehmung der Selbstverwaltungsaufgaben) sind drittelparitätisch mit Vertretern der Arbeitgeber, der Arbeitnehmer und der öffentlichen Körperschaften besetzt. Diese Zusammensetzung sichert die Kooperation der Beteiligten institutionell ab.[7]

Die Finanzierung der Aufgaben erfolgt aufgrund politischer Prioritätensetzung
- zum weitaus größeren Teil durch Beiträge, die zu gleichen Teilen von Arbeitnehmern und Arbeitgebern als Prozentanteil an der Bruttolohnsumme geleistet werden (Par.167 AFG),
- zum kleineren Teil durch Arbeitgeberumlagen (Par.186 AFG) (bei der produktiven Winterbauförderung und dem Konkursausfallgeld)

---

[4] Vgl. im einzelnen Seifert,H., Öffentliche Arbeitsmarktpolitik in der Bundesrepublik Deutschland. Zur Entwicklung der Arbeitsmarktpolitik im Verhältnis von Steuerungsaufgaben und Anpassungsfunktion, Köln 1984, 18ff.; Lampert,H./Englberger,J./Schüle,U., Ordnungs- und prozeßpolitische Probleme der Arbeitsmarktpolitik in der Bundesrepublik Deutschland, Berlin 1991, 76ff.

[5] Vgl. u.a. Adamy,W./Reidegeld,E., 60 Jahre Arbeitslosenversicherung in Deutschland, Teil IV: Vom Wiederaufbau zur aktiven Arbeitsmarktpolitik, SS 37 (1988), 88ff.; Kühl,J., Das Arbeitsförderungsgesetz (AFG) von 1969. Grundzüge seiner arbeitsmarkt- und beschäftigungspolitischen Konzeption, MittAB 15 (1982), 251-260; Janoski, The political economy of unemployment, 165ff.

[6] Vgl. Lampert,H., Beschäftigungspolitische Leistungsfähigkeit und Grenzen in der Arbeitsmarktpolitik in der Bundesrepublik Deutschland, in: Herder-Dorneich,Ph.(Hg.), Arbeitsmarkt und Arbeitsmarktpolitik, Berlin 1982, 120ff; Kühl,J., Beschäftigungspolitik in der Bundesrepublik Deutschland von 1973 bis 1987. SAMF-Arbeitspapier 1987-5, Paderborn 1987; Lampert, Lehrbuch der Sozialpolitik, 268ff.

[7] Das oberste Organ ist der Verwaltungsrat, der die laufenden Geschäfte führt.

- sowie gegebenenfalls bei Liquiditätsschwierigkeiten durch Zuweisung von Bundesmitteln (Darlehen und Zuschüsse zum Ausgleich von Defiziten nach Par.187 AFG) sowie durch Erträge aus dem Rücklagevermögen (Überschüsse der Einnahmen), falls solche vorhanden sind.

Die allgemeinen Ziele des AFG bestehen darin, die Maßnahmen "im Rahmen der Sozial- und Wirtschaftspolitik der Bundesrepublik darauf einzurichten, daß ein hoher Beschäftigungsstand erzielt und aufrechterhalten, die Beschäftigungsstruktur ständig verbessert und damit das Wachstum der Wirtschaft gefördert wird" (Par.1 AFG). Im besonderen sollen die Maßnahmen dazu beitragen, daß

"1. weder Arbeitslosigkeit und unterwertige Beschäftigung noch ein Mangel an Arbeitskräften eintreten oder fortdauern,
2. die berufliche Beweglichkeit der Erwerbstätigen gesichert und verbessert wird,
3. nachteilige Folgen, die sich für die Erwerbstätigen aus der technischen Entwicklung oder aus wirtschaftlichen Strukturwandlungen ergeben können, vermieden, ausgeglichen oder beseitigt werden" (Par.2 AFG) sowie
4. die berufliche Eingliederung von Problemgruppen gefördert wird.

Das AFG verfolgt wirtschaftspolitische und sozialpolitische, allokative und integrative, Ziele. Wir unterscheiden Arbeitsmarktordnungspolitik und Arbeitsmarktablaufpolitik; letztere umfaßt die Maßnahmen, die auf das Arbeitsplatzangebot bzw. auf das Arbeitskräfteangebot gerichtet sind. Wir wollen uns im folgenden mit der Ablaufpolitik beschäftigen. Weiterhin unterscheiden wir passive und aktive Arbeitsmarktpolitik: Erstere soll durch Lohnersatzleistungen (Arbeitslosengeld, Arbeitslosenhilfe) die finanziellen Belastungen von Arbeitslosen mildern, letztere hingegen (u.a. durch Berufsberatung, Umschulung und Fortbildung, Arbeitsbeschaffungsmaßnahmen) zur besseren Anpassung von Arbeitskräften und Arbeitsplätzen im wirtschaftlichen Strukturwandel beitragen.[8] Wir werden vor allem die Instrumente der aktiven Arbeitsmarktpolitik analysieren.[9]

Die Reihenfolge der Maßnahmen und Instrumente im Gesetzestext zeigt eine deutliche Hierarchie der Ziele aktiver Politik an: Vorbeugende Maßnahmen, welche strukturelle Arbeitslosigkeit antizipieren und den fortschreitenden Strukturwandel durch Verbesserung der Mobilität sowie durch berufliche Weiterqualifikation (Umschulung und

---

[8] Insofern bestehen enge Verbindungen zum Berufsbildungsgesetz sowie zum Ausbildungsförderungsgesetz.

[9] Vgl. zu dem zuletzt genannten Aspekt den Überblick bei Kühl,J., Wirkungsanalyse der Arbeitsmarktpolitik, in: Bombach,G. et al.(Hg.), Arbeitsmärkte und Beschäftigung. Fakten, Analysen, Perspektiven, Tübingen 1987, 355-383.

Weiterbildung) fördern, rangieren explizit vor kompensatorischen Leistungen. Die Lohnersatzleistungen bei Arbeitslosigkeit und Zahlungsunfähigkeit des Arbeitgebers (Par.100ff. AFG) stellen kompensatorische Zahlungen dar.[10] Das AFG wurde nicht nur in einer Zeit deutlicher Arbeitskräfteknappheit, sondern auch für eine Zeit der Vollbeschäftigung geschaffen. Daraus resultieren zwangsläufig massive Probleme in Phasen drastisch veränderter Arbeitsmarktbedingungen mit dauerhaft-struktureller Massenarbeitslosigkeit.

Wir beobachten seit Inkrafttreten des AFG bzw. seit Ende der 60er Jahre eine Vervielfachung der nominalen und realen Gesamtausgaben für arbeitsmarktpolitische Leistungen, die schon in der "alten" Bundesrepublik von knapp 4 auf ca. 40 Milliarden deutlich gestiegen waren. Dabei war zunächst ein Wachstum der operativen Ausgaben, später eine deutliche, absolute und relative Zunahme der Lohnersatzleistungen (Ausgaben für passive Arbeitsmarktpolitik) zu verzeichnen. Der finanzielle Spielraum für aktive Arbeitsmarktpolitik wird seit Mitte der 70er Jahre kleiner; ihr Anteil an den Gesamtausgaben ging im Gegensatz etwa zu Schweden deutlich zurück.[11] Trotz gelegentlicher Zuweisung von Bundesmitteln, wiederholt gestiegener Beitragssätze und zahlreicher Leistungseinschränkungen reichen die finanziellen Möglichkeiten der BA bei weitem nicht aus, um alle zugewiesenen Aufgaben angemessen zu erfüllen; mehrfach treten erhebliche Defizite auf, die der Bund nur zum Teil ausgleicht.

13.2. Instrumente des AFG

Wir wollen drei Gruppen von Instrumenten und Maßnahmen grob unterscheiden:

1. Information und Beratung,
2. Förderung der beruflichen Bildung,
3. Erhaltung und Schaffung von Arbeitsplätzen.

1. Ein Bündel von Strategien zielt auf die Steuerung des Arbeitskräfteangebots:

1.1. Information und Beratung haben das Ziel, eine aktive, prophylaktische Arbeitsmarkt- und Beschäftigungspolitik durch Verbesserung der Markttransparenz bzw. des individuellen Informationsniveaus zu ermöglichen. Hierzu gehört u.a. die empirische

---

[10] Die Vorruhestandsregelungen als Ergänzung zur traditionellen Arbeitsmarktpolitik haben kaum die erhofften Effekte (vgl. Kap.8); auch die verschiedenen Strategien einer Teilzeitbeschäftigung (u.a. job sharing) haben quantitativ keine großen Erfolge gezeigt (vgl. Kap.15).

[11] Vgl. im einzelnen Schmid,G., Arbeitsmarktpolitik im Wandel. Entwicklungstendenzen des Arbeitsmarktes und Wirksamkeit der Arbeitsmarktpolitik in der Bundesrepublik Deutschland. Discussion Paper IIM/LMP 87-17, Wissenschaftszentrum Berlin für Sozialforschung 1987, 25ff.

Arbeitsmarkt- und Berufsforschung, zu der die BA nach Par.6 AFG verpflichtet ist.[12] Die Berufsberatung (Par.25 AFG) soll unter Berücksichtigung wirtschaftlicher und sozialer Gesichtspunkte zum quantitativen und qualitativen Ausgleich von Angebot und Nachfrage auf dem Arbeitsmarkt beitragen. Diese Beratung ist infolge des Verfassungsverbots der Berufs- und Arbeitskräftelenkung freiwillig; sie kann bei allen Fragen der Berufswahl und des Berufswechsels Informationsprobleme angehen und versuchen, Angebot und Nachfrage aufeinander abzustimmen, nicht jedoch zusätzliche Ausbildungs- bzw. Arbeitsplätze schaffen.

Eine Reihe von Jahren bestanden vor allem Probleme in quantitativer Hinsicht (sog. Bewerberüberhang bzw. Jugendarbeitslosigkeit) infolge des Eintritts der geburtenstarken Jahrgänge in den Ausbildungsstellenmarkt. In den kommenden Jahren wird es weiterhin Probleme in qualitativer Perspektive geben. Regionale und berufliche Engpässe werden bestehen bleiben, auch nachdem die Schulentlaßjahrgänge weniger stark besetzt sind und der sog. Altbewerberüberhang abgebaut ist. Wir beobachten eine deutliche Ausrichtung auf wenige Berufe anstatt auf solche "mit Zukunft", d.h. Vermittlung von Basiswissen und Schlüsselqualifikationen vor allem für Tätigkeiten im Dienstleistungsbereich, insbesondere durch den Einsatz von neuen Informations- und Kommunikationstechnologien. Auch Probleme der regionalen Ungleichverteilung bleiben bestehen, etwa im Vergleich der neuen mit den alten Bundesländern.

1.2. Arbeitsvermittlung ist die Tätigkeit, "die darauf gerichtet ist, Arbeitsuchende mit Arbeitgebern zur Begründung von Arbeitsverhältnissen ... zusammenzuführen" (Par.13 AFG). Sie soll quantitativ und qualitativ einen Ausgleich von Angebot und Nachfrage herbeiführen (Erhöhung der Markttransparenz durch Ausgleich informatorischer Defizite) und ungleiche Startchancen ausgleichen. Wichtige, bundesweit geltende Grundsätze sind: Unentgeltlichkeit, Unparteilichkeit, lohnpolitische Neutralität sowie Neutralität bei Arbeitskämpfen. Die Arbeitsvermittlung stellt den klassischen und zentralen Tätigkeitsbereich der Arbeitsmarktausgleichspolitik dar, für den die Arbeitsverwaltung bis Mitte 1994 ein gesetzlich garantiertes Vermittlungsmonopol hatte.[13] Faktisch beobachten wir eine "Problemgruppen desintegrierende Selektivität der Arbeitsvermittlung"[14], die aus dem Zielkonflikt zwischen allokativen und integrativen Zielen resultiert.

---

[12] Zur Erfüllung dieser Aufgaben wurde eigens das Institut für Arbeitsmarkt- und Berufsforschung (IAB) der BA gegründet.

[13] Vgl. zur Privatisierung im einzelnen Kap.13.5.

[14] Seifert, Öffentliche Arbeitsmarktpolitik, 190.

Kapitel 13: AFG

1.3. Ergänzt wird die Arbeitsvermittlung durch ein System von Maßnahmen zur <u>Förderung der Arbeitsaufnahme</u> (Par.53 AFG) - u.a. Zuschüsse zu Bewerbungs-, Reise- und Umzugskosten, Trennungsbeihilfen, Überbrückungsbeihilfen, Familienheimfahrten. Durch Übernahme der Anpassungskosten soll die räumliche bzw. regionale, also horizontale Mobilität der Arbeitnehmer bei friktioneller bzw. struktureller Arbeitslosigkeit mit räumlichem Bezug verbessert werden. Diese Instrumente, die vor allem in den späten 70er Jahren eingesetzt wurden, sind in Zeiten dauerhafter Massenarbeitslosigkeit nur von begrenztem Wert.

<u>Lohnkostenzuschüsse</u> seitens des Staates oder der BA, d.h. die zeitlich begrenzte Übernahme eines erheblichen Teils der Lohnkosten vor allem in Form von Eingliederungsbeihilfen (Par.54 AFG) und Einarbeitungszuschüssen, sollen Niveau und Struktur der Beschäftigung erhöhen bzw. die Chancen vor allem schwer vermittelbarer Arbeitsloser verbessern. Gemäß der neoklassischen Prämisse, wonach die Beschäftigungshöhe eine Funktion des Lohnsatzes ist, müßten Eingliederungsbeihilfen aufgrund einer verbesserten Kosten-/Ertragsrelation zu mehr Beschäftigung führen.[15]

Die Wirksamkeit dieses Instruments der Lohnsubvention wird auf der Basis von Evaluationsstudien[16] skeptisch beurteilt: Offensichtlich orientieren nur sehr wenige Betriebe ihre Einstellungs- bzw. Personalpolitik an der Existenz von Lohnsubventionen. "Ursachen dafür mögen einmal die geringe Bedeutung des Lohnniveaus als Ursache für den Rückgang der Nachfrage nach Arbeitskräften wie auch die Kurzfristigkeit dieser Maßnahme sein. Die Lohnkostenzuschüsse und Arbeitsplatzsubventionen sollen die Kosten der Unternehmer für neu einzustellende Arbeitskräfte senken, sie sind weder geeignet noch dazu gedacht, das Arbeitsplatzangebot konkreter und längerfristiger zu beeinflussen."[17] Diese Eingliederungsbeihilfen bringen zudem das Problem hoher Mitnahmeeffekte, d.h. die Einstellung wäre auch ohne Lohnsubvention erfolgt, oder Rotationseffekte, d.h. es findet ein mehr oder weniger systematischer, bloßer Austausch von nicht-subventionierten gegen subventionierte Arbeitskräfte anstelle echter Mehrbeschäftigung statt. In der Makroperspektive wird zudem andere Nachfrage verdrängt, indem Nachfragerückgänge bei anderen Betrieben entstehen.[18] Folglich lagen die För-

---

[15] Vgl. Kap.12.

[16] Vgl. u.a. Maier,F./Schettkat,R., Potentiale aktiver Arbeitsmarkt- und Beschäftigungspolitik. Discussion paper FS I. 88-17, Wissenschaftszentrum Berlin für Sozialforschung, Berlin 1988, 74f; Spitznagel,E., Beschäftigungspolitische Aktionen und Reaktionen von Unternehmen, in: Mertens,D.(Hg.), Konzepte der Arbeitsmarkt- und Berufsforschung, 3. Aufl. Nürnberg 1988, 310f.

[17] Bieback,K.-J., Arbeitsmarktpolitik und Arbeitsvermittlung - Zur Funktion und Kritik der Instrumente staatlicher Arbeitsmarktpolitik nach dem AFG, ZfSR 24 (1978), 397f.

[18] Sonderprogramme des Bundes hatten mit diesen Problemen zu tun. Vgl. u.a. Schmid,A., Beschäftigung und Arbeitsmarkt. Eine sozioökonomische Einführung, Frankfurt-New York 1984, 122ff.

derzahlen in den späten 70er höher als in den 80er Jahren. Die quantitative Bedeutung dieser Strategie ist vergleichsweise gering.[19]

Berufsfördernde Leistungen zur Rehabilitation (Par.56ff. AFG) sollen die berufliche Eingliederung körperlich, geistig und seelisch Behinderter in den regulären Arbeitsmarkt vor allem durch Unterhaltszuschüsse bewirken; ihre Erwerbsfähigkeit soll erhalten oder verbessert werden. In Zeiten hoher Arbeitslosigkeit wird eine Vermittlung in Ausbildungs- oder Arbeitsverhältnisse aufgrund der verminderten Leistungsfähigkeit immer schwieriger, obwohl eine Quotenregelung für Schwerbehinderte besteht.[20]

2. Ein zweites Bündel von Maßnahmen umfaßt die Förderung der beruflichen Ausbildung, die aus den drei Teilen Ausbildung, Fortbildung, Umschulung besteht. Diesem Kernstück bzw. dieser Hauptaufgabe der aktiven Arbeitsmarktpolitik[21] kommt auch vom finanziellen Aspekt her erhebliche Bedeutung zu. "Die Bedeutung, die man der beruflichen Mobilität zur Vermeidung von Arbeitslosigkeit beigemessen hat, wurde durch zwei nahezu revolutionäre Regelungen im Gesetz unterstrichen. Berufliche Weiterbildung wurde als Rechtsanspruch formuliert, und die damalige finanzielle Förderung (Unterhaltsgeld von etwa 90% des ursprünglichen Nettolohns) stellte einen erheblichen Anreiz zur Inanspruchnahme dieses Rechtsanspruchs dar."[22]

Der Einsatz verschiedener Instrumente einer umfassenden Qualifikationspolitik soll strukturelle Arbeitslosigkeit verhindern bzw. die berufliche Mobilität verbessern, friktionelle Engpässe auf bestimmten Teilarbeitsmärkten überwinden, das allgemeine Qualifikationsniveau verbessern sowie die individuellen Vermittlungschancen erhöhen. Das globale Ziel besteht in der Verbesserung der Beschäftigtenstruktur sowie in der Förderung optimaler Allokation. Die als Rechtsanspruch in das AFG aufgenommene individuelle Förderung zielt auf die berufliche Erstausbildung[23], vor allem aber auf die berufliche Weiterbildung; letztere besteht nach Par.33ff. AFG aus den Elementen Fortbildung bzw. Höherqualifizierung und Umschulung bzw. Neuqualifizierung.

---

[19] Auch Programme, die Zuschüsse für die Beschäftigung von Arbeitslosen ab einem bestimmten Alter vorsehen, wie das 1989 gestartete Sonderprogramm zur Überwindung von Langzeitarbeitslosigkeit, vor ähnlichen Schwierigkeiten.

[20] Vgl. Semlinger,K./Schmid,G., Arbeitsmarktpolitik für Behinderte, Basel 1985.

[21] Vgl. zusammenfassend Hardes,H.-D., Öffentliche Arbeitsmarktpolitik und betriebliche Weiterbildung, in: Winterstein,H.(Hg.), Sozialpolitik in der Beschäftigungskrise II, Berlin 1986, 53-89.

[22] Schmid, Beschäftigungs- und Arbeitsmarktpolitik, 237.

[23] Im Rahmen der beruflichen Ausbildung können bei berufsvorbereitenden Maßnahmen Zuschüsse und Darlehen (sog. Berufsausbildungsbeihilfen nach Par.40 AFG) gewährt werden.

Kapitel 13: AFG

Die Maßnahmen der beruflichen Fortbildung (Par.41ff. AFG) beinhalten zum einen die Erhaltung und Erweiterung der beruflichen Kenntnisse und Fertigkeiten bzw. deren Anpassung an die technische Entwicklung (Anpassungsfortbildung ohne formalen Abschluß)[24]; zum andern sollen sie durch Weiterbildung einen beruflichen Aufstieg ermöglichen bzw. die vertikale Mobilität erhöhen (Aufstiegsfortbildung mit formalem Abschluß).[25] Die Ziele dieser präventiv konzipierten Strategie sollen durch Übernahme der Ausbildungskosten sowie durch Unterstützungsleistungen (sog. Unterhaltsgeld) erreicht werden.

Bei der beruflichen Fortbildung wurden ebenso wie bei anderen Maßnahmen infolge der sich verschlechternden Finanzsituation der öffentlichen Haushalte seit Mitte der 70er Jahre[26] die ursprünglich liberalen Anspruchsvoraussetzungen und hohen Förderungsleistungen, welche zu stark steigenden Teilnehmerzahlen der Weiterbildungskurse geführt hatten, restriktiver gefaßt[27]. Erforderlich sind zudem eine abgeschlossene Berufsausbildung sowie eine mehrjährige Berufstätigkeit vor Förderungsbeginn. Folglich nahmen die Teilnehmerzahlen, die nach der Verabschiedung des AFG zunächst stetig gestiegen waren, nicht weiter zu. Die Weiterbildungspolitik wirkte antizyklisch anstatt prozyklisch und nicht mehr vorausschauend-präventiv.

Der Schwerpunkt dieses Maßnahmebündels liegt heute eindeutig bei der Anpassungsfortbildung, während früher die Aufstiegsfortbildung dominierte.[28] Wir beobachten beim Einsatz dieses Instruments eine "Mischung von anti- und prozyklischen Bewegungen (Stop and Go-Politik)"[29]. "Generell läßt sich sagen, daß die Weiterbildungspolitik von ihrer Bedeutung als vorbeugendes Instrument zur Vermeidung von Arbeitslosigkeit oder unterwertiger Beschäftigung viel verloren hat."[30] Die reaktive Praxis hat sich von der

---

[24] Angeboten werden sowohl Informations- und Motivationskurse mit einer Dauer von vier bis sechs Wochen (seit 1979 nach Par.41a AFG) als auch berufsqualifizierende Maßnahmen mit einer Dauer von sechs bis zwölf Monaten.

[25] Par.41 AFG lautet: "Die Bundesanstalt fördert die Teilnahme an Maßnahmen, die das Ziel haben, berufliche Kenntnisse und Fertigkeiten festzustellen, zu erhalten, zu erweitern oder der technischen Entwicklung anzupassen oder einen beruflichen Aufstieg zu ermöglichen, und eine abgeschlossene Berufsausbildung oder eine angemessene Berufserfahrung voraussetzen (berufliche Fortbildung)."

[26] Vgl. im einzelnen Seifert, Öffentliche Arbeitsmarktpolitik, 155ff.

[27] So wurde das Unterhaltsgeld, welches Ende der 60er Jahre 90% des letzten Nettoeinkommens betrug, sukzessive bis Mitte der 80er Jahre auf bestenfalls 63% gesenkt. Die rein finanziellen Anreize wurden deutlich geringer.

[28] Vgl. im einzelnen Schmid, Arbeitsmarktpolitik im Wandel, 74ff.

[29] Schmid, Arbeitsmarktpolitik im Wandel, 97.

[30] Schmid,G., Was tut das Arbeitsamt? Kooperative Arbeitsmarktpolitik im Wandel der Arbeitswelt, in: König,H./v.Greiff,B./Schauer,H.(Hg.), Sozialphilosophie der industriellen Arbeit, Opladen 1990, 399.

ursprünglichen Zielsetzung einer präventiven Bewältigung des ökonomischen und technischen Strukturwandels durch vorausschauende Förderung der beruflichen Bildung bzw. Höherqualifizierung und Ermöglichung beruflicher Mobilität deutlich entfernt.[31]

Die Umschulung (Par.47 AFG) soll die berufliche Neuorientierung, d.h. den Übergang in eine andere als die bisher ausgeübte Tätigkeit durch Förderung der beruflichen Mobilität ermöglichen[32]; sie hat eine vergleichsweise geringe Bedeutung im Kanon der Fortbildungs- und Umschulungsmaßnahmen. Neben der individuellen Förderung durch Übernahme der Lehrgangskosten bzw. durch die Zahlung von Unterhaltsgeld besteht eine institutionelle Förderung von verschiedenen, von der Arbeitsverwaltung unabhängigen Einrichtungen der beruflichen Bildung; hierbei handelt es sich um reine "Kannleistungen". Die Maßnahmen finden vor allem außerhalb der Unternehmen als Vollzeit-, Teilzeit- oder Fernunterricht in speziellen Fortbildungseinrichtungen statt, die von der Arbeitsverwaltung mit der Durchführung beauftragt werden.

Zwischen 1970 und 1984 haben über drei Mill. Arbeitnehmer an den deutlich prozyklisch zur konjunkturellen Entwicklung und weniger präventiv eingesetzten berufsfördernden Maßnahmen teilgenommen; die Ausgaben für berufliche Bildung gingen in Relation zu denen für andere AFG-Instrumente zurück. An der Anpassungsfortbildung nehmen vor allem Un- und Angelernte, an der Aufstiegsfortbildung vor allem Fachkräfte teil. In langfristiger Perspektive sind einzelne Problemgruppen, vor allem Frauen und Unqualifizierte, zwar besser in die Maßnahmen integriert worden, ohne daß bestehende Mängel vollständig beseitigt werden konnten.

Auch hier können Mitnahme- und Rotationseffekte (letztere durch Stärkung der individuellen Konkurrenzfähigkeit) auftreten. Über die Effizienz wissen wir auf der Basis von methodisch allerdings nicht unproblematischen Evaluierungsstudien folgendes:[33] Die Dauer der Arbeitslosigkeit ist bei Teilnehmern kürzer als bei Nicht-Teilnehmern, d.h. die individuellen Chancen auf Wiederbeschäftigung verbessern sich durch den erfolgreichen Abschluß von Bildungsmaßnahmen. Die Abbruchquote ist relativ niedrig. Angehörige der eigentlichen Zielgruppe der schwervermittelbaren Erwerbslosen (vor allem Frauen, ältere Arbeitnehmer sowie Arbeitnehmer ohne Berufsausbildung) sind innerhalb

---

[31] "Daß sich gerade die Förderung der beruflichen Bildung von einem prophylaktisch wirkenden zu einem kurativen Instrument entwickelt hat und aus sozialen Gründen dazu entwickelt werden mußte, ist daran ablesbar, daß Anfang der 70er Jahre 15% der an Vollzeitmaßnahmen Teilnehmenden Arbeitslosen waren, 1980 dagegen fast 80%, und daß das Gewicht der Aufstiegsfortbildung gegenüber der Anpassungsfortbildung zurückgegangen ist." Lampert, 20 Jahre AFG, 180ff; ähnlich Hardes, Öffentliche Arbeitsmarktpolitik und betriebliche Weiterbildung, 63.

[32] Die Teilnahme soll i.d.R. nicht länger als zwei Jahre dauern.

[33] Vgl. u.a. Schmid, Beschäftigung und Arbeitsmarkt, 130ff; Hofbauer,H./Dadzio,W., Mittelfristige Wirkungen beruflicher Weiterbildung, MittAB 20 (1987), 129ff; Schmid, Arbeitsmarktpolitik im Wandel, 76ff.

der "Erfolgsquote" nach wie vor unterrepräsentiert, obwohl die Programme ausgebaut und stärker auf Problemgruppen ausgerichtet wurden. Der Anteil der Arbeitslosen an den Teilnehmern von Bildungsmaßnahmen ist im Laufe der 80er Jahre gestiegen.[34] Regionale Ungleichgewichte werden kaum abgebaut. Die Nettokosten, die sich bei einem Vergleich Unterhaltsgeldempfänger/Arbeitsloser ergeben, sind gesamtfiskalisch recht niedrig.[35] "Zusammenfassend läßt sich festhalten, daß die Wirksamkeit der beruflichen Weiterbildung gemessen am Wiedereingliederungskriterium durch die Verschlechterung der Arbeitsmarktlage zwar beeinträchtigt wurde, im großen und ganzen jedoch noch beeindruckend ist."[36]

Die häufig durchgeführten betrieblichen Weiterbildungsmaßnahmen vermitteln im wesentlichen betriebs- und arbeitsplatzspezifische Fertigkeiten und Qualifikationen, die ausschließlich innerbetrieblich Verwendung finden können und nur selten überbetrieblich-allgemeine Anerkennung in Form von formalen Abschlüssen erreichen; diese Investitionen in das spezifische Humankapital fördern weniger die berufliche Mobilität als vor allem die Betriebsbindung der Arbeitnehmer. Der Teilnehmerkreis wird im Gegensatz zu dem bei der öffentlichen Förderung recht genau auf die betrieblichen Anforderungen und Bedürfnisse zugeschnitten; einbezogen werden vor allem bereits Qualifizierte und Leistungsfähige, so daß die Qualifikationsdifferenzen sich eher vergrößern.[37] Betriebliche Bildungsmaßnahmen, die primär der betriebsspezifischen Qualifizierung der Stammbelegschaft dienen, sind i.d.R. billiger als überbetriebliche.

Die seit Ende 1985 (7. AFG-Novelle vom Dezember 1985) eine Zeitlang propagierte sog. Qualifizierungsoffensive verfolgte das Ziel, veraltete Kenntnisse oder zu geringe Qualifikationen den gegenwärtigen und zukünftigen Anforderungen des Arbeitsmarktes anzupassen, also Angebot und Nachfrage besser anzugleichen. Grundlage dieser von einem breiten politischen Konsens gestützten Strategie war das als gesichert geltende Ergebnis, daß die Qualifikationsanforderungen infolge des technologischen Wandels im gesamtwirtschaftlichen Durchschnitt weiterhin steigen: Während zu Beginn der 80er Jahre noch über 30% aller Arbeitsplätze mit Arbeitnehmern ohne formalen Ausbildungsabschluß besetzt waren, werden es im Jahre 2000 nur noch 20% sein.[38]

---

[34] Vgl. Müller,H., Auswirkungen der beruflichen Weiterbildungsförderung nach dem AFG, Frankfurt-Bern 1987, 190ff.

[35] Vgl. Müller, Auswirkungen der beruflichen Weiterbildungsförderung, 227f.

[36] Schmid, Arbeitsmarktpolitik im Wandel, 83.

[37] Vgl. Bosch,G./Priewe,J., Perspektiven und Handlungsspielräume der Arbeitsmarktpolitik, WSI-Mitt 35 (1982), 57ff.

[38] Vgl. Rothkirch,Chr./Tessaring,M., Projektionen des Arbeitskräftebedarfs nach Qualifikationsebenen bis zum Jahr 2000, MittAB 19 (1986), 105ff.

Diese Strategie kann einen Beitrag zur Entlastung des Arbeitsmarktes leisten, insofern die Qualifikationen vermittelt werden, die für die Besetzung freier Stellen notwendig sind. Sie kann aber das Arbeitsmarktproblem allein nicht lösen, da die Zahl der Arbeitslosen um ein Vielfaches höher ist als die Zahl der freien Stellen.[39] Zudem bleibt unbeantwortet, weshalb die Betriebe ihrerseits nicht rechtzeitig in genügendem Umfang in den zentralen Produktionsfaktor "Weiterbildung" investiert haben bzw. weshalb sie vorhandene Stellen nicht durch innerbetriebliche Weiterbildungsmaßnahmen besetzen können anstatt die berufliche Bildung der BA und damit der Finanzierung durch die öffentlichen Haushalte zu überlassen. Mitnahmeeffekte sind möglich.

Die Qualifizierungsmaßnahmen wurden aus den Überschüssen der BA finanziert, solange solche auftraten. Neben finanziellen Engpässen, die schon 1987/88 zu einer "Konsolidierung auf hohem Niveau" bzw. zu einer erneuten stop-and-go-Politik führten, traten auch konzeptionelle Mängel zutage (u.a. Qualitätskriterien bei der Vergabe von Weiterbildungskursen, organisatorische und personelle Voraussetzungen bei den Arbeitsämtern).

3. Maßnahmen zur Erhaltung und Schaffung von Arbeitsplätzen (Par.63ff. AFG) bzw. zur Verhinderung der Entstehung von Arbeitsmarktungleichgewichten sollen die Arbeitskräftenachfrage steuern und haben innerhalb der aktiven Arbeitsmarktpolitik prophylaktischen Charakter. Hierzu gehören vor allem:
- Kurzarbeitergeld (KuG) nach Par.63-73 AFG,
- Förderung der ganzjährigen Beschäftigung in der Bauwirtschaft (sog. produktive Winterbauförderung sowie Schlechtwettergeld) nach Par.74ff. AFG,
- Maßnahmen zur Arbeitsbeschaffung (ABM) nach Par.91-99 AFG.

3.1. Durch die Gewährung von KuG übernimmt die BA für eine bestimmte Zeit einen Teil der Lohnkosten, es kommt zu einer kurzfristigen Flexibilisierung der ansonsten fixen Personalkosten.[40] KuG soll bei unvermeidbarem, nicht-strukturbedingtem, vorübergehendem, auf wirtschaftlichen Ursachen beruhendem Arbeits- bzw. Entgeltausfall[41] im Normalfall maximal für sechs Monate gezahlt werden.[42]

---

[39] Arbeitsplätze sind zumindest in manchen Bereichen fast als positionale Güter im Sinne von Hirsch anzusehen. Vgl. Hirsch, F., Die sozialen Grenzen des Wachstums. Eine ökonomische Analyse der Wachstumskrise, Reinbek 1980.

[40] Flechsenhar,H.R., Kurzarbeit als Maßnahme der betrieblichen Anpassung, Frankfurt 1980; Schmid, G./Semlinger,K., Instrumente gezielter Arbeitsmarktpolitik. Kurzarbeit, Einarbeitungszuschüsse, Eingliederungsbeihilfen, Königstein 1980.

[41] Für einen zusammenhängenden Zeitraum von mindestens vier Wochen müssen mehr als 10% der regulären Arbeitszeit für mindestens ein Drittel der Belegschaft entfallen (sog. Erheblichkeitsschwelle).

Kapitel 13: AFG

Der in Abhängigkeit von der konjunkturellen Lage erfolgende variable Einsatz bringt Vorteile für beide Seiten, da keine Humankapitalverluste eintreten: Einerseits behalten die Arbeitnehmer im Gegensatz zur zeitweisen Entlassung in anderen Ländern ihre Arbeitsplätze; im Vergleich zur Entlassung bzw. Arbeitslosigkeit einzelner erfolgt eine gleichmäßigere Lastenverteilung durch eine solidarische Aufteilung des temporär eintretenden Nachfrage- bzw. Arbeitsausfalls auf alle Beschäftigten. Andererseits verfügen die Unternehmen weiter über ihre eingearbeiteten, betriebsspezifisch qualifizierten Arbeitnehmer, so daß bei wieder verbesserten Beschäftigungsbedingungen keine Wiederbeschaffungskosten in Form von Such- bzw. Einarbeitungskosten entstehen. Insgesamt stellt "das Kurzarbeitergeld eine innovative Flexibilisierung des Arbeitslosengeldes dar ..., um Ungewißheit und konjunkturelle Schwankungen auf der Nachfrageseite institutionell aufzufangen ..."[43].

In segmentationstheoretischer Sicht zielt diese Anpassungsstrategie durch Mengenflexibilisierung im Gegensatz zu anderen nur auf den internen Teil des Arbeitsmarktes; sie hat damit eine Ausschlußfunktion gegenüber dem externen Markt. "Kurzarbeit dient zur Sicherung der Beschäftigungsverhältnisse von bereits Beschäftigten, kann aber nicht zusätzliche Arbeitskräftenachfrage induzieren ...".[44] Möglichkeiten eines Mißbrauchs bestehen, da eine Verkürzung der Arbeitszeit bei gleichzeitiger Leistungsverdichtung erfolgen kann (Mitnahmeeffekt), da Betriebe Kurzarbeit mit Personalabbau oder Umstrukturierungsprozessen verbinden können und Kurzarbeit insofern nicht allein durch konjunkturell bedingten Arbeitsausfall erklärt wird. Schließlich kann KuG zur langfristigen Arbeitsplatz- bzw. Lohnsubventionierung mißbraucht werden.

KuG ist auch im internationalen Vergleich[45] ein flexibles und effizientes Instrument zur Verhinderung von Arbeitslosigkeit bei vorübergehendem, vor allem konjunkturell bedingtem, unvermeidbarem Arbeitsausfall. Das Instrument wird nicht mehr ausschließlich wie in der ursprünglichen Konzeption zur Überbrückung konjunktureller Beschäftigungsschwankungen, sondern auch gezielt zur sozialen Bewältigung struktureller Beschäftigungsprobleme eingesetzt: "War der Beitrag von Kurzarbeit in den sech-

---

[42] Bei "außergewöhnlichen Verhältnissen" kann die Bezugsdauer durch Rechtsverordnung des BMA auf zwei Jahre, in der Stahlindustrie sogar auf drei Jahre, verlängert werden. Das KuG beträgt 68% des Nettoarbeitsentgelts für Arbeitnehmer mit mindestens einem Kind, 63% für die übrigen Arbeitnehmer.

[43] Schmid,G., Instrumentarium erfolgreicher Beschäftigungspolitik aus internationaler Perspektive, in: Bertelsmann Stiftung (Hg.), Beschäftigungspolitik in einer offenen Gesellschaft, Gütersloh 1992, 71.

[44] Seifert, Öffentliche Arbeitsmarktpolitik, 172.

[45] Abraham,K.G./Houseman,S.N., Job security in America. Lessons from Germany, Washington 1993, 23ff; Mosley,H./Kruppe,T., Kurzarbeit im Strukturwandel: Europäische Erfahrungen, WSI-Mitt 48 (1995), 451-462.

ziger Jahren noch bescheiden, entwickelte sich das Kurzarbeitergeld in den siebziger Jahren neben Fortbildung und Arbeitsbeschaffungsmaßnahmen zum dritten Pfeiler der deutschen Arbeitsmarktpolitik."[46]

3.2. Die Förderung der ganzjährigen Beschäftigung in der Bauwirtschaft durch produktive Winterbauförderung sowie Schlechtwettergeld ist im Gegensatz zu den übrigen ein branchenspezifisches Instrument, dessen Notwendigkeit sich aus der besonderen Situation der witterungsabhängigen Bauwirtschaft bzw. der resultierenden saisonalen Arbeitslosigkeit ergibt. Das wirtschafts- und sozialpolitische Ziel besteht nicht in der Schaffung zusätzlicher, sondern im Erhalt bestehender Arbeitsplätze sowie in der Steigerung der Bauleistung im Winter. Das Instrumentarium der produktiven Winterbauförderung[47] umfaßte Leistungen sowohl an Arbeitgeber, vor allem in Form von Investitions- und Mehrkostenzuschüssen zum Erwerb oder zur Miete von Geräten und Einrichtungen, als auch Zahlungen an Arbeitnehmer in Form von Schlechtwettergeld als teilweisen Lohnersatz für Zeiten, in denen wegen ungünstiger Witterungsbedingungen nicht gearbeitet werden kann.[48] Bei hohen Kosten für die BA dominieren die positiven Effekte (u.a. Übergang zu Dauerarbeitsplätzen, Verstetigung der Produktion).

Das Schlechtwettergeld wurde aus Kostengründen mit Wirkung zum 1.1.1996 gestrichen.[49] Als Ersatz vereinbarten die Tarifparteien ein "ganzjähriges gesichertes Einkommen": Der witterungsbedingte Arbeitsausfall soll durch ein tarifliches Überbrückungsgeld in Höhe von 75% des Bruttolohnes plus zwei DM netto je Ausfallstunde finanziert werden.[50]

---

[46] Schmid,G., Flexibilisierung des Arbeitsmarkts durch Recht? Beschäftigungswirksame und sozialverträgliche Regulierung von Teilzeitarbeit, Überstunden und Kurzarbeit, APuZ B23/86 (7.6.86), 37.

[47] Die produktive Winterbauförderung wird im Gegensatz zu den anderen Instrumenten durch eine Umlage von den Unternehmen der Baubranche finanziert.

[48] Im Zeitraum vom 1.11. bis 31.3. muß mindestens eine Stunde der tariflichen Arbeitszeit ausfallen; der Ausfall muß unverzüglich dem Arbeitsamt angezeigt werden. Die Höhe der Zahlungen entspricht denen des KuG. Ab 1994 wurde das Schlechtwettergeld gekürzt und die Zahlungsperiode auf den Zeitraum Dezember bis Ende Februar begrenzt; außerdem bleibt die erste Stunde unbezahlt.

[49] Vgl. zur ganz ähnlichen Diskussion in der Schweiz Henneberger,F., Abschaffung und Privatisierung oder Weiterentwicklung der Schlechtwetterentschädigung in der Schweiz zu einem Instrument der aktiven Arbeitsmarktpolitik?, SF 43 (1994), 275-283; Henneberger,F., Die gesetzlichen Schlechtwettergeldregelungen in der Schweiz, SS 44 (1995), 381-390.

[50] Die Arbeitszeit wird durch eine deutliche Ausweitung des Ausgleichszeitraums von zwei auf acht Monate stärker flexibilisiert; die Regelarbeitszeit wird ungleichmäßig auf die Sommer- bzw. Wintermonate verteilt. Die Arbeitgeber finanzieren ca. zwei Drittel des Lohnersatzes, wobei sie 20% als Umlage aus der branchenspezifischen Sozialkasse erhalten. Zur Finanzierung des Restes werden den Arbeitnehmern bis zu fünf Urlaubstage gestrichen.

3.3. In arbeitsmarkttheoretischer Perspektive ist die Mehrzahl der bisher behandelten AFG-Instrumente infolge ihrer Ausrichtung auf das Arbeitsangebot der neoklassischen "Schule" zuzurechnen. Demgegenüber gehören Arbeitsbeschaffungsmaßnahmen[51], die die Beschäftigungshöhe bzw. die Nachfrage nach Arbeit direkt beeinflussen sollen, zum keynesianischen Instrumentarium. Die Förderung geschieht vor allem durch die ergänzende Gewährung von Lohnkostenzuschüssen, jedoch auch durch Darlehen und Sachkostenzuschüsse an die Maßnahmeträger, vor allem öffentlich-rechtliche Institutionen[52], aber auch private Unternehmen; die finanzielle Unterstützung erfolgt in Höhe eines bestimmten Prozentsatzes des ortsüblichen tariflichen Entgelts.[53]

Die Vermittlung von vor allem längerfristig Arbeitslosen soll dem Erhalt bzw. der Verbesserung ihrer Qualifikationen dienen sowie ihre Chancen auf dauerhafte und qualifikationsgerechte Wiedereingliederung in den regulären Arbeitsmarkt erhöhen. Das flexibel einsetzbare Instrument soll Selektionsprozessen auf den Arbeitsmärkten entgegenwirken. In segmentationstheoretischer Sicht handelt es sich um einen relativ neuen, besonderen Arbeitsmarkttyp, dessen Arbeitsplätze infolge der grundsätzlichen Befristung der Anstellung zum sekundären Segment gehören.

Die zur Vergabe notwendigen Voraussetzungen dieser Kann-Leistungen wurden insbesondere in den 80er Jahren mehrfach geändert. Es muß sich um "sozial- und gesellschaftspolitisch besonders wirksame Maßnahmen", wie z.B. im Bereich sozialer Dienste oder im Umweltschutz, handeln, die "im öffentlichen Interesse liegen"[54] und die dem Kriterium der Zusätzlichkeit genügen müssen, d.h. "die sonst nicht oder erst zu einem späteren Zeitpunkt durchgeführt würden" (Par.91 AFG). ABM sind im wesentlichen auf schwer vermittelbare Bezieher von Arbeitslosengeld und -hilfe beschränkt; ausgeschlossen bleiben z.B. Berufsanfänger bzw. Jugendliche sowie Frauen, die ins Berufsleben zurückkehren wollen.

---

[51] Vgl. als Überblick Dückert,Th., Arbeitsbeschaffungsmaßnahmen - ein beschäftigungspolitisches Instrument?, Frankfurt-New York 1984; Huebner,M./Krafft,A./Ulrich,G., Allgemeine Maßnahmen zur Arbeitsbeschaffung - Ein Geschäft auf Gegenseitigkeit? Zur Theorie und Empirie arbeitsmarktpolitischer Feinsteuerung, MittAB 23 (1990), 519-533.

[52] Vgl. zur zentralen Bedeutung lokaler Akteure der Arbeitsmarktpolitik für ABM Huebner,M./Krafft,A./Ulrich,G., Allgemeine Maßnahmen zur Arbeitsbeschaffung - Ein Geschäft auf Gegenseitigkeit? Zur Theorie und Empirie arbeitsmarktpolitischer Feinsteuerung, MittAB 23 (1990), 519-533.

[53] Die 9. AFG-Novelle, die zum 1.1.1989 in Kraft trat, senkt die Förderungssätze auf i.d.R. 50-75%. Dadurch wird der Eigenanteil des Maßnahmeträgers erhöht, was zu einem Rückgang der beantragten Maßnahmen beiträgt.

[54] Dieser unbestimmte Rechtsbegriff wird in den verschiedenen ABM-Anordnungen präzisiert.

Da gezielt in wichtigen gesellschaftlichen Bedarfsbereichen zusätzliche Beschäftigungsmöglichkeiten für Arbeitslose geschaffen werden sollen, dürfen die Existenz von bestehenden Dauer- bzw. Vollarbeitsplätzen nicht gefährdet bzw. reguläre Neueinstellungen nicht verhindert werden. Vor allem von den Gewerkschaften befürchtete und gelegentlich auch registrierte Substitutions- bzw. Verdrängungseffekte[55] laufen der beabsichtigten Erhöhung der effektiven Arbeitsnachfrage bzw. der Schaffung zusätzlicher Dauerarbeitsplätze entgegen. Die Beschäftigungswirksamkeit kann weiterhin auch durch Mitnahmeeffekte eingeschränkt werden, d.h. durch eine Ersatzfinanzierung von Maßnahmen, die auch ohne ABM-Förderung durchgeführt worden wären. Das tatsächliche Ausmaß derartiger Effekte ist kaum exakt anzugeben.

Ein häufig auf lokaler Ebene gezielt eingesetztes Instrument aktiver Arbeitsmarktpolitik ist neben einer Politik der weitgehend kostenneutralen Arbeitsumverteilung durch Arbeitszeitpolitik im weiteren Sinne[56] eine Ausweitung bzw. Regionalisierung von ABM durch die Kommunen selbst sowie durch eine Vielzahl lokaler Träger (u.a. Wohlfahrtsverbände, private Initiativen). Die entsprechenden Arbeitsplätze sind allerdings schwerpunktmäßig in bestimmten Bereichen (vor allem soziale Dienste gefolgt von Reparatur- und Gartenarbeiten) angesiedelt; ein Wechsel in den ersten Arbeitsmarkt ist aufgrund dieses eingegrenzten Beschäftigungsspektrums zumeist recht schwierig; daher etabliert sich dauerhaft ein sog. zweiter Arbeitsmarkt. Außerdem umfaßt ein erheblicher Teil der ABM unqualifizierte Tätigkeiten. Eine Alternative stellen die sog. Auftragsmaßnahmen dar, d.h. eine Vergabe von ABM an private Firmen. Besondere Bedeutung kommt qualifizierenden ABM bzw. Qualifizierungsmaßnahmen zu.

ABM allein können die globalen Ungleichgewichte am Arbeitsmarkt nicht beseitigen, wohl aber einen Beitrag leisten. Die Erfolgsquote kann als Übernahme in ein reguläres, unbefristetes Beschäftigungsverhältnis definiert werden. Ihre Messung bereitet methodische Probleme, wobei u.a. die Zeit zwischen Maßnahmeende und Befragung von Bedeutung ist; die Angaben sind recht unterschiedlich.[57] Offensichtlich findet nur ein kleiner Prozentsatz der Teilnehmer im direkten Anschluß an die Maßmahme einen Dauerarbeitsplatz bzw. schafft den Sprung ins primäre Segment; in längerfristiger Perspektive sieht die Beschäftigungsbilanz mit ca. 50% günstiger aus.

---

[55] Dazu gehören z.B. die Besetzung von Planstellen durch ABM-Beschäftigte im öffentlichen Dienst oder die Durchführung von Maßnahmen in eigener Regie statt der Vergabe an private Unternehmen.

[56] Die Instrumente sind vor allem: Abbau von Überstunden und Nebentätigkeiten, Langzeiturlaub bzw. befristete Freistellung, Umwandlung von Vollzeit- in Teilzeitarbeitsplätze.

[57] Manche Untersuchungen beziffern die Chance der Übernahme auf 10%. Vgl. Sellin,C./Spitznagel,E., Chancen, Risiken, Probleme und Expansionspotentiale von allgemeinen Maßnahmen zur Arbeitsbeschaffung (ABM) aus der Sicht der Maßnahmenträger, MittAB 21 (1988), 496. Andere Analysen sind z.T. wesentlich optimistischer. Vgl. zusammenfassend Schmid, Arbeitsmarktpolitik im Wandel, 92f.

Kapitel 13: AFG

Die Wiedereingliederungsquoten unterscheiden sich: Männer sind erfolgreicher als Frauen, jüngere Arbeitnehmer haben bessere Chancen als ältere; von Bedeutung ist die Qualifikation; eine kurze Dauer der Arbeitslosigkeit erhöht die Wiedereingliederungschancen. Bei den sog. Einmündungsberufen ergibt sich eine Konzentration auf wenige Berufsfelder, vor allem im Bereich sozialer Dienste, was mit der Begrenzung des Berufsspektrums der ABM zusammenhängt. "Zunächst wurden vor allem bauwirksame Projekte gefördert, später traten immer stärker soziale Dienste sowie öffentliche Büro- und Verwaltungstätigkeiten in den Vordergrund. Land-, Forst- und gartenwirtschaftliche Tätigkeiten sowie das Säubern und Pflegen von Parkanlagen sind traditioneller ABM-Bestandteil."[58]

Insgesamt ergibt sich eine relative Effizienz des Instruments und damit eine Alternative zur Arbeitslosigkeit. Während ursprünglich Problemgruppen des Arbeitsmarktes unterrepräsentiert waren, stellen wir seit dem Arbeitsförderungskonsolidierungsgesetz (AFKG) von 1982 eine deutlichere Konzentration auf die Zielgruppen schwer vermittelbarer Arbeitsloser fest (hohe Zielgruppenorientierung). Neben direkten Beschäftigungseffekten einer unmittelbaren Verringerung der Zahl registrierter Arbeitsloser treten infolge der Verflechtung der Branchen durch Lieferbeziehungen und Vorleistungen sowie durch Steigerung der Nachfrage auch induzierte, indirekte Arbeitsmarkteffekte durch zusätzliche Produktion und Beschäftigung auf; außerdem werden bestehende Stammarbeitsplätze gesichert. Infolge regionaler Disparitäten auf dem Arbeitsmarkt (sog. Süd-Nord-Gefälle) werden ABM vor allem in Regionen bzw. Arbeitsamtsbezirken mit weit überdurchschnittlichen Arbeitslosenquoten eingesetzt.

Die Finanzierung der ABM ist im übrigen gesamtfiskalisch kaum teurer als die reine Finanzierung der Arbeitslosigkeit, die alle öffentlichen Haushalte in Form zusätzlicher Ausgaben bzw. Einnahmeausfällen in der alten Bundesrepublik nahezu 60 Milliarden DM pro Jahr kostete. Die Selbstfinanzierungsquote infolge programmbedingter Einsparungen und Mehreinnahmen liegt bei restriktiven Annahmen bei 70% und kann bei günstigen Bedingungen über 90% betragen.[59] Damit ergeben sich sogar unter reinen Kostengesichtspunkten Argumente für eine produktive Verwendung von Mitteln anstelle einer reinen Finanzierung der Arbeitslosigkeit, d.h. für eine Ausweitung der ABM wie in den 80er Jahren. Im übrigen werden auch erneut Ansprüche der in ABM sozialversicherungspflichtig Beschäftigten gegenüber Arbeitslosen- und Rentenversicherung begründet. Ein grundsätzliches Problem besteht darin, daß Kosten und Erträge bei verschie-

---

[58] Schmid, Beschäftigungs- und Arbeitsmarktpolitik, 243.

[59] Vgl. Bach,H./Kohler,H./Spitznagel,E., Arbeitsmarktpolitische Maßnahmen: Entlastungswirkung und Kostenvergleiche, MittAB 19 (1986), 373f; Willke,G., Arbeitslosigkeit. Diagnosen und Therapien, Hannover 1990, 53ff.

denen Organisationen anfallen:[60] Die Kosten werden weitgehend von der BA getragen, die Entlastungen in Form von Minderausgaben kommen vor allem dem Bundeshaushalt, aber auch den Sozialversicherungsträgern zugute.[61]

Das Instrument erfreute sich im Laufe der Jahre unterschiedlicher Beliebtheit; von einem systematischen antizyklischen Einsatz kann nicht die Rede sein. Infolge der Finanzierung aus den Mitteln der Arbeitslosenversicherung wurden ABM in Phasen von Haushaltsdefiziten der BA wiederholt zum Objekt von Sparmaßnahmen: Bis Mitte der 70er Jahre spielten ABM nur eine geringe Rolle. In der zweiten Hälfte der 70er wurde das Volumen vor allem im Rahmen des Sonderprogramms 1979/80 schrittweise erhöht. Anschließend erfolgte durch das AFKG eine deutliche Reduktion, d.h. die Strategie wurde prozyklisch zur Entwicklung der Arbeitslosenzahl eingesetzt. Danach stieg die Anzahl der Plätze auf über 100.000 im Jahresdurchschnitt Ende der 80er Jahre, was mehr als eine Verdreifachung gegenüber dem Tiefstand des Jahres 1982 mit knapp 30.000 bedeutete.

4. Eine Einschätzung der Leistungsfähigkeit des AFG kommt zu folgendem Ergebnis: "Weitgehende Übereinstimmung besteht ... darüber, daß die Maßnahmen der beruflichen Fortbildung und Umschulung, einschließlich der Förderung der betrieblichen Einarbeitung, die Arbeitsbeschaffungsmaßnahmen und das Kurzarbeitergeld hinsichtlich ihrer sozialen bzw. sozialpolitischen Wirkungen ganz überwiegend positiv zu beurteilen sind, weil sie ... die wirtschaftliche und soziale Lage der Geförderten verbessern, ihre Eingliederungschancen erhöhen bzw. eine Eingliederung bewirken und dadurch die Langzeitarbeitslosigkeit nicht auf die Schultern eines im wesentlichen gleichbleibenden Kreises legen, sondern das Risiko der Arbeitslosigkeit gleichmäßiger verteilen.

Weitgehende Übereinstimmung besteht auch darüber, daß die Zielgruppengenauigkeit der Förderung der beruflichen Weiterbildung und der Arbeitsbeschaffungsmaßnahmen Wünsche offen läßt, weil die Angehörigen der sogenannten Problemgruppen des Arbeitsmarktes unter den geförderten Teilnehmern unterrepräsentiert sind. Sehr unterschiedliche Auffassungen werden dagegen in bezug auf die Wirkungen der Förderung der beruflichen Weiterbildung und der Arbeitsbeschaffungsmaßnahmen auf den Beschäftigungsgrad und die Arbeitslosigkeit vertreten."[62]

---

[60] Vgl. Bach et al., Arbeitsmarktpolitische Maßnahmen, 374.

[61] Zu ähnlichen Resultaten kommt eine Analyse der Staatstätigkeit: "Die Kosten-Nutzen-Verteilungen der öffentlichen Haushalte unterscheiden sich bei Veränderungen der Beschäftigungspolitik in erheblichem Ausmaß voneinander. Oftmals kommt es bei den einzelnen Haushalten zur Inkongruenz zwischen Kosten und Nutzen und deshalb auch zu Passivität gegenüber der hohen Arbeitslosigkeit, obwohl dies für das Staatsbudget insgesamt eine ungünstige Situation ist." Schmidt,M., Die Politik des mittleren Weges. Besonderheiten der Staatstätigkeit in der Bundesrepublik Deutschalnd, APuZ B9-10/90, 28.

[62] Lampert et al., Ordnungs- und prozeßpolitische Probleme der Arbeitsmarktpolitik, 66f.

Kapitel 13: AFG

13.3. Kritik des AFG I: Rahmenbedingungen und Finanzierung[63]

1. Welches allgemeine Fazit können wir jenseits der Einsatzmöglichkeiten und Effektivität einzelner AFG-Instrumente ziehen und welche Handlungsalternativen bestehen? Die aktuelle Debatte[64] zeigt, daß die Notwendigkeit aktiver Arbeitsmarkt- und Beschäftigungspolitik im Grundsatz inzwischen weitgehend unumstritten ist[65]; das lange Zeit dominierende Vertrauen auf die "Selbstheilungskräfte statt Intervention" sowie auf die "unsichtbare" Hand des Marktes ist merklich erschüttert. Gleichwohl fehlt es seit Beginn der Massenarbeitslosigkeit Mitte der 70er Jahre nicht an Kritikern, die konstruktionsbedingte Mängel des AFG, einen fehlgesteuerten Maßnahmeeinsatz sowie vor allem eine unzureichende Finanzausstattung und wiederholte disfunktionale Eingriffe in die Finanzierungs- und Regelungsbedingungen beklagen und erheblichen Reformbedarf reklamieren.[66]

Im folgenden geht es um institutionelle und instrumentelle Alternativen innerhalb des AFG-Rahmens und nicht um prinzipiell andere Rahmenbedingungen der Arbeitsmarktpolitik; im Mittelpunkt stehen allgemeine, grundsätzliche Vorschläge und weniger detaillierte Überlegungen zur Veränderung einzelner Instrumente (wie etwa ABM als mögliche Überbrückungs- und Eingliederungshilfen), wie sie anderswo häufig angestellt wurden.[67] Die konstruktiv gemeinte Kritik der quantitativen Steuerung von Arbeitsmarktpolitik ist keinesfalls in allen Punkten neu; sie hat aber in den vergangenen Jahren aufgrund der Erfahrungen in den alten und nicht zuletzt aufgrund des erheblichen Problemdrucks auf den Arbeitsmärkten der neuen Bundesländer deutlich zugenom-

---

[63] Vgl. zum folgenden Keller,B./Seifert,H., Vom steigerungsfähigen, aber begrenzten Nutzen des Arbeitsförderungsgesetzes, WSI-Mitt 45 (1992), 411-420; Keller,B./Seifert,H. Chancen und Grenzen des Arbeitsförderungsgesetzes, in: Seifert,H.(Hg.), Reform der Arbeitsmarktpolitik, Köln 1995, 11-34.

[64] Deeke,A., Zwischen Anspruch und Wirklichkeit. 25 Jahre Arbeitsförderungsgesetz, in: Adamy,W./Jetter,Chr. et al.(Hg.), Memorandum für ein neues Arbeitsförderungsgesetz, Hamburg 1995, 49-285.

[65] Zu den Ausnahmen gehört Soltwedel,R., Staatliche Intervention am Arbeitsmarkt - Eine Kritik, Diss. Kiel 1984, 181ff., 227ff.; Soltwedel,R., Mehr Markt am Arbeitsmarkt. Ein Plädoyer für weniger Arbeitsmarktpolitik, München-Wien 1984, 74ff., 107ff. Aus einer ganz anderen Perspektive kritisiert van Suntum,U., Arbeitsmarktpolitik als Instrument der Beschäftigungspolitik, APuZ B29/89, 13-24. Vgl. demgegenüber zur Empirie aktiver Arbeitsmarktpolitik Kraft,K., An evaluation of active and passive labour market policy, Wissenschaftszentrum Berlin FS I 94-208, Berlin 1994.

[66] Vgl. zusammenfassend schon Bieback,K.-J., Arbeitsmarktpolitik und Arbeitsvermittlung - Zur Funktion und Kritik der Instrumente staatlicher Arbeitsmarktpolitik nach dem AFG, ZfSR 24 (1978), 400-423; Mertens,D., Haushaltsprobleme und Arbeitsmarktpolitik, APuZ 38/1981, 25-32; Lampert, Beschäftigungspolitische Leistungsfähigkeit und Grenzen der Arbeitsmarktpolitik, 113-142; Seifert, Öffentliche Arbeitsmarktpolitik.

[67] Für andere Engelen-Kefer,U., Spezielle arbeitsmarktpolitische Maßnahmen als notwendige Ergänzung einer globalen Beschäftigungspolitik, in: Krupp,H.-J./Rohwer,B./Rothschild,K.W.(Hg.), Wege zur Vollbeschäftigung. Konzepte einer aktiven Bekämpfung der Arbeitslosigkeit, 2. Aufl. Freiburg 1987, 290-302.

men.[68] Wir fragen sowohl nach generellen konzeptbedingten Grenzen als auch nach den im System angelegten Mängeln und Hemmnissen, die sich im Zuge institutioneller Reformen und Neuausrichtungen der Implementationsstrukturen und -bedingungen beheben lassen. Die Arbeitshypothese lautet: Selbst wenn es gelänge, letztere zu beseitigen, würden nicht auch erstere aufgehoben. Ebenso wenig würden die für Beschäftigungspolitik zuständige Geld- und Finanzpolitik aus ihrer zentralen Verantwortung entlassen. Daher ist vor überzogenem Reformoptimismus zu warnen.

2. Das AFG sollte, wie eingangs erwähnt, einen grundlegenden Wandel der arbeitsmarktpolitischen Konzeption vollziehen. Vor allem die Einführung des Prophylaxegedankens, der den zuvor dominierenden Versicherungsgedanken als zentrales Leitprinzip der Arbeitsmarktpolitik ablösen sollte, war innovativ. Als handlungsleitende Maxime sollte fortan gelten, daß operative Aktivitäten zur Schaffung und Erhaltung von Beschäftigungsverhältnissen Vorrang haben sollen vor kompensatorischen Leistungen, welche der sozialen Absicherung bei Arbeitslosigkeit dienen.

Die tatsächlichen Schwerpunkte der Arbeitsmarktpolitik haben sich in der seit 1974/75 mehr oder weniger deutlichen Arbeitsmarkt- bzw. Beschäftigungskrise verschoben: Das ursprüngliche, in den späten 60er und frühen 70er Jahren gemäß der Festschreibung in Par.5 AFG dominierende Konzept einer vorbeugend-vorausschauenden Arbeitsmarktpolitik hat infolge des globalen Arbeitsplatzdefizits bzw. der fortdauernden Massenarbeitslosigkeit erheblich an Bedeutung verloren. Das recht ehrgeizig formulierte, ursprüngliche Ziel des AFG, "qualifikations- und mobilitätsspezifische Engpässe auf dem Arbeitsmarkt vorausschauend zu beseitigen und die Lage benachteiligter Personengruppen auf dem Arbeitsmarkt zu verbessern"[69], trat immer mehr in den Hintergrund. Statt einer systematischen Verbesserung der Qualifikations- bzw. Beschäftigungsstruktur sowie der individuellen Ausbildung rückte seit den 80er Jahren die reine Bewältigung der Folgen der Massenarbeitslosigkeit immer stärker in den Mittelpunkt; in Umkehrung der ursprünglichen, ehrgeizigen Zielsetzung des AFG ging die Entwicklung von der <u>präventiven zurück zur reaktiven Arbeitsmarktpolitik</u>.

---

[68] Vgl. Kühl,J., Reform statt Novellierung - Ideen zu einem AFG der 90er Jahre, AuB 40 (1989), 290ff.; Schmid,G., Arbeitsmarktpolitik: Zum Verhältnis von Marktsteuerung und staatlicher Beschäftigungssicherung, in: Sarcinelli,U.(Hg.), Demokratische Streitkultur. Theoretische Grundpositionen und Handlungsalternativen in Politikfeldern, Opladen 1990, 392-397; Friedrich-Ebert-Stiftung(Hg.), Neue Ansätze in der Arbeitsmarktpolitik. Ist ein Gesamtkonzept für die neuen und alten Bundesländer erforderlich?, Bonn 1993.

[69] Schmid,G., Beschäftigungs- und Arbeitsmarktpolitik, in: Beyme,K.v./Schmidt,M.G.(Hg.), Politik in der Bundesrepublik, Opladen 1990, 228.

Kapitel 13: AFG

Anspruch und Wirklichkeit der Arbeitsmarktpolitik stehen in einem eigentümlichen Mißverhältnis, das sich u.a. an folgenden Indikatoren festmachen läßt:

- Seit Beginn der Arbeitsmarktkrise Mitte der 70er Jahre sind die Gesamtausgaben zwar massiv gestiegen, wobei der Anstieg aber keinesfalls kontinuierlich, sondern phasenweise eher sprungweise (1974/75, 1978/82, seit 1986/87) und prozyklisch verlief. Insgesamt sind die Ausgaben für Arbeitsmarktpolitik - gemessen am Bruttoinlandsprodukt - im internationalen Vergleich sowohl der EU- als auch der OECD-Länder allenfalls durchschnittlich.[70]
- Im langjährigen Durchschnitt verwendet die BA ca. zwei Drittel der Gesamtausgaben für passive (Arbeitslosengeld aus Beitragszahlungen, Arbeitslosenhilfe aus Bundesmitteln, Konkursausfallgeld durch spezielle Arbeitgeberumlage) und nur ca. ein Drittel für aktive Maßnahmen (Maßnahmen der beruflichen Fortbildung und Umschulung, Eingliederungsbeihilfen, ABM, Schlechtwetter- und Kurzarbeitergeld, Förderung der beruflichen Rehabilitation).[71] Im Laufe der Jahre hat sich die Ausgabenstruktur, d.h. die Relation der Ausgaben für Maßnahmen aktiver bzw. reaktiver Arbeitsmarktpolitik, infolge der Beschäftigungskrise umgedreht. Die für aktive Arbeitsmarktpolitik eingesetzten Finanzmittel und damit die erzielbaren Entlastungseffekte sind in relativer Betrachtung, d.h. bezogen auf das Bruttoinlandsprodukt, nicht sonderlich hoch; die Bundesrepublik nimmt im Vergleich entwickelter Industrienationen lediglich einen mittleren Rang ein.[72]
- Die Aktivitätsrate, welche den Anteil der Ausgaben für aktive Maßnahmen an den Gesamtausgaben wiedergibt, ging - bei insgesamt starken Schwankungen - langfristig zurück; sie fiel von teilweise über 50% in den frühen 70er auf zeitweise deutlich unter 40% in den 80er Jahren.[73]

---

[70] Vgl. Reissert,B., Thesen zum Reformbedarf der Arbeitsmarktpolitik im Europäischen Binnenmarkt, WSI-Mitt 45 (1992), 469; Klös,H.-P., Investive Arbeitsmarktpolitik statt konsumtiver Lohnersatz, 75.

[71] So wurden zwischen 1980 und 1989 insgesamt rund 220 Milliarden DM für passive, aber nur rund 103 Milliarden für aktive Arbeitsmarktpolitik ausgegeben. Vgl. Kühl,J., Arbeitsmarktpolitik unter Druck: Arbeitsplatzdefizit und Kräftemangel im Westen, Beschäftigungskatastrophe im Osten, in: Blanke,B. et al.(Hg.), Die alte Bundesrepublik. Kontinuität und Wandel, Opladen 1991, 485f.

[72] Vgl. Schmid,G./Reissert,R./Bruche,G., Arbeitslosenversicherung und aktive Arbeitsmarktpolitik: Finanzierungssysteme im internationalen Vergleich, Berlin 1987, 237; Schmid,G./Reissert,B., Machen Institutionen einen Unterschied? Finanzierungsprobleme der Arbeitsmarktpolitik im internationalen Vergleich, in: Schmidt,M.G.(Hg.), Staatstätigkeit. International und historisch vergleichende Analysen, Opladen 1988, 287ff.; Schmid,G./Reissert,B., Institutionelle Barrieren der Vollbeschäftigungspolitik. Finanzierungssysteme und ihre Wirkungen im internationalen Vergleich, in: Peters,W.(Hg.), Massenarbeitslosigkeit und Politik. Reaktionsweisen und Strategieoptionen in verschiedenen Politikarenen. SAMF-Arbeitspapier 1989-1, Paderborn 1989, 161ff.

[73] Noch ungünstiger wird das Verhältnis von aktiven zu passiven Leistungen, wenn man die vom Bund finanzierte Arbeitslosenhilfe einbezieht.

- Ähnlich verhalten sich der absolute bzw. relative <u>Beschäftigungseffekt</u>, wobei letzterer den valideren Indikator darstellt, da er die Beschäftigungswirkungen in bezug zu der Zahl der Arbeitslosen und damit zur aktuellen Problemlage setzt. Auch diese Maßzahl, die phasenweise eher ein prozyklisches Muster zeigt, unterliegt starken Schwankungen: Der Höchstwert wurde zu Beginn der Beschäftigungskrise im Jahre 1975 erreicht. Der Tiefstwert der relativen Beschäftigungswirkungen fällt mit dem Höchststand der Arbeitslosigkeit im Jahre 1985 zusammen, was die Misere aktiver Arbeitsmarktpolitik deutlich macht.

Seit Mitte der 70er Jahre sind Veränderungen der Rahmenbedingungen eingetreten, die dazu geführt haben, daß eine zu geringe Gesamtnachfrage auf den Gütermärkten das aufgrund verschiedener Faktoren wachsende Arbeitskräftepotential nicht auslasten konnte. Die "normalen" politischen Reaktionen auf diese Veränderungen bestehen auf der institutionellen Ebene in zahlreichen, mehr oder weniger einschneidenden Änderungen des AFG, das innerhalb von knapp 25 Jahren insgesamt zehnmal und damit weit häufiger als alle übrigen sozialpolitischen Gesetze novelliert wurde.[74] Diese häufigen diskretionären Versuche, im Rahmen der Haushalts- und Finanzpolitik die Kluft zwischen präventiver Programmatik und reaktiver Praxis zu schließen, bringen

- wiederholte Erhöhungen der Beitragssätze, die nach den ursprünglichen Plänen antizyklisch ausgestaltet werden sollten, faktisch jedoch deutlich prozyklisch sind, indem sie sich am Verlauf der Arbeitslosigkeit orientieren und das Ziel kurzfristiger Einnahmesteigerungen verfolgen[75];

- mehrfache Leistungs- bzw. Ausgabenkürzungen, vor allem bei den vergleichsweise disponiblen "Kann"-Leistungen aktiver Arbeitsmarktpolitik, u.a. durch Verschärfungen der sog. Zumutbarkeitsvoraussetzungen, aber auch bei Höhe und Bezugsdauer der gesetzlich fixierten Unterstützungsleistungen;

---

[74] Zu den AFG-Novellen sowie zahlreichen Änderungen in den Durchführungsvorschriften bzw. Verwaltungsanordnungen kommen noch u.a. das 1. Haushaltsstrukturgesetz von 1975, das das Gesetz zur Konsolidierung der Arbeitsförderung von 1981 sowie mehrere Haushaltsbegleitgesetze. Vgl. die Zusammenstellungen bei Lampert, 20 Jahre Arbeitsförderungsgesetz, 179 und 185f; N.N., Die wesentlichen Änderungen im Bereich des Arbeitsförderungsgesetzes seit 1969, MittAB 26 (1993), 271-278.

[75] Die Beitragssätze in Prozent betrugen:

1950 4,0	1963 1,4	1975 2,0	1983 4,6	1986 4,0	1992 6,3
1955 3,0	1964 1,3	1976 3,0	1985 4,4	1987 4,3	1993 6,5
1957 2,0	1972 1,7	1982 4,0	1985* 4,1	1991 6,8	

* ab 1.6.1985

Vgl. Bundesminister für Arbeit und Sozialordnung(Hg.), Materialband zum Sozialbudget 1990, Bonn 1990, 254; eigene Ergänzungen.

Kapitel 13: AFG

- sowie Schwerpunktverschiebungen sowohl bei Programmen[76] als auch bei einzelnen Instrumenten, insbes. bei den Anspruchsvoraussetzungen.

Im übrigen bedeutete der Wechsel von der sozialdemokratisch-liberalen zur christdemokratisch-liberalen Regierungskoalition im Jahre 1982 lediglich in der konservativen Programmatik einer weitgehenden beschäftigungspolitischen Enthaltsamkeit sowie in der "Reprivatisierung des Beschäftigungsrisikos", keinesfalls aber in der praktischen Politik einen Strukturbruch. Ein Rückzug des Staates aus der Arbeitsmarktpolitik fand nicht statt.[77] Entgegen landläufiger Meinungen dominieren die Gemeinsamkeiten trotz eines deutlichen Wechsels der Politikmuster (nachfragestützende Beschäftigungsprogramme von 1974 bis 1982 vs. Abkehr von derartigen Programmen nach 1982).[78] "Nicht die parteipolitische Zusammensetzung der Bundesregierung, sondern das Zusammenwirken von Konjunkturlage, Finanzlage der BA, Finanzierungsweise der Arbeitsmarktpolitik, und gleichgerichteter sparpolitischer Grundsätze ... gestaltete die Arbeitsmarktpolitik im Hinblick auf die Instrumente der beruflichen Weiterbildung und der ABM."[79] Diese relative Kontinuität in den Arbeitsmarktpolitiken einschließlich eines im Vergleich zu den frühen 80er Jahren sogar expansiveren Einsatzes der AFG-Instrumente stehen im Gegensatz zu der unterschiedlichen Sichtweise von Regulierungsproblemen, bei denen die Regierungskoalition stärker auf Verbesserung der Rahmenbedingungen bzw. auf Flexibilisierung und Deregulierung setzt.[80]

3. Empirische Analysen zeigen, "daß eine wirksame aktive Arbeitsmarktpolitik nicht nur die öffentlichen Haushalte belastet, sondern gleichzeitig durch vermiedene Kosten der Arbeitslosigkeit und durch Mehreinnahmen zu erheblichen Haushaltsentlastungen führt"[81]. Die reine Finanzierung der Arbeitslosigkeit, die durch direkte Ausgaben für

---

[76] Vgl. die Auflistung der zahlreichen, zusätzlichen Sonderprogramme seit Mitte der 70er Jahre bei Kühl, Wirkungsanalyse der Arbeitsmarktpolitik, 379; Seifert, Öffentliche Arbeitsmarktpolitik, 212ff.

[77] Interessanterweise sieht auch ein ausländischer Beobachter die zentralen Brüche in der deutschen aktiven Arbeitsmarktpolitik eher Mitte der siebziger als in den frühen achtziger Jahren. Vgl. Janoski, The political economy of unemployment, 85ff., 116ff., 144ff., 182ff.

[78] Vgl. im einzelnen Kühl,J., Beschäftigungs- und Arbeitsmarktpolitik in den 1970er und 1980er Jahren, in: Auer,P. et al.(Hg.), Beschäftigungspolitik und Arbeitsmarktforschung im deutsch-französischen Dialog, Nürnberg 1990, 19-30.

[79] Webber,D., Eine Wende in der deutschen Arbeitsmarktpolitik? Sozialliberale und christlich-liberale Antworten auf die Beschäftigungskrise, in: Abromeit,H./Blanke,B.(Hg.), Arbeitsmarkt, Arbeitsbeziehungen und Politik in den 80er Jahren, Opladen 1987, 82.

[80] Vgl. im einzelnen Kap.15; Pappi,F.U., Politische Entscheidungsprozesse in der deutschen Arbeitsmarktpolitik, APuZ B12/92, 32-44.

[81] Schmid, Arbeitsmarktpolitik im Wandel, 103.

Arbeitslosigkeit plus Mindereinnahmen bei Steuern und Sozialversicherungsbeiträgen erfolgte, kostete in der alten BRD in den 80er Jahren zwischen 50 und 60 Milliarden DM jährlich. "Neben den Kosten ist Massenarbeitslosigkeit mit Produktions- und Wohlfahrtsverlusten sowie mit der vertanen Chance verbunden, die überbordende Verschuldung des Staates und seiner Sozialversicherung einzudämmen. Auf der individuellen Ebene kommen längerfristige Dequalifizierung, beruflicher und womöglich sozialer Abstieg, Entwertung des Arbeitsvermögens sowie gesundheitliche und psychosoziale Belastung hinzu."[82] Große Teile dieser Mittel hätten im Rahmen alternativer Strategien für mehr Maßnahmen aktiver Arbeitsmarktpolitik eingesetzt werden können. Deren Netto- bzw. Zusatzkosten wären wesentlich niedriger als ihre Bruttokosten, da im Rahmen einer fiskalischen Gesamtrechnung die im Beschäftigungsfall zu zahlenden Steuern und Sozialversicherungsbeiträge Berücksichtigung finden müssen; die Selbstfinanzierungsquote aktiver Politik liegt folglich sehr hoch.

Finanzielle Belastungs- und Entlastungseffekte bzw. Kosten und Nutzen bestimmter Maßnahmen (u.a. FuU, ABM) ergeben sich in einem fragmentierten politischen System allerdings in den Haushalten verschiedener fiskalischer Institutionen (Bund, Länder, Gemeinden, BA, Renten- und Krankenversicherungsträger). Die institutionellen Bedingungen behindern wirksamere offensive Maßnahmen und aktive Programme. Während aktive Maßnahmen vorrangig von der BA getragen werden, verteilen sich die erzielten Einsparungen (Arbeitslosengeld, Sozialhilfe) bzw. Mehreinnahmen (Steuern, Beiträge zur Sozialversicherung) auf mehrere Institutionen. Die potentiellen Träger einer aktiven Arbeitsmarktpolitik haben kaum Anreize für ein offensives Vorgehen, da sie am Nutzen der Maßnahmen (in Form finanzieller Entlastungen und Verbesserungen der sozialen und wirtschaftsnahen Infrastruktur) nur zu einem Teil partizipieren. Der Anreiz könnte höher sein, wenn sich die be- und entlastenden Effekte unmittelbar gegeneinander aufrechnen ließen (sog. Budgetausgleichsprinzip).

Ein integriertes Arbeitsmarktbudget mit horizontalen und vertikalen Ausgleichszahlungen zwischen "Nettozahlern" und "Nettobelasteten" könnte die Transparenz der Finanzierungsbeziehungen sowie die Effizienz der aktiven Maßnahmen ebenso erhöhen wie eine Konzentration der Finanzierung in einer Hand, nämlich beim Bund. Offen bleibt die Frage, wie ein von den beteiligten Institutionen als gerecht akzeptierter Budgetausgleich funktionieren könnte, der zugleich verwaltungsmäßig operabel ist.[83]

---

[82] Kühl,J., Arbeitslosigkeit in der vereinigten Bundesrepublik Deutschland, APuZ B35/93, 11.

[83] "Problemträchtig sind die Wirkungszurechnungen und die effektiven Belastungsbestimmungen, abgegrenzt auf Fiskal- oder Jahreszeiträume." Kühl,J., Konzeptionelle Überlegungen für die Weiterentwicklung des Arbeitsförderungsgesetzes, WSI-Mitt 45 (1992),409.

4. Die unterschiedlichen Finanzierungsmodi der Arbeitsmarktpolitik, die über Beiträge bzw. über allgemeine Steuermittel organisiert werden, präformieren die politischen Reaktionen auf Arbeitslosigkeit. Ein zentraler Konstruktionsmangel institutionell-organisatorischer Art besteht in der <u>gemeinsamen Finanzierung der aktiven und der passiven Arbeitsmarktpolitik</u>, also von Maßnahmen sowohl zur aktiven Bekämpfung als auch zur reinen Finanzierung von Arbeitslosigkeit.[84] Diese Finanzierung geschieht vorrangig über gleiche Beiträge der pflichtversicherten Arbeitnehmer und ihrer Arbeitgeber in Form eines bestimmten Prozentsatzes des Bruttolohnes (Par.167 AFG); darüber hinaus besteht eine Gewährleistungspflicht bzw. Defizitdeckungsgarantie seitens des Staates für den Fall einer Erschöpfung der Reserven der BA (Par.187 AFG).

In Zeiten krisenhafter Beschäftigungsentwicklung gehen zum einen die Einnahmen zurück, da die Zahl der Beitragszahler sinkt; zum andern werden höhere Ausgaben für passive, von der BA nicht beeinflußbare "Muß"-Leistungen besonders in Form von Lohnersatzleistungen notwendig, da die Zahl der Leistungsempfänger steigt. In diesen Situationen erfolgen als politische Reaktion Einschnitte vor allem in das aktive Instrumentarium, da dessen materielle Leistungen aufgrund seines "Kann-"Charakters am ehesten disponibel sind.

Die aktive Arbeitsmarktpolitik einer prophylaktischen Verhinderung von Arbeitslosigkeit durch "Kann"-Leistungen gerät immer dann in Turbulenzen, wenn die im Rahmen eines fixen Gesamtbudgets zur Verfügung stehenden Mittel infolge der gemeinsamen Finanzierung passiver und aktiver Maßnahmen abnehmen. Im Budget der BA treten erhebliche Defizite auf, nachdem die vormals erzielten Rücklagen aufgebraucht sind; kurzfristige Bundeszuschüsse zur Defizitdeckung werden notwendig (1975/76, 1980-1983, nach 1988). Der Bund strebt jedoch aus haushalts- und finanzpolitischen Kalkülen eine enge Begrenzung seiner Liquiditätshilfen an, indem er Leistungen in der Höhe variiert und/oder deren Kosten auf andere Träger, vor allem Länder und Kommunen, verlagert, was infolge der Fragmentierung der Finanzierungssysteme möglich ist. Die BA-Überschüsse, die infolge dieser finanzpolitischen "Konsolidierungspolitik" in den folgenden Perioden "erzielt" werden, werden dann für partielle Rücknahmen der vorher verordneten Verschlechterungen bei den Lohnersatzleistungen sowie (etwa Mitte der 80er Jahre) für neu aufgelegte Qualifizierungsprogramme ausgegeben.

---

[84] Vgl. zum folgenden Schmid/Reissert/Bruche, Arbeitslosenversicherung und aktive Arbeitsmarktpolitik; Schmid/Reissert, Institutionelle Barrieren der Vollbeschäftigungspolitik, 155-181; Schmid,G., Finanzierung der Arbeitsmarktpolitik. Plädoyer für einen regelgebundenen Bundeszuschuß an die Bundesanstalt für Arbeit. Discussion Paper IIM/LMP 85-15, Wissenschaftszentrum Berlin 1985; Schmid,G./Reissert,B./ Bruche,G., Unemployment insurance and active labor market policy. An international comparison of financing systems, Detroit 1992.

Das Muster der politischen Entscheidungen weist folgenden typischen Verlauf auf: Die Ausgaben für aktive Politik sind zunächst antizyklisch zum Konjunkturverlauf, dann prozyklisch und schließlich wieder expansiv. Durch eine derartige, infolge des Finanzierungssystems naheliegende Sparpolitik werden immer wieder Dauerarbeitslose ausgegrenzt, die dann auf Arbeitslosen- bzw. Sozialhilfe angewiesen sind; außerdem werden Problemregionen und -gruppen benachteiligt. Die Arbeitsmarktpolitik zeichnet sich nicht aus durch mittelfristige Planung und Kontinuität, sondern durch wiederholte diskretionäre, auf kurzfristige Spareffekte hin angelegte Eingriffe des Gesetzgebers. - Außerdem werden der BA aus haushaltspolitischen Gründen wiederholt, eindeutig versicherungsfremde Aufgaben übertragen, für deren Erfüllung sie aufgrund ihrer gesetzlich fixierten Aufgabenstellung nicht zuständig sein dürfte (z.B. Benachteiligtenprogramme für Jugendliche, Deutsch-Sprachlehrgänge für Aussiedler, Asylberechtigte und Kontingentflüchtlinge). Der Anteil dieser Ausgaben am BA-Haushalt ist deutlich gestiegen.[85]

Die deutlichen Schwankungen beim Einsatz der Instrumente und Mittel sind finanzpolitisch bedingt; die Kürzungen treffen nicht alle Instrumente gleichmäßig, sondern wirken selektiv. Diese eher prozyklische "stop and go"-Politik verhindert mittelfristige Konzeptionen sowie eine Verstetigung oder gar eine antizyklische Orientierung. Dieses Strukturproblem eines konjunkturabhängigen und reaktiv-prozyklisch wirkenden Sicherungssystems läßt sich innerhalb des bestehenden institutionellen Gefüges mit konjunkturstabilisierender Beitragsfinanzierung kaum grundsätzlich lösen; auch wahltaktisch und parteipolitisch motivierte Veränderungen der Beitragshöhe, wie sie durch Rechtsverordnungen der Bundesregierungen mehrfach vorgenommen wurden, sind auf Dauer kein taugliches Instrument. Im Sinne einer Verstetigung der Politik sollte vielmehr "der Beitragssatz zur BA antizyklisch gestaltet, eine Schwankungsreserve gegen Beschäftigungseinbrüche gebildet und ein Rücklagevermögen vor allem längerfristig strukturverbessernd eingesetzt werden"[86].

Angesichts der unterschiedlichen Anspruchsvoraussetzungen liegt die Überlegung nahe, die aktiven Leistungen den kompensatorischen gleichzustellen. Eine derartige Regelung hätte zur Folge, daß Arbeitslosen bei Erfüllung der Anspruchsvoraussetzungen auf Arbeitslosengeld freigestellt wäre, sich zwischen Lohnersatzleistungen, beruflichen Qualifizierungsmaßnahmen oder öffentlich geförderter Beschäftigung (auch in Kombination mit beruflicher Qualifizierung) zu entscheiden. Zugleich würde sich für die Träger der Arbeitsmarktpolitik bei einem solchen "Recht auf Qualifizierung" der Druck verstärken, ein entsprechendes Angebot an Qualifizierungs- und Beschäftigungsmöglichkeiten auch tatsächlich zur Verfügung zu stellen.

---

[85] Vgl. Mackscheidt,K., Finanzierung der Arbeitslosigkeit, APuZ B34-35/91, 32f.

[86] Kühl, Arbeitsmarktpolitik unter Druck, 486.

Kapitel 13: AFG

Eine institutionelle Reform müßte auf eine überwiegende Finanzierung aus dem Staatshaushalt sowie auf die Einrichtung tarifvertraglicher Fonds für betriebliche und branchenspezifische Beschäftigungspolitik zielen, wie sie in einigen vergleichbaren Ländern bestehen. Notwendig wären eine stärkere Finanzierung aus dem allgemeinen Steueraufkommen durch regelgebundene anstelle der defizithaftenden Zuschüsse des Bundes an die BA mit einer Festschreibung bestimmter Ausgabenstrukturen bzw. einer Entkoppelung der gemeinsamen Finanzierung aktiver und passiver Maßnahmen durch eine Mischfinanzierung aus Beiträgen und Steuern.

Eine derartige Umstellung des Finanzierungsmodus würde Ausgaben für Maßnahmen aktiver Arbeitsmarktpolitik erleichtern; außerdem würden empirisch beobachtbare Ausgrenzungsstrategien aus den diversen Förderprogrammen zu Lasten der Problemgruppen erschwert.[87] M.a.W.: Durch eine Reform des institutionellen Rahmens in Richtung auf eine Budgetausgleichspolitik würden die finanziellen Grundlagen der aktiven Arbeitsmarktpolitik verbreitert sowie deren starke Konjunkturabhängigkeit sowohl auf der Einnahmen- als auch auf der Ausgabenseite gemindert.[88]

Eine institutionelle Reform bzw. eine getrennte Finanzierung von passiver und aktiver Arbeitsmarktpolitik wäre für sich genommen vermutlich nur eine notwendige, aber noch keine hinreichende Bedingung, um ihre Mittel definitiv den politisch motivierten, diskretionären Zugriffen zu entziehen. Notwendig wäre darüber hinaus eine mehr oder weniger feste Koppelung der Finanzierung aktiver Maßnahmen an einen bestimmten Parameter wie etwa die Arbeitslosenquote oder -zahl, um sie gegenüber den Begehrlichkeiten des politischen Tagesgeschäfts wirksam zu immunisieren.

Der gegenwärtige Finanzierungsmodus ist auch noch in anderer Hinsicht problematisch. Die Finanzierung überwiegend aus Beiträgen der versicherungspflichtigen Arbeitnehmer und ihrer Arbeitgeber bei gleichzeitiger Versicherungsfreiheit von Beamten und freiberuflich Tätigen war von Anfang an heftig umstritten. Kritiker haben "immer wieder auf die Ordnungswidrigkeit der Finanzierung von Bundesaufgaben durch Sozialversicherungsbeiträge hingewiesen"[89]. Diese Beitragsfinanzierung basiert auf dem kostenmäßigen Äquivalenzprinzip, d.h. auf der individuellen oder gruppenbezogenen Koppelung von Leistung und Gegenleistung. Dieses Prinzip ist aber bei einer Verpflichtung auf all-

---

[87] "Die BA hätte die Möglichkeit, die Bundesregierung daran zu hindern, den Bundeshaushalt zu konsolidieren, indem der BA-Haushalt instrumentalisiert wird." Kühl,J., Institutionelle Reformen in der Beschäftigungs- und Arbeitsmarktpolitik, AuB 40 (1989), 263.

[88] Schmid/Reissert/Bruche, Arbeitslosenversicherung und aktive Arbeitsmarktpolitik; Schmid/Reissert, Machen Institutionen einen Unterschied?, 284-305.

[89] Lampert, 20 Jahre AFG. 185; ähnlich Mackscheidt, Finanzierung der Arbeitslosigkeit, 26f, 32f.

gemeine, über den Kreis der aktuellen Beitragszahler hinausreichende Ziele nicht mehr gegeben bzw. verletzt.[90] Bestimmte ökonomische und sozialpolitische Wirkungen aktiver Arbeitsmarktpolitik in Form von Informations-, Beratungs- und Vermittlungsleistungen sowie von infrastrukturverbessernden Maßnahmen gehen seit Jahren deutlich über den Kreis des Risikokollektivs hinaus; sie haben positive externe Effekte jenseits der reinen Versicherung gegen Arbeitslosigkeit und stellen insofern im Sinne der Neuen Politischen Ökonomie öffentliche Güter dar, von denen ex definitione auch die profitieren, die sich nicht an den Erstellungskosten beteiligen.

Eine deutliche Ausweitung des Personenkreises durch Einbezug der bislang beitragsfreien Gruppen würde die Finanzierungsbasis der eigentlich gesellschaftlichen Aufgaben erheblich verbreitern. Allerdings wäre ein allgemeiner Arbeitsmarktbeitrag aller Erwerbstätigen, den die Gewerkschaften ebenso wie die Arbeitgeberverbände fordern, nur gegen den Widerstand der Betroffenen durchzusetzen. Die auf die grundsätzliche Ablehnung eines solchen Beitrags zielende, vor allem auf formaljuristische Bedenken ausgerichtete, sich auf Entscheidungen des BVerfG beziehende Argumentation der Interessenverbände[91] ist nur die eine Seite einer eigentlich politischen Medaille[92]; empirisch deutlich beobachtbare, positive externe Effekte der Arbeitsmarktpolitik jenseits der reinen Versicherung gegen Arbeitslosigkeit sind die andere. Zumindest können wir bei anderen, eine Umverteilung von Lasten bewirkende Änderungen feststellen, daß die Verbände ihre zunächst unverrückbar scheinende Ausgangspositionen im Verlauf des politischen bargaining-Prozesses aufgeben und letztendlich Kompromisse eingehen.[93]

---

[90] "Beitragssysteme setzen immer ein individuelles oder gruppenbezogenes Verhältnis von Leistung und Gegenleistung (Äquivalenz) voraus, das bei der Inpflichtnahme für allgemeine, nicht auf Beitragszahler konzentrierte beschäftigungspolitische Ziele nicht mehr gegeben ist." Schmid, Arbeitsmarktpolitik im Wandel, 106.

[91] Für andere Bundesleitung des DBB, Geschäftsbericht der Bundesleitung 1983, Düsseldorf 1983, D/21f.

[92] Den verfassungsrechtlichen Bedenken trägt ein im Entwurf eines "Arbeits- und Strukturförderungsgesetzes" entwickelter Vorschlag Rechnung, der einen gespaltenen Beitrag vorsieht: Der Einsatz der passiven Instrumente soll wie bisher aus gleichen Beiträgen der Arbeitnehmer und Arbeitgeber finanziert werden. Der Einsatz der aktiven Instrumente hingegen soll über einen neu einzuführenden Arbeitsmarktbeitrag bestritten werden, zu dem alle Erwerbstätigen, also auch Beamte und Selbständige, herangezogen werden. Vgl. Deeke, Zwischen Anspruch und Wirklichkeit.

[93] Die deutlichen Erweiterungen der Möglichkeiten zur Teilzeitarbeit für Beamte in den 70er Jahren mögen als Beispiel dienen.

13.4. Kritik des AFG II: Instrumente, Träger, Grenzen

1. Andere Alternativen betreffen die instrumentelle Ebene des AFG. Verschiedene Maßnahmen bzw. Instrumente werden nicht hinreichend verknüpft bzw. koordiniert. So könnte etwa "die Wirksamkeit des Instruments der ABM ... durch verstärkte Abstimmung mit der kommunalen Investitionspolitik erheblich verbessert werden"[94]. Weiterhin könnten die Teilnahme an ABM oder die Zeiten von Arbeitslosigkeit oder Kurzarbeit in stärkerem Maße produktiv genutzt, d.h. vermehrt mit Qualifizierungsmaßnahmen verbunden werden.[95] Derartige Kombinationen arbeitsmarktpolitischer Instrumente mit Qualifizierungspolitik[96] wären sinnvoll, auch wenn wir konzedieren müssen, daß die Förderung der beruflichen Bildung stets nur von begrenztem Wert sein kann, selbst wenn sie sich auf breite und vielseitig verwendbare Kenntnisse konzentriert. Zumindest die schleichende Entwertung von Humankapital bzw. der beruflichen und sozialen Qualifikationen ließe sich vermeiden.

Anreize für individuelles Handeln, die diesem kollektiven Ziel entsprechen, sind leicht vorzustellen, wobei die Höhe der jeweiligen Unterstützungsleistungen den zentralen Aktionsparameter darstellt. "Um die Weiterbildung attraktiv zu machen, müssen von ihr auch finanzielle Anreize ausgehen. Wenn weiterhin z.B. bei Kurzarbeit 90% des letzten Arbeitsentgelts gezahlt werden, dürfte die mit persönlicher Anstrengung verbundene Teilnahme an Qualifizierungsmaßnahmen relativ uninteressant sein."[97] Je größer die positive Differenz zwischen den rein passiven Finanzierungen und den Unterstützungsleistungen bei aktiver Teilnahme an Qualifizierungsmaßnahmen, desto höher dürfte die subjektive Bereitschaft zur Teilnahme an aktiven Maßnahmen sein. Weiterhin ist im Rahmen einer degressiven Ausgestaltung der Unterstützungsleistungen "überlegenswert, den Anreiz zur Teilnahme ... mit zunehmender Dauer der Arbeitslosigkeit dadurch zu erhöhen, daß ab einem bestimmten Zeitpunkt der Satz des Arbeitslosengeldes bei gleichbleibendem Satz des Unterhaltsgeldes kontinuierlich verringert wird, bis er zum

---

[94] Schmid, Was tut das Arbeitsamt?, 404.

[95] Ansätze für eine aktivere Arbeitsmarktpolitik bietet der sicherlich nicht in allen Einzelheiten befriedigend ausgestaltete, mit der 10. AFG-Novelle neu geschaffene Par.249h AFG, der auf einer gemischten Finanzierung basiert, durch die Orientierung auf vernachlässigte Umweltaufgaben zur Verbesserung der lokalen Infrastruktur und Angebotsbedingungen beiträgt sowie Ansätze für eine Qualifizierung der Beschäftigten enthält. Vgl. Seifert,H., Arbeitsmarktpolitik mit neuen Vorzeichen: Förderung der Infrastruktur, in: Friedrich-Ebert-Stiftung, Neue Ansätze in der Arbeitsmarktpolitik, 110ff.

[96] Vgl. zu Vorschlägen Keller/Seifert, Chancen und Grenzen des Arbeitsförderungsgesetzes.

[97] Lenk,Th., Einfluß des technologischen Fortschritts und des strukturellen Wandels auf den Arbeitsmarkt, in: Sesselmeier,W.(Hg.), Probleme der Einheit, Band 1. Der Arbeitsmarkt: Probleme, Analyse, Optionen, Marburg 1991, 24.

Zeitpunkt der längstmöglichen Inanspruchnahme der Arbeitslosenversicherung die Höhe des Arbeitslosenhilfe-Satzes erreicht hat"[98].

Ein weiterer Kritikpunkt instrumenteller Art setzt an beim "Herzstück" des AFG, den FuU-Maßnahmen. Hier wird neben fehlenden Möglichkeiten der Qualitätssicherung die mangelnde Betriebsnähe marktferner Qualifizierungsmaßnahmen moniert, vor allem bei Klein- und Mittelbetrieben. Empirische Analysen zeigen, daß die Chancen der Wiedereingliederung mit zunehmender Betriebsnähe der Weiterbildungsmaßnahmen zunehmen. Daher sollten über- und zwischenbetriebliche Verbundeinrichtungen geschaffen werden. Das Modell der dualen Organisation der beruflichen Bildung zwischen Berufsschule und Betrieb könnte als Folie für eine neue Arbeitsteilung zwischen Staat bzw. Arbeitsverwaltung und Wirtschaft bzw. Betrieben im Bereich der Fort- und Weiterbildung dienen.[99] Einzelne Vorschläge operieren sogar mit dem Instrument einer Qualifizierungspflicht.

In der aktuellen arbeitsmarkttheoretischen Diskussion sind die Prämissen neoklassischer Ansätze vielfach kritisiert worden. So haben die Segmentationstheorien die Existenz von deutlich separierten, heterogenen Teilarbeitsmärkten anstelle des einen homogenen Marktes nicht nur theoretisch begründet, sondern auch empirisch belegt.[100] In dieser Perspektive zielen die Instrumente aktiver Politik (vor allem die Maßnahmen der beruflichen Weiterbildung bzw. der Mobilitätsförderung) vorrangig auf den berufsfachlichen Teilarbeitsmarkt.[101] Sie klammern den säkular expandierenden, immer wichtigeren betriebsinternen bzw. betrieblichen Teilarbeitsmarkt weitgehend aus und wirken dadurch selektiv.[102] Außerdem werden die Problemgruppen des externen Arbeitsmarktes bzw. des "Jedermannsarbeitsmarktes" (vor allem Frauen, Jugendliche, Ältere, Ausländer) faktisch benachteiligt: Sie sind von Arbeitslosigkeit überproportional häufig betroffen, partizipieren jedoch nur unterproportional an Fördermaßnahmen.[103]

---

[98] Lampert et al., Ordnungs- und prozeßpolitische Probleme der Arbeitsmarktpolitik, 248; ähnlich auch 256; zugunsten einer aktivitätsfördernden Ausgestaltung der Arbeitslosenunterstützung votiert auch Klös, Investive Arbeitsmarktpolitik statt konsumtiver Lohnersatz, 81-86.

[99] Vgl. Widmaier,U., Segmentierung und Arbeitsteilung. Die Arbeitsmarktpolitik der Bundesrepublik Deutschland in der Diskussion, APuZ B34-35/91, 23ff.

[100] Vgl. im einzelnen Kap.12.

[101] Auf dieses grundsätzliche Problem haben Segmentationstheoretiker schon sehr früh aufmerksam gemacht. Vgl. Lutz,B./Sengenberger,W., Arbeitsmarktstrukturen und öffentliche Arbeitsmarktpolitik. Eine kritische Analyse von Zielen und Instrumenten, Göttingen 1974, 110ff., 116ff.

[102] Probleme einer verstärkten Einbeziehung betrieblicher und betriebsnaher Qualifizierung diskutiert Hardes, Öffentliche Arbeitsmarktpolitik und betriebliche Weiterbildung, 74ff.

[103] Vgl. Widmaier, Segmentierung und Arbeitsteilung, 14-25.

Kapitel 13: AFG

2. Weitere Alternativen beziehen sich auf die <u>Träger</u> der Arbeitsmarktpolitik. Die Einnahmen der BA werden, wie wir ausgeführt haben, im wesentlichen durch den Gesetzgeber über die Festlegung der Beitragshöhe vorgegeben. Ein erheblicher Teil der Ausgaben ist durch gesetzlich vorgegebene Leistungsverpflichtungen, vor allem für passive Maßnahmen, festgelegt. Die BA verfügt daher kaum über Handlungsspielräume.

Kritiker fordern deshalb mehr haushaltspolitische Autonomie für die BA sowie eine deutlichere Regionalisierung und/oder Lokalisierung der Arbeitsmarktpolitik, "die es erlaubt, alle möglichen lokalen Träger von Arbeitsbeschaffungsmaßnahmen und Repräsentanten arbeitsmarktpolitischer Akteure in Arbeitsmarktkonferenzen zusammenzubringen, um die Arbeitsmarktlage zu analysieren, Beschäftigungsmöglichkeiten zu eruieren und zusammen mit den örtlichen Trägern der Wirtschafts- und Sozialpolitik Konzepte zu entwickeln und umzusetzen"[104]. Durch Abstellung auf spezifische lokale Bedürfnisse und Bedingungen sowie durch Einbezug der Kompetenz lokaler Akteure und verbesserte Kooperation im Entscheidungsprozeß könnte die Effizienz von Arbeitsmarktpolitik gesteigert werden.

Ähnliche Forderungen nach mehr Unabhängigkeit und größerer Autonomie werden in bezug auf die lokale Arbeitsverwaltung erhoben - auch und gerade bei der separaten Finanzierung verschiedener Maßnahmen.[105] Eine Erweiterung der Handlungsspielräume der Arbeitsämter durch Dezentralisierung der Entscheidungsprozesse und Kompetenzerweiterung ist angeraten, um vorhandene Ermessens- und Interpretationsspielräume jenseits von zunehmender Verrechtlichung und notwendiger Einzelfallgerechtigkeit zu nutzen und auszubauen.

Als aktuelles Beispiel können die auf Anregungen der Selbstverwaltung entstandenen <u>Modellämter</u> dienen, die neue Wege bei der Bekämpfung der Langzeitarbeitslosigkeit erproben sollen. Die zur Verfügung stehenden Sondermittel können abweichend von den geltenden Modalitäten flexibel eingesetzt werden. "Entsprechend den regionalen Möglichkeiten und Bedürfnissen wurden ideenreich Projekte ausgestaltet und verschiedene Maßnahmeelemente miteinander integrativ verknüpft."[106] Nicht-zweckgebundene Budgets können die Eigeninitiative im Rahmen lokal-dezentraler Politik stärken und Anpassungen an lokale Sonderbedingungen erleichtern.[107]

---

[104] Lampert et al., Ordnungs- und prozeßpolitische Probleme, 61.

[105] Vgl. u.a. Schmid,G., Handlungsspielräume der Arbeitsämter beim Einsatz operativer Arbeitsförderungsmaßnahmen, in: Hurler,P./Pfaff,M.(Hg.), Lokale Arbeitsmarktpolitik, Berlin 1987, 31-56; Schmid, G./Reissert,B., On the institutional conditions of effective labour market policies, in: Matzner,E./ Streeck,W.(eds.), Beyond Keynesianism. The socio-economics of production and full employment, Aldershot-Vermont 1991, 108.

[106] Bundesanstalt für Arbeit, Geschäftsbericht 1990, Nürnberg 1991, 17.

Last but not least: Eine erfolgreiche Implementation arbeitsmarktpolitischer Maßnahmen setzt neben einer sachlichen auch eine entsprechende personelle Infrastruktur voraus. Das Personal der Arbeitsverwaltung ist trotz entsprechender Forderungen seit vielen Jahren nicht, oder zumindest nicht in dem Maße ausgeweitet worden, wie es die erhebliche quantitative und qualitative Aufgabenexpansion notwendig gemacht hätte.[108] Insofern sind die notwendigen Voraussetzungen in Form einer administrativen Infrastruktur der modernisierten, dezentralisierten Arbeitsverwaltung überhaupt erst zu schaffen. "Dazu gehören ein regional tiefgegliedertes System der Arbeitsverwaltung, eine gute Ausstattung mit modernen Informationstechniken, eine ausreichende Zahl qualifizierten Personals und eine gute Koordination mit betrieblichen, kommunalen, gewerkschaftlichen und anderen lokal wichtigen Entscheidungsträgern."[109] Erst nach einer quantitativen und qualitativen Personalausweitung bzw. nach der Beseitigung von Personalengpässen sind intensivierte und verbesserte Beratungs- und Vermittlungsleistungen sowie Kooperation mit anderen lokalen Akteuren der Arbeitsmarktpolitik überhaupt wirksam zu leisten.

3. Verschiedene Faktoren, die vor allem die Angebotsseite des Arbeitsmarktes mitbestimmen, können mit den Instrumenten des AFG nicht beeinflußt werden; hierzu gehören u.a. die säkular allmählich zunehmende Erwerbsbeteiligung von Frauen sowie quantitativ bedeutsame Zuwanderungen, die nach der Vollendung des Binnenmarktes vor allem aus Nicht-EU-Ländern erfolgen. Da wir aufgrund dieser Faktoren auch auf absehbare Zukunft mit einem erheblichen Angebotsüberhang am Arbeitsmarkt zu rechnen haben[110], müssen wir von einer Perpetuierung der Schieflage des AFG ausgehen. Solange das Ziel der Vollbeschäftigung in der politischen Diskussion eher nachrangig behandelt wird, bleibt auch der Wirkungsgrad der Arbeitsmarktpolitik beschränkt.

In dem Maße, wie die Wirtschaftspolitik bei der Beseitigung von Arbeitsmarktungleichgewichten versagt, deren Ursachen primär in Wachstumsstörungen zu suchen sind, wird die Arbeitsmarktpolitik mit Problemen konfrontiert, für deren Bewältigung die vorhandenen Instrumente im Prinzip ungeeignet sind. Das gesamte AFG-Instrumentarium

---

[107] Modellmaßnahmen zur Weiterentwicklung der Arbeitsvermittlung und Arbeitsberatung mit dem Ziel einer Verbesserung der Effizienz bei der Aufgabenerledigung sind im Rahmen von Diskussions- und Modellämtern geplant.

[108] Auch die zögernde Einstellung von Mitarbeitern mit befristeten Arbeitsverträgen kann keine Alternative im Rahmen einer offensiveren Politik auf regionaler und lokaler Ebene sein.

[109] Schmid/Reissert, Institutionelle Barrieren der Vollbeschäftigungspolitik, 177.

[110] Vgl. im einzelnen Autorengemeinschaft, Der Arbeitsmarkt 1994 und 1995 in der Bundesrepublik Deutschland, MittAB 28 (1994), 269-299.

steht vor dem Problem, daß es nicht nur in einer Zeit, sondern letztlich auch für eine Zeit günstiger konjunktureller Bedingungen bzw. der Vollbeschäftigung konstruiert wurde. Das AFG setzt einen hohen Beschäftigungsstand als Bedingung für wirksame Arbeitsmarktpolitik nahezu voraus; sein Instrumentarium ist vorrangig auf den Ausgleich vorübergehender Ungleichgewichte am Arbeitsmarkt zugeschnitten. Analog zum Gesetz zur Förderung der Stabilität und des Wachstums sind auch beim AFG die wachstumspolitischen Instrumente unterentwickelt, was damit zu tun hat, daß bei Verabschiedung sowohl des StWG als auch des AFG eine erfolgreiche Konjunkturpolitik zugleich für die beste Wachstumspolitik gehalten wurde. Wirksam bekämpft werden können

- friktionelle Arbeitslosigkeit durch Information, Beratung und Vermittlung, Maßnahmen der beruflichen Bildung und die Übernahme diverser Kosten (z.B. Mobilitätshilfen);
- saisonale Arbeitslosigkeit, vor allem durch die alten Sonderregelungen für die Bauwirtschaft;
- konjunkturelle Arbeitslosigkeit durch ABM, Kurzarbeitergeld und Lohnkostensubventionen sowie die nachfragestabilisierenden Wirkungen der Lohnersatzleistungen.

Diese drei Typen der Arbeitslosigkeit hatten im Zusammenhang mit den Beschäftigungsproblemen der letzten Jahre nur eine nachrangige und insgesamt abnehmende Bedeutung.[111] Die lang anhaltende, strukturelle Massenarbeitslosigkeit, wie sie mindestens seit den 80er Jahren typisch ist, kann hingegen nicht wirksam angegangen werden, da Alternativen fehlen. Das Instrumentarium des AFG ist vorrangig auf den Ausgleich vorübergehender Ungleichgewichte zugeschnitten.

Unter den veränderten Wirtschafts- bzw. Arbeitsmarktbedingungen hat das AFG sich "zwar als flexibel erwiesen, dennoch ist es für drei Funktionen wenig geeignet: für einen konsequenten antizyklischen Einsatz der Arbeitsförderung, für die Schaffung zusätzlicher Arbeitsplätze und für die Bevorzugung besonders betroffener Regionen sowie benachteiligter Personengruppen"[112]. Insofern sind alle weiterreichenden, optimistischeren Erwartungen an das AFG, etwa als Instrument zur Bekämpfung von Massenarbeitslosigkeit, durchaus unrealistisch.[113]

---

[111] Danach war die Unterauslastung des Kapitalstocks als Grund für die Beschäftigungsmisere schrittweise entfallen.

[112] Schmid, Was tut das Arbeitsamt?, 393.

[113] Vgl. zur Verdeutlichung des Arguments u.a. Spahn,H-P./Vobruba, G., Das Beschäftigungsproblem. Die ökonomische Sonderstellung des Arbeitsmarktes und die Grenzen der Wirtschaftspolitik, Discussion Paper IIM/LMP 86-14. Wissenschaftszentrum Berlin für Sozialforschung 1986, 22f.

Die empirischen Befunde geben Anlaß zur skeptischen Beurteilung der Beschäftigungsniveaueffekte. Wir müssen davon ausgehen, daß "die beschäftigungspolitische Leistungsfähigkeit des AFG um so geringer ist, je größer die Arbeitslosigkeit ist und je länger sie andauert"[114]. Die Entlastungswirkungen lagen in den 80er Jahren niedriger als in den 70er Jahren. Offizielle Schätzungen ergaben, "daß zwischen 1975 und 1987 nie mehr als 16,6% der Arbeitslosen gefördert werden konnten und daß die Entlastungseffekte dementsprechend nicht über diesen Prozentsatz hinausgingen"[115]. Diese recht geringen direkten Beschäftigungseffekte, zu denen die schwierig zu messenden, indirekt-positiven Auswirkungen addiert werden müßten, entsprechen lediglich einer Verhinderung von Arbeitslosigkeit in Höhe von 1,5 bis 2% aller abhängigen Erwerbspersonen. Höhere Entlastungseffekte wären sowohl durch institutionelle Reformen als auch durch Setzung anderer politischer Prioritäten, d.h. durch den Einsatz von mehr Mitteln für aktive Politik, zu erreichen. Aber selbst in diesem Fall könnten die AFG-Instrumente per se globale Ungleichgewichte am Arbeitsmarkt wegen der genannten Gründe nicht beseitigen.[116]

4. Das AFG stößt bei gesamtwirtschaftlich-globalen Beschäftigungsdefiziten infolge seiner einseitigen Orientierung auf strukturelle Grenzen: Nahezu alle Instrumente - mit Ausnahme der beschäftigungsschaffenden ABM - wirken beschäftigungsstützend, setzen nur bei Qualifikationsstrukturen und Preisen der Angebotsseite an, indem sie versuchen, deren Attraktivität für die Nachfrager zu erhöhen. Diese Ausrichtung ist in Anbetracht der skizzierten impliziten Orientierung des AFG an Vollbeschäftigungsbedingungen nicht einmal verwunderlich. Das Grundproblem der Arbeitsmarktpolitik besteht darin, daß sie die Nachfrageseite, welche im System sozialer Marktwirtschaft die zentralen Investitionsentscheidungen trifft und damit letztendlich die Anzahl der vorhandenen bzw. neu zu schaffenden Arbeitsplätze bestimmt, nur rudimentär einbeziehen kann. Sie hat so gut wie keine Möglichkeit, die Investitionstätigkeit anzukurbeln und das Wachstum des Kapitalstocks zu beschleunigen. Gemessen an dem Schub auf der

---

[114] Lampert, 20 Jahre AFG, 177.

[115] Lampert et al., Ordnungs- und prozeßpolitische Probleme, 73f. Auch offizielle Einschätzungen der beschäftigungspolitischen Möglichkeiten des AFG kommen zu ähnlichen Ergebnissen. Vgl. Engelen-Kefer,U., Arbeitsmarktpolitische Entwicklung und Probleme, in: Oppolzer,A./Wegener,H./Zachert,U.(Hg.), Flexibilisierung - Deregulierung. Arbeitspolitik in der Wende, Hamburg 1986, 41.

[116] Kühl unterscheidet sieben Stabilisierungselemente: Lohnersatzleistungen, Beschäftigungsstabilität und Rotation der Arbeitslosigkeit, Arbeitsmarktpolitik nach dem AFG, Arbeitsmarktpolitik außerhalb des AFG, staatliche Beschäftigungspolitik, Beschäftigungsgewinne im Konjunkturaufschwung, Rhetorik und Realität der Vollbeschäftigung. Vgl. Kühl,J., Arbeitsmarkt ohne Vollbeschäftigung - Reaktionsweisen und Strategieoptionen öffentlicher Arbeitsmarktpolitik, in: Peters, Massenarbeitslosigkeit und Politik, 9-32.

Kapitel 13: AFG

Angebotsseite des Arbeitsmarktes haben weder die wirtschaftlichen Impulse auf der Nachfrageseite noch die Umverteilungseffekte der Arbeitszeitverkürzungen ausgereicht, um den Anstieg des Erwerbspersonenpotentials zu bewältigen. Wenn aber weder die Wachstums- noch die Arbeitszeitpolitik ihre Handlungsmöglichkeiten ausschöpfen, dann ist erst recht die Arbeitsmarktpolitik mit ihrem überwiegend auf die Angebotsseite ausgerichteten Instrumentarium überfordert.

Daher ist eine stärkere, gleichgewichtige Abstimmung der Instrumente auf Angebot und Nachfrage erforderlich. Eine stärkere Orientierung der Investitionsentscheidungen an arbeitsmarktpolitischen Zielen, d.h. an einer Vergrößerung der lediglich "abgeleiteten" Nachfrage nach Arbeit, erscheint notwendig.[117] Dieses Ziel läßt sich allerdings im Rahmen der allgemeinen Wirtschaftspolitik eher erreichen als durch Arbeitsmarktpolitik, die stets nur flankierenden Charakter im Rahmen einer globalen, auf Gesamtangebot and Gesamtnachfrage zielenden Beschäftigungspolitik haben kann.[118] Auch hier gilt: "It still takes two to tango and, in a world with free capital movements, your partner may choose not to dance."[119] Ein Teil der Instrumente, vor allem die Arbeitsvermittlung, teilweise auch die Beratung, unterstellt zumindest implizit eine eher neoklassische Sichtweise, die ex definitione nur kurzfristige, friktionelle Beschäftigungsprobleme kennt.[120] Die starke Stützung verschiedener AFG-Instrumente auf positive bzw. negative finanzielle Anreize und Auflagen ist ein weiterer Beleg für diese These.

Abschließend sei nochmals explizit auf die eo ipso beschränkte Wirksamkeit jedweder Arbeitsmarktpolitik nach dem AFG in bezug auf das Ziel der Vollbeschäftigung verwiesen, um die positiven Erwartungen an realistische Reformschritte nicht zu überfrachten. Selbst wenn alle unterbreiteten Vorschläge realisiert würden, wären Reichweite und Leistungsfähigkeit der Instrumente aufgrund der genannten Faktoren nach wie vor begrenzt. Insofern konnten wir uns ausschließlich mit möglichen Erweiterungen der strategischen Optionen und nicht mit der grundsätzlichen Aufhebung von institutionellen Grenzen befassen.

---

[117] Vgl. die Diskussion bei Bieback, Arbeitsmarktpolitik und Arbeitsvermittlung, 400-407.

[118] Ähnlich urteilen auch ausländische Beobachter bei einem internationalen Vergleich: "Labor market policies are a complement, not a substitute, for macroeconomic policies designed to address problems of insufficient demand and trade and industrial policies designed to address inefficencies elsewhere in the economy." Abraham/Houseman, Job security in America, 147.

[119] Esping-Andersen,G., The three worlds of welfare capitalism, Princeton 1990, 188.

[120] Vgl. im einzelnen Kap.12.

Wir müssen von der Erkenntnis ausgehen, daß nicht eine einzige (Global-)Strategie, sondern nur ein Bündel von Maßnahmen bei der Bekämpfung der Arbeitslosigkeit mittel- und langfristig Erfolg haben kann. Neben dem konsequenteren Einsatz des AFG, das aber stets nur flankierend die übergeordnete Sozial- und Wirtschaftspolitik begleiten kann, bedarf es anderer arbeitsmarkt- und beschäftigungspolitischer Instrumente in einem weiteren Sinne als dem des AFG:

1. Eine drastische, solidarische Umverteilung von Arbeit durch raschere Verkürzung der Wochen- und Lebensarbeitszeit[121] als in den 80er Jahren würde angebotsreduzierend wirken. Bei der Wochenarbeitszeitpolitik hätten vor allem die Tarifvertragsparteien, bei der Lebensarbeitszeitpolitik hingegen der Staat entsprechende Rahmenbedingungen zu setzen (einschl. der wichtigen, bislang nur unzureichend erfolgten Förderung von Teilzeitarbeit).[122] In beschäftigungspolitischer Perspektive war etwa die Nicht-Verlängerung des Vorruhestandsgesetzes, das zwischen 1984 und 1988 immerhin zu rd. 100.000 Wiederbesetzungen führte, durchaus problematisch, zumal die ihm folgende Regelung zur "Förderung eines gleitenden Übergangs älterer Arbeitnehmer in den Ruhestand" keinerlei Entlastungswirkungen hat.[123]

2. Eine stärker beschäftigungsorientierte Finanz- und Geldpolitik als globale Nachfragesteuerung kann die dominierende Angebotssteuerung durchaus ergänzen[124] und muß nicht unbedingt als arbeitsmarktpolitische Alternative konzipiert werden. Neuere Theorieentwicklungen innerhalb des Keynesianismus zeigen, daß die landläufigen, sowohl auf der Basis monetaristischer Überlegungen als auch von der Neuen Klassischen Makroökonomik formulierten Thesen über die Wirkungslosigkeit antizyklischer Nachfragepolitik der 70er und frühen 80er Jahre vorschnell gewesen sind.[125] Solche nachfrageseitig ausgerichteten Programme müssen keinesfalls per se unwirksam sein, wenn wir aus der Erfahrung bzw. den Fehlern der Vergangenheit lernen und aufgetretene Probleme bei der finanzpolitischen Umsetzung in Zukunft vermeiden: "Beschäftigungsprogramme müssen längerfristig angelegt und

---

[121] Vgl. zusammenfassend zu Möglichkeiten und Grenzen verschiedener Strategien Seifert,H., Massenarbeitslosigkeit und Arbeitszeitpolitik, in: Peters, Massenarbeitslosigkeit und Politik, 135-154.

[122] Auch eine Beschränkung der Zahl von Überstunden, wie sie im Rahmen der Novellierung des Arbeitszeitgesetzes hätte erfolgen können, hätte gewisse angebotsverknappende Effekte.

[123] Vgl. im einzelnen Kap.8.

[124] Vgl. verschiedene Beiträge in Krupp et al., Wege zur Vollbeschäftigung.

[125] Vgl. zur "Reinkarnation des Keynesianismus" einschließlich seiner mikrotheoretischen Fundierung Franz,W., Keynesianische Beschäftigungstheorie und Beschäftigungspolitik, APuZ B12/92, 25-31; ähnlich argumentiert auch Rohwer,B., Spielräume einer stärker expansiven Finanzpolitik, in: Krupp et al., Wege zur Vollbeschäftigung, 148-167.

Kapitel 13: AFG

mit einem höheren Finanzvolumen ausgestattet werden als in der Vergangenheit. Mitnehmereffekte können durch eine entsprechende Programmgestaltung verhindert werden ... Die übrige Finanzpolitik sowie die Geldpolitik müssen die expansive Wirkung der Maßnahmen unterstützen."[126]

3. Die allgemeine Wirtschafts- und Strukturpolitik kann mit Arbeitsmarktpolitik institutionell verzahnt und koordiniert werden.[127]

13.5. Die Privatisierung der Arbeitsvermittlung

1. Aufgrund einer geringen "Akzeptanz" bzw. "Effizienz" der öffentlichen Arbeitsvermittlung wurde immer wieder eine Aufweichung bzw. Abschaffung des Vermittlungsmonopols der BA[128] gefordert, um mehr Wettbewerb zu ermöglichen und dadurch die Leistungsfähigkeit zu verbessern. Kritisiert wurde zum einen der Einschaltungsgrad, d.h. der Beteiligungsgrad der Arbeitsämter an allen Maßnahmen der Personalbeschaffung; er war zwischen den 60er und späten 80er Jahren gesunken und in den frühen 90er Jahren wieder leicht gestiegen; er liegt bei ca. einem Drittel. Kritisiert wurde zum andern der Marktanteil, d.h. der Anteil der von Arbeitsämtern angebahnte Anteil an allen neuen Beschäftigungsverhältnissen; er beträgt relativ konstant ein Viertel.[129]

Die von der Bundesregierung eingesetzte Deregulierungskommission hat in ihrem umfangreichen Bericht[130] nur einen einzigen Vorschlag zur weiteren Deregulierung unterbreitet, der das AFG-Instrumentarium direkt betraf, nämlich die Aufhebung des Vermittlungsmonopols. Außerdem widersprachen nach einem Urteil des Europäischen Gerichtshofes von 1991 "die bis dahin geltenden Beschränkungen der Vermittlung von

---

[126] Kühl, Beschäftigungs- und Arbeitsmarktpolitik, 23; vgl. zur Kombination von Angebots- und Nachfragepolitik auch Rohwer, Spielräume einer stärker expansiven Finanzpolitik, in: Krupp et al., Wege zur Vollbeschäftigung, 158-166.

[127] Vgl. Schmid,G., Instrumentarium erfolgreicher Beschäftigungspolitik aus internationaler Perspektive, in: Bertelsmann Stiftung(Hg.), Beschäftigungspolitik in einer offenen Gesellschaft, Gütersloh 1992, 74ff; Schmid,G., Flexible Koordination: Instrumentarium erfolgreicher Beschäftigungspolitik aus internationaler Perspektive. Discussion Paper FS I 91-8, Wissenschaftszentrum Berlin für Sozialforschung 1991, 44ff; Seifert,H./Ziegler,A., Ansatzpunkte einer integrierten Arbeitsmarkt- und regionalen Wirtschaftspolitik, in: Seifert, Reform der Arbeitsmarktpolitik, 157-182.

[128] Die BA konnte andere Personen oder Institutionen mit der Wahrnehmung dieser Funktion beauftragen (z.B. für die Vermittlung von Künstlern oder Seeleuten). Die gewerbsmäßige Arbeitnehmerüberlassung, die nach einem Urteil des Bundesverfassungsgerichts von 1976 nicht unter das Vermittlungsmonopol fällt, ist im Arbeitnehmerüberlassungsgesetz von 1972 geregelt. Die ursprüngliche maximale Überlassungsdauer von drei Monaten wurde durch das Beschäftigungsförderungsgesetz mehrfach verlängert. Vgl. im einzelnen Kap.14.

[129] Vgl. die Daten Walwei,U., Liberalisierung der Arbeitsvermittlung in Deutschland, SuS 5 (1994), 444ff.

[130] Vgl. im einzelnen Kap.15.

Führungskräften durch Personalberaer wesentlichen Vorschriften des EWG-Vertrages. Allein schon aus diesem Grund war eine Änderung des AFG erforderlich"[131]. Ab 1.4.1994 wurde im Rahmen eines Modellversuchs zunächst die private Arbeitsvermittlung mit Erlaubnis der BA ermöglicht. Ab 1.8.1994 wurde im Rahmen des Beschäftigungsförderungsgesetzes die private Vermittlung, die neben der gemeinnützigen auch die gewerbliche Variante einschließt, allgemein zugelassen, d.h. ohne berufsfachliche oder geographische Einschränkungen. Die Erlaubniserteilung für jede Art von Arbeitsvermittlung erfolgt durch die BA, wenn die Voraussetzungen (Eignung, Zuverlässigkeit, geordnete Vermögensverhältnisse, angemesse Geschäftsräume) erfüllt sind.[132] - Damit wird aus dem sog. Monopol- ein Koexistenzsystem der Organisation der Arbeitsvermittlung. Andere EU- und OECD-Mitgliedsländer hatten entsprechende Deregulierungen bzw. Liberalisierungen des Arbeitsmarktes bereits früher als die Bundesrepublik durchgeführt.[133]

Kritiker[134] vermuteten schon früh, daß eine generelle Zulassung einer an Gewinnerzielung orientierten, privaten Arbeitsvermittlung in ganz Teilbereichen vielleicht erfolgreich sein, jedoch die Situation für den schwer vermittelbaren Teil der Arbeitsuchenden nur weiter verschlechtern würde; es kann zum sog. creaming oder Rosinenpicken der privaten Vermittler kommen, d.h. die Arbeitsämter bleiben auf den "schlechten Risiken" sitzen. M.a.W.: Diese Problemgruppen sind wahrscheinlich nicht weniger als vorher benachteiligt, da ihre Vermittlung überproportional hohe Kosten verursacht und deswegen ein Anreiz zur Konzentration auf vergleichsweise leichter Vermittelbare entsteht. - Außerdem können infolge fehlender Markttransparenz und bestehender Inhomogenitäten Schwierigkeiten auftreten. Durch die Zulassung privater Vermittlung entstehen zwei Probleme: "Erstens existiert ein Informationsgefälle zwischen Vermittlern und ihren Kunden ... Zweitens tendieren private Arbeitsvermittlungsagenturen zur Monopolisierung von Informationen über offene Stellen und Arbeitsuchende."[135]

---

[131] Walwei,U., Zum Regulierungsbedarf bei Zulassung privater Arbeitsvermittlung, MittAB 26 (1993), 289.

[132] Vgl. im einzelnen Niesel,K., Arbeitsförderungsgesetz, München 1995, 90ff.

[133] Vgl. im einzelnen Walwei,U., Job placement in Europe. An international comparison, Intereconomics 26 (1991), 248ff; Walwei,U., Reform der Arbeitsvermittlung in OECD-Ländern: Modernisierung öffentlicher Dienste und Zulassung privater Anbieter, MittAB 27 (1994), 101f.

[134] Vgl. zu diesem Problem in international vergleichender Perspektive Walwei,U., Monopol oder Koexistenz: Arbeitsvermittlung in der Bundesrepublik Deutschland und in Großbritannien, MittAB 24 (1991), 635-647; Deeke,A., Zur Kontroverse um das "Vermittlungsmonopol" der Bundesanstalt für Arbeit, WSI-Mitt 45 (1992), 459-467; Walwei, Zum Regulierungsbedarf, 285-293; Walwei, Reform der Arbeitsvermittlung, 94-107; Deeke,A., Öffentliche und private Arbeitsvermittlung, in: Seifert, Reform der Arbeitsmarktpolitik, Köln 1995, 276-318.

Kapitel 13: AFG

Eher skeptisch stimmen auch die Erfahrungen in anderen Länder mit Privatisierungen der Vermittlungstätigkeit. Eine international vergleichende Untersuchung über Organisation und Weiterentwicklung der Arbeitsvermittlung kommt zu folgendem Ergebnis: "Die Befunde geben keine klaren Hinweise für die Überlegenheit des einen oder anderen Systems. Sie dämpfen aber die Erwartung, daß die auf dem bundesdeutschen Arbeitsmarkt sichtbaren - häufig der öffentlichen Arbeitsvermittlung zugeschriebenen - Struktur- und Besetzungsprobleme allein schon durch die Zulassung privater Arbeitsvermittlung nachhaltig verbessert werden könnten. Ein Systemwechsel durch eine Liberalisierung des Vermittlungsrechts in der Bundesrepublik Deutschland läßt sich mit den Ergebnissen nicht begründen. Eine gezielte Verbesserung des bestehenden Systems (vor allem durch eine Stärkung der Vermittlungseffizienz der BA) erscheint somit als eine zumindest gleichwertige Alternative."[136]

Auch die ersten praktischen Erfahrungen geben Anlaß zur Skepsis: Einschaltungsgrad und Marktanteil der privaten Vermittlungen bleiben weit hinter den ursprünglich hoch gestecken Erwartungen ihrer Befürworter zurück. Zwar stieg die Zahl der beauftragten Personen/Einrichtungen mit Vermittlungsstellen/ Erlaubnisinhaber von 460 (Ende 1993) auf 2110 bzw. 3032 Erlaubnisinhaber mit 2485 bzw. 2985 Erlaubnissen (Ende 1994 bzw. Ende 1995); die Zahl der Vermittlungen durch neu hinzugekommen Vermittler betrug jedoch im zweiten Halbjahr 1994 lediglich 7.111 bzw. im ersten Halbjahr 1995 12.721 Fälle, wenn man die vor der Aufhebung des Monopols schon mögliche Vermittlung von Künstlern, Berufssportlern u.ä. nicht berücksichtigt.[137] Damit bleibt die relative Marktbedeutung, d.h. der Anteil an der Gesamtzahl der Arbeitsvermittlungen, marginal; von einer echten Konkurrenz kann nicht, von einer Ergänzung der öffentlichen durch die private Vermittlung kaum die Rede sein. Ob sich diese Situation auf einem Markt mit geringen Zutrittsbarrieren mittel- und langfristig nach einer Anlaufphase grundsätzlich ändern und private Anbieter sich über eigene Vermittlungsnetzwerke stärker etablieren werden, erscheint ungewiß.

---

[135] Walwei,W., Zum Regulierungsbedarf bei Zulassung privater Arbeitsvermittlung, MittAB 26 (1993), 285.

[136] Walwei, Monopol oder Koexistenz, 635.

[137] Bundesanstalt für Arbeit, Referat IIb2, Arbeitsmarkt in Zahlen. Statistische Daten der privaten Arbeitsvermittlung nach Par.23b AFG. Bundesrepublik Deutschland. Berichtszeitraum: 01.08.94 bis 31.12.94, Ms. Nürnberg 1995, 1; Bundesanstalt für Arbeit, Referat IIb2, Arbeitsmarkt in Zahlen. Statistische Daten der privaten Arbeitsvermittlung nach Par.23b AFG. Bundesrepublik Deutschland. Berichtzeitraum: 1. Januar bis 30. Juni 1995; Hauptstelle der BA, Referat Ia4, Ms. Nürnberg 1995.

Offensichtlich halten die bei erfolgreicher Vermittlung fälligen Gebühren[138], die aus sozialpolitischen Erwägungen ausschließlich der Arbeitgeber zu entrichten hat, viele Betriebe davon ab, die privaten Vermittler in Anspruch zu nehmen; zudem stehen die öffentlichen Vermittlungsdienste, die über ein breites Angebot verfügen, aufgrund ihrer staatlichen Finanzierung weiterhin unentgeltlich zur Verfügung. Bei der Gegenüberstellung von Suchkosten und Sucherträgen ergeben sich für die Betriebe keine Nettovorteile durch die Einschaltung privater Vermittler. - Von den Lizenzinhabern ist nur ein recht geringer Teil tatsächlich aktiv; der Organisationsgrad des Bundesverbandes Personalvermittlung ist recht niedrig. Der Schwerpunkt bei der Vermittlung liegt bei allgemeinen Dienstleistungsberufen, Bau- und Baunebenberufen sowie Organisations-, Verwaltungs- und Büroberufen. Die geringe Inanspruchnahme erfolgt vor allem durch mittelständische Betriebe. Nur 40% der Vermittelten waren vorher erwerbslos.

Plausibel erscheint die These einer Differenzierung und Strukturierung nach Teilarbeitsmärkten bzw. einer stärkeren Selektivität gewerblicher Vermittlung: Einzelne Firmen werden sich möglicherweise auf die Vermittlung spezifischer Zielgruppen (wie Hochschulabsolventen) und damit auf enge Segmente des Arbeitsmarktes mit besonderen Anforderungen konzentrieren, wie es in anderen Ländern, die öffentliche und private Vermittlungen haben, ebenfalls der Fall ist.[139]

Allgemein gilt: "Efficient institutions or agencies which carry out job placement reduce search costs on the labour market and make the matching of labour supply and demand easier ... Placement services do not create new jobs, they only give assistance for a quicker and better matching of labour supply and demand."[140] Auch private Vermittlung kann durch Information und Beratung nur auf der Nachfrageseite ansetzen, aber keine neuen Arbeitsplätze schaffen und daher nicht zur Beseitigung des quantitativen Ungleichgewichts auf dem Arbeitsmarkt beitragen. "Als Fazit ... läßt sich festhalten, daß private Arbeitsvermittler insbesondere bei besonderen stellenbezogenen Engpässen dort Ergänzungsfunktionen wahrnehmen können, wo öffentliche Vermittlung nicht hinreichend präsent ist bzw. sein kann."[141] - Sowohl die Zulassung (Marktzutritt) als auch die Ausübung gewerblicher Vermittlung müssen durch Lizensierungs- und Berufsausübungsvorschriften reguliert werden.

Eine politische Alternative bzw. eine komplementäre, u.U. auch alternative Strategie zur Zulassung der privaten und damit auch der gewerbsmäßigen Vermittlung wäre eine

---

[138] Das Honorar für erfolgreiche Vermittlungen liegt bei anderthalb bis zwei Brutto-Monatsgehältern der ausgeschriebenen Stelle.

[139] Vgl. Walwei, Reform der Arbeitsvermittlung, 104.

[140] Walwei, Job placement in Europe, 254.

[141] Walwei, Liberalisierung der Arbeitsvermittlung, 457.

seit langem geforderte, bessere Ausstattung der öffentlichen Vermittlungsdienste mit personellen und materiellen Ressourcen gewesen, die sie in den Stand gesetzt hätte, ihr Angebot quantitativ und qualitativ in Richtung auf ein kundenorientiertes Dienstleistungsunternehmen zu steigern bzw. ihre Leistungsfähigkeit zu verbessern.[142]

2. Arbeitsmarkt- und Berufsforscher sind in den 80er Jahren der vernachlässigten, jedoch wissenschaftlich wie politisch relevanten Frage nachgegangen, wie Arbeitgeber und Arbeitsuchende zusammenfinden.[143] Die Arbeitsvermittlung stellt sich faktisch als komplexer sozialer Prozeß dar, an dem verschiedene Akteure (Arbeitslose, Betriebe, Arbeitsvermittler) beteiligt sind. Neben den formalen Kanälen einer Arbeitsvermittlung durch das Arbeitsamt sind informelle von Bedeutung. Vor allem soziale Netze bzw. Kontakte zum neuen Betrieb, die über Freunde, Bekannte, Verwandte oder ehemalige Arbeitskollegen vermittelt werden, sind bei der erfolgreichen Stellensuche häufig wichtig; das Arbeitsamt wird nur in einer vergleichsweise geringen Quote der Eingliederungsfälle eingeschaltet, vor allem bei Arbeitslosigkeit. Außerdem spielen Zeitungsanzeigen oder andere Stellenausschreibungen sowie die sog. "Bewerbung auf Verdacht" eine gewisse Rolle. Eigeninitiative und aktives Suchverhalten der Arbeitslosen sind häufig festzustellen; Chancenzuweisung erfolgt mithin selektiv. Offensichtlich sind die Zugangschancen zu Informationen (das sog. Sozialkapital in Analogie zum Humankapital) ungleich verteilt. Eine Konsequenz dieser Form betriebsnaher Rekrutierung besteht in der Verschlechterung der Chancen betriebsferner Suchender.
Aus Sicht der Betriebe werden die Bewerber nach verschiedenen Kriterien selektiert (u.a. Alter, Qualifikation, Geschlecht, Gesundheitszustand, Verlauf der Erwerbsbiographie); vielfach dominiert bei den Auswahlstrategien das "Prinzip der Bestenauswahl". Die Qualifikationsanforderungen sind bei einem Überangebot an Arbeitskräften dauernd gestiegen. Bei der Rekrutierung in Großbetrieben werden heute im Gegensatz zu früher häufig informelle Kanäle (z.B. Empfehlungen von Mitarbeitern und dadurch soziale Kontrolle durch die Belegschaft, Eigeninitiative von Bewerbern) beschritten. Diese Strategien der Beschaffung dienen zugleich der Gratifikation und Disziplinierung.

---

[142] Vgl. Deeke,A., Zwischen Anspruch und Wirklichkeit - 25 Jahre Arbeitsförderungsgesetz, in: Arbeitskreis AFG-Reform(Hg.), Memorandum für ein neues Arbeitsförderungsgesetz, Düsseldorf 1995, 113f.

[143] Vgl. Deeke,A./Fischer,J./Schumm-Garling,U., Arbeitsmarktbewegung als sozialer Prozeß, SAMF-Arbeitspapiere 1987-3, Paderborn 1987; Blaschke,D., Erfolgswege zum neuen Arbeitsplatz, MittAB 20 (1987), 164-180; Eberwein,W./Tholen,J., Die öffentliche Arbeitsvermittlung als politisch-sozialer Prozeß, Frankfurt-New York 1987; Deeke,A., Betriebliche Rekrutierungsstrategien unter den Bedingungen von Massenarbeitslosigkeit, in: Autorengemeinschaft, Individuelle und sozialstrukturelle Folgen der Massenarbeitslosigkeit, SAMF-Arbeitspapier 1988-1, Paderborn 1988, 147-203; Preisendörfer,P./Voss,Th., Arbeitsmarkt und soziale Netzwerke. Die Bedeutung sozialer Kontakte beim Zugang zu Arbeitsplätzen, SW 39 (1988), 104-119.

Einführende Literatur:

Abraham,K.G./Houseman,S.N., Job security in America. Lessons from Germany, Washington 1993

Arbeitskreis AFG-Reform(Hg.), Memorandum für ein neues Arbeitsförderungsgesetz, Düsseldorf 1994

Buttler,Fr. et al.(Hg.), Staat und Beschäftigung. Angebots- und Nachfrageorientierung in Theorie und Praxis, Nürnberg 1985

Engelen-Kefer,U. et al., Beschäftigungspolitik, 3. völlig neu bearb. Aufl. Köln 1995

Krupp,H.J./Rohwer,B./Rothschild,K.W.(Hg.), Wege zur Vollbeschäftigung. Konzepte einer aktiven Bekämpfung der Massenarbeitslosigkeit, 2. Aufl. Freiburg 1987

Lampert,H./Englberger,J./Schüle,U., Ordnungs- und prozeßpolitische Probleme der Arbeitsmarktpolitik in der Bundesrepublik Deutschland, Berlin 1991

Matzner,E./Kregel,J./Roncaglia,A.(Hg.), Arbeit für alle ist möglich. Über ökonomische und institutionelle Bedingungen erfolgreicher Beschäftigungs- und Arbeitsmarktpolitik, Berlin 1987

Schmid,G., Arbeitsmarktpolitik im Wandel. Entwicklungstendenzen des Arbeitsmarktes und Wirksamkeit der Arbeitsmarktpolitik in der Bundesrepublik Deutschland. Discussion Paper IIM/LMP 87-17, Wissenschaftszentrum Berlin für Sozialforschung 1987

Schmid,H./v.Dosky,D., Ökonomik des Arbeitsmarktes, Band 2 Problembereiche und Lösungsansätze, Bern-Stuttgart 1991

Seifert,H.(Hg.), Reform der Arbeitsmarktpolitik, Köln 1995.

14. ARBEITSMARKTPROBLEME III: ÜBRIGE ARBEITSMARKTPOLITIK

14.1. Das Beschäftigungsförderungsgesetz

Die Regierungskoalition versucht ähnlich wie die Regierungen anderer westlicher Industrienationen, durch politisch gesteuerte Deregulierung den unternehmerischen Kurs einer Flexibilisierung von Arbeitsbeziehungen und Arbeitsmärkten zu unterstützen und zu verstärken.[1] Ein zentrales Element der Deregulierung ist das Beschäftigungsförderungsgesetz (BeschFG)[2], welches am 1.5.1985 befristet bis Ende 1989 in Kraft trat, später zunächst bis Ende 1995 und anschließend auf der Basis des BeschFG 1994 bis Ende 2000 verlängert wurde. Das BeschFG will durch Deregulierungsmaßnahmen das als zu starr und verkrustet empfundene Arbeitsrecht flexibler gestalten; zusätzliche Beschäftigungsmöglichkeiten sollen durch Zurücknahme arbeitsrechtlicher Schutzvorschriften (vor allem Abbau von "beschäftigungshemmenden" Kündigungsschutzrechten) bzw. eine damit verbundene Senkung der Lohnkosten geschaffen werden.[3] Die tatsächlichen Auswirkungen werden im folgenden ausführlich behandelt.[4]

Die Kernbestimmung ist die geregelte "erleichterte Zulassung befristeter Arbeitsverträge" durch die Möglichkeit der einmaligen Befristung bis zur Dauer von 18 Monaten ohne besondere sachliche Begründung und ohne gerichtliche Mißbrauchskontrolle, "wenn der Arbeitnehmer neu eingestellt wird oder der Arbeitnehmer im unmittelbaren Anschluß an die Berufsausbildung nur vorübergehend weiterbeschäftigt werden kann, weil kein Arbeitsplatz für einen unbefristet einzustellenden Arbeitnehmer zur Verfügung steht" (Art.1).[5] Nach der langjährigen BAG-Rechtsprechung waren bis zum BeschFG "sachliche Gründe" unbedingt notwendig, um Arbeitsverträge über einen Zeitraum von sechs Monaten hinaus zu befristen; nach diesem sog. Richterrecht konnten zahlreiche, unterschiedliche Begründungen angeführt werden, u.a. Aushilfsarbeiten, Vertretung

---

[1] Vgl. im einzelnen Kap.15.

[2] Vgl. BGBl.I.,710; Kittner,M.(Hg.), Beschäftigungsförderungsgesetz. Erläuterte Textausgabe, Köln 1985; zu den juristischen Aspekten zusammenfassend Löwisch,M., Das Beschäftigungsförderungsgesetz 1985, BB 40 (1985), 1200-1207; Hoyningen-Huene,G.v., Das neue Beschäftigungsförderungsgesetz 1985, NJW 38 (1985), 1801-1806.

[3] Für andere Göbel,J., Flexibilisierung aus Arbeitgebersicht, in: Oppolzer,A./Wegener,H./Zachert,U.(Hg.), Flexibilisierung - Deregulierung. Arbeitspolitik in der Wende, Hamburg 1986, 48-67.

[4] Vgl. Dragendorf,R./Heering,W./John,G., Beschäftigungsförderung durch Flexibilisierung. Dynamik befristeter Beschäftigungsverhältnisse in der Bundesrepublik Deutschland, Frankfurt-New York 1988.

[5] Diese Frist verlängert sich auf zwei Jahre, wenn der Arbeitgeber seit höchstens sechs Monaten die Erwerbstätigkeit aufgenommen hat und wenn ein Arbeitgeber 20 oder weniger Arbeitnehmer tätig sind.

(z.B. bei Krankheit), Mutterschutz, Ableistung der Wehrpflicht, Saisonarbeit für vorübergehende Aufgaben, Vertretungsarbeiten oder ein kurzes Probearbeitsverhältnis.[6] Insofern verschlechtert sich der arbeitsrechtliche Bestandsschutz durch das BeschFG.[7]
Flankierende Instrumente des BeschFG[8] sind vor allem
- die erstmalige gesetzliche Regelung von zwei Formen der Teilzeitarbeit, nämlich der "Anpassung der Arbeitszeit an den Arbeitsanfall" ("Arbeit auf Abruf") hinsichtlich Dauer, Lage und Abruffrist sowie der Arbeitsplatzteilung zwischen zwei oder mehreren Arbeitnehmern ("job sharing"),
- die Verlängerung der zulässigen Überlassungsdauer eines Leiharbeitnehmers an denselben Entleiher,
- die Empfehlung an Betriebe, Überstunden der bereits Beschäftigten durch befristete Neueinstellungen abzulösen,
- die Erhöhung der Schwellenwerte beim Abschluß von Sozialplanregelungen (nach Par.112 BetrVG).

Das BeschFG war von Anfang an politisch umstritten: Die Gewerkschaften sprachen von einem "Gesetz des Heuerns und Feuerns"; die Arbeitgeberverbände begrüßten den Abbau "beschäftigungshemmender, arbeitsrechtlicher Vorschriften"; die Bundesregierung erwartete eine "Schubwirkung" für die Beschäftigungspolitik.[9] Die öffentliche Diskussion über potentielle Auswirkungen des Gesetzes mußte sich ursprünglich weitgehend an reinen Vermutungen orientieren. Inzwischen sind wir einen Schritt weiter: Wir können die vorliegenden Untersuchungen zur Beurteilung der Folgen heranziehen.[10] Bei allen aus methodischen Erwägungen notwendigen Einschränkungen

---

[6] Vgl. Schaub,G., Arbeitsrechts-Handbuch. Systematische Darstellung und Nachschlagewerk für die Praxis, 7. Aufl. München 1992, 196ff; Weiss,M., Labour law and industrial relations in the Federal Republic of Germany, Deventer 1987, 80ff.

[7] Mückenberger,U., Der verfassungsrechtliche Schutz des Dauerarbeitsverhältnisses. Anmerkungen zur Befristungsregelung des Beschäftigungsförderungsgesetzes 1985, NZfAuS 2 (1985), 518-526.

[8] Parallel wurde das Gesetz über befristete Arbeitsverträge mit wissenschaftlichem Personal an Hochschulen und Forschungseinrichtungen verabschiedet, das die Einsatzmöglichkeiten befristeter Arbeitsverträge ohne substantielle sachliche Begründung erweitert. Vgl. Buchner,H., Befristete Arbeitsverhältnisse mit wissenschaftlichem Personal an Hochschulen und Forschungseinrichtungen, RdA 38 (1985), 258-282.

[9] Vgl. für andere Zeitgespräch - Das Beschäftigungsförderungsgesetz 1985, WD 1984/IX, 419-430; Zeitgespräch - Beschäftigungsförderungsgesetz - eine Zwischenbilanz, WD 1986/X, 483-487.

[10] Vgl. die Synopse der ersten Untersuchungen bei Rudolph,H., Befristete Beschäftigung - ein Überblick, MittAB 21 (1987), 298f; vgl. auch Büchtemann,Chr.F. (unter Mitarbeit von Höland,A.), Befristete Arbeitsverträge nach dem Beschäftigungsförderungsgesetz (BeschFG 1985). Ergebnisse einer empirischen Untersuchung im Auftrag des Bundesministers für Arbeit und Sozialordnung, Bonn 1989; Linne,G./Voswinkel,St.,"Vielleicht ist ja noch alles offen". Eine empirische Untersuchung über befristete Arbeitsverhältnisse, Hamburg 1989.

ergeben sich eine Reihe von empirisch fundierten Hinweisen über die tatsächlichen Auswirkungen. Wir wollen hierbei trennen zwischen dem Kerninstrument, der Erleichterung der Befristung, und den flankierenden Instrumenten.

1. Wir wollen im folgenden im Gegensatz zu der Mehrzahl der Untersuchungen unterscheiden zwischen eher quantitativen und eher qualitativen Auswirkungen, d.h. zwischen Niveaueffekten auf die Höhe der Beschäftigung und Struktureffekten auf die Strukturierung bzw. Segmentierung der Arbeitsmärkte. Positive Beschäftigungseffekte in Richtung eines "massiven Angriffs auf die hohe Arbeitslosigkeit" werden gelegentlich behauptet[11], allerdings nicht konkret belegt. Die häufig behandelten Niveaueffekte des BeschFG sind kaum meßbar, höchst ungewiß und allenfalls minimal; die zumeist vernachlässigten Struktureffekte können gravierender sein.

Die beschäftigungspolitischen Wirkungen sind äußerst strittig und ungewiß: Die Analysen zeigen übereinstimmend, daß knapp die Hälfte aller Neueinstellungen lediglich befristet erfolgt[12], womit sowohl Ersatz für ausgeschiedene Arbeitnehmer als auch echte, d.h. zusätzliche Neueinstellungen, gemeint sind. Dieser <u>Formwandel des Beschäftigungseinstiegs</u> deutet darauf hin, daß die Befristungen eher einen Verlust an Dauerarbeitsplätzen als zusätzliche Beschäftigung bewirken. Diese nicht-intendierten Nebeneffekte[13] können nicht im Sinne des Gesetzgebers liegen, der zusätzliche Beschäftigungsmöglichkeiten schaffen, nicht jedoch bei der Wiederbesetzung freiwerdender Stellen einen vor allem langfristig wirksamen Substitutionsprozess unbefristeter durch befristete Arbeitsverhältnisse einleiten wollte. "Hinzu kommt, daß die insgesamt eher geringen Zusatz-Einstellungseffekte im zeitlichen Verlauf durch erhöhte Freisetzungseffekte der Befristungsneuregelung zumindest partiell wieder kompensiert werden."[14]

---

[11] Vgl. BDA, Auswertung der Umfrage der Bundesvereinigung der Deutschen Arbeitgeberverbände über die Auswirkungen des Beschäftigungsförderungsgesetzes 1985, Ms. Köln Juli 1986; vgl. auch BDA, Jahresbericht 1986, Bergisch-Gladbach 1986, 16f., 96ff., 105, 107.

[12] Dieses Befragungsresultat wird gestützt durch Ergebnisse aus Mikrozensus, Vermittlungsstatistiken und begonnenen sozialversicherungspflichtigen Beschäftigungsverhältnissen. Vgl. Rudolph, Befristete Beschäftigung, 296; Büchtemann,Chr., Beschäftigungsförderung durch Erleichterung befristeter Arbeitsverträge? Arbeitsmarktwirkungen des Beschäftigungsförderungsgesetzes (BeschFG 1985) aus der Sicht der Arbeitsvermittlung - Ergebnisse einer Repräsentativbefragung, AuB 40 (1989), 380.

[13] Vgl. Höland,A., Vom Machen und Messen von Gesetzen - Erkenntnisse aus der Forschungspraxis zur Reichweite der Gesetzesevaluation, ZfR 10 (1989), 213-218.

[14] Büchtemann, Beschäftigungsförderung, 384.

Entgegen offizieller Lesart[15] bewirkt das BeschFG weniger die Schaffung zusätzlicher Arbeitsplätze als vielmehr neue, weitergehende Differenzierungen und Segmentierungen innerhalb der Arbeitnehmerschaft:
- Auf der einen Seite steht eine Stammbelegschaft, die im Laufe der Zeit infolge von Strategien des passiven Personalabbaus bzw. der natürlichen Fluktuation kleiner wird; sie verfügt über Rechte nach dem alten, vom BAG in seiner ständigen Rechtsprechung in vielen Einzelentscheidungen interpretierten Kündigungsschutz als gesetzliche Form des Bestandsschutzes.
- Auf der anderen Seite befindet sich eine infolge der Befristungspraxis größer werdende Randbelegschaft in instabilen, statusgeminderten Beschäftigungsverhältnissen ohne allgemeine Senioritätsrechte oder besonderen sozial- und arbeitsrechtlichen Schutz (z.B. Kündigungsschutz, Mutterschutz, Arbeitsplatzschutz).

Insoweit verstärken die Regelungen die schon bestehenden Segmentationsprozesse innerhalb der betrieblichen Sozialstruktur bzw. auf den Arbeitsmärkten zu Lasten der Neueingestellten: "Unverkennbar ist ..., daß mit der Erleichterung des Abschlusses formalrechtlich unterschiedlicher Beschäftigungsverhältnisse einem größeren Potential für innerbetriebliche Segmentierung ein Stück weit der Boden bereitet worden ist."[16] Hinsichtlich der Grundkriterien des Normalarbeitsverhältnisses, nämlich Dauer und Kontinutität des Beschäftigungsverhältnisses, schafft das Gesetz zwei Gruppen von Arbeitnehmern und "gibt somit die _allgemeine_ Geltung des Normalarbeitsverhältnisses [als kodifiziertes Senioritätsprinzip, B.K.] auf"[17].

Aufgrund unserer Kenntnisse über die Handlungslogik der betrieblichen Akteure bzw. über Strukturierung und Segmentierung von Arbeitsmärkten ist zu erwarten, daß die Risiken auch in bezug auf Befristungen nicht gleich verteilt sind. In der Tat sind die Angehörigen bestimmter Gruppen, die erstmals oder wieder einen Arbeitsplatz suchen, überdurchschnittlich häufig von Befristungen betroffen:
- Frauen, die nach der Familienphase wieder berufstätig werden wollen,
- Jugendliche nach Abschluß der Ausbildung, d.h. beim Einstieg ins Berufsleben,
- Personen ohne Berufsausbildung bzw. An- und Ungelernte,
- Hochschulabsolventen unmittelbar nach Abschluß des Studiums.[18]

---

[15] Vgl. BMA, Maßarbeit. Neue Chancen durch das Beschäftigungsförderungsgesetz, Bonn 1985.

[16] Sengenberger,W., Struktur und Funktionsweise von Arbeitsmärkten. Die Bundesrepublik Deutschland im internationalen Vergleich, Frankfurt-New York, 1987, 278.

[17] Mückenberger,U., Die Krise des Normalarbeitsverhältnisses. Hat das Arbeitsrecht noch Zukunft?, ZfSR 35 (1985), 460.

Die Situation dieser Problemgruppen verbessert sich durch das BeschFG nicht; im Gegenteil werden ihre generellen Benachteiligungen aufgrund von statistisch diskriminierenden Faktoren wie Alter, Geschlecht, Qualifikation durch Deregulierungsmaßnahmen noch verstärkt. Dieses Resultat für die Bundesrepublik stimmt mit den Ergebnissen einer EU-weiten Untersuchung überein: "Results indicate that facilitating fixed-term employment contributes little towards lowering the risk of continued unemployment among those who have experienced unemployment. Deregulation of labour law does not, by itself, spur lasting growth of employment. In a comparison of the distribution of fixed-term employees, we found that, in most Member States, mainly young labour market entrants and women are recruited into this form of non-standard or "precarious" employment."[19] Dieser schleichende Umbau des Arbeitsmarktes führt solange zu einer Erosion des Normalarbeitsverhältnisses als Dauer- und Vollzeitarbeitsverhältnis, wie betriebliche Kalküle über die Amortisation von Humankapital ihm nicht widersprechen.

Das BeschFG hat die generelle Zunahme von Arbeitsverhältnissen, die vom Prinzip der Dauer- und Vollzeitbeschäftigung abweichen[20], nicht eingeleitet oder verursacht. Dieser Trend war infolge der Massenarbeitslosigkeit, wegen des wirtschaftlichen Strukturwandels sowie durch veränderte Einstellungspolitiken der Betriebe schon vor Inkrafttreten des BeschFG, d.h. auch ohne deregulierende Eingriffe des Staates, zu beobachten. Das BeschFG hat aber diesen Trend einer Zeitvertrags- bzw. Befristungspraxis legalisiert und möglicherweise verstärkt; die Zunahme der befristeten Beschäftigungsverhältnisse ist höher als die der Gesamtbeschäftigten.[21] Mittelfristig bleibt die Befristungsquote im Arbeitskräftebestand allerdings bei ca. sechs Prozent stabil, was in Anbetracht der "ganz unterschiedlichen Phasen des Konjunkturverlaufs"[22] erstaunlich ist.

---

[18] Vgl. Adamy,W., Deregulierung des Arbeitsmarktes - Zwischenbilanz des Beschäftigungsförderungsgesetzes, WSI-Mitt 41 (1988), 477.

[19] Schömann,K./Rogowski,R./Kruppe,Th., Fixed-term contracts and labour market efficiency in the European Union, Discussion Paper FS I 95-207, Wissenschaftszentrum Berlin für Sozialforschung 1995, Abstract.

[20] Vgl. auch Büchtemann,Chr.F./Burian.K., Befristete Beschäftigungsverhältnisse: ein internationaler Vergleich, IntChro 24 (April 1986), 1-4; Linne,G./Voswinkel,St., Befristete Arbeitsverhältnisse und das "Beschäftigungsförderungsgesetz", WSI-Mitt 39 (1986), 502f.

[21] Bedingungen, Erscheinungsformen und betriebliche Funktionen von Zeitverträgen sind recht unterschiedlich (vor allem Rationalisierung und Selektion); vgl. Dombois,R., Flexibilisierung kraft Gesetz? Das Beschäftigungsförderungsgesetz und die Zeitvertragspraxis am Beispiel eines lokalen Arbeitsmarktes. SAMF-Arbeitspapier 1987-1, Paderborn 1987, 18-28; allgemein auch Adamy,W., Beschäftigungsförderungsgesetz - Brücke zu Arbeit oder zu Arbeitslosigkeit?, SS 36 (1987), 164f.

[22] Bielenski,H./Köhler,B., Wie unnormal sind befristete Arbeitsverträge? Eine Positionsbestimmung auf der Grundlage empirischer Erhebungen, in: Keller,B./Seifert,H.(Hg.), Atypische Beschäftigung. Verbieten oder Gestalten?, Köln 1995, 145.

Fast die Hälfte der Beschäftigungszunahme kam durch vermehrte befristete Beschäftigung zustande. Diese Zunahme erklärt sich "vor allem aus der durch das Gesetz bewirkten rechtstechnischen Vereinfachung des Abschlusses befrister Arbeitsverträge"[23]. Bei diesem Trend zur Anwendung befristeter Verträge ist weniger die absolute Zahl als die Richtung der Entwicklung problematisch. Im übrigen zeigen auch internationale Vergleiche neuerer Entwicklungstendenzen befristeter Beschäftigungsverhältnisse, "daß Liberalisierungen der entsprechenden rechtlichen Regelungen doch einen nicht unbedeutenden Effekt auf die Befristungspraxis der Unternehmen haben"[24].
Zudem wird aus Sicht der Gewerkschaften die schon bestehende Interessendifferenzierung von Arbeitsplatzinhabern und Arbeitslosen und damit die Spaltung des Arbeitsmarktes vertieft[25] sowie die bei Industrieverbänden stets prekäre Politik der Vereinheitlichung von Interessen erschwert; infolge der Veränderungen der rechtlich abgesicherten Vertretungsmöglichkeiten wird aus Sicht der Betriebsräte die aktive betriebliche Interessenvertretung belastet.
Der häufigere Fall mit ca. 70% ist nach übereinstimmenden Resultaten der vorliegenden Untersuchungen nach wie vor eine Dauer der Befristung auf maximal sechs Monate, also eine erhebliche Unterschreitung der zulässigen Höchstgrenze von 18 Monaten. Die nach der alten Rechtslage grundsätzlich nicht möglichen Laufzeiten von über sechs, besonders von über 12 Monaten[26] nehmen kaum zu.[27] Insofern stellen wir keinen deutlichen Gewöhnungseffekt fest, der zu einer stärkeren Ausschöpfung der erweiterten Möglichkeiten führen würde. Die Befristungspraxis ist in nahezu allen Wirtschaftszweigen zu beobachten; sie bedeutet für den einzelnen Arbeitnehmer, der in der Regel eine feste und dauerhafte Anstellung anstrebt[28], faktisch eine Verlängerung der unsicheren Probezeit, deren Länge vorher häufig in Tarifverträgen geregelt war. Zudem sind die Chancen einer Übernahme auf einen Dauerarbeitsplatz nicht unbedingt groß.[29] Befri-

---

[23] Büchtemann, Beschäftigungsförderung, 382.

[24] IntChro 28 (April 1987), 10.

[25] Vgl. u.a. Zimmermann,L., Flexibilisierung aus Arbeitnehmersicht, in: Oppolzer et al., Flexibilisierung - Deregulierung, 68-74.

[26] Befristungen bis zu sechs Monaten waren grundsätzlich zulässig; danach setzte der gesetzliche Kündigungsschutz ein. Vgl. Lorenz, M., Teilzeitarbeit und befristeter Arbeitsvertrag, München 1985.

[27] Bielenski/Köhler, Befristete Arbeitsverträge, 145.

[28] Dies gilt für ca. 90% aller Fälle. Vgl. Büchtemann, Beschäftigungsförderung, 380. Eine spätere Untersuchung gibt den Anteil mit ca. 75% an. Vgl. Bielenski/Köhler, Befristete Beschäftigung, 150.

[29] Lt. BDA-Studie nach Angabe der Betriebe 25%. Vgl. zu den übrigen Schätzungen Adamy, Beschäftigungsförderungsgesetz, 166f.

stete Arbeitsverhältnisse wirken "eher als Drehtür zwischen Arbeitslosigkeit und Beschäftigung" und nicht als "Brücke in die Erwerbsgesellschaft"[30].

Andererseits ergibt sich für die Interessen der Betriebe vor allem mit der längeren und damit gründlicheren Erprobung neueingestallter Mitarbeiter direkt am Arbeitsplatz und den verschärften Auswahl- und Selektionsmöglichkeiten ein neues Instrument der mittelfristigen Personalplanung, zur Flexibilisierung des Personalbestandes und des Arbeitseinsatzes sowie zum Abbau von Reserven im Rahmen einer "Personalpolitik der unteren Linie"[31]. "Die Inanspruchnahme durch die Unternehmen war offenbar nur gering ... und rund 50% aller befristeten Arbeitsverträge mündeten in normale unbefristete Arbeitsverträge.[32] Die Befristung erfüllte also mehr die Funktion einer verlängerten Probezeit ..."[33]. Insofern sind die Vorteile der Neuregelung in Form von Effizienz- und Flexibilitätsgewinnen einseitig verteilt.[34]

Aufgrund der Ergebnisse der Untersuchungen sind folgende Probleme geklärt:

- Ein Zusammenhang zwischen individueller Qualifikation und Befristung existiert in der erwarteten Richtung: Die Randbelegschaft besteht überwiegend (zu ca. zwei Drittel) aus schlecht oder gar nicht qualifizierten Arbeitnehmern; den gut Qualifizierten gelingt am ehesten sofort der Sprung in die Stammbelegschaft.
- Das BeschFG findet deutlich häufiger in Klein- und Mittelbetrieben als in Großbetrieben Anwendung.[35] Allerdings haben diese Betriebe auch vor dem BeschFG befristet eingestellt.

---

[30] Linne/Voswinkel, Befristete Arbeitsverhältnisse, 502.

[31] Vgl. Linne,G./Voswinkel,St., Personalpolitische Funktionen befristeter Arbeitsverträge und ihre Folgen für die Betroffenen im Betrieb, Mitb 33 (1987), 607-611.

[32] "Für sich genommen ist die allgemeine Übernahmequote allerdings nicht besonders informativ, da keine Vergleichszahlen für eine Situation ohne Beschäftigungsförderungsgesetz, d.h. den Anteil Festeingestellter nach der allgemeinen Probezeit, zur Verfügung stehen." Burgbacher,H.G./Hartwig,M./ Liebau,E., Zur Empirie befristeter Arbeitsverträge. Eine Untersuchung in kleinen und mittleren Unternehmen, SF 38 (1989), 104.

[33] Schettkat,R., Beschäftigtenmobilität in den Ländern der Europäischen Gemeinschaft, MittAB 26 (1993), 364.

[34] Linne/Voswinkel "unterscheiden in erster Linie zwei Grundtypen der Befristungspraxis: die ausgrenzende und die vorbehaltliche. Die ausgrenzende Befristungspraxis ist dadurch gekennzeichnet, daß es kaum Übergänge aus befristeter in unbefristete Beschäftigung gibt. Bei vorbehaltlicher Befristungspraxis hingegen erweist sich der befristete Arbeitsvertrag für einen großen Teil der befristet Beschäftigten als erste Phase eines längeren Beschäftigungsverhältnisses." Linne,G./Voswinkel,St., Befristete Arbeitsverträge: Aspekte eines Arbeitsverhältnisses ohne Bestandsschutz, SAMF-Arbeitspapier 1989-5, Paderborn 1989, 22, ähnlich auch 11.

[35] Vgl. u.a. Berichte: Das Beschäftigungsförderungsgesetz und seine Auswirkungen auf die Arbeitnehmer, GMH 37 (1986), 687-697; DGB-Bundesvorstand, Abteilung Arbeitsmarktpolitik, Untersuchungsergebnisse zu Zeitverträgen und zum Beschäftigungsförderungsgesetz 85 - Zusammenstellung, Ms. Düsseldorf November 1986.

2. Besondere Aufmerksamkeit widmet das BeschFG der Teilzeitbeschäftigung, die in der Bundesrepublik im Vergleich etwa zu anderen EU-Mitgliedsstaaten relativ schwach ausgeprägt ist.[36] Eine Förderung der Teilzeitarbeit soll Arbeitsmarktprobleme durch Umverteilung von Arbeit sowie durch Deregulierung bewältigen helfen. Positive Aspekte des BeschFG werden gelegentlich in der stärkeren rechtlichen Normierung und Absicherung bestimmter Formen von Teilzeitarbeit gesehen, da einige Minimalrechte der Arbeitnehmer erstmals explizit formuliert werden.

Hierzu gehören innerhalb der Variante der kapazitätsorientierten, variablen Arbeitszeit (Kapovaz)[37] vor allem Ankündigungs- bzw. Abruffristen von mindestens vier Tagen für die Abrufung der Arbeitsleistung, bei fehlender vertraglicher Vereinbarung eine Mindestarbeitszeit von 10 Stunden pro Woche sowie eine Mindestbeschäftigungsdauer von drei aufeinanderfolgenden Stunden.[38] Teilzeitarbeit nach dem Kapovaz-Prinzip ist vor allem in Branchen mit erheblichen Schwankungen des Arbeitsanfalls im Tages-, Wochen- oder Saisonrhythmus (besonders im Handel, aber auch in der Textil- und Bekleidungsindustrie) schon seit längerem weit verbreitet; es handelt sich um ein spezifisches Arbeitsmarktsegment minderqualifizierter, unsteter Beschäftigung in einer arbeits- und sozialrechtlichen Grauzone mit einem hohen Frauenanteil.[39]

Die Vermutung positiver Folgen des BeschFG für die Arbeitnehmer könnte in besonderem Maße für die Kapovaz-Form gelten. Andererseits wird aus Sicht der Arbeitnehmer bzw. Gewerkschaften argumentiert, daß diese spezifische Art der Teilzeitbeschäftigung ("Arbeit auf Abruf") infolge ihrer Legalisierung durch das BeschFG überhaupt erst konsensfähig gemacht wird. Zudem hält sich der im Vergleich zur alten Rechtslage erreichte rechtliche Mindestschutz der Arbeitnehmer in Grenzen.[40] Eine unterschied-

---

[36] Vgl. als Überblick Dittrich,W. et al., Staatliche Teilzeitförderung in der privaten Wirtschaft und im öffentlichen Dienst: Regelungen, Interessen, Wirkungen, MittAB 22 (1989), 277-293.

[37] "Dieses insbesondere für den Handel bzw. den Dienstleistungsbereich gedachte Konzept verlangt vom Mitarbeiter, sich innerhalb eines vereinbarten Zeitrahmens ständig abrufbereit zu halten, wobei für diese Bereitschaftszeiten kein monetäres Äquivalent gewährt wird." Marr,R., Arbeitszeitmanagement: Die Nutzung der Ressource Zeit - Zur Legitimation einer bislang vernachlässigten Managementaufgabe, in: Marr,R.(Hg.), Arbeitszeitmanagement. Grundlagen und Perspektiven der Gestaltung flexibler Arbeitszeitsysteme, 2. Aufl. Berlin 1993, 23.

[38] Vgl. im einzelnen Hanau,P., Befristung und Abrufarbeit nach dem Beschäftigungsförderungsgesetz 1985, RdA 40 (1987), 25-28.

[39] Juristische Detailprobleme werden u.a. behandelt bei Plander,H., Kapazitätsorientierte variable Arbeitszeit als Gegenstand von Tarifverträgen und Betriebsvereinbarungen, AuR 35 (1987), 281-292; Klevemann,J., KAPOVAZ und Überstunden, BB 42 (1987), 1242-1246; vgl. auch Degen,B., Teilzeitarbeit und Arbeitsrecht. Zur mittelbaren Diskriminierung von Frauen, WSI-Mitt 40 (1987), 627-635.

[40] Vgl. zu Vorschlägen einer Re-Regulierung im einzelnen Kap.15.

liche Behandlung von Vollzeit- und Teilzeitbeschäftigten wird nicht prinzipiell untersagt, insofern "sachliche Gründe" (Par.2 BeschFG) diese rechtfertigen können (sog. Benachteiligungsverbot). "Die Möglichkeit der diskriminierenden Behandlung bei Vorliegen "sachlicher Gründe" läßt noch zu viele Schlupflöcher für die Umgehung dieses Verbotes zu, solange die Mehrzahl der TZ-Arbeitsplätze von minderwertigem Rang ist."[41] Vor allem die Dispositionsmöglichkeiten im Interesse der Arbeitgeber werden verbessert. Eine extreme Flexibilisierung der Arbeitszeit infolge der Anpassung der Arbeitsleistung an den schwankenden Arbeitsanfall ermöglicht erhebliche Rationalisierungsgewinne.

Die zweite gesetzlich geregelte Teilzeitarbeitsform, das sog. job sharing, wird vor allem bei Banken und Versicherungen praktiziert; sie ist arbeitsmarktpolitisch auch nach Inkrafttreten des BeschFG bedeutungslos geblieben. Nach übereinstimmenden Einschätzungen gilt für beide Varianten: "Sowohl von der Zahl der neuen Teilzeitarbeitsverhältnisse wie von ihrer Zweckbestimmung kann auf einen nennenswerten Beschäftigungseffekt dieses Instruments nicht geschlossen werden."[42]

Die Untersuchungen zeigen, daß der Anteil befristeter Teilzeit- an allen Arbeitsverhältnissen zunimmt. Neben der Flexibilisierung des Personalstandes erfolgt auch die des Personaleinsatzes. Insgesamt gelingt die von Befürwortern des BeschFG erhoffte Förderung der Teilzeitarbeit in sozial verträglichen Formen und zugunsten vor allem einer Verbesserung der Arbeitsmarktchancen von Frauen kaum. Insofern wird keine aktive Beschäftigungspolitik zugunsten dieser Problemgruppe in Richtung auf einen Abbau der geschlechtsspezifischen Segmentierung des Arbeitsmarktes betrieben.

Neuere Untersuchungen zeigen, daß die quantitativen Beschäftigungseffekte der Teilzeitarbeit[43] in der Vergangenheit gering waren. Trotz absoluter Zunahmen in den vergangenen Jahren kann ohne Änderung der zentralen Rahmenbedingungen auf diese Strategie für die Zukunft kaum gesetzt werden. Im übrigen konzentrieren sich die Stellen für Teilzeitarbeit

---

[41] Schmid,G., Flexibilisierung des Arbeitsmarktes durch Recht? Beschäftigungswirksame und sozialverträgliche Regulierung von Teilzeitarbeit, Überstunden und Kurzarbeit, APuZ B23/1986 (7.6.1986), 30.

[42] BDA, Jahresbericht 1986, 97; Göbel, Flexibilisierung aus Arbeitgebersicht, 54; ähnlich zu Effekten der Teilzeit Seifert,H., Beschäftigungswirkungen und Perspektiven der Arbeitszeitpolitik, WSI-Mitt 42 (1989), 163.

[43] Vgl. Büchtemann,Ch.F./Schupp,J., Zur Sozio-Ökonomie der Teilzeitbeschäftigung in der Bundesrepublik Deutschland. Analysen aus der ersten Welle des "Sozio-ökonomischen Panel". Discussion Paper IIM/LMP 86-15, Wissenschaftszentrum Berlin für Sozialforschung 1986; Maier,Fr., Sozial- und arbeitsrechtliche Absicherung von Teilzeitbeschäftigten im internationalen Vergleich, IntChro 36 (1989), 3-6,14.

- im Dienstleistungssektor mit einer gewissen Vorreiterrolle des öffentlichen Dienstes,
- bei wenig qualifizierten Tätigkeiten
- sowie zu über 90% auf traditionell von Frauen ausgeübten Tätigkeiten, so daß Teilzeitarbeit "als eine geschlechtsspezifische Flexibilisierungsstrategie"[44] anzusehen ist.

Die Beschäftigungsbedingungen sind oft schlechter und instabiler als bei Ganztagstätigkeiten. Die entsprechenden Einkommen garantieren häufig keine eigenständige Existenzsicherung.

Neben befristeten Verträgen und mit Abstrichen Teilzeitarbeit als betriebsinternen wird die Leiharbeit[45] immer mehr zu einem wichtigen betriebsexternen Instrument personalpolitischer Flexibilisierung und Rationalisierung. Nach einem vorübergehenden Einbruch in den frühen 80er Jahren ist das Ausmaß der legalen, gewerbsmäßigen Arbeitnehmerüberlassung[46] schon vor dem BeschFG deutlich gestiegen; es hat laut der amtlichen Arbeitnehmerüberlassungsstatistik noch einmal zugenommen und in den folgenden Jahren jeweils den Höchststand seit Verabschiedung des Arbeitnehmerüberlassungsgesetzes (AÜL) 1972 erreicht.[47] Allerdings ist das Problem in quantitativer Perspektive nicht gravierend: Der Anteil der registrierten Leiharbeitnehmer an allen sozialversicherungspflichtigen Arbeitnehmern liegt unter einem Prozent; damit gehört die Bundesrepublik im internationalen Vergleich zu den Ländern mit den geringsten Anteilen.[48] Selbst bei Berücksichtigung der hohen Fluktuation durch den Indikator "Überlassungsfälle bzw. Zeitarbeitsverhältnisse" ist der quantitative Effekt immer noch gering. Wir beobachten eine deutliche Konzentration auf bestimmte berufliche Teilarbeitsmärkte, vor allem bei Schlossern/Mechanikern, Organisations-, Verwaltungs- und Büroberufen sowie bei Hilfsarbeitern.

Der Grund für die Zunahme liegt darin, daß das BeschFG 1985 die maximal zulässigen Fristen für die Überlassung von Arbeitnehmern gegen Entgelt an Entleihunternehmen zunächst von drei auf sechs Monate verdoppelte, im BeschFG 1994 wurden die Fristen

---

[44] Schudlich,E., Vom Konsens zum Konflikt. Arbeitszeiten und Arbeitspolitik in der Bundesrepublik Deutschland, WSI-Mitt 39 (1986), 497.

[45] Vgl. zur Abgrenzung Becker,Fr., Grenzfälle erlaubter Arbeitnehmerüberlassung, PW 15 (1988), 261ff.

[46] Vgl. Paasch,U., Aktuelle Erfahrungen bei der Anwendung des Arbeitnehmerüberlassungsgesetzes, SS 35 (1986), 342.

[47] Das AÜL versucht, das Vermieten von Arbeitskräften von der illegalen Arbeitnehmerüberlassung abzugrenzen. Vgl. zu historischen und juristischen Einzelheiten Krüger,M., Leiharbeit. Zur Entwicklung eines personalpolitischen Flexibilisierungs-Instruments, WSI-Mitt 40 (1987), 423-432.

[48] Vgl. Brose,H.-G./Schulze-Böing,M./Wohlrab-Sahr,M., Zeitarbeit. Konturen eines "neuen" Beschäftigungsverhältnisses, SW 38 (1988), 286ff.

nochmals auf neun Monate verlängert.[49] Dadurch entstand ein neuer Teilarbeitsmarkt mit veränderten Einsatz- und Dispositionsmöglichkeiten. - Diese Zunahme unsteter Beschäftigungsverhältnisse im Rahmen einer veränderten "Personalpolitik der unteren Linie" bedeutet den Aufbau flexibler externer Randbelegschaften (evtl. bei kleiner werdenden Stammbelegschaften) bzw. die Abwälzung des Beschäftigungsrisikos auf marginalisierte Gruppen.

Das tatsächliche Ausmaß der nicht erfaßten illegalen Leiharbeit ist aufgrund notwendigerweise lückenhafter Statistiken kaum exakt zu schätzen, vermutlich aber durchaus erheblich. Der DGB schätzt, daß es mehr als doppelt so viele illegal überlassene wie die legal vermittelten Leiharbeitnehmer gibt.[50] Diesem Problem (einschließlich einer hohen Dunkelziffer) läßt sich durch Gesetze nur schwer beikommen, wenn auch das BeschFG eine strengere Bestrafung bei illegaler Ausländerbeschäftigung vorsieht.[51]

Das Ausmaß der <u>Überstunden</u>, das während der Hochkonjunktur Ende der 60er/Anfang der 70er Jahre beträchtlich gestiegen war, ging tendenziell zurück; laut "Überstundenbericht" des Bundesministeriums für Arbeit und Sozialordnung betrug ihr Anteil an allen geleisteten Arbeitsstunden Mitte der 80er Jahre ca.4 %.Mehrarbeit hat eine konjunkturelle und eine strukturelle Komponente.[52] Das BeschFG zielt durch den Ausbau der legalen Leiharbeit und die Zulassung befristeter Arbeitsverträge primär auf die konjunkturelle und damit kurzfristige Komponente, wenngleich auch Mehrarbeit infolge von Personalausfall durch Krankheit, Urlaub, Mutterschaftsurlaub, Erziehungsurlaub überbrückt werden soll. Die mit den offiziellen Appellen verbundenen Hoffnungen auf weniger Überstunden und mehr Neueinstellungen bzw. zusätzliche Beschäftigungsverhältnisse haben sich jedoch kaum erfüllt: Seit Inkrafttreten des BeschFG läßt sich nur ein leichter Abbau von Überstunden feststellen.[53] Zudem bleibt unklar, ob der Rückgang als Wirkung des BeschFG eingetreten ist.[54]

---

[49] Vgl. Feuerborn,A./Hamann,W., Neuregelungen im Arbeitnehmerüberlassungsgesetz, BB 49 (1994), 1346-1350.

[50] Vgl. DGB-Bundesvorstand, Abt. Arbeitsmarktpolitik, Stellungnahme für den 6. Bericht der Bundesregierung über Erfahrungen bei der Anwendung des Arbeitnehmerüberlassungsgesetzes - AÜG - sowie über die Auswirkungen des Gesetzes zur Bekämpfung der illegalen Beschäftigung - BillBG, Düsseldorf, März 1988.

[51] Der DGB und seine Einzelgewerkschaften fordern seit langem ein generelles Verbot der Leiharbeit. Vgl. Krüger,M., Verbot der Leiharbeit. Gewerkschaftsforderung und Grundgesetz, Köln 1988.

[52] Vgl. Hoff,A., Betriebliche Arbeitszeitpolitik zwischen Arbeitszeitverkürzung und Arbeitszeitflexibilisierung, München 1983.

[53] Die Zahl der jahresdurchschnittlichen Überstunden betrug 1984 65,5, 1992 62,7 Stunden. Seifert,H., Arbeitszeitgestaltung jenseits der Normalarbeitszeit, in: Seifert,H., Jenseits der Normalarbeitszeit. Perspektiven für eine bedürfnisgerechtere Arbeitszeitgestaltung, Köln 1993, 274.

Ein gewisser Abbau könnte einen Beitrag zur Arbeitsmarktentlastung leisten: Das IAB[55] kalkuliert bei einem Sockel von notwendigen Überstunden mit einem Abbaupotential in der Größenordnung von ca. einem Drittel oder daraus resultierend von rechnerisch ca. 300.000 zusätzlichen Arbeitsplätzen. Im übrigen scheinen Arbeitnehmer mehrheitlich sogar zur Reduzierung ihrer Überstunden durch Abbau bzw. Freizeitausgleich bereit zu sein; die Mehrarbeit wird eher infolge betrieblicher "Sachzwänge" und weniger aufgrund finanzieller Anreize geleistet.[56]

Die Bundesregierung hat diesen Zustand nicht geändert. Stattdessen empfiehlt sie den Tarifpartnern, durch tarifvertragliche Regelungen zum freiwilligen Abbau von Überstunden beizutragen. Bei diesem Vorschlag müssen wir berücksichtigen, daß bei der Abwägung von Vor- und Nachteilen im betrieblichen Kalkül vermehrte Überstunden häufig das kostengünstigere Instrument zur Bewältigung von Mehrarbeit darstellen im Vergleich zu gegebenenfalls auch befristeten Neueinstellungen und zu recht teurer legaler Leiharbeit; Bei Überstundenstrategie werden u.a. Such-, Einarbeitungs- und Personalnebenkosten gespart[57], Qualitätsstandards können gehalten werden.

Die Arbeitszeitpolitik, welche die Tarifvertragsparteien seit den 80er Jahren verfolgten, müßte durch eine staatliche Regelung flankiert werden. Eine Begrenzung der Überstundenzahl durch Anpassung an die tarifvertraglich vereinbarten Arbeitszeiten würde einen Beitrag zur Problemlösung leisten; erforderlich wäre ein vorgeschriebener, beschäftigungswirksamer Freizeitausgleich von unbedingt notwendigen Überstunden, die über ein bestimmtes Maß hinausgehen, innerhalb vorgegebener Fristen.

Erzwingbare <u>Sozialpläne</u> wurden als Instrumente zur sozialverträglichen Bewältigung des wirtschaftlichen und sozialen Wandels in Par.112 des BetrVG von 1972 aufgenommen; zumeist wurde ein materieller Ausgleich in Form von Abfindungszahlungen gelei-

---

[54] "... the belief that temporary hiring would take over the function of other less job-promoting instruments, such as overtime, has not been borne out. Particularly in those sectors with great fluctuations in sales and production, temporary employment remains a less suitable way of adjusting the supply of labour." Dombois,R., Flexibility by law? The West German Employment Promotion Act and temporary employment, CJE 13 (1989), 369.

[55] Brinkmann,Chr. et al., Überstunden. Entwicklung, Strukturen und Bestimmungsgrößen von Überstunden, Nürnberg 1986, 162; vgl. später auch Seifert,H., Arbeitszeitverkürzungen neu diskutiert, WSI-Mitt 46 (1993), 749.

[56] Vgl. IntChro 26 (Oktober 1986), 6. Sicherlich müssen wir bei diesen Ergebnissen berücksichtigen, daß die Antworten bei Befragungen nicht unbedingt dem tatsächlichen Verhalten entsprechen (u.a. soziale Erwünschtheit der Antworten).

[57] Vgl. Seifert,H., Was bringt Deregulierung für den Arbeitsmarkt - Das Beispiel des Beschäftigungsförderungsgesetzes, WSI-Mitt 38 (1985), 290ff.

stet (z.B. im Steinkohlebergbau und in der Stahlindustrie). Für die Aushandlung von Sozialplänen bestanden bis 1985 nur allgemein gehaltene gesetzliche Vorgaben, wonach die sozialen Belange der Arbeitnehmer und die wirtschaftliche Vertretbarkeit für die Unternehmen berücksichtigt werden sollten.

Durch die Neuregelung des Par.112 BetrVG im BeschFG[58] wird der Abschluß von Sozialplänen aus Sicht der Arbeitnehmer erschwert.[59] Die Einigungsstelle, die angerufen wird, wenn Betriebsrat und Unternehmensleitung keinen Kompromiß erzielen können, hat bei ihrer Entscheidung "sowohl die sozialen Belange der betroffenen Arbeitnehmer zu berücksichtigen als auch auf die wirtschaftliche Vertretbarkeit ihrer Entscheidung für das Unternehmen zu achten" und sich "im Rahmen billigen Ermessens" von bestimmten Grundsätzen leiten zu lassen (Art.2 BeschFG). Die Erzwingbarkeit von Sozialplänen bei Betriebseinschränkungen in Form eines Personalabbaus wird durch Erhöhung der von der Rechtsprechung entwickelten Schwellenwerte (auf 19 - 29% gegenüber 5% des Personals je nach Betriebsgröße) eingeschränkt.

Nachdem bereits im Gesetz über den Sozialplan im Konkurs- und Vergleichsverfahren vom 20.2.1985 die Chancen zur Vereinbarung von Sozialplänen auf ein bescheidenes Maß reduziert wurden[60], schränkt das BeschFG auch die Sozialplanregelungen für den Nicht-Konkursfall, d.h. Betriebsänderung nur durch Entlassung von Arbeitnehmern, also ohne Änderung der sächlichen Betriebsmittel, erheblich ein.[61] Eine Alternative besteht darin, nicht über die traditionelle Sozialplanvariante "Entlassung mit Abfindung" zu reagieren, sondern über Beschäftigungspläne bzw. eine andere, verschiedentlich in Krisenbranchen praktizierte Form, nämlich über die Kombination von Sozial- und Beschäftigungsplänen ("Qualifizieren statt Entlassen").[62] Hier wird vor oder während der Umstrukturierung eine Qualifikationsphase für die Arbeitnehmer eingeschoben, wobei sowohl eine Reintegration in den Betrieb als Fluktuationsersatz als auch eine Qualifizierung für den externen Arbeitsmarkt angestrebt werden kann.

---

[58] Vgl. Löwisch,M., Das Beschäftigungsförderungsgesetz 1985, BB 40 (1985), 1205f; Vogt,A., Zur gesetzlichen Neuregelung des Sozialplanrechts im Jahre 1985, Personal 38 (1986), 208-211.

[59] Neu gegründete Unternehmen werden für die ersten vier Jahre vollkommen ausgenommen.

[60] Der Gesamtbetrag wurde auf durchschnittlich zweieinhalb Monatsverdienste der von Entlassung Betroffenen festgelegt, die Gesamtsumme durfte ein Drittel der für die Verteilung an die Gläubiger zur Verfügung stehenden Konkursmasse nicht überschreiten. "Möglich ist im Konkursfall nur noch ein "Minikonkursplan", der mehr oder weniger symbolische Bedeutung hat." Däubler, W., Das malträtierte Arbeitsrecht, GMH 37 (1986), 670.

[61] Eine andere Meinung vertritt Dichmann,W., Die Problematik des Sozialplans, WD 68 (1988), 98-104.

[62] Vgl. Bosch,G., Qualifizieren statt entlassen. Beschäftigungspläne in der Praxis, Opladen 1990.

3. Als *Fazit* bleibt festzuhalten: Das BeschFG, "a moderate German version of labour market deregulation"[63], geht von modellplatonistischen Vorstellungen über die Handlungsrationalität betrieblicher Akteure aus; die impliziten Annahmen über Strukturierung und Funktionsweisen von Arbeitsmärkten sowie über eine mangelhafte Flexibilität des Arbeitsrechts im allgemeinen sowie des Kündigungsschutzrechts im besonderen sind unrealistisch und der Komplexität des realen Arbeitsmarktgeschehens nicht angemessen.[64] Das Gesetz folgt implizit einer ökonomistischen Logik, wie wir sie aus der Neoklassik kennen, der institutionalistische Einflüsse fremd sind.[65]

Da die Diagnose nicht zutrifft, weil sie Realität nicht angemessen abbildet, kann die Therapie nicht greifen. Die erhofften Effekte einer Deregulierung von Arbeitsbeziehungen und Arbeitsmärkten treten nicht ein; stattdessen ergeben sich nicht-intendierte Nebenfolgen, welche die gewünschten Auswirkungen konterkarieren. Die positiven Auswirkungen dieser Flexibilisierung auf die Höhe der Gesamtbeschäftigung (Niveaueffekte) sind mehr als ungewiß. Der Verfasser der offiziellen Implementationsstudie faßt seine Ergebnisse folgendermaßen zusammen: "Die insgesamt geringe Inanspruchnahme der erleichterten Befristungsmöglichkeiten durch die Betriebe, ihre nur marginalen Netto-Beschäftigungswirkungen sowie die der zunehmenden Befristungspraxis innewohnenden (erhöhten) Beschäftigungsrisiken lassen "deregulierende" Maßnahmen vom Typ der Befristungsneuregelung des BeschFG zumindest für die Bundesrepublik Deutschland kaum als geeignete Strategie erscheinen, um die Beschäftigungsdynamik nachhaltig zu erhöhen und dem Problem anhaltend hoher und zunehmend verfestigter Arbeitslosigkeit wirksam zu begegnen."[66]

Wer den Abbau arbeitsrechtlicher Schutzvorschriften als beschäftigungspolitische Strategie konzipiert, überschätzt die Bedeutung des Arbeitsrechts.[67] "Von einer größeren Flexibilisierung des Arbeitsrechts sind signifikante Beiträge zum Abbau der bestehenden Arbeitslosigkeit kaum zu erwarten ... Auf der anderen Seite spricht wenig dafür, daß das Arbeitsrecht in hohem Maße ursächlich an der Zunahme der strukturellen Arbeits-

---

[63] Streeck,W., Industrial relations in West Germany: Agenda for change. Discussion paper IIM/LMP 87-5, Wissenschaftszentrum Berlin für Sozialforschung 1987, 10. Drastischer und im Lichte der Empirie übertrieben ist die Einschätzung des "Employment Promotion Act as a milestone in the deregulation of employment relations in Germany". Dombois, Flexibility by law?, 359.

[64] Vgl. Büchtemann,Chr.F., Betriebliche Personalanpassung zwischen Kündigungsschutz und befristetem Arbeitsvertrag, in: Semlinger,K.(Hg.), Flexibilisierung des Arbeitsmarktes. Interessen, Wirkungen, Perspektiven, Frankfurt-New York 1991, 137-143.

[65] Vgl. im einzelnen Kap.12.

[66] Büchtemann, Befristete Arbeitsverträge, 549.

[67] Vgl. grundsätzlich Schmid, Flexibilisierung des Arbeitsmarkts durch Recht?, 22-38.

losigkeit beteiligt war bzw. ist."[68] Entwicklungen auf Arbeitsmärkten können durch Deregulierung allenfalls beeinflußt, nicht aber erzeugt werden. Nicht die vom Gesetzgeber und der Mehrzahl der Juristen[69] strategisch hoch bewerteten arbeitsrechtlichen Rahmenbedingungen, sondern vor allem die Einschätzung der wirtschaftlichen Entwicklung hinsichtlich Ertrag und Gewinn bzw. der Auftragslage sowie der möglichen Auslastung neuer Mitarbeiter sind relevant für die Beschäftigungsentwicklung.

Weiterhin muß man bezweifeln, ob der Gesetzgeber den gesetzlich verankerten Kündigungs- und Bestandsschutz in seinen angenommenen Auswirkungen als Hindernis für personalpolitisch notwendige flexible Anpassungen im BeschFG realistisch einschätzt[70]; vielmehr ergibt sich aus vorliegenden Analysen, "daß sich der behauptete Ursachenzusammenhang von Kündigungsschutz und mangelnder Einstellungsbereitschaft empirisch nicht belegen läßt"[71]. In der Begleituntersuchung zum BeschFG gaben über drei Viertel der für Einstellungen Verantwortlichen an, "daß sie in der Vergangenheit nahezu alle Entlassungen ohne arbeitsrechtliche Schwierigkeiten und ohne größere Entlassungskosten abwickeln konnten"[72]. Damit ergibt sich eine insgesamt schwache Bestandsschutzwirkung des Kündigungsschutzes.

Neuere Analysen zeigen, daß die These von der Inflexibilität des Arbeitsrechts empirisch nicht haltbar ist; im oft bemühten Vergleich mit den angeblich viel flexibleren Arbeitsmärkten der USA handelt es sich bei den deutschen lediglich um eine andere, nämlich die interne Form der Flexibilität, die ähnliche Ergebnisse wie die externe Variante erzielen kann.[73] Das BeschFG zielt jedoch auf die externe und damit auf die für unsere institutionellen Rahmenbedingungen kaum passende Form. Die Mehrheit der

---

[68] Franz,W., Chancen und Risiken einer Flexibilisierung des Arbeitsrechts aus ökonomischer Sicht, Center for International Labor Economics, Diskussionspapier 10-1993, Konstanz 1993, 21.

[69] Vgl. für andere Heinze,M., Flexibilisierung des Arbeitsrechts. Zur Lage in der Bundesrepublik Deutschland, ZAS 1 (1987), 239-249.

[70] International vergleichend Hardes,H.-D., Allgemeiner Kündigungsschutz in ausgewählten europäischen Ländern. Ein internationaler Vergleich aus theoretischer und empirischer Sicht, JfSW 44 (1993), 78-103.

[71] Krahn,K./Ulber,J., Die gesellschaftspolitischen Implikationen des Beschäftigungsförderungsgesetzes 1985, in: Fricke,W. et al.(Hg.), Jahrbuch Arbeit und Technik in Nordrhein - Westfalen 1986, Bonn 1986, 37; vgl. grundlegend zu diesem Problem Falke,J. et al., Kündigungsschutzpraxis und Kündigungsschutz in der Bundesrepublik Deutschland, Bonn 1981; Bosch,G. et al., Kündigungsschutz und Kündigungspraxis in der Bundesrepublik Deutschland, SAMF-Arbeitspapier 1983-5, Paderborn 1983.

[72] Kühl,J., Kaum bewertet - schon verlängert. Das Beschäftigungsförderungsgesetz von 1985 bis 1995, AuB 40 (1989), 326.

[73] Vgl. Sengenberger,W., Zur Flexibilität im Beschäftigungssystem. Ein Vergleich zwischen den USA und der Bundesrepublik Deutschland, SAMF-Arbeitspapier 1984-3, Paderborn 1984; Sengenberger, Struktur und Funktionsweise von Arbeitsmärkten, bes. 221ff.

Unternehmen macht nicht vom BeschFG Gebrauch; sie sind ausschließlich an langfristig-dauerhaften Beschäftigungsverhältnissen interessiert[74], was mit den Hypothesen der Effizienzlohntheorien in Übereinstimmung steht.[75] Die eingetretene Situation ist nicht wirklich überraschend; sie war aufgrund der Ergebnisse der empirischen Arbeitsmarktforschung vorhersehbar.[76] Ein eher kleiner Teil der Arbeitgeber nutzt die erweiterten Handlungsmöglichkeiten einer betrieblichen Personalpolitik, die ihnen die geänderten gesetzlichen Regelungen eröffnen.

Die vorliegenden Untersuchungen gehen vor allem den behaupteten Niveaueffekten nach und verstellen sich dadurch qualitative Perspektiven. Das eigentliche Problem des BeschFG liegt in seinen Struktureffekten; die arbeitsmarkt- und vor allem gesellschaftspolitischen Folgen können mit fortdauernder Laufzeit gravierender werden. Notwendig wären stattdessen gesetzliche Regelungen, die verbindliche Mindestbedingungen für neuartige Beschäftigungsverhältnisse vorgeben.[77]

14.2. Arbeitsmarktpolitik in den neuen Bundesländern

1. In den ersten Jahren nach dem Fall der Mauer[78] führten verschiedene Faktoren zu erheblichen Beschäftigungseinbrüchen:
- Ein im Vergleich mit dem Westen überalterter Produktionsapparat, der bei einer Arbeitsproduktivität von ca. einem Drittel der westdeutschen erhebliche Ineffizienzen aufwies;
- eine durch die Wirtschaftsstruktur, Organisations- und Planungsmängel und die Wahrnehmung sog. politischer Aufgaben bedingte Fehlallokation der Arbeitskräfte bzw. Beschäftigungsstruktur mit einer deutlichen Überbesetzung von Teilen des sekundären (u.a. produzierendes Gewerbe) und vor allem des primären Sektors (Land- und Forstwirtschaft) sowie einer Unterbesetzung vor allem des privaten Dienstleistungssektors (u.a. Handel, Banken und Versicherungen, Transport);

---

[74] Büchtemann,Chr./Höland,A., Die Erfahrungen mit der Befristungsneuregelung, WD 69 (1989), 504f; Bielenski/Köhler, Befristete Arbeitsverträge, 148f.

[75] Vgl. im einzelnen Kap.12.

[76] Vgl. Büchtemann,Ch.F., Zusätzliche Beschäftigung durch befristete Arbeitsverträge?, WD 1984/XI, 546ff; Seifert, Was bringt Deregulierung für den Arbeitsmarkt, 286ff. Drastisch formuliert später Buttler diese Vermutung: "Insgesamt handelt es sich möglicherweise bei der Ausweitung der Befristungsmöglichkeiten um ein Flexibilisierungsgeschenk, das beschäftigungspolitisch den Lärm nicht rechtfertigt, den der Bote auf der Gasse gemacht hat." Buttler,Fr., Regulierung und Deregulierung der Arbeitsbeziehungen, in: Winterstein,H.(Hg.), Sozialpolitik in der Beschäftigungskrise II, Berlin 1986, 43.

[77] Vgl. im einzelnen Kap.15.

[78] Vgl. zur Analyse dieser Phase im einzelnen Sinn,G./Sinn,H.-W., Kaltstart. Volkswirtschaftliche Aspekte der deutschen Vereinigung, 3. Aufl. Tübingen 1993.

- die Einführung der Wirtschafts-, Währungs- und Sozialunion (WWU) im Sommer 1990, die infolge einer faktisch massiven Aufwertung (von etwa 300%) eine abrupte Verschlechterung der Exportchancen und damit der Chancen zur Integration in die Weltwirtschaft zur Folge hatte;
- der Zusammenbruch der traditionellen Außenhandelsbeziehungen mit den ehemaligen Partnerländern im arbeitsteilig organisierten Wirtschaftsraum des Rates für gegenseitige Wirtschaftshilfe (RGW) infolge der Umstellung auf konvertible Währung bzw. der Auflösung des Ostblocks;
- deutliche Absatzeinbrüche bei heimischen Produkten auf den Binnenmärkten, weil die Konsumenten ihre Präferenzen durch westliche Produkte besser abgedeckt fanden.

Folgen dieser Beschäftigungseinbrüche waren u.a.:
- erhebliche Verluste von dringend benötigtem Humankapital bzw. von Standortvorteilen infolge der Abwanderungen (in einer Größenordnung von netto ca. 800.000 bei einer Bruttoabwanderung von mehr als 1 Mill. Personen), die erst langsam rückläufig waren; allerdings wurde dadurch das Erwerbspersonenpotential reduziert;
- beträchtliche Pendlerströme (von zeitweise bis zu 600.000 Personen) nicht nur innerhalb Groß-Berlins infolge des früher strikt separierten, nunmehr einheitlichen Arbeitsmarktes
- sowie der allmähliche Aufbau einer sog. stillen Reserve (in einer Größenordnung von mehreren 100.000 Personen) neben den offiziell registrierten Arbeitslosen.

Hinzu kamen andere "Standortnachteile" wie ungeklärte Eigentumsverhältnisse mit Restitutionsansprüchen der Alteigentümer, Verwaltungs- und Infrastrukturmängel, die erst allmählich behoben werden konnten, sowie ökologische Altlasten, die in den neuen Bundesländern (NBL) ein besonders gravierendes Problem darstellen.

Die industrielle Produktion schrumpfte innerhalb eines Jahres auf ein Drittel. Zum Zeitpunkt der Wende 1989 waren in der DDR 9,8 Mill. Personen erwerbstätig, Ende 1993 in den NBL noch 6,1 Mill., wobei die zuletzt genannte Zahl noch die Entlastungseffekte infolge des Einsatzes aller AFG-Instrumente beinhaltete.[79] Die Größenordnung der Beschäftigungseinbrüche in dieser Phase war "a development which is certainly without precedent in the history of industrial nations"[80].

---

[79] Allerdings liegt die Erwerbstätigenquote, d.h. der Anteil der Beschäftigten an der Wohnbevölkerung im erwerbsfähigen Alter, in den NBL erheblich über der Bundesländer.

[80] Grünert,H./Lutz,B., East German labour market in transition: segmentation and increasing disparity, IRJ 26 (1995), 20.

"Der DDR-Arbeitsmarkt - besser sollte man vom System der Verteilung der Arbeitskräfte reden - war aufgrund der Unkündbarkeit, 100%igen Arbeitsplatzsicherheit und des Abwerbungsverbots für Arbeitskräfe nahezu identisch mit einem internen Arbeitsmarkt".[81] Arbeitslosigkeit, die in der Ex-DDR lediglich in verdeckter Form bestanden hatte, trat nach der Wende offen zutage. Sie erreichte (mit über 1 Mill. bzw. ca. 15% offiziell registrierter Arbeitsloser) bald ein überaus hohes, bis dato in der alten BRD unbekanntes Niveau, auf dem sie sich bei deutlichen regionalen Differenzen stabilisierte. Innerhalb kurzer Zeit verfestigte und segmentierte sie sich zur Langzeitarbeitslosigkeit[82], d.h. mit einer Dauer von mehr als einem Jahr (für ca. ein Drittel der registrierten Arbeitslosen).[83]

2. Die Arbeitsmarkt- und Beschäftigungspolitik[84] hatte den rapiden De-Industrialisierungsprozeß ganzer Branchen und Regionen abzufedern sowie Brückenfunktionen im notwendigen Umstrukturierungsprozeß von der Zentralverwaltungs- zur Marktwirtschaft wahrzunehmen. Mit der Wirtschaft-, Währungs- und Sozialunion trat am 1.Juli 1990 das AFG der DDR in Kraft, welches weitgehend dem der BRD entsprach, jedoch eine Reihe zeitlich befristeter Sonderregelungen enthielt.[85] Die zur erfolgreichen Implementation der Maßnahmen notwendige institutionelle und organisatorische Infrastruktur einer eigenständigen Arbeitsverwaltung mußte erst aufgebaut und funktionsfähig gemacht werden[86], was cum grano salis erstaunlich schnell gelang, vor allem im Vergleich zur Infrastruktur anderer Politikfelder.

---

[81] Lappe,L., Der Zusammenbruch des Arbeitsmarktes in den neuen Bundesländern - Ursachen und Folgen, SAMF-Arbeitspapier 1992-4, Gelsenkirchen 1992, 9.

[82] Vgl. Hagen,K. et al., Wirkungen der arbeitsmarktpolitischen Instrumente auf die wirtschaftliche Entwicklung in Ostdeutschland, Berlin 1993, 16ff.

[83] Auf die Probleme der Transformation der Industrien wollen wir nicht näher eingehen, da diese in der Literatur inzwischen hinreichend dokumentiert sind. Zusammenfassend gilt: "Die Treue gegenüber dem Prinzip der Kombinate, die Verstärkung der Kompartimentbildung, führte auf dem strategisch wichtigen Terrain der technologischen Innovation zu einer extrem schädlichen Dispersion der Ressourcen. Das Endresultat war ein ausgeprägter Dualismus in den produktiven Strukturen. Während die Produktion von standardisierten Massengütern mit relativem Erfolg bewerkstelligt wurde, erfolgte die Entwicklung und Erzeugung der neuen Technologien in stark atominiserter Form." Kern,H., Die Transformation der östlichen Industrien. Soziologische Reflexionen über die Ex-DDR, NGFH 38 (1991), 116.

[84] Vgl. zu der recht umfangreichen Literatur Grünert,H., Kommentierte Literaturübersicht zur Transformationsforschung - Band 2 - Arbeitsmarkt und Beschäftigung im Transformationsprozeß, Wissenschaftszentrum Berlin für Sozialforschung, Berlin 1993.

[85] Diese bestanden vor allem in der Lockerung der Kurzarbeitergeldregelungen nach Par.63 Absatz 5 AFG sowie in der Aufstockung der ABM-Fördersätze, u.a. in der Form von "Mega-ABM". Vgl. Müller-Roden,H., Arbeitsmarkt Ost - neue Wege bei ABM, NZfAuS 9 (1992), 399-402.

[86] Vgl. im einzelnen Völkel,B., Die Umsetzung von Arbeitsmarktpolitik durch die Arbeitsverwaltung, in: Heinelt,H./Bosch,G./Reissert,B.(Hg.), Arbeitsmarktpolitik nach der Vereinigung, Berlin 1994, 158-171.

Instrumente der "ersten Stunde" waren zunächst Vorruhestands- (Vog) sowie Altersübergangsgeld (Alüg), die auf die Vermeidung von Entlassungen bzw. offener Arbeitslosigkeit durch die Verknappung des Arbeitskräfteangebots bzw. auf eine Verringerung des angebotenen Arbeitsvolumens zielten:

- Die erste Verordnung über die Gewährung von Vorruhestandsgeld hatte die letzte DDR-Regierung im Februar 1990 beschlossen; unter bestimmten Voraussetzungen konnte ab dem 57. Lebensjahr Alüg gewährt werden.
- Mit dem Einigungsvertrag wurde als alternative Vorruhestandsregelung der Par.249e in das AFG eingefügt. Aufgrund dieser, nach kontroversen Debatten bis Ende 1992 befristeten Regelung konnten Personen schon ab dem 55. Lebensjahr aus dem Erwerbsleben ausscheiden.

Insgesamt erwiesen sich die Vorruhestandsregelungen als wirksame Instrumente in dem Sinne, daß sie den Arbeitsmarkt in der besonders kritischen frühen Phase entscheidend (in einer Größenordnung von mehr als 800.000 Arbeitnehmern im Frühjahr 1993) entlasteten und Langzeitarbeitslosigkeit verhinderten; "the most common way of making redundancies was to grant early retirement"[87]. Die quantitative Bedeutung dieser Instrumente nahm im weiteren Verlauf der Entwicklung deutlich ab, da die Potentiale weitgehend ausgeschöpft waren und weil die Bezieher die Altersgrenzen erreichten, die für den vorgezogenen oder normalen Rentenbezug üblich sind.

In sozialpolitischer Perspektive waren diese Regelungen ambivalent: Einerseits boten sie die Möglichkeit eines einigermaßen sozialverträglichen, weil sozial abgefederten Übergangs in den Ruhestand anstatt des Risikos der (Langzeit-)Arbeitslosigkeit. Andererseits entsprach dieses vorzeitige Ausscheiden nicht immer den individuellen Wünschen, und der Ausfall mehrerer Beitragsjahre wirkte sich nachteilig auf die Höhe der Renten aus. In finanzieller Hinsicht war diese Formen der Reduzierung des Arbeitsangebots (mit mehr als 10 Mrd. DM pro Jahr zwischen 1992 und 1994) relativ teuer, zumal sie zu deutlichen Steuerausfällen führten.

Ein weiteres wichtiges Instrument zur kurzfristigen Bewältigung der zunehmenden Beschäftigungsprobleme war Kurzarbeit. Dieses Instrument hatte den administrativen Vorteil, daß das Kurzarbeitergeld (KuG) unmittelbar-direkt von den Betrieben ausgezahlt werden konnte; die Arbeitsämter, die sich im Aufbau befanden, aber noch nicht voll funktionsfähig waren, mußten nicht beteiligt werden. Die traditionelle konjunkturelle wurde um eine neuere strukturelle Variante von KuG erweitert:[88]

---

[87] N.N., Employment in the east, EIRR 261 (October 1995), 18.

[88] Vgl. im einzelnen Lotzkat,N./Ochs,Chr., Weiterbildung in betrieblichen Krisenzeiten - Qualifizierung während der Kurzarbeit, WSI-Mitt 49 (1995), 462-472.

Kapitel 14: Arbeitsmarktpolitik

- Eine erste modifizierte Variante bestand in einer bis Ende 1991 befristeten Sonderregelung (Par.63 Abs.5 AFG-DDR). Die Zahlung von KuG konnte in allen Betrieben, also branchenunabhängig, auch dann erfolgen, wenn es sich nicht um einen nur vorübergehenden Arbeitsausfall handelte, d.h. wenn die Weiterbeschäftigung nach der KuG-Phase bzw. eine Rückkehr zur Vollbeschäftigung nicht gesichert war. Die Arbeitslosenversicherung übernahm alle Beiträge zur Sozialversicherung. KuG-Bezieher konnten an Weiterbildungsmaßnahmen teilnehmen; diese spezifische Nutzung von KuG in Verbindung mit Qualifizierung sollte die Restrukturierung beschleunigen. Diese "aktive Nutzung" kam jedoch kaum zum Tragen, "da die Unsicherheiten der Betriebe bezüglich ihrer zukünftigen Beschäftigungs- und Organisationsstrukturen und Märkte groß waren und die Privatisierungsstrategie der Treuhand diese Unsicherheiten nicht verminderte. Insofern hat die Kurzarbeiterregelung zwar ihre soziale Funktion erfüllt und ein rasches Ansteigen der Arbeitslosigkeit im Zusammenhang mit der Währungsunion und Wiedervereinigung verhindert, als "aktive" Strukturanpassungshilfe wurde sie aber nur marginal genutzt."[89]
- Diese Regelung zur strukturellen Kurzarbeit wurde Anfang 1992 durch die des Par.63 Abs.4 AFG ersetzt. Danach wurde "bis zum 31. Dezember 1995 Kurzarbeitergeld auch an Arbeitnehmer gewährt, ... wenn der Arbeitsausfall auf einer schwerwiegenden Verschlechterung der Lage des Wirtschaftszweiges beruht und der hiervon betroffene Arbeitsmarkt außergewöhnliche Verhältnisse aufweist; ... Der Betrieb soll den ... Arbeitnehmern eine berufliche Qualifizierung ermöglichen." "Diese modifizierte und mit Weiterbildungsmaßnahmen verkoppelte strukturelle Kurzarbeit verfolgt vor allem zwei Ziele: Zum einen soll strukturwandel- und systemwandelbedingter Personalabbau zeitlich gestreckt werden; zum andern soll die Phase des strukturellen Umbruchs für eine möglichst bedarfsgerechte Qualifizierung genutzt werden, um die Kurzarbeiter auf neue Tätigkeiten vorzubereiten."[90]

In der ersten Phase des Transformationsprozesses wurde gerade dieses Instrument massiv eingesetzt: Anfang 1991 bezogen bis zu 2 Mill. Arbeitnehmer KuG. Probleme entstanden u.a. dadurch, daß auch bei vollem Ausfall der Arbeitszeit KuG gezahlt werden konnte ("KuG Null"). Dadurch konnten sich die Arbeitnehmer in einer Schein-

---

[89] Auer,P. et al., Kurzarbeit und Qualifizierung in den neuen Ländern: Von der internen zur externen Anpassung. Discussion Paper FS I 92-2, Wissenschaftszentrum Berlin für Sozialforschung 1992, Zusammenfassung.

[90] Seifert,H., Kurzarbeit und Qualifizierung - ein neues Instrument zur Förderung des Strukturwandels, in: Heinelt u.a., Arbeitsmarktpolitik nach der Vereinigung, 102.

sicherheit wähnen. Zudem setzten anfangs die Regelungen falsche Anreize, weil KuG (mit über 90% des letzten Nettolohnes) höher war als die Unterstützungsleitung bei Teilnahme an aktiven FuU-Maßnahmen (mit 73 bzw. 65%). Gelegentlich kam es zu einer innovativen Verbindung von KuG und Qualifizierungsmaßnahmen, d.h. zum Übergang von einer rein passiven zu einer aktiven Strategie.
Nach Auslaufen der ersten, intensiv genutzten Sonderregelung Ende 1991 gingen die Zahlen der KuG-Bezieher schnell und deutlich (auf unter 100.000 1993) zurück, was einer normalen Reaktion beim Einsatz dieses Instruments der temporären Beschäftigungsstabilisierung entsprach. Der unvermeidbare durchaus Personalabbau konnte mit Hilfe von KuG zeitlich gestreckt und abgefedert, Sanierungskonzepte konnten erarbeitet werden. Die im Rahmen des weiter entwickelten Instruments eröffnete Alternative einer Verknüpfung von KuG und Qualifizierungsmaßnahmen mit dem Ziel der Verbesserung der Chancen sowohl auf dem betriebsinternen als auch auf dem externen Arbeitsmarkt wurden zumindest in quantitativer Hinsicht angenommen, obwohl keine Anschlußperspektiven geboten werden konnten und nur wenige Erfahrungen mit den Möglichkeiten einer Kombination von Maßnahmen vorlagen.[91]

3. Vog, Alüg und KuG waren Instrumente, welche die sog. Feuerwehr- oder Fallschirmfunktion wahrzunehmen hatten. "Diese Instrumente setzten keine anspruchsvolle Trägerlandschaft voraus, ließen sich teilweise unter Einbeziehung der Personalverwaltung der alten Betriebe zunächst summarisch handhaben und erlaubten mithin eine zügige Implementation seitens der damals selbst erst im frühen Aufbaustadium befindlichen Arbeitsverwaltung."[92] Die wichtige sog. Brückenfunktion der aktiven Arbeitsmarktpolitik, welche die sog. Feuerwehrfunktion ablösen soll, versucht, die im folgenden zu behandelnden Instrumente zu realisieren.[93] Sie zielen im Gegensatz zu den bisher behandelten Instrumenten der "Lohnersatzleistungen ohne Zukunftsorientierung"[94] nicht auf eine dauerhafte, sondern auf eine temporär wirkende Entlastung sowie auf die Verbesserung der Angebotsbedingungen.

---

[91] Vgl. im einzelnen Seifert, Kurzarbeit und Qualifizierung.

[92] Buttler,Fr., Der Wandel der Arbeitsmarktpolitik in Ostdeutschland - Entwicklung, Probleme, Zukunftsperspektiven, in: Neubäumer,R.(Hg.), Arbeitsmarktpolitik kontrovers. Analysen und Konzepte für Ostdeutschland, Darmstadt 1993, 301.

[93] Die Diskussion in dieser Umschwungphase wird dokumentiert in Peters,W.(Hg.), Zur Arbeitsmarktentwicklung und zum Einsatz arbeitsmarktpolitischer Instrumente in den neuen Bundesländern, SAMF-Arbeitspapier 1992-2, Gelsenkirchen 1992.

[94] Brinkmann,Chr., Arbeitsmarktpolitik und Transformation in Ostdeutschland: eine Zwischenbilanz, Beschäftigungsobservatorium Ostdeutschland, Herbst 1995, 3.

FuU-Maßnahmen sind in den NBL zur Begleitung der drastischen Umstrukturierungsprozesse im Sinne der Anpassung der individuellen Qualifikationen an veränderte Anforderungen bzw. des Aufbaus von neuem Humankapital von besonderer Wichtigkeit.[95] Wiederum befristete Sonderregelungen erlauben u.a. folgende Strategien: Die individuelle Förderung der Teilnahme an FuU-Maßnahmen kann bereits erfolgen, wenn die Arbeitnehmer von Arbeitslosigkeit bedroht sind, die Kündigung aber nicht unmittelbar bevorsteht. Eine bis dato in den alten Bundesländern nicht mögliche Verknüpfung von ABM und Qualifizierungsmaßnahmen kann stattfinden; eine Kombination von Teilzeit-ABM und Teilzeit-Qualifizierung wird ermöglicht.

FuU-Maßnahmen erreichten schnell einen hohen Stand (1991 und 1992 mit jeweils über 1 Mill. Teilnehmern). Infolge von Haushaltsrestriktionen (10. AFG-Novelle) gingen die absoluten Teilnehmerzahlen und damit die Entlastungswirkungen für den Arbeitsmarkt in den folgenden Jahren deutlich zurück, verblieben aber auf einem im Vergleich mit den alten Bundesländern hohen Niveau. Nach dem quantitativen Ausbau standen später vor allem Qualitätssicherung bzw. -verbesserung, mehr Übersichtlichkeit und "Konsolidierung" von Maßnahmen im Mittelpunkt. Zudem ist "die Transformationskrise vorrangig kein Qualifizierungsproblem"[96], zumindest solange nicht, wie es um die formalen Abschlüsse der Arbeitnehmer geht. "However, what they lack if they are to succeed in the new labour market is knowledge of new technologies and of business economics and, in general, the ability to be economical in the use of time, machinery and materials."[97] Die spezifische Zielsetzung von Qualifizierungsstrategien und Qualifikationsbedarf ist in Anbetracht der hochgradigen Ungewißheit über die Entwicklung der (regionalen) Arbeitsmärkte kaum zu prognostizieren.

Für ABM gelten ebenfalls Sonderregelungen mit der Intention, ABM "in eine stärkere projektorientierte Förderung einzubinden, die in erster Linie auf eine Verbesserung der Angebotsbedingungen der Wirtschaft durch Infrastrukturverbesserungen und Umweltsanierung abzielte"[98]. Die Förderung kann in Ausnahmefällen bis zu 100% des Arbeitsentgeltes betragen. 1991 und 1992 konnten zudem Sachkostenzuschüsse aus

---

[95] Vgl. im einzelnen Albach,H./Schwarz,R., Die Transformation des Humankapitals in ostdeutschen Betrieben. Discussion Paper FS IV 94-1, Wissenschaftszentrum Berlin 1994.

[96] Kühl,J., Zur Veränderung der arbeitsmarktpolitischen Instrumente seit 1990, in: Heinelt u.a., Arbeitsmarktpolitik nach der Vereinigung, 20.

[97] Bosch,G./Knuth,M., The labour market in east Germany, CJE 17 (1993), 302.

[98] Brinkmann,Chr. u.a., Arbeitsmarktpolitik in den neuen Bundesländern, in: Seifert,H.(Hg.), Reform der Arbeitsmarktpolitik. Herausforderung für Politik und Wirtschaft, Köln 1995, 71f.

Mitteln des "Gemeinschaftswerks Aufbau-Ost" gewährt werden. Die in den alten Bundesländern bestehende Voraussetzung, daß der Förderung eine mindestens sechsmonatige Arbeitslosigkeit vorausgegangen sein muß, gilt für die NBL nicht.
Wichtige Probleme bestanden u.a. in der schnellen Entwicklung der notwendigen, leistungsfähigen "Trägerlandschaft", die im Gegensatz zu den alten Bundesländer nicht vorhanden war, sowie bei der Eingruppierung der Teilnehmer. Nachdem kurzfristige organisatorische Anlaufschwierigkeiten beseitigt worden waren, gab es 1991 deutliche Steigerungsraten von Quartal zur Quartal; im Frühjar 1992 wurde mit 405.000 Teilnehmern ein historischer Höchststand erreicht. Zum Vergleich: In den alten Bundesländern waren die höchsten Teilnehmerzahlen (mit jahresdurchschnittlich ca. 115.000) 1987 und 1988 zu verzeichnen.[99] Dabei müssen wir allerdings berücksichtigen, daß die Anzahl der Erwerbspersonen in den alten weitaus größer ist als in den NBL. Der Entlastungseffekt ist in den neuen Ländern deutlich größer als in den alten.[100]
Analysen zur ABM-Struktur in den Jahren 1991 und 1992 zeigen, "daß es in beachtlichem Umfang gelungen ist, ABM auf Defizitfelder im Infrastrukturbereich einzusetzen. Durch ihren Investivcharakter und die damit verbundene Verbesserung der Angebotsbedingungen der Wirtschaft u.a. im Infrastrukturbereich leisteten sie positive Beiträge zur Entstehung von Dauerarbeitsplätzen als wesentliche Voraussetzung für die Brückenfunktion der Arbeitsmarktpolitik."[101]
In der Folgezeit gingen die Teilnehmerzahlen deutlich zurück, da Maßnahmen abgeschlossen wurden, einzelne Sonderregelungen sowie die Gemeinschaftsinitiative "Aufschwung Ost" ausliefen und finanzielle Restriktionen sich verschärften. Die Zahlen "remained around twice as high as the number recorded during the peak of employment promotion in the former West Germany"[102]. Zwei von drei ABM-Teilnehmern sind Frauen, was ungefähr ihrem Anteil an den Arbeitslosen entspricht. Die Beschäftigungschancen von ABM-Teilnehmern sind relativ günstig.[103]

---

[99] Vgl im einzlenen Kap.13.

[100] Vgl. Autorengemeinschaft, Der Arbeitsmarkt 1991 und 1992 in der Bundesrepublik Deutschland, MittAB 24 (1991), 621-634, 632.

[101] Brinkmann, Arbeitsmarktpolitik in den neuen Bundesländern, 74f.

[102] Höland,A., Atypical and precarious employment in the unified Germany, in: Hoffmann,R. et al.(eds.), German industrial relations under the impact of structural change, unification and European integration, Düsseldorf 1995, 93.

[103] Vgl. Infratest Sozialforschung, Arbeitsmarkt Monitor für die neuen Bundesländer, München 5/1995, 31.

Ein gewisser, quantitativ nicht bedeutender Teil der ABM wird in Großprojekten abgewickelt, d.h. in sog. Mega-ABM mit mehr als 150 Arbeitnehmern bzw. mit einem Gesamtfördervolumen von mehr als 3 Mill. DM. Die investive Komponente (u.a. Neuerschließung, Umwelt-ABM) wird bei dieser Variante, die strukturell teurer ist, stärker betont.[104] Mega-ABM signalisieren "eine gewisse Umorientierung von der traditionellen Individualförderung nach dem AFG hin zu einer Projektförderung"[105].

Eine in den alten Bundesländer vorher unbekannte Variante besteht in einer Erweiterung und Kombination von ABM ("produktive Beschäftigung statt Lohnersatz"): Mit der 10. AFG-Novelle zum 1.1.1993 trat der bis Ende 1997 befristete Par.249h AFG in Kraft.[106] Dieses neue Instrument erlaubte zunächst nur die Beschäftigung im Rahmen von Umweltsanierung und -verbesserung sowie im Bereich der sozialen Dienste und der freien Jugendpflege; seit Mitte 1994 werden auch Tätigkeiten zur Erhöhung des Angebots im Breitensport, in der freien Kulturarbeit und zur Vorbereitung denkmalpflegerischer Maßnahmen gefördert. Die Förderungsdauer kann bis zu drei Jahren betragen, gewisse Ausnahmen sind zugelassen. Gefördert werden u.a. Personen, die vorher arbeitslos waren, in ABM oder in struktureller Kurzarbeit beschäftigt waren. Der Arbeitgeber erhält einen pauschalierten Lohnkostenzuschuß in Höhe des nicht-gezahlten Arbeitslosengeldes bzw. der Arbeitslosenhilfe.

Die Bezahlung erfolgt untertariflich: Entweder darf sie bei regelmäßiger betrieblicher Arbeitszeit 90% des Entgelts für die vergleichbare ungeförderte Tätigkeit nicht überschreiten oder die Arbeitszeit muß bei vollem tariflichen Entgelt um mindestens 20% verkürzt werden ("ABM klassisch und reduziert"). Diese Absenkung des Arbeitsentgelts unter Tarif (sog. Lohnabstandsregelung) wurde mit der Schaffung stärkerer Anreize zum Übergang in ungeförderte Beschäftigungsverhältnisse des "ersten" Arbeitsmarktes sowie mit einer gerechteren Verteilung knapper Mittel begründet; sie führte zu Kontroversen über diese spezifische Variante von Lohnkostensubventionen ("Eingriff in die Tarifautonomie") und die Praktikabilität von Sondertarifen für ABM-Beschäftigte.[107]

---

[104] Vgl. Emmerich,K., Mega-Arbeitsbeschaffungsmaßnahmen in den neuen Bundesländern - Bestandsaufnahme und Perspektiven, in: Heinelt u.a., Arbeitsmarktpolitik nach der Vereinigung, 115-136.

[105] Brinkmann, Arbeitsmarktpolitik und Transformation in Ostdeutschland, 4.

[106] Bach,W., Pauschalierte Lohnkostenzuschüsse zur produktiven Arbeitsförderung (Par.249h, 242s AFG). Eine neue Perspektive für die aktive Arbeitsmarktpolitik?, SF 44 (1995), 220-230; Knuth,M./ Wagner,A., Arbeitsmarktpolitische Innovationen im ostdeutschen Transformationsprozeß, in: Nolte,D. et al.(Hg.), Wirtschaftliche und soziale Einheit Deutschlands. Eine Bilanz, Köln 1995, 298-309.

[107] "Manche Ökonomen und Politiker haben sich von der untertariflichen Bezahlung bei ABM wohl auch erhofft, sie würde über eine Absenkung des Akzeptanzlohnniveaus am regulären Arbeitsmarkt und damit dort verringerten Löhnen und Lohnstückkosten zu höherer Arbeitsnachfrage führen." Kromphardt,J., Arbeitsmarktpolitik in Ostdeutschland - Theoretische Grundlagen, Maßnahmen, Probleme, Ms. FU Berlin 1994, 26.

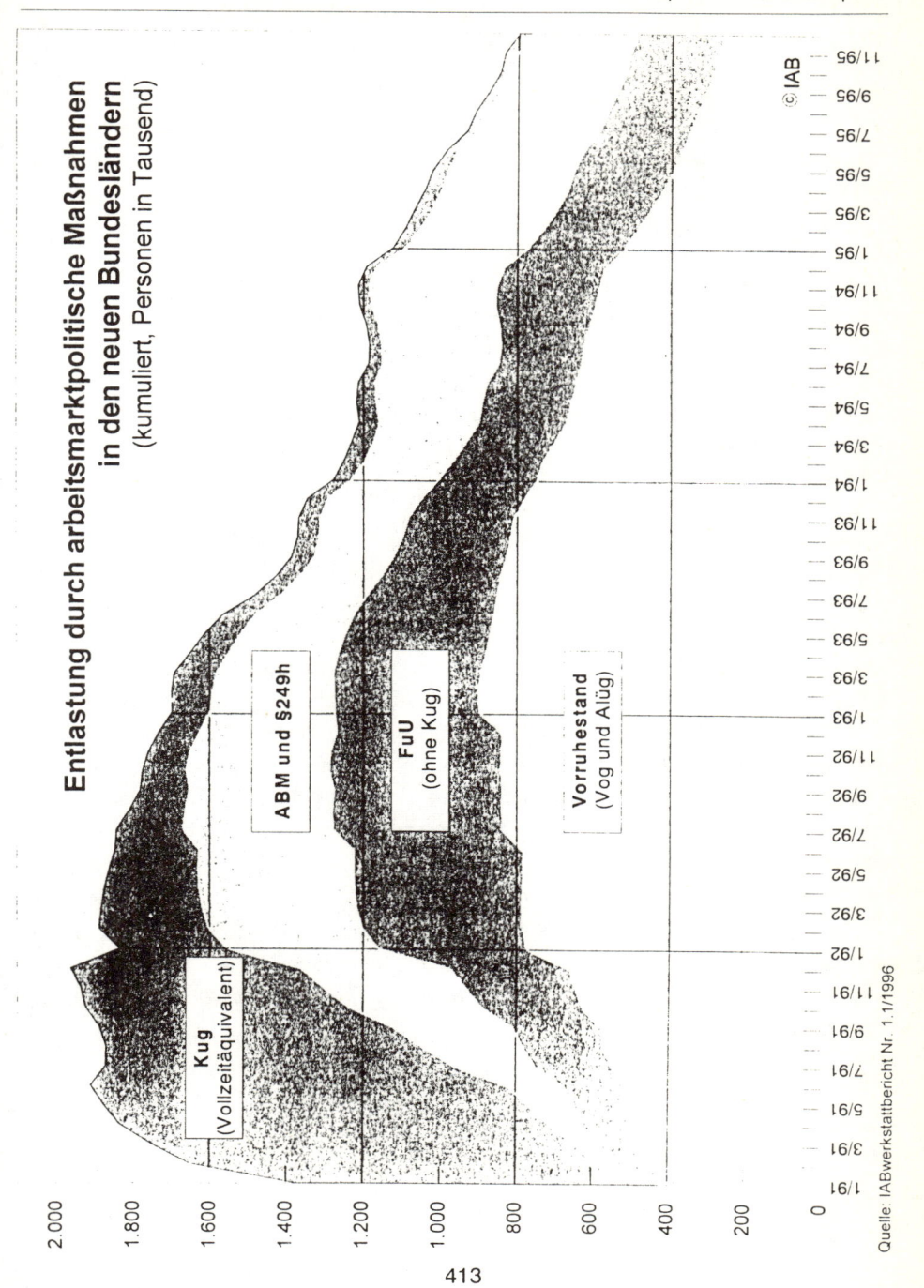

Kapitel 14: Arbeitsmarktpolitik

Entlastung durch arbeitsmarktpolitische Maßnahmen in den neuen Bundesländern
(kumuliert, Personen in Tausend)

- Kug (Vollzeitäquivalent)
- ABM und §249h
- FuU (ohne Kug)
- Vorruhestand (Vog und Alüg)

Quelle: IABwerkstattbericht Nr. 1.1/1996 © IAB

Diese ABM-Variante, die im Vergleich zu herkömmlichen stärker projekt- und zielgruppenorientiert angelegt ist, zielt auf eine Verknüpfung mit der Struktur- und Wirtschaftspolitik. Die Teilnehmerzahlen stiegen nach anfänglichen Schwierigkeiten infolge einer Konzentration auf die ursprünglich eng geschnittenen Bereiche (auf nahezu 100.000 zu Beginn des Jahres 1995) deutlich an. Probleme bereitet vor allem die zur integrierten Vollfinanzierung fast ausnahmslos notwendige Ko-Finanzierung durch andere Träger (u.a. Bundesländer, Gemeinden, Treuhandanstalt [THA]).
Eine bis Ende 1997 befristete Ausweitung des zunächst auf die NBL beschränkten Instruments auf den Westen erfolgte in modifizierter Form im Rahmen der Verlängerung des BeschFG zum 1.8.1994 (Par.242s AFG). "Zu befürchten bleibt, daß die erhebliche Verschlechterung gegenüber den Standardinstrumenten des AFG und die Finanzierungsstreitigkeiten der Beteiligten die an sich gute Idee, mit einem neuen Instrument Arbeit statt Arbeitslosigkeit zu finanzieren, um ihren Erfolg bringen."[108] Quantitative Erfolge sind bislang gering.

4. Innovationen in der Arbeitsmarktpolitik kamen weniger auf der Ebene der Maßnahmen sondern eher auf derjenigen der Träger zustande. Das über die klassische Arbeitsmarktpolitik nach dem AFG hinausgehende, bei geringer Erfahrung relativ neue und heftig umstrittene Instrument der sogenannten Beschäftigungsgesellschaften wurde vor allem auf Betreiben der Gewerkschaften wesentlich erweitert. Als Alternativen zu Betriebsschließungen und der damit verbundenen Arbeitslosigkeit wurden vor allem seit Sommer 1991 "Gesellschaften zur Arbeitsförderung, Beschäftigung und Strukturentwicklung" (ABS-Gesellschaften) gegründet. Die Basis bildete eine nach heftigen Kontroversen zwischen Arbeitgeberverbänden, Gewerkschaften, THA und den Landesregierungen der neuen Bundesländer geschlossene Rahmenvereinbarung. ABS-Gesellschaften sind

"- juristische Personen (GmbH, e.V., in Einzelfällen Stiftungen)
- mit einem primären Beschäftigungs- und/oder beruflichen Qualifizierungsziel und gegebenenfalls weiteren arbeitsmarktrelevanten Aktivitäten,
- die öffentlich geförderte und befristete Arbeit und/oder berufliche Qualifizierung durchführen"[109].

---

[108] Kühl, Zur Veränderung der arbeitsmarktpolitischen Instrumente, 23.

[109] Knuth,M., ABS-Gesellschaften: Arbeitsmarktpolitik als Transformationspolitik?, in: Neubäumer, Arbeitsmarktpolitik kontrovers, 156.

ABS-Gesellschaften treten ausschließlich als spezifische Maßnahmeträger aktiver und strukturwirksamer Arbeitsmarktpolitik nach dem AFG auf (vor allem ABM, in geringerem Maße auch Qualifizierung, anfangs auch Kurzarbeit). Ihre Ziele sind vornehmlich Umstrukturierung der Wirtschaft und Umschichtung der Beschäftigung, Herausbildung regional gebundener produktiver Marktakteure, Erhaltung und Entwicklung innovativer Potentiale, Entwicklung des Humankapitals durch Personal- und Organisationsentwicklung, Beseitigung industrieller Altlasten, Entwicklung produktionsrelevanter Infrastruktur, Entwicklung "weicher" Standortfaktoren.[110] Die Handlungsfelder können sein: Warteschleife zum Vorruhestand oder zur Wiederbeschäftigung im alten Betrieb, Qualifizierung für den externen Markt, Qualifizierung und ABM mit dem Ziel von Produkt- und Prozeßinnovationen, Qualifizierung in der Arbeit durch Übernahme von Arbeiten, welche die wirtschaftliche Gesundung fördern, Vorbereitung von Neugründungen, Weiterentwicklung zum regionalen Bildungsträger.[111]

Faktisch ergibt sich eine Konzentration der geförderten Beschäftigung in den Tätigkeitsfeldern "Sanierung" und "Umwelt/Landschaft"[112]. Die Anzahl der ABS-Gesellschaften liegt zwischen 300 und (Ende 1994) knapp 400. Sie erreichten schnell (mit über 100.000 Teilnehmern) einen gewissen, wenngleich nicht dominierenden Stellenwert. "ABS-Gesellschaften sind Quasi-Unternehmen mit öffentlich geförderten Arbeitsplätzen, in denen ... wesentliche Unternehmensfunktionen im Kern vorhanden sind."[113] Sie können und wollen kein Ersatz für reguläre Arbeitsplätze sein, sondern lediglich temporäre Beschäftigungsmöglichkeiten schaffen; insofern sind sie eine "unumgängliche Ergänzung der Trägerstruktur"[114]. Sie gewannen in den NBL größere Bedeutung als in den alten, wo sie in den 80er Jahren selten bei regionalen Beschäftigungskrisen in Krisenbranchen (u.a. Stahlindustrie, Werften) eingesetzt worden waren.[115] Im Westen hatten zwei Ziele im Mittelpunkt gestanden: "at the individual

---

[110] Vgl. im einzelnen Knuth, ABS-Gesellschaften, 161ff; vgl. zu frühen Beispielen Hans-Böckler-Stiftung(Hg.), Qualifizierungs- und Beschäftigungsinitiativen in Ostdeutschland. Ein Leitfaden für die Praxis, Düsseldorf 1991.

[111] Vgl. Knuth,M., Zur Rolle von Beschäftigungsgesellschaften im Transitionsprozeß der neuen Bundesländer, in: Peters, Zur Arbeitsmarktentwicklung, 39ff.

[112] Knuth,M., ABS-Gesellschaften zwischen Abbau und Aufbau, WSI-Mitt 48 (1995), 441.

[113] Knuth,M., ABS-Gesellschaften als dezentrale Akteure der Arbeitsmarkt- und Strukturpolitik: Problemlösung "vor Ort"?, in: Heinelt u.a., Arbeitsmarktpolitik nach der Vereinigung, 178.

[114] Knuth, Zur Rolle von Beschäftigungsgesellschaften, 51.

[115] Vgl. zur Verbindung mit einer weiterentwickelten Arbeitsmarktpolitik Bosch,G., Qualifizieren statt entlassen; Bosch,G./Neumann,H.(Hg.), Beschäftigungsplan und Beschäftigungsgesellschaft. Neue Konzepte und Initiativen in der Arbeitsmarkt- und Strukturforschung, Köln 1991.

level, to give participants in the labour force the opportunity to gain higher qualifications, re-enter regular employment and factory life; at the plant or regional level, to gain time and harness resources to carry out the necessary restructuring of the plant and/or regional economy."[116]

In kontroversen Diskussionen über Notwendigkeit bzw. Sinnhaftigkeit von ABS-Gesellschaften äußerten die Kritiker (u.a. Handwerkskammern sowie Arbeitgeberverbände) vor allem wettbewerbs- und ordnungspolitische Bedenken gegenüber der Etablierung eines geschützten, dauerhaften "zweiten" Arbeitsmarktes, der in Konkurrenz zum "ersten" treten könnte. Die Befürworter (vor allem die Gewerkschaften) betonten u.a. die Flexibilität sowie Aspekte der Strukturpolitik und Regionalförderung.[117]

Die im März 1990 gegründete und Ende 1994 aufgelöste THA[118] hatte die im sog. Treuhandgesetz nicht sehr präzise formulierte Aufgabe, die möglichst rasche und umfassende Privatisierung durch Veräusserung zu organisieren, Effizienz und Wettbewerbsfähigkeit der Unternehmen zu sichern sowie das restliche Vermögen stillzulegen und zu verwerten. Die privaten Investoren sollten anschließend die ehemals staatseigenen Kombinate bzw. volkseigenen Betriebe sanieren ("Privatisierung als die wirksamste Sanierung").

Der gesetzlich-formale Auftrag der THA war recht einseitig auf betriebswirtschaftliche Effizienz orientiert und enthielt auch in seiner modifizierten Form keinen expliziten Struktur-, Regional- und Beschäftigungsauftrag. Dennoch gewann die THA, die sich in ihren Aktivitäten "zwischen Auktionsbörse und Industrieministerium"[119] bewegte, aufgrund der großen Zahl "ihrer" Arbeitsplätze eine erhebliche beschäftigungspolitische Bedeutung. "Dies geschah ohne Konzept, schrittweise aufgrund von politischem Druck und begleitet von einem ständigen Lerneffekt."[120] Die Beschäftigungsentwicklung entsprach weder bei den THA-Unternehmen, bei denen durchweg hohe Lohnkosten ent-

---

[116] Wiedemeyer,M./Beywl,W./Helmstadter,W., Employment promotion companies in eastern Germany: Emergency measures or a basis for structural reform?, ILR 132 (1993), 610.

[117] Vgl. die Beiträge zum Zeitgespräch "Welchen Beitrag können Beschäftigungsgesellschaften leisten?", WD 1991/VIII, 383-390; Wiedemeyer et al., Employment promotion companies; Hagen et al., Wirkungen der arbeitsmarktpolitischen Instrumente, 159ff.

[118] Vgl. Fischer,W./Hax,H./Schneider,H.-K.(Hg.), Treuhandanstalt - Das unmögliche wagen. Forschungsberichte, Berlin 1993.

[119] Schmidt,R., Einleitung, in: Schmidt,R.(Hg.), Zwischenbilanz: Analysen zum Transformationsprozeß der ostdeutschen Industrie, Berlin 1993, 14.

[120] Czada,R., Das scheue Reh und die Kröte. Investition und Beschäftigung im Kalkül der Treuhandanstalt, in: Heinelt u.a., Arbeitsmarktpolitik nach der Vereinigung, 214.

standen, noch bei den privatisierten den ursprünglichen hochgesteckten Erwartungen.[121] Von den anfänglich (Mitte 1990) knapp über 4 Mill. Arbeitsplätzen in THA-Unternehmen blieb in den privatisierten Betrieben lediglich rd. 1 Mill. übrig.

5. Fazit: Die Verfassung des Arbeitsmarktes in den NBL ist in der offensichtlich länger als ursprünglich erwartet dauernden Übergangsphase von der Plan- zur Marktwirtschaft infolge des massenhaften Verlustes von Beschäftigungsmöglichkeiten bzw. der resultierenden Massenarbeitslosigkeit überaus problematisch. Gerade diese schwierige Situation dokumentiert die fundamentale Bedeutung einer funktionierenden Arbeitsverwaltung für die erfolgreiche Implementation von Arbeitsmarktpolitik, wobei der organisatorische und personelle Neuaufbau der Arbeitsverwaltung in den NBL keine historische Parallele kennt. Diese Situation verdeutlicht zugleich die Wichtigkeit institutioneller Faktoren, d.h. von öffentlichen und privaten Trägerstrukturen sowie von stabilen Kooperationsnetzwerken, für eine effiziente aktive Arbeitsmarktpolitik.

Ohne den andauernden Transfer enormer finanzieller Mittel aus dem Westen und den dadurch ermöglichten massiven Einsatz sämtlicher AFG-Instrumente[122] wären die sozialen Folgen der "Systemtransformation" bzw. die Entwicklung des Arbeitsmarktes und der (Dauer-)Arbeitslosigkeit noch katastrophaler verlaufen.[123] Die jährlichen Gesamtausgaben in den NBL lagen in den frühen 90er Jahren in einer Größenordnung von bis zu 50 Milliarden DM (1993 mit abnehmender Tendenz in den folgenden Jahren). Die Finanzierung der Arbeitsmarktpolitik erfolgte zum größten Teil durch eine deutliche Erhöhung der Beiträge zur Arbeitslosenversicherung (von 4,1% auf 6,8%, später 6,3% bzw. 6,5%) im Westen[124], zum geringeren Teil durch Zuschüsse des Bundes und damit über das allgemeine Steueraufkommen.[125]

---

[121] Vgl. im einzelnen Kühl,J., Die Rolle der Treuhandanstalt für die Beschäftigungsentwicklung und -perspektiven in Ostdeutschland, in: Neubäumer, Arbeitsmarktpolitik kontrovers, 119-154; Nolte,D., Zwischen Privatisierung und Sanierung - Zwei Jahre Treuhandpolitik, WSI-Mitt 45 (1992), 555-563.

[122] Vgl. Klauder,W./Kühlewind,G., Arbeitsmarkttendenzen und Arbeitsmarktpolitik in den neunziger Jahren, APuZ B34-35/91, 3-13; Autorengemeinschaft, Der Arbeitsmarkt 1991 und 1992.

[123] Vgl. im einzelnen Brinkmann,Chr./Völkel,B., Arbeitsmarkt und Arbeitsmarktpolitik in Ostdeutschland: Bestandsaufnahme und zukünftige Entwicklung, in: Neubäumer, Arbeitsmarktpolitik kontrovers, 77-104.

[124] Vgl. zu den damit verbundenen typischen Problemen Reissert,B., Beitrags- oder Steuerfinanzierung der Arbeitsmarktpolitik? Rückblick und Ausblick auf eine Debatte, in: Heinelt u.a., Arbeitsmarktpolitik nach der Vereinigung, 43-57; Heinelt,H., Arbeitsmarktpolitik nach der Vereinigung - Überforderung und Substanzverlust des Beitragsfinanzierungsprinzips, in: Riedmüller,B./Olk,Th.(Hg.), Grenzen des Sozialversicherungsstaates, Opladen 1994, 191ff.

[125] Die Selbstfinanzierungsquote im Osten stieg allmählich an (1992: 15%, 1995: 38%).

Kapitel 14: Arbeitsmarktpolitik

Die Gesamtentlastung durch Arbeitsmarktpolitik einschließlich ihrer indirekten Effekte liegt im Durchschnitt der ersten Jahre nach der Vereinigung zwischen ein und zwei Mill. Vollzeit-Erwerbsverhältnissen - allerdings mit deutlich abnehmender Tendenz seit 1992. Der Einsatz der Instrumente erfolgte in einer nicht zufälligen Reihenfolge: "Während zu Beginn des Umbruchs vor allem Kurzarbeit dazu diente, die Freisetzung zu verzögern, mußten die institutionellen und infrastrukturellen Voraussetzungen für FuU und (noch mehr) für ABM erst geschaffen werden. Die Entlastung durch letztere Instrumente wird inzwischen fast ausschließlich durch restriktive Haushaltsentscheidungen bestimmt, während das Vog und Alüg nach Auslaufen der Regelung seit Anfang 1993 - von hohem Niveau aus - mit abnehmender Tendenz entlastend wirkt."[126]

Die sog. Aktivitätsrate hatte in den NBL in den ersten Jahren nach der Wende deutlich über der in den alten gelegen; sie paßt sich aufgrund der anhaltend hohen Arbeitslosigkeit bzw. der damit verbundenen "Muß"-Leistungen des Lohnersatzes derjenigen der alten Bundesländer innerhalb weniger Jahre an.[127] M.a.W.: Der investive Charakter und damit der Beitrag zum Aufbau der Infrastruktur nehmen ab.

Wir beobachten ein in den alten Bundesländern ungekanntes Ausmaß beim Einsatz aller Instrumente, eine stärkere Projektorientierung sowie eine gewisse Abkehr vom Individualprinzip, um der einzigartigen quantitativen Dimension des Problems gerecht zu werden.[128] Trotz der grundlegend andersartigen Ausgangssituation des Arbeitsmarktes[129] gab es aber in den NBL keine grundlegende Strukturreform der konventionell-klassischen Arbeitsarktpolitik des AFG sondern lediglich eine "inkrementalistische Anpassungspolitik"[130].

---

[126] Wagner, Der ostdeutsche Arbeitsmarkt im Transformationsprozeß, 275f.

[127] Vgl. Keller,B./Seifert,H., Chancen und Grenzen des Arbeitsförderungsgesetzes, in: Seifert, Reform der Arbeitsmarktpolitik, 22.

[128] Damit stellt sich in Anbetracht der in der Anfangsphase deutlich aktiveren, ungeahnte Ausgabenhöhen erreichenden Arbeitsmarktpolitik und einer höheren Aktivitätsrate die Frage, weshalb nicht auch in den alten Bundesländern eine derartige Politik verfolgt werden kann. Die rechtlichen Rahmenbedingungen können kein zentrales Hindernis sein.

[129] Vgl. zu qualitativen Besonderheiten Neubäumer,R., Der ostdeutsche Arbeitsmarkt - ein Arbeitsmarkt wie jeder andere?, in: Neubäumer, Arbeitsmarktpolitik kontrovers, 1-31.

[130] Heinelt,H., Kontinuität trotz Veränderung? Arbeitsmarktpolitik nach der Vereinigung, in: Heinelt u.a., Arbeitsmarktpolitik nach der Vereinigung, 59 et passim.

Ausgaben der Bundesanstalt für Arbeit in den neuen Bundesländern (Beiträge in Mio.DM)

	Maßnahmeart	1991	1992	1993	1994	1995 H*
I.	Zukunftsorientierte Maßnahmen der aktiven Arbeitsmarktpolitik	7863,9	19221,6	19505,1	15423,1	17203,0
	Allgemeine Arbeitsbeschaffungsmaßnahmen (ABM)	3075,3	7783,6	8585,6	6811,5	7294,0
	Pauschalierte Lohnkostenzuschüsse (§249h AFG)	-	-	313,9	1325,3	1720,1
	Fortbildung und Umschulung	4267,3	10717,0	10306,5	6989,1	7194,3
	Förderung der Arbeitsaufnahme/Einarbeitungszuschuß	520,4	695,4	201,6	160,7	393,6
	Sonstiges (ABM für Ältere, Förderung Schwervermittelbarer, ESF)	0,9	25,6	97,5	136,5	601,0
	Anteil an Gesamt	26,3%	41,8%	38,5%	37,0%	44,9%
II.	Beschäftigungsstabilisierende Maßnahmen					
	Kurzarbeitergeld	10005,9	2652,5	918,8	498,7	447,9
	Anteil an Gesamt	33,5%	5,8%	1,8%	1,2%	1,2%
III.	Auf den Arbeitsmarkt vorbereitende Maßnahmen	494,1	1112,4	1559,5	1485,0	2155,0
	Ausbildung	352,0	676,7	923,6	865,3	1007,9
	Berufliche Rehabilitation	100,9	324,8	526,8	602,0	1147,1
	Aussiedlerintegration	41,2	110,9	109,1	17,7	0,0
	Anteil an Gesamt	1,7%	2,4%	3,1%	3,6%	5,6%
IV.	Lohnersatzleistungen	10558,2	21362,6	26596,2	22099,7	15339,5
	Vorruhestands-/Altersübergangsgeld	2680,3	9329,8	13459,5	9033,0	2452,5
	Arbeitslosengeld	7810,0	11809,2	12868,3	12662,8	12507,0
	Konkursausfallgeld	67,9	223,6	268,4	403,9	380,0
	Anteil an Gesamt	35,4%	46,4%	52,5%	53,1%	40,1%
V.	Sonstiges	932,9	1683,1	2035,4	2140,4	3138,9
	nicht zuordenbar (u.a. Schlechtwettergeld)	74,1	357,00	452,4	456,4	615,8
	Fachaufgaben der BA, Verwaltung	858,8	1326,1	1583,0	1684,0	2523,1
	Anteil an Gesamt	3,1%	3,7%	4,0%	5,1%	8,2%
	Gesamtsumme	29855,0 100%	46032,2 100%	50615,0 100%	41647,0 100%	38284,3 100%
	nachrichtlich: Arbeitslosenhilfe (Bundeshaushalt)	271,3	1488,5	3657,8	5056,9	7576,0

* Haushaltssoll

Quelle: BA, IAB VII/s (SIMBA)

Kapitel 14: Arbeitsmarktpolitik

Zusammenfassend gilt: "Obwohl ... die Arbeitsmarktpolitik einen nicht zu unterschätzenden Beitrag zur Flankierung des Umbruchs geleistet hat und in mancher Hinsicht auch qualitativ über bisher Bekanntes hinausging, blieb sie im wesentlichen doch im Rahmen der als defizitär beschriebenen traditionellen Konstruktion."[131] Aufgrund dieser Erfahrungen ist unwahrscheinlich, daß durch die Erfahrungen mit dem Einsatz leicht modifizierter Instrumente (u.a. Kombination von ABM und FuU oder ABM und KuG, Verknüpfung von Instrumenten zu Förderketten, Lohnkostensubventionen) innovative Impulse auch für die seit langem notwendige und vielfach geforderte Weiterentwicklug der Arbeitsmarktpolitik in den alten Bundesländern[132] bzw. für ihre Neuorientierung auf eine gemeinsame Politik in Ost und West entstehen. Für die Arbeitsmarktpolitik gilt wie für andere Politikfelder, daß die Anfang 1990 gegebenen strategischen Optionen nicht nur die vollständige Übertragung des westdeutschen Regelwerks einschlossen, "but also the option of a prolonged period for the adoption of new legal and institutional system probably allowing for a thoroughgoing public debate on new institutions for united Germany"[133].

Ein zentrales Problem, das seit 1993/94 deutlich wird, besteht in der notwendigen Verstetigung des Instrumentariums aktiver Arbeitsmarktpolitik. Dieser Prozeß muß bei der Gleichzeitigkeit von zunehmenden Finanzierungsrestriktionen bzw. beim "Diktat der leeren Kassen" und andauernder Massenarbeitslosigkeit stattfinden. Dieses grundsätzliche Problem finanzieller Kürzungen vor allem bei den Ausgaben für aktive Arbeitsmarktpolitik ist ebenso wie die prozyklisch wirkenden Effekte einer aus haushaltstechnischen Gründen verursachten "stop and go"-Politik aus der alten Bundesrepublik seit langem bekannt - und nicht gelöst.[134] "Sicherlich ist die politische Motivation des Bundes, den Zuschuß zur Bundesanstalt für Arbeit zu begrenzen, nachvollziehbar, aber im Osten der Republik wirkt jeder sparpolitische Eingriff in das Instrumentarium aktiver Politik kontraproduktiv."[135] Zudem ist und bleibt Arbeitsmarktpolitik im Westen wie im Osten überfordert, wenn sie auf sich allein gestellt bleibt, d.h. nicht eng mit Wirtschafts-, Struktur- und Regionalpolitik verzahnt wird.[136]

---

[131] Wagner,A., Der ostdeutsche Arbeitsmarkt im Transformationsprozeß, in: Nolte et al., Wirtschaftliche und soziale Einheit Deutschlands, 267.

[132] Vgl. zusammenfassend Adamy,W. et al., Memorandum für ein neues Arbeitsförderungsgesetz. Herausgegeben vom Arbeitskreis AFG-Reform, Hamburg 1995; Seifert, Reform der Arbeitsmarktpolitik.

[133] Wiesenthal,H., East Germany as a unique case of societal transformation: Main characteristics and emergent misconceptions, Arbeitspapier AG TRAP 94/8, 4.

[134] Vgl. im einzelnen Kap.13.

[135] Roy,K.-B., Transformation und Desintegration in den neuen Ländern - demokratietheoretische Problemstellungen und neue Optionen integrationspolitischer Gestaltbarkeit, SF 44 (1995), 238.

Die Problemgruppen des Arbeitsmarktes waren von den Strukturalisierungsprozessen überproportional betroffen.[137] "Die Schlußfolgerung scheint zu sein, daß die berufliche Wiedereingliederung längerfristig Arbeitsloser in Perioden stagnierender oder sogar steigender Arbeitslosigkeit trotz aller arbeitsmarktpolitischer Maßnahmen nur in sehr begrenztem Maße gelingt. Erst wenn die Arbeitslosigkeit insgesamt aufgrund steigender Arbeitskräftenachfrage verringert werden kann, bekommen auch die längerfristig Arbeitslosen eine bessere Chance."[138] Frauen sind die eigentlichen Verlierer auf dem gesamtdeutschen Arbeitsmarkt[139], der geschlechtsspezifisch segmentiert wird.[140]

Erst seit 1993/94 stabilisiert sich der primäre Arbeitsmarkt insofern, als die Zahl der Arbeitsplätze nicht weiter abnimmt.[141] Das einsetzende reale Wirtschaftswachstum ist im Vergleich zu dem in den alten Bundesländern oder in anderen europäischen Ländern zwar beachtlich ("Wachstumsregion Nr.1 in Europa"), geht allerdings von dem sehr niedrigen Niveau der Zeit nach dem Zusammenbruch der DDR aus. Daher wird selbst bei unverändert hohen Zuwachsraten lange Zeit vergehen, bis der Stand der alten Bundesländer erreicht wird.

Da deutliche Produktivitätsfortschritte zunächst infolge des massiven Arbeitsplatzabbaus sowie später infolge durchgeführter Modernisierungs- und Rationalisierungsmaßnahmen eintreten, hat der Anstieg des BIP nur geringe Beschäftigungseffekte; die Lohnstückkosten, die zentrale und zugleich kritische Stellgröße, liegen immer noch erheblich (1993/94 um etwa 40% bei Schwankungen zwischen den Wirtschaftsberei-

---

[136] Vgl. Seifert,H./Ziegler,A., Ansatzpunkte einer integrierten Arbeitsmarkt- und regionalen Wirtschaftspolitik, in: Seifert, Reform der Arbeitsmarktpolitik, 157-182.

[137] Vgl. im einzelnen Brinkmann,Chr./Müller,K./Wiedemann,E., Problemgruppen am ostdeutschen Arbeitsmarkt, in: Neubäumer, Arbeitsmarktpolitik kontrovers, 176-203; Lappe, Zusammenbruch des Arbeitsmarktes, 20ff.

[138] Infratest Sozialforschung, Arbeitsmarkt, 45.

[139] Vgl. im einzelnen Mahnkopf, Gewerkschaften im West-Ost-Spagat, in: Leif,Th./Klein,A./Legrand,H.-J. (Hg.), Reform des DGB. Herausforderungen, Aufbruchspläne und Modernisierungskonzepte, Köln 1993, 158f.

[140] Die Erwerbsquote der Frauen, die in der DDR bei über 80% (in der alten Bundesrepublik hingegen bei ca. 60%) gelegen hatte, geht deutlich zurück (1988: 84%., 1993: 73%). "Das altersspezifische Erwerbsverhalten der Frauen im Osten ist fast deckungsgleich mit dem der Männer. Zahl und Alter der Kinder haben nur geringen Einfluß auf den Wunsch zur Erwerbstätigkeit." Wagner, Der ostdeutsche Arbeitsmarkt im Transformationsprozeß, 283.

[141] Eine wichtige Ausnahme bildet das produzierende Gewerbe.

chen) über dem westdeutschen Niveau.[142] Ein anhaltender Beschäftigungsaufschwung ist in bestimmten Branchen (u.a. Bauwirtschaft, Dienstleistungen wie Versicherungen und Banken, Handwerk) zu verzeichnen, während andere (etwa das verarbeitende Gewerbe) weitgehend stagnieren; er bleibt insgesamt moderat und ist von dem erhofften "selbsttragenden Aufschwung" u.a. infolge der weitgehend fehlenden industriellen Basis[143] sowie wegen des zu kleinen privaten Dienstleistungssektors weit entfernt.[144] Modellrechnungen zur Arbeitsmarktbilanz zeigen, daß nur mit einem langsamen Wiederanstieg der Beschäftigung zu rechnen ist[145]; möglicherweise kommt es bei sich abschwächenden Wachstumsraten zu dem bekannten "jobless growth".

Neben erheblichen Investitionen in Sachkapital, die zum Aufbau des Kapitalstocks notwendig sind, werden auch in Zukunft massive Investitionen in Humankapital durch Einsatz aller Instrumente aktiver Arbeitsmarktpolitik erforderlich bleiben, um die transformationsbedingten Beschäftigungsprobleme zu bewältigen.[146] Die Finanzierung dieser unverzichtbaren, komplementären Arbeitsmarktpolitik wird ohne weitere Bundeszuschüsse in Milliardenhöhe nicht möglich sein. Offensichtlich ist der politische Wille zur wirksamen Bekämpfung der Massenarbeitslosigkeit die entscheidende Determinante aktiver Arbeitsmarktpolitik.[147]

---

[142] DIW u.a., Gesamtwirtschaftliche und unternehmerische Anpassungsfortschritte in Ostdeutschland, DIW-Wochenbericht 61 (15/1994), 210.

[143] "Die Industrie ist in den neuen Bundesländern derjenige Sektor, bei dem die Wirtschaftskraft am weitesten hinter den alten Bundesländern zurückliegt. Dieser Sektor weist Strukturen auf, die erheblich von den aus Westdeutschland bekannten abweichen. So ist die ostdeutsche Industrie wenig in die überregionalen Absatzmärkte eingebunden, Großbetriebe sind unterrepräsentiert und Zweigbetriebe von Unternehmen mit Sitz andererorts haben ein überaus starkes Gewicht." Brenke,K., Strukturen der Industrie in den neuen Bundesländern, DIW-Vierteljahresheft 64 (1995), 440.

[144] "Die Strukturdefizite der ostdeutschen Wirtschaft lassen sich anhand mehrerer Merkmale aufzeigen. Ins Auge springen diese Defizite vor allem beim sektoralen Muster von Produktion und Beschäftigung, bei der Größenordnung von Unternehmen, bei der Einbindung in die überregionale Arbeitsteilung sowie bei der räumlichen Verteilung der Produktionsstandorte." DIW/IWH/IfW, Gesamtwirtschaftliche und unternehmerische Anpassungsfortschritte in Ostdeutschland. Dreizehnter Bericht, DIW-Wochenbericht 62 (27-27/95), 467.

[145] Blaschke,D. et al., Der Arbeitsmarkt in den neuen Bundesländern - Zwischenbilanz und Herausforderungen, MittAB 25 (1992), 2ff.

[146] Die Etablierung eines dauerhaften zweiten Arbeitsmarktes könnte sich als notwendig erweisen.

[147] Vgl. auch Schmid,G./Reissert,B., On the institutional conditions of effective labour market policies, in: Matzner,E./Streeck,W.(eds.), Beyond Keynesianism. The socio-economics of production and full employment, Aldershot-Vermont 1991, 109.

14.3. Berufsausbildung und Weiterbildung

1. Das sog. duale System der Berufsausbildung vermittelt in zumeist drei- oder sogar dreieinhalbjährigen Ausbildungsgängen sowohl praktisch ausgerichtete Grundqualifikationen, die im Betrieb (on the job) erworben werden, als auch theoretisch orientierte Voraussetzungen, die in quasi-staatlichen, vom Betrieb unabhängigen, auf das Ausbildungsziel hin spezialisierten Berufsschulen (off the job) vermittelt werden. Der erfolgreiche Erwerb der allgemeinen und speziellen Qualifikationen ist in überbetrieblichen Prüfungen nachzuweisen und wird in Zertifikaten dokumentiert. Diese Dualität bzw. Doppelqualifikation steht im Gegensatz zu den vorwiegend schulisch oder betrieblich organisierten Berufsbildungssystemen anderer Länder.[148]

Die zahlreichen beruflichen Ausbildungsgänge sind im Gegensatz zur beruflichen Weiterbildung hochgradig institutionalisiert, was eine notwendigerweise enge, aber aufgrund unterschiedlicher Interessenlagen und der Gefahr des free riding[149] stets fragile, tripartistische Kooperation der Akteure (Arbeitgeberverbände, Gewerkschaften, staatliche Instanzen) erfordert; außerdem sind diese Ausbildungsgänge in einer großen Zahl von recht detaillierten, zentral vereinbarten und lokal implementierten Curricula (sog. Berufsbildungsplänen) strukturiert bzw. hochgradig standardisiert. Die Rahmenvorgaben wurden in den späten 60er Jahren (Berufsbildungsgesetz 1969) sowie in den 80er Jahre weitgehend reformiert (sog. Neuordnung der Berufsbildung), um sie den Anforderungen des technischen Wandels anzupassen. Die Qualifizierungsleistungen gelten als vorbildlich: Das Bildungssystem ermöglicht interne Mobilität sowie funktionale Flexibilität, vermeidet Überspezialisierung, vermittelt Schlüsselqualifikationen, produziert vergleichsweise breit qualifizierte und innovationsfähige Arbeitnehmer bzw. das notwendige Humankapital und erhöht die Anpassungsfähigkeit an veränderte technologische Anforderungen. Es ist als wesentlicher Vorteil des "Wirtschaftsstandorts Deutschland" bzw. als wichtiger Faktor der internationalen Wettbewerbsfähigkeit anzusehen.

Das System der beruflichen Bildung erleichtert den Übergang von der Schule in den Arbeitsmarkt bzw. reguliert den Eintritt. In der ersten Hälfte der 80er Jahren hat es außerdem ein demographisch bedingtes Überangebot absorbiert, indem es die geburtenstarken Jahrgänge mit Ausbildungsplätzen versorgt[150] und im Gegensatz zu ande-

---

[148] Vgl. Marsden,D./Ryan,P., Intermediate level vocational training and the structure of labour markets in Western Europe in the 1980s, in: Ferman,L.H. et al.(eds.), New developments in worker training: A legacy for the 1990s, Madison 1990, 313ff.

[149] Vgl. im einzelnen Franz,W./Soskice,D., The German Apprenticeship system, Discussion Paper FS I 94-302, Wissenschaftszentrum Berlin für Sozialforschung 1994.

[150] Vgl. Tessaring,M., Das duale System der Berufsausbildung in Deutschland: Attraktivität und Beschäftigungsperspektiven. Ein Beitrag zur gegenwärtigen Diskussion, MittAB 26 (1993), 135ff.

ren europäischen Ländern einen deutlichen Anstieg der Jugendarbeitslosigkeit und damit deren soziale Probleme verhindert hat. Da die Ausbildungsgänge im Prinzip von allen Jugendlichen zu durchlaufen sind, die nicht weiterführende Schulen besuchen, bleibt der Anteil der unqualifizierten Jugendlichen niedrig, wobei vor allem Jugendliche ohne Hauptschulabschluß betroffen sind.

Die Systeme der beruflichen Bildung tragen entscheidend zur spezifischen Strukturierung der nationalen Arbeitsmärkte bei. Die Segmentation der deutschen Arbeitsmärkte weist wegen des im dualen System ausgebildeten Facharbeiters, aufgrund des Erwerbs eines hohen Anteils allgemeinen Humankapitals mit horizontalen Mobilitätschancen ausgestatteten Facharbeiters statt einer Zwei- eine Dreiteilung mit einem spezifischen berufsfachlichen Segment auf.[151] Im internationalen Vergleich gilt dieses System des "vocational training", das eine bis ins 19. Jahrhundert zurückgehende Besonderheit der deutschsprachigen Länder darstellt, als nahezu vorbildlich; es wird häufig als richtungsweisend für andere nationale Systeme angesehen.

Obwohl das System von allen beteiligten Akteuren sowie in der Öffentlichkeit anerkannt ist, mehren sich in den vergangenen Jahren die kritischen Stimmen:[152]

- Die Konzentration der Lehrstellen in zu wenigen und nicht unbedingt zukunftsträchtigen Berufen (u.a. Friseusen, Automechaniker) ist im Prinzip seit langem bekannt und wird immer deutlicher; im Gegensatz zu dieser qualitativen Fehlqualifikation gelingt das quantitative "matching" weitgehend, auch bei unterschiedlich großen Alterskohorten. Frauen werden tendenziell benachteiligt.

- Seit Ende der 80er Jahre werden vor allem in der Industrie und im Handel, weniger im Handwerk aus Kostengründen qualifizierte Ausbildungsplätze abgebaut; konjunkturelle Krisen verstärken die Schwierigkeiten beim Einstieg in die Lehre, an der sog. ersten Schwelle des Arbeitsmarktes. Die Rekrutierung von Nachwuchskräften erfolgt weniger über das duale System und eher über Traineeprogramme für Fachhochschulabsolventen. U.a. aus Gründen der zeitlichen und qualifikatorischen Flexibilität, zunehmender Innovationsgeschwindigkeiten sowie einer abnehmenden "Halbwertzeit" des Wissens stagnieren die Ausbildungsetats, während die Weiterbildungsausgaben steigen.

---

[151] Vgl. im einzelnen Kap.12.

[152] Vgl. die unterschiedlichen Positionen bei Timmermann,D., Zukunftsprobleme des dualen Systems unter Bedingungen verschärften Wettbewerbs, in: Sadowski,D./Backes-Gellner,U.(Hg.), Unternehmerische Qualifikationsstrategien im internationalen Wettbewerb, Berlin 1990, 37-58; Geißler,K.A., Das duale System der industriellen Berufsausbildung hat keine Zukunft, Leviathan 19 (1991), 68-77; Arnold,R., Das duale System der Berufsausbildung hat eine Zukunft, Leviathan 21 (1993), 89-102.

- Gleichzeitig nimmt die Nachfrage nach Ausbildungsplätzen ab, der Besuch weiterführender Schulen zu. Eine Gleichwertigkeit beruflicher und schulischer Bildung ist immer weniger gegeben; die Zahl der Studierenden übersteigt inzwischen die der Auszubildenden (sog. Trend zu höheren formalen Bildungsabschlüssen).[153]
- Der Lehrabschluß verliert zunehmend seine frühere Funktion der Statuszuweisung; er wird immer mehr zur notwendigen, aber nicht mehr hinreichenden Voraussetzung für die individuelle Karriere. Im Rahmen lebenslangen Lernens nimmt die Notwendigkeit sporadischer oder permanenter beruflicher Weiterbildung zu.
- Die Übernahmechancen nach erfolgreichem Abschluß der Lehre, an der sog. zweiten Schwelle des Arbeitsmarktes, sinken sowohl bei sehr kleinen als auch bei sehr großen Firmen.[154]
- Regionale Ungleichgewichte sind seit langem bekannt. In den neuen Bundesländern ergibt sich insofern eine besonders prekäre Situation, als Jahr für Jahr die Zahl der Lehrstellensuchenden die der freien Stellen um ein mehrfaches übersteigt. Die Ausbildung muß weitgehend in außerbetrieblichen Ausbildungsgängen von staatlichen Instanzen organisiert werden.
- Weitgehend ungeklärt ist der Einfluß der europäischen Einigung auf die nationalen Systeme der beruflichen Bildung; eine gewisse Konvergenz ist wahrscheinlich. Im internationalen Vergleich zeigt sich als allgemeines Muster "the premium accorded by the labour market to workforce skills"[155].

2. Infolge des Einsatzes neuer Technologien verstärkt sich der technische Wandel sowohl im Produktions- als auch im Dienstleistungssektor. Diese Entwicklung führt im Vergleich zum klassischen, tayloristisch-fordistischen Massenproduktionsmodell zu grundlegend veränderten Qualifikationsanforderungen mit polyvalenten und breiten, fachübergreifenden Grundqualifikationen sowie einer "Reprofessionalisierung der Produktionsarbeit" bzw. "Renaissance der Fachqualifikation".[156] Im Modell der Produktion diversifizierter Qualitätsprodukte wird "Qualifikation" zur Schlüsselvariable.[157]

---

[153] Vgl. im einzelnen Tessaring, Das duale System der Berufsausbildung, 137ff.

[154] In einigen Tarifbereichen (u.a. Chemie, Metall) sind entsprechende Klauseln in Tarifverträgen vereinbart worden.

[155] Locke,R./Kochan,Th./Piore,M., Reconceptualizing comparative industrial relations: Lessons from international reserach, ILR 134 (1995), 145.

[156] Vgl. im einzelnen Kap. 11.

[157] "Quantitative and qualitative analyses leave no doubt that skill, qualification and training are becoming the key problems to be solved by (micro-level) labour management and (macro-level) manpower policy." Müller-Jentsch,W., Productive forces and industrial citizenship: An evolutionary perspective on labour relations, EID 12 (1991), 459.

Kapitel 14: Arbeitsmarktpolitik

Mittel- und langfristig besteht daher ein erheblicher Fort- und Weiterbildungsbedarf aller Arbeitnehmer[158], der durch die Sicherung und Steigerung der Personaleinsatzflexibilität sowie durch den säkularen Strukturwandel des Arbeitskräfteangebots[159] noch gesteigert wird. Außerdem nimmt die Bedeutung der Weiterbildungspolitik auch zu infolge der demographischen Entwicklung, die ein höheres Durchschnittsalter der Erwerbspersonen zur Folge hat. Dieser seit den 80er Jahren deutlich expandierende Bedarf wird sowohl über die in den traditionellen Rationalisierungsschutzabkommen der 70er Jahre vereinbarten beschäftigungs- bzw. arbeitsplatzsichernden Qualifikationsmaßnahmen zur Vermeidung von drohenden Entlassungen[160] hinausreichen als auch die seit langem vor allem in Großunternehmen im Rahmen strategischer Personalpolitik durchgeführten, allgemeinen betrieblichen Maßnahmen überschreiten.[161]

Grundsätzlicher Konsens besteht bei allen Akteuren hinsichtlich der zentralen Bedeutung einer über die berufliche Erstausbildung hinausgehenden, systematisch und kontinuierlich betriebenen inner- und überbetrieblichen Aus- und Weiterbildung nicht nur für die individuelle, sondern auch für die gesellschaftliche und wirtschaftliche Entwicklung. Deutlicher Dissens existiert bei der Frage, wie das Problem im Detail und von den Instrumenten her gelöst werden soll; die Alternative lautet Betriebsvereinbarung/ Tarifvertrag vs. gesetzliche Rahmenregelung plus vertragliche Ergänzung:[162]

---

[158] Vgl. zum hier nicht behandelten Problem einer politischen Ökonomie der beruflichen Bildung Streeck,W., Skills and the limits of neo-liberalism: The enterprise of the future as a place of learning. Discussion Paper FS I 88-16, Wissenschaftszentrum Berlin für Sozialforschung 1988. Kritische Übersichten bietet Mahnkopf,B., Gewerkschaftspolitik und Weiterbildung. Chancen und Risiken einer qualifikationsorientierten Modernisierung gewerkschaftlicher (Tarif-)Politik, Discussion Paper FS I 89-11, Wissenschaftszentrum Berlin für Sozialforschung 1989; Mahnkopf,B., Betriebliche Weiterbildung. Zwischen Effizienzorientierung und Gleichheitspostulat, SW 41 (1990), 70-96; Mahnkopf,B., The "skill-oriented" strategies of German trade unions: Their impact on efficiency and equality objectives, BJIR 30 (1992), 61-81.

[159] Dieser Wandel ist gekennzeichnet durch eine geringere Zahl von Schulabgängern sowie eine größere Zahl von Einwanderern (Ausländern, Aus- und Übersiedlern) und Frauen, die wieder erwerbstätig werden. Diesen Personengruppen mangelt es häufig an Ausbildung und Berufserfahrung.

[160] Vgl. Bahnmüller,R./Bispinck,R./Schmidt,W., Betriebliche Weiterbildung in der Metallindustrie. Die Rolle von Personalmanagern und Betriebsräten. Ergebnisse einer Befragung zur Praxis der betrieblichen Qualifizierung und Weiterbildung sowie zum Umgang mit den Qualifizierungsbestimmungen des Lohn- und Gehaltsrahmentarifvertrages I in der Metallindustrie Baden-Württembergs, Tübingen 1992, 13ff.

[161] Vgl. zu den hier nicht näher analysierten Konsequenzen für die Entgeltbestimmung Nienhüser,W., Die historische Entwicklung der Grundlohnbestimmung. Eine Erklärungsskizze auf macht- und transaktionskostentheoretischer Grundlage, in: Weber,W.(Hg.), Entgeltsysteme. Lohn, Mitarbeiterbeteiligung und Zusatzleistungen. Festschrift zum 65. Geburtstag von Eduard Gaugler, Stuttgart 1993, 254ff.

[162] Vgl. zum folgenden Mahnkopf,B./Maier,Fr., Flexibilisierung und Weiterbildung - Regulierungsdefizite und Regulierungsstrategien, in: Semlinger, Flexibilisierung des Arbeitsmarktes, 225-248.

- Die Regierung sieht "keine Alternative zu dem Konzept dezentraler Verantwortung in der beruflichen Weiterbildung ... tarifvertragliche Regelungen werden der Differenziertheit der Aufgabenstellung Weiterbildung wesentlich besser gerecht als gesetzliche Rahmenregelungen".[163] Auch die Arbeitgeberverbände sprechen sich dezidiert gegen gesetzliche Regelungen aus.[164]
- Gesetzliche Vorgaben könnten gewisse Rahmenbedingungen auf ein Recht oder zumindest für Fragen der Weiterqualifizierung vorgeben. Staatliche Maßnahmen erscheinen auch deshalb sinnvoll, weil eine systematisch forcierte Weiterbildung die eigene Position innerhalb der internationalen Arbeitsteilung sowie die Wettbewerbsfähigkeit auf umkämpften Märkten verbessert: Die Produktion von konkurrenzfähigen, weil qualitativ hochwertigen Gütern setzt entsprechend umfassend qualifizierte Arbeitskräfte voraus. Da es sich bei den breit anzulegenden Schlüsselqualifikationen um eine spezifische Art von Kollektivgut zur Verbesserung der gesamtwirtschaftlichen Anpassungs- und Wettbewerbsfähigkeit handelt, sollte der Staat dessen Bereitstellung fördern. Schließlich können wir Weiterbildung ebenso wie das duale System beruflicher Bildung als gesellschaftspolitische Aufgabe ansehen, die einer ebenfalls dual angelegten Rahmenregelung bedarf.

Seit den 80er Jahren versuchen Interessenvertretungen der Arbeitnehmer, Probleme der Weiterbildung zum Gegenstand von Kollektivverhandlungen zu machen. Praktische Ansätze finden sich, wenngleich noch vereinzelt, u.a. in folgenden Bereichen:
1. In der Chemieindustrie (u.a. Deutsche Shell AG) können seit 1988 Arbeitnehmer tariflich vereinbarte Wochenarbeitszeitverkürzungen freiwillig für ein Weiterbildungsprogramm (PC-Trainingsprogramm, Geschäftsenglisch, betriebswirtschaftliche Grundlagen) nutzen.
2. Andere Beispiele sind: Tarifvertrag zur sozialen Sicherung der Arbeitnehmer bei technischen und arbeitsorganisatorischen Änderungen für die Volkswagen AG von 1987, Werktarifvertrag zwischen der IG Metall und der Firma Vögele von 1988, Tarifvertrag zur berufsbezogenen Weiterbildung im Wirtschaftsbereich Heizungs-, Klima- und Sanitärtechnik für Berlin von 1987.[165]

---

[163] PresseInfo BMBW, 2.11.1989, 2f.

[164] Die Schwierigkeiten, vor denen tarifvertragliche Regelungen stehen, werden deutlich durch die Beschreibung der Position der BDA. Vgl. BDA, Jahresbericht 1989, Bergisch-Gladbach 1989, 71; vgl. auch Dichmann,W., Neue gewerkschaftliche Politikfelder und politische Instrumente, in: Dichmann,W. (Hg.), Gewerkschaften in Deutschland. Aus der Legitimationskrise zu neuer Macht, Köln 1990, 64-71.

[165] Es handelt sich vor allem um Haus- bzw. Werkstarifverträge, die besonders im Organisationsbereich der IG Metall abgeschlossen wurden. Vgl. Hans-Böckler-Stiftung(Hg.), Berufliche Weiterbildung - Gestaltung durch betriebliche Vereinbarungen, Düsseldorf 1989; Hans-Böckler-Stiftung(Hg.), Berufliche Weiterbildung - Regelung durch Tarifvertragsparteien, Düsseldorf 1989; Bispinck,R., Qualifikationsrisiken, berufliche Weiterbildung und gewerkschaftliche Tarifpolitik, Düsseldorf 1990.

Kapitel 14: Arbeitsmarktpolitik

3. Auch der Lohn- und Gehaltsrahmen-Tarifvertrag I für die Beschäftigten in der Metallindustrie in Nordwürttemberg-Nordbaden (LGRTV I) von 1988[166] enthält die ausdrückliche Verpflichtung, "einen vielseitigen Arbeitseinsatz" der Arbeitnehmer zu ermöglichen "sowie den Erhalt und die Erweiterung der Qualifikation der Beschäftigten zu fördern". Der Arbeitgeber ermittelt den betrieblichen Qualifikationsbedarf, der sich aus den aktuellen und zukünftigen Anforderungen ergibt; er berät einmal jährlich mit dem in dieser Frage nicht mitbestimmungsberechtigten BR, bevor der endgültige Bedarf festgelegt wird. Die Qualifizierungsmaßnahmen sollen die Teilnehmer für höherwertige Aufgaben mit besserer Eingruppierung und Entlohnung qualifizieren. Der zeitliche Aufwand der Weiterbildungsmaßnahmen gilt als Arbeitszeit; die Kosten trägt der Arbeitgeber.[167] Im übrigen gelten diese Regelungen, die auch neue Maßstäbe für die Bewertung der Arbeitsleistung enthalten, für Arbeiter und Angestellte gleichermaßen. Insofern kann es sich um den Vorläufer eines gemeinsamen Entgelttarifvertrags handeln.

Generell gilt hinsichtlich der Implementation: "In der betrieblichen Praxis zeigte sich bislang, daß die Umsetzung all dieser Bestimmungen nicht einfach ist. Vielfach mangelt es an geeigneten personellen und infrastrukturellen Voraussetzungen auf betrieblicher Seite ebenso wie an inhaltlicher Kompetenz und Durchsetzungsvermögen bei den Betriebsräten."[168] Die grundsätzlichen und praktischen Schwierigkeiten der "Umsetzung" einer Qualifizierungspolitik werden am Beispiel des LGRTV I deutlich, der die Renaissance der beruflichen Weiterbildung weiter voranzutreiben versucht als andere Regelungen: "Die ... Effekte der Qualifizierungsbestimmungen ... liegen eher darin, daß dieses neue Feld auf betrieblicher Ebene in die Diskussion gebracht wurde. Die Arbeitgeber sind stärker unter Legitimationsdruck gekommen. Das hat bisher allerdings noch nicht dazu geführt, daß auf breiter Front eine Qualifizierungsoffensive der Betriebe fest-

---

[166] Mit dem LGRTV I ist es "erstmals gelungen, in einem Flächentarifvertrag von zentraler Bedeutung detaillierte Regelungen zur Qualifizierung zu vereinbaren." Bispinck,R., Rationalisierung, Arbeitspolitik und gewerkschaftliche Tarifpolitik. Das Beispiel des Lohn- und Gehaltsrahmentarifvertrags I für die Metallindustrie in Nordwürttemberg-Nordbaden, WSI-Mitt 41 (1988), 406; vgl. auch Kurz-Scherf,I., Tarifbewegungen im 1. Halbjahr 1988, WSI-Mitt 41 (1988), 516ff.

[167] Vergleiche tarifvertraglicher Regelungen finden sich bei Hardes,H.-D./Schmitz,F., Tarifverträge zur betrieblichen Weiterbildung - Darstellung und Analyse aus arbeitsökonomischer Sicht, MittAB 24 (1991), 658ff.; Mahnkopf, The "skill-oriented" strategies of German trade unions, 71ff.

[168] Bispinck,R., Bundesrepublik Deutschland, in: Bispinck,R./Lecher,W.(Hg.), Tarifpolitik und Tarifsysteme in Europa. Ein Handbuch über 14 Länder und europäische Kollektivverhandlungen, Köln 1993, 73.

stellbar wäre. Auch die vorherrschende Praxis einer kurzatmigen, stark selektiven und isolierten Qualifizierungspolitik hat bis heute keine grundsätzliche Korrektur erfahren."[169]

Diese Versuche qualitativer Tarifpolitik haben wenig Aussicht auf Erfolg, wenn sie isoliert und allein auf einzelbetrieblicher Ebene, d.h. in Form von Betriebsvereinbarungen, betrieben werden. Sie bedürfen der kollektiven Absicherung durch Tarifverträge, welche allgemein verbindliche Mindeststandards formulieren und spezifische Einzelregelungen verallgemeinern. Von entscheidender Bedeutung wird sein, ob es den Gewerkschaften gelingt, "ihre" BR, die ähnlich wie bei der Wochenarbeitszeitverkürzung[170] für die Implementation der Verträge zuständig und verantwortlich sind, für den hohen Stellenwert der beruflichen Weiterbildung zu sensibilisieren, für die Umsetzung der Regelungen zu mobilisieren sowie hinsichtlich der Inhalte und ihrer Bedeutung zunächst zu schulen und später zu beraten. Insofern kommt ein weiterer komplexer Aufgabenbereich mit zusätzlichen Kompetenzen, aber auch mit Ressourcenproblemen vor allem in Form von Zeit sowie mit Strategieproblemen hinsichtlich der neuartigen Gestaltungsaufgaben auf die BR zu.[171]

Diese Strategie ist sowohl mit als auch ohne staatliche Rahmenregulierungen und Aktivitäten im Bereich der beruflichen Bildung und Umschulung möglich. Forderungen dürften aber auch in diesem Objektbereich in Verbindung mit staatlichen Aktivitäten leichter durchzusetzen bzw. ohne sie überfordert sein. Falls staatliche Vorgaben zustande kämen, hätten die bislang dominierenden Betriebsvereinbarungen bzw. Tarifverträge die Aufgabe, den gesetzlichen Rahmen entsprechend der betriebs- bzw. branchenspezifischen Bedingungen auszufüllen, zu konkretisieren und "umzusetzen".[172]

---

[169] Bahnmüller,R./Bispinck,R./Schmidt,W., Weiterbildung durch Tarifvertrag - Am Beispiel der betrieblichen Umsetzung des Lohn- und Gehaltsrahmentarifvertrages I der Metallindustrie in Nordwürttemberg/Nordbaden, WSI-Mitt 44 (1991), 180.

[170] Vgl. im einzelnen Kap.8 und Kap.16.

[171] "Insgesamt bleibt das Syndrom der betriebspolitischen Überforderung der Betriebsräte trotz gestiegenem Aktivitätsniveau auch in der Qualifizierungsfrage der Schwerpunkt einer qualitativen, stärker auf betriebspolitische Gestaltung ausgerichteten Tarifpolitik. Die Dezentralisierung der Tarifpolitik und die Verlagerung der Gewichte zwischen den Arenen der Arbeitsbeziehungen zugunsten der betrieblichen Seite hat ihren Preis. Die Grenze der Belastung der Institution Betriebsrat scheint uns nicht mehr allzuweit entfernt zu liegen." Bahnmüller et al., Betriebliche Weiterbildung in der Metallindustrie, 53f.

[172] Ähnlich argumentiert Streeck bei einer Analyse der beruflichen Bildung: "Social regulation and political intervention will be required ... Western democratic societies need to preserve their structural capabilities for regulatory intervention in the economy." Streeck, Skills and the limits of neo-liberalism, 36.

Ein neues und innovatives Aktionsfeld gewerkschaftlicher Tarifpolitik[173] kann in der gleichberechtigten und aktiven Mitwirkung an der konkreten Ausgestaltung einer systematisch und kontinuierlich betriebenen innerbetrieblichen Aus- und Weiterbildung bestehen.[174] Vereinbarungen sind vor allem in folgenden Regelungsbereichen zu treffen:
- Verankerung eines grundsätzlichen individuellen (und einklagbaren Rechts-) Anspruchs auf Berücksichtigung,
- Art, Umfang und Dauer der Maßnahmen (Qualifikationsplan),
- einzubeziehender Personenkreis (Teilnehmerauswahl nach gemeinsam vereinbarten Kriterien, u.a. Qualifikation, Gruppenmerkmale vs. Selektion bestimmter Arbeitnehmer durch den Arbeitgeber),
- konkrete Qualifizierungsinhalte sowie deren Abgrenzung (arbeitsplatzspezifisch-grundlegende vs. allgemeinere Inhalte),
- die Finanzierung der Maßnahmen als dem zentralen Problem,
- die Honorierung der erworbenen Qualifikationen (Aussicht auf Höhergruppierung bzw. Qualifikationszuschlag auf Zeit oder auf Dauer) als individuelle materielle Anreize zur Teilnahme,
- die Überwachung der Implementation und Kontrolle des Vertragsinhalts durch Mitbestimmung der betrieblichen Interessenvertretungen.

Eine Maximalforderung aus gewerkschaftlicher Sicht lautet, daß "solche Bestimmungen zur beruflichen Weiterbildung kodifiziert werden, die betriebs- und branchenübergreifender Natur sind, wie z.B.:
- Individueller Mindestanspruch auf berufliche Weiterbildung,
- Besondere Berücksichtigung benachteiligter Beschäftigtengruppen,
- Mitbestimmungs- und Beteiligungsrechte der Beschäftigten und der betrieblichen Interessenvertretungen bei der Ermittlung des Qualifikationsbedarfs, der Planung und Durchführung der Maßnahmen sowie der Auswahl der TeilnehmerInnen,
- Inanspruchnahme von Qualifikationsberatern,
- Systematisierung der Weiterbildungsmaßnahmen ("Bausteinprinzip"), Festlegung und Kontrolle von Qualitätsstandards und verwertbare Zertifizierung der Teilnahme,
- Regelung der Kostenübernahme,
- Verankerung des Günstigkeitsprinzips"[175].

---

[173] Hiermit unterstellen wir implizit, daß eine notwendige Auseinandersetzung über die zukünftigen Prioritäten in der Tarifpolitik bei unterschiedlichen Interessenlagen in einer spezifischen Weise gelöst wird.

[174] "Still, the general conclusion suggested by the body of existing research is that trade unions and work councils know the increasing necessity of further training for firms and employees and they want to participate more actively in this expanding field but need more competence, time, and experience." Müller-Jentsch,W., Germany: From collective voice to co-management, in: Rodgers,J./Streeck,W.(eds.), Works councils: Consultation, representation, and cooperation in industrial relations, Chicago 1995, 72.

Strittig sind innerhalb der Gewerkschaften u.a. Probleme der Lage, d.h. ob Zeiten der innerbetrieblichen, "investiven" Weiterbildung nach einem bestimmten Schlüssel mit Wochenarbeitszeitverkürzungen verrechnet werden oder ob sie vollständig auf die Arbeitszeiten angerechnet werden sollen.[176] Auch müssen nicht alle Arbeitnehmer an der Teilnahme interessiert sein (Prinzip der Freiwilligkeit vs. Weiterbildungspflicht); Akzeptanzprobleme können sich trotz einer Verbesserung der individuellen Konkurrenzsituation und der deutlichen Verteilungsfunktion von Weiterbildung u.a. aufgrund von Lernungewohnheiten und Unsicherheit hinsichtlich der Konsequenzen bei Nicht-Teilnahme ergeben. Schließlich werden vertraglich abgesicherte, gleichwohl langfristig angelegte Verbindlichkeiten eingegangen und damit andere Optionen aufgegeben.

Die Ausgestaltung und Implementation betrieblicher Strategien eines "weichen" human resource management angesichts eines "Facharbeitermangels" trotz Massenarbeitslosigkeit sind einer formalrechtlich abgesicherten und wirksamen Einflußnahme der Interessenvertretungen der Arbeitnehmer entzogen.[177] Die Mitbestimmungsregelungen (vor allem Par.96-98 BetrVG) bieten zwar Ansatzpunkte, reichen aber zur wirksamen und gleichberechtigten Einflußnahme nicht aus.[178] "Hinsichtlich der beruflichen Bildung im Betrieb hat der Betriebsrat ein (begrenztes) Mitbestimmungsrecht. Die entsprechenden Fragen standen traditionell aber nicht im Zentrum seines Interesses. Weiterbildung war üblicherweise kein Konfliktfeld mit dem Management."[179]

Eine nunmehr angebotsseitig aktive Strategie der "Humankapitalinvestition" würde faktisch eine Neuverteilung arbeitspolitischer Gestaltungsrechte implizieren. Sie würde notwendigerweise hinauslaufen auf eine Ausweitung der echten inhaltlichen Mitbestim-

---

[175] Bispinck,R., Qualifikationsrisiken, berufliche Weiterbildung und gewerkschaftliche Tarifpolitik, Düsseldorf 1990, 23.

[176] "Ein ... Vorschlag, Zeit für Weiterbildung vorzusehen, läuft ... darauf hinaus, statt Arbeitszeitverkürzung Qualifikationszeit zu realisieren. Dies trägt weder dem Beschäftigungs- noch dem Freizeitbedarf genügend Rechnung. Die Notwendigkeit besserer Weiterbildung im Arbeitsleben und während der Arbeitszeit ist unbestritten, die Bereitschaft zu einer tarifvertraglichen Regelung bei den Gewerkschaften vorhanden, aber eben nicht als Ersatz für die 35-Stunden-Woche." Lang,K., Aspekte der Arbeitszeitverkürzung und der Flexibilisierung der Arbeit, GMH 37 (1986), 605.

[177] "Die Rolle der Verbände in der Weiterbildung ist weniger stark ausgeprägt als in der Berufsausbildung, und dies wird vor allem von den Gewerkschaften beklagt." Streeck,W. et al., Steuerung und Regulierung der beruflichen Bildung. Die Rolle der Sozialpartner in der Ausbildung und beruflichen Weiterbildung in der Bundesrepublik Deutschland, Berlin 1987, 99. International vergleichend Kassalow,E., Trade unions and industrial relations. Toward the twenty-first century, in: Blanpain,R.(ed.), Unions and industrial relations. Recent trends and prospects of comparative analysis, Deventer 1987, 12f.

[178] Rische-Braun,D., Mitbestimmung in der betrieblichen Weiterbildung, WSI-Mitt 39 (1986), 1ff.

[179] Altmann,N./Düll,K., Rationalisierung und neue Verhandlungsprobleme im Betrieb, WSI-Mitt 40 (1987), 264.

mungsrechte der Arbeitnehmervertretungen[180] auf Fragen der Unternehmensführung einschließlich der Investitionsplanungen sowie auf Organisationsbefugnisse (die sog. management prerogatives). Die Strategie hätte insofern mit zumindest anfänglich erheblichen Widerständen zu tun. Auch werden individuelle und betriebliche Interessen nicht unbedingt kongruent sein (u.a. hinsichtlich der Auswahl der Teilnehmer, der Ziele und Inhalte der Weiterbildungsmaßnahmen, der Verteilung der entstehenden Kosten sowie der materiellen Folgen der erworbenen Qualifikationen).[181]

Auf seiten der Arbeitgeber bzw. des Personalmanagements werden sich Probleme bei einer "Organisation lebenslangen Lernens" in Klein- und Mittelbetrieben ergeben, die i.d.R. nur aus dem konkreten Anlaß einer qualifikatorischen Engpaßbewältigung und eher unsystematisch, inhaltlich enger auf einzelne Arbeitsplätze bzw. nicht arbeitsplatzübergreifend ausdifferenziert und aus Kostengründen ohne Freistellungen weiterqualifizieren.[182] In Großbetrieben können Hierarchieprobleme auftreten, vor allem Widerstände auf der Ebene der Meister bzw. des mittleren Managements infolge der Furcht vor Kompetenz- bzw. Funktionsverlust, wegen fehlender Einsicht in den kurzfristigen praktischen Nutzen sowie wegen fehlendem Verständnis für Sinn und Zweck der Regelung. Bedürfnisse nach Weiterbildung und eine zentrale Steuerung der Produktion stehen in einem gewissen Widerspruch zueinander.[183]

Die seit langem betriebene, rein betrieblich organisierte Weiterqualifizierung zielt auf bestimmte Gruppen, zumeist von Facharbeitern und Führungskräften; sie erfolgt im Gegensatz zur beruflichen Erstausbildung hochgradig selektiv. "Den einen Pol der bevorzugten Gruppe der Erwerbstätigen bilden die qualifizierten Angestellten in Groß-

---

[180] Zu denken ist vor allem an eine Erweiterung der Rechte des BR nach Par.98 BetrVG, etwa in paritätisch zu besetzenden sog. Weiterbildungskommissionen als Letztentscheidungsorgan.

[181] Die Schwierigkeiten derartiger tarifvertraglicher Regelungen werden deutlich durch Beschreibungen der Position der Arbeitgeberverbände: "Zunächst muß eine praxisgerechte Begriffsbestimmung der Weiterqualifizierung und Abgrenzung zur allgemeinen und sonstigen Bildung gefunden werden. Qualifizierungsinitiativen müssen sodann nach den betrieblichen Erfordernissen orientiert werden, was originäre Rechtsansprüche der Arbeitnehmer ausschließt ... Schließlich bleibt nach wie vor die ausgeübte Tätigkeit Maßstab für die Entlohnung und nicht allein die einmal erreichte Qualifikation. Dabei muß es ebenso bleiben wie bei den Beteiligungsrechten der geltenden Betriebsverfassung, die über Tarifverträge nicht zur Disposition gestellt werden dürfen." BDA, Jahresbericht 1988, Bergisch-Gladbach 1988, 36.

[182] Diese sog. Anpassungsqualifizierung findet vor allem on the job statt, während die Verträge off the job-Bildungsmaßnahmen vorsehen.

[183] Eine Umfrage zur Implementation des LGRTV I ergab: "Ein Personalmanagement in Form eines eigenständigen Personalressorts gibt es lediglich in der Hälfte der Betriebe und ebenfalls fast die Hälfte der befragten Manager gibt an, daß es in ihrem Betrieb keine schriftlich fixierte Personalplanung gibt. Selbst in Großbetrieben ab 2000 Beschäftigten ist dies lediglich zu 70 Prozent der Fall. Elementare Voraussetzungen für eine vorausschauende Personal- und Qualifizierungspolitik sind also keineswegs überall gegeben." Bahnmüller et al., Betriebliche Weiterbildung in der Metallindustrie, 5.

betrieben bzw. höheren Beamten, am stärksten benachteiligt sind Teilzeitbeschäftigte in gering qualifizierten Tätigkeiten im gewerblichen Bereich (Klein- und Mittelbetrieben). In der benachteiligten Gruppe finden sich anteilig mehr Frauen als Männer."[184]

Auch bei der Umsetzung entsprechender Tarifverträge besteht das in der Diskussion weitgehend unberücksichtigte Problem, daß sie die vorhandenen Segmentationsprozesse verstärken bzw. zu Prozessen der Polarisierung sowohl innerhalb als auch zwischen Betrieben (inner- bzw. interbetriebliche Selektivität) führen[185], wenn es den Akteuren nicht gelingt, trotz fortbestehender deutlicher Interessendifferenzen[186] Konsens über den systematischen Einbezug der schlecht Qualifizierten herzustellen. Weiterhin ist die Strategie ex definitione mehr auf die Sicherung bestehender als auf die Schaffung neuer Arbeitsplätze angelegt und insofern durch ihre strikte Ausrichtung auf die betriebsinternen Märkte tendenziell auf eine andere als die gegenwärtige Arbeitsmarktsituation orientiert.

Auf jeden Fall bieten sich Möglichkeiten für kreative Lösungen durch konsensfähige Konzepte infolge partiell parallel gelagerter und nicht prinzipiell konflikthafter Interessen an einer verbesserten Qualifikation der Belegschaften.[187] Diese potentiell beidseitig vorteilhaften "Produktivitätskoalitionen"[188] auf überbetrieblicher und vor allem betrieblicher Ebene sind weniger verteilungs- als vielmehr produktionspolitischer Natur und können langfristig Qualifizierungs- und Bildungspolitik mit Tarifpolitik zu einer stärker integrierten Arbeits- und Produktionspolitik verbinden.[189] Diese Nicht-Nullsummenspiele können ein neues Politikfeld für ein integratives bargaining abgeben.[190]

---

[184] Bahnmüller/Bispinck/Schmidt, Weiterbildung durch Tarifvertrag, 173.

[185] Ein zentrales Problem besteht in "the threat of incipient polarization": "In the context of new production systems, the emphasis on skills creates the potential to offer a privileged group of highly skilled workers satisfying conditions, employment security, and high salary levels, while excluding large numbers of underskilled and underemployed people from such conditions." Mathews,J., The industrial relations of skills formation, in: Niland,J.R. et al. (eds.), The future of industrial relations: global change and challenges, London-New Dehli 1994, 251.

[186] Vgl. im einzelnen Hardes/Schmitz, Tarifverträge zur betrieblichen Weiterbildung, 661f.; Mahnkopf, The "skill-oriented" strategies of German trade unions, 76ff.

[187] Ungereimtheiten und Widersprüche bestehender Verträge sind in folgenden Aspekten zu sehen: "Es fehlt eine konsistente Klärung der maßgeblichen Weiterbildungsziele. Die Regelungen beziehen sich ausschließlich auf "off-the-job"-Bildungsmaßnahmen. Generelle Freistellungsansprüche für off-the-job-Maßnahmen stehen im Widerspruch zum Prinzip gezielter Weiterbildung." Hardes/Schmitz, Tarifverträge zur betrieblichen Weiterbildung, 658.

[188] International vergleichend Windolf, Productivity coalitions and the future of European corporatism, IR 28 (1989), 1-20.

[189] Vgl. zu einer optimistischen Einschätzung im einzelnen Streeck, Industrial relations in West Germany.

Kapitel 14: Arbeitsmarktpolitik

Eine Strategie der Einbeziehung beruflicher Weiterbildung in die qualitative Tarifpolitik wäre zudem realistischer als etwa eine alternative Orientierung an sozialer Umverteilung zwischen oder innerhalb von Gruppen oder als eine Ausweitung auf andere Objektbereiche, wie z.B. Kultur oder Freizeit.[191] Letzteres würde auf ein Angebot weiterer Kollektivgüter hinauslaufen, die ex definitione keinen Anreiz zum Verbandsbeitritt ausüben.[192] Außerdem ist nicht abzusehen, wie ein entsprechendes Angebot mit dem vorhandenen Personal der Organisationen realisiert werden sollte. Schließlich ist kaum auszumachen, warum die Mitglieder in Anbetracht zunehmender Heterogenisierung der Interessen und stärkerer Differezierung von Präferenzen ein solches Angebot annehmen sollten. Insofern deuten verschiedene Indikatoren auf eine arbeitsplatz- und berufsspezifisch orientierte Konzentration der Angebotsorientierung hin.

14.4. Arbeitslosigkeit (insbes. Strukturierung)

1. Wenn wir uns in den 60er oder frühen 70er Jahren mit Arbeitspolitik beschäftigt hätten, wäre Arbeitslosigkeit kein Thema gewesen. Arbeitslosigkeit hätte als Problem von historischem Interesse, vor allem des 19. Jahrhunderts sowie der Zwischenkriegszeit, gegolten, das jedoch keine aktuellen Bezüge mehr hatte: Nach dem kontinuierlichen Abbau der ursprünglich hohen Nachkriegsarbeitslosenquote von über 10% in den frühen 50er Jahren herrschte in den 60er Jahren, abgesehen von 1966/67, und frühen 70er Jahren Vollbeschäftigung im engen Sinne des Begriffs, d.h. es waren mehr unbesetzte Arbeitsplätze als Stellensuchende vorhanden. Akute Beschäftigungsprobleme wurden bis zum Bau der Berliner Mauer 1961 trotz Zuwanderung aus der DDR, anschließend durch die Anwerbung ausländischer Arbeitnehmer vor allem aus Südeuropa gelöst.[193] Etliche Jahre schien Globalsteuerung bzw. der Einsatz der Instru-

---

[190] Andere Beispiele für ein solches integratives bargaining sind u.a. der gemeinsame Entgelttarifvertrag für gewerbliche Arbeitnehmer und Angestellte statt der Lohntarifverträge für gewerbliche Arbeitnehmer und Gehaltstarifverträge für Angestellte in allen Tarifregionen der Chemieindustrie von 1987. Die gemeinsame Entgelttarifregelung führt Facharbeiter und Handwerker im Einkommen mit kaufmännischen und technischen Angestellten zusammen; gerade dieser Vertrag kann strategische Bedeutung hinsichtlich der Überwindung von Statusdifferenzen haben. Die IG Metall will ebenfalls einen gemeinsamen Einkommenstarifvertrag für Arbeiter und Angestellte abschließen. Ein weiteres, älteres Beispiel für integratives bargaining sind gemeinsame Einrichtungen (z.B. Sozialkassen in der Bauindustrie, Wohnungsbaugesellschaften im Bergbau).

[191] In diese Richtung argumentiert u.a. Negt,O., Interessenverband oder Menschenrechtspartei? Die Gewerkschaften vor neuen geschichtlichen Aufgaben, in: IG Metall(Hg.), Solidarität und Freiheit. Internationaler Zukunftskongreß 1988, Köln 1989, 290-319.

[192] Vgl. im einzelnen Kap.3.

[193] Ende 1973 kam es zum Anwerbestopp für Ausländer aus Ländern, die nicht der EG angehörten.

mente keynesianischer Wirtschafts- und Finanzpolitik (vor allem antizyklische Haushalts- und Finanzpolitik, Kreditfinanzierung konjunkturbedingter Einnahmeausfälle) die Lösung aller Arbeitsmarktprobleme zu garantieren.

Die Situation hat sich seit der ersten Ölkrise 1973/74 und dem anschließenden Konjunktureinbruch grundsätzlich verändert; der "kurze Traum immerwährender Prosperität"[194] ist ausgeträumt: Alle Industrienationen stehen vor dem Problem einer inzwischen chronischen Massenarbeitslosigkeit. In der Bundesrepublik kam es in den 70er Jahren zu einer deutlichen Zunahme. Fast in den gesamten 80er Jahren betrug die Zahl der offiziell registrierten Arbeitslosen über zwei Millionen im Jahresdurchschnitt.[195] Die tatsächliche Zahl liegt wesentlich höher, da zahlreiche Arbeitsuchende durch die Maschen der amtlichen Statistik fallen, die politisch gestaltet und verändert werden kann.[196] In den 90er Jahren nahm die Arbeitslosigkeit weiter zu, wobei die Situation in den neuen Bundesländern besondere Probleme bereitete.

Die Arbeitsmarktforscher gehen davon aus, daß auch bei einem jährlichen Wirtschaftswachstum von 2 - 3% weiterhin Arbeitslosigkeit in Millionenhöhe herrschen wird; erst nach der Jahrtausendwende wird vor allem aufgrund der demographischen Veränderungen (Geburten unter dem sog. Bestandserhaltungsniveau) mit einer weitgehenden Schließung der globalen Beschäftigungslücke bzw. mit einer allmählichen Entlastung des Arbeitsmarktes zu rechnen sein.[197] Dazu müßte aber u.a. die derzeitige Erwerbsquote der Frauen von knapp über 50%[198] konstant bleiben; dies ist aufgrund der Erfahrungen der letzten Jahrzehnte, die durch eine leicht steigende Erwerbsbeteiligung von Frauen gekennzeichnet waren, nicht zu erwarten, zumal die Entwicklung in den neuen

---

[194] Lutz,B., Der kurze Traum immerwährender Prosperität. Eine Neuinterpretation der industriell-kapitalistischen Entwicklung im Europa des 20. Jahrhunderts, 2. Aufl. Frankfurt-New York 1989.

[195] Vgl. zur Unterscheidung in Phasen u.a. Franke,H., Der Arbeitsmarkt, eine bleibende Herausforderung für die Bundesrepublik Deutschland, in: Blüm,N./Zacher,H.F.(Hg.), 40 Jahre Sozialstaat Bundesrepublik Deutschland, Baden-Baden 1989, 447ff; Kosche,E./Bach,H.W., Die Phasen der Arbeitsmarktpolitik in der wirtschaftlichen und gesellschaftlichen Entwicklung der Bundesrepublik Deutschland, SF 40 (1991), 148ff.

[196] Registrierte Arbeitslose werden z.B. dann nicht mitgezählt, wenn sie zeitweise erkranken, drei Monate keinen Kontakt mehr zum Arbeitsamt haben oder als mithelfende Familienangehörige tätig sind. 58-jährige oder ältere Arbeitnehmer brauchen seit 1986 der Vermittlung und damit dem Arbeitsmarkt nicht mehr zur Verfügung zu stehen, obwohl sie weiterhin Leistungen beziehen (Par.105c AFG); sie werden nicht mehr in der amtlichen Statistik geführt.

[197] Rothkirch,S.v./Tessaring,M., Projektionen des Arbeitskräftebedarfs nach Qualifikationsebenen bis zum Jahre 2000, MittAB 19 (1986), 105-118; vgl. auch Bäcker,G. et al., Sozialpolitik und soziale Lage in der Bundesrepublik Deutschland, Bd.1, Köln 1989, 196ff.

[198] Während die Erwerbsbeteiligung von Frauen insgesamt kaum gestiegen ist, nahm sie bei Frauen mit Kindern deutlich zu. Letztere hat sich ersterer angenähert, liegt aber nach wie vor im Niveau niedriger und sinkt deutlich mit dem Alter der Kinder.

Kapitel 14: Arbeitsmarktpolitik

Bundesländern ungewiß ist. Auch über die Entwicklung der Ausländerbeschäftigung, vor allem der zweiten Generation mit unbefristeter Aufenthaltserlaubnis, können kaum verläßliche Prognosen gemacht werden. Schließlich ist die Entwicklung der Aus- und Übersiedlerzahlen sowie der übrigen Zuwanderungen aus den osteuropäischen Ländern höchst ungewiß.[199] Wahrscheinlich sind Nettozuwanderungen und damit ein massiver Druck auf die Angebotsseite des Arbeitsmarktes.[200]
Bei einem Wachstum von weniger als durchschnittlich 2,5% jährlich gingen mehrere Mill. Arbeitsplätze verloren. Zusätzliche Arbeitsplätze in nennenswertem Umfang entstünden erst, wenn das Wirtschaftswachstum stärker wäre als der Produktivitätsfortschritt je Erwerbstätigen. Eine solche Entwicklung ist kaum zu erwarten - und aus verschiedenen, z.B. ökologischen Gründen, auch nicht unbedingt wünschenswert.[201]

Als arbeitslos im Sinne des Gesetzes gilt der Arbeitnehmer, "der vorübergehend nicht in einem Beschäftigungsverhältnis steht oder nur eine kurzfristige Beschäftigung ausübt" (Par.101 AFG). Im Sinne der amtlichen Statistik ist arbeitslos, wer ohne Arbeitsverhältnis ist, sich als arbeitsuchend beim Arbeitsamt gemeldet hat, eine Beschäftigung für mindestens 19 Stunden für mehr als drei Monate sucht, für eine Arbeitsaufnahme sofort zur Verfügung steht, nicht arbeitsunfähig erkrankt ist und das 65. Lebensjahr noch nicht vollendet hat.[202] Die Arbeitslosenquote ist der Anteil der offiziell registrierten Arbeitslosen an den abhängig Beschäftigten plus den Arbeitslosen (oder an der Gesamtzahl der abhängigen Erwerbspersonen); zumeist gibt diese Quote den Monats- oder Jahresdurchschnitt an.

---

[199] Zusammenfassend Klauder,W., Längerfristige Arbeitsmarktperspektiven, APuZ B3/90, 21-36; Bäcker,G./Nägele,G., Erwerbsarbeit und Ruhestand in einer alternden Gesellschaft. Demographischer Wandel, Arbeitsmarktentwicklung und Arbeitszeitpolitik für Ältere, in: Seifert, Jenseits der Normalarbeitszeit, 229ff.

[200] "Noch auf Jahre hin bedarf es großer Anstrengung, um durch kräftiges (und strukturell akzeptables) Wirtschaftswachstum, aktive Arbeitsmarktpolitik und durch deutliche Arbeitszeitverkürzung (jeglicher Art und in konsensfähigen Formen) eine Arbeitskräftenachfrage auf dem Arbeitsmarkt zu erzeugen, die uns einem befriedigenden Beschäftigungsstand näherbringt." Brinkmann,Chr., Langzeitarbeitslosigkeit - Stand, Entwicklung, Perspektiven, Maßnahmen, in: Autorengemeinschaft, Individuelle und sozialstrukturelle Folgen der Massenarbeitslosigkeit, SAMF-Arbeitspapier 1988-1, Paderborn 1988, 7.

[201] Vgl. zu dem hier nicht behandelten Problem von Arbeitslosigkeit und Wahlverhalten zusammenfassend Schmidt,M.G., Massenarbeitslosigkeit und politische Stabilität, in: Peters,W.(Hg.), Massenarbeitslosigkeit und Politik. Reaktionsweisen und Strategieoptionen in verschiedenen Politikarenen. SAMF-Arbeitspapier 1989-1, Paderborn 1989, 57-78.

[202] Die Definitionen bzw. Kriterien bei der offiziellen Erfassung von Arbeitslosigkeit variieren von Land zu Land, so daß internationale Vergleiche recht schwierig sind. Vgl. zu den Vor- und Nachteilen von Registrierungs- vs. Befragungsdaten im einzelnen Auer,P./Maier,F./Mosley,H., Erfassung der Arbeitslosen im internationalen Vergleich, IntChro 33 (1988), 1ff.

Zu dieser "offenen" Arbeitslosigkeit müssen wir die "versteckte" hinzurechnen, um das tatsächliche Ausmaß zu ermitteln. Die sog. stille Reserve besteht aus eigentlich Arbeitsuchenden, die aus verschiedenen Gründen nicht offiziell bei den Arbeitsämtern gemeldet sind, etwa weil sie unter Bedingungen annähernder Vollbeschäftigung eine Beschäftigung suchen würden, in Anbetracht der gegenwärtigen Aussichtslosigkeit ihrer Suche aber resignieren, oder weil sie die Kriterien der Anspruchsberechtigung für Arbeitslosengeld und Arbeitslosenhilfe nicht erfüllen. Rein rechnerisch ist die stille Reserve also die Differenz zwischen Erwerbspersonenpotential und tatsächlich Erwerbstätigen plus registrierten Arbeitslosen.

Schätzungen über den Umfang der stillen Reserve sind methodisch außerordentlich schwierig sowie gegen wissenschaftlichen und politischen Zweckoptimismus nicht immer ausreichend gefeit. Bedingung für die Zurechnung ist die Tatsache, "daß die Veränderung im Erwerbsverhalten durch die Arbeitsmarktlage induziert ist"[203]. Das IAB hat diese verdeckte Arbeitslosigkeit in den frühen 80er Jahren[204] bereits auf über eine Mill., Mitte der 80er Jahre auf 1,2 Mill. Personen geschätzt. Andere Untersuchungen (SFB 3) gehen aufgrund repräsentativer Umfragen von einer Untergrenze von rd. 800.000 Personen aus, wobei pro forma Studenten, Jugendliche im Berufsvorbereitungsjahr, Teilnehmer an ABM oder beruflichen Förderkursen nicht mitgerechnet werden. Betroffen sind vor allem:
- (verheiratete) Frauen (mit fast 50%),
- Jüngere, die länger als notwendig im Ausbildungssystem bleiben und sich in sog. Warteschleifen befinden,
- ältere Arbeitnehmer, die ohne Aussicht auf Wiedereingliederung z.B. Frührente beantragen
- und Langzeitarbeitslose (strukturalisierte Arbeitslosigkeit).

Der Umfang dieser Gruppe hat seit den 80er Jahren zugenommen. Die Tatsache, daß bei einer wachsenden Anzahl von Arbeitsplätzen die Arbeitslosenquote weniger deutlich zurückgeht als dies rein rechnerisch der Fall sein müßte, hat ihre Ursache darin, daß Angehörige der stillen Reserve auf den "offiziellen" Arbeitsmarkt drängen.

---

[203] Brinkmann,Chr. et al., Methodische und inhaltliche Aspekte der Stillen Reserve, MittAB 20 (1987), 387-409.

[204] Autorengemeinschaft, Der Arbeitsmarkt in der Bundesrepublik Deutschland im Jahre 1983 - insgesamt und regional, MittAB 16 (1983), 10.

Kapitel 14: Arbeitsmarktpolitik

Bevölkerung und Erwerbstätigkeit

Zeitraum[1]	Erwerbs-personen	Erwerbs-quote[2]	Arbeitslose[3]	Arbeitslosen-quote[4]
	Tausend	%	Tausend	%
1950	21 577	46,0	1 580	10,4
1951	21 952	46,3	1 432	9,1
1952	22 289	46,7	1 379	8,5
1953	22 684	47,1	1 259	7,6
1954	23 216	47,7	1 221	7,1
1955	23 758	48,3	928	5,2
1956	24 196	48,6	761	4,2
1957	24 602	48,8	662	3,5
1958	24 807	48,6	683	3,6
1959	24 861	48,1	476	2,5
1960A	25 034	48,0	235	1,2
1960	26 518	47,8	271	1,3
1961	26 772	47,6	181	0,9
1962	26 845	47,2	155	0,7
1963	26 930	46,9	186	0,9
1964	26 922	46,4	169	0,8
1965	27 034	46,1	147	0,7
1966	26 962	45,6	161	0,7
1967	26 409	44,5	459	2,1
1968	26 291	44,2	323	1,5
1969	26 535	44,2	179	0,8
1970	26 817	44,2	149	0,7
1971	26 957	44,0	185	0,8
1972	27 121	44,0	246	1,1
1973	27 433	44,3	273	1,2
1974	27 411	44,2	582	2,5
1975	27 184	44,0	1 074	4,6
1976	27 034	43,9	1 060	4,5
1977	27 038	44,0	1 030	4,3
1978	27 212	44,4	993	4,1
1979	27 528	44,9	876	3,6
1980	27 948	45,4	889	3,6
1981	28 305	45,9	1 272	5,1
1982	28 558	46,3	1 833	7,2
1983	28 605	46,6	2 258	8,8
1984	28 659	46,8	2 266	8,8
1985	28 897	47,4	2 304	8,9
1986	29 188	47,8	2 228	8,5
1987	29 386	48,1	2 229	8,5
1988	29 608	48,2	2 242	8,4
1989	29 799	48,0	2 038	7,6
1990	30 369	48,0	1 883	6,9
1991[5]	39 165	49,0	2 602	7,3
1992	38 836	48,2	2 978	8,4
1993	38 632	47,6	3 419	9,7
1994	38 651	47,5	3 698	10,5

[1] Von 1950 bis 1960A ohne Saarland und Berlin (West). Beschäftigte Ausländer bis 1958 ohne Saarland.
[2] Anteil der Erwerbspersonen (Erwerbstätige plus Arbeitslose) an der Wohnbevölkerung.
[3] Quelle: Bundesanstalt für Arbeit.
[4] Anteil der Arbeitslosen an den abhängigen Erwerbspersonen (beschäftigte Arbeitnehmer plus Arbeitslose).
[5] Ab 1991 einschließlich Neue Bundesländer und Berlin (Ost).

Quelle: Sachverständigenrat zur Begutachtung der gesamtwirtschaftlichen Entwicklung, Zeit zum Handeln - Antriebskräfte stärken. Jahresgutachten 1993/94, Stuttgart 1993, 319.

2. In Lehrbüchern[205] wird häufig unterschieden zwischen
- friktioneller (Fluktuations-)Arbeitslosigkeit als einzelwirtschaftlichem Fall der Arbeitslosigkeit infolge von freiwilligem oder erzwungenem Arbeitsplatzwechsel; sie hängt ab von der Menge und Qualität der vorhandenen Informationen, von der Transparenz der Arbeitsmärkte usw.;
- saisonaler Arbeitslosigkeit, die in Form jahreszeitlich bedingter Nachfrageschwankungen bestimmte Branchen trifft (z.B. Winterarbeitslosigkeit in Baugewerbe und Forstwirtschaft, Hotels, Fremdenverkehr);
- konjunktureller Arbeitslosigkeit als makroökonomischer Variante par excellence infolge von gesamtwirtschaftlichen Nachfragerückgängen bzw. einer mit dem Rückgang der Wirtschaftstätigkeit verbundenen Verringerung des Arbeitskräftebedarfs;
- struktureller Arbeitslosigkeit, die als Folge des Wandels der Wirtschaftsstruktur (u.a. regionale, sektorale, demographische und technologische Strukturverschiebungen) vor allem Gruppen mit bestimmten Qualifikationen und Strukturmerkmalen trifft.

Derartige Differenzierungen nach Idealtypen können nur ein erster Schritt zum besseren Verständnis der Arbeitslosigkeit sein. Wichtiger als diese kausale Klassifikation ist die distributive. In unserem Zusammenhang geht es vor allem um
- Fragen der fortschreitenden Strukturalisierung (unterschiedliche Betroffenheit sog. Problemgruppen wie Frauen, Behinderte, Ausländer, Jugendliche, Unqualifizierte, ältere Arbeitnehmer),
- regionale Unterschiede vor allem auf der Ebene von Bundesländern oder weiter desaggregiert von Arbeitsamtsbezirken (sog. Süd-Nord-Gefälle), zu denen seit der Vereinigung ein deutliches West-Ost-Gefälle zu rechnen ist,
- materielle und soziale Folgen der Arbeitslosigkeit für die Arbeitslosen und für die Gesellschaft,
- beschäftigungs- und arbeitsmarktpolitische Handlungsmöglichkeiten und -bedarf bei der Bekämpfung der Arbeitslosigkeit.

Empirische Befunde, u.a. die fallbezogenen Arbeitskräftegesamtrechnung (AGR)[206], zeigen, daß sich bei relativ stabilen Bestandsstrukturen auf der Mikroebene vielfältige Bewegungen vollziehen. Die hohen Bestände dürfen nicht den Blick auf die deutlichen Ströme der Ab- und Zugänge verstellen:[207]

---

[205] Vgl. für andere Maneval,H., Art. Arbeitslosigkeit, in: HDWW, 1.Bd., Stuttgart-Tübingen 1977, 267-279; Willke,G., Arbeitslosigkeit. Diagnosen und Therapien, Hannover 1990, 61ff.

[206] Vgl. zusammenfassend auch Schmid,G., Arbeitsmarktpolitik im Wandel. Entwicklungstendenzen des Arbeitsmarktes und Wirksamkeit der Arbeitsmarktpolitik in der Bundesrepublik Deutschland. Discussion Paper IIM/LMP 87-17, Wissenschaftszentrum Berlin für Sozialforschung 1987, 46ff; Kühl,J., 15 Jahre Massenarbeitslosigkeit - Aspekte einer Halbzeitbilanz, APuZ B38/88, 3-15; Bäcker et al., Sozialpolitik, Bd.1, 217ff.

Kapitel 14: Arbeitsmarktpolitik

- Von Arbeitslosigkeit war seit Mitte der 70er Jahre jeder dritte Arbeitnehmer schon einmal betroffen; das Arbeitslosigkeitsrisiko ist kein Randgruppenproblem. Die Betroffenheitsquote, der Anteil der arbeitslosen Personen an der Gesamtzahl der Erwerbspersonen innerhalb eines Zeitraums, liegt erheblich über der Arbeitslosenquote.
- Arbeitslosigkeit konzentriert sich häufig auf dieselben Personen (Mehrfacharbeitslosigkeit).
- Zahl und Anteil der Dauerarbeitslosen nimmt seit den 70er Jahren zu; der Anstieg der Arbeitslosenquote vollzieht sich eher über eine Zunahme der Dauer als über eine Ausweitung des betroffenen Arbeitnehmerkreises (sog. Langzeitarbeitslosigkeit).[208] Bei fortdauernder Arbeitslosigkeit verlieren die individuellen Qualifikationen bzw. das Humankapital immer mehr an Wert; sie können den veränderten Produktionsbedingungen kaum mehr angepaßt werden. Auch psychosoziale und gesundheitliche Probleme treten auf.[209]
- Immer mehr Dauerarbeitslose werden aus den Systemen sozialer Sicherung (Arbeitslosengeld und -hilfe) ausgegrenzt; weniger als 40% der registrierten Arbeitslosen beziehen Arbeitslosengeld. Folglich steigt die Zahl der Sozialhilfeempfänger nach den Regelungen des BSHG, das Problem der Finanzierung verschiebt sich auf die kommunale Ebene.[210]
- Angehörige der Problemgruppen des Arbeitsmarktes (u.a. Frauen, Jugendliche ohne Berufserfahrung, Personen mit keiner oder schlechter Qualifikation, Ausländer, ältere Arbeitnehmer (über 50 Jahre), Personen mit gesundheitlichen Einschränkungen) sind überdurchschnittlich häufig von instabilen Beschäftigungsverhältnissen betroffen, wobei bei einer Kumulation der genannten Merkmale das Risiko stark zunimmt.

---

[207] Vgl. Hardes,H.-D., Öffentliche Arbeitsmarktpolitik und betriebliche Weiterbildung, in: Winterstein, H.(Hg.), Sozialpolitik in der Beschäftigungskrise II, 53ff.

[208] Vgl. zu Einzelheiten sowie zu Konzepten der Bekämpfung Brinkmann, Langzeitarbeitslosigkeit, 5-42; Bach,H.W., Die Langzeitarbeitslosigkeit in der Bundesrepublik Deutschland, SF 39 (1990), 112-116 und 129-135.

[209] Vgl. Büssing,A., Arbeitslosigkeit, in: Schorr,A.(Hg.), Handwörterbuch der Angewandten Psychologie, Bonn 1993, 29-33; Büssing,A., Arbeitslosigkeit. Differentielle Folgen aus psychologischer Sicht, Arbeit 2 (1993), 5-19.

[210] "Da die Sozialhilfe durch die Gemeinden getragen wird, die Gemeinden ihrerseits aber Hauptträger öffentlicher Investitionen sind, wirken sich Mängel in der Grundsicherung der Arbeitslosen auch beschäftigungspolitisch negativ aus. Das ist ein Musterbeispiel für einen Teufelskreis, der sich empirisch beispielsweise in einem negativen Zusammenhang zwischen Bauinvestitionen und Sozialhilfeausgaben auf kommunaler Ebene nachweisen läßt." Schmid,G., Was tut das Arbeitsamt? Kooperative Arbeitsmarktpolitik im Wandel der Arbeitswelt, in: König,H./Greiff,B.v./Schauer,H.(Hg.), Sozialphilosophie der industriellen Arbeit, Opladen 1990, 394.

- Für Jugendliche bestehen zwei Übergangsprobleme auf dem Arbeitsmarkt, nämlich bei der Lehrstellensuche (Übergang vom Bildungs- ins Beschäftigungssystem) und nach Abschluß der Ausbildung bei dem Versuch des Übergangs in ein Dauerarbeitsverhältnis. Charakteristisch für dieses Spezialproblem Jugendarbeitslosigkeit sind vor allem starke saisonale Schwankungen, mehrfache, aber kurzfristige Nichtbeschäftigung sowie strukturelle Ungleichgewichte zu Lasten von Frauen.
- Bei der regionalen Strukturierung zeigt sich, daß neben dem Niveau auch die Zuwachsraten der Arbeitslosenquote, d.h. die Diskrepanz infolge ungleichgewichtiger Entwicklungen, weiter auseinanderklaffen. Regionen mit industrieller Monostruktur (z.B. Saarland und Ruhrgebiet), anhaltenden Strukturproblemen (z.B. Werften, Stahl) sowie strukturschwache ländliche Gebiete (z.B. Ostfriesland, Bayerischer Wald, Mecklenburg-Vorpommern) sind überdurchschnittlich betroffen.

3. Das <u>Unterstützungssystem</u> nach dem Leistungsrecht des AFG bzw. die sozialstaatliche Sicherung besteht aus den drei Stufen Arbeitslosengeld, Arbeitslosenhilfe und Sozialhilfe.[211] Die materielle Sicherung verschlechtert sich infolge der Ausgrenzungstendenzen aus dem Leistungsbezug.[212] Die im AFG vorgesehenen Lohnersatzleistungen erfüllen ihre Aufgabe einer Sicherung der materiellen Existenz nur für einen immer kleineren Teil der Arbeitslosen. Nur noch ca. ein Drittel bezieht Arbeitslosengeld; die Ausgaben für Arbeitslosen- und vor allem Sozialhilfe schnellen in die Höhe. Die Zahl der Sozialhilfeempfänger nimmt seit ca. 1980 infolge der Dauerarbeitslosigkeit deutlich zu. Dadurch werden die kommunalen Haushalte immens belastet, so daß andere Sozialausgaben (wie Kindergärten und -horte, Altenversorgung) kaum noch bestritten werden können. Nach der Feminisierung der Armut in den 70er Jahren beobachten wir seit 1983/84 eine Verjüngung infolge der Massenarbeitslosigkeit.

Diese arbeitsmarktinduzierte "neue Armut" in einer Industrienation ist wesentlich Folge einer finanzpolitisch motivierten Sparpolitik zu Lasten der Arbeitslosen, d.h. politisch mitverursacht.[213] "Zusammenfassend läßt sich sagen, daß die Arbeitsförderung ihren

---

[211] Vgl. im einzelnen Seifert,H., Öffentliche Arbeitsmarktpolitik in der Bundesrepublik Deutschland. Zur Entwicklung der Arbeitsmarktpolitik im Verhältnis von Steuerungsaufgabe und Anpassungsfunktion, Köln 1984, 200ff.

[212] "Als <u>Fazit</u> ist festzuhalten, daß die Arbeitslosenversicherung bei andauernder Massenarbeitslosigkeit und ständigen Eingriffen in das Leistungssystem ihrer Funktion, existenzsichernde Lohnersatzleistungen zu gewährleisten, nur noch unzureichend nachkommt. Erhebliche Sicherungslücken, die auf Konstruktionsmängel hindeuten, machen eine Reform des Gesamtsystems dringend erforderlich." Bäcker et al., Sozialpolitik, Bd.1, 244.

[213] Vgl. zusammenfassend Hauser,R./Fischer,I./Klein,Th., Verarmung durch Arbeitslosigkeit?, in: Leibfried,St./Tennstedt,F.(Hg.), Politik der Armut und die Spaltung des Sozialstaats, Frankfurt 1985, 213-248; Klein,Th., Sozialer Abstieg und Verarmung von Familien durch Arbeitslosigkeit. Eine mikroanalytische Untersuchung für die Bundesrepublik Deutschland, Frankfurt-New York 1987.

Aufgaben nur teilweise gerecht wird. Ein Drittel der Arbeitslosen muß in jüngster Zeit ohne ihre Hilfe auskommen. Fast ein Zehntel derjenigen, denen sie Unterstützung gewährt, ist auf zusätzliche Leistungen der Sozialhilfe angewiesen. Da die Transferzahlungen für Arbeitslose strikt einkommensbezogen sind, ohne existenzsichernde Mindestleistungen vorzusehen, laufen vor allem untere Lohn- und Gehaltsgruppen Gefahr, bei Arbeitslosigkeit unter die Sozialhilfeschwelle zu sinken. Dieses Risiko ist für sie besonders dann hoch, wenn sie für größere Familien zu sorgen haben."[214]

Einführende Literatur:

Bruche,G./Reissert,B., Die Finanzierung der Arbeitsmarktpolitik. System, Effektivität, Reformansätze, Frankfurt-New York 1985

Büchtemann,Ch.F., Befristete Arbeitsverträge nach dem Beschäftigungsförderungsgesetz (BeschFG 1985), Bonn 1989

Franz,W. et al.(Hg.), Mikro- und makroökonomische Aspekte der Arbeitslosigkeit, Nürnberg 1993

Friedrich,H./Wiedemeyer,M., Arbeitslosigkeit - ein Dauerproblem im vereinten Deutschland? Dimensionen, Ursachen, Strategie, Opladen 1992

Heinelt,H./Bosch,G./Reissert,B.(Hg.), Arbeitsmarktpolitik nach der Vereinigung, Berlin 1994

Klems,W./Schmid,A., Langzeitarbeitslosigkeit. Theorie und Empirie am Beispiel des Arbeitsmarktes, Frankfurt/Main, Berlin 1990

Schmid,G./Reissert,B./Bruche,G. Arbeitslosenversicherung und aktive Arbeitsmarktpolitik - Finanzierungsprobleme im internationalen Vergleich, Berlin 1987

Willke,G., Arbeitslosigkeit. Diagnosen und Therapien, Hannover 1990.

---

[214] Alber,J., Der Sozialstaat in der Bundesrepublik 1950 - 1983, Frankfurt-New York 1983, 182.

15. REGULIERUNGSPOLITIK ALS ARBEITSPOLITIK

15.1. Einleitung: Deregulierung in der Bundesrepublik

Deregulierung, neben Privatisierung politisches Schlagwort und ordnungspolitisches Programm seit Beginn der 80er Jahre, kann sich auf verschiedene Politikfelder erstrecken (z.B. Gesundheitswesen, Verkehrs-, Versicherungs- und Versorgungswirtschaft, Kommunikationssektor).[1] Wir werden die Deregulierungsversuche ausschließlich in bezug auf Arbeitsbeziehungen und Arbeitsmärkte behandeln, welche ein prominentes Anwendungsfeld für das "Marktparadigma" abgeben. Dabei werden wir Deregulierung und Flexibilisierung analytisch voneinander trennen, was in der öffentlichen Diskussion nicht hinreichend geschieht.[2] Der offensichtliche Grund für das vorherrschende Definitionswirrwarr bzw. die unscharfe Begriffstrennung liegt darin, daß beide Strategien in verschiedenen Ländern in den 80er Jahren nahezu zeitgleich eingesetzt wurden, was aber nicht der Fall sein muß.

1. Die Flexibilisierungsbemühungen gehen in allen Industrienationen vor allem von den Unternehmern aus, die damit - nationalspezifisch durchaus unterschiedlich[3] - auf veränderte technologische und ökonomische Rahmenbedingungen reagieren. Ihr generelles Ziel besteht in einer schnellen Überwindung des Angebotsschocks sowie in einer möglichst raschen Amortisation des eingesetzten Kapitals, wobei seit den 80er Jahren eine erhebliche Steigerung des notwendigen Kapitaleinsatzes pro Arbeitsplatz zu verzeichnen war. Das zentrale Mittel der Unternehmer sind Flexibilisierungsstrategien in bezug auf den Faktor Arbeit, die gerichtet sind:
- vor allem auf eine Entkoppelung von Betriebs- bzw. Anlagennutzungszeiten und individuellen Arbeitszeiten,
- auf eine verstärkte Differenzierung der Entgelte,

---

[1] Vgl. u.a. Thiemeyer,T.(Hg.), Regulierung und Deregulierung im Bereich der Sozialpolitik, Berlin 1988; Seidenfus,H.(Hg.), Deregulierung - eine Herausforderung an die Wirtschafts- und Sozialpolitik in der Marktwirtschaft, Berlin 1989; Ewers,H.-J./Wein,T., Gründe und Richtlinien für eine Deregulierungspolitik. Wirtschaftswissenschaftliche Dokumentation der Technischen Universität Berlin, Diskussionspapier 139, Berlin 1989.

[2] Vgl. die Beiträge in WSI-Mitt 41 (8/1988) und 43 (6/1990) sowie in Mitb 35 (9+10/1989).

[3] Rodgers,G., Precarious work in Western Europe: The state of the debate, in: Rodgers,G./Rodgers,J. (eds.), Precarious jobs in labour market deregulation: The growth of atypical employment in Western Europe, Geneva 1989, 1-16; Ricca,S., The behaviour of the state and precarious work, in: Rodgers/Rodgers, Precarious jobs in labour market deregulation, 287-293.

- auf eine Externalisierung (durch Auslagerung von betrieblichen Funktionen),
- auf eine Erhöhung der funktionalen Verwendbarkeit (u.a. durch Intensivierung der innerbetrieblichen Aus- und Weiterbildung)
- sowie auf neue Beschäftigungs- und Vertragsformen mit der Folge einer deutlicheren Segmentation der Arbeitsmärkte[4].

Eine zentrale Rolle spielt die Flexibilisierung der Arbeitszeit. Entsprechende Konzepte können nicht, wie es auf den ersten Blick den Anschein haben mag, per se nur den Arbeitgebern nutzen.[5] Auch Arbeitnehmer haben durchaus Interessen an einer Erweiterung individueller Entscheidungsspielräume und mehr beruflicher Autonomie.[6] Solche Wahlmöglichkeiten mit dem Ziel zunehmender Souveränität in der individuellen Zeitgestaltung könnten u.a. herbeigeführt werden durch eine zumindest partielle und notwendigerweise reversible Auflösung starrer und kollektiv geregelter Arbeitsbedingungen, insbes. Arbeitszeiten, bei einer entsprechenden arbeits- und sozialrechtlichen Absicherung der unteilbaren Rechte. Auf diesen wachsenden Flexibilisierungs- bzw. Differenzierungsbedarf der "Angebotsseite" haben die Gewerkschaften in ihrer an den bekannten Mustern orientierten Tarifpolitik der 80er Jahre insgesamt zu wenig Rücksicht genommen.[7]

Die Unternehmer hätten die Flexibilisierungsstrategien[8] auch ohne die Wiederaufnahme einer aktiven Wochenarbeitszeitpolitik seitens der Gewerkschaften eingesetzt, weil die Informations- und Kommunikationstechnologien diesen Schritt zumindest ermöglichen, vielleicht in Verbindung mit Renditekalkülen sogar erfordern. Die Arbeitgeber wären allerdings auf stärkeren kollektiven Widerspruch der Arbeitnehmervertretungen ("collective voice") gestoßen als bei dem für die zweite Hälfte der 80er Jahre typischen

---

[4] Vgl. als kritische Zusammenfassung Lampert,H., Möglichkeiten und Grenzen einer Flexibilisierung der Beschäftigungsverhältnisse, WD 64 (1986), 179-186; vgl. zur Vielschichtigkeit des Konzepts sowie zur empirischen Überprüfung die Beiträge in Pollert,A. (ed.), Farewell to flexibility?, London 1990.

[5] Für andere Lang,K., Aspekte der Arbeitszeitverkürzung und der Flexibilisierung der Arbeit, GMH 37 (1986), 595-605.

[6] Vgl. u.a. Bosch,G., Hat das Normalarbeitsverhältnis eine Zukunft?, WSI-Mitt 39 (1986), 163-176; Kurz-Scherf,I., Zeit-(t)räume per Tarifvertrag - Oder: Die Renaissance der betriebsnahen Tarifpolitik, WSI-Mitt 40 (1987), 492-502; Strümpel,B., Arbeitszeitflexibilisierung aus der Sicht der Basis, in: Büchtemann,C.F./ Neumann,H.(Hg.), Mehr Arbeit durch weniger Recht? Chancen und Risiken der Arbeitsmarktflexibilisierung, Berlin 1990, 261-282.

[7] Ein wichtiger Grund liegt darin, daß zentrale Mitgliedergruppen, männliche Facharbeiter mittleren Alters, kein sonderlich starkes Interesse an derartigen Arbeitszeitmustern haben, während andere Gruppen mit solchen Präferenzen, vor allem Frauen infolge ihrer nach wie vor typischen Doppelbelastung durch Beruf und Familie, ihre Interessen verbandsintern kaum durchsetzen können.

[8] In der Literatur wird häufig zwischen verschiedenen Formen (u.a. numerische, temporale, funktionale, finanzielle) unterschieden. Wir wollen diese Differenzierungen hier nicht aufgreifen, da es im folgenden um Regulierung geht.

Tausch einer Verkürzung der Arbeitszeit gegen deren stärkere Flexibilisierung (durch Variabilisierung und/oder Differenzierung). Insofern besteht eine nicht-beabsichtigte Folge gewerkschaftlicher Arbeitszeitpolitik darin, Flexibilisierung schneller ermöglicht und dadurch den notwendigen Strukturwandel indirekt gefördert zu haben.

2. Deregulierung soll im folgenden ausschließlich verstanden werden als Bündel von Eingriffen und Maßnahmen des Staates, welche die ordnungspolitische Flankierung unternehmerischer Flexibilisierungsbemühungen abgeben.[9] Damit fassen wir den Begriff Regulierung im Sinne einer Nominaldefinition relativ eng und beziehen ihn ausschließlich auf die Makroebene; insbesondere die gestaltenden Eingriffe der quasi mit hoheitlichen Rechten ausgestatteten Tarifvertragsparteien werden damit nicht berücksichtigt.[10] Freiwillige, ausschließlich auf dezentraler Ebene getroffene und deswegen zugleich differenzierende Vereinbarungen wären in einem im internationalen Vergleich stark verrechtlichten System der Arbeitsbeziehungen wie dem der Bundesrepublik nur ein unvollkommener Ersatz für gesetzliche und daher vereinheitlichende, allgemein verbindliche Regulierungsformen.

Deregulierungsmaßnahmen beabsichtigen eine dauerhafte, mehr oder weniger deutliche Einschränkung des gültigen, historisch gewachsenen sozialstaatlichen Regelwerkes, vor allem der Schutzvorschriften des individuellen und kollektiven Arbeits- und Sozialrechts, durch einen Abbau von "Arbeitsmarkt-, insbes. Lohnrigiditäten" und "Ineffizienzen" sowie durch eine Beschneidung der Rechte bzw. Handlungsoptionen bestimmter Akteure bzw. ihrer Institutionen.[11] Das Ziel eines möglichst weitgehenden Rückzugs des Staates aus der Wirtschafts- bzw. Sozialpolitik besteht vor allem in der Verbesserung der Anpassungsfähigkeit der Arbeitsmärkte an wirtschaftliche Veränderungen ("mehr Markt am Arbeitsmarkt") bzw. in einer Erhöhung des Beschäftigungsstandes.[12]

---

[9] Vgl. zu verschiedenen Regulierungsmodellen Grünert,H./Lutz,B., Strukturwandel, Arbeitsmarktstruktur und Arbeitnehmerrechte, GMH 45 (1994), 734ff.

[10] Vgl. zu weiter gefaßten Regulierungsbegriffen Buttler,F., Regulierung und Deregulierung in der Beschäftigungskrise, in: Büchtemann/Neumann, Mehr Arbeit durch weniger Recht?, 67-85; Büchtemann,C.F., "Deregulierung" des Arbeitsmarktes: Begriffsbestimmung und sozialstaatliche Implikationen, in: Büchtemann/Neumann, Mehr Arbeit durch weniger Recht?, 229-243; Die Sondersituation, daß der Staat als Arbeitgeber auftritt, bleibt im folgenden ebenfalls ausgeklammert; im öffentlichen Sektor sind Deregulierungsstrategien jedoch ebenfalls deutlich zu erkennen und im Vergleich zur Privatwirtschaft weit fortgeschritten. Vgl. im einzelnen Kap.10.

[11] Den Beginn der politischen Diskussion markieren das Lambsdorff-Papier vom September 1982, das George-Papier vom Juli 1983 sowie die Albrecht-Thesen vom August 1983, welche die "neue" Arbeitsmarkt- und Beschäftigungspolitik programmatisch einleiten.

[12] Vgl. zur Zusammenfassung der Argumente Buttler,F., Regulierung und Deregulierung der Arbeitsbeziehungen, in: Winterstein,H.(Hg.), Sozialpolitik in der Beschäftigungskrise II, Berlin 1986, 9-24.

3. In der Bundesrepublik umfaßt der seit den 80er Jahren zunehmende Trend zur Deregulierung vor allem folgende gesetzgeberische Maßnahmen im Bereich des Sozial- und besonders des Arbeitsrechts:[13]

1. Die 1986 erfolgte <u>Neuregelung der Lohnersatzleistungen bei Arbeitskämpfen</u> durch Änderung des Par. 116 (AFG) verschiebt die praktischen Arbeitskampfmöglichkeiten zu Lasten wichtiger Gewerkschaften und engt deren Handlungsfähigkeit und Verhandlungsmacht bei Tarifauseinandersetzungen ein: Mittelbar von einem Arbeitskampf Betroffene, d.h. Arbeitnehmer in demselben fachlichen Geltungsbereich, aber in einem anderen als dem umkämpften Tarifbezirk, erhalten im Regelfall keine Lohnersatzleistungen der BA mehr. Dadurch wird die lange Jahre praktizierte regionalisierte Tarifpolitik, besonders der IG Metall, erschwert.[14]

2. Das 1985 in Kraft getretene <u>Beschäftigungsförderungsgesetz</u>, "the core of flexibilisation on the labour market"[15], versucht einen Abbau arbeitsrechtlicher Schutzvorschriften, d.h. von Teilen des individuellen Arbeitsrechts, als beschäftigungspolitische Maßnahme. Das zentrale Instrument besteht in der erweiterten Möglichkeit des Abschlusses befristeter Arbeitsverträge bis zu einer Dauer von 18 Monaten. - Die empirischen Analysen zeigen übereinstimmend, daß das Gesetz entgegen offiziellen Hoffnungen nicht zu zusätzlichen Einstellungen in nennenswertem Umfang führt. Das BeschFG hat kaum meßbare, höchst ungewisse und allenfalls minimale Niveaueffekte (eines gesamtwirtschaftlichen Beschäftigungszuwachses); seine Struktureffekte (einer Segmentierung der Arbeitsmärkte) hingegen sind kaum untersucht.[16]

3. Die von beiden Tarifpartnern gleichermaßen abgelehnte <u>Novellierung des BetrVG</u>[17] im Jahre 1988 impliziert eine Reihe von Detailänderungen, zu denen vor allem gehören: Einrichtung von sog. Sprecherausschüssen für leitende Angestellte als eigenständige Interessenvertretung mit bestimmten Informations- und Einspruchs-

---

[13] Außer den im folgenden skizzierten Beispielen sind noch zu nennen die Änderungen des Jugendarbeitsschutzgesetzes, des Hochschulrahmengesetzes, des Schwerbehindertengesetzes sowie des Arbeitsförderungsgesetzes.

[14] Vgl. im einzelnen Kap.7.

[15] Kühl,J., Labour policy in the Federal Republic of Germany: Challenges and concepts, Labour 1 (1987), 48.

[16] Vgl. im einzelnen Kap.14.

[17] "While the government's reform is aimed at weakening the intra-company presence of the DGB unions at the direct expense of more conservative - and thus presumably more compliant - labor organizations, the employers would rather see the continuation of the status quo than have to deal with the individualized and fragmented shop-floor representation favored by the government." Markovits,A.S., The politics of the West German trade unions. Strategies of class and interest representation in growth and crisis, Cambridge-London 1986, 447.

rechten, die sog. Verstärkung von Minderheitenrechten, Erweiterung der Informations- und Beratungsrechte des Betriebsrats bei der Einführung neuer Technologien. Diese Änderungen haben jeweils für sich und in ihrer Gesamtheit kaum Auswirkungen; vor allem führen sie nicht zu einer Schwächung des Betriebsrats als einheitlicher, in sich geschlossener betrieblicher Interessenvertretung aller Arbeitnehmer und von der Unternehmensleitung anerkannter Verhandlungspartner.[18]

4. Das Arbeitszeitgesetz von 1994 löst die aus dem Jahre 1938 stammende Arbeitszeitordnung ab und versucht, die Arbeitszeit den veränderten Bedingungen anzupassen. Es beläßt erhebliche Freiräume für die Lage und Länge der täglichen und wöchentlichen Arbeitszeit, was "im praktischen Ergebnis zu einer Aufhebung des Normalarbeitstages führen wird"[19]. Zudem werden zahlreiche Ausnahmetatbestände von dem Gebot der Arbeitsruhe an Sonn- und Feiertagen beibehalten oder neu eingeführt[20] sowie die rechtlichen Möglichkeiten für industrielle Nacht- und Sonntagsarbeit ausgeweitet. Die Rahmenvorgaben für die Länge der täglichen und wöchentlichen Arbeitszeiten werden nicht den Regelarbeitszeiten angeglichen, die infolge der Arbeitszeitpolitik der Nachkriegszeit tatsächlich üblich und in Tarifverträgen vereinbart sind; letztere sind im übrigen recht differenziert und flexibel.[21]

5. Die im BeschFG 1994 endgültig erfolgte Aufhebung des Vermittlungsmonopols der BA bedeutet die Zulassung der gewerbsmäßigen Arbeitsvermittlung. Probleme können sich u.a. aus der Orientierung privater Vermittler an der Gewinnerzielung unter Wettbewerbsbedingungen ergeben. Die Anzahl der privat erfolgten Vermittlungen ist absolut und im Vergleich zu denen der Arbeitsämter recht gering, obwohl die Zahl der Lizenzen deutlich gestiegen ist.[22]

Die von der Bundesregierung 1987 eingesetzte "unabhängige Expertenkommission zum Abbau marktwidriger Regulierungen" (Deregulierungskommission) will das bestehende Regelwerk anpassen, ohne es abzuschaffen. Der Name der Kommission, die fast ausschließlich mit Befürwortern weiterer Deregulierungsmaßnahmen aus Wissenschaft und

---

[18] Vgl. im einzelnen Kap.5.

[19] Mückenberger,U., Zur Rolle des Normalarbeitsverhältnisses bei der sozialstaatlichen Umverteilung von Risiken, Prokla 64 (1986), 37.

[20] "Besonders deutlich wird die permissive Tendenz am Arbeitszeitgesetzentwurf, der nur aus ganz wenigen substantiellen Regelungen, in der Hauptsache aber aus Bestimmungen über Ausnahmeprozeduren besteht." Mückenberger,U., Zur Rolle des Normalarbeitsverhältnisses, 38.

[21] Vgl. im einzelnen Kap.9.

[22] Vgl. im einzelnen Kap.13.

Praxis besetzt war, ist Programm. Zu den Vorschlägen[23], welche die "Funktionsweise des Arbeitsmarktes verbessern" sollen, gehören u.a.:
- Abdingbarkeit von Verbandstarifverträgen entgegen dem Günstigkeitsprinzip (Par.4 TVG) durch leistungsmindernde Betriebsvereinbarungen im "Notfall" (u.a. bei Entgelten, Urlaub, Kündigungsfristen),
- Zulassung der Vereinbarung untertariflicher Arbeitsbedingungen bei Einstellung von Langzeitarbeitslosen für eine Dauer von maximal drei Jahren (Modifizierung des Günstigkeitsprinzips für Problemgruppen),
- Beschränkung der Möglichkeit, Tarifverträge für allgemeinverbindlich zu erklären (Par.5 TVG),
- Ausweitung der Befristung von Arbeitsverträgen über das vom BeschFG erlaubte Ausmaß hinaus (Abschluß von Zeitverträgen ohne Begründungserfordernis),
- Konzentration auf betriebsbezogene Leistungsmerkmale anstelle sozialer Gesichtspunkte beim allgemeinen Kündigungsschutz im Rahmen betriebsbedingter Kündigungen,
- nochmalige Modifikation bzw. weitere Lockerung des Sozialplanrechts (Par.112 BetrVG) durch Veränderung der Verteilung von Anpassungskosten bei Massenentlassungen,
- Verlängerung der Höchstdauer der gewerbsmäßigen Arbeitnehmerüberlassung (über die vom BeschFG fixierte Höchstdauer von 6 Monaten hinaus).

Diese marktmoderate Position der Kommission versucht im Gegensatz zur marktradikalen keine grundsätzliche Abschaffung arbeitsrechtlicher Regulierung, wohl aber deren deutlichen Abbau bzw. Substitution durch den Steuerungsmechanismus Markt; die Maxime der so oder sehr ähnlich seit langem erhobenen Forderungen lautet "marktorientierte Regulierung"[24]. Die Vorschläge zur Flexibilisierung beziehen sich vor allem auf vier Bereiche: Löhne und Gehälter, Bestandsschutz, Arbeitsvermittlung sowie Arbeitszeit.

Einige der Vorschläge wurden in der Folgezeit realisiert. Die nicht nur von der Deregulierungskommission vorgebrachte Forderung nach Aufhebung der Allgemeinverbindlich-

---

[23] Vgl. Unabhängige Expertenkommission zum Abbau marktwidriger Regulierungen, Marktöffnung und Wettbewerb. Berichte 1990 und 1991, Stuttgart 1991; vgl. zur Begründung der Minderheitenmeinung auch Markmann,H., Deregulierung schafft keine Arbeitsplätze, in: Kantzenbach,E./Mayer,O.G.(Hg.), Beschäftigungsentwicklung und Arbeitsmarktpolitik, Berlin 1992, 143-153.

[24] Kritisch aus unterschiedlichen Perspektiven Hickel,R., Befreite Arbeitsmärkte. Zum Endbericht der "Deregulierungskommission", BfduiP 6 (1991), 708-716; Müller,G./Seifert,H., Deregulierung aus Prinzip? - Eine Diskussion der Vorschläge der Deregulierungskommission zum Arbeitsmarkt, WSI-Mitt 44 (1991), 489-499; Neifer-Dichmann,E. Arbeitsmarktordnung auf dem Prüfstand, DA 43 (1991), 586-589 u. 668-670; Neumann,H., Die Vorschläge der Deregulierungskommission, WD 71 (1991), 245-249; BDA, Geschäftsbericht 1991, Köln 1991, 44ff.

keitserklärung läßt die Tatsache unberücksichtigt, daß dieser faktisch nur eine geringe Bedeutung zukommt.[25] "Schätzungen für Westdeutschland zeigen, daß 1989 nur für etwa 1 Mill. Arbeitnehmer auf Grund einer Allgemeinverbindlichkeitserklärung eine faktische Ausdehnung des eigentlichen Tarifvertrages entstanden ist. Von allen für allgemeinverbindlich erklärten Tarifverträgen hatten 1994 überdies nur knapp 14 v.H. direkt die Entlohnung zum Inhalt und davon entfielen bereits knapp die Hälfte auf die Wirtschaftsgruppe "Reinigung und Körperpflege"."[26]

Gewerkschaften und Arbeitgeberverbände lehnen eine Änderung des Tarifvertragsrechts gleichermaßen ab: Die BDA sieht im Gegensatz zu bestimmten Mitgliedergruppen[27] durch den Wegfall tarifvertraglicher Mindestregelungen "die Gefahr einer unkontrollierten Lohnentwicklung nach oben", der DGB befürchtet die "Aufhebung der im Grundgesetz garantierten Tarifautonomie". Beide Dachverbände sehen auch die Gefahr einer "ruinösen Konkurrenz".

Eine in Öffentlichkeit und Gewerkschaften gleichermaßen kontroverse Diskussion dreht sich seit längerem um die Zulassung untertariflicher Arbeitsbedingungen, insbes. untertariflicher Bezahlung, vor allem mit dem Ziel einer Reintegration von Langzeitarbeitslosen.[28] Die arbeitsmarkttheoretische Fundierung dieser Forderung ist durchaus ambivalent: Einerseits lassen sich Forderungen nach Einstiegstarifen bzw. stärkerer Lohndifferenzierung mit humankapitaltheoretischen Kalkülen bzw. dem Fehlen von Humankapital zumindest zu Beginn des Beschäftigungsverhältnisses und geringerer Produktivität im Vergleich zu anderen Arbeitnehmern begründen; andererseits weisen die Effizienzlohntheorien eher in die entgegengesetzte Richtung.[29] Als erste haben schließlich die Tarifparteien der chemischen Industrie 1994 niedrigere Einstellbezüge (zwischen 90 und 95% der sonst geltenden tariflichen Entgeltsätze) für längstens ein Jahr vereinbart, "um die Beschäftigung und die praktische Eingliederung von Arbeitslosen zu fördern".

---

[25] Vgl. auch Kap.7.

[26] Franz,W., Die Lohnfindung in Deutschland in einer internationalen Perspektive: Ist das deutsche System ein Auslaufmodell?, Beihefte der Konjunkturpolitik, ZfaW 43 (1995), 33. Eine andere Position vertritt Meyer,D., Zur Bedeutung der Allgemeinverbindlichkeitserklärung. Einige kritische Anmerkungen, JfSow 43 (1992), 364-374.

[27] Vor allem ASU, Mehr Marktwirtschaft am Arbeitsmarkt! Ansätze zum Abbau der Arbeitslosigkeit, Bonn 1985; ASU, Aufbruch zu mehr Marktwirtschaft! Die ASU fordert eine Deregulierungsoffensive, Bonn 1989,12-20.

[28] U.a. Eisold,H., Gründe und Scheingründe gegen eine Flexibilisierung des Tarifvertragssystems, WD 67 (1989), 277-293.

[29] Vgl. im einzelnen Kap.12.

Infolge dieser sog. Einstiegstarife gilt der Grundsatz "gleicher Lohn für gleiche Arbeit" nicht mehr für alle Beschäftigten.[30] Eine Untersuchung der IG Chemie ergab, daß zwischen Januar und September 1994 nur knapp 14% der Neueinstellungen zu niedrigeren Einstellbezügen erfolgt waren.[31] Die nicht unbedingt übertragbaren, aber immerhin illustrierenden ausländischen Erfahrungen mit sog. two-tier wage systems zeigen u.a., daß eine Senkung der Lohnkosten nicht kurzfristig gelingt, hohe Fluktuationsraten oder Neueinstellungen notwendige Bedingungen für einen Erfolg darstellen, die Einsparungen einseitig zu Lasten der Neueingestellten vorgenommen werden, Konfliktpotentiale entstehen können, die Verbreitung insgesamt begrenzt bleibt und entsprechende Regelungen häufig nur temporärer Natur sind.[32] Weiterhin zeigen ausländische Erfahrungen im Gegensatz zu den üblichen Forderungen, daß die Anhebung von gesetzlichen Mindestlöhnen - und damit die Reduzierung von Lohndifferenzen - eher Beschäftigung schafft, zumindest aber nicht vermindert.[33] Außerdem würde diese Politik bei der derzeitigen Arbeitsmarktsituation den notwendigen Strukturwandel eher hemmen als fördern, da sich Unternehmen der Krisenbranchen durch Lohnkürzungen länger am Markt halten könnten. Schließlich kann ein niedriges Lohnniveau die notwendige Umstrukturierung der Branche behindern, ihre Wettbewerbsfähigkeit vermindern und das Produktivitätswachstum bremsen.[34]

2. Der Einfluß jeder einzelnen Änderung auf Institutionen des Arbeitsmarktes und bargaining power der Arbeitnehmervertretungen auf betrieblicher und überbetrieblicher Ebene könnte vernachlässigt werden. Die eigentliche Gefahr liegt in der sukzessiven Kumulation von Einzelmaßnahmen der prozeduralen und besonders der substantiellen Deregulierung mit der Folge eines Abbaus vor allem individueller Schutzrechte. Erschwerend kommt hinzu, daß diese Änderungen in Zeiten andauernder Massenarbeitslosigkeit und einer deswegen abnehmenden Verhandlungsmacht der Gewerkschaften stattfinden. Die Gefahr einer stärkeren vertikalen Segmentation der Arbeits-

---

[30] Vgl. zur betriebswirtschaftlichen Sicht des Problems Sadowski,D./Schneider,M., Lohndifferenzierung - Ein Ansatz zur Integration von Langzeitarbeitslosen?, WSI-Mitt 49 (1996), 19-25.

[31] WSI-Tarifarchiv, WSI-Informationen zur Tarifpolitik. Jahresbericht West 1994, Düsseldorf 1995, 14.

[32] Vgl. zusammenfassend zu den Erfahrungen in den USA Linsenmayer,T., Concession bargaining in the United States, LS 11 (1986), 207-220; Mitchell,D.J.B., A decade of concession bargaining, in: Kerr,C./Staudohar,P.D.(eds.), Labor economics and labor relations, Cambridge 1994, 435-474.

[33] Vgl. im einzelnen Card,D./Krueger,A.B., Myth and measurement: The new economics of the minimum wage, Princeton 1995.

[34] Franz, Die Lohnfindung in Deutschland in einer internationalen Perspektive, 44f.

märkte ist nicht von der Hand zu weisen. Die Bedeutung der Maßnahmen entsteht nicht im Rahmen einer langfristig geplanten und systematisch vefolgten politischen Gesamtstrategie, die in der Realität gar nicht existiert.

Die Deregulierungsversuche in der Bundesrepublik haben im internationalen Vergleich, vor allem zu Großbritannien und den USA, ein durchaus begrenztes Ausmaß.[35] Die Regulierungsmechanismen, Institutionen und Handlungsstrategien der korporativen Akteure wirken als Sicherungen, Barrieren und wichtige Stabilitätsbedingungen, so daß von einer ernsthaften Krise der Arbeitsbeziehungen bzw. -märkte im internationalen Vergleich nicht die Rede sein kann. Wir müssen diese Differenzen in den Konzepten und vor allem in der Umsetzung konservativer Politiken berücksichtigen, wenn wir ihre Realität und Wirkungen in unserer Analyse angemessen abbilden wollen.[36]

"Evidently, the general western European pattern is not one of the political marginalization of labor."[37] Tatsächliches Ergebnis dieser Entstaatlichung ist nicht ein konsequent betriebener Abbau der Regelungsdichte arbeitsrechtlicher Schutznormen und -funktionen, "sondern eher eine Änderung des Inhalts von Normen und eine Verlagerung der Regelungsebene ... Regelungsveränderung zugunsten der Arbeitgeber ...".[38] Wir haben es zu tun mit einem Umbau des Regulierungssystems in Richtung auf ein neues Mischungsverhältnis von Staat und Markt bzw. einer "Dezentralisierung der Regelungskompetenzen"[39] von der gesetzlichen und tarifvertraglichen auf die individuelle Ebene; es geht weniger um eine marktradikale Ordnungspolitik der echten Deregulierung sozialstaatlicher Institutionen im Sinne einer strikten Ablösung durch Marktprozesse.

---

[35] Vgl. demgegenüber für die USA Erd,R., Amerikanische Gewerkschaften. Strukturprobleme am Beispiel der Teamsters und der Automobilarbeiter, Frankfurt-New-York 1989; für Großbritannien zusammenfassend Crouch,C., Ausgrenzung der Gewerkschaften? Zur Politik der Konservativen, in: Jacobi,O./ Kastendiek,H.(Hg.), Staat und industrielle Beziehungen in Großbritannien, Frankfurt 1985, 251-278; Mückenberger,U./Deakin,S., From deregulation to a European floor of rights: Labour law, flexibilisation and the European single market, ZAS 3 (1989), 153-207; Prigge,W.-U., Gewerkschaftspluralismus und kooperative Interessenvertretung in Großbritannien, Bochum 1995. Im deutschen Szenario an eine Spaltung des Dachverbandes bzw. an die drohende Gründung einer Konkurrenzorganisation zu denken wäre abwegig, im britischen Fall hingegen ist dies Realität.

[36] Lecher spricht im internationalen Vergleich von Deregulierungstrends, d.h. Schwächung der Gewerkschaften, Flexibilisierung der Arbeit, Abbau des Sozialstaats, Privatisierung statt Staatsintervention, "als neuer historischer Phase der Arbeitsbeziehungen in allen wichtigen Weltmetropolen ..." Lecher,W., Deregulierung der Arbeitsbeziehungen. Gesellschaftliche und gewerkschaftliche Entwicklung in Großbritannien, den USA, Japan und Frankreich, SW 38 (1987), 149.

[37] Hyman,R., Industrial relations in Western Europe: An era of ambiguity?, IR 33 (1994), 11.

[38] Linne,G./Voswinkel,S., Befristete Arbeitsverträge: Aspekte eines Arbeitsverhältnisses ohne Bestandsschutz, SAMF-Arbeitspapier 1989-5, Paderborn 1989, 19; ähnlich Buttler, Regulierung und Deregulierung der Arbeitsbeziehungen, 24.

[39] Büchtemann/Neumann, Mehr Arbeit durch weniger Recht?, 32.

Diese Gemengelage von De- und Re-Regulierungsversuchen[40] ist unübersichtlich, weniger eindeutig und konsistent als vom Konzept her zu vermuten wäre; deutliche Kontinuitäten sind in der praktischen Politik auszumachen.[41]
Die politisch motivierten Änderungen der institutionellen Rahmenbedingungen versuchen, eine Jahrzehnte alte und durchaus bewährte Entwicklung zu stoppen; die langfristigen Folgen für die korporativen Akteure und die Formen der Interessenvermittlung sind kaum abzuschätzen. Eine Konsequenz besteht darin, daß unter veränderten Rahmenbedingungen bestimmte, zentrale Kollektivgüter[42], vor allem ein hohes Beschäftigungsniveau, in den Kalkülen bzw. im Zielkatalog der Akteure eine geringere Rolle spielen als vorher unter den korporatistischen Vorzeichen einer eher kollektiv organisierten Vernunft von aufeinander abgestimmten Partikularinteressen.

15.2. Zur Kritik der Deregulierungskonzepte

Die Frage, ob die begonnene Flexibilisierung weitergehen wird oder nicht, ist müßig, weil die Antwort feststeht: Allein aufgrund des generellen Arbeitgeberinteresses an einer Kostenminimierung werden die Flexibilisierungstendenzen zunehmen und mit einer weiteren Dezentralisierung der Arbeitsbeziehungen einhergehen.[43] Wir diskutieren diese sog. Verbetrieblichung üblicherweise am Beispiel der seit Mitte der 80er Jahre aktuellen Arbeitszeitpolitik.[44] Parallele Entwicklungen ergeben sich jedoch auch in anderen Bereichen qualitativer Tarifpolitik, vor allem bei der Einführung und Implementation neuer Technologien sowie bei den Problemen einer Weiterbildungs- und Qualifizierungspolitik.[45] Damit kann eine grundsätzliche Ablehnung jedweder Form der Flexi-

---

[40] Vgl. Begin,J.P./Beal,E.F., The practice of collective bargaining, Homewood-Boston 1989, 86-124; Hyman, Industrial relations in Western Europe, 16ff.

[41] Vgl. auch den stetigen Ausbau der ABM von 1982 bis 1988, der Hand in Hand ging mit einer "Reprivatisierung und Verantwortungsteilung der Beschäftigungsaufgabe" zwischen Privatwirtschaft, Tarifparteien und Arbeitsmarktpolitik, mit dem "Rückzug des Staates aus seiner Verantwortung für Vollbeschäftigungspolitik". Kühl,J., Beschäftigungspolitik in der BRD von 1973 bis 1987, SAMF-Arbeitspapier 1987-5, Paderborn 1987, 10.

[42] Wir müssen Abschied nehmen von der zu einfachen, maßgeblich von Olson geprägten Vorstellung, daß wir Verbandsleistungen in individuelle und kollektive aufteilen können; eine derartige Dichotomisierung entspricht nicht mehr der Realität. Vgl. Olson,M., Die Logik des kollektiven Handelns. Kollektivgüter und die Theorie der Gruppen, Tübingen 1968.

[43] Vgl. die Beiträge zu "Technological change and labour relations" in Gladstone,A. et al.(eds.), Current issues in labour relations. An international perspective, Berlin-New York 1989, Chapter 1.

[44] Vgl. im einzelnen Kap.8.

[45] Die häufig gestellte Frage nach Funktionswandel oder -verlust der Verbände, insbes. der Gewerkschaften, infolge von Kompetenzverlagerung oder -verlust soll hier nicht diskutiert werden. Vgl. im einzelnen Kap.16.

bilisierung - und damit einer Ausweitung von Handlungsspielräumen auf der Betriebsebene - keine realistische Strategie für die Zukunft sein. Die betrieblichen Aushandlungsprozesse werden nicht mehr über das ob, sondern über das wie und dessen Beeinflussung im Interesse verschiedener Gruppen gehen.[46]

1. Die Frage hingegen, ob die Deregulierung fortgeführt werden soll, ist längst nicht entschieden. Die Autoren einer aktuellen international vergleichende Studie sprechen von "the overdue challenge to the neo-liberal models of market economies and economic restructuring that have dominated political discourse and macro policy-making recently"[47]. Die umfangreiche Kritik[48] setzt auf mehreren Ebenen an. Die Deregulierungsmaßnahmen basieren zumindest implizit auf Ableitungen innerhalb der neoklassischen Modellwelt der vollkommenen Konkurrenz und eines allgemeinen Gleichgewichts. Dieses "Marktparadigma" hat folgende Merkmale:
- Es ist strikt einzelwirtschaftlich ausgerichtet.
- Es unterstellt, daß die Preisbildung auf Arbeitsmärkten ohne strukturelle Besonderheiten, d.h. wie auf allen anderen Geld-, Güter- und Kapitalmärkten funktioniert, was im Laufe der Jahre vielfach[49] und aktuell u.a. durch die ökonomische Analyse des Arbeitsrechts[50] bestritten wird.
- Es geht von einer reinen Markträumungsfunktion des Lohnsatzes aus, ohne andere Funktionen (wie Kontroll-, Motivations-, Leistungssicherungs-, Informations- und Effizienzfunktion) angemessen zu berücksichtigen; dies geschieht etwa im Rahmen der neuen Mikroökonomie des Arbeitsmarktes, u.a. in den Kontrakt- und Effizienz-

---

[46] Vgl. Ortmann,G. et al., Computer und Macht in Organisationen. Mikropolitische Analysen, Opladen 1990.

[47] Locke,R./Kochan,Th./Piore,M., Reconceptualizing comparative industrial relations: Lessons from international research, ILR 134 (1995), 158.

[48] Im folgenden geht es um die grundsätzliche Kritik der Konzepte, nicht um die Auseinandersetzung mit einzelnen Elementen. Vgl. zur Kritik der häufig erhobenen Forderung nach Deregulierung des Bestandsschutzes Küchle,H., Kündigungsschutzvorschriften im europäischen Vergleich, WSI-Mitt 43 (1990), 407-414; Neumann,H. Deregulierung des Bestandsschutzes?, WSI-Mitt 43 (1990), 400-407; Walwei,U., Ökonomische Analyse arbeitsrechtlicher Regelungen am Beispiel des Kündigungsschutzes, WSI-Mitt 43 (1990), 392-400.

[49] Vgl. im einzelnen Kap.12.

[50] Vgl. Brandes,W./Buttler,F./Dorndorf,E., Arbeitsmarkttheorie und Arbeitsrechtswissenschaft: Analoge Probleme und Diskussionsschwerpunkte im Hinblick auf die Funktionsfähigkeit der Arbeitsmärkte, in: Fischer,W.(Hg.), Währungsreform und soziale Marktwirtschaft. Erfahrungen und Perspektiven nach 40 Jahren, Berlin 1989, 489-505; Walwei,U., Ansätze einer ökonomischen Analyse des Arbeitsrechts. Debatte um Deregulierung und Flexibilisierung des Arbeitsrechts aus ökonomischer Sicht, SAMF-Arbeitspapier 1989-6, Paderborn 1989; Walwei, Ökonomische Analyse arbeitsrechtlicher Regelungen.

lohntheorien[51], die verschiedene Koordinationsmechanismen einbeziehen und z.B. Lohnrigiditäten als Konsequenz rationaler Entscheidungskalküle interpretieren.[52]

- Es fixiert sich in seiner partialanalytischen Betrachtungsweise einseitig auf die Funktionsweise von Arbeitsmärkten, ohne die Interdependenz von Geld-, Güter- und Kapitalmärkten und deren Einfluß auf die Arbeitsmärkte gleichgewichtig, wie in der Tradition von Keynes üblich, zu berücksichtigen.
- Es übersieht die auch auf Arbeitsmärkten bestehenden, ökonomisch begründbaren Notwendigkeiten institutioneller Regelungen und nicht-preislicher, vor allem rechtlich-institutioneller Koordinationsmechanismen, welche die notwendigerweise entstehenden Transaktionskosten senken sowie die Verhaltenssicherheit erhöhen.[53]
- Es setzt stattdessen, in durchaus wirtschaftspolitischer Absicht, auf das "freie und ungehinderte Spiel der Kräfte" sowie auf "Selbstregulation" der Ökonomie.[54]

Die aus diesen modellplatonistischen Kalkülen abgeleiteten Strategien gehen in der Realität kaum auf: "Die von Deregulierungsmaßnahmen erwartbaren Wirkungen auf das Beschäftigungsniveau werden seitens der Befürworter vermutlich deutlich überschätzt. Soweit verläßliche empirische Informationen vorliegen, können aus ihnen überzeugende Belege für bedeutsame Wirkungen von Deregulierungen auf das Beschäftigungsniveau nicht sicher abgeleitet werden."[55]

Das Dilemma dieser neoklassisch-monetaristischen Angebotspolitik läßt sich folgendermaßen zusammenfassen: "Obwohl der Vergleich von Arbeitslosenzahl und der Zahl offener Stellen ... erkennen läßt, daß das Problem der Arbeitslosigkeit in der Bundesrepublik Deutschland vor allem ein gesamtwirtschaftliches Niveau-Problem, das Problem eines gesamtwirtschaftlichen Fehlbestandes an Arbeitsplätzen darstellt, konzentriert sich der größte Teil der Regulierungs-/Deregulierungsdebatte auf die "Starrheit der

---

[51] Vgl. im einzelnen Kap.12.

[52] Vgl. Buttler,F., Regulierung und Deregulierung der Arbeitsbeziehungen; Neumann,H., (De-)Regulierung auf dem Arbeitsmarkt aus ökonomischer Sicht, in Büchtemann/Neumann, Mehr Arbeit durch weniger Recht?; Rürup,B./Sesselmeier,W., Lohnpolitische Flexibilisierungsforderungen im Licht der Effizienzlohnhypothesen, Discussion Paper FS I 89-10, Wissenschaftszentrum Berlin 1989.

[53] Vgl. Williamson,O.E., Die ökonomischen Institutionen des Kapitalismus. Unternehmen, Märkte, Kooperationen, Tübingen 1990.

[54] Vgl. zur Kritik zusammenfassend Buttler,F., Regulierung und Deregulierung der Arbeitsbeziehungen; Mückenberger/Deakin, From deregulation to a European floor of rights, 171ff.; Walwei,U., Ansätze einer ökonomischen Analyse des Arbeitsrechts; zur Einführung in die Kontroverse Dichmann,W./Hickel,R., Zur Deregulierung des Arbeitsmarkts - pro und contra, Köln 1989.

[55] Buttler, Regulierung und Deregulierung der Arbeitsbeziehungen, 50; ähnlich Franz,W., Beschäftigungsprobleme auf Grund von Inflexibilitäten auf Arbeitsmärkten, in: Scherf,H.(Hg.), Beschäftigungsprobleme hochindustrialisierter Industriegesellschaften, Berlin 1989, 303-340.

Lohnstruktur", auf mangelnde Mobilität der Arbeitskräfte und Behinderungen der Anpassungsflexibilität der Unternehmungen auf dem Arbeitsmarkt, beschäftigungspolitisch also auf einen "Nebenkriegsschauplatz."[56]

2. Im Rahmen der Deregulierungsdiskussion identifizieren häufig neben Juristen vor allem Ökonomen "soziale Rigiditäten" bzw. "institutionelle Sklerose"[57] oder in der europäischen Variante marktwidrige "Eurosklerose"[58] als wesentliche oder sogar einzige Krisenursache.[59] Diese Sichtweise ist einseitig neoklassischem Denken verpflichtet, dem kollektives Handeln und Institutionen des Arbeitsmarktes - im Gegensatz zu anderen, etwa der institutionalistischen Schule der Arbeitsbeziehungen oder den Segmentationstheorien der Arbeitsmarktanalyse - weitgehend fremd geblieben sind.[60] Die "umfassenden Verteilungskoalitionen" bzw. Interessengruppen, die als zentrale Störfaktoren des Marktprozesses ausgemacht werden, agieren faktisch nicht in dem implizit unterstellten institutionellen und politischen Vakuum; sie sind vielmehr in ihren jeweiligen "choices of strategy" an vielfältige politische und soziale Regelungen institutioneller Art gebunden.[61] M.a.W.: Die Institutionen des Arbeitsmarktes beeinträchtigen in der Realität nicht einseitig dessen Funktionsfähigkeit, sondern sind zugleich auch produktivitätssichernde und effizienzsteigernde Regulierungsinstanzen.[62]

---

[56] Knappe,E., Arbeitsmarkttheoretische Aspekte von Deregulierungsmaßnahmen, in: Thiemeyer, Regulierung und Deregulierungsmaßnahmen im Bereich der Sozialpolitik, 232; ähnlich auch Lampert,H., Möglichkeiten und Grenzen einer Flexibilisierung, 181.

[57] Vgl. als häufig bemühten, prominenten Kronzeugen für eine effizienzmindernde Wirkung von Interessenorganisationen Olson,M., Aufstieg und Niedergang von Nationen. Ökonomisches Wachstum, Stagflation und soziale Starrheit, Tübingen 1985. Ähnlich, nur angereichert um die bei Olson nicht berücksichtigte Theorie des rent seeking, später besonders Weede,E., Wirtschaft, Staat und Gesellschaft. Zur Soziologie der kapitalistischen Marktwirtschaft und der Demokratie, Tübingen 1990.

[58] Vgl. zur "eurosclerosis school" u.a. Giersch,H., Eurosklerosis, Kieler Diskussionsbeiträge Nr.112, Institut für Weltwirtschaft Kiel 1985; vgl. zur empirischen Desillusionierung des Arguments u.a. Kraft,K., A comparison of employment adjustment patterns in France, Germany, Great Britain and Italy, FS I 94-207 Wissenschaftszentrum Berlin, Berlin 1994.

[59] Vgl. Ewers/Wein, Gründe und Richtlinien für eine Deregulierungspolitik, 24f.; Ewers,H.-J./Wein,T., Grundsätze für eine Deregulierungspolitik, WD 70 (1990), 320, 327f.

[60] Vgl. zur Kritik dieses neoklassischen Institutionalismus verschiedene Beiträge in Schubert,K.(Hg.), Leistungen und Grenzen politisch-ökonomischer Theorie. Eine kritische Bestandsaufnahme zu Mancur Olson, Darmstadt 1992.

[61] Vgl. Keman,H./Paloheino,H./Whiteley,P.F. (eds.), Coping with the economic crisis. Alternative responses to economic recession in advanced industrial societies, London 1987.

[62] Ein anderes Beispiel für die Beiträge von Verbänden zur Verbesserung der betrieblichen und überbetrieblichen Allokationseffizienz und damit zur Erhöhung des Sozialprodukts stellt das System der beruflichen Bildung dar. Vgl. Streeck,W. et al., Steuerung und Regulierung der beruflichen Bildung. Die Rolle der Sozialpartner in der Ausbildung und beruflichen Weiterbildung in der BRD, Berlin 1987.

Die als Vorbedingung notwendige politische Makroregulierung von reinen Marktaktivitäten stiftet durchaus Nutzen - nicht nur im Sinne einer gewissen politischen Stabilität und Kontinuität - und sucht Marktunvollkommenheiten bzw. -versagen zu verhindern. Sie bleibt jedoch außerhalb einer Betrachtungsweise, die sich auf eine unpolitisch-idealisierte, reine Markt- bzw. Wettbewerbsökonomie mit einem weitgehend inaktiven "Minimalstaat" reduziert. Zudem werden selten die Probleme thematisiert, die sich aus der vorschnellen normativen Wendung einer empirisch-positiv angelegten Theorie in Form von Politikempfehlungen und ordnungspolitischen Implikationen ergeben.[63]

Weiterhin ist für die Diskussion typisch, daß ihre Propagandisten die Grenzen der Deregulierung nicht exakt bestimmen, obwohl niemand bestreitet, daß ein gewisses Mindestmaß an institutioneller Vorkehr zur Sicherung und zum Schutz von property rights konstitutiv sowie zur Senkung von Transaktionskosten unerläßlich ist. Der realistische Verlust von Ordnung bzw. Wohlfahrt durch Deregulierung im Sinne einer Verminderung, nicht einer Abschaffung von Regulierung wird nicht thematisiert. Aus diesen Gründen ist auch die These von der investitionshemmenden Starrheit und Ungelenkigkeit des deutschen Arbeitsrechts und damit des Arbeitsmarkts sowie der Arbeitsbeziehungen eher eine unzutreffende Beschreibung der Realität denn ein Ansatz einer Rezeptur.

3. Die vor allem in den 80er Jahren angestellten Vergleiche besonders mit den angelsächsischen Ländern berücksichtigen das hohe horizontale und vertikale Anpassungs- und Austauschpotential der betriebsinternen Arbeitsmärkte der Bundesrepublik nicht adäquat; vor allem die hohe unternehmensinterne Umsetzungsflexibilität wird systematisch unterschätzt bei der Gegenüberstellung formaler Strukturen ohne Berücksichtigung institutioneller Grundlagen wie Grad der Arbeitsteilung, spezifischer Typus von breit angelegter, standardisierter Grundausbildung und umfassendem Qualifikationserwerb im dualen System der beruflichen Bildung, Mobilitätsstrategien statt Strategien der Arbeitsplatzkontrolle etc.[64] In diesem Arbeitsmarktkontext und seinem häufig

---

[63] Hickel diagnostiziert neben "theoretischen Unbestimmtheiten" (u.a. einer einzelwirtschaftlichen-kurzfristigen Ausrichtung, vollkommen unbestimmtes Maß an Regulierung der Arbeitsmärkte, fehlende volkswirtschaftliche Beurteilung) den "Verzicht auf eine empirische Untersuchung der Folgen von Deregulierungspolitik". Hickel, Deregulierung der Arbeitsmärkte, 87.

[64] Vgl. hierzu Sengenberger,W., Struktur und Funktionsweise von Arbeitsmärkten. Die BRD im internationalen Vergleich, Frankfurt-New York 1987, bes.96ff., 180ff.; ähnlich auch Kühl,J., Beschäftigungspolitik in der BRD, 29ff.; international vergleichend auch OECD(ed.), Labour market flexibility. Trends in enterprises, Paris 1989; Piore,M.J., Perspectives on labour market flexibility, IR 25 (1986), 146-166; die entgegengesetzte Meinung findet sich u.a. bei Soltwedel,R., Mehr Markt am Arbeitsmarkt. Plädoyer für weniger Arbeitsmarktpolititk, München-Wien 1984; Engels,W., Über Freiheit, Gleichheit und Brüderlichkeit. Kritik des Wohlfahrtsstaates, Theorie der Sozialordnung und Utopie der sozialen Marktwirtschaft, Bad Homburg 1985.

vernachlässigten Einfluß auf die Arbeitsbeziehungen ist der in anderen Ländern nicht vorhandene Typus des deutschen Facharbeiters von zentraler Bedeutung: Vor allem gewerbliche Arbeitnehmer absolvieren im dualen System der beruflichen Bildung eine sowohl betrieblich als auch überbetrieblich, breit angelegte Ausbildung, die ihnen vielfältige Einsatzmöglichkeiten einschließlich zwischenbetrieblicher Mobilitätschancen eröffnet und zur hohen Flexibilität des Arbeitskräftepotentials beiträgt.[65]

In den gerade in der Deregulierungsdiskussion beliebten Verweisen auf die hohe Flexibilität und Dynamik des US-amerikanischen Beschäftigungssystem im Vergleich zur Starrheit des deutschen werden diese unterschiedlichen institutionellen Bestimmungsgrößen von Arbeitsmärkten und Arbeitsbeziehungen ebenso wie die positiven Ergebnisse von Regulierung häufig ignoriert; deshalb bleiben diese Vergleiche rein formal und ihre Rezepturen ohne empirische Basis.[66] Die notwendige Anpassungsflexibilität in quantitativer und qualitativer Hinsicht kann nicht nur extern hergestellt werden durch eine Politik des "hire and fire", sondern auch intern, u.a. durch Variation der Arbeitszeiten oder interne Umsetzungen.[67]

In den 80er Jahren hat nach dem Beschäftigungstief der Jahre 1982/83 die Zahl der Erwerbstätigen in den alten Bundesländern bis 1992 um gut 3,2 Mill. (von 26,25 auf 29,46 Mill. in Jahresdurchschnittswerten) zugenommen.[68] Anschließend hat die von Strukturbrüchen überlagerte Konjunkturkrise wieder einen Gutteil des Beschäftigungszuwachses vernichtet.[69] Im Rahmen von Umstrukturierungsprozessen waren vor allem im Dienstleistungssektor, kaum im warenproduzierenden Gewerbe Beschäftigungs-

---

[65] Vgl. im einzelnen Kap.14.

[66] Vgl. detailliert Sengenberger,W., Zur Flexibilität im Beschäftigungsverhältnis. Ein Vergleich zwischen den USA und der BRD, SAMF-Arbeitspapier 1984-3, Paderborn 1984; Sengenberger,W., Mangelnde Flexibilität auf dem Arbeitsmarkt als Ursache der Arbeitslosigkeit?, in: Krupp,H.-J./Rohwer,B./Rothschild,K.W.(Hg.), Wege zur Vollbeschäftigung. Konzepte einer aktiven Bekämpfung der Arbeitslosigkeit, 2. Aufl. Freiburg 1987, 91-106; Sengenberger,W., Das "amerikanische Beschäftigungswunder" als Vorbild? - Interne versus externe Flexibilität am Arbeitsmarkt, in: Büchtemann/Neumann, Mehr Arbeit durch weniger Recht?, 47-65.

[67] In den USA werden zwar viele neue jobs geschaffen; gleichzeitig sind aber Produktivitätszuwächse und Entlohnung niedrig und die soziale Ungleichheit nimmt innerhalb des "amerikanischen Beschäftigungswunders" zu.

[68] Ob die offiziell genannten Zahlen immer realistisch sind, sei dahingestellt, da sie die zusätzlichen ABM-Stellen ebenso einschliessen wie die durch die Wochenarbeitszeitverkürzung geschaffenen jobs oder die durch Mutterschaftsurlaub bzw. Inanspruchnahme des Erziehungsgeldes vorläufig freigewordenen Arbeitsplätze; außerdem wird als Bezug häufig der Zeitpunkt der absolut niedrigsten Erwerbspersonenzahl gewählt.

[69] Von 1992 bis 1994 ging die Erwerbstätigkeit um knapp 900.000 zurück; der Rückgang setzte sich später fort.

zuwächse zu verzeichnen. Allerdings sagt die quantitative Betrachtungsweise noch nichts über die Qualität der neuen Arbeitsplätze und deren Entlohnung. Studien über die USA, in denen in den 70er und 80er Jahren ein "Beschäftigungswunder" vor allem im privaten, vorwiegend wirtschaftsbezogenen Dienstleistungssektor (sog. Tertiarisierung der Wirtschaft) stattfand, zeigen eine Tendenz zur Polarisierung: Wenigen höherqualifizierten und gut bezahlten jobs im primären Segment steht eine Vielzahl von minderqualifizierten und schlecht entlohnten Tätigkeiten in unsicheren Beschäftigungsverhältnissen des sekundären Segments gegenüber.[70] Bei einer Gegenüberstellung der Ergebnisse verschiedener Studien ergibt sich, "that, following many years of decline, the proportion of low-earnings jobs among full-time, year-round workers has increased, and earnings inequality has increased within and between industries and occupations"[71].

Das empirisch feststellbare Ausmaß der Lohndifferenzierung sowohl innerhalb und zwischen Branchen als auch nach Regionen und Qualifikationen ist auch heute noch durchaus erheblich.[72] Trends zur Nivellierung der Einkommen unterschiedlicher Qualifikationsgruppen infolge einer nivellierenden Lohnstrukturpolitik der Gewerkschaften sind im Zeitvergleich kaum auszumachen; die langfristigen Folgen einer in bestimmten Phasen betriebenen Festbetrags- bzw. Sockelpolitik werden vielfach überschätzt.[73] Empirisch zutreffend ist für die jüngere Vergangenheit eher die Differenzierungshypothese, die zunehmende Einkommensunterschiede zwischen den Leistungsgruppen feststellt.[74] Eine umfassende Untersuchung kommt zu dem Resultat, daß ein unerwartet hohes Maß an tatsächlicher Differenzierung und Flexibilität vorhanden ist. "Als Fazit läßt sich festhalten, daß die Vergütungsstrukturen bereits auf der Ebene der Grundverdienste einen Grad an Differenzierung aufweisen, der weithin unbekannt ist und deswegen auch in der öffentlichen Diskussion keine hinreichende Berücksichtigung fin-

---

[70] Vgl. u.a. Sengenberger, Zur Flexibilität im Beschäftigungssystem; Bluestone,B./Harrison,B., The great American job machine: The proliferation of low-wage employment in the U.S. economy, Washington,D.C. 1986; Hoffmann,E., Beschäftigungstendenzen im Dienstleistungssektor der USA und der Bundesrepublik Deutschland, MittAB 21 (1988), 243-267.

[71] Loveman,G.W./Tilly,Chr., Good jobs or bad jobs? Evaluating the American job creation experience, ILR 127 (1988), 606.

[72] Vgl. Hardes,H.-D., Vorschläge zur Differenzierung und Flexibilisierung der Löhne, MittAB 21 (1988), 52-47; Welzmüller,R., Flexibilisierung der Lohnstruktur: Eine wirtschafts- und arbeitsmarktpolitische Sackgasse, WSI-Mitt 41 (1988), 579-590.

[73] Für andere Ewers/Wein, Gründe und Richtlinien für eine Deregulierungspolitik, 16.

[74] Weiterhin ist in diesem Zusammenhang darauf hinzuweisen, daß die bereinigte Lohnquote in den späten 80er Jahren auf das niedrigste Niveau seit Anfang der 60er Jahre gefallen ist.

det."[75] Insofern zielen marktradikale und liberale Forderungen nach einer flexibleren Lohnpolitik bis hin zur Möglichkeit eines selektiven Lohnverzichts durch Zulassung untertariflicher Bezahlung ein stück weit an der Realität vorbei.

Last but not least: "Flexible Arbeitsmärkte sind kein Allheilmittel für soziale und wirtschaftliche Mißstände."[76] Insofern darf die Deregulierungsdiskussion nicht darüber hinwegtäuschen, daß ausreichende Beschäftigungsmöglichkeiten (Vollbeschäftigung) und nicht die arbeitsrechtlichen Rahmenbedingungen die conditio sine qua non für die Funktionsfähigkeit der Arbeitsmärkte sind. "Formeln wie mehr Markt am Arbeitsmarkt oder mehr Beschäftigung durch weniger Recht unterliegen dem ideologiekritischen Verdacht, unter dem Deckmantel beschäftigungspolitischer Ziele die Arbeitsmarktordnung mit dem Ziel umzugestalten, die Nutzen-Kosten-Verteilungen im Interesse der vorschlagenden Marktparteien zu verändern."[77]

15.3. Atypische Beschäftigungsverhältnisse: Formen, Verbreitung, Interessen[78]

1. Nach der empirisch fundierten Kritik der Deregulierungskonzepte wollen wir nach den Handlungsalternativen der Akteure im Spannungsfeld von Flexibilisierung und Regulierung fragen. Dabei kann es lediglich um die Skizzierung wichtiger Bausteine, nicht um ein vollständiges neues Konzept gehen, da wir noch nicht über eine ausgebaute, anwendungsbezogene Theorie der optimalen Regulierung als nicht-preisliche Beeinflussung bzw. Koordination von Optionen verfügen. Allerdings sind die älteren Deregulierungskonzepte trotz umfangreicher Bemühungen ebenfalls weit davon entfernt, ein systematisches und geschlossenes Gedankengebäude zu präsentieren.

Zunächst ist die Vorstellung unrealistisch, eine Restauration des status quo ante und damit die Rückkehr zum alten, bis in die 70er Jahre dominierenden Regulierungsmodell könne die aktuellen Probleme lösen: Die technologisch-organisatorischen und ökonomischen Voraussetzungen haben sich im Strukturwandel der 80er und 90er Jahre entscheidend verändert. Die derzeit handlungs- bzw. politikbestimmende Alternative "mehr Recht oder weniger Recht" im Rahmen der Globalstrategie "weniger Staat, mehr Markt" ist zu einseitig gestellt. Ihre Strategien führen, wie die Erfahrungen zeigen, kaum zum

---

[75] Bispinck,R. und WSI-Tarifarchiv, Tarifliche Lohnstrukturanalyse. Eine Untersuchung der Struktur, Differenzierung und Flexibilität des Tarifsystems und der Tarifeinkommen in der Bundesrepublik Deutschland, Düsseldorf 1995, 152.

[76] OECD(Hg.), Arbeitsmarktflexibilität. Bericht der hochrangigen Sachverständigengruppe an den Generalsekretär der OECD, Paris 1986, 7.

[77] Buttler, Regulierung und Deregulierung in der Beschäftigungskrise, 82.

[78] Vgl. zum folgenden Keller,B./Seifert,H., Regulierung atypischer Beschäftigungsverhältnisse, in: dies.(Hg.), Atypische Beschäftigung. Verbieten oder gestalten?, Köln 1995, 231-255.

angepeilten Ziel. Außerdem paßt sie strategisch - wenn überhaupt - eher zu den bisher nur in Ansätzen realisierten, wenngleich wichtiger werdenden Konzepten flexibler Spezialisierung, die mit unterschiedlichen Formen politischer Regulierung auszukommen scheinen[79]; sie paßt nicht zur industriellen Massenproduktion tayloristisch-fordistischen Typs, die obgleich tendenziell rückläufig, nach wie vor erhebliche Bedeutung hat.

Wir argumentieren gegen den Hauptstrang der Diskussion um "mehr Recht oder weniger Recht", indem wir nicht für weniger, sondern für mehr spezifische, d.h. intelligente und zweckmäßig-gestalterische Regulierung plädieren. Das primäre Problem besteht in dieser Perspektive nicht darin, wie den "freien Kräften des Marktes" durch Deregulierung bzw. durch einen weitgehenden Abbau rechtlicher Rahmenbedingungen möglichst optimal zum Durchbruch verholfen werden kann, sondern wie durch gezielte Änderungen der arbeitsrechtlichen Rahmenbedingungen die Durchsetzung von naturwüchsigen Partikularinteressen im Rahmen der technologischen Entwicklung präventiv gesteuert und in kollektiv akzeptable und "sozialverträgliche" Bahnen gelenkt werden kann.[80]

Welches Recht fördert strukturellen Wandel und Beschäftigung[81] in einer nicht eindeutigen Transformationsphase? Die "zweite industrielle Wegscheide" impliziert in Anbetracht ihres Experimentier- und Suchcharakters beträchtliche politische Gestaltungsspielräume, wie aktuelle Untersuchungen zeigen.[82] Richtung und Ausgestaltung dieses Strukturwandels sind nicht durch einseitigen Technikdeterminismus und/oder ökonomische Sachgesetzlichkeiten vorherbestimmt[83], wie lange Jahre angenommen wurde,

---

[79] Vgl. im einzelnen Kap.11.

[80] Ähnlich in anderem Zusammenhang: "Deregulierung als universelle Handlungsstrategie verfehlt die Problemstellung zumindest auf Mikroebene. Es gibt nicht ein Zuviel an (prohibitiven) Regulationen, sondern ein Zuwenig an innovativen Regulationen. Es geht somit wesentlich um ein neues Regulationsmuster auf betrieblicher Ebene." Naschold,F., Regulierung und Produktivität, ÖZfS 13 (1988), 34; vgl. auch ders., Politik und politische Institutionen in neokorporatischtischen und Public-Choice-Ansätzen, in: Hartwich,H.-H.(Hg.), Macht und Ohnmacht politischer Institutionen, 17. Wissenschaftlicher Kongreß der DVPW, Opladen 1989, 217.

[81] Schmid unterscheidet zwischen prohibitivem (deregulierendem) und präventivem (offensiv-gestaltendem) Recht. "Beschäftigungswirksame Flexibilisierung des Arbeitsmarktes wird nicht oder nicht in bedeutsamen Umfang durch zuviel prohibitives Recht, sondern durch zuwenig präventives Recht behindert. In anderen Worten: Das Problem besteht weniger in der Abschaffung defensiver oder prohibitiver Regulierung ("Deregulierung"), sondern in der Innovation offensiver oder gestaltender (also präventiver) Regulative." Schmid,G. Flexibilisierung des Arbeitsmarkts durch Recht? Beschäftigungswirksame und sozialverträgliche Regulierung von Teilzeitarbeit, Überstunden und Kurzarbeit, APuZ B23/1986, 22f; ähnlich auch Schmid,G., Flexibilisierung des Arbeitsmarkt durch Recht? Überlegungen zu einer beschäftigungswirksamen und sozialverträglichen Regulierung von Teilzeitarbeit, Überstunden und Kurzarbeit, Discussion Paper IIM/LMP 86-4, Wissenschaftszentrum Berlin 1986.

[82] Vgl. im einzelnen Kap.11.

[83] Lutz,B., Das Ende des Technikdeterminismus und die Folgen - soziologische Technikforschung vor neuen Aufgaben und neuen Problemen, in ders.(Hg.), Technik und sozialer Wandel, Verhandlungen des 23. Deutschen Soziologentages in Hamburg, Frankfurt-New-York 1987, 48; Lutz spricht in anderem

sondern grundsätzlich offen (sog. Politikhaltigkeit im Rahmen von constraints und opportunities): Die Akteure können die Flexibilitätspotentiale der neuen Technologien innerhalb gewisser Bandbreiten durch gezielte Interventionen gestalten.
Die strategische Handlungsalternative lautet damit "<u>marktmäßige, nicht-kontrollierte vs. politisch kontrollierte Flexibilisierung</u>" und nicht "Flexibilisierung: ja oder nein". Eine zunehmende Flexibilisierung ginge entgegen der derzeitigen Programmatik und Praxis einher mit einer stärkeren Regulierung ihrer Rahmenbedingungen. Da die Protagonisten von Deregulierung auf aktuelle Problemfelder gewöhnlich nicht eingehen, können die Objektbereiche von Deregulierung (wie Starrheit bzw. Rigidität der Löhne und/oder der Lohnstruktur, Bestandsschutzregelungen wie vor allem Kündigungsschutzvorschriften und Sozialplanregelungen, "starre" Arbeitszeitregelungen, "unzureichende" interregionale, zwischenbetriebliche und/oder berufliche Mobilität) und Re-Regulierung (u.a. Ausbau bestimmter Schutz- und Gestaltungsfunktionen) nicht identisch sein.
Die folgenden Passagen sind der Versuch, die Regulierungsdiskussion vom Kopf auf die Füße zu stellen und von der defensiven Kritik zu offensiven Vorschlägen einer Gestaltung des kollektiven Interessenausgleichs zu gelangen.[84] Ein konzeptionelles Problem besteht darin, daß die Diskussion um Deregulierung (einschl. der Kritik von Deregulierungsvorschlägen) wesentlich umfangreicher ist als die um zukünftige "policy implications" einer Re-Regulierung. Dabei dürfen wir jedoch nicht einer "Illusion des Rechts" aufsitzen und unterstellen, daß der pure Akt der Regulierung bereits die faktischen Verhältnisse verändert; entscheidend ist, wie bei anderen arbeits- und sozialpolitischen Regulierungen, der Prozeß der Implementation. Die Setzung rechtlicher Rahmenbedingungen stellt eine notwendige, aber keine hinreichende Voraussetzung dar.

2. Politikfelder, die eine Re-Regulierung erfordern, lassen sich durchaus ausmachen.[85] Zunächst und vor allem sind marginale bzw. statusgeminderte Beschäftigungsverhältnisse zu nennen, also alle diejenigen, die nicht der Denkfigur des sog. Normalarbeitsverhältnisses entsprechen, d.h. die nicht auf Dauer und Kontinuität sowie nicht auf Voll-

---

Kontext von der "Lösung aus den Verkürzungen des technologischen Determinismus". Die Technikforschung hat einen "wissenschaftlichen Paradigmenwechsel" durchgemacht. Lutz,B., Technikforschung und Technologiepolitik: Förderstrategische Konsequenzen eines wissenschaftlichen Paradigmenwechsels, WSI-Mitt 43 (1990), 614.

[84] Vgl. zu Regulierungsvorschlägen u.a. Däubler,W., Deregulierung und Flexibilisierung im Arbeitsrecht, WSI-Mitt 41 (1988), 453ff.

[85] Der Hinweis auf fehlende Durchsetzungsmöglichkeiten im politischen Prozeß kann kein grundsätzlicher Einwand gegen die Umkehr des skizzierten Argumentationszusammenhangs sein. Ähnlich auch für die USA Kochan,T.A./McKersie,R.B./Capelli,P., Strategic choices and industrial relations theory, IR 23 (1984), 35.

zeit angelegt sind.[86] Wir gebrauchen den Begriff im deskriptiven, nicht im normativen Sinne als Sammelkategorie für heterogene Beschäftigungsformen, deren Gemeinsamkeiten lediglich formal und negativ abgegrenzt sind.[87] Atypische Beschäftigung tritt in unterschiedlichen Formen auf; die wichtigsten Varianten sind:[88]

- Teilzeitarbeit, einschl. der extremen Variante der kapazitätsorientierten variablen Arbeitszeit (Kapovaz), die immer dann vorliegt, wenn die individuelle, vertraglich vereinbarte Arbeitszeit geringer ist als die betriebliche Regelarbeitszeit;
- geringfügige Beschäftigung als besondere und eigenständige Variante von Teilzeit, die nicht der Sozialversicherungspflicht unterliegt und mit spezifischen Schwellenvorgaben für Wochenarbeitszeit und Monatsverdienst ausgestattet ist,
- Leiharbeit als spezifische Form der Zeitarbeit, die durch ein drei- anstelle des üblichen zweiseitigen Arbeitsverhältnisses charakterisiert ist,
- befristete Beschäftigung, d.h. ohne zeitliche Kontinuität,
- "neue" Selbständigkeit,
- "neue" Heimarbeit, u.a. sog. Teleheimarbeit.

Nicht behandeln werden wir die illegalen Varianten dieser Formen, u.a. Schwarzarbeit, die im Zuge der Öffnung der Grenzen nach Osten zugenommen haben und vermutlich weiter zunehmen werden. Ebenfalls ausgeklammert bleiben wegen ihrer nach wie vor geringen quantitativen Verbreitung die neue "abhängige" Selbständigkeit bzw. arbeitnehmerähnliche Beschäftigungsverhältnisse sowie die Heimarbeit (einschl. ihrer aktuellen Variante der Teleheimarbeit).[89]

---

[86] Mückenberger,U., Der Wandel des Normalarbeitsverhältnisses unter den Bedingungen einer "Krise der Normalität", GMH 40 (1989), 211-223; Mückenberger,U., Re-Regulierung neuer Beschäftigungsformen - Kann "atypische" Beschäftigung sozialverträglich sein?, in: Semlinger,K.(Hg.), Flexibilisierung des Arbeitsmarktes. Interessen, Wirkungen, Perspektiven, Frankfurt-New York 1991, 204.

[87] Vgl. zu parallelen Diskussionen in anderen Ländern duRivage,V.L.(ed.), New policies for the part-time and contingent workforce, Armonk 1992; Meulders,D./Plasman,O./Plasman,R.(eds.), Atypical employment in the EC, Dartmouth 1994; Sobel,R./Deroubaix,J.-C./Yonnet,J.-P., Precariousness, exclusion and the informal economy. Survey in five Eruopean countries (Germany, Belgium, France, Great Britain, The Netherlands), Bruxelles 1995; Delsen,L., Atypical employment: An international perspective. Causes, consequences and policy, Groningen 1995.

[88] Vgl. zu den hier nicht behandelten rechtlichen Voraussetzungen der individuellen Arbeitsverträge Weiss,M., Labour law and industrial relations in the Federal Republic of Germany, Deventer 1987, 46ff.

[89] Vgl. zum Problem u.a. Brandes,W./Buttler,F., Alte und neue Heimarbeit. Eine arbeitsökonomische Interpretation, SW 37 (1987), 74-91; Brandes,W.,/Beyer,P./Konken,J., "Neue" Heimarbeit. Zwischen traditioneller Heimarbeit und Telearbeit, in: Keller/Seifert, Atypische Beschäftigungsverhältnisse, 84-107; international vergleichend Schneider de Villegas,G., Home work: A case for social protection, ILR 129 (1990), 423-439.

Wir wollen explizit zwischen atypischen und prekären Beschäftigungsverhältnissen unterscheiden; atypische sind nicht automatisch prekär, insofern sie nicht grundsätzlich keinen oder nur einen geringeren Schutz vor sozialen Risiken bieten (vor allem Krankheit, Alter, Arbeitslosigkeit, aber auch Armut). Atypische Beschäftigungsverhältnisse bewegen sich auf einem Kontinuum, dessen Pole durch die üblichen sozialstaatlichen Sicherungsstandards auf der einen sowie durch hochgradige Prekarität auf der anderen Seite markiert werden. So ist Teilzeitarbeit mit dem verbrieften Recht auf Rückkehr in Vollzeitbeschäftigung anders zu behandeln als etwa Teilzeittätigkeit in Kombination mit Befristung oder faktisch unfreiwillige Teilzeitarbeit.

Die Regulierungsvorgaben des Arbeits- und Sozialrechts, insbes. der Systeme sozialer Sicherung, orientieren sich nach wie vor am alten Idealtyp des Normalarbeitsverhältnisses.[90] Diese Ausrichtung an den Rahmenbedingungen des ehemals faktisch und normativ dominierenden Typus kann zu Defiziten bei den neuen, von diesem abweichenden Beschäftigungsverhältnissen führen. Die Forderung lautet, daß diese Nachteile durch notwendigerweise differenzierte Regulierungsmaßnahmen ausgeglichen werden sollten. Die Änderungen können sich sowohl auf die Ausgestaltung der sozialen Sicherungssysteme als auch auf die Beschäftigungsbedingungen der einzelnen Varianten beziehen. Bei bestimmten Formen bleiben immanente, nicht-aufhebbare Sicherungsdefizite bestehen, die durch Risikoprämien (sog. Prekaritätsentschädigung) möglichst weitgehend kompensiert werden sollen.

Insofern sehen wir die realistische Reaktion auf diese Formen weder in der wiederholt vorgebrachten Forderung nach ihrer pauschalen Abschaffung (rigides Modell) noch in ihrer weiteren Verbreitung ohne regulierende Eingriffe (liberales Modell). In unserer Perspektive benötigen Arbeitsmärkte sowohl auf der Mikro- als auch auf der Makroebene umfassende Regulierung in Form von Institutionen bzw. korporativen Akteuren und Normen bzw. Regeln, um strukturell gegebene Benachteiligungen der Anbieter auszugleichen.[91]

Im folgenden werden wir die Entwicklung der wichtigsten Formen atypischer Beschäftigung sowie die Interessen von Arbeitnehmern und Arbeitgebern skizzieren. Anschließend geht es um die Frage, inwieweit atypische Beschäftigungsverhältnisse im Vergleich zum Normalarbeitsverhältnis Defizite aufweisen und in welchen ausgewählten zentralen Dimensionen (Einkommen, Beschäftigungsstabilität, soziale Sicherung, Interessenvertretung) sie sozial abgesichert werden müssen, um nicht prekär zu sein.

---

[90] Die gleiche Orientierung finden wir weitgehend auch in Tarifverträgen.

[91] Vgl. Müller/Seifert, Deregulierung aus Prinzip?, 492; Sengenberger,W., The role of labour market regulation in industrial restructuring, in: Standing,G./Tokmann,V.(eds.), Towards social adjustment. Labour market issues in structural adjustment, Geneva 1991, 235-270.

3. Im Zuge des Beschäftigungszuwachses der 80er Jahre ist nicht nur die Anzahl, sondern auch der Anteil der atypischen[92] an allen Beschäftigungsverhältnissen deutlich gestiegen:
- Teilzeitbeschäftigung nimmt bei unterschiedlichen Arbeitsmarktbedingungen und mit variierter Zielsetzung vom Volumen zwar langsam, aber stetig zu (von knapp 3 Mill. Anfang der 80er auf fast 4,5 Mill. Mitte der 90er Jahre); sie umfaßt inzwischen fast 17% aller abhängig Beschäftigten.[93] Damit liegt die Bundesrepublik im internationalen Vergleich lediglich im Mittelfeld; höhere Teilzeitquoten weisen vor allem die Niederlande und die skandinavischen Länder, aber auch Großbritannien auf.[94] Teilzeitarbeit ist mit einem Anteil von über 90% überwiegend Frauenarbeit (sog. Feminisierung), die überwiegend im Dienstleistungssektor erbracht wird. Außerdem steigt der Anteil befristeter Teilzeit- an allen Arbeitsverhältnissen.[95]
- In geringfügigen Beschäftigungsverhältnissen befanden sich 1990 über 1,55 Mill. Arbeitnehmer (knapp 6% aller abhängig Beschäftigten); diese Zahl steigt auf 4 Mill., wenn man die als Zweitbeschäftigung ausgeübten Nebentätigkeiten hinzurechnet. Die Angaben über den Umfang der geringfügigen Beschäftigung sind in den einzelnen Studien recht unterschiedlich.[96] Eine aktuelle Untersuchung ermittelte 1994 einen "Anstieg sozialversicherungsfreier Beschäftigung"[97] auf 3,7 Mill. in West- und Ostdeutschland.

---

[92] Vgl. zu verschiedenen Formen und ihren Entwicklungen Bollinger,D./Cornetz,W./Pfau-Effinger,B., "Atypische" Beschäftigung - Betriebliche Kalküle und Arbeitnehmerinteressen, in: Semlinger,K.(Hg.), Flexibilisierung des Arbeitsmarktes. Interessen, Wirkungen, Perspektiven, Frankfurt-New York 1991, 177-199; vgl. zu Vorstellungen der Absicherung Landenberger,M., Defizite und Lösungsstrategien bei der sozialversicherungsrechtlichen Absicherung flexibler Beschäftigung, in: Semlinger, Flexibilisierung des Arbeitsmarktes, 271-293.

[93] Hin,M., Erste Ergebnisse des Mikrozensus April 1991, WiSta 9/1992, 632.

[94] Kohler,H./Spitznagel,E., Teilzeitarbeit, Personal 45 (1993), 88; vgl. auch Seifert, Arbeitszeitgestaltung jenseits der Normalarbeitszeit, in: Seifert,H.(Hg.), Jenseits der Normalarbeitszeit. Perspektiven für eine bedürfnisgerechtere Arbeitszeitgestaltung, Köln 1993, 274.

[95] Neben der Flexibilisierung des Personalbestandes erfolgt auch eine Flexibilisierung des Personaleinsatzes. Durch eine extreme Flexibilisierung der Arbeitszeiten (Anpassung der Arbeitsleistung an den schwankenden Arbeitsanfall) werden erhebliche Rationalisierungsgewinne für die Unternehmen ermöglicht. Vgl. McKinsey, Teilen und Gewinnen. Das Potential der flexiblen Arbeitszeitverkürzung, München 1994.

[96] Vgl. u.a. ISG, Sozialverischerungsfreie Beschäftigung, in: BMA(Hg.) Sozialversicherungsfreie Beschäftigung, Bonn 1989; Friedrich,W., Sozialversicherungsfreie Beschäftigungsverhältnisse 1987 und 1992, in: Keller/Seifert, Atypische Beschäftigung, 65-83.

[97] N.N., Zur Expansion der versicherungsfreien Erwerbstätigkeit in Deutschland, DIW-Wochenbericht 62 (1995), 857.

- Die Anzahl der Arbeitnehmer mit befristeten Arbeitsverträgen beträgt laut Mikrozensus im April 1990 1,3 Mill.[98] Ihr Anteil an allen Erwerbstätigen hat seit den 80er Jahren, abgesehen von kurzfristigen Schwankungen und entgegen gängigen Erwartungen, nicht deutlich zugenommen. Überproportional betroffen sind Frauen, jüngere Arbeitnehmer und schlecht Qualifzierte.[99]
- Seit dem Beschäftigungstiefpunkt Anfang der 80er Jahre (Juni 1983: 25.700) hat der Umfang der legalen Leiharbeit deutlich zugenommen (Juni 1993: 115.100).[100] Frauen sind im Gegensatz zu anderen Formen atypischer Beschäftigung unterproportional betroffen. Mit einem Anteil von ca. 0,5% an allen abhängig Beschäftigten ist zwar das Ausmaß, welches konjunkturabhängig ist, sowohl im internationalen Vergleich als auch in Relation zu anderen Formen atypischer Beschäftigung gering; da es sich um Bestandsdaten handelt, ist der Anteil der Betroffenen insgesamt höher. Der tatsächliche Umfang der Leiharbeit[101] ist wegen ihrer statistisch nicht erfaßten illegalen Formen deutlich höher.[102]

Der Gesamtumfang atypischer Beschäftigung läßt sich nicht durch bloße Addition der Bestandszahlen der verschiedenen Formen ermitteln, da diese auch kombiniert auftreten können, z.B. Teilzeit- und befristete Beschäftigung oder Teilzeit- und Leiharbeit.[103] Außerdem können die Formen auch in einem substitutiven Verhältnis zueinander stehen, z.B. befristete Beschäftigung und Leiharbeit. Mindestens ein Viertel aller bestehenden Beschäftigungsverhältnisse weist atypische Formen auf.[104] Damit ist längst ein quantitativ bedeutender "zweiter", weitgehend unregulierter Arbeitsmarkt entstanden.[105]

---

[98] Rudolph,H./Walwei,U., Befristete Beschäftigungsverhältnisse als Element der Personalpolitik, Personal 45 (1993), 85.

[99] Vgl. im einzelnen Kap.14.

[100] 1992 und 1993 gab es erstmals leichte Rückgänge. Vgl. Bode,I./Brose,H.-G./Voswinkel,S., Die Regulierung der Deregulierung, Opladen 1994, 34. - Mit der konjunkturell rückläufigen Beschäftigungsentwicklung geht auch die Zahl der Leiharbeitnehmer zurück. 1992 lag sie noch bei 135.800.

[101] Vgl. Brose,H.-G./Schulze-Böing,M./Wohlrab-Sahr,M., Zeitarbeit. Konturen eines neuen Beschäftigungsverhältnisses, SW 38 (1987), 286ff.

[102] Vgl. im einzelnen Kap.14.

[103] Hinzu kommt, daß sich geringfügige Beschäftigung unter Teilzeitarbeit subsumieren läßt.

[104] Zu ähnlichen Ergebnissen kommen auch Matthies,H. et al., Arbeit 2000. Anforderungen an eine Neugestaltung der Arbeitswelt, Reinbek 1994, 180f.

[105] Über die Bedeutung atypischer Beschäftigungsverhältnisse in der Vergangenheit wissen wir relativ wenig. Arbeitsmarktforschung ist in der Regel nicht historisch orientiert.

"Normalarbeitsverhältnisse" verlieren zunehmend an Normalität; atypische Beschäftigungsverhältnisse nehmen zu. Ihre Anteile werden weiter, aber nicht beliebig steigen. Eine Ausweitung ad infinitum würde in den Betrieben auf funktionale Grenzen stoßen[106]: Wie die Untersuchungen zum BeschFG zeigen, hat nur ca. ein Drittel aller Betriebe, von den erweiterten Befristungsmöglichkeiten Gebrauch gemacht. Generell ist davon auszugehen, daß nur unbefristete Arbeitsverträge den Aufbau sowie die Amortisation betriebsspezifischen Humankapitals ermöglichen.[107]

Die Obergrenzen sind nur schwer auszumachen, da die Entwicklung von verschiedenen, teilweise gegenläufig wirkenden Faktoren auf der Angebots- sowie Nachfrageseite des Arbeitsmarktes bestimmt wird:

- Die konjunkturelle Lage bzw. die Relation von Arbeitskräfteangebot und -nachfrage sind entscheidend für die Bereitschaft von Arbeitsuchenden, mangels alternativer Beschäftigungsmöglichkeiten im Rahmen von Normalarbeitsverhältnissen andere Formen zu akzeptieren.
- Auf der Angebotsseite können zumindest auf bestimmten Teilarbeitsmärkten (u.a. Baugewerbe, Gaststättengewerbe) aus dem Ausland zuwandernde Arbeitnehmer die Akzeptanzschwellen für atypische Beschäftigung verändern.
- Die weitere, im internationalen Vergleich in der Bundesrepublik nicht sonderlich fortgeschrittene Tertiarisierung der Wirtschaft wird auch in Zukunft Varianten atypischer Beschäftigung (speziell Teilzeitarbeit und Befristung) begünstigen.
- Der Bedarf an flexiblem Arbeitskräfteeinsatz nimmt in quantitativer und qualitativer Hinsicht zu: Firmen geraten bei verkürzten Produktzyklen, sich globalisierenden Märkten und dadurch zunehmendem Wettbewerb unter Kostendruck und greifen deswegen zu Flexibilisierungsmaßnahmen. Dabei stehen den Betrieben grundsätzlich zwei Varianten offen: Sie können ihren Flexibilisierungsbedarf intern und/oder extern abdecken.[108] Beide Varianten stehen in einem eher substitutiven Verhältnis zueinander, das wesentlich durch die Ausgestaltung der rechtlichen Rahmenbedingungen bestimmt wird. Auch die Vereinbarungen über optionale Arbeitszeitverkürzungen, wie sie in der Metallindustrie, der chemischen Industrie sowie im öffentlichen Dienst der neuen Bundesländer abgeschlossen wurden, haben die Möglichkeiten der internen Flexibilisierung erheblich ausgeweitet.

---

[106] Vgl. im einzelnen Walwei,U., Atypische Beschäftigungsformen: Kongruenz und Divergenz der Interessen, in: Keller/Seifert, Atypische Beschäftigung, 9-24.

[107] Vgl. im einzelnen Kap.14.

[108] Vgl. Sengenberger, Struktur und Funktionsweise von Arbeitsmärkten, 33ff; Dragendorf,R./ Heering,W./John,G., Beschäftigungsförderung durch Flexibilisierung. Dynamik befristeter Beschäftigungsverhältnisse in der Bundesrepublik Deutschland, Frankfurt-New York 1988, 113ff.

Zusätzlich zu diesen Gründen legt die Diskussion um neue Produktionskonzepte bzw. lean production[109] zweierlei nahe: Die neuen Produktionskonzepte, welche das Modell der standardisierten Massenproduktion konventionellen Typs allmählich, aber zunehmend ablösen, ermöglichen Flexibilisierungsstrategien - wenn sie diese nicht sogar erfordern. Die wichtiger werdende Produktion nach den Prinzipien flexibler Spezialisierung erfordert stärker als die hochgradig standardisierte Massenproduktion breit angelegte sowie betriebsspezifische, nicht beliebig und/oder schnell substituierbare Qualifikationen. In dem Maße, wie Gruppenarbeit und eingespielte Kooperationsbeziehungen an Bedeutung gewinnen, wird Beschäftigungsstabilität (zumindest für einen Teil der Belegschaft) zu einem produktivitätsbestimmenden Faktor.

Wir haben nicht mit weniger, sondern mit einer weitergehenden Segmentierung, evtl. in Richtung auf eine Dualisierung der Arbeitsmärkte, zu rechnen: In privilegierten Kernbereichen mit abgeflachten Hierarchien, neuen Formen der Gruppenarbeit und partieller Selbstbestimmung dürfte die Stabilität von Beschäftigungsverhältnissen aufgrund von teilweise gleichgerichteten Interessen von Arbeitnehmern und Arbeitgebern zunehmen. In den nachgeordneten Bereichen gilt eher das Gegenteil. In weiten Teilen des privaten und öffentlichen Dienstleistungssektors ergeben sich ähnliche Tendenzen wie in der Produktion.[110]

4. Atypische Beschäftigung ist eine Form, die von den Unternehmen favorisiert wird: Firmen, die Entscheidungen unter der Randbedingung zunehmender Unsicherheit treffen, benötigen ein bestimmtes Maß an Anpassungsfähigkeit in ihren personalpolitischen Entscheidungen und Formen der Arbeitsorganisation, um sich auf rasch wandelnde Marktanforderungen einstellen zu können. Diese notwendige Flexibilität kann verschiedene Formen annehmen (u.a. numerisch, funktional, zeitlich, extern).[111]

Auch auf Seiten der Beschäftigten besteht ein generelles Interesse an Flexibilität bzw. größerer Zeitsouveränität[112], was aber noch nicht bedeutet, daß die Formen gleichwertig sind; außerdem bleiben mangels anderer Beschäftigungsmöglichkeiten aufgrund der Arbeitsmarktsituation häufig keine Alternativen. Hinweise auf spezifische Interessen an

---

[109] Vgl. im einzelnen Kap.11.

[110] Vgl. im einzelnen Kap.11.

[111] Vgl. als "Fallbeispiel" Voswinkel,St./Bode,I., Regulierung der Arbeitsbeziehungen und Unternehmerinteressen. Das Beispiel der Leiharbeit, ZfS 22 (1993), 298-316.

[112] Vgl. verschiedene Beiträge in Büssing,A./Seifert,H.(Hg.), Sozialverträgliche Arbeitszeitgestaltung, München-Mering 1995.

Flexibilität liefern Untersuchungen[113], welche zeigen, daß einzelne oder bestimmte Gruppen aufgrund von veränderten Lebens- und Arbeitszeitmustern an wechselnden Beschäftigungsverhältnissen, -rhythmen, Arbeitsorten und -tätigkeiten interessiert sein können.[114] So kann etwa der freiwillig vollzogene Wechsel aus Vollzeit- in arbeits- und sozialrechtlich hinreichend abgesicherte Teilzeitbeschäftigung in bestimmten Lebenslagen und -orientierungen den Präferenzen besser entsprechen als eine Vollzeittätigkeit; hierbei sollte das Recht auf einen Wechsel in die umgekehrte Richtung grundsätzlich garantiert sein. Auch ein Wechsel von Arbeitgebern und Arbeitsinhalten, etwa im Rahmen von Leiharbeitsverhältnissen oder von befristeter Beschäftigung, muß den Interessen bestimmter Gruppen nicht unbedingt widersprechen.[115] Schließlich kann auch Teleheimarbeit unter bestimmten Bedingungen vorteilhaft sein, wenn dadurch überhaupt erst der Zugang zur Erwerbstätigkeit erschlossen oder gesichert wird.

Sicherlich fragen bislang nur Minderheiten Formen atypischer Beschäftigung ohne Not freiwillig nach. Wir können uns vorstellen, daß die Nachfrage steigt, wenn die Defizite behoben werden können. Die Attraktivität auch für Arbeitnehmer kann durch entsprechende Ausgestaltungen der Regulierungsformen gesteigert werden. Die häufig vorgebrachte Forderung der Abschaffung bzw. der Rückkehr zum einheitlichen Modell des Normalarbeitsverhältnisses ist sowohl in Anbetracht der Interessenlagen aller Akteure als auch der bisherigen quantitativen Entwicklung keine realistische Alternative für die Zukunft. Dreh- und Angelpunkt sind Fragen der Regulierung und ihrer jeweiligen inhaltlichen Ausgestaltung bzw. die Eröffnung von kontrollierten Optionen.

---

[113] Vgl. Wiesenthal,H., Themenraub und falsche Allgemeinheiten, in: Schmid,Th.(Hg.), Das Ende der starren Zeit, Berlin 1985, 19; Hinrichs,K., Motive und Interessen im Arbeitszeitkonflikt, Frankfurt-New York 1988; Bäcker,G./Stolz-Willig,B., Teilzeitarbeit - Probleme und Gestaltungschancen, WSI-Mitt 46 (1993), 545ff.

[114] Vgl. für Großbritannien Carley,M./Suri,O., Atypische Beschäftigung in Großbritannien, WSI-Mitt 46 (1993), 600ff.

[115] OECD(ed.), Employment Outlook 1993, Paris 1993, 28. Schömann,K./Rogowski,R./Kruppe,Th., Befristete Beschäftigung in der Europäischen Union, in: inforMISEP 47 Herbst/1994, S.42-43.

15.4. Re-Regulierung atypischer Beschäftigungsverhältnisse: Strategien, Prinzipien, Kriterien

1. Prinzipiell stehen drei Strategien für den Umgang mit atypischen Beschäftigungsformen zur Verfügung:
- Verbote (rigides Modell),
- Flexibilisierung ohne Regulierung (liberales Modell),
- Regulierung der Flexibilisierung (reguliertes Modell).

Auf einem Kontinuum der Regulierungsvarianten markieren das rigide bzw. das liberale Modell die Pole, zwischen denen sich das regulierte Modell befindet.

Rigide Verbote erscheinen aus zwei Gründen wenig überzeugend:
- Zum einen dürften sie politisch kaum durchzusetzen sein, weil einzelne Formen bereits weit verbreitet sind, da die gruppenspezifischen Interessen stark divergieren und weil auf ein bestimmtes Maß an Flexibilität bei Produktion und Dienstleistungen nicht verzichtet werden kann, wenn man nicht ökonomische Nachteile und daraus resultierende Einkommensverluste in Kauf nehmen will.
- Zum andern bestünde die Gefahr, daß hohe Kontrollkosten entstehen und daß pauschale Verbote relativ wirkungslos blieben, da substitutive Formen dieser flexibilisierten Beschäftigungsarten ausgebildet werden können. Bei einem pauschalen Verbot geringfügiger Beschäftigung wäre mit einem Ausweichen in illegale Leiharbeit zu rechnen; bei einer Abschaffung befristeter Beschäftigung oder Leiharbeit dürfte sich der Druck auf eine Ausweitung flexibler Arbeitszeitformen, speziell von Kapovaz, erhöhen. Schließlich würde ein Verbot z.B. geringfügiger Beschäftigung bestimmte Gruppen vom Arbeitsmarkt faktisch ausschließen, die, wie Studenten, Schüler und Flüchtlinge, nicht mehr arbeiten könnten.

Im Gegensatz zu dieser Verbotsstrategie steht die Alternative einer reinen Flexibilisierung ohne Regulierung. Dieses liberale Modell favorisiert in Ansätzen u.a. die Deregulierungskommission, deren zahlreiche Vorschläge zu "Marktöffnung und Wettbewerb" einseitig auf Deregulierung gerichtet sind.[116] Diese Vorschläge sind auf den Idealtyp des strikte lebenslange Vollzeiterwerbstätigkeit unterstellenden Normalarbeitsverhältnisses fixiert; sie unterstellen implizit, jedoch völlig unrealistisch Homogenität der Beschäftigungsverhältnisse. Es überrascht nicht, wenn die Kommission die quantitativ wichtigeren atypischen Beschäftigungsformen weitgehend ausklammert und keine spezifischen Vorstellungen entwickelt, die ihrer "Deregulierungsphilosophie" widersprechen würden. Die wenigen, atypische Beschäftigungsverhältnisse unmittelbar betreffenden Vorschläge laufen sowohl bei der befristeten Beschäftigung (Ausweitung über den vom

---

[116] Vgl. im einzelnen Kap.15.1.

BeschFG gesetzten Rahmen hinaus) als auch bei der Leiharbeit (nochmalige Verlängerung der Höchstdauer der gewerbsmäßigen Arbeitnehmerüberlassung) darauf hinaus, den kontrahierenden Parteien völlige Vertragsfreiheit frei von gesetzlichen und/oder tarifvertraglichen Bindungen zuzugestehen.

Bei nicht realistischen Verbotsforderungen und einem gleichzeitigen Verzicht auf sozialverträgliche Gestaltungsalternativen ist zu befürchten, daß die Ausbreitung atypischer Beschäftigungsverhältnisse ungehindert weiter voranschreitet und damit die Korrektur- und Reversibilitätschancen sinken. Unserer Meinung nach benötigt mehr Flexibilität nicht einen generellen Abbau, sondern eine Veränderung der institutionellen Handlungs- und rechtlichen Rahmenbedingungen, die eine sozialverträgliche Ausgestaltung überhaupt erst ermöglichen (reguliertes Modell). Es geht im Rahmen der Formulierung offensiver Konzepte um eine adäquate Übertragung der sozialen Schutzprinzipien auf die grundlegend und dauerhaft veränderten Arbeitsbedingungen.

Notwendigkeit und Sinnhaftigkeit von Regulierung, d.h. in unserm Kontext eines differenzierten Ausbaus der derzeit unzulänglichen individuellen und kollektiven Schutzrechte, lassen sich ganz unterschiedlich begründen:

- Grundsätzlich besteht ein strukturelles Machtungleichgewicht am Arbeitsmarkt. Die Anbieter auf Arbeitsmärkten können im Gegensatz zu denen auf Gütermärkten ihr Angebot nicht beliebig zurückhalten, sondern sind auf einen kurzfristigen Verkauf ihrer Arbeitskraft angewiesen. Sie können deshalb nicht nach verkaufsstrategischen Gesichtspunkten Einfluß auf die Mengen-Preis-Komponenten nehmen. Daraus resultiert eine größere Verhandlungsmacht der Arbeitgeber.[117] In Anbetracht dieser ungleichen Ausgangsbedingungen der Vertragspartner versucht Regulierung, dieses strukturelle Ungleichheit am Arbeitsmarkt zu beheben, so daß die Akteure bei ihren Wahlhandlungen mit ähnlichen Kosten zu rechnen haben.
- Die Einführung bzw. Aufrechterhaltung allgemein verbindlicher "labour standards" verhindert nicht Wandel und Wachstum, wie Verfechter des reinen Marktparadigmas unterstellen, sondern verbessert ebenso wie Institutionen die Funktionsbedingungen des Arbeitsmarktes, erhöht dessen Wettbewerbs- und Anpassungsfähigkeit und steigert die soziale Produktivität.[118]
- Für eine Regulierung atypischer Beschäftigungsverhältnisse lassen sich schließlich spezielle ökonomische Gründe anführen: Teile der Kosten (vor allem der sozialen

---

[117] Vgl. im einzelnen Kap.12.

[118] Vgl. im einzelnen Sengenberger,W./Campbell,D.(eds.), Creating economic opportunities. The role of labour standards in industrial restructuring, Geneva 1994; ähnlich Streeck,W., Social institutions and economic performance. Studies of industrial relations in advanced capitalist economies, London 1992.

Sicherung) werden häufig externalisiert und auf die Beitrags- bzw. Steuerzahler verlagert, u.a. durch Zahlung von Sozialhilfe infolge fehlender oder zu geringer Ansprüche gegenüber der Arbeitslosen- und/oder der Rentenversicherung. Diese bloße Umverteilung von Kosten sollte wie bei dauerhafter, kontinuierlicher Vollzeitbeschäftigung durch möglichst weitgehende Internalisierung verhindert werden (Anwendung des Verursacherprinzips).

Die korporativen Akteure von Regulierungsstrategien[119] können Staat und/oder Tarifvertragsparteien sein; ihre Instrumente sind Gesetz bzw. Vertrag. Die Formulierung und Sicherung bestimmter Mindeststandards, die für alle Beschäftigten ungeachtet ihrer Zugehörigkeit zu Branchen, Personengruppen etc. zu gelten haben, gehört zur Aufgabe des Staates: Nur so können generalisierende und für alle verbindliche Regeln auf der Makroebene durchgesetzt werden. Gerade flexible Arbeitsverhältnisse benötigen institutionelle Rahmenbedingungen, die in Deutschland typischerweise gesetzlich geregelt sind (etwa Rentenversicherungsansprüche).
Differenzierte, durch die Tarifvertragsparteien zu treffende Vereinbarungen, die branchenspezifischen und/oder besonderen betrieblichen Bedingungen Rechnung tragen, behandeln wir nur am Rande, weil ihre Bedeutung in unserem Kontext eher nachrangig und/oder auf die kritische Implementationsphase der Regulierung beschränkt ist. Zudem dauert, wie internationale Vergleiche der Arbeitsbeziehungen belegen[120], die wirksame Durchsetzung über Kollektivverträge zu lange und bindet zu viele Ressourcen, die damit für alternative Verwendung ausfallen.

2. Ein wichtiger Regulierungsgrundsatz setzt an der analytischen Unterscheidung von teilbaren und unteilbaren Rechten an: Für alle atypisch Beschäftigten müssen die unteilbaren Rechte (z.B. Mindestarbeitsbedingungen, Arbeitsschutzvorschriften, Bestandsschutzregelungen wie Kündigungsschutz, Mitbestimmungsrechte, Beteiligung an Weiterbildungsmaßnahmen, Aufstiegsmöglichkeiten) in gleichem Umfang gelten wie für die Arbeitnehmer in Normalarbeitsverhältnissen; die teilbaren Rechte (z.B. Entgelt, Urlaub, betriebliche Sozialleistungen) hingegen können anteilig gelten.

---

[119] International vergleichend Delsen,L., Atypical employment relations and government policy in Europe, Labour 5 (1991), 123-149.

[120] Vgl. allgemein Ferner,A./Hyman,R.(eds.), Industrial relations in the new Europe, London 1992. Vgl. unter besonderer Berücksichtigung unserer Fragestellung Bode,I./Brose,H.-G./Voswinkel,St., Arrangements im Status quo minus. Deregulierung der Beschäftigungsverhältnisse in Frankreich und der Bundesrepublik Deutschland und ihre Verarbeitung im System der industriellen Beziehungen, SW 42 (1991), 20-45.

Bestimmte, einzelnen atypischen Beschäftigungsverhältnissen immanente Nachteile lassen sich auch durch Regulierung nicht völlig ausgleichen, z.B. geringere Beschäftigungsstabilität bei Befristung, aber auch bei Leiharbeit. Hier bietet sich als Alternative die Einführung einer Risikoprämie an, welche die Defizite zwar nicht behebt, wohl aber finanziell abgeltet. Derartige Regelungen existieren in den Rechtsordnungen von Frankreich, Italien und Spanien.[121] Begründen läßt sich die Erhebung von Risikoprämien über höhere Such- und Mobilitätskosten sowie durch das Risiko einer nichtkontinuierlichen Einkommenserzielung der Arbeitnehmer; zudem sparen die Arbeitgeber Entlaßkosten, die bei Normalarbeitsverhältnissen anfallen würden. Ein Problem besteht in der Festlegung des Modus der Prekaritätsentschädigungen. Als Lösung bietet sich an, einen im vorhinein fixierten Anteil des tarifvertraglich vereinbarten Entgeltes als Bemessungsgrundlage zu nehmen.

Die skizzierte, inzwischen eingetretene Differenzierung in unterschiedliche Beschäftigungsformen muß zu einer Differenzierung auch der Regulierungsformen führen; dabei sollten bestimmte Grundsätze trotz heterogener Formen allgemein gelten. Das gemeinsame normative Kriterium verschiedener Regulierungsmaßnahmen besteht darin, soziale Risiken gleichwertig zum Normalarbeitsverhältnis abzusichern und gleichzeitig Selbstbestimmungsspielräume für die Beschäftigten zu gewährleisten, ohne den notwendigen Flexibilisierungsbedarf der Betriebe zu blockieren.[122] Ein wichtiges Ziel besteht darin, auch die Interessen von Minderheiten an bestimmten Beschäftigungsformen zu berücksichtigen. Problematisch kann die Abwägung sein, ob gegenläufige Interessen anderer Gruppen tangiert werden und wie sichergestellt werden kann, daß kein Zwang zur Ausübung nicht-gewünschter Beschäftigungsformen entsteht.

3. Die aktuelle Diskussion um Regulierung atypischer Beschäftigung[123] zeigt zwei Schwächen: Zum einen liegen nur wenige Vorschläge vor; diese werden eher ad hoc und spezifisch zu einzelnen Formen, nicht aber aus einem Konzept entwickelt, das auf generalisierenden Kriterien basiert.[124] Die vorliegenden Partialansätze stehen zudem

---

[121] Vgl. OECD, Employment Outlook 1993, 19.

[122] Vgl. Mückenberger, Re-Regulierung neuer Beschäftigungsformen, 209.

[123] Schwarze,J./Wagner,G., Geringfügige Beschäftigung. Eine Reform der gesetzlichen Regelungen ist wirtschafts- und sozialpolitisch sinnvoll, DIW-Wochenbericht 47/1989, 595-601; Reineck,W., Modifizierung oder Abschaffung der geringfügigen Beschäftigungsverhältnisse - Ein aktueller Meinungsstreit, DRV 2-3/1992, 175-199.

[124] Vgl. Mückenberger, Re-Regulierung neuer Beschäftigungsformen; Bollinger,D./Cornetz,W./Pfau-Effinger,B., "Atypische" Beschäftigung - Betriebliche Kalküle und Arbeitnehmerinteressen, 196f; Heinze,R.G./Hilbert,J., Auch eine Herausforderung für die soziale Sicherung, Mitb 35 (1989), 544. Ein umfassendes Konzept entwickeln demgegenüber Matthies et al., Arbeit 2000, 360ff.

vor dem Problem, den vorhandenen Flexibilisierungsbedarf durch Regulierung einzelner Formen lediglich auf andere Varianten atypischer Beschäftigung zu verlagern. Aus diesem Grund ist ein umfassenderes, die verschiedenen Formen einbeziehendes Regulierungskonzept notwendig. Die bislang fehlenden Ansätze wollen wir entwickeln am Beispiel der in quantitativer Perspektive wichtigsten Formen, nämlich Teilzeitbeschäftigung, geringfügige Beschäftigung, Leiharbeit und befristete Beschäftigung. Bei den Formen geht es jeweils um ihre zentralen Dimensionen Einkommen, Beschäftigungsstabilität, soziale Sicherung, vor allem Alterssicherung, Partizipation, vor allem in Form betrieblicher Mitbestimmungsrechte. Bei der zuletzt genannten Dimension gehen wir davon aus, daß Probleme der Interessendurchsetzung bei atypisch Beschäftigten häufig schwieriger sind als bei den sog. Stammarbeitnehmern, da nicht nur der soziale Schutz in rechtlicher Perspektive häufig geringer ist (befristete Beschäftigung), sondern auch grundsätzliche Probleme der Wahrnehmung von bestehenden Rechten auftreten (Leiharbeit). Die Formen unterscheiden sich durch ein gewisses Prekaritätsgefälle.

Regulierungskriterien bei atypischen Beschäftigungsformen

	Einkommen	Beschäftigungsstabilität	Soziale Sicherung (Rentenversicherung)	Interessenvertretung
Teilzeitarbeit	anteilig an tarifvertraglicher Regelung	wie Vollzeit	anteilig in Höhe und Dauer	analog Vollzeit
geringfügige Beschäftigung	anteilig bis Höchstgrenze	wie Vollzeit	anteilig ohne Mindestgrenze oder pauschal	analog Vollzeit
Leiharbeit	anteilig an Tarifvertrag mit Verleihunternehmen	bei Verleihunternehmen, ansonsten Prekaritätsprämie	wie bei Normalarbeitsverhältnis	Prinzip der doppelten Vertretungsregelung
befristete Beschäftigung	wie Tarifvertrag	Prekaritätsprämie	wie bei Normalarbeitszeitverhältnis	wie unbefristet

Quelle: Keller,B./Seifert,H., Regulierung atypischer Beschäftigungsverhältnisse, WSI-Mitt 46 (1993), 542.

4. Teilzeitarbeit[125] ist in ihrer "Normalform" einer unbefristeten und sozialversicherungspflichtigen Beschäftigung die am wenigsten problematische Variante atypischer Beschäftigung im Vergleich zum Normalarbeitsverhältnis. Für Sonderformen wie Kapovaz gilt eher das Gegenteil. Insgesamt ist Teilzeitarbeit, die ganz unterschiedliche Formen annehmen kann, nur in geringem Umfang reguliert.[126] Weitere rechtliche Rahmenbedingungen und nicht Versuche einer Blockade der Ausweitung sind notwendig, zumal die Tarifpolitik diese Formen lange Zeit vernachlässigt hat. "Bei der Regelung der Teilzeitarbeit geht es zunächst darum, die Benachteiligungen von Teilzeitbeschäftigten gegenüber Vollzeitbeschäftigten vollkommen auszuschalten. Überfällig ist eine tarif- und sozialrechtliche Gleichstellung der Teilzeitbeschäftigten mit den Vollzeitbeschäftigten hinsichtlich u.a. der Bezahlung (auch bei Überstunden), der Eingruppierung, der Aufstiegs- und Weiterbildungsmöglichkeiten, der Teilhabe an betrieblichen Sozialleistungen, insbesondere bei der betrieblichen Altersversorgung bzw. der öffentlichen Zusatzversorgung."[127] Außerdem könnte ein Rückkehrrecht in Vollzeit- nach einer Phase der Teilzeitbeschäftigung verankert werden, wenn sich Lebensumstände ändern.

M.a.W.: Der Grundsatz der Gleichstellung bzw. Nicht-Diskriminierung sollte bei allen unteilbaren Rechten im oben definierten Sinne realisiert werden; bei den teilbaren Rechten dagegen, vor allem bei den Entgelten erfolgt eine abgestufte Beteiligung. Diese relative Partizipation ist bei unterbrochenen Erwerbsbiographien und längeren Teilzeitphasen besonders in Hinsicht der Rentenanwartschaften problematisch.[128]

Das BeschFG regelt in den Par.2-6 ansatzweise die Varianten Kapovaz und job sharing (Verbot der unterschiedlichen Behandlung, Veränderung von Dauer oder Lage der Arbeitszeit, Anpassung der Arbeitszeit an den Arbeitsanfall, Arbeitsplatzteilung, Vorrang

---

[125] Aktuelle Analysen zeigen im übrigen, daß die Beschäftigungseffekte der Varianten der Teilzeitarbeit in der Vergangenheit gering waren; insofern sind Hoffnungen auf eine Erhöhung des Beschäftigungsstandes durch eine Ausweitung der Teilzeitarbeit unrealistisch.

[126] Vgl. verschiedene Beiträge in Klein,M.(Hg.), Nicht immer, aber immer öfter. Flexible Beschäftigung und ungeschützte Arbeitsverhältnisse, Marburg 1993 sowie in Keller/Seifert, Atypische Beschäftigung.

[127] Bäcker,G./Naegele,G., Gleitender Ruhestand, Altersteilzeitarbeit und Teilrente. Probleme und Chancen einer alternativen Form des Ausscheidens aus dem Arbeitsleben, SS 38 (1989), 39; ähnlich im internationalen Vergleich Delsen, Atypical employment relations and government policy in Europe, 141f; ähnlich Kurz-Scherf,I., Normalarbeitszeit und Zeitsouveränität. Auf der Suche nach Leibildern für eine neue Arbeitszeitpolitik, in: Seifert, Jenseits der Normalarbeitszeit, 57.

[128] Vgl. zu den hier nicht behandelten Folgen für Renten-, Kranken- und Arbeitslosenversicherung im einzelnen Landenberger,M., Aktuelle sozialversicherungsrechtliche Fragen zur flexiblen Arbeitszeit und Teilzeitbeschäftigung, ZfSR 31 (1985), 321-335 u. 393-415; Landenberger,M, Atypische Beschäftigungsverhältnisse und soziale Sicherungssysteme, in: Keller/Seifert, Atypische Beschäftigung, 163-181; vgl. zu rechtlichen Gestaltungsspielräumen der Teilzeitarbeit auch Schmid, Flexibilisierung des Arbeitsmarkts durch Recht?, Maier,F./Schettkat,R., Beschäftigungspotentiale der Arbeitszeitpolitik, APuZ B3/1990, 46ff.

des Tarifvertrags).[129] Die Vorgabe einiger gesetzlicher Mindeststandards in bezug auf Verbot der unterschiedlichen Behandlung, Untergrenzen wöchentlicher Arbeitszeit (zehn Stunden bei fehlender Festlegung) und Länge pro Einsatz (mindestens drei aufeinanderfolgende Stunden) erweist sich als erster Schritt in die richtige Richtung, der wegen seines Minimalcharakters aber unzureichend bleibt. Eine weitergehende Regulierung von Kapovaz müßte folgenden Aspekt besser berücksichtigen: Die Rufbereitschaft sollte nicht nur wie im BeschFG durch Ankündigungsfristen (mindestens vier Tage im voraus) individuell besser planbar werden. Sie sollte auch durch Bereitschaftsprämien honoriert werden, die nach dem Ankündigungshorizont gestaffelt werden; in verschiedenen Tarifbereichen, z.B. in Hafenbetrieben, bestehen sie seit langem. Begründen läßt sich dieser Vorschlag, der analog zu Erschwerniszulagen erfolgt, zum einen durch die Einschränkung der zeitlichen Gestaltungsoptionen von Arbeitnehmern, zum andern durch die Produktivitäts- und Kostenvorteile, welche die Betriebe durch diese auch kurzfristig extrem flexible Form der Arbeitszeitgestaltung (in Abhängigkeit von Absatzschwankungen und/oder Auftragslage) erzielen.

5. Der zentrale Nachteil geringfügiger Beschäftigungs- im Vergleich zu Normalarbeitsverhältnissen besteht darin, daß sie laut Sozialgesetzbuch von der Sozialversicherungspflicht befreit sind: Beiträge werden weder zur gesetzlichen Kranken- noch zur Renten-, Arbeitslosen- oder Pflegeversicherung abgeführt.[130] Es handelt sich um Tätigkeiten, deren Arbeitszeit weniger als 15 Stunden pro Woche beträgt und/oder deren regelmässiges monatliches Arbeitseinkommen einen bestimmten, sich jährlich ändernden Betrag nicht übersteigt (1995: 580,- DM in den alten bzw. 440,- DM in den neuen Bundesländern). Diese spezifische Form von Teilzeittätigkeit hat der Gesetzgeber ursprünglich geschaffen, "um ansonsten ausreichend versorgten Bevölkerungsgruppen die Möglichkeit eines geringfügigen, abgabenfreien Hinzuverdienstes zu geben"[131]. Inzwischen stellt diese Beschäftigungsform längst nicht mehr die Ausnahme dar; in den späten 80er und frühen 90er Jahren hat sie deutlich zugenommen.[132] Ihre Zusammensetzung ändert sich in Richtung auf eine Heterogenisierung.

---

[129] Vgl. im einzelnen Kap.14.

[130] Im Herbst 1991 schrieb das BAG in einer Grundsatzentscheidung die Gleichstellung dieser Gruppe mit den anderen Arbeitnehmern hinsichtlich der Lohnfortzahlung im Krankheitsfall für eine Frist von sechs Wochen fest. Bis 1991 wurde der Lohn nicht weiter gezahlt. Diese Regelung verstieß laut BAG gegen Art. 119 EWG-Vertrag, der gleichen Lohn für gleiche Arbeit fordert; sie führte, wie der Europäische Gerichtshof 1989 entschied, zu einer mittelbaren Diskriminierung von Frauen.

[131] Schwarze,J./Wagner,G., Geringfügige Beschäftigung - empirische Befunde und Reformvorschläge, WD 69 (1989), 185.

[132] Vgl. im einzelnen Friedrich, Sozialversicherungsfreie Beschäftigungsverhältnisse 1987 und 1992.

Diese "Geringverdiener" wären durch Wegfall der Geringfügigkeitsklausel in die Sozialversicherungspflicht einzubeziehen, um sie besser vor den sozialen Risiken zu schützen.[133] Dabei geht es vor allem um die Schließung von Lücken in den eigenen Rentenanwartschaften bzw. um eine eigenständige anstelle der über den Ehepartner abgeleiteten sozialen Sicherung. Das Problem betrifft vor allem Frauen, die den überwiegenden Teil der geringfügig Beschäftigten ausmachen.[134] Die Realisierung dieser Forderung wäre zugleich ein Schritt in Richtung der Gleichstellung von Frauen im Erwerbsleben sowie ein Beitrag zur Verhinderung der sog. Altersarmut. - Innerhalb einer generellen Sozialpflichtigkeit wären Sonderregelungen für spezifische, anderweitig hinreichend abgesicherte und daher weniger schutzbedürftige Teilgruppen möglich (vor allem Schüler, Studenten, Pensionäre bzw. Rentenbezieher und Arbeitslose). Insofern geht es nicht um die Einführung einer generellen Versicherungspflicht, sondern lediglich um eine differenzierende Ausdehnung auf etwa die Hälfte der geringfügig Beschäftigten.

Ein mehrfach gegen diesen Regulierungsvorschlag vorgebrachtes Argument lautet, daß die eigenständigen Rentenansprüche selbst bei langjähriger Tätigkeit aufgrund ihrer strikten Koppelung an die Einkommenshöhe (sog. Äquivalenzprinzip) entsprechend niedrig ausfallen und nicht subsistenzsichernd sein würden.[135] Dieser Einwand ist lediglich relativierender, nicht grundsätzlicher Art. Immerhin würden durch Internalisierung der "Flexibilitätskosten" bestehende Lücken in den Rentenanwartschaften (u.a. durch Erfüllung von Wartezeiten) reduziert, wenn auch nicht unbedingt vollständig geschlossen. Das Problem, daß auch bei Einbezug in die Sozialversicherungspflicht Sozialhilfebedürftigkeit nicht grundsätzlich ausgeräumt würde, ließe sich außerdem durch ein System von Mindestbeiträgen oder Pauschalen (Mindestentgeltpunkten) angehen.

Im Gegensatz zu anderen Beschäftigungsverhältnissen wäre zu überlegen, ob wegen der geringen absoluten Höhe der Entgelte nicht die Teilung der Beiträge zwischen Arbeitgeber und Arbeitnehmer aufgegeben werden sollte, indem der Arbeitgeber diese

---

[133] Einen ähnlichen Vorschlag hat die SPD-Fraktion in der 12. Legislaturperiode eingebracht (BT-Drucksache 12/7108). Im übrigen sieht der Generalanwalt beim EuGH die bestehende Befreiung von der Sozialversicherungspflicht als Diskriminierung von Frauen.

[134] Vgl. N.N., Zur Expansion der versicherungsfreien Erwerbstätigkeit, 858.

[135] Vgl. u.a. Sowka,H.-H., Plädoyer für die Beitragsfreiheit, in: Bundesarbeitsgemeinschaft der Mittel- und Großbetriebe des Einzelhandels e.V.(BAG)(Hg.), Geringfügige Beschäftigung. Standpunkte, Köln 1993, 63ff. BDA, Stellungnahme zum Gesetzentwurf der SPD-Fraktion betreffend "Beseitigung des Mißbrauchs der Geringfügigkeitsgrenze in der Sozialversicherung" BT-Drucksache 12/7108 - sowie zum Antrag der SPD-Fraktion betreffend "Offensive für mehr Teilzeitarbeit" BT-Drucksache 121/7107, Köln 1994.

vollständig übernimmt. Da aufgrund der Arbeitgeberbeiträge zur Sozialversicherung die Lohnnebenkosten auf jeden Fall steigen würden, werden wegen eines erwarteten deutlichen Rückgangs dieser Beschäftigungsform gelegentlich negative Konsequenzen für den Arbeitsmarkt befürchtet.[136] Empirische Arbeiten konnten allerdings durch eine Analyse der Struktur des Angebots zeigen, daß "... wettbewerbs- wie sozial- und arbeitsmarktpolitische Gründe für eine weitgehende Abschaffung der Vorschriften über geringfügige Beschäftigung"[137] sprechen: Wegen der Notwendigkeit bzw. Unverzichtbarkeit dieser Tätigkeiten in einer Dienstleistungsgesellschaft würden in der überwiegenden Mehrzahl - abgesehen vom Bereich des produzierenden Gewerbes - keine negativen Beschäftigungseffekte auftreten (geringe Preiselastizität der Nachfrage). Auch andere Untersuchungen kommen zu dem Ergebnis, daß bei Abschaffung der Sozialversicherungsfreiheit einzelne Sektoren zwar überproportional betroffen, die gesamtwirtschaftlichen Effekte jedoch zu vernachlässigen wären; mit einem Verlust an internationaler Wettbewerbsfähigkeit wäre nicht zu rechnen.[138]

Diese Vorschläge beabsichtigen, Arbeitskräfte mit funktionalisierten, unregelmäßigen Arbeitszeiten nicht geringer, sondern sogar höher zu entlohnen als Arbeitnehmer mit Normalarbeitszeiten (Prinzip der Risikoprämie); die bislang einseitig den Unternehmen aufgrund geringerer Lohnnebenkosten zufallenden Kostenvorteile geringfügiger Beschäftigung sollten durch Vorgabe von "labour standards" zum Teil auch den Beschäftigten zugute kommen. Außerdem werden durch die gegenwärtige Regelung bestimmte Arbeitsplätze subventioniert, was zu Wettbewerbsverzerrungen zugunsten der wenigen Bereichen führen kann, die diese Beschäftigungsformen überproportional häufig nutzen (vor allem Einzelhandel, Gebäudereinigerhandwerk, private Haushalte, karitative Organisationen).[139] Diese Fehlallokation von Ressourcen würde beseitigt.[140]
- Im übrigen schlägt auch die EU in ihrem Entwurf einer Richtlinie zur Einbeziehung der atypischen Beschäftigung in die Versicherungspflicht wesentlich niedrigere Schwellen-

---

[136] Sowka, Plädoyer für die Beitragsfreiheit, 64.

[137] Schwarze/Wagner Geringfügige Beschäftigung. Eine Reform der gesetzlichen Regelungen, 601.

[138] Vgl. Friedrich, Sozialversicherungsfreie Beschäftigungsverhältnisse 1987 und 1992.

[139] Vgl. Schwarze/Wagner, Geringfügige Beschäftigung - empirische Befunde, 185f.; Schwarze,J., Marktwirtschaftliche Möglichkeiten zur Begrenzung der geringfügigen Beschäftigung - Zwei politikfähige Vorschläge, SF 42 (1993), 46.

[140] Ein spezifisches Problem stellt sich aufgrund der Tatsache, daß ca. ein Drittel aller geringfügig Beschäftigten in Privathaushalten tätig sind, wodurch kaum überwindbare Kontrollprobleme entstehen. Eine Regulierungsalternative besteht in der Einrichtung von Beschäftigungspools, welche Arbeitnehmer ausleihen, die bei ihnen mit Dauerarbeitsverträgen beschäftigt sind.

Kapitel 15: Regulierungspolitik

werte vor als die, die in der Bundesrepublik gelten.[141] Schließlich zeigen internationale Vergleiche, daß andere Länder in ihrem Arbeits- und Sozialrecht keine derartigen Schwellenwerte bzw. Geringfügigkeitsgrenzen zeigen.

6. Allgemein gilt: "... in the FRG agency labour tends to have worse pay and working conditions than permanent workers, as well as more restricted social security rights, because, on the one hand, they are excluded from the scope of the collective agreements in the user firm and, on the other, the number of collective agreements directly signed by agencies is small."[142] Leiharbeit weist im Vergleich zum Normalarbeitsverhältnis vor allem zwei strukturelle Schwächen auf:
- Zum einen impliziert sie ein deutlich höheres Maß an Beschäftigungsinstabilität trotz Synchronisationsverbot, d.h. einer unterschiedlichen Dauer von Leiharbeitsvertrag und erstmaliger Befristung.[143] Das BeschFG hat 1985 die maximale Einsatzdauer von Leiharbeitnehmern zunächst von drei auf sechs Monate verdoppelt und ab 1994 nochmals auf neun Monate verlängert.[144]
Dieses Problem ließe sich wiederum mit Hilfe einer Prekaritätsentschädigung für nicht-weiterbeschäftigte Leiharbeitnehmer lindern, welche die immanenten, strikt asymmetrisch verteilten Risiken dieses Arbeitsverhältnisses zu kompensieren versucht. Die ökonomische Begründung lautet abermals, daß infolge stattfindender Externalisierung dem Entleihunternehmen kaum Ausbildungs-, Such- und Selektionskosten entstehen. Entsprechende Regulierungen zu Abfindungszahlungen bestehen u.a. in Frankreich und Spanien.
- Zum andern sind die faktischen Möglichkeiten zur kollektiven Interessenvertretung systematisch eingeschränkt. Dieses schwieriger zu lösende Problem einer unzureichenden Integration in das betriebliche Sozialgefüge resultiert aus dem Auseinanderfallen von Beschäftigungs- und Vollzug des Arbeitsverhältnisses: Während zwischen Leiharbeitnehmern und Verleihunternehmen ein Beschäftigungsverhältnis besteht, wird das Arbeitsverhältnis faktisch zwischen dem Leiharbeitnehmer und dem Entleihunternehmen realisiert. Entscheidende Kompetenzen in der Ausgestaltung des Arbeitsverhältnisses liegen beim Entleihunternehmen, das aber nicht der

---

[141] Vgl. im einzelnen Mückenberger,U., Ist der "Sozialraum Europa" noch auf der historischen Agenda? Neue Beschäftigungsformen und deren europäische Regulierung, in: Keller/Seifert, Atypische Beschäftigung, 202-230.

[142] Marshall,A., The sequel of unemployment: The changing role of part-time and temporary work in Western Europe, in: Rodgers/Rodgers, Precarious jobs and labour market deregulation, 41.

[143] Vgl. im einzelnen Matthies et al., Arbeit 2000, 187ff.

[144] Vgl. im einzelnen Kap.14.

"Arbeitgeber" ist und bei dem auch nicht die für den Leiharbeitnehmer rechtlich primär zuständige Interessenvertretung angesiedelt ist. Der Betriebsrat des Entleihunternehmens wird sich aller Erfahrung nach eher für die Interessen der Stammarbeitnehmer einsetzen, da er diesen aus legitimatorischen Gründen stärker verpflichtet ist. Die Interessen von Stamm- und Leiharbeitnehmern divergieren u.a. in bezug auf Arbeitsbedingungen und Beschäftigungsstabilität; Flexibilisierung durch Externalisierung mindert die Beschäftigungsrisiken der Stammbelegschaft.

Im Rahmen einer Art "doppelter Vertretungsregelung" ließen sich Fragen der betrieblichen Interessenvertretung angehen: Die mit dem Beschäftigungsverhältnis zusammenhängenden Fragen fallen in den Kompetenzbereich der Interessenvertretung beim Verleihunternehmen, für die das Arbeitsverhältnis betreffenden Fragen ist der Betriebsrat des Entleihunternehmens zuständig.[145] Bei diesem Modus der Interessenvertretung handelt es sich um eine notwendige, jedoch um keine hinreichende Bedingung: Das Problem, daß die Betriebsräte des Entleihunternehmens eher die Interessen "ihrer" Stammarbeitnehmer vertreten, bleibt letzten Endes ungelöst. Regulierungsvorschläge stoßen auf Grenzen bei der Veränderung von faktischen Bedingungen.[146]

Bei der Absicherung ergeben sich die bekannten Schwierigkeiten ungeschützter Beschäftigungsverhältnisse. Dem Problem läßt sich durch gesetzliche Reglementierung, etwa in Richtung der Forderung eines generellen Verbotes wie in einigen anderen EU-Ländern, nur schwer beikommen.[147] Das BeschFG sieht (in Par.8) lediglich eine strengere Bestrafung bei illegaler Ausländerbeschäftigung vor. Eine mögliche Strategie wäre die gesetzliche Verankerung einer uneingeschränkten Gleichbehandlung von Betriebsangehörigen und allen Leiharbeitnehmern nicht nur bei den Entgelten, sondern auch bei allen anderen Arbeitsbedingungen wie etwa Arbeitszeiten. Diese Realisierung des Referenzprinzips bedarf einer Änderung der besonderen Rechtsgrundlage, des Arbeitnehmerüberlassungsgesetzes von 1972. Auch eine Verschärfung der Kündigungsschutzregelungen, die derzeit denen des Normalarbeitsverhältnisses entsprechen, erscheint sinnvoll.[148]

---

[145] In diese Richtung geht auch die Entscheidung des BAG, die den Interessenvertretungen der Entleihbetriebe Mitbestimmungsrechte bei der Arbeitszeitgestaltung nach Par.87 Abs.1 Nr.2 BetrVG einräumt. Vgl. hierzu Rechte des Betriebsrats im Entleiherbetrieb für Leiharbeitnehmer, NZfA, 11/1993, 513.

[146] International vergleichend Bronstein,A.S., Temporary work in Western Europe: Threat or complement to permanent employment?, ILR 130 (1991), 291-310.

[147] Auch die prinzipielle Weigerung, entsprechende Tarifverträge abzuschließen, dürfte langfristig keine realistische Strategie darstellen. Vgl. zu den Tarifbeziehungen Voswinkel/Bode, Regulierung der Arbeitsbeziehungen und Unternehmerinteresse, 311ff.

[148] Vgl. auch Voswinkel,St., Die Regulierung der Leiharbeit. Zeitarbeit zwischen Arbeitsvermittlung und überbetrieblicher Beschäftigung, in: Keller/Seifert, Atypische Beschäftigungsverhältnisse, 108-138.

Seit der Öffnung der Grenzen der ehemaligen Ostblockstaaten hat sich die Situation durch einen sprunghaften Anstieg vor allem illegaler Leiharbeit und ausländischer Werksvertragsarbeitnehmer, speziell in der Bauwirtschaft, noch verschärft. Ein striktes Verbot, welches das bestehende Wohlstandsgefälle zwischen West- und Osteuropa festschreiben würde, wäre keine realistische Alternative, zumal dessen Einhaltung kaum wirksam kontrolliert werden könnte. Realistisch wäre der Abschluß von Verträgen mit Kontingenten, die an die branchenspezifischen Angebots-/Nachfragerelationen gekoppelt sind, sowie eine strikte Kontrolle der Einhaltung der gesetzlichen und tarifvertraglichen Lohn- und Arbeitsbedingungen.[149]

7. Die wesentliche Besonderheit <u>befristeter Arbeitsverhältnisse</u> liegt ex definitione in ihrer fehlenden Kontinuität. Das höhere Risiko diskontinuierlicher Beschäftigung kann wegen der Schwellenwerte bei Anwartschaftszeiten zu Nachteilen bei der sozialen Sicherung, vor allem in der Arbeitslosen-, aber auch in der Rentenversicherung, führen. Befristete Beschäftigungsverhältnisse werden im BeschFG von 1984 erstmalig und ansatzweise reguliert, d.h. in bezug auf die maximale Dauer sowie die Einmaligkeit der Befristung.[150] Kritiker bemängeln, daß eine weitergehende Regulierung unterblieben ist; sie fordern u.a. die Einführung von Risikoprämien oder höherer Beiträge zur Arbeitslosenversicherung, die das immanente, nicht aufhebbare Problem der Instabilität dieser Beschäftigungsform nicht grundsätzlich lösen, aber kompensatorisch wirken würden.

Diese Abfindungsprämien lassen sich damit rechtfertigen, daß einerseits den Arbeitnehmern höhere (Such-)Kosten infolge der Instabilität ihrer Beschäftigungsverhältnisse entstehen, andererseits die Betriebe (Entlaß-)Kosten im Vergleich zur Entlassung dauerhaft Beschäftigten sparen. Das Kostenargument wird erhärtet durch die Tatsache, daß befristet Beschäftigte bei sonst gleichen Persönlichkeits- und Arbeitsplatzmerkmalen einen um zehn Prozent niedrigeren Nettostundenlohn als unbefristete erhalten.[151] In verschiedenen Ländern bestehen Regelungen, derartige Prämien, sog. termination benefits, zu zahlen.

---

[149] Vgl. Pischke,J.St./Velling,J., Ausländische Werkvertragsarbeitnehmer am Bau: Bauboom oder Verdrängungswettbewerb?, Discussion Paper No.93-15, Zentrum für Europäische Wirtschaftsforschung, Mannheim 1993.

[150] Vgl. im einzelnen Kap.14.

[151] Vgl. Schömann,K./Kruppe,Th., Fixed-term employment and labour market flexibility - Theory and longitudinal evidence for East and West Germany, FS I 93-204, Wissenschaftszentrum Berlin 1993.

8. Die Reihe der Beispiele läßt sich fortsetzen: Eine spezifische Variante der betrieblichen Flexibilisierung, die durch Auslagerung von Arbeitsplätzen aus der unmittelbaren großbetrieblichen Organisation entsteht, stellt die Heimarbeit in der aktuellen Variante der sog. Teleheimarbeit dar. Diese vor allem von Frauen ausgeübte Beschäftigungsform ist zwar vom Umfang her mit ca. 160.000 Arbeitnehmern nicht bedeutend und wächst derzeit kaum; sie kann in Zukunft durchaus zunehmen infolge der Möglichkeiten zur Dezentralisierung, welche die neuen Informations- und Kommunikationstechnologien bieten.[152] Zur arbeits- und sozialrechtlichen Absicherung und Gestaltung dieser neuen Heimarbeit, welche u.a. die Form der Scheinselbständigkeit annehmen kann, wird eine reine Aktualisierung des Heimarbeitsgesetzes nicht ausreichen. "Insbesondere müssen das Beschäftigungs-, Investitions- und Haftungsrisiko für die unterschiedlichen Ausgestaltungsformen der Telearbeit befriedigend gelöst werden."[153] - Eine andere, hier nicht näher behandelte Variante, die derzeit quantitativ nicht bedeutend ist, aber hohe Zuwachsraten aufweist, ist die "neue" Selbständigkeit; dabei stellt sich u.a. das Problem der Abgrenzung von Arbeitnehmern und Selbständigen.[154]

Bei der Diskussion um Modelle und Prinzipien darf man nicht einer "Illusion des Rechts" aufsitzen und unterstellen, daß der pure Akt der Regulierung bereits die faktischen Verhältnisse verändern würde; entscheidend sind - wie bei anderen arbeits- und sozialrechtlichen Regulierungen - der Prozeß der Implementation sowie die Interessenlagen der Akteure. Rechtliche Rahmenbedingungen stellen lediglich eine notwendige, aber noch keine hinreichende Voraussetzung dar. Ihre Setzung definiert und begrenzt die Handlungsspielräume der Akteure.

Ein anderer Beitrag zu unserem Gegenstandsbereich empfiehlt die Einführung eines garantierten Mindesteinkommens als Alternative zur "Erosion des Normalarbeitsverhältnisses".[155] Beide Strategien, nämlich das Mindesteinkommen sowie die differenzierte Regulierung, sind eher komplementär als alternativ zu begreifen. Der Unterschied besteht darin, daß die hier entwickelten Vorschläge - ähnlich wie Regulierungsüberlegungen der Europäischen Union - innerhalb des Beschäftigungssystems ansetzen.

---

[152] Vgl. als Fallstudie Glaser,W.R./Glaser,M., Telearbeit in der Praxis, Opladen 1995.

[153] Müllner,W., Arbeitsrecht für eine neue Arbeitswelt. Arbeitsrechtliche Aspekte des technisch organisatorischen Wandels, ZfRP 20 (1987), 324.

[154] Vgl. u.a. Mayer,U./Paasch,U./Ruthenberg,H.-J., Ein Schein von Selbständigkeit. Ein-Personen-Unternehmen als neue Form der Abhängigkeit, Köln 1990; Wank,R., Die "neue Selbständigkeit", DB 45 (1992), 90-93.

[155] Hinrichs,K., Irreguläre Beschäftigungsverhältnisse und soziale Sicherheit. Facetten der "Erosion" des Normalarbeitsverhältnisses in der Bundesrepublik, Prokla 77 (1989), 7-32.

Last but not least: Die Zunahme atypischer Beschäftigung seit den 80er Jahren ist keine deutsche Besonderheit, sondern durchzieht in unterschiedlich ausgeprägten Mustern die Arbeitsmärkte der Industrieländer.[156] Die Vollendung des europäischen Binnenmarktes führt zwar nicht zu einer raschen Annäherung der nationalen Arbeitsmärkte im Sinne einer Harmonisierung. Unstrittig dürfte aber sein, daß "europäische" Regelungen auch bei den Formen atypischer Beschäftigung an Bedeutung gewinnen werden. Dennoch sollte der Verweis auf das Fehlen universeller Standards nicht zur Entschuldigung oder Begründung nationaler Untätigkeit dienen.

15.5. Re-Regulierung: Ausbau der Gestaltungsfunktion

Bisher haben wir vor allem die sozialen Kosten von Deregulierungsmaßnahmen bzw. die sozialpolitischen Schutzfunktionen von Re-Reregulierungsvorschlägen in Hinsicht auf atypische Beschäftigungsverhältnissen hervorgehoben; im folgenden werden wir Richtung und Reichweite arbeitspolitischer Gestaltungsfunktionen aufzeigen. Wir gehen damit von einer defensiv-kompensatorischen zu einer offensiv-gestalterischen Variante der Re-Reregulierung über. Die Notwendigkeit dieser zweiten Form besteht nicht mehr in der Vermeidung externer Effekte bzw. Senkung sozialer Kosten, sondern vor allem in der Reduzierung von Informations-, Verhandlungs- und Durchsetzungskosten (Transaktionskosten); sie kann das Ziel verfolgen, die "soziale Produktivität" zu erhöhen.

Die sozialverträgliche Einführung und Implementation neuer Technologien ist ein Politikfeld, auf dem rechtliche Intervention und Steuerung notwendig werden. Das Ziel besteht in der Institutionalisierung verbesserter und erweiterter Partizipationsrechte (von reinen Informations- über Mitwirkungs- bis zu echten Mitbestimmungsrechten) in den Phasen der Planung, Einführung und Implementation. Zumindest sind die neuen Technologien auch auf der Mikroebene keineswegs durch technologische Eigenlogik oder sonstige Sachgesetzlichkeiten determiniert, sondern als sozialer Prozeß gegenüber praktischen Gestaltungsalternativen und -strategien offen.[157]

Die Gewerkschaften halten die Mitbestimmungsmöglichkeiten bei Rationalisierungsmaßnahmen sowie bei der Einführung und Anwendung neuer Technologien, bei der Arbeitsplatzgestaltung, bei Personalplanung und -entscheidungen sowie bei Betriebsänderungen (vor allem Par.90, 91 BetrVG) für unzureichend und zu unbestimmt.

---

[156] Vgl. Rodgers/Rodgers, Precarious jobs in labour market regulation; Delsen, Atypical employment: An international perspective.

[157] Vgl. im einzelnen Altmann,N./Düll,K., Rationalisierung und neue Verhandlungsprobleme im Betrieb, WSI-Mitt 40 (1987), 261-269; Ortmann et al., Computer und Macht in Organisationen; international vergleichend Wassermann,W., Worker participation in technological change, in: OECD(ed.), Labour market flexibility, 61-74.

Gegenwärtig sind Betriebsräte nur selten aktiv und häufig zu spät an der formalen und informellen Aushandlung der Planungs- und Entscheidungsprozesse beteiligt.[158] Die Gewerkschaften fordern deshalb eine Ausweitung und Verstärkung der Mitbestimmungsrechte der Betriebsräte bei der Einführung und Anwendung neuer Technologien ("soziale Gestaltung des technischen Wandels").

In den Konzepten einer stärker betriebsbezogenen Arbeits- und Produktionspolitik geht es um die Frage, ob innerhalb des Spielraums einer Rahmengesetzgebung die Auswirkungen von "Technik" auf der betrieblichen Ebene quantitativ und vor allem qualitativ Gegenstand von Tarifverhandlungen bzw. Betriebsvereinbarungen werden sollen:

- Zum einen können umfassende Rechte echter, präventiver Mitbestimmung "bei der Einführung, Anwendung, Änderung oder Erweiterung neuer technischer Einrichtungen und Verfahren" eingeführt werden.
- Zum andern können lediglich erweiterte Beteiligungsrechte festgeschrieben werden wie bei der Novellierung des BetrVG im Jahre 1988.[159]

Die infolge des Einzugs der Mikroelektronik in Produktion und Verwaltung auftretenden neuartigen Probleme einer "technologischen" Partizipation waren bei der ersten Novellierung des BetrVG von 1952 im Jahre 1972 nicht vorherzusehen; diese technisch-qualifikatorisch-arbeitsorganisatorischen Veränderungen hätten bei der zweiten Novellierung im Jahre 1988 angegangen werden müssen.[160] Eine Änderung des BetrVG, nämlich ein Ausbau der echten Mitbestimmungsrechte bei Folgen und Wirkungen des Einsatzes neuer Technologien, wäre sinnvoll gewesen.

Die traditionelle, stark arbeitsteilige und restriktive Organisation der Arbeit nach tayloristisch-fordistischen Prinzipien verliert im Prozeß des Übergangs von standardisierter Massenproduktion zu flexibler und diversifizierter Qualitätsproduktion allmählich an Bedeutung. Mit der Einführung von Informations- und Kommunikationstechnologien wird eine flexible Reorganisation der nunmehr stärker ganzheitlich gestalteten und genutzten Arbeit möglich. Durch die Einführung der Mikroelektronik ändern sich nicht nur die traditionellen Optionen der Betriebsräte, sondern auch die gesamte Arbeitsorganisation und damit die individuellen Arbeitsbedingungen.

---

[158] Vgl. u.a. Kißler,L., Die Mitbestimmung in der Bundesrepublik Deutschland. Modell und Wirklichkeit, Marburg 1992, 76ff.

[159] Die Informations- und Beratungsrechte des Betriebsrats bzw. der Arbeitnehmer wurden "präzisiert und für die Praxis besser handhabbar gemacht", jedoch nicht wesentlich erweitert. In Par.81 BetrVG wurden die Unterrichtungspflichten des Arbeitgebers, in Par.90 die Unterrichtungs- und Beratungsrechte des Betriebsrats erweitert. Vgl. im einzelnen Kap.5.

[160] Eine "Konzeption zur Mitbestimmung am Arbeitsplatz" des DGB liegt seit Ende 1984 vor; jenseits der Programmatik sind keine praktischen Folgerungen zu erkennen. Vgl. Leminsky,G., Mitbestimmung am Arbeitsplatz - Erfahrungen und Perspektiven, GMH 36 (1985), 154ff.; Kiefer,B./Schönland,D., Mitbestimmung bei der Gestaltung von Arbeitsplätzen, Köln 1988, 139-150.

Notwendig wird neben der skizzierten Ausweitung der Gruppen- bzw. Kollektivrechte des Betriebsrats als Repräsentativorgan die Ausgestaltung nicht-repräsentativer, individueller Partizipationsrechte am Arbeitsplatz. Diese beziehen sich sowohl auf die Einführung und Anwendung neuer Technologien als auch auf die allgemeine Gestaltung der Arbeitsbedingungen und Arbeitsorganisation.[161] Insofern wäre ein BetrVG, in dem die kollektiven Arbeitsbeziehungen auf betrieblicher Ebene durch Verrechtlichung reguliert werden, nach "unten" zu ergänzen durch eine Stärkung individueller Rechte am Arbeitsplatz und deren Verzahnung mit den kollektiven Rechten des BR. In der konsequenten Vernachlässigung dieser untersten Ebene der Mitbestimmung liegt traditionell eine wichtige Besonderheit der deutschen Regelungen[162], die ausschließlich auf die betriebliche und überbetriebliche Ebene ausgerichtet sind und neben der individuellen vor allem die gesamtwirtschaftliche Ebene ausklammern.

In diesem Zusammenhang gewinnen die in den 60er und frühen 70er Jahren im Vorfeld der ersten Novellierung des BetrVG im Jahre 1972 zwar diskutierten, aber innergewerkschaftlich aufgrund organisationspolitischer, gegen "Gruppensyndikalismus" gerichteten Kalküle nicht mehrheitsfähigen Konzepte der Mitbestimmung am Arbeitsplatz[163] wieder an Aktualität. Die Rahmenbedingungen haben sich gänzlich verändert; andere Ziele als "Basisdemokratie" und "autonome Arbeiterselbstverwaltung" stehen im Mittelpunkt:

- Einerseits fordern und erwarten nicht nur die hoch qualifizierten und verhaltenssouveränen Produktionsfacharbeiter, welche den betrieblichen Technikeinsatz und die neuen Produktionskonzepte tragen, in hohem Maße direkte, individuelle Beteiligungsrechte und strategisch orientierte Gestaltungsfreiräume mit dem Ziel der verbesserten Wahrnehmung eigener Interessen bei den Aushandlungsprozessen von Arbeitsorganisation und -bedingungen.[164]

---

[161] Vor allem Soziologen diagnostizieren deutliche Tendenzen einer durchgängigen Individualisierung von Lebens- und Arbeitsbedingungen, von Handlungsorientierungen und -strategien. Vgl. Beck,U., Risikogesellschaft. Auf dem Weg in eine andere Moderne, Frankfurt/M. 1986; Beck,U., Gegengifte. Die organisierte Unverantwortlichkeit, Frankfurt/M. 1988. Diese Trends weisen in Richtung auf eine Verbesserung individueller Beteiligungsrechte bzw. der Gestaltungsfunktion von Regulierung.

[162] "Unlike North America, Germany lacks a tradition of strong worker shop-floor influence. While the American worker finds it incredible that worker representatives should sit on boards of directors, the German worker finds it equally incredible that management's control on the shop floor should be questioned." Adams,R.C./Rummel,C.H., Workers' participation in management in West Germany: Impact on the worker, the enterprise and the trade union, IRJ 8 (1977), 15.

[163] Die Reaktion auf diese Vorschläge läßt sich folgendermaßen zusammenfassen: "Die Gewerkschaften befürchteten in neuen und zusätzlichen Institutionen auf der betrieblichen Ebene, und zwar neben Betriebsräten und Vertrauensleuten, eine Aufsplitterung der Interessenvertretung, eine Aushöhlung der Betriebsverfassung, eine Schwächung der Tarifpolitik und damit eine Gefahr für die gewerkschaftliche Solidarität." Leminsky, Mitbestimmung am Arbeitsplatz, 153.

[164] Vgl. Birke,M./Schwarz,M., Neue Techniken - neue Arbeitspolitik? Neuansätze betrieblicher Interessenvertretung bei der Gestaltung von Arbeit und Technik, Frankfurt-New York 1989; Birke,M./

- Andererseits machen vor allem die "modernistischen" Manager seit den 80er Jahren im Rahmen eines Human Resource Management zumindest für Gruppen von Stammarbeitnehmern neuartige, dezentrale Beteiligungsangebote, die über Scheinpartizipation und reine Sozialtechniken durchaus hinausgehen können.[165] Diese Angebote sind funktional orientiert, auf Modernisierung und Flexibilisierung des betrieblichen Produktionspotentials sowie auf ganzheitliche Nutzung des individuellen Arbeitsvermögens ausgerichtet. Diese partizipativen Organisationsformen sind entweder reine Gesprächs- bzw. Problemlösungsgruppen (u.a. Werkstattkreise, Lernstätten oder Qualitätszirkel) oder Gruppen, die der optimalen Bewältigung der Arbeitsvollzüge dienen (z.B. teilautonome Arbeitsgruppen).[166] Diese direkte Arbeitnehmerbeteiligung mit unternehmenspolitischen Zielen kann mit den im BetrVG institutionalisierten kollektiven Rechten der Betriebsräte in Konkurrenz geraten, wenn diese sie nicht offensiv zur arbeitsplatzbezogenen Erweiterung der innerbetrieblichen Partizipationsrechte aller Arbeitnehmer zu nutzen verstehen.

Wahrscheinlich wird im andauernden Prozeß des Strukturwandels der Arbeitsbeziehungen mit den bekannten Tendenzen der Verbetrieblichung bzw. Dezentralisierung[167] die faktische Bedeutung der überbetrieblichen Mitbestimmung zugunsten der betrieblichen abnehmen. Im Rahmen dieser Gewichtsverlagerung in einem Gesamtkonzept industrieller Demokratie wird einerseits die Unternehmensmitbestimmung, vor allem nach dem MitbestG von 1976, nicht bedeutungslos, weil sie Chancen zur Intervention in unternehmerische Entscheidungsprozesse im Aufsichtsrat bietet. Andererseits gewinnt die dezentralisierte Mitbestimmung am Arbeitsplatz innerhalb einer umfassend regulierten Partizipationsstruktur an Bedeutung. Notwendig bleibt eine den veränderten ökonomischen und technischen Rahmenbedingungen adäquate Weiterentwicklung der Formen institutionalisierter Partizipation als Mischung von verbesserten alten, d.h. repräsentativ-kollektiven Rechten, und neuen, d.h. direkt-individuellen Beteiligungsrechten, im Rahmen eines "sozialen Modells der Produktivität"[168].

Schwarz,M., Betrieb als arbeitspolitische Arena der Arbeits- und Technikgestaltung, SW 41 (1990), 167-182; vgl. auch verschiedene Beiträge in Kißler,L.(Hg.), Modernisierung der Arbeitsbeziehungen. Direkte Arbeitnehmerbeteiligung in deutschen und französischen Betrieben, Frankfurt-New York 1989; Martens,H./Peter,G.(Hg.), Mitbestimmung und Demokratisierung. Stand und Perspektiven der Forschung, Wiesbaden 1989.

[165] Im aktuellen Jargon geht es dabei um den Übergang von "industrial relations" zu "employee relations", d.h. von kollektiven zu individuellen, von zweiseitigen zu einseitigen Beziehungen. Vgl. Kap.6.

[166] Vgl. im einzelnen Kap.6.

[167] Vgl. im einzelnen Kap.8 und Kap.16.

[168] Vgl. im einzelnen Lecher,W., Den Tiger reiten - Soziale Produktivität und direkte Mitbestimmung, GMH 42 (1991), 103ff.

15.6. Schluß

Die grundlegende Handlungsalternative lautet: Sollen die in der industriellen Produktion sowie im privaten und öffentlichen Dienstleistungssektor gleichermaßen fortschreitenden Prozesse der Umstrukturierung unter politischer Koordination und damit auch sozialer Kontrolle stattfinden oder sollen diese Prozesse allein den Kräften des Marktes überlassen werden (politisch kontrollierte vs. marktmäßig nicht-kontrollierte Restrukturierung)? Andauernde und zunehmende Flexibilisierung macht Einflußnahmen durch Reformulierung rechtlicher Rahmenbedingungen sicherlich schwieriger, weil differenzierter, aber keinesfalls überflüssig.[169] Ein mehr an spezifischer Regulierung durch Ausbau der Schutzrechte vor allem der marginalisierten Gruppen sowie durch Erweiterung der kollektiven und individuellen Partizipationsrechte wird notwendig.

In diesem Szenario einer Re-Regulierung von Arbeitsbeziehungen und Arbeitsmärkten ist der Wohlfahrts- bzw. Sozialstaat nicht als starker Interventionsstaat, wohl aber als korporativer Akteur neben Arbeitnehmer- und Arbeitgeberverbänden gefordert, vor allem als Gesetzgeber. Demgegenüber soll er nach den Deregulierungskonzepten keine moderierende Funktion des Ausgleichs und der Eingrenzung von Partikularinteressen übernehmen, sondern gerade in der Arbeits- und Sozialpolitik immer mehr an Bedeutung verlieren und wieder zum "Nacht- bzw. Marktwächterstaat" werden, der lediglich die klassischen Ordnungsfunktionen wahrnimmt.

In soziologischer Perspektive hat die Entwicklung der Mikroelektronik als neuer Basis- bzw. Schlüsseltechnologie auf der Makroebene Konsequenzen, die über den engeren Bereich von Produkt- und Arbeitsorganisation und damit von Arbeitsmärkten und Arbeitsbeziehungen hinaus und in die Sozialstruktur hineinreichen: Als übereinstimmendes Resultat neuerer organisations- und industriesoziologischer Studien[170] resultiert aus den neuen Produktionskonzepten bzw. aus der systemischen Rationalisierung eine tiefergehende Spaltung der Arbeitnehmerschaft im Vergleich zur Epoche tayloristisch-fordistischer Rationalisierung bzw. eine zunehmende Verfestigung und Vertiefung der Statusdifferenzen entlang der Segmentationslinien der Arbeitsmärkte. Die Folge der Neoindustrialisierung in den Kernsektoren der industriellen Produktion bzw. der systemischen Rationalisierung in den privaten und öffentlichen Dienstleistungsbereichen ist eine wachsende soziale Ungleichheit bzw. eine Verschärfung der Disparität der

---

[169] Die Produktionspolitik Schwedens kann als Beispiel für einen andersartigen politischen Umgang mit Flexibilisierung dienen. Vgl. Czada,R., Auf dem Weg zur Produktionspolitik. Zur Entwicklung neokorporatistischer Gewerkschaftseinbindung in Schweden, in: Müller-Jentsch,W.(Hg.), Zukunft der Gewerkschaften. Ein internationaler Vergleich, Frankfurt-New-York 1988, 70-99.

[170] Vgl. im einzelnen Kap.11.

Lebensverhältnisse innerhalb der Arbeitnehmerschaft mit höchst ungewissen Folgen für die gesellschaftliche Integration (sog. Zweidrittel- bzw. Dreiviertelgesellschaft oder "two-tier" society).[171]

Diese Differenzierung innerhalb der Arbeitnehmerschaft kann infolge der Durchsetzung der neuen Produktionskonzepte weiter zunehmen und die Folgen der Deregulierung auf der Makroebene verschärfen.[172] Gewerkschaften bzw. Betriebsräte können mit ihren begrenzten Handlungsoptionen nur sektoral bzw. einzelbetrieblich ansetzen; sie sind deshalb überfordert mit der Wahrnehmung von Interessen vor allem für die Arbeitnehmer, die sich außerhalb der betriebsinternen Arbeitsmärkte bzw. Produktivitätskoalitionen in den ungeschützten Marktsegmenten befinden.

Deshalb muß auf der Makroebene der korporative Akteur Staat im Rahmen von Re-Regulierung in stärkerem Maße sozial- bzw. arbeitspolitische Schutzfunktionen übernehmen. Ein kollektives Interesse des Staates an Re-Regulierung ergibt sich nicht nur aus dem Sozialstaatsgebot des Grundgesetzes, sondern vor allem aus den sozialen Kosten und Folgeproblemen bzw. negativen externen Effekten, die bei Dominanz einzelbetrieblicher Effizienzüberlegungen bzw. im Falle unterbleibender Regulierung auf der Makroebene entstehen würden. Außerdem haben staatlich gesetzte Regulierungen, die soziale Kosten durch Anwendung des Verursacherprinzips vermeiden, gleichartige Wirkungen für alle Betroffenen; demgegenüber weisen durch Tarifvertrag oder Betriebsvereinbarung dezentralisierte Regulierungen deutliche Unterschiede in ihrer Wirkungsweise auf.

In den gängigen Theorien der Arbeitsbeziehungen unterscheiden wir zwischen <u>Verfahrensregeln</u> und <u>Inhaltsregeln</u>.[173] Letztere regulieren die Beschäftigungsbedingungen für alle oder für bestimmte Gruppen direkt (z.B. Lohnhöhe, Arbeitszeiten), während erstere dies indirekt tun, indem sie die Handlungsalternativen der formalen und informellen Organisationen bzw. deren Repräsentanten beeinflussen (z.B. Abmachungen über Verhandlungs- und Konfliktbeilegungsmechanismen wie Mitbestimmungs-

---

[171] Diese Befürchtung äußern auch Autoren der vergleichenden Länderstudien in OECD, Labour market flexibility.

[172] In diese Richtung argumentiert auch eine US-amerikanische Studie: "Another threat ... rests with the ... creation of ... a segmented two-tier work force ... The income, status, and mobility differences between these two groups are likely, indeed, virtually certain, to be substantial, and a wealth of evidence is available to suggest that a bifurcated two-tier economy and society cannot persist for long without major upheaval." Lewin,D., Expert's report on the United States, in: OECD, Labour market flexibility, 12.

[173] Vgl. für andere Hyman,R., The political economy of industrial relations. Theory and practice in a cold climate, London 1989, 54 et passim.

regelungen oder Schlichtungsvereinbarungen).[174] Wir können die langfristige Entwicklung beschreiben als Trend zu mehr und umfassenderen Inhaltsregeln, die der Staat häufig durch rechtliche Intervention einleitet. Umgesetzt auf unser Problem der Umverteilung individueller und kollektiver Verfügungsrechte bedeutet dieser Trend, daß Formen substantieller Regulierung die prozeduraler nach wie vor dominieren, obwohl Deregulierungsmaßnahmen auf substantielle Regulierung zielten.

Demgegenüber sind die Arbeitsmärkte und Arbeitsbeziehungen der 90er Jahre gekennzeichnet durch eine wachsende Bedeutung, wenn nicht gar Beherrschung, von Verfahrensregeln, die mehr koordinierte Flexibilität und höhere Anpassungsfähigkeit ermöglichen sollen. Deswegen sollten bei der konkreten Ausgestaltung der Re-Regulierung Verfahrens- den Vorzug vor Inhaltsregeln haben. M.a.W.: Die staatlichen, auf der Makroebene fixierten Verfahrensregeln formulieren lediglich Rahmenbedingungen für nachgeschaltete Aushandlungsprozesse der Konfliktaustragung auf überbetrieblicher und betrieblicher Ebene bzw. werden auf der sektoralen und vor allem der betrieblichen Ebene inhaltlich ausgefüllt.

Einführende Literatur:

Büchtemann,Ch.F./Neumann,H.(Hg.), Mehr Arbeit durch weniger Recht? Chancen und Risiken der Arbeitsmarktflexibilisierung, Berlin 1990

Keller,B./Seifert,H.(Hg.), Atypische Beschäftigung. Verbieten oder gestalten?, Köln 1995

Lampert,H./Englberger,J./Schüle,J.(Hg.), Ordnungs- und prozeßpolitische Probleme der Arbeitsmarktpolitik in der Bundesrepublik Deutschland, Berlin 1991

Matzner,W./Streeck,W.(eds.), Beyond Keynesianism - the socio-economics of production and full employment, Aldershot 1990

OECD(ed.), Labour market flexibility. Trends in enterprises, Paris 1989

Semlinger,K.(Hg.), Flexibilisierung des Arbeitsmarktes. Interessen, Wirkungen, Perspektiven, Frankfurt-New York 1991.

---

[174] Vgl. zur Anwendung der Unterscheidung auf Regulierungsfragen Mückenberger,U., Juridification of Industrial Relations: A German-British comparison, CLLJ 9 (1988), 526-556; Mückenberger,U., Non-standard forms of employment in the Federal Republic of Germany: The role and effectiveness of the State, in: Rodgers/Rodgers, Precarious jobs in labour market deregulation.

16. ZUKUNFT DER NATIONALEN ARBEITSBEZIEHUNGEN

Voraussagen sind gefährliche Unternehmungen, setzt man sich doch dem Risiko aus, in absehbarer Zeit Objekt von Häme und Spott zu sein. Andererseits sind alle Versuche, Prognosen zu formulieren und Bandbreiten der Entwicklung abzuschätzen, intellektuell faszinierend und hoffentlich arbeitspolitisch wichtig; kann man doch so nicht nur den Realitätsbezug und die Tragweite der eigenen Hypothesen und Kalküle prüfen, sondern einen Beitrag zur politischen Gestaltung der "neuen Unübersichtlichkeit" und damit zur Bewältigung von Problemen leisten. Wir werden zunächst die Zukunft der Arbeitsbeziehungen in der Bundesrepublik, im folgenden Kapitel deren Perspektiven in der Europäischen Union behandeln.

Bei unserem Unterfangen unterstellen wir explizit, daß die zukünftige Entwicklung der industrial relations (IR) in der "dritten" industriellen Revolution, an der "zweiten Wegscheide der industriellen Entwicklung" zwischen inflexibler Massenproduktion und flexibler Spezialisierung bzw. unter dem Regime "neuer Produktionskonzepte" und den Randbedingungen systemischer Rationalisierung[1] nicht durch technische Entwicklungen und/oder ökonomische Daten eindeutig determiniert ist. Vielmehr kann sie von den Akteuren innerhalb gewisser Bandbreiten durch Interventionen politisch gestaltet werden (sog. Politikhaltigkeit). Insoweit ist also der nicht nur in den Sozialwissenschaften lange Zeit weit verbreitete Irrglaube eines Technikdeterminismus mit seinen scheinbaren Sachgesetzlichkeiten, jene "Vorstellung einer weitgehend deterministischen Abhängigkeit der Arbeitsformen und ihrer Veränderung von der eingesetzten Technik und ihrer Entwicklung"[2], endgültig passé; es geht nicht länger um Eigenständigkeit der Technik, sondern um deren Beherrschbarkeit.

Ich werde im folgenden die zunächst überraschende These vertreten, daß von der vielfach beschworenen Krise der institutionellen Interessenvermittlung in der Bundesrepublik in bezug auf arbeitspolitische Problemstellungen nicht ernsthaft die Rede sein kann, sondern daß vielmehr die institutionellen und handlungsstrukturellen Voraussetzungen für eine erfolgreiche Bewältigung des notwendigen Strukturwandels im internationalen Vergleich[3] relativ günstig sind.

---

[1] Vgl. zu den verschiedenen Konzepten Kap.11.

[2] Lutz,B., Kann man Technik-Folgen abschätzen, GMH 37 (1986), 565; ähnlich Lutz,B., Das Ende des Technikdeterminismus und die Folgen - soziologische Technikforschung vor neuen Aufgaben und neuen Problemen, in: Lutz,B.(Hg.), Technik und sozialer Wandel. Verhandlungen des 23. Deutschen Soziologentages in Hamburg 1986, Frankfurt-New York 1987, 34-52.

[3] Vgl. u.a. Juris,H./Thompson,M./Daniels,W.(eds.), Industrial relations in a decade of economic change, Madison 1985.

16.1. Die Ausgangssituation

1. Zunächst möchte ich kurz die wichtigsten, seit der Nachkriegszeit von den korporativen Akteuren entwickelten und bewährten Institutionen und Regulierungsmechanismen charakterisieren. Deren Verständnis ist für eine realistische Analyse der Zukunftsperspektiven von Bedeutung.[4]

Die deutschen IR sind ähnlich, aber wesentlich länger als die "new IR" in den angelsächsischen Ländern innerhalb eines "Systems wechselseitiger Abhängigkeiten" mit beiderseitigen Gratifikations- und Sanktionsmitteln systematisch und dauerhaft ausgerichtet auf den "Typus kooperativer Konfliktverarbeitung" mit Kompromißcharakter nach dem Prinzip des do ut des sowie einem praktizierten betrieblichen Interessenausgleich[5] - gegebenenfalls, faktisch aber selten unter Einschaltung der Einigungsstelle (gemäß Par.76 BetrVG). Kooperative Konfliktverarbeitung impliziert ein zugleich hohes Stabilitäts- und Flexibilitätspotential. Die tagtäglichen Erfahrungen in den Interaktionszusammenhängen mit den anderen Akteuren zeigen, daß ein striktes Befolgen eingefahrener "tit for tat-Strategien" vor allem mittel- und langfristig günstigere Ergebnisse verspricht als alternative Vorgehensweisen kurzfristiger Nutzenmaximierung. Geronnene Ergebnisse dieser beiderseitigen Erfahrungen mit inoffiziellen Spielregeln sind bestimmte Institutionen und Mechanismen:

1. Das deutsche System wird vor allem in internationalen Vergleichen zutreffend als überaus stark verrechtlicht in nahezu allen seinen Elementen charakterisiert.[6] Vor allem kollektivrechtliche Normierungen legitimieren Institutionen als Träger bestimmter Interessen und definieren Rechte ihrer korporativen Akteure, vor allem der Interessenvertretungen der Arbeitnehmer. Dies gilt insbesondere für
   - das Betriebsverfassungsgesetz für die betriebliche Ebene,
   - die Mitbestimmungsgesetze für die Unternehmensebene,
   - das Tarifvertragsgesetz einschließlich der staatlich garantierten Tarifautonomie für die Austragung des Verteilungskonflikts auf Sektor- bzw. Branchenebene,
   - das Arbeitsförderungsgesetz für die aktive Arbeitsmarktpolitik des Staates
   - sowie eine umfangreiche und zunehmende Rechtsetzung durch Rechtsprechung, vor allem des Bundesarbeitsgerichts, zu Problemen des individuellen und kollektiven Arbeitsrechts.

---

[4] Vgl. auch Keller,B., Arbeitsbeziehungen, in: Holtmann,E.(Hg.), Politik-Lexikon, 2.Aufl. München-Wien 1994, 30-33; vgl. zu einer anderen Systematik Müller-Jentsch,W., Auf dem Prüfstand: Das deutsche Modell der industriellen Beziehungen, IndBez 2 (1995), 11-24.

[5] Vgl. im einzelnen Kap.5.

[6] Vgl. im einzelnen Kap.7.

Dadurch wird einerseits ein für alle Akteure verbindlicher Handlungsrahmen vorgegeben, d.h. außerhalb dieses Rahmens liegende Optionen sind unmöglich; andererseits wird auch eine gewisse Rechtssicherheit erzeugt, die Handlungsfolgen werden kalkulier- und prognostizierbar. Die formulierten Regulierungsmechanismen beziehen sich im übrigen zumeist auf Verfahren und Austragungsformen, weniger auf Inhalte (z.B. industrielle Konflikte). Konstitutiv ist im Gegensatz zu anderen nationalen Systemen weiterhin eine strikte und systematische Trennung von Rechts- bzw. Auslegungs- und Regelungs- bzw. Interessenstreitigkeiten, wobei ausschließlich bei letzteren Arbeitskampfmittel zur Konfliktlösung eingesetzt werden dürfen, während für erstere eine ausgebaute Arbeitsrechtsprechung statt vertraglich vereinbarter grievance procedures zuständig ist.

2. Nach dem II. Weltkrieg orientierte sich der gewerkschaftliche Neuaufbau vorrangig am Einheitsgewerkschafts- sowie am Industrieverbandsprinzip; damit einher ging intern eine Zurückdrängung partikularer, betrieblicher, berufsständischer oder weltanschaulicher Interessen sowie extern die weitgehende Ausschaltung zwischengewerkschaftlicher Konkurrenz;[7] ein faktisches Repräsentationsmonopol steht an der Stelle einer "multiple-union representation" wie etwa in Großbritannien oder von "jurisdictional disputes" wie in den USA. Durch diese Organisationsstruktur wurde eine mit den Verrechtlichungstendenzen korrelierende, gewisse Zentralisierung bzw. geringe Fragmentierung begünstigt. Diese Entwicklung wurde durch ähnlich gelagerte Interessen und die parallele Entwicklung entsprechender Organisationsstrukturen auf seiten der Arbeitgeber bzw. ihrer Verbände begünstigt und verstärkt. Die Effizienz und Effektivität des kollektiven Verhandlungssystems wurden so wesentlich erhöht.

3. Das collective bargaining-System hat durch seine im internationalen Vergleich relative Zentralisierung mit regionalen (u.a. Metall, Chemie) oder sogar bundesweiten (u.a. öffentlicher Dienst, Banken, Versicherungen) Verhandlungen zu einer gewissen Vereinheitlichung und Standardisierung von Entgelten und übrigen Arbeitsbedingungen ebenso beigetragen wie staatliche Regelungen durch Gesetze und Rechtsprechung der Arbeitsgerichte. Die Verhandlungen werden zwar regional geführt, aber seit vielen Jahren auf beiden Seiten von den Spitzenverbänden koordiniert; sog. Pilotabkommen, die traditionell vor allem bestimmte Bezirke der Metallindustrie (besonders Nordwürttemberg-Nordbaden, gelegentlich auch Nordrhein-Westfalen oder Hessen) abschließen, präjudizieren die übrigen Abschlüsse.[8]

---

[7] Vgl. im einzelnen Kap.3.

[8] Diese deutsche Variante eines pattern setting/pattern following setzt eine hohe Verpflichtungsfähigkeit beider Verbände voraus.

4. Unerläßlich für das Verständnis der IR ist die Ausgestaltung der Beziehung zwischen den Institutionen betrieblicher und sektoraler Interessenvertretung[9]: Betriebsräte (BR) sind gesetzlich verankerte, betriebliche Interessenvertretungen aller Arbeitnehmer mit Friedenspflicht und der generellen Festlegung auf die Maxime "vertrauensvoller Zusammenarbeit" (Par.2 BetrVG); Gewerkschaften sind mit einem rechtlich abgesicherten Streikmonopol ausgestattete, grundsätzlich freiwillige, überbetrieblich-sektorale Vertretungen. Beide sind innerhalb des Systems der "dualen" Interessenvertretung formalrechtlich-institutionell voneinander unabhängig; faktisch jedoch sind sie aufeinander angewiesen und stehen in einem engen und stabilen Verhältnis arbeitsteiliger Kooperation bei einer bisher klaren und deutlichen Kompetenzabgrenzung.

Folgen sind vor allem eine zunehmende "Vergewerkschaftung der BR" sowie die Existenz von de facto closed shops trotz eines formalrechtlichen Verbots dieser gewerkschaftlichen Sicherungsform in zumindest einigen zentralen Branchen. Diese enge Symbiose von BR und Gewerkschaften, die angesichts eines hohen und langfristig stabilen Organisationsgrades der BR fast als local union bzw. national union representatives begriffen werden können, bedeutet die institutionelle Verknüpfung der beiden Ebenen.[10]

5. Das duale System der Berufsbildung, das im internationalen Vergleich eine Ausnahme darstellt, ist nach einer wechselvollen Geschichte in seiner "tripartistischen" Organisation von allen beteiligten Akteuren anerkannt. Der theoretisch orientierte Teil der Ausbildung, der in eigenständigen Berufsschulen stattfindet, ist verbunden mit einem praktisch ausgerichteten, der im Betrieb absolviert wird. Die mehrjährige, in Berufsbildungsplänen definierte Ausbildung ist im Prinzip von allen Jugendlichen zu durchlaufen, die nicht weiterführende Schulen besuchen. Diese breit angelegte und relativ standardisierte Ausbildung vermittelt sowohl allgemeine als auch spezielle Kenntnisse. Sie ermöglicht interne Mobilität sowie funktionale Flexibilität, vermeidet Überspezialisierung, vermittelt Schlüsselqualifikationen und erhöht die Anpassungsfähigkeit an veränderte technologische Anforderungen. Das System der beruflichen Bildung erleichtert den Übergang von der Schule auf den Arbeitsmarkt und reduziert das Ausmaß der Jugendarbeitslosigkeit in Perioden eines Überangebots.

---

[9] "The central argument ... is that the institutional arrangements within which conflicts between labor and capital are resolved have contributed to stable, collaborative adjustment. West Germany's distinctive "dual system" of labor relations has been a key source of institutional resiliency through the economic turmoil and political changes of the past decades." Thelen,K.A., Union of parts. Labor politics in postwar Germany, Ithaca-London 1991, 2.

[10] Vgl. im einzelnen Kap.5.

2. Diese säkulare Entwicklung eines spezifischen Systems der IR mit einer korrespondierenden Macht- und Kompetenzverteilung[11] wurde erleichtert durch die
- über lange Jahre günstigen gesamtwirtschaftlichen Bedingungen (Prosperitätsphasen mit hohen Wachstumsraten des Sozialprodukts) mit einer Arbeitsmarktsituation, die gekennzeichnet war durch geringe Arbeitslosigkeit bzw. Vollbeschäftigung
- sowie durch bestimmte politische Konstellationen, vor allem die Existenz sozialliberaler Koalitionen mit gewerkschaftsfreundlicher Gesetzgebung sowie mit mehr oder weniger erfolgreichen Versuchen keynesianischer Globalsteuerung.[12]

Auf dieser soliden und tragfähigen polit-ökonomischen Basis konnten die Tarifvertragsparteien ihrerseits mit komplementären Vereinbarungen etwa zur institutionalisierten Konfliktregelung aufbauen[13] und die Voraussetzungen für eine "kooperative Tarifpolitik" schaffen bzw. ergänzen.[14] Für das deutsche IR-System gilt somit, was für das US-amerikanische häufig gefordert wird: "To be effective, an industrial relations system must be well matched to its economic and social environment and able to meet the strategic needs of employers, the workforce, and the larger society."[15] Das Ergebnis ist das zumindest bis in die 90er Jahre relativ erfolgreiche "German model of negotiated adjustment"[16].

---

[11] Vgl. Jacobi,O./Keller,B./Müller-Jentsch,W., Co-determining the future?, in: Ferner,A./Hyman,R.(eds.), Industrial relations in the new Europe, London 1992, 218-271.

[12] "Zusammenfassend: Das institutionelle Gefüge des dualen Systems förderte, konditionierte, erzwang Strategien und Politiken der beteiligten Akteure, die den sozialen Konsens verstärkten und zu einem niedrigen Konfliktniveau und hoher Produktivitätsrate beitrugen." Müller-Jentsch, Auf dem Prüfstand, 18.

[13] Vgl. im einzelnen Kap.7.

[14] Vgl. im einzelnen Fürstenberg,Fr., Kooperative Tarifpolitik, in: Gamillscheg,F. et al.(Hg.), Sozialpartnerschaft in der Bewährung. Festschrift für Karl Molitor zum 60. Geburtstag, München 1988, 119-131.

[15] Kochan,Th., Adaptability of the U.S. industrial relations system, Science 240 (1988), 287.

[16] So der von Thelen geprägte und wiederholt gebrauchte Terminus. Vgl. Thelen, Union of parts.

16.2. Institutionelle Sicherungen und Anpassung durch Flexibilität

1. Die Initiative des strategischen Handelns, die in den 60er und frühen 70er Jahren eher bei den Arbeitnehmervertretungen, besonders den Gewerkschaften, gelegen hatte, ist auf das Management übergegangen.[17] Im internationalen Vergleich reagieren Managementvertreter, "the prime mover ... the militant party"[18], durchaus unterschiedlich auf drastische Änderungen der ökonomischen und technologischen Rahmenbedingungen (vor allem Markt- und Wettbewerbsveränderungen bzw. neue Technologien); stromlinienförmig-vereinheitlichte Strategien sind kaum auszumachen.[19] "... employers have two options if they seek successful work organizations in the contemporary period: to challenge, weaken, marginalize, avoid or exclude union influence, or to work with and incorporate unions in processes of managerial decision making. Managers constrained by some form of codetermination backed by law and by the political and economic strength of cohesive labor movements, as in West Germany and Sweden, have increasingly pursued the latter option. Managers who are not so constrained, as in the United States, Britain, and Italy, appear to have chosen the former option ..."[20]

Die skizzierten Strukturen, welche die korporativen Akteure im Laufe von mehreren Jahrzehnten innerhalb der Institutionen von staatlich garantierter Tarifautonomie und Betriebsverfassung entwickelten, wirken als relativ effektive Puffer gegen Bestrebungen insbesondere der Unternehmerverbände, sie drastisch und substantiell zu verändern. Der aktuelle Schutz durch institutionelle Sicherungen, der bei einem Verlust an Verhandlungsmacht der Gewerkschaften infolge eines deutlichen Überangebots an Arbeitskräften wichtiger wird, ist zunächst nicht-intendiertes Ergebnis kollektiven Handelns in vergangenen Perioden, als etwa die Mitbestimmungsrechte auf Betriebs- und Unternehmensebene in den 70er Jahren ausgeweitet wurden.[21] Neben den

---

[17] "What is significant in recent years is the reactivating of management, the once "passive variable" in industrial relations." Martinez Lucio,M./Weston,S., Trade unions and networking in the context of change: Evaluating the outcome of decentralization in industrial relations, EID 16 (1995), 237.

[18] Strauss,G., Industrial relations: Time of change, IR 23 (1984), 2; ähnlich Garbarino,J.W., Symposium introduction and overview, IR 24 (1985), 290.

[19] Vgl. hierzu die Fallstudien in Kochan,Th.A./McKersie,R.B./Cappelli,P., Strategic choices and industrial relations theory, IR 23 (1984), 16-39.

[20] Turner,L., Democracy at work. Changing world markets and the future of labor unions, Ithaca-London 1991, 235.

[21] Damit wurden die Institutionen und Handlungsalternativen des "voice" zu Lasten derjenigen von "exit" weiter gestärkt bzw. ausgebaut. An anderer Stelle habe ich gezeigt, daß beim industrieverbandlichen Organisationsprinzip verschiedene Widerspruchsmechanismen und nicht Abwanderung die dominante individuelle Kontrollform darstellen. Vgl. Hirschman,A.O., Abwanderung und Widerspruch. Reaktionen auf Leistungsabfall bei Unternehmungen, Organisationen und Staaten, Tübingen 1974; Keller,B., Individualistische Sozialwissenschaft. Zur Relevanz einer Theoriediskussion, KZfSuS 35 (1983), 59-82.

organisationsstrukturellen Voraussetzungen mit einem gewissen Zentralisierungsgrad erweisen sich die umfassenden Verrechtlichungstendenzen bei veränderten Rahmenbedingungen nicht mehr so sehr als Handlungsrestriktionen, sondern als institutionelle Sicherung und strategischer Vorteil für die Gewerkschaften.[22] Während in den 70er Jahren die Konsequenzen einer zunehmenden Verrechtlichung häufig beklagt wurden, werden seit den 80er Jahren ihre zunächst unbeachteten positiven Folgen deutlicher. "West Germany's labor laws may have constrained union militancy in times of prosperity, but they secure the unions' position in harder times."[23]

Die gesetzliche Form der Normierung von Mitbestimmungs- und Mitwirkungsrechten bei sozialen, personellen und wirtschaftlichen Angelegenheiten garantiert im Gegensatz zu entsprechenden Tarifverträgen, wie sie etwa in den USA oder Großbritannien vorkommen, eine hochgradige Vereinheitlichung sowie ein Mindestniveau an Einfluß der BR sowie der Arbeitnehmervertreter im Aufsichtsrat auf strategisch relevante Entscheidungen auf Betriebs- und Unternehmensebene bzw. auf die sog. "management prerogatives".[24] Weiterhin handelt es sich bei den gesetzlichen Mitbestimmungsregelungen um ein traditionelles, über Jahrzehnte eingespieltes System eines integrativen bargaining[25], das in Zeiten krisenhafter Entwicklung nicht erst konzipiert und implementiert werden muß und insofern die hohen Kosten einer langwierigen trial and error-Periode spart.[26]

2. Diese von den korporativen Akteuren geschaffenen Institutionen und Regelungsverfahren schließen zugleich ein erhebliches und erstaunlich hohes Ausmaß an Flexibilität ein[27], welches bestimmten Akteuren noch nicht genügt. Strategische Antworten der

---

[22] Ähnlich argumentiert für Österreich Traxler,F., Von der Hegemonie in die Defensive. Österreichs Gewerkschaften im System der "Sozialpartnerschaft", in: Müller-Jentsch,W.(Hg.), Zukunft der Gewerkschaften. Ein internationaler Vergleich, Frankfurt-New York 1988, 45-69.

[23] Katzenstein,P., Policy and politics in West Germany: The growth of a semisovereign state, Philadelphia 1987, 356.

[24] "One unusual factor in the American experience ... is the lack of any legislative support for consultation at the workplace. Similar arrangements in France, Germany or Canada, for instance, all are stimulated by law. American experiments may be more meaningful when they occur than are other initiatives because they result from voluntary actions of the parties, but this lack of institutional support in public policy also makes them vulnerable to temporary changes in the parties' priorities." Thompson,M./Juris,H., The response of industrial relations to economic change, in: Juris/Thompson/Daniels, Industrial relations in a decade of economic change, 405.

[25] Im Sinne von Walton,R.E./McKersie,R.B., A behavioral theory of labor negotiations. An analysis of a social interaction system, 2nd ed. Ithaca 1991.

[26] Vgl. demgegenüber die Fallstudien für die USA in Kochan,Th.A./Katz,H.C./McKersie,R.B., The transformation of American industrial relations, New York 1986, 178-205.

Akteure als Reaktionen auf veränderte Rahmenbedingungen auf Produktmärkten[28] sowie auf Arbeitsmärkten (in Form eines langfristigen Angebotsüberhangs) werden im Vergleich zu anderen Ländern erleichtert bzw. ermöglicht. Insgesamt ist das IR-System der Bundesrepublik im Vergleich zu dem anderer Länder recht anpassungsfähig und geeignet für eine sozialverträgliche Bewältigung des Strukturwandels.[29] "In particular, two critical variables account for relative union success or decline and the stability of industrial relations systems in the contemporary period: first, the extent to which unions, as a broad national pattern, are integrated into processes of managerial decision making, especially concerning work organization; and second, the existence of laws or corporatist bargaining arrangements, that regulate firm-level union participation from outside the firm."[30]

Innerhalb des collective bargaining-Systems gelang den Tarifvertragsparteien der nicht einfache Paradigmenwechsel von der alten quantitativen zur neuen qualitativen Tarifpolitik, indem sie die gemeinsam geschaffenen Institutionen bzw. Regelungsverfahren veränderten[31], ohne daß diese funktionslos wurden oder zusammenbrachen. Infolge der ökonomischen und technologischen Veränderungen und deren Einfluß auf die Arbeitsmärkte wurde aus gewerkschaftlicher Sicht schon in den 70er Jahren eine Verschiebung bzw. Ausweitung der Verhandlungsgegenstände notwendig; die Arbeitgeber hingegen versuchten mit allen Mitteln, einschließlich mehrerer hart geführter Verbandsaussperrungen, einen Einbezug von Arbeitsbedingungen und Beschäftigungsproblemen in die Tarifpolitik zu verhindern.[32]

Die Bedeutung der traditionell dominierenden Lohn- und Gehaltspolitik nahm deutlich ab - bei allenfalls minimalen Reallohnzuwächsen infolge der verkleinerten materiellen Kon-

---

[27] Ausländische Beobachter teilen dieses Urteil: "On balance, West Germany's complex industrial relations system has had a stabilizing effect on the political fabric..." Katzenstein,P., Industry in a changing West Germany, in: Katzenstein,P.(ed.), Industry and politics in West Germany. Toward the Third Republic, Ithaca-London 1989, 12.

[28] U.a. verschärfte Preiskonkurrenz auf einheimischen und vor allem auf Weltmärkten durch Eintritt der Schwellenländer in die Märkte, Nachfragestagnation bei langfristigen Konsumgütern, verkürzte Produktzyklen, Verlagerung der Produktion auf spezialisierte Qualitätsprodukte, technologischer Wandel allgemein. Vgl. zusammenfassend Sabel,Ch., A fighting. Structural change and new labor strategies, IJoPE 17 (1987), 31ff.

[29] Im Vergleich entwickelter Industrieländer kommen die Autoren zu folgendem Ergebnis über die Nationen, die den Strukturwandel am besten bewältigt haben: "Japanese industrial relations adapted to a new economic climate, while the existing German system was capable of dealing with altered circumstances with little structural change." Thompson/Juris, The response of industrial relations, 384.

[30] Turner, Democracy at work, 12.

[31] U.a. erreichen sie eine höhere Flexibilität durch Dezentralisierung der Tarifverhandlungsstruktur.

[32] Vgl. im einzelnen Kap.8.

zessionsspielräume bzw. einer darauf reagierenden gewerkschaftlichen Politik, aber ohne sog. concession bargaining in größerem Stil in den Krisenbranchen wie etwa in den USA.[33] Stattdessen vereinbarten die Tarifparteien in den 70er Jahren zunächst Rationalisierungsschutzabkommen (besonders IG Metall, IG Druck und Papier), später in Anbetracht der Entwicklung auf dem Arbeitsmarkt auch eine Verkürzung der Wochenarbeitszeit. Voraussetzungen waren flexibel gehaltene Strukturen und die Beibehaltung der staatlicherseits garantierten und von den Tarifvertragsparteien bewahrten Tarifautonomie. "... the outcome of these negotiations, working-time reduction with plant flexibility, points to new strains in central bargaining, but also to its continued resiliency in Germany. Pressures for decentralization were resolved not through a breakdown of centralized bargaining but through the incorporation of flexibility into the central contracts themselves."[34]

Offensichtlich besteht bei beiden Tarifparteien trotz gelegentlicher anderslautender Äußerungen einzelner Mitgliedergruppen in der Öffentlichkeit ein prinzipielles Interesse an der Beibehaltung des großflächig-zentralisierten collective bargaining-Systems, wenngleich die Arbeitgeberverbände in den 90er Jahren verstärkt für eine gewisse Flexibilisierung im Sinne größerer Handlungsspielräume auf betrieblicher Ebene votieren. Die Arbeitgeberverbände "wollen zwar nicht den Flächentarifvertrag generell aufgeben; denn schließlich gehört zu ihren wichtigsten Funktionen der Abschluß von Tarifverträgen, aber sie müssen auf die zunehmende innerverbandliche Kritik und die erfolgten und angedrohten Verbandsaustritte Rücksicht nehmen."[35]

Eine "Atomisierung" bzw. "Balkanisierung" oder im aktuelleren Jargon "Japanisierung" ohne überregionale Regelungsmuster und ohne die generelle Ordnungsfunktion von Tarifverträgen hätte für die korporativen Akteure auf beiden Seiten mittel- und langfristig höchst ungewisse, nicht planbare und nicht mehr kontrollierbare Folgen.[36] "In general, decentralised negotiations make it more difficult for both parties to control and moderate

---

[33] Vgl. zu den sog. givebacks Strauss, Industrial relations, 8ff.; Kochan, Adaptability of the U.S. industrial relations system, 288f.; empirisch Freeman,R.B., In search of union wage concessions in standard data sets, IR 25 (1986), 131-145; zu den institutionellen Folgewirkungen Kassalow,E., Concession bargaining: Towards new roles for American unions and managers, ILR 127 (1988), 573-592.

[34] Thelen,K., The politics of flexibility in the German metalworking industies, in: Golden,M./Pontusson, J.(eds.), Bargaining for change. Union politics in North America and Europe, Ithaca-London 1992, 244.

[35] Müller-Jentsch, Auf dem Prüfstand, 21.

[36] Eindeutig war lange Jahre auch die Position der BDA. Forderungen nach einer betriebsnahen bzw. differenzierten Tarifpolitik "sind abzulehnen, denn sie würden auf eine Atomisierung der Tarifpolitik hinauslaufen, die mit den Grundsätzen einer koordinierten Lohn- und Tarifpolitik nach übergeordneten volkswirtschaftlichen Gesichtspunkten nicht vereinbar wäre ... Darüber hinaus hätte eine "betriebsnahe Tarifpolitik" die Aufsplitterung auf Arbeitgeberseite zur Folge, die von nicht zu unterschätzender Bedeutung für die Stellung der Arbeitgeberverbände in unserer wirtschaftlichen Ordnung und ihre gemeinsame Haltung in Tarifverhandlungen wäre." BDA, Jahresbericht 1988, Bergisch-Gladbach 1988, 35.

the development of wages in the whole economy."[37] In dezentralisierten bargaining-Systemen können die Gewerkschaften davon ausgehen, daß die Folgen ihrer Politik für die zentralen "Stellgrößen" auf der Makroebene, vor allem für das Preisniveau, zu vernachlässigen sind; bei zentralisierten Systemen hingegen müssen sie die kollektiven Folgen in ihr Kalkül einbeziehen und moderate Abschlüsse treffen.

Die tatsächlichen Folgen einer Dezentralisierung sind nicht mit den erwarteten identisch: "Eine vergleichende empirische Untersuchung ... zeigt auf der einen Seite, daß die Spreizung der Ecklöhne auf Firmenebene größer ist als auf Branchenebene; allerdings lag gleichzeitig das Durchschnittsniveau der Firmenabschlüsse höher. Dies korrespondiert mit Ergebnissen für Großbritannien, nach denen die Beschäftigten bei der Lohnfestsetzung auf Firmenebene über erhebliche Insidermacht verfügen."[38] - Außerdem müssen wir beim Zusammenhang von Verhandlungsebene und Koordination von Kollektivverhandlungen verschiedene Formen der Dezentralisierung unterscheiden, was in der Diskussion um "Zentralisierung vs. Dezentralisierung"[39] häufig nicht berücksichtigt wird. Bei einer Analyse der OECD-Länder für die 80er Jahre finden sich fünf Formen: keine wesentlichen Veränderungen, disorganisierte Dezentralisierung, organisierte Dezentralisierung, Zentralisierung sowie Veränderungen ohne eindeutige Richtung. Deutschland gehört - zumindest bislang - neben Österreich und Dänemark zu den Ländern mit organisierter Dezentralisierung.[40] Für diese Länder gilt: ".. organized decentralization does not necessarily imply a weakening of the labour market associations, even in those countries where bargaining tasks are transferred to works councils formally independent of the unions. The more such tasks are delegated to the works councils, the more dependent they become on external expertise and support."[41]

---

[37] Schnabel,C., Collective bargaining in Germany: Recent trends, problems and reform proposals, in: Hoffmann,R. et al.(eds.), German industrial relations under the impact of structural change, unification and European integration, Düsseldorf 1995, 34.

[38] Meyer,W., Zentralisierung oder Dezentralisierung der ostdeutschen Tarifinstitutionen?, in: Neubäumer,R.(Hg.), Arbeitsmarktpolitik kontrovers. Analysen und Konzepte für Ostdeutschland, Darmstadt 1993, 275.

[39] Vgl. Kap.7. Eine aktuelle zusammenfassende Analyse kommt zu dem Ergebnis, "daß empirische Untersuchungen keinen eindeutigen Zusammenhang zwischen dem Zentralisierungsgrad eines Landes und einer Reallohnzurückhaltung aufzeigen". Franz, Die Lohnfindung in Deutschland in einer internationalen Perspektive, 42.

[40] Traxler,F., Farewell to labour market associations? Organized versus disorganized decentralization as a map for industrial relations, in: Crouch,C./Traxler,F.(eds.), Organized industrial relations in Europe: What future?, Aldershot 1995, 3-19; ählich argumentiert Treu,T., Tripartite social policy-making: An overview, in: Treu,T.(ed.), Participation in public policy-making: The role of trade unions and employers associations, Berlin-New York 1992, 5ff.

[41] Traxler, Farewell, 9.

Fazit: Bei genauerer Analyse ist die These von der Starrheit und Ungelenkigkeit des deutschen Arbeitsrechts[42] eher eine unzutreffende, weil unvollständige Beschreibung der Realität denn ernstzunehmende Rezeptur.[43] Ähnlich ist die Identifikation "institutioneller Sklerose"[44] als wesentliche Krisenursache zu einseitig neoklassischem Denken verpflichtet, dem kollektives Handeln und Institutionen des Arbeitsmarktes und der IR (im Gegensatz zu anderen, etwa der institutionalistischen Schule der IR oder den Segmentationstheorien der Arbeitsmarktanalyse) traditionell weitgehend fremd sind. Die umfassenden Verteilungskoalitionen handeln faktisch nicht in einem institutionellen und politischen Vakuum, sondern sind in ihren jeweiligen "choices of strategy" an politische und soziale Restriktionen gebunden.[45]

Zudem wird das im internationalen Vergleich etwa mit den angelsächsischen Ländern überaus hohe horizontale und vertikale Anpassungs- und Austauschpotential der spezifischen betriebsinternen Arbeitsmärkte der Bundesrepublik bei Gegenüberstellungen formaler Strukturen (ohne Berücksichtigung institutioneller Grundlagen wie des Grades der Arbeitsteilung, des spezifischen Typus von breiter, standardisierter Berufsgrundausbildung und umfassendem Qualifikationserwerb im dualen System, Mobilitätsstrategien statt Strategien der Arbeitsplatzkontrolle etc.) systematisch unterschätzt.[46] In diesem Arbeitsmarktkontext und seinem fälschlicherweise häufig vernachlässigten

---

[42] Für andere Rüthers,B., Die offene ArbeitsGesellschaft. Regeln für soziale Beweglichkeit, Osnabrück 1985; Adomeit,K., Wen schützt das Arbeitsrecht? Wie Gesetze, Richtersprüche und Tarifzwang Arbeitslosigkeit produzieren, Stuttgart 1987; Heinze,M., Flexibilisierung des Arbeitsrechts - Zur Lage in der Bundesrepublik, ZAS 1 (1987), 239-249; Löwisch,M., Neuorientierung des Arbeitsrechts, in: Maydell,B.v./Kannengießer,W.(Hg.), Handbuch Sozialpolitik, Pfullingen 1988, 404-411.

[43] Vgl. demgegenüber etwa Brandes,W. et al., Grenzen der Kündigungsfreiheit - Kündigungsschutz zwischen Stabilität und Flexibilität, in: Semlinger,K.(Hg.), Flexibilisierung des Arbeitsmarktes. Interessen, Wirkungen, Perspektiven, Frankfurt-New York 1991, 111-131.

[44] Olson,M., Aufstieg und Niedergang von Nationen. Ökonomisches Wachstum, Stagflation und soziale Starrheit, Tübingen 1985; mit ähnlicher Akzentuierung später auch Wenger,E., Der Einfluß von "Schutzrechten" für Arbeitnehmer auf die Allokation nichtsystematischer Risiken, in: Fischer,W.(Hg.), Währungsreform und Soziale Marktwirtschaft. Erfahrungen und Perspektiven nach 40 Jahren, Berlin 1989, 451-470.

[45] Vgl. die Beiträge in Keman,H./Paloheino,H./Whiteley,P.F.(eds.), Coping with the economic crisis. Alternative responses to economic recession in advanced industrial societies, London 1987.

[46] Vgl. Sengenberger,W., Struktur und Funktionsweise von Arbeitsmärkten. Die Bundesrepublik Deutschland im internationalen Vergleich, Frankfurt-New York 1987, bes. 96ff., 180ff.; international vergleichend auch Piore,M.J., Perspectives on labor market flexibility, IR 25 (1986), 146-166. Die entgegengesetzte Meinung findet sich u.a. bei Soltwedel, R., Mehr Markt am Arbeitsmarkt. Plädoyer für weniger Arbeitsmarktpolitik, München 1984; Engels,W., Über Freiheit, Gleichheit und Brüderlichkeit. Kritik des Wohlfahrtsstaates, Theorie der Sozialordnung und Utopie der sozialen Marktwirtschaft, Bad Homburg 1985.

Einfluß auf die IR ist der in anderen Ländern nicht vorhandene Typus des deutschen Facharbeiters von zentraler Bedeutung, der im dualen System der beruflichen Bildung eine breit angelegte Ausbildung absolviert, die ihm vielfältige Einsatzmöglichkeiten einschließlich zwischenbetrieblicher Mobilitätschancen eröffnet und zur hohen Flexibilität des Arbeitskräftepotentials wesentlich beiträgt.[47]

Im übrigen ist das empirisch feststellbare Ausmaß der Lohndifferenzierung sowohl innerhalb und zwischen Branchen, als auch nach Regionen und Qualifikationen durchaus erheblich.[48] Trends zu einer Nivellierung der Einkommen unterschiedlicher Qualifikationsgruppen infolge einer "leistungsfeindlichen" Lohnstrukturpolitik der Gewerkschaften sind im Zeitvergleich kaum auszumachen; die langfristigen Folgen einer in bestimmten Phasen betriebenen Festbetrags- bzw. Sockelpolitik werden vielfach überschätzt. Empirisch zutreffend ist für die jüngere Vergangenheit eher die Differenzierungshypothese, die größer werdende Unterschiede zwischen den Leistungsgruppen feststellt.

Insofern zielen die Forderungen nach einer flexibleren Lohnpolitik bis hin zu der Möglichkeit eines selektiven Lohnverzichts durch Zulassung untertariflicher Bezahlung[49] weitgehend an der Realität vorbei; nicht nur die Gewerkschaften, sondern auch die Arbeitgeberverbände lehnen diese Pläne mehrheitlich ab. Außerdem würde eine derartige betriebsnahe Tarifpolitik den notwendigen Strukturwandel eher hemmen als befördern; sie würde das Produktivitätswachstum bremsen bzw. den Rationalisierungsdruck (vor allem bei den weniger produktiven Unternehmen) sowie die Innovationsanreize (besonders bei den produktiveren Unternehmen) vermindern.

Aus Arbeitgebersicht birgt eine Dezentralisierung der Kollektivverhandlungen bestimmte Risiken. "Company-centred bargaining systems tend to set actual wage rates, thus restricting employers' room to menoeuvre. Multi-employer bargaining systems usually only set a floor under wages, thus leaving the employer some leeway to pay higher wages. Since multi-employer bargaining is more distant from core management prerogatives than is company-centred bargaining, it tends to restrict managerial prerogatives less."[50] Zwar können in konjunkturell schwierigen Phasen betriebliche Abschlüsse zu Kostenentlastungen führen; "dafür geht dann aber in günstigen Situationen der Lohn-

---

[47] Vgl. zur Kritik an diesem Berufs- im Vergleich zum Organisationsmodell Kern,H./Sabel,Ch., Verblaßte Tugenden. Zur Krise des deutschen Produktionsmodells, in: Beckenbach,N./van Treeck,W.(Hg.), Umbrüche gesellschaftlicher Arbeit, Göttingen 1994, 605-624.

[48] Vgl. Hardes,H.-D., Vorschläge zur Differenzierung und Flexibilisierung der Löhne, MittAB 21 (1988), 52-74; Franz,W., Die Lohnfindung in Deutschland in einer internationalen Perspektive: Ist das deutsche System ein Auslaufmodell?, BdK 43 (1995), 32ff..

[49] Vgl. im einzelnen Kap.15.

[50] OECD(ed.), Employment outlook 1994, Paris 1994, 180.

anstieg auch schneller und möglicherweise nachhaltiger vonstatten, so daß der Nettoeffekt in bezug auf die Beschäftigung offen bleibt"[51].

Insbesondere nach einem erfolgten Verbandsautritt des Arbeitgebers könnte die Gewerkschaft ein pattern bargaining in ihrem Sinne versuchen, wofür durchaus empirische Anhaltspunkte vorliegen.[52] Insofern "lohnt" sich ein Verbandsaustritt nicht immer und unbedingt. Aus der Sicht der Branche kann keinesfalls als ausgemacht gelten, daß Firmentarifverträge zu niedrigeren Löhnen führen, da unterdurchschnittlichen Abschlüssen überdurchschnittliche gegenüberstehen.[53] Die Gewerkschaften dürften über die Ertragssituation bzw. Produktivitätsentwicklung einzelner Betriebe besser unterrichtet sein als über die der Branche - und diese Informationen nutzen. Generell gilt: "A positive incentive for many employers to accept colletive bargaining is that it can facilitate the provision of collective goods (over and above that of social peace) that otherwise might not be provided ... As for multi-employer bargaining, industry-wide collective agreements tend to standardize wages and working conditions and so produce a latent cartelisation among employers insofar as they take wages out of competition."[54]

3. Auch der häufig unternommene Versuch, "Krisen" der IR vor allem als Krise der Gewerkschaften zu beschreiben, schlägt im deutschen Beispiel im Gegensatz zu anderen[55] weitgehend fehl. Die relative Stabilität hat ihre Ursachen sowohl in organisationsstrukturellen Determinanten als auch in den strategischen Optionen der Akteure. So haben deutsche Gewerkschaften[56] zumindest in den alten Bundesländern geringere

---

[51] Franz, Die Lohnfindung in Deutschland in einer internationalen Perspektive, 43.

[52] Vgl. Langer,A., Arbeitgeberverbandsaustritte - Motive, Abläufe und Konsequenzen, IndBez 1 (1994), 132-154.

[53] Vgl. Albach,H., Notwendige Innovationen in der Lohnpolitik, FS IV 95-14, Wissenschaftszentrum für Sozialforschung, Berlin 1995.

[54] OECD, Employment outlook 1994, 169.

[55] Vgl. für andere Revel,S.W., Gewerkschaftspolitik in der Risikogesellschaft, WSI-Mitt 42 (1989), 375ff. Das im internationalen Vergleich atypische Standardbeispiel sind die USA: "This decline in union density was larger than that of the 1920s, and thus arguably represents the most significant change in labor market institutions since the Depression - the effective de-unionization of the U.S. labor force." Freeman, R.B., Contraction and expansion: The divergence of private sector and public sector unionism in the United States, JEP 2 (1988), 65.

[56] International vergleichend vor allem Edwards,R./Garonna,P./Tödtling,F.(eds.), Unions in crisis and beyond. Perspectives from six countries, Dover-London 1986; Blanpain,R.(ed.), Unions and industrial relations. Recent trends and prospect. A comparative treatment, BCLR 16 (1987), Deventer 1987; Müller-Jentsch, Zukunft der Gewerkschaften.

Organisationsprobleme als z.B. US-amerikanische oder auch nur britische[57]: Phänomene wie "non-union IR"[58] bzw. "unionism without unions: the new industrial relations?"[59] als Kontrast zum traditionellen collective bargaining-Modell oder wie "union-busting activities" stellen keine ernsthafte Alternative dar.[60]

Im internationalen Vergleich ist bei durchaus widersprüchlichen Tendenzen und Erfahrungen die Entwicklung der deutschen Gewerkschaften nicht dramatisch.[61] Mitgliederverluste waren in den 80er Jahren kaum zu verzeichnen - trotz konjunkturell-struktureller Krisen und eines deutlichen Wachstums prekärer, instabiler Beschäftigungsverhältnisse.[62] Der Organisationsgrad, der als Anteil der gewerkschaftlich organisierten an allen Beschäftigten einen zentralen Indikator für die Durchsetzungsfähigkeit von Interessen darstellt[63], konnte ziemlich konstant gehalten werden, obwohl die Massenarbeitslosigkeit erheblich zunahm (auf über 2 Millionen offiziell registrierter Arbeitsloser plus einer sog. Stillen Reserve in der Größenordnung von ca. 1 Million).[64] "Generally speaking, it does appear that the countries where labor relations have been widely based on industry wide relationships between national unions and employers associations, as in Scandinavia or West Germany (or for that matter in Belgium or Austria) the rate of unionization has tended to hold up."[65] Probleme traten in den 90er Jahren, vor allem in den neuen Bundesländern, auf.[66]

---

[57] "... German unions, unlike their British counterparts, have not been passively swept along by events but have sought to actively shape them in their own interests." Lane,Chr., Is Germany following the British path? A comparative analysis of stability and change, IRJ 25 (1994), 195.

[58] Vgl. zusammenfassend Kochan et al., The transformation of American industrial relations, 47-80.

[59] Garbarino,J.W., Unionism without unions: The new industrial relations?, IR 23 (1984), 40.

[60] Im übrigen sind schon die Differenzen innerhalb Nordamerikas beträchtlich. Vgl. u.a. Adams, R.J., The "old industrial relations" and corporate competitiveness: A Canadian case, ER 10 (1988), 3-7; Adams,R.J., North American industrial relations: Divergent trends in Canada and the United States, ILR 128 (1989), 47-64.

[61] Vgl. im einzelnen Hyman,R., Industrial relations in Western Europe: An era of ambiguity?, TR 33 (1994), 8ff.

[62] Vgl. im einzelnen Kap.15.

[63] Der andere Indikator, das Störpotential, findet in diesem Kontext nur selten Berücksichtigung.

[64] Dem komplexen Zusammenhang von Arbeitslosigkeit und Organisationsgrad soll hier nicht näher nachgegangen werden. Sicherlich sind Arbeitslose nur in geringem Maße organisiert, was z.T. an den sich nur langsam ändernden Aufnahmebedingungen der Gewerkschaften liegt, zum größeren Teil aber wohl daran, daß die gewerkschaftlichen Kerngruppen nur unterdurchschnittlich vom Risiko der Arbeitslosigkeit betroffen sind.

[65] Kassalow,E., Trade unions and industrial relations. Toward the twenty-first century, in: Blanpain, Unions and industrial relations, 7.

Organisatorische Probleme und Defizite bestehen nicht in einer existentiellen Bedrohung der Gewerkschaften, wohl aber hinsichtlich einer stärkeren Erschließung bestimmter, von Umfang und Bedeutung her wichtigeren, bisher aber nur weit unterdurchschnittlich organisierte Arbeitnehmergruppen (vor allem höherqualifizierte Angestellte, Frauen, Jugendliche, auf der anderen Seite aber auch Arbeitslose).[67] M.a.W.: Die Mitgliederstrukturen entsprechen nicht der gegenwärtigen Gesamtbeschäftigtenstruktur, sondern der der 50er Jahre.[68] Diese sog. strukturelle Mitgliederlücke kann die zukünftige Interessendurchsetzungs- bzw. Arbeitskampffähigkeit erheblich beeinträchtigen. Zusätzliche Probleme können durch das weitere Schrumpfen der Großbetriebe der "klassischen" Massenproduktionsbranchen mit traditionell weit überdurchschnittlichen Organisationsgraden entstehen.[69] Im übrigen wissen auch die Arbeitgeberverbände im Gegensatz zu denen in manchen anderen Ländern, wie etwa den USA, in der Regel Gewerkschaften als quasi-öffentliche "Ordnungsfaktoren" und kompromißfähige Konfliktregulatoren, als Garanten von Stabilität und Kontinuität und, falls möglich, als kalkulierbare Promotoren des strukturellen Wandels zu schätzen.[70]

Auf der sektoralen Ebene ist der Status der Gewerkschaften als Tarifvertragspartei von allen anderen Akteuren seit langem unbestritten und von konjunkturellen Schwankungen unabhängig. Faktisch verhandeln die Gewerkschaften aufgrund institutionell-rechtlicher Vorgaben (u.a. Verbot von Differenzierungsklauseln durch BAG-Urteil, Allgemeinverbindlichkeitserklärung von Tarifverträgen laut TVG) für alle Arbeitnehmer und nicht nur für ihre Mitglieder, d.h. ihre Repräsentationsfunktion ist nicht direkt und unmittelbar an variierende Mitgliederstärken gekoppelt.

Die Deckungsrate, welche den Anteil der durch Tarifverträge erfaßten Arbeitnehmer in Relation zu allen Arbeitnehmern angibt, stellt neben dem Organisationsgrad einen wesentlichen Indikator zur Charakterisierung von IR-Systemen dar. Diese sog. coverage rate liegt in der Bundesrepublik, die einen mittleren Zentralisierungsgrad des bargaining-Systems sowie eine indirekte Koordination verschiedener Verhandlungen durch

---

[66] Vgl. im einzelnen Kap.3.

[67] Vgl. Blessing,K., Gewerkschaftliche Reformperspektiven, WSI-Mitt 41 (1988), 528-535.

[68] Für andere Armingeon,K., Gewerkschaften heute - krisenresistent und stabil?, GMH 39 (1988), 330-342.

[69] Vgl. für die USA die empirischen Befunde in Lipset,S.M.(ed.), Unions in transition. Entering the second century, San Francisco 1986; für die Bundesrepublik Klauder,W., Technischer Fortschritt und Beschäftigung, MittAB 19 (1986), 1-19; allgemein Crouch,C., Perspektiven gewerkschaftlicher Interessenvertretung in Westeuropa, in: Erd,R./Jacobi,O./Schumm,W.(Hg.), Strukturwandel in der Industriegesellschaft, Frankfurt-New York 1986, 41-57.

[70] International vergleichend zu möglichen Managementstrategien gegenüber Gewerkschaften Streeck,W., The uncertainties of management in the management of uncertainty, IJoPE 17 (1987), 73ff.

die Tarifvertragsparteien aufweist, für die Gesamtwirtschaft seit langem recht konstan bei ca. 90%.[71] Im internationalen Vergleich ergeben sich deutliche Unterschiede, wobe Österreich (mit fast 100%) und die USA (mit weniger als 20%) die Endpunkte eines Kontinuums darstellen. Rückgänge der coverage rates sind vor allem bei betriebszen trierten Verhandlungssystemen sowie bei Änderungen des institutionell-rechtlicher Rahmens zu verzeichnen.

Eindeutiger als auf der regional-sektoralen Ebene mit weitgehend zentralisierten Tarif verhandlungen könnte die Unterstützung der Arbeitgeber auf der Unternehmensebene für die BR ausfallen, wenn sich die neuen dezentralisierten Regelungsmuster stärke durchsetzen. Allgemein gilt: "While capital never aimed at destroying labor, it certainly has attempted to weaken the unions by trying to contain their power in virtually every area. On the shop floor, the employers' challenge to the unions has consisted of a systematic attempt to enhance the power of the works council by tempting them with firmspecific "deals" to the detriment of the unions' collectivist agreement."[72] Diese gegenwärtig nicht eindeutige Trend könnte sich in den kommenden Jahren verstärker und Probleme für eine zwischen den Arbeitnehmervertretungen auf betrieblicher und sektoraler Ebene koordinierte Politik bereiten. Allerdings "wäre seitens der Arbeitgeber verbände die Rückkehr zu einer Art deregulatorischem Manchesterliberalismus be gleichzeitigem Abbau kooperativer Strukturen mit dem Verzicht auf Gestaltung de Rahmenbedingungen des Arbeitsprozesses gleichzusetzen, die erst eine relati störungsfreie Ausübung wirtschaftsleitender Funktionen garantieren"[73].

---

[71] Vgl. OECD, Employment outlook, 167ff.

[72] Markovits,A.S., The politics of the West German trade unions. Strategies of class and interest representation in growth and crisis, Cambridge-London 1986, 423. Außerdem hat die US-amerikanische IR-Forschung gezeigt, daß Gewerkschaften durchaus produktive Funktionen für "efficiency and equity" haben können. Vgl. im einzelnen Kap.3.

[73] Fürstenberg, Kooperative Tarifpolitik, 131.

16.3. Folgen der Dezentralisierung der Regulierungsebene

1. Zentralisierungstendenzen innerhalb der Tarifpolitik als notwendige Voraussetzung der kollektiven Handlungsfähigkeit waren in den 60er und frühen 70er Jahren bei beiden Tarifvertragsparteien festzustellen. Seit Mitte der 80er Jahre hingegen zeigt sich immer deutlicher die gegenläufige Tendenz eines gewissen Machtverlusts der Zentralebene und, damit eng verbunden, eines relativen Machtzugewinns der Betriebs- bzw. Unternehmensebene. Diese stärkere Entwicklung einer relativ autonomen, dezentralen Regulierungsebene wird durch zwei Entwicklungen zwar keineswegs verursacht oder eingeleitet, wohl aber beschleunigt und verstärkt. Dies ist zum einen der Einzug der neuen Technologien in Produktion und Verwaltung und die damit verbundenen Reorganisationsprozesse, zum andern die Wiederaufnahme der aktiven Arbeitszeitpolitik unter nunmehr primär arbeitsmarktpolitischen Gesichtspunkten, d.h. der Abschluß von Tarifverträgen zur Verkürzung der Wochenarbeitszeit mit den von den Arbeitgebern durchgesetzten Flexibilisierungskomponenten.[74]

Dieser Trend läßt sich zurückverfolgen bis zur Novellierung des BetrVG 1972, als die Mitbestimmungsrechte der BR erweitert wurden, oder bis zum Abschluß bzw. zur Umsetzung des Lohnrahmentarifvertrags II/Manteltarifvertrag für Nordwürttemberg-Nordbaden von 1973 als Beispiel betriebsnaher Tarifpolitik.[75] Da es uns hier um die Zukunft der IR und nicht um deren Historie geht, wollen wir diesen Aspekt nicht weiter verfolgen.[76] Die älteren, aus den späten 50er und 60er Jahren stammenden Konzepte betriebsnaher Tarifpolitik als Kombination von gewerkschaftlicher Tarifpolitik und betrieblicher Gestaltungspolitik stießen sowohl bei den Gewerkschaftsspitzen als auch bei den Arbeitgebern auf einmütige, wenn auch unterschiedlich begründete Ablehnung. Nunmehr votieren letztere unter den Anwendungsbedingungen neuer Technologien bzw. im Rahmen der Arbeitszeitpolitik für eine gewisse Dezentralisierung.

---

[74] Vgl. zum hier nicht behandelten Problem einer Einbeziehung der Umweltpolitik in die Tarifpolitik Oates,A./Gregory,D.(eds.), Industrial relations and the environment: Ten countries under the microscope, 2 vols. Dublin 1993; Hildebrandt,E., Industrial relations and the environment in the EC, Dublin 1992.

[75] Schauer,H. et al., Tarifvertrag zur Verbesserung industrieller Arbeitsbeziehungen. Arbeitspolitik am Beispiel des Lohnrahmenvertrags II, Frankfurt-New York 1984; Sperling,H.J., Arbeitszeitverkürzung - Ein neues Feld für betriebsnahe Tarifpolitik?, in: Hildebrandt,E./Schmidt,E./Sperling, H.J.(Hg.), Arbeit zwischen Gift und Grün. Kritisches Gewerkschaftsjahrbuch 1985, Berlin 1985, 150f.; Streeck,W., Industrial relations in the Federal Republic of Germany, 1974-1985: An overview, in: Blanpain, Unions and industrial relations, 161.

[76] Hohn,H.-W., Von der Einheitsgewerkschaft zum Betriebssyndikalismus. Soziale Schließung im dualen System der Interessenvertretung, Berlin 1988, bes. 93ff.

Flexibilisierung wollen wir zunächst definieren als Entkoppelung von betrieblicher Anlagennutzungszeit und individueller Arbeitszeit mit dem Ziel einer längeren Anlagennutzungsdauer, die eine intensivere Nutzung des eingesetzen Kapitals bzw. eine Senkung der Kapitalstückkosten ermöglicht.[77] Die Entwicklung von Flexibilisierungskomponenten hat sich seit den 80er Jahren vor allem aufgrund eindeutiger und manifester Interessen der Arbeitgeber an einer raschen Amortisation des für die Nutzung der neuen Technologien eingesetzten Kapitals[78] (bei einer erheblichen Steigerung des notwendigen Kapitaleinsatzes pro Arbeitsplatz seit den 80er Jahren) nicht nur fortgesetzt, sondern noch verstärkt.[79] Die Gewerkschaften konnten weitere Verkürzungen der Wochenarbeitszeit nur gegen erhebliche zusätzliche Zugeständnisse in Richtung einer weitergehenden Flexibilisierung durchsetzen.[80] Im übrigen bestehen auch auf Arbeitnehmerseite durchaus Interessen an einer Erweiterung individueller Entscheidungsspielräume, die u.a. herbeigeführt werden könnten durch eine Auflösung starrer und kollektiv geregelter Arbeitszeiten. Dies gilt nicht nur bei Frauen infolge ihrer typischen Doppelbelastung durch Beruf und Familie. Auf diese veränderten Präferenzen haben die Gewerkschaften in ihrer Tarifpolitik insgesamt zu wenig Rücksicht genommen.

Dieser deutliche Trend zur Entkoppelung individueller Arbeits- und betrieblicher Anlagennutzungszeiten[81], der nicht beliebig reversibel ist, bewirkt eine gewisse Auflösung des traditionellen Leitbildes des "Normalarbeitstages" im Rahmen eines auf Dauer- und Vollzeitbeschäftigung angelegten, sozialrechtlich abgesicherten, abhängigen "Normalarbeitsverhältnisses"[82] und "flexiblere" Arbeitsbedingungen. Generell zielt die Einfüh-

---

[77] Vgl. zu Dimensionen flexibler Arbeitszeitgestaltung Seifert,H., Durchsetzungsprobleme zukünftiger Arbeitszeitgestaltung, WSI-Mitt 39 (1989), 217-223.

[78] Längere Maschinenlaufzeiten führen zu einer besseren Auslastung von Anlagen; die fixen Kapitalkosten werden dabei auf eine größere Stückzahl verteilt, so daß die Produktion kostengünstiger wird.

[79] Die Risiken dieser Strategien lassen sich folgendermaßen zusammenfassen: "Je größer der betriebliche Gestaltungsspielraum ist, desto ausgeprägter wird die Ausdifferenzierung einer zweiten, betrieblichen, überwiegend informellen Normenstruktur sein, in der sich die tarifvertraglich gesetzten Normen nicht nur - wie gefordert - widerspiegeln und konkretisieren, sondern in der Tarifnormen abgewandelt, an spezifische betriebliche Erfordernisse flexibel angepaßt werden und damit eben auch verzerrt werden; mitunter kann dies zur regelrechten Verfälschung der ursprünglich mit den Tarifnormen verbundenen Zielsetzungen führen." Schmidt,R./Trinczek,R., Die betriebliche Gestaltung tariflicher Arbeitszeitnormen in der Metallindustrie, WSI-Mitt 39 (1986), 645.

[80] Eine ähnliche strategische Einschätzung gibt aus gewerkschaftlicher Sicht Seifert, Durchsetzungsprobleme zukünftiger Arbeitszeitgestaltung, 224ff.

[81] Vgl. Groß,H./Stille,F./Thoben,C., Arbeitszeiten und Betriebszeiten, Köln-Berlin 1990

[82] Vgl. Mückenberger,U., Die Krise des Normalarbeitsverhältnisses. Hat das Arbeitsrecht noch Zukunft?, ZfSR 35 (1985), 415-434 und 457-475; Mückenberger,U., Zur Rolle des Normalarbeitsverhältnisses bei der sozialstaatlichen Umverteilung von Risiken, Prokla 64 (1986), 31-45; Mückenberger,U., Der Wandel

rung neuer Arbeitszeitsysteme auf eine Steigerung der unternehmerischen Wettbewerbsfähigkeit durch Optimierung der Betriebszeiten. Hierzu gehören auch einige, wenngleich nicht sehr viele Betriebe (vor allem High Tech-Betriebe) mit regelmäßiger Wochenendarbeit im Rahmen neuartiger Kontischichtsysteme, welche systematisch und dauerhaft nicht nur den Samstag, sondern auch den Sonntag einschließen.[83] Zumindest einige Gewerkschaften geben ihren prinzipiellen Widerstand gegen Sonntagsarbeit auf, um über deren konkrete Ausgestaltung bzw. die Arbeitsbedingungen verhandeln zu können.[84] Außerdem muß sich Sonntagsarbeit auch nicht grundsätzlich gegen alle Interessen sämtlicher Arbeitnehmer richten; die Optionen der Organisierung von Freizeit spielen eine zentrale Rolle.

2. Instrumentell gewendet bedeutet diese Entwicklung einen Trend weg von der kollektiven, vereinheitlichenden Normierung der Arbeitsverhältnisse in flächendeckenden Tarifverträgen, die nur noch allgemein verbindliche Rahmenbedingungen formulieren. Gleichwohl werden Tarifverträge allein wegen dieser wichtigen kollektiven Schutzfunktion bedeutungsvoll bleiben; kollektive Absicherung ist die notwendige Voraussetzung für ein Mehr an Individualisierung.[85] Gleichzeitig bedeutet diese Entwicklung einen Trend hin zu eher individualisierenden Betriebsvereinbarungen (nach Par.77 BetrVG), die als nachrangig-dezentralisierendes Regelungsinstrument im Rahmen der innerbetrieblichen Mitbestimmungsregelungen bzw. als "Parallele" zum Tarifvertrag auf betrieblicher Ebene dazu dienen, die in der Regel relativ großen Gestaltungsspielräume der branchen- oder sogar bundesweiten Tarifverträge unter Berücksichtigung der jeweiligen betrieblichen Bedürfnisse und individuellen Belange umzusetzen bzw. flexibel anzupassen (sog. Verbetrieblichung der Tarifpolitik bzw. der Regelungsebene).

---

des Normalarbeitsverhältnisses unter Bedingungen einer "Krise der Normalität", GMH 40 (1989), 211-223. Vgl. zur empirisch orientierten Auseinandersetzung mit dem Konzept vor allem Hinrichs,K., Irreguläre Beschäftigungsverhältnisse und soziale Sicherheit. Facetten der "Erosion" des Normalarbeitsverhältnisses in der Bundesrepublik, Prokla 77 (1989), 7-32.

[83] Vgl. im einzelnen Kap.9.

[84] Vermutlich wird die Entwicklung auch in diesem Punkt weiter auseinanderdriften: Während in der Druckindustrie Anfang 1989 das freie Wochenende weitgehend festgeschrieben wurde, schloß die IG Chemie-Papier-Keramik Vereinbarungen über Wochenendarbeit ab. Die Konflikte innerhalb des DGB wurden durch die Positionen von IG Metall und IG Chemie zur Regelarbeit an Wochenenden aus wirtschaftlichen Gründen deutlich: Während die IG Metall für den grundsätzlichen Erhalt des freien Wochenendes eintrat, sah die IG Chemie einen gewissen Verhandlungsspielraum für Wochenendarbeit.

[85] Vgl. zu den nicht näher behandelten juristischen Aspekten Kreuder,Th., Rechtliche Aspekte einer Tarifpolitik im Umbruch, in: Blanke,Th./Schmidt,E.(Hg.), Tarifpolitik im Umbruch, München-Mering 1995, 37-59; Mückenberger,U., Aktuelle Herausforderungen an das Tarifwesen, in: Blanke/Schmidt, Tarifpolitik im Umbruch, 19-35.

Die Betriebsvereinbarung (BV) als flexibles Instrument zur Anpassung allgemein-sektoraler an konkret-betriebliche Bedingungen erfährt eine deutliche Aufwertung.[86] Sie wird nicht mehr wie in konjunkturell günstigen Zeiten der 60er und 70er Jahre von den BR im Rahmen einer sog. zweiten Lohnrunde auf Betriebsebene genutzt, um die am Branchendurchschnitt orientierten, tarifvertraglich vereinbarten Lohn- und Gehaltsabschlüsse durch eine möglichst vollständige Ausschöpfung der unternehmensspezifischen Konzessionsspielräume aufzubessern. Die BV dient heutzutage vor allem dem Zweck, tarifvertraglich festgeschriebene Verkürzungen der Wochenarbeitszeit auf die betriebliche Ebene umzusetzen.[87] Hierbei ist festzustellen, "daß die unterschiedlichen tarifpolitischen Interessen und Tarifvertragsauslegungen generell ein betriebliches Konfliktpotential bei der Umsetzung der Differenzierung in den Betrieben geradezu"[88] vorzeichnen. Außerdem impliziert die Schaffung kollektiver Gestaltungsspielräume nicht automatisch deren tatsächliche Nutzung.

Institutionell gewendet ergibt diese partielle Einfluß- und Kompetenzverschiebung von der Gewerkschaft zum BR[89] für die Zukunft der IR einen richtungweisenden Trend, der die bestehende, stets prekäre Machtbalance innerhalb des dualen Systems der Interessenvertretung mitsamt der eingespielten Aufgabenabgrenzung nachhaltig verändert:

- Die Arbeitnehmer werden besser und intensiver an der Ausgestaltung und Verwaltung bzw. Umsetzung der Tarifpolitik beteiligt als in der Vergangenheit[90]; mit einer solchen "demokratisierten" Tarifpolitik kann zugleich, sichtbar etwa bei der Lösung des Überstundenproblems, die Gefahr betriebsegoistischer bzw. partikularistischer Lösungen infolge heterogener Interessen und Präferenzen einzelner Belegschaftsgruppen wachsen; die zunehmende Bedeutung betriebsinterner Arbeitsmärkte wird ein übriges tun.

---

[86] Vgl. zur Situation in den 70er Jahren Knuth M., Nutzung betrieblicher Mitbestimmungsrechte in Betriebsvereinbarungen, Mitb 28 (1982), 204-208; zur Situation in den 80er Jahren Oechsler,W.A./ Schönfeld,Th./Düll,H., Konfliktfeld Arbeitszeitverkürzung. Zur Veränderung der industriellen Beziehungen durch erweiterte Regelungsbefugnisse für die betriebliche Ebene, BB 43 (1988), 847ff.

[87] Falls in freien Verhandlungen keine Einigung zustandekommt, fällt nach geltender Rechtslage die Einigungsstelle, die als innerbetriebliches Pendant zur vertraglich vereinbarten Schlichtungsstelle anzusehen ist, nach Par.76 BetrVG einen für beide Seiten verbindlichen Schiedsspruch.

[88] Oechsler/Schönfeld/Düll, Konfliktfeld Arbeitszeitverkürzung, 847.

[89] Ähnlich Bosch,G./Sengenberger,W., Employment policy, the state, and the unions in the Federal Republic of Germany, in: Rosenberg,S.(ed.), The state and the labor market, New York-London 1989, 103.

[90] Eine eher pessimistische Einschätzung geben Schmidt,R./Trinczek,R., Verbetrieblichung - viele Risiken, wenig Chancen. Erfahrungen aus der Umsetzung der 38,5-Stunden-Woche, in: Hildebrandt,E./ Schmidt,E./Sperling,H.J.(Hg.), Zweidrittelgesellschaft - Eindrittelgewerkschaft. Kritisches Gewerkschaftsjahrbuch 1988/89, Berlin 1988, 54-62.

- Die Gewerkschaften werden weniger als in der Vergangenheit homogenisierende Funktionen einer Regelsetzung wahrnehmen; sie werden stärker als Informations-, Beratungs- und Hilfeleistungsinstitution für die verschiedenen Interessen und neuen Problemlagen der betrieblichen Interessenvertretungen funktionalisiert, woraufhin ihre gegenwärtigen Organisations- und Kommunikationsstrukturen nicht ausgelegt sind.[91] Hierin liegen für die Zukunft einerseits beträchtliche Risiken, andererseits große Chancen für eine Intensivierung der Kommunikation und damit für eine "lebendigere" Organisation.[92] Versuche notwendiger innerorganisatorischer Veränderungen sind seit den 80er Jahren in Ansätzen zu erkennen, vor allem in zahlreichen, intensivierten Schulungen über konzeptionelle Vorgaben in Verbindung mit der Umsetzung von Tarifverhandlungsergebnissen.
- Auf die BR kommt bei einer Verbetrieblichung der kollektiven Interessenvertretung bzw. der bisher großräumig betriebenen Tarifvertragspolitik neben einer gewissen Rechtsunsicherheit infolge unbestimmter tarifvertraglicher Regelungen sowie einem erheblich steigenden Zeit- und Arbeitsaufwand bei der Umsetzung mehr Druck und größere Verantwortung zu. Die zusätzlichen Aufgaben können in Verbindung mit höheren Verhandlungskosten zu einer Überforderung führen und die effektive Erledigung des schon umfangreichen und unabhängig von Arbeitszeitproblemen zunehmenden Aufgabenkatalogs erschweren, wenn es nicht gelingt, die Tätigkeiten zu delegieren und ihre Wahrnehmung zu verteilen.

Die BR werden im Rahmen einer veränderten arbeitsteiligen Kooperation der Interessenvertretungen der Arbeitnehmer zu einem noch zentraleren Eckpfeiler der IR als sie dies im Rahmen der bestehenden Struktur von "constraints and opportunities" ohnehin schon waren: Dabei bestehen empirisch fundierte Zweifel, ob die BR selbst an einer solchen, von ihnen überwiegend negativ eingeschätzten Entwicklung überhaupt interessiert sind.[93]

3. Analoge, allerdings sowohl unter den Experten als auch in der Öffentlichkeit kaum diskutierte Veränderungen als Folge der Dezentralisierungstendenzen ergeben sich auch für die Arbeitgeberseite; auch hier findet ein gewisser Machtverlust der Verbandsebene und eine korrespondierende Ausweitung der Handlungskompetenzen auf der

---

[91] "How can unions cope with the centrifugal tendencies of decentralized collective bargaining? One solution is to implement a decentralized works council system ... If unions lose control over a decentralized works council system, the works council may strengthen the centrifugal tendencies." Windolf,P., Productivity coalitions and the future of European corporatism, IR 28 (1989), 16f.

[92] Erstere werden häufig beschworen, letztere sind selten Gegenstand der Erörterung.

[93] Vgl. Schmidt/Trinczek, Die betriebliche Gestaltung tariflicher Arbeitszeitnormen, 647ff.

Ebene des Einzelunternehmens statt.[94] "... the individual enterprise has emerged as an increasingly important locus for strategy and decision-making on human resources and industrial relations. This implies that managers (sometimes in collaboration with local unions or works councils) have been the driving force for introducing change in employment practices in recent years."[95]

Dadurch werden einzelbetriebliche Flexibilisierungs- und Handlungsspielräume erweitert, was in Anbetracht der technologischen Veränderungen wichtig und angesichts der Konkurrenzbedingungen auf den Weltmärkten wünschenswert ist. Auf Verbandsebene wird zwar die bisher durchaus erfolgreiche, jedoch infolge deutlich differierender Partikularinteressen (internationale Konkurrenz bzw. zunehmender Wettbewerb auf Produkt- und Arbeitsmärkten) stets prekäre zentrale Steuerung relevanter kollektiver Parameter wesentlich erschwert; gleichzeitig werden "die organisationsinternen Spannungen im Verbandssystem reduziert und die Binnenintegrationsfähigkeit erhöht"[96].

Möglicherweise sind die Arbeitgeberverbände in ihren Organisations- und Kommunikationsstrukturen auf diese Veränderungen eher als Gewerkschaften vorbereitet, da ein erheblicher Teil ihrer Aufgaben traditionell bei umfangreichen Serviceleistungen für die schon immer relativ unabhängigen Einzelmitglieder lag und weil sie insgesamt weniger Aggregationsleistungen zu erbringen haben als Industriegewerkschaften. Zumindest dürften die wegen der enormen Heterogenität der Interessen recht komplizierten Prozesse verbandsinterner und Politikformulierung und -abstimmung schwieriger und langwieriger werden. "Employers' associations may have to give up the policy of unified standards for all members, replacing it by specific standards for large enterprises on the one hand and small and medium-sized enterprises on the other."[97]

Einen Ausweg aus diesem Dilemma sehen manche Verbandsvertreter in der Gründung gesonderter Arbeitgeberverbände für nicht-tarifgebundene Unternehmen, wobei diese Organisationen ihren Mitgliedern alle übrigen Dienstleistungen eines Arbeitgeberverbandes anbieten sollen. Eine solche "Rückverlagerung der Tarifautonomie in die

---

[94] Vgl. zur Skizzierung der Situation der Arbeitgeberverbände Weber,H., Desynchronisation, Dezentralisierung - und Dekomposition? Die Wirkungsdynamik des Tarifkonflikts 84 und ihre Effekte auf das System industrieller Beziehungen, in: Abromeit,H./Blanke,B. (Hg.), Arbeitsmarkt, Arbeitsbeziehungen und Politik in den 80er Jahren, Opladen 1987, 139ff.

[95] Locke,R./Kochan,Th./Piore,M., Reconceptualizing comparative industrial relations: Lessons from international research, ILR 134 (1995), 144.

[96] Weber,H., Konflikt in Interorganisationssystemen. Zur Konfliktlogik organisierter Arbeitsmarktparteien im Tarifkonflikt 84, SW 37 (1986), 272.

[97] Weiss,M., Structural change and industrial relations in the Federal Republic of Germany, in: Gladstone,A. et al.(eds.), Labour relations in a changing environment, Berlin-New York 1992, 246.

Betriebe" bzw. Aufteilung in Organisationen mit und ohne Tarifbindung würde zu einer Aushöhlung des Flächentarifvertrags bzw. zu einer Dezentralisierung der Tarifverhandlungen sowie zu einem höheren Konfliktniveau führen und die Gewerkschaften zu Strategien eines pattern bargaining nahezu einladen.

Auf beiden Seiten dürfte die Bedeutung standardisierter, kollektiver Verbandsinformationen ab- und die detaillierter Einzelinformationen zur Bewältigung von Anpassungsprozessen allgemein sowie zur betrieblichen Umsetzung von Arbeitszeitverkürzungen im besonderen zunehmen, was auf einen Funktionswandel bei gleichzeitigem Kompetenzverlust der Verbände hinweist. Die Vereinheitlichung von Interessen bzw. die Wahrnehmung der Koordinationsfunktion von Kollektivverträgen wird auf beiden Seiten, vor allem aber für die Gewerkschaften, schwieriger. Andererseits dürfte auch das Interesse der Arbeitgeber an einer Dezentralisierung begrenzt sein. "... in einer vollständigen "Verbetrieblichung" gerade der Arbeitszeitregelungen liegt auch für die Arbeitgeberseite die Gefahr einer Chaotisierung der betrieblichen Verhältnisse und eines erheblich höheren Zeit- und Kostenaufwandes für das betriebliche Arbeitszeitmanagement, als wenn sich dieses an tariflichen Kriterien und Rahmenregelungen orientieren kann."[98]

4. Bei internationalen Vergleichen von Arbeitskämpfen in den OECD-Ländern gehört die Bundesrepublik traditionell bei allen relevanten Parametern wie Anzahl der Arbeitskämpfe, beteiligte Arbeitnehmer, verlorengegangene Arbeitstage zu den "wirtschaftsfriedlichsten" Industrienationen.[99] Hieran wird sich in absehbarer Zukunft aus mehreren Gründen nichts ändern: Die Änderung des Par.116 AFG erschwert aus gewerkschaftlicher Sicht Arbeitskämpfe.[100] Die andauernde. Massenarbeitslosigkeit schwächt die Arbeitskampffähigkeit der Gewerkschaften. Mit der allmählichen Umstellung der Produktionsstruktur von der Herstellung traditioneller Massengüter auf diversifizierte Qualitätsprodukte sind eher kooperative IR, ein stärkerer Einbezug der Arbeitnehmer in die Gestaltung des Produktionsprozesses sowie die Entwicklung einer spezifischen "Unternehmenskultur" verbunden.[101]

---

[98] Kurz-Scherf,I., Normalarbeitszeit und Zeitsouveränität. Auf der Suche nach Leitbildern für eine neue Arbeitszeitpolitik, Köln 1993, 68. Ähnliche empirische Befunde finden sich auch bei Kotthoff,H., Betriebsräte und Bürgerstatus. Wandel und Kontinuität betrieblicher Mitbestimmung, München-Mering 1994, 45ff.

[99] "... there are no signs of a new, increased militancy going beyond the degree of engagement always shown in matters of vital concern." Fürstenberg,Fr., Recent trends in collective bargaining in the Federal Republic of Germany, ILR 123 (1984), 629.

[100] Vgl. im einzelnen Kap.7.

[101] Vgl. im einzelnen Kap.11.

Insofern sind freiwillig vereinbarte sog. no-strike clauses, wie wir sie aus anderen nationalen IR-Systemen (etwa dem Großbritanniens) kennen, in der Bundesrepublik weitgehend überflüssig. Im übrigen zeigen neuere Untersuchungen für nahezu alle westlichen Industrieländer ähnliche mittelfristige Entwicklungstendenzen in Richtung auf arbeitskampfarme IR.[102]

Das unter den gegenwärtigen Bedingungen überschaubare Konfliktpotential zwischen BR und Unternehmensleitung könnte wachsen, wenn die bilateralen Verhandlungs- und Regelungsaufgaben auf betrieblicher Ebene weiter zunehmen. Damit stellt sich die generelle Frage, ob die unterschiedlichen, aber komplementär wirkenden Regelungsinstrumente des BetrVG und des TVG mit ihren je spezifischen Verfahrensnormen[103] den sich verändernden Inhalten und Gewichten der beiden Politikfelder mit der Verschiebung der faktischen Regelungskompetenz noch entsprechen. Die implizite Voraussetzung der Funktionsfähigkeit der existierenden Regelungsformen als institutionalisierte Interessenkompromisse ist die bisherige und damit eine andere als die sich abzeichnende Aufteilung der Verhandlungsgegenstände zwischen Branchen- und Betriebsebene.[104]

Ordnungspolitische Alternativen für potentielle Stabilitäts- und Effektivitätsbedingungen eines IR-Systems unter veränderten Vorzeichen sind vorstellbar, wenngleich faktisch schwer durchsetzbar und politisch unwahrscheinlich. Dazu gehören eine Ausweitung der betrieblichen Mitbestimmungsrechte sowie evtl. die Eröffnung der derzeit aus rechtlichen Gründen nicht vorhandenen Möglichkeit eines betrieblichen Arbeitskampfrechts[105] zur Erzwingung von BV bzw. als Mittel zur Steigerung der Konflikt- und

---

[102] Vgl.u.a. Clarke,R.O., Industrial conflict: Perspectives and trends, in: Blanpain,R.(ed.), Comparative labour law and industrial relations, 3. Aufl. Deventer 1987, 383-399.

[103] U.a. Maxime der "vertrauensvollen Zusammenarbeit" sowie die gesetzlich verankerte Friedenspflicht des BR und damit dessen eindeutige Verpflichtung auf schiedlich-friedliche Formen der Konfliktaustragung vs. Arbeitskampfmonopol der Gewerkschaft. Vgl. im einzelnen Kap.5.

[104] Dieser häufig übersehene Aspekt wird in folgendem Zitat deutlich: Die Arbeitgeber "setzen auf die Stabilität der traditions- und verpflichtungsgemäß kooperativen Zusammenarbeit mit den Betriebsräten, die auf der Basis des Betriebsinteresses dem Modernisierungsprozeß auch in Sachen Arbeitszeitpolitik aufgeschlossener gegenüberstünden. Gerade der verhärteten Fronten mit der IG Metall wegen soll der Umstand genutzt werden, daß sie nicht der unmittelbaren und förmlichen Kontrolle durch die Gewerkschaft unterliegen und zudem qua Betriebsverfassungsgesetz auf den Ausgleich der Arbeitnehmerinteressen mit den "betrieblichen Erfordernissen" verpflichtet sind. Hinzu kommt der für die Arbeitgeber günstige Umstand, daß die betrieblichen Interessenvertretungen nicht über ein so weitreichendes Druckmittel wie den Streik verfügen und unter dem Einigungsdruck weitgehende Zugeständnisse machen müssen". Bahnmüller,R., Der Streik. Tarifkonflikt um Arbeitszeitverkürzung in der Metallindustrie 1984, Hamburg 1985, 166.

[105] "Der Bedeutungszuwachs der Betriebsebene für die Gestaltung der Arbeitsbeziehungen wirft ... das Problem der Entwicklung eines betrieblichen Arbeitskampfrechts auf. Die Konturen eines solchen Rechts können vielfältig sein - etwa als kollektives Zurückbehaltungsrecht, Neuauflage betriebsnaher Tarifpolitik

Durchsetzungsfähigkeit des BR. Eine weniger weitreichende Änderung der rechtlichen Situation bestünde in der Festschreibung einer begrenzten Anzahl von Umsetzungsmöglichkeiten im Tarifvertrag und der Verpflichtung der betrieblichen Akteure auf die Auswahl einer dieser Möglichkeiten.

5. Wir haben die Tendenzen zur Verbetrieblichung der Tarifpolitik[106] vor allem am Beispiel der Arbeitszeitpolitik dargestellt, da sie bei diesem Objektbereich qualitativer Tarifpolitik am deutlichsten auszumachen sind.[107] Die Politik der Wochenarbeitszeitverkürzung verliert in den 90er Jahren allmählich die dominierende Rolle in der Tarifpolitik, die sie seit Mitte der 80er Jahre hatte.[108] Ähnliche Tendenzen zeigen sich auch bei anderen Verhandlungsgegenständen:
1. Bei der Einführung neuer Technologien im produzierenden Gewerbe und dem privaten sowie öffentlichen Dienstleistungssektor (Mikroelektronik als Basistechnologie) fällen notwendigerweise die Akteure auf der betrieblichen Ebene die wesentlichen Entscheidungen über die konkrete Anwendung und Ausgestaltung. Tarifvertragliche Abmachungen müssen jedoch einen globalen Handlungs- und Orientierungsrahmen für die spezifisch angepaßten Lösungen im Rahmen einer Betriebspolitik vorgeben. Vor allem die häufig weitgehend ungeplant verlaufende Rationalisierungsplanungs- und -einführungsphase kann durch Interaktionen der Akteure unterschiedlich gestaltet werden (Implementationsvorgänge als soziale Prozesse). Ohne eine Absicherung von Interventionsmöglichkeiten würde die betriebliche Interessenvertretung durch die Koexistenz alter, weiter bestehender und neu hinzukommender Handlungsprobleme überfordert.[109]

---

und Vordringen von Firmentarifverträgen oder, was ein neuerlicher Quantensprung der Betriebsverfassung wäre, einer Arbeitskampffähigkeit der Betriebsräte." Blanke,Th., 75 Jahre Betriebsverfassung: Der Siegeszug eines historischen Kompromisses, KJ 28 (1995), 25; ähnlich Kreuder, Rechtliche Aspekte einer Tarifpolitik im Umbruch, 42.

[106] Wichtig für eine empirische Überprüfung wäre nicht die pure Anzahl der abgeschlossenen Tarifverträge, die sich in der Tat nicht wesentlich verändert haben dürfte, sondern vielmehr die zunehmende Zahl der getroffenen BV bzw. vor allem Veränderungen in deren Inhalten.

[107] Eine Zusammenfassung dieses auch im internationalen Vergleich deutlichen Trends bietet Treu,T., Developments of working-time patterns and flexibility, in: Gladstone et al., Labour relations in a changing environment, 33-43.

[108] Vgl. hierzu aus gewerkschaftlicher Perspektive Lang,K., Gewerkschaftliche Arbeitszeitpolitik - 35-Stunden-Woche und was danach?, in: Seifert,H.(Hg.), Jenseits der Normarbeitszeit. Perspektiven für eine bedürfnisgerechtere Arbeitszeitgestaltung, Köln 1993, 249-270.

[109] Vgl. auch Kap.6 und Kap.11.

2. Gleiches gilt für andere Aspekte einer eher qualitativ orientierten Tarifpolitik, wie Probleme der Weiterbildungs- und Qualifizierungspolitik, die im Rahmen einer gewerkschaftlichen Arbeits- und Produktionspolitik allmählich an Bedeutung gewinnen.[110] Auch hier müssen die Interessenvertretungen die tarifvertraglichen Rahmenvereinbarungen auf betrieblicher Ebene umsetzen bzw. konkretisieren; diese neuen Aufgabenfelder stellen erhebliche neue Anforderungen an die BR.[111]

An diesen Entwicklungen können wir zugleich erkennen, daß trotz gewisser Dezentralisierungstendenzen[112] tarifvertragliche Abmachungen nach wie vor eine gewisse Schutzfunktion etwa hinsichtlich der kollektiven Sicherung bestimmter Mindestbedingungen beibehalten und nicht zur Bedeutungslosigkeit absinken. "Die Vorstellung mancher Kritiker des heutigen Tarifvertragssystems, ganz generell durch den Übergang vom Verbandstarif zum Firmentarif größere betriebsindividuelle Gestaltungsfreiheiten zurückzugewinnen, geht völlig an der Realität der deutschen Gewerkschaftsstruktur vorbei ... Für die im Wettbewerb stehenden Unternehmen erfüllt der Tarifvertrag mit der Festlegung gleicher Konkurrenzbedingungen bei den Arbeitskosten genauso eine Schutzfunktion wie für den einzelnen Arbeitnehmer gegenüber dem Unternehmen."[113]

Das entscheidende Problem besteht nicht darin, daß die eine Regelungsebene durch die andere ersetzt oder abgelöst wird, sondern vielmehr darin, wie eine neues, institutionell ausbalanciertes Gleichgewicht aussehen kann. Eine pragmatische Alternative könnte darin bestehen, daß die Tarifvertragsparteien in dem nach wie vor für alle Arbeitnehmer rechtsverbindlichen Tarifvertrag Alternativen in Form von Wahlmöglichkeiten für besondere persönliche und innerbetriebliche Interessen festschreiben; zwischen diesen können auf betrieblicher Ebene BR und Unternehmensleitung auswählen. Einen solchen Vorschlag für "Tarifverträge à la carte" (sog. Cafeteria-Tarifverträge) unterbreitete

---

[110] Vgl. im einzelnen Kap.14.

[111] "What is important ... is that the works council is the crucial intermediary in the union's strategy on the wage-skill question." Thelen, The politics of flexibility, 236.

[112] Das gelegentlich gegen die These einer Dezentralisierung angeführte Argument, daß gleichzeitig und/oder parallel auch deutliche Tendenzen einer Zentralisierung zu beobachten seien, die sich vor allem bei Informations- und damit auch bei Kontrolltechniken zeigten, scheint mir am eigentlichen Problem vorbeizugehen. Dabei geht es um Entwicklungen auf der betrieblichen Ebene, nicht über Verschiebungen zwischen den Ebenen.

[113] Göbel,J., Flexibilisierung aus Arbeitgebersicht, in: Oppolzer,A./Wegener,H./Zachert,U.(Hg.), Flexibilisierung - Deregulierung. Arbeitspolitik in der Wende, Hamburg 1986, 59; ähnlich Windmuller,J.P., Comparative study of methods and practices, in: ILO(ed.), Collective bargaining in industrialised market economies: A reappraisal, Geneva 1987, 99f.

auch die IG Metall. Ein anderer Vorschlag[114] zielt auf den Abschluß betrieblicher Zusatz-Tarifverträge (ergänzend zu den regionalen Branchentarifverträgen) bzw. auf die Bildung betrieblicher Tarifkommissionen.[115]

Dezentralisierungstendenzen sind kein spezifisches Merkmal der deutschen IR; vielmehr sind sie in verschiedenen entwickelten Industriegesellschaften zu beobachten, wobei Ausmaß und Formen differieren. Deutschland unterscheidet sich von anderen Ländern dadurch, daß die formalen Verhandlungsstrukturen zwar intakt bleiben, faktisch aber deutliche Verschiebungen zu beobachten sind, während in anderen Ländern die Formalstrukturen dezentralisiert werden.[116] Generell ist zu zu erwarten, daß diese Tendenzen ceteris paribus in traditionell zentralisierten collective bargaining-Systemen in stärkerem Maße auftreten als bei traditionell dezentralisierten, in denen sie aber ebenfalls festzustellen sind.[117] "Generally speaking, where centralized bargaining systems allow for successful macroeconomic wage adjustment ... and allow the devolution of qualitative decisions to enterprise-level bargainers, such as the West German works councils ..., employers are unlikely to give up the advantage of multiemployer bargaining, not the least of which is the regulation of competition among firms in the labor market."[118] Die Makrosteuerung durch die Tarifvertragsparteien wird schwieriger, bleibt aber wegen gesamtwirtschaftlicher und gesellschaftlicher Erfordernisse notwendig.

---

[114] Vgl. Kurz-Scherf, Zeit(t)räume per Tarifvertrag - oder: Die Renaissance der betriebsnahen Tarifpolitik, WSI-Mitt 40 (1897), 500ff; Zwickel,K./Lang,K., Gewerkschaften 2000, WSI-Mitt 40 (1987), 462.

[115] Eine ähnliche Entwicklung im Verhältnis von betrieblicher und sektoraler Interessenvertretung bei einer völlig anderen Ausgangssituation beschreibt für die "new IR" in Großbritannien Rico,L., The new industrial relations: British electricians' new-style agreements, ILRR 41 (1987), 74f.

[116] Vgl. im einzelnen Katz,H.C., The decentralization of collective bargaining: A literature review and comparative analysis, ILRR 47 (1993), 3-22.

[117] Vgl. für die USA etwa Strauss, Industrial relations, 9,13; international vergleichend Thompson/Juris, The response of industrial relations, 402f; Kassalow, Trade unions and industrial relations, 16f; Hyman,R., Industrial relations in western Europe: An era of ambiguity?, IR 33 (1994), 18ff.

[118] Streeck, The uncertainties of management, 66.

16.4. Zerfall makrokorporatistischer Arrangements vs. Mikrokorporatismus auf Betriebsebene

Bestimmte Konsequenzen von Dezentralisierungstendenzen der Regelungsebene, die von den korporativen Akteuren, vor allem von den Gewerkschaften[119], intern bewältigt werden müssen, entstehen aus einer Verschiebung der Machtverteilung zugunsten der Unternehmerverbände[120] bzw. durch die "Verschiebung des Kräfteverhältnisses zuungusten der Gewerkschaftsbewegung"[121]. Außerdem verursachen Deregulierungsstrategien, die nicht unbedingt und notwendigerweise mit unternehmerischen Flexibilisierungsbemühungen verbunden sind, jedoch zeitlich parallel zu diesen verlaufen, sowohl intendierte als auch nicht-intendierte Folgen für das Verhältnis zwischen den korporativen Akteuren. "Trade unions are weakened, not just for economic reasons but because many governments now seem to place little hope in negotiated adjustment and no longer see it as their responsibility to protect the prinicple of joint labor market regulation from the disruptive effects of a severe power imbalance."[122]

1. Besonders in den 60er und 70er Jahren gingen die drei Akteure (Staat bzw. staatliche Agenturen, Gewerkschaften, Unternehmer- bzw. Arbeitgeberverbände) in marktwirtschaftlich verfaßten Ländern, vor allem Westeuropas, korporatistische Arrangements auf der Makroebene ein.[123] Diese Pakte waren

- auf relative Dauer angelegte,
- mehr oder weniger deutlich institutionalisierte und formalisierte,
- häufig von den Regierungen selbst initiierte und stabilisierte,
- vorwiegend politisch und weniger marktmäßig organisierte Tauschbeziehungen.

Ihr Ziel bestand vor allem in einer mehr oder weniger freiwilligen Koordination der Verhaltensweisen in bezug auf die Realisierung makroökonomischer Ziele durch die aktive Beteiligung der großen Interessenorganisationen, vor allem der Dachverbände der

---

[119] Bei einem internationalen Vergleich wurden folgende Muster festgestellt: fundamentally solid (West Germany, Sweden, Italy), somewhat weakened (United Kingdom, Denmark), significantly weakened (Netherlands, Belgium), traditionally weak but advancing (France), traditionally weak (Spain, Portugal). Vgl. Baglioni,G., Trade union action and collective bargaining in Europe: Trends and problems, Labour 4 (1990), 188ff.

[120] Daß die Machtverteilung grundsätzlich asymmetrisch ist, sei der Vollständigkeit wegen vermerkt. Vgl. zusammenfassend Thompson,M., Union-management relations: Recent research and theory, in: Adams,R.J.(ed.), Comparative industrial relations. Contemporary research and theory, London 1991, 97ff.

[121] Visser,J., Die Mitgliederentwicklung der westeuropäischen Gewerkschaften. Trends und Konjunkturen 1920-1983, JfS 26 (1986), 3.

[122] Streeck, The uncertainties of management, 63.

[123] Vgl. im einzelnen Kap.4.

Tarifpartner, an den zentralen gesamtgesellschaftlichen Entscheidungsprozessen (u.a. Sicherung der Preisniveaustabilität, Lösung des Verteilungsproblems unter Vollbeschäftigungsbedingungen, Sicherung eines angemessenen und stetigen Wirtschaftswachstums, ab Mitte der 70er Jahre vorrangig Sicherung eines hohen Beschäftigungsniveaus durch aktive Arbeitsmarktpolitik).

Im impliziten oder expliziten generalisierten Austausch erreichten die Gewerkschaften unter Verzicht auf ansonsten kurzfristig erreichbare Vorteile mittel- und langfristig als Kompensationen für ihre Inkorporation vor allem

- gesellschaftliche Anerkennung in einem vorher nicht gekannten Ausmaß,
- politischen Einfluß als "Sozialpartner" als Folge der staatlichen Kooperationsbereitschaft,
- bestimmte institutionelle Garantien wie mehr und verbesserte Mitbestimmungs- und Partizipationsrechte
- sowie die Erfüllung sozialpolitischer Forderungen.

Der traditionelle Einfluß des Staates, der in der Vorgabe von Rahmenbedingungen ohne Einflußnahme auf materielle Ergebnisse bestand, wurde damit erheblich und systematisch überschritten. Auf jeden Fall bewirkte staatliche Politik einen deutlichen Unterschied im Verlauf des Prozesses.

Korporatistische Aushandlungsstrukturen und Abstimmungsprozesse stellen stets zeitlich limitierte und prekäre Zweckbündnisse dar, u.a. weil alle Beteiligten jederzeit über die Option des Austritts verfügen, die sie androhen oder realisieren können. Derartige implizite oder explizite, mehr oder weniger freiwillig eingegangene Kontrakte werden nicht nur auf einzelnen Feldern der Arbeitspolitik immer problematischer, z.B. bei einer "freiwilligen" Einkommenspolitik ohne permanente Ausnutzung aller lohnpolitischen Konzessionsspielräume zur Stützung der staatlichen Konjunktur- und Beschäftigungspolitik, etwa im Rahmen einer Konzertierten Aktion. Korporatistische Übereinkommen werden generell schwieriger, wenn einzelne korporative Akteure im Rahmen ihres strategisch angelegten, im Sinne von Eigeninteresse rationalen Kosten-/Nutzenkalküls zu dem Ergebnis gelangen, bei veränderten institutionell-politischen und ökonomischen Rahmenbedingungen die von ihnen repräsentierten Interessen außerhalb solcher Pakte eher und besser durchsetzen zu können.[124]

---

[124] Vgl. zur individualistischen Fundierung neokorporatistischer Kooperationen im Gegensatz etwa zu (neo-)marxistischen Begründungen Lehmbruch,G., Neokorporatismus in Westeuropa: Hauptprobleme im internationalen Vergleich, JfS 23 (1983), 407-420 sowie vor allem Lange,P., Unions, workers and wage regulation: The rational bases of consent, in: Goldthorpe,J.H.(ed.), Order and conflict in contemporary capitalism, Oxford 1984, 98-123.

Diese Akteure sind zunächst und vor allem die Unternehmer und ihre Verbände, für die manche Tauschbeziehungen mit den Gewerkschaften im Rahmen neokorporatistischer Netzwerke weniger und "Marktlösungen" eher attraktiv geworden sind, weil sich Rahmenbedingungen verändert haben (u.a. deutlicher Arbeitskräfteüberhang und dadurch Machtverlust sowie geringeres Störpotential der Gewerkschaften, notwendige Betriebsnähe bei der Einführung neuer Technologien).

Neben den ökonomischen verändern sich auch die politischen Rahmenbedingungen. Die Flexibilisierungsbestrebungen der Arbeitgeber werden flankiert durch politische Veränderungen, d.h. durch die Ablösung sozialdemokratisch geführter Regierungskoalitionen durch liberal-neokonservative in einer Reihe von Industrienationen. Diese politischen Entwicklungen verlaufen ebenso wie die ökonomischen Veränderungen gegen die Interessen der Gewerkschaften. Die lange Zeit erfolgreiche keynesianische Wirtschaftspolitik, welche unter der impliziten Randbedingung einer prosperierenden Wirtschaft vor allem die Ziele eines hohen Beschäftigungsniveaus sowie eines stetigen Wachstums verfolgte und die auftretenden Verteilungsprobleme vor allem durch bargaining-Prozesse - sowie gegebenenfalls durch staatliche Eingriffe - zu regulieren versuchte, verliert an Gewicht, ohne daß die Konfliktlösungsmuster des Kooperationsmodells vollständig verschwinden.[125]

Das Potential staatlicher Globalsteuerung und gesetzlicher Regulierung geht zurück, was im Rahmen des neo-konservativen Strategienwechsels weg von eher nachfrageorientierter, keynesianischer und hin zu eher angebotsorientierter, monetaristischer Wirtschaftspolitik nicht als Problem empfunden, sondern von den Regierungen durch Strategien der Deregulierung von Arbeitsbeziehungen und Arbeitsmärkten noch bewußt gefördert wird. Eine tendenziell abnehmende Bedeutung des Wohlfahrts- und Interventionsstaates und seiner Gesetze zur Regulierung der Wirtschafts- und Beschäftigungspolitik wird zum Programmpunkt konservativer Politik, welche die zentralisierten Formen politischer Regulierung weitgehend durch die dezentralen "freien Selbstheilungskräfte des Marktes" bzw. kollektive durch individualvertragliche Regulierung ersetzen möchte.[126] "In 1982 ... the new conservative-liberal government explicitly embraced a supply-side economic approach that gave priority to monetary stability and fiscal austerity. This government saw the solution to West Germany's economic stagnation in a rejuvenation of market incentives and sought especially to ease rigidities in the labor

---

[125] Lompe,K., Das Ende des Neokorporatismus? - Konfliktlösungsmuster unter der sozialliberalen und der konservativ-liberalen Koalition im Vergleich, GMH 37 (1986), 280-295.

[126] Vgl. zu einer treffenden Zusammenfassung dieser Situation die Beschreibung eines ausländischen Beobachters: ".. CDU-led governments have been more prone to let the market mediate capital-labor relations whereas the Social Democrats attempted to enhance the state's role in this exchange." Markovits, The politics of the West German trade unions, 425.

market, for example by making it easier for employers to hire part-time, fixed-contract, and temporary workers."[127]

Die Regierung nimmt selbst das lange Zeit staatlicherseits gegebene Versprechen einer Vollbeschäftigung partiell zurück und verweist dieses Ziel als Aufgabe an die Tarifpartner ("Reprivatisierung des Beschäftigungsrisikos"). Staatliche Enthaltsamkeit in weiten Bereichen soll z.B. die aktive Arbeitsmarktpolitik als Teil einer Gesamtstrategie zum Ausbau des Sozial- und Wohlfahrtsstaates programmatisch ablösen; arbeitsmarktwirksame Sofortprogramme durch öffentliche Investitionen, wie sie u.a. die Gewerkschaften und die Oppositionsparteien fordern, lehnt die Regierung ab. Faktisch ist die neue Situation weniger eindeutig als vom Konzept her zu vermuten wäre; Kontinuitäten in den Politiken sind deutlich zu erkennen.[128] Wir haben es eher mit einem Umbau im Sinne einer Umregulierung und weniger mit einem systematischen Abbau der Staatsaufgaben bzw. mit einem neuen Mischungsverhältnis von "Staat" und "Markt" zu tun.

In strategischer Perspektive können die Gewerkschaften nicht mehr wie in Zeiten sozialdemokratisch-keynesianischer Politik auf die Regierung in ihrer Eigenschaft als ihnen grundsätzlich wohlgesonnener und ihre Ziele stützender Gesetzgeber und politischer Tauschpartner im quid pro quo-bargaining setzen. Die Folgen der unternehmerischen Flexibilisierungs- wären ohne diese staatlichen Deregulierungsstrategien von den Gewerkschaften leichter zu bewältigen. Momentan fördert staatliche Politik, die eine Veränderung der ordnungspolitischen Rahmenbedingungen sowie den Versuch eines weitgehenden Rückzugs aus der Prozeßpolitik, etwa der Konjunkturpolitik einschließt, zwar die Prozesse der Umstrukturierung. Sie würden aber auch ohne diese spezifische Form staatlicher Intervention allmählich in Richtung auf eine stärker diversifizierte und qualitativ hochwertige Produktpalette voranschreiten. Insofern wären die status quo ante-Bedingungen der traditionellen Massenproduktion auch bei einer anderen Politik nicht wiederherzustellen.

Deutliche Verrechtlichungstendenzen und ein mit ihnen positiv korrelierender Zentralisierungsgrad der Interessenverbände mit faktisch weitgehenden Repräsentationsmonopolen sowie des gesamten collective bargaining-Systems mit regionalen oder sogar bundesweiten Tarifverträgen erwiesen sich als günstige, vielleicht sogar notwendige institutionelle und politische Voraussetzungen für den Erfolg korporatistischer Tauschbeziehungen.[129] Konservative Regierungen versuchen eine Modernisierungs- und Restrukturierungspolitik zur Beschleunigung des Strukturwandels, die sich eher an neoklassischen denn keynesianisch-korporatistischen Kalkülen orientiert.

---

[127] Thelen, The politics of flexibility, 225.

[129] Vgl. für andere Lehmbruch,G., Der Neokorporatismus der Bundesrepublik im internationalen Vergleich und die "Konzertierte Aktion im Gesundheitswesen", in: Gäfgen,G.(Hg.), Neokorporatismus und Gesundheitswesen, Baden-Baden 1988, 11-32.

2. Einerseits zerfallen die makrokorporatistischen Verbünde mit ihren tripartistischen Beziehungsgeflechten zunehmend. Andererseits bilden die betrieblichen Akteure mikrokorporatistische Arrangements deutlicher aus, d.h. prima facie nicht unbedingt erwartete, enge Interessenkoalitionen zwischen Arbeitgebern und Arbeitnehmern.[130] Diese bilateralen Pakte sind keinesfalls neu, erfahren aber unter den veränderten Rahmenbedingungen auf Produkt- und Arbeitsmärkten eine im Vergleich zu den 60er und frühen 70er Jahren stärkere Ausprägung; sie verfolgen vor allem das Ziel einer Stabilisierung der Produkt- bzw. Arbeitsmärkte des eigenen Unternehmens. Auf den Arbeitsmärkten führt diese Entwicklung von "high trust - low conflict relations"[131] bzw. der betrieblichen Politik einer Konsolidierung der sog. Stamm- oder Kernbelegschaft zur zunehmenden sozialen Schließung betriebsinterner Märkte und damit zur Verhinderung externen Konkurrenzdrucks.[132]

Den Vorteilen günstiger Einkommensperspektiven sowie einer längerfristigen Beschäftigungssicherheit der Stammarbeitnehmer stehen auf seiten der Unternehmer Effizienzgewinne gegenüber: Aussichten auf stabile Produktionsabläufe, reibungslose betriebliche Mikromobilität mit dem Ziel einer quantitativen und qualitativen Anpassung des Arbeitskräfteangebots, Rentabilität der betriebsspezifischen Ausbildungsinvestitionen als Resultat erfolgreicher Einschränkung zwischenbetrieblicher Mobilität. Diese "weichen" Beschäftigungsstrategien einer Personalstabilisierung werden institutionell abgesichert durch kollektivvertragliche und rechtliche Regelungen, vor allem des Kündigungsschutzes und der Einflußmöglichkeiten des BR, welche die skizzierte Internalisierung erleichtern und begünstigen.

---

[130] "... the changes that are under way are fundamental in that they involve a gradual transformation of institutions which once formed an indispensable substructure of centralized joint regulation in to the nuclei of an emergent enterprise unionism - not necessarily in a formal and official sense but, more likely, de facto under the cover of the existing but functionally pre-empted institutional structure." Streeck,W., Neocorporatist industrial relations and the economic crisis in West Germany, in: Goldthorpe, Order and conflict in contemporary capitalism, 306.

[131] Vgl. auch Heisig,U./Littek,W., Wandel von Vertrauensbeziehungen im Arbeitsprozeß, SW 46 (1995), 282-304.

[132] Vgl. Windolf,P./Hohn,H.W., Arbeitsmarktchancen in der Krise. Betriebliche Rekrutierung und soziale Schließung, Frankfurt-New York 1984; Hohn,H.W./Windolf,P., Prozesse sozialer Schließung im Arbeitsmarkt. Eine empirische Skizze betriebsinterner Determinanten von Mobilitätsprozessen, in: Knepel,H. /Hujer,R. (Hg.), Mobilitätsprozesse auf dem Arbeitsmarkt, Frankfurt-New York 1985, 305-327; Sengenberger, Struktur und Funktionsweise von Arbeitsmärkten; Hohn, Von der Einheitsgewerkschaft zum Betriebssyndikalismus; ähnlich für die USA auch Walton,R.E., From control to commitment in the workplace, HBR 63 (1985), 77-84; Kochan et al., The transformation of American industrial relations, 118ff.

Über die Analyse des Sachverhalts besteht kaum Dissens; schwierig hingegen ist die strategische Einschätzung seiner Bedeutung für die Zukunft. Wahrscheinlich kann der Basiskonsens zwischen BR und Unternehmensleitung, der fallweise Interessenkollisionen durchaus zuläßt, in der Tat als "neuer Regulierungsmechanismus" eingestuft werden: "Das Management benötigte die Kooperation der Betriebsräte, um die Umstrukturierung der Produktionsprozesse zustande zu bringen. Die ausgehandelten Interessenkompromisse ... legitimierten die Managemententscheidungen gegenüber der Stammbelegschaft, denn ohne deren Kooperation ist "diversifizierte Qualitätsproduktion" schwer möglich."[133]

3. Dieser Inszenierung von spezifischen, langfristig angelegten kollektiven Tauschbeziehungen und der mit ihnen verbundenen Internalisierung bilateraler Vorteile auf der Mikroebene entspricht allerdings auf der Makroebene kein Interessenausgleich, sondern eine Externalisierung der Nachteile und Anpassungslasten zu Lasten der Arbeitnehmer des externen Marktes. Diese Verteilung wird bei anhaltender und sich verfestigender Massenarbeitslosigkeit mit einer zunehmenden Strukturierung und Abgrenzung der Teilarbeitsmärkte bis hin zu ihrer gänzlichen Abschottung immer mehr zum ungelösten gesellschaftspolitischen Problem.[134] Die Flexibilisierung nicht nur der Arbeitszeit, sondern auch der Arbeitskräfte erfordert die Existenz eines variablen Personalpuffers, d.h. sie geht einseitig zu Lasten der sog. Randbelegschaften.

Diese von den betrieblichen Akteuren geschlossenen Tauschpakte sind aufgrund der beiderseitig komplementären Vorteile stabil, kaum reversibel und resistent gegenüber Veränderungen der allgemeinen Arbeitsmarktlage. Eine "Anti-Segmentierungspolitik", die das beträchtliche inner-, weniger das zwischenbetriebliche Chancengefälle einzuebnen versuchte, wäre kaum durchzusetzen, da sie nicht nur gegen die Interessen der betrieblichen Akteure, sondern auch gegen rechtliche und kollektivvertragliche Regelungen angelegt sein müßte. Außerdem verstärkt diese Internalisierung, ähnlich wie die Trends u.a. in der Arbeitszeitpolitik, nochmals das relative Gewicht der betrieblichen gegenüber den überbetrieblichen Akteuren, da sie einen starken BR als Verhandlungspartner zur notwendigen Voraussetzung hat.

---

[133] Bergmann,J., Technik und Arbeit, in: Lutz,B.(Hg.), Technik und sozialer Wandel. Verhandlungen des 23. Deutschen Soziologentages in Hamburg 1986, Frankfurt-New York 1987, 130.

[134] "Zum andern kennt auch die dritte industrielle Revolution eine spezifische "soziale Frage": Aus den Kernsektoren der Beschäftigung und des Arbeitsmarktes wird eine wachsende Minderheit von Arbeitnehmern - die "Verlierer" des verschärften Leistungswettbewerbs und lebenslangen Lernens - auf den "zweiten Arbeitsmarkt" oder in die Arbeitslosigkeit gedrängt und letzlich zu Objekten der Sozialpolitik." Müller-Jentsch,W., Über Produktivkräfte und Bürgerrechte, in: Beckenbach/van Treeck, Umbrüche gesellschaftlicher Arbeit, 658.

Ungeklärt bleibt weiterhin das Problem, ob bzw. wie im Gegensatz zur geschilderten Situation zukünftig eine Interessenwahrnehmung und -durchsetzung in den zahlreichen, vor allem kleineren und mittleren Unternehmen außerhalb der industriellen Ballungsräume geschehen soll.[135] Diese verfügen häufig entweder über gar keinen oder zumindest über keinen durchsetzungsfähigen BR als Verhandlungsführer ihrer Arbeitnehmer[136]; zudem ist der gewerkschaftliche Organisationsgrad, der aller Erfahrung nach positiv mit der Betriebsgröße korreliert, in diesen Unternehmen sehr gering. Problemschwerpunkte der betrieblichen Interessenvertretung liegen weniger bei den traditionellen Handlungsfeldern wie Fragen der Lohn- und Arbeitszeitgestaltung, sondern vor allem in Handlungs- und Orientierungshilfen bei Fragen der Arbeits- und Technikgestaltung, wobei die gewerkschaftlichen Beratungsleistungen hinter den betrieblichen Anforderungen deutlich zurückbleiben.[137]

Das Szenario einer Verbetrieblichung der Tarifpolitik paßt also eigentlich nur für die betriebliche Infrastruktur größerer Unternehmen mit starken BR in industriellen Kernsektoren sowie mit gewissen Modifikationen für den öffentlichen Dienst mit seinen i.d.R. funktionsfähigen Personalräten.[138] Diese praktisch relevante Einschränkung des Geltungsbereichs der Zusammenhänge wird in der Diskussion häufig übersehen. Zumindest besteht unter den Vorzeichen einer fortschreitenden Dezentralisierung die Gefahr einer weiter auseinanderdriftenden Entwicklung mit Tendenzen zunehmender Segmentierung.[139] Wahrscheinlich wird die "Varianz" innerhalb der IR größer.[140]

---

[135] Dieses Problem wird in der britischen und US-amerikanischen Literatur unter "non-union IR" ausführlich und kontrovers diskutiert. Vgl. für andere Beaumont,P.B., Structural change and industrial relations: The United Kingdom, in: Gladstone et al., Labour relations in a changing environment, 203-214.

[136] Für andere Kotthoff,H., Betriebsräte und betriebliche Herrschaft. Eine Typologie partizipativer Handlungs- und Deutungsmuster von Betriebsräten und Unternehmensleitungen, Frankfurt-New York 1981; Kotthoff,H., Betriebliche Interessenvertretung durch Mitbestimmung des Betriebsrats, in: Endruweit,G. et al.(Hg.), Handbuch der Arbeitsbeziehungen, Berlin 1985, 65-87.

[137] Vgl. Rudolph,W./Wassermann,W., "Die Gewerkschaft ist weit, aber der Chef steht uns jeden Tag auf den Füßen." Zwischenergebnisse aus einem Projekt zu Problemen der Interessenvertretung in Klein- und Mittelbetrieben, Mitb 33 (1987), 7-12.

[138] Vgl. im einzelnen Kap.10.

[139] Angesichts der institutionell-rechtlichen Bedingungen deutscher Arbeitsmärkte dürften Segmentierungstendenzen zunehmen, während in anderen Ländern eher eine deutlichere Dualisierung stattfinden wird. Vgl. Goldthorpe,J.H., The end of convergence: Corporatist and dualist tendencies in modern western societies, in: Goldthorpe, Order and conflict in contemporary society, 315-343; Crouch, Perspektiven gewerkschaftlicher Interessenvertretung.

[140] Wir wissen in der Bundesrepublik vergleichsweise viel über die Zukunft der IR in der Metallindustrie, besonders der Automobilbranche, ohne jedoch daraus verallgemeinernde Schlüsse ziehen zu dürfen. Wir wissen wenig über andere wichtige Wirtschaftszweige mit erkennbaren Sonderentwicklungen wie den privaten Dienstleistungssektor oder gar den öffentlichen Dienst. Vgl. demgegenüber die Fallstudien in Garbarino, Symposium introduction and overview.

In soziologischer Perspektive hat diese Entwicklung Folgen, die über den engeren Bereich von Arbeitsmärkten und IR hinaus und in die Sozialstruktur hinein reichen: Als übereinstimmendes Resultat neuerer Studien[141] zeigt sich als Folge der neuen Produktionskonzepte bzw. der systemischen Rationalisierung eine tiefergehende Spaltung und Segmentierung der Arbeitnehmerschaft mit "Rationalisierungsgewinnern", "-duldern", "-opfern" und Dauerarbeitslosen, also insgesamt eine Verfestigung und Vertiefung der Statusdifferenzen. Die Folge der Neoindustrialisierung in den Kernsektoren der industriellen Produktion bzw. systemischen Rationalisierung in den Dienstleistungsbereichen ist eine zunehmende Verschärfung der Disparität der Lebensverhältnisse innerhalb der Arbeitnehmerschaft mit höchst ungewissen Folgen für die gesellschaftliche Integration (sog. Zweidrittel- oder Dreiviertelgesellschaft).

16.5. Ausblick

1. Die zentrale externe Aufgabe von Industriegewerkschaften, nämlich heterogene Partikularinteressen zu aggregieren, zu vereinheitlichen und in eine nach außen durchsetzbare, gemeinsame Verbandspolitik zu transformieren, war immer schon recht diffizil, ihre Lösungen blieben stets labil. Bereits Ende der 70er Jahre zeigte sich als generelle Entwicklungstendenz des Verallgemeinerungsgrades der Mitgliederinteressen eine Transformation universalistischer, umfassend solidarischer Formen gewerkschaftlicher Politik in partikularistisch-berufsständische Formen der Interessenvertretung zugunsten eines begrenzten Mitgliederstammes.[142]

Die zur Erreichung von kollektiver Handlungsfähigkeit notwendige Mediatisierung von Einzelinteressen wird schwieriger, wenn nicht letztlich fast unmöglich[143]

- infolge der skizzierten Prozesse spezifischer Arbeitsmarktstrukturierung (sog. soziale Schließung betriebsinterner Märkte),
- wegen der Veränderungen von Produktionsstrukturen und deren Folgen für die Arbeitsprozesse,
- aufgrund zunehmender Interessendifferenzierung der Arbeitnehmer, u.a. in Stamm- und Randbelegschaften, in prosperierenden und stagnierenden Betrieben bzw. Branchen, in normalen und prekären Beschäftigungsverhältnissen, durch Individualisierungstendenzen, durch geschlechtsspezifische Unterschiede).

---

[141] Vgl. im einzelnen Kap.11.

[142] Vgl. zusammenfassend Brandt,G./Jacobi,O./Müller-Jentsch,W., Anpassung an die Krise: Gewerkschaften in den siebziger Jahren, Frankfurt-New York 1982.

[143] International vergleichend auch Regini,M., Das neue Lexikon industrieller Beziehungen: Flexibilität, Mikrokorporatismus, Dualismus. Herausforderungen und Perspektiven für die westeuropäischen Gewerkschaften, in: Erd et al., Strukturwandel in der Industriegesellschaft, 25-40.

Innerorganisatorisch bedeutet dies nicht nur neue Probleme für das ökonomische Selbstverständnis gewerkschaftlicher Politik, sondern auch für die notwendige Solidarität im Rahmen einer mehrheitsfähigen Politik: Die zur Durchsetzung zentralisierter Forderungen erforderliche Mobilisierung der Mitglieder wird schwieriger, was die Durchsetzungsfähigkeit der Interessen negativ beeinflussen kann.

Eine aus organisationsstrukturellen Imperativen notwendigerweise differenzierter zu gestaltende Interessenpolitik muß in stärkerem Maße Rücksicht nehmen auf unterschiedliche Soziallagen einer heterogeneren Mitgliedschaft bei zunehmender Entstandardisierung der Arbeitsbedingungen; sie kann sich nicht mehr weitgehend an den vergleichsweise homogenen Interessen eines Mitgliederstammes von vollzeitbeschäftigten, männlichen Facharbeitern im alten produktivistischen Kern der Wirtschaft orientieren. Insofern ist eine Veränderung der innergewerkschaftlichen Strukturen notwendig.[144]

Das Risiko betriebsegoistischer und syndikalistischer Lösungen wächst mit der Schwierigkeit, die häufig exklusiven Politiken der BR auf der Mikroebene in eine inklusive gewerkschaftliche Strategie der Interessenvereinheitlichung auf der Makroebene einzubinden.[145] Dieses Dilemma von institutionell vorgeprägter Handlungslogik (Stabilisierung des internen Marktes zugunsten des eigenen Wahlklientels) und Gesamtrationalität (Erfordernis einer Rekrutierung vom externen Markt angesichts um sich greifender Massenarbeitslosigkeit) ist nur schwierig zu lösen.

Die Industriegewerkschaften laufen Gefahr, nicht programmatisch, aber faktisch zu Verfechtern dominierender Partikularinteressen zu werden, wenn es ihnen nicht gelingt, übergreifende Konzepte umfassender Organisationspolitik und Interessenvertretung unter Einschluß der zunehmenden Zahl von Arbeitnehmern in marginalisierten Beschäftigungsverhältnissen sowie der Arbeitslosen nicht nur zu formulieren und als symbolic politics zu "verkaufen", sondern auch tatsächlich durchzusetzen.[146] Eine Entwicklung in Richtung auf business unions wie in den USA oder neuerdings Großbritannien würde nicht das Ende der Gewerkschaften bedeuten, wohl aber ihren weitreichenden Anspruch auf Vertretung der Interessen aller Arbeitnehmer entscheidend einschränken.[147]

---

[144] Crouch bringt dieses grundsätzliche Problem auf den Punkt mit der Formel "Die Alternative: Flexibilisierung oder Niedergang". Crouch, Perspektiven gewerkschaftlicher Interessenvertretung, 53.

[145] Dieser Sachverhalt ließe sich am Beispiel der Alternative "Überstunden vs. Neueinstellungen" detailliert und deutlich demonstrieren.

[146] Vgl. im einzelnen Kern,H./Sabel,Ch., Gewerkschaften im Prozeß der industriellen Reorganisation. Ein Skizze strategischer Probleme, GMH 40 (1989), 602-619.

[147] "In Germany, the increasing decentralisation of the bargaining system and the growing importance of company-level labour organisations, has prompted a more serious consideration of technological and organisational differences from one company to another, seemingly foreshadowing a kind of enterprise trade unionism, albeit within a contract structure laid down at industry level." Baglioni, Trade union action and collective bargaining in Europe, 195.

Die inklusive Strategie mag als interner programmatischer Anspruch von Industriegewerkschaften sinnvoll sowie als externer Anspruch an sie wünschenswert sein, um der "Marginalisierung zu Organisationen industrieller Minderheiten zu entgehen"[148]. Die notwendige Mitgliederorientierung jeder praktischen Verbandspolitik steht einer breit angelegten, solidarischen Interessenpolitik aber eher im Wege[149]: Die Gruppen, die am Arbeitsmarkt kaum über bargaining power verfügen, sind in der Regel auch in den Gewerkschaften nur schwach organisiert und damit von ihren Interessenlagen her in den Entscheidungsgremien schlecht repräsentiert. Zudem hat die exklusive Strategie viel an empirischer Evidenz für sich, was noch nichts über ihre tarif- und gesellschaftspolitische Wünschbarkeit aussagt.

2. Paradigmenwechsel innerhalb eines nationalen Systems der institutionalisierten Interessenvermittlung brauchen keineswegs in sämtlichen Politikarenen parallel zu verlaufen (sog. sektoraler Korporatismus[150]): Was etwa an insbesondere im internationalen Vergleich durchaus begrenzten Dezentralisierungs- und Fragmentierungstendenzen innerhalb der IR festzustellen ist, braucht innerhalb der benachbarten Sozialpolitik (z.B. im Gesundheitswesen oder im Arbeitsschutz) noch lange nicht vorhanden zu sein - von anderen, inhaltlich weiter entfernten Teilsystemen (z.B. Umweltschutz) ganz zu schweigen.[151] Die korporativen Akteure sind andere und die Rahmenbedingungen ihres rationalen Handelns (u.a. veränderte Strategien und Interessen des Staates) sind unterschiedlich. Verallgemeinerungen in leicht griffige Formeln werden schwieriger.

Die fundamentalen Unterschiede werden nicht darin bestehen, ob die Prozesse der Dezentralisierung fortschreiten oder nicht. Diese Frage ist längst entschieden: Allein wegen des generellen Arbeitgeberinteresses an Kostenminimierung werden die Flexibilisierungstendenzen zunehmen und mit weitergehender Dezentralisierung einhergehen. In den relativ zentralisierten IR-Systemen einiger westeuropäischer Länder werden diese Trends offensichtlicher und weitreichender sein als in stärker dezentralisierten (etwa Großbritanniens und der USA); aber dies ist eine Frage gradueller, nicht prinzi-

---

[148] Müller-Jentsch,W., Gewerkschaften im Umbruch, in: Müller-Jentsch, Zukunft der Gewerkschaften, 286.

[149] Ähnlich auch: "As is well brought out by several commentators on the present-day West German situation, the possibility of dispersing the costs of economic adjustment within a pool of secondary labour, rather than "internalizing" them, is a powerfully attractive one to union movements, even where they possess some tradition of more solidaristic strategies ..." Goldthorpe, The end of convergence, 340.

[150] Vgl. Lehmbruch,G., Concertation and the structure of corporatist networks, in: Goldthorpe, Order and conflict in contemporary capitalism, 60-80.

[151] Vgl. verschiedene Beiträge in Hartwich,H.-H.(Hg.), Macht und Ohnmacht politischer Institutionen. 17. Wissenschaftlicher Kongreß der DVPW, Opladen 1989, 135-221.

pieller Unterschiede. Eine grundsätzliche Ablehnung jeder Form der Flexibilisierung und damit der Ausweitung von Handlungsspielräumen auf der Betriebsebene kann deswegen keine realistische Strategie für die Zukunft sein; die betrieblichen Aushandlungsprozesse werden nicht mehr über das ob, sondern über das wie und dessen Beeinflussung im unterschiedlichen Interesse verschiedener Gruppen gehen.

Die begrenzten Tendenzen der Fragmentierung von Arbeitsbeziehungen und Segmentierung von Arbeitsmärkten schreiten fort, ohne daß das System der institutionellen Interessenvermittlung zerbricht.[152] Die Gründe liegen zum einen in der skizzierten Verbetrieblichung der Tarifpolitik, d.h. in der partiellen Verlagerung von Regelungskompetenzen von den überbetrieblichen auf die betrieblichen Akteure. Hierbei können die betrieblichen Akteure anderen Rationalkalkülen folgen als die sektoralen; die u.a. beschäftigungspolitischen Imperative, unter denen Industriegewerkschaften in ihren interessenvereinheitlichenden Politiken lange agierten, kommen nicht mehr in dem Maße zum Tragen wie unter korporatistischen Vorzeichen. Zum andern liegen die Gründe in den zeitlich parallelen staatlichen Deregulierungsbestrebungen, welche die Verfolgung von Partikular- zu Lasten von Kollektivinteressen begünstigen.

Empirische Studien kommen zu dem Ergebnis, daß die Richtung dieser innovativen Prozesse nicht-tayloristischer Rationalisierung mit politischen Mitteln nicht nur beeinflußt, sondern verändert und gestaltet werden kann.[153] Die grundlegende politische Entscheidung besteht darin, ob diese Prozesse der Dezentralisierung unter irgendeiner Art politischer und damit sozialer Kontrolle seitens des Staates stattfinden oder nicht. Die Regierungen werden sich, wahrscheinlich unter dem wachsenden Druck drängender Probleme, entscheiden müssen, ob sie einen rechtlichen Bezugsrahmen formulieren oder ob sie diese Prozesse den Kräften des "freien" Marktes überlassen wollen.[154] Bei der zuletzt genannten Alternative gäbe es keine wirksamen rechtlichen Kontrollen zugunsten der schwächeren Gruppen mit geringer oder keiner Verhandlungsmacht, die den weniger pluralistischen, vielleicht sogar dualistischen Strukturen der Arbeitsmärkte und fragmentierten Arbeitsbeziehungen ausgesetzt sind.

---

[152] Deutlichere Entwicklungen in diese Richtung zeichnen sich für Großbritannien ab: "Eine konservative Deregulierung tendiert dazu, die Arbeitsbeziehungen zu individualisieren. Die Stabilisatoren des Kollektivverhandlungssystems werden abgeschafft oder ins Wanken gebracht, ohne daß Äquivalente bereitgestellt werden." Prigge,W.-U., Zur Transformation voluntaristischer Traditionsmuster in den britischen Arbeitsbeziehungen, ZfR 8 (1987), 283; vgl. auch Smith,P./Morton,G., Union exclusion and the decollectivization of industrial relations in contemporary Britain, BJIR 31 (1993), 97-114.

[153] Vgl. im einzelnen Kap.11.

[154] "Dem sozialen Gegenspieler ist es nicht zu verdenken, wenn er primär seine eigennützigen Ziele verfolgt, wohl aber dem Staat, wenn er einseitig Partei ergreift." Blanke,Th., Tarifautonomie - ein Modell für Kompromißfindung und Konfliktregelung zwischen Eigeninteresse und Gemeininteressen, in: Blanke/Schmidt, Tarifpolitik im Umbruch, 14.

Einführende Literatur:

Bispinck,R.(Hg.), Tarifpolitik der Zukunft. Was wird aus dem Flächentarifvertrag?, Hamburg 1995

Blanke,Th./Schmidt,E.(Hg.), Tarifpolitik im Umbruch, München-Mering 1995

Blanpain,R.(ed.), Unions and industrial relations. Recent trends and prospect. A comparative treatment. BCLR 16 (1987), Deventer 1987

Crouch,,C./Traxler,F.(eds.), Organized industrial relations in Europe: What future?, Aldershot 1995

Feldhoff,J. et al.(Hg.), Regulierung - Deregulierung. Steuerungsprobleme der Arbeitsgesellschaft, Nürnberg 1988

Hoffmann,J. et al.(Hg.), Jenseits der Beschlußlage. Gewerkschaft als Zukunftswerkstatt, 2. erw. Köln 1993

Hoffmann,R. et al. (eds.), German industrial relations under the impact of structural change, unification and European integration, Düsseldorf 1995

Kochan,Th.A./Katz,H.C./McKersie,R.B., The transformation of American industrial relations, New York 1986

Müller-Jentsch,W.(Hg.), Zukunft der Gewerkschaften. Ein internationaler Vergleich, Frankfurt-New York 1988.

17. NATIONALE ARBEITSPOLITIK UND EUROPÄISCHER BINNENMARKT

17.1. Einleitung und Problemstellung

1. Die Internationalisierung[1] der westeuropäischen Volkswirtschaften ist ökonomisch wie politisch von entscheidender Bedeutung für die zukünftige Entwicklung der Arbeits- und Sozialpolitik. Im Vergleich zur ursprünglichen Europäischen Wirtschaftsgemeinschaft (EWG), einer Zollunion mit Agrarprotektionismus, bedeutet die Vollendung des EG-Binnenmarktes ohne Grenzkontrollen ab 1.1.1993 einen wesentlichen Schritt auf dem langen und mühsamen Weg zur europäischen Einigung; sie soll über eine pure Liberalisierung der Kapitalbeziehungen deutlich hinausgehen. Auswirkungen sind u.a.

- eine zunehmende Zahl von grenzüberschreitenden Zusammenschlüssen von Unternehmen (einschl. Fusionierungen, Übernahmen und joint ventures)[2],
- die Schaffung eines europäischen Gesellschaftsrechts,
- Druck zur Angleichung nationaler Gesetze und anderer Regelungen.

Das EU-Projekt entwickelt intern wie extern eine ökonomische und politische Ausstrahlungskraft.[3] Diese ist nicht erstaunlich in Anbetracht der Tatsache, daß es sich bereits vor dem Beitritt Österreichs, Schwedens und Finnlands zu Beginn des Jahres 1995 um einen gemeinsamen Binnenmarkt mit mehr als 340 Millionen Bürgern und Konsumenten handelt, der den weltgrößten Handelsblock darstellt.

Die Verwirklichung des Binnenmarktes war ursprünglich ein Projekt der ökonomischen Integration ohne politische Dimension; die in ausschließlich nationaler Zuständigkeit verbleibende Arbeits- und Sozialpolitik sollte lediglich die Rahmenbedingungen für wirtschaftliches Handeln schaffen.[4] "Die Sozialpolitik ist im EWG-

---

[1] Tendenzen der Internationalisierung können wir sowohl in der Dimension der Europäisierung als auch in der der Globalisierung diskutieren. Internationalisierung darf also nicht automatisch mit dem EU-Projekt gleichgesetzt werden, wenngleich dies im folgenden aus pragmatischen Gründen geschieht.

[2] "In practice, there has certainly been an upsurge in links between firms, with CEC figures showing joint ventures involving EC companies increasing by 69% from 69 to 111 between 1983/4 and 1987/8 ... over the same period, mergers were more numerous and increased more rapidly, by 150% from 155 to 387." Ramsay,H., The community, the multinational, its workers and their charter: A modern tale of industrial democracy?, WES 5 (1991), 544f.

[3] Vgl. Kreile,M.(Hg.), Europa 1992 - Konzeptionen, Strategien, Außenwirkungen, Baden-Baden 1991; Nicoll,W./Salmon,T.C., Understanding the new European community, New York-London 1994.

[4] Vgl. zu Phaseneinteilungen im einzelnen Teague,P., Constitution or regime? The social dimension to the 1992 project, BJIR 27 (1989), 312ff; Mosley,H.G., The social dimension of European integration, ILR 129 (1990), 149-154.

Vertrag funktional auf die Herstellung des "Gemeinsamen Marktes" zugeschnitten, eine eigenständige Rolle wird ihr nicht zugestanden. Die Sozialpolitik hat im Vertrag einerseits die Aufgabe, die Voraussetzungen für die Freizügigkeit der Arbeitnehmer zu verbessern, sie dient andererseits der Abfederung des ökonomischen Strukturwandels, der sich aus dem Integrationsprozeß in der Gemeinschaft ergibt."[5]

Eine Harmonisierung auf der europäischen Ebene sollte gemäß den ordnungspolitischen Prinzipien des Neoliberalismus das Ergebnis des Einigungsprozesses sein; sie wurde jedoch nicht als dessen notwendige Voraussetzung angesehen. Daher blieb die Entwicklung des Sozial- hinter der des Wirtschaftsraums zurück (Politik- vs. Marktintegration).[6] "The history of social policy in the Community going back to the Treaty of Rome in 1958 is one of good intentions, high principles, and little action."[7]

2. Der bereits mit dem Abschluß der Römischen Verträge im Jahre 1958 begonnene Prozeß der europäischen Einigung gewann nach anfänglichen Erfolgen sowie längeren Phasen der relativen Stagnation[8] seit Mitte der 80er Jahre wieder an Dynamik (von "Europessimismus" und "Eurosklerose" zu "Eurooptimismus" und "Europhorie"). Dabei gehörten vor allem säkulare Veränderungen auf den Weltmärkten sowie der zunehmende Wettbewerb sowohl mit Japan als auch mit den USA zu den "driving forces". Verschiedene politische Signale, nämlich das Weißbuch der EG-Kommission zur Vollendung des Binnenmarktes von 1985 sowie die Einheitliche Europäische Akte (EEA) von 1987, förderten diesen Integrationsschub.[9]

---

[5] Busch,K., Umbruch in Europa. Die ökonomischen, ökologischen und sozialen Perspektiven des einheitlichen Binnenmarktes, 2. erw. Aufl. Köln 1992, 258f; ähnlich Jacobi,O., Der Soziale Dialog in der Europäischen Union, in: Mesch,M.(Hg.), Sozialpartnerschaft und Arbeitsbeziehungen in Europa, Wien 1995, 269.

[6] Vgl. zu Differenzen und Kongruenzen in den Konzepten Kreile,M., Politische Dimensionen des europäischen Binnenmarktes, APuZ B24-25/89 (9.6.1989), 29ff; Kreile,M., European market integration, institutional competition, and employers' interests, in: Sadowski,D./Jacobi,O.(eds.), Employers' associations in Europe: Policy and organisation, Baden-Baden 1991, 17ff.

[7] Lange,P., Maastricht and the social protocol: Why did they do it?, PS 21 (1993), 7.

[8] Vgl. zur Beschreibung der verschiedenen Phasen im einzelnen Ullmann,H./Walwei,U./Werner,H., Etappen und Probleme der Vollendung des Europäischen Binnenmarktes, in: Buttler,F./Walwei,U./Werner,H.(Hg.), Arbeits- und Sozialraum im Europäischen Binnenmarkt, Nürnberg 1990, 22ff.; Hall,M., Industrial relations regulation at European level, Industrial Relations Research Unit, University of Warwick, Ms.Coventry 1991, 5ff; Däubler,W., Die soziale Dimension des Binnenmarktes - Realität oder Propagandafigur? in: Däubler,W./Lecher,W.(Hg.), Die Gewerkschaften in den 12 EG-Ländern. Europäische Integration und Gewerkschaftsbewegung, Köln 1991, 307ff.; Gold,M., Overview of the social dimension, in: Gold,M.(ed.), The social dimension. Employment policy in the European community, Chatham 1993, 19ff.

[9] Vgl. Kreile,M., Strategien der europäischen Integration und das Projekt des Binnenmarktes, GK (1988), 453-463.

Bis zur Verabschiedung der EEA war gemäß EWG-Vertrag (EWGV) bei arbeits- und sozialpolitischen Entscheidungen Einstimmigkeit im Ministerrat notwendig, was den Prozeß der politischen Willensbildung weitgehend paralysierte. In den 80er Jahren blockierte vor allem die britische Regierung wiederholt Entscheidungen durch ihr Veto bzw. dessen Androhung. Hinter dieser minimalistischen Position zur Integration konnten sich andere Regierungen verstecken, ohne ihren eigenen Widerstand gegen das Projekt Europa direkt und offen bekennen zu müssen.[10] Diese Strategie ist in den 90er Jahren bei veränderten Abstimmungsregeln schwieriger durchzuhalten. Seit Verabschiedung der EEA können in bestimmten, spezifizierten Bereichen Entscheidungen auch durch qualifizierte Mehrheiten herbeigeführt werden (Art.100a bzw. 118a EWGV); die Prozesse kollektiver Entscheidungsfindung sollen wegen des Wegfalls von Vetorechten einzelner Länder erleichtert und beschleunigt werden.[11]

Eine weitere wichtige Etappe auf dem Weg zu einem sozialen Europa war die Verabschiedung der "Gemeinschaftscharta der sozialen Grundrechte der Arbeitnehmer"[12] im Jahre 1989.[13] Die Kommission beschloß ein "soziales Aktionsprogramm" zur Umsetzung bzw. inhaltlichen Konkretisierung der Sozialcharta mit Hilfe von Richtlinienvorschlägen in einer Vielzahl von Bereichen (u.a. Sicherheit und Gesundheit am Arbeitsplatz, Teilzeitarbeit, befristete Arbeitsverträge und unregelmäßige Arbeit, Mutterschaftsschutz, Arbeit von Kindern und Jugendlichen, Massenentlassungen).[14]

---

[10] Vgl. zur Situation in den 80er Jahren Volle,A., Der Wandel Großbritanniens vom zögernden Außenseiter zum widerspenstigen Partner in der Europäischen Gemeinschaft, APuZ B3/89 (13.1.1989), 30-43.

[11] Vgl. zu Differenzen und Parallelen nationaler und supranationaler Entscheidungsverfahren Scharpf,F.W., The joint-decision trap: Lessons from German federalism and European integration, PAR 66 (1988), 239-278.

[12] Vgl. zu Vorgeschichte, Inhalt und Implementation der "feierlichen Erklärung" Story,J., Social Europe: Ariadne's thread, JEI 13 (1990), 151-165; Falkner,G., EG-Sozialcharta: Feierlich erklärt ist nicht gewonnen, ÖZfP 20 (1991), 289-300; Silvia,St.J., The social charta of the European community: A defeat for European labor, ILRR 44 (1991), 626-643; Addison,J.T./Siebert,W.St., The social charta of the European Community: Evolution and controversies, ILRR 44 (1991), 597-625; Doogan,K., The social charta and the Europeanisation of employment and social policy, PaP 20 (1992), 167-176.

[13] "From the outset, draft of the Social Charta were ambitious in aims but evasive on methods." Hyman,R., European unions: Towards 2000, WES 5 (1991), 632.

[14] Vgl. einführend Lodge,J., Social Europe, JEI 13 (1990), 146ff; Lange,P., The politics of the social dimension, in: Sbragia,A.M. (ed.), Europolitics. Institutions and policymaking in the "new" European community, Washington, D.C. 1992, 225-256. Vgl. im einzelnen Social Charta state of play, EIRR 221 (June 1992), 23-30; Teague,P./Grahl,J., Industrial relations and European integration, London 1992, 119-140; Kommission der Europäischen Gemeinschaften. Generaldirektion Beschäftigung, Arbeitsbeziehungen und soziale Angelegenheiten(Hg.), Soziales Europa. Zweiter Bericht über die Anwendung der Gemeinschaftscharta der sozialen Grundrechte der Arbeitnehmer, Brüssel-Luxemburg 1993.

Die Einschätzungen der Sozialcharta sind durchaus ambivalent:[15]
- Einerseits gewinnt die lange Jahre vernachlässigte soziale Dimension des Binnenmarktes durch öffentlichkeitswirksame Aufwertung an Bedeutung, obwohl die Sozialcharta aufgrund der fehlenden Zustimmung Großbritanniens lediglich eine politische Absichtserklärung im Sinne einer freiwilligen und rechtlich unverbindlichen Empfehlung an die Mitgliedstaaten zur Einhaltung bestimmter europaweiter Mindeststandards darstellt.
- Andererseits gilt: "A range of constraints, including disagreement between member states about Community labour market policy objectives, the strong emphasis the charter placed on "subsidiarity", and difficulties associated with the current Treaty basis for industrial relations measures, point to a pessimistic assessment of the prospects of success for the social charter initiative, at least in the short term."[16]

Der Gipfel der Staats- und Regierungschefs Ende 1991 führte zum Maastrichter Vertrag über die Europäische Union. Dessen "Abkommen über die Sozialpolitik" dehnte das Prinzip der qualifizierten Mehrheitsentscheidungen[17] auf einige weitere Teilgebiete der Arbeits- und Sozialpolitik aus:[18]
- Hierzu gehören (Art.2, Abs.1 Sozialprotokoll): "Arbeitsbedingungen, Unterrichtung und Anhörung der Arbeitnehmer, Chancengleichheit von Männern und Frauen auf dem Arbeitsmarkt und Gleichbehandlung am Arbeitsplatz" sowie "berufliche Eingliederung der aus dem Arbeitsmarkt ausgegrenzten Personen".
- Einstimmigkeit ist zur Beschlußfassung nach wie vor erforderlich bei (Art.2, Abs.3 Sozialprotokoll): "soziale Sicherheit und sozialer Schutz der Arbeit-

---

[15] Vgl. zur Auseinandersetzung zwischen Euro-Optimisten und Euro-Pessimisten etwa Jacobi,O., Trade unions and the single European market - remarks on a certain disorientation bzw. Hyman,R., The new kakania - a rejoinder to O. Jacobi's theses, in: Sadowski/ Jacobi, Employers' associations in Europe, 223-231 bzw. 233-243; vgl. zur pessimistischen Sichtweise auch Streeck,W., More uncertainties: German unions facing 1992, IR 30 (1991), 340ff.

[16] Hall, Industrial relations regulation at European level, 15; ähnlich Silvia, The social charta of the European Community, 638 et passim.

[17] Die Stimmen im Ministerrat verteilten sich wie folgt: Deutschland, Frankreich, Italien, Großbritannien je 10; Spanien 8; Belgien, Griechenland, Niederlande, Portugal je 5; Dänemark, Irland je 3; Luxemburg 2. Von den insgesamt 76 Stimmen waren 54 für die qualifizierte Mehrheit notwendig, wenn Großbritannien mitzählt, ansonsten 44 von 66. In Anbetracht dieser Stimmverhältnisse ist eine wichtige Entscheidungen blockierende Minderheit in der Regel leichter zu formieren als eine qualifizierte Mehrheit.

[18] Vgl. im einzelnen Blanpain,R./Windey,P., European Works Councils. Information and consultation of employees in multinational enterprises in Europe, London 1994, 56ff.

nehmer", "Schutz der Arbeitnehmer bei Kündigungen des Arbeitsvertrages", "Vertretung und kollektive Wahrnehmung der Arbeitnehmer- und Arbeitgeberinteressen, einschließlich der Mitbestimmung", "Beschäftigungsbedingungen der Staatsangehörigen von Drittländern, die sich regulär im Gebiet der Gemeinschaft aufhalten", "finanzielle Beiträge zur Förderung der Beschäftigung und zur Schaffung von Arbeitsplätzen".

Großbritannien verweigerte im Gegensatz zu den übrigen elf Mitgliedstaaten seine Zustimmung zum Sozialprotokoll und erhielt opt out-Klauseln.[19] Die Konsequenzen dieses "britischen Gaullismus" sind ebensowenig geklärt[20] wie verschiedene Probleme der Auslegung des Sozialprotokolls.[21]

17.2. Die Richtlinie zu Europäischen Betriebsräten

1. Die Entscheidungsstrukturen und -prozesse der Unternehmen verändern sich grundlegend durch grenzüberschreitende Entwicklungen im Binnenmarkt, u.a. durch eine Welle von Unternehmenszusammenschlüssen, Firmenübernahmen und Fusionen. Demgegenüber enden die kodifizierten Rechte der nationalen Arbeitnehmervertretungen ex definitione an den Landesgrenzen (sog. Territorialprinzip); außerdem können diese Rechte durch zunehmende Internationalisierung strategischer Geschäftseinheiten (sog. Divisionalisierung) sowie durch Zentralisierung wichtiger Entscheidungen an der Konzernspitze ausgehöhlt werden.

Daher werden parallele Strukturen transnationaler Interessenvertretung notwendig, die nationale keinesfalls überflüssig machen oder ersetzen, sondern lediglich ergänzen sollen. Bislang gestaltet sich eine internationale Kooperation nationaler Repräsentanten sowohl rechtlich als auch faktisch recht schwierig. Auf der dezentralen, betrieblichen Ebene stellt sich vor allem die Frage nach der Einrichtung supranationaler Interessenvertretungen mit spezifischen Handlungsoptionen.

---

[19] "Its refusal, which was based on the alleged damage that enhanced social provisions and higher labour costs would cause to the international competitiveness of UK business, was not entirely a surprise." Gold, Overview of the social dimension, 11.

[20] Vgl. im einzelnen Social policy and the Maastricht summit - confusion reigns, EIRR 216 (1992), 2f; Blank,M./Köppen,M., Europäischer Binnenmarkt, in: Kittner,M.(Hg.), Gewerkschaftsjahrbuch 1992. Daten-Fakten-Analysen, Köln 1992, 653f.

[21] Vgl. im einzelnen Weiss,M., The significance of Maastricht for European community social policy, International Journal of CLLaIR 8 (1992), 3ff; Weiss,M., Die Bedeutung von Maastricht für die EG-Sozialpolitik, in: Däubler,W./Bobke,M./Kehrmann, K.(Hg.), Arbeit und Recht. Festschrift für Albert Gnade zum 65. Geburtstag, Köln 1992, 586ff.

Die Problemlösung konnte aller Erfahrung nach nicht darin liegen, eines der nationalen Modelle betrieblicher Interessenvertretung zum Referenzmodell zu machen und europaweit zu exportieren. So war die Idee einer Transplantation der weitreichenden deutschen Mitbestimmungsregelungen innerhalb der Mitgliedsländer ebenso wenig konsensfähig wie eine Lösung der "mittleren" Linie, die vor allem in Deutschland einen Abbau von Arbeitnehmerrechten bedeutet hätte. Ein solcher Schritt wäre aufgrund historischer Besonderheiten und institutioneller Unterschiede weder sinnvoll noch möglich: Die Interessen der korporativen Akteure in den einzelnen Ländern sind kaum harmonisierungsfähig; zudem sind die nationalen Partizipationsregelungen recht unterschiedlich hinsichtlich Regelungsformen, realen Ausprägungen, Verbreitung, Intensität und Bereichen.[22] In einigen Mitgliedsländern würden zum ersten Male Konsultations- und Informationsrechte etabliert.

Die Schwierigkeit besteht nicht in einer völligen Angleichung im Sinne der Transplantation eines nationalen Systems auf andere Länder, sondern in einer generelleren Perspektive in der Institutionalisierung von Regeln und damit in einer gewissen Verläßlichkeit, Berechenbarkeit und Stabilität des kollektiven Handelns auf der Basis von Mindestvorschriften. Gegenstand im Rahmen einer Modellvielfalt ist nicht Mitbestimmung in ihrem spezifisch deutschen Kontext, sondern verbesserte Partizipationsrechte von Arbeitnehmern durch Anhörung, Konsultation, Mitwirkung und Mitbestimmung im allgemeinen Sinne; dieses "employee participation in management decision making" kann auch und gerade als Instrument der Steigerung der "sozialen" Produktivität im Sinne eines Positivsummenspiels dienen.[23]

2. Die seit langem geführte Diskussion läßt sich grob in drei Etappen einteilen:
- 1. "The early debate that started in the 1970s was one that centred upon the need to extend the kind of workers' rights to representation found in German companies, to install clear provision for information and consultation and to begin to regulate the multinational business which, it was felt, could evade

---

[22] Vgl. Krieger,H., Mitbestimmung in Europa in den neunziger Jahren. Bestandsaufnahme, Konzepte und Perspektiven, APuZ B13/91 (22.3.1991), 20-34; Jaeger,R., Arbeitnehmervertretung und Arbeitnehmerrechte in den Unternehmen Westeuropas, in: Hans-Böckler-Stiftung(Hg.), Europäische Betriebsräte. Ein Beitrag zum sozialen Europa, Düsseldorf 1991, 59-95; Blanpain,R., Vergleichendes Arbeitsrecht der Mitgliedstaaten, in: Kommission der Europäischen Gemeinschaften. Generaldirektion Beschäftigung, Arbeitsbeziehungen und soziale Angelegenheiten(Hg.), Soziales Europa. Die Regelung der Arbeitsbedingungen in den Mitgliedstaaten der Europäischen Gemeinschaft, Band 1, Luxemburg-Brüssel 1992, 115-121.

[23] Dabei ist eine Konzentration auf Partizipation bei der Einführung neuer Technologien festzustellen. Vgl. Cressey,P./Williams,R., Mitbestimmung in Europa. Neue Technologien und die Rolle der Arbeitnehmerbeteiligung. Ergebnisse der Forschung über Arbeitnehmerbeteiligung im technologischen Wandel, Dublin o.J.

national regulations on a host of substantive issues, especially in the area of worker participation and industrial democracy."[24] Verschiedene Gesetzesinitiativen schlugen fehl, da die damals notwendige Einstimmigkeit (Art.100 EWG-Vertrag) nicht herzustellen war (vor allem fünfte Richtlinie zum Unternehmensrecht von 1972, Entwurf der Vredeling-Richtlinie von 1980, überarbeitete Fassung 1983[25], phasenweise Richtlinienvorschlag von 1990).

- 2. Nach langwierigen, kontroversen Diskussionen präsentierte die Kommission im Dezember 1990 ihren Vorschlag für eine "Richtlinie des Rates über die Einsetzung Europäischer Betriebsräte zur Information und Konsultation der Arbeitnehmer in gemeinschaftsweit operierenden Unternehmen bzw. Unternehmensgruppen". Fünf Gruppen von Gründen spielten bei dieser erneuten Initiative eine herausragende Rolle: "the new context provided by the Single European Market, trade union pressure, the voluntary establishment of "prototype" EWCs within a number of leading European multinationals, the lessons of earlier EC employee participation initiatives, and intra-Community political and institutional considerations."[26]

- 3. Das politische Schicksal des Richtlinienvorschlages war trotz breiter Übereinstimmung lange Zeit ungewiß. Blockaden im Ministerrat gingen von Großbritannien aus und führten wegen der Notwendigkeit einstimmiger Entscheidungen Ende 1991 zum vorläufigen Scheitern.

Ende 1993 initiierte die Kommission zum ersten Male das durch das Sozialprotokoll des Maastrichter Vertrages ermöglichte neue Verfahren der qualifizierten Mehrheitsentscheidung. Die Basis der Konsultation war ein Richtlinienvorschlag, den Belgien, ein integrationsfreundliches Mitgliedsland, während seiner Präsidentschaft als Kompromiß unterbreitet hatte. Die gemäß Sozialprotokoll nunmehr notwendige Anhörung der europäischen Dachverbände der Sozialpartner scheiterte aufgrund differierender interner Interessen im Frühjahr 1994 relativ schnell.[27] Die Sozialpart-

---

[24] Cressey,P., Employee participation, in: Gold, The social dimension, 87.

[25] Die Arbeitgeber lehnten diesen Entwurf einhellig ab; 1986 wurde beschlossen, ihn nicht weiter zu verfolgen. Vgl. die Fallstudie bei Stöckl,I., Gewerkschaftsausschüsse in der EG, Kehl 1986, 145-153; vgl. zur Geschichte auch Cressey, Employee participation, 88ff; Grahl,J./Teague,P., European level collective bargaining: A new phase?, IRRI 46 (1991), 56ff.

[26] Hall,M. Behind the European Works Councils Directive: The European Commisson's legislative strategy, BJIR 30 (1992), 548.

[27] "The intransigent attitude of the British employers meant that it was not possible to reach an agreement, at the same time calling into question UNICE's status as representative body of European industry." Danis,J.-J./Hoffmann,R. From the Vredeling Directive to the European Works Council Directive - some historical remarks, Transfer 1 (1995), 186.

ner leiteten der Kommission zwar ihre Stellungnahmen innerhalb der vereinbarten Frist von sechs Wochen zu; sie teilten aber nicht mit, ob sie die Einleitung des Verfahrens zum Abschluß einer autonomen Vereinbarung beabsichtigten.

Die Positionen der Verbände spiegeln ein grundsätzliches Dilemma:
- "UNICE's policy shift ... was essentially for defensive reasons - to enable UNICE to fend off or at least delay proposals for EC legislation under the new treaty provisions by opting to explore the scope for framework agreements ..."[28]
- Für den EGB stellt sich die Strategiefrage eher umgekehrt: Warum soll er noch mit UNICE verhandeln, wenn gesetzliche Regelungen möglich sind, die seinen Interessen in der Regel eher entsprechen? Andererseits bot sich zum ersten Mal die Chance, von den Möglichkeiten des erweiterten und aufgewerteten sozialen Dialogs Gebrauch zu machen.

Die Kommission vertrat weiterhin die Ansicht, daß eine Gemeinschaftsaktion wünschenswert sei; sie legte einen revidierten "flexibleren" Richtlinienvorschlag vor, der auf dem "belgischen Kompromiß" und den Erfahrungen der Sozialpartner während der Konsultationsphase basierte, und leitete das Gesetzgebungsverfahren ein.[29] Der Ministerrat einigte sich nach weiteren Veränderungen[30] im Juni 1994 auf einen gemeinsamen Standpunkt zum Entwurf; der Rat der Sozialminister beschloß im September 1994 unter deutscher Präsidentschaft die Richtlinie "über die Einsetzung eines Europäischen Betriebsrats oder die Schaffung eines Verfahrens zur Unterrichtung und Anhörung der Arbeitnehmer in gemeinschaftsweit operierenden Unternehmen und Unternehmensgruppen".

Da diese Richtlinie auf der Basis des Sozialprotokolls zustande kam, gilt sie für die 11 Mitgliedstaaten (ohne Großbritannien) zum Zeitpunkt der Verabschiedung sowie für die drei Staaten, die zum 1.1.1995 beitraten (Finnland, Österreich, Schweden). Einige Mitglieder des Europäischen Wirtschaftsraumes - EWR, nämlich Island, Liechtenstein und Norwegen, übernehmen die Richtlinie freiwillig. Die Vorgaben sind innerhalb von zwei Jahren, also bis Herbst 1996, in nationales Recht umzusetzen; innerhalb von drei weiteren Jahren müssen Vereinbarungen über die Einsetzung Europäischer Betriebsräte (EBR) abgeschlossen sein.

---

[28] Hall, Industrial relations and the social dimension of European integration, 23.

[29] Vgl. die Darstellungen bei Gold,M./Hall,M., Staturory European works councils: the final countdown?, IRJ 25 (1994), 177-186; N.N., New European information and consultation draft, EIRR 245 (June 1994), 18-23; BDA, Jahresbericht 1994, Köln 1994, 171.

[30] Eine Änderung betrifft die Schwellenwerte: Die Richtlinie gilt für alle Unternehmen, die in den elf beteiligten Mitgliedstaaten mindestens 1000 Arbeitnehmer, darunter mindestens je 150 in mindestens zwei Mitgliedstaaten haben.

3. Ziel der Richtlinie "ist die Stärkung des Rechts auf Unterrichtung und Anhörung der Arbeitnehmer"(Art.1). Ihre wesentlichen Vorgaben sind folgende:[31]

- In "allen gemeinschaftsweit operierenden Unternehmen und Unterehmensgruppen", d.h. in "Unternehmen mit mindestens 1000 Beschäftigten in den Mitgliedstaaten und mit jeweils mindestens 150 Beschäftigten in mindestens zwei Mitgliedstaaten" (Art.2) werden entweder EBR eingesetzt oder "ein Verfahren zur Unterrichtung und Anhörung der Arbeitnehmer geschaffen". Rein national tätige Unternehmen und die für diese geltenden Partizipationsrechte bleiben unberührt, d.h. Änderungen der für diese Firmen geltenden nationalen Rechtsgrundlagen werden nicht notwendig. Die Schwellenwerte beziehen sich ausschließlich auf die Zahl der beschäftigten Arbeitnehmer; anderen Kriterien (wie Umsatz) finden keine Berücksichtigung.

- Zur Erreichung des in Art.1 formulierten Zieles nimmt die zentrale Unternehmensleitung von sich aus oder auf Antrag von mindestens 100 Arbeitnehmern Verhandlungen auf. Zunächst wird ein Besonderes Verhandlungsgremium gewählt oder benannt, welches mit der zentralen Unternehmensleitung "in einer schriftlichen Vereinbarung den Tätigkeitsbereich, die Zusammensetzung, die Befugnisse und die Mandatsdauer" des EBR "oder die Durchführungsmodalitäten eines Verfahrens zur Unterrichtung und Anhörung der Arbeitnehmer" (Art.5) aushandelt. Sachverständige (etwa Vertreter von Gewerkschaften oder Arbeitgeberverbänden, aber auch Unabhängige) können hinzugezogen werden. Die Mitgliedstaaten bestimmen im Rahmen der Implementation der Richtlinie auf nationaler Ebene u.a. die Wahlverfahren und stellen sicher, daß alle Arbeitnehmer ihre Vertreter wählen oder benennen dürfen. Das Besondere Verhandlungsgremium kann mit Zweidrittelmehrheit beschließen, keine Verhandlungen zu eröffnen oder bereits eröffnete zu beenden (Art.5).

- Die anschließenden Verhandlungen zwischen Konzernleitung und Besonderem Verhandlungsgremium finden auf der Basis dieser schriftlichen Vereinbarung statt; sie legen in verbindlicher Form im einzelnen fest (Art.6): Zusammensetzung des EBR; Anzahl der Mitglieder; Sitzverteilung und Mandatsdauer; Befugnisse und das Unterrichtungs- und Anhörungsverfahren des EBR; Ort, Häufigkeit und Dauer der Sitzungen des EBR; für den EBR von der zentralen Leitung bereitzustellende finanzielle und materielle Mittel; Laufzeit der Vereinbarung und das bei ihrer Neuaushandlung anzuwendende Verfahren. - Analoge Regelungen gelten für die Unterrichtungs- und Anhörungsverfahren; die Verein-

---

[31] Eine ausführliche Übersicht aus juristischer Perspektive findet sich bei Blanpain/Windey, European works councils, 55-113.

barung legt fest, "unter welchen Voraussetzungen die Arbeitnehmervertreter das Recht haben, zu einem Meinungsaustausch über die ihnen übermittelten Informationen zusammenzutreten".

- "Die Informationen erstrecken sich insbesondere auf länderübergreifende Angelegenheiten, welche erhebliche Auswirkungen auf die Interessen der Arbeitnehmer haben." (Art.6). Die Mitglieder des Besonderen Verhandlungsgremiums und des EBR dürfen ausdrücklich als vertraulich mitgeteilte Informationen nicht an Dritte weitergeben (Art.8). Die Repräsentanten beider Seiten "arbeiten mit dem Willen zur Verständigung unter Beachtung ihrer jeweiligen Rechte und gegenseitigen Verpflichtungen zusammen" (Art.9). Damit wird ein Kooperations- und kein Konfliktmodell vorgegeben.
- Falls spezifische Bedingungen gegeben sind[32], gelten bestimmte, in einem Anhang aufgeführte, sog. subsidiäre Vorschriften, die ein rechtliches Vakuum verhindern sollen, indem sie ein Minimum an Rechten formulieren. Dazu gehören u.a.: Der EBR "besteht aus mindestens 3 und höchstens 30 Mitgliedern". Er ist "befugt, einmal jährlich mit der zentralen Leitung zum Zweck der Unterrichtung und Anhörung ... zusammenzutreten". Die Unterrichtung "bezieht sich insbesondere auf die Struktur des Unternehmens, seine wirtschaftliche und finanzielle Situation, die voraussichtliche Entwicklung der Geschäfts-, Produktions- und Absatzlage sowie auf die Beschäftigungslage ...".

Eine weitergehende, jenseits der Minimalstandards der subsidiären Vorschriften liegende Ausgestaltung von Partizipationsrechten und Verfahrensweisen bleibt möglich und wird von Rat und Kommission explizit ermutigt; eine solche Erweiterung erfolgt gemäß dem Günstigkeits- bzw. Subsidiaritätsprinzip ausschließlich in freien, autonomen Verhandlungen zwischen den betrieblichen oder tariflichen Vertragsparteien (Einheits- vs. Vereinbarungsmodell). Freiwillige Verhandlungen können zu qualitativ unterschiedlichen Regelungen oberhalb des vorgegebenen Mindestniveaus führen und müssen nicht in einer wie immer gearteten "Aufwärts-Harmonisierung" enden.
- Die Richtlinie nennt neben EBR explizit auch "andere geeignete Verfahren zur länderübergreifenden Unterrichtung und Anhörung der Arbeitnehmer", die gewährleisten sollen, daß die Arbeitnehmer "in angemessener Weise unterrichtet und angehört werden". Die zentrale Unternehmensleitung und das Besondere Verhandlungsgremium können sich einigen, daß anstelle eines EBR "ein oder mehrere Unterrichtungs- und Anhörungsverfahren geschaffen werden" (Art.6).

---

[32] Diese Bedingungen sind (Par.7): Ein entsprechender Beschluß von zentraler Leitung und Besonderem Verhandlungsgremien, die Verweigerung der Aufnahme von Verhandlungen durch die zentrale Leitung, keine Vereinbarung innerhalb von drei Jahren.

4. Die Verabschiedung der Richtlinie beendete formal eine über 20 Jahre andauernde, von den Opponenten kontrovers geführte Auseinandersetzung. Sie ist zweifellos ein Meilenstein für die Arbeits- und Sozialpolitik der EU im allgemeinen sowie für die Entwicklung supranationaler Arbeitsbeziehungen im besonderen. Die Einschätzungen der Perspektiven sind jedoch recht unterschiedlich:
- In einer optimistischen Sichtweise eröffnet die Richtlinie "erstmals eine reale Chance ..., von der vertikalen Binnenmarktpolitik in ohnmächtigen gewerkschaftlichen Dachverbänden zu einer horizontalen Zusammenarbeit in europaweit tätigen Unternehmen und Konzernen überzugehen und - auf lange Sicht - die europäische Gewerkschaftsbewegung vom Kopf auf die Füße zu stellen. Voraussetzung wäre allerdings, daß die EBR reale Einflußmöglichkeiten erhielten. Die Gewerkschaften müßten dann allerdings ihre Bewährungsprobe bestehen, indem sie sich fähig erweisen, gemeinsam zu handeln."[33]
- Eine euro-pessimistische Betrachtungsweise urteilt hingegen: "... the limitation of the draft to multinationals, leaving practices in national firms untouched; the - remote - possibility of having no information and consultation system at all; the menu character of the directive; the strong role for collective bargaining, making it possible for almost anything in the directive to be rewritten; as well as the draft's unquestioning acceptance of the legitimacy of existing national representation arrangements - all of these together amount to a strong endorsement of national as well as company variety, documenting an unwillingness of the Community to interfere with existing arrangements and a desire to conform with - rather than transform, unify or integrate - diversity."[34]

EBR sind im Sinne der deutschen Betriebsverfassung keine multinationalen "Gesamt- oder Konzernbetriebsräte" mit einer abgestuften Reihe von gleichberechtigten Mitbestimmungs-, schwächeren Mitwirkungs- und puren Beratungsrechten in sozialen, personellen und wirtschaftlichen Angelegenheiten.[35] EBR sind vielmehr Arbeitnehmer- bzw. Wirtschaftsausschüsse mit reinen Konsultations- und Informationsrechten, die von echten Mitentscheidungs- und/oder Vetorechten deutlich zu unterscheiden sind. Das Recht der Letztentscheidung bleibt auf jeden Fall bei der Leitung des Unternehmens (sog. Entscheidungsprärogative); echte Abstimmungen sind nicht vorgesehen. Da die Richtlinie die "managerial prerogatives" nicht antastet

---

[33] Blank/Köppen, Europäischer Binnenmarkt, in: Kittner, Gewerkschaftsjahrbuch 1991, 620.

[34] Streeck,W./Vitols,S., European works councils: Between statutory enactment and voluntary adoption, WZB Discussion Paper FS I 93-312, Berlin 1993, 18.

[35] Vgl. im einzelnen Kap.5.

bzw. keiner "joint regulation" unterwirft, sind Tauschgeschäfte nach dem Prinzip des do ut des, wie sie für das Handeln deutscher Betriebsräte in auf Dauer angelegten Kooperationsprozessen typisch sind, nicht möglich. EBR sind nicht notwendigerweise reine Arbeitnehmerorgane, wie etwa in Deutschland, sondern können bei einer entsprechenden Vereinbarung gemeinsame Arbeitgeber-/Arbeitnehmerorgane sein, wie etwa in Frankreich (Art.6).[36] Sie verfügen nach herrschender Rechtsauffassung ebenso wie deutsche Betriebsräte nicht über das Recht, Arbeitskämpfe zu führen.

Im Vergleich zu früheren Richtlinienvorschlägen ergeben sich deutliche Unterschiede:

- Wir beobachten eine eindeutige Entwicklung von der Materialisierung zur Prozeduralisierung der Regelungen; Verfahren werden recht detailliert, Inhalte hingegen im Gegensatz zu früheren Richtlinienentwürfen gar nicht reguliert. Die Vorgaben sollen die gemeinschaftsweiten Kooperationsformen rechtlich und finanziell absichern sowie eine möglichst unternehmensspezifische und überaus "flexible" Repräsentation in Form von EBR oder anderer "Verfahren zur Unterrichtung und Anhörung der Arbeitnehmer" ermöglichen. "A central feature of the Directive is its emphasis on the negotiation of tailor-made, enterprise-specific information and consultation agreements."[37]

- Die früher erfolglosen Versuche einer Vorgabe einheitlicher Rahmenregelungen werden durch die Strategie einer Optionalisierung ersetzt, welche nationalspezifische Besonderheiten explizit berücksichtigt; die in den früheren Richtlinienvorschlägen dominierende Idee einer "Harmonisierung" einzelstaatlicher Partizipationsformen ist damit endgültig passé. Aufgrund dieser Optionalisierung sowie deutlicher Unterschiede bei den notwendigen nationalen Umsetzungen der Richtlinie ist eine enorme Heterogenität der tatsächlich abgeschlossenen Vereinbarungen zu erwarten - von Differenzen im späteren praktischen Handeln auf der Basis getroffener Vereinbarungen ganz zu schweigen.

- Die Richtlinie schlägt im wesentlichen indirekt-repräsentative Formen der Interessenvertretung vor, wie sie Betriebsräte und/oder nationale Gewerkschaften ausüben; sie ermöglicht aber auch direkt-individuelle Formen von "employee involvement". Erstere sieht u.a. das deutsche BetrVG vor, letztere sind bislang

---

[36] "Works councils vary according to the composition of their membership ... works coucils comprising solely employee representatives exist in West Germany, Greece, Portugal and Spain while in the Netherlands, a representative of the employer attends alternate meetings of the works council only for consultation purposes. In the other countries (Belgium, France and Luxembourg) works councils are joint bodies with management and employee representatives." Bridgford,J./Stirling,J., Employee relations in Europe, Oxford 1994, 136.

[37] Hall, European Works Councils, 33.

unterschiedlich weit verbreitet, seit den 80er Jahren in verschiedenen Varianten häufiger anzutreffen.[38] Die kritische Frage ist, ob beide Formen ähnliche oder unterschiedliche Funktionen haben bzw. ob sie sich eher ausschließen oder ergänzen können.[39]

- An die Sozialpartner richtet sich der Vorschlag, weitergehende als die rechtlich vorgegebenen Mindeststandards der subsidiären Vorschriften in freien Verhandlungen zu vereinbaren. Mit Hilfe dieses "enforced voluntarism"[40] versucht die Richtlinie, im Gegensatz etwa zu deutschen Regelungen, collective bargaining- und legislative Elemente der Regulierung zu kombinieren sowie den durch den Maastrichter Vertrag aufgewerteten sozialen Dialog zwischen den Sozialpartnern[41] auf Unternehmens- bzw. Konzernebene zu fördern.

- Der Verhandlungspartner der Arbeitnehmervertretung ist die Konzernspitze und nicht mehr das örtliche Management wie etwa in dem Vredeling-Richtlinienvorschlag der frühen 80er Jahre. Damit erfolgt eine gewisse Zentralisierung der Interessenvertretung. Eine stärkere Dezentralisierung kann erreicht werden, indem innerhalb eines Unternehmens nicht ein "übergeordneter Gesamt-EBR", sondern mehrere Gremien gebildet werden, welche die Konzernstruktur (z.B. Divisionalisierung, Produktgruppen) und die des Managements durch Sektoralisierung bzw. Spartenbezogenheit berücksichtigen.

- Die Alternative zwischen EBR und "Verfahren zur Unterrichtung und Anhörung der Arbeitnehmer" soll flexible, d.h. dezentrale und den spezifischen Bedingungen des Unternehmens angepaßte Lösungen ermöglichen. Infolge dieser im Prinzip sinnvollen und notwendigen Flexibilisierung besteht zugleich die Gefahr, daß die inhaltlichen Vorgaben der Richtlinie im Vergleich zu früheren Vorschlägen verwässert werden. Die Einrichtung von EBR, für die die Gewerkschaften optieren müssen, führen eher zu institutionalisierten, die Verfahren zur Unterrichtung und Anhörung eher zu informelleren Formen des sozialen Dialogs, wobei eine genaue Abgrenzung im Einzelfall schwierig wird.

---

[38] Vgl. im einzelnen Multinational Business Forum, Thriving on diversity: Informing and consulting employees in multinational enterprises, London 1993; Geary,J./Sisson,K., Conceptualising direct participation in organisational change - The EPOC project, Dublin 1994; Regalia,I./Gill,C., The position of the social partners in Europe on direct participation. Country studies: Volume I, Working Paper No. WP/95/35/EN, Dublin 1995.

[39] Vgl. im einzelnen Kap.6.

[40] Krieger,H./Bonneton,P., Analysis of existing voluntary agreements on information and consultation in European multinationals, Transfer 1 (1995), 190.

[41] Vgl. im einzelnen Kap.17.3.

5. Mit der Verabschiedung der Richtlinie im Herbst 1994 sind keinesfalls alle Konflikte beendet; sie stellt eine notwendige, aber noch keine hinreichende Bedingung dar. Die erfolgreiche Implementation, die zur faktischen Etablierung von Partizipationsregelungen ebenso wichtig ist wie die Verabschiedung, ist keinesfalls garantiert.

Zunächst ist eine Reihe von schwierig zu lösenden Problemen rechtlicher Natur:
- Die Implementation der Richtlinie erfolgt, da supranationale Verfahrensvorgaben nicht vorhanden sind, gemäß einzelstaatlichen Rechtsvorschriften bzw. entsprechend den national üblichen Prozeduren.[42] Zu den Problemen gehören u.a. Bestimmung der Arbeitnehmervertreter, Festlegung der Wahlprozeduren (u.a. des Wahlverfahrens zum Besonderen Verhandlungsgremium), Amtszeit des Besonderen Verhandlungsgremiums, Finanzierung des Verhandlungsgremiums, der Sachverständigen sowie der Bildungsausgaben der Arbeitnehmervertreter, Anzahl der externen Experten, Schutz der Arbeitnehmervertreter bei der Wahrnehmung ihrer Aufgaben[43], Einhaltung der in der Richtlinie festgelegten Verpflichtungen (wie Pflicht zur Geheimhaltung von Informationen), Maßnahmen bei Nichteinhaltung wie Verwaltungs- und Gerichtsverfahren, notwendige Beziehung nationaler Rechts- und Verwaltungsvorschriften an die Vorgaben der Richtlinie (etwa der deutschen Bestimmungen zum Tendenzschutz). Zusammenfassend gilt: "The Directive will not become a lawyer's paradise, although a lot of lawyers will have to have a look at the text and the forthcoming agreements."[44]
- Die nationalen Regelungen zur Umsetzung weisen deutliche Unterschiede auf, u.a. hinsichtlich einer gesetzlichen oder vertraglichen Vorgehensweise. Die Richtlinie erlaubt zur verbindlichen Umsetzung neben Rechts- und Verwaltungsvorschriften explizit eine Beteiligung der Sozialpartner, die "mittels Vereinbarungen die erforderlichen Bestimmungen einführen" (Art.14) können; letztere können sowohl sektorale als auch intersektorale Abkommen sein. Da diese

---

[42] Vgl. im einzelnen Blanpain,R./Hanami,T.(eds.), European works councils. The implementation of the European Directive, Leuven 1995; Hromadka,W., Darstellung der Richtlinie über Europäische Betriebsräte aus Sicht der Wissenschaft, in: BDA(Hg.), Europäische Betriebsräte. Optionen nutzen - flexibel gestalten. Dokumentation Fachtagung 17.Januar 1995, Köln 1995, 9-28; Weiss,M., Die Umsetzung der Richtlinie über Europäische Betriebsräte, AuR 43 (1995), S.438-444.

[43] So richtet sich der Schutz der Arbeitnehmervertreter bei der Wahrnehmung ihrer Aufgaben "nach den innerstaatlichen Rechtsvorschriften und/oder Gepflogenheiten des Landes, in dem sie beschäftigt sind" (Art.10). Damit werden die Schutzrechte von Mitgliedern desselben Gremiums deutliche nationale Unterschiede aufweisen. Dieses unterschiedliche Schutzniveau gefährdet die Kohärenz. Vgl. Weiss, Die Umsetzung der Richtlinie, 442.

[44] Blanpain/Windey, European works councils, 110.

nationalen Unterschiede wegen des Prinzips wechselseitiger Anerkennung nicht zu eliminieren sind, stößt eine einigermaßen einheitliche Implementation auf erhebliche Schwierigkeiten.[45] "Die Umsetzung ... kann in acht Mitgliedstaaten durch Ausdehnung des Geltungsbereichs der gesetzlich vorgesehenen Arbeitnehmervertretungen erfolgen. In Italien und Dänemark ist dagegen die Ergänzung der tarifvertraglich eingerichteten Ausschüsse und in Irland eine gesetzliche Regelung der bislang lediglich freiwillig eingesetzten Arbeitnehmervertretungen erforderlich."[46] Insgesamt ergibt sich eine deutliche Präferenz für die Umsetzung durch Gesetze.[47] Eine vom rechtlichen Status her gleichrangige Implementation durch Kollektivverhandlungen setzt neben einem hohen Organisationsgrad eine hohe Deckungsrate sowie expliziten Konsens zwischen den Sozialpartnern voraus.[48]

- Nach der Implementation durch die Nationalstaaten bzw. die anschließende Etablierung von Gremien sind ausschließlich nationale Instanzen für die Durchsetzung der Vereinbarungen zuständig, also in Deutschland die Arbeitsgerichte. Durch die Unterschiede in diesen nationalen Kompetenzen und Intensitäten der Durchsetzung ist eine weitere Heterogenisierung der Regelungen zu erwarten.

6. Selbst wenn wir in einem zweifellos kühnen Gedankenexperiment unterstellen, daß die skizzierten Schwierigkeiten der Implementationsphase erfolgreich geklärt sein werden, sind noch längst nicht alle Probleme gelöst:
- Ein praktisches Problem besteht darin, daß die nationalen Arbeitnehmervertretungen bzw. Gewerkschaften in Anbetracht ihrer knappen Ressourcen mehrere Schwierigkeiten innerhalb des Übergangszeitraums von drei Jahren nach Inkrafttreten der verbindlichen Regelung zu bewältigen haben: Zum einen müssen sie genügend viele Individuen für die EBR rekrutieren, die in mehr als

---

[45] Dieses Problem soll eine von der Kommission eingesetze informelle Koordinierungsgruppe lösen helfen, die aus Vertretern der nationalen Regierungen besteht. Vgl. European Commission, Working party on information and consultation transposition of Directive 94/46/EC, Brussels 22.08.1995.

[46] Zügel,J., Mitwirkung der Arbeitnehmer nach der EU-Richtlinie über die Einsetzung eines Europäischen Betriebsrats. Eine Untersuchung der Richtlinie 94/45 und der vorangegangenen Richtlinienvorschläge unter Berücksichtigung der Praxis multinationaler Unternehmen, Frankfurt am Main-Berlin 1995, 364.

[47] Vgl. N.N., European Works Councils update - implementing the Directive, EIRR 256 (May 1995), 35f; Lecher,W., Europäische Betriebsräte - Zum Stand der Dinge, WSI-Mitt 48 (1995), 544f.

[48] Die in rechtlicher Perspektive nicht erfaßten Arbeitnehmer werden z.T. faktisch durch spill-overs einbezogen, was in bezug auf die Richtlinie kein Problem darstellt, da es sich nur um sehr große Unternehmen handelt.

Kapitel 17: Europäischer Binnenmarkt

1.000 multinational tätigen Unternehmen zu bilden sind. Zum andern müssen sie die Arbeitnehmervertreter noch umfassender als auf der nationalen Ebene schulen und weiterbilden[49], damit diese die komplexen Aufgaben der EBR effektiv wahrnehmen und die eröffneten Handlungsspielräume auch tatsächlich nutzen können. Bei der nachfolgenden Betreuung und Koordination kann u.a. die - quantitativ eng begrenzte - Erfahrung mit EBR auf freiwillig-kontraktueller Basis hilfreich sein.

- Die EBR müssen sehr heterogene, sowohl national- als auch standortspezifische Interessen(gegensätze) ihrer Mitglieder bzw. nationalen Klientele und Gewerkschaften aggregieren und vereinheitlichen, um eine effektive Vertretung zu ermöglichen: Diese Aufgaben dürften bei reinen Informations- und Konsultationsproblemen durchaus zu lösen sein, da sich die Bedingungen transnationaler Kommunikation durch die Einrichtung von EBR deutlich verbessern. Bei reinen Nullsummenkonflikten hingegen, wie bei geplanten Verlagerungen von Produktion und damit Arbeitsplätzen an Standorte in anderen Ländern oder bei Investitionsentscheidungen, dürften erhebliche Schwierigkeiten auftreten, welche die engen Grenzen "internationaler Solidarität" erreichen.[50]
- Weiterhin gilt: "Within a union delegation in transnational consultative bodies you could very well find those members coming from the local levels interested more in basic bread and butter issues, with those coming from national (or international) levels stressing with greater vigour employment and other macroeconomic issues."[51] Das Problem besteht darin, daß die Richtlinie den Gewerkschaften weder im Besonderen Verhandlungsgremium noch bei der späteren Interessenvertretung Rechte zugesteht, sie nicht einmal explizit erwähnt.[52]
- Selbst bei einer keinesfalls als gegeben vorauszusetzenden unideologisch-pragmatischen Grundeinstellung aller Arbeitnehmerrepräsentanten gegenüber dem Management sowie seitens der Managementvertreter dürfte eine durchgängige Kooperation im Sinne etwa des Grundsatzes der "vertrauensvollen

---

[49] Gohde,H., Training European works councils, Transfer 1 (1995), 258-272.

[50] "Bislang sind die Solidaritätsbekundungen meist Lippenbekenntnisse geblieben, wie z.B. bei VOLKSWAGEN die Querelen um die Verlagerung der Polo-Produktion nach Pamplona, der - zunächst verschobene - Bau einer Lópezfabrik im Baskenland oder die Ablehnung von Produktionsverlagerungen nach Slowien beweisen." Zügel, Mitwirkung der Arbeitnehmer, 396.

[51] Gladstone,A., Information and consultation in European multinationals, P+EPM 6 (1993), 29-30.

[52] Manche Beobachter folgern daraus für die Umsetzung: "Nach nationalem Recht richtet sich, wer Arbeitnehmervertreter ist. Im Rahmen der Betriebsverfassung sind das nach deutschem Recht nur die Betriebsräte und die Sprecherausschüsse, nicht die Gewerkschaften (Art.2 Abs.1 Buchst.d)." Hromadka, Darstellung der Richtlinie, 17.

Zusammenarbeit" des deutschen BetrVG[53] schwierig zu gestalten sein: Die Durchsetzungsfähigkeit ist nicht gegeben, Kooperationsbeziehungen zwischen den Akteuren sind nicht eingespielt. Arbeitskampfmittel als ultima ratio der Interessendurchsetzung stehen - zumindest nach der deutschen Rechtsauffassung, nicht aber unbedingt nach der italienischen oder französischen - dem EBR nicht zur Verfügung. "Das Problem besteht einfach darin, daß die Richtlinie allen von ihr erfaßten Mitgliedstaaten eine Begrifflichkeit überstülpt, die nur in kooperativ angelegten Arbeitsrechtordnungen ... eine Tradition hat, in eher konfliktuell ausgerichteten Systemen jedoch inhaltslos bleibt."[54] Im übrigen gibt die Richtlinie auch keine anderen Mechanismen zur Konfliktlösung vor (etwa im Sinne verbindlicher Schiedssprüche).

- EBR sind eigenständig und von allen nationalen Interessenvertretungen unabhängig; sie sollen nationale Organe nicht ersetzen, sondern deren Aktivitäten um die Vertretung transnationaler Interessen ergänzen. EBR haben im Gegensatz etwa zu deutschen Konzern- oder Gesamtbetriebsräten keine differenzierte und gestufte Untergliederung; ihr informeller "Unterbau" besteht lediglich aus den nationalen und damit stark unterschiedlich strukturierten Interessenvertretungen. Dies erschwert eine aus pragmatischen Gründen notwendige, faktisch allerdings kaum exakt zu treffende Abgrenzung länderübergreifender und nationaler Zuständigkeiten und Kompetenzen ebenso wie die Entwicklung von Kooperationsbeziehungen zwischen den nationalen und supranationalen Gremien. Diese Konstruktion wirft spezifische Probleme der Interessenaggregation sowie der relativ gleichförmigen Implementation von "joint regulations" auf; "... the intention is that the European Works Councils would be structurally integrated with national systems of employee representation through the indirect election of its members by and from lower-tier employee representatives."[55]

- Die auf der nationalen Ebene jeweils mehr oder weniger enge Beziehung zwischen den EBR und "ihren" Gewerkschaften wird gänzlich neu zu bestimmen sein. Die Richtlinie macht hierzu keinerlei Vorgaben. Dieser Prozeß der Neudefinition wird schwierig zu organisieren sein, da ein "duales" System der Interessenvertretung auf supranationaler Ebene derzeit nicht vorhanden - und in Zukunft nicht zu erwarten ist.[56] Wahrscheinlich werden die unterschiedlichen

---

[53] Vgl. im einzelnen Kap.5.

[54] Weiss, Die Umsetzung der Richtlinie, 439.

[55] Hall,M., Works councils for the UK? Lessons from the German system. Warwick Papers in Industrial Relations No 46 (1993), 1.

nationalen "customs and practices" des Umgangs von Management und Gewerkschaften sowie von betrieblichen und überbetrieblichen Interessenvertretungen von entscheidender Bedeutung sein. Eine Anknüpfung an die jeweiligen nationale Strukturen und Gewohnheiten ist wahrscheinlich.

Aus dem Umfeld deutscher Gewerkschaften stammt der Vorschlag, in einem "Vertretungs-Mix von betrieblichen Europa-Vertrauensleuten, gewählten ehrenamtlichen Interessenvertretern und hauptamtlichen Funktionären der im jeweiligen transnationalen Konzern wichtigsten Gewerkschaften in einem zukünftigen Euro-Betriebsrat sozusagen drittelparitätisch die Interessenvertretung der Beschäftigten"[57] wahrzunehmen. Holländische Gewerkschaften schlagen vor, Koordinationsgremien für und mit den EBR zu schaffen.[58]

Ob eine solche Koordinierung durch "externe" Organisationen gelingen kann, ist aus mehreren Gründen zweifelhaft:

1. Auf Seiten der Arbeitgeber und ihrer Verbände besteht ein manifestes Desinteresse an einer starken Gewerkschaftsrepräsentanz in den Betrieben.

2. Die Gewerkschaften sind durch die bekannten Tendenzen der Heterogenität charakterisiert.

3. Die EBR müssen sich nicht unbedingt als tarifpolitische Informationsquelle instrumentalisieren lassen.

- Auch die Beziehungen zwischen den EBR und den jeweils "zuständigen" Gewerkschaftsausschüssen auf supranationaler Ebene (wie etwa Fragen der Koordination von EBR-Aktivitäten durch diese Ausschüsse) sind völlig ungeklärt. Solange EBR nicht nur überall eingerichtet, sondern auch tatsächlich funktionsfähig sind, kann die notwendige, jedoch stets prekäre Verschränkung nationaler Politiken nicht gelingen. Das Problem eines Betriebssyndikalismus bzw. -egoismus bzw. einer faktisch notwendigen, arbeitsteiligen Kooperation zwischen betrieblichen und überbetrieblichen Interessenvertretungen bleibt ungelöst.

---

[56] Vgl. Keller,B., Towards a European system of collective bargaining? Perspective before and after Maastricht, in: Hoffmann,R. et al.(eds.), German industrial relations under the impact of structural change, unification and European integration, Düsseldorf 1995, 123-145.

[57] Lecher,W., Perspektiven der Mitbestimmung im vereinigten Deutschland, in: Nolte,D./Sitte,R./Wagner,A.(Hg.), Wirtschaftliche und soziale Einheit Deutschlands. Eine Bilanz, Köln 1995, 402; ähnlich argumentieren Bobke,M./Müller,T., Chancen für eine Neugestaltung des Systems der Arbeitsbeziehungen auf der europäischen Ebene, WSI-Mitt 48 (1995),660.

[58] "Sektorale bzw. branchenspezifische Arbeitskreise können sicherstellen, daß ein europäischer Konzernsyndikalismus vermieden und eine europaweite Abstimmung über auch weitergehende Ziele möglich ist." Buda,D., Auf dem Weg zu europäischen Arbeitsbeziehungen? Zur Perspektive des Sozialen Dialogs in der Europäischen Union, in: Mesch, Sozialpartnerschaft und Arbeitsbeziehungen in European, 310.

- Schließlich gilt für den sektoralen sozialen Dialog wie für EBR: "Positive action for sex equality has produced some gains for women, but women's needs are unlikely to be fully met in European industrial relations without mechanisms to achieve sex-proportional representation in the unions and to increase the impact of their women's structures in mainstream policy-making."[59]

7. Die EG-Gremien, die auf diesem Politikfeld bis zur Ratifizierung des Maastrichter Vertrages Beschlüsse einstimmig fassen mußten, zögerten mit Gesetzesinitiativen, obwohl diese eigentlich seit den 70er Jahren auf der politischen Agenda standen.[60] UNICE leistete hartnäckig und lange Zeit erfolgreich Widerstand gegen die diversen Richtlinienvorschläge. Die deutschen Spitzenverbände BDI und BDA unterstützten diese Strategie trotz der positiven Erfahrungen, die sie nach eigenem Bekunden mit den in Deutschland für die betriebliche und Unternehmensebene geltenden Mitbestimmungsregelungen gemacht hatten.[61] "Broadly, labour ... has supported the Commission in its attempts to create the social dimension through legislation, whilst the employers ... have expressed strong reservations over this approach, preferring voluntary methods instead."[62]

Seit Mitte der 80er Jahre versuchten etliche nationale Gewerkschaften sowie gewerkschaftliche Spitzenverbände auf Branchenebene in Zusammenarbeit mit betrieblichen Arbeitnehmervertretungen, aus der Not eine Tugend zu machen. Sie ergriffen im Rahmen einer "Doppelstrategie" die Initiative, um strategische Beteiligungsdefizite und entstandene Informationsnachteile zu kompensieren und um das Ausnutzen nationaler Interessendivergenzen auf supranationaler Ebene zu verhindern. In Ermangelung rechtlich verbindlicher Normierungen einer Richtlinie bemühten sie sich, über freiwillig-vertragliche Vereinbarungen mit multinationalen Unternehmen Interessenvertretungen einzurichten.

---

[59] Cockburn,C., Women's access to European industrial relations, EJIR 1 (1995), 171.

[60] Vgl. die Schilderung der Etappen bei Northrup,H.R./Campbell,D.C./Slowinski,B.J., Multinational union-management consultation in Europe: Resurgence in the 1980's?, ILR 127 (1988), 526ff.

[61] "Das Insistieren auf Freiwilligkeit ist nicht sehr überzeugend. Für freiwillige Regelung hätte es in der Vergangenheit viel Gelegenheit gegeben: der Ertrag ist dürftig. Noch immer sind es spektakuläre Einzelfälle, in denen entsprechende Vereinbarungen getroffen wurden oder werden, ganz abgesehen davon, daß eine Reihe solcher Vereinbarungen eher mit Firmenimageüberlegungen zu tun haben und deshalb vielfach eine Alibifunktion erfüllen." Weiss,M., Europäische Betriebsräte, ZfRP 25 (1992), 426.

[62] Gold, Overview of the social dimension, 16.

Zumeist vereinbarten die nationalen Vertretungen der Arbeitnehmer zunächst untereinander eine Geschäftsordnung, die als Basis für die gemeinsamen Arbeit diente. Nach der faktischen Anerkennung wurde die eigentliche formale Vereinbarung schriftlich mit der Unternehmensleitung geschlossen.[63] Diese Ansätze stießen nicht immer auf prinzipielle Ablehnung seitens des Managements, das sowohl eine bindende Richtlinie verhindern als auch Arbeitnehmerinitiativen für eigene Zwecke vereinnahmen wollte, und daher nicht um nahezu jeden Preis gegen freiwillige Vereinbarungen war.[64]

"This process is better developed in some sectors than others, often depending on factors such as the resources and experience of the ITS/EIC (International Trade Secretariats/European Industry Committees, B.K.) concerned and the degree of "multinationalisation" of companies in the industry."[65] Abkommen wurden zunächst vor allem in der Metallindustrie geschlossen. Allerdings haben nur wenige Konzerne mit starken Arbeitnehmervertretungen unterschiedliche Informations- und Konsultationsrechte auf rein freiwilliger Basis vereinbart: In der zweiten Hälfte der 80er Jahre haben zunächst vor allem einige multinationale Konzerne mit Hauptsitz in Frankreich grenzüberschreitende Arbeitnehmervertretungen gebildet und dadurch in dieser Phase eine gewisse Vorreiterrolle übernommen (u.a. Thomson-Brandt, Bull, BSN, Elf-Aquitaine, Nestlé).[66]

VW ist das erste deutsche multinationale Unternehmen mit einem "europäischen Konzernbetriebsrat", der seit 1990 existiert und seit Anfang 1992 offiziell anerkannt ist.[67] In der Chemieindustrie trafen auf der Basis einer 1990 geschlossenen Vereinbarung über "Gemeinsame Hinweise von IG Chemie, Papier, Keramik und Bundes-

---

[63] In einigen Fällen handelte es sich um informelle Praktiken ohne formale Absicherung.

[64] Vgl. im einzelnen die verschiedenen Modelle zur Erklärung der Einrichtung von EBR bei Streeck/Vitols, European works councils. Ein ganz anderer Ansatz zur Begründung der weitgehenden Ablehnung argumentiert mit Implementationskosten und Effizienzverlusten. Vgl. im einzelnen Addison,J.T./Siebert,W.St., The E.C. Social Charta: Recent developments and the Maastricht summit, Ms. o.O. December 1992, 8ff.

[65] N.N., Information and consultation in European multinationals - part two, EIRR 229 (February 1993), 20.

[66] Vgl. zu Beispielen Buda,D., Auf dem Weg zum europäischen Betriebsrat, Friedrich Ebert Stiftung, Reihe Eurokolleg 6 (1991); IG Metall(Hg.), Europäische Wirtschaftsausschüsse und gewerkschaftliche Interessenvertretung im Binnenmarkt '92, Frankfurt o.J., 59-100; EGI(Hg.), Die soziale Dimension des Binnenmarktes, Teil IV: Europäische Betriebsräte, Brüssel 1991; N.N., Information and consultation in European multinationals - part one, EIRR 228 (January 1993), 13-19.

[67] Vgl. Schulten,Th., Internationalismus von unten: europäische Betriebsräte in transnationalen Konzernen, Marburg 1992; Zügel, Mitwirkung der Arbeitnehmer, 387-394; vgl. zu einem anderen, weniger bekannten Beispiel aus der Chemieindustrie Wiedemeyer,G.R., Europäische Betriebsräte, in: Marr, Eurostrategisches Personalmanagement, 327-338.

arbeitgeberverband Chemie über Betriebsratskontakte auf europäischer Ebene"[68] u.a. Bayer, Continental und Hoechst eigenständige Regelungen. Dabei sind allerdings die Rechte der Arbeitnehmervertreter geringer als die des EBR bei VW, der im Prinzip dem deutschen Modell bei Einbeziehung ausländischer Vertreter folgt.[69]
Damit ist die ursprüngliche französische Dominanz nicht mehr gegeben[70]; seit den frühen 90er Jahren finden wir eine gewisse, wenngleich nicht besonders große Vielfalt von Modellen.[71] "The spread of voluntary EWCs beyond their origins amongst French state-owned companies has also had an important political impact by giving credibility to the Directive's objectives and putting managerial criticism into perspective."[72] Allerdings haben bis 1994, d.h. bis zur Verabschiedung der Richtlinie, Konzerne mit Sitz in Großbritannien überhaupt keine Initiative ergriffen.

8. Über die Arbeit und Erfahrungen dieser Ausschüsse, die für die zukünftigen EBR wichtig sind, liegen einige Untersuchungen vor.[73] Die Kenntnisse über das breit definierte "basic model" lassen sich folgendermaßen zusammenfassen: "Meetings are typically held yearly. In all cases the companies meet the costs of the meetings including travel, accomodation and paid time-off for employee representatives. Trade unions operating within the companies generally have the right to determine employee representation at meetings. In most cases that nature of the arrangement

---

[68] Vgl. Gester,H./Bobke,M., Europäischer Binnenmarkt und betriebliche Mitbestimmung der Arbeitnehmer, in: Däubler,W./Bobke,M./ Kehrmann,K.(Hg.), Arbeit und Recht. Festschrift für Albert Gnade zum 65. Geburtstag, Köln 1992, 739f; Klak,A., Perspektiven europäischer Arbeitsbeziehungen aus Arbeitgebersicht, in: Lecher,W./Platzer,H.-W.(Hg.), Europäische Union - Europäische Arbeitsbeziehungen? Nationale Voraussetzungen und internationaler Rahmen, Köln 1994, 139ff.

[69] "A sectoral breakdown of the 41 arrangements shows a concentration in a limited number of industries. Metalworking/engineering predominates (with 18 of the 41 examples operating in this sector), followed by chemicals (13), with food (four) and finance (three) some way behind, and isolated examples in transport, hotels and construction." Hall, European Works Councils, 16.

[70] "One particularly glaring omission is the UK, especially in the light of the fact that recent research indicates that over a third of the groups with more than 1.000 employees which have their HQ in the EC and subsidiaries in at least two EC member states are UK-owned." Carley, M., Voluntary initiatives - an update, P+EPM 6 (1993), 18.

[71] Vgl. u.a. Carley, Voluntary initiatives, 14-21; N.N., Information and consultation in European multinationals - part two.

[72] Hall,M. et al., European Works Councils. Planning for the Directive, London 1995, 3.

[73] Vgl. im einzelnen Gold,M./Hall,M., Report on European-level information and consultation in multinational companies - An evaluation of practice, Dublin 1992; Rehfeldt,U., Die Europäischen Betriebsräte - Bilanz der französischen Initiativen, in: Lecher/Platzer, Europäische Union, 273-291; Hall, European Works Councils, 22ff; Krieger/Bonneton, Analysis of existing voluntary agreements.

is informational rather than consultative."[74] Die Weitergabe von Informationen seitens des Managements beschränkt sich auf konzernweite Fragen und schließt rein nationale aus. Beratungen in den relativ kleinen Gremien mit zumeist deutlich weniger als 30 Mitgliedern sind selten, echte Verhandlungen finden nicht statt. Die jährlichen Treffen können durch vorbereitende Veranstaltungen ergänzt werden. Ganz praktische Probleme sind u.a. fehlende Sprachkenntnisse.

Die Gremien bestehen oft nach dem französischen Vorbild der comités d'entreprise gemäß der Gesetzgebung des Jahres 1982 aus Repräsentanten beider Seiten, während die EBR-Richtlinie auch reine Arbeitnehmergremien zuläßt, wie sie u.a. in Deutschland bestehen. Häufig sind externe Gewerkschaftsvertreter Mitglieder, während die EBR-Richtlinie Repräsentanten der Gewerkschaft keine formale Rolle zugesteht, sondern die Auswahlverfahren nationalen Regelungen überläßt. In bezug auf die Frage nach den nationalen Entsendungs- bzw. Repräsentationsrechten, die auch für die Umsetzung der Richtlinie von zentraler Bedeutung ist, gilt generell: "Allen Mitgliedern der bestehenden Euro-Betriebsräte ist gemeinsam, daß sie nach Angaben von Management und Betriebsräten durch die nationalen Betriebsräte entsandt werden. Eine Urwahl der Mitglieder in den einzelnen Gesellschaften findet demnach in keinem Fall statt ..."[75] In einigen Fällen haben die zuständigen Gewerkschaften einen gewissen Einfluß über die Entsendung hauptamtlicher Funktionäre.[76] Diese personelle Verschränkung erhöht u.a. die Akzeptanz für die nationalen Vertretungsgremien; auftretende Informations- und Koordinationsprobleme sind leichter zu lösen.

9. Überspitzt formuliert sind diese Ausschüsse lediglich Organe
- zur dauerhaften Kontaktaufnahme zwischen den Interessenvertretern aus verschiedenen Ländern,
- zur gegenseitigen Unterrichtung über eigene Absichten sowie über Pläne des Managements (u.a. hinsichtlich der Arbeits- bzw. Betriebszeiten, übrigen Arbeitsbedingungen und länderübergreifenden Investitionsstrategien)
- sowie zur ansatzweisen Abstimmung differierender Interessen der Arbeitnehmer bzw. ihrer Vertretungen an den Standorten ihres Unternehmens.

---

[74] IRRU, European level management-union relations in transnational enterprises, Research Review 4 (1991), 2; ähnlich Hall,M., Legislating for employee participation: A case study of the European works council directive. Warwick Papers in Industrial Relations 39, Warwick 1992, 4.

[75] Deppe,J., Der Entwicklungsstand von Euro-Betriebsräten in den 100 größten bundesdeutschen Unternehmen - Eine empirische Bestandsaufnahme, in: Deppe,J., Euro-Betriebsräte: Internationale Mitbestimmung - Konsequenzen für Unternehmen und Gewerkschaften, Wiesbaden 1992, 188.

[76] Vgl. im einzelnen Hall, European Works Councils, 17.

Für die Funktionen gilt: "... there are not formal consultation rights in these cases, and councils are pure information bodies ... Typical border-crossing issues are surprisingly infrequent. In even fewer cases are traditional subjects of collective bargaining discussed."[77] Die vereinbarten Informationsrechte erreichen nicht einmal die recht moderaten Konsultationsvorgaben der Richtlinie. Diese Ausschüsse sind von der Qualität ihrer Partizipationsrechte her eher reine Informations- oder Wirtschaftsausschüsse denn Betriebsräte mit echten Mitbestimmungsrechten im Sinne des deutschen BetrVG.

Diese freiwillig vereinbarten Ausschüsse machten gesetzlich-verbindliche und damit vereinheitlichend-verallgemeinernde Regelungen in Form der Richtlinie keinesfalls überflüssig; sie waren eine notwendige, allerdings keine hinreichende Voraussetzung für EBR. Die Reichweite der reinen Vertragsstrategie blieb trotz des Einsatzes erheblicher Ressourcen prinzipiell begrenzt. Sie eignete sich lediglich als Vorläufer bzw. Zwischenlösung und um Präzedenzfälle in Form positiver Beispiele für das politische bargaining um eine gesetzliche Regelung zu schaffen; sie eignete sich jedoch nicht, um ein flächendeckendes Netz funktionierender EBR zu etablieren. Die den voluntaristischen Ansätzen implizite Stückwerkstrategie absorbierte nicht nur zu viele personelle und zeitliche Ressourcen, sie überforderte auch die begrenzten Handlungsmöglichkeiten nationaler Arbeitnehmervertretungen, die in jedem Unternehmen erneut die Initiative ergreifen mußten.

Dieser qualitative Nachteil einer unausgewogenen Mischung der Regelungsinstrumente "Gesetz" und "Vertrag" blieb bestehen, obwohl die Zahl europäischer Informations- und Wirtschaftsausschüsse zunahm und sie sich wachsender Akzeptanz erfreuten.[78] Der entscheidende Grund lag in dem Versuch weiterer betrieblicher und überbetrieblicher Arbeitnehmervertretungen, über die Einrichtung derartiger Gremien offizielle Informationen zu erhalten, umfangreiche Erfahrungen zu sammeln und eine gewisse de facto-Kooperation des Managements trotz einer häufig eher geringer Zustimmungsbereitschaft zu erreichen.

In bezug auf die Anzahl stellen die Unternehmen mit Ausschüssen auf freiwilliger Basis eindeutig die Ausnahme dar: Mitte der 90er Jahre, nach einem Jahrzehnt intensiver Bemühungen, existieren Abkommen in nicht mehr als 40 Unternehmen,

---

[77] Streeck/Vitols, European works councils, 25f.

[78] Vgl. Eurobetriebsräte erfreuen sich wachsender Akzeptanz, HB 6.8.1992; ähnlich Carley, Voluntary initiatives, 14ff. Eine eher langsame Zunahme vermutet dagegen Deppe, Der Entwicklungsstand von Euro-Betriebsräten in den 100 größten bundesdeutschen Unternehmen, 185.

einige weitere sind in Vorbereitung.[79] M.a.W.: In ca. zwei bis maximal drei Prozent der Unternehmen, welche die Kriterien der Richtlinie erfüllen, bestehen EBR-ähnliche Organe. Die Erfolge der "Doppelstrategie" sind also weder quantitativ noch qualitativ überwältigend. Daher mußte der "Staat" als dritter korporativer Akteur durch supranationale Regulierung aktiv werden und durch verbindliche Rahmenregelungen die notwendigen Voraussetzungen für konkrete Abkommen schaffen.

Freiwillige Vereinbarungen sind weiterhin möglich bis zu dem Zeitpunkt, an dem die Richtlinie endgültig in nationales Recht umgesetzt sein muß, d.h. zwei Jahre nach ihrer Verabschiedung. Die bis September 1996 getroffenen Abkommen bleiben unangetastet: Die Richtlinie sieht im Rahmen einer Übergangsregelung (Art.13) vor, daß die freiwillig gebildeten Gremien in ihrer dezeitigen Form weiterbestehen können. Damit besteht eine strategische Alternative:

- Einerseits können die beteiligten Arbeitnehmervertretungen freiwillige Vereinbarungen kündigen, um von den Regelungen der Richtlinie zu profitieren, die für sie in aller Regel günstiger sind. "The unions fear that developments such as these will be the forerunners of a wave of "house" EWCs, aimed purely at meeting the Directive's requirement in a minimalist fashion and excluding unions."[80]
- Andererseits registrieren wir seit Verabschiedung der Richtlinie etliche Initiativen des Managements zur Einrichtung von EBR auf freiwilliger Basis[81], da diese eine "flexible" Anpassung an die jeweiligen Bedingungen ermöglichen und die ansonsten notwendigen komplizierten Prozeduren vermeiden. Für Arbeitnehmervertretungen bzw. Gewerkschaften können solche Vereinbarungen durchaus attraktiv sein, da sie sofort in Kraft treten, eine für sie günstigere Zusammensetzung des Verhandlungsgremiums ermöglichen, bestimmte Kombinationen von Informations- und Konsultationsrechten vorsehen und/oder Pilotcharakter für andere Unternehmen haben können.[82]

---

[79] Vgl. Hall, European Works Councils, 15.

[80] N.N., European Works Councils update - trends and issues, EIRR 256 (May 1995), 20.

[81] Für diese Option plädiert aus Gründen der Flexibilität auch UNICE. Vgl. Richard,O., Directive 94/95/EC - outlook for application in companies, Transfer 1 (1995), 254f; vgl. zu einigen Fallbeispielen N.N., EWCs. Developments continue in US and UK groups, EIRR 258 (July 1995), 3f.

[82] Vgl. im einzelnen Hall, European Works Council, 27ff.

10. Trotz der erheblichen Probleme können im langwierigen Prozeß der Entwicklung europäischer Arbeitsbeziehungen EBR eher zu Kristallisationspunkten der Kooperation werden[83] als andere Formen der Interessenvertretung, da die Kommunikation langfristig intensiviert wird. Außerdem gewinnen die Institutionen der betrieblichen Ebene wegen der in allen Ländern seit den 80er Jahren anhaltenden Tendenzen der Dezentralisierung[84] in Relation zu denen auf sektoraler Ebene an Bedeutung. Weitere Tendenzen der Verbetrieblichung sind infolge der Entwicklungen innerhalb der EU wahrscheinlich.

Im Gesamtkontext stellt sich ein weiteres grundsätzliches Problem. Im Rahmen internationaler Vergleiche von nationalen Systemen unterscheiden wir zwischen eher monistisch orientierten und stärker dual geprägten.[85] Bei den dualen steht die Frage nach Differenzen und Verbindungen zwischen den Akteuren der betrieblichen sowie der überbetrieblich-sektoralen Ebene nota bene im Mittelpunkt; ein prominentes Beispiel sind die deutschen Arbeitsbeziehungen mit ihrer "widersprüchlichen Einheit" von Betriebsräten und Gewerkschaften und deren arbeitsteiliger Kooperation. Die Frage stellt für monistische Systeme mit nur einer Interaktions- bzw. Verhandlungsebene ex definitione nicht. Diese institutionellen Unterschiede bewirken Differenzen u.a. in der Struktur der Interessenvertretung, den Instrumenten der Interessendurchsetzung, dem Zentralisierungsgrad sowie - aktuell - dem Ausmaß der Dezentralisierung und Verbetrieblichung.[86]

---

[83] Die Richtlinie bewirkt in der überwiegenden Mehrzahl der Länder eine Ausweitung der gängigen nationalen Praxis.

[84] Vgl. Sisson,K., Employers' organisations and industrial relations: The significance of the strategies of large companies, in: Sadowski/Jacobi, Employers' associations in Europe, 153ff.

[85] Ferner,A./Hyman,R.(eds.), Industrial relations in the new Europe, Oxford 1992; Hyman,R./Ferner,A.(eds.), New frontiers in European industrial relations, Oxford 1994; Locke,R./Kochan,Th./Piore,M.(eds.), Employment relations in a changing world economy, Cambridge-London 1995.

[86] Vgl. im einzelnen Kap.16.

17.3. Sozialdialoge als Instrument europäischer Arbeits- und Sozialpolitik?

Unser nächstes Ziel besteht in einer einigermaßen realistischen Einschätzung der Entwicklungsperspektiven des sozialen Dialogs als Instrument europäischer Arbeits- und Sozialpolitik. Die inzwischen recht umfangreiche öffentliche Diskussion über Perspektiven der Arbeitsbeziehungen beschränkt sich bislang ganz eindeutig und viel zu einseitig auf die Ebene des Betriebs bzw. des Unternehmens, ohne die übergeordneten Ebenen angemessen zu berücksichtigen. M.a.W.: Die gesamte Diskussion steht auch nach Verabschiedung der Richtlinie unter der expliziten oder zumeist impliziten Prämisse, daß Arbeitsbeziehungen des monistischen Typs in der EU dominieren werden. Die Folgen für duale Systeme wie das deutsche wären gravierend.[87] Wir wollen uns demgegenüber auf die überbetrieblich-sektorale Ebene konzentrieren, die gerade aus der Sicht "dualer" Arbeitsbeziehungen von zentraler Bedeutung ist: Wenn die Regulierung auf dieser übergeordneten Ebene nicht gelingt, ist eine unverzichtbare Voraussetzung für die Funktionsweise dieser Systeme nicht gegeben.

1. Die Einheitliche Europäische Akte (EEA) von 1987 sollte eine neue Phase der europäischen Sozialpolitik einleiten, indem die Prozesse kollektiver Entscheidungsfindung durch Einführung der qualifizierten Mehrheitsentscheidung in bestimmten Bereichen erleichtert und beschleunigt wurden (Art.100a bzw. 118a EWG-Vertrag). Der seit 1985 bestehende, auf eine Initiative des neu gewählten Kommissionspräsidenten Delors zurückgehende soziale Dialog auf gesamtwirtschaftlicher Ebene zwischen Europäischem Gewerkschaftsbund (EGB) und den beiden Arbeitgeberverbänden Union des Industries de la Communauté Européenne (UNICE) bzw. Centre Européen de l'Entreprise Publique (CEEP) wurde als spezifisches Konsultationsinstrument der Sozialpartner konstituiert und ausgebaut, wobei ad hoc-Arbeitsgruppen eingerichtet wurden (u.a. Makroökonomie, Neue Technologien und sozialer Dialog, Bildung und Ausbildung, Perspektiven eines europäischen Arbeitsmarktes). Nach Art.118b EWG-Vertrag bestand die Aufgabe der Kommission darin, "den Dialog zwischen den Sozialpartnern auf europäischer Ebene zu entwickeln, der, wenn diese es für wünschenswert halten, zu vertraglichen Beziehungen führen kann".

Dieser zentrale Dialog, der erste seiner Art, blieb recht unverbindlich.[88] "Es läßt sich ... feststellen, daß der Soziale Dialog nicht die Funktion gehabt hat, die unterschied-

---

[87] Vgl. Keller,B., Perspektiven europäischer Kollektivverhandlungen - vor und nach Maastricht, ZFS 24 (1995), 243-262.

[88] Gold,M., The development of EC social dialogue, National Institute of Economic and Social Research Working Paper No.12, London 1992; Hepple,B., European social dialogue - alibi or opportunity?. The Institute of Employment Rights, London 1993.

lichen nationalen Kollektivvertragssysteme durch eine "europäische Dimension" zu ergänzen. Das Angebot an die Tarifparteien, im Rahmen des Sozialen Dialogs auf europäischer Ebene vertragliche Vereinbarungen abzuschließen, konnte in Ermangelung geeigneter Akteure nicht zum Erfolg führen".[89] Verbindliche Abmachungen in Analogie zu nationalen Verträgen fehlen völlig; bis Ende 1995 kamen lediglich 14 gemeinsame Stellungnahmen zu bestimmten, von der Kommission vorgeschlagenen Themen zustande (u.a. Einführung neuer Technologien, Anpassungsfähigkeit des Arbeitsmarktes sowie Zugang zur beruflichen Bildung).[90] Diese Stellungnahmen, die den Kanon der Gemeinsamkeiten erschöpfen, binden die Sozialpartner jedoch nicht in ihren zukünftigen Entscheidungen, so daß ihre Bedeutung vor allem politisch-symbolischer, nicht hingegen praktischer Art ist.

2. Im Vorfeld der Unterzeichnung des Vertrages über die Europäische Union (des sog. Maastrichter Vertrages) bzw. dessen Protokoll über die Sozialpolitik unterbreiteten die Sozialpartner einen in einer ad hoc-Gruppe ausgearbeiteten, gemeinsamen Vorschlag zur Änderung und Konkretisierung des Art.118 EWG-Vertrag. UNICE war zur Kooperation bereit, weil verbandsintern die Befürchtung bestand, der Vertrag über die Europäische Union "would lead to more social legislation, much of it on the basis of qualified majority voting. The agreement between UNICE/CEEP and the ETUC thus offered the employer side an "insurance policy", providing it with an opportunity to modify if not deflect more intrusive social legislation".[91] Der EGB hingegen erhoffte sich eine Stärkung der Autonomie der Sozialpartner, wenn nicht sogar den Eintritt in echte Tarifverhandlungen.

Der Vorschlag der Sozialpartner, der ihren Einfluß auf die sozialpolitischen Entscheidungsprozesse stärken sollte, wurde in fast wörtlicher Formulierung ins Protokoll über die Sozialpolitik (Art.3 des Abkommens) und damit in den Vertrag über die Europäische Union übernommen.[92] Dieses Abkommen dehnte den Bereich der qualifizierten Mehrheitsentscheidungen aus; allerdings blieben zentrale Bereiche

---

[89] Blank,M., Europäische Kollektivverträge und Sozialer Dialog, in: Däubler,W./Bobke,M./Kehrmann, K.(Hg.): Arbeit und Recht. Festschrift für Albert Gnade zum 65. Geburtstag. Köln 1992, 652.

[90] Carley,M., Social dialogue, in: Gold,M.(ed.), The social dimension. Employment policy in the European community. Chatham 1993, 105-134.; Weiss,M., Der soziale Dialog als Katalysator koordinierter Tarifpolitik in der EG, in: Heinze,M./Söllner,A.(Hg.), Arbeitsrecht in der Bewährung. Festschrift für Otto Rudolf Kissel zum 65. Geburtstag. München, 1259f.

[91] Addison/Siebert, The E.C. Social Charta, 17.

[92] Buda,D., Soziale Konturen im Binnenmarkt: Das Aktionsprogramm zur Umsetzung der EG-Sozialcharta und der soziale Dialog auf Gemeinschaftsebene, in: Grebing,H./Wobbe,W.(Hg.): Industrie- und Arbeitsstrukturen im europäischen Binnenmarkt. Köln 1993, 90.

ausgeklammert (Arbeitsentgelt, Koalitionsrecht und Arbeitskampfrecht).[93] Großbritannien war nicht zur Unterzeichnung bereit und erhielt eine "opt out-Klausel".

Neben dem auf gesamtwirtschaftlich-intersektoraler Ebene weiterhin bestehenden branchenübergreifenden werden gleichberechtigte dezentral-sektorale Dialoge auf Sektor- bzw. Branchenebene neu eingerichtet. Horizontal-branchenübergreifende und vertikal-sektorale soziale Dialoge erhalten zudem eine neue Perspektive: In Zukunft sollen die Sozialpartner diese Möglichkeiten gemeinsamer Entscheidungsfindung in gegenseitiger Übereinstimmung nutzen, um auf europäischer Ebene "zur Herstellung vertraglicher Beziehungen, einschließlich des Abschlusses von Vereinbarungen" (Art.4, Abs.1 des Abkommens) zu gelangen.

Dieser neue Mechanismus der Integration garantiert den Dachverbänden der Sozialpartner Konsultationsrechte bei Art und Inhalt geplanter Gemeinschaftsaktionen in einem relativ frühen Stadium des politischen Entscheidungsprozesses anstelle der bereits seit 1985 üblichen, nur rein informellen Anhörungsverfahren. "Beide Seiten haben durch die Maastrichter Kompromißlösung zusätzliche "neue Karten" in die Hand bekommen: Während UNICE (für die Nicht-Intervention erstrebenswert ist) eine Möglichkeit zur Verzögerung sozialpolitischer Rechtsakte gegeben wurde, kann der EGB (der sozialgestaltendes Eingreifen der EG anstrebt) auf die indirekte Drohung möglicher Sozialrichtlinien der Elf hoffen".[94]

Die schon im Vertrag vorgesehenen Verfahren der Anhörung auf Gemeinschaftsebene strukturierte die Kommission später folgendermaßen:[95] Falls die Kommission eine Initiative plant, findet eine erste Anhörung der Sozialpartner statt "zur möglichen Ausrichtung einer Gemeinschaftsaktion".[96] Falls die Kommission danach weiterhin eine "Gemeinschaftsaktion für zweckmäßig" hält, was nicht unbedingt der Fall sein muß, erfolgt eine zweite Anhörung zum 'Inhalt des vorgesehenen Vorschlags". Nach der Durchführung dieser nunmehr zwingend vorgeschriebenen beiden Konsultationen sind zwei Verfahrensweisen bei der praktischen Umsetzung der Initiative möglich (Verhandlungs- vs. Anhörungsweg):

---

[93] Vgl. im einzelnen Kap.17.1.

[94] Falkner,G., Die Sozialpolitik im Maastrichter Vertragsgebäude der Europäischen Gemeinschaft, SWS-Rundschau 33 (1993), 37.

[95] Europäische Kommission, Mitteilung der Kommission über die Anwendung des Protokolls über die Sozialpolitik an den Rat und an das Europäische Parlament. Brüssel 1993; vgl. auch WSA, Stellungnahme zu der "Mitteilung der Kommission über die Anwendung des Protokolls über die Sozialpolitik an den Rat und an das Europäische Parlament'. Ms. Brüssel 1994.

[96] 1993 hat die Kommission von sich aus das Konsultationsverfahren der Sozialpartner über gemeinsame Ausschüsse und informelle Arbeitsgruppen auch auf alle sozialpolitische Initiativen ausgedehnt, die nicht nach dem Abkommen über die Sozialpolitik erfolgen.

- 1. Die Sozialpartner können ein beabsichtigtes Gesetzgebungsverfahren anhalten, indem sie der Kommission mitteilen, daß sie in Verhandlungen über den betreffenden Sachverhalt eintreten wollen. Falls sie innerhalb eines vorgegebenen Zeitraums, nämlich von neun Monaten[97], eine Vereinbarung treffen, verzichtet die Kommission auf ihren Vorschlag zu einer gesetzlichen Regulierung. Der Ministerrat verleiht einer freiwillig getroffenen kollektiven Vereinbarung eine gewisse Rechtskraft, indem er sie auf gemeinsamen Antrag der Sozialpartner und auf der Basis eines Vorschlags der Kommission durch einen Rechtsakt umwandelt und damit den unveränderten Inhalt garantiert.[98] Das so quasi-legalisierte Rahmenabkommen auf supranationaler Ebene ist anschließend entsprechend den "Verfahren und Gepflogenheiten der Sozialpartner und der Mitgliedstaaten", vor allem wohl durch nationale Tarifverträge, auf jeden Fall aber in verbindlicher Form auf nationaler Ebene zu implementieren.[99]
- 2. Für den Fall, daß keine autonome Vereinbarung zustande kommt oder eine geschlossene als unzureichend angesehen wird, verbleibt das Initiativrecht bei der Kommission. Sie kann nach der zweiten Anhörung der Sozialpartner, deren Beteiligung also auch bei dieser Variante des sog. Anhörungsweges gewahrt wird, die von ihr grundsätzlich als notwendig erachtete Regulierung auf gesetzlichem Wege voranbringen: Sie unterbreitet ihren eigenen Vorschlag dem Ministerrat und dieser beschließt eine Rahmenvereinbarung, etwa in Form einer Richtlinie.[100] Diese Regelung wird dann ebenfalls nach nationalen Vorgaben implementiert, also entweder durch Gesetz oder per Vertrag.[101]

---

[97] Falls alle Akteure, also auch die Kommission, zustimmen, kann diese enge Frist verlängert werden. Auf jeden Fall verhindert die Vorgabe von festen Fristen eine Taktik der Verschleppung von Verhandlungen .

[98] Außerdem ist für die Formulierung adäquater Strategien die Frage relevant, ob die Verhandlungen stattfinden sollen, bevor oder nachdem die Kommission ihren Vorschlag unterbreitet hat. Über die Konsequenzen dieser Konstellationen wird kaum nachgedacht. Zu den Ausnahmen gehört Bercusson,B., The dynamic of European labour law after Maastricht, ILJ 23 (1994), 1-31.

[99] N.N., Maastricht and social policy - part three, EIRR 241 (1994), 28-36.

[100] Nach wie vor ungeklärt ist die Frage, ob der Rat befugt ist, Änderungen an Vereinbarungen der Sozialpartner vorzunehmen. Falls dies der Fall sein sollte, würden die Positionen der privaten Akteure geschwächt. Bisher liegen keine Erfahrungen in bezug auf dieses "take it or leave it" vor.

[101] Bei Ablehnung wird eine einzelstaatliche Regelung per Vertrag oder Gesetz möglich.

Kapitel 17: Europäischer Binnenmarkt

Übersicht zur Verfahrensweise bei der praktischen Umsetzung des Abkommens über die Sozialpolitik

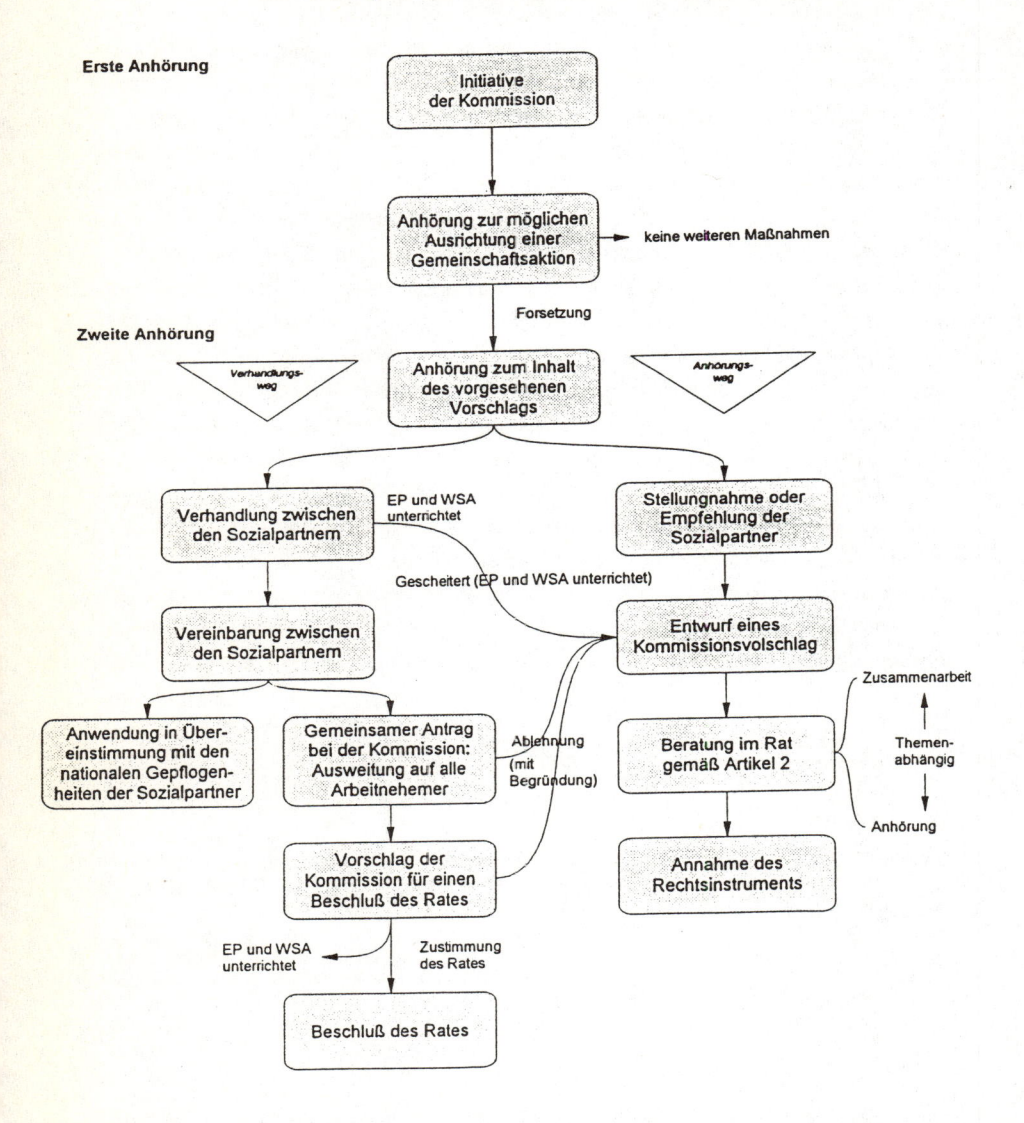

Erste Anhörung

Initiative der Kommission

↓

Anhörung zur möglichen Ausrichtung einer Gemeinschaftsaktion → keine weiteren Maßnahmen

↓ Forsetzung

Zweite Anhörung

Verhandlungsweg ▽   Anhörung zum Inhalt des vorgesehenen Vorschlags   ▽ Anhörungsweg

↓ EP und WSA unterrichtet

Verhandlung zwischen den Sozialpartnern | Stellungnahme oder Empfehlung der Sozialpartner

Gescheitert (EP und WSA unterrichtet) → Entwurf eines Kommissionsvolschlag

Vereinbarung zwischen den Sozialpartnern

Anwendung in Übereinstimmung mit den nationalen Gepflogenheiten der Sozialpartner | Gemeinsamer Antrag bei der Kommission: Ausweitung auf alle Arbeitnehmer

Ablehnung (mit Begründung) → Beratung im Rat gemäß Artikel 2 — Zusammenarbeit ↕ Themenabhängig ↕ Anhörung

Vorschlag der Kommission für einen Beschluß des Rates

↓ Annahme des Rechtsinstruments

EP und WSA unterrichtet ← Zustimmung des Rates

Beschluß des Rates

Quelle: Kommission der Europäischen Gemeinschaften, Mitteilung der Kommission über die Anwendung des Protokolls über die Sozialpolitik an den Rat und an das Europäische Parlament. Brüssel, den 14.12.1993. Ms. Brüssel, Anhang 4.

Durch dieses revidierte Verfahren erkennen die politischen Gremien den Vorrang bilateraler Vereinbarungen der Sozialpartner vor Gesetzen offiziell an. Sie wollen im Rahmen einer zwischen den Akteuren veränderten Arbeitsteilung zunächst auf ihr Initiativrecht verzichten und nicht einseitig in die staatsfreie Selbstregulierung und Gestaltungsfreiheit der Verbände eingreifen.[102] Eine derartige prozedurale Regulierung, eine "législation négociée", ist in Deutschland in der Sozialpolitik völlig unbekannt. Der Gegenstandsbereich derartiger Vereinbarungen ist nur durch den Wortlaut des Abkommens begrenzt und nicht etwa mit dem Objektbereich nationaler Tarifpolitiken identisch.[103]

3. Der soziale Dialog soll durch das Abkommen eine inhaltliche Erweiterung und normative Aufwertung erfahren. Die verbesserten Möglichkeiten zur selbständigen und direkten Formulierung von "Quasi-Richtlinienvorschlägen" sollen die Autonomie- bzw. Handlungsspielräume der Sozialpartner bei der Ausgestaltung der sozialen Dimension des Binnenmarktes erweitern sowie ihre Einflußmöglichkeiten im Gesetzgebungsverfahren stärken. Zugleich sollen sie Druck ausüben, um die weitgehende Pattsituation in der Arbeits- und Sozialpolitik zu überwinden, indem die Sozialpartner die von der Kommission ausgehende Initiative nach der Anhörung in eigener Regie übernehmen und eigenständige Vereinbarungen abschließen.
Der Vertrag über die Europäische Union bzw. das Abkommen über die Sozialpolitik werten erneut das Prinzip der Subsidiarität auf, welches seit den späten 80er Jahren eine größere Rolle in der EG-Politik, vor allem in der Arbeits- und Sozialpolitik, spielen soll.[104] In ordnungspolitischer Sicht stellt dieses neoliberale Prinzip, das bereits vorhandene Tendenzen der Dezentralisierung stärken soll, einen Eckpfeiler der politischen Philosophie der EU dar. "Subsidiarität wird nicht nur verstanden als Vorrang für die je nach Problemkontext möglichst dezentrale Regelungsebene, sondern auch als möglichst staatsfreie Regulierung durch die europäischen Verbände von Arbeitgebern und Gewerkschaften".[105]

---

[102] Kommission der Europäischen Gemeinschaften, Der soziale Dialog auf europäischer Ebene: Gemeinsame Stellungnahmen, Brüssel o.J.

[103] Im übrigen ist im besonderen Gesetzgebungsverfahren des sozialen Dialogs das Europäische Parlament nicht direkt beteiligt.

[104] Reichardt,W., Die Karriere des Subsidiaritätsprinzips in der Europäischen Gemeinschaft, ÖZfP 23 (1994), 53-66.

[105] Jacobi, Der Soziale Dialog in der Europäischen Union, in: Mesch, Sozialpartnerschaft und Arbeitsbeziehungen in Europa, 257-287.

Die Gemeinschaft will keine "bürokratischen" Vorgaben machen; Vorrang vor Richtlinien und Verordnungen[106] soll die Selbstregulierung der kleinerer Einheiten, d.h. in unserem Fall der Verbände, durch Abkommen und Kollektivverträge haben. Die Vorgehensweisen sollen so dezentral wie möglich ansetzen; gemeinschaftsweite Regulierungen sollen gegenüber dezentralen, d.h. einzelstaatlichen, regionalen oder gar kommunalen, die Ausnahme bleiben und nur eine untergeordnete, auf unverzichtbare Gegenstandsbereiche reduzierte Rolle spielen. Insofern handelt es sich um eine sog. doppelte Subsidiarität, die zum einen den Vorrang regionaler vor nationaler sowie nationaler vor gemeinschaftlichen, zum andern den von vertraglicher gegenüber gesetzlicher Regulierung betont.

Damit bestehen qualitative Unterschiede zwischen der Möglichkeit zu Vereinbarungen nunmehr auch im Rahmen sektoraler sozialer Dialoge und Tarifverhandlungen mit autonomer Normsetzungsbefugnis und unmittelbarer Bindungswirkung im engeren Sinne:

- Von der Verfahrensweise her haben erstere konsultativ-konsensuellen Charakter, letztere hingegen schließen die Existenz von Drohpotential und ggfls. den Einsatz von Arbeitskampfmaßnahmen ein.
- Erstere eröffnen vielleicht Gestaltungsspielräume durch Vereinbarungen, die nach Abschluß der notwendigen Anhörung zustande kommen; letztere erfordern Verhandlungs- und Durchsetzungsmacht, die unabhängig von Anhörungen ist.
- Aus der Akteursperspektive sind die Varianten drei- bzw. zweiseitig, d.h. sie finden mit bzw. ohne Beteiligung von EU-Organen statt. In historischer Perspektive gehört die zuerst genannte Variante zu den Vorformen der "union recognition", "the process by which management formally acknowledges the legitimacy or a union's right to determine jointly terms and conditions"[107], während letztere ein ausdifferenziertes System der Arbeitsbeziehungen voraussetzt.

Vertreter der Arbeitgeber sowohl auf internationaler[108] als auch auf nationaler Ebene[109] machen diesen zentralen Unterschied immer wieder deutlich[110]; Reprä-

---

[106] Verordnungen gelten unmittelbar und verbindlich; Richtlinien richten sich an die Mitgliedstaaten und verpflichten diese zur Umsetzung in nationales Recht innerhalb einer vorgegebenen Frist. Dabei haben die Mitgliedstaaten einen erheblichen Gestaltungsspielraum, da sie die geeigneten Mittel der Umsetzung selbst bestimmen können. In der Arbeits- und Sozialpolitik haben wir es häufig mit Richtlinien zu tun.

[107] Gold, The development of EC social dialogue, 21.

[108] Heinrich,G., Sozialer Dialog. Die Position der UNICE, in: Mesch, Sozialpartner und Arbeitsbeziehungen in Europa, 370.

sentanten der Arbeitnehmer[111] und andere Beobachter[112] vernachlässigen ihn häufig.

Wie sind nun die Perspektiven dieser erweiterten Instrumente der Arbeits- und Sozialpolitik einzuschätzen? Wir wollen bei der Beantwortung dieser Frage explizit zwischen der intersektorell-horizontalen und der sektorell-vertikalen Variante des sozialen Dialogs unterscheiden.

4. Den ersten Versuch, auf branchenübergreifender Ebene über den durch das Abkommen über die Sozialpolitik geschaffenen Verhandlungsweg zu einer gemeinsamen Vereinbarung zu gelangen, unternahmen die Sozialpartner 1993/94 im Rahmen des Richtlinienvorschlags zu EBR. Dieser Versuch scheiterte an der Tatsache, daß UNICE innerverbandlich keine Einstimmigkeit für die Aufnahme von Verhandlungen herstellen konnte. Dieser Fehlschlag einer Verhandlungslösung führte wenig später zur Verabschiedung der EBR-Richtlinie auf der Basis des durch den Vertrag über die Politische Union ermöglichten Verfahrens der qualifizierten Mehrheitsentscheidung.

Ein zweiter, Mitte 1995 unternommener Versuch von Verhandlungen der Sozialpartner zielte auf eine Vereinbarung über das Recht von Beschäftigten auf Sonderurlaub aus familiären Gründen. Beim Entwurf einer Richtlinie zum sog. Elternurlaub war u.a. strittig die Forderung der Arbeitgeber, kleine Unternehmen von

---

[109] Kirchner,D., Die Bedeutung der Sozialpartner für die Weiterentwicklung der europäischen Integration - Europäische Tarifpolitik ja oder nein?, in: Biskup,R.(Hg.), Europa - Einheit in der Vielfalt. Bern 1988, 151-169; Knevels,P., Vorstellung der Tarifpartner zum europäischen Tarifvertrag aus der Sicht der Arbeitgeberverbände, in: Heinemann,H.(Hg.): Das kollektive Arbeitsrecht in der Europäischen Gemeinschaft 1991. Dokumentation einer Fachtagung des Arbeitskreises Europäisches Sozialrecht und des Ministeriums für Arbeit, Gesundheit und Soziales Nordrhein-Westfalen. Berlin 1991, 37-42.

[110] Der Generalsekretär von UNICE erklärt in einem häufig zitierten Statement explizit: "Dialogue should not be confused with negotiation of collective agreements. It is an entirely separate process, with different objectives." N.N., The social dialogue - Euro-bargaining in the making?, EIRR 220 (1992), 29; ähnlich auch Hornung-Draus,R. Union der Industrie- und Arbeitgeberverbände in Europa UNICE, in: Lecher/Platzer, Europäische Union - Europäische Arbeitsbeziehungen, 230ff.; die entgegengesetzte Einschätzung findet sich u.a. bei Guéry,G., European collective bargaining and the Maastricht Treaty, ILR 131 (1992), 582.

[111] EGB, Europäische Tarifverhandlungen. Strategie des EGB. "Orientierungen für die Tarifverhandlungen und Perspektiven für die Entwicklung des sozialen Dialogs". Angenommen vom EGB-Exekutivausschuß, Brüssel, den 4. März 1993. Ms. Brüssel; Meyer,H.-W., Europäische Integration: Ende der Nachkriegszeit oder Rückkehr nach gestern?, APuZ B1/93, 20.

[112] Für andere Jacobi, Der Soziale Dialog in der Europäischen Union, 268 et passim; die entgegengesetzte Position vertritt u.a. Weiss,M., Arbeitnehmerrechte und Europäischer Binnenmarkt. Eine Skizze aus deutscher Sicht, in: Deubner,Chr.(Hg.): Europäische Einigung und soziale Frage. Möglichkeiten europäischer Sozialpolitik. Frankfurt 1990, 152f.

der Regelung auszunehmen und diese auf Eltern zu beschränken, die sich um ihre Kinder kümmern wollen. Großbritannien votierte aus grundsätzlichen Erwägungen gegen eine legislative Regelung und für rein freiwillige Vereinbarungen auf nationaler Ebene, so daß wiederum die Verfahrensweisen des Protokolls über die Sozialpolitik Anwendung fanden. Die Verhandlungen führten im Herbst 1995 zu einem Rahmenabkommen, das die Gremien der beteiligten Dachverbände (EGB, UNICE und CEEP) anschließend ratifizierten. Die nach der Entscheidung des Ministerrats erfolgende Umsetzung dieses Rahmenabkommens[113] obliegt der Gesetzgebung der oder kollektiven Vereinbarungen in den Mitgliedstaaten, die günstigere Bedingungen als die des Abkommens einführen oder beibehalten können.

Die Einschätzungen der strategischen Bedeutung des Verhandlungsergebnisses sind recht unterschiedlich: Die "Euro-Optimisten" betrachten es als erste, im Sinne eines Vertragsabschlusses erfolgreiche und deswegen richtungsweisende Anwendung des neuen Verfahrens des Protokolls über die Sozialpolitik. Die "Euro-Pessimisten" betonen die Existenz entsprechender nationaler Regelungen in einer ganzen Reihe von EU-Mitgliedsländern[114], den Minimalcharakter des Abkommens sowie die Nachrangigkeit des Problems für eine europäische Sozialpolitik. "The draft agreement arguably seems to be rather more significant for the fact that it has been concluded, than for its content. Existing provisions in the majority of Member States are already superior to the agreement's provisions in many, if not all, areas ... - though notable exceptions are Ireland, Belgium and Luxembourg. Furthermore, the agreement is virtually silent on contentious issues such as income during leave, leaving many vital matters to be decided at national level."[115] Außerdem bedurfte es eines symbolischen, wenngleich nicht unbedingt richtungsweisenden Zeichens der Sozialpartner hinsichtlich der Perspektiven des Sozialdialogs für die Konferenz der Staats- und Regierungschefs 1996 ("Maastricht II").

Generell gilt nicht nur aus rational choice-Perspektive: UNICE gibt ausschließlich aus wohl kalkulierten und rein strategischen Überlegungen, nicht aber aus inhaltlicher Überzeugung ehemals festgefügte Vetopositionen auf.[116] UNICE nimmt vor-

---

[113] Dazu gehören die Ausgestaltung der Mindestrechte auf drei Monate unbezahlten Urlaub einschl. der Rückkehrmöglichkeiten auf die alte oder eine gleichwertige Stelle sowie der Berücksichtigung betrieblicher Notwendigkeiten und ggfls. einem vollständigen oder partiellen Lohnausgleich

[114] Vgl. im einzelnen N.N., Parental leave in Europe, EIRR 262 (1995), 14-23.

[115] N.N., Draft agreement on parental leave, EIRR 263 (1995), S.3.

[116] "With legislation threatened in a wide range of areas, and much of it on the basis of qualified majority voting, UNICE has opted for seeking joint regulation rather than awaiting legislative intervention" N.N., The social dialogue - Euro-bargaining in the making, 29.

sichtige Kursänderungen vor, wenn begründeter Anlaß zu der Vermutung besteht, daß eine Fortführung der Blockadetaktik eine aus Verbandssicht strengere Richtlinie nicht länger verhindern kann. In diesen Fällen - aber auch nur in diesen - versucht UNICE, durch ein freiwillig ausgehandeltes und deshalb besser zu beeinflussendes Abkommen eine drohende Intervention der Kommission zu verhindern und einer im Verbandssinne ungünstigeren, weil verbindlichen Richtlinie zuvor zu kommen.

Derzeit und auf absehbare Zukunft sind die Sozialpartner, die potentiellen Promotoren des Sozialdialogs, aus ganz unterschiedlichen Motiven nicht willens bzw. nicht in der Lage, die für europäische Vereinbarungen im Rahmen des aufgewerteten sozialen Dialogs notwendigen faktischen Voraussetzungen in gegenseitiger Übereinstimmung zu schaffen.[117] "The possibility of such free-standing European-level bargaining is ... something remote. There has after all been nothing to stop the partners doing so in the past, notably within the Val Duchesse dialogue, and they have failed to do so. Neither side now excludes such agreements, but both consider them unlikely in the foresseable future".[118]

Sowohl auf Dachverbands- als auch auf Branchenebene sind bestimmte Probleme vorhanden bzw. vorhersehbar:

- "... the duty imposed on the Commission to consult the social organization prior to any Community action formalizes the lobby action and consequently requires more demanding credentials to the confederations".[119] Die Existenz supranationaler Sektor- bzw. Branchenverbände als institutionelle Voraussetzung für Verhandlungslösungen ist vor allem auf Arbeitgeberseite nicht gegeben.

- Die Schwierigkeiten infolge der Begrenzung der Gegenstandsbereiche von Übereinkommen auf die Schnittmengen nationaler Regulierung, d.h. auf "qualitative" Probleme unter explizitem Ausschluß der Arbeitsentgelte, sind kaum zu überwinden.

- Die aus getroffenen Vereinbarungen auf nationaler Ebene resultierenden Implementationsprobleme (Vertrags- vs. Gesetzesstrategie) sind kaum zu bewältigen, da sich im Vertrag über die EU keine definitiven Aussagen über Mechanismen zur Kontrolle der Einhaltung von Vereinbarungen finden. Das Protokoll über die Sozialpolitik formuliert vage (Art.4, Abs.2): "Die Durchführung

---

[117] Zur Erinnerung: Die europäischen Gewerkschaften konnten sich nicht einmal untereinander auf die Forderung nach einem Verbot der Aussperrung einigen; die offizielle Sprachregelung läuft lediglich auf deren "Ächtung" hinaus.

[118] N.N., Maastricht and social policy - part three, 36.

[119] Treu,T., European collective bargaining levels and competencies of the social parties. Ms. Milan 1994, 13.

der auf Gemeinschaftsebene geschlossenen Vereinbarungen erfolgt entweder nach den jeweiligen Verfahren und Gepflogenheiten der Sozialpartner und der Mitgliedstaaten oder ... auf gemeinsamen Antrag der Unterzeichnerparteien durch einen Beschluß des Rates auf Vorschlag der Kommission".[120]
- Der eigentümliche policy mix aus vertraglicher und gesetzliche Regulierung ist nicht identisch mit dem jeweiligen nationalen mix. Außerdem ist sein rechtlicher Status, etwa der wichtige Unterschied zu einer Richtlinie, faktisch ungeklärt.[121]

Damit bleibt die Fragmentierung infolge konfliktärer Interessenlagen innerhalb und zwischen Akteuren auch in Zukunft bestehen. Die Wahrscheinlichkeit eines "bargaining in the shadow of the law"[122] ist auch unter Einbezug der Kommission relativ gering. Zusammenfassend gilt: "Right from the start, it was clear that, whether they derived from innovations in EC legislation or from European "social dialogue", the new rules of the "social dimension" would be far from constraining, due to political opposition and the incompatability of strong social and labour regulation with the essentially liberal market logic of the 1992 programme".[123]

5. Ähnlich pessimistische Einschätzungen wie für die gesamtwirtschaftliche Ebene finden sich auch in bezug auf Branchen bzw. Sektoren:[124] "Results at sectoral level, due to continuing employer refusal to entertain anything resembling European-wide collective bargaining, are even less impressive".[125] Andererseits kann man

---

[120] Kommission der Europäischen Gemeinschaften, Mitteilung der Kommission über die Anwendung des Protokolls über die Sozialpolitik an den Rat und an das Europäische Parlament. Brüssel, den 14.12.1993. Ms. Brüssel 1993, 4.

[121] Vgl. zu möglichen Auslegungen Guéry, European collective bargaining, 582; sowie WSA, Stellungnahme, 15; vgl. zu Umsetzung und Kontrolle von Verträgen im einzelnen Europäisches Gewerkschaftsinstitut, Die europäische Dimension der Kollektivvertragsverhandlungen nach Maastricht. Brüssel 1992, 99-109. - Der EuGH würde sich vermutlich auf die Inhalte derartiger Verträge berufen.

[122] So die von Bercusson wiederholt verwendete plakative Formel. Bercusson, The dynamic of European labour law after Maastricht, 20; Bercusson,B., Maastricht: a fundamental change in European labour law, IRJ 23 (1992), 185.

[123] Rhodes,M., The social dimension of the Single European Market: National versus transnational regulation, EJPR 19 (1991), 257.

[124] Auch die lange und wechselvolle Geschichte des formalisierten sektoralen Dialogs über gemeinsame Ausschüsse, die wir bis in die 60er Jahre zurückverfolgen können, bietet wenig Anlaß zu Optimismus: "The Commisson's aim in establishing these bodies were ambitious ... but the outcome fell far short of this goal ... collective bargaining did not occur" (N.N., The sectoral social dialogue, EIRR 224 (1992), 14; ähnlich auch Grahl/Teague, European level collective bargaining, 50ff.

[125] Streeck,W., European social policy after Maastricht: The "social dialogue" and "subsidiarity", EID 15 (1994), 167.

argumentieren, daß die in größerer Zahl vorliegenden Gemeinsamen Erklärungen[126] zwar rechtlich unverbindlich sind, aber immerhin konträre Positionen nach innen klären und anschließend ein gemeinsames Auftreten nach außen ermöglichen.

Für die Sektor- bzw. Branchenebene geben jedoch erste empirische Untersuchungen ebenfalls Anlaß zu pessimistischen Prognosen.[127] Der sektorale Sozialdialog ist aus mehreren Gründen in noch geringerem Maße entwickelt als der zentrale: Zum einen sind repräsentative Verbände als notwendige kollektive Träger entweder gar nicht vorhanden, was vor allem auf Seiten der Arbeitgeber der Fall ist, oder recht schwach in ihrer Durchsetzungsfähigkeit bei der Wahrnehmung derartiger Aufgaben, was vor allem für die Gewerkschaftsausschüsse gilt.[128] Zum andern liegen bislang keinerlei praktische Erfahrungen vor, so daß "customs and practices" keine Bedeutung erlangen können. Insgesamt sind die Organisationen auf der Ebene der Dachverbände weiter entwickelt als auf der des Sektors; entsprechend den in einer Reihe von Mitgliedsländern üblichen collective bargaining-Praktiken müßten aber gerade die Branchenverbände Verträge schließen.

Die Gewerkschaftsausschüsse, die Vereinigungen bzw. Brückenköpfe nationaler, autonomer Branchengewerkschaften sind auf transnationale Kollektivverhandlungen unterschiedlich vorbereitet. Sie sind, von wenigen Ausnahmen abgesehen[129], zu schwach zur Übernahme von Aufgaben, die bislang nationale Gewerkschaften wahrnehmen; weiterhin sind sie infolge der fehlenden Mandatierung nicht in der Lage, im Rahmen des sektoralen sozialen Dialogs Aufgaben zu erfüllen, d.h. Handlungsfähigkeit zu entwickeln, die über einen reinen Informationsaustausch hinausgehen und eine echte Koordinationsleistung erfordern würde. "This lack of resources coupled with differences over strategy and policy has resulted in many of the trade union industrial committees losing their way, neither meeting the needs of trade unions at sector level nor making an effective input into the institutional structure of the Community".[130]

---

[126] European Commission, Directorale-General V, Communication concerning the sectoral social dialogue - Draft, Brussels 1995. Annexe II.

[127] Keller,B./Henneberger,F., Europäische Arbeitsbeziehungen im öffentlichen Dienst. Verbandliche Organisationen und Vermittlung von Interessen, IndBez 2 (1995), 128-155.

[128] Am Beispiel des Ende 1994 gescheiterten Vorschlags einer Entsenderichtlinie läßt sich ein weiteres Problem aufzeigen. Selbst wenn sich die zuständigen Branchenverbände, in diesem Fall die der Bauwirtschaft, einig sind, kann eine Regelung immer noch am Widerstand einiger nationaler Regierungen scheitern, die etwa auf den Widerstand anderer Brancheninteressen reagieren.

[129] "... the most mobilized sectoral union committees concern the following industrial sectors: metal; food, catering; chemical sector; building and wood trades" Goetschy,J., 1992 and the social dimension: Normative frames, socials actors and content, EID 12 (1991), 269.

Die Arbeitgeber sind nicht autonom handlungsfähig: Sie haben bislang kaum sektorale supranationale Branchenverbände aufgebaut, die den Gewerkschaftsausschüssen entsprechen bzw. vergleichbar wären. Innerhalb einer Struktur, die im Vergleich zu der auf Gewerkschaftsseite stärker fragmentiert ist, bestehen allenfalls Zusammenschlüsse innerhalb eng umgrenzter Teilsektoren (etwa im Automobilbau, in der Chemie- oder Nahrungsmittelindustrie), was die Kommunikation innerhalb und zwischen Verbänden erheblich erschwert. Außerdem besteht "... a profusion of sectoral and branch associations, the majority of which regard themselves purely and simply as industrial or economic associations without any mandate for social affairs"[131]. Damit handelt es sich eher um Wirtschafts- als um Arbeitgeberverbände ohne sozialpolitische Mandatierung.

Die Wahrscheinlichkeit, daß UNICE seine restriktive Politik weiter verfolgt und trotz verbandsinterner Widerstände auch im intra-organizational bargaining auf Branchenebene durchsetzen kann, ist größer als die einer grundlegenden Kursänderung.[132] "UNICE ... intends to resist sectoral negotiations: ... its post-Maastricht strategy is to confine its participation in European-level negotiations to those issues which are the subject of a Commission initiative under the social policy protocol, and these are seldom likely to be sector-specific".[133]

Die Arbeitgeberverbände, deren deutliche Mehrheit bislang freiwillige Vereinbarungen auf branchenübergreifender Ebene prinzipiell nicht abschließen wollte, weil die Beibehaltung des status quo ihrer Interessenlage besser entsprach, werden auch in Zukunft auf sektoraler Ebene kaum andere Strategien verfolgen. "The absence of effective employer organisation and lack of interest in going beyond diffuse joint opinions continue to hamper the efforts of the European Commission to develop the sectoral social dialogue at European level".[134]

Insgesamt stellt sich die Frage, welche konkreten Vorteile aus der Sicht von UNICE internationale Branchenverbände im Vergleich zur derzeitigen Struktur überhaupt bieten könnten: Jede Abweichung vom status quo, der seit langem durch die systematische Verhinderung von Kollektivverhandlungen gekennzeichnet ist, könnte nur

---

[130] Grahl/Teague, European level collective bargaining, 60f.

[131] European Commission, Communication concerning the sectoral social dialogue, 9.

[132] Ein Wandel wäre eher für den Fall zu erwarten, daß die nationalen Dachverbände ihre Position ändern.

[133] Hall,M., Industrial relations and the social dimension of European intergration: Before and after Maastricht, Ms. University of Warwick: IRRU 1993, 29.

[134] Bercusson,B., European labour law and sectoral bargaining, IRJ 24 (1993), 262.

zum status quo minus führen, nämlich zu deren Einführung und damit zur Einschränkung der "managerial prerogatives". Die Hoffnung auf eine Umkehrung von Mehrheitsverhältnissen ist trotz gewisser, nicht zu übersehender interner Fraktionierungen nicht realistisch.

6. Die Regelungen des Abkommens über die Sozialpolitik finden keine Anwendung, wenn alle 12 bzw. nach den Beitritten Österreichs, Finnlands und Schwedens zu Beginn des Jahres 1995 alle 15 Mitgliedsländer übereinstimmen; die Vorgaben des Abkommens gelten bekanntlich nur in den Fällen, in denen Großbritannien von seiner opt out-Klausel Gebrauch macht. Damit entsteht das Problem einer zweigleisigen Entwicklung ("Europa der zwei Geschwindigkeiten") für den Fall, daß die Kommission in durchaus strategischer Absicht versuchen würde, von den Optionen des Abkommens über die Sozialpolitik allzu häufig Gebrauch zu machen.
Die Kommission selbst möchte "fallweise", "anhand objektiver Kriterien" entscheiden und betont ihre Absicht, beide Verfahren zu nutzen. Bei ihren Entscheidungen über die Nutzung der unterschiedlichen Rechtsgrundlagen will sie sich von folgenden Kriterien leiten lassen:
"- Art des Vorschlags;
- Standpunkt der Sozialpartner in bezug auf den Vorschlag;
- Forderung nach einer synchronen Dynamik im sozialen Bereich und in anderen Bereichen, und die entsprechende Möglichkeit für den Rat, mit qualifizierter Mehrheit zu beschließen;
- Absicht, allen Arbeitnehmern in der Gemeinschaft die Bestimmungen zugute kommen zu lassen;
- Möglichkeit eines gemeinsamen Vorgehens aller Mitgliedstaaten".[135]

Diese Verhaltensmaximem sind nicht sonderlich operational definiert; die Kommission versucht, sich keine Option zu verbauen. Alle Objektbereiche, welche die Sozialpartner nicht vertraglich-konsensuell angehen bzw. lösen (können oder wollen), müßte die Kommission als "first mover" letztendlich mit Hilfe der gesetzlichen Strategie in Gang bringen, wenn nicht deutliche Regulierungsdefizite bestehen bleiben sollen.[136] Von dieser Situation sind wir sowohl vor als auch nach Unterzeichnung des Abkommens über die Sozialpolitik weit entfernt.

---

[135] Buda, Auf dem Weg zu europäischen Arbeitsbeziehungen?, 297.

[136] Auch der WSA weist der Kommission eine aktive Rolle zu: "Zwischen dem sozialen Dialog und der Kommission besteht eine flexible Dynamik ... Die Kommission kann den Fortschritt fördern oder einen festgefahrenen sozialen Dialog wieder in Gang bringen." WSA, Stellungnahme, 12.

Die Kommission hat bisher keine wirklich neuen Initiativen auf der Grundlage des Abkommens über die Sozialpoliik eingeleitet. Im übrigen sind derartige Optionen auch im neuen Aktionsprogramm kaum vorgesehen, das eher ein Programm des vorläufigen Attentismus als einen politischen Masterplan darstellt, "being concerned more with consolidation, implementation, consultation and analysis"[137]. Möglicherweise versucht die Kommission, die Sozialpolitik eröffneten Optionen lediglich in den Fällen zu nutzen, in denen seit längerem beabsichtigte Regelungen bis dato durch das Veto Großbritanniens im Ministerrat blockiert wurden.

7. Bei realistischer Einschätzung ist die Option von Verhandlungen bzw. Vereinbarungen im Rahmen der sozialen Dialoge nicht Mittel zum Zweck der Überwindung von Pattsituationen in konfliktuellen Feldern der Sozialpolitik, sondern aufgrund seines optionalen Charakters lediglich Ausdruck einer neuen politischen Leerformel, die Richtlinien per Selbstentlastung der Kommission faktisch verhindert. "The impression is given that all that is intended is that the agreement may just be an appeal to the social partners and the Member States to arrange the issues concerned in a particular way, in a manner which accords with currently prevailing approaches, and that it is left to the Member States and the social partners themselves whether, and in what way, they will actually implement the political intentions".[138] Das Abkommen über die Sozialpolitik schafft keine neue Qualität der Sozialpolitik, sondern lediglich eine formale Option, welche die Akteure aufgrund der vorhandenen Rahmenbedingungen in eigener Regie nur in Randbereichen, wenn überhaupt, inhaltlich ausfüllen können.

Die Neuerungen des Vertrages über die Europäische Union bzw. seines Protokolls über die Sozialpolitik erweisen sich kaum als der Aufbruch zu neuen Ufern in der Arbeits- und Sozialpolitik, den die "Euro-Optimisten"[139] sich erhofft hatten. "Alles in allem steht dahin, ob in Maastricht die Kompetenzen der Gemeinschaft zu sozialpolitischen Regelungen tatsächlich erweitert oder nur umgeschichtet wurden. Fest steht nur, daß neue Demarkationslinien gezogen wurden".[140] Der soziale Dialog

---

[137] N.N., Social policy state of play, EIRR 259 (1995), 29.

[138] Weiss, The significance of Maastricht, 11f.

[139] So wertet etwa Bercusson: "A quantum leap in the role of collective bargaining was the result of the Maastricht negotiations on social policy in the Community" Bercusson, Maastricht: a fundamental change, 185.

[140] Weiss, Die Bedeutung von Maastricht für die EG-Sozialpolitik, 591.

kann in einem Monolog enden "with unions weakened by recession and structural changes in the economy"[141]. Im günstigen Fall können diese Verhandlungen Initiativen der Kommission ergänzen bzw. flankieren.

Ein Argument, welches Kritiker vor allem seit dem Abschluß des Vertrages über die Europäische Union vorbringen, ist durchaus zutreffend:[142] Die Aufgabe der Verbände im Rahmen ihrer formal erweiterten Handlungsspielräume in den sozialen Dialogen kann nicht darin bestehen, Quasi-Richtlinien zu formulieren und dadurch der Kommission ein Alibi für ihre Untätigkeit und/oder Unfähigkeit in der Sozial- und Arbeitspolitik zu liefern. Die politischen Akteure verhalten sich in Anbetracht der ihnen bekannten Überforderung der supranationalen Verbände schlichtweg opportunistisch, wenn sie unter dem dilatorischen Formelkompromiß des wieder entdeckten Prinzips der Subsidiarität behaupten, nicht einseitig in die Sphäre staatsfreier Selbstregulierung und Gestaltungsautonomie der Verbände eingreifen zu wollen. "... the principle of subsidiarity is more accurately conceived of as a symbolic concept, its main purpose being to present a convincing impression of consensus at European level on the subject of future regulation of the European labour market ... Each of the three bodies (the trade union/employers' organisations and the Commission) ... refers to the principle of subsidiarity without, however, applying the same interpretation ... Reference to the principle ... is not ... a key to the understanding of future regulation of the labour market at the European level, but rather a key to the understanding of the strategic positions - in relation to one another - aimed at by employers, trade unions, member states and EC institutions".[143] Das Subsidiaritätsprinzip favorisiert implizit eine liberales bzw. neokonservaties Ordnungsmodell, ohne die für eine europäische Politik notwendigen institutionellen Rahmenbedingungen angemessen zu berücksichtigen.

---

[141] Hepple, European social dialogue, III.

[142] Für andere Blank, Europäische Kollektivverträge und Sozialer Dialog, 658 ff.; Teague/Grahl, Industrial relations and European integration, 124ff.

[143] Due,J./Madsen,J.S./Jensen,C.S., The social dimension: Convergence of diversification of industrial relations in the single European market, IRJ 22 (1991), 94.

17.4. Ausblick

Die materiellen Ergebnisse des Binnenmarktprojekts in den zentralen Feldern der Arbeits- und Sozialpolitik sind auch nach der Abarbeitung des sozialen Aktionsprogramms zur Umsetzung der Sozialcharta nicht überwältigend. Die Resultate des sozialen Dialogs auf der Ebene der Dachverbände sind ebenfalls nach wie vor dürftig; materielle Ergebnisse der sektoralen sozialen Dialoge, die über die eingangs erwähnten unverbindlichen gemeinsamen Stellungnahmen hinausgehen, liegen überhaupt nicht vor. Der einzige deutliche Fortschritt ist die Verabschiedung der EBR-Richtlinie. Punktuelle Interventionen erfolgen durchaus in Teilbereichen (vor allem Arbeits- und Gesundheitsschutz, Gleichstellung von Frauen und Männern, Wanderarbeitnehmer, Richtlinie "über bestimmte Aspekte der Arbeitszeitgestaltung").[144] Sie können das fehlende kohärente Gesamtkonzept nicht ersetzen.

Wir haben es immer wieder mit demselben Kardinalproblem europäischer Arbeits- und Sozialpolitik zu tun, nämlich "dem Umgang mit divergierenden sozialen Systemen und Standards auf der Ebene der EG, oder anders: der Kontroverse um Koordinierung und Harmonisierung"[145]. Eine Verringerung der Bandbreiten verschiedener Regulierungen wird stattfinden müssen; die Frage "Vielfalt oder Harmonisierung" wird sich eher auf einem Kontinuum und nicht als Dichotomie stellen.

Eine Harmonisierung der unterschiedlichen nationalen Standards wird nicht, wie in den 60er und 70er Jahren immer wieder geplant und verschiedentlich initiiert, durch eine einseitig aufwärts gerichtete Angleichung aller übrigen an die jeweils beste nationale Regelung stattfinden; sie wird vielmehr durch die Vorgabe von verbindlichen Minimalstandards erfolgen, die kein Mitgliedsland unter-, wohl aber überschreiten darf (sog. Günstigkeitsprinzip). Dieses Konzept der Mindeststandards soll in gewissem Maße eine Nivellierung nach unten und Unterbietungskonkurrenz bzw. eine Überforderung der südlichen Mitgliedstaaten und Irlands verhindern.

Insofern steht nicht eine strikte Vereinheitlichung im Sinne einer definitiven Abschaffung bisheriger Regulierungsformen auf der politischen Agenda, sondern eine allmähliche Annäherung durch Formulierung von weit gefaßten sozialen Mindeststandards.[146] Mittel- und langfristig ist mit vorsichtigen, schrittweisen Angleichungen zu rechnen, nicht aber mit einer Harmonisierung im Sinne einer strikten

---

[144] Addison/Siebert, The E.C. Social Charta; Sadowski,D., The effect of European integration on national industrial relations systems: The ambiguous case of Germany. Institut für Arbeitsrecht und Arbeitsbeziehungen in der Europäischen Gemeinschaft, Quint-Essenzen Nr. 29. Trier 1993.

[145] Engelhard,J./Dähn,M./Saslona,K., Soziale Aspekte des EG-Binnenmarktes, SR 16 (1993), 366.

[146] Vgl. im einzelnen Walwei,U., Arbeits- und Sozialrecht im Europäischen Binnenmarkt, in: Buttler et al., Arbeits- und Sozialraum im Europäischen Binnenmarkt, 45-68.

Vereinheitlichung nationaler Regelungen, die weder notwendig noch sinnvoll ist. Dieses neuere Konzept einer gegenseitigen Anerkennung bestimmter nationaler Normen als gleichwertig ersetzt das ältere einer Aufwärts-Harmonisierung durch einheitliche "Euro-Standards". Alle anderen, rigoroseren Strategien der Integration sind aller Erfahrung nach und in Anbetracht der fortbestehenden enormen sozialen und ökonomischen Unterschiede unrealistisch und politisch nicht konsensfähig. Selbst die notwendigen minimalen Angleichungen werden nur äußerst schwierig zu erreichen sein.

Möglicherweise beginnt Mitte der 90er Jahre eine neue Phase im stop and go-Zyklus der europäischen Arbeits- und Sozialpolitik mit weniger neuen Initiativen als seit Mitte der 80er Jahre sowie dem Schwerpunkt auf der Implementation bereits bestehender, durch das soziale Aktionsprogramm zur Umsetzung der Sozialcharta eingeleiteten Regelungen.[147] "A social policy cycle seems to have developed, moving from periods of upturn, with a high level of Community-level legislative activity, to periods of downturn, characterised by retrenchment and consolidation. We are now moving into a period of downturn, a new phase which has its origins in the failure to include the rivisec "social chapter" in the EC Treaty at Maastricht in 1991, and its subsequent relegation to an 11-state Agreement".[148]

Die Gegner einer weitergehenden sozialen Integration werden auf "Konsolidierung des bisher schon Erreichten" setzen und vor allem eine potentielle "Verschlechterung der Wettbewerbsbedingungen auf den Weltmärkten" als Grund für ihren hinhaltenden Widerstand angeben. Notwendig wäre eine politische Absichtserklärung der Kommission in Form verschiedener Vorschläge, ohne die Verhandlungen der Sozialpartner keine Perspektive haben.

---

[147] Zu den offiziellen Plänen vgl. im einzelnen Kommission der Europäischen Gemeinschaften, Grünbuch über die europäische Sozialpolitik. Weichenstellung für die Europäische Union - Zusammenfassung. Luxemburg 1994.

[148] N.N. Social Policy White Paper - part one. EIRR 248 (1994), 16.

Einführende Literatur:

Bispinck,R./Lecher,W.(Hg.), Tarifpolitik und Tarifsysteme in Europa. Ein Handbuch über 14 Länder und europäische Kollektivverhandlungen, Köln 1993

Blanpain,R./Windey,P., European works councils. Information and consultation of employees in multinational enterprises in Europe, London 1994

Breisig,Th. et al.(Hg.), Handwörterbuch Arbeitsbeziehungen in der EG, Wiesbaden 1993

Bridgford,J./Stirling,J., Employee relations in Europe, Oxford 1994

Carley,M. et al., European works councils. Planning for the Directive, London 1995

Ferner,A./Hyman,R.(eds.), Industrial relations in the new Europe, London 1992

Gold,M.(ed.), The social dimension. Employment policy in the European Community, Chatham 1993

Hyman,R./Ferner,A.(eds.), New frontiers in European industrial relations, London 1994

Lecher,W./Platzer,H.-W.(Hg.), Europäische Union - Europäische Arbeitsbeziehungen. Nationale Voraussetzungen und internationaler Rahmen, Köln 1994

Teague,P./Grahl,J., Industrial relations and European integration, London 1992

Weidenfeld,W. et al.(Hg.), Europäische Integration und Arbeitsmarkt. Grundfragen und Perspektiven, Nürnberg 1994.

Personenverzeichnis:

A

Abraham,M.	5
Abraham,K.G.	358, 380
Abromeit,H.	2, 4, 9, 144, 193, 202, 342, 368, 510
Adam,H.	11
Adams,R.	3, 55, 63, 72, 75, 81, 101, 117, 124, 128, 484, 502, 516
Adamy,W.	3, 87, 124, 125, 146, 165, 348, 364, 393, 394, 420
Addison,J.T.	46, 47, 531, 548, 555, 570
Adomeit,K.	2, 85, 143
Akerlof,G.A.	221, 320
Albach,H.	312, 410, 501
Alber,J.	5, 442
Altmann,N.	280, 286, 301, 431, 482
Altvater,E.	225, 289, 343
Altvater,L.	252
Anzinger,R.	230, 233, 235
Apitzsch,W.	110, 175, 180
Arendt,W.	170
Arnold,R.	424
Armingeon,K.	31, 32, 36, 40, 56, 62, 91, 101, 167, 503
Auer,P.	216, 368, 407, 436

B

Bach,H.	244, 362, 363
Bach,H.W.	347, 435, 440
Bach,W.	412
Backes-Gellner,U.	48, 424
Backhaus,J.	71
Bader,V.-M.	287
Bäcker,G.	5, 215, 216, 217, 435, 436, 441, 468, 474
Bährle,R.J.	234
Baethge,M.	53, 287, 289, 290, 291
Bagguley,P.	74, 76
Baglioni,G.	3, 164, 516, 524
Bahnmüller,R.	161, 168, 175, 426, 429, 432, 433, 512
Bamber,G.J.	3
Bamberg,U.	124, 125
Barbash,J.	5
Barbash,K.	5
Battis,U.	275
Bauer,F.	231, 239
Bauer,J.	25
Baumann,H.	175, 180
Bayer,H.	42
Beal,E.F.	452
Bean,R.	3, 56, 129
Beck,U.	484
Beckenbach,N.	280, 287, 500, 521
Becker,Fr.	398
Becker,G.S.	309
Becker,M.	238

Begin, J.P.	452
Behning, B.	152
Behrens, M.	223, 226
Beisheim, M.	134, 139, 141
Bellace, J.R.	58, 63, 128
Bellmann, L.	305, 323
Benda, E.	180
Bercusson, B.	557, 564, 566, 568
Berg, V.	154
Berger, G.	80, 206
Berggren, Chr.	138, 301
Berghahn, V.R.	3
Bergmann, J.	31, 36, 45, 189, 279, 285, 521
Bergschneider, W.	62
Bergstermann, J.	279
Berthold, N.	305, 334
Beyer, H.	82
Beyer, P.	462
Beyme, v.K.	4, 67, 127, 347, 365
Beywl, W.	416
Bialas, Chr.	26, 49, 51, 223, 226
Bieback, K.-J.	181, 352, 364, 380
Biehler, H.	331
Bielenski, H.	393, 394
Billerbeck, U.	191, 256
Birk, R.	162
Birke, M.	484
Biskup, R.	561
Bispinck, R.	5, 102, 148, 150, 177, 184, 185, 201, 222, 223, 224, 234, 246, 273, 426, 427, 428, 429, 431, 433, 459
Blank, M.	533, 539, 555, 569
Blanke, B.	2, 4, 79, 193, 202, 227, 366, 368, 507, 510, 511, 526
Blanke, Th.	177, 180, 342
Blanpain, R.	130, 170, 431, 501, 502, 512, 532, 534, 535, 542
Blaschke, D.	386, 422
Blauermel, G.	305, 309
Blessing, K.	503
Blien, U.	323
Blüm, N.	435
Bluestone, B.	458
Blum, J.	151
Bobke, v.M.	106, 117, 173, 533, 546, 549, 555
Bode, I.	465, 467, 471, 479
Böck, R.	201
Böhm, St.	215
Bollinger, D.	464, 472
Bombach, G.	315, 349
Bonneton, P.	541, 549
Borgmann, W.	88, 91
Borgwardt, J.	108
Borsdorf, U.	29, 116
Bosch, G.	26, 196, 200, 203, 208, 236, 356, 401, 403, 406, 410, 415, 444, 508
Braczyk, H.-J.	300, 301
Brandes, W.	249, 309, 326, 331, 453, 462, 499
Brandherm-Böhmker, R.	279
Brandt, G.	189, 194, 523

Breidenstein,W.	251
Breisig,Th.	131, 135, 137
Brenke,K.	422
Bridgford,J.	540
Briefs,G.	30
Briggs,V.M.	312
Brinkmann,Chr.	400, 409, 410, 411, 412, 417, 421, 436, 437
Brockmann,M.	342
Bronstein,A.S.	479
Brose,H.-G.	398, 465, 471
Brosius,G.	205
Bruche,G.	366, 370, 372
Brox,H.	2, 152, 161, 162
Brunetta,R.	184
Budäus,D.	268
Buchner,H.	390
Buda,D.	546, 548, 555, 567
Büchtemann,Chr.F.	89, 214, 390, 391, 394, 397, 402, 404, 444, 445, 451, 454, 457
Bürger,M.	121
Büschges,G.	5
Büssing,A.	202, 440, 467
Bunn,R.F.	170
Burgbacher,H.G.	395
Busch,K.	530
Buschmann,R.	228
Buß,E.	2
Buttler,Fr.	303, 305, 309, 404, 409, 445, 451, 453, 454, 462, 530, 570

C

Calingaert,M.	12
Calmfors,L.	183
Cammack,P.	78
Campell,D.	470, 547
Cappelli,P.	57, 461, 494
Card,D.	450
Carley,M.	468, 549, 551, 555
Chaloupek,G.	343
Charles,T.	287
Chelius,K.	56
Child,J.	10, 45
Christopherson,S.	296
Clarke,R.O.	512
Colneric,N.	227
Conrad,P.	5
Cordes,H.	4
Cordova,E.	100
Coleman,J.S.	5, 41
Cornetz,W.	464, 472
Cressey,P.	74, 534, 535
Crouch,C.	3, 17, 64, 67, 68, 72, 76, 164, 184, 451, 498, 503, 522, 524
Cuckborn,C.	547
Cullen, D.E.,	169
Czada,R.	9, 416, 486

D

Dabschek,B.	5, 55, 77, 296
Dähn,M.	570
Däubler, W.	162, 233, 401, 461, 530, 533, 555
Däubler-Gmehlin,H.	97
Daheim,H.	2
Dahm,K.W.	238
Dahrendorf,R.	3, 59, 124, 153
Daniels,W.	489, 495
Danis,J.-J.	535
Dankbaar,B.	300
Dadzio,W.	355
Deakin,S.	451, 454
Deeke,A.	364, 373, 383, 386
Degen,B.	396
Dell'Aringa,C.	184
Delsen,L.	215, 462, 471, 482
Deppe,J.	550, 551
Deroubaix,J.-C.	462
Deubner,Chr.	561
Deutschmann,Chr.	194, 202, 256
Dichmann,E.	205, 401
Dichmann,W.	427
Diederich,H.	227
Diekmann,J.	318
Dierkes,M.	216, 260, 343
Dittrich,W.	396
Dobberahn,P.	231
Doeringer,P.	327
Dörr,G.	1, 5, 300
Dombois,R.	393, 399, 402
Doogan,K.	531
Dorndorf,E.	309, 453
Dosky,v.D.	305, 341
Dragendorf,R.	389, 466
Driffil,J.	183
Due,J.	569
Dückert,Th.	360
Düll,H.	85, 508
Düll,K.	286, 431, 482
Duhnenkamp,J.	82
Dunlop,J.T.	5
duRivage,V.L.	462
Dworkin,J.	56
Dybowski-Johannson,G.	88
Dzielak,W.	127, 161

E

Eaton,A.E.	136
Eberwein,W.	386
Eckardstein,v.D.	134, 139
Edelstein,J.D.	41
Edwards,R.	56, 501
Ehrenberg,R.	304, 312
Eichener,V.	25, 221, 222, 272

Eisold,H.	449
Ellguth,P.	185, 195, 196
Emmrich,K.	412
Endruweit,G.	80, 206, 522
Engelberger,J.	144, 348
Engelbrech,G.	97
Engelen-Kefer,U.	364, 379
Engelhard,J.	570
Engels,W.	456, 499
Erd,R.	99, 162, 163, 165, 296, 451, 503, 523
Ermischer,I.	227
Esping-Andersen,G.	63, 380
Esser,H.	5
Ettl,W.	27, 224, 226
Ewers,H.-J.	443, 455, 458

F

Falke,J.	403
Falkner,G.	531, 556
Faust,M.	140
Fehn,R.	334
Feldhoff,J.	203
Ferman,L.H.	423
Ferner,A.	3, 166, 269, 471, 493, 553
Feuerborn,A.	399
Fichter,M.	48, 49, 50, 52
Fiedler,M.	193, 228
Fischer,C.	303, 305, 499
Fischer,H.	82
Fischer,I.	441,
Fischer,J.	386
Fischer,W.	309, 416, 453
Fisher,M.	165
Fisher,R.J.	153
Flanders,A.	9
Flanagan,R.J.	70
Flechsenhar,H.R.	357
Franke,H.	435
Franz,W.	2, 186, 221, 309, 315, 341, 381, 403, 423, 449, 450, 454, 498, 500, 501
Frei,F.	2
Frenkel,St.J.	65
Frerich,J.	5
Freeman,R.B.	46, 134, 497, 501
Frey,M.	237
Frick,B.	47, 48, 84, 152
Fricke,W.	403
Friedrich,W.	464, 475, 477
Fürstenberg,F.	86, 89, 131, 132, 136, 190, 493, 504, 511
Funk,W.	5

G

Gäfgen,G.	70, 519
Gahan,P.	296
Gahlen,B.	222, 315

Gamillscheg, F.	493
Garbarino, J.W.	494, 502, 522
Garhammer, M.	238
Garonna, B.	56
Garonna, P.	501
Gaugler, E.	305
Geary, J.	133, 135, 541
Geißler, K.A.	424
Genosko, J.	48
Gergs, H.	35, 49
Gerlach, K.	303, 305, 320
Gersterkamp, Th.	243
Gerum, E.	118
Gester, H.	549
Giersch, H.	455
Giles, A.	55, 78
Gill, C.	113, 134, 541
Gladstone, A.	61, 73, 131, 206, 256, 452, 510, 513, 522, 544
Glaser, M.	481
Glaser, W.R..	481
Göbel, J.	389, 397, 514
Goetschy, J.	565
Gohde, H.	544
Gold, M.	530, 533, 535, 536, 547, 549, 554, 555, 560
Golden, M.	41, 43, 75, 497
Goldthorpe, J.H.	69, 517, 522, 525
Gondek, H.-D.	289
Graf, G.	338
Graf, S.	2
Grahl, J.	531, 535, 564, 566, 569
Grebing, H.	555
Gregory, D.	505
Greiff, B.v.	354, 440
Greifenstein, R.	132, 134
Griffith, T.	84, 152, 296
Groser, M.	5, 11, 222
Groß, F.	231
Groß, H.	88, 506
Großjohann, K.	227
Grünert, H.	405, 406, 445
Guéry, G.	561, 564

H

Haas, E.	208
Hagen, K.	406, 416
Hall, M.	113, 129, 530, 532, 535, 536, 540, 545, 549, 550, 552 566
Hamann, W.	399
Hampe, P.	205, 206
Hanami, T.	542
Hanau, P.	2, 85, 143, 396
Hansen, Ch.	100
Hardes, H.-D.	70, 319, 353, 355, 375, 403, 428, 433, 440, 458, 500
Harrison, B.	458
Hartmann, A.	228
Hartmann, H.	71, 81
Hartmann, P.	166

Hartwich,H.-H.	5, 460, 525
Hartwig,M.	395
Hartz,P.	241, 243
Hauff,M.v.	31
Hauser,R.	441
Hax,H.	416
Hedborg,A.	188
Heering,W.	389, 466
Heier,D.	303, 305
Heikenroth,A.	27, 224
Heinelt,H.	406, 407, 417, 418
Heinemann,H.	561
Heinrich,G.	560
Heinze,M.	403, 499, 555
Heinze,R.G.	472
Heisig,U.	289, 520
Hellberger,C.	312
Helmstadter,W.	416
Henneberger,F.	25, 222, 261, 265, 272, 274, 276, 305, 359, 565
Hepple,B.	554, 569
Herder-Dorneich,Ph.	348
Hesse,H.	222
Heyen,E.V.	249
Hickel,R.	342, 343, 448, 456
Hilbert,J.	11, 472
Hildebrandt,E.	286, 505, 508
Hin,M.	464
Hinrichs,K.	193, 194, 200, 203, 204, 240, 333, 468, 481, 507
Hinrichs,W.	180
Hirsch,B.T.	46, 47
Hirsch,F.	357
Hirschman,A.O.	19, 68, 494
Hodeige,C.H.	315,
Höhmann,H.	149
Höland,A.	390, 391, 411
Hofbauer,H.	355
Hofemann,K.	5
Hoff,A.	399
Hoffmann,E.	458, 498
Hoffmann,J.	53
Hoffmann,R.	246, 300, 411, 535, 546
Hohn,H.W.	101, 102, 103, 292, 505, 520
Holling,H.	2
Holtmann,E.	490
Hoppmann,E.	70
Hornung-Draus,R.	561
Houseman,S.N.	358, 380
Hoyningen-Huene,G.v.	389
Hromadka,W.	106, 109, 542, 544
Hübler,O.	97, 305, 315, 320
Huebner,M.	360
Huiskamp,R.	3
Hujer,R.	520
Hurler,P.	376
Husmann,J.	198
Hyman,R.	3, 5, 56, 74, 78, 129, 166, 167, 269, 451, 452, 471, 487, 493, 502, 515, 531, 553

J

Jackson, M.P.	59, 153
Jackson, Sh.	100
Jacobi, O.	45, 164, 189, 194, 246, 296, 451, 493, 503, 523, 530, 530, 532, 553, 559, 561
Jacobs, K.	209, 214, 215
Jacoby, S.M.	39
Jaeger, R.	534
Janoski, Th.	347, 348, 368
Jansen, P.	132, 134
Jarchow, H.-J.	305
Jensen, C.S.	569
Jetter, Chr.	364
John, G.	389, 466
Jones, J.P.	296
Judith, R.	116
Jürgens, U.	4, 300
Juris, H.	65, 67, 489, 495, 496, 515

K

Kalbitz, R.	161, 172
Kannengießer, W.	499
Kantzenbach, E.	448
Kartsen, D.	3
Kassalow, E.	128, 131, 497, 502, 515
Kastendiek, H.	451
Katz, H.C.	39, 55, 57, 128, 173, 495, 515
Katzenstein,, P.J.	281, 495, 496
Kaufman, B.E.	4, 304, 312
Kehrmann, K.	117, 533, 555
Keller, B.	5, 16, 19, 34, 42, 152, 158, 222, 249, 254, 256, 259, 260, 261, 265, 272, 274, 276, 305, 364, 374, 393, 418, 459, 462, 464, 466, 473, 474, 478, 479, 490, 493, 494, 546, 554, 565
Keman, H.	455, 499
Kerr, C.	4, 247, 450
Kern, M.	70, 287, 291, 406
Kern, H.	281, 284, 286, 291, 500, 524
Kevelaer, v.K.-H.	194, 204
Kiefer, B.	483
Kieser, W.	118
Kirchner, D.	561
Kißler, L.	88, 124, 132, 134, 139, 483, 485
Kittner, M.	171, 180, 389, 533
Klauder, W.	214, 417, 436, 503
Klebe, Th.	110
Klein, A.	35, 52, 225
Klein, H.	318
Klein, M.	474
Klein, Th.	441
Kleinhenz, G.	25, 50, 221
Kleinhückelskoten, H.D.	151
Klevemann, J.	396
Klönne, A.	29, 145
Klös, H.-P.	366, 375

Kluge,M.	88
Knappe,E.	455
Knepel,H.	520
Knevels,P.	561
Knuth,M.	84, 85, 86, 410, 412, 414, 415, 508
Kochan,Th.	3, 39, 55, 57, 112, 128, 136, 173, 287, 293, 425, 453, 461, 493, 494, 495, 497, 502, 510, 520, 553
Kock,K.	180
Köhler,B.	393, 394
König,H.	315, 354, 440
Köppen,M.	533, 539
Kohler,H.	194, 362, 464
Kohli,M.	208, 215, 216, 21
Konken,J.	462
Koopmann,K.	101
Kosche,E.	435
Kotthoff,H.	88, 94, 95, 98, 511, 522
Krafft,A.	360
Kraft,K.	364, 455
Krahn,K.	403
Kramer,H.	332
Krause,D.	118
Kreile,M.	529, 530
Kreimer-de-Fries,J.	149
Krieger,H.	113, 134, 136, 534, 541, 549
Kromphardt,J.	206, 412
Kronenberg,B.	119, 123
Kreuder,Th.	507
Krueger,A.B.	450
Krüger,M.	398, 399
Krupp,H.-J.	340, 364, 381, 382, 457
Kruppe,T.	358, 393, 468, 480
Kuda,R.F.	80, 198
Kübler,H.	252
Küchle,H.	453
Kühl,J.	216, 348, 349, 365, 366, 368, 369, 371, 372, 379, 382, 403, 410, 414, 417, 439, 446, 452, 456
Kühlewind,G.	210, 417
Kühnlein,G.	274
Külp,B.	46
Kurbjuhn,M.	49
Kurz-Scherf,I.	197, 428, 444, 474, 511, 515
Kutsch,Th.	2

L

Lampert,H.	5, 80, 144, 253, 347, 348, 354, 363, 364, 367, 372, 375, 376, 379, 444, 455
Landenberger,M.	204, 464, 474
Lane,Chr.	502
Lang,K.	169, 431, 444, 513, 515
Lange,P.	68, 75, 517, 530, 531
Lange,R.	136
Lange,T.	23, 170
Langer,A.	23, 501
Langer,R.	121, 265
Lansbury,R.D.	3, 39, 129

Lappe,L.	97, 406, 421
Lash,S.	74, 76
Lattard,A.	51, 53
Lecher,W.	136, 201, 428, 451, 485, 530, 543, 546, 549, 561
Legrand,H.-J.	35, 52, 225
Lehmbruch,G.	24, 27, 65, 68, 223, 517, 519, 525
Lehndorff,St.	201
Leibfried,St.	441
Leif,Th.	35, 225
Leminsky,G.	119, 130, 132, 483, 484
Lenk,Th.	374
Levine,D.I.	136
Lewin,D.	487
Lidena,B.	149
Liebau,E.	395
Lindbeck,A.	334
Linne,G.	390, 393, 395, 451
Linsenmayer,T.	247, 450
Lipset,S.M.	41, 56, 503
Littek,W.	2, 183, 287, 289, 520
Locke,R.	3, 136, 140, 287, 425, 453, 510, 553
Lodge,J.	531
Löhrlein,K.	50
Löwisch,M.,	389, 401, 499
Lohr,M.	152
Lompe,K.	80, 81, 112, 518
Lorenz,W.	37, 312, 394
Lotzkat,N.	407
Loveman,G.W.	458
Loveridge,R.	10, 45
Lutz,B.	1, 279, 325, 332, 375, 405, 435, 445, 460, 461, 489, 521

M

Mackscheidt,K.	371
Madsen,J.S.	569
Magiera,S.	276
Mahnkopf,B.	53, 225, 421, 426, 428, 433
Maier,Ch.S.	64
Maier,F.	207, 352, 436, 474
Maier,Fr.	397, 426
Malsch,Th.	285, 287, 300
Maneke,R.	228
Mann,S.	10
Manske,F.	280
Markmann,H.	448
Markovits,A.S.	446, 504, 518
Marr,R.	193, 200, 202, 396, 548
Marsden,D.	423
Marshall,A.	478
Marshall,R.	134, 312
Martens,H.	108, 125, 296
Martens,K.-P.	106, 485
Martin,B.	270
Martinez Lucio,M.	494
Marwell,G.	19
Masters,St.H.	4, 312

Mathews,J.	433
Matthes,J.	190
Matthias,E.	29
Matthies,H.	465, 478
Matzner,E.	376, 422
Maydell,B.v.	499
Mayer,O.G.	448
Mayer,U.	481
McKersie,R.B.	39, 55, 76, 127, 158, 160, 173, 255, 461, 494, 495
Medoff,J.L.	46
Meidner,R.	188
Meinhardt,V.	207, 242, 244
Mendius,H.G.	331
Mertens,D.	352, 364
Mesch,M.	546, 559
Meulders,D.	462
Meyer,D.	449
Meyer,H.-W.	561
Meyer,W.	498
Mikl-Horke,G.	2
Miller,D.	100, 101
Mincer,J.	309
Mitchell,D.J.B.	247, 450
Möller,E.	180
Möller,J.	334
Morton,G.	526
Moser,C.H.	4, 312
Mosley,H.	358, 436, 529
Mückenberger,U.	165, 175, 178, 390, 392, 447, 451, 454, 462, 472, 478, 488, 506, 507
Müller,G.	116, 180, 448, 463
Müller,H.	356
Müller,K.	421
Müller,M.	134, 139
Müller,T.	546
Müller,W.	175
Müller-Jentsch,W.	1, 3, 4, 9, 10, 29, 36, 38, 41, 45, 56, 66, 79, 83, 84, 89, 91, 98, 100, 101, 133, 134, 136, 141, 143, 144, 145, 162, 164, 165, 166, 169, 183, 189, 190, 194, 261, 279, 280, 326, 425, 430, 486, 490, 493, 494, 497, 501, 521, 523, 525
Müller-Roden,H.	406
Müllner,W.	481

N

Nägele,G.	5, 207, 209, 215, 216, 217, 436, 474
Naschold,Fr.	1, 2, 4, 5, 211, 217, 218, 270, 460
Neal,A.	131
Negt,O.	434
Neifer-Dichmann,E.	198, 448
Neubäumer,R.	303, 409, 417, 418, 498
Neuloh,O.	80
Neumann,H.	415, 444, 445, 448, 451, 453, 454, 457
Neumann,L.F.	80
Neumann,M.	305
Nicholson,N.	2
Nicoll,W.	529

Niedenhoff,H.-U. 35, 83, 85, 90, 91, 96, 97, 104, 108, 110
Nienhüser,W.   183
Niesel,K.   383
Niland,J.R.   39, 433
Nolte,D.   224, 412, 417, 420, 546
Northrup.H.R.   547
Nutzinger,H.G.   82

O

Oates,A.   505
Oberbeck,H.   287, 289, 290, 291
Ochs,Chr.   407
Oechsler,W.A.   84, 85, 508
Oetker,H.   144
Oliver,P.   19
Olk,Th.   417
Olson,M.   17, 38, 100, 188, 452, 455, 499
Offe,C.   17, 43, 64, 195, 333
Oppholzer,A.   205, 379, 389, 394, 514
Ortmann,G.   453, 482
Ortwein,H.-W.   252
Ossenbühl,F.   180
Osterloh,M.   96, 117
Oswald,A.J.   46
Ott,A.E.   315
Ozaki,M.   100
Owen-Smith,E.   84, 152

P

Paasch,U.   398, 481
Paloheino,H.   455, 499
Panitch,L.   68
Pappi,F.U.,   368
Peez,J.   227
Pege,W.   108, 110, 123
Perner,D.   11, 49
Peter,G.   233, 296, 485
Peters,J.   241
Peters,W.   366, 379, 381, 409, 436
Petersen,H.-G.   5
Pfaff,M.   376
Pfau-Effinger,B. 464, 472
Pfromm,H.-A.   188
Pieper,R.   5
Piore,M.   3, 136, 283, 284, 286, 287, 293, 295, 296, 304, 327, 425, 453, 456, 499, 510, 553
Pirker,Th.   48
Pischke,,J.St.   480
Pizzorno,A.   68
Plänkers,G.   3, 108
Plander,H.   260, 396
Platzer,H.-W.   549, 561
Plasman,O.   462
Plasman,R.   462
Plowman,D.H.   9, 71

Pollert,A.	444
Pontusson,J.	497
Poole,M.	56, 130, 135
Preisendörfer,P.	386
Preusche,E.	227
Priewe,J.	356
Prigge,W.-U.	30, 451, 526
Promberger,M.	185, 197, 198, 199, 205, 240, 243
Pumberger,K.	196

R

Rabe,B.	221
Rammert,W.	279
Rampelt,J.	9
Ramsay,H.	128, 529
Ramser,H.J.	222
Reese,M.	29
Regalia,I.	541
Regini,M.	523
Rehfeldt,U.	549
Rehmus,Ch.M.	158
Reichardt,W.	559
Reidegeld,E.	348
Rein,M.	214
Reinert,H.J.	252
Reinhold,G.	2
Reissert,B.	366, 376, 406, 422
Reissert,R.	366, 370, 372, 377, 417
Revel,S.W.	501
Reyher,H.	194
Reynolds,L.G.	4, 312
Rhodes,M.	75, 564
Ricca,S.	443
Richard,O.	552
Richardi,R.	105, 106, 180, 234
Rico,L.	515
Riedmüller,B.	417
Rinderspacher,J.P.	238
Rineck,W.	472
Rische-Braun,D.	431
Rock,R.	289
Rodgers,G.	443, 478, 482, 488
Rodgers.J.	443, 478, 482, 488
Rösner,H.J.	105
Rogers,J.	134, 430
Roggendorf,P.	228
Rogowski,R.	58, 393, 468
Rohwer,B.	340, 364, 381, 382, 457
Roos,D.	296
Rosdücher,J.	241, 245, 247, 272
Rose,R.	249
Rose,M.	293
Rosen,Sh.	318
Rosenberg,S.	208, 293, 508
Rosenow,J.	216
Ross,A.M.	166

Roth,S.	300
Rothkirch,Chr.	356
Rothkirch,S.v.	435
Rothschild,K.W.	340, 364, 457
Roy,K.-B.	420
Rudolf,H.	390, 391, 465
Rudolph,W.	522
Rürup,B.	323, 454
Rüthers,B.	152, 162, 499
Rummel,C.H.	81, 101, 117, 484
Ruthenberger,H.-J.	481
Ryan,P.	423
Rydzy,W.	167

S

Sabel,Ch.	283, 284, 286, 293, 295, 296, 496, 500, 524
Sachse,C.	332
Sadowski,D.	48, 201, 424, 450, 530, 532, 553, 570
Säcker,F.J.	144
Salmon,T.C.	529
Sarcinelli,U.	365
Saslona,K.	570
Sbragia,A.M.	531
Schabedoth,H.-J.	300
Schäfer,C,	186
Schaper,K.	80
Scharf,G.	237
Scharpf,F.W.	342, 343, 345, 531
Schaub,G.	106, 390
Schauer,H.	354, 440, 505
Schelter,W.	193, 228
Scherf,H.	454
Scherrer,Chr.	99
Schettkat,R.	207, 352, 395, 474
Scheuer,M.	305, 324
Schienstock,G.	5, 71, 300, 301
Schilling,G.	231
Schmähl,W.	208, 213
Schmid,A.	352
Schmid,G.	303, 342, 347, 350, 353, 354, 355, 356, 357, 358, 359, 362, 365, 366, 368, 370, 372, 373, 374, 376, 377, 378, 382, 397, 401, 422, 439, 440, 460, 474
Schmid,H.	305, 341
Schmid,J.	221, 222
Schmid,Th.	468
Schmidt,E.	505, 507, 508, 509, 526
Schmidt,G.	2, 238
Schmidt,M.	363
Schmidt,M.G.	5, 342, 343, 347, 365, 436
Schmidt,R.	35, 36, 49, 52, 95, 99, 195, 196, 202, 204, 227, 416, 506, 508
Schmidt,W.	426, 429, 433
Schmiede,R.	194, 202, 303
Schmitter,Ph.C.	9, 64, 65
Schmitz,F.	428, 433
Schnabel,C.	24, 37, 46, 47, 48, 151, 168, 184, 498

Schneider,D.	80
Schneider,H.-K.	416
Schneider,M.	172, 450
Schneider,W.	96, 105, 106, 110
Schobel,P.	237
Schömann,K.	393, 468, 480
Schönbauer,G.	2
Schönfeld,Th.	84, 85, 508
Schönhoven,K.	29
Schönland,D.	483
Schorr,A.	440
Schregle,J.	88, 129
Schröder,W.	27
Schubert,K.	46, 455
Schudlich,E.	194, 202, 332, 398
Schüle,U.	144, 348
Schulten,Th.	548
Schulze-Böing,M.	398, 465
Schumann,M.	110, 112, 281, 284, 286, 287, 288, 289, 291
Schumm,W.	189, 296, 503
Schumm-Garling,U.	386
Schupp,J.	214, 397
Schwarz,M.	484, 485
Schwarz,R.	410
Schwarze,J.	472, 475
Segbers,F.	172
Seidenfus,H.	443
Seifert,H.	193, 197, 200, 201, 202, 205, 216, 233, 234, 235, 238, 241, 245, 247, 348, 351, 354, 358, 364, 368, 374, 381, 382, 383, 393, 397, 399, 400, 404, 407, 408, 410, 418, 420, 421, 436, 441, 448, 459, 462, 463, 464, 466, 467, 473, 474, 479, 506, 513
Seiter,H.	181
Sellin,C.	361
Seltz,R.	285, 286, 287
Sengenberger,W.	208, 325, 326, 329, 330, 331, 332, 375, 392, 403, 456, 457, 463, 466, 470, 499, 508, 520
Semlinger,K.	353, 357, 401, 426, 462, 464, 499
Sesselmeier,W.	303, 305, 309, 323, 374, 454
Siebert,W.St.	531, 548, 555, 570
Siedentopf,H.	276
Silvia,St.J.	35, 175, 176, 181, 223, 300, 531, 532
Simitis,S.	167
Sinn,G.	221, 404
Sinn,H.-W.	221, 404
Sitte,R.	224, 546
Sisson,K.	14, 133, 135, 136, 184, 541, 553
Slomp,H.	72
Slowinski,B.J.	547
Smith,P.	526
Smith,R.	304, 312
Smith,St,C.	131
Snower,D.J.	334
Sobel,R.	462
Söllner,A.	2, 252, 555
Solow,R.M.	303, 304
Soltwedel,R.	168, 364, 456, 499

Sondermann,M.	232
Soskice,D.W.	70, 183, 184, 423
Sowka,H.-H.	476, 477
Spaetling,D.	151
Spahn,H.P.	323, 378
Sperling,H.J.	134, 136, 138, 505, 508
Spieker,W.	109, 117
Spitznagel,E.	244, 352, 361, 362, 464
Staehle,W.H.	2, 5, 96, 117
Stahlmann,M.	1, 29, 279
Standing,G.	463
Staudohar,P.	4, 247, 450
Steffen,J.	3, 87, 124, 125, 146, 165
Stille,F.	207, 506
Stirling,J.	540
Stitzel,M.	213
Stobernack,M.	317
Stöckl,I.	535
Stolz-Willig,B.	468
Stomper,M.	296
Story,J.	531
Strauss,G.	132, 136, 138, 494, 515
Strauss-Wieczorek,G.	133
Streeck,W.	9, 16, 31, 39, 64, 68, 81, 98, 99, 104, 118, 124, 223, 296, 376, 401, 422, 426, 429, 430, 431, 433, 455, 470, 503, 505, 515, 516, 520, 532, 539, 548, 551, 564
Streit,M.E.	69
Striefler,H.G.	175
Strinati,D.	57, 68
Strümpel,B.	216, 260, 343, 444
Stützel,W.	167
Stykow,P.	25
Suri,O.	468
Szydlik,M.	331

T

Taylor,F.W.	280
Teague,P.	529, 531, 535, 564, 566, 569
Teicher,J.	296
Teichmann,U.	31
Tennstedt,F.	441
Terry,M.	134
Tessaring,M.	423, 425, 435
Teuteberg,H.J.	80
Thelen,K.A.	58, 67, 80, 95, 99, 100, 130, 151, 193, 194, 198, 492, 493, 497, 514, 519
Thesaring,M.	356
Thiemeyer,T.	443, 455
Thoben,C.	506
Thompson,M.	71, 489, 495, 496, 515, 516
Tholen,J.	386
Tholfus,H.	88
Thurow,L.C.	309
Tiemann,H.	221, 222
Tiemann,J.	108, 125
Tilly,Chr.	458

Timmermann,D.	424
Tödtling,F.	56, 501
Tokmann,V.	463
Tomlins,Ch.	56
Tondorf,K.	245
Tooze,A.	58
Trautwein-Kalms,G.	289
Traxler,F.	17, 20, 22, 72, 77, 144, 184, 495, 498
Treeck,v.W.	280, 287, 500, 521
Treu,T.	61, 73, 76, 256, 498, 563
Trinczek,R.	35, 36, 49, 52, 89, 95, 99, 185, 195, 196, 197, 198, 202, 204, 506, 508, 509
Trow,M.A.	41
Türk,K.	2
Turner,L.	129, 131, 133, 138, 494, 496
Tyson,L.D.	136

U

Udris,I.	2
Ulber,J.	228, 231, 403
Ulich,E.	2
Ullmann,H.	530
Ulman,L.	70, 303
Ulrich,G.	360
Ulrich,P.	289
Unterhinninghofen,H.	180

V

van Hoof,J.	3
van Rysseveldt,J.	3
van Suntum,U.	364
Velling,J.	480
Verevis,J.	39
Vieregge,v.H.	23
Villegas,G.	462
Vilmar,F.	130
Visser,J.	32, 39, 41, 516
Vitols,S.	539, 548, 551
Völkel,B.	406, 417
Voelzkow,H.	11
Voges,W.	215
Vogt,A.	401
Vogt,W.	343
Volle,A.	531
Volkert,K.	241
Volkmann,G.	119
Voos,P.B.	136
Voruba,G.	378
Voss,,Th.	386
Voswinkel,St.	390, 393, 395, 451, 465, 467, 471, 479
Vroom,B. de	211

W

Wagner,A.	224, 412, 418, 420, 421, 475, 546
Wagner,D.	193
Wagner,G.	472, 477
Wagner,J.	37, 45, 48, 312
Wallerstein,M.	75
Walton,R.E.	76, 158, 160, 255, 495, 520
Walwei,U.	382, 383, 384, 385, 453, 454, 465, 466, 530, 570
Wank,R.	481
Warner,M.	10, 41
Wassermann,W.	89, 482, 522
Webber,D.	368
Weber,H.	5, 20, 88, 161, 169, 202, 300, 510
Weber,W.	183, 305, 426
Weede,E.	455
Wegener,H.	379, 389, 514
Wein,T.	443, 455, 458
Weinert,R.	93
Weimer,St.	331
Weischer,Chr.	30
Weise,P.	326
Weiss,M.	2, 4, 59, 60, 79, 85, 89, 109, 110, 115, 143, 146, 148, 149, 162, 165, 170, 172, 175, 390, 462, 510, 533, 542, 545, 547, 555, 561, 568
Weitbrecht,H.	45
Weltz,F.	93
Weltzmüller,R.	188, 458
Wendeling-Schröder,U.	119, 120
Wenger,H.	331, 499
Werner,H.	530
Western,B.	41
Weston,S.	494
Wever,K.S.	47, 129, 225
Wewer,G.	5
Weyand,J.	133
Whiteley,P.F.	455, 499
Widmaier,H.P.	43
Widmaier,U.	375
Wiedemann,E.	421
Wiedemeyer,G.R.	548
Wiedemeyer,M.	416
Wielgohs,J.	26, 50, 225
Wiesenthal,H.	17, 25, 26, 27, 50, 193, 203, 225, 226, 420, 468
Wilke,G.	186, 362, 436
Wilke,J.	238
Wilke,M.	35, 186
Williams,K.	101
Williams,R.	534
Williamson,O.E.	454
Wilpert,B.	129
Windey,P.	532, 535, 542
Windmuller,J.P.	20, 55, 57, 62, 73, 149, 514
Windolf,P.	76, 101, 102, 103, 292, 433, 509, 520
Winkelhake,O.	38
Winter,v.Th.	175
Winterstein,H.	353, 404, 440, 445

Wiswede, G.	2
Witt, F.	289
Wlotzke, O.	106
Wobke, W.	555
Wohlfahrt, N.	274
Wohlrab-Sahr, M.	398, 465
Wolf, H.	53
Wolf, J.	208, 215, 217
Womack, J.P.	296, 297, 298, 299
Wood, St.	102
Wunderer, B.	251

Y

Yellen, J.L.	320
Yonnet, J.P.	462

Z

Zacher, H.F.	435
Zachert, U.	148, 181, 379, 389, 514
Ziegler, A.	382
Zimmermann, L.	394
Zmarzlik, J.	228, 229, 235
Zügel, J.	543, 544, 548
Zwickel, K.	515
Zwiener, R.	205, 207

Index:

35-Stunden-Woche 197
38,5-Stunden-Woche 195
59er Regelung 211

Abgesenkte Einstiegstarife 449
ABM 357, 360, 410
ABM-Selbstfinanzierungsquote 362
ABS-Gesellschaften 414
Acceptance wage 316
Adverse selection-Ansatz 322
Äquivalenzprinzip 372, 476
AFG 347ff
AFG der DDR 406
Aktive Arbeitsmarktpolitik 370
Aktive Lohnpolitik 186
Aktivitätsrate 366, 418
Allgemeiner Arbeitsmarktbeitrag 373
Allgemeinverbindlichkeitserklärung 148, 227, 448
Alternativrollenkonzept 333
Altersselektive Externalisierungsstrategien 216
Altersteilzeit 203
Altersteilzeitgesetz 214, 216
Altersübergangsgeld 407, 409
Angestellte 289
Anhörungsweg 556f
Anti-Segmentationspolitik 521
Antizyklische Orientierung 371
Anwendungsbedingungen 143
Arbeit auf Abruf 390, 396
Arbeitgeberverbände 10, 12ff
Arbeitnehmerüberlassungsgesetz 398, 479
Arbeitsdirektor 117, 121, 127
Arbeitsförderungskonsolidierungsgesetz 362
Arbeitsgerichtsbarkeit 59
Arbeitskampf 161, 196, 264, 511
Arbeitskampfkosten 168
Arbeitskampfpraxis 172
Arbeitskräftegesamtrechnung 439
Arbeitslosengeld 175
Arbeitslosenquote 436, 438
Arbeitslosigkeit 434
Arbeitsmärkte 303
Arbeitsmarktpolitik 304, 349
Arbeitsmarktprobleme 347
Arbeitsmarktstrukturierung 325
Arbeitsmarkttheorien 304ff
Arbeitsrecht 57
Arbeitsvermittlung 351
Arbeitszeitdifferenzierung 198
Arbeitszeitgesetz 207, 227, 447
Arbeitszeitmuster 468
Arbeitszeitordnung 227
Arbeitszeitpolitik 193f, 237
Arbeitszeitrechtsgesetz 227, 232, 236
Arbeitszeitverkürzung 193, 293, 381
Atypische Beschäftigungsverhältnisse 459ff
Aufsichtsrat 115
Aufsichtsratsausschüsse 126
Aufsichtsratsvorsitzende 121, 125
Aufstiegsfortbildung 355
Ausbildungszeiten 218
Ausgabenstruktur der BA 366
Ausgleichsfunktion 303
Aussperrung 170ff, 264
Aussperrungsquoten 164
Auszubildendenvertretung 86

593

BDA 10, 12ff, 547
BDI 10, 547
Beamte 251
Befristete Arbeitsverträge 389, 392, 465, 480
Befristungsquote 393
Beitragssätze 367
Benachteiligungsverbot 397
Beratung 350
Berufliche Erstausbildung 353
Berufliche Fortbildung 354
Berufliche Weiterbildung 353, 430
Berufsbildungsgesetz 423
(Berufs-)fachlicher Teilarbeitsmarkt 328
Berufsfördernde Leistungen zur Rehabilitation 353
Berufsvorbereitungsjahr 437
Beschäftigungseffekt 205, 231, 271, 367
Beschäftigungseinbrüche 405
Beschäftigungsgarantie 240, 245
Beschäftigungsgewinn 239
Beschäftigungstief 457
Beschäftigungswirkungen 204
Beschäftigungswunder 458
BeschFG 389, 446
Besoldungsrecht 254
Besonderes Verhandlungsgremium 537f
Bestandschutz 392
Betriebsgröße 96
Betriebsinterner Teilarbeitsmarkt 328
Betriebsrätegesetz 79
Betriebsrat 82
Betriebsratsvorsitzende 90, 125
Betriebsratstypen 94
Betriebsratswahlen 92

Betriebsvereinbarung 85, 203, 508
Betriebsversammlung 86
Betroffenheitsquote 440
Betriebsverfassungsgesetz 80ff
Beveridge-Kurve 317
Biedenkopf-Kommission 117
Bildungsinvestitionen 311
Blockzeitmodell 240
Budgetausgleichsprinzip 369
Bundesanstalt für Arbeit 175, 348, 366
Bundespersonalvertretungsgesetz 116
Bundeszuschüsse 422

Cafeteria-Tarifverträge 514
CGB 31, 110
CEEP 554f
Chronologische Dimension 200
Chronometrische Dimension 200
Closed shop 38, 99f
Concession bargaining 247, 497

DAG 31, 256
Dauerarbeitslose 440
DBB 31, 256f, 259
Deckungsrate 503
Defizitdeckungspflicht 370
Deregulierung 73, 443ff
Deregulierungskommission 382, 447
Deregulierungsmaßnahmen 389, 446, 482
Dezentralisierung 498, 505, 509, 514, 526
DGB 31ff, 259
DGB-Mitgliederrückgang 50
DGB-Mitgliederstrukturen 51
DGB-Organe 32

DGB-Tarifkommissionen 44
DGB-Verbandsverfassung 43
Dienstleistungsbereich 289
Differenzierungsregelung 199
DIHT 10
Direkte Partizipation 132ff
Diskriminierungstheorie 314
Doppelmitgliedschaft 14
Dreiecksverhandlungen 257
Dreiteilung des Arbeitsmarktes 331
Drittelbeteiligung 120
Drittwirkung 175, 264
Duale Arbeitsmärkte 326
Duales System der Berufsausbildung 423ff, 492
Durchführungspflicht 147

Effektive Arbeitszeit 201
Effektivklauseln 152
Effizienzlohntheorien 320
Eingeschränkte Koalitionsfreiheit 252
Einheitliche Europäische Akte 530, 554
Einheitsgewerkschaft 30
Einigungsstelle 84
Einigungsvertrag 227
Eintrittsgebühren 325
Einwirkungspflicht 147
Einzelaussperrung 171f
Einzelgewerkschaften 34
Entberuflichung des Alters 217
Enthierachisierung 288
Entkoppelungsthese 331
Entrance fees 325
Entrants 334
Entstaatlichung 451
Erhaltung von Arbeitsplätzen 357
Erwerbspersonen 438

Erwerbsquote 438
Europäische Betriebsräte 533ff
Europäische Gewerkschaftsausschüsse 546, 565
Europäische Wirtschaftsgemeinschaft 529
Europäischer Gerichtshof 275
Europäischer Gewerkschaftsausschuß für den öffentlichen Dienst 274
Europäischer Gewerkschaftsbund 274, 536, 554
Europäischer Wirtschaftsraum 536
Euro-Standards 571
Expansive Lohnpolitik 186
Externe Arbeitsmärkte 327, 330

Facharbeitermangel 431
Fachausschüsse 20, 22
Fachprinzip 14
Fair wage-Hypothese 323
Fallschirmfunktion 409
FDGB 48
Feiertagsarbeit 234
Feminisierung der Armut 441
Fernwirkung 177
Feuerwehrfunktion 409
Filtertheorie 314
Finanzierung der BA 348
Firing costs 334
Flächenaussperrung 171f
Flächentarifvertrag 221, 225
Flächenstreiks 176
Flexibilisierung 197, 443, 506
Flexible Spezialisierung 296
Förderung der Arbeitsaufnahme 352
Förderung der beruflichen Ausbildung 353
Fortbildungsbedarf 426

Fragmentierung 526, 564
Frauenförderpläne 266
Free-rider-Problem 18
Freisetzungspotentiale 283
Freiwillige EBR 551f
Friedenspflicht 81, 98, 147, 155
Friktionelle Arbeitslosigkeit 378, 439
Fusionen 35, 529

Gefahrengemeinschaften 173
Geldillusion 340
Geltungsbereich BetrVG 89
Geltungsbereich Tarifvertrag 149
Gemeinsame Erklärung 221
Gemeinschaftsverbände 12, 25
Geringfügige Beschäftigung 462, 464, 475
Gesetz über Arbeitsvermittlung und Arbeitslosenversicherung 347
Gesetzesmodell 253
Gewährleistungspflicht 370
Gewerkschaften 29, 73
Gewerkschaftspluralismus 105
Gift of effort 323
Gift of wages 323
Gleitmodell 216
Grenzprodukt 307
Gruppenarbeit 137, 301
Günstigkeitsprinzip 147, 570

Härtefallklausel 223
Handwerkliche Produktion 297
Harassment 335
Heimarbeit 462, 481
Hiring costs 334
Humankapitaltheorien 309
Humankapitaltheoretische Kalküle 312

Implementation der EBR
Indirekt Betroffene 176
Industrielle Konflikte 59
Industriegewerkschaft 524
Industrieverbandsprinzip 30
Information 350
Inhaltsregeln 60, 487
Insidermacht 336
Insider-Outsider-Ansätze 334
Institutionelle Sicherung 494
Institutionelle Sklerose 455
Integrative Organisationskonzepte 290
Internationalisierung 529
Interne Arbeitsmärkte 327, 330
Instrumente des AFG 350
Investitionsfalle 339

Jahresarbeitszeit 218
Jedermannsteilarbeitsmarkt 329
Jobless growth 422
Job search-Theorien 315
Job sharing 390, 397, 474
Jugendarbeitslosigkeit 441
Jugendvertretung 86

Kalte Aussperrung 172
Kammern 10f
Kampfabstimmungen 126
Kann-Leistungen 367, 370
Kapovaz 396, 474
Kernbelegschaften 292, 520
Kernsektoren 285
Keynesianismus 74, 338
Kleinbetriebe 82
Koalitionsfreiheit 38, 99, 143, 180
Kollektivgut 17ff

Konjunkturelle Arbeitslosigkeit 378, 439
Kontrakttheorien 318
Konzertierte Aktion 69f, 517
Konzertierungsvorraussetzungen 65
Kooperationsmaxime 81, 492
Kooperative Konfliktverarbeitung 490
Korporatismus 73, 516
Kurzarbeit 358
Kurzarbeitergeld 175, 358, 407, 409
Kurzarbeitergeld-Null 408

Labor turnover-Ansatz 322
Labor turnover costs 234
Labor turnover-Theorien 315
Langzeitarbeitslosigkeit 440
Langzeiturlaub 218
Laufbahngruppen 265
Lean-Konzepte 298f
Lean production 246, 287, 297, 467
Lebensarbeitszeit 195, 207f, 218, 270
Lebensarbeitszeitverkürzung 207ff
Leber-Kompromiß 195, 237
Leiharbeit 398, 462, 465, 478
Leiharbeitnehmer 390
Leitende Angestellte 105, 109, 120, 122
Lex Mannesmann 119
Liberales Modell 469
Liquiditätsfalle 339, 441
Listenvielfalt 111
Lohnabstandsregelung 412
Lohndifferenzierung 459, 500
Lohndrift 267
Lohnersatzleistungen 176, 349
Lohnfortzahlungspflicht 172
Lohnkostenzuschüsse 352
Lohnquote 186

Lohnsubvention 352

Maastrichter Vertrag 532, 541, 547, 555
Magisches Viereck 343
Makro-Korporatismus 63ff, 516
Marburger Bund 257
Marktparadigma 453
Massenproduktion 296
Mega-ABM 412
Mehrfacharbeitslosigkeit 440
Mehrfachmitgliedschaft 14
Mikro-Korporatismus 75ff, 516
Mikroökonomische Perspektive 304
Mikroregulierung 295
Minderheitengruppen 96
Minderheitenrechte 107, 110
Mindesteinkommen 481
Minimax-Strategie 169, 173
Mitbestimmung 79ff
Mitbestimmungsänderungsgesetz 120
Mitbestimmungsrechte 83
Minderheitenschutz 125
Mitbestimmungsgesetz 116, 121
Mitgliederversammlung 21
Mittelbar Betroffene 175
Mobility chains 327
Modellarbeitsämter 376
Modell des Arbeitsplatzwettbewerbs 333
Modernisierungskonzepte 285
Monotoring costs 320
Montanmitbestimmungsgesetz 115f
Moral hazard-Verhalten 317
Muß-Leistungen 370

Nachtarbeit 230, 232
Nachtarbeitsverbot 227

Neoklassik 305ff
Neo-Korporatismus 63
Neue Armut 441
Neue Beweglichkeit 165, 177
Neue Bundesländer 24, 48, 221, 272, 404
Neue Selbständigkeit 462, 481
Neue Technologien 107, 113, 133, 282, 425, 483, 513
Neuordnung der Berufsbildung 423
Neutrale 116, 121
Neutralitätsausschuß 178
Niveaueffekte 391, 402
Normalarbeitsverhältnis 230, 263, 393, 461, 466
Novellierung des BetrVG 80, 104ff, 446

Öffentliche Haushalte 266
Öffentlicher Dienst 61, 249ff
Öffentliches Gut 17
Öffnung des Beamtentums 276
Öffnungsklauseln 85, 225, 229, 232, 263
Ökonomische Orthodoxie 308
ÖTV 256
Oligarchieproblem 41
Optionale Arbeitszeitverkürzungen 466
Organisationsform 29
Organsationsgrad 16, 36, 39f, 50, 52, 255f
Organisationsgrenzen 49
Organsationshilfen 25
Organsationsprobleme 26, 37, 502
Organisationsstrukturen 491

Par.116 AFG 175ff, 446, 511

Par.128 AFG 211
Par.249e AFG 407
Par.249h AFG 412
Paradigmenwechsel 281, 296, 525
Partial gift exchange-Ansatz 322
Passive Arbeitsmarktpolitik 370
Pattern bargaining 184, 501
Personalrat 253, 522
Personalratswahlen 104
Personalvertretungsgesetze 252
Pfadabhängigkeitsthese 324
Pilotabkommen 184
Pilotabschluß 177
Politikwissenschaftliche Ansätze 342
Politische Ökonomie 78
Ports of entry 327
Präventive Arbeitsmarktpolitik 365
Prekäre Beschäftigungsverhältnisse 463
Prekaritätsentschädigungen 472
Prinzipal agent-Problem 320
Private Vermittler 385
Privatisierung der Arbeitsvermittlung 382ff
Privatisierungsmaßnahmen 269
Problemgruppen des Arbeitsmarktes 421, 440
Produktionsfacharbeiter 282
Produktionsformen 294
Produktive Winterbauförderung 357, 359
Produktivitätsorientierte Lohnpolitik 188
Professionalisierung der BR-Arbeit 89
prozyklische Orientierung 371

Qualifikationsniveau 312
Qualifizierte Mehrheiten 531f, 554f

Qualifizierungsoffensive 356
Qualifizierungspolitik 428, 514
Qualitätszirkel 137f
Qualitative Tarifpolitik 189, 258
Quantitive Tarifpolitik 189, 258
Quotenregelung 266

Randbelegschaft 392
Rationalisierungsdulder 282
Rationalisierungsentwicklung 281
Rationalisierungserfolge 290
Rationalisierungsgewinner 282
Rationalisierungsschutz 191, 258, 279
Rationalisierungsstrategien 285
Rationalisierungsverlierer 282
Rationalisierungswelle 283
Rationalisierungsziel 284
Reaktive Arbeitsmarktpolitik 365
Regelaltersgrenze 217
Regulierungsgrundsatz 471
Regulierungskriterien 473
Regulierungsmodelle 66
Regulierungsstrategien 471
Renaissance des Facharbeiters 287
Rendite-Differenz 345
Rentenzugangsalter 217
Reprivatisierung des Beschäftigungsriskos 368, 519
Re-Regulierung 461, 469ff, 482ff
Reservation wage 316, 334
Revisionsklauseln 223
Richterrecht 162, 241
Richtlinie zum Elternurlaub 561
Richtungsgewerkschaft 30
Rigides Modell 469
Risikoprämie 477
Rückkehrhilfen 219

Sabaticals 218
Saisonale Arbeitslosigkeit 378, 439
Saysche Theorem 306, 339
Schaffung von Arbeitsplätzen 357
Schichtarbeit 232
Schichtmodelle 202
Schiedsverfahren 154
Schlechtwettergeld 357, 359
Schlichterfunktionen 158
Schlichtung 152ff
Schlichtungsgegenstand 160
Schlichtungsinstanz 159
Schlichtungskommission 156
Schlichtungsprinzipien 155
Schlichtungsvereinbarungen 154
Schwerpunktstreiks 176
Scientific management 279
Screeningtheorie 314
Segmentation 103
Segmentationsansätze 331
Segmentationstheorien 325, 499
Segmentierung 283, 292, 392, 523
Sektoraler sozialer Dialog 560
Selbstfinanzierungsquote 369
Selektive Anreize 18
Senioritätsentlohnung 324
Serviceleistungen 510
Shirking 324
Shirking-Ansatz 321
solidarische Lohnpolitik 188
Sonntagsarbeit 234, 507
Sozialcharta 531f
Sozialer Dialog 536, 541, 554ff
Soziales Aktionsprogramm 531
Sozialhilfeempfänger 440
Sozialplan 87, 390, 400
Sozialprotokoll 533
Spontane Streiks 155

Sprecherausschüsse 105, 108
Sprecherausschußgesetz 106
Staat 55ff, 79, 207
Stabilitätsgesetz 69, 341, 347, 378
Stafettenmodell 240
Stammbelegschaft 332, 392, 520
Standesprinzip 35
Stellvertreterverhandlungen 221
Stille Reserve 437, 502
Stille Tarifflucht 226
Streik 165ff, 264
Streikeinsatz von Beamten 264
Streikintensität 166
Streikkassen 169, 173
Streikmonopol 167
Streikunterstüzung 169
Streikverbot 264
Strukturanpassungshilfe 408
Struktureffekte 391
Strukturelle Arbeitslosigkeit 439
Strukturelle Mitgliederlücke 503
Stufentarifvertrag 224
Subsidiaritätsprinzip 559, 569
Substitutionshypothese 38
Sunk costs 334
Suspendierende Aussperrung 163
Systemische Rationalisierung 289
Systemregulierer 288

Tarifautonomie 144
Tarifdisposivität 232
Tarifgemeinschaft der Deutschen Länder 254, 257
Tarifgemeinschaftsvertrag 257
Tarifmodell 253
Tarifunion 222
Tarifvertrag 146ff
Tarifvertragsgesetz 145

Tauschtheorie 68
Teamarbeit 137
Technikdeterminismus 279
Teilarbeitsmärkte 328
Teilrentenmodell 215
Teilvorruhestand 213
Teilzeitarbeit 462, 474
Teilzeitarbeitsplätze 214, 268
Teilzeitbeschäftigte 251
Teilzeitbeschäftigung 396, 464
Teleheimarbeit 462, 481
Temporäre Beschäftigungssicherung 247
Tendenzbetriebe 82
Territorialprinzip 14
Tertiarisierung 37, 458, 466
Theorie dualer Arbeitsmärkte 326
Tournamententlohnung 324
Toyotismus 138, 300
Träger der Arbeitsmarktpolitik 376
Training costs 334
Treuhandanstalt 414, 416
Treuhandgesetz 416
Treuhandbetriebe 26f
Two-tier wage system 450

Übermaßverbot 162, 164
Überschüsse der BA 370
Überstunden 231, 399
Übertragbarkeit des VW-Modells 244
ULA 108
Ultima ratio-Prinzip 163
Umschulung 355
Umstellung des Finanzierungsmodus 372
Union shop 38, 99
UNICE 536, 547f
Unmittelbar Betroffene 175

Unparteiische Dritte 157
Unspezifischer Teilarbeitsmarkt 329
Unstrukturierte Teilarbeitsmarkt 329
Unternehmesmitbestimmung 115ff
Unterstützungsfonds 169, 173
Unterstützungssystem 441
Unverbrüchlichkeit 147
Urabstimmung 44
Urwahl 120

Verbandsabstinenz 26
Verbandsaussperrung 171
Verbandsaustritte 23
Verbandsflucht 26
Verbandsorgane 21
Verbetrieblichung 203, 452, 507, 509, 513
Vereinigung kommunaler Arbeitgeberverbände 254
Verfahrensregeln 59f, 487
Verhältnismäßigkeit 162
Verhältniswahlrecht 124
Verhandlungsgemeinschaft 256
Verkaufsbedingungen 143
Vermittlungsmonopol 351, 382, 447
Vermittlungsnetzwerke 384
Verrechtlichung 47, 58, 251, 490
Verteilungsfunktion 303
Vertrauensleute 101, 130
Volvoismus 138
Vorruhestandsgeld 407, 409
Vorruhestandsgesetz 195, 208
Vorruhestandsregelungen 204, 210, 212, 270
Vorstand 115
Vredeling-Richtlinie 535, 541
VW-Modell 240

Wage restraint 337
Wahlbeteiligung 90, 110
Wahlmänner 119
Wahlverfahren 107, 124
Warnstreiks 163f
Wechselseitige Bindung 330
Weißbuch der EG-Kommission 530
Weiterbildungsbedarf 426
Weiterbildungspolitik 426, 514
Widersprüchliche Einheit 98
Wiederbesetzungsquote 209
Wiederbesetzungszuschuß 213
Wilde Streiks 167
Wirtschaftsauschuß 87
Wochenarbeitszeit 193, 270
Wochenarbeitszeitverkürzung 193ff
Wochenendarbeit 239, 271

Zeitsouveränität 202, 229, 238
Zeitverträge 268
Zentralisierung 257, 491
Zentralisierungstendenzen 505
Zentralisierungsgrad 184
Ziele des AFG 349
Zinsniveau 341
Zumutbarkeitsvorraussetzungen 367
Zwangsmitgliedschaft 12
Zwangsschlichtung 156f
Zweigleisigkeit des Dienstrechts 252
Zweiter Arbeitsmarkt 465